2026학년도

계획된우연

김진구 전문상담
기본개념 ❸

전문상담교사 임용시험을 위한 필수 기본서

심리검사 / 아동심리학 / 청소년심리학 /
학습심리와 행동수정 / 심리학 개론 및 교육심리학

한국교육과정평가원의 전문상담 영역 평가 및 내용요소에 근거한 **핵심개념**
과목별 개념구조도를 활용한 학습
과목별 기출영역과 최근 출간된 전공서 및 **출제경향 반영**

학원/동영상 강의 지스쿨 www.g-school.co.kr

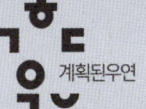
계획된우연

저자의 말

지금까지 전문상담교사 임용시험 문제는 크게 3단계 형태로 진행되어 왔습니다. 1단계는 약식형으로 단답형 중심의 답안 작성이 핵심이며, 이는 2006학년도에서 2008학년도까지 실시되었습니다. 2단계는 1차 객관식, 2차 논술형 형태(4문제)로 2009학년도에서 2013학년도까지 실시되었습니다. 3단계는 2014학년도부터 현재까지 진행 중인 형태로 서답형 중심의 답안 작성이 핵심이고 문제 유형은 크게 기입형, 서술형, 논술형의 3가지 형태입니다. 이 가운데 논술형의 경우 2014학년도에서 2019학년도까지 실시되었고, 2020학년도부터는 논술형이 폐지된 기입형과 서술형으로 시험이 실시되고 있습니다. 현재 실시되고 있는 문제 유형과 배점은 다음과 같습니다.

시험과목 및 유형			문항수	문항별 배점	배점	
전문 상담	전공 A	2교시 (90분)	기입형	4문항	2점	8점	40점
			서술형	8문항	4점	32점	
	전공 B	3교시 (90분)	기입형	2문항	2점	4점	40점
			서술형	9문항	4점	36점	

〈계획된 우연 김진구 전문상담 기본개념〉은 전문상담 예비 선생님들이 임용시험을 효과적으로 대비할 수 있도록 도움을 주기 위한 목적으로 집필되었으며, 크게 3권으로 구성되어 있습니다. 수험서의 개정 방향과 특징은 다음과 같습니다.

첫째, 본 수험서는 2016년에 공시된 한국교육과정평가원의 '전문상담 영역평가 및 내용 요소'에 근거하여 만들었습니다. 특히 공시된 17개 평가항목을 토대로 크게 세 영역으로 분권하여 구성하였습니다. 1권에는 '성격심리학, 상담이론, 특수아 상담, 이상심리학'의 과목을 수록하였고, 2권에는 '상담실제, 학교상담, 진로상담, 가족상담, 집단상담'을, 3권에는 '심리검사, 아동 및 청소년 심리, 학습심리 및 행동수정, 심리학 개론 및 교육심리학'을 수록하였습니다.

둘째, 2014학년도부터 2024학년도까지 기출된 개념을 연도로 표기하였습니다. 2014학년도부터 현재까지 진행 중인 시험 형태가 서답형이기 때문에 이전 기출문제는 따로 표시하지 않았습니다.

셋째, 과목별 핵심이론 흐름을 한눈에 전체적인 내용을 파악할 수 있도록 '개념구조도'를 수록하였습니다.

넷째, 교재의 주요 형식은 이전 판과 동일하지만 세부 내용은 최근 출간된 전공서를 중심으로 추가 및 재정리 작업이 이루어졌습니다. 단, 세부내용 변경은 새롭게 출간된 전공서를 기반으로 하기 때문에 과목마다 차이가 있습니다.

다섯째, 임용시험 대비를 위한 학습에 적합하도록 모든 핵심개념에 번호를 부여하여, 번호에 따라 숙지하도록 하였습니다.

매년 기출문제 양상을 보면 평가영역을 벗어난 문제가 많이 출제되고 있고, 해를 더해가면서 이론보다 사례 적용 중심의 문제 수가 증가하고 있습니다. 이로 인해 한국교육과정평가원에서 제시된 영역보다 조금 더 넓고, 조금 더 깊은 내용을 반영하게 되어 교재 분량이 더 늘어나게 되었습니다. 부족한 책이지만 이 책을 활용하여 공부하시는 수험생 선생님 모두가 2025년이 인생에서 가장 예외적이고 반짝이는 한 해가 되길 바랍니다.

2025년
김 진 구

목차 · CONTENTS

제10장 | 심리검사

개념구조도 20

제1절 | 심리검사와 심리측정 48
- 01 심리검사의 이해 48
- 02 심리측정 53
- 03 검사의 양호도 58
- 04 문항 개발과 분석 67
- 05 심리평가를 위한 면담과 행동관찰 69

제2절 | 객관적 성격검사 1 73
- 06 MMPI-2, A(미네소타 다면적 인성검사) 소개 73
- 07 MMPI-2, A 해석 : 타당도 척도와 임상 척도 79
- 08 MMPI-2, A 해석 : 코드 유형별 해석 98
- 09 새롭게 포함된 MMPI-2, A 척도들 110

제3절 | 객관적 성격검사 2 123
- 10 PAI(Personality Assessment Inventory, 성격평가 질문지) 123
- 11 기질 및 성격검사(TCI) 126
- 12 MBTI(Myers-Briggs Type Indicator, 성격유형검사) 131
- 13 기타 객관적 성격검사 138

제4절 | 지능 및 인지기능검사 1 141
- 14 지능과 웩슬러형 지능검사 141
- 15 한국 웩슬러 성인용 지능검사(K-WAIS-IV)의 이해 145
- 16 한국 웩슬러 성인용 지능검사(K-WAIS-IV)의 해석 156
- 17 한국 웩슬러 아동용 지능검사(K-WISC-V)의 이해 163
- 18 한국 웩슬러 아동용 지능검사(K-WISC-V) 해석 170

제5절 | 지능 및 인지기능검사 2 187
- 19 KABC-II : 한국 카우프만 아동지능검사 2 187
- 20 신경심리검사 190
- 21 기타 인지기능검사 192

제6절 | 투사검사 194
- 22 HTP(집-나무-사람) 검사 194
- 23 로르샤흐검사(Rorschach test) 202
- 24 TAT(Thematic Apperception Test, 주제통각검사) 210
- 25 BGT(Bender Gestalt Test, 벤더 게슈탈트검사) 216
- 26 SCT(Sentence Completion Test, 문장완성검사) 221

제7절 | 발달 및 적응검사 224
- 27 발달검사 224
- 28 적응행동검사 230

제8절 | 정서행동평가 235
- 29 행동평가 척도 235
- 30 한국 아동 인성평정 척도(KPRC) 237
- 31 한국판 아동청소년 행동평가 척도(CBCL) 6-18 240
- 32 인터넷 및 스마트폰중독 척도 243
- 33 정서행동문제 관련 척도 254

제9절 | 학습 관련 검사 259
- 34 학습장애 관련 검사 259
- 35 학습태도 및 학습종합검사 264

제10절 | 평가자료 활용 269
- 36 심리평가 보고서 269

제11장 | 아동심리학

🔍 개념구조도   276

제1절 | 발달의 이해   298
01 발달심리학의 기초   298
02 발달심리학의 연구방법   303

제2절 | 신경계 발달   309
03 태내기 발달   309
04 신생아 발달   312
05 신경계 발달   314

제3절 | 주의, 지각 및 기억 발달   318
06 주의 발달   318
07 지각 발달   319
08 기억 발달   323

제4절 | 인지 발달   330
09 피아제(Piaget)의 인지 발달이론   330
10 비고츠키(Vygotsky)의 사회문화적 인지 발달이론   337
11 최근의 인지 발달이론   340

제5절 | 언어 발달   342
12 언어 발달이론과 이중언어   342
13 단계별 언어 발달   345

제6절 | 사회인지 발달   348
14 자기개념 발달   348
15 자존감 발달   350
16 정체감 발달   352
17 성 역할 발달   355
18 타인의 마음이해   360

제7절 | 정서, 기질 및 애착 발달   366
19 정서 발달과 놀이   366
20 기질 발달   371
21 애착 발달   374

제8절 | 도덕성 및 공격성 발달   381
22 도덕성 발달 : 도덕적 사고 발달   381
23 도덕성 발달과 영향 요인   388
24 공격성 발달   390
25 친사회적 행동의 발달   392

제12장 | 청소년심리학

🔍 개념구조도   398

제1절 | 청소년기 발달이론   414
01 생물학적 접근   414
02 정신분석 접근   415
03 인지발달적 접근   423
04 사회인지적 접근 및 사회문화적 접근   424
05 맥락중심적 접근   426

제2절 | 청소년기의 발달적 특성   429
06 신체 및 성적 발달   429
07 청소년 정서발달   433
08 청소년 인지발달   437
09 청소년기 도덕성   441
10 청소년기 자아정체감 발달   444

제3절 | 청소년 발달과 맥락 450
11 청소년기의 가족관계 450
12 청소년기의 성과 성역할 454
13 청소년기의 친구관계 458

제4절 | 청소년기 발달문제 463
14 청소년기의 심리사회적 문제 463
15 청소년기의 학업문제 465
16 청소년기 비행 473
17 청소년기의 약물문제 479

제13장 | 학습심리와 행동수정

개념구조도 486

제1절 | 학습과 행동주의 496
01 학습의 기초 496

제2절 | 고전적 조건형성 498
02 파블로프(Pavlov)의 고전적 조건형성 498
03 고전적 조건화의 적용 503

제3절 | 조작적 조건형성 506
04 손다이크(Thorndike)의 자극-반응 결합이론 506
05 스키너(Skinner)의 조작 조건화 508
06 강화와 처벌 510
07 조작적 조건화의 적용 513

제4절 | 행동수정 515
08 표적행동 기록방법 515
09 단일대상 연구 519
10 행동수정 기법 527
11 유관(contingency)분석 545

제14장 | 심리학 개론 및 교육심리학

개념구조도 550

제1절 | 심리학과 교육심리학의 이해 586
01 심리학의 이해 586
02 교육심리학의 이해 589
03 심리학과 교육심리학의 연구방법론 590
04 연구윤리 595

제2절 | 신경과학과 행동 597
05 신경계의 정보전달 시스템 597
06 신경계의 구성 603
07 뇌와 행동 606
08 내분비계 614

제3절 | 감각과 지각 616
09 감각과 지각의 기본 개념 616
10 시각 : 감각과 지각처리 618
11 지각과정 621

제4절 | 의식과 변경 상태 627
12 의식의 내용과 기능 627
13 수면과 꿈 629
14 마음에 작용하는 약물 632

제5절 | 지능, 창의성 및 학습양식 635

15 지능에 대한 이해 635
16 지능의 측정 642
17 지능 관련 쟁점 644
18 창의성에 대한 이해 646
19 창의성의 측정과 훈련 650
20 학습유형 655

제6절 | 기억과 사고 660

21 기억과정 660
22 장기기억의 기억모듈과 회상 665
23 망각의 원인 668
24 인지주의 학습 671
25 정보처리이론 675
26 사고와 문제 해결 685

제7절 | 사회심리 695

27 사회적 지각 695
28 자기(Self) 이론 700
29 사회적 관계 703
30 사회적 영향 706
31 집단에서의 행동 710

제8절 | 동기와 정서 713

32 동기에 대한 이해 713
33 생리적 동기 716
34 동기의 개념과 역할 718
35 심리적 동기이론 720
36 정서 741

제9절 | 스트레스와 건강 746

37 스트레스와 스트레스 이론 746
38 스트레스 종합 모형 749

부록 1 | 심리검사 참고자료

01 표준정규분포표 758
02 HTP 해석 759
03 KFD 해석 769
04 학생정서·행동특성검사 773
05 〈마음 EASY〉 선별 검사 783

부록 2 | 전문상담 과목별 평가영역

01 심리검사 평가영역 788
02 아동심리학 평가영역 789
03 청소년심리학 평가영역 790
04 학습심리학 평가영역 791
05 심리학 개론 평가영역 792

■ 참고문헌 793

과목별 기출영역

1. 성격심리학

	14	15 (+추시)	16	17	18	19	20	21	22	23	24	25
성격의 정의, 개인차, 연구방법												
프로이트 정신분석									방어기제	초자아, 남근기, 방어기제		
아들러 개인심리		콤플렉스 투사 생활양식							우월추구, 가상적 목표, 생활양식			
에릭슨의 심리사회발달			마르샤 유형					자아, 위기			마르샤 유형	
융의 분석심리		자아, 투사				자기, 개성화 과정					자아의 태도와 기능	내향, 꿈의 기능
호나이 성격이론												
설리번 성격이론	불안	성격이론										
머레이 성격이론					성격개념							
프롬 성격이론												
대상관계	대상관계											
올포트 특질이론												
카델 특질이론									근원특질			
아이젱크 특성이론	불안											
5요인 모델 및 성격유형론		외향성	신경증, 성실성					유형과 특질		유형, 5요인 모델	클로닝거	신경증
켈리 성격이론		Rep 검사										
로터 성격이론							기대-강화 가치모델					
미셸 성격이론												
반두라 성격이론		자기 효능감				관찰학습		효능감, 결과기대			사회학습이론 특징, 관찰학습	
매슬로우 성격이론							결핍과 성장욕구					
로저스 성격이론	Q분류			성격개념		성격개념					성격개념	
성격과 자기이론									자기개념		히긴스의 자기안내	
성격과 동기	Dollard 갈등 유형	동기		기본심리 욕구, 귀인이론	학습된 무력감	귀인이론, 암묵적 이론		유기체 통합이론, 과정당화 이론	숙달과 수행목표, 학습된 무력감			기본심리욕구, 플로우 모형
성격의 적응 및 정서					대인관계 원형모델					라자러스의 인지적 평가이론	D유형 성격	
공격성												

2. 상담심리학(상담실제 및 학교상담 포함)

	14	15 (+추시)	16	17	18	19	20	21	22	23	24	25
상담심리 개관									과학자-실무자 모델			
프로이트 상담이론	해석	전이(논)		역전이								
아들러 상담이론	생활양식 상담과정 (논)	격려, 단추누르기			우월추구 생활양식				우월추구, 가상적 목표, 생활양식			
융 상담이론												적극적 심상화
인간중심 상담												
실존주의 상담			프랭클의 3가지 가치		탈숙고 기법		실존적 공허와 신경증					
행동주의 상담		상담과정					체계적 둔감법		노출법, 자기교시		상담과정, 자기관리 프로그램, 토큰경제	조형법의 요소, 불안위계
합리적 정서행동상담	상담과정							비합리적 사고, 합리정서 심상법				
인지치료		인지왜곡 (논)	자동사고					목표, 철학적 관점, 과정	자동사고, 행동실험, 하향 화살표, 인지삼제, 인지오류			인지적 오류
게슈탈트 상담이론			접촉경계 혼란(논)					접촉경계 혼란	관계, 접촉경계혼란, 신경증 층		접촉경계 혼란	접촉경계혼란
현실치료		상담과정	5가지 욕구(논)	전행동				선택이론, WDEP			질적 세계	
교류분석 상담		게임분석			이면교류						자아상태, 생활각본	
마음챙김에 근거한 상담				마음챙김		수용전념 치료						
상담과정							초기 (구조화)		종결과업		사례개념화	
상담방법과 면담기법		중다양식, 직면/해석			심리극 기법	나- 전달법	재진술, 조하리창, 실험연구	명료화, 질문, 동기강화	실험자 효과	동기강화, 변화과정 모델, 실험설계	폐쇄질문, 즉시성	재진술, 변증법적 행동치료, 역할연습
발달문제 상담							자살, 인터넷 중독					자해행동 이유
사이버 상담												
상담윤리	비밀보장 (논)	사전동의	키치너의 윤리원칙	집단상담 윤리	집단상담 윤리	키치너의 상담윤리	개인상담 윤리			윤리적 의사결정 모델, 비밀보장	집단상담 윤리 (동의서, 비밀유지 한계), 다중관계 및 키치너 윤리
학교상담										종합적 학교 상담모델, 상담정책		
학교폭력법												

과목별 기출영역

3. 심리검사

	14	15 (+추시)	16	17	18	19	20	21	22	23	24	25
심리평가							검사 분류					
심리측정	신뢰도/ 타당도	신뢰도 표준화	표준점수		수렴/변별 타당도	편파성 문항, 신뢰도						
객관적 성격검사 : MMPI		1, 7코드 해석(논), 123코드	해석	D, Pd 척도 및 해석 (SCT 포함)		Ma척도 및 해석 (SCT 포함)	2-7코드	2-4코드	F1-F2 해석, 456코드 해석	VRIN, 2-3코드	F2척도, Ma척도 및 2-3코드	MMPI-A 내용척도, MMPI-A-RF
객관적 성격검사 : 기타											JTCI	
웩슬러 지능검사	WISC-Ⅳ 소검사	WISC-Ⅳ 합산점수 해석	WAIS-Ⅳ 합산점수 해석		WISC-Ⅳ 합산점수 및 소검사 해석		편차지능, WAIS-Ⅳ 지표 및 소검사, GAI		WISC-Ⅴ 검사체계		WAIS-Ⅳ 소검사 및 병전 지능	
지능 및 인지기능검사 : 기타												
투사 검사	HTP, SCT 해석	로샤검사 실시/채점	SCT 해석	SCT, 로샤 실시, SCT 해석		TAT, SCT 실시		KFD 실시			HTP : 강박	
정서 및 행동평가	CBCL 해석	CBCL 해석					평정척도 오류					CBCL의 DSM 진단 척도
학습 및 진로평가	ALSA 해석											
통합 및 활용			검사윤리									

4. 진로상담

	14	15 (+추시)	16	17	18	19	20	21	22	23	24	25
진로상담의 이해 및 초기이론									보딘 분류			
특성요인 이론									직업정보 기능			
홀랜드 이론		정체성						주요 개념 및 검사 해석		변별성, 일치성		
진로발달 이론	수퍼: 생애 무지개			긴즈버그: 잠정기		수퍼: 탐색기 과업		수퍼: 진로 성숙도, 진로적응	수퍼: 생애역할, C-DAC 모형		수퍼의 생애역할	
제한-타협 이론		내적 고유 자아 지향, 타협요소						타협과정	사회적 가치지향	성역할		
사회인지 진로이론	진로장벽 지각분석	선택모형		수행모형	맥락변인			선택모형		근접맥락 변인		흥미발달 모형
크롬볼츠 사회학습	진로결정 요인		우연학습 모형 및 기술			진로선택 요인			일반화			계획된 우연 기술
직업적응		개인-환경 부조화				MIQ 가치 유형			MIQ 가치 유형			가치와 강화인(욕구)
관계적 접근		Roe 양육 유형				Roe 양육유형					Roe의 따뜻한 자녀관계, 부모관여(참여)진로탐색	
의사결정	의사결정 5단계		주관적 기대효용	하렌: 의사결정 유형, CIP 단계			CIP: 정보처리 영역, 초인지	하렌: 의사 결정 유형		주관적 기대효용 모델		
구성주의 진로이론					구성주의: 진로 적응도 차원				구성주의: 진로 적응도 차원, 역량	진로 유형 면접		진로적응과정, 생애설계 단계, 코크런의 7개 에피소드
기타 진로이론									브라운 가치중심 모델: 가치, 흥미	소수민 여성을 위한 다문화 진로상담	진로 무질서 이론	
진로상담 과정 및 기법		내담자 유형	생애진로 사정, 진로 가계도							생애진로 사정	우유부단	
진로평가	직업카드 분류의 목표		홀랜드 해석							홀랜드 해석		
직업세계와 직업정보 및 진로교육							NCS				교육/직업/ 심리사회적 정보	진로전환 (프로티언 진로)
진로 프로그램												

과목별 기출영역

5. 가족상담

	14	15 (+추시)	16	17	18	19	20	21	22	23	24	25
가족상담과 체계이론		가족규칙, 가족항상성						순환적 인과				
정신역동 및 대상관계	대상관계							대상관계: 위니컷 거짓자기				
다세대		분화	정서적 단절	분화, 핵가족 정서체계	삼각관계				상담목표, 정서단절		자아분화, 나의 입장 기법	
경험		개인빙산, 의사소통 유형	개인빙산 목표	의사소통 유형		의사소통 유형		폐쇄체계, 가족조각		빙산기법		
구조	주요 개념	목표 및 가족도표		모방		경계선 유형	실연화, 가족지도 해석			구조적 지도	목표 (재구조화)	교류수정 기법
전략	의사소통 이론	순환질문 이중구속	가장기법			고된 체험기법, 불변처방				역설적 과제	긍정적 의미 부여	
이야기	정의예시	문제의 외재화, 독특한 결과			회원 재구성					독특한 결과	문제의 외재화	
해결중심	관계성 질문 기본가정, 질문기법		관계 유형 예외질문		기적질문		관계 유형, 척도 및 악몽질문		예외질문			
가족평가	가계도 +KFD	순환모델	가계도 해석					가계도	순환모델		가계도	
가족생활 주기												
가족상담 과정												
특수가족	재혼 (충성심 갈등)		재혼가족 과업			이혼가족 과업						

12

6. 집단상담

	14	15 (+추시)	16	17	18	19	20	21	22	23	24	25
집단상담		집단상담 단점										
집단 유형과 형태		구조화집단, 동질집단					집단형태 분류					
집단역동과 치료적 요인	치료적 요인 (논술)	치료적 요인 (대인관계 입력, 실존)			치료적 요인 (실존, 희망고취)		치료적 요인(피드백, 자기개방), 코틀러(모험 시도, 마법)				치료적 요인: 보편성	
집단 상담자		인간적 자질, 전문성: 개인상담 경험										
집단원			하위집단			일시적 구원	하위집단, 의존적 행동		소극적 행동	대화독점, 주지화 하위집단		소극적 행동
기법	연결	초점, 연결, 자기개방				연결 나-전달법		지금-여기	차단, 초점			
집단상담계획 및 과정		집단윤리	구조화 활동내용	중도 포기	집단 윤리		집단규칙			집단구성	회기종결 기술 (미결사안 다루기)	
집단의 발달단계	마지막 단계		집단 작업단계						초기단계 과업		과도기 단계 특징	
프로그램 개발/평가							서스만의 활동요소					
이론			심리극 구성요소		심리극 기법							

과목별 기출영역

7. 특수아 상담

	14	15 (+추시)	16	17	18	19	20	21	22	23	24	25
특수아 상담과 통합교육							범주 및 차원적 분류 (이상)					
특수아동 진단 및 평가							정서행동장애 선별검사					
지적장애					지적장애 적응기능							
자폐 스펙트럼		진단기준								진단기준		
ADHD		진단 및 개입방법			진단	ADHD			지속주의, CPT, 자기교시		증상, 약물치료	
특정 학습 장애			능력- 성취 불일치									
파괴적, 충동조절 및 품행장애				품행장애 진단	감별진단, 품행장애: 아동기 발병형							
기타 신경발달장애												
정서 및 행동장애		PTSD		학습된 무력감								
영재아 상담	개입방법			특징				렌줄리, 비동시성과 과흥분성				
행동수정		기법			차별강화			변별	일반화	강화계획	토큰경제, 조형법	
특수아동 관리							전환교육					미술치료: 빗속의 사람

8. 발달, 심리학 개론 및 교육심리

1) 아동 및 청소년 심리(발달)

구분	18	19	20	21	22	23	24	25
아동발달				비고츠키 발달개념, 피아제 발달개념	에인스워스의 애착 유형, 토마스 등의 기질 유형		시냅스 상실, 가소성	피아제 : 전조작기(자기중심, 보존개념), 형식적 조작기, 내적 작동모델, 토마스 등의 기질 유형, 로스바트의 기질 모형, 길리건 도덕성 발달
청소년발달	개인적 우화, 상상적 청중	셀만의 조망수용 이론, 콜버그 도덕성 발달단계 특징	생태체계 이론	에릭슨 주요 개념, 자살, 인터넷 중독	자기중심적 사고, 자기개념	조직화 전략, 이스트의 또래 유형	마르샤 정체감 유형	셀리번 성격발달 단계, 청소년기 인지발달 특성

2) 이상심리학(문제 : 특수아 상담 기출문제에 포함)

구분	18	19	20	21	22	23	24	25
분류			범주적 분류와 차원적 분류					DSM-5 특징(차원적 분류와 심각도)
DSM-5			비자살성 자해					비자살성 자해 진단기준
행동장애	반사회성 성격장애 진단(ADHD, CD 포함)							
기분장애						우울증 : 인지삼제	우울유발 귀인	우울 : 행동활성화
불안장애			범불안장애 : 지속기간	공황장애 : 클락 모형 진단기준	2요인 모형			사회불안장애, 범불안장애
급식 및 섭식장애			폭식장애				폭식장애, 신경성 폭식증	
강박장애				노출 및 반응방지법		사고억제의 역설효과, 사고중지 기법		노출 및 반응방지법
외상 및 스트레스 사건 관련 장애							PTSD 진단기준	
해리장애	이인증				비현실감, 통합, 국소적 기억상실			

과목별 기출영역

3) 심리학 개론 및 교육심리(학습심리 포함)

구분	18	19	20	21	22	23	24	25
동기와 정서	동기 : 성취목표 유형	위그필드 등의 기대가치 이론, 드웩의 암묵적 이론	자기충족적 예언, 낙인, 기대지속효과	자기결정성 이론, 과정당화 이론	드웩의 숙달목표와 수행목표, 자기장애전략	엘리어트 등 목표지향성 이론		기본심리욕구, 플로우 모형
감각과 지각					선택적 주의, 선택적 부주의			
신경과학					교감신경과 부교감신경			
사회심리	인지부조화			동조				
기억		간섭현상	정보처리모형			조직화 전략		단기기억 특징, 작업기억 모형
스트레스		라자러스의 스트레스 대처방식			점진적 이완훈련			
지능과 창의성						확산사고와 창의성 요인, 가드너의 다중지능, 스턴버그의 지능삼원론		정서지능이론
학습심리 및 행동수정	차별강화			조작적 조건화 (변별)	고전적 조건형성 : 일반화, 학습된 무력감 : 조작적 조건형성	강화계획	조형법, 토큰경제	도피와 회피학습, 조형법의 요소

김진구
전문상담 기본개념 3

제10장
심리검사

개념구조도 🔍

제 1 절　심리검사와 심리측정
제 2 절　객관적 성격검사 1
제 3 절　객관적 성격검사 2
제 4 절　지능 및 인지기능검사 1
제 5 절　지능 및 인지기능검사 2
제 6 절　투사검사
제 7 절　발달 및 적응검사
제 8 절　정서행동평가
제 9 절　학습 관련 검사
제10절　평가자료 활용

제10장 개념구조도

제1절 심리검사와 심리측정

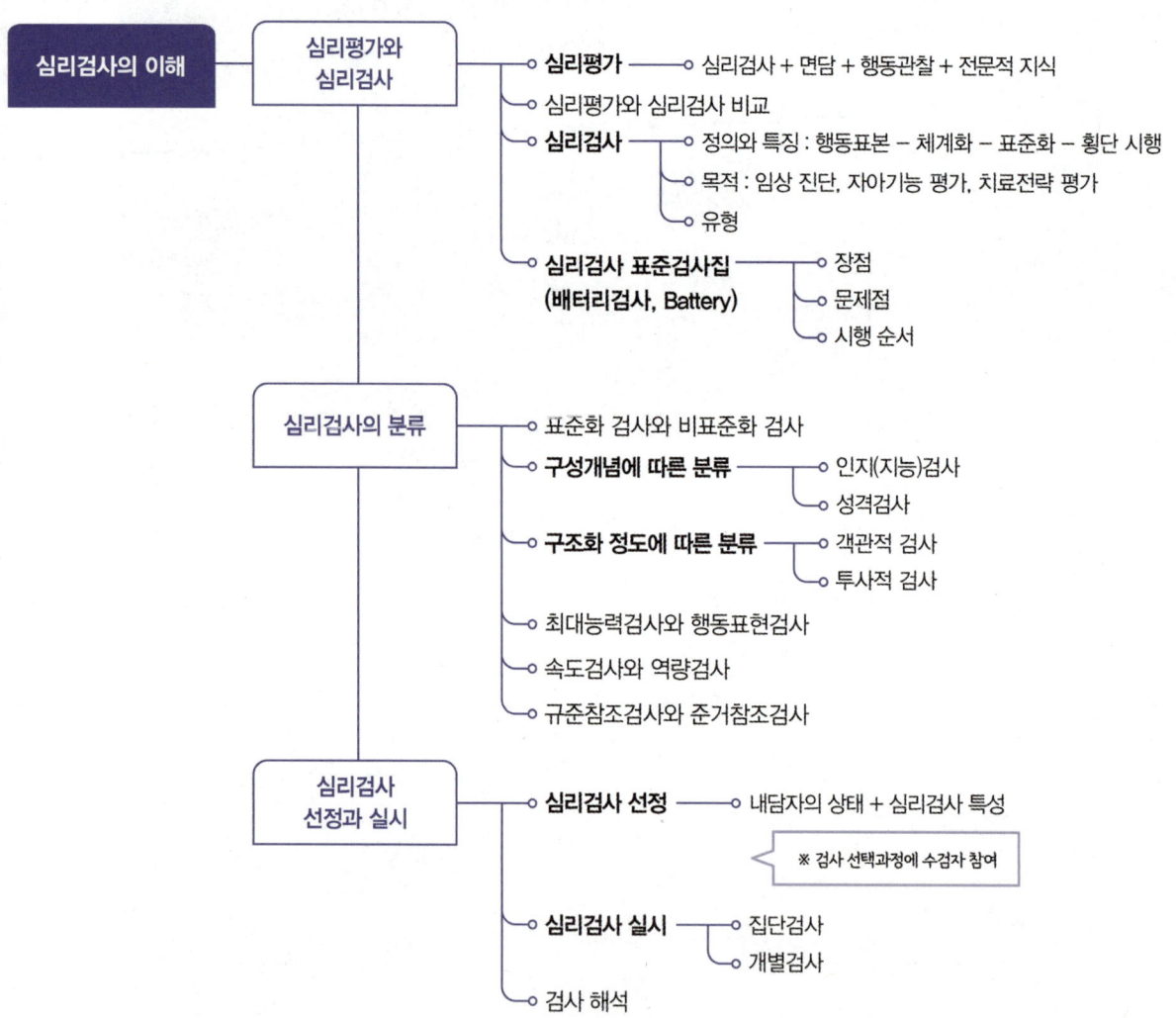

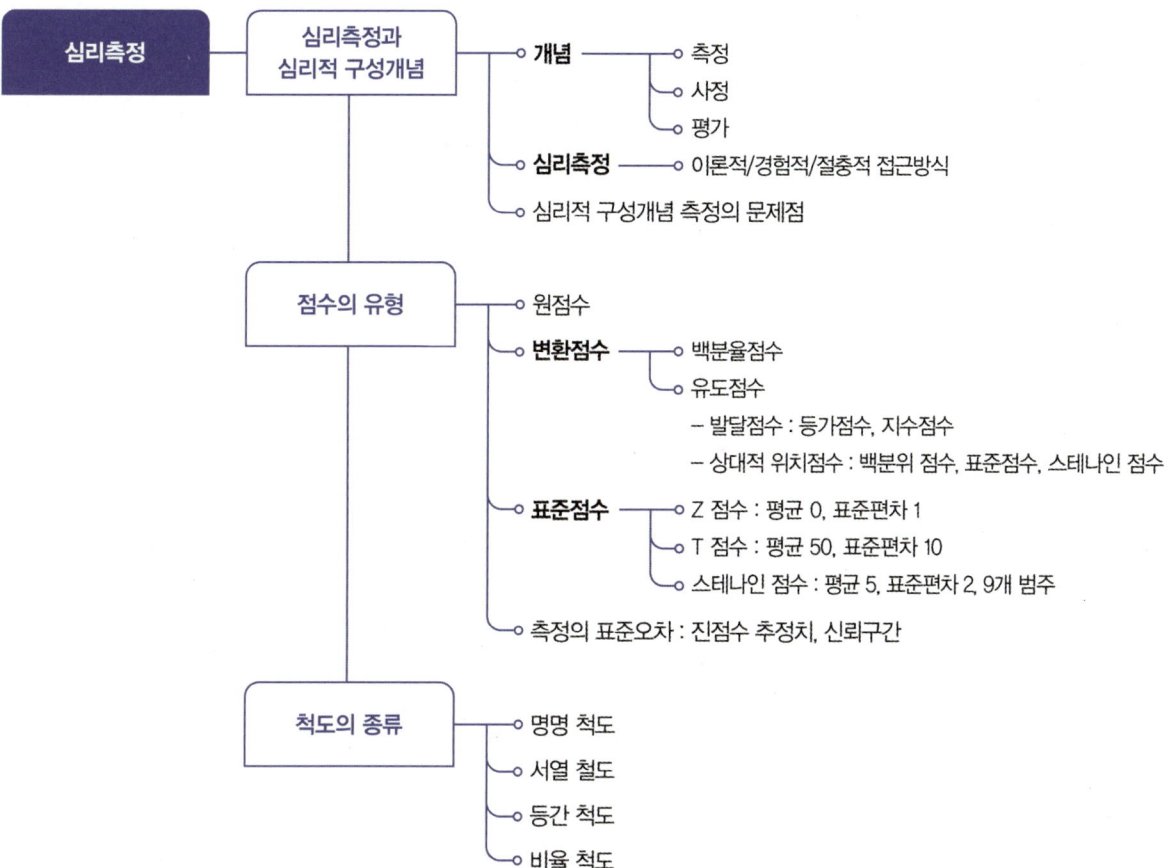

제10장 개념구조도

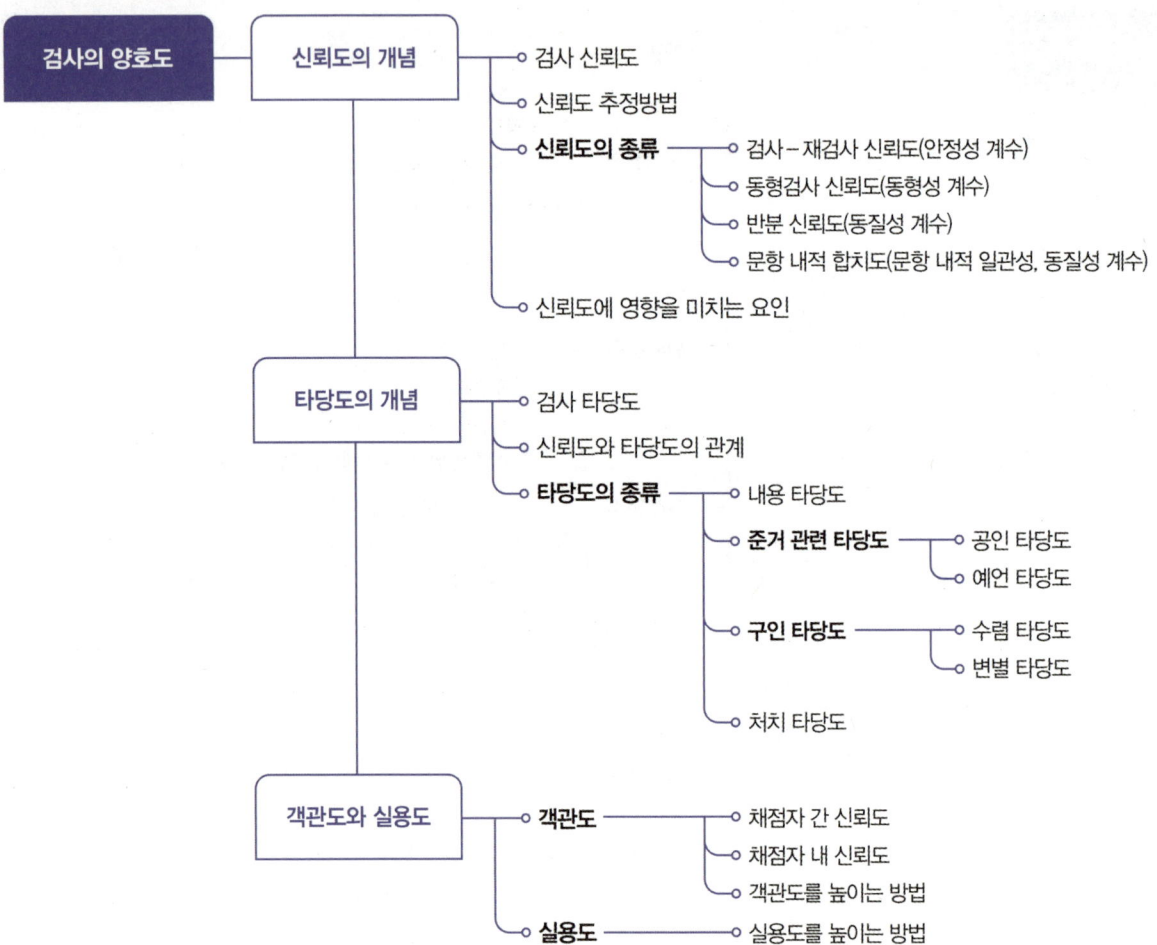

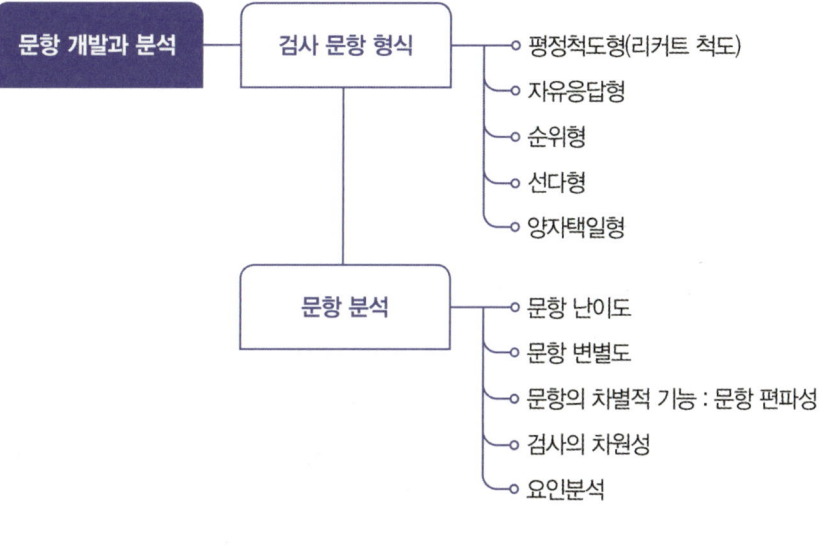
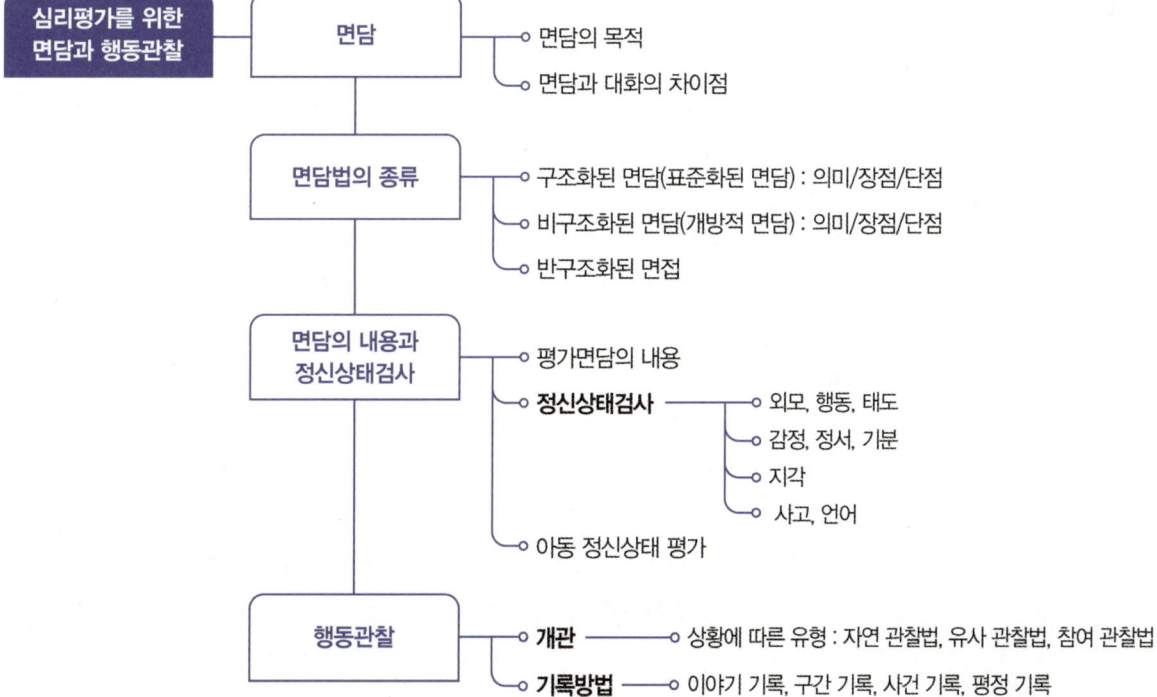

제10장 개념구조도

제2절 객관적 성격검사 1

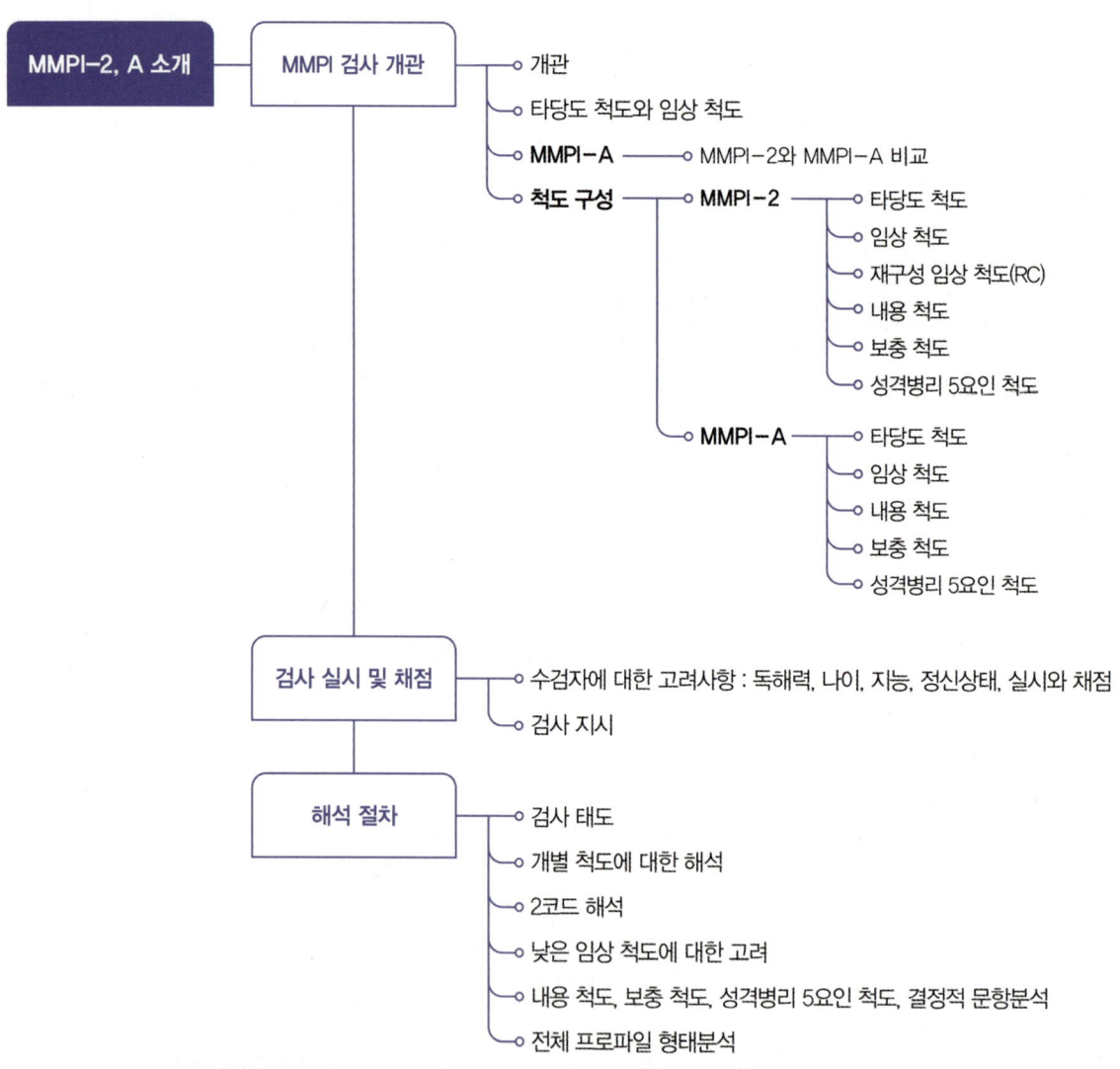

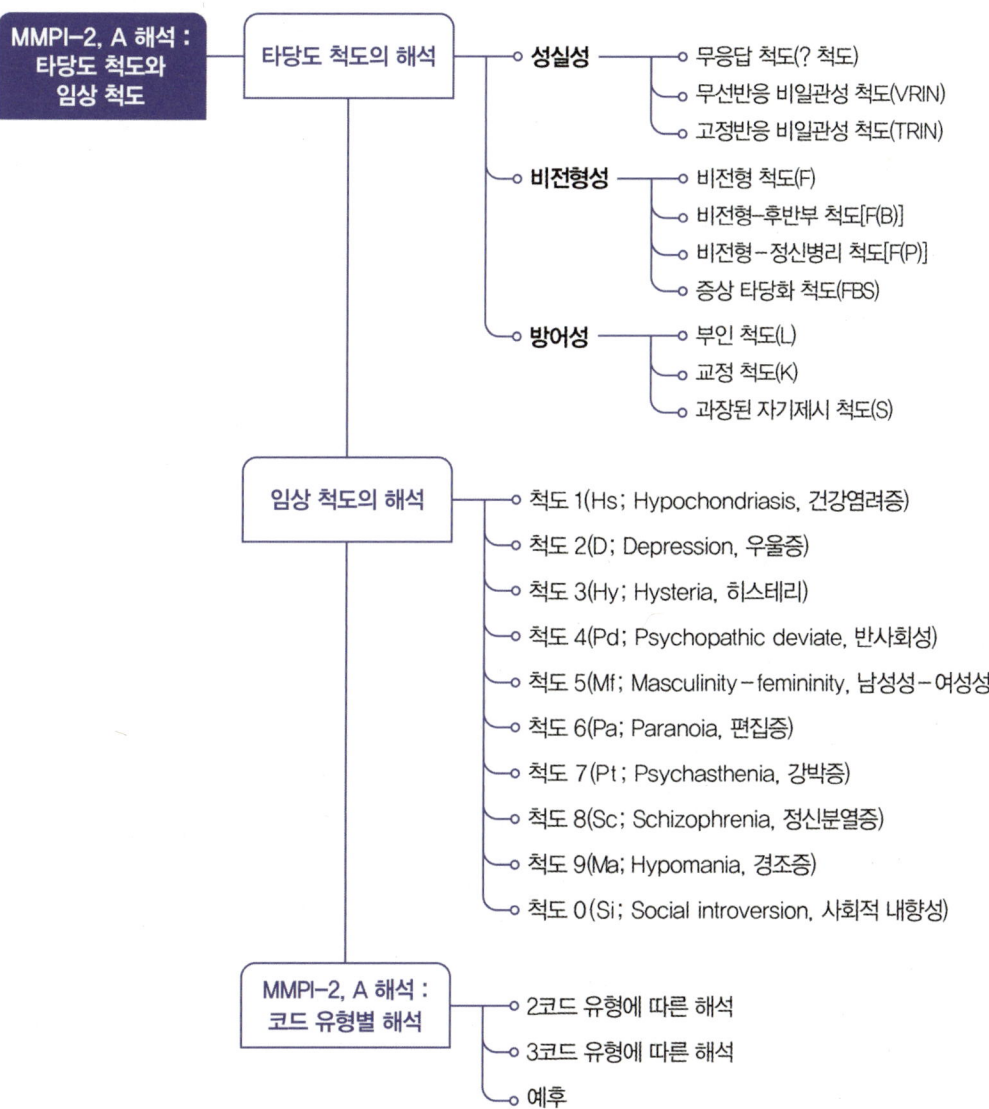

제10장 개념구조도

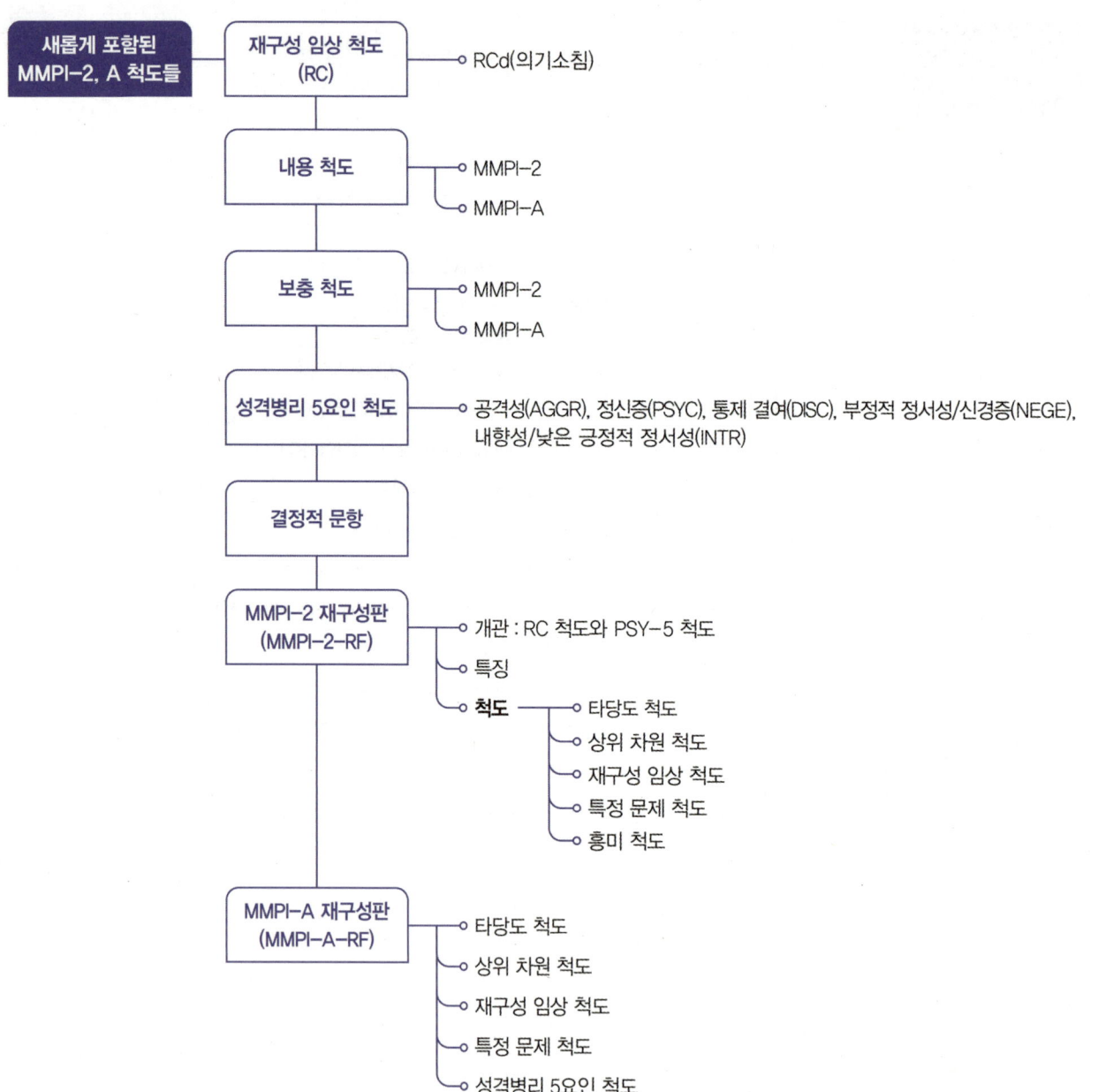

제3절 객관적 성격검사 2

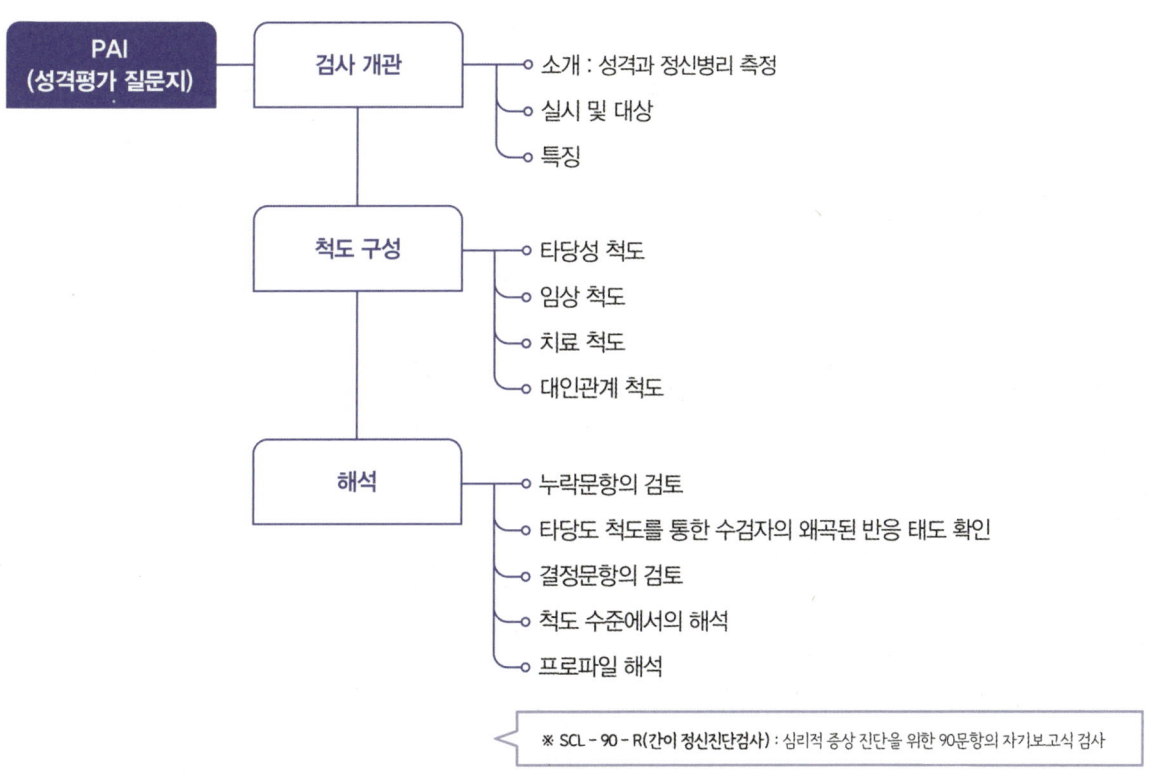

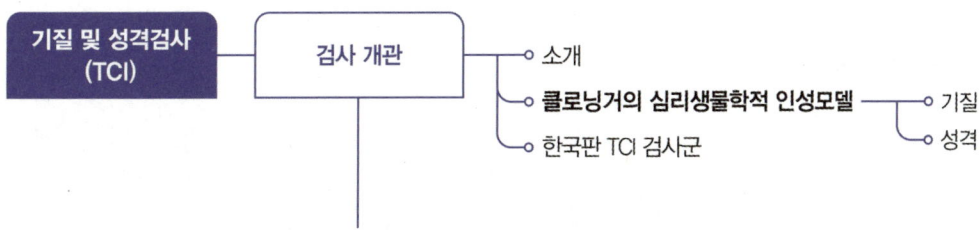

제10장 개념구조도

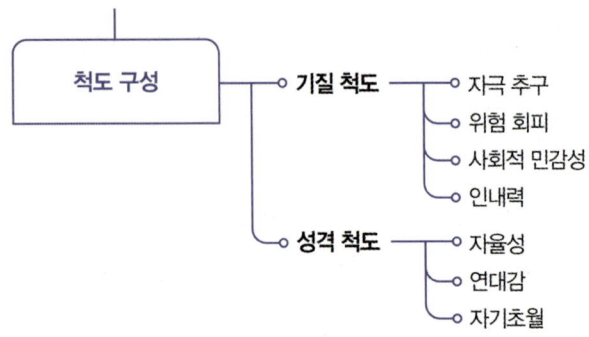

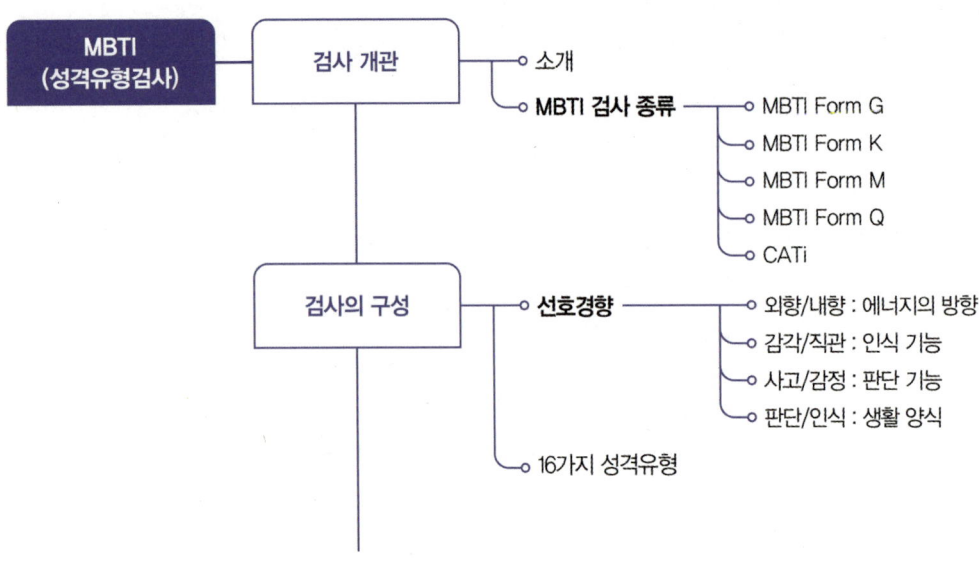

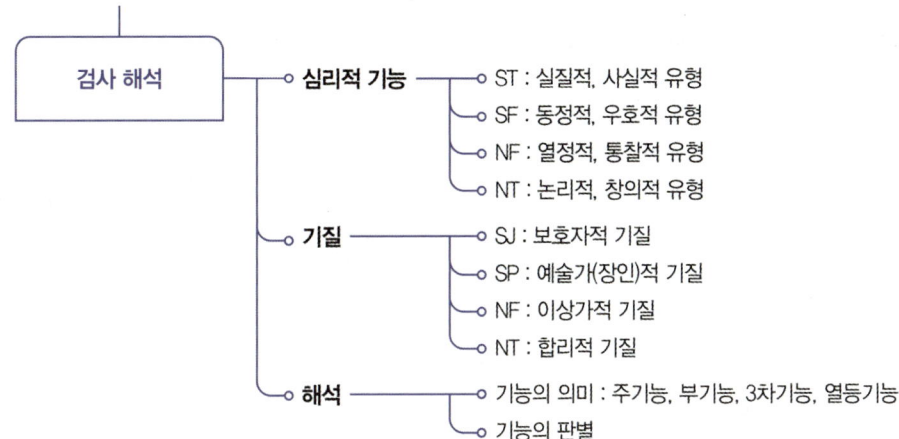
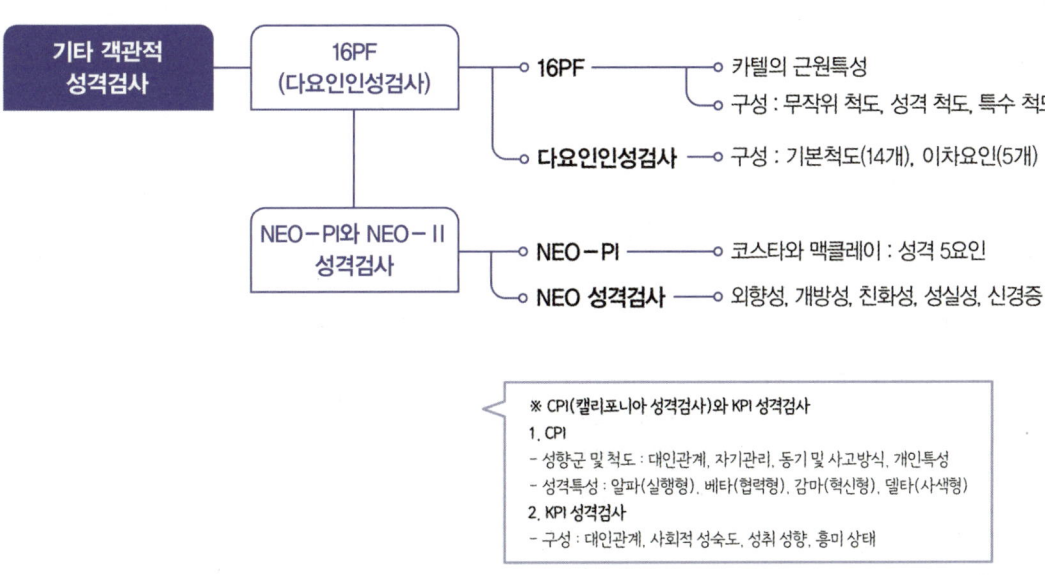

제10장 개념구조도

제4절 지능 및 인지기능검사 1

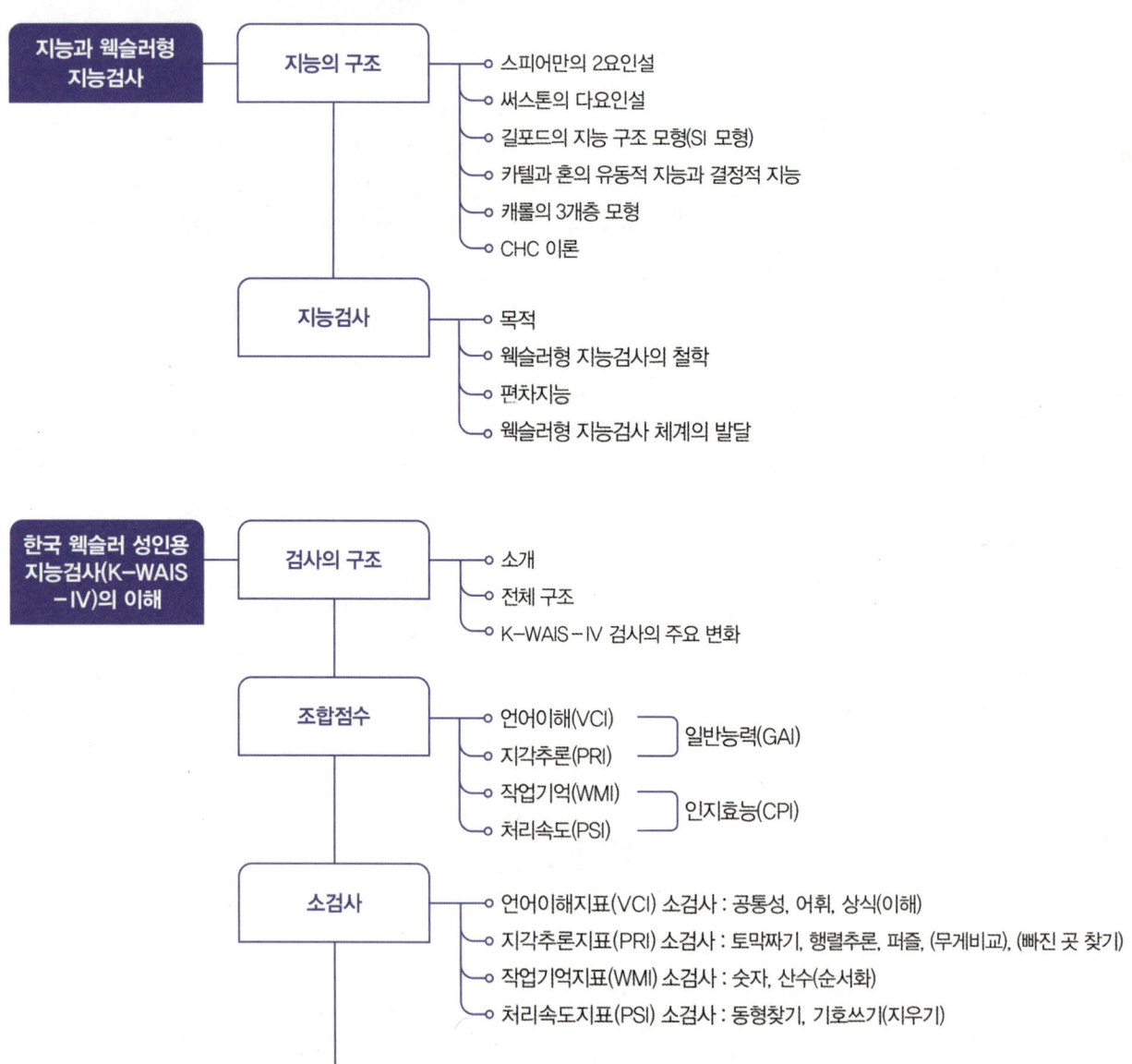

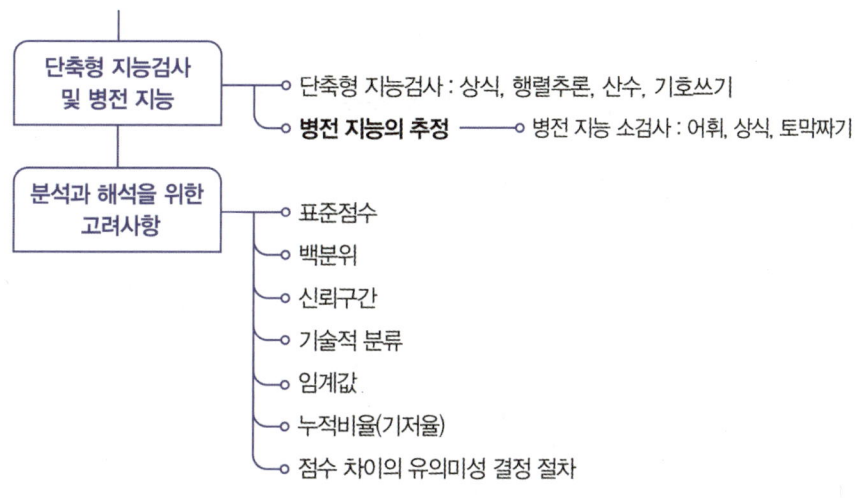
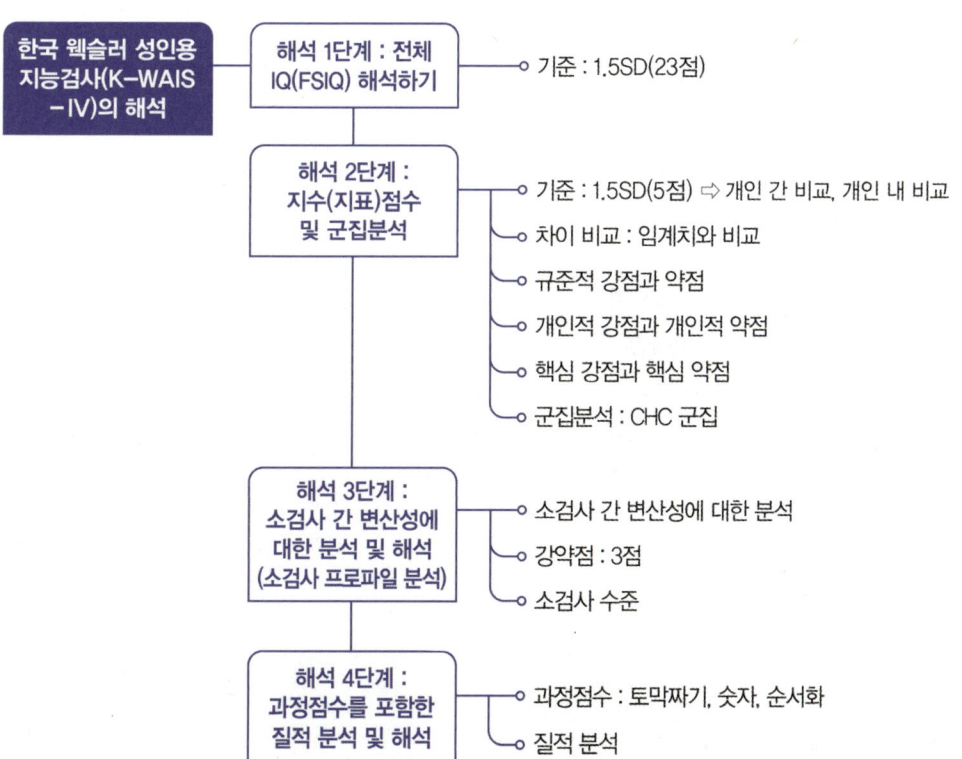

제10장 개념구조도

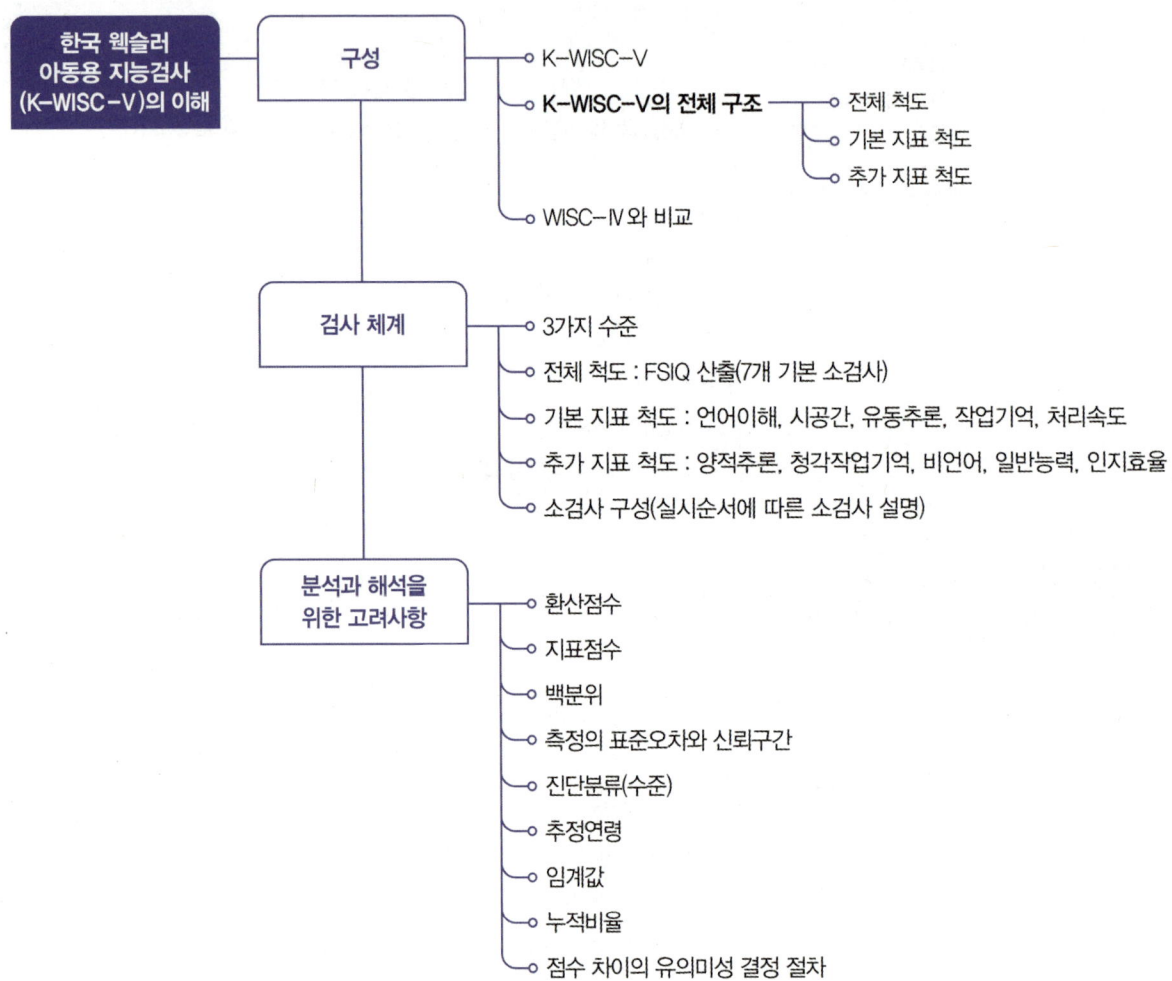

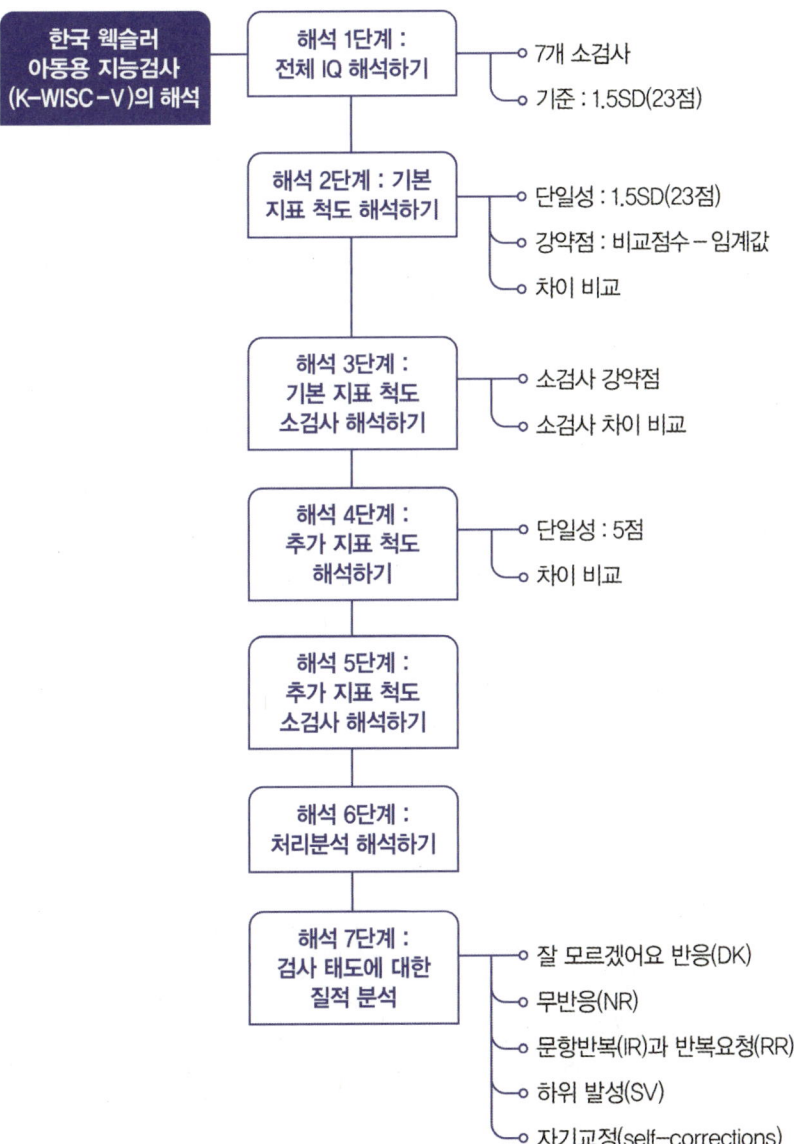

제10장 개념구조도

제5절 지능 및 인지기능검사 2

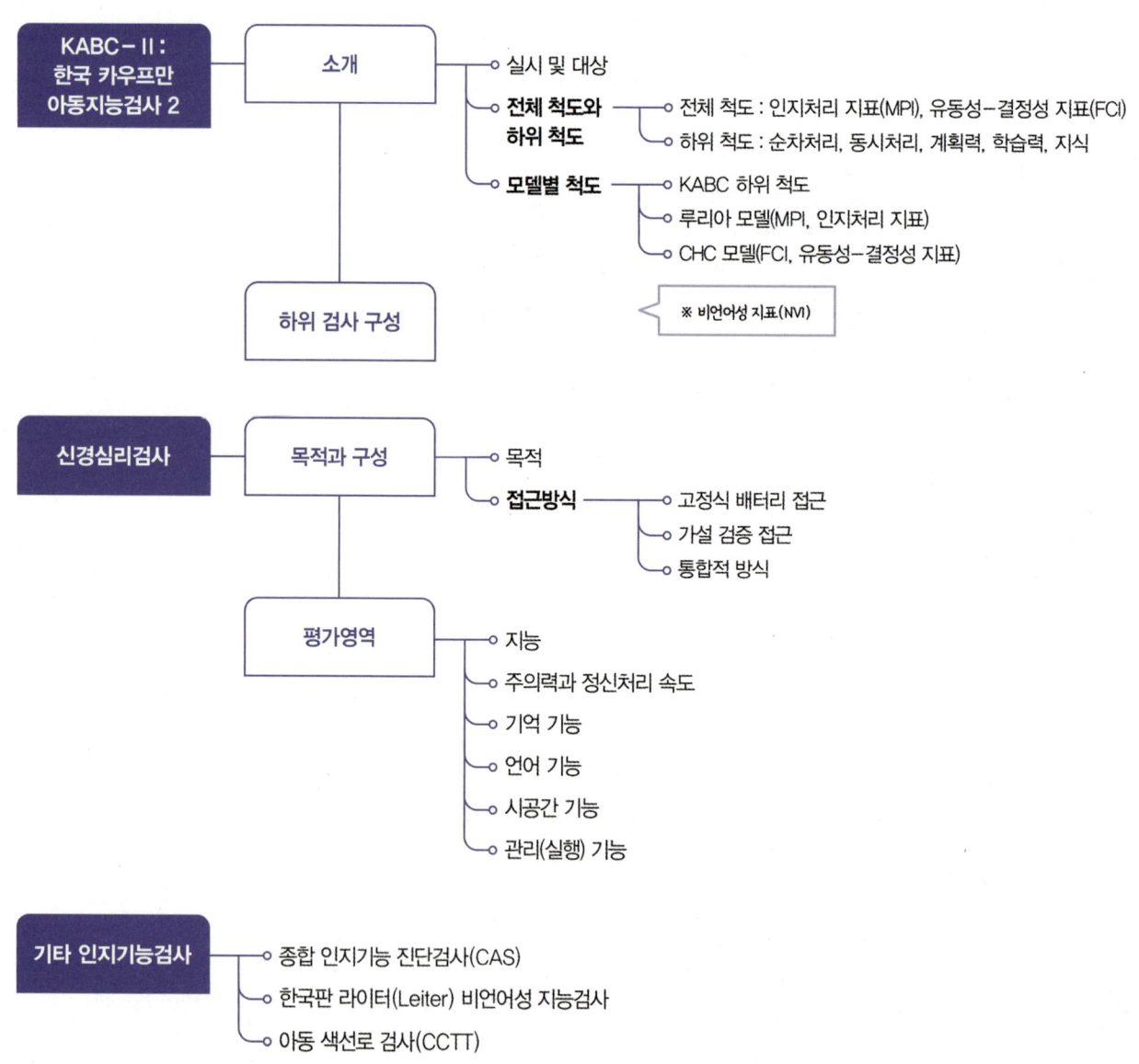

제6절 투사검사

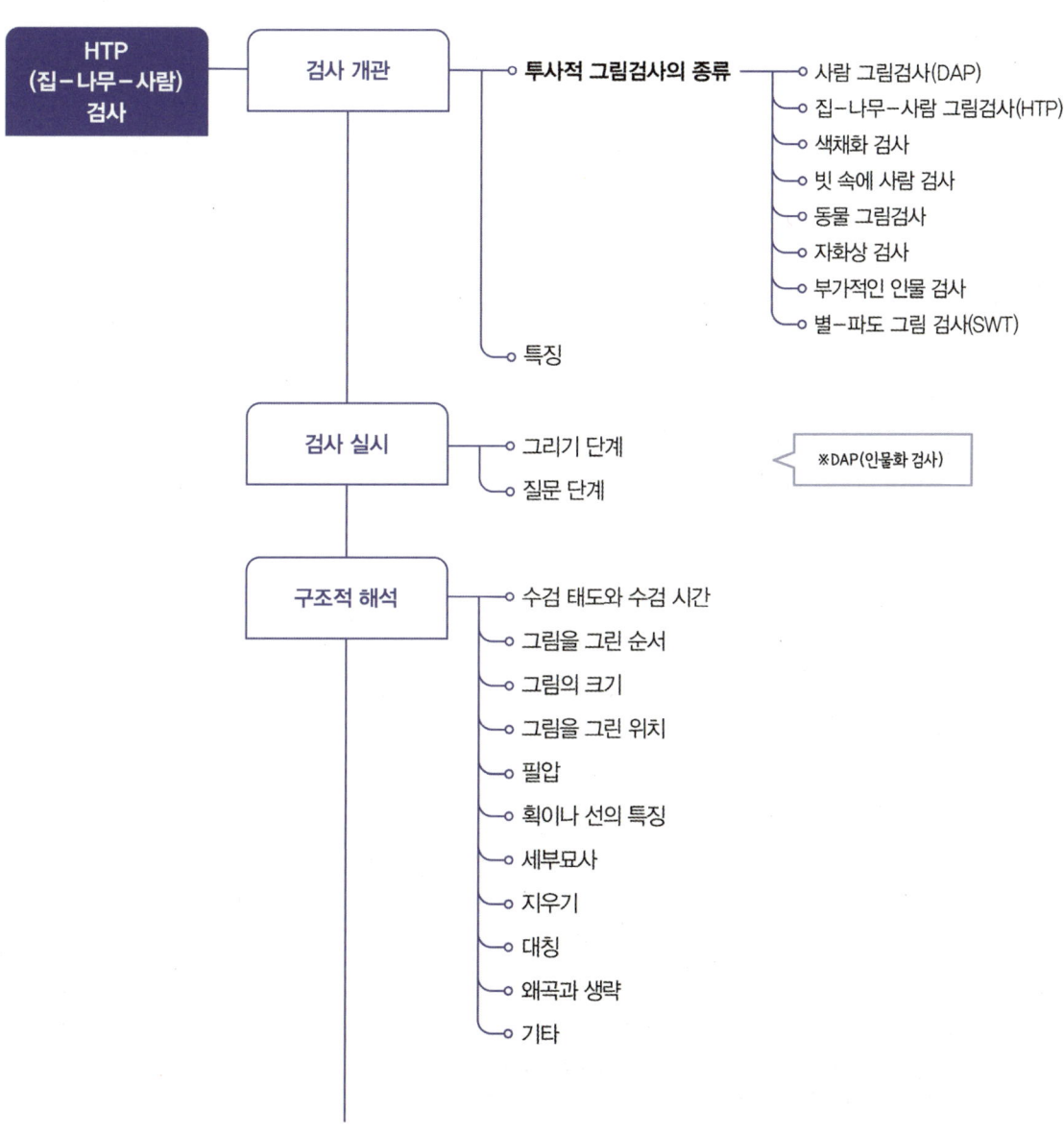

제10장 개념구조도

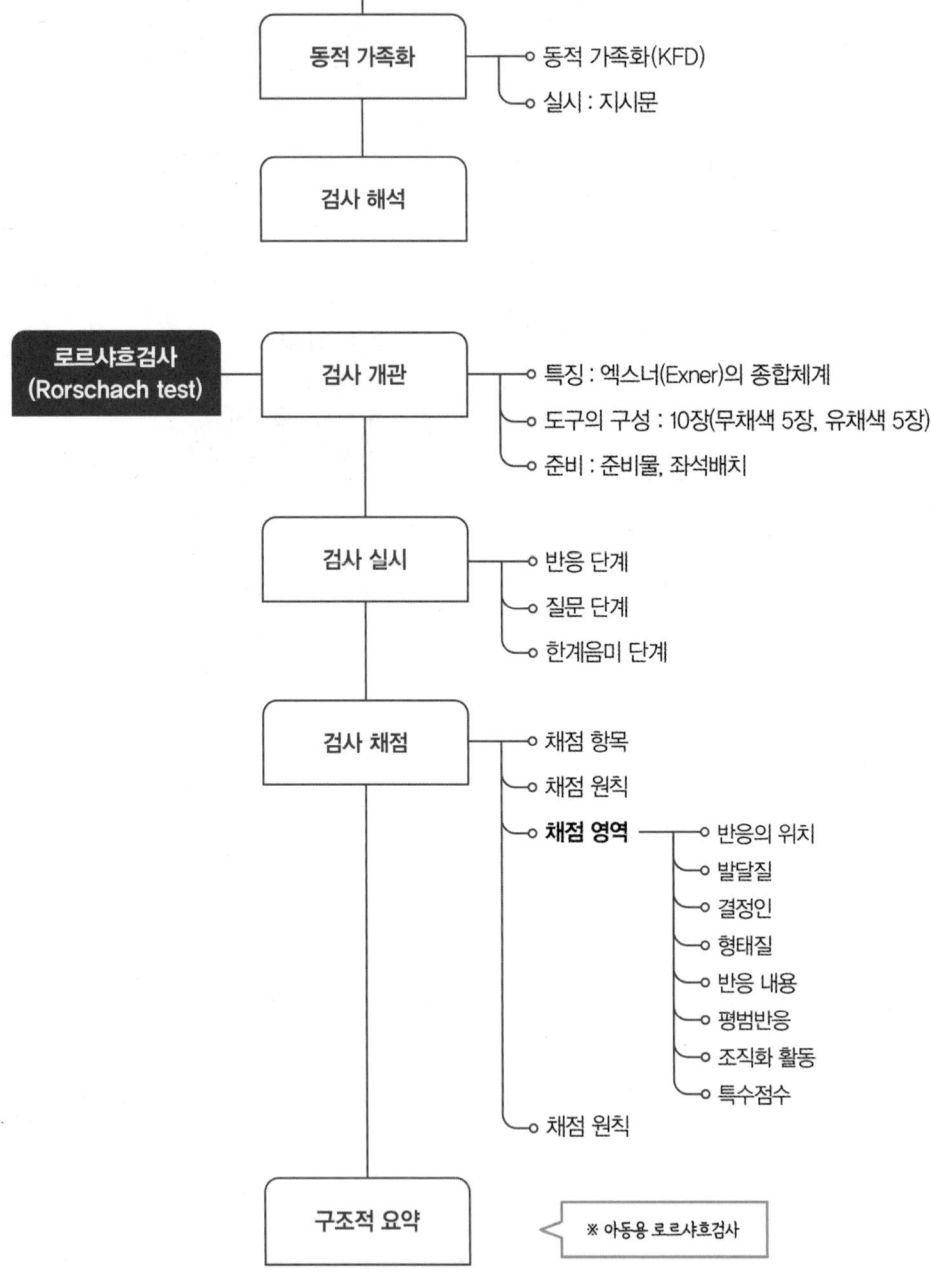

김진구 전문상담 기본개념 3

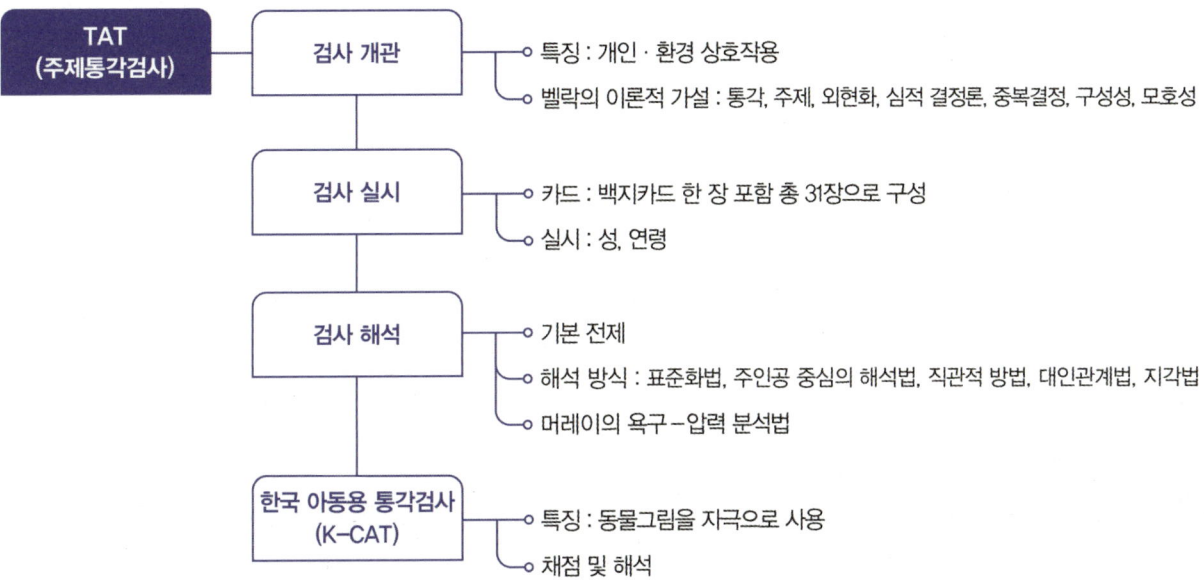

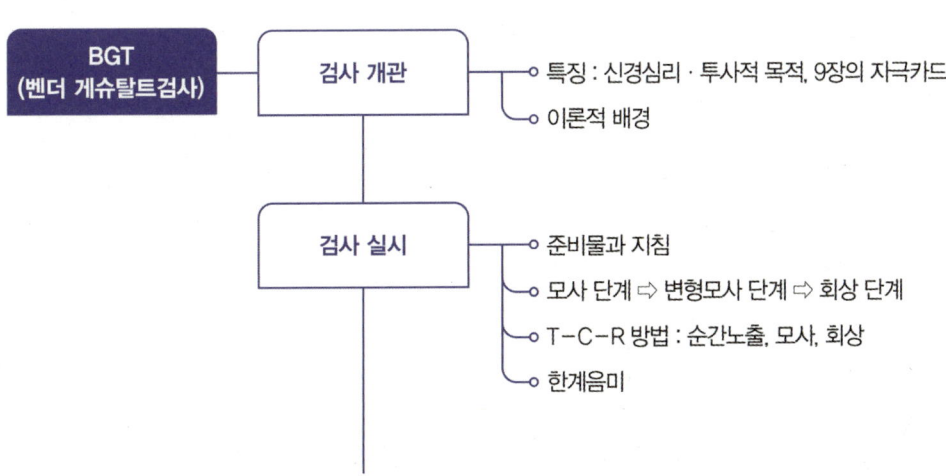

제10장 개념구조도 **37**

제10장 개념구조도

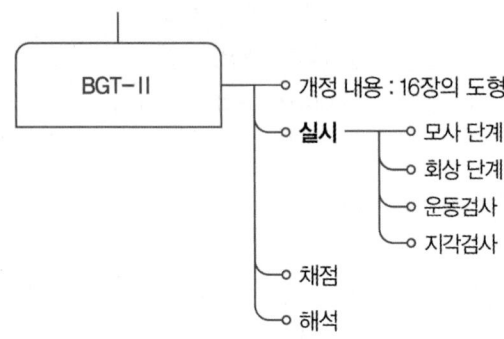

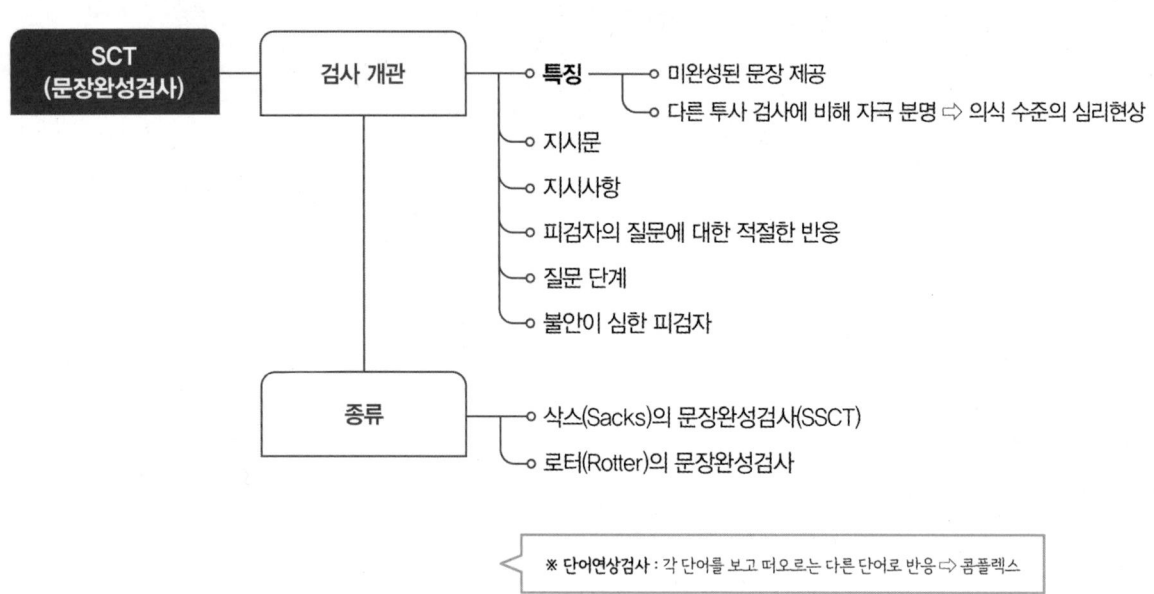

제7절 발달 및 적응검사

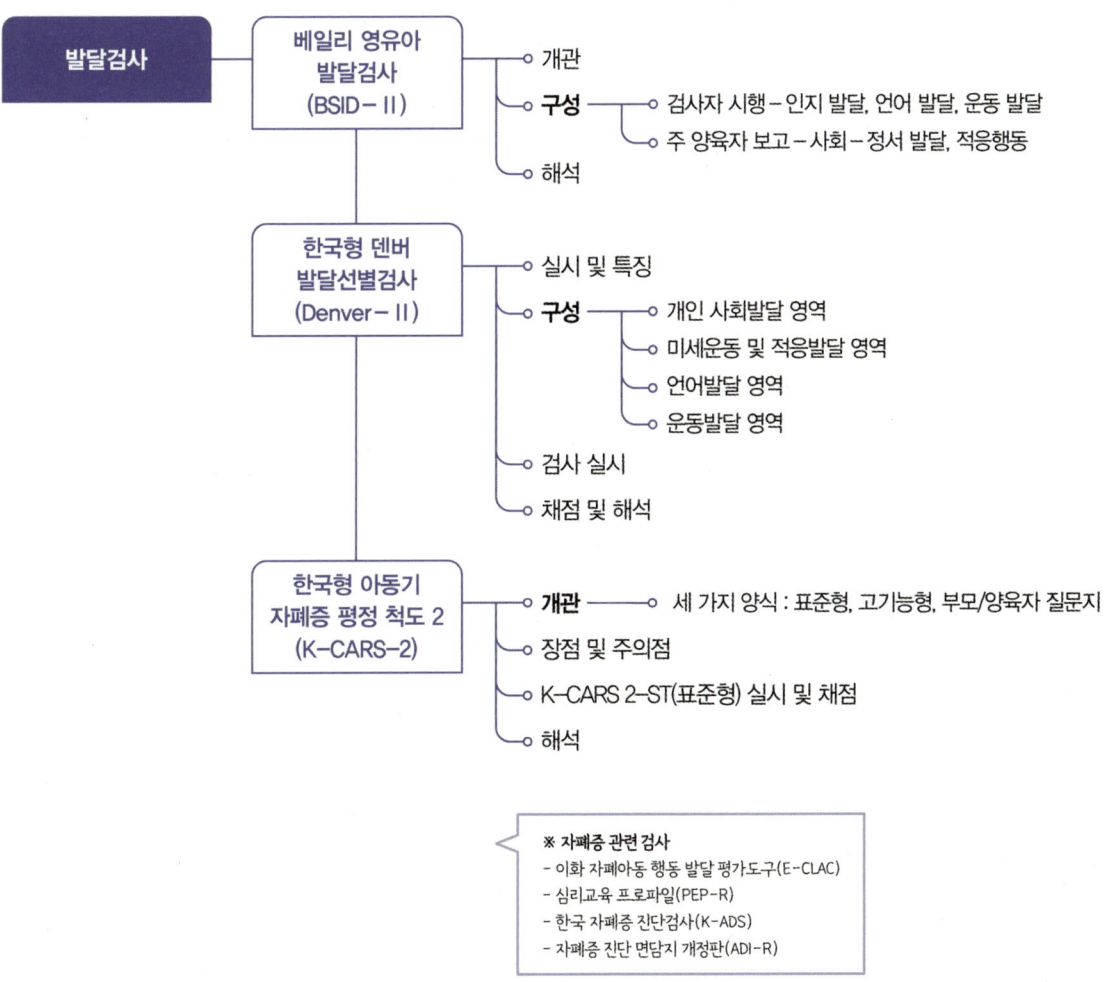

제10장 개념구조도

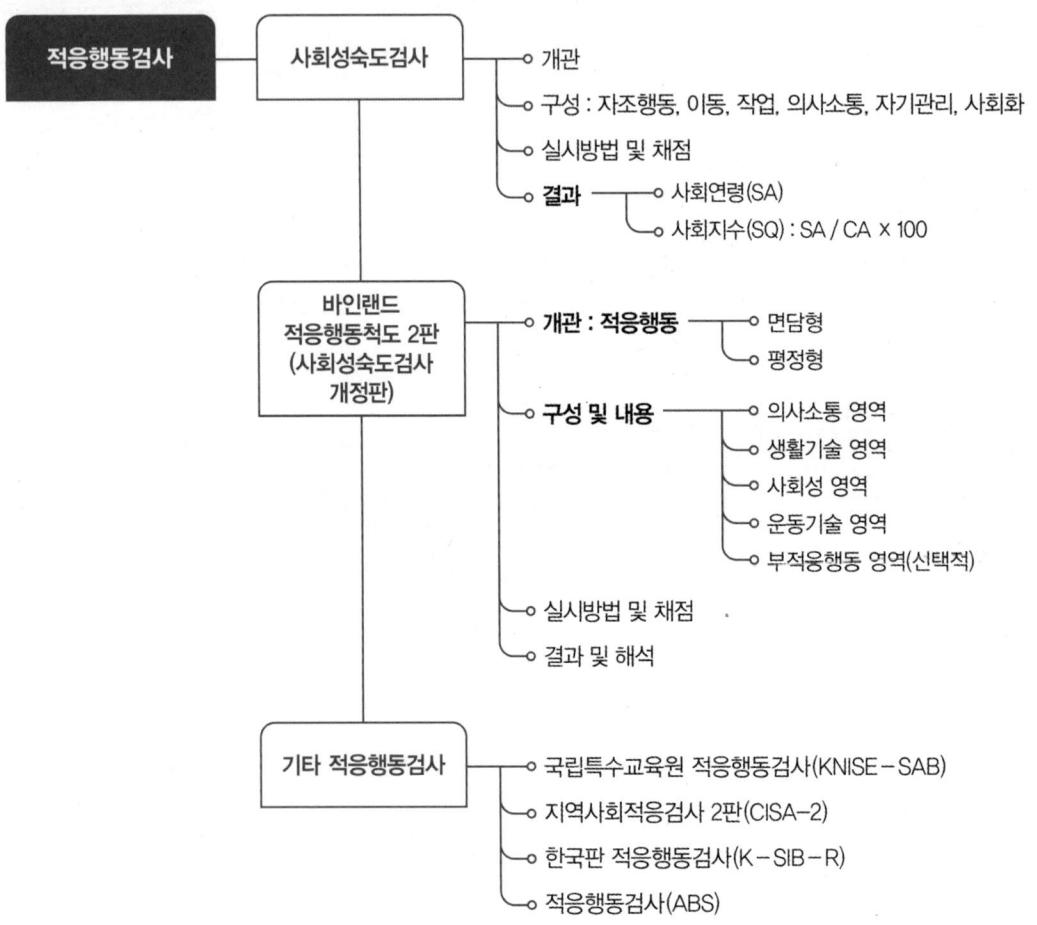

제8절 정서행동평가

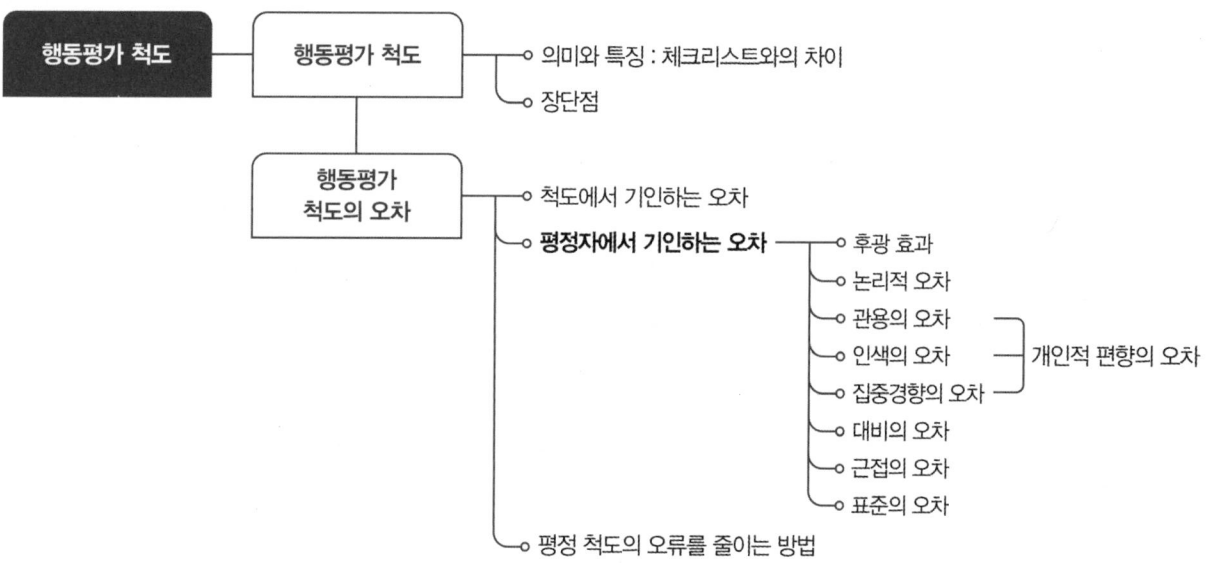

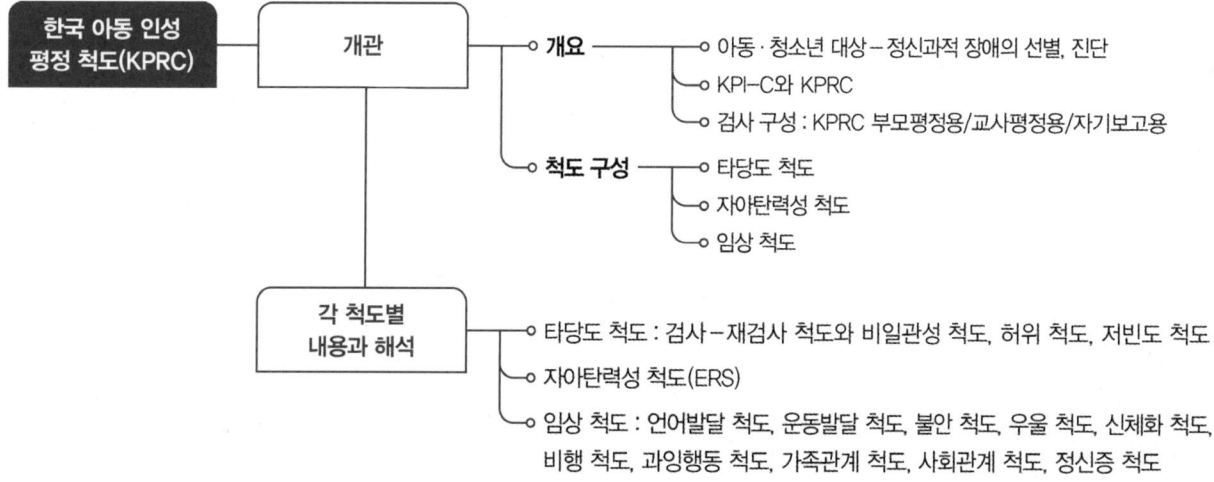

제10장 개념구조도

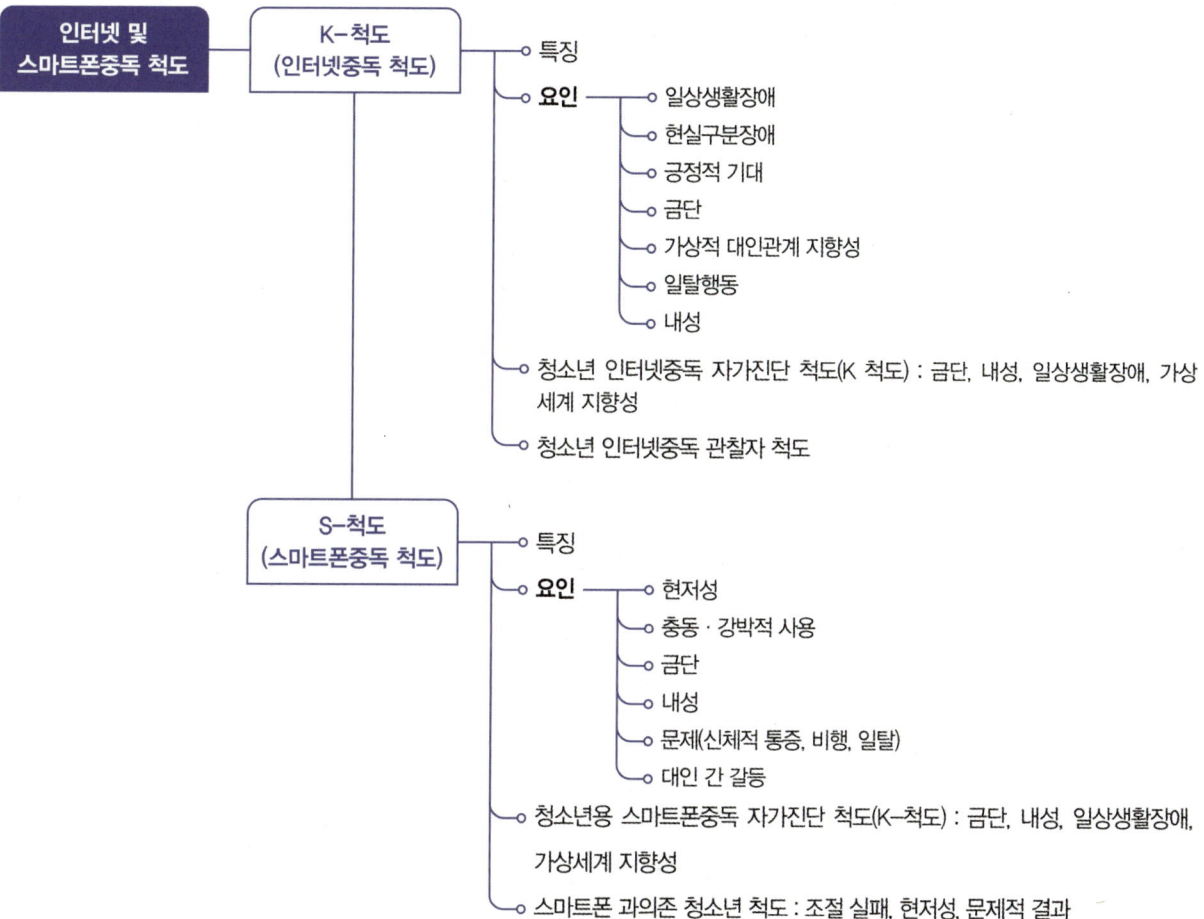

제10장 개념구조도

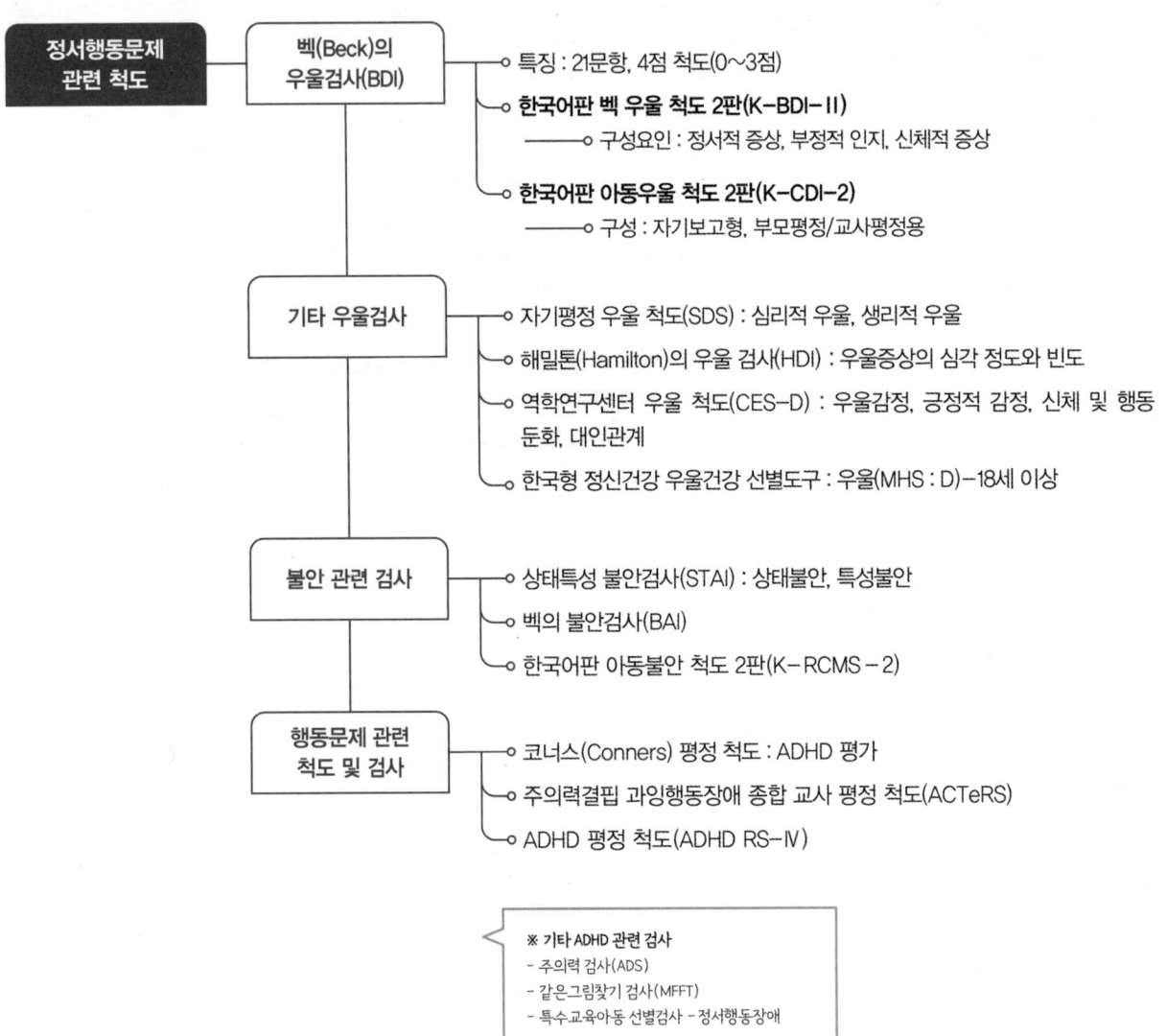

제9절 학습 관련 검사

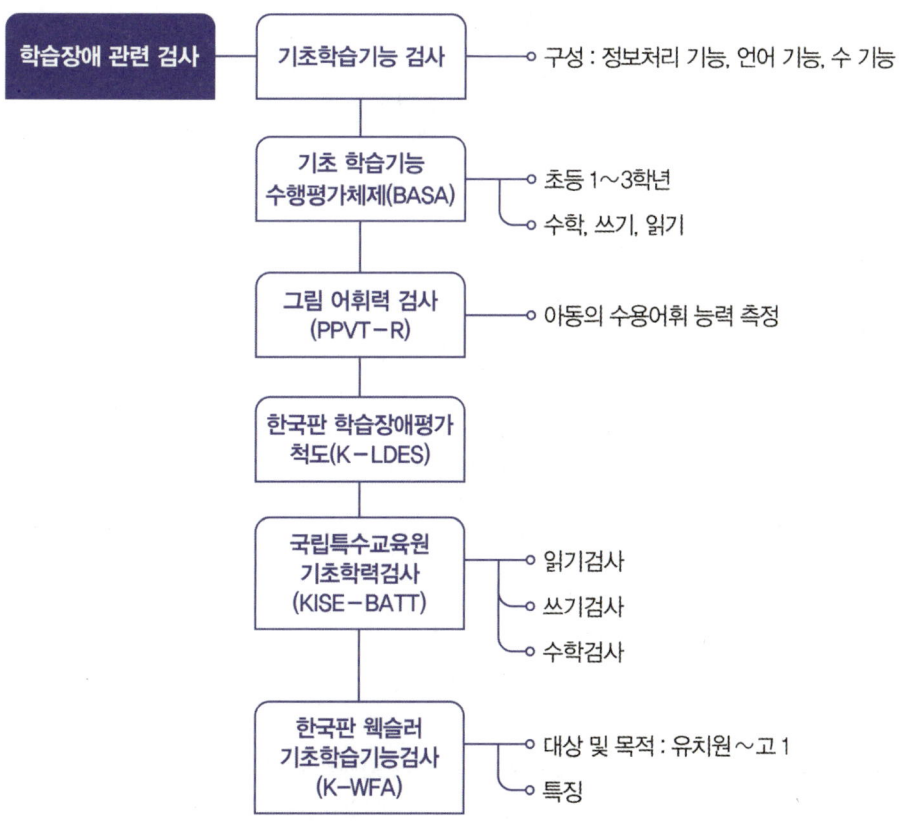

제10장 개념구조도

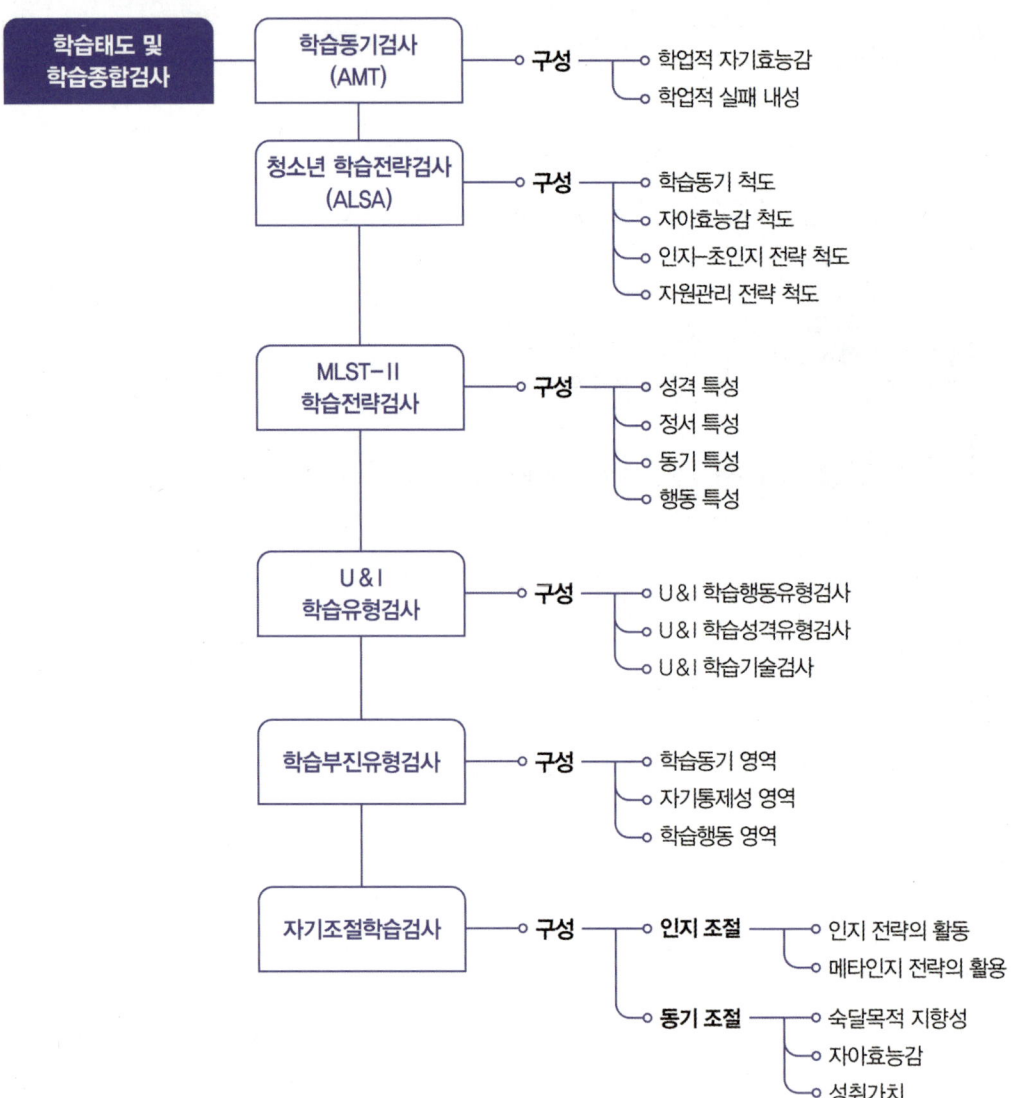

제10절 평가자료 활용

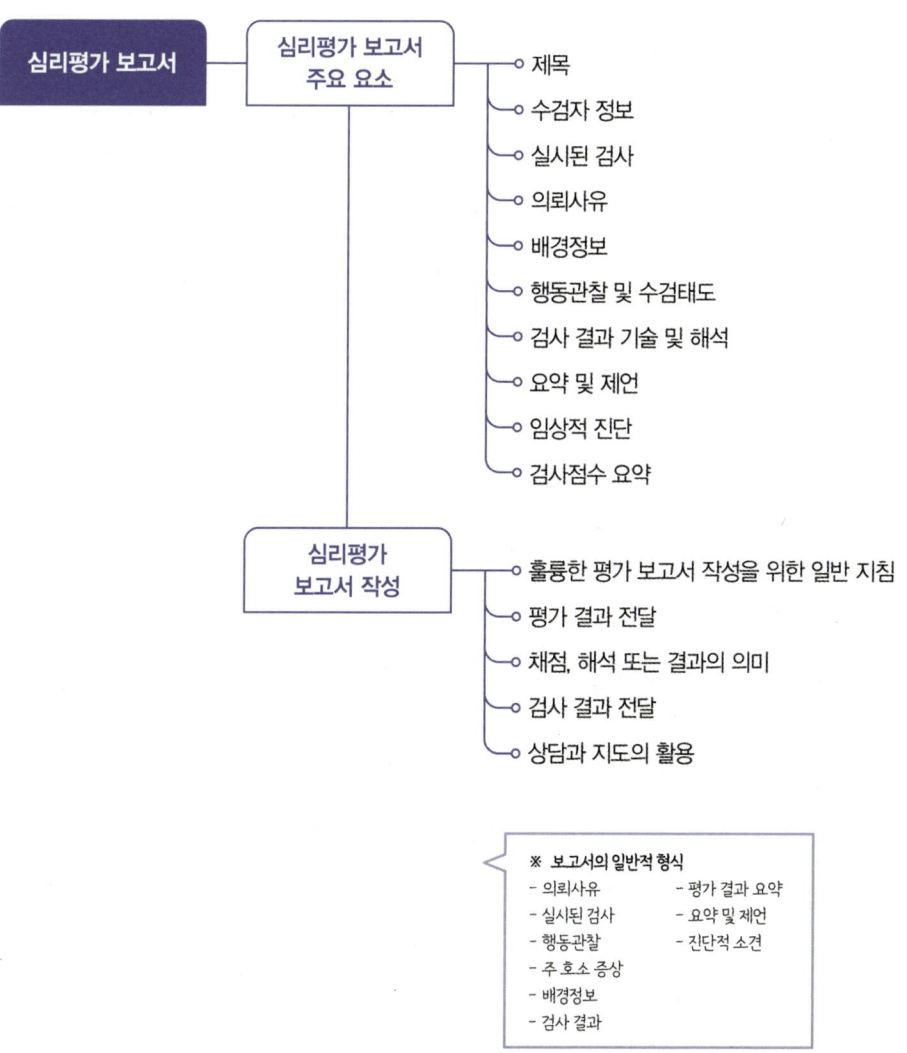

제1절 심리검사와 심리측정

01 심리검사의 이해

1. 심리평가와 심리검사

(1) 심리평가

> • 심리평가 = 심리검사 + 면담 + 행동관찰 + 기타 작업
> • 심리평가 시행 단계: 검사 의뢰 → 문제 분석 → 평가방법 및 절차 결정 → <u>검사 시행</u> → 면담 → 종합 해석 → 심리평가 결과 제시
>   ↕
>   행동관찰

① 심리검사를 통해 개인에 대한 정보를 수집하고 면담, 행동관찰을 통해 정보를 수집한 다음 모든 자료와 정보를 종합하는 과정이다.
② 심리검사를 시행하고 결과를 해석하는 데 그치지 않고, 다양한 방식으로 자료를 수집하고 이 자료를 바탕으로 종합적인 해석을 내리는 보다 전문적인 작업이다.

(2) 심리평가와 심리검사 비교

구분	심리평가	심리검사
과정	심리검사, 면담, 행동관찰 등을 이용하여 정보를 수집하고 이를 정리·요약하는 종합적인 과정	심리검사를 시행하고 검사 결과를 중심으로 해석하는 과정
목적	문제의 원인을 찾고 해결을 돕는 것	현재 행동을 객관적으로 기술하고 앞으로의 행동을 예측하는 것
정보의 객관성	정보의 의미를 추론하는 과정에 전문가 작업이라는 주관적인 요소가 개입됨	검사에서 얻은 원점수를 규준에 근거하여 표준점수로 환산하여 객관적인 정보를 제공함
전문가 역량	정보를 해석하는 과정에 전문가의 역량이 매우 크게 작용됨	전문성이 미치는 영향이 제한적

(3) 심리검사

① 정의: 행동표본을 표준절차에 따라 측정하고, 결과를 수량화하여 점수로 기술하도록 하는 측정도구이다. 또한 규준을 마련하여 획득한 점수의 의미를 알게 하고, 이를 토대로 개인의 행동을 이해하고 예측하게 한다.
② 특징
    ㉠ 표준화와 체계화의 조건으로서 주관적인 판단을 방지한다.
    ㉡ 양적 측정을 통해 개인 간 행동을 비교할 수 있다.
    ㉢ 피검자의 검사반응을 비교함으로써 개인 내 비교도 가능하다.
    ㉣ 일회적이거나 횡단적인 시행을 통해 개인의 행동을 부분 또는 전체적으로 평가할 수 있다.

③ 심리검사의 기본 조건
  ㉠ 심리검사는 심리학적 측정도구이다.
  ㉡ 심리검사는 행동표본을 측정한다.
  ㉢ 심리검사는 표준화된 도구이다.
  ㉣ 심리검사는 규준을 갖추고 있다.
  ㉤ 심리검사는 개인의 행동을 예언하고자 한다.
④ 목적 : 심리검사의 목적은 '임상 진단, 자아기능 평가, 치료전략 평가'이다.
⑤ 심리검사 유형

유형	특징
표준화 검사	• 정해진 절차에 따라 실시되고 채점되는 검사 • 검사조건이 모든 내담자에게 동일해야 하고, 채점이 객관적이어야 함 ➡ 규준에 의해 해석되며, 신뢰도 또는 타당도로 연구함
평정 척도	• 평정자의 관찰에 기초하여 다양한 성격, 행동을 평가하는 방법 • 대부분 주관적인 자료로 얻어지며, 자기평정, 타인평정, 환경평정 등이 있음
투사 기법	• 피검자에게 애매모호한 자극을 주고 이에 반응하도록 하는 방법 • 자극의 모호성 때문에 자극에 단순히 반응만 하기보다 자극을 해석하는 과정에서 자신을 드러내게 됨
행동관찰	• 행동 : 관찰과 측정이 가능한 행동 • 관찰 : 사전에 미리 계획하여 사건을 기록하는 것
생애사적 자료	• 내담자에 의해 보고되거나 역사적 기록에 반영되어 있는 개인의 성취, 경험을 말함 – 행동관찰과의 차이 : 관찰이 사전에 계획되지 않음 – 평정 척도와의 차이 : 판단에 의한 정보가 아닌 사실적인 정보임
생리학적 측정	• 근육 수축, 혈압 등의 본질적으로 비자발적인 신체적 기능 또는 신체적 언어를 측정하는 것 • 내담자의 행동을 모니터링하고 이해하는 데 중요함

(4) 심리검사 표준검사집(배터리검사, Battery)
① 장점
  ㉠ 어느 검사든 모든 영역을 다룰 수 있을 정도로 평가영역이 넓지 못하기 때문에, 여러 심리검사를 함으로써 수검자의 다양한 특성과 기능에 관심을 기울이고 개인에 대한 폭넓은 자료를 제공할 수 있다.
  ㉡ 다양한 심리검사는 평가영역이 어느 정도 중첩되기 때문에 단일 검사로부터 얻은 결과의 타당성이 다른 검사의 결과를 통해 검증될 수 있다.
② 문제점
  ㉠ 배터리검사는 검사를 시행한 후 수집된 검사자료 중 일부 결과만을 선택적으로 사용한다.
  ㉡ 심리검사의 예견적 능력이 배터리검사의 결과를 모두 합한다고 증가하는 것은 아니므로, 검사 시행에 소모되는 시간과 노력의 투자에 비해 효용성이 충분하지 않다.
③ 시행 순서(배터리검사를 임상 장면에서 사용할 경우)

> 1. 주로 간단하고 검사자와 수검자 간 거리가 유지되는 검사(예 벤더-게슈탈트검사, 인물화검사)를 시행한다.
> 2. 최대 능력이 요구되는 지능검사, 신경심리학적 검사 등을 시행한다.
> 3. 로르샤흐검사, 주제통각검사 등 투사적 검사를 시행한다.
> 4. 자기보고식 검사(예 MMPI, 문장완성검사)는 이러한 배터리검사의 시행 전후에 실시한다.

2. 심리검사의 분류

(1) **표준화 검사와 비표준화 검사**
   ① 표준화 검사 : 검사의 실시, 채점, 해석에 동일한 절차와 조건을 갖추고 규준이 있어, 동일한 조건인 사람 간의 상대적인 비교가 가능한 측정도구이다.
      예 지능검사, 적성검사, 성취검사, 흥미검사 등
   ② 비표준화 검사 : 표준화되지 않은 평가도구로, 검사 제작과정을 설명하는 통계자료가 없는 검사도구이다.
      예 관찰, 일화기록, 평가 척도, 점검표, 질문지, 자서전, 카드분류법 등

(2) **구성개념에 따른 분류**
   ① 인지(지능)검사 : 지적 능력과 관련된 인지적 능력을 측정한다.
      예 지능검사, 적성검사, 성취검사, 학력검사 등
   ② 성격검사 : 행동의 정서적·비지적 측면을 측정하며, 정서 상태, 대인관계, 동기, 흥미, 태도 등이 포함된다.
      예 성격검사, 흥미검사, 불안검사, 가치관검사, 자아개념검사 등

(3) **구조화 정도에 따른 분류**

구분	객관적 검사	투사적 검사
검사 자극	검사 자극의 의미가 명확함 (높은 안면 타당도)	검사 자극의 의미가 모호함 (낮은 안면 타당도)
질문	질문이 통일되어 있음	질문이 통일되지 않을 수 있음
응답 방식	정해진 형식에 따라 응답하도록 구성됨	자유롭게 응답할 수 있게 구성됨
예시	MMPI, MBTI, CPI, 웩슬러 지능검사 등	로르샤흐검사, TAT, SCT 등

참고 투사적 검사와 객관적 검사의 장단점

구분		내용
투사적 검사	장점	• **검사반응이 독특함** : 개인의 독특한 반응이 드러나게 한다는 점에서 개인을 이해하는 데 유용함 • **방어가 어려움** : 불분명하고 모호한 자극이 제시되므로, 수검자가 자극을 검토하여 의도적으로 방어적 행동을 하는 것이 어려움 • **반응이 풍부함** : 검사 자극이 모호하고, 검사 지시에서 일정한 응답 방식을 요구하지 않아 개인의 반응이 다양하게 표현되며 개인의 독특한 심리적 특성을 잘 반영해 줌 • **개인의 무의식 내용이 반영됨** : 무의식적인 심리 상태가 잘 반영되는 이유는 생소하고 모호한 자극을 제시함으로써 의식화되지 않던 사고나 감정이 표현되도록 하기 때문임
	단점	• **신뢰도가 낮고 일관성이 부족함** : 표준절차를 실시한다고 해도 평가자에 따라 채점과 해석이 달라질 수 있고, 검사의 반응이 개인의 지속적인 특성을 반영하는 것이 아니라, 정신 상태나 변화된 상태를 반영하기 때문에 반응의 일관성이 부족함. 또한 검사 전체 또는 일부분이 일관된 내용을 평가하는지 확인하기도 어려움 • **타당도 문제가 있음** : 투사적 검사 해석의 근거가 과학적으로 충분히 검증되지 않음 • **검사반응이 상황에 따라 영향을 받음** : 검사자의 성, 태도, 수검자의 선입견 등이 검사 반응에 영향을 미치므로 수검자의 특성 외에도 검사 시행의 상황적 조건이 영향을 끼칠 수 있음

객관적 검사	장점	• 검사 실시가 간편함 : 검사 실시와 채점의 표준절차가 마련되어 있고, 객관적인 근거에 따라 해석이 이루어진다는 점에서 사용이 간편함 • 검사 제작과정에서 신뢰도와 타당도가 확보되어 있으며, 표준화 검사라는 장점이 있음 • 객관성이 보장됨 : 검사자 변인이나 검사 상황 변인에 따른 영향을 적게 받고, 준거에 따라 개인 간 비교가 가능하므로 검사자의 주관성이 배제될 수 있음
	단점	• 사회적 바람직성 문제 : 수검자가 검사 내용에 대해 사회적으로 바람직한가에 따라 반응하는 경향이 있는데, 이것이 응답 결과에 영향을 줌 • 반응 경향성이 나타남 : 개인마다 응답 방식에 특정한 흐름이 있음. 긍정적인 방향으로 응답하거나 부정적인 방향으로 응답하거나 중간 수준에서 응답하는 등 개인의 독특한 반응 경향성에 따라 검사반응이 영향을 받음 • 문항 내용이 제한됨 : 알아내고자 하는 행동을 대표적으로 나타내는 문항을 중심으로 구성되므로, 개인에게 의미 있는 독특한 내용은 제시되지 못함

(4) **최대능력검사와 행동표현검사**
① 최대능력검사 : 자신의 능력을 최대로 시험해 보이도록 최선을 다해 응답하는 검사이다.
  예 지능검사, 적성검사
  ➡ 정답과 오답이 존재하며 인지 기능과 발달적 기능의 수준과 양상을 측정한다. 이 검사는 수검자가 능력을 발휘하기 위해 최대한 노력한다는 점이 전제가 된다.
② 행동표현검사 : 일상생활에서 흔히 보이는 행동이나 가상으로 주어진 상황에서 취할 확률이 가장 높은 행동을 측정하는 검사이다.
  예 성격검사, 흥미검사 등
  ➡ 정답과 오답이 없고 시간 제한을 받지 않는다. 성격, 태도, 동기 등의 측정에 흔히 사용된다.

(5) **속도검사와 역량검사**
① 속도검사 : 짧은 시간 안에 완성해야 하는 많은 문제로 구성되는 검사이다.
  예 손가락 및 손동작 검사, 계산 속도 및 정확도 검사 등
② 역량검사 : 난이도가 다양한 문제를 주어진 시간 안에 응답해야 하는 검사이다.
  예 지능검사, 성취도 검사 등

(6) **규준참조검사와 준거참조검사**
① 규준참조검사 : 검사 개발자가 특정 개인의 점수를 다른 사람들의 점수와 비교하는 데 우선적인 관심을 둔다.
  ➡ 점수를 규준집단에서의 상대적 위치, 서열에 비추어 해석하는 평가방식이다.
  ㉠ 장점 : 원점수의 상대적 위치를 알려 주기 때문에 선발을 목적으로 사용하는 경우 의사결정이 명확하다. 또한 구성원 간의 경쟁을 바탕으로 학습자들의 경쟁을 유발할 수 있다는 측면이 있다.
  ㉡ 단점 : 학생들이 실제로 알고 있는 것이나 할 수 있는 것이 무엇인지, 또는 현재 학생들이 보여주는 특성이 어떠한지에 대한 직접적인 답을 주지 않는다.
② 준거참조검사 : 검사 개발자가 개인의 점수를 이미 정해진 기준점수와 비교하여 전체적으로 기준점수를 넘은 사람이 얼마나 되는지 파악하는 데 우선적인 관심을 둔다.
  ➡ '무엇을 어느 정도 할 수 있는가?'에 비추어 점수를 해석하는 평가방식이다.
  ㉠ 장점 : 해당 피검자가 검사내용으로 측정하고자 하는 능력이나 특성을 가지고 있는지 여부를 직접적으로 보여준다는 점에서 유용하다.

ⓒ 단점 : 연속적인 점수분포 안에서 어떤 점수를 기준으로 피검자들을 분류할지를 결정하는 것이 임의적이라는 특징이 있다. 즉, 평가자마다 설정하는 준거점수가 다를 수 있기 때문에 이에 대한 구체적이고 체계적인 절차가 개발되어야 한다.

3. 심리검사 선정과 실시

(1) 심리검사 선정

① 심리검사를 선정할 때에는 내담자의 상태와 심리검사의 특성이 모두 고려되어야 한다.

② 선정 시 고려해야 할 요소
  ㉠ 수검자가 심리검사를 받고자 하는 목적을 명확히 해야 한다.
  ㉡ 수검자에게 도움이 되는 심리검사를 선정해야 한다. 가령, 수검자가 자신의 성격을 이해하기 위해 심리검사를 실시하고자 하는 경우, 성격을 이해하고 싶은 이유를 물어보고, 성격 이해를 바탕으로 직업을 선택하고자 한다면 진로와 관련된 심리검사를 활용할 수 있다.
  ㉢ 사용할 수 있는 심리검사의 특성을 고려하여 가장 적절한 심리검사를 선정해야 한다. 이를 위해 심리검사의 신뢰도, 타당도, 문화공정성, 실용성 등을 고려하여 선정할 수 있어야 한다.

> **참고** 검사 선택과정에 수검자를 참여시키는 이유
> - 검사 결과와 해석을 받아들이는 과정에서 방어적인 태도를 거의 보이지 않게 되고 검사 결과를 객관적으로 인식할 수 있다.
> - 심리검사에 대한 막연한 불안감을 가지는 학생이 있을 수 있다.
> - 검사 결과와 해석에 대한 방어를 감소시키고 기꺼이 받아들일 가능성을 높일 수 있다.
> - 학생에게 선택권을 부여함으로써 검사 효과를 극대화할 수 있다.

③ 상담을 위해 내담자와 함께 심리검사를 선정할 때는 다음 사항에 유의할 필요가 있다.
  ㉠ 심리검사가 주는 불안을 낮추기 위해서는 내담자에게 심리검사의 목적이 내담자를 평가하려는 것이 아니라 내담자 스스로가 자신을 더 잘 이해할 수 있도록 돕는 것이라는 점을 분명히 밝혀야 한다. 또한 어떤 결과가 나오더라도 내담자를 수용할 것이라고 느낄 수 있게 해주어야 한다.
  ㉡ 가능하면 상담과정에서 어떤 심리검사를 사용할 것인지에 대해 내담자와 의논하는 것이 필요하다.
  ㉢ 내담자가 심리검사를 받아 보고 싶다고 말하는 내용을 있는 그대로 받아들이지 말고, 심리검사를 요구하는 내적 의미를 탐색해 볼 필요가 있다.

(2) 심리검사 실시

① 집단검사 : 학생을 조사, 진단, 예측하는 기능을 주로 활용한다.
  ㉠ 학교 등 단체에서 심리검사의 목표에 맞는 표준화 검사 계획을 수립한 후, 매뉴얼대로 검사를 실시한다.
  ㉡ 교사를 대상으로 심리검사 실시 및 해석방법에 대한 연수를 진행할 수도 있다.
  ㉢ 학급이나 집단별로 심리검사 결과를 설명하고, 개별 상담이 필요한 학생을 선정하여 따로 상담을 진행할 수도 있다.

② 개별검사 : 집단검사와 달리 개인의 특성을 좀 더 면밀하게 살펴볼 수 있다.
  ㉠ 심리검사를 신청했거나 개별검사가 필요한 개인을 대상으로 심리검사를 할 수 있다.
  ㉡ 심리검사에 대한 오리엔테이션을 실시할 때 검사 목적, 진행 절차, 시간 등 개략적인 정보를 제공하는 것이 좋다.

ⓒ 매뉴얼에 따라 심리검사를 실시하고 해석을 진행한다.
　　ⓔ 검사 결과에 따라 심층 검사를 요구하는 수검자를 선정하고 개별 상담을 하거나 심각한 경우 전문기관에 의뢰하도록 한다. 이후 지속적으로 모니터링하고 종결 이후 추수 상담으로 마무리한다.
③ 심리검사 실시의 주의사항 : 심리검사의 신뢰도, 타당도 및 윤리적 사용을 보장하기 위해 다음과 같은 사항에 유의한다.
　　㉠ 일관성과 공정성을 보장하기 위해 표준화된 검사 시행 절차를 따라야 한다.
　　㉡ 심리검사 매뉴얼에서 제공하는 적절한 채점 방법과 지침을 사용하여 수검자의 응답을 정확히 기록한다.
　　㉢ 자신의 역량과 전문성 영역 내에서만 심리검사를 실시한다.
　　㉣ 수검자가 평가의 목적과 중요성을 이해할 수 있도록 한다.

(3) 검사 해석
① 검사에 대한 전문적인 지식을 가진 사람이 담당한다.
② 검사 해석에 앞서 피검자가 검사에 대해 비현실적 기대를 하고 있는지 확인한다.
③ 검사 결과는 해당 검사의 규준에 따라 해석하고, 측정 용어에 대한 상세한 설명은 혼란을 초래할 수 있으므로 가급적 생략하며, 설명이 필요한 경우 피검자의 지적 수준에 맞게 설명한다.
④ 검사 결과는 잠정적인 어조로 설명한다.
⑤ 검사 해석 시 상담기술을 활용하여 학생의 적극적인 참여를 유도한다.
⑥ 검사 결과로 인해 피검자가 낙인찍히는 상황이 생기지 않도록 한다.

02 심리측정

1. 심리측정과 심리적 구성개념

(1) 개념
① 측정(measurement) : 관심 있는 대상의 특정한 속성에 숫자를 부여하는 것이다.
② 사정(총평, 평가, assessment) : 교육적 의사결정에 필요한 자료를 수집(조사)하는 과정으로 정의된다. 이때 얻은 자료에는 양적·수량적 자료뿐만 아니라 질적 자료도 포함된다.
③ 평가(사정, evaluation) : 측정과 사정을 통해 얻은 자료를 바탕으로 관심 대상이 가진 속성에 값어치를 매기는 것, 즉 가치판단을 하는 것으로 '수집된 자료에 근거한 가치판단을 통해 의사결정을 내리는 과정'이다.

(2) 심리측정
① 상황적 조건에 따라 달라질 수 있는 개인의 행동을 대표할 수 있는 행동을 표집하여 추상적 구성개념을 간접적으로 측정하는 과정이다.
② 접근방식
　　㉠ 이론적 접근방식 : 측정하려는 이론적 구성개념을 문항이 다루고 있는지를 기준으로 선정된다.
　　㉡ 경험적 접근방식 : 검사 제작의 첫 단계에서 측정하고자 하는 구성개념의 조작적 지표를 경험적 방식에 따라 결정한다.
　　㉢ 절충식 접근방식 : 문항은 이론에 따라 작성되지만 문항의 심리측정적 속성과 경험적 관계에 따라 선정한다.

(3) 심리적 구성개념 측정의 문제점
① 모든 구성개념이 보편적으로 받아들여지는 유일한 측정방법은 존재하지 않는다.
② 심리측정은 보통 제한된 표본의 행동들을 근거로 한다.
③ 측정은 항상 오차 가능성이 있다.
④ 측정 척도상에 잘 정의된 단위가 없다는 것이 또 하나의 문제를 제기한다.
⑤ 심리적 구성개념은 조작적 정의의 측면에서만 정의될 수 없고, 다른 구성개념이나 관찰 가능한 현상과의 관계를 입증해야만 한다.

> **참고** 심리측정 관련 용어
>
> - 측정(measurement): 사물이나 사물의 어떤 속성, 특질을 대상으로 일정한 규칙에 따라 수를 할당하는 과정이다.
> - 평가(assessment): 심리학적 판단을 내릴 목적으로 심리검사, 면담, 행동관찰 등의 방법을 이용하여 개인에 관한 자료를 수집하고 통합하는 과정을 의미한다.
> - 사정(evaluation): 피검자의 행동에 관한 측정 결과를 표준적인 기준과 비교하여 그 가치나 질을 판단하는 과정을 의미한다.
> - 인벤토리(inventory): 성격, 흥미, 태도, 활동 등의 측정을 위해 구성된 일련의 질문 문항 세트인 질문형 검사로, 자기보고형 검사가 이에 속한다.
> - 설문지(questionnaires): 흔히 자기보고식 인벤토리와 동의어로 사용된다. 개인이 직접 응답하는 자가 진술을 얻기 위해 설문지가 사용되고 각 진술은 '네', '아니요' 등의 답을 요구한다.
> - 검사(test): 정보를 얻고, 얻은 정보를 수치나 점수로 전환하기 위해 구체적인 절차를 이용하는 측정의 한 유형이다. 검사는 관찰, 면접과 같은 주관적인 측정기법과 구분될 수 있지만 넓은 의미에서는 이러한 주관적인 평가기법을 포함하기도 한다.
> - 척도(scale): 심리검사와 관련하여 척도가 사용될 때 심리적 특성을 재는 측정도구를 의미하는 경우가 많다. 비네(Binet)와 시몬(Simon)이 만든 지능검사는 'scale'이라는 명칭이 사용되었고 성격 척도, 태도 척도 등 검사를 지칭하는 용어로 사용되기도 한다. 원래 척도는 길이, 무게, 넓이 등을 재기 위해 만든 일정 단위의 눈금 또는 도량형을 의미한다.

2. 점수의 유형

(1) 원점수(raw score)
① 피검자가 옳은 반응을 보이거나 옳은 반응을 보인 것으로 가정되는 문항에 부여되는 배점들을 합산한 점수로, '획득점수'라고도 한다.
② 피검자의 수행에 대해 의미 있는 해석을 할 수 있는 정보를 제공하지 못한다.

(2) 변환점수
① 백분율점수(percentage score): '총점에 대한 획득점수의 백분율'을 말하며, 백분율은 다른 점수와 상대적으로 비교할 수 없다.
② 유도점수(derived score): 점수 간의 상대적 비교가 가능하도록 원점수를 변환한 점수이다.
  ㉠ 발달점수(developmental score): 평가대상 학생의 발달 정도를 나타내는 점수로, 등가점수와 지수점수가 있다.

구분	내용
등가점수 (equivalent score)	• 연령 등가점수와 학년 등가점수로 나눌 수 있음 • 특정한 대상 학생이 얻은 원점수가 어떤 연령 또는 학년의 평균적인 수행에 해당하는지를 나타내는 점수 예 사회연령, 정신연령, 발달연령 등
지수점수 (quotient score)	• 대상 학생의 연령 등가점수를 생활연령으로 나누고 100을 곱해 산출한 값 • 생활연령에 대한 연령 등가점수의 비율(%)이므로 '비율점수(ratio score)'라고도 함

ⓒ **상대적 위치점수** 기출16 : 대상 학생의 수행 수준을 그가 속한 집단 또는 또래집단 내에서의 상대적 위치로 표현한 점수로, 백분위 점수, 표준점수, 스테나인 점수 등이 있다.

구분	내용
백분위 점수 (percentile score)	어떤 점수가 서열순위 내에 위치할 때 그 밑에 위치하는 비교집단의 사람 비율 (자신보다 점수가 낮은 사람들의 백분율)
표준점수 (standard score)	• 사전에 결정된 평균과 표준편차를 가지고 정규분포를 이루도록 변환한 점수를 총칭함 • 정규분포에서 특정 원점수가 평균에서 얼마나 떨어져 있는지를 표준편차 단위로 환산한 점수 예 Z 점수(평균 0, 표준편차 1), T 점수(평균 50, 표준편차 10), 능력점수(평균 100, 표준편차 15 또는 16) 등이 있음
스테나인 점수 (stanine score)	• 정규분포를 9개의 점수구간(범주)으로 분할한 것 • 특정 점수가 아닌 수행수준의 범위를 나타내며 9개 범주 간에 등간성도 없음

(3) **표준점수**

① 검사나 조사에서 얻은 원점수는 절대영점이 없거나 측정단위가 다를 수 있어 서로 비교하는 데 어려움이 있다. 따라서 원점수를 상대적 위치로 표시하여 의미 있는 비교를 가능하게 할 필요가 있는데, 이때 원점수의 상대적 위치를 알려주는 점수를 표준점수라고 한다.
② 표준편차와 평균에 기초하며 원점수와 평균 간의 거리(표준편차 단위상에서의 거리)로 정의할 수 있다.
③ 표준점수는 평균에서 벗어난 크기뿐 아니라 벗어난 방향까지도 알려주기 때문에 심리검사에서 활용된다.
④ 표준점수의 종류

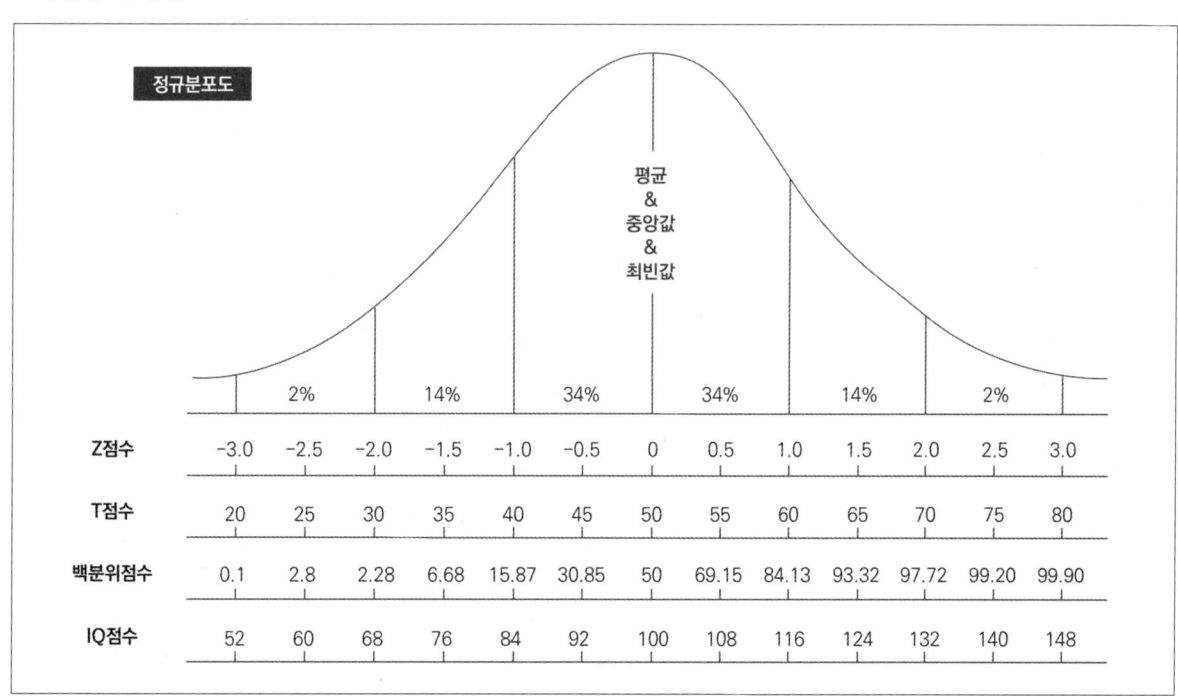

[그림 10-1] 정규분포도에 따른 표준점수와 백분위 점수

χ/σ	면적	종축치		χ/σ	면적	종축치		χ/σ	면적	종축치
0.00	0.0000	0.3989		1.00	0.3413	0.2420		2.00	0.4772	0.0540
0.20	0.0793	0.3910		1.20	0.3849	0.1942		2.20	0.4861	0.0355
0.40	0.1554	0.3683		1.40	0.4192	0.1497		2.40	0.4918	0.0224
0.60	0.2257	0.3332		1.60	0.4452	0.1109		2.60	0.4853	0.0136
0.80	0.2881	0.2897		1.80	0.4641	0.0790		2.80	0.4974	0.0079
1.00	0.3413	0.2420		2.00	0.4772	0.0540		3.00	0.4987	0.0044

※ 부록 1 : '01 표준정규분포표' 참고(p.758)

㉠ Z 점수
  ⓐ 집단의 평균이 0, 표준편차가 1인 정규분포곡선(Z 점수)을 사용하여 집단 내에서의 개인의 상대적인 위치를 알려주는 수치이다.
  ⓑ 원점수로부터 표준점수를 구하는 공식

$$Z = (Xi - M) \div SD$$

"Z 점수 = (원점수 − 집단 평균점수) ÷ 표준편차"

  ⓒ 개인의 상대적인 위치를 알려주는 가장 정확한 수치이지만 소수점으로 표현되어 사용이 불편하다.

㉡ T 점수
  ⓐ Z 점수에 임의의 표준편차를 곱하고 임의의 평균을 더해 사용하기 편리한 수치로 전환한 점수이다.
  ⓑ T 점수 공식 : '(Z 점수 × 임의의 표준편차값) + 임의의 평균값'으로, 지능검사와 적성검사는 표준편차 15, 평균 100으로 전환하고, 성격검사는 표준편차 10, 평균 50으로 전환하는 것이 관행이다.
    • 지능검사 : '(Z × 15) + 100' 또는 '[(Xi − M) ÷ SD] × 15 + 100'으로 계산한다.
    • 성격검사 : '(Z × 10) + 50' 또는 '[(Xi − M) ÷ SD] × 10 + 50'으로 계산한다.

㉢ 스테나인 점수

스테나인	1	2	3	4	5	6	7	8	9
비율	4%	7%	12%	17%	20%	17%	12%	7%	4%
의미	상위 4% 이내	상위 4~11%	상위 11~23%	상위 23~40%	상위 40~60%	상위 60~77%	상위 77~89%	상위 89~96%	상위 96~100%

  ⓐ 평균을 5, 표준편차를 2로 표준화하여 9개의 범주로 표현한 표준점수이다.
  ⓑ 백분위 점수의 범위를 나타낸다. 예 수학능력시험
  ⓒ 장점 : 소수점이 없는 정수점수이므로 계산이 간편하고, 피검자의 점수가 작은 점수 차로도 확대해석되는 것을 방지할 수 있다.
  ⓓ 단점 : 단일점수가 점수의 범위를 나타내므로 정밀하지 못하고, 사람들이 하나의 수치가 여러 원점수를 나타낼 수 있다는 사실을 이해하지 못할 수 있다.

(4) 측정의 표준오차

① 표준화 검사는 측정오차를 가지므로, 점수는 학생의 진점수의 근사치에 불과하다.
   예 동일한 검사를 반복 실시하면 학생의 점수가 변하는 것이 발견되는데, 이때 점수들의 평균값을 구하면 학생의 진점수에 대한 추정치를 얻을 수 있다.
② 진점수 : 이상적인 조건에서 반복적인 검사가 가능한 경우 얻게 되는 개인점수의 가설적인 평균값이다.
③ 한 개인에게 동일한 검사를 반복하여 시행하는 것이 실제적이진 않지만, 측정의 표준오차를 사용하여 진점수의 추정치를 얻을 수 있고, 측정의 표준오차는 한 개인의 진점수가 위치할 가능성이 있는 점수들의 범위이며, 이때 범위는 신뢰구간으로 표현된다.
   예 학생의 원점수가 50이고 표준오차가 5인 경우, 학생의 진점수는 45~55 사이에 위치한다.

3. 척도의 종류

(1) 척도

① 척도(scale) : 측정하고자 하는 대상의 속성을 숫자로 표기하기 위하여 사용하는 점수체계이다.
② 척도를 사용한 측정 결과는 심리적 속성의 정도 및 여부 등을 나타낸다.

(2) 척도의 종류

척도	분류	순서(크다, 작다)	동간(같은 간격)	절대영점
명명 척도	○	×	×	×
서열 척도	○	○	×	×
등간 척도	○	○	○	×
비율 척도	○	○	○	○

① 명명 척도 : 대상을 구분하거나 분류할 목적으로 이름을 부여하는 것이다.
   예 성별, 인종, 색깔 등
② 서열 척도 : 측정대상을 구분·분류하는 명명 척도의 특성뿐만 아니라 측정대상의 상대적 서열을 표시하기 위해 사용하는 것으로, 척도 단위 사이의 등간성이 존재하지 않는다.
   예 석차, 학생들이 얻은 점수를 등위로 변환하는 것, 성적을 '수우미양가'로 분류하는 것 등
③ 등간 척도 : 측정대상에 대한 '분류'와 '서열' 정보를 담은 서열 척도의 속성과 더불어 등간성(동간성)을 가진다.
   예 온도, 연도(서기, 단기, 불기 등), 지능지수 등
   ㉠ 등간성 : 측정 단위 간의 간격에 동일한 수적 차이를 부여하는 속성이다.
   ㉡ 임의영점과 임의단위(가상단위)를 가짐 : 숫자 0을 부여할 지점인 영점과 척도의 눈금을 매기는 임의의 기준이 약속에 의해 성립된 것이라는 의미로, 똑같은 간격에 똑같은 단위를 부여하는 등간성을 지닌다.
   ㉢ 덧셈법칙은 성립하나 곱셈법칙은 성립하지 않는다.
④ 비율 척도 : 측정대상의 분류, 서열, 등간성의 정보를 담은 등간 척도의 속성에 비율성, 절대영점, 임의단위까지 갖는다.
   예 거리, 무게, 나이, 연간 소득, 제품 가격 등
   ㉠ 비율성 : 측정된 수치 간에 곱셈법칙을 적용하여 해석할 수 있음을 의미한다.
   ㉡ 사칙연산을 적용할 수 있고, 덧셈법칙과 곱셈법칙을 적용해야 하는 모든 통계량을 산출할 수 있다.

03 검사의 양호도

1. 신뢰도의 개념

(1) **검사 신뢰도** 기출 15 추시
① 검사 측정치가 얼마나 일관적인가를 의미하며, 결과에 있어 우연 등의 외부적 요인을 제거하는 정도를 의미한다.
② 비슷한 개념: 신뢰 가능성, 안정성, 일관성, 예언 가능성이 있다. 이때, 관찰점수에서 체계적인 부분이 차지하는 부분이 진점수이고 비체계적인 부분이 오차점수인데, 체계적인 부분이 차지하는 비율이 신뢰도이다.
③ 존재 여부가 아닌 정도의 문제: 보통 0에서 1 사이의 값으로 표현되며, 클수록 신뢰도가 높음을 의미한다.

(2) **신뢰도 추정방법**
① 검사-재검사 신뢰도의 안정성 계수: 같은 검사를 반복적으로 실시하는 것을 상정한다.
② 동형검사 신뢰도의 동형성 계수: 한 검사의 동형검사를 만들 수 있다는 전제를 가진다.
③ 동질성 계수 혹은 내적 일관성 계수: 한 검사의 단일 시행 결과만을 가지고 신뢰도를 추정할 수 있는 방법이다.

> **참고** 신뢰도의 종류에 따른 장단점

종류	장점	단점
검사-재검사 신뢰도	분석 방법이 간단함	• 검사를 2번 실시해야 함 • 검사 실시 간격 설정에 따른 문제가 발생할 수 있음
동형검사 신뢰도	검사 실시 간격으로 인한 문제를 극복할 수 있음	동형검사의 제작이 어려움
반분 신뢰도	• 검사를 1번만 실시함 • 연습효과, 반복검사로 인한 문제를 극복할 수 있음	검사를 적절하게 양분하는 과정이 어려움
문항 내적 합치도	• 검사를 1번만 실시함 • 문항 간 일관성에 의해 단일한 신뢰도를 얻음	검사도구의 신뢰도를 과소추정하는 경향이 있음

2. 신뢰도의 종류

(1) **검사-재검사 신뢰도(안정성 계수)**
① 의미: 하나의 검사를 동일한 피험자 집단에 일정한 시간 간격을 두고 2번 실시하여, 결과가 얼마나 일관되게 나오는지를 살펴보는 방법이다.
② 절차: 동일 검사를 동일 집단에게 두 번 실시하여 얻은 두 점수 간의 상관계수로 추정한다.
③ 장점: 자료의 분석이 간단하다.
④ 실시 문제
　㉠ 검사 간격 설정에 따른 문제
　　ⓐ 두 검사 사이의 시간 간격이 짧으면 신뢰도가 높아짐: 연습과 기억의 영향으로 실제의 신뢰도와 무관하게 신뢰도가 높아진다(이월 효과).
　　ⓑ 두 검사 사이의 시간 간격이 너무 긴 경우 신뢰도가 낮아짐: 측정대상의 속성이나 특성이 변화될 가능성이 높고, 실제의 신뢰도와 무관하게 신뢰도가 낮아진다.
　　ⓒ 검사를 치르는 경험: 개인의 진점수를 변화시킬 가능성이 있다(반응 민감성).

ⓒ 검사를 두 번 실시하는 데 따른 문제점 : 검사를 두 번 실시해야 한다는 어려움과 동일한 검사환경, 동일한 동기와 검사 태도를 만들기 어렵다.
　　ⓒ 시간과 경비 : 시간이 오래 걸리고, 경비도 이중으로 든다.

(2) **동형검사 신뢰도(동형성 계수)**
　① 의미 : 하나의 검사에 대한 2개의 도구 또는 방식(동형검사)을 같은 집단의 사람들에게 2번 실시하여 얻은 점수 간의 일관성을 비교하여 계산한다.
　② 동등계수 : 개발한 검사 A를 한 집단에게 실시하고 동형의 검사 B를 바로 이어서 실시한 후, 두 검사점수 간의 상관계수를 구하는 것이다.
　③ 절차 : 두 개의 동형검사가 제작되어야 하며, 동일 피험자에게 검사가 두 번 시행되어야 한다.
　④ 장점 : 두 개의 동형검사를 동일 집단에 동시에 시행하므로 검사 간격이 문제가 되지 않고, 신뢰도 계수 추정이 쉽다.
　⑤ 실시 문제
　　ⓐ 동형검사 제작이 어렵고, 제작된 동형검사의 동등성 보장 문제가 발생한다.
　　　➡ 한 심리검사의 동형검사가 되기 위해서는 모든 피험자의 진점수가 두 검사에서 동일하고 관찰점수 분산도 동일하도록 제작해야 하므로, 실제로 완벽한 동형검사의 제작이 어렵다. 따라서 하나의 검사만 필요한 상황이면 신뢰도를 추정하기 위해 굳이 추가적인 비용과 노력을 들여 동형검사를 제작할 필요가 없다.
　　ⓑ 두 검사가 가능한 한 동일한 조건에서 실시될 필요가 있음 : 하지만 두 검사를 연달아 실시하는 경우 두 번째 검사에서 피험자의 피로도가 높을 수 있어 동일한 조건을 충족하기 어렵다.
　　　➡ 이월 효과를 완전히 배제하기 어려움 : 한 문항을 해결하면 이와 유사한 문항도 쉽게 해결할 수 있다.

(3) **반분 신뢰도(동질성 계수 : 단일 시행을 통한 신뢰도 추정)**
　① 의미 : 검사를 두 부분으로 나누어 각 개인의 결과점수를 비교함으로써 신뢰도를 측정한다.
　② 반분 신뢰도는 내적 일관성 신뢰도의 한 종류로 검사를 두 부분으로 나누어 두 부분 검사 점수에 대한 측정의 유사성을 추정하는 방법이다.
　③ 방법
　　ⓐ 전후법 : 한 검사의 문항을 배열된 순서에 따라 전반부와 후반부로 반분한 후에 두 점수 간의 상관계수를 추정하여 신뢰도를 구한다.
　　　➡ 비교적 문항 수가 적거나 난이도가 골고루 분포된 경우 적합하다.
　　ⓑ 기우법 : 검사 문항의 번호에 따라 홀수 또는 짝수로 양분하는 방법으로 신뢰도를 구한다.
　　　➡ 검사 문항이 비교적 많고 난이도에 따라 문항이 배열되어 있는 검사에 적합하다.
　　ⓒ 짝진 임의 배치법 : (문항의 내용과 형식, 난이도 등을 고려하여) 동급의 문항이라고 판단되는 문항을 임의로 짝을 지어 반분하는 방법이다.
　　ⓓ 무선추출법 : 검사의 문항번호를 무선적으로 추출하여 두 부분으로 나누는 방법이다.
　④ 장점 : 검사를 한 번 실시하기 때문에 시간과 비용이 절약되며 측정 속성의 변화, 이월 효과, 반응 민감성 등의 문제점을 극복할 수 있다.

⑤ 실시 문제
  ㉠ 검사를 양분하는 방법에 따라 다른 신뢰도가 추정된다.
  ㉡ 반분 신뢰도의 가장 큰 단점은 표본의 문항 수가 많을수록 측정의 안정성이 커진다는 일반화의 원칙에 있다. 모든 것이 동일하다면 검사 길이가 길수록 신뢰도가 높아지는데, 반분 과정에서 검사 길이가 반이 되므로 신뢰도 계수가 작아진다.

(4) **문항 내적 합치도(문항 내적 일관성, 동질성 계수 : 단일 시행을 통한 신뢰도 추정)**
  ① 의미 : 한 검사에 있는 문항 하나하나를 각각 독립된 별개의 검사로 간주하고 그들 사이의 합치성, 동질성, 일치성을 종합하여 신뢰도를 추정한다.
  ② 방법
    ㉠ 쿠더-리차드슨(Kuder-Richardson) : 응답 방식이 진위형과 같이 '정답-오답' 또는 '예-아니요' 등의 이분 문항인 경우에 사용한다.
    ㉡ 크론바흐 알파(Cronbach's α) : 응답 방식이 리커트(Likert)식 평정 척도와 같이 정의적 영역의 검사인 상황에서 많이 사용된다.
  ③ 장점
    ㉠ 반분 신뢰도처럼 검사의 단일 시행만으로 신뢰도를 구할 수 있고, 계산방법이 편리하며, 다양한 적용이 가능하다는 점에서 가장 인기 있는 추정방법이다.
    ㉡ 검사를 양분하지 않아도 되고 문항 간의 일관성에 의하여 단일한 신뢰도 추정 결과를 얻을 수 있다는 장점이 있으므로, 검사-재검사 신뢰도, 동형검사 신뢰도, 반분 신뢰도가 지니는 단점을 극복할 수 있다.
  ④ 실시 문제
    ㉠ 한 검사 내의 모든 문항이 단일한 구인 혹은 개념을 측정하고 있다고 가정할 수 있을 때 적절한 방법이다.
    ㉡ 검사도구의 신뢰도를 과소추정하는 경향이 있지만, 이는 검사도구의 질을 분석함에 있어 어느 정도의 엄격성이 요구되기 때문에 과소추정되는 정보가 더 바람직할 수 있다.
    ➡ 문항 푸는 속도가 검사 결과에 영향을 미치는 속도검사는 크론바흐 알파가 과대추정될 수 있으니 주의한다.

(5) **신뢰도에 영향을 미치는 요인** 기출 19
  ① 다른 요인이 모두 같다면 더 많은 문항이 존재할수록, 즉 검사의 길이가 길수록 신뢰도가 높아진다.
  ② 검사 신뢰도는 문항의 난이도가 적절할 때(중간 정도) 신뢰도가 증가한다. 즉, 검사가 피험자에게 너무 어렵거나 쉬운 문항으로 구성될 때 낮아지는 경향이 있다.
  ③ 검사도구의 측정 내용이 보다 좁은 범위의 내용일 때 신뢰도는 증가함 : 한 검사가 측정하는 내용 영역이 다양할수록 검사 신뢰도가 낮아지는 경향이 있으며, 측정하는 내용 범위가 좁을수록 다양한 내용 영역을 다루는 경우보다 피험자의 점수 순위가 일관되게 나타나기 쉽다.
  ④ 피험자의 능력 분포의 표준편차가 적을수록, 즉 전체 피험자의 능력이 동질적일수록 피험자의 능력 분포 영역이 넓은 경우에 비해 신뢰도가 작아지는 경향이 있다. 이는 피험자 상호 간 능력 차이가 작을수록 검사 결과에 따른 피험자 순위가 일관되게 나타나기 어렵기 때문이다.
  ⑤ 검사 시간이 충분하여야 함 : 충분한 시간이 부여될 때 응답의 안정성을 보장받을 수 있다. 그러므로 속도검사보다는 역량검사가 신뢰도 측면에서 바람직하다.

> **참고** 신뢰도의 측정오차
>
> - 개인의 심리적 특성은 상황이나 심리적 변인에 민감하다.
> - 문항 수가 많을수록 신뢰도가 높아진다. 그러나 비례적으로 증가하진 않는다.
> - 문항 난이도가 중간 정도이고 변별도가 높으면 신뢰도는 증가한다.
> - 문항의 범위가 좁을수록, 문항표본이 적절할수록, 문항이 동질적일수록 신뢰도는 증가한다.
> - 검사대상이 되는 집단의 개인차가 클수록 검사점수의 변량이 커지고, 신뢰도 계수도 커진다.
> - 시간 제한이 없는 검사의 경우, 검사시간에 기인한 검사수행의 일관성 때문에 신뢰도 추정치가 부당하게 증가된다.
> - 신뢰도는 검사 길이가 길어짐에 따라 증가하며, 증가의 폭은 검사의 길이가 길어짐에 따라 감소한다.
>   ➡ **준거참조 검사의 신뢰도** : 기준 점수에 근거하여 개인을 특정 범주에 진단, 분류 또는 등급화를 시도한다. 이는 개인을 특정 범주에 분류하는 것이므로 범주화 결과의 일치도가 바로 신뢰도가 된다.

3. 타당도의 개념

(1) 검사 타당도

① 검사가 측정하고자 하는 바를 제대로 측정하는지를 나타내며, 한 검사의 타당도는 검사가 무엇을 측정하는지 얼마나 잘 측정하는지를 의미한다.

② 타당도 : 심리검사가 개발된 목적에 부합하는 정도로, 검사의 목적과 관련된 증거에 따라 평가된다.

(2) 신뢰도와 타당도의 관계

① 신뢰도가 있어야 타당도가 보장되므로, 신뢰도는 타당도의 필요조건이 된다.

② 신뢰도가 낮아지면 타당도는 낮아진다.

③ 다만, 신뢰도가 높다고 타당도가 높아지는 것은 아니며, 신뢰도가 높아도 타당도는 낮을 수 있다.

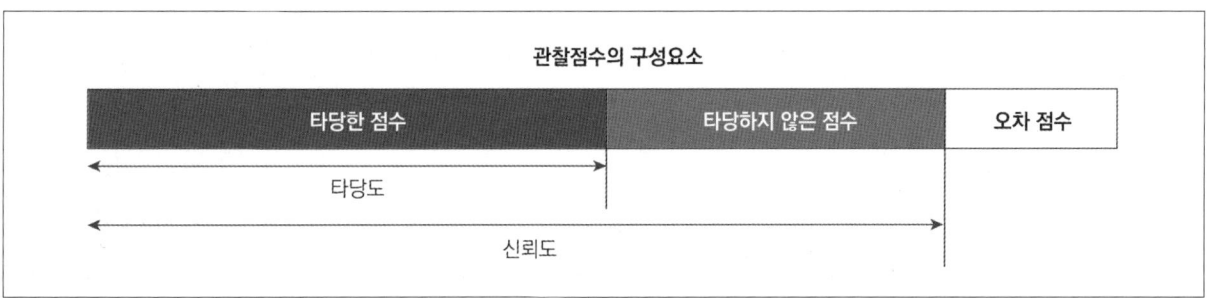

[그림 10-2] 신뢰도와 타당도의 관계

참고 타당도의 종류에 따른 장단점

구분	내용 타당도	예언 타당도	공인 타당도	구인(구성) 타당도
정의	검사 내용의 속성을 논리적으로 판단한 정도	미래 행동의 특성에 대한 현재 검사 결과의 예측 정도	새롭게 개발된 검사의 결과와 현재 공인된 검사의 상관 정도	검사에서 측정하려 하는 구인에 대한 확보 정도
방법	검사 내용을 전문가적인 소견에 의해 주관적으로 판단	• 검사 실시 • 일정 기간 경과 후 관련 행위 측정 • 검사 결과와 행위 간의 상관 산출	• 새로운 검사와 타당도가 확보된 기존 검사를 동시에 실시 • 두 검사 결과 간 상관 산출	• 구인의 조작적 정의 • 구인을 측정할 수 있는 검사 제작 • 통계적인 방법을 통한 구인 확인
장점	전문가에 의해 이루어지므로 검증방법이 비교적 용이함	선발, 채용, 배치 등의 상황에 활용도가 높음	• 계량화된 객관적 정보 제공 • 현재 공인된 검사를 활용하여 예언 타당도에 비해 신속한 산출 가능	• 과학적·객관적 접근 • 많은 연구의 기초가 됨
단점	• 전문가의 주관적 견해에 따라 상이한 검증 결과가 산출되기도 함 • 수량화되지 않음	시간의 흐름에 따른 피검자의 자연스러운 변화로 타당도가 과소추정될 가능성이 있음	공인된 검사가 존재하지 않을 경우 추정이 어려움	요인분석을 통해 추정할 경우, 많은 사례 수가 필요

4. 타당도의 종류

(1) 내용 타당도

① 의미 : 검사로 측정하고자 하는 구성개념의 영역을 문항이 얼마나 잘 대표하는지를 의미하며, 내용 문항을 하나하나 검토하며 검사 사용자가 측정하고자 기대하는 바를 충족시키는지를 확인한다.

② 전문가가 검사 내용을 보고 내리는 질적 판단에 의존하는 경우가 많다. 대개 척도의 내용 타당도가 낮은 경우는 기초 이론에 대한 불완전한 이해, 이론의 부족, 문항 제작에서의 과잉일반화 결과와 관련된다.

③ 교수·학습 상황 : 학업성취도 검사의 타당성 검증을 위해 내용 타당도가 주로 사용되는데, 이러한 이유로 교과 타당도와 교수 타당도로 구분하기도 한다.

　㉠ 교과 타당도(curriculum validity) : 검사가 교육과정에 있는 내용을 얼마나 잘 포함하고 있느냐를 의미한다.

　㉡ 교수 타당도(instructional validity) : 교수·학습 중에 가르치고 배운 내용이 검사에 얼마나 잘 포함되어 있느냐를 의미한다.

　　➡ 학업성취도 검사에서 교과·교수 타당도를 증진시키기 위하여 교육목표를 내용소와 행동소로 나누어서 이원분류표를 작성하는 것은 매우 중요하다.

④ 안면 타당도 : 검사가 실제 무엇을 측정하는지가 아닌 어떤 검사가 무엇을 측정하는 것처럼 보이는지와 관련된다. 이는 문항들이 피험자들과 얼마만큼 친숙도를 형성하고 있는가와 일반적인 대표성을 지니고 있느냐의 문제로서, 어떤 특성을 측정할 때 자주 접해 본 문항들이 있으면 안면 타당도가 높다고 말한다.

　㉠ 내용 타당도는 전문가의 판단과 관련이 있는 반면, 안면 타당도는 수검자의 판단과 관련이 있다.

　㉡ 안면 타당도는 검사가 측정하고자 하는 것을 파악하는 정도로서 수검자의 시각을 반영한다.

⑤ 절차
  ㉠ 주관적 판단에 의존하므로 객관적 자료를 사용하지 않으며, 타당도에 대하여 수치로 표현되는 객관적 정보를 제공하지 않는다.
  ㉡ 검사 내용 전문가의 전문지식에 의하여 내용 타당도가 검증된다.
  ㉢ 학업 성취도 검사의 내용 타당도 검증 : 문항들이 검사 제작 전 작성한 이원분류표에 따라 제작되었는지를 검토하는 방식으로 시행한다.
⑥ 장점 : 전문가들의 판단에 의하여 검사의 타당성을 검증받게 되므로 검사의 목적에 부합하는지 여부를 검증할 수 있다. 일반적으로 전문가들은 어느 특정 영역에 대한 인식으로 공유하므로 검사의 타당성 입증에 다른 견해를 표출하는 경우가 많지 않다.
⑦ 단점
  ㉠ 공통적으로 합의된 개념 정의가 없는 요인, 특히 정의적 행동특성을 측정할 때 전문가마다 각기 다른 견해를 가지므로 검증 결과에 이견이 있을 수 있다.
  ㉡ 계량화되지 않으므로 타당성의 정도를 표기할 수 없다는 단점도 지니고 있으나, 내용 타당도 평가 점검표를 활용하면 이러한 문제를 보완할 수 있다.

(2) **준거 관련 타당도(criterion-related validity)**
① 의미 : 검사점수와 어떤 준거점수와의 상관에 의해 검사의 타당도를 검증하는 방법이다.
  ㉠ 준거 : 검사를 사용하는 사람이 관심을 가지는 속성이나 결과를 말한다.
    예 학업성적에 관심 있는 경우 학업 성취도가, 직무에 만족하는 정도에 관심 있는 경우 직무 만족도가 준거가 된다.
② 한 검사가 측정하려는 바를 제대로 측정하고 있다면 관련된 준거와 높은 상관을 보일 것이라는 논리에 기반하여, 준거의 시간적 속성에 따라 공인 타당도와 예언 타당도로 나눈다.
③ 공인 타당도와 예언 타당도 기출 14

구분	내용
공인 타당도	• 의미 : 이미 타당성을 인정받은 기존의 심리검사를 통해 타당성을 입증하는 방법 • 장점 : 계량화되어 있어 타당도에 대한 객관적인 정보를 제공하고 타당도의 정도를 나타낼 수 있음 • 단점 : 기존에 타당성을 입증받은 검사가 없는 경우 공인 타당도를 추정할 수 없으며, 기존에 타당성을 입증받은 검사가 있어도 그 검사와의 관계에 의해 타당도가 검증되므로 기존 검사의 타당도에 의존함 예 기존 검사가 있는 상황에서 새로운 검사가 필요하다는 것이 정당화되려면 보다 저렴한 비용, 소요시간 단축 등의 이점이 존재하거나 검사 형식 또는 내용 측면에 기존 검사를 넘어서는 장점이 있어야 함
예언(예측) 타당도	• 의미 : 특정 검사의 결과가 응답자의 미래 행동을 어느 정도 예측하는지를 의미하며, 검사를 통해 점수와 미래의 어떤 행위, 예를 들어 적응, 성취도, 성공 여부 등과의 관계로 추정되는 타당도 • 공인 타당도는 검사점수와 준거점수가 동일한 시점에 수집되는 반면, 예언 타당도는 검사점수와 예측행동 자료가 일정한 간격을 두고 수집됨 예 한 불안검사의 예언 타당도가 높은지 확인하려면 대학 입학 초기에 실시한 불안점수와 일정 시간이 지난 후 대학생들의 불안신경증이나 적응장애 정도의 상관관계를 확인하면 됨 • 장점 : 검사도구가 미래 행위를 예언해 주므로, 예언 타당도가 높으면 선발, 채용, 배치 등의 목적을 위해 검사를 실시할 수 있음 • 단점 : 동시 측정이 불가능하므로 검사의 타당성을 검증하는 데 시간적 여유가 필요하며, 예언 타당도는 자료의 절단으로 인해 추정된 상관계수가 실제 타당도 계수보다 과소추정되는 문제가 발생할 수 있음

④ 공인 타당도 추정 절차
   ㉠ 피험자 집단에게 새로 제작된 검사를 실시한다.
   ㉡ 동일 집단에게 동일한 시험 상황에서 타당성을 인정받고 있는 검사를 실시한다.
   ㉢ 두 검사 점수 간의 상관계수를 추정한다.
⑤ 예언 타당도 추정 절차
   ㉠ 피험자 집단에게 새로 제작한 검사를 실시한다.
   ㉡ 일정 기간 후 검사한 내용과 관계가 있는 피험자들의 행위를 측정한다.
   ㉢ 검사 점수와 미래 행위 측정치와의 상관 정도를 추정한다.

(3) 구인(구성) 타당도

① 의미 : 검사가 재고자 하는 이론적 구성개념이 검사에서 재어지는 정도를 말하는 것으로, 해당 구인에 대한 심리학적 이론들이 존재하므로 이러한 이론적 측면이 검사에서 잘 구현되고 있는지를 의미한다.

② 추정 절차
   ㉠ 측정하고자 하는 심리적 특성을 구성하는 구인, 즉 요인들이 무엇인지 이론적·경험적 배경을 토대로 밝힌다. 즉, 심리적 특성에 대해 조작적 정의를 내린다.
   ㉡ 구인과 관련된 이론에 근거하여 구인을 측정할 수 있는 문항을 제작한다.
   ㉢ 구인을 측정하는 문항들로 검사를 제작한다.
   ㉣ 측정대상에게 검사를 실시하여 응답자료를 얻는다.
   ㉤ 응답자료를 분석하여 검사가 측정하고자 하는 구인들을 제대로 측정하였는지를 밝힌다.
   ㉥ 심리적 특성을 규명하는 조작적 정의에 따른 구인과 관련 없는 문항을 제거하거나 수정·보완하여 검사를 완성한다.

③ 구성 타당도를 알아보는 대표적인 방법
   ㉠ 문항의 점수 간 상관계수표를 구하여 이론적 기대와 달리 작용하는 문항이 없는지 살펴보는 방법이 있다.
   ㉡ 탐색적 요인분석을 통해 검사 문항의 하위 영역들이 이론적으로 예상한 바와 같이 묶일 수 있는지 살펴보는 방법이 있다.
   ㉢ 중다특성-중다방법(multitrait-multimethod) 행렬을 기반으로 수렴 타당도, 변별 타당도 등의 개념을 이용하여 구성 타당도를 검증하는 방법이 있다.

④ 상관계수표 : 두 문항 간 양(+)의 상관이 존재하면 이들은 이론적으로 유사한 구인을 측정한다고 볼 수 있고, 반대로 음(-)의 상관을 가진다면 이들은 상반되는 특성을 측정한다고 볼 수 있다.
   ➡ 양의 상관이 존재할 때 한 검사의 문항들이 하나의 구인 및 개념을 측정하고 있음을 보여주는 증거가 된다.

⑤ 요인분석 : 복잡하고 정의되지 않은 변수 간의 상호 관계를 분석하여, 상관이 높은 변수들을 모아 요인으로 규명하고 그 요인의 의미를 부여하는 통계적 방법이다.
   ㉠ 문항을 제작하여 검사를 실시한 후 문항점수를 얻는다.
   ㉡ 문항들 간의 상관계수 행렬을 구한다.
   ㉢ 회전하지 않은 요인을 추출한다.
   ㉣ 요인구조를 회전시킨다.
   ㉤ 요인 부하량을 기준으로 각 문항이 어떤 요인에 속하는지를 결정하고, 추출된 요인과 해당 문항이 검사 제작 시의 구인 구조와 일치하는가를 검증한다.

⑥ 수렴 타당도와 변별 타당도 기출 18

구분	내용
수렴 타당도 (convergent validity)	• 새롭게 개발한 검사를 동일하거나 유사한 특성을 측정하는 기존의 검사와 비교하여 이들 간의 상관관계를 살펴보는 방법 • 동일한 구인은 다른 방법으로 측정하더라도 측정치 간의 상관관계가 높게 나타남
변별 타당도 (discriminant validity)	• 새로운 검사가 측정하는 구성개념과 다른 영역을 측정하는 기존의 검사를 비교하여 이들 간의 상관관계를 구하는 방법 • 서로 다른 구인은 동일한 방법으로 측정하더라도 측정치 간의 상호 상관은 높지 않게 나타남

참고 중다특성 – 중다방법 행렬에서 상관계수들에 대한 해석법

첫 번째 측정 결과

두 번째 측정 결과		As	Ae	Ds	De	Ss	Se
	As	신뢰도	T	M		M	
	Ae	T	신뢰도		M		M
	Ds	M		신뢰도	T	M	
	De		M	T	신뢰도		M
	Ss	M		M		신뢰도	T
	Se		M		M	T	신뢰도

1. 상관계수 행렬
   • 각 개인의 '불안(A)', '우울(D)', '스트레스(S)'에 대해 리커트 5점 척도를 이용하여 '자기보고(s)'와 '전문가 면담 후 판단(e)'의 2가지 방법으로 측정했다.
   • 6개 변수(= 3가지 구인 × 2가지 측정방법)의 측정을 일정한 시간 간격을 두고 2번 실시한 후에 총 12개 변수 간의 상관계수를 그리면 위의 표와 같다.

2. 결과
   • 대각선에 존재하는 상관계수 값 : 검사 – 재검사 신뢰도를 나타내는 값이다.
   • T : 수렴 타당도
     – 같은 구인에 대해 다른 측정방법을 적용한 경우의 상관계수를 의미한다.
     – 같은 구인을 다른 방법으로 측정했을 때 해당 상관계수가 크게 나타난다면 이는 이론적 구인이 실제로 존재한다는 간접적 증거가 될 수 있다. 달리 말하면 '무엇을 측정하는가'의 사실이 '어떻게 측정하는가'보다 상관계수를 설명하는 데 더 큰 영향을 준다는 것이다.
   • M : 변별 타당도
     – 다른 구인에 대해 같은 측정방법을 적용한 경우의 상관계수이다.

(4) 처치 타당도
   ① 검사 결과가 처치에 어떤 변화를 일으키는지에 대한 타당도이다.
   ② 검사 결과가 유용하고 상담과정에 변화를 주었다면 처치 타당도가 높은 것으로 볼 수 있다.

(5) 검사 목적별로 중요시되는 타당도
   ① 규준 참조검사 : 준거 타당도와 구성 타당도가 부각된다.
   ② 영역 참조검사 : 상대적으로 내용 타당도가 부각된다.
   ③ 산업 장면에서 규준 참조검사가 쓰이는 채용 선발이나 승진 선발 : 준거 타당도에 중점을 둔다.

5. 객관도와 실용도

(1) 객관도
① 평정 또는 채점과정에 평가자의 주관이 개입될 여지가 배제되어, 어떤 평가자가 평가해도 동일한 점수가 나올 수 있는 정도이다.
② 구분
  ㉠ 채점자 간 신뢰도 : '어떤 한 채점자가 다른 채점자와 유사하게 평가했는가'에 초점을 둔다.
  ㉡ 채점자 내 신뢰도 : '한 채점자가 많은 평가대상을 일관성 있게 평가했는가'에 초점을 둔다.
③ 채점자 간 신뢰도의 기본 가정
  ㉠ 연구대상은 동일한 행위나 같은 문항에 응답하여야 한다.
  ㉡ 관찰자는 상호 독립적이어야 한다.
  ㉢ 관찰자는 동일한 대상들을 평정하여야 한다.
④ 객관도를 높이는 방법
  ㉠ 평가도구를 객관화한다.
  ㉡ 평가자의 소양을 높인다.
  ㉢ 명확한 평가기준을 마련한다.
  ㉣ 다수에 의한 공동평가를 실시한다.

(2) 실용도
① 실시와 채점, 해석이 용이하고 비용이 적게 드는 정도 : 흔히 검사의 해석 가능성, 비용, 시간을 대상으로 한다.
② 검사 사용자가 검사 결과의 해석방법을 포함한 세부사항을 이해하고 있다면 실용도가 높다고 할 수 있고, 좋은 검사리도 지나치게 비용이 많이 드는 검사나 지나치게 긴 시간이 필요한 검사는 실용도가 낮다고 할 수 있다.
③ 실용도를 높이는 방법
  ㉠ 실시의 용이성, 시간 제한, 실시과정, 방법이 명료하고 간결해야 한다.
  ㉡ 채점과 검사 해석, 활용이 용이해야 한다.
  ㉢ 비용과 시간, 노력이 절약되어야 한다.

참고 표준화 검사의 구성요소 [기출 15 추시]

1. 표준화 검사
   - 제작, 실시, 채점, 해석을 위한 절차와 조건이 동일하고, 규준에 있어 동일한 조건에 있는 사람과의 비교가 가능한 측정도구를 말한다.
   - 검사의 실시, 채점, 해석이 표준화된 절차에 따라 진행되는 심리검사이다. 이때 규준은 대표집단 내의 세분화된 집단의 평균점수를 의미하며, 표준화된 표본으로 선발된 집단을 대상으로 제작되기 때문에 개인 간 또는 개인 내 비교가 가능하다.

2. 표준화 검사의 기능
   - 피검자와 참조집단 또는 규준집단의 점수를 비교하게 하는 기능이 있다.
   - **감별기능** : 감별에 필요한 자료는 경험적 과정을 통해 산출된 규준에서 얻어진다. 표준화 검사를 실시한 피검자의 응답내용은 참조집단과 비교되며, 피검자는 차별점수 척도로 자신의 반응이 특정 집단의 사람, 일반인과 얼마나 비슷한지 다른지 알 수 있다.
   - **예측 가능한 기능** : 예측에 필요한 자료를 얻는 데 적성검사가 빈번히 사용되고, 지능검사와 성취검사도 사용된다.

3. 표준화 검사의 기본 요소
- **척도와 점수체계**
  - 척도
  - **점수체계** : 표준점수, 백분위 등
  - 표준 정규분포
  - **표집이론** : 검사문항 선택과 규준이나 참조집단 설정
  - 기초 기술통계
- **타당도** : 한 검사가 측정하려는 내용을 특정한 목적에 비추어 충실하게 측정하는 정도를 말한다.
- **신뢰도** : 한 검사가 측정하고자 하는 내용을 오차 없이 정확하고 일관성 있게 측정하는 정도를 말한다.
- **객관도** : 한 검사에서 여러 채점자의 채점 결과가 일치하는 정도를 말한다.
- **실용도** : 검사의 실시와 채점, 해석이 용이하고 비용이 적게 드는 정도를 의미한다.

04 문항 개발과 분석

1. 검사 문항 형식

(1) **평정척도형(리커트 척도)**
① 평정척도형 문항은 응답자에게 미리 정해 높은 척도를 제시하고 응답하게 하는 형식으로, 리커트(Likert) 척도(진술문에 어느 정도 동의하는지를 평정하여 응답하도록 하는 문항 형식)가 가장 많이 사용된다.
② 개인의 태도와 같은 정의적 가치가 연속선상의 어느 위치에 있는지를 파악하기 위함이다.
③ 평정의 단계는 대개 홀수로 나누고, 일반적으로 3, 5, 7단계의 척도가 많이 쓰인다.
④ 장점 : 제작이 간단하고, 자료의 통계적 분석이나 결과 해석이 용이하다.
⑤ 단점 : 피검자가 의견이 없거나 사회적·도적적 잣대로 인해 의견을 제시하고 싶지 않을 때 중간값으로 응답하는 경향이 있으며, 각 척도의 의미가 응답자마다 다르게 해석될 수 있는 제한점이 있다.

(2) **자유응답형**
① 자유응답형 문항은 질문에 자유롭게 응답하는 형태이다.
   예 여러분이 생각하는 '행복교육'에 대해 자유롭게 적어주세요.
② 장점 : 피검자의 폭넓은 의견과 태도를 파악할 수 있다.
③ 단점 : 응답내용을 정리하고 요약하는 데 많은 시간과 노력이 필요하고, 그 과정에 주관적인 판단이 개입될 소지가 있다.

(3) **순위형**
① 순위형 문항은 제시된 항목들을 일정한 기준에 따라 순위를 매기는 것이다.
② 문항의 내용이나 목적에 따라 제시된 항목을 최상위에서 최하위까지 분류하는 방법, 우선순위로 2~3개까지 나열하는 방법 등이 있다.

(4) 선다형
① 선다형 문항은 상호 배타적인 응답을 포괄하고 응답자 자신의 의견이나 태도와 부합하는 응답을 선택하는 것이다.
② 선다형 문항은 가장 적합한 것을 고르는 최선답형, 일치하는 것을 모두 고르는 중복응답형 등이 있으며, 선다형의 특징에 따라 사용하는 분석방법이 달라진다.

(5) 양자택일형
① 양자택일형 문항은 일정한 진술문에 대하여 '예' 또는 '아니오' 중 선택하는 문항으로 이분질문법을 사용한다.
② 장점 : 문항을 제작하기 쉽고, 자료분석이 용이하다.
③ 단점 : 피검자의 반응이 둘 중 하나로 제한된다.

2. 문항 분석

(1) 문항 난이도(item difficulty)
① 의미 : 검사 문항의 쉽거나 어려운 정도를 나타내는 지수로서, 총 피험자 중 답을 맞힌 피험자의 비율, 즉 확률이 된다.
② 공식

$$P = (R/N)$$
N : 총 피험자 수, R : 문항의 답을 맞힌 피험자 수

③ 난이도 지수 : 0.0에서 1.0의 범위이며, 1.0은 모든 피험자가 정답을 맞힌 쉬운 문항이고, 0.0은 모든 피검자가 정답을 맞히지 못한 어려운 문항을 말한다. ➡ 수치가 클수록 쉬운 문항을 의미한다.
④ 일반적으로 .30 미만은 어려운 문항, .30~.80은 적절한 문항, .80 이상은 매우 쉬운 문항으로 판단한다.

(2) 문항 변별도(item discrimination)
① 의미 : 검사 문항이 피험자의 능력을 변별하는 정도를 나타내는 지수이다.
② 능력이 높은 피험자가 문항의 답을 맞히고, 능력이 낮은 피험자가 문항의 답을 틀렸다면, 이 문항은 피험자들을 제대로 변별하는 문항으로 분석된다.
③ 0에 가까운 문항 : 능력과 관계없이 모든 피검자가 문항의 답을 맞히지 못하거나 모두 맞힌 문항이다.
④ - 값 : 능력이 낮은 응답자는 맞히고 능력이 높은 응답자는 대부분 틀리는 문항이다.
⑤ .40 이상 : 변별도가 높은 문항이다.

(3) 문항의 차별적 기능(DIF; Differential Item Functioning, 문항 편파성) [기출 19]
① 편파성 문항 : 특정 집단에 유리하거나 불리하게 제작된 문항으로, 같은 능력 수준의 피검자가 성별, 인종 등 다양한 집단 특성 때문에 답을 맞힐 확률이 다른 경우를 말한다.
② 차별기능 문항을 측정하는 방법 : 고전검사이론과 문항반응이론에 기초한 방법으로 분류할 수 있다.

(4) 검사의 차원성
하나의 검사가 몇 개의 차원으로 이루어져 있는지, 즉 몇 개의 구성개념을 측정하는지를 알아보는 것이다.

(5) 요인분석
① 각 문항이 공통적으로 측정하는 잠재 특성 또는 요인을 밝히고자 상관이 높은 문항을 묶어 요인으로 규명하고 의미를 부여하는 통계적 방법이다.

② 방법
  ㉠ 탐색적 요인분석 : 개별 문항이 어떤 요인으로 구성되는지에 대한 사전 정보가 없을 때 개별 문항 중 상관이 높은 것을 모아 요인으로 규명하는 방법이다.
  ㉡ 확인적 요인분석 : 검사의 하위 요인과 요인 수에 대한 정보를 알고 있을 때 실시하며, 각 요인이 포함된 문항들이 해당 요인을 측정하기 위한 항목으로 집단화되는지 확인하는 방법이다.
③ 문항과 요인 간의 관련성 여부는 요인부하량을 통해 결정 : 일반적으로 요인부하량은 .30 또는 .40 이상이면 적절하다고 판단하며, .50 이상이면 매우 양호하다고 판단한다.

05 심리평가를 위한 면담과 행동관찰

1. 면담

(1) 면담의 목적
① 면담(interview) : 내담자가 직면한 문제에 대한 정보를 수집·평가·진단하는 과정이다.
② 목적 : 면담자와 피면담자가 관계를 형성하여 다른 수단으로는 얻기 어려운 정보를 모으고, 문제행동에 대한 이해를 돕고 피면담자에게 문제행동을 해결할 수 있는 방향성과 지지를 제공한다.

(2) 면담과 대화의 차이점
① 면담은 내담자를 도울 목적으로 사용된다.
② 면담의 과정은 체계적이고 계획적이다.
③ 면담자는 면담을 이끌어가며 합의된 목적이 이루어지도록 내담자의 자기탐색을 격려하고, 내담자는 이 과정에 동의하고 참여하는 역할을 한다.

2. 면담법의 종류

(1) 구조화된 면담(표준화된 면담)
① 의미 : 질문의 내용, 방식, 순서 등을 미리 정해놓고 사전에 준비한 질문을 중심으로 면접하는 방식이다.
② 장점 : 전문가가 아닌 경우에도 단기간의 훈련을 거친 후 실시할 수 있으며 수량화나 자료 정리가 수월하다. 또한 진단의 신뢰도를 높여주고, 특정한 증상의 유무를 기록함에 있어서 정확도를 높여준다.
③ 단점 : 미리 준비된 질문의 범위를 벗어나는 정보를 얻을 수 없고, 실시 절차상 면담의 상황이나 내담자의 준비와 상태에 따른 융통성을 발휘할 수 없다.

(2) 비구조화된 면담(개방적 면담)
① 의미 : 질문방식이나 내용을 미리 정해 놓지 않고, 면접자가 상황에 맞추어서 유연하게 진행하는 방식이다.
② 장점 : 상황의 변화에 따라 정보를 얻을 수 있으며, 내담자의 정보를 심층적으로 탐색할 수 있다.
③ 단점 : 면담자의 전문성이 요구되며 수집된 자료를 객관적으로 수량화하기도 어렵다. 또한 신뢰도가 낮을 수 있으며 수집한 자료의 정리가 쉽지 않다.

(3) **반구조화된 면접**
① 구조적 면접과 비구조적 면접의 장점을 조합한 면접으로, 면담자의 판단에 따라 내용과 절차를 수정할 수 있고, 상황에 따라서 전반적인 평가과정에서 취약한 부분은 면담의 일부를 따와서 보완할 수 있다.
② **방법**: 구조화된 면담의 장점인 필요한 정보를 꼭 파악하고, 비구조화된 면담의 장점인 융통성 있고 심도 있는 면담이 이루어지도록 몇 가지 핵심 질문으로 구성하고, 나머지는 면담자가 유연하게 진행하도록 구성된다.
   예 간편 정신상태검사(MMSE)

3. 면담의 내용과 정신상태검사

(1) **평가면담의 내용**
① 검사를 받는 이유: 부적응 문제, 의뢰된 사유, 문제와 관련된 환경과 생활상황에 관한 정보 등이 있다.
② 환경 및 발달사: 개인의 역사적·사회적·가족적·발달사적 정보 등을 포함한다.

(2) **정신상태검사**
① 신체적 의학검사를 모방하여 만들어짐: 신체적 의학검사에서 주요 기관체계를 조사하는 것처럼, 정신상태검사도 주요한 정신의학적 기능(예 외모, 인지기능, 통찰력 등)을 조사하는 것이 목적이다.
② 포함되는 내용
   ㉠ 잠정적 진단, 예후, 손상 정도: 가장 적합한 치료 등의 결정을 포함한 현재 정신병리적 문제를 평가한다.
   ㉡ 성격구조를 파악하고 이를 통해 정신병리적 문제의 역사적·발달적 선행 요인을 확인한다.
   ㉢ 치료에 필요한 능력과 참여 의지를 평가한다.
③ 정신병리적 문제에 초점을 맞춘 검사: 일반적인 외모, 면담 행동, 면담과 면담자에 대한 태도, 정신운동기능, 감정과 기분, 언어와 사고, 지각과 감각, 기억, 시남력, 일반적 지적 능력 등을 포괄적으로 검토한다.
④ 통상적으로 정신상태의 평가는 관찰 또는 보고된 정보의 포괄적인 추론을 통해 이루어지며, 필요한 경우에는 정신상태 평가를 위해 만들어진 MMSE와 같은 반구조적 면담도구를 이용할 수 있다.
⑤ 영역

구분	내용
외모, 행동, 태도	얼굴표정, 머리 모양, 옷차림새, 자세, 동작 등을 평가함
감정, 정서, 기분	• **기분(mood)**: 면담 동안 표현되는 주요 정서 • **정동(affection)**: 수검자의 정서의 범위 • 정동상태와 기분상태의 정보는 수검자의 언어 내용, 얼굴표정, 신체 움직임 등에서 유추됨
지각	• 수검자가 세상과 자신을 지각하는 방식으로, 환각이나 착각이 있는지 여부를 평가하는 것이 중요함 – **착각**: 외부 자극을 잘못 해석하여 지각하는 현상 – **환각**: 외부 대상이나 자극이 없는데도 감각을 지각하는 현상
사고, 언어	• **인지(지적)기능**: 읽기, 쓰기, 이해, 지식, 수리 능력, 속담의 의미를 추론하는 능력 등으로 구성 • **지남력**: 자신이 누구인지, 어디에 있는지, 현재와 과거에 발생한 일이 언제 일어난 것인지를 얼마나 정확하게 알고 있는지에 따라 달라짐 • **기억, 주의력, 집중력**: 기억의 인출, 획득 능력은 주의력과 집중력을 요구하는 과정이므로 3가지의 기능을 함께 고려해야 함 • **통찰 및 판단력**: 내담자는 자신의 문제를 과거의 문제와 관련하여 어떻게 이해하는지, 자신의 문제에 대해 무엇을 탓하고 있는지를 파악해야 함 • **언어** • **사고 내용**: 언어능력은 사고를 반영하며, 수검자가 표현하는 언어는 사고 내용을 반영함

(3) 아동 정신상태 평가

① 전반적인 외양, 행동, 말 : 일반적 외양, 보행과 자세, 탐색 행동(어색함, 위축감, 불안 등), 놀이, 관계맺기, 눈맞춤, 행동 조직(조직화된 행동, 구조화, 과잉행동 등), 협조적 행동, 정신운동 활동(과잉행동, 초감각, 지각장애, 초조, 안절부절못함 등), 비자발적 운동(틱, 운동이상 등), 감정의 행동적 증거, 반복 행동, 주의력 장애, 언어, 어조의 장애 등을 평가한다.

② 기분(mood)과 정동(affection) : 기분은 내적으로 경험하고 지속적인 감정이며, 정동은 밖으로 드러나는 감정의 표현이다.

③ 감각 : 지남력(시간, 장소, 사람에 대한 인식), 기억(단기기억, 장기기억, 순행성 기억상실, 후행성 기억상실 등), 집중 및 계산능력을 평가한다.

④ 지적 기능 : 읽기, 쓰기, 이해력, 전반적 지식 수준을 평가한다.

⑤ 사고 : 일관성(표현의 연결, 이해 정도, 명확성), 논리(논리적 인과관계, 논리적 규칙), 은유적 사고, 목표 지향성, 현실 검증력, 연상, 지각, 망상, 판단(특정 상황에 대한 반응), 추상적 능력, 통찰(자신의 문제 인정, 변화 의지)을 평가한다.

4. 행동관찰

(1) 개관

① 면담은 주로 내담자에 대한 언어적 정보를 직접 얻는 것인 반면, 행동관찰은 면담 동안 이루어진 행동 관련 영역을 측정하는 데 필요한 특정 전략, 기술, 그리고 실제로 치료 실행을 위한 것이다.

② 대표적 방법 : 이야기 기록, 구간 기록, 사건 기록, 평정 기록 등이 있다.

③ 상황에 따른 유형
  ㉠ 자연 관찰법 : 자연적이거나 실제적 환경에서 관찰하는 것이다.
  ㉡ 유사 관찰법 : 특정 행동 유형을 끌어내는 역할극이나 가상 상황을 만들어 활용하는 것이다.
  ㉢ 참여 관찰법 : 수검자의 자연적 환경의 일부인 부모, 교사 또는 가족 등을 훈련시켜 활용하는 것이다.

(2) 기록방법

① 이야기 기록 : 관찰자가 관심을 두는 행동을 단순히 기록하는 방식으로 수량화 작업은 거의 없으며 관찰자마다 추론의 정도에서 차이가 날 수 있다.
  ㉠ 장점 : 향후 더 구체적 영역에서 양적인 방법으로 측정하는 데 도움이 되고 장비가 거의 필요 없으며 수많은 가설을 세울 수 있다.
  ㉡ 단점 : 수량화가 어렵고 타당도가 낮으며 관찰자 개인의 기술에 따라 유용성이 좌우된다.

② 구간 기록 : 정해진 시간 간격 내에서 특정 행동이 일어나는지 기록하는 것이다.
  ㉠ 관찰자에 따라 다른 관점을 지니고 있을 수 있으므로 두 채점자 간 일치도를 계산하여 채점자 간 신뢰도를 확인하는 것이 필요하다.
  ㉡ 장점 : 시간 효율적이고 특정 행동에 초점을 두며, 거의 대부분의 행동을 측정할 수 있다.
  ㉢ 단점 : 목표행동의 질적 측정이 어려우며, 목표로 설정하지 않는 다른 중요한 행동을 간과할 수 있다.

③ **사건 기록** : 관찰자가 목표행동이 일어나기를 기다리며 행동의 관련 세부 사항들을 기록하는 것으로, 행동의 빈도, 기간, 강도를 목록표에 기록하거나 스마트폰으로 행동을 기록한다.
  - 예 공격적 행동, 인사 또는 자기주장, 비속어와 같은 언어 표현
  - ㉠ **장점** : 빈도가 낮은 행동을 기록하고 시간에 따른 행동의 변화를 측정하는 데 유용하다.
  - ㉡ **단점** : 시작과 끝이 불분명한 행동을 측정하기 어렵고 오랜 시간 지속되는 행동에 관찰자가 주의를 지속하기 어려우며, 특정 행동이 어떻게 왜 일어나는지 추론하기 어렵다.

④ **평정 기록** : 특정 행동에 대해 5점 척도나 7점 척도 등으로 채점하는 평가 척도를 활용한다.
  - ㉠ 주 양육자, 교사 또는 자기보고 등의 다양한 관찰자의 평정을 활용하고, 보통 관찰 기간(예 2주 이내, 6개월 이내) 후 평정한다.
  - ㉡ **장점** : 다양한 행동에 광범위하게 적용 가능하고 통계분석에 활용하기 쉬우며, 비용 대비 효율적이다.
  - ㉢ **단점** : 채점의 주관성으로 관찰자 간 일치도가 낮고, 선행사건과 결과에 대한 정보가 부족하며, 관찰과 채점 간 시간차로 인해 채점이 정확하지 않을 가능성이 있다.

제2절 객관적 성격검사 1

06 MMPI-2, A(미네소타 다면적 인성검사) 소개

1. MMPI 검사 개관

구분	MMPI	MMPI-2	MMPI-A
문항 수	566문항	567문항	478문항
반복 문항	16개	없음	없음
부적절한 문항	부적절한 문항(예 성차별적, 종교적 편향 등)과 어색하거나 구식 표현인 문항 포함	• 부적절한 문항 삭제 • 문항의 단어나 표현 수정	• 부적절한 문항 삭제 • 단어나 표현 수정은 물론, 청소년의 시각에 맞는 표현으로 문항 기술
문항의 채점	채점에 사용되지 않는 문항 존재	• 채점에 사용되지 않는 문항 삭제 • 자살, 약물 및 알코올 남용, Type A 행동, 대인관계, 치료순응 등의 중요 내용영역의 문항 추가	• 채점에 사용되지 않는 문항 삭제 • 청소년에게 중요한 내용영역 문항 추가
T 점수	Linear T 점수 사용	Uniform T 점수 사용 (8개 임상 척도, 재구성 임상 척도, 내용 척도, PSY-5 척도에 적용)	Uniform T 점수 사용 (8개 임상 척도, 내용 척도, PSY-5 척도에 적용)
규준 연령	• 미국 : 16~65세 • 한국 : 13세 이상	• 미국 : 18~84세 • 한국 : 19~78세	• 미국 : 14~18세 • 한국 : 13~18세
타당도 척도	4개 (?, L, F, K)	10개 (?, VRIN, TRIN, F, F(B), F(P), FBS L, K, S)	8개 (?, VRIN, TRIN, F, F1, F2, L, K)
임상 척도	10개	• 10개 • F, Hs, D, Mf, Si 척도에서 13개의 부적절한 문항 삭제	• MMPI-2와 동일한 10개 임상 척도 • Mf와 Si 척도의 문항 수가 줄어듦
K 교정 점수	Hs, Pd, Pt, Sc, Ma 척도 K 교정	MMPI와 동일	K 교정을 적용하지 않음
재구성 임상 척도	없음	9개의 재구성 임상 척도 개발(2003)	없음
Si 척도	Serkownek Subscales	Si에 대한 새로운 하위 척도 개발	MMPI-2와 동일
내용 척도	Wiggins 내용 척도 13개	확장된 문항을 기초로 하여 15개의 새로운 내용 척도 개발	청소년의 문제에 적합한 15개의 새로운 내용 척도 개발
알코올 또는 약물 문제	MAC Scale	• MAC Scale-Revised • APS(Addiction Potential Scale) • AAS(Addiction Admission Scale)	• MAC Scale-Revised • PRO(Alcohol and Drug Problem Proneness) • ACK(Alcohol and Drug Problem Acknowledgement Scale)
핵심 문항	Koss-Butcher critical items	Koss-Butcher critical items에 depressed-suicide와 alcohol-crises 영역 추가	경험적으로 도출된 critical items 없음

(1) 개관
    ① MMPI-2 : 1940년대 전후로 개발된 이래 임상 장면에서 가장 널리 사용되었던 자기보고형 검사인 MMPI를 현재 실정에 맞게 재표준화한 검사이다.
    ② MMPI : 효율성 있고 신뢰성 있는 진단도구로, 실시와 채점이 쉽고 규준에 따른 간편한 해석방식으로 세계에서 널리 사용되는 구조화된 자기보고식 검사이다.
    ③ 특징
        ㉠ 정신질환자를 평가하고 진단하는 목적으로 개발되었다.
        ㉡ 성격과 증상에 대한 종합검사이다.
        ㉢ 경험적 문항 선정 방식으로 만든 최초의 검사이다.
        ㉣ 타당도 척도(?, L, F, K)를 가진 최초의 검사이다.
        ㉤ 다양한 장면에서의 방대한 경험적 자료가 축적되어 있다.
        ㉥ 정보 : 내담자의 검사 태도, 적응 수준, 증상, 방어수단, 진단명, 심리적 역동, 바람직한 치료지침을 포함한다.
        ㉦ 해석법 : '단일 척도 → 보험통계적 해석 → 프로파일 해석' 순으로 진행한다.
        ㉧ 성격검사임에도 투사법적인 함축(projective implication) : '명백문항+모호문항'으로 구성된다.

(2) 타당도 척도와 임상 척도

구분	척도명	MMPI-Ⅱ 추가 척도	기호	약자	문항 수
타당도 척도	'모르겠다'(Cannot Say)			?	–
	무선반응 비일관성(Variable Response Inconsistency)	●		VRIN	49
	고정반응 비일관성(True Response Inconsistency)	●		TRIN	20
	비전형(Infrequency)			F	60
	비전형-후반부(Back Infrequency)	●	–	F(B)	40
	비전형-정신병리(Infrequency-Psychopathology)	●		F(P)	27
	증상 타당도(Symptom Validity)	●		FBS	43
	부인(Lie)			L	15
	교정(Defensiveness)			K	30
	과장된 자기제시(Superlative Self-Presentation)	●		S	50
임상 척도	건강염려증(Hypochondriasis)		1	Hs	32
	우울증(Depression)		2	D	57
	히스테리(Hysteria)		3	Hy	60
	반사회성(Psychopathic Deviate)		4	Pd	50
	남성특성-여성특성(Masculinity-Feminity)		5	Mf	56
	편집증(Paranoia)		6	Pa	40
	강박증(Psychasthenia)		7	Pt	48
	정신분열증(Schizophrenia)		8	Sc	78
	경조증(Hypomania)		9	Ma	46
	사회적 내향성(Social Introversion)		0	Si	69

(3) MMPI-A

① MMPI-2를 청소년에 그대로 적용하기에는 부적합한 면이 있었다.
    ㉠ 성인을 기준으로 하는 문항으로 구성된다.
    ㉡ 청소년에게 필요한 학교생활과 관련된 척도가 없었다.

② 특징
    ㉠ 원판 MMPI의 타당도 척도와 임상 척도의 틀을 유지하되, MMPI-2와 마찬가지로 새로운 타당도 척도, 내용 척도, 보충 척도 및 성격병리 5요인 척도들이 추가되었다.
    ㉡ 성인과 청소년기 발달 단계, 사회문화적 환경의 차이를 고려해 청소년에게 사용하기에 적절치 않은 문항은 삭제하거나 청소년들에게 맞게 수정되었고, 청소년기의 독특한 영역을 다루기 위해 새로운 문항들이 추가되었다.

③ MMPI-2와 MMPI-A 비교

구분	MMPI-2	MMPI-A
문항 수	567문항	478문항
문항 내용	주요 내용 영역의 문항 추가	청소년에 적합한 문항 내용 및 표현
규준 연령	• 미국 : 18-84세 • 한국 : 19-78세	• 미국 : 14-18세 • 한국 : 13-18세
타당도 척도	10개(?, VRIN, TRIN, F, F(B), F(P), FBS, L, K, S)	8개(?, VRIN, TRIN, F, F1, F2, L, K)
임상 척도	10개	• MMPI-2와 동일한 임상 척도 10개 • Mf, Si 척도에서 문항 수가 줄어듦
K 교정 점수	K 교정 점수를 적용함	K 교정 점수를 적용하지 않음
재구성 임상 척도	9개의 재구성 임상 척도 개발(2003)	없음
내용 척도	15개의 새로운 내용 척도 개발	• 11개의 내용 척도는 MMPI-2와 동일 • 4개의 내용 척도는 청소년용으로 개발
보충 척도	15개의 새로운 보충 척도 개발	• 3개의 보충 척도는 MMPI-2와 동일 • 3개의 보충 척도는 청소년용으로 개발

※ 타당도 척도 중 F 척도 : F1(검사 전반부의 비전형적 양상), F2(검사 후반부의 비전형적 양상)

④ 문항 구성 : 청소년을 위한 문항으로 구성된다.
    ㉠ 문항 수 : 478개이다.
    ㉡ 삭제 : 중복 문항, 채점되지 않는 문항, 청소년에게 부적절한 내용의 문항을 삭제했다.
    ㉢ 수정 : 청소년에게 적합한 내용과 표현으로 수정했다.
    ㉣ 추가 : 청소년을 위한 새로운 문항을 추가했다.

⑤ 타당도 척도
    ㉠ VRIN, TRIN, L
    ㉡ K(defensiveness, 방어성)
    ㉢ MMPI-A에서는 K 교정 점수를 사용하지 않는다.
    ㉣ F1, F2, F
    ㉤ 문항 수 : F1(33), F2(33), F(66)

ⓗ 문항 배치 : F1(전반부), F2(후반부), F(F1+F2)
ⓘ F1과 F2의 임상적 해석은 MMPI-2의 F, F(B)와 유사하다.
ⓙ 청소년 규준집단에서 20% 미만의 응답 비율을 보인 문항들로 구성된다.
ⓚ 기존 F 척도에서 27문항을 삭제하고, 37문항은 유지했다.
ⓛ 원판 MMPI의 F 척도 이외의 문항에서 12문항을 추가했다.
ⓜ MMPI-A에 고유한 새로운 17문항을 추가했다.

(4) 척도 구성

① MMPI-2

- 타당도 척도
- 내용 척도
- 임상 척도
- 보충 척도
- 재구성 임상 척도(RC)
- 성격병리 5요인 척도

② MMPI-A

- 타당도 척도
- 보충 척도
- 임상 척도
- 성격병리 5요인 척도
- 내용 척도

2. 검사 실시 및 채점

(1) 수검자에 대한 고려사항

① 독해력 : 적어도 초등학교 6학년 수준 이상의 독해력이 필요하다.

② 나이
  ㉠ 만 19세 이상은 MMPI-2 검사를, 만 13~18세는 MMPI-A 검사를 받는다.
  ㉡ 만 18세 이상은 두 검사 모두 실시가 가능한 연령이지만 대체로 만 18세 고등학생의 경우 MMPI-A를, 만 18세 대학생이나 직장인의 경우 MMPI-2를 권장한다.

③ 지능 : 지적 기능이 다소 낮아도 가능하나 표준화된 지능검사로 측정되는 IQ가 적어도 80 이상은 되어야 적절한 수행이 가능하다고 본다.

④ 정신상태
  ㉠ 심하게 혼란되거나 동요된 상태인 경우를 제외하면 정신적 손상이 수행에 방해가 되지 않는다.
  ㉡ 다만, 수검자의 인지적·심리적 상태에 따라 검사 수행에 걸리는 시간이 달라질 수 있으므로 검사의 소요시간을 기록하는 것이 중요하다.

⑤ 실시와 채점 : 개인과 집단 모두에게 실시할 수 있다.
  ㉠ 한국판 MMPI-2와 A는 이를 출판한 마음사랑(www.maumsarang.co.kr)에서 제공하는 전산화된 실시 및 채점 프로그램인 Mscore를 사용한다.
  ㉡ 채점이 완료되면 타당도 척도와 임상 척도를 비롯한 모든 척도와 지표에 대한 표준점수인 T 점수의 프로파일 결과를 얻을 수 있다.
  ㉢ 일반적으로 각 척도에서 65T 이상을 유의한 상승으로 간주한다.

(2) 검사 지시
① 지시문

> "이 질문지에 일상생활에서 당면하는 여러 문제를 문항으로 만들어두었습니다. 문항을 하나하나 읽어가면서 그 문항이 당신을 잘 나타내고 있거나 당신의 생각과 같으면 답안지의 '그렇다'에 해당하는 칸에 빗금 표시를 하고 그렇지 않으면 '아니다'에 해당하는 칸에 빗금 표시를 하십시오."

② 질문

- "내가 요즘 느끼는 대로 답해야 하나요? 아니면 과거의 일을 생각해서 대답해야 하나요?"
  ➡ "현재의 상태를 기준으로 답하십시오."
- "이런 일은 해본 적이 없어서 답하기가 힘들어요."
  ➡ "이에 대해 ○○씨가 어떻게 생각하고 느끼는지가 더 중요할 수 있습니다."
- "그럴 때도 있고 아닐 때도 있어서 '예/아니요' 중 어느 하나로 답하기 힘들어요."
  ➡ "자신과 가장(좀 더) 비슷하다고 느껴지는 방향으로 응답하세요."
- 기타 : 검사지 앞에 적힌 지시문을 다시 한번 주의 깊게 읽어보세요. 본인이 이해한 대로 답하면 됩니다.

3. 해석 절차

- 수검자의 특징적인 검사 태도를 고려한다.
- 개별 척도(타당도 척도와 높은 임상 척도)에 대한 해석을 시도한다.
- 2코드 해석을 시도한다.
- 낮은 임상 척도에 대해 고려한다.
- 내용 척도, 보충 척도, 성격병리 5요인 척도, 결정적 문항을 검토한다.
- 전체 프로파일에 대한 형태분석을 시도한다.
➡ 검사 결과에만 기초해 '무정보 해석(blind interpretation)'을 하지 않아야 함

(1) 검사 태도
① 수검 태도는 양적 측면과 질적 측면에서 평가한다.
  ㉠ 양적 측면 : MMPI 결과에 산출되는 여러 타당도 척도 점수
  ㉡ 질적 측면 : 검사 완료에 소요된 시간, 검사 수행 시 관찰된 구체적인 행동 등
② 검사 시행에 2시간 이상(MMPI-A의 경우 1시간 30분 이상) 걸린 경우 : 매우 강박적이어서 우유부단하거나, 우울증으로 인한 정신-운동 지체를 보이거나, 검사에 대한 동기가 전혀 없거나, 뇌기능의 손상이 있는 경우일 수 있다.
③ 지나치게 빨리 검사를 끝낸 경우 : 성의 없이 대충 검사를 수행했거나 충동적인 경우일 수 있다.
④ 검사 수행 시의 구체적인 태도와 행동도 분석 대상이다. 가령 지나치게 질문을 하거나, 자주 쉬면서 검사를 수행하거나, 이미 체크한 답안을 여러 번 고치는 행동 등을 잘 관찰하여 해석을 위한 자료로 활용해야 한다.

(2) 개별 척도에 대한 해석
① 타당도 척도 검토를 통해 검사 결과의 타당성을 고려한다.

② 검사 결과가 타당하다고 판단될 경우, 각 임상 척도에 대한 상승 정도를 확인하여 각 척도들의 점수가 정상 범위에 있는지, 정상 범위에서 이탈해서 있는지를 판단해야 한다.
  ㉠ 65T 혹은 70T 이상에 해당하는 점수의 척도들에 대해 주목해야 하는데, 척도 점수가 상승할수록 해당 척도가 시사하는 문제들이 더 심각한 것으로 해석할 수 있다.
  ㉡ 상승된 임상 척도에서 어떤 소척도가 상승하고 있는지, 재구성 임상 척도에서도 임상 척도와 유사한 상승 양상이 나타나고 있는지 등을 살펴봄으로써 수검자의 문제를 보다 세밀하게 파악한다.

(3) **2코드 해석**
① **코드 유형** : 가장 높이 상승되어 있는 2개 혹은 3개의 임상 척도군을 말하며, 대체로 척도 간 분산이 큰 경우에 코드 유형이 나타나는 특징이 뚜렷해진다.
② **척도 간 연관성 검토** : 예를 들어 척도 2가 상승한 경우 척도 9의 점수가 낮을 것으로 예측하는 것이 일반적이다. 따라서 이러한 예측에 맞는 프로파일이라면 임상가는 자신의 가설에 확신을 가질 수 있지만, 이와 불일치하는 결과에 대해서는 의문을 가지고 새로운 가설을 세우게 된다.

(4) **낮은 임상 척도에 대한 고려**
① MMPI는 진단을 위해 개발된 검사이므로 정신병리와 관련된 점수의 상승을 토대로 해석하는 것이 일반적이다.
② 낮은 점수에 대한 연구는 부족하나, 때로는 낮은 점수의 임상 척도가 수검자의 주요 특징을 더 잘 설명해 주기도 하므로 낮은 점수도 반드시 검토해야 한다.
③ 보통 낮은 점수는 35~40T를 기준으로 한다.

(5) **내용 척도, 보충 척도, 성격병리 5요인 척도, 결정적 문항분석**
① 해석 시 임상 척도에 대한 해석이 우선적이고 가장 중요하지만, 내용 척도, 보충 척도, 성격병리 5요인 척도 등을 부수적으로 검토하여 활용하면 수검자의 문제와 특징을 명료화하는 데 유용할 수 있다.
② 결정적 문항의 구체적 내용을 살펴보는 것을 통해 수검자의 갈등 주제나 특정 증상을 파악할 수 있다.
③ 임상 척도를 중심으로 만든 내담자에 대한 가설을 다른 부가적 척도들을 통해 확인해 나가는 과정이다.

(6) **전체 프로파일 형태분석**
① 전체 프로파일을 분석할 때 많이 사용하는 방식은 주로 신경증과 관련된 세 척도(척도 1, 2, 3)와 정신병과 관련성이 많은 네 척도(척도 6, 7, 8, 9)의 상대적 상승도를 살피는 것이다.
② **신경증 척도가 더 높은 경우** : 불안, 우울 및 신체화 경향 등과 관련된 증상을 보이는 경우로, 정신병적 상태보다는 신경증적 상태에 해당될 가능성이 더 높은 경우로 생각할 수 있다.
③ **정신병 척도가 더 높은 경우** : 현실 검증력이 손상되어 있거나 충동 통제력이 결여되어 있는 것과 같은 정신적 혼란 상태를 수반한 정신병적 상태에 있을 가능성이 더 높은 경우로 생각할 수 있다.

07 MMPI-2, A 해석 : 타당도 척도와 임상 척도

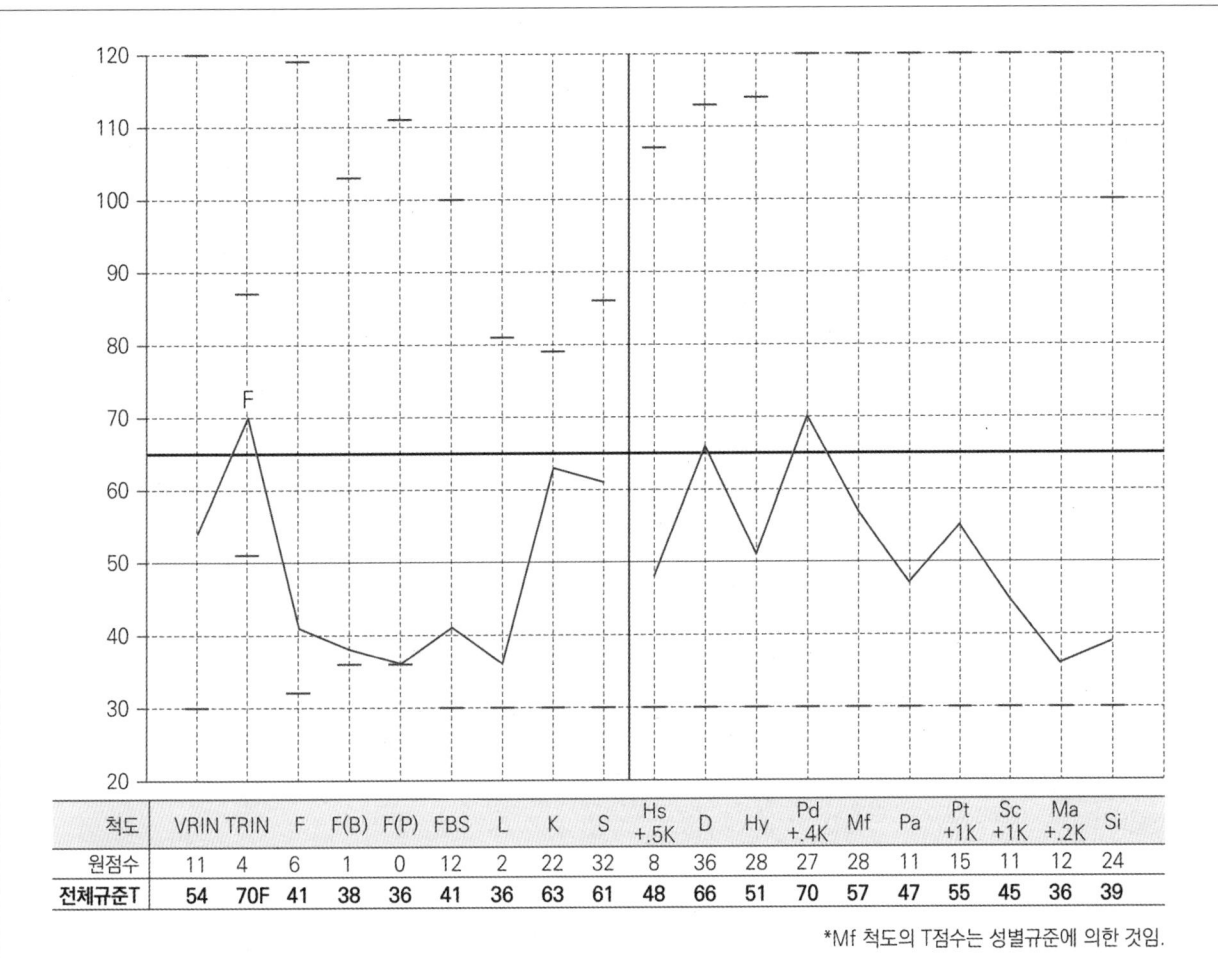

[그림 10-3] MMPI-2 : 타당도 척도와 임상 척도 프로파일

> **참고** MMPI-2 해석
>
> - MMPI 원판 70T 이상, MMPI-2, A는 65T 이상을 의미 있는 상승으로 해석한다.
> - MMPI-2에서는 척도 5와 0을 제외하고는 낮은 점수에 근거한 해석은 삼간다.

1. 타당도 척도의 해석

구분	척도명	측정 내용
성실성	?(무응답)	문항에 빠짐없이 응답했는지, 문항을 잘 읽고 응답했는지에 대한 정보 제공
성실성	VRIN(무선반응 비일관성)	
성실성	TRIN(고정반응 비일관성)	
비전형성	F(비전형성)	일반인들이 일반적으로 반응하지 않은 방식으로 응답했는지에 대한 정보 제공
비전형성	F(B)(비전형-후반부)	
비전형성	F(P)(비전형-정신병리)	
비전형성	FBS(증상 타당화)	
방어성	L(부인)	자신의 모습을 과도하게 긍정적으로 제시하고자 했는지에 대한 정보 제공
방어성	K(교정)	
방어성	S(과장된 자기제시)	

> **참고** MMPI-A 타당도 척도
>
> | 구분 | 척도명 |
> |---|---|
> | 성실성 | ?(무응답) |
> | 성실성 | VRIN(무선반응 비일관성) |
> | 성실성 | TRIN(고정반응 비일관성) |
> | 비전형성 | F1(비전형1) : 검사 전반부의 비전형 양상 |
> | 비전형성 | F2(비전형2) : 검사 후반부의 비전형 양상 |
> | 비전형성 | F(비전형 F1 + F2) |
> | 방어성 | L(부인) |
> | 방어성 | K(방어성) |

(1) 무응답 척도(? 척도)

① 수검자가 응답하지 않고 생략한 문항의 개수를 나타낸다.

② 무응답 10개 이하 : 타당성에는 영향을 미치지 않지만 누락된 문항이 무작위인지, 패턴을 이루는지에 대한 탐색이 필요하다. 패턴을 이룬다면 그 문항들이 피검자에게 의미 있을 수 있으므로 문항 내용을 검토할 필요가 있다.

③ 무응답 30개 이상 : 타당한 해석을 어렵게 만들기 때문에 무효 프로파일로 간주한다.

④ 무응답이 많은 이유

- 수검자가 부주의하거나 혼란스러워 의도와 무관하게 반응을 누락하는 경우
- 자신의 바람직하지 않은 특성에 대해 고의로 거짓응답을 하기보다 회피하는 경우
- 양자택일 상황에서 어느 하나를 선택하지 못하는 우유부단한 수검자의 경우
- 문장을 읽고 이해하는 데 어려움이 있는 경우
- 검사와 검사자에 대한 강한 불신감이 존재하는 경우
- 검사와 검사자에 대한 반항적이고 비협조적인 태도를 가진 경우

- 자신의 정보를 누설하지 않으려는 경향성이 있는 경우
- 지나친 강박성으로 인해 어떤 것이 바른 정답인지에 대한 결정을 내리기 어려운 경우
- 개인에게 특별히 민감한 부분을 개방하기를 꺼리는 경우
- 심한 우울증으로 인해 문항에 대한 결정을 내리기가 어려운 경우

(2) 무선반응 비일관성 척도(VRIN) 기출 23

T 점수	프로파일 타당성	가능한 해석	특징
80 이상	무효 (타당하지 않음)	• 무선반응으로 인해 프로파일 해석 불가능함 • 독해능력이 부족하거나 혼란스러운 상태에 있거나 의도적으로 무선반응을 했을 가능성이 있음	• 무선적 반응을 탐지하는 척도 • 비슷하거나 반대되는 문항의 내용에 비일관적으로 응답한 문항쌍의 수 • 49개 문항쌍, 67개 반응쌍 (5개 T-T, 5개 F-F, 57개 T-F/F-T) • F 척도와 함께 해석되면 유용
65~79	유효(타당)하지만 일부의 비일관적인 반응이 포함됨	• 해석이 가능하긴 하지만, 일부 비일관적 반응이 포함되었을 가능성이 있으므로 해석에 주의할 필요가 있음 • VRIN 점수가 79점에 가깝다면 보다 강한 주의가 필요함 • 많은 무선반응은 부주의하거나 일시적인 주의집중력 상실이 이유가 될 수 있음	
40~64	유효함	피검사자는 검사문항을 일관성 있게 이해하고 반응함	
39 이하	유효함	피검사자는 매우 주의 깊고 신중하게 문항에 응답함	

① 수검자의 무선반응을 탐지하려는 척도로, 내용이 서로 비슷하거나 상반되는 문항으로 구성된다.
② 비전형 척도와 함께 해석할 경우 유용
  ㉠ 비전형 상승 + VRIN 상승 : 무작위 반응으로 인해 프로파일 해석이 불가능하다.
  ㉡ 비전형 상승 + V, TRIN 정상 : 정신병리적 문제나 나쁘게 보이려는 의도가 있었는지 파악해야 한다.

(3) 고정반응 비일관성 척도(TRIN)

T, F 점수	프로파일 타당성	가능한 해석	특징
80T 이상	무효	'그렇다' 반응 경향이 강한 프로파일로 해석이 불가능	• 모두 '예', 모두 '아니요' 반응을 탐지하는 척도 • 반대되는 문항 내용에 비일관적으로 응답한 문항쌍의 수 • 20개의 문항쌍, 23개의 반응쌍 (14개 T-T, 9개 F-F) • 원점수 계산 : 그렇다 - 아니다 + 9, T 점수 : 항상 50 이상으로 환산 • L, K, S와 함께 해석되면 유용
65~79T	유효하지만 일부의 반응이 '예' 반응인 경향이 있음	반응 경향상 L, K, S 척도가 낮아질 수 있음에 주의하여 해석해야 함	
50~64T 또는 50~64F	유효함	피검사자는 검사문항들을 일관성 있게 이해하고 반응할 수 있었음	
65~79F	유효하지만 일부의 반응이 '아니요' 반응 경향이 있음	반응 경향상 L, K, S 척도가 높아질 수 있음에 주의하여 해석해야 함	
80F 이상	무효	'아니요' 반응 경향이 강한 프로파일로 해석이 불가능	

① 수검자가 모두 '그렇다' 또는 '아니다'로 반응하는 경향을 탐지하는 척도로, 내용이 서로 상반되는 문항쌍만으로 구성된다.
② 80점 이상인 경우
　　㉠ T 점수 80 이상 : '예' 반응 경향으로 인해 프로파일 해석이 불가능하다.
　　㉡ F 점수 80 이상 : '아니요' 반응 경향으로 인해 프로파일 해석이 불가능하다.
③ T 점수 65~79T : 타당한 프로파일로 간주하지만, 부분적인 '그렇다' 경향으로 인해 L, K, S 척도가 낮아질 수 있으므로 이들 척도의 해석에 주의를 요한다.
④ T 점수 65~79F : 타당한 프로파일로 간주하지만, 부분적인 '아니다' 경향으로 인해 L, K, S 척도가 높아질 수 있으므로 이들 척도의 해석에 주의를 요한다.
➡ • '예' 반응 → TRIN T 점수 상승 → L, K, S가 낮아질 가능성이 있음
　 • '아니요' 반응 → TRIN F 점수 상승 → L, K, S가 높아질 가능성이 있음

(4) 비전형 척도(F)

T 점수	프로파일 타당성	점수 상승의 가능한 이유들	가능한 해석	특징
80 이상	무효일 수 있음	• 무작위/고정반응 • 심각한 정신병리 • 부정 왜곡 (faking bad)	• VRIN, TRIN의 T 점수가 79 이상이면 프로파일은 무효로 해석 불가능 • VRIN, TRIN의 T 점수가 정상 범위에 있다면 F(P)를 검토 • 만약 F(P) 역시 정상 범위에 있다면, 프로파일은 타당한 것이며 심각한 정신병적 증상을 반영 • F(P)가 100 이상이면 피검사자는 정신병리를 실제보다 더 의도적으로 과장하여 보고한 것	• 검사 전반부의 비전형 반응 탐지(1~370번 문항에 분포) • 한 사람의 생각, 경험이 다른 사람들과 다른 정도를 측정 • 규준집단에서 매우 낮은 빈도로 응답되는 60개의 문항으로 구성 • F가 높으면 특히 임상 척도에 영향 • F(P) 척도를 함께 고려하여 F 척도 상승의 의미를 추론
65~79	과장된 것일 수 있으나 유효할 것	문제를 과장하여 표현함	'도움을 청하는' 의도로써 증상을 과장하는 것	
40~64	유효할 것	–	피검사자가 심리적인 문제를 정확하게 보고함	
39 이하	방어적일 수 있음	–	피검사자가 심리적 문제를 부인하거나 축소하고 있는지 판단하는 것이 필요. 방어성 척도, 특히 L 척도를 검토할 것	

① 검사 전반부의 비전형 반응을 탐지하고, 한 사람의 생각 또는 경험이 다른 사람들과 다른 정도를 측정한다.
② 비전형적 반응 탐지 : F, F(B), F(P), FBS
　　㉠ 무작위반응 또는 고정반응
　　㉡ 심각한 정신병리 문제
　　㉢ 자신을 고의적으로 나쁘게 나타내려는 시도(faking bad)

③ 척도 상승 시의 가능성
  ㉠ 문항 내용과 상관없이 반응했을 가능성 : VRIN, TRIN 척도와 비교한다.
  ㉡ 일반 사람은 좀처럼 경험하지 않는 심각한 심리적 문제를 겪고 있을 가능성이 있다.
  ㉢ 심각한 문제를 겪진 않지만 의도적으로 부적응을 부각하고 심리적 문제를 가장했을 부정 왜곡의 가능성 : VRIN 척도, TRIN 척도, F(P) 척도 등 다른 타당도 척도의 점수를 고려하여 F 상승의 의미를 밝혀야 한다.

> **참고** 비전형 반응의 비교
> - 비전형 반응의 4개 지표는 F 척도, F(B) 척도, F(P) 척도, FBS 척도이다.
> - F는 비전형 반응, F(B)는 검사 후반부의 비전형 반응, F(P)는 비전형 정신병리로, 환자들조차 매우 낮은 빈도로 반응하는 문항으로 구성된다.
> - FBS는 개인상해 소송 시 꾀병으로 판단된 사람과 꾀병이 아닌 사람의 반응을 비교하여 선정된 문항으로 구성되었다.

> **참고** 원판 MMPI F 척도 특징
> - 심리적 고통의 정도와 부적응 정도를 측정한다.
> - 현재 자신의 상태를 얼마나 편안 또는 불편한가를 반영한다. 이 척도의 점수가 K 척도의 점수에 비해 낮은 것이 바람직하다.
> - F 척도의 점수가 상승될 경우(T 점수 60점 이상), 생활 장면에서 적응상의 어려움과 심리적인 스트레스의 경험을 추정할 수 있다.
> - F 척도의 점수가 K 척도의 점수에 비해 현저히 높을수록 심리적으로 더욱 힘들어하고 있을 것으로 추정할 수 있다.
> - F 척도의 점수가 낮은 경우(T 점수 40점 이하), 대체로는 사회적 순응도가 높고 현재 별다른 스트레스를 느끼지 않고 잘 적응하고 있다고 해석할 수 있다. 그러나 이러한 순응은 지나치게 관습적이기 때문이거나 긍정 왜곡(faking good) 경향성 때문일 수도 있다.
> - F 척도는 임상 척도(특히, 척도 6 및 척도 8)와 정적 상관이 있으며, L 척도 및 K 척도와 부적 상관이 있다. 따라서 임상 척도들이 높은 경우에는 F 척도 점수도 높아야 한다. 이때, F 척도 점수의 상승 정도는 부적응의 정도 또는 심리적인 고통의 정도를 나타낼 뿐만 아니라 문제의 지속 기간을 나타내기도 한다.
> - 임상 척도들의 점수가 전반적으로 낮다면 F 척도 점수도 낮은 경우가 보통인데, 이때는 지나치게 관습적이고 순응적이거나, 긍정 왜곡 경향성을 지니고 있을 가능성을 고려해야 한다.

(5) 비전형-후반부 척도[F(B)] 기출 22, 24

T 점수	프로파일 타당성	점수 상승의 가능한 이유들	가능한 해석	특징
90 이상 (임상 장면 110 이상)	무효일 수 있음 (타당하지 않을 수 있음)	• 무작위/고정반응 • 심각한 정신병리 • 증상의 과장된 응답 (faking bad) • 응답 태도의 변화	• F(B)의 T 점수를 F의 T 점수와 비교해야 함. 만약 F(B)의 T 점수가 최소 30점 이상 더 높다면, 검사 후반부에 피검자의 태도에 유의미한 변화가 있었다는 것을 의미함 • F(B) 척도가 F 척도에 비해 유의미하게 높으면, 검사 후반부의 문항들이 위치한 척도들(내용 척도 등)은 해석하지 말아야 함	• 검사 후반부의 비전형 반응 탐지 • 구성 방법은 F 척도와 같음 • 40문항(281~334에 12문항, 387~555에 28문항) • 무선반응, 고정반응, 정신병리, 부정가장에 민감 • F(B)가 높으면 특히 내용 척도에 영향 • 검사과정에서의 수검 태도 변화를 알려줌

① 검사 후반부의 비전형 반응을 탐지하는 척도로, 검사과정에서 수검자가 보이는 태도 변화를 알려준다.
② F 척도와 유사하게 무선반응, 고정반응, 심각한 정신병리, 부정 왜곡에 민감하다.
③ F 척도가 정상 범위에 있고 F(B) 척도가 상승할 경우
　㉠ 수검자의 검사 태도가 후반에 달라졌음을 반영하는 것일 수 있다.
　㉡ 검사지 전반부에 배치된 문항을 중심으로 채점되는 표준 척도(L, F, K 및 임상 척도)는 해석할 수 있지만, 후반부에 배치된 문항을 중심으로 채점되는 보충 척도, 내용 척도, 기타 척도는 해석해선 안 된다.
④ F < F(B) 30점 이상 차이 : 검사 후반부에 피검자의 태도에 유의미한 변화가 있었음을 의미하며, 후반부 문항을 통해 산출되는 척도는 해석하지 않아야 한다.

> **참고** MMPI-A의 비전형 척도(F)
> 1. F 척도는 비전형 1척도(F1)와 비전형 2척도(F2)로 나뉜다.
>   - **F1 척도** : F 척도의 문항 중 전반부에 포함되는 문항이다.
>   - **F2 척도** : F 척도의 문항 중 후반부에 포함되는 문항이다.
> 2. **점수 상승** : 수검자가 심각한 적응문제를 겪고 있는 경우, 이러한 문제의 심각성을 과장하려는 경우
>   - 무선반응이나 고정반응, 심각한 정신병리, 과대보고 등에 기인할 수 있다.
>   - F1과 F2의 차이가 20T 이상일 경우 : 전반부와 후반부의 태도 차이가 있다고 볼 수 있다.

(6) 비전형-정신병리 척도[F(P)]

T 점수	프로파일 타당성	점수 상승의 가능한 이유들	가능한 해석	특징
100 이상	무효일 것	• 무작위 반응 • 부정 왜곡 (faking bad)	• VRIN, TRIN의 T 점수가 79전 이상이라면 프로파일은 무효로서 해석 불가능 • VRIN과 TRIN의 T 점수가 정상 범위에 있다면 피검사자는 실제보다 정신병리를 의도적으로 더 과장하여 표현하려는 것	• Arbisi와 Ben-Porath(1995) • 규준집단과 외래환자 모두에서 비전형 반응 • F 척도에 비해 정신병리에 덜 민감함 • 27개 문항 • F 척도 상승의 의미를 명확하게 해줌
70~99	과장된 것일 수 있으나 유효할 것	문제를 과장하여 표현함	'도움을 청하는' 의도로써 증상을 과장하는 것	
69 이하	유효할 것	-	피검사자가 현재의 정신건강 상태를 정확하게 보고함	

① F 척도의 상승이 실제 정신병리 문제에 기인한 것인지, 의도적으로 부정적인 모습을 보이려는 것인지 판단하는 데 도움이 된다. ➡ 정신의학과 환자들조차 매우 낮은 빈도로 반응하는 문항으로 구성된다.
② F 척도와 함께 F(P) 척도가 상승하는 경우 : 수검자의 부정 왜곡이나 꾀병을 반영할 가능성이 높다.
③ F 척도는 높지만 F(P) 척도가 높지 않은 경우 : 실제 정신병리를 반영하고 있다고 볼 수 있다.
④ T 점수 100 이상 : VRIN, TRIN이 정상 범위라면 실제보다 정신병리를 의도적으로 과장하여 표현하고 있다.

> **참고** 부정 왜곡 또는 꾀병 판별 단계
>
> 1. STEP 1 : 무응답 문항 개수를 확인한다.
>   - 30개 이상 : 무효 프로파일, 해석 중단
>   - 30개 미만 : STEP 2 진행
> 2. STEP 2 : VRIN 척도와 TRIN 척도의 점수를 확인한다.
>   - VRIN과 TRIN 중 어느 하나라도 T 점수가 80 이상 : 무효 프로파일, 해석 중단
>   - VRIN과 TRIN 척도 모두 T 점수가 80 미만 : STEP 3 진행
> 3. STEP 3 : F와 F(B) 점수를 확인한다.
>   - F와 F(B) 척도 모두 T 점수가 80 미만 : 타당한 프로파일로 간주하고 해석 진행
>   - F와 F(B) 척도 중 어느 하나라도 T 점수가 80 이상 : 증상 과장 가능성, STEP 4 진행
> 4. STEP 4 : F(P) 점수를 확인한다.
>   - F(P) 척도의 T 점수 100 이상 : 꾀병 가능성이 높으므로 프로파일을 해석하지 않음
>   - F(P) 척도의 T 점수 80~99 : 꾀병 가능성 의심, 신중한 해석을 요하므로 부가정보를 수집
>   - F(P) 척도의 T 점수 70~79 : 타당성 여부가 불명확하고 신중한 해석을 요하므로 부가정보를 수집
>   - F(P) 척도의 T 점수 69 이하 : 타당한 프로파일로 간주하고 해석 진행

(7) **증상 타당화 척도(FBS)**

① 신체장애 신청이나 상해 관련 소송 장면에서 개인적인 이득을 취하기 위해 보이는 다양한 방식의 증상 과장을 탐지할 목적으로 개발되었다.

② 문항 구성 : 꾀병으로 판정받은 사람과 꾀병이 아닌 것으로 판정받은 사람의 반응을 비교하여 구성했다.

③ FBS 척도가 상승하더라도 VRIN과 TRIN의 점수가 80 이상이면 무선반응의 가능성을 우선적으로 고려하여 FBS 척도를 해석하지 않는다.

④ 해석 지침

T 점수	해석
100 이상	과대보고가 시사되므로 타당하지 않음 ➡ 비일관적인 반응의 가능성이 없다면 이 정도 점수 상승은 실제로 상당한 의학적 문제를 가진 사람에게도 흔하게 나타나지 않는 점수로, 주요 척도에서의 높은 점수는 증상의 과대보고를 반영할 가능성이 있음
70~99	신체적·인지적 증상의 신뢰할 수 없는 보고로 인한 과대보고의 가능성이 있음 ➡ 비일관적인 반응의 가능성이 없다면 이 정도의 점수 상승은 실제로 상당한 의학적 문제를 가진 사람에게 나타날 수 있으나 과장을 반영한 것일 수 있으며, 이때 주요 척도에서의 높은 점수는 증상의 과대보고를 반영할 가능성이 있음
69 이하	과대보고의 증거가 없으므로 프로파일 해석이 가능함

(8) 부인 척도(L)

T 점수	프로파일 타당성	점수 상승의 가능한 이유들	가능한 해석	특징
80 이상	무효일 것	• 긍정 왜곡 (faking good) • 주로 '아니요'로 응답하는 경향	• TRIN이 79F보다 크면, 전반적으로 '아니요'로 응답한 경향이 강하고, 프로파일은 무효이며 해석이 불가능 • TRIN이 정상 범위라면 높은 L 점수는 자신을 좋게 보이려고 노력하는 긍정 왜곡을 반영, 프로파일은 무효	• 방어적인 태도를 측정하기 위한 15개 문항으로 구성 • 대부분의 사람이 인정하는 사소한 결점, 약점을 부인하고 자신을 좋게 보이려는 경향을 측정 예 '가끔 화를 낸다.'에 '아니다.'로 응답하는 것
70~79	무효일 수 있음	• 긍정 왜곡 (faking good) • 전통적인 성장 배경 • '아니요'로 응답하는 경향이 중간 정도	• TRIN이 65~79F 범위라면 L의 상승은 왜곡하려는 것보다 '아니요' 패턴으로 응답한 것을 반영함 • TRIN이 정상 범위라면 상승된 L은 세련되지 못한 방식으로 좋게 보이려는 태도가 반영된 것 • L 점수가 높을수록 MMPI-2 척도가 실제 정신병리를 정확하게 나타내지 못할 것	
65~69	타당도가 의심됨	지나치게 긍정적인 자기표현	• 피검사자가 심리적·행동적 문제를 최소화했을 가능성이 높음 • 문제를 과소평가하게 될 수 있음	
60~64	유효할 것	세련되지 못한 방어	• 대부분의 사람들이 쉽게 인정하는 사소한 실수와 결점까지 부인하는 응답으로, 아마도 그렇게 하는 것이 더 좋다고 믿기 때문인 것으로 보임 • 피검사자가 전통적인 성장 배경을 가지고 있을 수 있음	

① 자신을 지나치게 긍정적으로 표현하려는 수검자의 방어적 태도를 탐지할 목적에서 개발된 척도로, 대부분의 사람들이 망설임 없이 인정할 만한 사소한 결점들을 '아니다'로 응답할 경우 채점된다.
② 특징: 기꺼이 인정할 수 있는 사소한 결점이나 부정적 감정과 욕구조차 단순한 방식으로 부인하며 자신을 필요 이상으로 완벽하고 이상화된 방식으로 좋게 보이려는 태도를 취한다.
③ 교육 정도나 사회경제적 지위와 부적 상관이 있으며, 이 척도의 상승은 때로 임상 척도 1과 임상 척도 3의 상승을 동반한다.

(9) 교정 척도(K)

T 점수	프로파일 타당성	점수 상승의 가능한 이유들	가능한 해석	특징
75 이상	무효일 수 있음	• 긍정 왜곡 (faking good) • 주로 '아니요'로 응답하는 경향	• TRIN이 79F보다 크면, 전반적으로 '아니요'의 패턴으로 응답한 것으로 프로파일은 무효이고 해석 불가능 • TRIN이 정상 범위라면 높은 K 점수는 피검자의 방어적인 태도를 반영하는 것이고 타당하지 않은 프로파일일 수 있음	• 정상 프로파일을 보인 환자와 정상인의 프로파일을 비교하여 변별력 있는 30개의 문항으로 구성 • L 척도에 반영되는 것보다 조금 더 세련되고 교묘한 방어성을 탐지 • 정상인의 경우, 자아강도 또는 심리적 자원을 의미 예 '처음 만나는 사람과 대화가 어렵다.'에 '아니다.'로 응답
65~74	무효일 수 있음	• 중간 수준의 방어성 • '아니요'로 응답하는 경향이 중간 정도	• TRIN이 65~79F 범위라면 K 상승은 좋게 보이려는 것보다 '아니요' 패턴으로 응답한 것을 반영함 • TRIN이 정상 범위라면 상승된 K는 중간 수준의 방어적인 태도를 반영하는 것 • K 점수가 높을수록 MMPI-2 척도들이 실제 정신병리를 정확하게 나타내지 못할 것	
40~64	유효함	–	–	
39 이하	무효일 수 있음	• 부정 왜곡 (faking bad) • 주로 '예'로 응답하는 경향	• TRIN이 79T보다 크면, 전반적으로 '예'의 패턴으로 응답한 것으로, 프로파일은 무효 • TRIN이 정상 범위라면 낮은 K 점수는 피검자가 나쁘게 보이려고 왜곡한 결과일 수 있음. 그러나 이러한 해석은 비전형 척도가 상승했을 때만 적용 가능함	

① 보다 세련된 방어적 수검 태도를 탐지하는 척도로 정상인의 경우 자아강도, 심리적 자원을 의미하기도 한다.
② 매우 높게 상승하는 경우 전형적으로 방어적 수검 태도를 시사하지만, 경미하게 상승하는 경우 자아강도가 강하고 심리적 자원이 풍부하여 현실대처능력을 갖추고 있음을 반영하기도 한다.
③ K 교정 척도 : 방어적 태도가 임상 척도 점수에 미치는 영향을 교정하기 위해 척도 1, 척도 4, 척도 7, 척도 8, 척도 9에서는 K 교정이 적용된다.
④ L 척도와 차이 : 순진하고 단순하게 자신의 심리적 문제를 부인하는 경우 L 척도가 상승하고, 세련되고 교묘한 태도로 자신을 방어하는 경우 K 척도가 상승할 가능성이 높다.

(10) 과장된 자기제시 척도(S)

T 점수	프로파일 타당성	점수 상승의 가능한 이유들	가능한 해석	특징
75 이상	무효일 수 있음	• 긍정 왜곡 (faking good) • 주로 '아니요'로 응답하는 경향	• TRIN이 79F보다 크다면 전반적으로 '아니요' 패턴으로 응답한 것으로 프로파일은 무효이고 해석 불가능 • TRIN이 정상 범위라면 높은 S 점수는 피검자의 방어적인 태도를 반영한 것이고 타당하지 않은 프로파일일 수 있음 • 방어성의 구체적인 영역을 확인하기 위해 하위 척도를 검토할 것	• Butcher와 Han(1995) • 파일럿 응시자와 규준집단의 반응을 비교하여 문항 선정 • 추가적인 문항분석과 내용분석 ➡ 동질성을 높임 • 50문항으로 검사의 전후반에 골고루 퍼져 있음 • 44문항이 '아니요'(TRIN을 고려해야 함) • 5개의 하위 척도가 있음
70~74	무효일 수 있음	• 중간 수준의 방어성 • '아니요'로 응답하는 경향이 중간 정도	• TRIN이 65~79F 범위라면 S의 상승은 좋게 보이려는 것보다 '아니요' 패턴으로 응답한 것을 반영함 • TRIN이 정상 범위라면 상승된 S는 중간 수준의 방어적인 태도를 반영하는 것 • S 점수가 높을수록 MMPI-2 척도가 실제 정신병리를 정확하게 나타내지 못할 것	
69 이하	유효함	-	-	

① L 척도나 K 척도가 임상집단을 대상으로 긍정 왜곡의 가능성을 탐지할 목적에서 개발되었다면, S 척도는 비임상집단을 대상으로 자신에게 도덕적 결함이 전혀 없음을 강조하여 드러내고자 하는 수검자의 방어적 태도를 탐지할 목적에서 개발되었다.
➡ 인사 선발, 보호감찰 평가, 자녀 양육권 평가 등의 비임상 장면에서 흔히 관찰된다.

② S 척도와 K 척도
㉠ S 척도 : 검사의 전후반에 골고루 관련 문항이 배치되어 있고, 비임상집단에 초점을 둔다.
㉡ K 척도 : 검사의 전반부에 문항이 분포해 있으며 임상집단에 초점을 둔다.

> **참고** 원판 MMPI F 척도 해석(LKF 척도)
>
> 1. L 척도와 K 척도가 T 점수 50 이하 / F 척도는 T 점수 60 이상
>   • 자신의 신체적·정신적 곤란을 인정하고, 스스로 문제를 해결할 수 없어 문제해결을 위한 도움을 필요로 하는 상태이다.
>   • F 점수가 증가할수록 힘든 상태에 있거나 증상을 과장하는 것일 수 있으며, 당면한 문제가 해결되고 상태가 호전되기 시작하면 F 척도의 상승은 감소하고 K 척도가 상승한다.
>
> 2. V형 : L과 K 척도는 T 점수 60~70까지 상승, F 척도는 T 점수 50 이하
>   • 바람직하지 못한 충동이나 문제를 부인하거나 회피하려 하며 자신을 가능한 좋게 보이려 애쓰는 상태를 반영한다.
>   • 직업 응모자, 방어적 정상인, 히스테리 환자, 건강염려증 환자에게서 많이 나타나며 치료에 자발적이지 않다.
>   • 주된 방어기제 : 억압과 부인 등이 있다.

3. 정적 기울기
- 현재 스트레스, 갈등을 경험하지 않는 정상인이 보이는 전형적인 형태로 일상에서 당면한 문제를 해결할 적절한 능력이 있다.
- 자신을 좋게 보이려고 애쓰는 사람, 입사 지원자, 상담직 종사자에게서 나타날 수 있다.

4. 부적 기울기
- 순박하고 세련되지 못한 방식으로 좋게 보이려 애쓰는 사람의 전형적인 형태로 사회경제적 수준, 교육 수준이 낮은 계층에서 흔히 볼 수 있는 프로파일이다.
- 좋게 보이려고 노력하지만 고지식하고 미숙한 태도로 인해 실패하고 오히려 신경증 척도가 상승하는 경우가 많다.

2. 임상 척도의 해석

(1) 척도 1(Hs; Hypochondriasis, 건강염려증) 기출 15

MMPI 척도 중 가장 단일 차원적 성질을 보인다. 신체적 증상과 기능 이상에 대한 과도한 집착과 불안을 측정하는 척도로, 32문항으로 구성된다.

① 기본 차원 : 신중성
② 이 척도의 문항들은 특별한 증상이나 구체적인 병과 관련된 문항들도 있지만, 대부분 전반적인 신체에 대한 집착과 자기중심성과 연관된 것들이다.
③ 높은 점수
  ㉠ 다양한 신체 증상과 만성적인 피로감, 통증, 무력감을 호소한다.
  ㉡ 자기중심적이고 외부 세계에 비관적이고 냉소적이며, 스스로 불만스럽고 불행하다고 느낀다.
  ㉢ 다른 사람에게 요구가 많은 동시에 매우 비판적이다.
  ㉣ 신체증상으로 다른 사람을 조종하려 하고 성가시게 한다.
  ㉤ 심리적 문제나 책임을 회피하고 주위 사람들을 지배하거나 조종할 목적으로 신체 증상을 호소하기도 한다.

(2) 척도 2(D; Depression, 우울증) 기출 17, 24

검사 당사자가 느끼는 기분 상태를 반영하며 비관, 슬픔의 정도를 측정한다. 우울의 주된 증상은 우울감, 의기소침, 자긍심 저하, 흥미 범위 축소, 주의집중 곤란, 불면, 신체적 기능 이상 등이다. 척도 2는 수검자가 자기 자신 및 자신의 생활환경에 대해 얼마나 안정되고 안락하게 느끼는가를 알려주는 좋은 지수로서 점수가 높을수록 강한 불만도를 나타낸다.

구분		증상
D1	주관적 우울감	불행감, 우울감, 흥미 저하, 자신감 상실, 열등감, 사회적 상황에 대한 불편감, 대처능력 약화
D2	정신운동 지체	심신 에너지 소진, 대인관계 회피, 적대감이나 충동성 부인
D3	신체적 기능장애	신체 기능에 몰두, 대인관계 회피, 적대감이나 충동성 부인
D4	둔감성	긴장감, 주의집중 어려움, 무쾌감, 삶의 가치를 느끼지 못함
D5	깊은 근심	깊은 근심과 염려, 비관적이며 자기비판적인 사고, 부정적인 사고의 반추, 쉽게 마음이 상함, 사고과정에 대한 통제 불능감

① 기본 차원 : 평가
② 피검자가 느끼는 기분 상태를 반영하는데, 비관 및 슬픔의 정도를 측정한다.
③ 우울증의 주된 증상 : 우울감, 의기소침, 자긍심 저하, 흥미 범위 축소, 주의집중 곤란, 불면, 신체적 기능 이상, 사회적 관계 회피 등이다.
④ 척도 2는 반응성 혹은 외인성 우울증을 측정하기 때문에 기분이 변함에 따라 그리고 자기 자신 및 상황에 대한 평가가 달라짐에 따라 점수가 바뀔 수 있다.
⑤ 특징
  ㉠ 우울감, 의기소침, 자긍심 저하, 흥미의 범위가 축소된다.
  ㉡ 주의집중 곤란, 심리적 기능에 대한 불신이 나타난다.
  ㉢ 불면, 소화기 이상 등 신체적 기능 이상이 나타난다.
  ㉣ 사회적 관계의 회피, 분노나 격한 감정반응을 부인한다.
⑥ 높은 점수
  ㉠ 불안하고 위축되며 자신의 미래에 비관적 : 어려운 문제를 해결해 나갈 자신감이 없고 자신을 쓸모없는 사람이라고 생각한다.
  ㉡ 말하기를 거북해하고 잘 울며 기운이 없다.
  ㉢ 혼자 있기를 좋아하며 간단한 결정도 내리기 힘들어하고, 지나치게 자신을 억제하고 양보한다.
  ㉣ 중간 정도 높이의 점수는 너무 심하지 않거나 만성화된 우울감을 반영한다.
  ㉤ 척도 2의 상승은 피검자의 심리적 상태를 나타내지만 그것의 원인은 다른 문제이다.
    예 척도 4와 척도 9가 상승했다면 자신에게 가해진 상황적 구속에 대한 반응일 가능성이 많다.

(3) **척도 3(Hy; Hysteria, 히스테리) - 60개 문항**

> 사람들에게 현실적인 어려움이나 갈등을 회피하는 최선의 방법은 그 존재를 부인하는 것인데, 척도 3은 이 같은 부인의 양과 형태를 측정한다. 척도 3은 2가지 유형의 문항으로 구성되는데, 하나는 신체적 증상을 나타내는 문항이며, 다른 하나는 심리적 또는 정서적 문제를 가지지 않고 사회적으로 잘 적응하는 것을 나타내는 문항이다.

구분		증상
Hy1	사회적 불안의 부인	사회적 외향성, 사회적 상호작용을 편안하게 느낌(단, 문항 수가 6개로 적기 때문에 65T 이상을 얻기가 어려우므로 척도 3의 상승을 해석하는 데 유용하지 않음)
Hy2	애정 욕구	애정과 관심을 받고자 하는 욕구가 강함, 타인에 대한 긍정적 혹은 낙관적 기대, 대인관계에서의 순진함, 관계를 의식하여 자신의 감정을 솔직하게 표현하지 못함
Hy3	권태-무기력	신체적 불편감, 쇠약감, 피로감, 식욕 감퇴, 불면, 주의집중의 어려움
Hy4	신체증상 호소	흉통, 심혈관 증상, 현기증, 두통, 메스꺼움, 구토 등 다양한 특정 신체증상 호소, 타인에 대한 적대감 부인
Hy5	공격성의 억제	적대적이고 공격적인 충동을 부인, 다른 사람의 반응에 예민함

① 기본 차원 : 표현
② 현실적인 어려움이나 갈등을 회피하는 최선의 방법은 그것의 존재를 부인하는 것인데, 척도 3은 이 같은 부인의 양과 형태를 측정한다.

③ 높은 경우, 부인과 피암시성이 강하고 대체로 신체적 증상을 보임으로써 스트레스에 대처하거나 책임을 회피하려는 사람이다.
④ 사회적 불안의 부인, 외향성, 타인에 대한 신임이나 낙천성 강조, 자신이 타인에게 비판적이지 않다고 보고 공격성을 부인한다.
⑤ 높은 점수
  ⊙ 신체증상은 두통, 흉통, 무기력감, 심박항진, 급성 불안, 발작 등이 많으며 스트레스와의 시간적 관계가 비교적 분명하다.
  ⊙ 부인과 피암시성이 높고, 신체적 증상을 이용하여 스트레스에 대처하거나 책임을 회피하려는 경향이 있다.
  ⊙ 미성숙하고 감정 변화가 많으며, 자기중심적이다.
  ⊙ 타인의 주의와 애정에 민감하고 이것이 채워지지 않으면 쉽게 기분이 상하지만, 직접적 표현은 하지 않는다.
  ⊙ 대인관계에서 외향적으로 우호적·정열적이지만 실제로는 피상적이기가 쉬우며, 특히 척도 0이 30 정도로 낮은 경우 더욱 그렇다.
⑥ 척도 1과의 관계
  ⊙ 척도 1이 더 높은 경우 : 피검자는 잡다하고 모호한 신체적 증상을 보이고, 심리적 요인의 역할을 쉽게 확인할 수 있는 경우가 많다.
  ⊙ 척도 3이 더 높은 경우 : 신경증적인 면이 잘 드러나지 않을 수 있고, 실제로 스트레스에 당면한 경우 외에는 정상으로 보인다.

> **참고** 신경증 척도(척도 1, 2, 3)의 형태별 해석
>
> 1. 전환 V형
>   - 척도 1과 3이 65점 이상이고, 척도 2가 그보다 낮은 V자형 프로파일이다.
>   - 자신의 심리적 고통을 사회적으로 수용될 만한 신체적 문제로 전환하려고 한다.
>   - 척도 2와 비교하여 척도 1과 3의 상대적 상승도가 크면 클수록 자신이 생활에서 겪는 어려움의 실제 원인과 직면하지 않으려는 방어적 태도가 강하고 만성적이며 변화를 거부하려 한다.
>   - **척도 3 > 척도 1** : 신체적 고통에 비관적이기보다 낙관적이다.
>   - **척도 3 < 척도 1** : 증상이 모호하고 비관적인 태도를 보이며, 예후가 좋지 않다.
>
> 2. 삿갓형
>   - 세 척도가 모두 높으면서 척도 2가 척도 1과 3보다 높은 형태이다.
>   - 만성적인 신경증 증상을 보이는 사람으로 우울증이나 히스테리 양상을 보인다.
>   - 척도 1의 점수가 65보다 낮고 척도 2와 3의 점수가 70보다 높을 때 정서적으로 과도한 통제 상태에 있으며 화가 목구멍까지 차 있는 느낌을 가진다. 이들은 자신의 감정이 어떤지 잘 알지 못하고 우울한 것이 신체증상 때문이라고 생각한다.
>
> 3. 정적 기울기
>   - 세 척도 모두가 65점보다 높으면서 척도 1, 2, 3 순으로 점수가 높아지는 상태이다.
>   - 이 척도를 '자궁 적출 프로파일'이라고도 하는데, 부인과 병력을 가진 여성에게 전형적으로 나타나기 때문이다. 이러한 여성은 성과 관련된 갈등과 문제를 가지고 있으며, 남자의 경우 만성적인 불안상태나 장기간의 긴장이나 걱정으로 인한 위장장애를 보이는 경우가 많다.
>
> 4. 부적 기울기
>   - 세 척도 모두가 65점보다 높고 척도 1, 2, 3 순으로 점수가 낮아지는 상태이다.
>   - 사소한 기능장애에도 과민한 반응을 보이고 신체에 대해 장기적으로 과다하게 걱정하며 병이 없어도 신체적 고통을 호소한다.
>   - 신체적 증상에 대한 집착은 심리적인 문제를 회피하는 수단으로 쓰는 경우가 많으며 중년기의 남성에게 흔히 나타난다.

(4) **척도 4(Pd; Psychopathic deviate, 반사회성)** 기출 17

'무언가와 싸우고 있는 것'과 관련된 문항들로 구성되며, 사회적 적응 곤란을 인정하는 동시에 사회적 침착성과 자신감을 측정한다. 이 척도의 충동성은 반드시 행동이 외부적으로 표현되는 것을 의미하진 않으며 척도 8, 9가 상승하면 비행률이 높고, 반대로 척도 1, 2, 7이 상승하면 비행률이 낮아진다.

구분		증상
Pd1	가정 불화	• 원가족이나 현재의 가족관계에서 애정, 긍정적 관심, 이해, 지지가 부족했다고 느낌 • 자신의 가족이 비판적이며 제재와 간섭을 많이 가했다고 여김
Pd2	권위 불화	• 사회적 규범·관습에 반감, 적대감을 표현하고 옳고 그름에 단호한 입장을 취하며 자신의 관념을 옹호함 • 과거 학교생활에서 규칙 위반, 법적인 문제가 있었음을 보고함
Pd3	사회적 침착성	• 사회적 상황에서 자신감 있고 편안하게 느끼며, 자신의 의견을 강하게 옹호함 • 6개 문항으로 구성되어 65T 이상 점수를 얻지 못하므로 척도 4의 상승을 설명하는 데 유용하지 않음
Pd4	사회적 소외	• 대인관계로부터 동떨어진 느낌인 소외감, 고립감을 느낌 • 사람들로부터 이해나 공감을 받지 못하고 부당한 대우를 받는다고 여김
Pd5	내적 소외	• 불행감, 불쾌감, 불편함을 호소함 • 일상생활에서의 보상이나 즐거움을 찾지 못하고 과거의 행동에 대한 후회, 죄책감을 표현함

① 기본 차원 : 주장성
② '무언가와 싸우고 있는 것'과 관련된 문항들로 구성되어 있다. 충동적인 행동, 반항성, 권위적 대상과의 갈등을 측정하는데, 좌절 인내력이 낮고 분노를 통제하기 어렵기 때문에 공격성을 표출할 수 있다.
③ 가장 빈번하게 사용되는 방어기제 : 행동화, 합리화, 지능화 등이다.
④ 정상인의 긍정적 특성으로 기술하자면 자기주장성, 진취성, 사교성, 자신감 등으로 표현된다.
⑤ 높은 점수
  ㉠ 충동성, 참을성 부족, 욕구 좌절에 대한 인내심 부족, 모험적, 경험으로부터 배우지 못했다.
  ㉡ 권위나 규범에 대한 거부감, 분노감, 저항성을 느낀다.
  ㉢ 정서적 피상성, 공감이나 정서적 친밀감 형성 곤란, 자기중심적, 과시적 또는 허세적이며, 첫인상은 정력적이고 외향적이라 좋을 수 있으나 오래 사귀면 무책임성, 신뢰성 결여 등의 단점을 알게 된다.
  ㉣ 주관적인 불안이나 우울감을 호소하지 않을 가능성이 있더라도 우울한 감정이나 생각은 보이며 정신운동 지체나 극단적인 무력증을 보이는 경우는 드물고, 이는 자신에게 가해진 속박에 대한 불만의 표현이지 자신의 행동에 대한 진지한 걱정이나 죄책감을 나타내는 것은 아니다.
  ㉤ 심리치료의 예후는 좋지 않고, 특히 척도 2의 점수가 낮으면 더욱 그렇다.
  ㉥ 나이가 들면 다소 점수가 낮아지고 65세 이상이 점수가 높으면 반사회적 행동보다 사회적 소외, 무감동, 쾌락의 상실, 깊은 관계 형성의 결여를 나타낸다.
  ㉦ 이 척도가 나타내는 충동성은 반드시 행동이 외부적으로 표현되는 것을 의미하지는 않으며, 척도 8, 9가 같이 상승하면 비행률이 높고, 반대로 척도 1, 2, 7이 상승하면 비행률이 저하된다.

(5) 척도 5(Mf; Masculinity-femininity, 남성성-여성성) 기출 19

> 직업과 취미에 대한 관심, 심미적 및 종교적 취향, 능동성-수동성, 대인 민감성 등을 측정하기 위한 문항으로 구성된다.

① 기본 차원 : 역할 유연성
② 남성은 여성적인 특성을, 여성은 남성적인 특성을 많이 나타낼수록 높은 점수를 얻게 된다. 특히 이 척도는 역할 유연성을 측정하고 있는데, 낮은 점수는 전통적인 성 역할을 과도하게 동일시한다.
  ㉠ 남성 : 다양한 분야에 흥미가 있고, 참을성이 많으며 차분하고 통찰력이 있다.
  ㉡ 여성 : 전통적인 여성 역할에 합당한 행동이나 외모에는 흥미가 없으며, 이를 강요하면 불안해지거나 공격적인 모습을 보인다.
③ 높은 점수 : 자기 성별(gender)로부터 이탈됨을 의미하나 남성성과 여성성이 각각 단일 차원이 아니라는 사실이 밝혀졌다. 따라서 남자의 높은 점수가 반드시 여자의 낮은 점수를 의미하는 것은 아니며, 성별에 따라 다르게 해석해야 한다.

참고 남녀의 점수에 따른 해석 차이

구분	내용

남자	• 높은 점수
	  - 광범위한 취미, 참을성이 많고 통찰력이 높음
	  - 60 이상 상승한 경우 미술, 음악, 문학 등에 심미적인 흥미가 많고, 이는 교육 수준과 비례하며 행동 특성은 공공연하고 직접적으로보다 은밀하고 간접적으로 문제를 처리하고자 함
	  - 70 이상이면 성적 자아정체성 갈등으로 자신의 남성적인 역할에 대해 불안정하며 의존적이고 여성적인 행동을 보이고 동성애의 가능성이 있음
	  - 창조적이며 사회적 예민성, 따뜻한 감정을 지님
	  - 척도 4, 6, 9의 외현적인 공격성을 무력화시키며 수동-공격적인 행동을 보일 수 있음
	• 낮은 점수
	  - 강박적으로 남성적인 특성을 강조하는 경우(macho)로 신체적인 힘이나 정력을 강조, 공격적·모험적, 거칠고 부주의한 특성을 보임
	  - 생각보다 행동하기를 좋아함
	  - 흥미 범위가 좁고 독창성이나 유연성이 없음

여자	• 높은 점수
	  - 여자로서 높은 상승은 드물고, 전통적인 여성 역할에 관심이 적은 경향을 의미하나 점수가 높다고 반드시 남성적 흥미가 높은 것은 아니므로 주의해야 함
	  - 공격적이고 불친절·경쟁적·지배적임(특히 척도 4가 상승한 경우)
	  - 자유분방, 자신만만, 자발적, 자기주장적임
	• 낮은 점수
	  - 수동적이고 복종적이며 유순함
	  - 극단적으로 낮은 경우, 위축되고 자기연민에 빠져 있으며 흠잡기를 잘하고 의존적임
	  - 교육 수준이 높은 여성의 경우 양성적인 생활방식을 나타낼 가능성이 있음

(6) 척도 6(Pa; Paranoia, 편집증)

> • 이 척도는 3가지 특징을 나타낸다.
> - 이 척도가 조금 높을 때(60~70)는 대인관계 민감성을 측정한다.
> - 70 이상은 예민성에 의심성이 첨가되어 다른 사람이 악의를 가지고 있으며 경계할 필요가 있다고 느끼는 상태이다.
> - 자기정당성으로 인해 타인이 자신을 정당하게 대우하지 않는다는 확신을 가지고 분노를 보인다.

구분		증상
Pa1	피해의식	• 세상을 위협적이라고 지각하며, 자신의 오해나 부당한 대우, 불필요한 통제와 간섭을 받는다고 지각함 • 타인의 의도를 의심하고 불신하며, 자신의 문제를 타인에게 투사하고 비난함 • 높은 점수를 보이는 경우 관계사고나 피해망상을 보일 수 있음
Pa2	예민성	• 다른 사람보다 더 민감하고 과민하며 쉽게 흥분함 • 강렬한 감정 경험을 하며, 기분전환을 위해 위험하거나 자극적인 활동을 추구함
Pa3	순진성	• 다른 사람들에 대해 비현실적으로 긍정적·낙천적 태도를 보임 • 일반적으로 사람들이 정직하고 이타적이며 관대하다고 생각하고, 사람을 쉽게 믿음 • 도덕적 가치기준이 높고, 적대감과 부정적 충동을 부인함

① 기본 차원 : 호기심
② 피해의식, 타인에 대한 예민성, 순박성으로 인해 태도와 가치관이 경직되어 있고 매우 도덕적이라 윤리적인 문제에 지나치게 엄격하며 고지식하다.
③ 피해의식, 예민성의 내용과 순박성이나 도덕적 경직성의 내용은 외견상 반대되지만 편집성 환자가 스스로의 공정함, 정당성에 대한 확신을 가지고 자신에 대한 박해에 분노를 보인다는 면에서 2가지는 척도 6의 상승에 기여한다.
④ 높은 점수
   ㉠ 정신병적 증상(피해망상), 분노, 적개심, 원한 등의 감정을 느낀다.
   ㉡ 의심과 경계심이 많고 지나치게 민감하며, 논쟁을 많이 하고 남탓을 잘 한다.
   ㉢ 주변의 떠도는 말이나 일어나는 일이 특별히 자신을 겨냥한 것이라고 생각한다.
   ㉣ 사소한 거부에도 상처를 받고 기억한다.
   ㉤ 경직성과 의심성 때문에 대인관계에서 불편하다.

참고 스칼렛 오하라 V(Scarlett O'Hara V) 혹은 수동공격성 V 기출 22

여자에게서 잘 나타나는 형태로, 척도 4, 6이 65 이상이고 척도 5는 35 이하인 형태를 보이며, 스칼렛 오하라 V형 또는 수동공격형 V형이라고 부른다. 적대적이고 화가 나 있으나 이 감정을 직접적으로 표현하지 못하는 사람들이다. 다른 사람을 약올려 그들이 공격하게 만들기를 잘하는데, 과도하게 요구가 많고 지나칠 정도로 애정에 대한 욕구를 보인다. 하지만 이러한 행동은 결과적으로 사람들을 쫓아버리는 효과를 가지는 경우가 많고, 따라서 이들은 불행하다고 느낀다. 이와 동시에 척도 3이 높을 경우 사교적으로 보이지만 피상적이고, 다른 사람을 조종하려 하며 자신의 감정을 더욱 억압하는 경향이 두드러진다.

(7) 척도 7(Pt; Psychasthenia, 강박증) 기출 15

이 척도에서 측정하는 것은 만성적 불안으로 걱정을 많이 하는 성격형에서 나타나며 스트레스 상황을 측정한다. 이러한 행동 이외에도 공포, 자기비판, 자신감의 저하, 주의집중 곤란, 과도한 예민성, 우유부단, 죄책감을 측정한다.

① 기본 차원 : 조직화
② 이 척도가 측정하는 것은 오랫동안 지속된 만성적 불안으로 강박적인 행동 이외에도 비정성적인 공포, 자기비판, 자신감의 저하, 주의집중 곤란, 과도한 예민성, 우유부단 및 죄책감이다.
③ 높은 점수
  ㉠ 불안하고 긴장되며, 매우 사소한 일에도 걱정이 많고 겁도 많다.
  ㉡ 자신감이 부족하고 긴장을 통제할 수 없는 상태인 사람으로, 자의식이 강하고 완벽주의를 추구하며, 수행에 대한 기대치가 엄격하고 높다.
  ㉢ 타인의 반응에 민감하고 수줍음이 많아 대인관계가 어렵다.
  ㉣ 생각이 많고 이들의 생각은 불안정감이나 열등감에 집중된다.
  ㉤ 다른 척도는 70 이상으로 상승하지 않고 척도 7만 60~70으로 상승한 경우, 중요 약속과 시간을 잘 지키고 긴장감을 유지하며, 임무에 매우 성실하고 꼼꼼한 모습을 보인다. 만약 이를 지키지 못하는 경우 불안하고 초조해진다.
  ㉥ 척도 2가 같이 상승하면 우울감과 우유부단한 행동이 두드러지고, 척도 8이 동반 상승하면 혼란감이 크고 사고장애가 나타날 수 있다.

(8) 척도 8(Sc; Schizophrenia, 정신분열증)

이 척도는 다양한 사고, 감정, 행동 등의 장애로 특히 외부 현실에 대한 해석의 오류, 망상, 환각 등이 있을 수 있다. 하지만 이러한 특성은 여러 요인에 의해 점수가 높아질 수 있기 때문에 단독으로 해석하기가 가장 어렵다.

구분		증상
Sc1	사회적 소외	• 사람들로부터 사랑과 이해를 받지 못하고 부당한 대우나 학대를 받는다고 느끼며, 다른 사람이 자신을 해치려 한다고 믿기도 함 • 외롭고 공허해하며 소외감을 경험하지만 사회적 상황과 대인관계를 회피함
Sc2	정서적 소외	두려움, 우울감, 절망감이나 무감동
Sc3	자아통합 결여 (인지적)	비현실감, 기이한 사고, 주의 및 기억이 어려움
Sc4	자아통합 결여 (동기적)	• 삶의 재미와 보람을 찾지 못하고, 인생살이가 힘겹다고 느낌 • 과도하게 염려하며, 스트레스를 경험하면 공상, 백일몽에 빠져듦
Sc5	자아통합 결여 (억제부전)	• 감정과 충동 통제력 약화, 안절부절못하고 과잉행동, 짜증스럽고 과민한 반응을 보이기도 함 • 울음과 웃음을 참지 못하거나 자신의 행동을 기억하지 못하는 경우가 많음
Sc6	기태적 감각 경험	• 자신의 신체에 기이하고 특별한 변화가 있다고 느낌 • 피부가 민감해지고 음성 변화, 근경련이나 마비, 균형감각 상실, 동작이 서툴러진다고 느낌 • 환각, 관계사고 등을 보이기도 함

① 기본 차원 : 상상력
② 다양한 사고, 감정, 행동 등의 장애로 특히 외부 현실에 대한 해석의 오류, 망상, 환각 등을 지닐 수 있다.
③ 감정반응의 위축이 보편적으로 나타나며 현실도피적·공격적·기태적 행동 등을 나타낸다.
④ 척도 8은 여러 가지 요인에 의하여 그 점수가 높아질 수 있기 때문에 단독으로 해석하기에 가장 어렵다. 따라서 척도 8만으로는 정신분열증(조현병)을 진단할 수 없다.
⑤ 증상 : 사회적 소외, 정서적 소외, 의욕 상실, 무력감, 과도한 억제, 비논리적이고 비현실적인 생각, 충동 억제가 불가능함, 기태적 감각 경험 등이 증상으로 나타난다.
⑥ 높은 점수
    ㉠ 정신병적 사고를 가진다.
    ㉡ 인간이면 갖추어야 할 근본적인 무엇이 결여된 듯한 경험과 소외감을 느낀다.
    ㉢ 실제적인 대인관계보다 백일몽, 환상을 즐기고 열등감, 고립감, 자기불만감을 가지고 있다.
    ㉣ 자아정체감의 혼란을 겪으며 괴팍하다.
    ㉤ 극단적으로 높은 경우(90 이상) 급성 자아통합 상실로 전형적인 정신분열증과는 다소 다르다.
    ㉥ 정신분열병일 수도 있지만 장기적인 스트레스에 대한 반응일 수도 있다.
    ㉦ 척도 0이 동반 상승하는 경우 사회적으로 고립된 상태로 문제를 더욱 악화시킬 수 있다.

(9) **척도 9(Ma; Hypomania, 경조증)**

> 이 척도는 정신적 에너지를 측정하는데, 이 척도가 높을수록 정력적이고 무언가를 하지 않고는 못 견딘다.

구분		증상
Ma1	비도덕성	• 사람들이 이기적이고 기회주의적이며 정직하지 못하므로 자신도 이와 같이 행동하는 것이 당연하다고 생각함 • 남을 속이고 착취하는 것에서 대리만족을 느낄 수 있음
Ma2	심신운동 항진	• 말, 사고과정, 행동량이 증가되어 있고 정서적 흥분, 긴장, 들뜬 기분을 느낌 • 쉽게 지루해하며 이를 달래고자 위험하고 모험적인 일을 찾음
Ma3	냉정함	• 사회적 불안을 부인함 • 타인과의 상호작용을 편하게 느낀다고 보고하지만, 상대의 의견과 가치, 태도에 관심이 부족함
Ma4	자아팽창	• 자신의 능력과 가치에 비현실적으로 긍정적이고 과장된 평가를 내림 • 다른 사람의 지시나 명령에 분개할 수 있음

① 기본 차원 : 열의
② 정신적 에너지 수준을 측정하며, 이 척도가 높을수록 그 사람은 정력적이고 무언가를 하지 않고는 못 견딘다.
③ 사고의 다양성, 비약과 과장성을 보이고(인지 영역), 과잉활동적이고 안절부절못하며(행동 영역), 불안정성, 흥분성, 민감성 및 기분의 고양(정서 영역)을 보인다.
④ 척도 9는 다른 임상 척도들이 나타나는 행동이나 문제를 활성화시키는 역할을 한다.
⑤ 높은 점수
    ㉠ 과잉활동, 정서적 흥분성, 사고 비약, 공격적 행동 등의 특성을 보인다.
    ㉡ 경쟁적이고 말이 많고 자기도취적이며, 피상적인 사회적 관계를 가지고 있을 뿐만 아니라 화를 잘 내고 기분이 불안정하다.

ⓒ 쉽게 지루함을 느끼고 실패나 좌절을 견디기 어렵다. 한 번에 여러 일을 추진할 수 있지만 마무리가 어렵고 세부사항이나 일상적인 일은 신경 쓰지 않는다.
② 근거 없는 낙관주의가 특징이다.
⑩ 자신감과 안정에도 불구하고 이 척도가 높은 사람은 자기가 인생에서 얻은 것에 불만족할 가능성이 높고, 긴장되고 안절부절못하며 스스로를 걱정이 많은 사람이라고 묘사하고, 때로 주기적인 우울 기간이 있다.
ⓑ 정상적인 경우 우호적이고 사교적이며 정력적이다.
ⓢ 다른 척도가 시사하는 행동이나 문제를 활성화하는 역할을 한다.

(10) **척도 0(Si; Social introversion, 사회적 내향성)**

이 척도는 다른 사람과 함께 있는 것을 좋아하는지, 혼자 있는 것을 좋아하는지를 측정하는 척도이다.

① 기본 차원 : 자율성
② 대인관계를 불편하게 느끼는 사람들로, 사회적 고립, 일반적 부적응 및 자기비하 등이 나타난다.
③ 사회적 상황에서의 불편감, 고립, 일반적 부적응 및 자기비하를 측정하는 문항들로 구성되어 있으며, 내향성은 성격일 수도 있고, 증상일 수도 있다.
④ 높은 점수
  ㉠ 사회적 상황에서 불안하고 불편해진다.
  ㉡ 자기억제가 심해 감정표현을 잘하지 못한다.
  ㉢ 사회적 접촉, 대인관계 형성에 관심이 적고 자기비하적이다.
  ㉣ 혼자 또는 몇 명의 친한 사람과 있는 것이 편하고 여러 사회적 활동에 참여하는 것을 싫어한다. 특히 이성 앞에서 더욱 불편해진다.
  ㉤ 내향적이고 수줍어하며 회피적이다.
  ㉥ 자신감이 부족하고 남의 눈에 잘 띄려 하지 않는다.
  ㉦ 마음을 알기가 어렵다. 차갑고 거리감이 느껴진다는 평을 듣는다.
  ㉧ 조심스럽게 문제를 처리하지만 독창성, 유연성이 부족하며 곤란해지면 쉽게 포기한다.
⑤ 낮은 점수
  ㉠ 외향적이고 사교적이며, 사람을 좋아하고 다양한 사람과 잘 어울린다.
  ㉡ 활발하고 유쾌하고 말이 많은 편이다.
  ㉢ 남 앞에 나서기 좋아하고 과시적이며, 적극적·정력적이고 경쟁적 상황을 찾아 나선다.
  ㉣ 충동 억제가 부족하고 만족을 지연시키기 어려우며 다소 미숙하다.
  ㉤ 극단적으로 낮으면 피상적이고 진실한 친근성이 없고 변덕스럽고 다른 사람을 조정하고 기회주의적이다. 특히 척도 3, 4가 상승하면 이 특징이 현저하며, 타인에게 매력적으로 보이는 것에 과도한 관심을 가진다.
  ㉥ 나이가 들면 상승하고, 청소년은 낮은 점수가 흔하다.

08 MMPI-2, A 해석 : 코드 유형별 해석

> ※ 코드 유형 해석의 기본 지침
> - 단독상승인 경우를 제외하고, 대부분 2코드 유형 또는 3코드 유형을 해석한다.
> - T 점수가 적어도 65점 이상 상승한 프로파일을 대상으로 해석하는 것이 적절하며, T 점수가 60~70점 정도의 범위에 있을 경우 극단적인 해석을 하지 않도록 주의한다.
> - 10점 이상 차이가 나는 척도인 경우, 높은 척도를 중심으로 해석하며 두 척도의 점수 상승이 비슷하다면 2가지 척도를 모두 해석한다.

1. 단독상승 1

> 오랫동안 모호한 신체적 증상을 호소해왔으며 이를 통해 타인의 동정심을 이끌어내려고 한다. 이들은 미성숙하고 통찰력이 결여되어 있으며 자기중심적이다. 자신의 심리적 문제를 부인, 억압하고 신체 증상을 통해 내적인 긴장, 갈등을 다루려 한다. 이들이 나타내는 신체적 증상의 호소는 타인을 조정하려는 목적을 가지거나 위장된 분노감의 표현일 수 있다.

(1) 1-2 / 2-1

① **주요 특징** : 다양한 신체적 증상을 호소하며, 신체 기능에 대한 과도한 염려를 보인다.
② 임상적으로 기질적인 원인이 발견되지 않았음에도 신체적 고통을 호소하며, 실제로 신체 증상이 있다고 하더라도 그 정도를 과장한다.
③ 주로 호소하는 증상은 두통, 소화불량, 복통, 구토, 불면증, 피로감 등이다.
④ 어떤 스트레스나 갈등에 직면하면 신체적인 증상을 나타내는데, 이러한 신체적 증상은 심리적 문제를 회피하는 수단으로 사용된다.
⑤ 신체적 증상 외에 나타나는 증상으로는 우울, 불안, 긴장과 같은 정서적 고통에 대한 호소가 있다.
⑥ 내향적이고 수줍음이 많으며 위축되어 있다.
⑦ 대인관계는 수동-의존적이라 충분한 관심을 주지 않는 사람에게 종종 적의를 품지만 직접적으로 나타내지는 않고 신체적 증상을 통해 조정하려고 한다.
⑧ 자신의 정서적 문제나 심리적 갈등을 억압, 부인하고 변화보다 신체적 고통을 견디려 하기 때문에 심리치료의 예후가 좋지 않다.

(2) 1-3 / 3-1

① 전환 V 프로파일(척도 1과 3이 65점 이상으로 상승하고 척도 2는 그보다 많이 낮은 형태를 보이는 프로파일)의 경우 신체형 장애, 특히 전환장애로 진단받는 경우가 많다.
② **전형적 특징** : 자신의 심리적인 문제를 신체 증상으로 전환시킴으로써 문제를 자신이 아닌 외부로 돌리려 한다. 즉, 문제를 외재화(externalization)한다.
③ 스트레스에 처하면 신체적 증상을 나타내며, 신체적 고통에 대해서만 과도한 불편감을 호소하고, 만일 척도 3이 1보다 높을 때 이러한 증상은 2차적 이득과 관련되는 경우가 많다.
④ 척도 2-7이 높을 경우 전환증상이 이들 갈등을 효과적으로 처리하지 못해 불안, 우울을 함께 경험하고 있음을 의미한다.

⑤ 척도 3 > 척도 1의 경우, 스트레스에 직면하여 신체적 증상을 나타내는 경향이 현저하며 종종 신체적 불편감을 2차 이득을 위해 사용하는 경우가 많다. 이때 신체적 증상은 책임과 의무를 피하게 하고 다른 사람으로부터 동정을 이끌어냄으로써 타인을 통제하도록 해준다.
⑥ 척도 3이 높을수록 억압(repression)과 부인(denial)의 방어기제를 강하게 사용하며 낙천적 태도를 보이고, L과 K가 동반 상승하는 경우가 흔하다.
⑦ 성격적으로 미성숙, 자기중심적, 이기적이며 애정과 주의에 대한 욕구가 강하고 매우 의존적이다.
⑧ 증상의 기저에 있는 심리적 요인을 인정하지 않으려 하기 때문에 심리치료의 효과를 기대하기 어렵다. 치료에 끌어들이기 위해서 타인으로부터 좌절된 애정욕구를 치료자가 이해하고 공감할 수 있다는 것을 보여주어야 하며, 치료의 목적은 내담자의 현재 증상이 아닌 성격적 특성에 두어야 한다.

(3) 1-4 / 4-1
① 드물게 나타나지만 남성들에게 발생 빈도가 높으며 건강염려증을 가지고 있을 수 있다.
② 사회적 규칙에 불만이 많고 부모 등의 권위적 대상에 반항적이지만 이를 직접적으로 표현하지 못해 우유부단하다.
③ 척도 4의 상승은 척도 1이 나타내는 비관적이고 잔소리 많은 성질을 강조하는 것을 보인다.
④ 알코올 남용이나 약물중독, 대인관계 문제를 보이며, 실직, 범법 행위의 과거력을 가질 수 있다.
⑤ 흔히 내려지는 진단은 건강염려증, 성격장애, 특히 반사회성 성격장애이다.
⑥ 치료에 저항적이고 자신의 심리적 문제를 부인하므로 심리치료에 잘 반응하지 않는다.

(4) 1-6 / 6-1
① 누적된 스트레스에서 비롯된 신체화 증상과 적대감이 특징적으로 나타난다.
② 자신의 적개심을 깨닫지 못하고 모든 문제는 다른 사람들 때문에 생긴다고 생각하므로 대인관계에 갈등이 많다.
③ 이들의 신체 증상은 망상적인 성질을 내포하기 쉬운데 특히 척도 8이 조금이라도 상승되어 있으면 망상적 요소를 내포한 편집증적 장애나 조현병을 감별해 보아야 한다.

(5) 1-7 / 7-1
① 만성적인 긴장, 불안, 신체화 증상을 보이며 우울감과 감정 억제가 심하고 강박적인 사고를 수반한다.
② 대인관계를 회피하려는 경향이 있고 죄책감, 열등감, 자기주장의 어려움이 내재되어 있다.

(6) 1-8 / 8-1
① 기태적인 신체 증상을 호소하는 경우가 많고, 때로는 신체적 망상을 나타내기도 한다.
② 신경증이나 성격장애로 진단되는 경우도 있으나 조현병 진단이 우세하다.
③ 혼란된 사고, 지남력 상실, 주의집중 곤란 등 정신증적 장애를 경험하고 있을 가능성이 있으나 신체적 증상에 초점을 맞춤으로써 정신증적 증상의 발현을 억제하거나 혼란된 사고를 통제하려고 한다.
④ 타인에 대한 신뢰감이 부족하여 사람을 멀리 하고 사회적 관계에서 부적절감과 소외감을 느끼며 사교술이 서툴고 대인관계가 빈약하여 사회적 적응 수준이 낮다.

(7) 1-9 / 9-1
① 급성적인 정신적 스트레스에서 나타나는 긴장, 불안과 관련된다.
② 신체 기능의 저하나 역기능을 과도하게 염려하며 주로 소화기 장애, 두통, 피로감을 호소한다. 때로 중추신경계, 내분비계의 기능 이상과 관련된 기질적 문제를 시사할 수도 있다.

③ 기질적 원인인 경우 : 신체적 고통을 회피하고자 과도한 에너지를 사용한다.
④ 비기질적 원인인 경우 : 신체적 증상이나 증가된 에너지 수준은 우울을 숨기려는 시도일 수 있다. 이들의 우울은 강한 의존 욕구에서 비롯된 것이며, 표면적으로는 외향적·공격적이지만 근본적으로 수동적·의존적이다.
⑤ 심리적 특성은 부인하고, 야심차고 높은 목표를 설정하지만 확고한 목표를 설정하지 못해 결국 좌절에 이른다.

2. 단독상승 2

> 단독상승하는 일은 드물고 현재의 정서 상태나 정서적 변화에 민감하다. 그러므로 척도 2는 나머지 척도 형태를 고려하여 이루어져야 한다. 척도 2는 환경적 스트레스에 대한 반응성 우울을 나타내는데, 척도 9가 T 점수 45 이하인 경우에는 보다 만성적이고 심각한 우울이 존재할 가능성이 있다. 부적절감, 자신감의 결여, 자신에 대한 평가절하, 미래에 대한 비관 및 강한 죄책감과 같은 전형적인 우울증의 특징이 나타난다. 특히 자살사고나 계획에 대한 주의 깊은 평가가 이루어져야 한다. 척도 2가 높은 사람은 대개 순응성이 높기 때문에 치료에 잘 반응하며 예후도 비교적 좋은 편이다.

(1) 2-3 / 3-2 기출 23, 24
① 주요 특징 : 만성적 피로감과 무력감, 소화기 계통의 증상을 호소하며, 현저한 우울과 불안을 경험하고 이것이 모두 신체 증상 때문이라고 생각한다.
② 정서적으로 과도하게 억제되어 있어 자신의 감정을 적절히 표현하는 것을 어려워하며 미성숙하고 부적절하며 의존적이다.
③ 사회적 상황에서 자신의 정서가 수용되지 않을 때 쉽게 불안해하고 마음의 상처를 받지만, 만성적인 문제에 익숙해 있고 비효율적인 상태에서 오랫동안 기능을 유지하고 있다.
④ 성격 특징은 수동적·순응적·의존적이기 때문에 타인으로부터 관심과 수용·보호를 받기도 한다.
⑤ 일과 관련하여 성공·성취에 대한 욕구를 강하게 느끼지만 경쟁 상황에 대한 부담감과 실패에 대한 두려움으로 인해 이러한 상황에 직면하는 것을 회피하게 된다.
⑥ 주요 방어기제 : 부인과 억압이며, 통찰력이 부족하고 갈등이 생길 때 불편감을 신체 증상으로 설명하려고 한다.
⑦ 오랫동안 불편감, 불행, 고통을 참고 견디는 데 익숙해 있어서 치료가 어렵지만, 치료 시 통찰치료보다는 지지치료가 도움이 된다.

(2) 2-4 / 4-2 기출 17, 21
① 주요 특징 : 충동 조절의 어려움으로 이들은 충동을 행동화한 후 행동의 결과에 대해 죄책감과 불안을 경험한다.
② 내부적(만성적 우울) 원인에 의한 것인지, 외부적(반응성 우울) 원인에 의한 것인지 확인해야 한다.
③ 상황적 원인인 경우 : 우울증은 현재 처한 곤경이나 외부에서 가해진 제약 때문에 일시적으로 생겨난 것으로, 일단 어려움에서 벗어나면 우울이나 정서적 고통은 금방 사라진다.
④ 내부적 원인인 경우 : 만성화된 우울로 인해 적개심이나 분노, 불만족감을 경험하며 적응상 문제를 가지고 있을 수 있는데, 이유는 결혼 생활의 갈등, 가정 문제 또는 환경적인 압박인 경우가 많다.
⑤ 적대심을 수동공격적인 방법으로 표현하며, 미성숙·의존적·자기중심적이어서 자기연민에 빠지거나 타인에 대한 원망을 반복한다.
⑥ 특히 두 척도가 모두 높을 때 자살생각이나 자살기도가 있을 수 있는데, 이는 주변 사람에게 죄의식을 느끼게 하려는 동기에서 비롯될 수 있다.

⑦ 알코올 또는 약물 중독자에게서 빈번하게 나타나는데, 이들은 술을 마시거나 약물을 남용함으로써 스트레스 상황이나 우울을 피하려고 한다.
⑧ 치료과정에서 오는 압력을 견디지 못해 탈락하는 경우가 많으며, 동기도 낮고 통찰력도 결여되어 있어서 심리치료의 예후가 좋지 않다.

(3) 2-6 / 6-2
① **주요 특징**: 화나고 우울한 상태에 있는 사람들로서, 이들의 분노는 자신 및 타인을 향해 있다.
② 다른 사람에 대해 노골적으로 화를 내고 적대적이며 결과적으로 대인관계가 원만하지 못하고 가까운 사람들로부터 소외당한다.
③ 사소한 비판·거절에도 극도로 민감하게 반응하여 적대심을 가지고 분노감을 쉽게 표출하는 경향을 보이지만, 척도 2가 많이 상승한 경우 타인에 대한 분노감을 내재화하여 스스로를 비난하며 우울감을 경험한다.
④ 이 프로파일 형태는 잘 고쳐지지 않는 만성적인 적응 양상을 보이며, 척도 6이 높을수록 편집형 장애의 가능성이 있고 7번과 8번이 함께 상승한다면 조현병의 가능성이 있다.

(4) 2-7 / 7-2 기출 20, 24
① **주요 특징**: 우울하고 긴장되어 있으며, 불안과 걱정이 많고 예민하다. 어떤 문제가 생기기도 전에 걱정하고, 실제적이거나 상상적인 위협에 취약하여 사소한 자극에도 과민반응을 보이며 쉽게 불안해진다.
② 피로감, 불면증, 식욕부진, 흉통 등의 신체증상을 호소하고 체중 감소, 동작의 느림, 사고의 지연과 같은 우울증 양상을 보인다.
③ 세상과 자기에 대해 비관적이고 어떤 문제에 대해 오래 생각하는 습관이 있으며 자신의 성취에 대해 높은 기대를 가지고 있기 때문에 목표에 미달했거나 어떤 결점이 발견되면 강박적으로 집착하고 죄책감을 느낀다.
④ 대인관계에서 수동-의존적이어서 자기주장을 못하고 공격적으로 싸우는 것을 싫어하며, 정서적 관계를 형성할 수 있는 능력은 있지만 타인의 기대에 지나치게 맞추려고 하는 경향을 보인다.
⑤ 임상적으로 대개 신경증(◐ 우울, 불안, 강박성) 진단을 받는 경우가 많으며, 때로는 양극성 장애와 같은 심한 우울증의 진단을 받기도 한다.
⑥ **2-7-3(7-2-3) 프로파일**: 수동-의존적인 대인관계를 가장 편하게 생각하며 특히 다른 사람들이 세상으로부터 이들을 보호하도록 하는 데 비상한 재주를 가졌다. 진단으로는 불안증에 속하는 신경증적 장애가 많으며 우울증이 주된 진단이 되기도 한다.
⑦ **2-7-4(7-2-4, 4-7-2) 프로파일**: 만성적 우울과 불안을 가지고 있으며 수동-공격적인 패턴을 보인다. 분노 감정을 가지고 있으나 적절히 표현하지 못하고 부적절감과 죄책감을 가진다. 특히 척도 4가 가장 상승되어 있을 때는 보다 충동적이고 화를 쉽게 내는 경향이 있으며 우울감을 경감시키기 위해 알코올에 의존하기도 한다. 흔히 우울감 경감을 목표로 하는 치료를 하게 되는데, 장기치료는 비협조적이기 때문에 단기치료를 하게 된다.
⑧ **2-7-8(7-2-8) 프로파일**: 주요 증상은 우울, 불안, 강박적 사고, 긴장과 같은 만성적인 신경증적 증상이다. 생각과 걱정이 많고, 우유부단하고 위축되어 있으며 자기반추적인 사고를 많이 하여 자살에 집착한다. 사교기술이 부족해 친밀한 대인관계를 형성하기 어렵기 때문에 사회적으로 고립되어 있다. 심리치료는 당면한 문제를 해결하는 것부터 시작해야 하며 깊은 내면을 다루는 치료는 피하는 것이 좋다.
⑨ 심한 고통으로 인해 치료 동기가 높고 자기성찰이나 내성 능력을 갖추고 있어 심리치료에 적합한 조건을 가진다.

(5) 2-8 / 8-2
   ① 주요 특징 : 주된 문제는 우울증이며 불안과 초조, 안절부절못하는 증상을 나타내고, 통제력 상실의 두려움을 보인다.
   ② 대인관계와 사회적 활동을 회피하여 고립되는 경향이 있으며 자살에 대한 생각이 있는 경우가 많고, 때로는 구체적인 계획을 가지고 있기 때문에 자세한 평가가 필요하다.
   ③ 실제로 조현병 증상을 보이는데, 특히 대인관계 회피가 주된 특징으로 다른 사람들의 반응에 예민하고 타인의 동기에 대해 의심한다.
   ④ 척도 8이 높을수록 사고장애를 동반한 환상, 환청, 환시, 망상이 있을 수 있으며 신체적 망상을 보이기도 한다.

(6) 2-9 / 9-2
   ① 기질적인 뇌손상 가능성 : 기능 저하나 능력 손실을 인식하고 우울감을 느끼지만 이를 방어하기 위해 지나친 활동을 나타낸다. 척도 9의 상승은 보상활동뿐만 아니라 기질적 뇌 손상에 의한 통제력 상실을 반영하기도 한다.
   ② 양극성 장애 환자 : 자신에 대한 부적절감과 무가치감, 내면의 우울감을 방어하기 위해 과대감, 과잉활동, 고양된 정서와 같은 경조증의 양상을 드러내지만 이러한 행동이 우울증적 요소를 충분히 은폐하지 못하고 있음을 나타낸다. 아동의 경우 관심을 얻기 위해 과잉행동이나 지나친 감정표현을 나타낼 수 있다.
   ③ 자기반추나 자기몰입의 상태 : 정체감의 위기를 겪는 청소년에게 흔하게 나타나지만, 자기 자신이나 자신이 중심이 되는 세상에 대한 문제에 자기도취적으로 몰입한 성인에게도 나타날 수 있다.
   ④ 심리치료로는 우울증을 중심으로 인지행동치료를 하는 것이 추천된다.

3. 단독상승 3

> 타인과의 친밀한 관계나 조화를 중시하며 지나치게 관습적인 사람들이다. 타인의 승인이나 지지, 애정을 추구하며 분노를 표현하거나 독립적인 의사결정을 내리는 상황에 불편감을 느낀다. 자기 자신이나 당면한 상황의 부정적인 측면은 무시하고 지나치게 낙관적인 태도를 유지하며, 극심한 재앙 앞에서도 '모든 게 잘될 것이다.'라는 자세를 취하기도 한다. 성격적으로 미성숙하고 자기중심적이며 의존적이다. 순응적이고 어린아이 같은 순진한 모습을 보이며 타인에게 깊은 인상을 심어주기 위해 애쓴다. 불만이나 적대감의 감정을 부인, 억압하며 이를 간접적으로 표현하는 경향이 있고 특히 스트레스 상황에서 이차적 이득을 얻기 위해 신체적인 증상을 보이기도 한다. 심리치료를 받는 경우, 신체적 증상만 강조하고 자신의 심리적인 문제를 보는 것은 매우 어려워한다.

(1) 3-4 / 4-3
   ① 공격성과 적개심의 통제 여부를 확인하는 지표가 된다.
   ② 주요 특징 : 만성적이고 강한 분노감을 가지고 있으나, 이를 적절하게 표현하거나 발산하지 못한다.
   ③ 척도 3 > 척도 4 : 감정이나 충동을 억제하는 경향이 강하며, 분노를 간접적으로 표현하거나 반항적이고 공격적인 사람들과 어울려 다니면서 대리적으로 표출하는 양상을 보인다. 이러한 사람은 의존과 독립의 갈등을 경험하며 대인관계에서 양가적인 태도를 보일 수 있다.
   ④ 척도 3 < 척도 4 : 감정을 과하게 억제하다가 주기적으로 분노감과 적개심을 폭발적으로 나타내는 경향이 있다. 평소에는 말이 없다가 사소한 자극에도 격렬하게 화내기 때문에 주변 사람은 이를 이해하지 못하고 놀라움을 나타낸다. 감정폭발은 오랫동안 감정을 억눌렀다가 터트리기 때문에 나타나는 것으로, 척도 8이 동반 상승될 때 나타나는 것과 같은 비논리적·비합리적인 성격을 띠지는 않는다.

⑤ 척도 3-4, 4-3 유형 모두 가족원에 대한 만성적 적개심을 지닌다. 타인의 인정이나 주의를 원하는 욕구가 강하며 거부에 매우 민감하고, 비난을 받으면 적대적인 반응을 보인다. 특히 자살기도율, 음주에 대한 의존도가 높다.

(2) 3-6 / 6-3
① 만성적인 분노와 적개심을 부인하고 합리화하려고 애쓰며 긴장과 불안, 두통과 소화기 장애를 포함하는 신체적인 증상을 호소하지만 심각한 수준은 아니다.
② 세상을 우호적이고 긍정적으로 바라보며 낙천적인 태도를 취하는 것처럼 보이지만 이면에 가족관계에 뿌리를 둔 만성적이고 광범위한 분노와 적개심이 내재되어 있으며 자신의 분노는 타인의 행동 때문이라고 정당화한다.
③ 자기중심적이고 반항적이며 비협조적이어서 사귀기 어려우며 만약 척도 6이 3보다 T 점수가 5점 이상 높으면, 편집증이나 정신증적 상태를 고려해야 한다.

(3) 3-8 / 8-3
① 다양한 신체 증상(예 두통, 불면증, 소화기 장애, 마비 등)을 호소하고 특이한 사고와 행동을 보이며 망상이나 기괴한 연상과 같은 사고장애, 주의집중 곤란, 기억력 장애를 가진다.
② 강한 애정욕구와 의존욕구가 있음에도 불구하고 거부당하는 것에 대한 두려움으로 타인과의 관계를 회피하고 사회적 소외감을 경험한다.
③ 정신병적 상태를 보일 때는 유아적이고 자기도취적이며 퇴행적인 행동을 보이고, 망상이나 환각 및 강박적인 사고를 보이기도 한다.
④ 정신증적 요소가 잠재되어 있으므로 통찰치료는 부적절하고, 히스테리적 방어기제를 강화시켜 주는 지지치료가 도움이 된다.

4. 단독상승 4

> 충동적인 행동, 반항성, 권위적 대상과의 갈등이 주요 특징이라고 볼 수 있다. 좌절 인내력이 낮고 분노를 통제하기 어려우며 쉽게 공격성을 표출할 수 있다. 이들은 미성숙하고 자기중심적이며 타인의 입장이나 감정을 무시하고 자신의 욕구만을 주장하는 경향이 있다. 대인관계에서 얕은 관계를 재빨리 형성하나 타인에 대한 감정이 피상적이어서 친밀한 관계를 이루는 데는 어려움이 많고 자신의 욕구 충족을 위해 타인을 조정하거나 이용하려는 경향이 있다. 사회생활에서 적응곤란이 흔히 나타나는데, 자신의 태도에 대한 통찰이 부족하고 대인관계에서의 문제를 타인의 탓으로 돌리려 하며 자신은 희생자라고 주장한다.

(1) 4-5 / 5-4
① 사회적인 가치에 비순응적이고 공격적인 특징을 보인다.
② 여자 : 자기상을 수동적인 것과 결부하기를 거부하고 전통적인 여성상에 반발한다. 능동적이고 자기주장적이며 실제적이다.
③ 남자 : 자신의 비순응적 측면을 별다른 갈등 없이 공공연하게 나타내는 경향이 있으며, 특히 교육 수준이 높은 경우 자신의 불만족을 사회적인 원인으로 돌리고 주류 문화에 대한 조직화된 분노를 표현하는 경우가 많다.
④ 문제가 만성적이고 뿌리 깊은 성격적 특성에 기인하므로 치료에 의한 변화 가능성이 낮은 편이다.

(2) 4-6 / 6-4
① 분노를 잘 드러내고 타인을 원망하며 논쟁을 자주 벌이는 사람들이다.
② 억압된 분노가 이들의 특징이며, 권위적인 대상에 적개심이 많고 권위에 손상을 입히려 한다.

③ 평소에는 적대심을 잘 통제하다가 가끔씩 터트리고 타인에게 지나치게 주의와 동정을 요구하며 사소한 비판이나 거부에 심한 분노감을 표출한다.
④ 타인의 동기를 의심하고 깊은 정서적 관계를 회피하며 갈등을 유발하는 자신의 태도에 대해서는 생각하지 않으면서 분노나 갈등의 원인을 외부로 돌린다.
⑤ 자신의 심각한 심리적 문제를 부인하고 스스로의 행동을 합리화하며 타인을 비난한다.
⑥ 정신과 환자 집단에서는 흔히 성격장애(특히 수동-공격적)와 조현병(특히 망상형) 진단이 내려지며, 특히 척도 4와 6의 상승도가 높을수록, 척도 6이 척도 4보다 더 높을수록 성격장애보다는 정신증적인 상태에 있을 가능성이 높다.

(3) V 모양의 456 형태(수동-공격형 V) 기출 22

① 척도 4와 6이 상승되고 척도 5가 이들 척도보다 10 이상 낮거나, T 점수가 50 이하로 하락된 형태를 말한다. '수동-공격형 V', '스칼렛 오하라 V'라고도 하며 여자에게서 많이 나타난다.
② 매우 수동적·의존적이며 전통적인 여성적 역할에 과도하게 동일시하는 경향이 있다.
③ 표면적으로 사교적이고 자신만만해 보이지만, 내면에는 분노감과 적대감이 가득 차 있으며 애정에 대한 강한 욕구가 숨어 있다.
④ 타인에게 지나칠 정도로 애정을 요구하면서 만족할 줄 모르고, 특히 남자에게 의지하는 경향이 있다. 남자에 대한 의존성은 다소 수동-공격적인 양상을 보이는데, 이들은 원하는 것을 얻기 위해 요구적이고 도발적인 태도를 보이며 타인을 조정하려 한다. 이러한 방식은 타인을 짜증나게 만들고 중요한 타인을 떠나가게 하는 결과를 가져온다.
⑤ 척도 6의 상승은 편집적 경향을 나타내는 것이 아니라 자신의 결점이나 실패를 외부 환경으로 돌리려는 경향성 또는 만성적인 분노감을 반영한다. 타인을 화나게 하는 데 능숙하나 그것에 기여한 자신의 책임을 인정하지 않으려 하기 때문에 치료적 개입이 매우 어렵다.

(4) 4-7 / 7-4

① 주요 특징 : 분노의 충동적 표현, 이에 대한 죄의식과 자기비난의 주기적 반복이다.
② 한동안 척도 4가 우세하게 나타나서 사회적 관습, 타인의 욕구, 감정을 무시하고 충동적으로 행동하다가 척도 7이 우세하여 그와 같은 행동을 저지른 것을 후회하고 죄책감을 느끼며 자기비하에 빠진다. 이러한 죄의식과 행동억제 양상은 일시적인 것으로, 충동적 행동의 재발을 방지하지는 못한다.
③ 이러한 행동의 기저에는 의존과 독립에의 갈등이 있다. 이들은 자신의 가치에 대해 확인받기를 기대하지만 주변 사람들로부터 많은 제지를 받고 충분히 인정받지 못했다는 것에 대한 분노감이 있다.
④ 치료를 통해 자기가치에 대한 확신을 갖도록 해 주는 것이 필요하며 장기간의 치료 관계가 요구된다.

(5) 4-9 / 9-4

① 주요 특징 : 공격적이고 충동적인 행동의 외현화된 표출(acting out)로, 내면에 강한 적개심이나 공격성을 가지고 있으며 이를 외현적 행동으로 표현하는 것이다.
② 사회 규범과 가치관에 무관심하거나 이를 무시하고 권위상 문제가 흔히 나타나는 등 반사회적 경향을 보인다.
③ 욕구좌절에 대한 인내력이 약하고 충동적이며 자신의 행동에 대한 책임을 지려 하지 않고 타인에게 그 원인을 돌린다.
④ 도덕적 발달 수준이 낮아 비행 행동이나 범죄 행동까지도 보이는데, 알코올 및 약물 남용, 강간, 아내 구타, 아동학대, 부부 문제 등을 범하는 사람들에게 이 프로파일이 자주 나타난다.

⑤ 대인관계는 피상적이고 착취적이다. 외견상 불안, 걱정이 보이지 않고 활력이 넘치고 화술도 좋아 일시적으로 좋은 인상을 주지만 시간이 흐를수록 대인관계가 피상적이고, 타인을 이용하거나 착취하려 하며 무책임하고 신뢰할 수 없는 사람임이 드러난다.
⑥ 방어기제 : 행동화(acting-out)이며, 합리화(rationalization)도 자주 나타난다.
⑦ 임상 진단 : 반사회성 성격장애가 흔하고 기분장애(양극성장애)가 진단되기도 한다. 청소년 환자의 주된 문제는 반항적이고 도발적인 행동과 불복종, 무단결석이다.

5. 단독상승 5

> 병리적인 특성을 재는 척도가 아니므로 다른 척도들을 해석한 다음 척도 5의 특성과 통합하는 것이 바람직하다. 척도 5가 높은 남자는 수동-의존적이며 비주장적이고 유약하며 특히 척도 4가 낮을 경우 더욱 그러하다. 높은 점수는 성 정체감의 갈등을 경험하고 있음을 반영한다. 척도 5가 높은 여자의 경우, 전통적인 여성적 역할에 비순응적이며 자유분방한 태도를 보인다. 이들은 공격적이고 경쟁심이 강하며 지배적인 성격을 지니고, 특히 척도 4가 높을수록 이러한 특성이 두드러진다. 남자와 여자 모두 교육 수준이 높을수록 척도 5가 상승하는 경향이 있다.

6. 단독상승 6

> 대인관계에서 예민하고 경계적이며 의심이 많고 타인을 불신하는 등 편집증적 경향을 보인다. 융통성이 부족하고 완고하며 경직된 사람으로, 타인의 비판에 민감하고 자신의 정당성, 도덕성을 강조한다. 세상을 신뢰할 수 있고 우호적인 것보다 적대적이고 위협적인 것으로 지각하며, 자신이 대우를 잘못 받았다고 생각하는 경향이 많다. 주된 방어기제는 투사로, 자신의 문제를 인정하기보다 타인에게 책임을 전가하려는 특징을 보인다.

(1) 6-7 / 7-6
① 불안정하고 걱정이 많으며 의심이 많은 사람들이다.
② 완고하고 고집불통이며 적대적인 감정을 간접적으로 표현하고 겉으로는 편집증적 모습을 나타내지 않지만, 이들의 문제는 만성적인 성격문제에 뿌리를 두고 있는 경우가 많다.
③ 신경증으로 진단되는 경우가 많지만 때로는 조현병으로 진단받기도 한다.

(2) 6-8 / 8-6
① 편집증적 경향과 사고장애로 조현병을 의심해 봐야 하며 보통 F 척도가 함께 상승한다.
② 주요 증상 : 현저한 사고과정의 어려움, 자폐적이고 산만하고 우회적인 사고경향성, 기괴한 사고내용이다. 주의집중 곤란, 기억력 저하, 판단력 장애도 흔히 나타나며, 피해망상, 과대망상, 환각과 현실검증에 장애를 보인다.
③ 정서적으로 둔화되어 있으며 심한 스트레스를 받으면 긴장하고 깊은 걱정에 빠지거나 우울증상을 보인다.
④ 친밀한 대인관계를 회피하고 사회적으로 고립되고 의심성과 불신감이 많고 적대적이며 다른 사람과 정서적인 거리를 유지한다.
⑤ 방어기제 발달에 실패하여 적절한 방어기제가 결여되어 있으며, 스트레스에 부딪히면 공상과 백일몽으로 도피한다.
⑥ 임상 진단 : 조현병(편집형)이 진단되며, 다음으로는 분열성 혹은 편집성 성격장애가 진단된다.

(3) 6-9 / 9-6
  ① 일차적으로 정신과적 진단이 필요하다. 공격적이고 적개심을 내포하여 정서적으로 불안정하고 화를 잘 내고 흥분도 잘 한다.
  ② 주의집중 곤란, 판단력 장애, 현실검증력 장애, 환청, 과대망상, 피해망상이 주로 나타나며 급성 정신증적 상태인 경우가 많다.
  ③ 방어기제 : 투사를 주된 방어기제로 사용한다. 자신이 하는 일의 정당성을 끊임없이 주장하며, 타인의 비판에 예민하고 문제가 발생할 경우 외부로 원인을 돌리려 한다.
  ④ 임상 진단 : 조현병(편집형)이 진단되며, 다음으로 양극성장애가 진단되는데 이 경우 편집증적 사고와 과대망상이 함께 나타난다.

7. 단독상승 7

> 불안하고 긴장되어 있으며 걱정이 많고 우유부단하다. 사고의 융통성이 부족하고 경직되어 있으며, 높은 도덕성과 완벽성을 추구하여 자신과 타인에게 높은 행동 기준을 요구한다. 내성적이고 수줍음을 잘 타며 자기반추적인 생각이 많고 죄책감을 잘 느낀다. 불안장애가 흔히 고려되는데, 특히 점수가 상승할수록 공황장애나 공포증일 가능성이 높다. 불안을 수반한 우울장애에서도 나타나는데, 점수가 비교적 덜 높은 경우 강박장애일 가능성이 많다.

(1) 7-8 / 8-7
  ① 이 프로파일은 진단이 신경증과 정신증으로 양분되는 경향을 보인다.
  ② 주요 특징 : 걱정과 생각이 많고 정서적으로 혼란되어 있다. 이들은 예민하고 안절부절못하며 우울이나 정서적 불안정성을 호소한다. 심한 주의집중 곤란, 판단력 및 사고장애를 보이기도 한다.
  ③ 7-8형 : 비록 효율성은 저하되어 있으나 자신의 문제와 능동적으로 싸우고 있으며 심각한 사고나 행동장애의 정착에 저항하고 있는 상태이다. 이로 인해 과도한 불안과 초조가 나타나고 심리적인 불편을 경험하지만 치료적 예후는 좋다.
  ④ 8-7형 : 비교적 심한 정신증적 증상에 적응된 상태이며, 정신병이나 조현형 성격장애로 진단된다. 특히 척도 2가 상승되는 경우 조현정동장애를 시사하며, 이러한 경우 자살위험률이 높다.

(2) 7-9 / 9-7
  ① 만성적으로 불안하고 걱정이 많고 긴장되어 있으며 높은 에너지 수준이 오히려 강박적 사고를 더 악화시키는 역할을 한다.
  ② 관계가 없는 말을 쉴 새 없이 하며 때로는 충동적인 행동이나 과대망상을 하는 시기와 죄책감과 자기비난을 하는 시기가 번갈아 나타나는 경우가 있기 때문에 조증 가능성을 잘 고려해 봐야 한다.

8. 단독상승 8

> 현실적 압박으로부터 도망가려는 경향성 또는 수용할 수 없는 충동을 공상세계에서 대리충족하려는 특징을 보인다. 독창적이고 비관습적이며 독특한 사고양상을 보이고, 적당히 상승한 경우는 과묵하고 초연하며 진보적 관점을 가지는 것으로 보인다. 대인관계에 어려움이 많고 현실에 불만족하며 자신에 대한 부적절감이나 사회적인 고립이 나타난다. 점수가 높은 경우, 제한된 현실검증력과 정서 조절의 어려움을 반영하며 기괴한 생각, 망상, 비현실감, 환각 등 정신분열증 증상을 보일 수 있다. 반드시 사고장애를 감별해야 한다.

(1) 8-9 / 9-8
① 두 척도 점수가 70을 조금이라도 넘기면 심각한 정신병리가 있는 것으로 볼 수 있다.
② 주의집중의 어려움, 혼란, 망상, 환각, 지남력 장애를 보이며 현실검증력에 손상이 있다. 사고는 기괴하고 자폐적이며, 하나의 주제를 중심으로 사고를 진행할 수 없다.
③ 부적절한 정서나 퇴행이 특징적이며 자제력이 부족하여 쉽게 흥분하고 화를 잘 낸다.
④ 타인에 대한 의심과 불신이 많고 깊은 정서적 관계를 두려워하기 때문에 친밀한 관계 형성을 회피하며 사회적으로 철수되어 있다. 이 같은 특성으로 인해 치료 관계 형성 및 치료 작업이 어렵다.
⑤ 발병 형태는 급성인 경우가 많고 전형적으로 정서적 흥분, 지남력 상실, 비현실감, 당혹감의 증상을 보인다.
⑥ 진단 : 조현병이 가장 흔하고, 양극성장애와 약물로 인한 정신증도 의심할 수 있다.

9. 단독상승 9

> 높은 활동성이나 충동성이 특징이다. 부적응적인 과잉활동, 안절부절못한 양상을 보일 수 있으며 욕구 지연을 참지 못하고 사소한 장애나 좌절에도 화를 잘 내는 경향이 있다. 그러나 실제로는 우울한 사람들로, 이들이 보이는 과도한 활동성은 우울감을 피하기 위한 노력일 수 있다. 점수가 적당히 상승하는 사람은 그들의 에너지를 생산적인 방향으로 쏟을 수 있으며 독립적, 낙천적이고 열정적인 사람일 수 있다. 진단은 일차적으로 조증 상태인지를 확인해야 하며 기분장애, 정신분열증, 성격장애의 진단이 내려질 수 있다.

10. 단독상승 0

> 척도 0만 상승하는 경우는 매우 드물게 나타나는데, 이들은 다만 대인관계를 불편하게 느끼는 사람들로서 사회적 기술이 부족하고 내향적이고 자신감이 부족하며 수줍고 소심하다.

11. 3코드 유형에 따른 해석

(1) 1-2-3 / 3-2-1 / 2-3-1 기출 15 추시
① 일반적으로 신체형 장애, 불안장애, 우울증 진단을 받는 경우가 많다.
② 신체적 불편감, 소화기 계통과 관련된 불편감을 호소하며, 증상으로 인해 명백한 2차 이득을 얻는 경우가 많다.
③ 우울증상을 드러내고 수면곤란, 당혹감, 낙심, 무망감, 비관주의 등의 징후를 보인다.
④ 의존성과 자기주장 사이에서 갈등을 겪고 있는 것처럼 보이며, 다른 사람들과 정서적으로 거리를 두며 지낸다.
⑤ 피로감을 느끼고 활력 수준이 낮으며 성적인 욕구도 적은 편이다.

(2) 1-3-2 / 3-1-2
① 척도 1과 3의 점수가 척도 2보다 높기 때문에 '전환 V'라고 불린다.
② 고전적인 전환 증상을 드러낼 수 있으며 흔히 전환장애, 신체형 장애, 통증장애의 진단을 받는다.
③ 스트레스가 가중되면 흔히 신체증상을 보인다.
④ 부인과 억압 기제를 지나치게 구사하며 증상의 원인에 대한 통찰이 결여되어 있고, 자신의 문제를 심리적 요인으로 설명하는 것에 저항한다.
⑤ 사교적이지만 대인관계에서는 수동-의존적인 편이다.
⑥ 남이 자신을 인정해주는 것을 중요하게 생각하며, 전형적으로 남에게 동조하고 관습에 따르는 행동을 한다.
⑦ 신체 증상을 완화하기 위해 의학적인 치료를 받으려고 하며, 심리적인 문제에 대한 논의를 종용하면 조기에 종결할 가능성이 높다.

(3) 1-3-8
① 편집형 정신분열증이나 편집성 성격장애의 진단을 받는다.
② 망상 수준에 이르는 다소 기태적인 신체 증상을 지니고 있을 가능성이 크다.
③ 우울 삽화, 자살사고, 성적 혹은 종교적인 생각에 집착하는 모습을 보이기도 한다.
④ 명백한 사고장애의 양상을 보일 수 있으며 흥분을 잘 하고 시끄럽고 화도 잘 낸다.
⑤ 알코올을 남용한 적이 있을 수 있으며 대부분의 시간을 안절부절못하고 지겨워하면서 보낸다.
⑥ 친밀한 관계를 형성하는 것에 양가적인 태도를 보이며 흔히 남을 의심하고 질투하는 경향이 있다.

(4) 1-3-9
① 신체형 장애나 기질성 뇌 증후군의 진단을 받는다.
② 후자의 진단을 받을 경우 초조발작, 폭력적인 행동, 분노폭발 등을 보일 수 있다.
③ MMPI의 어떤 척도도 기질성 뇌 증후군을 진단하는 데 사용되어서는 안 된다.

(5) 2-4-7
① 수동-공격성 성격장애를 진단받을 수 있으며 알코올, 약물을 남용하는 환자에게서 가장 흔하게 관찰된다.
② 가족문제나 부부문제를 겪는 사람이 많다.
③ 우울하고 비관적인 기분을 느끼며 자살사고, 강박사고, 강박행동을 경험하기도 한다. 스트레스에 과도하게 반응하며 충동을 잘 통제하지 못한다.
④ 타인의 관심과 지지를 받고 싶은 충족되지 못한 강한 욕구가 있고, 자신이 부당한 대접을 받는다고 느낀다. 의존성과 성에 대한 갈등을 느끼며 이성과 함께 있을 때 불편해한다.
⑤ 공포증을 지니고 있을 수 있으며, 반추하고 생각이 많고, 분노감과 관련된 죄책감을 느낀다.
⑥ 치료시간에 유발되는 불안을 견디지 못하며, 지시적이고 목표지향적인 치료에 가장 잘 반응한다.

(6) 2-7-8
① 심각한 정서적 혼란을 경험하고 다소 분열적인 생활방식을 지닌다.
② 긴장되고 초조해하고 두려워하며 주의집중 곤란을 보인다.
③ 슬프고 우울한 기분을 느끼며, 미래를 낙담하고 비관적이며 희망이 없다고 여기고, 흔히 자살에 대한 생각을 곰곰이 반추한다.

④ 여러 종류의 신체적 불편감을 호소할 수 있으며 여성의 경우 섭식장애를 보고하기도 한다.
⑤ 이 상승 척도쌍을 보이는 정신과 환자는 다른 환자에 비해 과거 성적 학대를 당했을 가능성이 크다. 기본적인 사회적 기술이 결여되고 수줍음이 많고 위축되어 있으며, 사회적으로 고립되어 지낸다.
⑥ 지나치게 높은 목표를 세우고 이를 성취하지 못하면 죄의식을 느낀다.
⑦ 모호하고 신비한 주제에 관심을 갖는다.

(7) 6-8-7 / 8-6-7

① 척도 6과 8의 점수가 척도 7에 비해 높은데, 이를 가리켜서 '정신증적 V'라고도 부른다.
② 심각한 정신병리를 시사하며, 편집형 정신분열증 진단이 가장 많이 내려진다.
③ 환각, 망각, 극도의 의심성을 나타내고 정서는 둔마되어 있다.
④ 수줍음이 많고 내향적이며 사회적으로 위축된 성격이지만 술을 마시면 매우 공격적인 모습을 보이기도 한다.
⑤ 기억력과 주의집중에 곤란을 겪으며, 진단 당시 심한 정서적 혼란을 경험하고 있지 않더라도 입원치료와 약물치료가 요구된다.

12. 예후

구분	내용
척도 K	• 정서적으로 부담되는 주제에 대해 논의하길 꺼리고, 자신이 노출되는 것이 두려워 자신의 대답을 검열하기도 함 • 부적절한 면을 지적하면 위협을 느끼고 경직된 방어를 함 • 문제 해결을 위한 행동 변화에 초점을 두는 실용적인 치료적 접근에 잘 반응함
척도 1	전통적 심리치료에 잘 반응하지 않고 어려움의 원인에 대한 통찰이 부족하며, 자신의 문제에 대한 심리학적 해석을 잘 받아들이지 않음
척도 2	• 치료를 받으려는 동기가 높지만 85T 이상인 경우 우울에 압도되어 무능해짐 • 우울증이 없는 집단에서 이 척도가 상승하면 예후가 좋은 편이라고 할 수 있음
척도 3	애정에 대한 강한 욕구로 처음에는 심리치료에 열성적이지만, 행동의 원인에 대한 통찰이 느리고 문제에 대한 심리학적 해석에 저항하기 때문에 예후는 제한적임
척도 4	• 유연한 사회 기술로 처음에는 심리치료에 좋아 보일 수 있지만, 주요 방어기제인 투사로 인해 자신의 어려움에 대한 책임을 받아들이려고 하지 않음 • 대부분은 불쾌한 상황을 피하기 위해 치료를 받음
척도 6	• 타인의 동기에 대해 불신감을 가지고 비판을 잘 수용하지 않음 • 관계 형성이 어렵고 치료자가 자신을 얼마나 수용하는지를 평가하기 위해 장애물을 세워놓음 • 예후는 제한적임
척도 7	척도 2와 비슷하게 치료 동기가 높고 예후도 좋은 편이지만, 85T 이상 상승하면 불안이 심하고 무능력해짐
척도 8	• 판단력이 빈약하고 분열성적인 적응을 보이며 치료자와 의미 있는 방식으로 관계를 맺기가 어려움 • 문제가 오래 지속되고 만성적인 특성 때문에 다소 제한된 예후를 보임
척도 9	참을성이 없고, 즉각적이고 구체적인 문제 해결을 원하므로 심리치료를 종결하려는 경향이 있음

09 새롭게 포함된 MMPI-2, A 척도들

1. 재구성 임상 척도(RC)

(1) 구성

척도명		높은 점수의 의미
RCd (dem)	의기소침 (demoralization)	• 전반적으로 정서적 불편감이 큼 • 낙심하고 의기소침함 • 자존감이 낮고 자신과 미래에 비관적임 • 현재의 상황을 극복할 능력이 없다고 느낌
RC1 (som)	신체증상 호소 (somatic complaints)	• 신체적 불편감을 호소함 • 피로, 허약함, 만성적인 통증을 호소할 수 있음 • 건강에 대한 걱정이 많음
RC2 (lpe)	낮은 긍정 정서 (low positive emotions)	• 사회적 상황에서 철수되어 있고 즐거움을 못 느낌 • 결정을 내리고 일을 마무리하는 데 어려워함 • 우울증을 경험할 위험성이 높음
RC3 (cyn)	냉소적 태도 (cynicism)	• 다른 사람의 진실성을 믿지 않음 • 다른 사람의 동기를 의심함
RC4 (asb)	반사회적 행동 (antisocial behavior)	• 다양한 반사회적 행동에 관여할 수 있음 • 공격적으로 행동하는 경향이 있음
RC6 (per)	피해의식 (ideas of persecution)	• 다른 사람들로부터 학대, 괴롭힘당한다고 느낌 • 신뢰관계 형성에 어려움을 보일 수 있음
RC7 (dne)	역기능적 부정 정서 (dysfunctional negative emotions)	• 쉽게 불안을 경험하고 불안장애로 발전할 위험이 높음 • 걱정이 많고 비판에 민감한 경향이 있음 • 실수, 실패에 집착하고 죄책감을 경험할 수 있음
RC8 (abx)	기태적 경험 (aberrant experiences)	• T 점수 74 이상 : 환각, 망상 등의 정신증적 증상을 보고할 수 있음 • T 점수 65~74 : 정신분열형 성격 특징을 보일 수 있음
RC9 (hpm)	경조증적 상태 (hypomanic activation)	T 점수 75 이상 : 과장된 자기상, 전반적인 흥분감, 감각 추구 경향, 위험 감수, 충동통제 어려움 등 다양한 경조증 증상을 보고할 수 있음

1. 재구성 임상 척도의 개발 배경
   • 임상 척도의 2가지 제한점을 극복하기 위해
     - 타당성이 의심스러운 문항들
     ➡ 척도 상승의 의미를 명확히 하기 힘듦(convergent validity)
     - 임상 척도 간의 상관이 높음
     ➡ 척도의 차별적 해석이 어려움 (discriminant validity)

2. 재구성 임상 척도의 개발 과정
   • 공통 요인의 추출 : 의기소침 요인
   • 임상 척도별 핵심 요인의 추출 : 8개의 임상 척도에 대한 핵심 요인 추출

3. 재구성 임상 척도의 심리측정적 특징
   • 최소한 대응되는 임상 척도만큼의 신뢰도
   • RCd와 상관이 임상 척도보다 낮음
   • RC 척도 간 상관이 낮음
   • 수렴 타당도는 임상 척도보다 높거나 같음
   • 변별 타당도는 임상 척도보다 현저히 높음

4. 해석상 지침
   • 현재로서는 임상 척도 해석의 명료화에 사용 가능함
   • 아직 경험적 자료와 임상가의 경험이 제한적임
   • 향후 유망하지만 독립적인 사용을 위해서는 추가 연구가 필요함

(2) 척도에 따른 해석

① 임상 척도는 상승했지만 RC 척도는 상승하지 않은 경우
  ㉠ 전반적인 의기소침(RCd) 때문에 얻어진 결과일 수 있다.
  ㉡ 임상 척도의 핵심적인 구성개념과 연관된 특성을 지니고 있음을 시사하는 것이 아닐 수 있고, 다른 임상 척도의 영향으로 상승할 가능성이 높다.

② 임상 척도는 상승하지 않고 RC 척도만 상승한 경우
　㉠ 상승한 RC 척도의 핵심적인 구성개념과 연관된 특성을 반영하는 것으로 추론할 수 있다.
　㉡ 임상 척도가 상승하지 않은 것은 의기소침 성향이 적은 것에 기인할 가능성이 있다.

2. 내용 척도

(1) 개관

① 내용 척도는 내적 일관성이 높고, 척도 간 중복 문항을 최소화하여 임상 척도에 비해 상대적으로 독립적이다.
② 장단점
　㉠ 장점 : 수검자가 상담자와 다루고 싶은 문제 및 그 수준을 직접적으로 확인할 수 있다.
　㉡ 단점 : 직접적인 문제를 다루고 있는 만큼 명백한 문항들로 이루어져 있어 수검태도를 고려해야 한다.
③ 분류 : 4가지 주제 영역으로 분류된다.
　㉠ 수검자가 경험하고 있을지도 모르는 증후군이나 부적응적 인식을 나타내는 '내적 증상 행동'
　㉡ 수검자가 다른 사람을 대하는 방식을 나타내는 '외적 공격 성향'
　㉢ 수검자가 삶의 요구를 자신감 있게 처리하는가에 대한 정보를 주는 '부정적 자아상'
　㉣ 다양한 사회적 관계에서 오는 문제와 관련된 '일반 문제 영역'

(2) 해석

① T 점수가 65 이상일 때만 적용할 수 있다.
② 내용 소척도는 모척도가 60T 이상이면서, 해당 내용의 소척도가 65T 이상인 경우에만 해석한다.
③ 명백 문항으로 구성되어 있기 때문에 수검태도를 고려해서 해석 : 방어적 태도의 수검자라면 점수가 낮아질 수 있고, 문제를 과장하는 수검자라면 점수가 높아질 수 있다. 따라서 내용 척도의 결과를 해석하기 전에 프로토콜의 타당도를 먼저 검토하는 것이 바람직하다.

(3) MMPI-2 내용 척도

ANX	anxiety(불안) : 소척도 없음	ASP	antisocial practices(반사회적 특성) : 반사회적 태도, 반사회적 행동
FRS	fears(공포) : 일반화된 공포, 특정 공포	TPA	type A(A 유형 행동) : 조급함, 경쟁욕구
OBS	obsessiveness(강박성) : 소척도 없음	LSE	low self-esteem(낮은 자존감) : 자기회의, 순종성
DEP	depression(우울) : 동기결여, 기분부전, 자기비하, 자살사고	SOD	social discomfort(사회적 불편감) : 내향성, 수줍음
HEA	health concerns(건강 염려) : 소화기 증상, 신경학적 증상, 일반적인 건강염려	FAM	family problems(가정 문제) : 가정불화, 가족 내 소외
BIZ	bizarre mentation(기태적 정신상태) : 정신증적 증상, 분열형 성격특성	WRK	work interference(직업적 곤란) : 소척도 없음
ANG	anger(분노) : 폭발적 행동, 성마름	TRT	negative treatment indicators(부정적 치료 지표) : 낮은 동기, 낮은 자기개방
CYN	cynicism(냉소적 태도) : 염세적 신념, 대인 의심		

(4) MMPI-A 내용 척도 [기출 25]

척도명	내용
불안 (Adolescent- Anxiety, A-anx)	• 상승할 경우 삶은 긴장의 연속이고 끔찍하고 두려운 일이 일어날 것 같고 자신의 마음을 통제하지 못할까 봐 걱정하고, 자신의 어려움은 극복하기 어렵다고 여기고, 자신의 심리적 문제를 인식하고 있음 • 이 척도가 상승한 여자 청소년은 참을성이 부족하고, 피로, 강박 사고, 소심함과 불안을 보고하고, 남자 청소년은 슬픔, 우울, 주의 집중 문제와 더불어 자살 사고의 가능성이 있음
강박성 (Adolescent- Obsessiveness, A-obs)	• 상승할 경우 아주 사소한 일에 대한 걱정 등 걱정이 과도하고 이러한 걱정으로 인해 잠을 자지 못하기도 하며, 중요하지 않은 것을 반복적으로 세고 결정 내리기 힘들어하고 불쾌한 단어를 반추하고 자신의 언행에 대해 후회하는 경우가 많다. • 남자 청소년은 의존적이고 불안하며 부적응적이고, 여자 청소년은 자살 사고나 자살 시도와 관련될 수 있다.
우울 (Adolescent- Depression, A-dep)	• 상승할 경우 자주 울고 쉽게 피로감을 느끼며 자신이 불행하다고 느끼는데, 스스로를 무가치하고 비난받아 마땅하다고 여기는 등 자기비하적 사고가 많고 주변에 무관심하고 일을 결정할 수도 시작하기도 어렵다고 느낌 • 무망감을 느끼며 살 만한 가치가 없다고 느끼고 자살 사고의 가능성이 있으며 다른 사람들과 함께 있는 상황에서도 외로움을 느낌 • 남자 청소년은 잦은 자살 시도와 관련되고, 여자 청소년은 자살 사고와 관련됨 • 소척도 : 우울한 기분과 관련된 기분 부전(Dysphoria, A-dep1), 부정적 자기개념과 관련된 자기비하(Self-Depreciation, A-dep2), 동기 부족과 주변에 대한 무관심과 관련된 동기 결여(Lack of Drive, A-dep3), 자살 시도나 자살 사고와 관련된 자살 사고(Suicidal Ideation, A-dep4)
건강염려 (Adolescent- Health Concerns, A-hea)	• 상승할 경우 심혈관계 증상, 신경학적 문제, 감각문제, 피부문제, 통증, 위장문제, 호흡문제 등 다양하고 폭넓은 신체 증상을 호소하고 자신은 건강하지 못하다고 느끼며 건강에 대한 걱정이 많음 • 남자 청소년은 불안하고, 걱정이 많고, 두려워하고, 쉽게 죄책감을 느끼고, 완벽주의적이며, 여자 청소년은 체중 증가와 관련된 문제가 있고, 친구가 거의 없으며, 피로를 자주 느낀다고 보고함 • 소척도 : 다양한 소화기 증상과 관련된 소화기 증상(Gastrointestinal Complaints, A-hea1), 신경학적 기능에 대한 불편감과 관련된 신경학적 증상(Neurological Symptoms, A-hea2), 건강 상태가 나쁘다는 믿음과 건강에 대한 염려와 관련된 일반적인 건강염려(General Health Concerns, A-hea3)
소외 (Adolescent- Alienation, A-aln)	• 상승할 경우 다른 사람들에게 상당한 정서적 거리감을 느끼고, 어느 누구도 자신을 이해하지 못할 것이라고 생각하고, 사회적 관계에 비관적으로 느껴 다른 사람들이 자신을 좋아하지 않을 것이고 다른 사람들이 자신을 이용하고 자신을 방해할 것이라고 믿음 • 남자 청소년은 사회성 기술이 결여되어 있고 자존감이 낮으며, 여자 청소년은 사회적으로 철수되어 있고 과도하게 민감하며 소규모의 또래집단을 형성하는 경우가 많음 • 소척도 : 다른 사람들에게 이해받지 못한다는 지각과 관련된 이해받지 못함(Misunderstood, A-aln1), 사회적 상황에서의 불편감과 관련된 사회적 소외(Social Isolation, A-aln2), 다른 사람들이 자신에게 지지적이지 않다고 느끼는 것과 관련된 대인관계 회의(Interpersonal Skepticism, A-aln3)
기태적 정신상태 (Adolescent- Bizarre Mentation, A-biz)	• 이 척도는 환청, 환시 등의 이상한 경험과 사고와 관련됨 • 점수가 높을 경우 자신의 정신이 뭔가 잘못되었다고 느끼고, 자신을 다른 사람들이 이상하게 본다고 여기며, 누군가 음모를 꾸민다고 여기는 등 편집성 사고와 누군가 자신을 조종하려 한다는 믿음이 보고되기도 함 • 남자 청소년은 싸움, 법적 문제와 환각과 관련 있고, 여자 청소년은 환각, 빈약한 정서 통제와 현실검증력이 관련 있음 • 소척도 : 명백한 정신증적 증상과 관련된 정신증적 증상(Psychotic Symptomatology, A-biz1), 편집증적 사고와 관련된 편집증적 사고(Paranoid Ideation, A-biz2)

척도명	내용
분노 (Adolescent- Anger, A-ang)	• 이 척도는 분노 조절 문제와 관련되어, 점수가 높을 경우 욕설을 퍼붓거나 물건을 부수거나 싸우고 싶어 하며, 공격적이고, 성급하며, 분노 발작으로 인해 곤경에 처하기도 함 • 남자 청소년은 약물 남용 문제, 과잉행동, 폭행의 과거력의 가능성이 높고, 여자 청소년은 분노, 폭행, 좋지 못한 부모-자녀 관계, 무단결석, 법적 문제의 과거력의 가능성이 있음 • 소척도 : 상당히 폭력적이고 폭발적인 경향성과 관련된 폭발적 행동(Explosive Behavior, A-ang1), 분노와 성마름과 관련된 성마름(Irritability, A-ang2)
냉소적 태도 (Adolescent- Cynicism, A-cyn)	• 상승한 경우 냉소적이고 염세적이며 의심이 많고 다른 사람들이 모두 작위적이고 이기적이라고 믿어 다른 사람들을 믿지 못함 • 여자 청소년의 경우 원만하지 않은 부모-자녀 관계나 성적 학대 경험과 관련됨 • 소척도 : 다른 사람들이 자신의 이익에만 관심이 있다는 믿음과 관련된 염세적 신념(Misanthropic Beliefs, A-cyn1), 다른 사람들이 자신에게 해를 끼칠 수 있다고 의심하는 것과 관련된 대인 의심(Interpersonal Suspiciousness, A-cyn2)
품행문제 (Adolescent- Conduct Problems, A-con)	• 이 척도는 반사회적 행동, 충동성, 무모한 행동 등 다양한 문제행동을 탐지하기 위해 개발됨 • 상승한 경우 기물 파손, 절도, 반항적 행동, 욕설, 거짓말 등의 다양한 행동문제가 보고되고, 법적 문제나 정학의 과거력이 있을 수 있음 • 남자 청소년은 무단결석, 절도, 알코올이나 약물 남용, 폭행, 법적 문제의 과거력이 있을 수 있고, 여자 청소년은 무단결석, 비순응적인 태도, 반항, 가출 등의 문제행동과 더불어 도발적이고, 예측이 어렵고 쉽게 기분에 휩쓸리며 충동적일 수 있음 • 소척도 : 절도 등의 반사회적 문제나 알코올 남용 문제와 관련된 표출 행동(Acting-Out Behaviors, A-con1), 반사회적 태도와 믿음과 관련된 반사회적 태도(Antisocial Attitudes, A-con2), 문제행동에 영향을 미치는 또래집단과 관련된 또래집단의 부정적 영향(Negative Peer Group Influences, A-con3)
낮은 자존감 (Adolescent- Low Self-esteem, A-lse)	• 상승할 경우 자신감이 부족하고 자존감이 낮으며 쓸모없다고 여기고 부적절감을 느끼며 유능감이 낮음 • 남자 청소년은 사회성 기술이 부족하고 자기비난적이고, 수동적이며, 자살 사고의 가능성이 있고, 여자 청소년은 피로나 권태, 우울, 사회적 고립, 낮은 자존감과 관련됨 • 소척도 : 자신을 낮게 평가하고 다른 사람들이 자신을 호의적으로 인식하지 않을 것이라는 믿음과 관련된 자기회의(Self-Doubt, A-lse1), 타인의 의견에 쉬이 순응하고 자신의 의견을 쉽게 포기하는 것과 관련된 순종성(Interpersonal Submissiveness, A-lse2)
낮은 포부 (Adolescent- Low Aspirations, A-las)	• 상승할 경우 공부나 독서에 흥미가 미흡하고, 일이 잘못되거나 과제가 어려우면 쉽게 포기하고, 어려움에 직면하면 다른 사람들이 대신 해결해 주길 바라며, 다른 사람들이 자신의 성공을 방해한다고 여기고, 진지하고 심각한 내용의 강의를 싫어함 • 남자 청소년은 가출, 무단결석, 법적 문제가 많고, 여자 청소년은 반항적인 태도를 보이고, 문제가 생기면 좌절하고 분노하며, 성적 도발을 보임 • 소척도 : 학업성취와 관련된 행동이나 태도 부족과 관련된 낮은 성취성(Low Achievement Orientation, A-las1), 자신의 삶에 대한 수동성과 무관심과 관련된 주도성 결여(Lack of Initiative, A-las2)
사회적 불편감 (Adolescent- Social Discomfort, A-sod)	• 상승할 경우 수줍음이 많고 사회적 상황에서 불편해하고 대인관계와 사회적 행사를 적극적으로 회피하며 친구를 사귀는 데 어려움이 있고 낯선 사람과 만나는 것을 꺼리며 사회적으로 위축되고 고립됨 • 남자 청소년은 불안, 자살 사고 가능성, 저조한 학교생활 참여와 관련이 있고, 여자 청소년은 섭식문제, 우울, 무감동, 사회적 철수, 피로, 또래와의 경쟁 회피, 수줍음과 관련 있음 • 소척도 : 다른 사람들과 함께 있는 것을 꺼리는 내향성(Introversion, A-sod1), 사회적 상황에서 수줍음과 불편감과 관련된 수줍음(Shyness, A-sod2)

척도명	내용
가정문제 (Adolescent- Family Problems, A-fam)	• 상승할 경우 불화, 구타, 제한된 의사소통, 흠집 잡기, 사랑과 이해 결여, 부당한 처우 등 부모를 비롯한 가족 구성원들 간의 많은 문제를 보고하고, 문제가 있을 때 가족을 의지할 수 있다고 믿지 않고 집을 벗어나길 갈망함 • 남자 청소년은 의존적이고, 분개하며, 자신의 미래에 대해 불안해하고, 가출이나 신체적 학대가능성과 관련이 있고, 여자 청소년은 성적으로 도발적이고, 화가 나 있으며, 가출이나 성적 학대 가능성과 관련이 있음 • 소척도 : 가족 갈등과 관련된 가정 불화(Familial Discord, A-fam1), 가족 구성원에게 느끼는 소외감과 관련된 가족 내 소외(Familial Alienation, A-fam2)
학교문제 (Adolescent- School Problems, A-Sch)	• 이 척도는 일반적인 부적응의 좋은 지표로, 점수가 높을 경우 학교에서 친구들과 어울리는 것 외에는 학교 활동을 싫어하고 참여하지 않고 학교생활을 시간 낭비라고 생각하며 학업성취도가 낮고 정학이나 무단결석의 과거력과 관련됨 • 남자 청소년은 법적 문제, 가출, 싸움, 약물 남용의 과거력이 있을 수 있고, 여자 청소년은 저조한 학업 성취도, 반항, 무단결석과 관련이 있음 • 소척도 : 학교에서의 표출 행동과 관련된 학교 품행 문제(School Conduct Problems, A-sch1), 학교와 관련된 일에 쉽게 분개하고 학교에 가치를 두지 않는 것과 관련된 부정적 태도(Negative Attitudes, A-sch2)
부정적 치료 지표 (Adolescent- Negative Treatment Indicators, A-trt)	• 상승할 경우 의사를 비롯한 정신건강 전문가에 대한 태도가 부정적이고 변화를 이끌 수 있는 자신의 능력에 대해 무관심하고 낙담함 • 남자 청소년은 원만하지 않은 형제관계와 또래에 대해 신체적으로 위협하는 경향과 관련 있고, 여자 청소년은 빈약한 신체적 협응과 관련이 있음 • 소척도 : 무관심과 동기 결여와 관련된 낮은 동기(Low Motivation, A-trt1), 치료자를 비롯한 타인에게 자신에 대해 솔직하게 표현하는 것을 꺼리는 것과 관련된 낮은 사기개방(Inability to Disclose, A-trt2)

3. 보충 척도

(1) 개관

① 보충 척도는 타당도 척도와 임상 척도의 해석을 보충함으로써 MMPI가 평가할 수 있는 임상적 문제와 장애의 범위를 넓히는 데 목적이 있다.

② 보충 척도에 적용될 수 있는 단일한 절단점 T 점수를 결정하는 것은 불가능하지만, 일반적으로 T 점수가 65점 이상일 때 높은 점수로 간주한다.

③ T 점수 40 이하 : 낮은 것으로 간주할 수 있지만, 낮은 점수에 대한 해석적 진술에 확신을 줄 만한 연구자료가 충분하지 않기 때문에 낮은 점수를 해석할 때는 세부적인 해석 지침을 확인할 필요가 있다.

(2) MMPI-2 보충 척도

A	anxiety(불안)	Ho	hostility(적대감)
R	repression(억압)	O-H	overcontrolled-hostility(적대감 과잉통제)
Es	ego strength(자아강도)	MAC-R	MacAndrew alcoholism-revised (MacAndrew의 알코올 중독)
Do	dominance(지배성)		
Re	social responsibility(사회적 책임감)	AAS	addiction admission(중독 인정)
Mt	college maladjustment(대학생활 부적응)	APS	addiction potential(중독 가능성)
PK	post-traumatic stress disorder (외상 후 스트레스장애)	GM	masculine gender role(남성적 성 역할)
MDS	marital distress(결혼생활 부적응)	GF	feminine gender role(여성적 성 역할)

(3) MMPI-A 보충 척도

① 불안(Anxiety, A) : 이 척도가 상승할 경우 부적응, 불안, 두려움, 불편감, 정서적 혼란, 심리적 고통감을 느끼며, 자기비판적이고, 죄책감을 쉽게 느끼는 것과 관련이 있다. 또한 결단력이 부족하고 사회적 상황에서 쉽게 동요되는 경향이 있다.

② 억압(Repression, R) : 이 척도가 상승할 경우 순종적이고 보수적이며 불쾌한 상황을 회피하고 지나치게 조심스러운 특징과 관련된다. 또한 지나치게 통제되고 억제되어 있으며 비관적인 경향이 있다.

③ MacAndrew의 알코올 중독(MacAndrew Alcoholism Scale-Revised, MAC-R) : 이 척도가 상승할 경우 물질 남용의 가능성과 더불어, 과시적이고, 위험을 감수하거나 자극 추구적이며 충동적인 행동과 관련된다. 반면, 이 척도가 낮을 경우 내향적이고 자신감이 부족하며 수줍음이 많은 경향이 있다.

④ 알코올/약물문제 인정(Alcohol/Drug Problem Acknowledgment, ACK) : 이 척도가 상승할 경우 알코올이나 약물 사용 문제를 인정하는 것을 의미한다. 또한 충동성과 판단력 부족과 관련이 있다.

⑤ 알코올/약물문제 가능성(Alcohol/Drug Problem Proneness, PRO) : 이 척도가 상승할 경우 알코올이나 약물문제를 보일 가능성이 높다. 또한 품행문제가 있는 또래집단과 어울리고 가정과 학교에서 문제행동과 관련이 있다.

⑥ 미성숙(Immaturity, IMM) : 이 척도가 상승할 경우 충동적이고 참을성이 없고 쉽게 좌절하며, 자기인식의 능력이 부족하고 자기중심적이며, 삶을 지나치게 단순하게 인식하는 경향이 있다. 또한 학업문제가 있고, 대인관계에서 착취적이고 요구가 많으며, 반항적이고, 약자를 괴롭힌다. ➡ 남자 청소년은 싸움이 잦고, 여자 청소년은 부모-자녀 관계가 원만하지 않고, 무단결석이 더 많은 경향이 있다.

4. 성격병리 5요인 척도

(1) 개관

① 이 척도는 정상적인 기능과 임상적 문제 모두에 관련된 성격 특질들을 평가하기 위해 제작되었다.
② 성격 5요인 모델과 유사하지만, 이 척도는 환자의 성격 특성에 대한 개념화를 신속하게 할 수 있도록 도와주고, 이러한 개념화는 다른 성격 특성 모델과 연결성을 가진다.
③ 해석 : 점수가 높을 때(65T 이상) 해석을 할 수 있지만, '통제 결여' 척도와 '내향성/낮은 긍정적 정서성' 척도는 낮은 점수(40T 이하)인 경우에도 해석할 것이 권장된다.

(2) **척도구성**

척도명		높은 점수의 의미(T > 64)
AGGR	공격성 (aggressiveness)	• 목표 달성을 위해 공격적인 방법을 쓸 수 있음 • 대인관계에서 지배적이고 주도적임 • 외향적임
PSYC	정신증 (psychoticism)	• 비현실감을 느낄 수 있음 • 이상하고 기묘한 경험을 보고할 수 있음 • 사고가 기이하고 혼란되어 있을 수 있음 • 관계망상을 가지고 있을 수 있음
DISC	통제 결여 (disconstraint)	• 위험추구적이고 충동적임 • 관습적이지 않은 경향이 있음 • (T < 41) 자기통제력이 강하고 규칙을 잘 따름
NEGE	부정적 정서성/신경증 (negative emotionality/neuroticism)	• 부정적인 정서를 경험할 가능성이 높음 • 걱정, 자기비판, 죄책감 등을 많이 경험할 수 있음 • 불안하고 우울하고 슬픈 기분상태를 보임
INTR	내향성/낮은 긍정적 정서성 (introversion/low positive emotionality)	• 기쁨이나 즐거움을 잘 경험하지 못함 • 내향적이고 친구가 적은 경향이 있음 • (T < 41) 사교적이고 에너지가 넘치며 외향적임

① **공격성(AGGR)** : 공격적인 주장 행동을 평가하는데, 도구적인 공격성, 권력 욕구와 타인에 대한 지배 욕구, 과격 행동 및 표출 행동을 반영한다. 높은 점수는 폭행, 공격, 품행문제와 관련이 있다.

② **정신증(PSYC)** : 현실 감각의 결여, 기이한 감각 및 지각 경험, 다른 사람들과는 다른 이상한 믿음이나 태도 등을 평가한다. 높은 점수는 신경증적 행동, 망상이나 왜곡된 사고 과정 등과 관련이 있다.

③ **통제 결여(DISC)** : 감각 추구, 충동성, 규칙이나 규율에 반항적인 태도, 윤리적 제약에 무관심, 범죄 행동 가능성을 평가한다. 높은 점수는 성 행동, 약물 사용, 품행문제와 더불어 무책임하고 충동적인 행동과 관련이 있다.

④ **부정적 정서성/신경증(NEGE)** : 걱정, 초조, 불안, 짜증과 분노, 두려움과 죄책감 등 부정적 정서 경험을 평가한다. 높은 점수는 걱정, 불안, 죄책감과 같은 부정적 정서 경험, 사회적 위축, 내재화 문제와 관련이 있다.

⑤ **내향성/낮은 긍정적 정서성(INTR)** : 사회적 이탈과 긍정적 정서 경험의 부족을 평가한다. 높은 점수는 수줍음, 사회적 상황 회피, 극히 제한된 또래 친구, 우울감, 에너지 부족과 관련이 있다.

5. 결정적 문항(critical items)

(1) **개관**

① '질병특유 문항', '중지문항'으로 불려 온 결정적 문항은 채점을 통해 척도를 해석하는 방식이 아니고, 정신병리의 특징을 잘 나타내주는 문항의 내용을 토대로 단일문항 혹은 몇 개의 문항 군집의 의미를 해석하는 것이다.

② 결정적 문항은 척도로 받아들여서 해석해서는 안 되고, 문항 내용과 관련된 주제에 대한 단서를 제공하는 정도로 보아야 한다.

③ 결정적 문항은 수검자와 면담할 때 면담재료로 이용하고 면담을 통해 명료화하는 것이 바람직하다는 것이 일반적인 의견이다.

(2) 구성

구분	내용	
Koss-Butcher의 결정적 문항	• 급성 불안 • 위협적 폭력 • 정신적 혼란	• 우울 자살 사고 • 알코올 중독으로 인한 상황적 스트레스 • 피해의식
Lachar-Wrobel의 결정적 문항	• 반사회적 태도 • 신체 증상 • 불안 및 긴장 • 기이한 사고 및 경험 • 기이한 믿음 • 문제형 분노	• 가족 갈등 • 성적인 염려 및 성적 이탈 • 수면장애 • 우울 및 걱정 • 물질 남용

6. MMPI-2 재구성판(MMPI-2-RF)

(1) 개관

① MMPI-2-RF는 MMPI-2의 대안적 도구이며 독립적인 검사도구로서의 기능을 갖추고 있다. 전체 문항 수는 338개로 단축되어 MMPI-2에 비해 실시시간이 짧고 실시가 간편하다.

② MMPI-2-RF는 MMPI-2에 포함되는 하위 세트에 기초하고 MMPI-2의 규준표집을 사용했으며, MMPI-2와 거의 동일한 방식으로 타당도 척도가 개발되었다.

③ MMPI-2-RF는 별도의 임상 척도를 포함하지는 않지만, 재구성 임상 척도(RC)와 성격병리 5요인 척도(PSY-5)를 포함한다. 이 두 척도는 MMPI-2-RF의 핵심적인 척도라고 볼 수 있다.

④ MMPI-2-RF는 임상가가 관련된 정보를 수집하는 데 도움이 될 수 있도록 추가적인 척도를 개발했는데, 이 척도는 측정하고자 하는 바를 잘 나타내는 용어로 명명했다.

⑤ 비교

구분	MMPI-2	MMPI-2-RF	MMPI-A	MMPI-A-RF
문항 수	567문항	338문항	478문항	241문항
규준 집단	• 미국 - 남자 : 1,138명 - 여자 : 1,462명 • 한국 - 남자 : 651명 - 여자 : 701명	• 미국 - 남자 : 1,138명 - 여자 : 1,138명 • 한국 - 남자 : 651명 - 여자 : 651명	• 미국 - 남자 : 805명 - 여자 : 815명 • 한국 - 남자 : 775명 - 여자 : 759명	• 미국 - 남자 : 805명 - 여자 : 805명 • 한국 - 남자 : 759명 - 여자 : 759명
T 점수	전체 규준 및 성별 규준	전체 규준	성별 규준	전체 규준
K 교정 점수	Hs, Pd, Pt, Sc, Ma 척도에 K 교정 적용 (K 교정 안한 T 점수도 함께 제공)	없음	임상 척도에 K 교정 적용하지 않음	없음
타당도 척도	VRIN, TRIN, F, F(B), F(P), FDS, L, K, S	VRIN-r, TRIN-r, F-r, Fp-r, Fs, FBS-r, L-r, K-r	VRIN, TRIN, F, F1, F2, L, K	VRIN-r, TRIN-r, CRIN, F-r, L-r, K-r

구분	MMPI-2	MMPI-2-RF	MMPI-A	MMPI-A-RF
임상 척도	10개(Hs, D, Hy, Pd, Mf, Pa, Pt, Sc, Ma, Si)	없음	10개(Hs, D, Hy, Pd, Mf, Pa, Pt, Sc, Ma, Si)	없음
재구성 임상 척도	9개 (RCd, RC1, RC2, RC3, RC4, RC6, RC7, RC8, RC9)	9개 (RCd, RC1, RC2, RC3, RC4, RC6, RC7, RC8, RC9) * MMPI-2와 동일함	없음	9개 (RCd, RC1, RC2, RC3, RC4, RC6, RC7, RC8, RC9)
척도 구성	• 무응답 척도 제외한 타당도 척도 9개 • 임상 척도 10개 • 임상 소척도 31개 • 재구성 임상 척도 9개 • 성격병리 5요인 척도 5개 • 내용 척도 15개 • 내용 소척도 27개 • 보충 척도 15개	• 타당도 척도 8개 • 상위 차원 척도 3개 • 재구성 임상 척도 9개 • 특정 문제 척도 23개 • 흥미 척도 2개 • 성격병리 5요인 척도 5개	• 무응답 척도 제외한 타당도 척도 7개 • 임상 척도 10개 • 임상 소척도 31개 • 내용 척도 15개 • 내용 소척도 31개 • 보충 척도 6개 • 성격병리 5요인 척도 5개	• 타당도 척도 6개 • 상위 차원 척도 3개 • 재구성 임상 척도 9개 • 특정 문제 척도 25개 • 성격병리 5요인 척도 5개
결정적 문항 (critical items)	• Koss-Butcher 결정적 문항(6개 영역) • Lachar-Wrobel 결정적 문항(11개 영역)	없음	청소년용 결정적 문항 (Forbey & Ben-Porath, 1998)	청소년용 결정적 문항 개정 (Forbey & Ben-Porath, 1998)
주의를 요하는 척도 반응 (critical responses)	없음	척도 7개 (SUI, HLP, AXY, RC6, RC7, SUB, AGG)	없음	척도 6개 (HLP, AXY, RC6, RC7, SUB, AGG)

(2) 특징

① 단축되거나 달리 수정된 형태의 VRIN, TRIN, F, Fp, FBS, L, K 척도, 새로운 타당도 척도인 신체반응(Fs)척도가 있다.
② 3개의 상위 척도로 정서적/내재화 문제(EID), 사고문제(THD), 행동적/외현화 문제(BXD)가 있다.
③ 5개의 신체적·인지적 척도, 9개의 내면화 척도, 5개의 외재화 척도, 5개의 대인관계 척도, 2개의 흥미 척도가 있다.

(3) 척도

① 타당도 척도(V; 8개)

구분	척도명	
비일관적 반응탐지 척도	1. VRIN-r(무선반응 비일관성)	2. TRIN-r(고정반응 비일관성)
과대보고 탐지 척도	3. F-r(비전형 반응) 5. Fs(비전형 신체적 반응)	4. Fp-r(비전형 정신병리 반응) 6. FBS-r(증상 타당도)
과소보고 탐지 척도	7. L-r(흔치 않은 도덕적 반응)	8. K-r(적응 타당도)

② 상위 차원 척도(H-O; 3개) : MMPI-2-RF에 포함된 주요 척도들의 개념을 통합하는 구조를 제공하고, 임상적으로 의미 있는 영역과 그 수준에 대한 정보를 제공하기 위해 개발되었다.

구분	내용
EID (정서적/내재화 문제)	• 2-7 코드 유형의 기본적 특성을 공유 • RCd, RC2, RC7과 매우 높은 상관관계를 나타냄
THD(사고문제)	• 8-6 코드 유형과 관련된 사고장애 영역의 측정치
BXD (행동적/외현화 문제)	• 4-9 코드 유형의 기본적 특성을 공유 • 부족한 충동통제가 핵심적인 광범위한 어려움을 나타냄 • 범죄의 과거력뿐만 아니라 폭력 및 학대 행동이 높은 점수와 관련

③ 재구성 임상 척도(RC; 9개) : 척도명과 그 구성은 MMPI-2와 동일하다.
④ 특정 문제 척도(SP; 23개) : 재구성 임상 척도에서 측정하는 문제나 특징뿐 아니라 자살 사고나 수줍음처럼 재구성 임상 척도에서 직접적으로 측정하지 않는 문제들을 설명한다.

구분	척도명	
신체/인지 증상 척도	1. MLS(신체적 불편감) 3. HPC(두통 호소) 5. COG(인지적 증상 호소)	2. GIC(소화기 증상 호소) 4. NUC(신경학적 증상 호소)
내재화 척도	6. SUI(자살/죽음 사고) 8. SFD(자기회의) 10. STW(스트레스/걱정) 12. ANP(분노 경향성) 14. MSF(다중 특정 공포)	7. HLP(무력감/무망감) 9. NFD(효능감 결여) 11. AXY(불안) 13. BRF(행동제약 공포)
외현화 척도	15. JCP(청소년기 품행문제) 17. AGG(공격 성향)	16. SUB(약물 남용) 18. ACT(흥분 성향)
대인관계 척도	19. FML(가족문제) 21. SAV(사회적 회피) 23. DSF(관계 단절)	20. IPP(대인관계 수동성) 22. SHY(수줍음)

⑤ 흥미 척도(2개) : 이 척도들은 다른 척도와 상관이 없으며, 수검자의 흥미 유형에 대한 정보만을 제한적으로 제공한다.

1. AES(심미적-문학적 흥미)
2. MEC(기계적-신체적 흥미)

7. MMPI-A 재구성판(MMPI-A-RF)

(1) 타당도 척도

구분	척도명	내용
내용 무관 응답	무응답(CNS)	• 문항에 응답하지 않은 경우뿐 아니라 '그렇다'와 '아니다'에 모두 응답한 경우 • 10개 이상일 경우 타당하지 않을 수 있음
	무선반응 비일관성 (VRIN-r)	• 서로 내용이 유사한 문항 쌍에 대해 비일관적으로 응답한 반응에 기초하여 산출됨
	고정반응 비일관성 (TRIN-r)	• 내용이 상반된 문항 쌍에 대해 비일관적으로 응답한 반응에 기초하여 산출됨
	반응 비일관성 (CRIN)	• 전반적인 반응 비일관성을 측정하기 위해 개발되었고, VRIN-r과 TRIN-r에서 비일관적으로 반응한 문항쌍의 개수에 기초하여 산출됨 • VRIN-r과 TRIN-r이 상승하지 않고 CRIN만 상승하더라도 결과가 타당하지 않을 수 있음을 고려해야 함
과대 보고와 과소 보고	비전형 반응 (F-r)	• 정신병리의 과장된 보고를 파악하기 위해 개발됨
	흔치 않은 도덕적 반응(L-r)	• 대부분의 청소년이 보고하는 사소한 결점이나 잘못에 대한 부인을 반영하고 점수가 높을수록 과소보고의 가능성이 높아짐
	적응 타당도 (K-r)	• 수검자가 적절히 적응하고 독립적이라고 보고했음을 의미하고, 점수가 높을수록 방어적인 태도가 두드러지고 있는 과소보고의 가능성을 시사함

(2) 상위 차원 척도(Higher-Order Scales, H-O)

➡ 상위 차원 척도는 임상적으로 중요한 정서, 사고, 행동 측면에서의 개인차를 반영하는 정서적/내재화 문제, 사고문제, 행동적/외현화 문제로 구성된다.

① 정서적/내재화 문제(Emotional/Ineternalizing Dysfucntion, EID) : EID 척도는 정서적 고통과 역기능에 대한 포괄적인 지표로, 의기소침, 낮은 긍정적 정서, 의욕 저하, 불안, 우울 등 부정적 정서 경험과 관련이 있다.

② 사고문제(Thought Dysfucntion, THD) : THD 척도는 편집증적 사고, 망상, 환청 및 환시 등 사고 관련 문제에 대한 포괄적인 지표로, 편집증적 망상 등 사고상의 문제와 관련된 증상들과 심리적 어려움과 관련이 있다.

③ 행동적/외현화 문제(Behavioral/Externalizing Dysfucntion, BXD) : BXD 척도는 행동의 표출 경향성에 대한 포괄적인 지표로, 위험하고 자극적인 상황 추구, 알코올 및 약물 남용, 충동 조절력 부족, 정학, 가출, 품행장애 관련 행동 등 통제되지 않은 행동과 관련된 증상들과 심리적 어려움과 관련이 있다.

(3) 재구성 임상 척도(Restructured Clinical Scales, RC)

➡ MMPI-2와 MMPI-2-RF의 RC 척도는 임상적으로 의미 있는 정보 활용을 용이하게 하고 이질적인 문항의 문제점을 개선하기 위해 개발되었고, 이는 MMPI-A-RF의 RC 척도 역시 동일하다.

① 의기소침(Demoralization, RCd) : RCd 척도는 불행감, 의욕 저하 등의 심리적 불편감을 반영한다. 점수의 상승은 무력감 및 무망감, 불행감, 자살 사고, 슬픔, 우울, 불안, 주의 집중의 어려움, 삶이 긴장의 연속이라고 느낌, 에너지 수준 저하, 피로, 자기효능감 저하, 낮은 자존감, 무능감과 관련이 있다.

② 신체 증상 호소(Somatic Complaints, RC1) : RC1 척도는 두통, 소화기 증상, 신경학적 증상 등 전반적인 신체 증상 호소를 반영한다. 경미한 상승은 실제 건강상의 문제가 있을 수 있음을 고려할 필요가 있다. 점수의 상승은 주의 집중의 어려움과 더불어 수검자가 호소하는 신체적 증상이 심리적 요인에 기인할 가능성을 증가시킨다.

③ 낮은 긍정 정서(Low Positive Emotions, RC2) : RC2 척도는 긍정적 정서 경험의 부족을 반영한다. 점수의 상승은 무쾌감증, 무망감 및 불안, 무능감, 낮은 자존감, 우울하고 슬픈 기분, 자기비하, 자기처벌, 사회적 고립 및 철수, 내향적, 에너지 수준 저하, 피로와 관련이 있다.

④ 냉소적 태도(Cynicism, RC3) : RC3 척도는 인간의 본성과 대인관계에 대한 냉소적이고 부정적인 태도를 반영한다. 점수가 상승할 경우 타인이 자신의 이익만을 목적으로 행동한다고 생각하고 타인의 행동 및 의도를 신뢰하지 못하고 규칙을 위반하며 타인에 대해 냉소적인 태도를 지닐 수 있다.

⑤ 반사회적 행동(Antisocial Behavior, RC4) : RC4 척도는 품행문제나 반사회적 행동을 반영한다. 점수의 상승은 규칙 위반, 사회적으로 바람직하지 않은 또래집단과 어울림, 알코올 및 약물 남용 가능성, 품행장애 관련 행동, 적대적 행동과 법적 문제, 가출, 정학의 과거력과 관련이 있다.

⑥ 피해의식(Ideas of Persecution, RC6) : RC6 척도는 타인으로부터 부당한 대우 등 피해의식을 반영한다. 점수의 상승은 자신이 피해를 당하고 있다는 믿음, 환청, 환시 등의 정신증적 증상, 공격적 및 적대적 행동, 싸움, 무단결석, 정학의 과거력과 관련이 있다.

⑦ 역기능적 부정 정서(Dysfucntional Negative Emotions, RC7) : RC7 척도는 불안, 짜증, 초조, 걱정 등 다양한 부정적 정서 경험을 반영한다. 점수의 상승은 불안, 악몽, 주의 집중의 어려움, 다양한 특정 공포, 불안정감, 자살 사고, 낮은 자존감과 관련이 있다.

⑧ 기태적 경험(Aberrant Experience, RC8) : RC8 척도는 타인이 자신의 마음을 조종한다는 망상, 환청 및 환시 등의 특이한 사고 및 지각 경험을 반영한다. 점수의 상승은 환시 및 환청, 망상적 사고, 백일몽, 지남력 상실, 현실검증력 손상과 관련이 있다.

⑨ 경조증적 상태(Hypomanic Activation, RC9) : RC9 척도는 흥분이나 자극에 대한 강한 욕구, 높은 정신운동 에너지 수준 등 경조증 상태와 관련된 행동 및 태도를 반영한다. 점수의 상승은 다양한 흥미, 위험을 감수하고 스릴을 추구하는 행동, 공격적 행동, 품행문제의 과거력과 관련이 있다.

(4) 특정 문제 척도(Specific Problems Scales, SP)

➡ SP 척도는 RC 척도와 관련된 중요한 특성을 비롯하여 임상적으로 중요한 심리적 기능을 측정하기 위해 개발되었으나, RC 척도와 무관하게 해석할 수 있다.

① 신체/인지 증상 척도 : 신체적 불편감(MLS), 소화기 증상 호소(GIC), 두통 호소(HPC), 신경학적 증상 호소(NUC), 인지적 증상 호소(COG)

② 내재화 척도 : 무력감/무망감(HLP), 자기회의(SFD), 효능감 결여(NFC), 강박 사고/행동(OGS), 스트레스/걱정(STW), 불안(AXY), 분노 경향성(ANP), 행동 제약 공포(BRF), 특정 공포(SPF)

③ 외현화 척도 : 학교에 대한 부정적 태도(NSA), 반사회적 태도(ASA), 품행문제(CNP), 약물 남용(SUB), 또래의 부정적 영향(NPI), 공격 성향(AGG)

④ 대인관계 척도 : 가족문제(FML), 대인관계 수동성(IPP), 사회적 회피(SAV), 수줍음(SHY), 관계 단절(DSF)

(5) **성격병리 5요인 척도(Personality Psychopathology Five Scales, PSY-5)**
  ① 공격성(AGGR-r) : 자신의 목표를 달성하기 위해 대인관계에서 협박, 신체적 공격, 협박 등을 사용하는 것과 관련된다.
  ② 정신증(PSYC-r) : 환각, 망상, 사고장애를 평가한다.
  ③ 통제 결여(DISC-r) : 행동 및 충동 통제의 어려움, 위험 추구 행동, 책임감 결여 등의 통제되지 않는 행동문제와 관련된다.
  ④ 부정적 정서성/신경증(NEGE-r) : 공포, 당황, 초조, 걱정, 불안 등 부정적 경험을 평가한다.
  ⑤ 내향성/낮은 긍정적 정서성(INTR-r) : 긍정적 정서 경험과 결여, 사회적 고립 및 제한된 흥미와 관련된다.

제3절 객관적 성격검사 2

10 PAI(Personality Assessment Inventory, 성격평가 질문지)

1. 검사 개관

(1) 소개

① 다양한 정신병리를 측정하기 위해 구성된 성격검사 : 성격과 부적응 평가, 정신병리 선별, 임상진단, 치료계획, 치료결과 평가에 대한 정보를 제공할 수 있다.
② 과거 MMPI가 가졌던 낮은 구성 타당도, 진단집단 간 낮은 변별력 등의 문제점을 극복하기 위해 심리검사의 이론적 측면과 방법론적 측면을 고려하여 '모리(Morey)'가 개발했다.
　㉠ 합리적·경험적 접근을 강조하는 구성 타당도를 기반으로 개발되었으며, 잠정적 변별 문제를 줄이기 위해 중복 문항을 피했다.
　㉡ MMPI와 달리 척도명이 구성하는 구성개념과 실제 척도 내용 간에 직접적인 관련성이 있고 약물 및 알코올사용장애, 알코올문제, 약물문제, 자살 가능성에 대한 척도가 포함되어 있다.
　㉢ 4점 평정 척도로 구성되어 행동의 손상 정도와 주관적 불편감 수준을 좀 더 세밀하게 측정할 수 있다.
　㉣ 중복 문항이 없어 변별 타당도가 높다.
　㉤ 임상 장면에서 반드시 확인해야 할 잠재적 위기 상황과 자살 가능성을 확인할 수 있다.

(2) 실시 및 대상

① 개인별 실시와 집단별 실시가 모두 가능하며, 채점은 수작업과 컴퓨터 채점이 동시에 가능하다.
② 한국판 PAI : PAI-A(12~18세 중고등학생, 청소년용)와 PAI(만 18세 이상 대학생, 성인용)가 있다.

(3) 특징

① 환자 집단의 성격과 정신병리적 특징뿐만 아니라 정상 성인의 성격평가에도 매우 유용 : 일반적인 성격검사는 환자집단에 유용하고 정상인의 성격을 판단하는 데 다소 제한적이지만, PAI는 두 장면 모두에서 유용하다.
② DSM-Ⅳ의 진단분류에 가장 가까운 정보를 제공 : 우울, 불안, 정신분열병 등의 축Ⅰ 장애와 더불어 반사회성, 경계성 성격장애와 같은 축Ⅱ 장애를 포함하여 DSM 진단분류에 가장 가까운 정보를 제공한다.
③ 정확한 평가에 도움을 주는 4점 평정 척도로 구성 : 대부분의 질문지형 성격검사가 '예-아니요'의 양분법적 반응 양식으로 되어 있으나 PAI는 4점 평정 척도로 구성되어 행동의 손상 정도와 주관적 불편감 수준을 정확히 측정하고 평가할 수 있다.
④ 분할점수를 사용한 각종 장애 진단 및 반응 탐지에 유용 : 분할점수를 사용한 각종 장애의 진단과 꾀병, 과장, 무선적 반응과 부정적 반응 왜곡, 물질남용으로 인한 문제의 부인과 긍정적 또는 방어적 반응 왜곡의 탐지에 특히 유용하다.

⑤ 하위 척도로 세분화하여 장애의 상대적 속성을 정확히 파악 : 10개 척도로 해석을 용이하게 할 수 있고 임상적 구성개념을 포괄적으로 다루기 위해 개념적으로 유도한 3~4개의 하위 척도를 포함하고 있어, 장애의 상대적 속성을 정확히 측정·평가할 수 있다. 예컨대, 불안 척도는 인지적·정서적·신체적 불안으로 하위 척도를 구분하고 하위 척도의 상대적 상승에 따른 해석적 가정을 제공한다.
⑥ 높은 변별 타당도 및 여러 유용한 지표 활용 : 문항이 중복되지 않아 변별 타당도가 높고 꾀병 지표, 방어성 지표, 자살 가능성 지표 등 여러 유용한 지표가 있다.
⑦ 정확한 임상 평가를 위해 결정문항 기록지 마련 : 환자가 질문지에 반응하게 하는 데 그치지 않고 임상 장면에서 반드시 체크해야 할 결정문항을 제시하여 그 내용을 직접 환자에게 물어봄으로써 추가적인 정보를 수집할 수 있고, 임상 척도의 의미를 보다 정확하게 평가할 수 있다.
⑧ 수검자가 경험하는 다양한 증상, 심리적 갈등을 이해하는 데 도움 : 결정문항 기록지를 통해 수검자가 경험하는 다양한 증상과 심리적 갈등을 이해하고 프로파일의 의미를 구체화하고 해석하는 데 도움이 된다.

2. 척도 구성

척도		내용
타당성 척도	비일관성(ICN)	문항에 대한 반응과정에서의 수검자 반응의 일관성을 알아보기 위한 척도로, 정적 상관 또는 부적 상관이 높은 문항쌍으로 구성
	저빈도(INF)	부주의하거나 무선적인 반응 태도 및 반응의 특이성을 알아보기 위한 척도
	부정적 인상(NIM)	지나치게 나쁜 인상을 주거나 꾀병을 부리는 태도를 알아보기 위한 척도
	긍정적 인상(PIM)	자신을 지나치게 좋게 보이려 하고 사소한 결점도 부인하려는 태도를 알아보기 위한 척도
임상 척도	신체적 호소(SOM)	건강과 관련된 문제에 대한 집착과 신체화장애, 전환장애에서 나타나는 신체적 불편감
	불안(ANX)	불안의 상이한 반응 양상을 평가하기 위해 불안현상과 객관적인 징후를 측정
	불안 관련 장애(ARD)	공포증, 외상적 스트레스, 강박적 증상 등 불안과 관련 있는 증상과 행동을 측정
	우울(DEP)	우울의 증상과 현상을 측정
	조증(MAN)	조증과 경조증의 정서적·인지적·행동적 증상의 특징을 의미
	망상(PAR)	망상의 증상과 망상형 성격장애의 특징을 의미
	정신분열병(SCZ)	광범위한 정신분열병의 증상의 특징을 의미
	경계성 특징(BOR)	불안정하고 유동적인 대인관계, 충동성, 정서적 불안정성, 통제할 수 없는 분노 등을 시사하는 경계성 성격장애의 특징을 측정하기 위한 척도
	반사회적 특징(ANT)	범죄행위, 권위적 인물과의 갈등, 자기중심성, 공감과 성실성 부족, 자극 추구 등을 측정
	알코올문제(ALC)	문제적 음주와 알코올 의존적 특징을 측정
	약물문제(DRG)	약물 사용에 따른 문제와 약물 의존적 특징을 측정
치료 척도	공격성(AGG)	분노, 주장성, 적대감 및 공격성과 관련된 특징과 태도를 측정
	자살관념(SUI)	무력감부터 자살에 관한 생각과 구체적인 계획까지 자살하려는 관념 등을 측정
	스트레스(STR)	일상에서 최근 경험하는 스트레스를 측정
	비지지(NON)	접근 가능한 지지의 수준과 질을 고려해서 지각된 사회적 지지의 부족에 관한 내용
	치료 거부(RXR)	치료에 대한 동기와 치료를 조기에 종결시킬 수 있는 위험한 태도를 측정

	척도	내용
대인관계 척도	지배성(DOM)	대인관계에서 개인적 통제와 독립성을 유지하는 정도를 평가하기 위한 척도로, 대인관계적 행동방식을 지배와 복종의 차원으로 개념화(점수가 높을수록 지배적, 낮을수록 복종적)
	온정성(WRM)	대인관계에서 지지적이고 공감적인 정도를 평가하기 위한 척도로, 대인관계를 온정과 냉담의 차원으로 개념화(점수가 높을수록 온정적·외향적, 낮을수록 냉정적·거절적)

3. 해석

1. 문항응답의 누락을 검토하여 결과 해석이 가능한지 여부를 판단한다.
2. 검사 결과의 타당성, 즉 검사 결과에 영향을 미칠 수검자의 왜곡된 반응 태도가 없는지를 타당도 척도를 통해 확인한다.
3. 결정 문항의 검토를 통해서 즉각적인 개입이 필요한 위험행동이나 정신병리가 없는지 확인한다.
4. 하위 척도별 그리고 상위 척도별 해석을 시행한다.
5. 프로파일을 해석한다.

(1) 누락문항의 검토
① 해석상 의미를 가지기 위해서는 95% 이상의 문항에 응답해야 한다.
② 17개 문항 이상을 응답하지 않은 경우 프로파일 해석을 제한한다.

(2) 타당도 척도를 통한 수검자의 왜곡된 반응 태도 확인
① 왜곡된 반응양식 확인 : 수검자의 반응에 일관성이 있는지, 수검자의 반응이 부주의나 무관심 등으로 인해 일반인이나 임상집단이 시인하는 비율로부터 멀리 떨어지게 된 것은 아닌지, 극단적으로 부정적·긍정적 인상을 주기 위한 반응을 했는지, 타당도 척도의 4개 척도에서 상승된 점수가 있었는지 확인한다.
② 상승된 척도 점수가 있는 경우 전체 검사의 결과를 매우 신중하게 해석한다.

(3) 결정문항의 검토
① 임상적 평가에 곧바로 사용할 수 있는 '결정문항'을 확인한다.
② 결정문항 : 7개의 영역에 걸쳐 총 27개 문항으로 구성된다.
③ 7개 영역 : '망상과 환각, 자해 가능성, 공격 가능성, 물질 남용, 꾀병 가능성, 비신뢰성과 저항, 외상성 스트레스인'으로 이루어진다.

(4) 척도 수준에서의 해석
① 프로파일 기록지에 정상표본 원점수와 2 표준편차에 해당되는 임상표본의 점수분포를 실선으로 제시한다.
② 따라서 수검자의 분포는 정상표본에서의 상대적인 위치 및 임상표본의 점수와 비교 가능하게 제시되므로 이를 기준으로 해석할 수 있다.

(5) 프로파일 해석
① 전문가 요강에는 24개의 진단집단에 대한 프로파일이 제시되어 있는데, 이는 진단군의 평균 프로파일로 '전형적'인 프로파일이 아니라 진단을 위한 최소한의 공통분모임을 의미하므로 해석할 때 다소 제한적이다.
② 평균 프로파일은 이 장애를 시사하는 모든 요소를 제대로 반영한다고 보기 어려우므로 진단과 프로파일 형태의 관계를 이해하는 바탕으로 삼는 정도가 바람직하다.

③ 전통적으로 프로파일 해석에서 자주 사용되는 코드 유형 해석 방식보다는 표본집단의 점수를 군집분석 방법으로 구분한 프로파일 유형 해석을 더 우선시하고 권장한다.

> **참고** SCL-90-R(Symptom Checklist-90-Revision, 간이 정신진단검사)
> - 90문항으로 이루어진 검사로, 심리적 증상의 진단을 목적으로 하는 자기보고식 검사이다.
> - 전문적인 도움을 필요로 하는 사람을 선별하는 일차적인 도구로 사용할 수 있다.
> - 척도 구성 : 신체화, 강박증, 대인예민성, 우울, 불안, 적대감, 공포불안, 편집증, 정신증

11 기질 및 성격검사(TCI)

1. 검사 개관

(1) 소개

① 클로닝거(Cloninger)의 심리생물학적 인성이론에 근거하여 개발된 검사로, 4개의 기질 척도와 3개의 성격 척도로 개발되었다.

② 다른 인성 및 성격검사와 달리 기질과 성격을 구분하여 측정할 수 있다는 장점이 있고, 이에 따라 인성발달에 미치는 유전적 영향과 환경적 영향을 구분하여 인성발달 과정을 이해할 수 있다.

③ 기질과 성격을 종합적으로 평가하는 TCI를 통하여 한 개인의 사고방식, 감정양식, 대인관계 양상, 선호 경향 등을 폭넓고 정교하게 이해할 수 있다.

④ TCI family : 전 연령대를 포괄하는 체계적인 검사이다.
  ㉠ 동일한 개념의 기질 또는 성격 차원을 만 3세부터 60대 이상까지 평가할 수 있다.
  ㉡ 각 연령대에 적합한 문항과 규준을 사용한다.
  ㉢ 개인의 인성발달을 전 생애적으로 탐색할 수 있다.

(2) 클로닝거의 심리생물학적 인성모델 : 인성(personality)을 기질과 성격으로 구분

① 기질(temperament) : 자극에 대한 자동적인 정서 반응으로, 유전적이고, 일생 동안 비교적 안정적이며 인성 발달에 기본 틀의 역할을 한다. 또한 성격보다 먼저 진화하였고 정서적 과정에 의해 처리되고 주로 '변연계'가 관장하며 절차적 학습 및 기억체계로 처리된다.

② 성격(character) : 개인이 추구하는 목표와 가치, 개인이 자신을 어떤 사람으로 이해하고 동일시하는가를 포함하는 자기개념에서의 개인차와 관련된다.
  ㉠ 기질보다 나중에 진화하였고 개념적이며 이상적인 과정으로 처리하고 '전전두엽'이 관장하며 의미 학습 및 기억체계로 처리된다.
  ㉡ 성격은 자동적인 반응을 하는 기질의 표현을 조절할 수 있다.

(3) 한국판 TCI 검사군

① 구성

한국판 검사명	독일판 검사명	실시 대상	문항 수	실시방식
기질 및 성격검사 – 유아용	JTCI 3-6	취약 전 유아/아동	86	양육자 보고식
기질 및 성격검사 – 아동용	JTCI 7-11	초등학생	86	양육자 보고식
기질 및 성격검사 – 청소년용	JTCI 12-18	중학생, 고등학생	82	자기보고식
기질 및 성격검사 – 성인용	TCI-RS	대학생, 성인	140	자기보고식

② 유형 분류 절단점

구분		T점수 범위	백분위 점수 범위
H	높음	55≤T	70≤P
M	중간	45<T<55	30<T<70
L	낮음	T≤45	P≤30

2. 척도 구성 [기출 24]

(1) 기질

기질	내용
자극 추구	• 행동 활성화 체계(BAS)와 관련된 척도 • 새로운 자극이나 보상 단서 앞에서 행동이 활성화되거나 처벌과 단조로움을 적극적으로 피하려는 유전적 성향에서의 개인차와 관련됨
위험 회피	• 행동 억제 체계(BIS)와 관련된 척도 • 처벌이나 위험 단서 앞에서 수동적인 회피 성향으로 행동이 억제되거나 이전의 행동이 중단되는 유전적 성향에서의 개인차와 관련됨
사회적 민감성	• 행동 유지 체계(BMS)와 관련된 척도 • 행동 특성 중 사회적 보상 신호에 민감하게 반응하는 유전인 경향성을 측정함
인내력	• 행동 유지 체계(BMS)와 관련된 척도 • 사회적 민감성이 사회적 관계에서의 지속적 성향으로 나타나는 반면, 인내력은 지속적인 강화가 없어도 한 번 보상된 행동을 일정 시간 동안 꾸준히 지속하려는 성향으로 나타남

(2) 성격

성격	내용
자율성	• 개인이 자신을 얼마나 자율적인 자아로서 이해하는가와 관련된 척도 • 자기결정력과 의지력의 2가지 기본 개념에 기초하는 특성으로, 자신이 선택한 목표와 가치를 이루기 위해(자기결정력) 자신의 행동을 상황에 맞게 통제·조절·적응하는 능력(의지력)으로 정의할 수 있음
연대감	• 개인이 자신을 얼마나 사회의 한 일부로서 이해하는가와 관련된 성격 척도 • 타인에 대한 수용능력 및 타인과의 동일시 능력에서의 개인차를 측정함
자기초월	• 개인이 자신을 얼마나 우주의 한 일부로서 이해하는가와 관련된 성격 척도 • 우주만물과 자연을 수용하고 동일시하며 이들과 일체감을 느끼는 능력에서의 개인차를 측정함

3. 기질 척도

(1) **자극추구(Novelty Seeking; NS)**
  ① 행동 활성화 체계(Behavioral Activation System; BAS)와 관련된 척도로, 새로운 자극이나 보상 단서 앞에서 행동이 활성화되거나 처벌과 단조로움을 적극적으로 회피하려는 유전적 성향에서의 개인차와 관련된다.
  ② 점수가 높은 사람
    ㉠ 신기하고 진기한 것에 쉽게 이끌리며 빨리 흥분하는 반면, 지루하고 단조로운 것을 참기 힘들어한다.
    ㉡ 새로운 자극에 대해 매우 열정적이지만 작은 실패에도 쉽게 좌절하며 분노한다.
    ㉢ 장점 : 새롭고 낯선 것일지라도 열정적으로 탐색하므로 숨어 있는 보상을 잘 발견한다.
    ㉣ 단점 : 쉽게 화를 내며 욕구가 좌절될 때 쉽게 의욕을 상실한다. 따라서 대인관계에 있어서 변덕스럽거나 지속적인 노력이 부족할 수 있다.
  ③ 점수가 낮은 사람
    ㉠ 성미가 느리고 호기심이 적지만, 심사숙고하고 절제되어 있으며 단조로움을 잘 견딘다.
    ㉡ 새로운 자극에 별 흥미가 없거나 오히려 저항적인 태도를 보이며 익숙한 것을 더 편하게 느낀다.
    ㉢ 장점 : 분석적이고 체계적이며 대인관계에서 신뢰적인 면이다.
    ㉣ 단점 : 호기심이 적으므로 비열정적이고 무관심적인 면이 있다.
  ④ 하위 척도 : 탐색적 흥분/관습적 안정성, 충동성/심사숙고, 무절제/절제, 자유분방/질서정연

(2) **위험회피(Harm Avoidance; HA)**
  ① 행동 억제 체계(Behavioral Inhibition System; BIS)와 관련된 척도로, 처벌이나 위험 단서 앞에서 수동적인 회피 성향으로 행동이 억제되거나 이전의 행동이 중단되는 유전적 성향에서의 개인차와 관련된다.
  ② 점수가 높은 사람
    ㉠ 조심성이 많고 꼼꼼하며 겁이 많고 잘 긴장한다.
    ㉡ 익숙하지 않은 상황에 대한 두려움이 많고, 쉽게 위축되며 수줍어한다.
    ㉢ 스트레스를 잘 받고 자주 피곤해하며 쉽게 지치고 비판과 처벌에 민감한 경향을 보인다.
    ㉣ 장점 : 미리 근심하고 미리 세심한 대비를 하기 때문에 위험이 실제 현실이 될 때 사전에 계획과 준비가 되어 있어 큰 도움이 된다.
    ㉤ 단점 : 위험이 현실적이지 않을 때에도 불필요한 근심과 걱정을 한다.
  ③ 점수가 낮은 사람
    ㉠ 타고난 낙천가이며 걱정이 없고 과감하며 용기가 있다.
    ㉡ 위험 상황 속에서도 침착하며 대부분의 사회적 상황에서 사교적이고 자신감이 있다.
    ㉢ 장점 : 위험과 불확실성에 직면했을 때 침착하고 자신감이 있으며 낙관적이어서 별 고통 없이 정력적인 노력을 기울일 수 있다.
    ㉣ 단점 : 무모한 낙관주의로 인해 위험에 둔감하다.
  ④ 하위 척도 : 예기불안/낙천성, 불확실성에 대한 두려움, 낯선 사람에 대한 수줍음, 쉽게 지침/활기 넘침

(3) 사회적 민감성(Reward Dependence; RD)

① 사회적 민감성 : 행동 유지 체계(Behavioral Maintenance System; BMS)에 관련되며, 행동 특성 중 사회적 보상 신호에 민감하게 반응하는 유전적인 경향성을 측정한다.

② 점수가 높은 사람
  ㉠ 사회적 보상 단서(타인의 칭찬, 찡그림 등) 및 타인의 감정(기쁨, 슬픔, 분노, 고통 등)에 민감하다.
  ㉡ 타인의 고통에 대해 마음이 깊이 움직이고 자신의 감정을 잘 표현한다.
  ㉢ 타인에게 의존적이고 헌신적이며 사회적 접촉을 좋아하고 다른 사람과의 교류에 열려 있다.
  ㉣ 장점 : 사회적 보상 신호와 타인의 감정에 민감하기 때문에 따뜻한 사회적 관계를 쉽게 형성하고 타인의 정서를 잘 이해한다.
  ㉤ 단점 : 타인에 의해서 자신의 견해와 감정이 쉽게 영향을 받기 때문에 객관성을 상실하는 경우가 많다.

③ 점수가 낮은 사람
  ㉠ 타인의 감정에 둔감한 편이다. 따라서 무관심하고 냉정한 사람으로 기술된다.
  ㉡ 혼자 있는 것에 만족하고, 타인에게 자신의 감정을 잘 드러내지 않는다.
  ㉢ 사회적 압력이나 비판에 대해서도 둔감하기 때문에 타인의 영향을 덜 받는다.
  ㉣ 장점 : 감성적 호소로부터 독립성을 유지할 수 있기 때문에 현실을 이탈하지 않고 객관적이고 실용적인 견해를 유지할 수 있다.
  ㉤ 단점 : 사회적 분리 성향으로 인하여 자신에게 유익한 사회적 친분을 맺는 데 어려우며 타인의 감정과 의견을 제대로 이해하지 못하고 자기중심적인 견해를 취할 수 있다.

④ 하위 척도 : 정서적 감수성, 정서적 개방성, 친밀감/거리두기, 의존/독립

(4) 인내력(Persistence; PS)

① 사회적 민감성과 마찬가지로 행동 유지 체계(BMS)에 관련되는 유전적 성향으로, 행동 특성으로서는 사회적 민감성이 사회적 관계에서의 지속적 성향으로 나타나는 반면, 인내력은 지속적인 강화가 없더라도 한 번 보상된 행동을 일정한 시간 동안 꾸준히 지속하려는 성향으로 나타난다.

② 점수가 높은 사람
  ㉠ 근면하고 끈기가 있고 좌절과 피로에도 불구하고 열심히 일하며 꾸준히 노력하는 경향이 있다.
  ㉡ 보상이 기대될 때 한층 더 노력을 기울이며 난관에 부딪히게 되면 오히려 더 열심히 일하는 경향이 있다.
  ㉢ 좌절과 피곤을 개인적 도전으로 받아들이고 쉽게 포기하거나 단념하지 않으며 성공을 위해서 큰 희생도 감수할 의지가 있는 성취 지향적인 야심가들이다.
  ㉣ 장점 : 높은 인내력은 보상이 항상 주어지지는 않지만 그 보상 확률이 일정하게 안정적일 때는 적응적인 행동 책략이 될 수 있다.
  ㉤ 단점 : 보상이 우연적으로 주어지거나 빠르게 변하는 상황에서는 높은 인내력은 부적응적일 수 있다.

③ 점수가 낮은 사람
  ㉠ 보상이 안정적으로 기대되는 상황에서도 게으르고 비활동적이며 일관성과 끈기가 부족하고 노력을 많이 하지 않는다.
  ㉡ 꼭 해야 하는 일만을 하고, 어렵지 않은 일에서도 시작이 더디며, 또한 좌절이나 비판, 피곤, 장애물에 부딪히면 쉽게 포기한다.
  ㉢ 항상 타협할 준비가 되어 있는 실용주의자들이다.

② 장점 : 빠르게 또는 자주 변하는 상황에서는 적응적일 수 있다.
③ 단점 : 잘 변하지 않는 상황에서 보상이 자주 있지는 않아도 결국 장시간 후에는 주어지는 상황에서는 부적응적이라고 할 수 있다.
④ 하위 척도 : 근면, 끈기, 성취에 대한 야망, 완벽주의

4. 성격 척도

(1) **자율성(Self-Directedness; SD)**
① 개인이 자신을 얼마나 자율적인 자아로서 이해하는가와 관련된 성격척도이다.
② '자기결정력'과 '의지력'의 두 가지 기본 개념에 기초한 특성 : 자신이 '선택한' 목표와 가치를 이루기 위하여(자기결정력) 자신의 행동을 상황에 맞게 통제, 조절 및 적응시키는 능력(의지력)이라고 정의할 수 있다.
③ 점수가 높은 사람
  ㉠ 성숙하고 강하며 자족적이고 책임감 있고 믿을 만한 사람으로 기술된다.
  ㉡ 목표 지향적이고 건설적이며 자존감이 높고 자신을 신뢰한다.
  ㉢ 단점 : 권위 있는 타인으로부터 자신의 목표나 가치에 반하는 지시를 받을 때, 그들의 명령에 무조건 따르기보다는 이에 도전하기 때문에 때로 다루기 힘든 반항아로 비칠 수 있다.
④ 점수가 낮은 사람
  ㉠ 미성숙하고 약하며 상처받기 쉽고 불평불만이 많으며 남을 원망하거나 비난하는 경향이 크다.
  ㉡ 비효율적이고 책임감이 부족하며 신뢰하기 힘든 사람으로 기술된다.
  ㉢ 내적으로 조직화된 원칙이 부족해서 의미 있는 목표를 설정하고 추구하는 데 어려움이 있다.
⑤ 하위 척도 : 책임감/책임전가, 목적의식, 유능감/무능감, 자기수용/자기불만, 자기일치

(2) **연대감(Cooperativeness; CO)**
① 개인이 자신을 얼마나 사회의 한 일부로서 이해하는가와 관련된 성격 척도로서 타인에 대한 수용능력 및 타인과의 동일시 능력에서의 개인차를 측정한다.
② 점수가 높은 사람
  ㉠ 타인에게 관대하고 친절하며 협조적이다.
  ㉡ 자기와 비슷하지 않은 다른 사람도 인정할 줄 알며, 공정하고 도덕적 원칙이 분명하다.
  ㉢ 자신의 지식과 능력을 남에게 잘 베풀어 주며 남에게 봉사하는 것을 즐거워한다.
③ 점수가 낮은 사람
  ㉠ 타인에게 관대하지 않으며 비판적이고 비협조적이며 기회주의적이다.
  ㉡ 우선적으로 자신의 이익을 추구하며, 다른 사람의 권리나 감정에 대한 배려가 적고 의심이 많은 편이다.
④ 하위 척도 : 타인수용, 공감/둔감, 이타성/이기성, 관대함/복수심, 공평/편파

(3) **자기초월(Self-Transcendence; ST)**
① 개인이 자신을 얼마나 우주의 한 일부로서 이해하는가와 관련된 성격 척도로서 우주만물과 자연을 수용하고 동일시하며 이들과 일체감을 느끼는 능력에서의 개인차를 측정한다.
② 점수가 높은 사람
  ㉠ 정서적으로 집중되어 있을 때 자기와 시공간을 잊고 몰입할 수 있으며 창조적이고 독창적일 수 있다.
  ㉡ 꾸밈이 없고 마음에 충만감이 있으며, 참을성이 있고 사심이 없는 사람이다.

ⓒ 모호함과 불확실성을 잘 견디며, 따라서 결과를 모르고도 이를 통제하기 위한 불안 없이 자신이 하는 활동의 대부분을 충분히 즐길 수 있다.
ⓔ 자신이 최선을 다했는데도 실패했을 때 이를 기꺼이 받아들이고 자신의 성공뿐 아니라 실패에 대해서도 감사할 줄 아는 겸손한 사람으로 나타난다.
ⓕ 이러한 특성은 인간이 피할 수 없는 고통이나 죽음에 직면했을 때는 큰 적응적 장점을 지닌다.

③ 점수가 낮은 사람
㉠ 자의식이 강하고 현실적이며 세속적이고 상상력이 적어 건조하다.
㉡ 유물론적이며 마음의 충만한 느낌이 부족하고 예술에 드물게 감화된다.
㉢ 모호함이나 불확실함, 경이로움 등을 잘 견디지 못하며 자신이 하는 일의 모든 것을 통제하려고 애쓴다.
㉣ 인류의 운명과 세계에 대해 책임감을 갖지 않고 별 관계를 느끼지 않는 개인주의자이다.

④ 하위 척도 : 창조적 자기망각/자의식, 우주만물과의 일체감, 영성 수용/합리적 유물론
➡ 유아용과 아동용 하위 척도 : 환상, 영성

12 MBTI(Myers-Briggs Type Indicator, 성격유형검사)

1. 검사 개관

(1) 소개

① 융(Jung)의 유형이론을 기반으로 브릭스(Briggs)와 마이어스(Myers)가 개발한 자기보고식 성격검사이다.
② 특정 유형에 대한 개인의 선호를 측정하는 검사로 성격의 좋고 나쁨이나 특정 기술, 성취 수준을 평가하는 것이 아니다.
③ 1943년 첫 검사인 'MBTI Form A'가 개발된 이후, MBTI Form B, C, D, E를 거쳐 1962년 'Form F'가 미국에서 출판되었다. 그리고 1975년 'Form G'를 개발하였으며, 현재에 이르러 Form J, K, M, Q 등이 개발되었다.
④ 국내 : 김정택과 심혜숙(1990)이 Form G 한국어판을 표준화하였고, 2002년 'Form K', 2012년에는 기존 검사의 업그레이드 버전인 'Form M/Q'의 한국어판이 출시되었다.
⑤ 종류
㉠ 성인용 MBTI : MBTI Form G, M, Q
㉡ 어린이 및 청소년용 : CATi

(2) MBTI 검사 종류

유형	내용
MBTI Form G	• Form G는 현재 일반인들에게 가장 널리 활용됨 • 두 개의 태도지표(외향-내향, 판단-인식)와 두 개의 기능지표(감각-직관, 사고-감정)에 대한 개인의 선호도를 밝혀서 4개의 선호문자로 구성된 개인의 성격유형을 16개 성격유형 중 하나로 제시함 • 소요시간 : 20~30분 • 문항 수 : 94문항

유형	내용
MBTI Form K	• Form K는 Form G에서 다루는 4개의 양극지표 및 16개 유형을 보다 세부적으로 이해할 수 있도록 제작함 • Form K에는 4개의 양극지표와 함께 20개의 하위 척도가 추가됨 • 개인의 성격유형을 파악하고자 하는 사람, 같은 유형인데도 서로 다른 개인차를 보이는 사람, 자신의 유형을 찾는 데 부분적으로 어려움이 있는 사람, 또는 Form G에서 나온 4개의 선호지표 점수가 낮은 사람들에게 유용한 정보를 제공함 • 소요시간 : 20~30분 • 문항 수 : 131문항
MBTI Form M	• Form M은 Form G의 업그레이드 버전임 • Form M은 내담자의 최적유형(best-fit type)을 찾아갈 수 있도록 문항 선발 방법, 채점 방법, 척도의 중간점수를 결정하는 방법 등이 개선됨 • 소요시간 : 15~25분 • 문항 수 : 93문항
MBTI Form Q	• Form Q는 Form K의 업그레이드 버전임 • Form Q는 자신의 유형에 대한 불확실성, 특히 선호가 분명하지 않은 것에 대한 이유를 탐색하는 데 유용한 정보를 제공함 • 소요시간 : 25~35분 • 문항 수 : 144문항
CATi	• 구) MMTIC • 어린이 및 청소년용 성격유형검사 • 소요시간 : 10~20분 • 문항 수 : 51문항

2. 검사의 구성

(1) 선호경향

① 외향과 내향 : 태도 또는 에너지의 방향을 의미한다.

구분	에너지의 방향	
선호경향	외향형(E, Extraversion)	내향형(I, Introversion)
설명	외부세계의 사람이나 사물에 대하여 에너지 사용 폭넓은 대인관계를 유지하며 사교적이고 정열적이며 활동적이다.	내부세계의 개념이나 아이디어에 에너지 사용 깊이 있는 대인관계를 유지하며 조용하고 신중하며 이해한 다음에 경험한다.
대표적 표현	• 자기 외부에 주의집중 • 외부활동과 적극성 • 정열적, 활동적 • 말로 표현 • 경험한 다음에 이해 • 쉽게 알려짐	• 자기 내부에 주의집중 • 내부활동과 집중력 • 조용하고 신중 • 글로 표현 • 이해한 다음에 경험 • 서서히 알려짐

㉠ **외향(E)** : 개인의 에너지가 외부세계의 일과 사람에게 향하는 것을 선호하는 경향이다. 다른 사람들이나 외부적 사건에 더 관심이 많으며 밖으로 나가 여러 사람을 통해서 이해하고 배운다.
㉡ **내향(I)** : 개인의 에너지가 내부세계의 경험이나 생각으로 향하는 것을 선호하는 경향이다. 소수의 사람을 깊이 사귀는 것을 선호하며, 조용하고 신중하여 이해한 후에 행동하는 경향을 가진다. 때로는 혼자만의 공간이 필요하고 생각이나 사색을 통해 에너지를 비축한다.

② **감각과 직관** : 인식기능 또는 인식과정을 의미하는 것으로, 두 기능은 세상을 어떻게 자각하고 정보를 수집할 때 어떤 것에 주의를 기울이는지에 대한 선호경향이다.

구분	인식기능	
선호경향	감각형(S, Sensing)	직관형(N, iNtuition)
설명	오감을 통한 사실이나 사건을 더 잘 인식 오감에 의존하여 실제의 경험을 중시하며 지금, 현재에 초점을 맞추고 정확, 철저히 일처리를 한다.	사실, 사건 이면의 의미나 관계, 가능성을 더 잘 인식 육감 내지 영감에 의존하며 미래지향적이고 가능성과 의미를 추구하며 신속, 비약적으로 일처리를 한다.
대표적 표현	• 지금, 현재에 초점 • 실제의 경험 • 정확, 철저한 일처리 • 사실적 사건묘사 • 나무를 보려는 경향 • 가꾸고 추수함	• 미래 가능성에 초점 • 아이디어 • 신속, 비약적인 일처리 • 비유적, 암시적 묘사 • 숲을 보려는 경향 • 씨 뿌림

㉠ **감각(S)** : 오감을 통해서 직접적으로 인식되는 정보에 관심을 두며, 경험과 사실적이고 구체적인 것에 주의를 기울이므로 현실적이고 실제적이다.
㉡ **직관(N)** : 감각을 통해 들어오는 정보를 육감이나 통찰을 통해서 즉각 번역하여 그 이면의 가능성이나 의미를 보려고 한다. 직관을 선호하는 사람은 상상을 하고 미래지향적이며 추상적이고 개념적이다. 또한 현재보다는 미래의 가능성을 보려고 하며 관습적인 것보다 창조적이고 독창적인 것을 선호한다.

③ **사고와 감정** : 판단기능 또는 판단과정을 의미하는 것으로, 두 기능은 의사결정과 판단의 선호경향이다.

구분	판단기능	
선호경향	사고형(T, Thinking)	감정형(F, Feeling)
설명	논리적, 분석적 근거를 바탕으로 판단 진실과 사실에 주(主)관심을 갖고 논리적이고 분석적이며 객관적으로 판단한다.	개인적, 사회적 가치를 바탕으로 판단 사람과 관계에 주관심을 갖고 상황적이며 정상을 참작한 설명을 한다.
대표적 표현	• 진실, 사실에 주관심 • 원리와 원칙 • 논거, 분석적 • 맞다, 틀리다 • 규범, 기준 중시 • 지적 논평	• 사람, 관계에 주관심 • 의미와 영향 • 상황적, 포괄적 • 좋다, 나쁘다 • 나에게 주는 의미 중시 • 우호적 협조

㉠ **사고(T)** : 객관적인 사실과 원리 원칙에 입각해서 공정하게 판단을 하거나 의사결정을 하려고 한다. 결정을 내릴 때 이성적인 측면에서 개인적 가치와 욕구에 중립을 유지하려고 애쓰는 경향이 있다. 즉, 분석적이고 논리적이며 옳고 그름을 판단한다.

ⓒ 감정(F) : 관심은 객관적인 사실이나 논리적인 분석이 아니라 사람과의 관계에 있다. 개인의 가치나 집단의 가치, 이상, 이해, 의미 등을 중요시하며 따뜻하고 우호적인 인간관계에 초점을 두고 상황적이고 주관적인 측면에서 '좋다-나쁘다'로 판단한다.

④ 판단과 인식 : 외부세계에 대처하는 생활양식을 의미하는 것으로, 외부세계를 수용함에 있어 개인의 판단 혹은 인식지향에 대한 선호를 측정한다.

구분	생활양식	
선호경향	판단형(J, Judging)	인식형(P, Perceiving)
설명	외부세계에 대하여 체계적이고 계획적으로 접근 분명한 목적과 방향이 있으며 기한을 엄수하고 철저히 사전계획하며 체계적이다.	외부세계에 대하여 개방적이고 융통성 있게 접근 목적과 방향은 변화 가능하고 상황에 따라 일정이 달라지며 자율적이고 융통성이 있다.
대표적 표현	• 정리 정돈과 계획 • 의지적 추진 • 신속한 결론 • 통제와 조정 • 분명한 목적의식과 방향감각 • 뚜렷한 기준과 자기의사	• 상황에 맞추는 개방성 • 이해로 수용 • 유유자적한 과정 • 융통과 적응 • 목적과 방향은 변화할 수 있다는 개방성 • 재량에 따라 처리될 수 있는 포용성

㉠ 판단(J) : 가능한 한 빨리 결정하거나 결론에 이르기 위해 사고나 감정의 양식을 사용하고자 한다. 어떤 일이든 조직적·체계적으로 추진하며 모든 것을 미리미리 준비하여 정한 시간 안에 끝을 보는 것을 선호하고, 외부로 표현되는 행동도 단호하고 생산적이며 목적의식이 뚜렷하다.

ⓒ 인식(P) : 감각적 혹은 직관적 과정을 통해서 지속적으로 자료를 수집하고 가능한 한 오랫동안 판단을 미루는 것에 편안함을 느낀다. 개방적이고 유연성 있는 생활방식을 선호하고, 호기심이 많고 융통성이 있으며 흐름에 맞추어 순응하려고 한다. 계획적이고 통제적인 것을 싫어하며 새로운 경험과 상황에 놓이는 모험을 즐기고, 자유를 좋아한다.

(2) 16가지 성격유형

성격유형	설명
ISTJ	• 조용하고 신중하며 철저함과 확실성으로 좋은 결과를 얻고자 한다. • 구체적이고 사실적이며 현실적이고 책임감이 강하다. • 해야 할 것을 논리적으로 결정하고, 흐트러짐 없이 꾸준히 해 나간다. • 체계적으로 자신의 일, 가정, 삶을 구성해 나갈 때 기쁨을 얻는다. • 전통과 성실을 가치 있게 여긴다.
ISTP	• 상황에 대해 관조적이고 유연하다. • 문제가 발생할 때까지 조용히 관찰하지만 일단 발생하면 실행 가능한 해결책을 찾기 위해 빠르게 움직인다. • 문제의 현실적인 원인을 분석하고, 핵심을 구체적으로 파악하기 위해 많은 정보를 처리한다. • 원인과 결과에 관심이 많고, 사실을 논리적으로 구조화하고자 하며, 효율성에 가치를 둔다.
ESTP	• 상황에 유연하며, 즉각적인 결과에 초점이 맞춰진 현실적인 접근을 선호한다. • 이론과 개념적인 설명은 지루해하며, 문제해결을 위해 활동적으로 움직인다. • 지금 이 순간에 벌어지는 일에 관심이 많고, 타인들과 활기차게 할 수 있는 매 순간을 즐긴다. 감각적인 편안함과 스타일을 즐긴다. • 현실적이고 실제적인 경험을 통해 배워 나간다.

성격유형	설명
ESTJ	• 구체적이고 현실적이며 사실적이다. • 결정을 하고자 하며, 결정된 것을 이행하기 위해 빠르게 움직인다. • 프로젝트를 구조화하고, 사람들을 조직하며, 가능한 가장 효율적인 방법으로 결과를 얻는 것에 초점을 맞춘다. • 명확한 논리적 기준을 가지고 있고, 규칙으로 그것에 따르며, 다른 이들도 그러기를 바란다. • 자신의 계획을 추진해 나갈 때 영향력을 행사하고자 한다.
ISFJ	• 조용하고 다정하며 세심하고 성실하며 책임감이 강하다. • 자신들의 의무에 헌신적이고 이를 꾸준하게 실현해 나간다. • 철저하고 노고를 아끼지 않으며 사려 깊고 정확하다. • 타인, 특히 자신에게 중요한 사람들의 느낌에 관심이 많고, 그들과 관련된 구체적인 것을 잘 알아차리고 기억한다. • 직장과 가정에서 정돈되고 조화로운 환경을 만들기 위해 노력한다.
ISFP	• 조용하고 다정하며 정서에 민감하고 친절하다. • 현재의 순간을 즐기며, 주변에서 일어나는 일을 즐긴다. • 자신만의 공간과 시간 안에서 일하는 것을 좋아한다. • 자신의 가치를 중요시 여기며, 의미 있는 사람들에게 충실하며 헌신적이다. • 논쟁과 갈등을 싫어하며, 자신의 의견이나 가치를 다른 사람들에게 강요하지 않는다.
ESFP	• 사교적이고 다정하며 수용적이고 긍정적이다. • 타인들과의 상호작용과 물질적인 편안함을 추구한다. • 타인들과 함께 일하는 것을 즐기며, 상식적·현실적인 접근으로 일을 재미있게 하고자 한다. • 융통성이 있고, 자발적이며, 새로운 사람들과 환경에 빨리 적응한다. • 사람들과 함께 경험을 해 봄으로써 가장 잘 학습한다.
ESFJ	• 마음이 따뜻하고 양심적이며 협조적이고 주변상황이 조화롭고 화합되기를 원한다. • 목표성취를 위해 결정권을 가지고 일하기 좋아하며, 정확하고 제 시간에 완수되기를 원한다. • 혼자보다 타인들과 함께 일하는 것을 좋아한다. • 사소한 일도 성실하게 끝까지 해내며, 자신의 존재와 기여를 인정받기 원한다. • 일상생활에서 타인들의 필요를 잘 알아채며, 타인의 필요를 채워 주기 위해 노력한다.
INFJ	• 아이디어, 관계, 물질 안에서 의미와 연관성을 찾는다. • 사람들의 동기를 이해하기 원하고, 다른 사람들에 대해 통찰력을 지니고 있다. • 자신의 확고한 가치를 양심적으로 수행한다. • 공동의 선을 추구하기 위한 명확한 비전을 개발한다. • 자신의 비전을 수행하기 위해 사람들을 조직화하고 동기화시킨다.
INFP	• 이상주의자이며, 자신에게 의미 있는 가치나 사람들에게 충성한다. • 자신의 가치와 조화를 이룰 수 있는 외부세계를 원한다. • 호기심이 많고, 어떠한 일의 가능성을 보는 경향이 있으며, 아이디어를 수행하기 위한 촉매역할을 한다. • 사람들의 본질을 이해하려 하고, 이들의 가능성을 성취할 수 있도록 돕는다. • 자신들의 가치가 위협받지 않는 한 잘 적응하고 융통성이 있으며 수용하는 편이다.
ENFP	• 열정적이고 따뜻하며 상상력이 풍부하다. • 세상을 가능성이 풍부한 곳으로 바라본다. • 사건과 정보를 잘 연관 지으며, 자신만의 패턴을 기반으로 자신감 있게 일을 진행시킨다. • 타인들로부터 칭찬받기 원하며 감사와 지지를 잘 표현한다. • 자발적이고, 융통성이 있으며, 열정적이고, 때로 자신만의 즉흥적이고 유창한 언변을 발휘한다.

성격유형	설명
ENFJ	• 따뜻하고 감정이입을 하며 표현이 활발하고 책임감이 있다. • 타인들의 정서, 욕구, 동기에 대해 높은 관심을 가지고 있다. • 모든 사람들의 잠재성을 찾는 동시에, 그것들을 실현시킬 수 있도록 돕는다. • 집단 안에서 다른 사람들과의 상호작용을 촉진시키며, 성장을 위한 촉매역할을 한다. • 비전과 목표에 대해서 사람들을 동기화시키는 리더십을 발휘한다.
INTJ	• 독창적이고 창의적인 마인드를 지니고 있다. • 자신의 아이디어를 실현하고 목적을 성취하고자 하는 욕구를 지니고 있다. • 사건의 패턴을 빨리 파악하여, 관련된 광범위한 설명과 더불어 앞으로의 전망을 제시한다. • 일을 조직화하고 포괄적으로 수행한다. • 회의적이고 독립적이며, 자신과 타인들에 대한 능력과 수행에 높은 기준을 지닌다.
INTP	• 이론적이고 추상적이며 자신의 관심영역에 논리적이고 이론적인 설명을 하고자 한다. • 타인과의 상호작용보다는 아이디어에 더 많은 관심을 가지고 있다. • 조용하고 보유적이며 유연성 있고 적응력이 있다. • 관심 분야에 있어서 문제해결에 깊이 집중하는 모습을 보인다. • 회의적이며 때로는 비판적이고 항상 분석적이다.
ENTP	• 상황을 빠르게 이해하고, 활기차고 기민하며, 거리낌 없이 표현한다. • 새롭고 도전적인 문제를 해결하는 데 흥미를 느끼고, 개념적 가능성을 창출하며, 그 후 전략적으로 그것들을 분석한다. • 사람들과 상황의 전반적인 흐름을 읽어 내고자 한다. • 일상적인 일은 지루해하며, 똑같은 일을 똑같은 방식으로 처리하는 경우가 드물다. • 관심의 폭이 넓고, 한 가지 새로운 흥미는 또 다른 것으로 바뀌기 쉽다.
ENTJ	• 솔직하고, 결단력 있으며, 타인들을 이끌고자 한다. • 비논리적이거나 비효율적인 절차와 정책을 빨리 간파하고, 조직의 문제를 해결하기 위한 포괄적인 시스템을 개발하고 수행한다. • 자신들의 지식을 확장하고자 하고, 또한 그것을 타인들에게 전달하는 것을 즐긴다. • 장기계획과 목표를 설정하고 자신들의 아이디어와 비전을 뚜렷하게 표현하고 관철시킨다.

3. 검사 해석

(1) 심리적 기능

① 심리적 기능(psychological function) : 개인이 외부환경과 상호작용하는 데 있어서 그 개인의 고유한 반응양식이 내재된 심리적 경향성으로, 인식기능(S-N)과 판단기능(T-F)을 의미한다.

② MBTI의 심리적 기능 : 기능별로 분류하면 네 가지 기능으로 조합할 수 있다.

	심리적 기능	내용
ST	실질적, 사실적 유형	• 보고, 듣고, 만지고, 세고, 무게를 재고, 측정하는 등의 구체적인 감각을 통해 정보를 수집함 • 의사결정 시 논리적 분석에 따라 결정함
SF	동정적, 우호적 유형	• 의사결정을 내릴 때 자기 자신이나 상대방에게 어떤 영향을 줄 것인가를 중요하게 생각함 • 정보를 인식할 때 사물에 대한 사실보다는 사람에 대한 사실에 더 큰 관심을 가짐
NF	열정적, 통찰적 유형	• 새로운 프로젝트와 같은 가능성, 일어나지 않았지만 일어날 가능성이 있는 일, 알려져 있지 않지만 알려질 수 있는 진리와 같은 것에 관심을 두고 정보를 수집함 • 의사결정 시 개인적인 주관성이나 개인적인 온정을 바탕으로 결정함
NT	논리적, 창의적 유형	• NF와 정보 수집 부분 동일 • 의사결정 시 객관적이고 합리적인 분석을 바탕으로 판단함

(2) 기질

① 기질은 유형 간의 유사한 특징을 나타내며, 개인의 가시적인 여러 행동 속에 내재된 패턴의 일관성을 뜻한다.
② 기질(temperament) : 행동마다 각인을 새기는 것처럼 누구인지를 알아차리게 하는 일관된 패턴이다.
③ MBTI 기질

	기질	내용
SJ	보호자적 기질	• 안전 지향, 소속감, 책임성, 성실성, 의무 • 전통주의자, 봉사, 위계질서 존중 • 욕구 : 소속, 의무수행, 책임 완수에 대한 욕구
SP	예술가(장인)적 기질	• 자연스러움, 충동적, 스스럼없고 자발적 • 흥취와 자극, 현재에 몰입, 행동적이고 용감함 • 도구사용의 숙련성, 절충과 적응, 자극 추구 • 욕구 : 강한 인상을 주고자 하는 욕구, 숙달된 기능 실현, 충동적으로 따르려는 욕구
NF	이상가적 기질	• 성장 지향, 의미와 심사숙고, 타인 가르치기 • 더 나은 세상 만들기, 자아실현, 적합성이 가장 중요함 • 욕구 : 진실하고자 하는 욕구, 잠재력 개발, 실존적, 자아실현 욕구
NT	합리적 기질	• 지식 지향, 자질 향상, 지식 추구, 초자연적 힘 • 지적임, 비전이 중요, 지식이 가장 중요, 이론적, 논리적 • 욕구 : 성취, 능력 발휘, 자아실현 욕구

(3) 해석

① 기능의 의미
　㉠ 주기능 : 인식과 판단의 4가지 기능 중 자신이 가장 편하게 즐겨 사용하는 개인성격의 핵심에 해당된다.
　㉡ 부기능 : 주기능 다음으로 편하게 사용하는 기능으로, 주기능을 보완하고 균형을 유지하는 데 사용된다.
　㉢ 3차기능 : 상대적으로 잘 쓰지 않는 기능으로, 부족한 성격 경향성을 의미한다. ➡ '부기능'의 반대 기능으로 의식과 무의식의 사다리 역할을 한다.
　㉣ 열등기능 : 무의식 차원에 있는 주기능의 반대 기능으로, 자신의 내부에 존재하지만 가장 잘 사용하지 않아 상당히 퇴색된 기능을 말한다.

② 기능의 판별
　㉠ J와 P가 주기능과 부기능을 결정한다.
　　예 J라는 판단적 태도를 사용하는 사람은 그가 외향적인 경우 판단기능인 T와 F가 그의 주기능이며, 나머지 인식기능인 S와 N이 부기능이다. 하지만 내향적인 사람의 경우 반대가 된다. J를 내향적으로 사용하여 밖으로 드러나지 않으므로 주기능은 S 또는 N이 된다. 이때 남은 판단기능인 T 또는 F가 부기능이 된다.
　㉡ 삼차기능은 부기능의 반대이다. **예** T가 부기능이면 F가 삼차기능이다.
　㉢ 열등기능은 주기능의 반대이다. **예** S가 주기능이면 N이 열등기능이다.

13 기타 객관적 성격검사

1. 16PF(Sixteen Personality Factor Questionnaire, 다요인인성검사)

(1) **16PF**

① 16개의 성격요인을 기초로 한 16성격요인검사(16PF)는 카텔(Cattell)과 그 동료들이 요인분석법을 사용하여 성격특성이론을 근거로 개발한 성격검사이다.

② 목적 : 성격진단, 임상진단, 직업적성진단, 연구 등의 목적으로 실시한다.

③ 구성

구분	내용
무작위 척도	무작위 척도(신뢰도 측정)
성격 척도	따뜻함, 추리력, 정서안정성, 지배성, 쾌활성, 규칙준수성, 대담성, 민감성, 불신감, 추상성, 개인주의, 걱정, 변화 개방성, 독립심, 완벽주의, 긴장감
특수 척도	2차 요인 척도(내향성-외향성, 강한 불안-약한 불안, 강인성-유약성, 자립성-종속성, 강한 초자아-약한 초자아)

④ 문항은 5점 척도로 평가 : 답지에 문항별로 1점에서 5점 사이의 숫자를 표기한다.

⑤ 계산된 원점수는 1~10까지의 범위로 표시되는 표준점수 스텐(STEN)으로 환산된다.

(2) **다요인인성검사**

① 국내에서 염태호와 김정규가 16F에 근거한 성격검사를 처음 개발하였고, 2003년 '다요인인성검사'라는 이름으로 수정하였다.

② 대상 : 초등용, 중·고등용, 대학·성인용 등으로 연령대별로 검사지가 개발되어 있으며, 현재는 다요인인성검사 II를 사용한다.

③ 응답방식 : 5점 리커트(Likert) 척도이고, 검사 결과는 척도별 T 점수와 백분위가 제공되며, 척도별 의미와 일반적인 성격특성에 대한 설명이 제시된다.

④ 구성

  ㉠ 기본척도(14개) : 온정성, 자아강도, 지배성, 정열성, 도덕성, 대담성, 예민성, 공상성, 실리성, 자책성, 진보성, 자기결정성, 자기통제성, 불안성

  ㉡ 이차요인(5개) : 내향성-외향성, 약한 불안-강한 불안, 유약성-강인성, 종속성-자립성, 약한 초자아 강도-강한 초자아 강도

⑤ 활용 : 성격의 진단 및 임상진단, 연구뿐 아니라 직업적성진단에서도 적극 활용 가능하다.

  ㉠ 피검자의 성격정보는 피검자의 성격에 맞는 진로나 적성을 고려할 때 활용 가능하다.

  ㉡ 진학 및 진로상담, 직무배치 등과 관련될 수 있으며, 실제 검사에서도 성격요인별로 직업적성군을 제시함으로써 피검자의 적성에 맞는 직업을 선택할 수 있도록 돕는다.

2. NEO-PI와 NEO-II 성격검사

(1) NEO-PI(Neo-Personality Inventory)
① NEO-PI는 성격 5요인을 측정하는 대표적인 자기보고식 검사로, 성격특성론을 지지하는 연구자들이 개인차와 관련된 특질을 측정하기 위해 개발하였다.
② 코스타(Costa)와 맥크레이(McCrae) : 특성을 '행동으로부터 추론될 수 있는 일반화된 행동경향성'이라고 정의하고, 인간에게는 공통적으로 5개의 특성요인이 존재하는 것으로 결론내렸다.
  ⊙ 5요인 : '신경증, 외향성, 개방성, 친화성, 성실성'으로 불린다.
  ⓒ 1985년에 성격의 5요인을 측정하고자 NEO 성격검사(NEO-PI)를 개발했다.
  ⓒ 1992년에 NEO-PI의 하위 요인을 보강하여 수정한 NEO-PI-R을 개발했다.

(2) NEO 성격검사
① 한국판 NEO-PI-R : 안창규와 채준호(1997)가 미국의 NEO-PI-R 검사를 번안하고 표준화하였다.
② 이 검사는 만 17세 이상을 대상으로 하는 검사였으며, 이후 안현의와 안창규(2017)가 NEO 성격검사로 수정판을 출시하였다.
③ 대상 : 초등용, 청소년용, 대학·성인용으로 구분되며, 소요시간은 대략 45분이다.
④ 5단계 평정 : 0점인 '전혀 그렇지 않다'부터 4점인 '매우 그렇다'까지, 그중 하나를 선택하도록 한다.
⑤ 특징
  ⊙ 이 검사는 기질적 성격구조를 파악함과 동시에 불안, 공격성, 우울 등의 임상적 특징을 파악함으로써 예방 및 치료적 효율성을 높이는 데 활용 가능하다.
  ⓒ 일반적인 정상인의 성격구조를 측정하는 도구이지만 신경성(신경증) 요인이 포함되어 있어서 임상군과 비임상군 모두에서 활용 가능하다.
  ⓒ 5요인과 하위 척도들 간의 상호작용적 해석을 바탕으로 어떤 환경에서 어떻게 적응과 부적응이 나타나는지를 설명하고, 기질과 환경의 상호작용적 해석을 돕는다.
  ② 신경성(신경증)의 하위 척도를 보다 세분화함으로써 피검자의 성격적 취약성이 될 수 있는 요소를 보다 잘 예방적으로 탐지하도록 정보를 제공한다.
⑥ NEO 성격검사 구성

5요인	하위 척도	설명
외향성 (E)	사회성	항상 사람들과 만나서 함께하는 것을 좋아하며 사람들과 잘 어울리는 정도
	지배성	다른 사람들보다 우월하고 지배하고 지도력을 발휘하고 싶어 하며 또한 자기주장을 잘 하는 정도
	자극추구	밝고 화려한 색깔이나 떠들썩한 환경을 좋아하며, 스릴 있고 자극적인 것을 원하는 성향
	활동성*	힘이 넘치고 매사에 바쁘고 활동적이어서 적극적으로 생활하고 있는 정도
개방성 (O)	창의성	독특한 생각을 하기를 즐기며 상상력이 풍부하여 창의성이 높은 정도
	정서성	음악, 미술 등 예술 분야를 좋아하고, 섬세하고 깊은 감정을 풍부하게 느낄 수 있는 정도
	사고 유연성	호기심이 많고 배우고자 하는 마음이 강하며, 논리적·분석적인 사고와 깊이 생각할 수 있는 능력을 나타내는 정도
	행동 진취성*	정해진 일을 하기보다는 새로운 변화와 도전을 시도하는 정도

5요인	하위 척도	설명
친화성 (A)	온정성	사람들에게 자상하고 따뜻하고 친절하여 사람들을 순수하게 좋아하고 친밀한 관계를 유지하려는 성향
	신뢰성	사람들이 정직하고 착하다고 보고 다른 사람들을 있는 그대로 믿고 잘 받아들이는 성향
	공감성*	상대방이 느끼고 생각하고 경험하고 있는 것들을 상대방의 입장에서 정확하게 이해하고 의사소통할 수 있는 성향
	관용성	다른 사람들의 잘못에 너그럽고 쉽게 용서하며 갈등적인 관계를 피하려는 성향
성실성 (C)	유능감	자기 스스로 능력이 있고, 현명하며, 신중하고, 잘 적응하고 있는 사람으로 평가하는 정도
	성취동기*	자신의 노력으로 바람직한 일을 성취하고 성공하는 상상과 공상을 자주 하며 어려움을 극복하고 과제를 성취하려는 욕구의 강도
	조직성	정리 정돈된 생활을 잘 유지하며 일을 규칙적이고 일정하게 조직하고 처리하는 성향
	책임감	자신의 엄격한 행동기준이나 의무에 충실하며 책임감을 나타내는 정도
신경증 (N)	불안	늘 불안하고 초조하며, 긴장되어 있으며 두려움과 걱정이 많은 정도
	적대감	다른 사람을 적으로 보고 화를 내거나 복수하고 공격하고 싶은 정도
	우울	매사에 의욕이 없거나 슬픔, 죄책감, 우울한 감정이 자주 들고 외로움을 느끼며 쉽게 포기하는 성향
	충동성	주의산만하고 한곳에 조용히 집중하지 못하며, 자신을 통제하는 힘이 부족하여 한 일에 대해 후회하는 정도
	사회적 위축	사회적 불안경향으로 타인에 대하여 불편해하며 쉽게 거북하고 어색하게 느끼게 되어 당황해 하는 정도
	정서충격	어릴 때 또는 현재 겪고 있는 심리적 충격과 상처를 느끼는 정도
	심약성*	조그마한 스트레스에도 잘 견디지 못하고 마음이 약해지며 쉽게 포기해 버리고 무력해지는 성격적 특징
	특이성*	심리적 소외, 현실성의 결핍, 망상, 환각을 느끼는 정도
	반사회성	어른과 사회의 권위, 가치, 관습, 법, 규칙을 존중하고 잘 따르는 정도
	자존감*	자아손상감의 정도로서 자신의 능력이나 가치에 대하여 낮게 평가하고 자신을 쓸모없다고 느끼는 정도

* 중·고등학생과 성인용에 추가되는 요인

> **참고** CPI(캘리포니아 성격검사)와 KPI 성격검사
>
> 1. CPI
>   - 고프(Gough, 1957) : MMPI를 기초로 개발했지만 일반인의 성격특성을 측정하기 위해 고안된 성격검사이다.
>   - 대상 : 중·고등학생용, 대학생용, 성인용이 있다.
>   - 척도 구성
>   - 성향군 및 척도 : 대인관계, 자기관리, 동기/사고방식, 개인특성
>   - 성격특성 : 알파(실행형), 베타(협력형), 감마(혁신형), 델타(사색형)
>   - 업무지향 척도 : 관리자적 잠재력, 작업 지향성, 창의적 기질, 우수성, 법/규범 지향성, 강인함 ➡ 인사 선발 장면에서 활용 가능
> 2. KPI 성격검사
>   - 행동과학연구소에서 CPI를 모델로 하여 개발한 검사로, 대학생 및 성인용과 중·고등학생용이 있다.
>   - 목적 : 청소년을 대상으로 학습과 생활 장면에서의 특징과 대인관계, 문제해결 양상을 파악하여 성격을 이해하고 예언하는 데 목적을 둔다.
>   - 구성 : 대인관계, 사회적 성숙도, 성취 성향, 흥미 상태

제4절 지능 및 인지기능검사 1

14 지능과 웩슬러형 지능검사

1. 지능의 구조

(1) 스피어만(Spearman)의 2요인설
① 일반 요인(g요인) : 모든 개인이 일반적으로 가지는 공통 요인이다.
② 특수 요인(s요인) : 특정 분야에 대한 능력(예 언어능력, 공간능력)이다.

(2) 써스톤(Thurstone)의 다요인설
① 스피어만의 일반 요인(g요인)에 동의하지 않았고, 지능이 7가지의 구별되는 요인으로 구성된다고 주장하고 그것을 '기초정신능력(PMA)'이라고 명명하였다.
② PMA : 언어이해, 단어 유창성, 수리적 사고, 지각속도, 공간능력, 기억, 귀납적 사고가 포함된다.

(3) 길포드(Guilford)의 지능 구조 모형(SI 모형)
① 써스톤의 이론을 확장하여, 지능 구조 모형을 제시하였다.
② 인간의 지능에는 3개의 필수적인 차원인 내용, 조작, 산출이라는 3차원으로 구성된다고 보았다.
  ㉠ 내용(content) : 개인이 어떤 정보에 관심을 가지는지, 즉 사고의 대상을 의미한다.
  ㉡ 조작(operation) : 받아들인 정보를 뇌가 어떤 방식으로 사고하는지에 대한 것이다.
  ㉢ 산출(product) : 내용과 조작을 통해서 어떤 결과를 만들어 내는지에 대한 것이다.
③ 지능은 5개의 내용차원(시각적, 청각적, 상징적, 의미론적, 행동적), 6개의 조작차원(평가, 수렴적 사고, 확산적 사고, 기억 파지, 기억 저장, 인지), 6개의 산출차원(단위, 유목, 관계, 체계, 변환, 함축)이라는 180개의 요인이 존재한다고 주장하였다($5 \times 6 \times 6 = 180$).

(4) 카텔(Cattell)과 혼(Horn)의 유동적 지능과 결정적 지능
① 유동적 지능
  ㉠ 유전적·선천적으로 타고난 능력으로, 뇌와 중추신경계의 성숙에 비례하여 발달하고 쇠퇴하는 특성이 있다.
  ㉡ 새로운 상황에 대한 문제해결능력으로, 웩슬러 지능검사에서는 동작성 지능이 유동적 지능과 관련이 높다.
② 결정적 지능
  ㉠ 유동적 지능을 바탕으로 환경, 경험, 문화적 영향을 받아 후천적으로 계발되는 지능이다.
  ㉡ 따라서 개인의 노력에 따라 나이가 들어도 계속 발달할 수 있다.
③ 연령이 높아짐에 따라 유동적 지능이 감소하지만 결정적 지능은 오히려 증가하기 때문에, 전체 지능은 거의 변함이 없는 패턴을 보인다.

> **참고** 유동적 지능과 결정적 지능의 특징
>
> 1. 유동적 지능
>   - 생물학적으로 결정되는 지능으로, 뇌의 중추신경계 성숙에 비례하여 발달하고 쇠퇴한다.
>   - 새로운 상황에 대한 문제해결능력이다.
>   예 속도, 기계적 암기, 지각능력, 일반 추론능력 등
>   - 연령에 따라 감소하는 경향이 있다.
>   - 환경, 경험 등의 문화적 영향을 적게 받는다.
> 2. 결정적 지능
>   - 유동적 지능을 바탕으로 환경, 경험, 문화적 영향을 받아 후천적으로 계발되는 지능이다.
>   예 언어 이해력, 논리적 추리력 등
>   - 개인의 노력 여하에 따라 나이가 들어서도 계속 발달할 수 있다.

(5) 캐롤(Carroll)의 3개층 모형

① 캐롤은 지능에 위계가 있다고 주장하였는데, 위계이론이란 지능요인 간에 공유되거나 중첩된 변인을 종합함으로써 보다 높은 수준의 요인을 가정하는 이론을 말한다.

② 지능의 3개층 모형

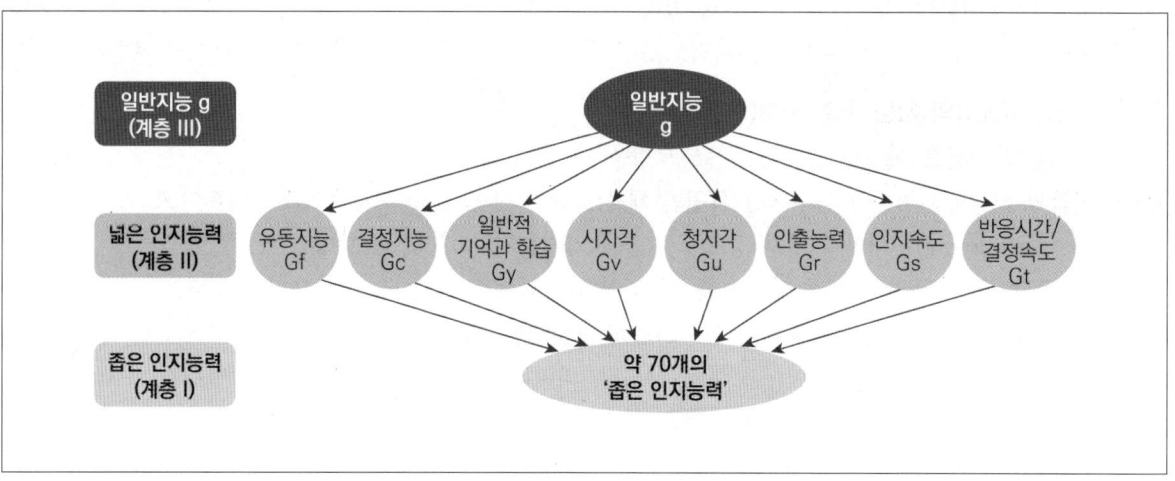

[그림 10-4] 캐롤의 지능 3계층 모형

㉠ 계층 III(일반지능): 스피어만의 g요인과 유사한 것으로 모든 인지적 수행에 공통적으로 사용되는 지적 능력이다.

㉡ 계층 II(넓은 인지능력): g요인의 영향을 받는 8개의 인지능력이 포함된다.

㉢ 계층 I(좁은 인지능력): 70개의 구체적인 특정한 능력들로 구성되어 있으며, 각각은 가장 밀접하게 관련 있는 넓은 인지능력에 속해 있다.

(6) CHC 이론(Cattell-Horn-Carroll theory)

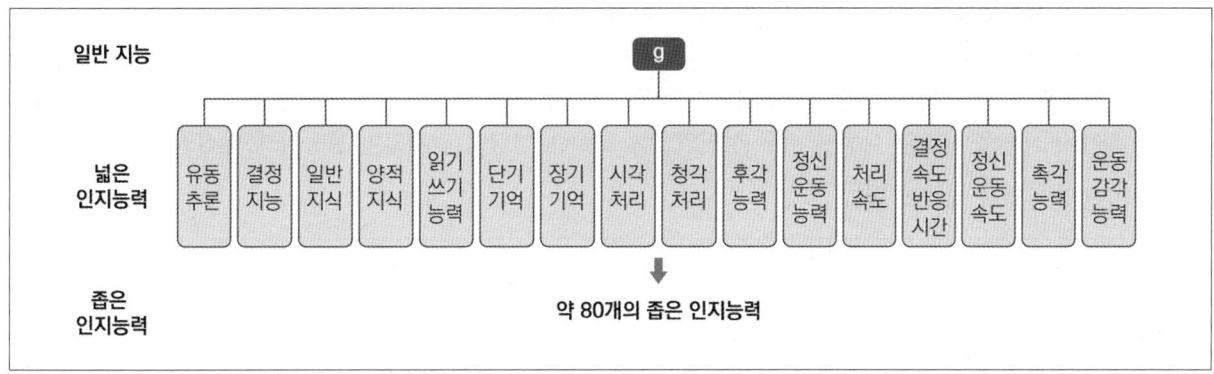

[그림 10-5] 현대 CHC 이론의 구조

① 카텔과 혼의 유동성 지능-결정성 지능 이론과 캐롤의 3개층 모형을 통합한 것이다.
② CHC 이론에 따르면 지능은 일반지능 g요인 아래에 16개의 넓은 인지능력과 80개가 넘는 좁은 인지능력으로 구성된다.
③ 16개의 넓은 인지능력 : 유동추론, 결정지능, 일반지식, 양적 지식, 읽기/쓰기 능력, 단기기억, 장기기억 저장 및 인출, 시각처리, 청각처리, 후각능력, 정신운동능력, 처리속도, 결정속도/반응시간, 정신운동속도, 촉각능력, 운동감각능력이 포함된다.
④ 웩슬러 지능검사는 CHC 이론에 기반을 두고 있고, 언어이해, 시공간, 유동추론, 작업기억, 처리속도를 포함한 5요인과 5요인 점수를 합한 전체 지능지수의 위계구조 형태를 갖고 있다.

2. 지능검사

(1) 목적
① 개인의 지적인 능력 수준을 평가한다.
② 인지적·지적 기능의 특성을 파악한다.
③ 임상적 진단을 명료화한다.
④ 기질적 뇌손상 유무와 뇌손상으로 인한 인지적 기능의 저하를 평가한다.
⑤ 합리적인 치료목표를 설정하는 데 필요한 정보를 얻는다.

(2) 웩슬러형 지능검사의 철학
① 지능검사의 소검사는 개인이 학습해온 것을 측정한다.
② 지능검사의 소검사는 개인의 행동표본일 뿐 총체는 아니다.
③ 개인 대상의 표준화된 검사는 특정한 실험적 환경하에서 정신기능을 평가한다.
④ 지능검사와 같은 종합검사는 이론적 모형에 근거하여 해석해야 유용하다.
⑤ 검사 프로파일을 통해 도출된 가설은 다양한 출처의 자료로부터 지지되어야 한다.

(3) 편차지능 기출 20
① 동일 연령 집단의 수행에 관한 정규분포상에서 각 개인의 이탈 정도를 표준점수(z score)로 수치화한 것이다.
② 산출방법 : '검사의 원점수 ➡ 표준점수의 환산점수로 전환(평균 10, 표준편차 3) ➡ 언어성과 동작성별로 합산한 각 환산점수의 합(평균 100, 표준편차 15) ➡ 언어성, 동작성, 전체 지능지수 산출' 순으로 계산한다.

③ 장점
  ㉠ 원점수를 환산점수로 전환함으로써 개인 내 각 소검사의 점수 간의 비교가 가능하다.
  ㉡ 지능점수를 표준편차 단위에 따라 정의함으로써 보다 명백하게 정의할 수 있다.
  ㉢ 발달과정에서 정신연령과 생활연령의 직선적 관계에 대한 가정을 요구하지 않는다.
  ㉣ 이 방식으로 산출된 아동기 이후 성인의 지능지수는 연령에 관계없이 동등하게 해석할 수 있다.

(4) 웩슬러형 지능검사 체계의 발달

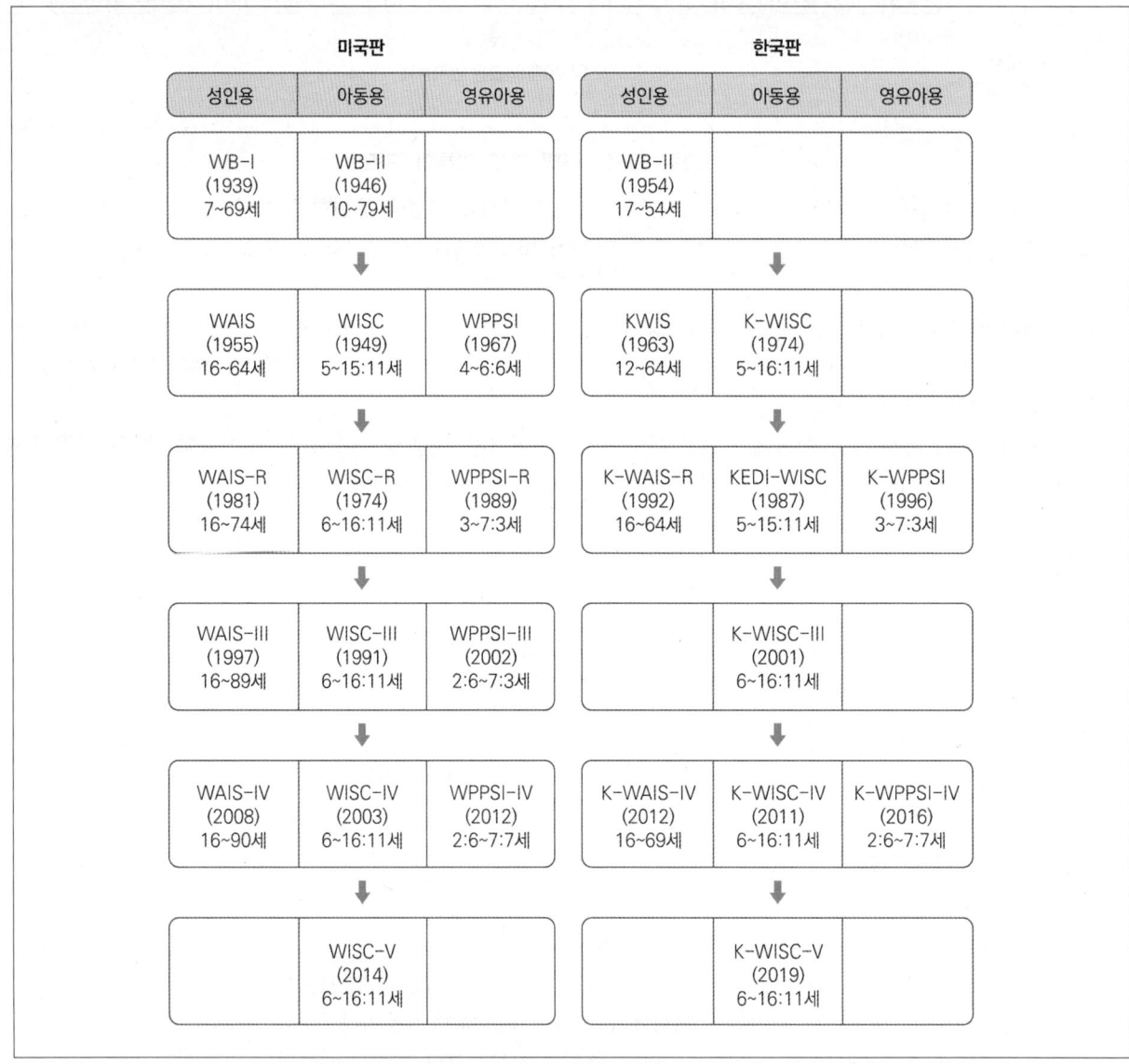

[그림 10-6] 웩슬러 지능검사 체계의 발달

15 한국 웩슬러 성인용 지능검사(K-WAIS-IV)의 이해

1. 검사의 구조

(1) 소개

① K-WAIS-IV는 미국 원판인 WAIS-IV를 한국판으로 표준화한 개인용 지능검사로, 16세부터 69세 11개월까지의 청소년과 성인의 인지능력을 측정한다.
② K-WAIS와 비교하면, 언어성 지능과 동작성 지능지수가 폐기되고 전체 지능지수만 제공되며 언어이해, 지각추론, 작업기억, 처리속도 등의 4요인 구조가 채택되었다. 또 차례 맞추기, 모양 맞추기가 제외되며 소검사 행렬추론, 퍼즐, 순서화, 무게 비교, 지우기가 추가되었다.
③ 구성 : 총 15개 소검사로 구성되어 있으며, 전체 지능지수와 추가로 네 개의 지수점수를 제공한다.
  ㉠ 핵심 소검사 : 지능지수를 산출하기 위해 기본적으로 사용되는 소검사이다.
  ㉡ 보충 소검사 : 수집할 기능의 범위를 확장해 주고 추가적인 임상정보를 제공하며, 임상가로 하여금 소검사 간의 불일치에 대한 추가 분석을 가능하게 한다.

(2) 전체 구조

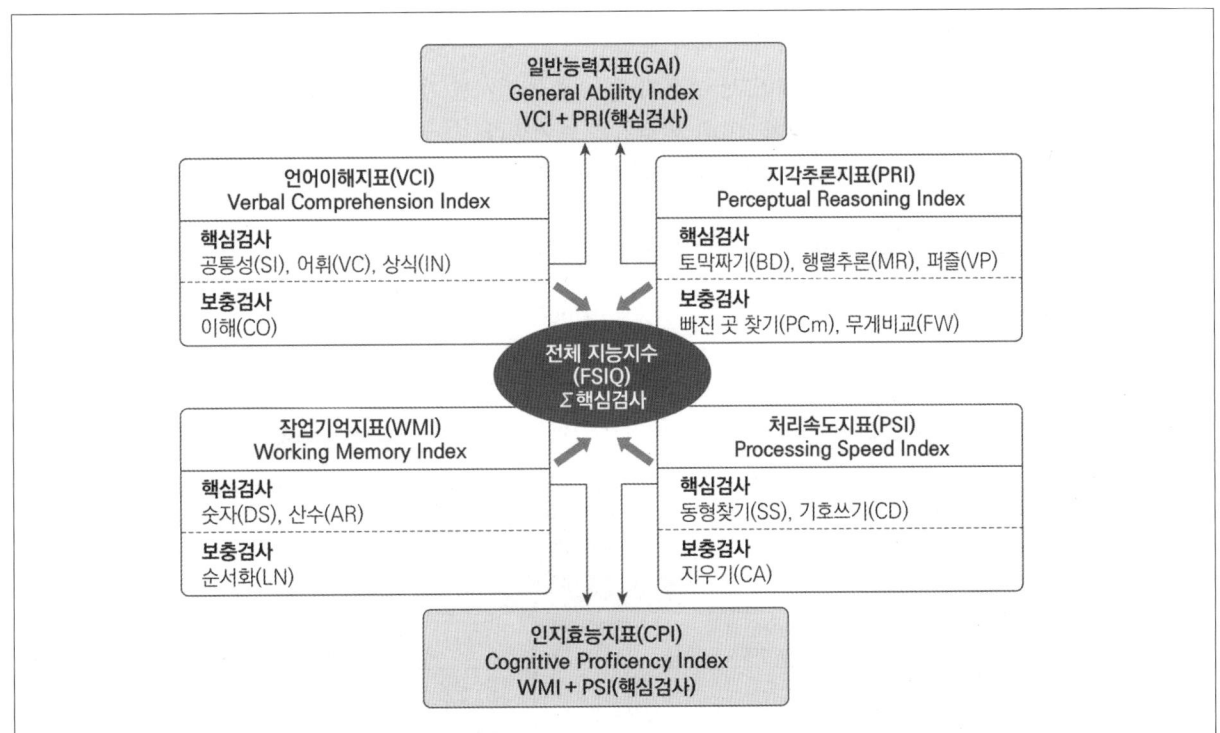

[그림 10-7] K-WAIS-IV 검사의 구조

① 10개 핵심 소검사를 조합하여 전체 지능지수(FSIQ)와 4개의 지수점수(언어이해, 지각추론, 작업기억, 처리속도)를 산출한다.
② 보충 소검사 : 측정하는 인지기능의 범위를 확장하고, 추가적인 임상정보를 제공하며 필요에 따라 핵심 소검사를 대체할 수 있다.

③ 소검사 대체 : 각 지수점수를 산출할 때 하나의 소검사 대체만 허용되며, 전체 지능지수를 산출할 때에는 2개의 소검사 대체만 허용된다.

(3) K-WAIS-IV 검사의 주요 변화

① 언어성 IQ와 동작성 IQ 산출 방식을 폐기했다.
② 핵심검사만 실시할 경우 검사 시간이 단축된다.
③ 최신 지능이론을 반영하여 개정하였다.
　㉠ 전체 지능지수와 요인분석에 근거한 4개의 지표점수 체계 적용
　㉡ 언어이해지표와 지각추론지표의 조합으로 산출되는 '일반능력지표(GAI)' 및 작업기억지표와 처리속도지표의 조합으로 산출되는 '인지효능지표(CPI)'를 개발
　㉢ 유동추론 및 처리속도 측정을 강화(예 퍼즐, 무게비교, 지우기 등 추가)
　㉣ 요인 구조가 명확하지 않은 소검사 제외(예 모양 맞추기, 차례 맞추기 폐기)
　㉤ 신뢰도와 타당도를 폭넓게 검증
④ 전체 IQ와 4가지 합성점수에 근거한 해석 : 언어이해지표(VCI), 지각추론지표(PRI), 작업기억지표(WMI), 처리속도지표(PSI)
⑤ 합성점수 측정을 강화하기 위해 일부 소검사를 추가하거나 폐기했다.
　㉠ 총 15개 소검사로 구성 : 핵심검사 10개와 보충검사 5개로 구성된다.
　㉡ 3개의 소검사 추가 : 퍼즐, 무게비교, 지우기 등 3개 소검사를 추가했다.
　㉢ 2개의 소검사 폐기 : 모양 맞추기, 차례 맞추기를 폐기했다.
⑥ 토막짜기, 숫자, 순서화 소검사에 대한 과정점수를 추가했다.

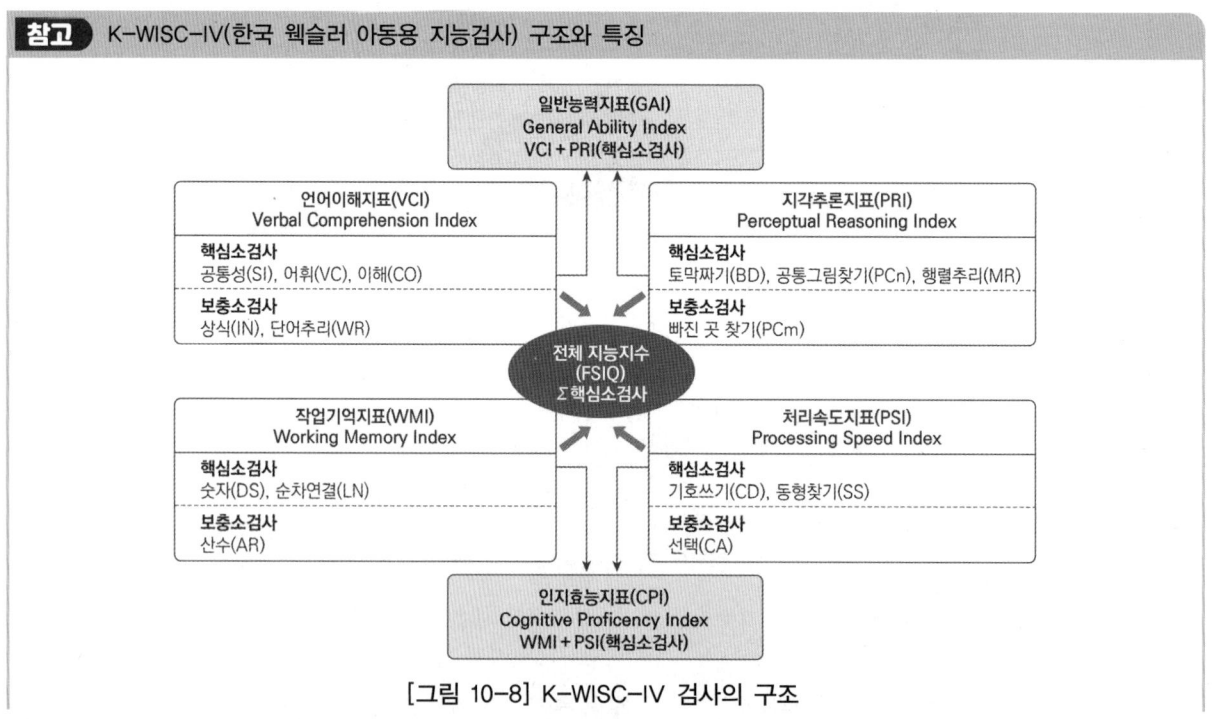

[그림 10-8] K-WISC-IV 검사의 구조

1. 언어성 IQ와 동작성 IQ 산출을 폐기했다.
2. 전체 IQ와 언어이해지표, 지각추론지표, 작업기억지표, 처리속도지표의 4가지 지표점수를 산출한다.
3. 처리점수를 산출한다.
4. 10개 핵심 소검사와 5개의 보충 소검사로 구성된다.
5. K-WISC-III의 기본 소검사인 상식, 산수, 빠진 곳 찾기는 '보충 소검사'로 수정되었고, 보충 소검사였던 숫자, 동형찾기는 '핵심 소검사'로 수정되었다.
6. 아동에 대한 지시, 시행규칙, 채점기준, 검사도구를 수정하여 발달적 적합성이 증가되었다.
7. 단어추리, 공통그림찾기, 행렬추리, 순차연결, 선택의 5가지 소검사가 새롭게 추가되었다.
8. K-WISC-III의 미로, 차례 맞추기, 모양 맞추기는 K-WISC-IV에서 삭제되었다.

2. 조합점수 기출 24

구분	언어이해 지수(VCI)	지각추론 지수(PRI)	작업기억 지수(WMI)	처리속도 지수(PSI)
핵심 소검사	2. 공통성 5. 어휘 9. 상식	1. 토막짜기 4. 행렬추론 8. 퍼즐	3. 숫자 6. 산수	7. 동형찾기 10. 기호쓰기
보충 소검사	13. 이해 -	12. 빠진 곳 찾기 15. 무게비교	11. 순서화	14. 지우기

➡ 소검사 명 앞에 숫자는 표준적인 실시순서를 의미함

(1) 언어이해 지수(Verbal Comprehension Index; VCI)
① 핵심 소검사는 공통성, 어휘 및 상식이며, 이해는 핵심 소검사를 대체할 수 있는 보충 소검사이다.
② VCI는 순수한 언어능력의 측정치로, 단어 의미에 대한 이해력, 언어적 정보를 개념화할 수 있는 능력, 언어적 정보와 관련된 실제적 지식의 정도, 언어 표현력을 반영한다.
③ VCI는 다른 지수척도에 비해 문화적 요인의 영향을 받기 쉬우며, 지각추론 지수(PRI)에 비해 유의하게 높은 경우 다양한 해석이 가능하다.
> 예 높은 학력, 과도한 성취 경향, 우울증으로 인한 정신운동 속도의 지연, 실제적 과제 수행의 어려움, 비언어적 능력의 결함, 시각-운동 통합의 부족, 빠르고 충동적인 수행으로 인한 오류 증가 등으로 설명될 수 있다.

(2) 지각추론 지수(Perceptual Reasoning Index; PRI)
① 핵심 소검사는 토막짜기, 행렬추론 및 퍼즐이며, 무게비교와 빠진 곳 찾기는 핵심 소검사를 대체할 수 있는 보충 소검사이다.
② PRI는 순수한 지각능력의 측정치로, 비언어적이고 유동적인 추론능력, 비언어적 정보에 주의를 기울이고 정확하게 반응하는 능력, 시공간적 통합능력 등을 반영한다.
③ 각 소검사에서 문제를 해결하기 위해서는 정규 교육과정에서 배우지 않은 시공간 및 시각운동 기술이 필요하며, 따라서 언어이해 지수(VCI)에 비해 학력이나 문화적 요인의 영향을 덜 받는다.
④ PRI가 VCI보다 유의하게 높을 경우, 우수한 지각적 조직화 능력, 낮은 학업성취, 행동화 경향성(특히 비행 청소년), 생각보다는 행동하는 경향, 상대적으로 낮은 사회경제적 지위, 언어능력의 결함, 청각적·개념적 처리의 부족, 축적된 지식에 기초한 문제해결보다 즉각적 문제해결을 하는 경향 등 다양한 해석이 가능하다.

(3) 작업기억 지수(Working Memory Index; WMI)

① 핵심 소검사는 숫자와 산수이며, 순서화는 핵심 소검사를 대체할 수 있는 보충 소검사이다.
② WMI는 주로 주의력, 집중력 및 단기기억과 관련이 있으며, 짧은 시간 동안 정보를 유지하고 조작하는 능력, 연속능력, 인지적 유연성을 측정한다.
③ WMI는 시각적 요소보다는 청각적/언어적 측면의 작업기억과 관련이 있으며, 다른 종류의 기억에 전제조건이 된다.
④ WMI에서 높은 점수를 받으려면 검사에 대한 동기수준이 높아야 하기 때문에, 낮은 점수는 다른 검사에서의 수행을 저하시킬 수 있다.
⑤ 따라서 수검자의 전반적인 잠재력을 추정할 때 WMI가 고려되어야 한다. 또한 WMI를 구성하는 숫자와 산수 소검사는 뇌손상과 지적장애, 학습장애에 민감한 소검사로 간주된다.

(4) 처리속도 지수(Processing Speed Index; PSI)

① 핵심 소검사는 동형찾기와 기호쓰기이며, 지우기는 핵심 소검사를 대체할 수 있는 보충 소검사이다.
② PSI는 비언어적 문제를 해결하는 데 걸리는 정신 및 운동 속도와 더불어, 적절한 전략을 계획하고 조직화하고 발달시킬 수 있는 능력을 측정한다.
③ 속도와 집중력 : 양호한 수검 태도를 필요로 하기 때문에, WMI와 마찬가지로 PSI는 검사 동기가 낮을 때 수행이 저하될 수 있다.
④ 처리속도는 노화(특히 운동 통제력 약화 및 감각 예민성의 문제)와 관련이 있으며, 처리속도의 저하는 기억력과 공간능력을 포함한 다른 인지적 수행 영역에서의 변화와 밀접한 관련이 있는 것으로 알려져 있다. 특히 치매, 외상성 뇌손상, 주의력결핍 과잉행동장애(ADHD), 학습장애와 관련이 있다.

(5) 일반능력 지수(GAI)

① 언어이해의 핵심 소검사와 지각추론의 핵심 소검사로 구성된 조합점수이다.
② GAI는 전체 지능지수에 비해 작업기억과 처리속도의 영향을 덜 받기 때문에 FSIQ에 포함된 작업기억과 처리속도 측면을 배제한 인지적 능력을 검토할 필요가 있을 때 사용할 수 있다.
③ 신경심리학적 결함 : 작업기억과 처리속도의 수행 저하로 전제적인 지적 능력과 다른 인지기능 간의 차이가 실제만큼 드러나지 않을 수 있다.
④ GAI는 일반적 능력과 다른 인지기능을 비교할 수 있도록 고안된 지수로, 이를 통하여 개인의 상대적인 강약점을 파악할 수 있다.

(6) 인지효능 지수(CPI)

① 작업기억의 핵심 소검사와 처리속도의 핵심 소검사로 구성된 조합점수이다.
② CPI는 언어이해와 지각추론에 덜 민감한 인지적 능력에 대한 측정이 필요할 때 고려할 수 있다.

3. 소검사

실시순서	소검사	약어	설명
1	토막짜기 (Block Design)	BD	제한시간 내에 2가지 색으로 이루어진 토막을 사용하여 제시된 모형이나 그림과 똑같은 형태를 만드는 과제
2	공통성 (Similarity)	SI	공통적인 사물이나 개념을 나타내는 두 개의 단어가 제시되면 그 둘이 어떠한 유사점이 있는지를 기술해야 함
3	숫자 (Digit Span)	DS	검사자가 읽어준 일련의 숫자를 동일한 순서로 기억해야 함 – **숫자 거꾸로 따라 하기** : 검사자가 읽어준 일련의 숫자를 역순으로 기억 – **숫자 순서대로 배열하기** : 검사자가 읽어준 일련의 숫자를 작은 숫자부터 차례로 기억해 냄
4	행렬추론 (Matrix Reasoning)	MR	일부가 빠진 행렬을 보고 이를 완성할 수 있는 반응 선택지를 골라야 함
5	어휘 (Vocabulary)	VC	• **그림 문항** : 시각적으로 제시되는 물체의 이름을 말해야 함 • **언어적 문항** : 인쇄된 글자와 동시에 구두로 제시되는 단어의 뜻을 말해야 함
6	산수 (Arithmetic)	AR	정해진 제한시간 내에 일련의 산수 문제를 암산으로 풀어야 함
7	동형찾기 (Symbol Search)	SS	제한시간 내에 탐색 집단에서 표적 기호와 동일한 것을 찾아 표시해야 함
8	퍼즐 (Visual Puzzles)	VP	제한시간 내에 완성된 퍼즐을 보고 퍼즐을 구성할 수 있는 3개의 조각을 선택하는 과제
9	상식(Information)	IN	폭넓은 영역의 일반 지식에 관한 질문에 대답해야 함
10	기호쓰기(Coding)	CD	정해진 제한시간 내에 숫자와 짝지어진 기호를 옮겨 적음
11	순서화* (Letter-Number Sequencing)	LN	일련의 숫자와 글자를 읽어주면 숫자와 글자를 순서대로 회상해야 함
12	무게비교* (Figure Weights)	FW	제한시간 내에 양쪽 무게가 달라 균형이 맞지 않는 저울을 보고, 균형을 맞추는 데 필요한 반응을 찾음
13	이해* (Comprehension)	CO	일반적 원리와 사회적 상황에 대한 이해에 근거하여 질문에 답해야 함
14	지우기* (Cancellation)	CA	제한시간 내에 조직적으로 배열된 도형들 속에서 표적 모양을 찾아 표시해야 함
15	빠진 곳 찾기* (Picture Completion)	PCm	제한시간 내에 중요한 부분이 빠진 그림을 보고, 빠진 부분을 찾아야 함

* 보충검사

(1) 언어이해지표(VCI) 소검사

① **공통성(Similarity; SI)** : 두 개의 사물이나 대상, 개념 간에 공통점을 기술해야 하는데, 각 문항에 대한 수검자의 반응은 2, 1, 0점 가운데 하나로 채점된다.
　㉠ 언어적 개념형성능력과 추상적 추론능력에 초점이 맞추어져 있으며, 유동지능을 잘 반영하는 소검사의 하나로 간주된다.

ⓒ **공통성 소검사와 관련된 능력** : 논리적이고 추상적인 추론능력, 언어적 개념 형성 또는 개념적 사고, 본질과 비본질(또는 핵심과 지엽적 측면)을 변별하는 능력, 언어능력과 결합된 연상능력
　② **어휘(Vocabulary; VC)** : 그림 문항과 언어 문항으로 구성되어 있는데, 그림 문항에서 수검자는 시각적으로 제시되는 물체의 이름을 말해야 하며, 수검자의 반응은 정답 여부에 따라 1점 또는 0점으로 채점된다. 또한 언어 문항에서 수검자는 인쇄된 글자와 함께 구두로 제시되는 단어의 뜻을 말해야 한다. 반응은 개념의 적절성에 기초하여 2, 1, 0점 가운데 하나로 채점된다.
　　　㉠ 어휘는 전체검사 IQ와 상관이 가장 높은 소검사로, 학습능력과 일반 개념의 정도를 측정한다.
　　　ⓛ 일반지능을 나타내는 중요한 지표로 간주되어 수검자의 병전 지능(premorbid intelligence)을 추정할 때 사용된다.
　　　ⓒ **어휘 소검사와 관련된 능력** : 언어 발달의 정도, 단어 지식과 언어적 개념 형성, 언어 사용 및 축적된 언어 학습능력, 최적의 지적 효율성에 대한 대략적인 측정치, 우수한 학업성취 및 교육적 배경, 수검자가 획득한 사고, 경험 및 관심사의 범위
　③ **상식(Information; IN)** : 수검자는 폭넓은 영역의 일반 지식에 관한 질문에 답을 해야 하는데, 수검자의 반응은 정답 여부에 따라 1점 또는 0점으로 채점된다.
　　　㉠ 개인이 보유하고 있는 지식의 정도를 측정하며, 성장 과정 동안 교육적 혹은 문화적 경험 등 환경의 영향을 많이 받는다.
　　　ⓛ 일반지능의 가장 좋은 측정치 중의 하나로, 전체 지능지수와 높은 상관을 보인다.
　　　ⓒ **상식 소검사와 관련된 능력** : 일반적인 사실적 지식의 범위, 과거의 학습 또는 학교 교육, 지적 호기심 또는 지식을 얻고자 하는 욕구, 일상 세계에 대한 관심, 장기기억
　④ **이해(Comprehension; CO)** `기출 24` : 수검자에게 일반적인 원리와 사회적 상황에 대한 이해에 근거하여 질문에 답할 것을 요구하는데, 여기에는 일상 경험의 응용능력이나 도덕적·윤리적 판단능력에 대한 측정이 포함되고 각 문항은 2, 1, 0점 가운데 하나로 채점된다.
　　　㉠ **낮은 점수** : 빈약한 사회적 판단력이나 초자아의 약화, 사회적 둔감성을 시사한다.
　　　ⓛ 속담 문제가 포함되어 있는데, 이는 사회적 판단력보다는 추상적 사고능력을 평가하며, 속담 문제에서 인지적 왜곡이나 연상이완의 가능성이 표현되기도 한다.
　　　ⓒ **이해 소검사와 관련된 능력** : 실제적 지식의 표명, 사회 성숙도, 관습적인 행동 규준에 관한 지식, 과거 경험을 평가하는 능력, 즉 적절한 선택, 조직화 그리고 사실과 관계에 대한 강조, 추상적 사고와 일반화, 사회적 판단력과 일반 상식 및 실제 사회적 상황에서의 판단력, 사회적 환경에 대한 이해력(도덕적 행동양식, 사회적 규칙 및 규제에 대한 정보와 지식), 일상 세계에 대한 경계, 이해력 및 현실 인식

(2) **지각추론지표(PRI) 소검사**
　① **토막짜기(Block Design; BD)** : 기하학적 모형과 그림 또는 그림만 보고 빨간색과 흰색으로 이루어진 정육면체 토막을 사용해서 똑같은 모양을 만들어야 하는데, 과제를 수행하는 데 시간제한이 있으며, 빠르고 정확하게 수행할 경우 보너스 점수가 주어진다.
　　　㉠ 시지각 능력, 시공간 구성능력, 시지각적 조직화 및 통합능력이 관여하며, 부가적으로 공간적 관계에 대한 추론능력, 추상적 사고력 등도 관여한다.
　　　ⓛ 일반지능과 상관이 높아서 상식 및 어휘 소검사와 더불어 병전 지능을 추정하는 데 사용된다.

ⓒ 토막짜기 소검사와 관련된 능력 : 전체를 부분으로 분석하는 능력, 공간적 시각화, 비언어적 개념 형성, 시각
　　　　-운동 협응 및 지각적 조직화, 지속적 노력과 집중력, 시각-운동-공간 협응과 조작적·지각적 속도
　② **행렬추론(Matrix Reasoning; MR)** : 일부가 빠져 있는 행렬 매트릭스를 보고 이를 완성할 수 있는 반응 선택지를 골라야 하는데, 수검자가 약 30초 이내에 반응하지 않을 때 반응을 촉구할 뿐 시간을 제한하지 않으며, 수검자는 단지 정답을 지적하면 된다.
　　　㉠ 유동지능, 시각지능, 부분과 전체의 관계를 파악하는 능력, 동시적 처리, 지각적 조직화 능력 등을 반영한다.
　　　ⓒ 낮은 점수는 빈약한 시각적 개념 형성, 시각적 추론능력 부족 또는 경직성, 집중곤란을 반영한다.
　　　ⓒ 행렬추론 소검사와 관련된 능력 : 시공간적 추론, 추상적 추론, 시각적 조직화, 시공간 정보에 대한 동시적 처리, 전체를 부분으로 분석하는 능력
　③ **퍼즐(Visual Puzzles; VP)** : 완성된 그림을 보고 여섯 개의 조각난 퍼즐 가운데 그 그림을 만들 수 있는 세 개의 퍼즐을 제한시간 내에 찾아야 한다.
　　　㉠ 퍼즐 맞추기와 유사하지만 수검자가 실제로 퍼즐 조각을 조작하거나 맞춰 볼 수는 없다 : 퍼즐 소검사를 수행하는 동안, 완성된 그림을 분석하고 조각난 퍼즐을 통합해야 하고, 이 과정에서 시지각, 광범위한 시각지능, 유동지능, 동시적 처리, 공간적 시각화 및 조작, 부분들 간 관계를 예측하는 능력이 요구된다.
　　　ⓒ 퍼즐 소검사와 관련된 능력 : 시각 재인, 부분과 전체의 관계에 대한 지각, 시공간적 추론, 전체를 부분으로 분석하는 능력, 지속적인 시각적 주의력 및 집중력, 유동적 추론
　④ **무게비교(Figure Weights; FW)** : 양쪽 무게가 달라 균형이 맞지 않는 저울 그림을 보고 균형을 만드는 데 필요한 반응을 제한시간 내에 찾아야 한다.
　　　㉠ 수학적 추론을 비언어적으로 측정하며, 귀납적 및 연역적 추론을 필요로 한다.
　　　ⓒ 지속적 주의집중력을 요한다는 측면에서 산수 소검사와 유사하지만, 산수 소검사가 작업기억과 관련된 반면, 무게비교는 문항이 시각적으로 제시되므로 기억의 영향력이 최소화된다.
　　　ⓒ 언어적·비언어적 수학적 추론능력을 알기 위해 산수 소검사에서의 수행과 비교하는 것이 유용할 수 있다.
　　　㉣ 무게비교 소검사와 관련된 능력 : 비언어적 수학적 추론, 양적추론, 유추적 추론, 시각적 조직화 및 집중력, 끈기
　⑤ **빠진 곳 찾기(Picture Completion; PCm)** 기출 24 : 중요한 부분이 빠져 있는 그림을 보고 빠진 부분을 제한시간 내에 찾아야 한다.
　　　㉠ 사물의 본질적인 부분과 비본질적인 부분을 구별하는 능력과 시각적 예민성을 측정한다.
　　　ⓒ 빠진 곳 찾기 소검사와 관련된 능력 : 시각적 주의, 시각적 재인 및 확인(시각적 장기기억), 환경적 세부사항에 대한 인식; 현실 접촉, 부분에 대한 전체의 지각; 시각적 개념화 능력, 본질과 비본질을 구별하는 능력, 시각적 조직화 능력과 결합된 시각적 집중력

(3) 작업기억지표(WMI) 소검사

　① **숫자(Digit Span; DS)** 기출 24 : 서로 다른 세 개의 검사, 즉 바로 따라 하기와 거꾸로 따라 하기, 그리고 숫자 순서대로 따라 하기로 구성되어 있다.
　　　㉠ 숫자 바로 따라 하기 : 점차로 자릿수가 증가되는 일련의 숫자를 듣고 동일한 순서로 따라하는 즉각적인 회상 과제이다.
　　　ⓒ 숫자 거꾸로 따라 하기 : 역순으로 반복하여 집중력의 범위를 측정하는 과제이다.

ⓒ 숫자 순서대로 따라 하기 : 작업기억과 정신적 조작을 측정하며, 수검자는 검사자가 읽어준 일련의 숫자를 작은 숫자부터 차례로 기억해야 한다.
ⓔ 숫자 소검사는 불안이나 긴장의 증가로 인해 저하될 수 있는데, 숫자 바로 따라 하기는 비교적 안정적인 데 반해, 숫자 거꾸로 따라 하기와 순서대로 따라 하기는 뇌손상과 같은 병리에 민감하다.
ⓜ 숫자 소검사와 관련된 능력 : 즉각적인 기계적 회상, 가역성(reversibility : 바로 따라 외우기에서 거꾸로 따라 외우기로 사고 패턴을 전환할 수 있는 능력), 집중력과 주의력, 청각적 연속능력(sequencing), 기계적 학습

② 산수(Arithmetic; AR) : 일련의 산수문제를 암산으로 풀어야 하는데, 모든 문항에 시간제한이 있으며, 각 반응은 보너스 점수 없이 0점 또는 1점으로 채점된다.
ⓐ 수 개념의 이해와 주의집중력을 측정하며, 여기서 좋은 점수를 받으려면 집중력, 문제의 본질을 분석할 수 있는 능력, 암산능력, 계산과정에서 나온 수치를 기억하는 능력이 필요하다.
ⓑ 충동적이고 성급하거나 집중력이 부족한 수검자 혹은 '수학 공포증'이 있는 수검자는 이 소검사에서 좋은 점수를 받기 어렵다.
ⓒ 산수 소검사와 관련된 능력 : 계산능력, 청각적 기억, 연속적 능력, 수리적 추론 및 계산의 속도, 집중력과 주의력/낮은 주의 산만, 현실 접촉과 정신적 경계(alertness) 및 외부 세계와 능동적 관계, 학업능력(산수문제의 전반부)/획득된 지식, 논리적 추론과 추상화 및 수리적 문제 분석력(산수문제의 후반부)

③ 순서화(Letter-Number Sequencing; LN) : 검사자가 읽어주는 일련의 숫자와 글자를 듣고 숫자와 글자를 순서대로 회상해야 한다.
ⓐ 제시된 자극을 시각화하여 정신적 표상을 유지한 상태에서 정신적 조작을 가해야 한다는 점에서 청각적 주의 집중력과 작업기억 요소를 측정한다.
ⓑ 순서화 소검사와 관련된 능력 : 청각적 단기기억, 연속적 능력, 집중력과 주의력

(4) **처리속도지표(PSI) 소검사**

① 동형찾기(Symbol Search; SS) : 탐색 기호들 중에 표적 기호와 동일한 것이 있는지를 제한시간 내에 찾아야 한다.
ⓐ 처리 속도를 측정하기 위해 고안된 검사로, 이 소검사에서 수행은 처리 속도뿐만 아니라 시각적 단기기억, 시각-운동 협응능력, 인지적 유연성, 시각적 변별력, 정신운동 속도, 정신적 조작 속도, 주의력, 집중력 등을 반영한다.
ⓑ 낮은 점수 : 정신적 처리 속도의 지연, 시지각의 어려움, 낮은 동기 수준, 불안, 시각적 단기기억 저하, 완벽주의적이고 강박적인 문제해결 양식 등을 반영한다.
ⓒ 동형찾기 소검사와 관련된 능력 : 시각적 탐색의 속도, 정보처리 속도, 계획력, 정보의 부호화, 시각-운동 협응능력, 학습능력

② 기호쓰기(Coding; CD) : 1에서 9까지 숫자와 특정 기호가 짝지어 제시된 것을 보고, 가능한 정확하고 빠르게 숫자에 해당되는 기호를 찾아 적어 나가는 과제이다.
ⓐ 단기기억 능력 및 민첩성, 시각-운동 협응능력을 측정하는데, 높은 점수를 받으려면 지속적인 집중력, 빠르고 기민한 반응, 양호한 미세운동 조절력이 필요하다.
ⓑ 읽기, 쓰기 경험이 풍부한 수검자에게 유리하며, 불안, 우울, 혼란, 우유부단, 완벽주의 등에 의해 저하될 수 있다.
ⓒ 웩슬러 지능검사 가운데 뇌손상에 가장 민감한 소검사로 알려져 있다.

② 기호쓰기 소검사와 관련된 능력 : 정신운동 속도, 주의지속 능력, 연속적 처리능력, 시각운동 협응능력, 필기기술, 시간 압력하에 작업하는 능력
③ **지우기(Cancellation; CA)** : 조직적으로 배열되어 있는 도형들 속에서 표적 자극과 형태와 색상이 동일한 도형을 찾아 사선(/)을 그어 표시해야 한다.
㉠ 이 소검사를 성공적으로 수행하려면 수검자는 도형을 훑어보고 정확한 도형을 인식하여 사선을 그어야 하는데, 여기에는 표적 도형을 기억하고 계속해서 주의를 유지하는 능력이 요구된다.
㉡ 시각적 무시, 반응 억제, 운동 보속증을 측정하는 신경심리검사로 널리 사용되어 왔다.
㉢ 처리 속도, 시각적·선택적 주의력, 경계능력, 지각속도, 시각-운동 협응을 반영하며, ADHD 또는 외상성 뇌손상에서 일어나는 주의산만을 측정하는 데 유용하다.
㉣ 지우기 소검사와 관련된 능력 : 지각적 재인 및 지각적 변별력, 지각적 주사(scanning)능력, 속도와 정확성, 주의력과 집중력, 시각운동 협응

4. 단축형 지능검사 및 병전 지능

(1) 단축형 지능검사

① 단축형 지능검사는 1시간 30분 정도 소요되는 긴 검사 시간의 문제점에 대한 대안으로 나타난 것으로, WAIS는 초기 버전부터 다양한 목적에서 여러 종류의 단축형 지능검사가 개발되었다.
② 단축형 지능검사는 소검사 간 중복 요소를 제거하고 단축형으로 사용하더라도 전체 IQ를 신뢰성 있게 예측할 수 있고 하위 인지 기능의 특성을 잘 반영할 수 있으며, 검사에 소요되는 시간과 투입되는 노력을 줄일 수 있어 유용하다.
③ K-WAIS-IV : 4개 소검사(상식, 행렬추론, 산수, 기호쓰기) 및 2개 소검사(상식, 산수)에 대한 회귀 공식을 적용한 단축형이 제안되었다.

K-WAIS-IV 단축형 FSIQ 산출을 위한 회귀 공식

소검사 구성	회귀 공식
상식-행렬추론-산수-기호쓰기 (IN-MR-AR-CD)	$39.021+1.569(IN)+1.477(MR)+1.536(AR)+1.495(CD)$
상식-산수 (IN-AR)	$54.762+2.330(AR)+2.151(IN)$

출처 : 최아영 외(2014).

④ 실시 및 채점 요강에도 2개 소검사 환산점수의 합으로 VCI 및 PRI를 산출할 수 있는 비례점수와 8개 혹은 9개 소검사 환산점수의 합으로 FSIQ를 산출할 수 있는 비례점수가 제시되어 있다.

(2) 병전 지능의 추정 기출 24

① 검사목적에 따라 현재 측정된 지능 수준이 수검자가 원래 보유하고 있던 지능 수준과 유사한지 혹은 차이가 있는지 밝혀야 하는 경우가 있다.
② **방법** : 현재 실시한 지능검사 소검사 가운데 정신병리 또는 뇌손상에 비교적 영향을 받지 않고 점수가 가장 안정적인 소검사를 토대로 추정하는 것이다.

③ 병전 지능 소검사 : 어휘, 상식, 토막짜기 소검사의 환산점수로 병전 지능을 추정한 다음, 현재 지능과 비교하여 현재 지능이 15점 이상 저하되어 있다면 수검자에게 유의미한 지능 저하가 있는 것으로 가설을 세울 수 있다.

5. 분석과 해석을 위한 고려사항

(1) 표준점수
  ① 원점수 : 각 소검사 문항에서 획득한 점수의 합이다. ➡ 수검자의 수행을 해석하기 위해서는 원점수를 표준점수(환산점수, IQ/지수점수)로 환산해야 한다.
  ② 환산점수 : 환산점수의 평균은 10, 표준편차는 3이며, K-WAIS-IV에는 15개의 소검사(기본 소검사 10개, 추가 소검사 5개)와 7개의 처리점수를 포함해 전체 22개의 환산점수가 있다.
  ③ IQ와 지수점수 : 평균 100, 표준편차 15로 변환된 표준점수이다.

(2) 백분위(percentile ranks)
  ① 백분위는 동일 연령대의 다른 사람들과 비교하여 피검자가 받은 점수의 상대적 위치를 제시해 주는 또 다른 점수 중 하나로, 어떤 점수 미만에 있는 사례의 백분율이다.
  ② 백분위는 동일 연령대에서 얻어진 원점수를 가장 낮은 점수부터 가장 높은 점수까지 순서대로 배열했을 때, 수검자의 수행이 어느 위치에 놓이는지 알려주는 순위이며 수검자의 기능 수준을 보다 정확하게 기술해 준다.
    예 전체 IQ 85는 백분위가 16에 해당한다. 백분위 16은 전체 IQ 85 아래에 있는 사람이 동일 연령대에서 16%가 있다는 것을 말한다. 백분위 16인 사람은 전체 100명 중에서 하위 16번째, 84등에 해당하는 점수를 받은 것이다.

(3) 신뢰구간
  ① 지능검사 도구를 통해 획득된 점수는 수검자의 인지적 능력을 표현하는 진점수(true scores)의 추정치이다. 이 점수에는 수검자의 실제 능력과 측정의 오류가 함께 반영되어 있다. 그러므로 수검자의 진점수가 위치할 가능성이 있는 신뢰구간으로 제시하는 것이 보다 정확하며, 신뢰구간은 검사점수의 정확성을 나타내는 것이다.
  ② 예를 들어 전체 IQ가 111이고, 95% 신뢰구간이 101~115라면, 수검자가 이 검사를 100번 실시했을 때 95번은 101에서 115 사이의 점수를 받게 된다는 의미이다.

(4) 기술적 분류
  ① 전체 지능지수와 지수점수 같은 조합점수의 경우 평균 100, 표준편차 15인 분포상의 구체적인 점수로 제시되지만, 때로는 범주적 용어로 기술된다.
  ② 기술적 분류는 수검자와 동일한 연령대와 비교한 상대적인 조합점수 수준을 특징짓는 범주적 용어를 제공한다.

IQ	분류	백분율	
		이론적 정상분포	표본분포
130 이상	최우수	2.5	2.3
120~129	우수	7.2	6.8
110~119	평균 상	16.6	17.1
90~109	평균	49.5	50.2
80~89	평균 하	15.6	15.0
70~79	경계선	6.5	6.1
69 이하	매우 낮은	2.1	2.5

(5) 임계값

① 지표 수준 또는 소검사 수준에서 어떤 점수들끼리 비교했을 때 나타난 점수차이는 측정오류, 무선변동이나 우연에 의한 것이 아니라 실제 존재하는 진짜 차이를 반영한 것인지 결정할 수 있어야 한다. 이처럼 두 점수 간 차이가 통계적으로 유의미한 것인지를 결정할 때, 기준이 되는 점수가 임계값(critical value)이다.

② 유의수준에 따라 임계값은 다른 값을 나타낸다.

> **예** VCI는 101이고 PRI는 112로, VCI와 PRI의 차이는 11점으로서 유의수준 0.15의 임계값 9.74보다 커서 두 지표의 점수차이는 0.15의 유의수준에서는 통계적으로 유의미하다. 반면 유의수준 0.05의 임계값인 13.26보다는 적은 차이여서 0.05의 유의수준에서는 통계적으로 유의미하다고 간주할 수 없다.

(6) 누적비율(기저율 : base rate)

① 수검자가 나타낸 점수차이가 표본에서 보인 빈도를 말한다.

② 누적비율은 두 점수 간 차이가 얼마나 빈번하게 발생하는지 결정하는 데 필요하다. 다시 말해 누적비율은 지표 수준에서 또는 소검사 수준에서 나타난 점수차이가 규준에서 얼마나 드물게 나타나는 것이며, 임상적으로 의미 있는 차이인지를 평가하는 데 유용하다.

(7) 점수 차이의 유의미성 결정 절차

① 1단계 : 비교점수 간 차이를 산출한다.

② 2단계 : 차이와 임계치(임계값)를 비교. 차이가 임계치보다 크면 통계적으로 유의미한 차이이다.

③ 3단계 : 누적비율을 확인한다. 표본의 15% 이하에 해당된다면 그 차이는 드문 현상으로 간주할 수 있다.

> **참고** 예시 : FSIQ = 104, VCI = 102, PRI = 118, WMI = 97
>
> | 점수1 | 점수2 | 차이 | 임계값 | 유의미한 차이 | 누적비율 |
> | --- | --- | --- | --- | --- | --- |
> | VCI = 102 | PRI = 118 | −16 | 10.99 | Y | 11.6 |
> | VCI = 102 | WMI = 97 | 5 | 11.75 | N | − |
>
> 1. VCI와 PRI의 차이
>   - 1단계 : VCI와 PRI의 차이는 −16점이다.
>   - 2단계 : 차이점수 −16의 절대값은 16이다. 규준집단에서 VCI와 PRI의 차이에 대한 임계값은 유의수준 0.05에서 10.99이다. 16점 차이는 임계값보다 크므로 VCI와 PRI의 차이는 통계적으로 유의미하다.
>   - 3단계 : 16점 차이는 11.6% 정도로 드물게 발생하는 차이이다.
> 2. VCI와 WMI의 차이
>   - 1단계 : VCI와 WMI의 차이는 5점이다.
>   - 2단계 : 규준집단에서 VCI와 WMI의 차이에 대한 임계값은 유의수준 0.05에서 11.75이다. 5점 차이는 임계값보다 작으므로 VCI와 WMI의 차이는 통계적으로 유의미하지 않다.

16 한국 웩슬러 성인용 지능검사(K-WAIS-IV)의 해석

1. 해석 1단계 : 전체 IQ(FSIQ) 해석하기

구분	언어이해	지각추론	작업기억	처리속도	전체검사
환산점수합	15	14	8	2	39
조합점수	72	68	66	50	55
백분위	3	2	1	<0.1	0.1
90% 신뢰구간	68-79	64-77	62-75	49-64	52-61

(1) **해석방법**

① 전체 지능지수와 4가지 지수점수, 백분위, 신뢰구간 등을 기술 : 이를 통해 점수가 어떤 범주로 분류되었는지, 수검자의 수행 정도가 규준집단의 어디에 위치하는지, 진점수의 범위 등을 확인할 수 있다.

② 4개의 지수점수가 균일하게 분포되어야 전체 IQ가 전반적인 인지능력을 정확하게 요약해 준 것으로 여길 수 있다.

③ 지수점수 간 편차가 1.5SD 이상일 때 : 일반능력지표(GAI)를 활용하여 지적능력을 설명할 수 있다.

④ GAI(일반능력지표) : 언어이해지표와 지각추론지표의 점수를 합산하여 산출되는 부가 지표로, 지능의 보다 안정적인 요인들로 구성된다.

⑤ CPI(인지효능지표) : 작업기억지표와 처리속도지표의 점수를 합산하여 산출되는 부가 지표로, 어떤 유형의 정보를 능숙하게 처리하는 능력을 반영한다.
　➡ 이 능력은 신속한 시각 속도와 정신적 통제를 통해 숙달된 정보처리를 함으로써 새로운 과제에 요구되는 인지적 노력을 줄이고 유동적 추론과 새로운 학습을 촉진한다.

⑥ FSIQ와 GAI 차이 : 대뇌의 상태(뇌손상)나 연령에 민감한 소검사들로 인해 개인의 전반적인 지능이 낮게 평가되었는지를 확인할 수 있다.
　㉠ GAI : 고차적인 사고에 관한 중요한 정보를 제공한다.
　㉡ CPI : 인지적 정보를 처리하는 효율성에 관한 정보를 제공한다.
　㉢ GAI와 CPI 비교 : 일반적인 능력에 비해 새로운 정보를 얼마나 효율적으로 처리할 수 있는지에 대한 정보를 제공한다.

(2) 4개 지표 중에서 가장 높은 지표점수와 가장 낮은 지표점수의 차이가 표준점수 단위로 1.5SD보다 작은가? (=23점 미만인가?)

① YES : FSIQ를 개인의 총체적인 지적능력에 대해 신뢰할 수 있고 타당한 추정치로 해석 가능하다.
② NO : 개인의 총체적인 지적능력에 대해 신뢰할 수 없고 타당한 추정치로, GAI 채택 가능성을 검토해야 한다.
　➡ (3)으로 이동할 것

(3) VCI와 PRI의 차이가 표준점수 단위로 1.5SD보다 작은가? (=23점 미만인가?)

① YES : GAI를 개인의 총체적인 지적능력에 대해 신뢰할 수 있고 타당한 추정치로 해석 가능하다.
② NO : FSIQ와 GAI 모두 단일 지표로 총체적인 지적능력을 의미 있게 설명하지 못하므로 개별 지표점수, 군집분석 등을 검토해야 한다.

> **참고** 작성 예시
>
> 1. 예시 1 : 지능검사 결과, 전체 지능지수(FSIQ) 120으로 '우수 수준'에 해당되는 지적기능을 나타내고 있다. 이는 백분위 91%ile로, 100명 가운데 상위 9%에 해당되며, 오차범위를 고려할 때 전체 지능지수가 속하는 범위는 111~129이다.
> 2. 예시 2 : 수검자의 전체 IQ는 123으로 '우수 수준'이며, 백분위는 93.5%ile로 100명 중에서 상위 6~7명에 위치하고, 전체 IQ 진점수는 95% 신뢰구간에서 115~128 사이에 해당한다.

2. 해석 2단계 : 지수(지표)점수 및 군집분석

비교기준 : 전체표준		점수 1	점수 2	차이	임계치	유의미한 차이	기저율
지수 수준	VCI-PRI	72	68	4	8.73	N	
	VCI-WMI	72	66	6	8.99	N	
	VCI-PSI	72	50	22	11.68	Y	8.2
	PRI-WMI	68	66	2	7.68	N	
	PRI-PSI	68	50	18	10.71	Y	13.3
	WMI-PSI	66	50	16	10.92	Y	14.8
소검사 수준	숫자-산수	1	7	-6	2.09	Y	2.8
	동형찾기-기호쓰기	1	1	0	2.85	N	

(1) 해석

① 해당 지표점수 내의 소검사 수행이 개념적으로 단일한 인지능력을 반영하는 경우에만 의미가 있다.

② 일반적으로 동일한 지표에 속한 소검사 중 최고 점수와 최저 점수의 차이가 1.5SD 미만(환산점수 5점 미만)인 경우 해당 지표점수가 단일한 인지능력을 반영한다고 간주할 수 있다.

③ 동일한 지표 내 소검사 중 최고 점수와 최저 점수의 차이가 1.5SD 이상(환산점수 5점 이상)인 경우는 해당 지표점수에 대해 단일 인지기능으로 가정하여 해석할 수 없다. 이 경우 다른 요인 구조에 기초한 군집분석이 의미가 있는지를 검토한다.

④ 지표점수에 대한 해석은 수검자의 인지기능의 강점과 약점을 설명할 수 있다. 이때, 각 지표점수 간 비교를 통해 개인 내적인 인지적 강·약점뿐만 아니라 규준집단과의 비교(개인 간 비교)를 통해 일반적 적응상의 인지적 강점과 약점을 동시에 고려해야 한다.

> **참고** 강약점 예시
>
> A의 언어이해지표 점수는 120, 작업기억지표의 점수는 95이고, B의 언어이해지표 점수는 100, 작업기억지표 점수는 75인 경우, 이에 대한 해석은 다르다.
>
> 1. A는 언어적 처리능력과 비교해 작업기억력이 상대적 약점으로 간주될 수 있기는 하지만, 규준집단과 비교해서는 작업기억력 역시 평균 범위에 해당하므로 일상생활 적응에는 문제가 없다.
> 2. B는 언어적 처리능력에 비해 작업기억력이 상대적 약점일 뿐 아니라 규준집단과 비교해서도 작업기억력이 경계선 수준이므로 일상생활 적응에 상당한 어려움을 겪을 수 있다.

(2) 차이 비교
   ① 점수 차이의 절대치가 통계적으로 유의미한지의 여부를 검토 : 두 점수 간 차이의 절대치가 임계치보다 크거나 같으면 이 차이는 측정오차나 무작위적 변동이 아닌 진정한 차이로 간주된다.
   ② 두 점수 간 차이가 없는 경우 : 검사된 여러 영역에서 피검자의 능력이 상당히 고르게 발달되었음을 의미한다.
   ③ 점수 간 비교에서 유의미한 차이를 보이는 경우 : 이 차이가 전체 인구에서 얼마나 드문지를 판단한다.
   ④ 차이 점수의 드문 정도를 결정할 때 : 아동의 문화적 배경, 의학적 조건, 신체적 조건과 같은 임상적 판단과 요인을 고려해야 한다(15%, 10%, 5%, 1%).

   > **참고** 작성 예시
   >
   > 지수점수 간 차이는 VCI와 PRI 점수에서 유의미하게 나타났다. VC는 120, PR은 104로 VC-PR 간 점수 차이는 16점이고, 절대값은 16점이다. 절대값 16점은 임계치인 13.1보다 크기 때문에 두 점수 간의 차이는 통계적으로 유의미하며 이러한 점수 해당 집단에서 15.9% 정도로 발생한다. 따라서 수검자는 언어적 이해와 개념 형성능력에 비해 시공간적 자극을 분석하고 종합하는 능력에 어려움을 보이고 있다.

(3) 규준적 강점과 약점
   ① 지표점수가 115보다 크면(>115) 규준적 강점이다.
   ② 지표점수가 85보다 작으면(<85) 규준적 약점이다.
   ③ 지표점수가 85~115이면(85~115) 정상 범위이다.

(4) 개인적 강점과 개인적 약점
   ① 지표점수의 평균을 구함 : 4개 지표점수의 총합을 4로 나눈다.
   ② 평균과의 차이를 구함 : 각 지표점수에서 지표점수 평균을 뺀다.
   ③ 평균과의 차이를 임계치와 비교함 : 차이가 임계치보다 크면 개인적 강점 또는 약점이다.

(5) 핵심 강점과 핵심 약점
   ① 개인적 강점과 개인적 약점이 기저율 10% 미만에 해당될 때 : '드문' 것으로 평가한다.
   ② 개인적 강점과 개인적 약점이 기저율 10% 이상에 해당될 때 : '드물지 않은 것'으로 평가한다.
   ③ 핵심 강점 : 규준적 강점이면서 드물게 발생하는 개인적 강점이다.
   ④ 핵심 약점 : 규준적 약점이면서 드물게 발생하는 개인적 약점이다.

(6) 군집분석
   ① 15개의 하위 소검사가 모두 시행되어야 해석이 가능하다.
   ② 해당 군집 내의 소검사 간 환산점수가 5점 이상이라면, 이 군집은 단일한 요인을 설명하지 않으므로 군집에 근거한 의미 있는 해석이 어렵다.

③ CHC 군집

모형	군집	소검사	의미
CHC 모형에 기초한 임상적 군집분석	유동추론(Gf)	행렬추론, 무게비교	• 새로운 과제에 직면해 자동 처리가 불가능한 상황에서 가용하는 정신적 조작능력을 일컬음 • 개념 형성 및 재조직화, 여러 패턴 간 관계지각능력, 추론능력, 문제해결능력 등을 반영함
	시각적 처리(Gv)	토막짜기, 퍼즐	• 시각적 패턴과 자극을 생성, 지각, 분석, 종합화, 저장, 회상, 조작 및 변형하는 능력 등 광범위한 시각적 처리능력을 반영함
	언어적 유동적 추론 (Gf-verbal)	공통성, 이해	• 문화적 경험을 통해 축적된 지식의 범위와 깊이, 효과적으로 사용하는 능력과 같이 광범위한 결정화 지능뿐만 아니라 언어 자극에 특화된 유동추론능력도 반영함
	어휘 지식(Gc-VL)	어휘, 공통성	• 문화적 경험을 통해 축적된 지식의 범위와 깊이, 효과적으로 사용하는 능력 등 광범위한 결정화 지능을 반영함
	일반 지식(GC-KO)	이해, 상식	• 개인이 습득한 일반적인 지식과 같이 광범위한 결정화 지능을 반영함
	장기기억(Gc-KO)	어휘, 상식	• 광범위한 결정화 지능의 하위 요인으로 개인이 습득하여 장기기억으로 저장한 지식을 반영함
	단기기억(Gc-WM)	순서화, 숫자	• 광범위한 단기기억의 하위 요인임 • 정보를 단기기억 수준에서 일시적으로 저장하고 주의 배분 등과 같은 정신적 조작을 가하는 능력이 필요함

④ 이러한 군집분석에서도 지표점수 해석과 마찬가지로 해당 군집 내 소검사 간 환산점수 차이가 5점 이상이라면, 이 군집은 단일한 요인을 설명하지 않으므로 군집에 근거한 의미 있는 해석이 어렵다.

3. 해석 3단계 : 소검사 간 변산성에 대한 분석 및 해석(소검사 프로파일 분석)

비교 기준 : 10개의 핵심 소검사 평균

소검사	소검사 환산점수	평균 환산점수	평균과의 차이	임계치	강점 또는 약점	기저율
토막짜기	1	3.90	-2.9	2.90		
공통성	4	3.90	0.1	3.01		
숫자	1	3.90	-2.9	2.26	W	
행렬추론	6	3.90	2.1	2.46		
어휘	3	3.90	-0.9	2.51		
산수	7	3.90	3.1	2.56	S	10~15%
동형찾기	1	3.90	-2.9	3.35		
퍼즐	7	3.90	3.1	2.53	S	15%
상식	8	3.90	4.1	1.84	S	5~10%
기호쓰기	1	3.90	-2.9	2.91		

구분	10개의 핵심 소검사	3개의 언어이해 소검사	3개의 지각추론 소검사
환산점수의 합	39	15	14
소검사의 수	÷10	÷3	÷3
평균점수	3.90	5.00	4.67

(1) 소검사 간 변산성에 대한 분석

① 소검사가 FSIQ나 지표점수로부터 이탈된 정도를 고려해 개인의 상대적·인지적 강점과 약점을 설명한다.

② 이러한 해석은 소검사 간 변산성이 충분한 정도일 때만 가능하며, 모든 하위 검사에서 균등한 수행을 보였다면 소검사 프로파일에 근거한 해석은 필요하지 않다.

③ 다음의 해석 지침을 참고해야 한다.

> ㉠ 검사 간 변산이 유의한지를 결정한다.
> ㉡ 소검사 중 상대적으로 높은/낮은 점수가 어떤 의미가 있는지에 대한 해석적 가설을 세운다.
> ㉢ 임상가는 단순히 높은/낮은 점수를 목록화한 후 기계적으로 해석하지 말고, 이와 관련된 수검자의 배경 정보를 추가해 가설과 통합해야 한다.

(2) 강약점

① 4가지 지수점수들 간 차이가 유의미하지 않다면, FSIQ는 수검자의 지적능력을 잘 대표한다고 가정할 수 있는데, 그런 경우 10개 핵심 소검사의 환산점수를 평균한 값이 강약점을 평가할 수 있는 기준이 된다.

② 일반적으로 소검사 환산점수가 평균치보다 3점 이상 높으면 강점, 3점 이상 낮으면 약점으로 평가한다.

③ VCI와 PRI 간 차이가 유의미할 경우 : VCI 소검사들의 평균치와 PRI 소검사들의 평균치를 각각 기준으로 하여 소검사의 강점과 약점을 해석한다.

> **참고** 작성 예시
>
> 수검자는 숫자와 이해 소검사에서 강점을, 토막짜기 소검사에서 약점을 보이고 있다. 먼저 숫자 소검사의 환산점수는 16이고, 평균과의 차이는 절대값 3.4이다. 이러한 점수차는 해당 집단의 임계치 2.04보다 크기 때문에 두 점수 간 차이는 통계적으로 유의미하다. 따라서 청각적 단기기억과 주의력에 강점을 보이고 있다. 또한 이해 소검사의 환산점수는 19이고, 평균과의 차이는 절대값 6.4이다. 이러한 점수 차는 해당 집단의 임계치 3.03보다 크기 때문에 두 점수 간 차이는 통계적으로 유의미하다. 따라서 행동의 관습적 기준에 대한 지식에 강점을 보이고 있다. 한편, 토막짜기의 경우 환산점수는 8이고, 평균과의 차이는 -4.6점으로 절대값 4.6점이다. 이러한 점수 차는 해당 집단의 임계치 2.33보다 크기 때문에 두 점수 간 차이는 통계적으로 유의미하다. 따라서 추상적 시각 자극을 분석하고 종합하는 능력에 약점을 보이고 있다.

(3) 소검사 수준

① **숫자 대 순차연결** : 두 가지 소검사 모두 청각적이고 기계적인 단기기억을 측정하지만, 숫자는 숫자자극으로만 이루어지는 반면, 순차연결은 숫자와 글자로 구성되어 더 많은 정보처리가 요구된다.

② **기호쓰기 대 동형찾기** : 두 가지 소검사 모두 처리 속도, 지각적 변별, 정확성, 주의력, 집중력을 측정하는데, 기호쓰기는 시지각적 상징-연합기술을 더 잘 측정하고, 동형찾기는 연합을 포함하지 않은 시지각적 변별을 더 잘 측정한다.

> **참고** 작성 예시
>
> 수검자의 소검사 간 점수 차이는 〈숫자-순차연결〉에서 유의미하게 나타났다. 숫자는 16, 순차연결 11로 두 점수 차이는 절대값 5점이며, 숫자-순차연결 임계치인 3점보다 크기 때문에 두 점수 간 차이는 통계적으로 유의미하다. 따라서 수검자는 숫자 자극으로 이루어진 청각적 단기기억에 비해 숫자와 글자로 이루어진 청각적 단기기억에 어려움을 보이고 있으며, 특히 더 많은 정보처리가 요구되는 과제일수록 수행 수준이 저하되는 경향이 있다.

4. 해석 4단계 : 과정점수를 포함한 질적 분석 및 해석

(1) 과정점수

① 소검사 수행에 영향을 주는 인지능력에 대해 보다 자세한 정보를 제공하기 위해 만들어진 것으로, 추가적인 실시 절차 없이 해당 소검사의 수행으로부터 도출된다.
② 과정점수는 FSIQ, 지수점수 또는 부가적인 군집점수를 산출하는 데 사용되지 않으며, 소검사 점수나 조합점수를 대체할 수 없다.
③ WAIS-IV에서는 토막짜기, 숫자, 순서화 소검사에 대해 다음과 같은 과정점수가 개발되어 있다.

과정점수(process score)	약어
보너스 점수가 없는 토막짜기(Block Design No Time Bonus)	BDN
숫자 바로 따라 하기(Digit Span Forward)	DSF
숫자 거꾸로 따라 하기(Digit Span Backward)	DSB
숫자 순서대로 따라 하기(Digit Span Sequencing)	DSS
최장 숫자 바로 따라 하기(Longest Digit Span Forward)	LDSF
최장 숫자 거꾸로 따라 하기(Longest Digit Span Backward)	LDSB
최장 숫자 순서대로 따라 하기(Longest Digit Span Sequence)	LDSS
최장 순서화(Longest Letter-Number Sequence)	LLNS

(2) 토막짜기 과정점수(BDN)

① 토막짜기 소검사는 기본적으로 시공간 구성능력을 측정하지만, 속도 요인도 관여한다.
② BDN은 제한 시간 내에 수행한다는 전제하에 채점이 되므로 속도 요인을 완전히 제거할 수는 없을지라도 시간 보너스 점수의 영향력을 일정 수준 통제할 수 있다.
③ 토막짜기 점수는 낮지만, BDN 점수가 양호한 수검자 : 시공간 구성능력을 갖추고 있지만 어떤 이유로 인해 빠르게 수행하지 못했을 가능성이 있다. 이에 대해 인지적 처리속도 저하, 신중한 문제해결 방식, 신체적 문제 등을 고려해 볼 수 있다.

(3) 숫자 및 순서화 과정점수

① 숫자 바로 따라 하기(DSF) : 간단한 과제로, 인지기능의 감퇴나 두뇌 외상 등의 영향을 상대적으로 덜 받으며 비교적 안정적이다.
② 숫자 거꾸로 따라 하기(DSB)나 숫자 순서대로 따라 하기(DSS) : DSF에 비해 더 많은 주의집중과 숫자를 사용하는 정신적 조작이 필요하다.
③ DSF와 비교해 DSB 혹은 DSS의 점수가 유의미하게 낮은 것은 주의 집중력, 연속적 처리능력, 청킹, 숫자의 시각적 심상화 등의 능력이 저하되어 있음을 반영한다.

④ 숫자 바로 따라 하기 > 숫자 거꾸로 따라 하기 : 청각적 단기기억이 변환을 포함하는 청각적 단기기억보다 더 양호하게 발달되어 있거나 정신적 조작능력이 상대적으로 부진하였을 가능성을 시사한다.
⑤ 숫자 바로 따라 하기 < 숫자 거꾸로 따라 하기 : 드문 패턴으로 비일관적인 주의, 불안이나 다른 요인에 의한 것일 수도 있다.
⑥ 최장 숫자 바로 따라 하기(LDSF)와 최장 숫자 거꾸로 따라 하기(LDSB) : 가장 길게 기억한 숫자열의 원점수, 즉 주의의 폭을 나타낸다.
⑦ 순서화 과제에 대한 주의의 폭을 평가하기 위해 최장 순서화(LLNS)에 대한 과정점수를 산출한다.

(4) 질적 분석

① 질적 분석은 지능검사를 실시하는 과정에서 수검자의 특이한 반응, 언어 표현, 행동 등을 분석하는 것으로, 양적 분석만으로는 평가하기 힘든 성격 특성이나 심리적 상태, 정신병리적 특성 등에 관한 정보를 제공한다.
② **소검사 문항은 쉬운 문항에서 시작해 점차 난이도가 높아지도록 배열** : 쉬운 문항에서 실패하고 어려운 문항에서 성공하거나 난이도와 무관하게 고르지 않은 수행 패턴을 보이는 수검자에 대해서는 그 이유를 탐색할 필요가 있다.
③ 비전형적 수행패턴 : 주의력의 문제, 기억 인출 효율성의 저하, 피질 혹은 피질하 영역의 미만성 손상 등이 영향을 미칠 수 있으며, 극히 쉬운 문항에서도 실패하는 경우 의도적으로 속일 가능성도 고려해 볼 수 있다.
④ 다음과 반응에 주의할 것
  ㉠ 검사 반응의 비일관성. 일반적으로 수검자들은 쉬운 문항에서 성공하고 어려운 문항에서 실패할 것으로 예측할 수 있다. 지능검사의 문항은 난이도순으로 배열되어 있으므로 반응의 비일관성을 쉽게 확인할 수 있다.
  ㉡ 반응 내용이 드물거나 기괴한 경우. 예컨대, 검사에서 요구하는 응답에서 벗어난 반응을 하거나 사용하는 어휘가 비전형적인 경우
  ㉢ 반응 패턴이 비전형적인 경우. 예컨대, 숫자에서 바로 따라 하기보다 거꾸로 따라 하기를 훨씬 더 잘하는 것, 빠진 곳 찾기에서 엉뚱한 부분을 말하는 것 등
  ㉣ 응답하는 방식의 특징. 예컨대, 불필요한 부분까지 구체적이고 세밀하게 설명하거나, 숫자나 산수에 강한 거부감을 표현하거나 정답을 말하는 것이 아니라 근사치를 이야기하는 것, 감정이 섞인 응답을 하는 것 등
  ㉤ 반응시간. 예컨대, 질문이 미처 끝나기도 전에 대답하거나 지시를 충분히 듣지 않고 행동부터 시작하는 것, 반응하는 데 시간이 오래 걸리는 것 등
  ㉥ 검사에 임하는 태도. 예컨대 지나치게 긴장하거나 불안해하는 것, 좀 더 깊이 생각해야 하거나 어려운 문항에서 쉽게 포기하는 것, 성급하고 충동적으로 행동하는 것 등

17 한국 웩슬러 아동용 지능검사(K-WISC-V)의 이해

1. 구성 [기출 22]

(1) K-WISC-V

① WISC의 가장 최신 버전으로, 만 6~16세 11개월의 아동청소년을 대상으로 규준이 개발되었다.
② 16개 소검사로 표준화: 미국 원판 WISC-V는 총 21개의 소검사로 구성되어 있으나, K-WISC-V 연구진은 WISC-IV에 보완 지표로 새로 추가된 5개 소검사(명명속도독해, 명명속도량, 즉각기호전환, 지연기호전환, 재인기호전환)가 필수적이지 않다고 판단하여 이를 제외한 총 16개 소검사로 표준화했다.
③ 구성: 16개 소검사는 K-WISC-IV와 동일한 13개 소검사와, K-WISC-V에서 새롭게 개발된 3개의 소검사(무게비교, 퍼즐, 그림기억)로 이루어진다.

(2) K-WISC-V의 전체 구조

A. 전체 척도(Full Scales)				
언어이해(VCI)	시공간(VSI)	유동추론(FRI)	작업기억(WMI)	처리속도(PSI)
공통성(SI)	토막짜기(BD)	행렬추리(MR)	숫자(DS)	기호쓰기(CD)
어휘(VC)		무게비교(FW)		
상식(IN)	퍼즐(VP)	공통그림찾기(PC)	그림기억(PS)	동형찾기(SS)
이해(CO)		산수(AR)	순차연결(LN)	선택(CA)

B. 기본 지표 척도(Primary Index Scales)				
언어이해(VCI)	시공간(VSI)	유동추론(FRI)	작업기억(WMI)	처리속도(PSI)
공통성(SI)	토막짜기(BD)	행렬추리(MR)	숫자(DS)	기호쓰기(CD)
어휘(VC)	퍼즐(VP)	무게비교(FW)	그림기억(PS)	동형찾기(SS)

C. 추가 지표 척도(Ancillary Index Scales)				
양적추론(QR)	청각작업기억(AWMI)	비언어(NVI)	일반능력(GAI)	인지효율(CPI)
무게비교(FW)	숫자(DS)	토막짜기(BD)	공통성(SI)	숫자(DS)
산수(AR)	순차연결(LN)	퍼즐(VP)	어휘(VC)	그림기억(PS)
		행렬추리(MR)	토막짜기(BD)	기호쓰기(CD)
		무게비교(FW)	행렬추리(MR)	동형찾기(SS)
		그림기억(PS)	무게비교(FW)	
		기호쓰기(CD)		

① 전체 IQ(FSIQ)

언어이해(VCI)	시공간(VSI)	유동추론(FRI)	작업기억(WMI)	처리속도(PSI)
공통성(SI)	토막짜기(BD)	행렬추리(MR)	숫자(DS)	기호쓰기(CD)
어휘(VC)		무게비교(FW)		

② 기본 지표 척도

언어이해(VCI)	시공간(VSI)	유동추론(FRI)	작업기억(WMI)	처리속도(PSI)
공통성(SI)	토막짜기(BD)	행렬추리(MR)	숫자(DS)	기호쓰기(CD)
어휘(VC)	퍼즐(VP)	무게비교(FW)	그림기억(PS)	동형찾기(SS)

③ 추가 지표 척도

양적추론(QR)	청각작업기억(AWMI)	비언어(NVI)	일반능력(GAI)	인지효율(CPI)
무게비교(FW)	숫자(DS)	토막짜기(BD)	공통성(SI)	숫자(DS)
산수(AR)	순차연결(LN)	퍼즐(VP)	어휘(VC)	그림기억(PS)
		행렬추리(MR)	토막짜기(BD)	기호쓰기(CD)
		무게비교(FW)	행렬추리(MR)	동형찾기(SS)
		그림기억(PS)	무게비교(FW)	
		기호쓰기(CD)		

(3) WISC-IV와 비교

구분	WISC-IV	WISC-V
소검사 수	15개의 소검사	21개의 소검사(한국판 : 16개)
구성	핵심 소검사와 보충 소검사	기본 소검사와 추가 소검사
대체 가능 여부	• FSIQ 수준에서는 2개 소검사까지 대체 가능 • 지표 수준에서는 1개 소검사만 대체 가능	• FSIQ 산출 시, 7개 중 1개 소검사만 대체 가능 • 지표 수준에서는 대체 불가능

① 전체 IQ
  ㉠ 5판의 전체 IQ는 5가지 지표로 구성되어 있기 때문에 4판에 비해 전반적인 인지능력을 더 폭넓게 측정한다. 즉, 4판의 지각추론 지표가 5판에서는 시공간 지표와 유동추론 지표로 나뉘면서 시각처리 능력과 유동추론 능력을 더 구체적으로 해석할 수 있다.
  ㉡ 5판에서는 새롭게 개발된 3개의 소검사(무게비교, 퍼즐, 그림기억)가 추가되었다.
  ㉢ 숫자 소검사 중 숫자 순서대로 따라 하기 과제가 새롭게 추가되면서 작업기억을 더 세부적으로 측정할 수 있게 되었다.
② 검사 해석 : 임계값 유의 수준(.01, .05, .10, .15)의 선택지가 늘어났다. 임계값 유의 수준은 통계적 유의미성을 나타내는 것으로, 검사자가 얼마나 더 엄격하게 결과를 측정할 것인지 결정할 수 있는 선택지가 늘어난 것이다.
③ 5판에서는 4판에 비해 처리점수가 늘어나면서 처리점수의 차이 비교를 더 세부적으로 할 수 있다.
④ 5판에서는 추가 지표 척도가 추가되어 전체 척도와 기본 지표 척도 분석 후 아동의 인지능력에 대한 추가적인 정보를 파악할 수 있다.

⑤ 아동의 발달 수준에 더 적합하도록 검사를 수정하였다.
  ㉠ 소검사 과제를 충분히 이해할 수 있도록 시범문항, 연습문항, 가르치는 문항 등을 늘렸다.
  ㉡ 아동의 인지능력을 평가할 때 과제수행 속도를 지나치게 강조하지 않기 위해 시간보너스 점수의 비중을 줄였다.

2. 검사 체계

지표	소검사	약어	원점수	환산점수	백분위	추정연령	측정표준오차 (SEM)
언어이해	공통성	SI	23	9	37	9:2	1.12
	어휘	VC	19	10	50	9:10	0.64
	(상식)	IN	14	11	63	10:2	0.83
	(이해)	CO	17	11	63	10:2	1.19
시공간	토막짜기	BD	34	9	37	8:10	1.28
	퍼즐	VP	19	11	63	10:2	1.06
유동추론	행렬추리	MR	18	9	37	8:6	1.31
	무게비교	FW	22	9	37	9:2	0.70
	(공통그림찾기)	PC	12	9	37	8:10	1.02
	(산수)	AR	21	11	63	10:2	1.14
작업기억	숫자	DS	27	10	50	9:2	0.83
	그림기억	PS	24	8	25	7:10	1.09
	(순차연결)	LN	13	8	25	8:2	1.16
처리속도	기호쓰기	CD	52	11	63	9:10	1.06
	동형찾기	SS	30	11	63	10:2	1.35
	(선택)	CA	66	10	50	9:6	1.44

* FSIQ 점수 산출에 필요한 소검사는 볼드체로 표기되었으며, 추가 소검사는 괄호로 표기됨

(1) **3가지 수준**

① 전체 척도(full scales) : FSIQ 산출과 관련된다.
② 기본 지표 척도(primary index scales) : 지능의 구성 개념에 대한 5요인 이론에 기초한다.
③ 추가 지표 척도(ancillary index scales)

(2) **전체 척도**

① 구성 : 언어이해 지표, 시공간 지표, 유동추론 지표, 작업기억 지표, 처리속도 지표의 5개 기본 지표 소검사로 구성되어 있다.
② 전체 IQ : 전체 5개 기본 지표를 구성하는 10개의 기본 소검사 중에서 아동의 일반지능을 추정하는 데 가장 신뢰할 만하고 타당하다고 선별된 7개의 기본 소검사 점수를 기반으로 산출된다.
③ 전체 IQ를 구성하는 7개의 기본 소검사 : 토막짜기, 공통성, 행렬추리, 숫자, 기호쓰기, 어휘, 무게비교이다.
④ 전체 IQ는 다양한 영역의 소검사를 포함하기 때문에, 전체 IQ를 통해 아동의 전반적인 지적능력이 또래집단과 비교하여 어떤 수준인지 평가할 수 있다.

⑤ 일반능력 지표(GAI)와 인지효율 지표(CPI)
  ㉠ 일반능력 지표 : 언어이해(VCI), 시공간(VSI), 유동추론(FRI) ➡ 논리적 사고, 문제해결 관련 능력
  ㉡ 인지효율 지표 : 작업기억(WMI), 처리속도(PSI) ➡ 정보처리 효율성 관련 능력

(3) 기본 지표 척도
① 언어이해 지표(VCI) : 결정지능과 언어 정보를 개념화하는 능력, 언어로 자신의 생각을 표현할 수 있는 능력 등을 측정하며, 공통성과 어휘 소검사로 구성된다.
② 시공간 지표(VSI) : 시각 정보를 분석하고 시공간 관계를 이해하는 시공간 추론능력, 정신적 회전능력, 시각작업기억을 측정하며, 토막짜기와 퍼즐 소검사로 구성된다.
③ 유동추론 지표(FRI; Fluid Reasoning Index) : 사전지식이나 문화적 기대, 결정지능으로는 풀 수 없는 새로운 문제를 해결할 수 있는 능력을 측정하며, 행렬추리와 무게 소검사로 구성된다.
④ 작업기억 지표(WMI) : 주의집중하여 짧은 시간 동안 의식적으로 시청각 정보를 입력하고, 유지하고, 조작하여 결과를 재생산할 수 있는 능력을 측정하며, 숫자와 그림기억 소검사로 구성된다.
⑤ 처리속도 지표(PSI) : 의사결정을 위해 시각 정보를 빠르고 정확하게 처리하는 능력을 측정하며, 기호쓰기와 동형찾기 소검사로 구성된다.

(4) 추가 지표 척도
① 양적추론 지표(QRI) : 암산능력, 양적 관계를 이해하고 적용하는 능력, 수리적 추론 기술 등을 측정하며, 무게비교와 산수 소검사로 구성된다.
② 청각작업기억 지표(AWMI) : 청각적 단기기억, 작업기억, 청각적 순차처리능력, 정신적 조작능력 등을 측정하며 숫자와 순차연결 소검사로 구성된다.
③ 비언어 지표(NVI) : 언어적 요구를 최소화하여 아동의 전반적인 지능을 측정하며(비언어적 추론기술 측정), 토막짜기, 퍼즐, 행렬추리, 무게비교, 그림기억, 기호쓰기 소검사로 구성된다.
④ 일반능력 지표(GAI) : 작업기억과 처리속도 요구를 최소화하여 아동의 전반적인 지능을 측정하는 지표이며, 전체 IQ 산출에 적용되는 전체 척도의 핵심 소검사 중 VCI(공통성, 어휘), VSI(토막짜기), FRI(행렬추리, 무게비교)에 포함되는 5개의 핵심 소검사로 구성된다.
⑤ 인지효율 지표(CPI) : 학습, 문제해결, 고차원적인 추론과정에서 이루어지는 정보처리의 효율성을 측정하는 지표이며, WMI(숫자, 그림기억)와 PSI(기호쓰기, 동형찾기)에 포함되는 4개의 소검사로 구성된다.

(5) 소검사 구성(실시 순서에 따른 소검사 설명)

실시 순서	소검사	약어	설명
1	토막짜기 (Block Design)	BD	제한시간 내에 2가지 색으로 이루어진 토막을 사용하여 제시된 모형이나 그림과 똑같은 형태를 만드는 과제
2	공통성 (Similarity)	SI	제시된 두 단어의 유사점을 설명하는 과제
3	행렬추리 (Matrix Reasoning)	MR	행렬이나 연속의 일부를 보고 행렬(연속)을 완성하는 보기를 선택지에서 고르는 과제
4	숫자 (Digit Span)	DS	평가자가 읽어준 일련의 숫자를 동일한 순서대로 따라 하는 과제(바로 따라 하기), 역순으로 따라 하는 과제(거꾸로 따라 하기), 작은 숫자부터 큰 숫자까지를 순서대로 따라 하는 과제(순서대로 따라 하기)

실시 순서	소검사	약어	설명
5	기호쓰기 (Coding)	CD	제한시간 내에 기호표를 사용하여 간단한 기하학적 모양이나 숫자에 대응되는 기호를 그리는 과제
6	어휘 (Vocabulary)	VC	그림 문항에서는 소책자에 그려진 사물의 이름을 말하고, 말하기 문항에서는 평가자가 들려주는 단어의 뜻을 설명하는 과제
7	무게비교* (Figure Weights)	FW	제한시간 내에 양팔저울이 균형을 이룰 수 있도록 보기 중에서 답을 선택하는 과제
8	퍼즐* (Visual Puzzle)	VP	제한시간 내에 완성된 퍼즐을 보고 퍼즐을 구성할 수 있는 3개의 조각을 선택하는 과제
9	그림기억* (Picture Span)	PS	제한시간 내에 사물들이 그려진 자극 페이지를 제시한 후, 반응 페이지에 그려진 사물 중 이전에 봤던 그림을 가능한 한 순서대로 고르는 과제
10	동형찾기 (Symbol Search)	SS	제한시간 내에 표적 모양과 동일한 모양을 보기에서 찾아내는 과제
11	상식 (Information)	IN	광범위한 일반 지식에 관한 질문에 응답하는 과제
12	공통그림찾기 (Picture Concepts)	PCn	제시된 두 줄 또는 세 줄의 그림에서 공통 특성으로 묶일 수 있는 그림을 각 줄에서 하나씩 고르는 과제
13	순차연결 (Letter-Number Sequencing)	LN	평가자가 읽어주는 일련의 숫자와 글자를 들은 후, 숫자는 오름차순으로 글자는 가나다 순으로 회상하는 과제
14	선택 (Cancellation)	CA	제한시간 내에 무선으로 배열된 그림과 일렬로 배열된 그림을 훑어보며, 표적 자극과 동일한 모양들을 찾아 표시하는 과제
15	이해 (Comprehension)	CO	제시된 질문에 일반적 원칙과 사회적 상황에 대해 자신이 이해하고 있는 바에 기초하여 답하는 과제
16	산수 (Arithmetic)	AR	제한시간 내에 말이나 그림으로 제시된 산수 문제를 암산으로 푸는 과제

* K-WISC-V에 포함되지 않지만 WISC-V에는 포함되는 소검사

3. 분석과 해석을 위한 고려사항

(1) 환산점수(scaled score)

① 환산점수는 아동의 원점수가 동일 연령집단의 원점수 분포에서 어느 위치에 있는지를 나타내는 점수로, 아동의 수행에 대한 상대적인 위치를 알려준다.

② 환산점수의 평균은 10, 표준편차는 3이며, K-WISC-V에는 16개의 소검사(기본 소검사 10개, 추가 소검사 6개)와 7개의 처리점수를 포함해 전체 23개의 환산점수가 있다.

예) 9세 6개월 15일 남아 : 행렬추리 원점수 22점은 환산점수로 13이다. 규준집단인 9세 4개월 0일~9세 7개월 30일 연령대 아동들과 비교했을 때, 이 아동의 행렬추리 수행은 평균에서 1 표준편차 위에 위치한다.

(2) 지표점수(index score)

① 지표점수는 소검사 환산점수의 합계에 근거해서 산출되는 것이며, 평균 100, 표준편차 15로 변환된 표준점수이다.
② K-WISC-V의 지표점수는 총 11개로, 전체 IQ(FSIQ), 기본 지표점수와 추가 지표점수로 이루어져 있으며, 환산점수와 마찬가지로 동일 연령대에서 아동의 상대적인 수행 수준을 알려준다.

> 예 9세 6개월 15일 남아 : 전체 IQ를 산출하는 데 필요한 소검사 환산점수의 합계 39점은 전체 IQ로는 70에 해당하며, 규준집단인 9세 4개월~9세 7개월 연령대 아동들과 비교했을 때, 이 아동의 전체 IQ는 평균에서 2 표준편차 아래에 위치한다.

(3) 백분위(percentile ranks)

① 백분위는 동일 연령대의 다른 아동들과 비교하여 아동이 받은 점수의 상대적 위치를 제시해 주는 또 다른 점수 중 하나로, 어떤 점수 미만에 있는 사례의 백분율이다.
② 백분위는 동일 연령대에서 얻어진 원점수를 가장 낮은 점수부터 가장 높은 점수까지 순서대로 배열했을 때, 아동의 수행이 어느 위치에 놓이는지 알려주는 순위이며 아동의 지능 수준을 보다 정확하게 기술해 준다.
➡ 백분위의 평균과 중앙값은 50이다.

> 예 전체 IQ 85는 백분위가 16에 해당한다. 백분위 16은 전체 IQ 85 아래에 있는 아동이 동일 연령대에서 16%가 있다는 것을 말한다. 백분위 16인 아동은 전체 100명 중에서 하위 16번째, 84등에 해당하는 점수를 받은 것이다.

(4) 측정의 표준오차와 신뢰구간

지능검사 도구를 통해 획득된 점수는 아동의 인지적 능력을 표현하는 진점수(true scores)의 추정치이다. 이 점수에는 아동의 실제 능력과 측정의 오류가 함께 반영되어 있다. 그러므로 아동의 진점수가 위치할 가능성이 있는 신뢰구간으로 제시하는 것이 보다 정확하며, 신뢰구간은 검사점수의 정확성을 나타내는 것이다.

> 예 9세 6개월 15일 남아의 전체 IQ가 118인 경우, 95%의 신뢰구간은 113~122이다. 이것은 아동이 K-WISC-V검사를 100번 실시하면, 전체 IQ가 95번은 113에서 122 사이의 점수를 받을 수 있다는 것을 의미한다.

(5) 진단분류(수준)

① 진단분류(qualitative descriptors)는 동일 연령대 아동과 비교했을 때 아동의 수행 수준에 대한 기술을 의미한다.
② 지표점수에 대한 진단분류와 백분율을 참조하여 아동의 지표점수를 분류할 수 있다.

IQ	분류	백분율	
		이론적 정상분포	표본분포
130 이상	매우 우수	2.2	2.5
120~129	우수	6.7	7.2
110~119	평균 상	16.1	16.6
90~109	평균	50.0	49.5
80~89	평균 하	16.1	15.6
70~79	낮음	6.7	6.5
69 이하	매우 낮음	2.2	2.1

(6) 추정연령(age equivalents)
① 추정연령은 원점수가 전형적으로 나타난 평균연령이다.
② 추정연령은 아동이 인지적 능력을 다양한 연령대 아동의 전형적인 능력과 비교할 때 유용하지만, 몇 가지 제한점이 있기 때문에 추정연령을 사용하는 것을 추천하지 않는다.
③ 추정연령의 제한점
　㉠ 추정연령은 동일 연령대와 비교한 아동의 위치에 대한 정보를 제공해 주지 않는다는 것이다. 즉, 아동의 추정연령과 생활연령 사이에 의미 있는 연령 차이가 있을 수 있지만, 아동의 인지적 능력을 동일 연령대와 비교한 위치는 알려주지 않는다.
　㉡ 추정연령은 동일한 간격을 두지 않는다. 원점수의 차이는 작은 데 반해, 추정연령에서는 큰 차이를 보일 수도 있다.

(7) 임계값
① 지표 수준 또는 소검사 수준에서 어떤 점수들끼리 비교했을 때 나타난 점수 차이는 측정 오류, 무선변동이나 우연에 의한 것이 아니라 실제 존재하는 진짜 차이를 반영한 것인지 결정할 수 있어야 한다. 이처럼 두 점수 간 차이가 통계적으로 유의미한 것인지를 결정할 때, 기준이 되는 점수가 임계값(critical value)이다.
② 유의 수준에 따라 임계값은 다른 값을 나타낸다.
　예 VCI는 101이고 PRI는 112로, VCI와 PRI의 차이는 11점으로서 유의 수준 0.15의 임계값 9.74보다 커서 두 지표의 점수 차이는 0.15의 유의 수준에서는 통계적으로 유의미하다.

(8) 누적비율(base rate)
① 누적비율은 기저율 또는 누적 백분율이라고도 하며 아동이 나타낸 점수 차이가 표본에서 보인 빈도를 말한다.
② 누적비율은 두 점수 간 차이가 얼마나 빈번하게 발생하는지 결정하는 데 필요하다. 다시 말해 누적비율은 지표 수준에서 또는 소검사 수준에서 나타난 점수 차이가 규준에서 얼마나 드물게 나타나는 것이며, 임상적으로 의미 있는 차이인지를 평가하는 데 유용하다.
　예 전체 IQ는 96이고 VCI는 102이고 WMI는 80이며, VCI와 WMI의 점수 차이는 22점이다. 이 아동이 보인 점수 차이 22점은 전체 표본의 9.5%에서 나타나며, 반면 [90 ≤ FSIQ ≤ 109]에 해당하는 집단에서는 약 10.3%에서 나타난다. 즉, 이 점수 차이는 전체 표본에서는 약 9.5%가, 전체 IQ가 90에서 109인 집단에서는 약 10.3%가 보이는 차이라 할 수 있다.

(9) 점수 차이의 유의미성 결정 절차
① 1단계 : 두 점수 간 차이를 산출한다.
② 2단계
　㉠ 차이 점수의 절대값과 임계값을 비교한다.
　㉡ 차이 점수의 절대값이 임계값보다 크다면 통계적으로 유의미한 차이이다.
　㉢ 차이 점수의 절대값이 임계값보다 작다면 통계적으로 유의미한 차이가 아니다.
③ 3단계 : 누적비율을 확인한다. 표본의 15% 이하에 해당된다면 그 차이는 드문 현상으로 간주할 수 있다.
　예 FSIQ = 104, VSI = 102, FRI = 118, WMI = 97

점수1	점수2	차이	임계값	유의미한 차이	누적비율
VSI = 102	FRI = 118	−16	10.99	Y	11.6
VSI = 102	WMI = 97	5	11.75	N	−

1. VSI와 FRI의 차이
   - 1단계 : VSI와 FRI의 차이는 -16점이다.
   - 2단계 : 차이 점수 -16의 절대값은 16이다. 8세 규준집단에서 VSI와 FRI의 차이에 대한 임계값은 유의 수준 0.05에서 10.99이다. 16점 차이는 임계값보다 크므로 VSI와 FRI의 차이는 통계적으로 유의미하다.
   - 3단계 : 16점 차이는 [90 ≤ FSIQ ≤ 109]인 집단에서 11.6% 정도로 드물게 발생하는 차이이다.
2. VSI와 WMI의 차이
   - 1단계 : VSI와 WMI의 차이는 5점이다.
   - 2단계 : 8세 규준집단에서 VSI와 WMI의 차이에 대한 임계값은 유의 수준 0.05에서 11.75이다. 5점 차이는 임계값보다 작으므로 VSI와 WMI의 차이는 통계적으로 유의미하지 않다.

18 한국 웩슬러 아동용 지능검사(K-WISC-V) 해석

1. 해석 1단계 : 전체 IQ 해석하기

(1) 전체 IQ

언어이해(VCI)	시공간(VSI)	유동추론(FRI)	작업기억(WMI)	처리속도(PSI)
공통성(SI)	토막짜기(BD)	행렬추리(MR)	숫자(DS)	기호쓰기(CD)
어휘(VC)		무게비교(FW)		

① 전체 IQ는 7가지 소검사를 통해 산출된다.
② 7가지 소검사 중 하나를 실시하지 못했을 때, 다른 소검사로 대체하거나 전체 IQ 대신 비례배분된 환산점수의 합계를 산출할 수 있다.
③ 비례배분 : 비례배분된 환산점수의 합계는 6가지 소검사의 환산점수를 합한 후 7/6을 곱하여 구한다.
④ 소검사 대체

FSIQ 핵심 소검사	FSIQ 산출에 허용 가능한 대체 소검사
공통성	상식 또는 이해
어휘	상식 또는 이해
토막짜기	퍼즐
행렬추리	공통그림 찾기
무게비교	공통그림 찾기 또는 산수
숫자	그림기억 또는 순차연결
기호쓰기	동형찾기 또는 선택

㉠ 7개의 핵심 소검사 중 측정의 신뢰성에 문제가 발생했을 때 다른 9개 소검사 중 하나로 대체할 수 있다.
㉡ FSIQ를 산출할 때 이와 같은 대체 소검사는 단 한 번만 적용할 수 있다.
㉢ FSIQ 산출에 투입할 수 없는 핵심 소검사와 동일한 영역의 소검사로만 대체해야 한다.
　　예 공통성 대신 상식 또는 이해/기호쓰기 대신 동형찾기나 선택
　　ⓐ 행렬추리 소검사는 유동추론 지표의 소검사 중 공통그림 찾기만이 대체가 가능하다.
　　ⓑ 대체 방식 이외에도 비례배분 방식(proration)으로 FSIQ를 산출할 수 있다.

(2) 해석

지표		환산점수 합	지표점수	백분위	신뢰구간 (95%)	진단분류 (수준)	측정표준오차 (SEM)
언어이해	VCI	29	124	95	115-130	우수	3.55
시공간	VSI	26	116	86	106-123	평균 상	4.61
유동추론	FRI	27	120	91	111-126	우수	4.30
작업기억	WMI	20	100	50	92-108	평균	3.93
처리속도	PSI	30	127	96	115-132	우수	4.89
전체 IQ	FSIQ	95	126	96	119-131	우수	2.77

① 전체 IQ 단일성 확인 : 가장 높은 기본 지표점수와 가장 낮은 기본지표 점수의 편차가 표준편차 1.5(23점) 미만일 때 전체 IQ가 전반적인 지적 능력을 반영한다고 판단한다.
② 가장 높은 기본 지표점수와 가장 낮은 기본 지표점수의 편차가 표준편차 1.5(23점) 이상일 때
  ⊙ 전체 IQ가 전반적인 지적 능력을 충분히 반영하지 못한다고 판단한다.
  ⓒ 전반적인 지적 능력을 설명하기 위하여 전체 IQ 대신 일반능력 지표, 인지효율 지표 또는 비언어 지표를 사용한다.
③ 일반능력 지표(GAI) : 추상적 추론능력, 언어적 문제해결능력 등을 측정하며, 작업기억과 처리속도의 영향을 적게 반영한다.
④ 인지효율 지표(CPI) : 빠르고 정확하게 정보를 처리 및 조작하는 인지적 효율성을 측정한다.
⑤ 비언어 지표(NVI) : 언어적 요구를 최소화한 지표로 언어장애가 있거나 언어표현에 어려움이 있는 아동의 지적 능력을 측정하는 데 유용하다.
⑥ 결과표 해석
  ⊙ 가장 높은 기본 지표점수인 처리속도 지표(127) 점수와 가장 낮은 기본 지표점수인 작업기억 지표(100) 점수차가 23점 이상이다. 그러므로 아동의 전체 IQ(126) 점수가 해당 아동의 전반적인 인지능력을 충분히 반영한다고 볼 수 없다. 이 경우, 전체 IQ 점수로 전반적인 인지능력을 해석하기보다, 다른 개별 지표점수들로 의미 있는 해석을 해야 한다.
  ⓒ 전체 IQ 대안으로 일반능력 지표, 인지효율 지표 또는 비언어 지표를 활용할 수 있다.
  ⓒ 전체 IQ의 단일성을 확인하여 해석할 수 있는지 판단했던 것과 마찬가지로, 일반능력 지표, 인지효율 지표나 비언어 지표를 활용할 때도 단일성을 확인하여 지표점수를 해석한다.

2. 해석 2단계 : 기본 지표 척도 해석하기

언어이해(VCI)	시공간(VSI)	유동추론(FRI)	작업기억(WMI)	처리속도(PSI)
공통성(SI)	토막짜기(BD)	행렬추리(MR)	숫자(DS)	기호쓰기(CD)
어휘(VC)	퍼즐(VP)	무게비교(FW)	그림기억(PS)	동형찾기(SS)

(1) **기본 지표 척도의 단일성**

지표	소검사	약어	원점수	환산점수	백분위	추정연령	측정표준오차 (SEM)
언어이해	공통성	SI	33	14	91	16:6	1.12
	어휘	VC	38	15	95	13:2	0.64
	(상식)	IN	26	16	98	>16:10	0.83
	(이해)	CO	22	13	84	12:6	1.19
시공간	토막짜기	BD	41	11	63	11:6	1.28
	퍼즐	VP	24	15	95	>16:10	1.06
유동추론	행렬추리	MR	20	10	50	10:2	1.31
	무게비교	FW	30	17	99	>16:10	0.70
	(공통그림찾기)	PC	10	7	16	7:6	1.02
	(산수)	AR	27	16	98	15:10	1.14
작업기억	숫자	DS	35	13	84	13:10	0.83
	그림기억	PS	23	7	16	7:6	1.09
	(순차연결)	LN	19	14	91	16:2	1.16
처리속도	기호쓰기	CD	73	15	95	12:10	1.06
	동형찾기	SS	40	15	95	13:10	1.35
	(선택)	CA	49	6	9	6:10	1.44

① 각 지표를 구성하는 소검사들 중 가장 높은 소검사와 가장 낮은 소검사의 차이가 1.5(5점) 표준편차 미만일 경우에만 해당 지표점수로 추정한 능력을 단일한 능력으로 보며, 이때 지표점수를 해석하고 아동의 인지적 강약점을 평가할 수 있다.

② **결과표 해석**: 언어이해 지표, 시공간 지표, 처리속도 지표를 구성하는 소검사의 차이가 5점 미만이기 때문에 단일하다고 볼 수 있다. 하지만 유동추론 지표와 작업기억 지표를 구성하는 소검사의 차이는 5점 이상이기 때문에, 이들 지표의 경우 해석할 때 주의를 기울여야 한다.

(2) **해석**

구성		측정능력
언어이해 지표	측정	• 언어적 개념 형성능력, 언어적 추론능력, 어휘지식, 자신의 생각을 적절하게 표현하는 능력을 측정함 • 결정지능을 측정하는데, 이는 후천적으로 학습하고 오랜 시간에 걸쳐 축적한 언어 기반 지식을 의미함
	높은 점수	어휘지식과 결정지능이 우수하고, 정보 재인능력, 장기기억 인출능력, 언어적 추론과 언어적 문제해결능력이 뛰어남
	낮은 점수	어휘지식과 언어적 의사소통능력이 부족하고, 장기기억에 저장된 정보를 인출하는 데 어려움이 있음을 의미함
	개입방법	• 가능한 설명을 단순하게 하고, 새로운 용어의 개념을 알려주는 방법이 도움이 됨 • 새로운 용어를 가르칠 때는 아동이 이미 알고 있는 주제의 맥락에서 가르치거나, 이미 알고 있는 개념이나 정보와 연관 지어 가르쳐야 함 • 수학·과학 능력을 평가할 때는 쉬운 언어를 사용하여 부담을 줄이거나 차트, 모형, 그래프와 같은 시각적 자료를 활용하는 것이 도움이 됨

구성		측정능력
시공간 지표	측정	• 시각정보와 규칙을 분석하고 조작하는 시공간 처리능력을 측정함 • 비언어적 추론능력, 시공간 추론능력, 시각-운동 처리속도, 시각-운동 협응능력, 정신적 회전능력, 시각 작업기억, 부분-전체 관계에 대한 이해 등을 측정함
	높은 점수	시공간 추론능력, 부분-전체 관계에 대한 이해, 시각적 세부 사항에 대한 주의, 시각-운동 협응능력 등이 뛰어나다는 것을 의미하며, 특히 수학에서 높은 학업성취를 보일 수 있음
	낮은 점수	시각-운동 협응능력의 부족이나 작업기억과 일반적인 추론능력의 결함을 나타낼 수 있으며, 특히 방향감각이 부족하거나 수학, 계산, 암산 능력이 부족할 수도 있음
	개입방법	• 차트나 모형과 같은 시각적 자료를 가급적 사용하지 않고 언어적으로 지시를 함 • 초등 저학년의 경우, 손으로 직접 만질 수 있는 교구를 제공하여 아동의 이해를 도와야 함 • 수업 중 필기를 해야 하는 경우에는 시간을 충분히 제공하고, 수학 문제를 풀 때는 여백이 많은 연습지를 제공해야 함
유동추론 지표	측정	• 유동지능 측정 시 후천적으로 학습된 지식이 아닌, 여러 가지 정보와 인지능력을 활용하여 새로운 문제를 해결하는 능력을 측정함 • 귀납추론능력, 양적추론능력, 추상적 사고능력 등을 반영함
	높은 점수	• 시각 정보로부터 추상적인 개념을 추론하는 능력이 뛰어나다는 것을 의미함 • 비언어적 정보에 대한 귀납추론 및 양적추론능력, 동시처리능력, 추상적 사고능력, 인지적 유연성이 높음을 나타냄
	낮은 점수	• 새로운 과제에 직면했을 때의 문제해결능력과 전반적인 추론능력이 부족하다는 것을 의미함 • 시각 정보를 분석하고 추론하는 것과 양적 개념을 이해하고 적용하는 것에 어려움을 보임
	개입방법	• 개념과 절차를 언어적으로 제시하여 아동이 이해했는지 확인하고, 과제의 문제해결 단계를 구조화하는 전략을 연습시키는 방법이 있음 • 모호한 질문보다는 명확하고 구체적인 질문을 하여 아동 스스로 추론해야 하는 인지적 부담을 덜어주어야 함 • 과제를 수행한 과정(예 수학 문제의 풀이과정)을 보며 올바르게 수행한 부분을 확인함
작업기억 지표	측정	• 시각·청각 정보를 일시적으로 유지·조작 및 활용할 수 있는 능력을 측정함 • 주의집중력, 단기 및 작업기억, 시연능력, 통제 및 조절능력, 암기력, 순서화 능력과 연관이 있음 • **작업기억** : 주어진 정보를 단기기억에 일시적으로 저장하여, 그 정보를 정확하게 기억해 내거나 추론 과제에 활용하는 능력을 의미함
	높은 점수	작업기억, 주의집중력, 정신적 통제능력, 순서화 능력이 뛰어나다는 것을 의미함
	낮은 점수	부주의, 시각 및 청각적 변별능력의 부족, 낮은 작업기억 용량 등을 반영함 ➡ **작업기억 결함** : ADHD나 학습장애와도 밀접한 관련이 있음
	개입방법	• 짧고 간단하게 반복적으로 지시하며, 아동에게 자신이 기억하고 있는 지시내용을 반복해서 말하게 하는 방법이 있음 • 기억을 돕기 위한 시각단서를 사용하고, 정보를 의미적으로 연결 지어 기억하는 등의 다양한 기억 전략을 가르쳐 아동의 작업기억 능력을 발달시킬 수 있음 • 주의력이 부족한 아동의 경우, 깨끗한 작업공간을 제공하여 주변에 방해 자극이 없는 상태로 과제를 수행할 수 있도록 함

구성		측정능력
처리속도 지표	측정	• 주의를 유지하면서, 간단한 과제를 빠르고 정확하게 수행하고 의사결정을 내릴 수 있는 능력을 측정함 • 시각적 변별능력, 주의집중력, 정신운동속도, 시각-운동 협응능력, 소근육 운동능력, 글씨쓰기 능력 등과 관련이 있음 • 빠른 처리 속도는 일상적인 정보를 처리하는 데 시간이 더 적게 걸리게 하고, 복잡한 과제에 인지적 자원을 더 효율적으로 활용할 수 있도록 함
	높은 점수	시각-운동 협응능력, 시각 단기기억, 인지적 유연성, 집중력, 시각적 변별능력, 시각적 탐색능력, 과제 수행 속도가 뛰어나다는 것을 의미함
	낮은 점수	• 시각적 변별의 문제, 부주의, 시각-운동 협응능력의 부족, 느린 의사결정 속도 또는 느린 인지 속도 등을 반영함 • 일반 아동에 비해 같은 시간 동안 배우는 양이 적거나 같은 양을 배우는 데 더 오랜 시간이 걸리며, 정신적으로 쉽게 지칠 수 있음 • 학습장애, ADHD, 자폐 스펙트럼장애와 같은 신경발달장애와도 관련이 있음 • 시간 압박하에 작업하는 능력이 다소 부족하다는 것을 나타냄 • 완벽주의적이고 강박적인 성향이 있는 경우, 과제 수행에 시간이 오래 걸리기 때문에 낮은 점수를 받을 수 있으며, 충동적 성향이 있는 경우 오류를 많이 범하기 때문에 낮은 점수를 받을 수 있음
	개입방법	• 과제 수행 시간을 더 길게 제공하여 시간 압박을 줄이는 방법, 쉬운 문제를 짧은 시간 안에 가능한 한 빨리 해결하는 연습을 시키는 방법, 긴 시험을 치러야 할 경우 쉬는 시간을 제공하는 방법 등이 있음 • 아동의 능력을 평가할 때, 답안을 빠른 시간 내에 서술하는 형식보다는 객관식, OX 퀴즈, 빈칸 채우기 등의 형식을 사용할 수 있음

(3) **강약점 분석**

지표		지표점수	비교점수	차이	임계값	강점(S)/약점(W)	누적비율
언어이해	VCI	124	117.4	6.6	8.61	–	25%
시공간	VSI	116	117.4	-1.4	10.41	–	>25%
유동추론	FRI	120	117.4	2.6	10.03	–	>25%
작업기억	WMI	110	117.4	-17.4	9.25	W	2~5%
처리속도	PSI	127	117.4	9.6	10.92	–	15~25%

① 지표점수 평균(MIS)이나 전체 IQ와 비교하여 해당 지표가 아동의 능력 안에서 인지적 강점 혹은 약점인지 알아볼 수 있다.
② **지표점수 평균** : 5개의 지표점수의 합을 나눈 값이며, 비교점수는 전체 IQ보다 지표점수 평균을 주로 사용한다. 이는 지표점수 평균이 전체 IQ보다 더 많은 소검사로 구성되어 있어 아동의 인지능력을 더 폭넓게 반영하기 때문이다.
③ 해석
  ⊙ 각 기본 지표점수에서 비교점수를 뺀 차이의 절대값이 해당 임계값보다 크거나 같을 경우 유의미한 차이로 판단한다.

    ⓒ **임계값** : 통계적으로 유의미하다고 볼 수 있는 최소한의 차이 값으로, 차이가 통계적으로 유의미할 때, 그 차이가 양수이면 강점, 음수이면 약점으로 볼 수 있다.
    ⓒ **임계값 유의 수준 선택** : 유의 수준은 얼마나 엄격하게 통계적 유의미성을 평가할 것인지를 나타낸다. 임계값 유의 수준으로는 .01, .05, .10, .15가 있으며 검사자가 목적에 따라 선택한다.
    ② **누적비율** : 해당 점수 차이가 축적된 비율을 의미하며, 누적비율을 통해 아동의 점수 차이가 얼마나 빈번하게 또는 희소하게 일어나는지 평가할 수 있다(누적비율이 15% 미만일 경우에 드문 것으로 간주함).
  ④ **결과표 해석** : 기본 지표 중 작업기억 지표가 아동의 인지적 약점에 해당한다. 작업기억 지표(100) 점수와 비교점수(117.4) 사이의 절대값(17.4)이 해당 임계값(9.25)보다 크고 점수의 차이가 음수이기 때문이다. 그리고 누적비율은 2~5%에 해당하여 15% 미만이므로 해당 점수 차이는 드문 경우라고 볼 수 있다.

(4) **기본 지표의 차이 비교**

지표 비교				점수 1	점수 2	차이	임계값	유의미한 차이(Y/N)	누적비율
언어이해	VCI	–	시공간	VSI	124	116	8	11.39	N	33.8%
언어이해	VCI	–	유동추론	FRI	124	120	4	11.06	N	40.1%
언어이해	VCI	–	작업기억	WMI	124	100	24	10.38	Y	5.7%
언어이해	VCI	–	처리속도	PSI	124	127	–3	11.84	N	45%
시공간	VSI	–	유동추론	FRI	116	120	–4	12.47	N	38.6%
시공간	VSI	–	작업기억	WMI	116	100	16	11.87	Y	17.2%
시공간	VSI	–	처리속도	PSI	116	127	–11	13.17	N	26.8%
유동추론	FRI	–	작업기억	WMI	120	100	20	11.55	Y	9.4%
유동추론	FRI	–	처리속도	PSI	120	127	–7	12.88	N	35.1%
작업기억	WMI	–	처리속도	PSI	100	127	–27	12.3	Y	5.8%

* 임계값의 유의 수준은 0.05입니다.
* 누적비율의 준거집단은 전체 표본입니다.

① 5개의 기본 지표점수를 서로 비교하여 아동의 인지능력에 유의미한 차이가 있는지 볼 수 있다.
② **해석** : 각 지표점수 간 차이의 절대값을 해당 임계값과 비교하여 분석한다.
  ⓒ 각 지표점수 간 차이의 절대값이 해당 임계값보다 크거나 같다면 그 차이는 유의미한 것으로 볼 수 있다.
  ⓒ 차이가 통계적으로 유의미하다면 누적비율을 통해 그 차이가 얼마나 드물게 발생하는 경우인지 판단한다.
③ **결과표 해석** : 언어이해-작업기억, 시공간-작업기억, 유동추론-작업기억, 작업기억-처리속도에서 유의미한 차이가 나타났다. 우선 언어이해 지표(124) 점수와 작업기억 지표(100) 점수 차이의 절대값(24)이 해당 임계값(10.38)보다 크기 때문에 두 지표점수의 차이는 통계적으로 유의미하다. 누적비율은 5.7%로 15% 미만이기 때문에 두 지표의 점수 차이는 드문 경우라고 볼 수 있다. …(중략)… 마지막으로 작업기억 지표(100) 점수와 처리속도 지표(127) 점수 차이의 절대값(27)이 임계값(12.3)보다 크기 때문에 두 지표점수의 차이는 통계적으로 유의미하다. 누적비율은 5.8%로 해당 점수 차이는 드문 경우라고 할 수 있다.

④ 기본 지표점수의 차이 비교 해석

기본 지표점수의 차이 비교	해석
언어이해 – 시공간	• 언어이해 지표점수가 시공간 지표점수보다 높을 경우 : 아동이 문제를 해결할 때 시각·공간적 자극보다는 언어적 자극을 활용하는 것에 더 뛰어나며 시공간 추론능력보다는 언어적 추론능력이 더 뛰어나다는 것을 의미함 • 시공간 지표점수가 언어이해 지표점수보다 높을 경우 : 문제를 해결할 때 언어적 자극보다는 시각·공간적 정보를 활용하는 것에 더 뛰어나며 언어적 추론능력보다는 시공간 추론능력이 더 뛰어나다는 것을 의미함
언어이해 – 유동추론	• 언어이해 지표점수가 유동추론 지표점수보다 높을 경우 : 이미 학습된 지식을 언어로 표현하는 능력이 새로운 문제를 접했을 때 추론하는 인지능력보다 더 뛰어나다는 것을 의미함 • 유동추론 지표점수가 언어이해 지표점수보다 높을 경우 : 아동이 새로운 문제를 접했을 때 추론하는 인지능력이 이미 학습된 지식을 언어로 표현하는 능력보다 더 뛰어나다는 것을 의미함
언어이해 – 작업기억	• 언어이해 지표점수가 작업기억 지표점수보다 높을 경우 : 언어적 자극을 이해하고 의미를 조합하여 자신의 생각을 전달하는 능력이 일시적으로 정보를 저장하고 조작하는 능력보다 더 뛰어나다는 것을 의미함 • 작업기억 지표점수가 언어이해 지표점수보다 높을 경우 : 일시적으로 정보를 저장하고 조작하는 능력이 언어적 자극을 이해하고 의미를 조합하여 자신의 생각을 전달하는 능력보다 뛰어나다는 것을 의미함
언어이해 – 처리속도	• 언어이해 지표점수가 처리속도 지표점수보다 높을 경우 : 언어적 자극을 이해하고 자신의 생각을 전달하는 능력이 의사결정을 위해 시각 정보를 빠르고 정확하게 파악하고 처리하는 능력과 시각–운동 협응능력보다 더 뛰어나다는 것을 의미함 • 처리속도 지표점수가 언어이해 지표점수보다 높을 경우 : 의사결정을 위해 시각 정보를 빠르고 정확하게 파악하고 처리하는 능력과 시각–운동 협응능력이 언어적 자극을 이해하고 자신의 생각을 전달하는 능력보다 더 뛰어나다는 것을 의미함
시공간 – 유동추론	• 시공간 지표점수가 유동추론 지표점수보다 높을 경우 : 시공간 자극을 통하여 문제를 해결하는 시공간 추론능력이 새로운 문제를 접했을 때 해결해 나가는 추론능력과 창의적인 문제의 답을 찾아내는 능력보다 더 뛰어나다는 것을 의미함 • 유동추론 지표점수가 시공간 지표점수보다 높을 경우 : 새로운 문제를 접했을 때 해결해 나가는 추론능력과 창의적인 문제의 답을 찾아내는 능력이 시공간 자극을 통하여 문제를 해결하는 시공간 추론능력보다 더 뛰어나다는 것을 의미함. 유동추론 지표과제는 시공간 지표과제에 비해 더 높은 수준의 추론능력을 요구하기 때문에 유동추론 지표점수가 더 높을 경우 고차원적인 인지적 추론능력이 잘 발달했다는 것을 의미함
시공간 – 작업기억	• 시공간 지표점수가 작업기억 지표점수보다 높을 경우 : 시공간 자극을 통하여 문제를 해결하는 시공간 추론능력이 정보를 저장하고 유지하고 조작하는 능력보다 더 뛰어나다는 것을 의미함 • 작업기억 지표점수가 시공간 지표점수보다 높을 경우 : 정보를 저장하고 유지하고 조작하는 능력이 시공간 자극을 통하여 문제를 해결하는 능력보다 더 뛰어나다는 것을 의미함
시공간 – 처리속도	• 시공간 지표점수가 처리속도 지표점수보다 높을 경우 : 시공간 자극을 통하여 문제를 해결하는 시공간 추론능력이 시각 정보를 빠르고 정확하게 파악하고 의사결정을 내리는 능력보다 더 뛰어나다는 것을 의미함 • 처리속도 지표점수가 시공간 지표점수보다 높을 경우 : 시각 정보를 빠르고 정확하게 파악하고 의사결정을 내리는 능력이 시공간 자극을 통하여 문제를 해결하는 시공간 추론능력보다 더 뛰어나다는 것을 의미함

기본 지표점수의 차이 비교	해석
유동추론 – 작업기억	• 유동추론 지표점수가 작업기억 지표점수보다 높을 경우 : 새로운 문제를 접했을 때 연관성을 찾아내고 창의적인 문제의 답을 하는 능력이 정보들을 저장하고 유지하고 조작하는 능력보다 더 뛰어나다는 것을 의미함 • 작업기억 지표점수가 유동추론 지표점수보다 높을 경우 : 정보들을 저장하고 유지하고 조작하는 능력이 새로운 문제를 접했을 때 연관성을 찾아내고 창의적인 문제의 답을 하는 능력보다 뛰어나다는 것을 의미함
유동추론 – 처리속도	• 유동추론 지표점수가 처리속도 지표점수보다 높을 경우 : 새로운 문제를 접했을 때 여러 가지 정보를 활용하여 추론해 나가는 능력이 정보를 빠르고 정확하게 파악하여 처리하는 능력보다 더 뛰어나다는 것을 의미함 • 처리속도 지표점수가 유동추론 지표점수보다 높을 경우 : 정보를 빠르고 정확하게 파악하여 처리하는 능력이 새로운 문제를 접했을 때 여러 가지 정보를 활용하여 추론해 나가는 능력보다 더 뛰어나다는 것을 의미함
작업기억 – 처리속도	• 작업기억 지표점수가 처리속도 지표점수보다 높을 경우 : 시각·청각 정보를 저장하고 유지하고 조작하는 능력이 시각 정보를 빠르고 정확하게 파악하고 처리하는 능력보다 더 뛰어나다는 것을 의미함. 이 경우 단기기억이 정신적 조작 속도, 시각-운동 협응능력보다 잘 발달되어 있다고 볼 수 있음 • 처리속도 지표점수가 작업기억 지표점수보다 높을 경우 : 시각 정보를 빠르고 정확하게 파악하고 처리하는 능력이 시각·청각 정보를 저장하고 유지하고 조작하는 능력보다 더 뛰어나다는 것을 의미함. 이 경우 정신적 조작 속도, 시각-운동 협응능력이 단기기억보다 잘 발달해 있다고 볼 수 있음

3. 해석 3단계 : 기본 지표 척도 소검사 해석하기

(1) 소검사 점수의 분류

소검사 점수	분류
16~19	매우 우수/예외적 강점/매우 잘 발달
13~15	평균 상/강점/잘 발달
8~12	평균
5~7	평균 하/약점/빈약하게 발달
1~4	매우 낮음/예외적 약점/매우 빈약하게 발달

(2) 소검사 해석

구성		측정능력
언어이해 지표	공통성	• 두 개의 단어를 듣고, 두 단어의 공통적인 속성을 말해야 함 • 언어적 추론능력과 개념 형성능력, 추상적 사고능력을 측정함
	어휘	• 사물이 그려진 그림을 보고 사물의 이름을 말하거나 단어를 듣고 그 단어의 의미를 말해야 함 • 언어적 개념을 갖고, 그 개념을 정확하게 표현하는 능력을 측정함. 또한 결정지능, 어휘지식, 언어유창성, 학습능력, 추상적 사고능력 등과 관련이 있음
시공간 지표	토막짜기	• 제한시간 내에 빨간색과 흰색으로 이루어진 토막을 사용하여, 제시된 모형과 똑같은 모양을 만들어야 함 • 추상적인 시각자극을 분석하고 종합하는 능력을 측정함. 또한 비언어적 추론능력, 시지각 조직화 능력, 동시처리 능력, 시각-운동 협응능력 등과 관련이 있음
	퍼즐	• 제한시간 내에 완성된 퍼즐을 보고 퍼즐을 구성할 수 있는 3개의 조각을 선택해야 함 • 추상적인 시각자극을 분석하고 통합하는 능력을 측정함. 또한 시지각 정보처리 능력, 정신적 회전능력, 공간적 시각화 능력, 작업기억, 동시처리 능력, 비언어적 추론 등과 관련이 있음

구성		측정능력
유동추론 지표	행렬추리	• 행렬이나 연속의 일부를 보고, 전체를 완성하는 보기를 찾아야 함. 즉, 시각 정보를 사용하여 모든 자극을 연결하는 근본적인 규칙을 파악하고 적용할 수 있어야 함 • 시지각적 정보처리 능력과 추상적 추론능력을 측정함. 또한 동시처리 능력, 부분-전체의 관계에 대한 이해, 세부 사항에 대한 주의력 등과 관련이 있음
	무게비교	• 양쪽 무게가 달라 균형이 맞지 않는 저울 그림을 보고 균형을 맞출 수 있는 보기를 골라야 함 • 비언어적 시각 정보에 대한 양적추론능력, 수학적 추론능력, 시각 작업기억, 인지적 유연성 등을 측정함
작업기억 지표	숫자	• 일련의 숫자를 듣고 기억하여 따라해야 함 • 단기기억, 작업기억, 기계적인 암기력, 주의집중력, 청각적 변별능력을 측정함 • **숫자 바로 따라 하기**: 청각적 시연, 단기기억, 작업기억 등을 측정함 • **숫자 거꾸로 따라 하기**: 작업기억, 순차처리 능력, 정신적 조작능력 등을 측정함 • **숫자 순서대로 따라 하기**: 숫자 거꾸로 따라 하기와 비슷한 능력을 측정하지만 더 복잡한 정신적 조작능력과 주의집중력을 필요로 하며 양적 지식까지 측정함
	그림기억	• 제한시간 내에 1개 이상의 그림을 기억하고, 해당 그림을 다양한 그림 속에서 가능한 순서대로 찾아야 함 • 작업기억, 주의집중력, 시각처리 능력, 순서화 능력, 시각 단기기억과 반응억제 능력 등을 측정함
처리속도 지표	기호쓰기	• 제한시간 내에 기호표를 보고 간단한 기하학적인 모양이나 숫자에 상응하는 기호를 그려야 함 • 시각 단기기억, 주의집중력, 시각-운동 협응능력, 정신운동 속도, 시각적 변별능력, 연합학습 능력 등을 측정함. 또한 손을 사용하여 기호를 직접 써야 하기 때문에 소근육 운동능력도 측정함
	동형찾기	• 제한시간 내에 반응 부분을 훑어보고 표적 모양과 동일한 것을 찾아야 함 • 시각적 변별능력, 시각-운동 협응능력, 주의집중력, 의사결정 속도, 통제 및 조절능력, 시각 단기기억 등을 측정함

(3) **소검사의 강약점 해석**

소검사	환산점수	비교점수	차이	임계값	강점(S)/약점(W)	누적비율
공통성	14	13.2	0.8	2.97	–	>25%
어휘	15	13.2	1.8	1.87	–	15~25%
토막짜기	11	13.2	−2.2	3.33	–	15~25%
퍼즐	15	13.2	1.8	2.82	–	15~25%
행렬추리	10	13.2	−3.2	3.42	–	5~10%
무게비교	17	13.2	3.8	1.99	S	5%
숫자	13	13.2	−0.2	2.28	–	>25%
그림기억	7	13.2	−6.2	2.88	W	<2%
기호쓰기	15	13.2	1.8	2.81	–	15~25%
동형찾기	15	13.2	1.8	3.51	–	25%

* 비교점수의 평균은 10가지 소검사 환산점수의 평균입니다.
* 임계값의 유의 수준은 0.05입니다.

① MSS-P 방법과 MSS-F 방법과 비교하여 해당 소검사의 강약점을 알아볼 수 있다.
  ㉠ MSS-P 방법 : 10개의 기본 지표 척도 소검사 점수의 평균으로, 유효한 비교점수로 사용하려면 10개 소검사 중 원점수 총점이 0점인 소검사가 5개 이하여야 한다. ➡ 권장방법
  ㉡ MSS-F 방법 : 전체 IQ를 구성하는 7개의 소검사 점수의 평균으로, 유효한 비교점수로 사용하려면 7개 소검사 중 원점수 총점이 0점인 소검사가 4개 이하여야 한다.
② 해석 : 소검사 환산점수에서 비교점수를 뺀 차이의 절대값이 해당 임계값보다 크거나 같을 경우 유의미한 차이로 판단한다.
  ㉠ 차이가 유의미할 때, 그 차이가 양수이면 해당 소검사는 강점, 음수이면 약점으로 간주한다.
  ㉡ 누적비율을 통해 해당 점수 차이가 얼마나 빈번하게 또는 드물게 일어나는 경우인지 평가한다.
③ 결과표 해석 : 무게비교 소검사가 인지적 강점, 그림기억 소검사가 인지적 약점으로 나타났다. 우선, 무게비교(17) 점수와 비교점수(13.2) 차이의 절대값(3.8)이 임계값(1.99)보다 크고 점수의 차이가 양수이기 때문에 무게비교 소검사는 개인 내 강점에 해당한다. 누적비율은 5%에 해당하여 15% 미만이므로 해당 점수 차이는 드문 경우라고 볼 수 있다.

(4) 소검사 차이 비교

소검사 비교			점수 1	점수 2	차이	임계값	유의미한 차이(Y/N)	누적비율
공통성	-	어휘	14	15	-1	3.04	N	43.1%
토막짜기	-	퍼즐	11	15	-4	3.52	Y	10.7%
행렬추리	-	무게비교	10	17	-7	2.82	Y	2.7%
숫자	-	그림기억	13	7	6	2.93	Y	3.4%
기호쓰기	-	동형찾기	15	15	0	3.36	N	-

*임계값의 유의 수준은 0.05입니다.

① 소검사 차이 비교를 통해 아동의 인지적 특성에 대해 추가적인 정보를 얻을 수 있다.
② 해석 : 두 소검사 차이의 절대값이 해당 임계값보다 크거나 같으면 그 차이는 통계적으로 유의미하다고 본다. 또한 차이가 통계적으로 유의미하다면 누적비율을 통해 두 소검사의 점수 차이가 얼마나 빈번하게 혹은 드물게 발생하는 경우인지도 판단할 수 있다.
③ 결과표 해석 : 토막짜기-퍼즐, 행렬추리-무게비교, 숫자-그림기억에서 유의미한 차이가 나타났다. 우선, 토막짜기(11) 점수와 퍼즐(15) 점수 차이의 절대값(4)이 임계값(3.52)보다 크기 때문에 두 소검사의 점수 차이는 통계적으로 유의미하다. 누적비율은 10.7%로 15% 미만이기 때문에 해당 점수 차이는 드문 경우로 볼 수 있다.
④ 차이 비교 해석

구성		측정능력
공통성과 어휘	공통	모두 언어적 개념 형성능력과 의사소통 능력을 측정함
	공통성	상대적으로 논리적인 추론능력, 상위 개념 형성능력, 관계파악 능력, 인지적 유연성과 더 연관됨
	어휘	이미 학습된 어휘지식과 단어의 의미를 정확하게 표현하는 능력과 더 연관됨
토막짜기와 퍼즐	공통	모두 시공간적 처리 및 추론능력을 측정하며, 전체와 부분의 관계를 파악하여 자극을 재구성함
	토막짜기	시각자극을 분석하고 구성하는 능력, 시각-운동 협응능력과 더 연관됨
	퍼즐	자극을 눈으로만 보고 정신적으로 조작하여 정답을 찾아야 하므로 유동추론 능력, 시각화 능력, 정신적 조작능력, 인지적 유연성 등과 더 연관됨

구성		측정능력
행렬추리와 무게비교	공통	모두 비언어적 유동추론 능력을 측정함
	행렬추리	자극을 보고 규칙성을 발견하여 적용하는 귀납추론능력과 더 연관됨
	무게비교	양적추론능력, 양적 균등 개념, 수학적 추론능력과 더 연관됨
숫자와 그림기억	공통	모두 작업기억을 측정함
	숫자	청각단기기억, 단순 암기력, 기계적 학습능력과 더 연관되며 단서 없이 자극을 떠올리는 자유회상을 통해 기억해야 함
	그림기억	자극이 시각적으로 제시되므로 시각 작업기억과 더 연관되며 기억한 그림자극을 보기에서 선택하도록 하므로, 이미 접했던 자극을 재인을 통해 기억해야 함
기호쓰기와 동형찾기	공통	모두 시각처리 능력과 주의집중력을 측정함
	기호쓰기	기호를 빠르게 학습하는 능력, 글씨쓰기 능력, 시각-운동 협응능력과 더 연관됨
	동형찾기	시각적 변별능력, 시각적 주사(scanning) 능력과 더 연관됨

4. 해석 4단계 : 추가 지표 척도 해석하기

(1) 추가 지표 척도 구성

양적추론(QR)	청각작업기억(AWMI)	비언어(NVI)	일반능력(GAI)	인지효율(CPI)
무게비교(FW)	숫자(DS)	토막짜기(BD)	공통성(SI)	숫자(DS)
산수(AR)	순차연결(LN)	퍼즐(VP)	어휘(VC)	그림기억(PS)
		행렬추리(MR)	토막짜기(BD)	기호쓰기(CD)
		무게비교(FW)	행렬추리(MR)	동형찾기(SS)
		그림기억(PS)	무게비교(FW)	
		기호쓰기(CD)		

(2) 추가 지표 척도의 단일성

추가 지표		환산점수 합	지표점수	백분위	신뢰구간 (95%)	진단분류 (수준)	측정표준오차 (SEM)
양적추론	QRI	24	111	77	104-117	평균 상	4.29
청각작업기억	AWMI	20	100	50	93-107	평균	4.07
비언어	NVI	66	107	68	100-113	평균	3.40
일반능력	GAI	54	105	64	99-111	평균	3.50
인지효율	CPI	41	102	54	94-109	평균	3.96

① 각 추가 지표를 구성하는 소검사들 중 가장 높은 소검사 점수와 가장 낮은 소검사 점수의 차이가 5점 미만일 경우에만 해당 추가 지표가 단일한 능력을 측정한다고 볼 수 있다.
② 추가 지표를 구성하는 소검사들 중 가장 높은 소검사 점수와 가장 낮은 소검사 점수의 차이가 5점 이상일 경우에는 해당 추가 지표에서 측정하고자 하는 능력을 충분히 반영하지 못할 수 있으므로 해석 시, 주의를 기울여야 한다.

(3) 해석

구성	측정능력
양적추론 지표	• 일차적으로는 비언어적 시각 정보이든, 언어적 정보이든, 제시된 정보에 대해 양적 관계를 이해하여 추론하는 능력을 측정함 • 수리 혹은 계산능력, 주의집중력, 작업기억력 등도 이 과제들을 수행하는 데에 영향을 미침
청각작업기억 지표	기억력, 암기, 주의집중, 청각 단기기억, 작업기억, 수리능력, 청각적 순차처리, 계획능력, 정신적 조작능력을 측정함
비언어 지표	이 지표는 10개의 기본 지표 척도 소검사 중 언어적 반응이 필요하지 않은 6개의 소검사에 기초해 산출되므로 언어적 요구를 최소화한 상태에서의 전반적인 지적능력을 반영함
일반능력 지표	• 이 지표는 인지적 효율성의 영향을 적게 받는 척도로, FSIQ 산출에 적용되는 전체 척도의 핵심 소검사들 중 VCI(공통성, 어휘), VSI(토막짜기), FRI(행렬추리, 무게비교)에 포함되는 5개의 핵심 소검사로 구성됨 • K-WISC-IV 및 K-WAIS-IV의 일반능력 지표와 구성개념이 기본적으로는 동일하겠으나, 소검사 항목의 변화를 고려해 해석해야 함
인지효율 지표	• 이 지표는 학습, 문제해결, 추론과정에서 이루어지는 정보처리의 효율성을 측정함 • WMI(숫자, 그림기억)와 PSI(기호쓰기, 동형찾기)에 포함되는 4개의 소검사로 구성되므로 K-WISC-IV 및 K-WAIS-IV의 인지효율 지표와 구성개념이 기본적으로 동일할 것이지만, 이전 버전의 CPI와는 달리 언어적-청각적 정보처리가 주가 되는 순서화(K-WISC-IV) 혹은 산수(K-WAIS-IV) 소검사 대신 그림기억 소검사가 새롭게 추가되어 비언어적, 시각 정보처리에 대한 비중이 상대적으로 증가하였을 가능성을 고려해야 함

(4) 추가 지표 차이 비교

추가 지표 비교			점수 1	점수 2	차이	임계값	유의미한 차이 (Y/N)	누적비율
일반능력	GAI	−	전체 IQ	123	126	−3	3.06	N	28%
일반능력	GAI	−	인지효율	123	116	7	9.49	N	32.1%
작업기억	WMI	−	청각작업기억	100	119	−19	8.72	Y	2.5%

* 임계값의 유의 수준은 0.05입니다.
* 누적비율의 준거집단은 전체 표본입니다.

① 일반능력 지표와 전체 IQ 비교 : 작업기억과 처리속도가 전반적인 지적능력에 미치는 영향을 평가할 수 있다.
  ㉠ 일반능력 지표점수가 전체 IQ 점수보다 유의미하게 높을 경우 : 작업기억과 처리속도가 아동의 능력 안에서 상대적으로 약점이라는 것을 의미한다.
    ➡ 신경발달장애(ADHD, SLD, ASD 등)가 있는 아동의 경우 주로 작업기억과 처리속도에 결함이 있기 때문에 일반능력 지표점수가 전체 IQ 점수보다 높게 나타나는 경향이 있다.
  ㉡ 전체 IQ가 일반능력 지표점수에 비해 유의미하게 높을 경우 : 작업기억과 처리속도가 아동의 전반적인 지적능력을 강화하고 있다는 것을 의미한다.
  ㉢ 점수가 유의미하게 차이 나지 않을 경우 : 작업기억과 처리속도가 전반적인 지적능력에 많은 영향을 미치지 않는다고 볼 수 있다.

② 일반능력 지표와 인지효율 지표의 비교 : 신경발달장애 아동의 지적능력을 평가할 때 주로 사용한다.
　㉠ 일반능력 지표점수가 인지효율 지표점수에 비해 유의미하게 높을 경우 : 언어능력, 전반적 추론능력, 시공간적 처리능력 등과 같은 상위 인지능력이 정보를 빠르고 효율적으로 처리하는 인지적 효율성에 비해 우수하다는 것을 의미한다.
　㉡ 인지효율 지표점수가 일반능력 지표점수에 비해 유의미하게 높을 경우 : 정보를 빠르고 효율적으로 처리하는 인지적 효율성이 상위 인지능력보다 더 우수하다는 것을 의미한다.
③ 작업기억 지표와 청각작업기억 지표의 비교 : 작업기억 지표는 시각 및 청각 작업기억을 모두 측정하지만, 청각작업기억 지표는 청각작업기억만 측정한다. 따라서 두 지표 간의 비교를 통해 청각작업기억이 우수한지 혹은 부족한지 여부를 평가할 수 있다.
　㉠ 작업기억 지표점수가 유의미하게 높은 경우 : 시각과 청각 작업기억 모두 우수하며 특히 정보가 청각적으로 제시되었을 때보다 시각적으로 제시되었을 때 작업기억 수행이 향상된다는 것을 의미한다.
　㉡ 청각작업기억 지표점수가 유의미하게 높은 경우 : 청각 단기기억, 청각적 변별능력 등이 우수하며, 정보가 시각으로 제시되었을 때보다 청각적으로 제시되었을 때 작업기억 수행이 향상된다는 것을 의미한다.
④ 결과표 해석 : 작업기억-청각작업기억에서 유의미한 차이가 나타났다. 작업기억 지표(100) 점수와 청각작업기억 지표(119) 점수 차이의 절대값(19)이 임계값(8.72)보다 크기 때문에 두 지표점수의 차이는 통계적으로 유의미하다. 누적비율은 2.5%로 15% 미만이기 때문에 두 지표점수의 차이는 드문 경우라고 볼 수 있다.

5. 해석 5단계 : 추가 지표 척도 소검사 해석하기

(1) 소검사 점수 해석(3단계 소검사 추가)

소검사	측정능력
산수	• 양적추론 지표 소검사로, 제한시간 내에 그림문항과 언어문항으로 구성된 산수 문제를 암산으로 풀어야 함 • 주의집중력, 단기기억, 작업기억, 장기기억, 수학적 추론능력, 청각적 순차처리 능력, 정신적 조작능력, 양적 지식 등을 측정함 • 자극을 청각적으로 제시하기 때문에 청각적 변별능력과 이해능력이 중요함
순차연결	• 청각작업기억 지표 소검사로, 연속되는 글자와 숫자를 듣고 숫자는 오름차순, 글자는 가나다 순으로 암기해야 함 • 청각적 변별능력, 주의집중력, 청각적 시연능력, 단기기억, 기계적 암기력, 청각적 순차처리 능력 등을 측정함

(2) 추가 지표 척도 차이 비교

① 무게비교와 산수 : 모두 수학능력과 양적추론능력을 측정한다.
　㉠ 무게비교 : 문제가 추상적인 시각자극으로 제시되기 때문에 작업기억이 적게 요구되며, 정답을 손으로 가리킬 수 있기 때문에 언어적 표현능력의 영향을 덜 받는다.
　㉡ 산수 : 그림문항을 제외한 대부분의 문항들을 듣고 암산으로 계산해서 대답해야 하기 때문에 작업기억과 언어적 표현능력을 필요로 한다.
② 숫자와 순차연결 : 모두 청각적 단기기억, 기계적인 암기력을 측정한다.
　㉠ 숫자 : 단일한 숫자자극이 사용되기 때문에 순차연결 소검사에 비해 유의미하게 높을 경우에는 청각 단기기억은 잘 발달했으나 더 복잡한 정신적 조작능력은 부족하다는 것을 의미한다.
　㉡ 순차연결 : 숫자와 글자 자극이 사용되기 때문에 숫자 소검사에 비해 유의미하게 높을 경우에는 단순한 청각적 단기기억보다 고차원적인 정보처리 능력과 정신적 조작능력이 더 잘 발달했다고 볼 수 있다.

6. 해석 6단계 : 처리분석 해석하기

(1) 처리분석

① 아동이 사용하는 문제해결 전략이나 오류의 특성 등 아동의 인지과정에 대한 정보를 제공함 : 처리분석을 통해 아동의 검사 수행에 대한 질적 분석과 구체적인 오류분석을 할 수 있고, 수행에 영향을 주는 다양하고 복합적인 원인을 파악할 수 있다.

② 해당 소검사 : 토막짜기, 숫자, 그림기억, 순차연결, 동형찾기, 기호쓰기, 선택 소검사에 대한 총 18개의 처리점수가 있다.

③ 소검사별 처리점수 종류

소검사	처리점수
토막짜기	시간 보너스가 없는 토막짜기, 토막짜기 부분점수, 토막짜기 공간크기 오류, 토막짜기 회전 오류
숫자	숫자 바로 따라 하기, 숫자 거꾸로 따라 하기, 숫자 순서대로 따라 하기, 가장 긴 숫자 바로 따라 하기, 가장 긴 숫자 거꾸로 따라 하기, 가장 긴 숫자 순서대로 따라 하기
그림기억	가장 긴 그림기억 자극, 가장 긴 그림기억 반응
순차연결	가장 긴 순차연결
동형찾기	동형찾기 세트 오류, 동형찾기 회전 오류
기호쓰기	기호쓰기 회전 오류
선택	선택(무선배열), 선택(일렬배열)

(2) 처리점수의 환산점수 변환 및 해석

처리점수		원점수	환산점수
시간 보너스가 없는 토막짜기	BDn	32	9
토막짜기 부분점수	BDp	40	8
숫자 바로 따라 하기	DSf	10	11
숫자 거꾸로 따라 하기	DSb	9	9
숫자 순서대로 따라 하기	DSs	8	10
선택(무선배열)	CAr	34	11
선택(일렬배열)	CAs	32	9

① 토막짜기 처리점수

처리점수	내용
시간 보너스가 없는 토막짜기	• 시간 보너스 점수를 부여하지 않았을 때의 토막짜기 소검사 점수 • 과제에서 속도의 영향을 줄인 점수이기 때문에, 신체적 어려움이 있어 토막을 빠르게 움직이지 못하는 아동, 완벽주의적이고 강박적인 경향이 있어 제한시간 내에 과제를 수행하지 못하는 아동의 수행을 파악할 때 활용될 수 있음
토막짜기 부분점수	• 제한시간 안에 토막을 다 완성하지 못했어도 맞게 완성한 부분에 대해서만 점수를 부여하는 것 • 완성된 만큼 점수를 받을 수 있기 때문에 충동적이거나, 부주의하거나, 완성해야 하는 토막의 모양을 잘 인식하지 못하는 아동의 시공간 구성능력을 평가하는 데 유용함

② 숫자 처리점수

처리점수	내용
숫자 바로 따라 하기	• 숫자 바로 따라 하기 과제에 대한 처리점수 • 청각적 단기기억, 기계적 암기력, 작업기억을 나타냄
숫자 거꾸로 따라 하기	• **숫자 거꾸로 따라 하기 과제에 대한 처리점수** : 제시된 자극을 역으로 재배열해야 함 • 자극의 변환이 필요한 청각 단기기억과 더 복잡한 주의처리 능력, 정신적 조작능력, 작업기억을 나타냄
숫자 순서대로 따라 하기	• **숫자 순서대로 따라 하기 과제에 대한 점수** : 제시된 숫자 자극을 기억했다가 크기 순서대로 배열해야 함 • 청각 단기기억, 작업기억, 주의집중뿐 아니라 숫자에 대한 양적 지식까지 나타냄 • 숫자 거꾸로 따라 하기 과제와 비슷하게 정신적 조작능력을 나타내며, 숫자 바로 따라 하기 과제보다 주의집중력과 작업기억을 훨씬 더 많이 반영함

③ 선택 처리점수

처리점수	내용
선택 (무선배열)	시각 자극이 비조직적으로 제시되었을 때 아동의 처리속도와 선택적으로 주의를 기울이는 능력을 측정함
선택 (일렬배열)	시각 자극이 일렬로, 즉 조직적으로 제시되었을 때 아동의 처리속도와 선택적으로 주의를 기울이는 능력을 측정함

(3) 처리점수의 환산점수 차이 비교

처리점수 비교		점수 1	점수 2	차이	임계값	유의미한 차이(Y/N)	누적비율
토막짜기 총점	–	시간 보너스가 없는 토막짜기 점수	11	11	0	3.95	N	–
토막짜기 총점	–	토막짜기 부분점수	11	11	0	3.67	N	–
숫자 바로 따라 하기	–	숫자 거꾸로 따라 하기	11	12	–1	3.35	N	45.1%
숫자 바로 따라 하기	–	숫자 순서대로 따라 하기	11	15	–4	3.45	Y	12.8%
숫자 거꾸로 따라 하기	–	숫자 순서대로 따라 하기	12	15	–3	3.55	N	19.1%
순차연결 총점	–	숫자 순서대로 따라 하기	14	15	–1	3.38	N	46.5%
선택(무선배열)	–	선택(일렬배열)	7	7	0	4.17	N	–

*임계값의 유의 수준은 0.05입니다.

① 토막짜기 총점과 시간 보너스가 없는 토막짜기 점수의 차이 비교

처리점수	내용
토막짜기 총점이 더 높은 경우	시간 압박하에서 과제를 빠르고 정확하게 수행할 수 있으며, 처리속도와 소근육 운동능력에 어려움이 없다는 것을 의미함
시간 보너스가 없는 토막짜기 점수가 더 높은 경우	제한시간 안에 시공간 자극을 조직하고 구성하는 능력은 양호하지만, 빠른 시각 처리능력이나 소근육 운동능력이 부족할 수 있음

② 숫자 바로 따라 하기와 숫자 거꾸로 따라 하기 차이 비교

처리점수	내용
숫자 바로 따라 하기 점수가 더 높은 경우	• 인지적 변환을 필요로 하는 정신적 조작능력보다 청각 단기기억, 기계적 암기력이 더 우수하다는 것을 의미함 • 또한 숫자 거꾸로 따라 하기 과제의 지시사항을 잘 이해하지 못했거나 숫자 바로 따라 하기 과제가 끝난 후 주의집중력을 유지하지 못한 경우
숫자 거꾸로 따라 하기 점수가 더 높은 경우	• 드문 현상으로, 숫자 바로 따라 하기 과제의 지시사항을 잘 이해하지 못했거나, 비일관적인 주의집중력이나 불안 등 다른 여러 요인이 수행에 영향을 주었음을 의미할 수 있음 • 또는 단순한 과제에는 흥미를 느끼지 못하고 어려운 과제에 흥미를 보이는 아동의 성향을 반영할 수 있음

③ 숫자 바로 따라 하기와 숫자 순서대로 따라 하기 차이 비교

처리점수	내용
숫자 바로 따라 하기 점수가 더 높은 경우	• 청각 단기기억은 양호하지만 작업기억과 정신적 조작능력이 상대적으로 저조하다는 것을 의미함 • 또는 아동이 숫자를 순서대로 배열하는 방법을 배우지 못했거나, 숫자를 순서대로 말하라는 추가적 지시사항을 이해하지 못한 것일 수 있음
숫자 순서대로 따라 하기 점수가 더 높은 경우	• 드문 현상으로, 단순한 기계적 암기보다 복잡한 과제에 더 흥미를 느끼고 집중하는 성향이 반영된 결과일 수 있음 • 또는 아동의 비일관적인 주의집중력, 거부적 태도, 불안 등을 나타냄

④ 숫자 거꾸로 따라 하기와 숫자 순서대로 따라 하기 차이 비교

처리점수	내용
숫자 거꾸로 따라 하기 점수가 더 높은 경우	청각 단기기억 및 정신적 조작능력은 양호하게 발달하였지만, 숫자를 순서대로 배열하는 것을 어려워하거나 숫자 순서대로 따라 하기의 일부 문항 중 동일한 숫자가 반복되는 것에 혼란을 느꼈을 가능성이 있음
숫자 순서대로 따라 하기 점수가 더 높은 경우	순서화를 잘 하거나, 숫자를 거꾸로 따라 하는 데 어려움이 있다는 것을 의미함

⑤ 순차연결 총점과 숫자 순서대로 따라 하기 점수의 차이 비교

처리점수	내용
순차연결 총점이 더 높은 경우	청각 단기기억, 정신적 조작능력 등이 잘 발달했으며 아동이 숫자보다 글자를 순서대로 배열하는 것에 더 능숙하거나, 복잡한 이중과제를 더 잘 처리한다는 것을 의미함
숫자 순서대로 따라 하기 점수가 더 높은 경우	• 두 종류의 자극을 처리하는 이중과제에서 작업기억 수행능력을 잘 발휘하지 못하는 것을 의미함 • 또한 아동이 글자를 순서대로 배열하는 방법을 익히지 못한 경우일 수도 있음

⑥ 선택(무선배열)과 선택(일렬배열)의 차이 비교

처리점수	내용
선택(무선배열)이 더 높은 경우	시각자극이 비조직적으로 제시되었을 때 아동의 시각적 주사능력, 처리속도를 더 효율적으로 발휘할 수 있음
선택(일렬배열)이 더 높은 경우	• 시각자극이 일렬로 조직적으로 제시되었을 때 아동이 시각적 주사능력, 처리속도를 더 효율적으로 발휘할 수 있음 • 또한 일렬배열 과제를 무선배열 과제 다음에 시행하기 때문에 연습효과로 인해 수행이 향상되었을 가능성도 있음

7. 해석 7단계 : 검사 태도에 대한 질적 분석

(1) 잘 모르겠어요 반응(DK)

① 검사의 난이도가 다양하기 때문에 이러한 반응은 때로 적절할 수도 있고, 틀린 반응을 하는 것을 막아준다.
② 아동이 답하는 것을 주저하면서 DK 반응을 보인다면 : 아동에게 답하도록 격려할 수도 있다.
③ 아동이 빈번하게 DK 반응을 보인다면 : 지식이나 이해의 부족, 미숙한 탐색과 인출 전략, 동기나 인내심 문제, 불안 등을 반영할 수 있다.

(2) 무반응(NR)

① 무반응은 평가 참여도를 알려주고, 사회적 기술의 부족, 자신감, 반항행동, 심한 불안, 사회적 관계와 같은 심리사회적 기능, 혹은 언어기술에 대한 임상적 정보를 제공해 준다.
② 아동이 한 과제에서만 빈번히 NR 반응을 보인다면 : 측정 영역의 내용과 관련된 문제일 수 있다.
③ 아동이 여러 과제에서 빈번히 NR 반응을 보인다면 : 평가 참여도와 관련된 문제일 수 있다.

(3) 문항반복(IR)과 반복요청(RR)

① 아동이 지시사항이나 검사질문 등을 가끔씩 반복해서 말해달라고 요청하는데, 이러한 검사 태도는 평가과정에 대한 좋은 참여도와 잘하고자 하는 욕구와 관련 있다.
② 문항반복과 반복요청이 빈번하다면, 주의력, 청각적 혹은 언어적 정보처리 과정에서 나타나는 문제의 신호일 수 있다.
③ 매우 불안한 아동은 지시사항이나 내용을 정확하게 이해했는지에 대해서 검사자의 확인을 구하고자 반복해달라고 요청할 수 있다.

(4) 하위 발성(SV, subvocalization)

① 하위 발성은 말을 하지 않으면서 입술을 움직이거나 들릴 정도로 혼잣말을 하는 것으로, 과제 수행 시 인지적 부하를 감소시키기 위한 전략이다.
② 관찰 가능한 하위 발성 : 주어진 과제에 대한 정보처리 용량이 한계에 다다랐음을 보여주는 것, 작업기억 기제의 관여를 나타내는 것이다.
③ 하위 발성 시연은 정보를 부호화하는 과정에 도움을 줄 수 있다.

(5) 자기교정(self-corrections)

① 문제라고 보기는 어렵고, 성숙한 자기점검능력을 반영하는 것일 수 있다.
② 때로 충동적인 아동은 빠르게 반응하고 나서 다시 생각한 뒤 자기교정을 하는 경향이 있다.

제5절 지능 및 인지기능검사 2

19 KABC-II : 한국 카우프만 아동지능검사 2

1. 소개

(1) 실시 및 대상

① KABC-II
  ㉠ 만 3~18세 아동 청소년의 정보처리능력, 인지능력을 측정하기 위한 개인 지능검사이다.
  ㉡ 심리, 임상, 심리교육, 신경심리적 평가를 목적으로 개발되었다.
  ㉢ 사고력과 전반적인 인지능력을 모두 측정할 수 있는 측정도구이다.
② 임상, 심리-교육, 신경심리학적 측면의 평가 가능 : 검사를 통해 임상, 교육적 측면의 상태를 진단할 수 있고, 치료계획과 배치계획을 세우는 데 도움을 준다.
③ 인지능력과 사고력에 있어 개개인의 강점과 약점을 파악할 수 있도록 구성되어 있다.
④ 학습장애의 핵심적인 양상인 기본적인 사고처리과정의 장애를 파악하는 데도 유용하다.
⑤ 기존 개인용 지능검사와 구별되는 특징
  ㉠ 지능을 인지처리 과정으로 보고, 이를 문제 또는 과제 해결이 순차적인지 혹은 동시적인지에 따라 측정한다.
  ㉡ 비언어성 척도가 포함되어 있어 언어장애 아동의 지능을 효과적으로 평가할 수 있다.
  ㉢ 학교나 가정, 기타 후천적으로 습득한 지식을 지능척도와 분리하여 평가함으로써 아동의 문제해결력을 사용하여 습득한 능력을 비교할 수 있다.
  ㉣ 기존 대다수의 내용 중심 검사와 달리 처리과정 중심의 검사이기 때문에 수행과정에 대한 설명이 가능하다.
  ㉤ 주로 좌뇌지향 검사인 전통적 검사들과 달리 좌뇌와 우뇌의 기능을 고루 측정하도록 검사가 구성되어 있다.

(2) 전체 척도와 하위 척도

- 검사자는 아동이 검사받는 이유와 배경요인에 근거하여 2개의 전체 척도(MPI, FCI) 중 어느 척도를 사용할지 결정한다.
- 검사 모델로 루리아 모델(MPI)과 CHC 모델(FCI) 중 하나를 선택하여 진단·해석(이원적 구조 해석)을 할 수 있다.
- **지표** : 인지처리 지표(MPI), 유동성-결정성 지표(FCI)
- **하위 척도** : 순차처리, 동시처리, 계획력, 학습력, 지식

	루리아(Luria) 모델	CHC 모델	KABC-II 척도명
-	순차처리 동시처리 학습력 계획력	단기기억(Gsm) 시각적 처리(Gv) 장기저장-회생(Glr) 유동성추리(Gf) 결정성능력(Gc)	순차처리(Gsm) 동시처리(Gv) 학습력(Glr) 계획력(Gf) 지식(Gc)
KABC-하위 척도 명칭	인지처리 지표(MPI)	유동성-결정성 지표(FCI)	

① 모델별 척도

KABC 하위 척도	루리아 모델 (인지처리 지표, MPI)	CHC 모델 (유동성-결정성 지표, FCI)
• 순차처리 일련의 정보들을 제시된 순서에 따라 정확히 재현하는 하위 검사로 구성	• 순차처리 제시된 자극들을 정해진 순서에 따라 입력하고 연속적으로 처리하는 능력	• 단기기억 즉각적인 지각 속에서 정보를 수초 동안 파지하고, 그 정보를 잊어버리기 전에 적절하게 사용하는 능력으로, 문제를 해결하기 위해 주어진 정보를 순차적·연속적으로 조작하는 정보처리능력
• 동시처리 시각 정보가 포함된 자극이 제시되고 일부 하위 검사는 복잡한 문제를 정확하게 풀기 위해 비언어적 추론 또는 시공간적 조작이 필요	• 동시처리 여러 개별 자극을 하나의 범주로 통합하거나 전체적으로 개념화하여 통합시키는 동시적 처리과정	• 시각적 처리 시공간적인 패턴을 지각·생각·조작하고 실제로 해보지 않더라도 정신적으로 대상을 공간에서 회전시켜 볼 수 있는 인지능력
• 학습력 시각 자극과 짝지어진 언어 자극이 제시되고 이를 연합학습하는 과제와 20~25분 경과 후 그 자극들을 회상하는 과제로 구성	• 학습력 새로운 정보를 학습하는 능력으로, 선택적 주의력, 주의 지속력, 집중력 등 주의력 요소와 더불어 청각·시각적 자극을 통합하고 감각 정보를 저장하는 과정에 순차적·동시적 처리를 적용하는 능력, 새로운 정보를 부호화하고 저장하는 능력 등 루리아의 3가지 기능적 단위(주의력, 순차처리/동시처리, 계획능력)를 연합·통합하는 능력이 필요	• 장기저장-회생 장기기억고에 정보를 능숙하고 효율적으로 저장·인출하는 능력으로 광범위한 인지능력에 해당됨. 여기에서 강조하는 점은 정보 저장에 필요한 타고난 능력이 아닌 정보를 저장·검색·인출함에 있어서의 효율성임
• 계획력 기존에 배운 것과 다른 종류의 새로운 비언어적 문제가 제시되고, 수검자는 언어적으로 간접적인 추론을 사용하여 정답을 도출해야 함	• 계획력 가설을 생성하는 능력과 계획을 행동으로 전환하는 능력, 문제해결을 위한 최상의 가설을 모니터링하고 평가하여 의사결정하는 능력, 융통성, 충동 통제능력 등이 필요	• 유동성 추리 새로운 문제를 적응적으로 융통성 있게 해결하기 위해 사용하는 다양한 정신적 조작능력이며, 이때 정신적 조작이란 귀납적·연역적 추론을 적용하고 암시를 이해하며 추론을 형상화하는 능력을 의미함
• 지식 지식, 사실, 어휘력을 평가하는 다양한 과제로 구성		• 결정성 능력 자신이 속한 문화에서 획득한 특정한 지식의 양과 지식을 효율적으로 적용하는 능력. 학습력이 저장과 인출에 초점이 맞춰진 것과 달리 습득해놓은 특정 정보의 범위와 깊이를 강조함. 이는 학교교육에 국한되지 않고 일상생활에서의 경험을 통한 학습도 포함됨. 이 과정에 많은 능력이 관여함

② 루리아(Luria) 모델 : 전체 척도 지수에 해당하는 '인지처리 지표(MPI)'가 산출된다.
  ⊙ 언어 숙련도(예 표현어휘, 언어지식), 일반적인 지식(예 수수께끼)과 같은 습득된 지식을 인지처리 능력과는 별개 영역으로 간주하여 MPI 산출에 포함시키지 않았다.
  ⓒ KABC : 순차처리, 동시처리, 학습력, 계획력이 포함된다.
③ CHC 모델 : 인지기능을 광범위한 능력 군집과 한정적인 능력 군집 간의 위계적인 구조로 특징짓는다.
  ⊙ 루리아 모델에 포함되는 순차처리, 동시처리, 학습력, 계획력에 더해 습득된 '지식'을 인지기능의 구성요소로 보며, 이들의 합산점수에 기초해 전체 척도 지수에 해당하는 유동성-결정성 지표(FCI)가 산출된다.
  ⓒ 루리아 모델과 CHC 모델에서는 각 하위 척도에 대한 해석적 의미에도 차이가 있다.
④ 비언어성 지표(NVI)
  ⊙ KABC와 KABC-II에서는 전체 척도 및 이를 구성하는 하위 척도 외에 비언어성 지표가 별도로 산출된다.
  ⓒ 평가자가 몸짓을 사용해 문항을 제시하고 수검자 역시 언어가 아닌 동작으로 반응할 수 있도록 함으로써 청력 손상, 언어장애, 외국인이나 다문화 가정의 아동 등 언어적 의사소통에 어려움이 있는 수검자의 인지기능을 보다 타당하게 평가할 수 있다.

2. 하위 검사 구성

척도/하위 검사	실시대상 연령			척도/하위 검사	실시대상 연령		
	핵심	보충	비언어성		핵심	보충	비언어성
순차처리(Gsm)				계획력(Gf, 7-18세)			
수회생	4-18	3		형태추리	7-18		5-18
단어배열	3-18			이야기 완성	7-18		6-18
손동작		4-18	3	학습력(Glr)			
동시처리(Gv)				이름기억	3-18		
블록세기	13-18	5-12	7-18	암호해독	4-18		
관계유추	3-6		3-6	이름기억-지연		5-18	
얼굴기억	3-4	5	3-5	암호해독-지연		5-18	
형태추리	5-6			지식(Gc, CHC 모델에만 해당)			
빠른 길 찾기	6-18			표현어휘	3-6	7-18	
이야기 완성		6		수수께끼	3-18		
삼각형	3-12	13-18	3-18	언어지식	7-18	3-6	
그림통합		3-18					

20 신경심리검사

1. 목적과 구성

(1) 목적

① 진단 : 뇌손상이나 뇌기능장애의 진단을 목적으로 사용될 수 있다.
② 환자 관리 및 치료계획 수립 : 신경심리검사를 통해 얻어진 환자의 강점과 약점에 관한 정보는 환자를 관리하고 치료계획을 수립하는 데 사용된다.
③ 재활 및 치료평가 : 치료효과를 민감하게 측정할 수 있고, 환자의 능력과 욕구에 맞는 치료목표를 설정하고 프로그램을 적용할 수 있으며, 수행 실패를 검토하여 수행을 향상할 방법을 분석할 수 있다.
④ 연구 : 뇌와 행동 간의 관계를 밝히고자 하는 연구 목적으로 사용된다.

(2) 접근방식

구분	내용
고정식 배터리 접근 (fixed battery approach)	• 실시해야 하는 검사의 종류와 절차가 미리 정해져 있는 경우로, 검사자는 모든 환자에게 미리 정해진 검사 배터리를 실시함 예 Halstead-Reitan 신경심리검사 배터리 • 검사 배터리들은 거의 모든 뇌기능을 포괄하는 다양한 소검사를 포함하므로 광범위한 행동 스펙트럼에 대한 강점과 약점을 평가할 수 있음 • 규준 정보를 이용할 수 있고, 관련 연구가 확립된 경우가 많으며, 연구용으로도 쉽게 활용이 가능함
가설 검증 접근 (hypothesis-testing approach)	• 검사를 실시하기 전에 평가를 하는 동안 환자에 대해 얻은 정보를 바탕으로 뇌손상의 원인과 본질에 대한 가설을 세우고 이 가설에 기초하여 검사를 선택함 • 비교적 온전한 영역은 간단히 검사하고 넘어가는 반면, 문제 영역은 초점을 맞추어 자세하게 검사하는 방식으로 접근함
통합적 방식	• 양적인 심리측정적 전략과 질적인 가설검증 전략을 통합한 방식 • 비교적 짧게 '고정된(fixed)' 또는 핵심 배터리를 근간으로 하되, 환자의 독특성이나 의뢰 사유 특성에 기초하여 부가적인 검사를 융통성 있게 추가함으로써 '융통성 있게 고정된(flexible-fixed)' 배터리를 사용함

2. 평가영역

구분		내용
지능		① 웩슬러 지능검사 ② 레이븐의 진행성 색채 매트릭스(Raven's Progressive and Coloured Progressive Matrices)
주의력과 정신처리 속도	① 각성	의식이 깨어 있어 반응을 할 수 있는 주의의 가장 기초적인 수준을 의미함
	② 경계 또는 지속 주의력	일정 시간 동안 각성 상태, 즉 주의를 유지하는 능력
	③ 선택적 주의	동시에 제시되는 여러 정보 중 꼭 필요한 정보에 선택적으로 반응하고 불필요한 경쟁 자극에는 주의를 억제하는 능력
	④ 주의 분할/배분 능력	동시에 여러 정보에 주의를 기울여야 하는 경우 각 정보에 필요한 만큼의 주의 자원을 배분하는 능력

구분		내용
주의력과 정신처리 속도	⑤ 주의력 검사 종류	- 선로잇기검사(Trail Making Test) : A형(숫자), B형(숫자와 문자)으로 구성 - 연속수행검사(CPT) : 경계, 지속적 주의력을 측정하는 대표적인 검사이며, 컴퓨터를 이용하여 실시함 - 충동성 평가 : MFFT(같은그림찾기 검사) 등의 검사가 있음 - 스트룹 검사(Stroop Test) : 색상 자극과 단어 자극을 동시에 사용하여 목표 자극에 대한 선택적 주의력을 측정하는 검사 - 웩슬러 지능검사의 소검사 : 숫자 외우기, 산수, 글자-숫자 연결하기가 있음 - 연속빼기(예 100-7, 20-3 등)와 같은 검사가 있음
기억 기능	① 단기기억(작업기억) 검사	- 숫자 외우기 - 시공간 단기기억 검사
	② 언어 기억검사	- 레이 청각 언어학습검사(Rey Auditory Verbal Learning Test) - 캘리포니아 언어학습검사(California Verbal Learning Test) - 홉킨스 언어학습검사(Hopkins Verbal Learning Test)
	③ 시공간 기억검사	- 레이 복합도형검사(Rey-Osterrieth Complex Test) - 워링턴(Warrington)의 재인기억검사 - 문-사람검사(Doors and People Test) - 벤더 도형검사(Bender Visual Motor Gestalt Test)
	④ 배터리형 기억검사	- 웩슬러 기억검사(WMS) - 기억평가검사(MAS) - Rey-Kim 기억검사 - 리버미드 행동기억검사(RBMT)
언어 기능		① 보스톤 진단용 실어증 검사(Boston Diagnostic Aphasia Examination) ② 보스톤 이름대기 검사(Boston Naming Test) ③ 통제단어 연상 검사(Controlled Oral Word Association) ④ 토큰 검사(Token Test) ⑤ 웨스턴 실어증 검사(WAB)
시공간 기능		① 벤더 도형검사(Bender Visual Motor Gestalt Test) ② 레이 복합도형검사(Rey-Osterrieth Complex Test) ③ 시계 그리기 검사 ④ 얼굴변별 검사
관리(실행) 기능 (전두엽 기능)		① 위스콘신 카드분류 검사(WCST) ② 스트룹 검사(Stroop Test) ③ 하노이의 탑(Tower of Hanoi) ④ 선로잇기검사 B형 ⑤ 언어유창성 및 범주유창성 검사 ⑥ Go-No-Go Test ⑦ Kims 전두엽 관리기능 신경심리검사

21 기타 인지기능검사

1. 종합 인지기능 진단검사(CAS)

(1) 소개
① 개인의 인지기능 측정 및 진단 : 영재 아동 판별, 성취 수준 예측, 학습의 강약점 진단 등 지능지수를 측정한다.
② 대상 : 5~12세를 대상으로 한다.
③ 구성 : 계획(P), 주의집중(A), 동시처리능력(S), 순차처리능력(S)으로 구성된다.

(2) 활용
① 성취도 예언 : PASS 처리과정에 대한 평가를 통해 앞으로의 성취 정도를 예언한다.
② 영재아 판별 및 학습장애아동의 평가 : 계획력, 주의력, 동시처리, 순차처리의 4가지 척도는 영재 아동의 능력을 판별하는 데 필수요소로, 기존 검사에서 측정할 수 없었던 인지영역의 추리가 가능하다.
③ 정신지체 및 ADHD : 매우 적은 수준의 지식을 요구하고 광범위한 인지과정을 측정한다는 측면에서 정신지체 아동의 진단을 내리는 데 매우 유용하다.
④ 다양한 정서적 방해요인을 가진 아동을 평가 : 심각한 정서적 방해를 가진 아동은 행동 통제에 어려움을 가지고 충동적인 성향을 보이는데, 이 경향은 CAS의 계획 척도와 매우 밀접한 관련이 있다.
⑤ 계획기능에 문제를 가진 아동의 평가 : 계획과 조직화에 대한 체계적이고 구조화된 방법의 평가를 제공하므로 아동의 행동 조직화를 민감하게 평가할 수 있고 행동 전략 생성, 충동 통제, 공식화 등의 측정에 매우 유용하다.

2. 한국판 라이터(Leiter) 비언어성 지능검사

(1) 구성
① 라이터가 개발한 비언어성 지능검사로 일반 아동과 청소년의 지능 및 인지기능을 평가할 수 있고, 일반적인 지능검사로는 평가할 수 없는 특수 아동의 지적능력, 주의력, 기억력을 평가할 수 있다.
② 대상 : 2세 0개월 ~ 7세 11개월 아동이다.
③ 구성
　㉠ 시각화 및 추론(VR) : 일반적인 지능을 평가하는 10개의 소검사로 구성된다.
　㉡ 주의력 및 기억력(AM) : 주의력, 기억력, 신경심리, 학습장애(LD)와 ADHD 아동의 인지적 처리과정을 평가하는 10개의 소검사로 구성된다.
　㉢ 사회-정서 평정 척도 : 검사자, 부모, 교사가 아동의 행동관찰에 대해 평가할 수 있다.
➡ 검사자는 필요에 따라 VR과 AM을 둘 다 평가하거나, 둘 중 하나만 선택하여 평가할 수 있다.

(2) 실시
① VR 검사와 AM 검사 : 일반적인 지능만 확인하고 싶다면 VR을 선택하고, 아동의 인지문제, ADHD, 학습장애 가능성을 평가하고 싶다면 AM을 선택한다.
② 사회-정서 평정 척도 : 검사자용, 학부모용 2개가 있으며, 특히 검사자용은 시각화 및 추론(VR) 검사 혹은 주의력 및 기억력(AM) 검사가 끝난 후 바로 실시한다. 검사 실시 중 직접 관찰한 아동의 행동에 근거하여 각 문항을 평가하며, 학부모용은 아동을 이해하기 위한 것으로 부모가 직접 작성하거나 전화면담 등을 통한 간접적인 평가도 가능하다.

3. 아동 색선로 검사(CCTT)

(1) 구성
① 지각추적능력, 정신운동 속도, 순차적 처리능력, 분할시각 주의력, 지속적 시각주의력을 측정하는 전두엽 관련 검사이다.
② 대상 : 만 5~15세 아동 및 청소년을 대상으로 한다.
③ 특징
  ㉠ 글자 대신 색과 숫자를 활용하여 글자 읽기능력과 같이 잠재적으로 수행에 영향을 미치는 오염 요소를 제거하고, 글자 대신 색과 수를 이용하여 문화의 영향도 제거했으며, 이중문화 연구에 대한 의견 교환이 가능하다.
  ㉡ 글자를 읽어야 할 필요가 없기 때문에 언어적 능력이나 상징화 능력이 손상된 언어 및 특정 읽기장애 아동에게도 실시할 수 있다.
  ㉢ 주의력, 초기 실행기능장애와 같은 미세한 신경학적 기능장애를 평가할 수 있다.

(2) 실시

구분	내용
CCTT-1	• 특정 숫자가 적힌 원들을 가능한 빨리 순서대로 연결하는 것 • 인지적 융통성, 정신운동 속도, 순차 처리능력, 지속적 시각주의력을 요구함
CCTT-2	• 숫자가 적힌 원을 순서대로 연결하되 원 안의 색(분홍색, 노란색)을 번갈아가며 연결하는 것 • 인지적 융통성, 실행기능, 정신운동 속도, 순차 처리능력, 지속적 분할주의력을 요구함

제6절 6 투사검사

> **투사검사 개관**
>
> - 투사검사의 특징
>   - 검사자의 주관적인 해석에 좌우되고 비표준화 검사가 많으며 규준이 없는 경우도 많다.
>   - 정신역동적 관점을 가진 심리학자들이 주로 사용한다.
>   - 검사 자료가 덜 구조화되어 있으며 내담자는 원하는 방식으로 자유롭게 반응하므로 성격의 동기적이고 갈등적인 측면에 대한 이해가 용이하다.
>   - 투사는 일종의 통각 왜곡으로, 통각은 지각에 개인의 주관적인 형태가 영향을 준 상태로 '지각의 의미적 해석'이라고 볼 수 있다.

22 HTP(집 – 나무 – 사람) 검사

1. 검사 개관

(1) 투사적 그림검사의 종류

① **사람 그림검사(DAP)** : 마코버(Machover) 등이 개발한 검사로, 사람을 그려 보도록 하고 사후질문 단계를 통해 자기상, 신체상, 이상적 자기, 성 정체감 등 성격 구조에 대한 다양한 정보를 얻을 수 있다.

② **집-나무-사람 그림검사(HTP)** : 벅(Buck)이 개발하고 벅과 해머(Hammer)가 발전시킨 것으로 집, 나무, 사람 그림을 그려 보도록 하는 검사이다.
  ㉠ HTP 안에 사람 그림검사가 포함되며, 사람 그림에서 얻을 수 있는 정보 외에 부가적으로 성격 구조에 대한 정보를 얻을 수 있다.
  ㉡ 나무 그림 : 무의식적인 수준의 성격 구조를 드러내 주는 것으로 알려져 있다.

③ **색채화 검사** : HTP 개발자와 사용자들이 발전시킨 것으로, 먼저 연필로 HTP를 수행토록 한 다음 크레용으로 다시 그려 보도록 하는 검사이다.
  ㉠ 특정한 색체가 과도하게 사용된 경우에는 그 의미에 대해 특별히 주목할 필요가 있다.
  ㉡ 환경에 잘 적응하고 있는 사람일수록 색채가 다양하며, 반대로 경직되고 정서적으로 불안정할수록 제한된 색채만 사용하는 경향이 있다.

④ **빗 속에 사람 검사** [기출 25] : 인물화에 비가 오는 장면을 첨가한 것으로 그 사람이 현재 겪고 있는 스트레스 양과 방어기제의 와해나 퇴행 없이 이를 얼마나 잘 다루고 있는가를 측정한다.
  ㉠ 스트레스 영역 : 비의 양, 비의 모양, 바람의 세기 등이 있다.
  ㉡ 대처자원 영역 : 직접 보호물의 수, 간접 보호물의 수, 직접 및 간접 보호물의 적절성, 얼굴표정 등이 있다.

⑤ 동물 그림검사 : 자신이 원하는 어떤 동물이든 마음대로 그려 보게 하는 것으로, 자기구조의 보다 원초적인 측면을 파악할 수 있도록 개발되었다.

⑥ 자화상 검사 : 자화상을 그려 보도록 하는 검사로, 자기개념과 신체상에 대한 부가적인 정보를 제공하여 주고, 문제를 명료화하고 치료를 계획하는 데도 도움을 준다고 보고된 바 있다.

⑦ 부가적인 인물 검사 : 사람 그림 혹은 자화상을 그려 보도록 한 뒤 그 외에 다른 사람을 부가적으로 그려 보도록 하는 검사이다.

　㉠ 연구나 평가 목적에 따라 에스키모나 친구, 선생님 등 다양하게 변형시켜 실시할 수 있다.

　㉡ 주로 인물이 그려진 크기를 통해 중요한 타인의 존재나 자존감, 특정 인물에 대한 피검자의 감정이나 생각 등을 알아보고자 하는 시도가 있었으나 연구를 통한 검증은 아직 이루어지지 않은 상태이다.

⑧ 별-파도 그림 검사(SWT) : 직사각형 테두리가 그려진 검사용지와 연필, 지우개를 주고 "바다의 파도 위에 별이 있는 하늘을 그려 보세요."라고 지시한다. 그리고 그림을 그린 후에는 "어떤 그림인지, 좋아하는 것, 싫어하는 것, 그림에서 연상되는 것" 등을 질문한다.

　㉠ 가정 : 하늘에 떠 있는 별은 의식적이고 이상적인 내용이 투사되며, 바다 위에 파도는 감정적인 요소와 무의식적 내용이 투사된다.

　㉡ 별이나 파도를 그릴 때 직선이나 곡선의 필체 특성을 분석함으로써 대뇌피질이나 소뇌 기능상의 어려움에 대한 정보도 얻을 수 있다.

(2) 특징

① 집, 나무, 사람의 3가지 과제 사용

　㉠ 누구에게나 친밀감을 주고 모든 연령의 피검자가 그리기의 대상으로 기꺼이 받아들이는 것이다.

　㉡ 다른 과제보다 솔직하고 자유로운 언어표현을 할 수 있는 자극으로 이용할 수 있다.

② 벅(Buck)이 인물화 검사(DAP)를 HTP 검사로 확장하였으며, 양적인 채점체계도 개발하였다.

③ K-HTP : 번스(Burns)가 기존의 HTP를 변형한 동작성 HTP를 고안했다.

　㉠ 한 장의 종이에 집, 나무, 사람을 모두 그리되, 움직임이 들어가게 그리도록 지시한다.

　㉡ 이때 사람-집-나무 간의 거리가 개인적으로 중요한 단서를 제공한다.

④ 장단점

장점	단점
• 짧은 시간에 간단히 실시할 수 있음 • 복잡한 채점 절차를 거치지 않고 그림을 직접 해석할 수 있음 • 연령, 지능, 예술적 재능에 제한받지 않음 • 외국인이나 문맹자에게도 적용할 수 있으며 언어표현이 어렵거나 수줍거나 억압된 사람들에게도 적용할 수 있음	• 로르샤흐(Rorschach)나 주제통각검사(TAT) 등 다른 투사검사에 비해 반응성이 적어 정보량이 빈약함 • 양손의 운동 기능과 같이 신체적 제약이 있는 경우, 표현의 제약을 받음 • 폐쇄적인 사람과 같이 자원이 빈곤한 사람에게는 다른 투사 검사에 비해 투사를 유발하지 못함 • 실시절차나 임상적 해석에 있어 타당도와 신뢰도의 문제가 있음

⑤ 유의점 : 그림 검사 해석 시 한 개의 그림 내용만으로 해석해서는 안 되며 그림 검사의 구조적 그리고 내용적 요소를 모두 고려해야 하고, 다른 심리검사 결과, 수검자의 면담 내용 그리고 과거력 등을 함께 고려해서 해석하도록 한다.

(3) 일반적 해석

① 집 : 전반적인 가정생활과 가족 간 관계에 관한 인상에 대한 정보를 제공해 주며, 보다 의식적인 측면을 반영하는 것으로 나타났다.

② 나무와 사람 : 성격의 핵심적인 갈등과 방어에 대한 정보를 제공해 주는데, '나무' 그림은 더 깊고 무의식적인 측면을 반영한다.

③ 사람 그림은 기본적으로 자기개념이나 신체 심상을 나타낸다고 볼 수 있으나 때로는 상황적인 정서상태나 태도가 나타나기도 한다.

2. 검사 실시 기출 17

(1) 그리기 단계

① 준비물 : A4 용지 5장 이상, HB연필, 지우개, 초시계

② 실시

> - **전체 검사에 대한 지시** : "지금부터 몇 가지 그림을 그려 봅시다. 잘 그리고 못 그리는 것과는 상관없으니 자유롭게 그려 보세요."
> - 이후, 집, 나무, 인물 순서로 그림화 검사를 실시하며 각각 시간을 측정한다. 각각의 검사에 대한 지시는 다음과 같다.
>   - 집 (A4 용지 가로로 제시) : "여기에 집을 그려 보세요."
>   - 나무 (A4 용지 세로로 제시) : "이번에는 나무를 그려 보세요."
>   - 사람 (A4 용지 세로로 제시) : "여기에 사람을 그려 보세요."
> - 첫 번째 사람 그림이 완성된 후 "이 사람의 성별은 무엇입니까?"라고 질문하고 기록한 뒤 다시 종이를 세로로 제시하며 방금 그린 그림의 반대 성을 그리도록 지시하고 시간을 측정한다(예 "이번에는 '여자'를 한 번 그려 보세요.").

③ 주의할 점

> - 수검자가 "나는 그림을 잘 그리지 못 합니다."라고 할 경우 : "이 검사는 당신의 그림 솜씨를 보려고 하는 것이 아니라 당신이 어떻게 그리는지에 집중하는 것이니 편안하게 그려보세요."라고 한다.
> - 도구를 이용하여 그림을 그리고 싶어 하는 경우 : "그냥 손으로만 그려야 합니다."라고 말한다.
> - 그리는 방법, 그림의 내용 등에 대해 질문하는 수검자 : "어떤 집(나무, 사람)을 그려야 하나요?" ➡ "그냥 마음 내키는 대로 그리시면 됩니다."
> - '얼굴'만 그리는 피검자 : '전신 그림을 그리도록' 지시한다.
> - 그려진 그림이 만화적이거나 막대형인 경우 : '온전한 사람'을 다시 한번 그리도록 한다.

④ 수검자의 여러 질문에 "당신이 생각한 대로 그리십시오."라고만 대답하고 받은 질문은 기록해둔다.

⑤ 검사 수행 시, 수검자의 말과 행동을 관찰하고 기록 : 이는 모호한 상황에서 수검자가 어떻게 대처하는지에 대한 단서를 제공한다.

(2) 질문 단계

① 그림이 모두 완성된 후 각각의 그림에 대해 여러 가지 질문을 하는 단계로, 정해져 있는 일정한 형식 없이 각각의 수검자에게 맞는 질문을 하는 것이 좋다.

② 질문 : "이 그림에 대한 당신의 느낌을 자유롭게 말씀해 보세요.", "이 그림에 대한 이야기를 한 번 만들어 보세요."
➡ 그림에서 피검자가 나타내는 개인적인 의미인 현상적 욕구, 압박의 투사 등을 알아내기 위함이다.

③ 일반적인 질문 예시

구분	질문	
집	• 누구의 집인가? • 이 집안의 분위기는 어떠한가? • 나중에 집이 어떻게 될 것 같은가?	• 누가 살고 있는가? • 무엇으로 만들어졌는가?
나무	• 이 나무는 어떤 종류의 나무인가? • 나무가 죽었는가, 살았는가? • 나무 주변에는 어떤 것들이 있는가? • 나중에 이 나무는 어떻게 될 것인가?	• 나무의 나이는 몇 살인가? • 나무의 건강은 어떠한가? • 나무의 소원은 무엇인가? • 나무를 그리면서 생각나는 사람이 누구인가?
사람	• 이 사람은 누구인가? • 이 사람은 무엇을 하고 있는가? • 이 사람의 기분은 어떠한가? • 나중에 이 사람은 어떻게 될 것인가?	• 이 사람은 몇 살인가? • 이 사람은 어떤 생각을 하고 있는가? • 이 사람의 소원이 있다면 무엇일까?

(3) DAP(인물화 검사)

① 도구 : 2B연필, 지우개, 백지 2장

② 실시

> • 종이는 세로로 제시하고, 종이가 제시된 후 그림을 완성하기까지 걸리는 시간을 기록한다.
> • 피검자가 만화 캐릭터와 같은 방식이나 또는 너무 단순하게(예 허수아비) 그리면 다시 그리도록 지시한다.
> • 그림을 다 그리면 인물의 성별을 묻고 남자라면 여자, 여자라면 남자를 한 번 더 그리도록 한다.

③ 피검자가 그림을 그리는 동안 관찰되는 모든 특징적인 행동을 기록한다.

④ 그림이 완성되면 그림에 대한 연상을 이끌어낼 다양한 질문을 할 수 있다.

⑤ 질문을 할 때는 기계적으로 미리 준비된 질문을 하기보다 그때그때 상황에 맞게 피검자의 자유연상이 방해받지 않도록 자연스럽게 질문 목록을 선택하거나 중요한 주제와 관련된 연상이 나왔다고 판단되면 즉흥적으로 그와 관련된 다른 질문을 해나가기도 한다.

3. 구조적 해석

(1) 수검 태도와 수검 시간

① 수행 시간이 지나치게 짧은 경우 : 무성의하거나 회피적인 태도라든지 성급하고 충동적인 행동 경향 등을 고려해 볼 수 있다.

② 소요 시간이 지나치게 오래 걸린 경우

㉠ 지시를 듣고 그림을 그리기 시작할 때까지 시간이 오래 걸린 경우 : 그 그림이 수검자에게 특별한 의미가 있거나 갈등을 유발하고 있음을 시사한다.

㉡ 수정을 하거나 세부 요소를 자세히 묘사하느라 많은 시간이 소요된 경우 : 불안감이나 초조함, 지나치게 정확성을 기하려는 강박적 태도 등을 고려해 볼 수 있다.

㉢ 전반적으로 그리는 속도 자체가 느린 경우 : 무력감, 낮은 동기 수준, 정신 운동 속도의 저하 가능성을 고려해야 한다.

(2) 그림을 그린 순서
   ① 그림을 그리다가 지우고 다시 그렸을 때 변화된 점 : 처음에는 어깨가 왜소한 사람을 그렸다가 지우고 크고 건강한 어깨를 가진 사람을 그린 경우, 피검자는 어떤 새로운 상황에서 쉽게 열등감을 느끼지만 다른 사람에게 강해 보이려고 노력하거나 가장하려는 경향이 있음을 알 수 있다.
   ② 그림과 그림의 순서 비교 : 남자 피검자가 사람을 그릴 때 크고 위협적인 여자를 그린 뒤 움츠리고 선 작은 남자를 그렸다면, 피검자는 여성을 위협으로 인식하며 남성은 위축되고 수동적인 존재라는 표상을 가지고 있음을 알 수 있다.
   ③ 선의 질 변화
      ㉠ 처음에는 옅게 스케치하다가 그 선 위에 점차 여러 번 덧칠하여 진하게 그리는 경우 : 피검자가 자신감이 없기에 어떤 일을 수행할 때 불안감을 느끼나, 이를 보상하기 위해 여러 노력을 기울이는 사람임을 알 수 있다.
      ㉡ 처음에는 정교하게 선을 그리다가 점차 아무렇게나 그린 경우 : 피검사는 익숙치 않은 과제에 꾸준히 집중하기 어렵고 산만한 스타일이거나 충동적이거나, 무슨 일에나 쉽게 싫증을 내는 면이 있을 수 있다.
   ④ 그림을 이상한 순서로 그릴 경우 : 사람을 그릴 때 발을 먼저 그린 후 무릎, 몸통, 팔, 머리 순으로 그린다면 이는 일반적이지 않고, 사고장애나 간혹 자폐스펙트럼장애(ASD) 환자에게 관찰되는 특성이다.
   ⑤ 그림을 그리는 과정 중 수행 수준의 변화
      ㉠ 그림을 그려가면서 그리는 속도가 느려지며 에너지 수준이 감소하는 경우 : '피검자가 심적 에너지를 투여해야 하는 상황에서 쉽게 지친다.' 또는 '에너지 수준이 적거나 우울한 상태이다.'와 같은 가설을 세울 수 있다.
      ㉡ 처음에는 윤곽선만 겨우 그렸으나 점차 정교하게 그리기 시작하는 경우 : 피검자가 심리적 자극을 받았을 때 연상과정이 활발해지고 에너지 수준이 높아짐을 의미할 수도 있고, 처음에 어떤 자극에 처하면 쉽게 상황적 불안을 느끼지만 점차 안정화되어 갈 수 있음을 의미할 수도 있다.

(3) 그림의 크기
   ① 용지의 약 2/3 정도를 활용하여 그리는 것이 일반적이며 그림의 크기를 통하여 피검자의 자존감, 자기에 대한 과대평가 여부, 공격성, 충동성, 행동화 가능성에 대한 단서를 제공해 줄 수 있다.
   ② 지나치게 크게 그린 경우
      ㉠ 종이라는 주어진 한정된 공간 안에서 자기 표현을 적절히 조절하지 못했다는 점에서, 공격성이나 충동 조절, 행동화의 가능성을 시사한다.
      ㉡ 피검자의 자아경계가 취약한 수준에 이르러 자아팽창, 과대망상이나 과대평가 등을 동반하는 조증상태나 주의력결핍 과잉행동장애와 관련된 충동성, 과활동성 문제가 있음을 알 수 있다.
      ㉢ 내면의 열등감, 무가치감이 매우 심하나 이를 과잉보상하려는 시도를 할 수 있다.
      ㉣ 나이가 어린 아동 : 과활동성, 공격성, 인지적 미성숙과 관련된다.
      ㉤ 청소년 : 열등감과 부적절감에 대한 과잉보상욕구, 행동화 경향성, 충동성과 관련된다.
      ㉥ 성인 : 주로 조증상태와 관련된다.
      ㉦ 종이 크기를 벗어날 정도로 크게 그린 경우 : 환경이 주는 압박감이 매우 크고, 이에 따른 좌절과 실망감을 과잉보상하려는 욕구와 관련된다.
   ③ 지나치게 작게 그린 경우 : 피검자 내면에 열등감, 부적절감이 있거나 자기효능감이 부족함을 나타낼 수 있다. 또한 수줍어하거나 사회적 상황에서 불안감을 느끼고, 지나치게 억제되어 있으며, 위축감 및 이와 관련된 우울감을 시사한다.

(4) 그림을 그린 위치

① 종이 가운데 그렸을 경우 : 중앙 부분에 그리는 것이 가장 흔하며, 이는 적정 수준의 안정감을 의미한다. 다만, 지나치게 가운데 그리려고 애쓴 경우에는 불안정감을 느끼거나 인지 및 정서적으로 경직된 특성이 있거나 대인 관계에서 지나치게 완고하고 융통성이 없는 유형일 수 있다.

② 오른쪽에 치우쳐 그렸을 경우 : 안정되어 있고 행동 통제를 잘하며, 욕구 만족 지연 능력이 갖추어져 있고 지적인 만족감을 선호하는 경향이 있다.

③ 왼쪽에 치우쳐 그렸을 경우 : 충동적으로 행동하는 경향성, 욕구와 충동의 즉각적 만족을 추구하려는 경향성, 변화에 대한 욕구, 외향성을 반영한다.

④ 위쪽에 치우쳐 그렸을 경우 : 욕구나 포부수준이 높고, 현실보다 자신의 공상 속에서 만족감을 얻으려는 경향성이 있거나 달성하기 어려운 목표에 대한 갈등과 스트레스를 경험할 수 있다.

⑤ 아래쪽에 치우쳐 그렸을 경우 : 내면에 상당한 불안정감, 부적절감이 내면화되거나 우울증의 가능성, 또는 이상보다 실제적인 것을 추구하는 경향성을 나타낼 수도 있다.

⑥ 구석에 몰아서 그렸을 경우 : 일반적으로 위축, 두려움, 자신 없음과 관련된다.

(5) 필압

① 에너지 수준, 긴장 정도, 공격성 및 충동성에 대한 정보를 제공한다.

② 강한 필압 : 자신감이 있거나 주장적, 독단적, 공격성, 분노 감정이 내재되어 있는 경우를 반영한다.

③ 약한 필압 : 에너지 수준이 낮고, 자신이 없고, 우유부단하고, 소심하며, 현재 상황에서 적응을 잘 하지 못하고 있을 가능성을 시사한다.

(6) 획이나 선의 특징

① 획을 길게 그릴 때 : 행동을 적절히 통제하는 경향 혹은 지나치면 과도하게 억제하는 경향이 있다. 한 번에 직선의 긴 획을 많이 사용한 그림은 단호함, 안정감, 야심에 차 있고, 높은 포부 수준을 반영한다.

② 획을 짧게 그릴 때 : 충동성이 강하거나 과도하게 흥분을 잘하는 경향성과 관련이 있다.

③ 선을 스케치하듯 이어 가는 그림 : 정확함이나 신중함을 추구하는 성향, 우유부단함, 소심함, 불안정감 등을 반영한다.

④ 선을 빽빽하게 채워 넣어 마치 면의 형태처럼 보이는 그림 : 높은 수준의 긴장감, 공격성을 고려해 볼 수 있다.

⑤ 선을 이용해 음영처리를 하는 경우 : 원근감이나 입체감을 나타내는 3차원적 그림은 적응적 측면으로 볼 수 있지만, 그렇지 않다면 불안감, 우울감, 갈등 상태 등을 시사한다.

⑥ 가로 방향의 수평선을 강조한 그림 : 나약함, 두려움, 자아보호적 경향을 나타낸다.

⑦ 세로 방향의 수직선을 강조한 그림 : 단호함, 결단력, 주장성 혹은 과잉활동성을 나타낸다.

⑧ 획의 방향을 수시로 바꾸어 그린 그림 : 정서적으로 동요되어 있고 불안정하며 일관성이 부족함을 시사한다. 나아가 지그재그 방향의 마구잡이식으로 선을 그린 경우는 내재된 적대감을 반영하기도 한다.

(7) 세부묘사

① 그림을 지나치게 자세히 표현하거나 특정 부분을 강조하여 표현한 경우 : 그 부분 또는 그 부분이 상징하는 심리적 측면과 관련된 내적인 갈등이 있음을 시사한다.

② 세부묘사를 부적절하게 한 그림 : 내면에 불안감, 위축감, 부적절감을 시사한다.

③ 세부묘사를 과도하게 한 그림
  ㉠ 강박적인 경향성, 즉 지나치게 깔끔하거나, 현학적이고 주지화를 잘하며, 과도하게 억제적인 경향이 있을 가능성이 있다.
    예 집 그림에서 지붕의 기와 한 장 한 장이나, 벽의 벽돌, 울타리의 나무 모양까지 하나하나 꼼꼼하게 그린다.
  ㉡ 자신의 주변 세계가 예측 불가하며 위험하다고 느끼기 때문에 자신의 혼란감과 불안감을 방어하기 위해 질서정연하고 구조화된 세계를 창조하고자 한다.
④ 적절한 세부묘사를 생략한 그림 : 사회적인 위축, 공허감, 낮은 에너지 수준 등 우울한 상태를 반영할 수 있다. 또한 그림의 필수요소에 대한 세부 묘사가 빈번히 생략된 경우에는 현실 검증력이 손상된 정신증적 상태를 고려해 볼 수 있다.

(8) **지우기**
① 그림을 그리다가 자주 지우거나, 특히 그림의 어떤 부분을 지웠을 경우 : 수검자에게 그 부분이나 그 부분이 상징하는 내용과 관련하여 내적 갈등이 있음을 추론해 볼 수 있다.
② 지나치게 여러 번 지우는 경우 : 내면의 불확실감, 내적 갈등으로 인한 우유부단함, 내면의 불안감, 자기 불만족 등과 관련된다.
③ 지운 다음에 다시 그렸는데도 그림이 향상되지 못한 경우 : 내적인 불안감을 좀 더 강하게 시사한다.

(9) **대칭**
① 대칭성이 지나치게 부족한 경우(예 한쪽 팔은 젓가락처럼 그리고 다른 쪽 팔은 씨름선수 것처럼 그린 경우) : 정신병적 상태, 뇌기능 장애를 시사하며, 지적장애 아동에게도 흔히 나타난다.
② 대칭성을 지나치게 강조한 경우 : 경직성이나 융통성 부족, 지나친 억압이나 주지화 경향성, 강박적인 성향 등을 나타낸다.

(10) **왜곡과 생략**
① 왜곡 : 대상을 일반적인 형태가 아닌 왜곡된 형태로 그리는 것이다.
② 특정 부분을 생략하거나 왜곡한 경우 : 수검자의 내적 갈등 및 불안과 관련된다.
③ 그림을 극단적으로 왜곡한 경우 : 현실검증력의 장애를 시사하며, 정신증, 뇌손상, 심한 지적장애인의 그림에서 나타나는 특성이다.

(11) **기타**
① 투명성 : 판단력 결함, 현실검증력 문제, 정신증적 상태를 시사할 가능성이 있다. 다만, 6세 미만의 아동들이나 지적장애 아동들에게도 흔하게 나타날 수 있어 투명성은 인지능력의 미숙함과 관련될 수 있다.
② 움직임 : 그림에 움직임이 표현된 경우는 대개 내적 유능성을 반영하지만, 우울 상태의 경우에는 움직임이 거의 없다.
③ 회전 : 종이를 이리저리 돌려가며 그리는 경우, 반항성 혹은 부정적 경향성을 시사하거나 시각-운동 협응력의 어려움과 관련될 수 있다. 계속해서 같은 방향으로만 돌린다면 보속증을 나타내기도 한다.
④ 그림에 다른 것을 부가해서 그렸을 경우 : 집을 그리라고 했는데 산이나 해를 덧붙여 그리거나, 사람을 그리라고 했는데 의자와 자동차를 함께 그리는 경우, 이는 부가된 사물이 지니는 상징적 의미와 관련한 여러 가능성을 생각해 볼 수 있다.
  예 구름 - 불안, 그림자 - 불안/갈등, 과도하게 크게 그려진 태양 - 부적절감(특히, 권위자와의 관계에서)

4. 동적 가족화(KFD) 기출 21

(1) 동적 가족화

① 내담자가 주관적·심리적으로 느끼는 가족 구성원에 대한 내적인 상이 시각적으로 표현되는 투사적 평가기법으로, 가족 구성원 사이에 형성되는 힘의 분포, 친밀감, 단절감 등의 가족 내 역동성을 엿볼 수 있다.
② 내담자는 동적 가족화를 통해 내담자의 눈에 비친 가족의 일상생활이나 가족에 대한 감정의 반영을 평가하고 자신에게 영향을 주었거나 부정적인 영향을 끼친 인물에게 느끼는 감정을 솔직하게 드러낼 수 있다.

(2) 실시

① 준비물: A4 정도 크기의 백지 한 장, 2B 또는 HB연필, 지우개
② 시간: 시간제한은 없지만 검사자는 초시계로 시간을 기록한다.
③ 지시문

> 가로로 종이를 제시한 후 한 장의 종이에 "당신을 포함하여 가족 모두가 무엇을 하고 있는 그림을 그려 보세요. 만화나 막대기 모양 사람이 아니고 온전한 사람을 그려 주세요."라고 지시한다.

④ 주의: 검사 시행과정에서 검사자는 내담자가 스스로 그리고 싶은 대로 자유롭게 그리도록 하며, 그림의 모양이나 크기, 위치, 방법 등에 대한 어떠한 단서도 제공하지 않도록 주의한다.
⑤ 사후질문의 예시

> - "이 사람은 누구인가요? 누구를 먼저 그렸나요?"
> - "지금 이 가족은 무엇을 하고 있나요?"
> - "이 사람은 지금 무엇을 하고 있나요?"
> - "이곳은 어디인가요?"
> - "가족들은 기분이 어떤가요? 기분이 좋은(나쁜) 이유는 무엇인가요?"
> - "이 그림을 보면 무슨 생각이 드나요?"
> - "앞으로 이 가족은 어떻게 될 것 같나요?"

5. 검사 해석 기출 14, 24

※ 부록 1: '02 HTP 해석, 03 KFD 해석' 참고(p.759)

23 로르샤흐검사(Rorschach test)

1. 검사 개관

(1) 특징
① 인지, 정서, 자기상, 대인관계 등 개인 성격의 여러 차원에 대한 종합적이고 다각적인 정보를 제공한다.
② 목적 : 현실검증력, 사고장애의 유무와 특징, 심층적인 정서 및 욕구, 대인관계의 양상, 스트레스 대처방식의 특징, 성격 특성 등을 확인한다.
③ 접근방식
  ㉠ 실증적 접근 : 엑스너의 종합체계와 같은 심리측정적 접근이다.
  ㉡ 개념적 접근 : 정신분석이론과 공식 적용 등의 임상적 접근이다.
④ 엑스너(Exner)의 종합체계
  ㉠ 기존의 각 방식에서 경험적인 근거를 바탕으로 실증적으로 입증된 연구 결과만을 채택하고 종합함으로써 과학적인 근거와 풍부한 해석 틀을 가지게 되었다.
  ㉡ 그동안 각 체계에서 다르게 쓰이던 채점방식에 하나의 명백한 기준을 제시하여, 채점자 간 신뢰도를 높이고 연구자 간의 의사소통을 원활하게 만들었다.
  ㉢ 구조적으로 체계화되어, 임상가들이 질적 분석방식에 비해 용이하게 접근할 수 있는 장점을 가진다.

(2) 도구의 구성
① 카드 : 총 10장으로 구성된다.
  ㉠ 5장의 무채색 카드 : 카드 I, IV, V, VI, VII
  ㉡ 5장의 유채색 카드 : 카드 II, III, VIII, IX, X
② 카드 특징 : 모든 카드가 특정한 대상이나 사물로 명명할 수 있을 만큼 명확한 형태를 가지지 않는다. 이 때문에 보는 사람에 따라 다양한 내용의 보고를 하게 되며, 이 과정에서 피검자의 다양한 성격특징이 영향을 미친다.

(3) 준비
① 준비물 : 로샤카드(잉크카드), 반응 기록지, 반응영역 기록지, 필기도구
② 좌석배치 : 얼굴을 마주보는 위치는 피하고 옆으로 나란히 앉거나 90도 방향으로 앉는 것이 좋다.
③ 피검자의 눈이 닿는 곳에 산만하게 할 만한 것은 두지 않는 것이 좋다.

2. 검사 실시 기출 17

(1) 반응 단계
① 소개하기

> • **지시문** : "이제 우리가 시작할 검사는 잉크로 만든 검사입니다. 당신은 이 검사에 대해 이야기를 듣거나 이전에 이 검사를 해본 적이 있습니까?"
>   - '없다'고 대답하는 경우 : "이제 당신에게 몇 장의 잉크카드를 차례대로 보여주겠습니다. 이 잉크카드가 당신에게 무엇처럼 보이는지를 나에게 이야기해 주시기 바랍니다."
>   - '있다'고 대답하는 경우 : 언제, 어디서, 어떤 이유로 검사를 시행했는지, 피검자는 그 당시의 반응을 기억하고 있는지를 질문한다. "굳이 그때의 반응과 똑같이 하려고 하거나 다르게 하려고 하실 필요는 없습니다. 그때 어떤 반응을 하셨는지와 상관없이 지금 보이는 것을 말씀해 주시면 됩니다."라고 말한다.

② 어떤 목적으로 실시하는지 알고자 하는 경우 : 성격특징을 알려줄 수 있는 검사라고 한다.
③ 주의사항
  ㉠ 상상력을 검사한다는 잘못된 개념을 심어주어서는 안 됨 : 그렇게 되면 피검자는 '본 것' 그대로에 대해서가 아니라 잉크반점에 대해 연상한 것을 보고하게 된다.
  ㉡ 검사를 소개할 때 '모호한', '체계적이지 않은' 검사라는 식으로 소개해서는 안 됨 : 단지 잉크브롯(반점) 검사라고만 소개한다.
④ 검사 지시 : 검사 지시는 간단하게 한다. 첫 번째 카드를 제시하면서 "이것은 무엇처럼(무엇으로) 보입니까?"라고 말하는 것만으로 충분하며 그 외의 말은 필요치 않다. 이 외의 말이나 다른 형태의 지시는 오히려 피검자의 반응이 달라지게 할 수 있다.
⑤ 수검자의 반응이 하나에 그칠 때 : "좀 더 시간을 드릴 테니 그 외에도 보이는 것이 있으면 모두 말씀해 주세요."라고 말한다.
⑥ 피검자의 질문에 응답하기

구분	피검자의 질문	검사자의 응답
예시	• "이 카드를 돌려 볼 수 있나요?" • "전체를 봐야 합니까?"	• "마음대로 할 수 있습니다." • "편한 대로 하십시오."
	"다른 사람은 몇 개나 반응합니까?"	"대부분 한 개 이상의 대답을 합니다."
	"사람들은 이 카드에 무엇이라고 반응합니까?"	• "여러 종류의 반응을 합니다." • "사람에 따라 다릅니다."
	"검사를 받는 목적은 무엇입니까?"	"당신의 문제를 보다 잘 이해할 수 있도록 하는 하나의 방법입니다."

➡ 응답 원칙 : 비지시적으로 짧게 대답한다.
⑦ 반응 기록
  ㉠ 원칙적으로 피검사자가 말하거나 표현한 내용은 그대로 기록한다.
  ㉡ 피검자의 반응을 받아적는 속도 자체보다는 검사 진행에 있어 일정한 속도가 유지되도록 한다.
  ㉢ 반응을 받아적으면서 반응 내용을 배열할 때, 각 반응 간에 충분히 간격을 두고 작성 : 질문 단계에서 피검자가 말하는 내용을 빠짐없이 받아쓸 수 있도록 공간을 미리 확보하기 위함이다.

(2) 질문 단계 기출 15
① 목적 : 피검자의 반응을 정확히 기호화하고 채점하는 것으로, 피검자가 어떻게 그렇게 보게 되었는지를 명료화하는 것이 목적이며, 새로운 반응을 이끌어내는 것은 목적이 아니라는 점을 분명히 한다.
② 질문 과정

> • "지금까지 10장의 카드에 대해 잘 대답해 주셨습니다. 이제 카드를 다시 보면서 당신이 본 것을 저도 볼 수 있도록 말씀해 주시기 바랍니다. 제가 당신이 말했던 것을 그대로 읽으면 그것을 어디에서 그렇게 보았는지, 어떻게 해서 그렇게 보게 되었는지를 설명해 주십시오."
> • 카드를 하나씩 건네주면서 "여기서 당신은 …라고 말하셨습니다."라고 하며, 피검자가 했던 반응을 그대로 반복하여 들려준다.
>   – 피검자가 "예, 그랬습니다."라고만 말하고 가만히 있는 경우(피검자가 충분히 이해하지 못한 경우) : "당신이 그렇게 본 것을 저도 볼 수 있게 해주십시오. 어디에서 그렇게 보았는지, 무엇 때문에 그렇게 보았는지 말씀해 주십시오."라고 하면서 질문 단계의 목적과 방법을 주지한다.

- 피검자가 "그 이유는 모르겠어요, 그냥 그렇게 보였어요."라고 반응하는 경우 : "그렇게 보였다는 것은 알겠지만 저도 그렇게 볼 수 있어야 한다는 점을 기억하세요. 자, 저도 그렇게 볼 수 있도록 도와주세요. 그 부분에서 그렇게 보도록 만든 것이 무엇이었는지를 저에게 말해 주세요."라고 한다.

③ 이 단계에서 얻어야 할 정보(질문의 결정)
  ㉠ 반응 위치 : '어디서 그렇게 보았는지'이다.
  ㉡ 반응 결정요인 : '무엇이 그렇게 보도록 만들었는지'이다.
  ㉢ 반응 내용 : '어떤 내용인지 혹은 무엇으로 보았는지'이다.
④ 추가 질문(피검자의 보고가 모호하여 채점하기 어려운 경우) : "당신이 본 것을 볼 수가 없군요. 저도 그렇게 볼 수 있도록 다시 한번 말씀해 주세요."
  ㉠ 질문은 비지시적이어야 하며, 피검자가 반응 단계에서 했던 반응 이외에 다른 새로운 반응을 하도록 유도하는 것이어서는 안 된다.
  ㉡ 만일 반응 위치가 확실히 파악되었다면 반응 결정요인에 초점을 두고 "당신이 무엇 때문에 거기서 그렇게 보았는지 잘 모르겠습니다. 그 부분을 그렇게 보도록 만든 것이 무엇인지 다시 한번 말씀해 주세요."라고 하는 것도 적절할 수 있다.

(3) 한계음미 단계

① 이 단계의 수검자 반응은 채점에 포함시키지 않지만, 수검자의 상태를 좀 더 정확히 파악하는 데 필요하다고 판단되는 경우에 사용하는 절차이다.
② 사람들이 흔히 보고하는 평범반응을 하지 않았을 경우, 피검자가 그러한 반응을 볼 수 있는지 평가한다.
③ 지시문 : "다른 사람들은 이 카드에서 ~를 봅니다. 당신도 그렇게 보이세요?"

3. 검사 채점

(1) 채점 항목

항목	내용
반응의 위치	피검자가 반점의 어느 부분에서 반응했는가?
반응 위치의 발달질	그 위치는 어떤 발달 수준을 나타내는가?
반응의 결정인	반응을 결정하는 데 영향을 준 반점의 특징은 무엇인가?
형태질	반응의 내용이 자극의 특징에 적절한가?
반응 내용	반응한 내용은 어떤 내용 범주에 드는가?
평범반응	일반적으로 흔히 하는 반응인가?
조직화 활동	자극을 어느 정도 조직화하여 응답했는가?
특수 점수	특이한 언어 반응을 하고 있는가?
쌍반응	사물을 대칭적으로 지각했는가?

(2) 채점 원칙

① 원칙 1 : 피검자가 반응 단계에서 자발적으로 응답한 반응만 채점되어야 한다. 따라서 질문 단계에서 검사자의 질문을 받고 유도된 반응은 원칙적으로 채점되지 않는다.
② 원칙 2 : 반응 단계에서 나타난 모든 요소가 채점에 포함되어야 한다.
  ㉠ 원칙 1에도 불구하고 원칙 2에 의해 질문 단계에서 응답되더라도 검사자의 질문을 받지 않고 자발적으로 피검자가 응답한 경우라면 채점에 포함한다.
  ㉡ 여러 개의 결정요인이 복합적으로 사용된 경우, 각 요인은 모두 개별적으로 채점되어야 한다(혼합반응).

(3) 채점 영역 [기출 15]

① 반응의 위치 : 피검자가 반점의 어느 부분에서 반응했는가를 채점하는 것이다.

구분	기준
W	반점의 전체를 사용한 경우 모든 부분이 사용되어야 함
D	흔히 사용되는 반점 영역
Dd	드물게 사용되는 반점 영역
S	흰 공간이 사용된 경우(WS, DS 또는 DdS처럼 다른 반응역 기호와 같이 사용)

② 발달질 : 지각한 대상이 형태가 있는지와 지각한 대상들 간에 상호작용이 있는지 여부를 평가하는데, 반응 영역의 기호에 붙여 쓴다. 발달질은 과제에 얼마나 많은 인지적 에너지를 투자하는가를 평가한다.

구분	기준
+ (통합반응)	• 두 가지 이상의 대상이 분리되어 있지만 서로 관련을 맺고 있는 경우 • 반응에 포함된 대상 중 적어도 하나는 형태가 있어야 함 • 구체적인 형태를 나타낼 수 있도록 묘사된 경우
o (보통반응)	• 브롯의 한 영역이 단일한 사물을 가리키는 데 사용된 경우 • 이때 사물은 원래 일정한 형태를 지니고 있거나 형태를 지니고 있는 상태로 묘사된 경우
v/+ (모호/통합반응)	• 두 가지 이상의 대상이 분리되어 있지만 상호 관련이 있을 경우 • 포함된 대상이 구체적인 형태를 포함하고 있지 않아야 하고 반응에 언급된 대상 중 어떤 것도 형태를 묘사하지 않은 경우
v (모호반응)	브롯의 영역에서 한 사물이 응답되는데, 응답된 사물이 특정한 형태를 지니고 있지 않으며 사물 묘사가 특정한 형태를 드러내지 않음

③ 결정인 : 반응을 결정하는 데 영향을 준 반점의 특징은 무엇인가를 채점하는 것이다. 9가지 범주의 결정인은 독립적으로 사용되기도 하고, 다른 범주와 함께 사용되기도 한다.

구분	기준
형태(F)	반점의 형태에 반응하는 경우
운동(M)	반응에 움직임이 묘사된 경우(인간운동반응 M, 동물운동반응 FM, 무생물 운동반응 m)
유채색(C)	색채가 반응을 결정하게 한 경우
무채색(C')	무채색이 반응을 결정하게 한 경우
음영	반점의 음영을 사용한 정도에 따라 재질(T), 깊이 또는 차원(V), 확산(Y)의 3가지 하위 범주를 가짐
형태 차원(FD)	반점의 크기나 모양을 근거로 차원을 지각한 경우
쌍반응과 반사반응	반점이 대칭성에 근거하여 반응한 경우(쌍반응(2), 반사반응 r)

④ 형태질 : 수검자가 반응한 반점 영역의 형태가 지각한 대상의 형태와 일치하는 정도를 평가하는 것이다.

구분	기준
+ (우수한, 정교한)	• 매우 정확하게 형태가 사용됨으로써 형태가 적절하면서도 질적으로 상승된 수준에서 반응됨 • +반응이 반드시 독창적일 필요는 없으나 부분들이 구별되고 형태가 사용되며 명료화되는 방식이 매우 독특함
o (보통의)	• 흔히 지각되는 사물을 묘사함에 있어 명백하고 쉽게 이해되는 방식으로 반점의 특징이 사용됨 • 반응 내용은 평범하며 쉽게 알아볼 수 있음 • 반점의 특징을 사용하는 수준은 평범하므로, 반점 특징의 사용이 매우 정교하여 반응 내용을 풍부하고 독특하게 해주는 우수한 형태질과는 구별됨
u (드문)	• 흔히 사용되지 않는 낮은 빈도의 반응으로, 반응 내용이 반점의 특징과 크게 부조화되지는 않음 • 이 종류의 반응은 비교적 쉽게 알아볼 수 있지만 흔히 일어나는 반응은 아님
− (왜곡된)	• 반응과정에서 반점의 특징이 왜곡되고 인위적이며 비현실적으로 사용됨 • 반점의 특징을 완전히 혹은 거의 무시한 반응이 지각됨. 즉, 반응과 반점의 특징이 전혀 조화되지 않음 • 때로는 반응된 형태를 지각할 만한 반점의 특징이 없는 상태에서 독단적으로 형태가 지각됨

⑤ 반응 내용 : 반응한 내용은 어떤 내용 범주에 속하는가를 나타낸다. 흔히 한 반응에 여러 가지 부호가 포함될 수도 있으며, 어떤 내용 범주와도 일치하지 않는 반응의 경우에는 구조적 요약표 중의 '특이한 내용'란에 그대로 기입한다.

반응 내용	기호	반응 내용	기호
전체 인간	H	식물	Bt
전체 인간(가공적, 신화적)	(H)	의복	Cg
인간 부분	Hd	구름	Cl
인간 부분(가공적, 신화적)	(Hd)	폭발	Ex
인간 경험	Hx	불	Fi
전체 동물	A	음식	Fd
전체 동물(가공적, 신화적)	(A)	지도	Ge
동물 부분	Ad	가구	Hh
동물 부분(가공적, 신화적)	(Ad)	풍경	Ls
추상반응	Ab	자연	Na
알파벳	Al	성반응	Sx
해부	An	과학	Sc
예술	Art	X−선	Xy
인류학	Ay	직업적 반응(이차적 채점)	Vo
피	Bl		

⑥ 평범반응 : 카드마다 반응 빈도가 높게 나타난 13개의 반응을 말하는데, 평범반응은 P로 기호화하여 반응 내용 기호 뒤에 기록한다. 예 카드 I(W) : 박쥐/나비, 카드 II(D1) : 곰/개/코끼리/양과 같은 구체적인 동물 전체

⑦ 조직화 활동 : 반응에 나타난 형태를 조직화하려는 경향과 그 효율성에 대한 정보를 제공한다.
　㉠ 반응에 사용된 반점의 구성요소들이 서로 의미 있게 연관되어 있는 경우에 조직화 활동 점수(Z 점수)를 주게 된다.
　㉡ 개별적인 Z 점수만으로는 해석적 의미가 없고 Z 점수가 나타나는 빈도(Zf)와 Z 점수의 총합(Z sum)과의 관계를 통해 피검자의 인지적 조직화 경향과 그 효율성에 대한 정보를 얻게 된다.

ⓒ Z 점수는 형태가 반드시 포함될 때 주며, 형태가 없는 순수 C, C', T, V, Y 반응에는 주지 않는다.
ⓔ 조직화 활동 채점표

구분	정의
ZW	전체 위치반응의 발달질이 +, v/+, o 일 때(Wv는 Z 점수가 부과되지 않음)
ZA	2개 이상의 인접한 부분이 서로 의미 있는 관계에 있을 때
ZD	서로 인접하지 않은 부분들이 의미 있는 관계를 이루고 있을 때
ZS	공백반응이 다른 부분반응과 의미 있게 통합되고 있을 때

⑧ 특수점수 : 반응 내용에서 특이한 면에 대해 기호화하는 것으로, 개인의 인지활동뿐 아니라 방어기제, 자기지각, 대인지각에 관한 정보를 제공해 준다.

구분	내용
특이한 언어반응	• 일탈된 언어표현(DV, DR; deviant verbalization) : 일탈된 표현, 이탈된 반응 • 부적절한 조합(INCOM, FABCOM, CONTAM; inappropriate combination) : 모순적 조합, 우화적인 조합, 오염 반응 • 부적절한 논리(ALOG; inappropriate logic)
반복반응	말이나 행동의 반복(PSV; perseveration) : 카드 내 반응 반복, 내용 반복, 기계적 반응 반복
특수내용	• 추상적 내용(AB)　　　　　• 공격적 운동(AG) • 협조적 운동(COP)　　　　• 병적인 내용(MOR)
기타	• 좋은/나쁜 인간 표상 반응 • 개인적 반응(PER) • 색채 투사(CP) • 한 반응이 여러 개의 특수점수에 해당될 때

(4) 채점 원칙

① 원칙 1 : 피검자가 반응 단계에서 자발적으로 응답한 반응만 채점한다. 따라서 질문 단계에서 검사자의 질문을 받고 유도된 반응은 원칙적으로 채점되지 않는다.
② 원칙 2 : 반응 단계에서 나타난 모든 요소가 빠짐없이 채점된다.
　㉠ 원칙 1에도 불구하고 원칙 2에 의해 질문 단계에서 응답되더라도 검사자의 질문을 받지 않고 자발적으로 피검자가 응답한 경우라면 채점에 포함한다.
　㉡ 혼합반응에서처럼 피검자가 응답한 내용을 어느 부분도 빼놓지 않고 모두 채점해야 된다는 점은 채점과정에서 주의해야 하는 중요한 원칙이다.

4. 구조적 요약

(1) 구조적 요약

① 각 반응을 정확하게 기호화하는 목적 : 구조적 요약을 완성하기 위한 것이다.
② 요약 : 채점 기호의 빈도, 비율, 백분율과 같은 수치를 기록한다. 이 자료를 근거로 하여 수검자의 심리적 특성과 기능에 대해 해석적 가치가 있는 여러 가정을 상정할 수 있다.
③ 요약지
　㉠ 첫 번째 페이지 : 수검자의 신상자료를 기록한다.
　㉡ 두 번째 페이지의 점수 계열 : 반응들을 채점한 결과를 기록한다.

ⓒ 세 번째 페이지 : 구조적으로 요약한다.
ⓔ 네 번째 페이지 : 여러 중요한 지표들의 군집을 기록한다.
ⓜ 다섯 번째 페이지 : Z 점수와 추정한 Z 점수의 표와 3가지 변인에 대한 연령교정 자료가 제시된다.
ⓗ 마지막 페이지 : 수검자가 검사를 수행할 때 선택한 반점 영역을 나타내기 위해 사용하는 반점 영역 기록지를 첨가한다.

④ 구조적 요약 단계

> 1. 각 반응의 기호나 점수 계열을 기록한다.
> 2. 각 변인의 빈도를 기록한다.
> 3. 여러 비율, 백분율, 산출한 점수 등을 기록한다.

(2) 구조적 요약지 예시-로르샤흐 구조적 요약지 4판

이름 :   나이 :   성별 :   검사일 :

반응 영역 LOCATION FEATURES

조직화 활동
Zf =
Zsum =
ZEst =

반응 영역의 빈도
W =
D =
W+D =
Dd =
S =

발달질(DQ)
+ =
o =
v/+ =
v =

형태질 FORM QUALITY

	FQx	MQual	W+D
+	=	=	=
o	=	=	=
u	=	=	=
−	=	=	=
none	=	=	=

결정인 DETERMINANTS 혼합 BLENDS 단일 SINGLE

M =
FM =
m =
FC =
CF =
C =
Cn =
FC' =
C'F =
C' =
FT =
TF =
T =
FV =
VF =
V =
FY =
YF =
Y =
Fr =
rF =
FD =
F =

(2) =

반응 내용 CONTENTS

H =
(H) =
Hd =
(Hd) =
Hx =
A =
(A) =
Ad =
(Ad) =
An =
Art =
Ay =
Bl =
Bt =
Cg =
Cl =
Ex =
Fi =
Fd =
Ge =
Hh =
Ls =
Na =
Sc =
Sx =
Xy =
Id =

접근방식 SEQUENCE OF SCORE

I =
II =
III =
IV =
V =
VI =
VII =
VIII =
IX =
X =

특수 점수 SPECIAL SCORINGS

		LV1	LV2
DV	=	×1	×2
INC	=	×2	×4
DR	=	×3	×6
FAB	=	×4	×7
ALOG	=	×5	
CON	=	×7	
Raw Score 6	=		
Wgtd Sum 6	=		
AB	=	GHR	=
AG	=	PHR	=
COP	=	PER	=
		CP	=
MOR	=	PSV	=

비율 RATIOS, 백분율 PERCENTAGES, 산출한 점수 DERIVATIONS

핵심 영역 CORE

R =		L =	
EB =	EA =		EBPer =
eb =	es =		D =
	Adj es =		Adj D =
FM =	All C' =		All T =
m =	All V =		All Y =

정서 영역 AFFECT

- FC : CF+C =
- Pure C =
- SumC' : WSumC =
- Afr =
- S =
- Blends : R =
- CP =

대인관계 영역 INTERPERSONAL

COP =	AG =
GHR : PHR =	
a : p =	
Food =	
SumT =	
Human Cont =	
Pure H =	
PER =	
소외지수 =	

관념 영역 IDEATION

a : p =	Sum6 =
Ma : Mp =	Lv 2 =
2AB+(Art+Ay) =	WSum6 =
MOR =	M− =
	M none =

중재 영역 MEDIATION

- XA% =
- WDA% =
- X−% =
- S− =
- Popular =
- X+% =
- Xu% =

처리 영역 PROCESSING

- Zf =
- W : D : Dd =
- W : M =
- Zd =
- PSV =
- DQ+ =
- DQv =

자기지각 영역 SELF−PERCEPTION

- 3r+(2)/R =
- Fr+rF =
- SumV =
- FD =
- An+Xy =
- MOR =
- H:(H)+Hd+(Hd) =

PTI =   DEPI =   CDI =   S−CON =   HVI =   OBS =

(3) 점수 계열 예시

카드	반응 번호	반응 영역과 발달질	영역기호	결정인	쌍반응	내용변인	P반응	조직화 점수	특수 점수
I	1	Wo	1	Fo		A	P	1.0	
	2	D+	4	Mao	2	H, Id		4.0	GHR
	3	Wv	1	Fu		Ge			DR2
II	4	Ddo	99	Mp−		Hd			MOR, PHR
	5	Dd+	99	Ma, mp−	2	Hd		5.5	AG, PHR

> **참고** 아동용 로르샤흐검사
>
> - 아동과 성인 간 로르샤흐검사의 채점 및 해석방법에 근본적인 차이는 없다.
>   예 동일한 채점방식과 해석기준을 적용한다.
> - 아동과 성인 간에 로르샤흐검사를 실시하고 채점할 때는 상당한 차별적인 지식과 임상 실습이 필요하다. 아동·청소년의 연령에 따른 발달적 규준과 심리장애에 대한 전문적 지식이 필요하다.
> - 아동·청소년을 검사할 때도 가능한 한 표준적인 실시와 절차를 따라야 한다.
> - 지나치게 저항적이거나 비협조적인 태도로 검사가 힘든 경우 각 카드에 대해 반응하게 한 후 바로 질문 단계로 들어가는 수정된 절차로 실시할 수 있다. 수정된 절차는 예외로 생각해야 하며, 이 절차를 실시할 경우 "이것을 보고 나에게 무엇처럼 보이는지 말해주고, 내가 그것을 볼 수 있게 보여주면 돼. 네가 본 그대로 나도 볼 수 있도록 그것이 어디에 있고 무엇 때문에 그렇게 보이는지 말해주면 돼."라고 말한다.

24 TAT(Thematic Apperception Test, 주제통각검사)

1. 검사 개관

(1) 특징
① 개인의 성격과 환경 간의 관계 : 개인이 환경과 어떻게 상호작용하는지를 알려준다.
② 비교적 분명한 상황이 제시 : 다양한 대인관계상의 역동적 측면을 파악하는 데 유용하다.
③ 모호한 내용의 그림자극을 제시하고 그에 대한 이야기를 구성하게 하는 방법 사용 : 개인의 과거 경험, 상상, 욕구 갈등 등이 투사되고 성격의 특징적인 면, 발달적 배경, 환경과의 상호작용 방식 등의 정보를 제공한다.
➡ 동기, 정서, 기분, 콤플렉스, 대인관계, 역동을 이해할 수 있다.
④ 제작자 : 머레이(Murray)가 제작하였다.

(2) 벨락(Bellak)의 이론적 가설
① 통각(apperception)

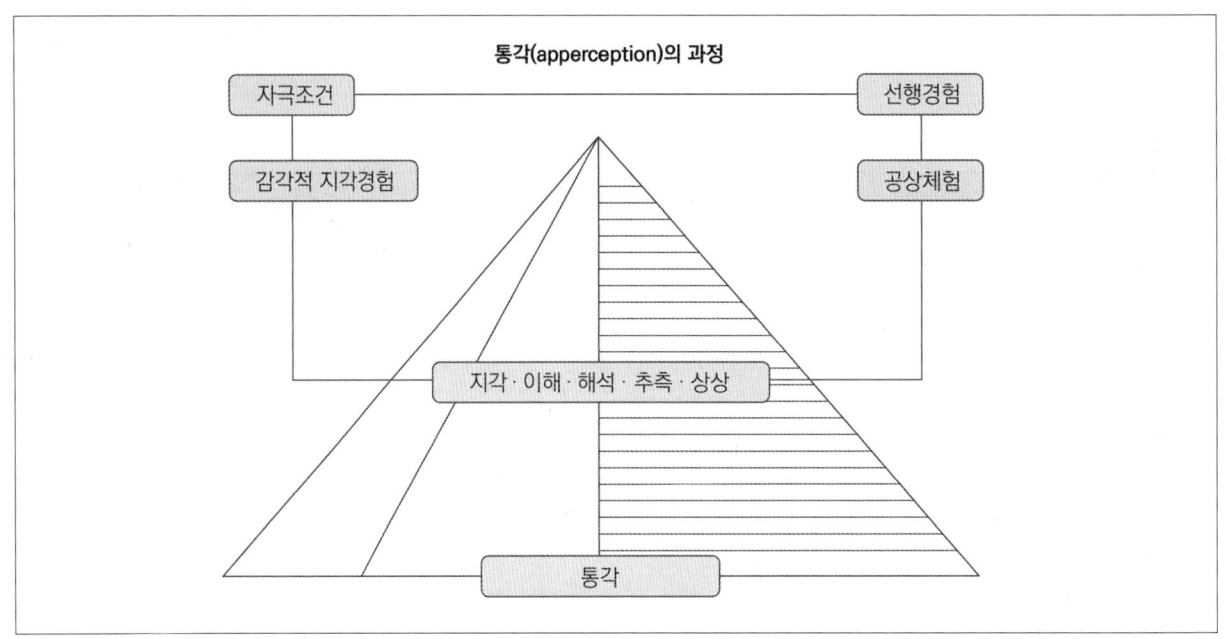

[그림 10-9] 통각과정

　㉠ 외부 대상을 인지하는 과정 : 주관적인 해석을 하거나 대상에 대한 어떤 상상을 하면서 받아들인다.
　㉡ 객관적인 내용 또는 조건에서 어느 정도 벗어난 주관적 과정이 개입되면서 '지각 → 이해 → 추측 → 상상'의 과정을 거쳐 대상에 대한 결론을 내리게 된다.
　㉢ 대상을 인지하는 방식에는 대상의 자극 특성에 크게 의존하는 공통적 요인이 작용하는 동시에, 자극 특성에 의존하지 않고 개인의 선행 경험에 의존하는 요인이 있는데, 이 양자가 결합한 것이 '통각'이다.
　㉣ 통각 내용의 분석을 통해 성격의 측면을 파악한다.

② 주제
　　⊙ 공상 내용 : 개인의 내적 욕구와 환경적 압력의 결합이자 개인과 그 환경의 통일이며 실생활에서 생기는 일에 대한 역동적 구조이다.
　　ⓒ 피검자의 이야기 : 욕구와 압력의 관계, 생활체와 환경의 상호 의존적 관계에서 발생한다.
③ 외현화 : 전의식 수준에 있는 개인의 욕구가 의식화되는 외현화 과정을 통해 반응이 일어난다.
④ 심적 결정론 : 외적인 자극에 대한 반응으로 이야기되는 모든 것은 역동적인 의미가 있다.
⑤ 중복결정 : 투사된 내용은 하나 이상의 성격구조 수준을 반영한다.
⑥ 구성성 : 그림에서 인물의 수와 성별, 상황의 배경이 제시된다.
⑦ 모호성 : 그림의 내용이 불확실하여 여러 해석이 가능하다.

2. 검사 실시 기출 19

(1) 카드

① 백지카드 한 장을 포함하여 총 31장으로 구성되며, 각 카드의 뒷면에 M(성인 남성), F(성인 여성), B(소년), G(소녀) 등의 구별이 표기된다.
② 피검자의 연령과 성별에 따라 카드를 선정하도록 한다. 이 중 10장은 모든 피검자에게 실시되며, 나머지 카드는 성별과 연령에 따라 각각 10장씩 실시한다. 따라서 개인은 총 20장의 카드를 보게 된다.

> **참고** 실시 대상에 따른 도판
>
> - 공용 도판(숫자) : 11매(백지도판 포함)
> - 남자 공용 도판(BM) : 7매
> - 여자 공용 도판(GF) : 7매
> - 성인 공용 도판(MF) : 1매
> - 미성인 공용 도판(BG) : 1매
> - 성인 남자 전용 도판(M) : 1매
> - 성인 여자 전용 도판(F) : 1매
> - 소년 전용 도판(B) : 1매
> - 소녀 전용 도판(G) : 1매

(2) 실시

① 검사는 성별과 연령을 고려하여 20개의 도판을 선정하는 데 일반적으로 1~10번 도판은 첫 회기, 11~20번 도판은 두 번째 회기에 실시된다.
　　⊙ 두 번에 걸쳐 시행하는 이유 : 수검자의 피로를 줄여서 효율적인 반응을 이끌어내기 위해서이다.
　　ⓒ 실제 임상장면 : 대부분 검사를 1회만 실시하는 경우가 많다.
　　ⓒ 검사시간 : 1회에 30분~1시간 정도 소요된다.
　　② 수검자의 특성에 따라서 9~12장 정도의 도판을 선별하여 단축검사를 실시하기도 한다.
　　◎ 검사 지시는 1회와 2회 내용에 차이가 있고, 수검자의 연령과 지능 수준에 따라 다소 차이가 나기도 한다.
② 지시문

> "지금부터 당신에게 몇 장의 그림을 한 번에 한 장씩 보여 주겠습니다. 각 그림을 보면서 극적인 이야기를 만들어 보십시오. 그림에 나타난 장면이 있기까지 어떤 일이 있었는지, 현재 무슨 일이 일어나고 있는지, 사람들은 무엇을 느끼고 있고, 무엇을 생각하고 있는지를 이야기해 주십시오. 그리고 그 결과에 대해서도 이야기하시길 바랍니다. 각 카드마다 약 5분 정도 이야기하시면 됩니다."

③ 2회 검사 지시문

> "오늘도 어제와 같이 하면 됩니다. 단지 좀 더 상상해 보도록 하십시오. 지난번 본 10장의 그림들도 좋은 것이긴 하지만 일상생활에서 마주치는 사실들에 이야기를 제한시켜야 했습니다. 이제 그런 일상적 현실을 무시하고 상상하고 싶은 대로 상상하십시오. 신화, 동화, 우화 같이 말입니다."

④ 16번 백지카드의 지시문 : "이 백지 도판에서 무엇을 볼 수 있는지 한번 봅시다. 이 백지에서 어떤 그림을 상상해 보고 자세하게 얘기해 주십시오." 수검자가 어려움을 느끼는 경우, "자 눈을 감아 보세요. 그리고 무엇인가를 상상해 보십시오." "자, 이제 상상한 것을 토대로 그것에 관해 이야기를 만들어 주세요."

⑤ 피검자가 지시에 잘 따르지 못할 때 : "눈을 감고 무언가를 상상해 보십시오. 그 상상을 이야기로 꾸며 저에게 말해 주십시오."

⑥ 짤막한 지시를 보충해야 하는 경우

> - 장면을 기술하기만 할 때(예 "아이가 바이올린 앞에 앉아 있다.") : "그림을 잘 묘사했습니다. 이제 좀 더 구체적으로 이야기를 만들어 보십시오."
> - 과거나 미래를 생략하거나 현재의 생각, 행위를 적절하지 않게 기술할 때 : "무엇을 하고 있는지 잘 말해 주었습니다. 그런데 이 장면이 있기까지 어떤 일이 있었고 앞으로 어떻게 될지도 이야기해 주십시오."
> - 수검자가 카드의 분명치 않은 세부를 결정하기 어려우며 그에 대해 물어볼 때(예 3번 카드에서 "이게 총인가요?") : "보이는 그대로 보시면 됩니다."
> - 이야기가 지나치게 짧을 때 : "잘 했습니다. 그런데, 그래서 어떻게 되었나요?"
> ➡ 이러한 개입은 원칙적으로 처음의 두 카드에만 적용되며, 그 후부터는 중간 개입 없이 그대로 진행하고, 나중에 추가 질문을 통해 보충한다.

⑦ 중간 질문 : 검사자가 생각하기에 불완전해 보이는 부분에 대해 질문한다.
　　예 "이 소년은 친구와 같이 가지 않았다."라고 응답한 경우, "이 소년은 그때 어떤 느낌이었을까?"나 "이 소년과 같이 가지 않은 친구에 대해 더 이야기해 줄 것은 없는가?"라고 질문할 수 있다.

⑧ 종결 질문 : 20개 카드에 대한 반응이 모두 끝난 다음 첫 카드부터 검사자가 보충하고 싶은 부분에 대해 질문을 던진다. 가장 좋았던 카드와 싫었던 카드를 고르게 하고 이유를 묻는 것도 도움이 될 수 있다.

3. 검사 해석

(1) 기본 전제

① 일차적인 전제는 미완성의 구조화된 상황을 완성하는 데 개인의 동기, 성향, 갈등을 드러낼 수 있다는 점이다.
② 그 외에 5가지의 기본 전제를 더 들고 있다.
　㉠ 이야기를 구성하는 사람은 자신을 이야기 속 한 사람과 동일시하게 되며, 동일시된 가상적인 인물이 가진 소망, 욕구, 갈등은 이야기하는 사람 자신의 것을 반영한다.
　㉡ 이야기를 만드는 사람의 성향, 욕구, 갈등은 이따금씩 간접적이거나 상징적인 방식으로 표현된다.
　㉢ 충동과 갈등을 진단하는 데 모든 이야기가 다 동등한 중요성을 가지는 것은 아니다. 어떤 결정적 이야기는 광범위한 진단적 자료를 제공하는 반면, 다른 이야기는 거의 정보를 주지 않을 수 있다.
　㉣ 그림 자체의 속성에 의해 직접적으로 도출된 듯한 주제는 그렇지 않은 주제보다 덜 중요할 수 있다.
　㉤ 반복되는 주제는 이야기를 만들어 내는 사람 자신의 충동과 갈등을 특히 잘 반영한 것일 수 있다.

(2) 해석 방식

방법	특징
표준화법	• TAT 해석을 수량화하려는 입장으로, 평면적이고 통계적인 분석을 시도함 • 각 개인의 검사기록에서 뽑아낸 반응의 특징을 항목별로 분류하여, 유사 혹은 이질 피검자군에서 작성된 표준화 자료와 비교하여 분석함
주인공 중심의 해석법	• 이야기에 나오는 주요 인물, 주인공을 중심으로 분석하는 방법 • 주인공 중심법, 욕구-압력 분석법, 이야기 속의 인물 분석법 등이 있음
직관적 방법	• 정신분석에 기초한 가장 비조직적인 분석 방법 • 해석자의 통찰인 감정이입 능력을 바탕으로 이루어짐
대인관계법	• 인물들의 대인관계 사태분석법으로, 이야기 중 인물들에 대한 피검자의 역할에 비추어 공격, 친화, 도피 감정을 중심으로 분석하는 방법 • 이야기에 나오는 여러 인물의 사회적 지각 및 인물들의 상호 관계 분석법 등이 있음
지각법	• 피검자가 한 이야기 내용의 형식을 분석하는 방법 • 도판의 시각자극 왜곡, 언어의 이색적 사용, 사고나 논리의 특성, 이야기 자체의 기묘한 왜곡 등을 포착하는 방법

(3) 머레이(Murray)의 욕구-압력 분석법

① 개인의 욕구와 환경의 압력 사이의 상호작용 결과를 분석함으로써 개인의 심리적 상황을 평가하는 방식이다.

② 해석 과정

> • 주인공을 찾는다.
> • 환경의 압력을 분석한다.
> • 주인공의 반응에서 드러나는 욕구를 분석한다.
> • 주인공이 관심을 표현하고 있는 대상을 분석한다.
> • 주인공의 내적인 심리상태를 분석한다.
> • 주인공의 행동이 표현되는 방식을 분석한다.
> • 일의 결말을 분석한다.
>
> 예 도판 1
> 남자 아이가 바이올린을 보고 있다. 바이올린을 켜 보고 싶다고 생각하고 있다. 그렇지만 자기 악기가 아니기 때문에 켜 보지 못한다. 이 아이에게는 바이올린이 없다. 집이 가난하다. 잠깐 연주해 보지만……별로 좋아하지 않을 것 같다. 나중에도 좋아하지 않고 결국 싫어하게 될 것 같다. 왜 싫어하게 되는지는 모르겠다.
>
> • **주인공** : 남자아이
> • **환경의 압력** : 결여의 압력(물질적으로 빈곤, 주인공이 가진 요구 대상을 상실함)
> • **주인공의 욕구** : 확보의 욕구(어떤 대상을 차지하고 빌려주지 않으며 물건들을 저장/모음), 거부의 욕구
> • **주인공이 관심을 표현하고 있는 대상** : 바이올린
> • **주인공의 내적 심리상태** : 갈등상태
> • **주인공의 행동방식** : 소극적 태도, 수동-공격적 대처 방식
> • **결말** : 갈등은 해결되지 못하고, 회피적 방식으로 처리

> **참고** 욕구 – 압력 분석법 해석과정
>
> 1. 주인공을 찾는다. 대체로 다음과 같은 경우를 주인공으로 본다.
>   - 제일 먼저 이야기에 등장하는 인물
>   - 이야기 전체에서 피검자가 관심을 집중시키는 인물
>   - 중요한 행동을 주동하는 입장에 있는 인물
>   - 이야기를 전환시키는 역할을 하는 인물
>   - 다른 사람으로부터 행동을 강요받는 인물
>   - 연령, 성, 기타 심리적 특징이 피검자와 유사한 인물
> 2. 환경의 압력을 분석한다.
>   - **인적 압력**: 착취, 친화, 공격, 인지, 존경, 지배, 예시(모방), 전달, 양육, 배척, 확보, 성, 구원, 가정불화, 경쟁, 동생 출산, 지배-양육, 공격-지배, 사기 또는 배신 등이 있다.
>   - **환경적 압력**: 재해, 운명, 불행, 결여, 위험, 다양성 등이 있다.
>   - **내적 압력**: 죽음, 질환, 좌절, 죄, 신체 부적절감, 심리 부적절감, 수술, 열등감 등이 있다.
> 3. 주인공의 반응에서 드러나는 욕구를 분석한다. 주요 욕구는 빈도나 강도, 지속시간에 따라 결정된다.
>   - **사물이나 상황에 대한 주인공의 활동에서 드러나는 욕구**: 성취, 획득, 변화/여행, 모험 추구, 인지, 구성, 만회, 흥분, 섭취, 수동, 유희, 확보, 관능, 이해 등이 있다.
>   - **다른 사람의 행동에 대한 반응에서 드러나는 주인공의 욕구**: 굴종, 자율, 비난 회피, 존경과 복종, 재난 회피, 방어, 은둔, 불가침, 해독 회피 등이 있다.
> 4. 주인공이 관심을 표현하고 있는 대상을 분석한다. 특히 반응 내용 가운데 주인공에게 긍정적이거나 부정적인 감정을 일으키는 사물, 활동, 사람, 관념을 찾아본다.
> 5. 주인공의 내적 심리 상태가 행복한가, 갈등을 느끼고 있는가, 비관적인가를 분석한다.
> 6. 주인공의 행동이 표현되는 방식을 분석한다.
>   - 주인공이 환경적 힘에 자극될 때 반응하는 행동양식을 분석한다.
>   - **구분**: 공상 수준, 행동 이전 수준, 억제된 행동 수준, 행동 수준으로 구분된다.
>   - **행동 수준**: 제스처, 능동적 반응, 수동적 반응, 외향적 행동, 내향적 행동으로 구분된다.
> 7. 일의 결말을 분석한다. 욕구와 압력의 관계에 의해 상황의 결말이 행복한가, 불행한가, 성공적인가, 실패인가, 문제 해결이 이루어지고 욕구충족적인가, 갈등 해결이 이루어지지 못하고 문제 해결이 지연되는 상태인가를 살펴본다.

4. 한국 아동용 통각검사(K-CAT) 기출 19

(1) 특징

① 벨락이 TAT의 적용 연령을 보다 어린 아동으로 확대하여 제작한 아동용 투사검사이다.
② 대상: 만 3~10세 아동이다.
③ 도판의 그림 장면을 아동에게 맞는 그림으로 바꾸고, 도판에 등장하는 주인공도 동물로 변경했다.
④ 동물그림을 자극으로 사용한 이유
  ㉠ 검사목적을 위장하기가 편하다.
  ㉡ 사회적으로 용납되지 않는 욕구나 부정적인 감정을 드러내기가 쉽다.
  ㉢ 문화적 영향을 상대적으로 덜 받는다.
  ㉣ 성과 연령이 분명하지 않아 등장인물이 가진 성, 연령의 특징에 영향을 덜 받는다.
⑤ 구성
  ㉠ 벨락판 CAT: 표준그림 10장 + 보충그림 10장
  ㉡ 한국판 CAT: 벨락판 중 표준그림 9장 + 보충그림 9장(문화 요인을 고려하여 9번 그림인 캥거루를 고양이로 교체)

⑥ 실시

> - 초기 지시문 : "지금부터 그림을 가지고 이야기하는 놀이를 할 거야. 그림을 보여줄 테니, 그림을 보고 거기에서 어떤 일이 일어나고 있는지 말해봐. 자, 그림을 봐. 여기 나온 동물들은 지금 무엇을 하고 있지? 여기서 지금 어떤 일이 일어나고 있는지 말해봐. (어느 정도 이야기한 다음) 그럼 이 일이 있기 전에 어떤 일이 일어났을까? 그 다음에는 어떻게 될까?"
> - 중기 지시문 : "그럼 그 전에 무슨 일이 있었을까? (이에 대한 대답을 하면) 그럼 그 다음에는 어떻게 될까?"
> - 심층 질문 : 한 그림에 대한 이야기를 다 마친 다음 이야기의 특수한 사항에 대해 보다 상세히 물어본다.
>   예 "어느 동물이 그런 이름을 갖게 되었니?", "동물들은 몇 살이지?", "그중에 넌 누가 되고 싶니?"
> - 아동의 질문에 대한 적절한 반응
>   – "이건 뭐예요? 남자예요, 여자예요?" 예 "너는 어떻게 생각하니? 네 생각대로 말해봐."
>   – "앞의 그림에 이어지는 이야기로 만들어야 해요?" 예 "그렇게 해도 되고, 다른 이야기를 만들어도 돼."

(2) 채점 및 해석

① 주제 : 아동이 K-CAT의 각 도판에서 무엇을 떠올렸는지, 왜 그러한 이야기를 하는지, 또 이러한 해석이나 이야기가 내적 세계에서 어떤 의미를 갖는 것인지를 알아내도록 한다. 또한 아동의 이야기에서 공통되는 주제를 파악한다.

② 주인공 : 아동의 이야기에서 주인공을 찾아내어 그 대상을 기록하고 대상의 연령, 성별, 직업, 능력 및 기타 특징들을 적는다.
　㉠ 때로는 주인공이 하나 이상일 수도 있으며, 처음에는 이 대상에 동일시했다가 나중에는 다른 인물을 동일시하고, 때로는 둘 다에 동일시하기도 한다.
　㉡ 때로는 두 번째로 동일시한 대상의 특징에 한층 더 깊이 억압된 무의식적 태도를 반영하는 경우도 있다.

③ 주인공의 주요 욕구와 추동 : 주인공이 나타내는 욕구는 수검자의 욕구와 직접 관련된 것일 수 있으며, 때로는 수검사의 실제 생활을 반영하거나 반대로 공상 속에서 대리만족되는 내용일 수 있다. 이야기에 나타나는 주인공의 욕구는 수검자가 가지는 추동의 다양한 변형과 변종일 수 있다.
　㉠ 실제 그림에 나와 있지 않은 대상이나 상황을 포함시켜 이야기를 꾸민다면 중요한 내용일 수 있으며, 실제 상징적인 의미가 무엇인지를 알아내야 한다.
　㉡ 그림 속의 특정 인물이나 사물이 생략되거나 무시되고 있다면, 이는 그 대상에 대한 적대감이나 갈등을 반영하는 것으로 해석해 볼 수도 있다.

④ 주변 인물에 대한 자각 : 아동이 그림 속 대상들을 수검자 주변 인물들과 동일시하고 있거나, 어떻게 지각하는가를 알아보는 것은 아동의 주변 사람들에 대한 심리적 역동을 이해하는 데 중요하다. 부모, 또래, 연장자 및 어린 대상 등 4가지 유형의 주변 인물들에 대한 심리적 친근감이나 거리감을 포함한 지각을 분석하여 기록하도록 한다.

⑤ 주요 갈등 : 수검자가 가지고 있는 갈등의 유형, 특성과 갈등의 강도를 파악할 수 있으며, 갈등으로 유발되는 불안에 대해 사용하는 방어기제 유형에 대한 정보를 알 수 있다.

⑥ 불안 : 아동들의 주요한 불안 유형으로는 신체적 상해, 처벌, 사랑의 결여나 상실에 대한 공포, 혼자 남게 되는 것에 대한 공포 등이 있는데, 아동의 주된 불안을 파악하는 것은 매우 중요하다. 또한 아동이 지각하는 불안이 정상적인 성장 과정의 보편적인 것인지, 병리적인 수준인지를 진단·구별해야 한다.

⑦ 주요 방어기제 : 방어기제의 평가는 욕구와 갈등이나 불안에 대한 개별적인 검토보다 훨씬 더 많은 정보를 제공해 줄 뿐만 아니라 성격구조를 깊이 있게 탐색하게 해준다. 또한 이야기에 나타나는 다양한 주제와 주인공의 욕구를 통해 아동의 주된 방어기제 외에 이야기 속에 숨겨져 있는 방어기제를 알아보는 것도 도움이 된다.

⑧ **초자아의 적절성** : 이야기 주인공이 저지른 잘못의 특성이나 정도를 고려한 처벌의 타당성과 적절성을 통해 초자아의 엄격성을 보여준다.

⑨ **자아의 통합** : 내적 충동이나 현실에서 오는 요구와 초자아의 명령을 어떻게 타협하고 조절하는지를 검토하고 주인공이 외부 자극에 대해서 얼마나 민감하며 어떠한 자극에 더 집착하는지를 알아낼 수 있다. 주인공이 자신의 욕구와 현실 및 사회규범이나 도덕적인 행동 간의 갈등을 처리하는 방식의 적절성을 알아내는 것이 중요하다.

⑩ **임상적 특기** : 이 항목에는 각 도판에 나타난 반응 분석 전체를 요약·종합해서 기록하거나, 진단적 단서가 될 수 있는 검사자가 의문시하는 내용들을 기록한다.

25 BGT(Bender Gestalt Test, 벤더 게슈탈트검사)

1. 검사 개관

(1) **특징**

① 간단한 기하학적 도형이 그려진 9장의 자극카드를 피검자에게 1장씩 보여주며 종이에 그리도록 하고, 여러 변형된 추가 단계를 실시한 후에 이 정보들로 인지, 정서, 성격 등의 심리적 특성을 분석하는 검사이다.
② **초기** : 기질적 손상이 있는 환자를 진단하는 목적으로 사용되었다.
③ **현재** : 신경심리적인 목적과 투사적인 목적을 위해 사용된다.
④ **HABGT** : 허트(Hutt)는 벤더(Bender)가 사용한 도형을 보다 모사하기 쉬운 형태로 개발하여 정신분석학적 이론에 근거한 투사법 검사로 개발했다.
⑤ **장점**
　㉠ 피검자가 말로써 의사소통할 능력이 충분히 있어도 그의 언어적 행동에서 성격의 강점이나 약점에 대한 적절한 정보를 제공받을 수 없을 때 사용한다.
　㉡ 적절히 말할 수 있는 능력이 없거나 능력이 있어도 표현할 의사가 없는 피검자에게 실시한다.
　㉢ 뇌기능 장애가 있는 피검자에게 실시할 수 있다.
　㉣ 지적장애가 있는 피검자에게 실시할 수 있다.
　㉤ 문맹자, 교육을 받지 못한 피검자, 외국인 등의 글을 모르는 피검자를 대상으로도 실시할 수 있다.

(2) **이론적 배경**

① **지각적 원리** : 접근성의 요인, 유사성의 요인, 폐쇄성의 요인, 공통 운명의 요인, 연속성의 요인이 있다.
② **개인의 심리적 요인 개입** : 형태의 재구성, 오류, 왜곡 등은 개인의 심리적 특징과 심리 과정에 의해서도 발생할 수 있다.

2. 검사 실시

(1) **준비물과 지침**

① **준비물** : BGT 카드, 모사할 A4 용지 여러 장, 지우개, 연필, 초시계 등

② 실시

- 자극카드는 보이지 않게 순서대로 엎어두고, 도형 A부터 시작하여 도형 8까지 차례대로 제시한다.
- 자극카드는 피검자의 왼쪽에 놓아둔다.
- 모사 용지는 여러 장을 준비하여 피검자가 요구하면 더 사용할 수 있게 한다.
- 모사 용지는 세로로 놓아둔다.
- 모사 중에 자 등의 보조기구 사용은 금지한다.
- 제시된 내용 이외의 질문에 대해서는 "좋을 대로 하십시오.", "마음대로 해도 됩니다."라고 한다.
- 스케치, 용지나 도형의 회전, 도형을 구성하는 점의 수를 헤아리는 것 등의 행동은 첫 번째에는 제지하는 것이 원칙이다. 하지만 연속으로 같은 반응을 보일 때는 행동관찰에 기록하여 해석에 참고한다.
- 피검자의 검사 태도, 검사 행동을 관찰하여 해석에 참고한다.

참고 검사목적에 따른 실시방법

실시방법으로는 순간노출, 모사, 변형모사, 회상이 있다. 검사자는 검사목적에 따라 모사 단계만 실시할 수도 있고, '모사 - 변형모사 단계' 순이나 '모사 - 회상 단계' 순으로 실시할 수도 있다. 기질적 장애의 경우 'T(순간노출) - C(모사 단계) - R(회상 단계)' 순으로 실시하는 것이 좋다.

(2) 모사 단계

① 지시문

"지금부터 이 카드들을 한 번에 한 장씩 보여드리겠습니다. 각 카드에는 간단한 그림이 있습니다. 이 그림을 보고 그대로 그려주세요. 이 검사는 당신의 그림 그리기 실력을 보는 검사가 아닙니다. 그러나 가능한 한 정확히 그리도록 노력하고 빨리 하든 천천히 하든 당신이 원하는 대로 하십시오."

② 피검자의 질문에 대한 적절한 반응

- 어떻게 그려야 하는지의 방법에 대한 질문
  ➡ "당신이 하고 싶은 대로 하되, 할 수 있는 한 최선을 다하시면 됩니다."
- "종이를 얼마나 사용해야 되는가?"라고 묻는 경우
  ➡ "당신이 쓰고 싶은 대로 사용하세요."라고 대답한다.
- "지우개로 지워도 되는가?"라고 묻는 경우
  ➡ "물론 당신 마음대로 하세요."라고 대답한다.

③ 검사자가 알아두어야 할 사항

㉠ 수검자의 종이 사용 : 자유롭게 놔두어야 한다.
㉡ 카드가 몇 장인지를 수검자가 알고자 할 때 : 몇 장인지 말하지 말고 "이 정도입니다."라고 하며 손에 쥐고 있거나 놓아둔 카드 더미를 보여주기만 한다.
㉢ 종이를 세로로 제시 : 세로로 한 종이를 가로로 놓고 그리려 하면 한 번은 다시 세로로 놓아주고 "이렇게 그려 보라."라고 하되, 그 이상 종이를 돌리는 것은 고쳐주지 않는다.
㉣ 연필, 지우개 : 연필심은 중간 정도의 부드러운 것으로 선택하고 필압을 잘 관찰하여 이후 검사를 해석할 때 자료로 사용하며, 지우개 사용은 수검자 자유로 한다.

④ 그림 그리기에 소요되는 시간은 꼭 기록해야 할 사항은 아니지만, 전체 도형을 그리는 시간이 상당히 지연되는 경우에는 개인의 정신병리를 반영하는 것일 수 있으므로 간과해서는 안 된다.

(3) 변형모사 단계

① 목적 : 투사적 반응을 극대화시켜 피검자의 독특한 심리적 특성이 드러나게 한다.
② 지시문

> "그림을 다시 한번 차례대로 보여줄 테니 자신이 원하는 모양을 변형시켜 자유롭게, 그리고 싶은 대로 그려보세요. 제 말을 이해했나요?"라고 한다.

③ 피검자가 "별로 생각도 안 나고 그대로 그리고 싶다."라고 할 경우 : "당신이 원하는 대로 하세요."라고 한다.
④ 자유연상 단계 : 각 카드의 원래 자극 도형과 변형한 도형 모두를 자유연상시킨다.
> 예 도형 1 카드와 수검자가 변형한 그림을 보여주면서 "이것은 원래 도형이고 당신이 변형한 그림은 여기 있습니다. 이 그림을 각각 보면서 무엇이 생각나는지, 무엇처럼 보이는지를 이야기해 주세요."라고 말한 다음, 수검자의 반응내용을 기록한다.

(4) 회상 단계

① 모사 단계 이후에 실시하거나 순간노출 단계와 모사 단계를 실시한 이후에 실시할 수 있다.
② 지시문

> "보고 그린 그림을 기억하여 생각나는 것을 다시 그려보세요."라고 지시한다.

③ 수검자가 "그린 도형 형태나 개수가 맞아야 하는가?"를 묻는 경우 : "기억나는 대로 그리면 됩니다."라고 한다.

(5) T-C-R 방법

① T단계(순간노출 단계)

> • 수검자에게 카드 더미를 보여주고 "당신에게 몇 장의 카드를 보여드리겠습니다. 이 카드에는 어떤 그림이 그려져 있습니다. 이 카드를 몇 초 동안만 보여주고 치울 테니 그림을 잘 기억해뒀다가 그리면 됩니다. 아시겠습니까?"라고 말한다.
> • 그 다음 검사자는 도형 1을 5초간 수검자에게 제시한다.
> • 5초가 지나면 카드를 치우고 용지에 본 도형을 그리게 한다.
> • 이후 9개의 도형을 차례로 보여주고 그리도록 한다.

② C단계(모사 단계)
③ R단계(회상 단계)

(6) 한계음미

① 이 단계는 모사 단계에서 얻어지는 정보가 모호하여 확증을 얻기 어려울 때 관련 도형을 재모사하도록 하여 정확한 정보를 얻으려는 목적에서 시행된다.
② 기질적 장애 : 도형의 일탈을 수정하지 못하며, 정서 장애를 가지고 있는 경우에는 약간의 주의를 두면 수정이 가능하다.

3. BGT-II

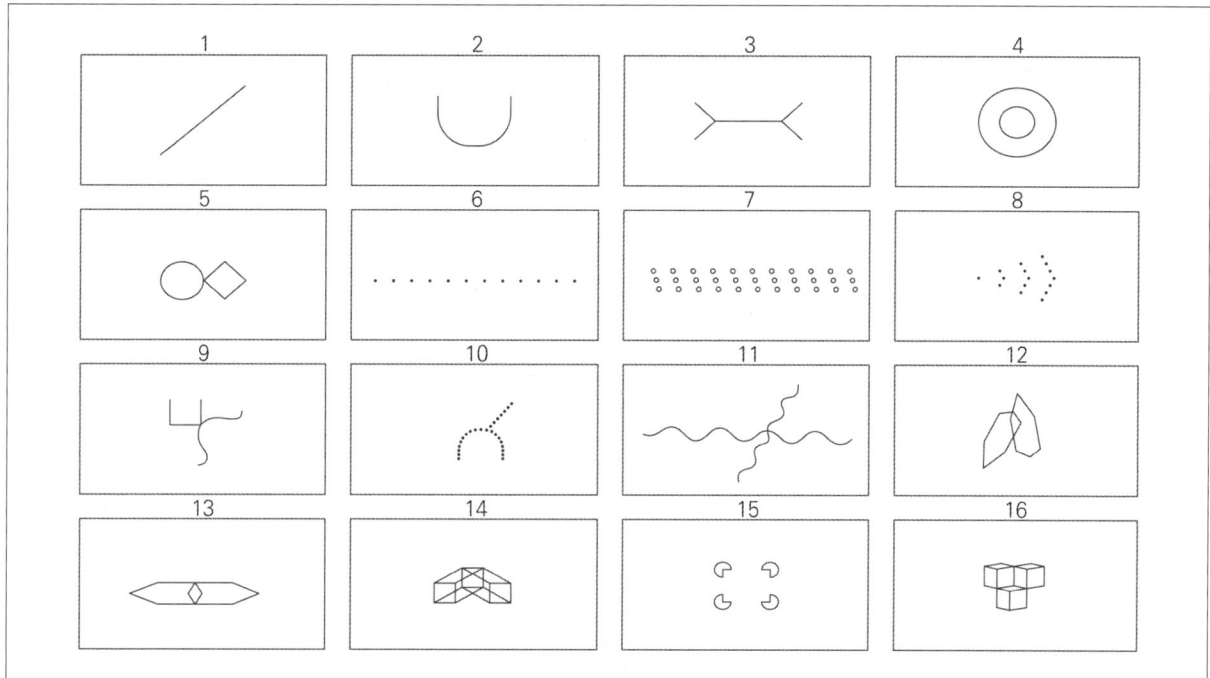

(1) 개정 내용
① 대상 : 4세 이상의 아동 및 성인을 대상으로 한다.
② 16장의 도형 : 9개의 원본 도형이 유지되면서, 지능이 낮고 연령이 더 어린 수검자를 대상으로 한 낮은 난이도의 도형 4개와 더 높은 난이도의 도형 3개가 추가되었다. 기존 카드 9장에서 7장이 추가적으로 새롭게 개발되어 총 16장으로 카드로 구성되어 있다.
③ 8세 이하의 아동 : 4개의 쉬운 도형과 원래의 9개 도형(항목 1~13)을 실시한다.
④ 8세 이상의 아동 및 성인 : 원래의 9개 도형과 3개의 더 어려운 도형(항목 5~16)을 실시한다.

(2) 실시
① 모사 단계 : 수검자가 제시된 도형을 한 번에 하나씩 동일하게 그리는 단계로, 시간제한은 없지만 과제를 완료하는 데 걸린 시간을 기록한다.

> "여기에 여러 개의 카드가 있습니다. 각 카드에는 다른 그림이 있습니다. 한 번에 하나씩 카드를 보여 드리겠습니다. 이 연필(수검자에게 연필을 줌)을 사용하여 이 용지 위에 그림을 똑같이 그리십시오(용지를 가리킴). 그림을 이 카드의 그림처럼 그리십시오, 시간제한은 없으므로 필요한 만큼 시간을 쓸 수 있습니다. 질문 있으세요? 여기에 첫 번째 카드가 있습니다."

② 회상 단계 : 마지막 도형을 모사한 직후에 수검자에게 새로운 용지가 제공되고 아래 지침이 제시된다. 시간제한은 없지만 과제를 완료하는 데 걸린 시간을 기록하는 것은 중요하다.

> "이제 방금 전에 보여준 도형들을 가능한 많이 기억해서 그리세요. 이 새로운 종이에 그리세요. 당신이 이전에 본 카드와 똑같이 그려 보세요. 시간제한이 없으므로 필요한 만큼 시간을 쓸 수 있습니다. 질문 있으세요? 시작하십시오."

③ 운동검사 : 보기 항목과 네 가지 검사 항목이 있는 용지로 구성된다. 검사자는 먼저 양쪽 끝에 중간 크기의 점이 2개인 직사각형이 그려진 보기 항목을 보여주고, 일련의 작은 점들은 2개의 중간 크기 점들을 연결한다. 수검자가 수행을 시작할 때 시간을 재기 시작하여 다 마쳤거나 최대 4분이 경과하면 절차를 중단시키고 시간을 기록한다. 지시 사항은 도형 페이지 상단에 제시된다.

> "각 항목을 할 때 가장 큰 그림부터 시작하십시오. 각 도형에 대해 경계를 건드리지 않고 점들을 연결하는 선을 그립니다. 그림을 그릴 때 연필을 들어 올리거나 지우거나 기울이지 마십시오."

④ 지각검사 : 10개의 도형을 보여주며 각 도형에는 4개의 도형이 뒤따른다. 이 4개 중 하나는 원래 모양과 동일하고 다른 것들은 단지 비슷하다. 지시문은 다음과 같다.

> "이 그림을 보십시오(첫 번째 상자의 도형을 가리킴). 이 줄을 보면 다른 그림이 있습니다(첫 번째 줄에서 손가락을 움직임). 이 원 모양과 같은 모양의 원을 가리키거나 동그라미 하세요(도형을 다시 가리킴). 필요한 경우 첫 번째 항목을 참고하세요(줄의 각 항목을 가리키며 다음과 같이 말함). 이 그림 중 어느 것이 이 모양과 비슷합니까(상자 안의 도형을 다시 가리킴)."

(3) 채점

① BGT-II에서는 각 과제를 쉽고 빠르게 채점할 수 있도록 전반적 채점체계(Global Scoring System)를 개발하였으며, 모사 및 회상 단계에서 각 도형마다 5점 척도로 평정된다.
➡ 0=무작위 그림, 낙서, 도형이 빠져 있음; 1=약간 모호하게 닮음; 2=어느 정도 닮음; 3=강한 유사성, 정확한 회상; 4=거의 완벽함).

② 운동검사 : 선이 도형의 양쪽 끝에 있는 중간 크기 점들 모두 닿고 경계를 넘지 않으면 1점을 준다. 이와 대조적으로 선이 상자 바깥쪽으로 뻗어 있거나 중간 크기의 점에 닿지 않으면 0점을 준다. 총 12점이 가능하다.

③ 지각검사 : 올바른 응답의 경우 1점, 잘못된 응답의 경우 0점으로 점수가 매겨져 총 10점이 가능하다.

(4) 해석

① BGT-II는 만 4세 이상 아동에서부터 모든 연령층의 성인에 대한 규준이 개발되었고, 이를 토대로 산출된 원점수에 대해서는 연령대별 T 점수 및 백분위 점수가 산출된다.

② 채점 : 원점수를 40에서 160 사이의 표준점수로 변환하며, 웩슬러 지능검사와 마찬가지로 평균은 100이고 표준편차는 15이다.

③ 표준점수 분류 표기

분류 표기	표준점수
최우수 혹은 매우 잘 발달된	145~160
매우 우수 혹은 잘 발달된	130~144
우수 혹은 발달된	120~129
평균 상	110~119
평균	90~109
평균 하	80~89
낮은 혹은 경계선 수준으로 지체된	70~79
매우 낮은 혹은 경도로 지체된	55~69
극도로 낮은 혹은 중도로 지체된	40~54

④ 운동 및 지각 하위 검사를 사용하여 수검자의 저조한 수행이 부적절한 지각(시각적 정보 수용의 어려움), 부적절한 운동 능력(물리적으로 도형을 그리는 것의 어려움), 또는 둘의 부적절한 통합(정확하게 인식된 것을 재인하는 것의 어려움)의 결과인지 구분할 수 있다.

㉠ 표준점수는 좋지 않지만 운동검사가 평균 이상 : 지각 능력이 주요 문제일 가능성이 높다.
㉡ 운동 하위 검사의 수행이 낮지만 지각검사가 손상되지 않은 경우 : 문제가 운동 능력 때문일 가능성이 높다.

⑤ 모사 표준점수가 낮지만, 운동 및 지각검사가 평균이거나 더 높은 경우 : 지각과 운동 결과의 통합이 문제가 될 가능성이 더 크다.

26 SCT(Sentence Completion Test, 문장완성검사)

1. 검사 개관 기출 17

(1) 특징

① **미완성된 문장 제공** : 자신의 갈등이나 정서적으로 관련된 문장의 일부를 완성하는 과제로 구성된다.
② 단어연상검사에서 변형된 검사로 투사적 검사 중 가장 간편하고 구조화가 잘 되어 있다.
③ 로르샤흐 검사, TAT 검사에 비해 검사자극이 분명하며 응답자가 검사자극 내용을 지각할 수 있도록 구성되어 있어 다른 투사검사에 비해 의식적인 수준의 심리적 현상이 나타나는 경향이 있다.
④ 피검자가 지시를 이해하고 문항을 읽고 짧은 글을 만들어 표현할 수 있을 정도의 지능이 요구되며, 특히 집단으로 활용할 때는 개인으로 실시하는 것보다 더 높은 문해력이 필요하다.
⑤ 장단점

장점	단점
• 피검자는 '예/아니요/모릅니다' 식의 단정적인 대답이 아니라 자기가 원하는 대로 답변할 수 있음 • 검사목적을 피검자가 의식하기 어려워서 비교적 솔직한 답을 얻을 수 있음 • 다른 투사검사에 비해 검사의 실시와 해석에 있어 특별한 훈련을 필요로 하지 않음 • 검사의 집단적 실시가 가능하여 시간과 비용 면에서 경제적	• 표준화 검사에 비해 객관적으로 채점할 수 없음 • 피검자가 언어 표현력이 부족하거나 검사에 비협조적인 경우 검사 결과가 사실과 다르게 왜곡될 수 있음

(2) **지시문**

"다음에 제시된 문장은 뒷부분이 빠져 있습니다. 각 문장을 읽으면서 가장 먼저 떠오르는 생각으로 뒷부분을 이어 문장이 되도록 완성하면 됩니다. 시간의 제한은 없으나 되도록 빨리 하십시오. 만일 문장을 완성할 수 없으면 표시를 해두었다가 나중에 완성하십시오."

(3) 지시사항

- 답에는 정답, 오답이 없으며 생각나는 것을 쓰도록 할 것
- 글씨나 글짓기 시험이 아니므로 글씨나 문장의 좋고 나쁨을 걱정하지 말 것
- 주어진 어구를 보고 제일 먼저 생각나는 것을 쓸 것
- 주어진 어구를 보고도 생각이 안 나는 경우에는 번호를 표시해 두고 다음 문장으로 넘어가고 마지막에 완성함
- 시간제한은 없으나 너무 오래 생각하지 말고 빨리 쓰도록 할 것
- 볼펜이나 연필로 쓰되, 지울 때는 두 줄을 긋고 다음 빈 공간에 써야 함

(4) 피검자의 질문에 대한 적절한 반응

- "천천히 좋은 대답을 생각하면 안 되나요?"
  → "각 문항을 읽고 가장 먼저 떠오르는 것을 써야 하며 논리적인 구성을 위해 지체하면 안 된다."라고 강조한다.
- "한 단어만 적어도 되나요?"
  → "한 단어든 여러 문장이든 상관없고 단지 자극 문장을 읽고 떠오른 생각이면 된다."라고 대답한다.
- 자기의 반응을 "(검사자가) 한 번 보고 맞게 썼는지 말해주세요."라고 요청하는 경우
  → 그 반응이 자극 문항에 대한 피검자의 자발적인 반응이라면 좋은 반응이라고 말한다.
- 단어의 뜻을 물어보는 경우
  → 기본적인 뜻을 말해주는 것은 괜찮지만 문장의 전체 뜻을 설명해달라고 하는 경우에는 피검자에게 어떤 뜻으로 생각하는지를 물어보고 "그렇게 생각한 대로 하면 된다."라고 한다.

(5) 질문 단계

① 피검자의 반응에서 중요하거나 숨은 의도가 있다고 보이는 문항이 있으면 "이것에 대해 좀 더 이야기해 주세요."라고 부탁한다.
② 이 단계를 통해 피검자는 말하기 힘든 문제에 대해 상담자에게 이야기하는 계기가 될 수 있다.

(6) 불안이 심한 피검자

① 피검자에게 문항을 읽어주고, 피검자가 대답한 것을 검사자가 받아적는 것이 도움이 된다.
② 피검자의 비언어적 행동을 관찰함으로써 어떤 문항에서 막히는지 구체적으로 알 수 있음 : 검사과정에서 피검자가 종종 기분이 나아졌다고 말하기도 하는데, 이 반응은 문장완성검사가 감정적 해소의 도구로도 사용될 수 있음을 보여준다.

2. 종류

(1) 삭스(Sacks)의 문장완성검사(SSCT) 기출 15 추시, 16, 19

① 가족, 성, 대인관계, 자기개념의 4가지 영역에 관한 중요한 태도를 이끌어낼 수 있는 미완성 문장을 작성하는 50개 문항으로 구성된다.
② 4개 영역을 세분화하여 최종적으로 총 15개 영역으로 분류 : 손상 정도에 따라 0, 1, 2점으로 평가한다.

③ 영역

영역	구성
가족 영역	아버지와 어머니에 대한 태도 및 가족 전체에 대한 태도의 3개 영역, 12문항으로 구성됨
성적 영역	• 여성과 남성에 대한 태도, 이성관계 및 결혼에 대한 태도와 생각을 파악할 수 있음 • 3개 영역, 9문항으로 구성 : 사회적 개인으로서의 여성과 남성, 결혼, 성적 관계에 대해 자신의 내면화된 신념이나 감정을 드러냄
대인관계 영역	• 친구와 지인에 대한 태도, 권위자에 대한 태도 등 전반적인 대인관계 특성을 포함함 • 2개 영역 6문항으로 구성 : 가족 이외의 타인들에 대한 감정, 자신에 대해 타인이 어떻게 느끼는지에 대한 수검자의 생각을 나타냄
자기개념 영역	• 자신의 능력, 과거, 미래, 두려움, 죄책감, 목표 등에 대한 태도가 포함됨 • 2개 영역 23문항으로 구성 : 현재, 과거 및 미래의 자기개념과 자신이 바라는 미래의 자기상과 실제 자기 모습에 대한 정보를 제공함

④ 평점

점수	손상 정도	해석
2점	심한 손상	이 영역의 정서적 갈등을 다루기 위해 치료적 도움이 필요한 것으로 보임
1점	경미한 손상	이 영역에 대한 정서적 갈등이 있지만 치료적 도움 없이 다룰 수 있을 것으로 보임
0점	손상 없음	이 영역에서 유의한 손상이 발견되지 않음
–	확인 불가	충분한 증거가 부족함

(2) **로터(Rotter)의 문장완성검사**

① 총 40문항으로 구성되어 있으며, '적응점수'를 산출하여 수검자의 전반적인 적응 정도를 측정할 수 있다.
② 영역 : 가족관계, 교우관계, 신체관계, 직장관계, 일반적인 대인관계, 학교관계, 감정, 일상생활태도, 자기, 사상
③ 반응 : 점수가 높을수록 부적응적인 것으로 평가한다.
  ㉠ 갈등 혹은 불건강한 반응 : 강도에 따라 +1 ~ +3점이 부여된다.
  ㉡ 긍정적 혹은 건강한 반응 : -1 ~ -3점이 부여된다.
  ㉢ 중립적 반응 : 0점이 부여된다.
④ 반응채점 기준
  ㉠ 누락(생략)반응 : 반응이 없거나 의미를 추론하기 어려울 정도로 간단한 반응이다.
  ㉡ 갈등반응 : 적대감이나 불행한 감정을 시사하는 반응이다.
    예 나는 온 세상을 미워한다.
  ㉢ 긍정적 반응 : 긍정적이고 희망적인 태도를 나타내는 반응이다.
  ㉣ 중립적 반응 : 긍정적 혹은 부정적 정서가 담기지 않은 단순 기술 반응이다.

> **참고** 단어연상검사
>
> 1. 사람의 정서를 야기할 것으로 보이는 100단어 정도의 목록으로 구성되어 있으며, 피검자가 각 단어에 대해 마음에 떠오르는 다른 단어로 반응하게 하여 수검자의 콤플렉스를 밝히는 투사검사이다.
> 2. **지시문** : "이제부터 단어를 하나씩 불러줄 테니 그 단어를 듣고 제일 먼저 머리에 떠오르는 단어 한 개를 될 수 있는 대로 빨리 대답해 보십시오."

제7절 발달 및 적응검사

27 발달검사

1. 베일리 영유아 발달검사(K-Bayley-II : BSID)

(1) 개관

① **목적** : 영유아 발달지연 여부와 조기 개입 프로그램의 효과를 평가하고 아동 발달에 대한 부모교육 자료로 활용된다.
② **대상** : 생후 16일~42개월 15일
③ 검사자의 지시로 3개 발달 영역을 평가하며, 주 양육자의 보고로 2개 발달영역을 보고 한다.
　㉠ 검사자가 아동에게 도구나 언어적 지시를 사용해 지시한 후 수행 수준을 평가하는데, 일부 항목은 보호자의 도움이 필요하다.
　㉡ 아동 행동 관찰, 검사 수행 시 아동 행동에 대한 보호자 평가 등이 포함되어 당시 평가 상황에서 나타나지 않는 영유아의 발달행동도 평가할 수 있도록 하였다.

(2) 구성

검사자 시행	주 양육자 보고
• 인지 발달 • 언어 발달(수용언어/표현언어) • 운동 발달(소근육 운동, 대근육 운동)	• 사회-정서 발달 • 적응행동

① **인지 발달** : 인지발달검사는 감각운동, 탐색적 조작, 대상 영속성, 개념 형성, 기억, 기타 인지처리를 평가하는 문항들을 포함한다.
② **언어 발달** : 언어발달검사는 '수용언어'와 '표현언어' 하위 검사로 구성되며, 수용언어 및 표현언어 하위 검사에는 '전언어적 요소'에 대한 이해 및 표현이 포함되어 있다.
　➡ **전언어적 요소** : 옹알이, 몸짓, 공동주시, 번갈아 주고받기와 같은 전언어적 행동을 이해하고 의사소통에 사용할 수 있는지 등이 포함된다.
③ **운동 발달** : '소근육 운동'과 '대근육 운동' 하위검사로 구성된다.
④ **사회-정서 발달** : 연령별 기대되는 사회 및 정서 발달의 이정표를 제시하고, 대상 영유아가 이에 도달했는지를 평가한다.
　㉠ 기능적인 정서 기술의 숙달 정도를 평가할 수 있는 문항으로 구성되어 있다.
　㉡ **구성** : 자기조절능력의 발달, 환경에 대한 관심, 자신의 요구를 소통하는 능력, 다른 사람의 주의를 끌고 관계를 형성하기, 감정을 상호적이고 의도적인 방식으로 사용하기, 정서 신호나 몸짓을 이용해 문제 해결하기

⑤ **적응행동** : 적응기술 기능을 주 양육자가 평가하는 질문지형 검사로, 각 문항은 4점 척도로 평정되며, 응답자가 아동의 수행을 추측하여 답하는 경우 추측 칸에 별도 표시하도록 한다.
  ➡ **하위 척도** : 의사소통, 지역사회 이용, 학령 전 학업기능, 가정생활, 건강과 안전, 자조기술, 자기주도, 사회성, 운동기술 등 일상적 행동기술을 측정하는 문항들로 구성되어 있다.

(3) 해석

① **발달지수** : 평균 100과 표준편차 15, 범위는 40~160으로 환산한 점수로서, 또래와 비교한 아동의 상대적 위치에 대한 정보를 알려준다.
  ㉠ 발달지수는 90~109점은 평균, 80~89점은 평균하, 70~79점은 경계선, 69점 이하는 지연 수행을 의미하고, 110~119점은 평균상, 120~129점은 우수, 130점 이상은 매우 우수한 수행을 의미한다.
  ㉡ 발달지수는 인지, 언어, 운동, 사회-정서, 적응행동의 5개 발달 영역에 대해 제공되며, 상대적 강점과 약점을 파악할 수 있다.

② **척도점수** : 각각의 하위 소검사의 원점수 총점을 평균 10, 표준편차 3, 범위 1~19로 환산한 점수로, 또래와 비교하여 수검 아동의 상대적 위치에 대한 정보를 제공한다.
  ㉠ 척도점수 10은 평균 수행을 의미하며 척도점수 7점과 13점은 평균으로부터 1SD(표준편차) 떨어진 위치이며, 4점과 16점은 평균으로부터 2SD(표준편차) 떨어진 위치를 의미한다.
  ㉡ 척도점수는 총 16개 하위 검사에 대해 제공하고, 수검 아동의 상대적 강점과 약점에 대한 정보를 알 수 있다.

③ **백분위 점수** : 1~99까지의 범위로, 평균과 중앙치가 50으로 환산된 점수로, 또래와 비교하여 수검 아동의 상대적 순위 정보를 제공한다. 예 36개월 아동이 운동 영역에서 백분위 90을 얻는다면, 이는 표준화 표본의 36개월 아동의 90%보다 높다는 것을 의미한다.

④ **신뢰구간** : 아동의 실제 점수가 해당할 가능성이 있는 점수의 범위로, 검사점수의 정확도를 보고하는 수단이다.

⑤ **발달월령** : 특정 원점수 총점이 일반적으로 나타나는 평균 개월수를 의미한다. 단, 발달월령은 또래와 비교한 상대적인 위치 정보는 제공하지 못하므로 척도점수가 3점 이하이거나 17점 이상인 경우에만 제공되며, 등간척도가 아니므로 해석상 주의가 필요하다.

⑥ **검사 결과 해석지** : 부모용, 전문가용으로 산출된다.
  ㉠ K-Bayley-III는 영유아의 발달 이상 여부를 선별하는 검사로서 유용하지만 의사소통장애, 지적장애, 자폐스펙트럼장애 등 특정 신경발달장애를 진단할 목적에서 사용하지 않도록 주의해야 한다.
  ㉡ K-Bayley-III를 통해 언어 발달의 문제가 의심된다면 영유아기 언어 발달에 특화된 검사를 추가 시행하여 언어장애 진단이 가능한지 보다 상세하게 평가해야 한다.
  ㉢ 감각 이상이나 신체적 문제를 갖고 있는 영유아에게 표준화된 절차로 이 검사를 실시하고 규준을 적용한다면 실제 기능이 저평가될 수 있으므로 주의가 필요하다.

2. 한국형 덴버 발달선별검사(Denver-II)

(1) 실시 및 특징

① **덴버 발달검사(DDST)** : 발달 지연이나 문제 가능성이 있는 유아를 선별하기 위한 검사이며, 우리나라에 맞게 재표준화한 것이 한국형 Denver-II이다.

② **대상** : 생후 2주부터 6세 4개월까지의 아동을 대상으로 한다.

③ 검사 실시가 쉽고 30분 이내로 빠르게 실시할 수 있으므로 발달지체의 초기 판별도구로서의 유용성이 높다.

(2) **구성** : 4개 영역 총 110개의 항목으로 구성되어 있다.

영역	문항 수	구성
개인 사회발달	22문항	사람들과 상호작용하고 일상생활을 위해 개인적 요구를 스스로 해결할 수 있는 신변처리능력 평가
미세운동 및 적응발달	27문항	눈-손의 협응, 작은 물체의 조작, 문제해결능력 평가
언어발달	34문항	듣고 이해하고 언어를 사용하는 능력 평가
운동발달	27문항	앉고 뛰고 걷는 대근육 운동능력 평가

(3) **검사 실시**

① **연령선 그리기** : 문항이 가로막대 형태로 제시되며 검사지 위와 아래에 연령 눈금이 24개월까지는 1개월 간격으로, 그 후부터는 3개월 간격으로 표시된다. 검사자는 피검자의 생활연령을 계산하고 검사지 위와 아래의 해당 연령을 연결하여 세로로 연령선을 긋는다(생활연령이 24개월 이하이고 2주 이상 조산인 유아는 생활연령에서 조산한 달과 날을 뺀 조정된 연령으로 연령선을 그음).

② 연령선이 지나는 각 항목의 검사를 먼저 시행하고, 적어도 연령선 왼쪽에서 가장 가까운 3개 항목은 전부 시행한다. 아동이 이 단계에서 특정 항목을 실행하지 못하면(실패, 거부, 기회 없음) 아동이 3개의 항목을 통과할 때까지 해당 영역의 왼쪽으로 항목을 추가하여 검사를 시행한다.

③ **결과 표시방법** : 'P(Pass, 통과)', 'F(Fail, 실패)', 'NO(No Opportunity, 기회 없음)', 'R(Refusal, 거부)' 등으로 표시한다.

(4) **채점 및 해석**

① 각 행동을 합격(P)과 불합격(F)으로 평가한 후 정상, 의문, 검사 불능, 이상으로 해석한다.

② 채점

영역	구성
정상 (Normal)	• 지연이 없고 주의항목 최대 1개 • 다음 방문 때 재검사
의문 (Questionable)	• 1개의 지연항목 또는 2개나 그 이상의 주의항목 • 공포, 질병, 피곤함 같은 일시적인 요소를 배제하기 위해 1~2주 내에 재검사
검사 불능 (Untestable)	• 완전히 연령성 왼쪽의 항목에서 1개 이상의 거부나 75~90% 사이에 연령선이 지나는 항목에 2개 이상의 'R' 점수가 있는 경우 • 1~2주 내에 재검사
이상 (Abnormal)	• 2개 이상의 지연항목이 있을 경우 • 진단적 평가를 위해 의뢰

3. 한국형 아동기 자폐증 평정 척도 2(K-CARS-2)

(1) 개관

① 한국판 아동기 자폐 평정 척도 2(Korean Childhood Autism Rating Scale, Second Edition; K-CARS 2)는 자폐스펙트럼장애 진단 영역에서 가장 광범위하게 사용되는 임상 척도로, 세 가지 양식의 평가지로 구성되어 있다.

  ㉠ 표준형(Childhood Autism Rating, Second Edition-Standard Version; CARS 2-ST) 평가지 : 초판을 개정하여 다시 명명한 것으로, 6세 이하의 아동에게 사용되며, 6세 이상도 IQ가 79 이하거나 주목할 만한 의사소통 결함을 지닌 아동에게 사용하는 평가지이다.

  ㉡ 고기능형(Childhood Autism Rating, Second Edition-High Function Version; CARS 2-HF) 평가지 : 개정판에 새롭게 추가된 평가지로, IQ 80 이상이고 구어가 유창한 6세 이상의 아동을 대상으로 사용한다.

  ㉢ 부모/양육자 질문지(Questionnaire for Parents or Caregivers; CARS 2-QPC) : 표준형 평가지로, 고기능형 평가지와 공통적으로 실시하는 검사지이며 행동관찰과 양육자 면담 시 사용한다.

② CARS 2-ST와 CARS 2-HF의 평가 항목

CARS 2-ST(표준형)	CARS 2-HF(고기능형)
6세 미만의 아동 또는 6세 이상이면서 전반적 IQ가 80 미만이거나 의사소통이 눈에 띄게 손상된 아동	IQ가 80 이상이면서 의사소통이 유창한 6세 이상의 아동
1. 사람과의 관계	1. 사회-정서 이해
2. 모방	2. 정서 표현 및 정서 조절
3. 정서 반응	3. 사람과의 관계
4. 신체 사용	4. 신체 사용
5. 사물 사용	5. 놀이에서의 사물 사용
6. 변화에 대한 적응	6. 변화에 대한 적응/제한된 관심
7. 시각 반응	7. 시각 반응
8. 청각 반응	8. 청각 반응
9. 미각, 후각, 촉각 반응 및 사용	9. 미각, 후각, 촉각 반응 및 사용
10. 두려움 또는 불안	10. 두려움 또는 불안
11. 구어 의사소통	11. 구어 의사소통
12. 비구어 의사소통	12. 비구어 의사소통
13. 활동 수준	13. 사고/인지적 통합 기술
14. 지적 반응 수준 및 일관성	14. 지적 반응 수준 및 일관성
15. 전반적 인상	15. 전반적 인상

(2) 장점

① 평가지는 폭넓은 범위의 장애 진단 기준에 대해 질문하고 지속적인 임상 연구 결과로 도출된 자폐 증상에 대한 확장된 자료 기반으로 항목이 구성되었다.

② 척도의 개발, 실시에 대한 개선, 실시를 위한 지원은 수십 년에 걸쳐 의뢰된 수많은 사람들에게 사용했던 결과에 근거한다.

③ 척도 항목은 대부분의 모든 연령과 기능 수준에 걸쳐 평가할 수 있도록 구성되었다.

④ 표준형과 고기능형 모두 직접적인 행동관찰을 근거로 객관적으로 수량화한 정확한 평정을 가능하게 하며, 동시에 다양한 자폐 징조 및 증상을 종합적으로 포함하고 임상 기록을 제공한다.
⑤ 부모에게 장애진단 관련 피드백을 제공할 때 출발점으로 사용하기에 특히 도움이 된다.

(3) 주의점

① 표준형과 고기능형 평정은 부모 면담, 학급 관찰, 사례사 검토 등 다양한 상황에서 이루어질 수 있지만 이러한 도구 자체만으로 장애를 진단할 수 있는 것은 아니라는 사실에 주의해야 한다. 발달력, 의학적 증후, 각 사례의 고유한 특성과 같은 기타 요인에 대해서 감별진단 과정에 대한 훈련을 받고 임상 진단 자격을 갖춘 숙련된 자폐 전문가의 평가를 통해 장애 진단이 이루어져야 한다.
② 고기능형 : 다양한 상황에서의 행동을 평가하기 위해 수검자 행동에 대해 잘 아는 사람과의 면담과 직접 관찰로 수집된 정보를 반드시 활용해야 한다.
  ⊙ 고기능 자폐인이 ASD 진단 기준을 충족하는지 판별하는 데 도움을 준다.
  ⓒ 작성 시 다양한 환경(학교, 임상 등)에서의 행동을 종합적으로 평가해야 하며, 직접 관찰, 부모/교사와의 상호작용 등을 통해 정보를 수집해야 한다.
③ 표준형 : 단일 근거(부모 면담, 직접 관찰)만으로 작성 가능하지만, 다양한 근거를 사용할 경우 직접 관찰에 더 비중을 두어야 한다.
④ 주의할 점은 부모에게 표준형이나 고기능형을 직접 작성하도록 요구해서는 안 되며, 부모로부터의 정보는 부모/양육자 질문지 및 면담을 통해 수집해야 한다.

(4) K-CARS 2-ST(표준형) 실시 및 채점

① 15개의 문항은 모두 1점부터 4점까지 평정한다.
  ⊙ 1점 : 해당 연령의 전형적 범위에 속한다.
  ⓒ 2점 : 해당 연령의 전형적 범위에서 경미한 정도로 벗어난 경우이다.
  ⓒ 3점 : 해당 연령의 전형적 범위에서 중간 정도로 벗어난 경우이다.
  ㉢ 4점 : 해당 연령의 전형적인 범위에서 심각하게 벗어난 경우이다.
  ㉤ 평정하는 행동이 두 점수 사이에 속하는 것으로 보일 때는 4개의 평정값 외에 두 점수 간 중간 점수(1.5, 2.5, 3.5)를 사용한다.
② 전형적 범위에서 벗어나는 정도를 결정하기 위해서는 개인의 생활연령뿐만 아니라 행동의 특이함, 빈도, 강도, 지속시간도 함께 고려해야 한다.
  ⊙ 특이함 : 일반적으로 행동의 독특한 또는 이상한 정도를 말하며, 지체되었거나 어린 아동의 행동과 같은 것을 의미하는 것은 아니다.
  ⓒ 빈도 : 행동이 얼마나 자주 발생하는지와 관련된다.
  ⓒ 강도 : 행동이 발생할 때 얼마나 심한지와 얼마나 변화시키기 어려운지를 의미한다.
③ K-CARS 2-ST 평정은 심리평가나 학습 관찰과 같은 다양한 상황에서 관찰, 자녀에 대한 부모 보고, 종합적 임상 기록 또는 이 같은 정보들을 종합함으로써 이루어질 수 있다.
④ K-CARS 2-HF(고기능형) : 비교적 기능이 높은 자폐 관련 행동은 진단하기 어렵기 때문에 K-CARS 2-HF 평정은 평정 기준에 대한 이해와 개인에 대한 다양한 정보를 수집·종합해야 한다. 또한 K-CARS 2-ST와 마찬가지로 진단 회기, 학급 관찰, 관찰자 보고, 임상 기록 등을 활용하여 평정할 수 있도록 개발되었으며, 이러한 정보들은 15개 항목 평정에 활용될 수 있다.

(5) 해석

① 점수를 해석하기 전에 각 행동영역에 대한 정보의 신뢰도를 파악해야 하는데, 정보의 정확성과 신뢰도를 확인하기 위해 정보가 일관성이 있는지 또는 정보 제공자가 모순된 보고를 하지 않는지 정도를 고려한다.

② 원점수 범위와 관련된 해석

K-CARS 2-ST 원점수	K-CARS 2-HF 원점수	장애 진단 가설	서술적 수준
15~29.5	15~26	자폐 아님	증상이 없거나 최소한의 자폐 관련 행동
30~36.5	26.5~29.5	자폐 범주	경도에서 중등도 수준의 자폐 관련 행동
37~60	30~60		중도 수준의 자폐 관련 행동

③ T 점수와 관련된 해석

T 점수 범위	설명
>70	자폐로 진단된 사람과 비교할 때 극심한 수준의 자폐 관련 증상
60~70	자폐로 진단된 사람과 비교할 때 매우 높은 수준의 자폐 관련 증상
55~59	자폐로 진단된 사람과 비교할 때 높은 수준의 자폐 관련 증상
45~54	자폐로 진단된 사람과 비교할 때 평균 수준의 자폐 관련 증상
40~44	자폐로 진단된 사람과 비교할 때 낮은 수준의 자폐 관련 증상
25~39	자폐로 진단된 사람과 비교할 때 매우 낮은 수준의 자폐 관련 증상
<25	자폐로 진단된 사람과 비교할 때 최소한에서 전혀 없는 수준의 자폐 관련 증상

➡ T 점수 : 자폐가 일련의 행동 문제의 연속체로 발생한다는 개념에 따라 연속적인 점수 내에서 비교 가능하다는 장점을 지닌다. 특히 자폐 관련 행동의 수준을 비교 판단하거나 행동 수준에서의 변화를 평가하는 T 점수가 유용할 수 있다.

참고 자폐증 관련 검사

검사도구명	목적 및 대상	구성 체계	실시방법	결과
이화–자폐아동 행동 발달 평가 도구(E-CLAC)	• 목적 : 행동 발달 및 병리적 수준 평가 • 대상 : 만 1~6세	• 18개 영역 • 43개 척도문항(발달문항, 병리문항), 13개 비척도문항 • 발달과 병리문항별로 원형 사이코그램 제시	부모 혹은 부모 대리자 체크리스트	발달 및 병리 상태 및 문항별 해당 연령 파악
심리교육 프로파일 (PEP-R)	• 목적 : 자폐성장애아동과 유사 발달 장애아동의 발달수준 평가 • 연령 : 만 1~7세 5개월	• 발달척도 131문항 • 행동척도 43문항	개별검사	합격, 싹트기 반응, 실패/해당 연령 파악
한국 자폐증 진단검사 (K-ADS)	• 목적 : 자폐성장애 선별 및 평가 • 대상 : 만 3~21세	• 상동행동, 의사소통, 사회적 상호작용에 대한 하위검사 각 14개 • 총 42문항	교사/부모 체크리스트	• 표준점수 • 백분위 • 자폐지수 • 자폐 정도 • 자폐 확률
자폐증 진단 면담지-개정판 (ADI-R)	• 목적 : 자폐성장애가 의심되는 대상의 전반적 발달장애 선별, 발달 전 영역에 대한 평가 • 연령 : 만 2세 이상	• 7개 하위영역 • 총 93문항	부모 면담지	현재 행동 알고리듬과 진단적 알고리듬을 제공

28 적응행동검사

1. 사회성숙도검사(SMS)

(1) 개관

① 사회성숙도검사(Social Maturity Scale; SMS)는 자조, 이동, 작업, 의사소통, 자기관리, 사회화 등과 같은 적응행동을 측정하기 위해 1965년 미국에서 개발된 '바인랜드 사회성숙도척도'를 김승국과 김옥기(1985)가 한국의 실정에 맞게 표준화한 검사도구이다.

② 개요

항목	내용
목적	• 개인의 성장, 변화, 개인차 등을 측정하거나 지적장애를 구별하고, 생활지도와 훈련의 기초 자료 수집 도구로 활용할 수 있음 • 사회적 적응능력의 발달 수준을 평가하여 수검자의 인지적 성숙도를 간접적으로 측정할 수 있는 검사로, 적응 수준을 알아보는 데 보편적으로 사용됨
적용연령	0~30세
결과 해석	생활연령, 사회연령, 사회지수
실시	• 피검자를 잘 아는 사람(부모 등)과의 면접을 통해 실시함 • 만약 정보 제공자의 대답이 믿기 어려운 경우에는 피검자를 직접 만나서 그의 행동을 관찰해 보고 판단함

(2) 구성

영역	측정 내용
자조행동(SH)	• **자조일반(SHG)** : 조작능력, 배변관리, 이동, 자기관리, 기본적인 의사소통능력 등과 관련됨 • **자조식사(SHE)** : 식사도구 사용, 식사행동, 식이행동 통제, 판별력 등과 관련됨 • **자조용의(SHD)** : 옷 벗고 입기, 씻고 닦기, 몸 단장 등과 관련됨
이동(L)	기어 다니기, 걷기, 독립적인 외출, 이동 등을 평가
작업(O)	단순한 놀이행동, 장난감 사용부터 성인으로서의 전문성, 독립성, 책임을 요하는 작업수행 능력 등을 평가
의사소통(C)	간단하고 관습적인 제스처, 언어적 의사소통, 문자 등 매체를 사용하는 수용성, 표현성 의사소통 능력을 평가
자기관리(SD)	돈의 용도를 인식하고 사용하는 능력, 구매, 경제적 자립 준비, 책임 있고 분별력 있는 행동, 독립성과 책임감 등을 평가
사회화(S)	사회적 활동, 사회적 책임, 현실적 사고 등을 평가

(3) 실시방법 및 채점

① 정보 제공자에게 문항에 따른 질문을 할 때에는 1번 문항부터 질문을 시작하기보다는 피검자의 연령과 능력 등을 고려하여 시작 질문의 번호를 정해 질문한다.

② 문항 판단기준

구분	문항 판단기준	채점
+	부당한 강요나 인위적인 유인 없이도 각 문항이 지시하는 본질적인 행동을 습관적으로 수행할 경우, 현재는 습관적으로 하고 있으나 하려고 하면 쉽게 수행할 수 있는 경우	2점
+F	검사 시에 특별한 제약으로 각 항목이 지시하는 행동을 성공적으로 수행하지 못했지만 평상시에는 성공적으로 수행한 경우	1점
+NO	지금까지는 기회의 부족으로 각 항목이 지시하는 행동을 수행하지 못했지만 기회가 부여된다면 성공적으로 수행 또는 습득할 수 있는 경우	※ 1점, 0.5점, 0점
±	각 항목이 지시하는 행동을 가끔 하기는 하나 그 행동이 불안정한 경우로, 과도적 상태에 있는 경우	0.5점
−	• 각 항목이 지시하는 행동을 전혀 수행하지 못하는 경우 • 부당한 강요나 유인이 있을 때만 수행이 가능한 경우 • 과거에는 성공적으로 수행했으나 현재는 노쇠나 비교적 항구적인 정신적·신체적 장애로 수행하지 못하는 경우	0점

※ +NO의 채점 기준

- +와 + 사이에 있는 경우 : 1점
- +F와 +F 사이에 있는 경우 : 1점
- +NO와 + 또는 +F 사이에 있는 경우 : 1점
- −와 − 사이에 있는 경우 : 0점
- 그 밖의 경우 : 0.5점

③ 계속 질문을 하다가 3개 문항이 연속해서 '−'로 표시되면 검사를 끝낸다.
④ 지적장애의 경우 5개 문항 정도가 계속 '−'로 표시될 때에 검사를 끝낸다.

(4) 결과

① **계산방법** : 각 검사 문항에 대한 총점을 계산하고, 사회연령(SA)과 사회지수(SQ)를 산출하고 해석한다.

$$SQ = SA \div CA \times 100$$

SQ(Social Quotient) : 사회지수, SA(Social Age) : 사회연령, CA(Chronological Age) : 생활연령

예 만 12세 3개월(=12.25세)인 아동이 사회성숙도검사에서 총점 88점을 받은 경우
- 총점 88점의 SA = 12.5세
- SQ = (12.5세 ÷ 12.25세) × 100 = 102

㉠ **총점** : 기본점과 가산점을 합산하여 구한다.
㉡ **사회연령** : 총점을 바탕으로 사회연령 환산표에서 사회연령을 환산한다.
㉢ **사회지수** : 사회연령을 활용하여 '(사회연령/생활연령)×100'의 공식으로 사회지수를 계산한다.

2. 바인랜드 적응행동척도 2판(K-Vineland-II)

(1) 개관

① 바인랜드 적응행동척도 2판은 1965년 미국에서 개발된 바인랜드 사회성숙척도의 개정판을 황순택, 김지혜, 홍상황(2015)이 한국에게 표준화한 검사도구이다.

② **적응행동** : 일상생활을 수행하는 데 필요한 개인적·사회적 능력을 의미하며, 이에 결함이 있으면 학습, 행동, 사회적 책임감 등에 제한이 생긴다.

③ 개요

항목	내용
목적	• 지적장애 진단에 필요한 적응행동을 평가하거나 개인의 일상생활 기능을 평가하는 데 사용할 수 있는 검사도구 • 사회적응능력의 발달 수준의 평가를 통해 인지적 성숙도를 간접적으로 측정할 수 있음
적용연령	0~90세 11개월
구성	• 면담형(보호자와 면담을 하면서 평가 : 반구조화 면담) • 평정형(보호자가 대상에 대해 직접 평가 : 문항을 읽고 수검자의 기능 정도를 기입)

(2) 구성 및 내용

주영역 / 하위 영역	내용
의사소통 영역	
수용	말을 어느 정도로 듣고, 주의 집중하고, 이해하는지 그리고 무엇을 이해하는지
표현	말을 어느 정도로 구사하는지, 정보를 제공하고 모으기 위해 단어와 문장을 어떻게 사용하는지
쓰기	글자를 이해하는지, 글을 읽고 쓸 수 있는지
생활기술 영역	
개인	먹는 것, 입는 것, 그리고 위생관리가 어느 정도 가능한지
가정	개인이 수행하는 집안일을 어느 정도 수행하는지
지역사회	시간, 돈, 전화, 컴퓨터, 직업기술을 어떻게 사용하는지
사회성 영역	
대인관계	다른 사람들과 어떻게 상호작용하는지
놀이 및 여가	어떻게 놀고, 어떻게 여가 시간을 사용하는지
대처기술	다른 사람들에 대한 책임감과 세심함을 어떻게 드러내는지
운동기술 영역	
대근육 운동	움직이고 조작하기 위해 팔과 다리를 어떻게 사용하는지
소근육 운동	사물을 조작하기 위해 손과 손가락을 어떻게 사용하는지
적응행동조합 - 의사소통, 생활기술, 사회성, 운동기술 영역의 합	
부적응행동 영역(선택적)	
부적응행동 지표	개인의 적응적 기능을 방해하는 내현적·외현적 행동과 그 밖의 바람직하지 않은 행동의 조합 점수
부적응행동 결정적 문항	임상적으로 중요한 정보를 제공하는 보다 심각한 수준의 부적응적 행동들

① 의사소통 영역 : 수용, 표현, 쓰기의 3개 하위 영역이 있다.
② 생활기술 영역 : 개인, 가정, 지역사회의 3개 하위 영역이 있다.
③ 사회성 영역 : 대인관계, 놀이 및 여가, 대처기술의 3개 하위 영역이 있다.
④ 운동기술 영역 : 대근육 운동, 소근육 운동의 2개 하위 영역이 있다.
⑤ 부적응행동 영역(선택적) : 내현화 하위 영역, 외현화 하위 영역, 부적응행동 지표, 결정적 문항의 4개 하위 지표를 구할 수 있다.

(3) 실시방법 및 채점
① 면담을 시작하기 전에 대상자의 시작점을 결정하는데, 발달지연이 의심되거나 하나 이상의 하위 영역에서 결손이 의심되는 경우 모든 하위 영역에서 낮은 시작점을 적용하여 실시한다.
② 면담형 : 각 하위 영역에 따른 문항은 '2, 1, 0, DK, N/O'로 채점을 하고, 연속해서 4문항이 0점으로 채점될 때 중지한다. ➡ 보호자 평정형도 같은 형식으로 이루어진다.
  ㉠ 대상자가 물리적인 도움이나 독려 없이 일반적으로 또는 습관적으로 수행하는 경우 2점으로 채점된다.
  ㉡ 가끔 또는 부분적으로 수행하는 경우는 1점으로 채점된다.
  ㉢ 전혀 수행하지 못하거나 매우 드물게 수행하거나, 물리적 도움이나 지도 감독 없이는 결코 수행할 수 없는 경우엔 0점으로 채점된다.
  ㉣ 제한적인 환경 때문에 활동을 할 수 없었을 경우 '기회가 없었음(N/O, No Opportunity)'으로 채점한다.
  ㉤ '모름(DK, Don't Know)' 채점은 대상자가 그러한 행동을 수행할 수 있는지 여부를 모르겠다고 보고하는 경우에 적용한다.

(4) 결과 및 해석
① 원점수는 연령별 및 하위 영역별 환산점수 또는 규준점수로 전환되는데, 6가지 규준점수(표준점수, V-척도점수, 백분위 점수, 적응수준, 등가연령, 스테나인 값)가 산출된다.
  ㉠ 표준점수 : 전체 적응기능(적응행동조합)과 각 적응행동 주 영역에서의 기능 수준을 기술하기 위해 사용한다. 표준점수는 평균 100, 표준편차 15이다.
  ㉡ V-척도점수 : 적응행동의 하위 영역에서 같은 연령대의 다른 사람들과 비교하여 개인의 상대적인 기능 수준을 나타내 줌. V-척도점수는 평균 15, 표준편차 3인 분포에서의 개인의 위치를 나타낸다.
  ㉢ 적응 수준 : 표준점수와 V-척도점수의 범위에 따라 낮음, 약간 낮음, 평균, 약간 높음, 높음의 다섯 개 범주가 사용된다.
  ㉣ 스테나인(Stanine) 값 : 연속 변인을 1부터 9까지의 범위를 가지는 척도점수로 환산한 값으로 평균 5, 표준편차 2로 4개의 주 영역과 적응행동조합에 대해서 산출된다.
② 적응기능 수행 수준에 대한 기술적 범주

적응 수준의 기술적 범주	표준편차	표준점수 범위	V-척도점수 범위	백분위 범위
높음	2.0 이상	130 이상	21 이상	98%ile
약간 높음	1.0 ~ 2.0	115~129	18~20	84~97%ile
평균	-1.0 ~ 1.0	86~114	13~17	18~83%ile
약간 낮음	-2.0 ~ -1.0	71~85	10~12	3~17%ile
낮음	-2.0 이하	70 이하	9 이하	2%ile 이하

③ 부적응 수행 수준에 대한 기술적 범주

부적응 수준의 기술적 범주	V-척도점수 범위
임상적으로 의미 있는	21~24
다소 높은	18~20
보통 정도	1~17

3. 기타 적응행동검사

검사도구명	목적 및 대상	구성 체계	실시방법	결과
국립특수교육원 적응행동검사 (KNISE-SAB)	• 목적: 장애학생들의 적응행동 능력 측정 • 대상: 만 5~17세(지적장애학생), 만 21개월~17세(일반학생)	• 3개 영역(개념적/사회적/실제적 적응행동) • 총 242문항	부모, 교사 보고	전체 및 3개 영역별 환산점수, 적응행동 지수
지역사회 적응검사 2판 (CISA-2)	• 목적: 지적장애인 및 자폐성 장애인의 지역사회 통합에 필수적인 적응기술 측정 • 대상: 만 5세 이상	• 3개 영역(기본생활, 사회자립, 직업생활) • 총 161문항	자기 보고	전체 및 3개 영역별 적응지수, 환산점수
한국판 적응행동검사 (K-SIB-R)	• 목적: 지적장애 및 발달장애 학생의 사회적응기술 측정 • 대상: 0세~만 17세	• 4개 독립적 적응행동 영역(운동기술, 사회적 상호작용 및 의사소통 기술, 개인생활 기술, 지역사회생활 기술) - 총 259문항 • 문제행동 영역(부적응 행동: 내적, 외적, 반사회적) - 총 32문항	부모, 양육자 보고	전체 및 4개 영역별 표준점수, 백분위, 1개 영역의 부적응 행동지수, 지원점수
적응행동검사 (ABS)	• 목적: 학생의 적응행동 측정 • 대상: 0세~만 17세	• 제1부 9개 적응행동 영역(독립기능, 신체발달, 경제활동, 언어발달, 수와 시간, 직업 전 활동, 자기 관리, 책임, 사회화) - 총 56문항 • 제2부 12개 적응행동 영역(공격, 반사회적 행동, 반항, 신뢰성, 위축, 버릇, 대인관계 예법, 발성습관, 습관, 활동 수준, 증후적 행동, 약물복용) - 총 39문항	제한 없음	전체 백분위

8 정서행동평가
제8절

29 행동평가 척도

1. 행동평가 척도

(1) 의미와 특징
① 표준화된 척도를 통해 아동 청소년 자신이나 그들을 잘 알고 있는 정보제공자(예 부모, 교사)가 행동 특성에 대한 종합적인 판단 및 정보를 제공하는 도구이다.
② **평가방법**: 직접적인 행동관찰이나 구조화된 행동 면접방법에 비해 덜 직접적인데, 어떤 행동이 존재하는지를 일차적으로 측정하는 것이 아니라 특정 행동에 대한 정보제공자의 '지각'을 측정하는 것이기 때문이다.
③ 복수 정보제공자의 정보를 수집할 수 있는 다축적 평가체계를 갖춘 평가도구이다.
　㉠ 각 정보제공자가 아동의 행동에 대해 독자적인 시각을 갖고 있다는 가정에 근거한다.
　㉡ 정보제공자 간에 일치되지 않는 점이 있더라도 진단적 결정을 내릴 때 모든 출처로부터 정보를 활용해야 하는데, 이를 통해 아동과 청소년들의 적응상태에 대해 포괄적인 파악이 가능하고 또 각기 다른 상황에서 행동의 차이를 비교하여 판단할 수 있다.
④ **단순한 체크리스트와 평정 척도의 차이**: 체크리스트가 특정 행동의 유무만을 응답하는 것이라면, 평정 척도는 특정 증상의 유무와 정도를 평가하는 방법이다.

(2) 장점
① 관찰회기 내에 측정할 수 없는 발생빈도가 낮고 중요한 행동을 확인할 수 있다.
② 자신의 문제에 대해 스스로 정보를 제공하지 않으려는 수검자에 대한 평가가 가능하다.
③ 자연적인 환경에서 일정 기간 동안 이루어진 관찰 결과를 이용할 수 있고 부모, 교사 등 아동 청소년의 행동에 익숙한 사람으로부터 정보를 얻을 수 있다.

(3) 단점
① 평가자가 개별 평정에 의해 결과를 얻기 때문에 여러 가지 오류가 발생할 수 있다.
　예 아동의 행동을 너무 좋은 쪽으로만 평가하려는 '관대성 오류', 하나 내지 특정 행동에 근거해 아동의 전반적인 점수를 높게 혹은 낮게 평가하는 '후광 오류' 등
② 시간이 지남에 따라 행동이 변화할 가능성이 있고, 평정 항목 자체에 대한 평정자의 태도 또한 달라질 수 있다.
③ 특정한 행동이 어떤 상황에서는 나타나지만 어떤 상황에서는 나타나지 않는 상황 특정적인 변산이 있을 수 있다.

2. 행동평가 척도의 오차

(1) 척도에서 기인하는 오차
① 척도의 내용과 표현이 모호하여 평정자에 따라 다르게 해석되어 평정오차를 유발하는 것이다.
② 이 문제를 해결하려면 평정하고자 하는 특성을 관찰과 측정이 가능하도록 구체화하고, 특성의 각 수준에 해당하는 구체적인 행동을 제시해야 한다.

(2) 평정자에서 기인하는 오차 기출 19

구분		내용
후광 효과 (halo effect)		• 평정자가 피평정자에 대해 가지고 있는 전반적인 인상, 선입견이 평정 결과에 무의식적으로 영향을 주는 현상 • '인상의 오차'라고도 함
논리적 오차 (logical error)		• 두 특성이 서로 관련되어 있다고 가정함으로써 범하는 오차 • 후광 효과와 달리 특정 사람의 인상, 편견 때문에 발생하는 것이 아니라 특성들이 논리적으로 관련된다고 가정하는 데서 기인함
개인적 편향의 오차	관용의 오차 (generosity error)	전반적으로 높은 점수를 주는 평정자의 반응 경향
	인색의 오차 (severity error)	평정자가 전반적으로 낮은 점수를 주는 경향
	집중경향의 오차 (error of central tendency)	극단적인 점수를 피하고 중간 정도의 점수를 주는 평정자의 경향
대비의 오차 (contrast error)		• 평정하려는 특성이 자신에게 있으면 낮은 점수를 주고, 없으면 높은 점수를 주는 현상 • 즉, 평정자가 자신과 비슷한 사람에게 낮은 점수를 주는 현상 • 평정자가 피평정자에게 자신을 투사하여 평정하기 때문에 나타남
근접의 오차 (proximity error)		평정하려는 특성들이 시간적이나 공간적으로 근접할수록 비슷한 점수를 주는 현상
표준의 오차 (standard error)		• 점수를 주는 표준이 평정자마다 다르다는 점에서 기인하는 오차 • 즉, 어떤 평정자는 표준이 높고 어떤 평정자는 표준이 낮기 때문에 발생함

(3) 평정 척도의 오류를 줄이는 방법
① 아동을 가장 잘 알고 있는 사람을 평정자로 활용한다.
② 아동의 여러 행동, 즉 중다행동 관찰을 요구한다.
③ 한 명 이상의 관찰자로부터 평정을 얻는다.
④ 관찰 가능한 영역을 활용한다.
⑤ 문제와 관련된 관찰을 할 수 있도록 행동을 제시한다.

30 한국 아동 인성평정 척도(KPRC)

1. 개관

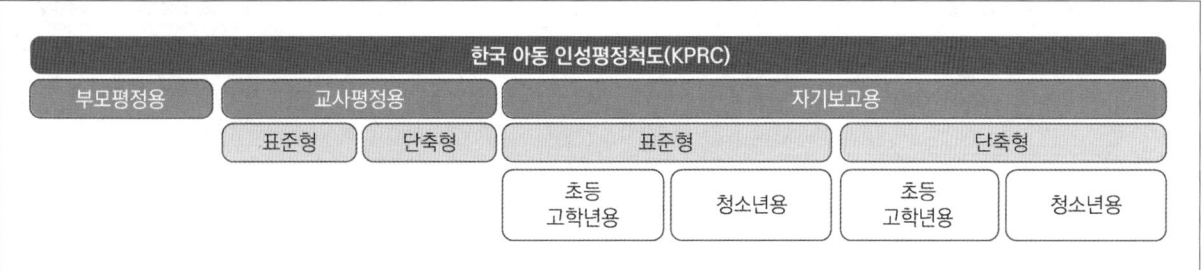

[그림 10-10] KPRC 검사분류

(1) 개요

① 아동 및 청소년의 적응에 어려움을 주는 문제를 선별하고 진단하는 데 필요한 정보를 제공하고자 개발되었다.
② KPRC는 기존에 개발된 아동인성검사(PIC)와 한국판 PIC(KPI-C)를 수정·보완한 척도로, 주 양육자 평정에 기초한다.
  ㉠ KPI-C : 4~15세 아동 청소년을 대상으로 하고 255문항으로 구성되며 이분 척도(예/아니요)가 적용되었다.
  ㉡ KPRC : 적용 연령범위를 3~17세까지 확대하고, 문항 수를 177문항으로 줄이는 대신 4점 척도(0~3점)로 세분화했다.
③ 검사 구성

종류	내용
KPRC 부모평정용	• 김승태, 김지혜 등(1997)이 개발한 한국아동인성검사(KPI-C)의 문항과 응답방식을 수정 및 보완하여 김지혜, 조선미, 홍창희 등(2006)이 개발함 • KPI-C 검사의 문항 수가 많고, '예/아니오'로 판단하기 어렵거나 의미가 불분명한 질문이 포함되어 있다는 등의 문제가 보고됨 : 이를 보완하여 2점 척도가 아닌 4점 척도로 변경하고, 해석적 의미가 불분명한 문항과 부적응 영역의 측정이 모호한 문항들을 삭제 및 수정하여 177문항으로 개정함 • 실시 대상 : 3~17세 사이 아동의 부모 → 검사 대상자와 친숙한 성인이 평정해야 하며, 가장 유용한 정보제공자는 부모이고, 최소한 6개월 동안 검사 대상자와 긴밀한 관계를 맺고 있는 성인도 가능함 • 문항 수 : 177문항
KPRC 교사평정용	• 홍상황, 김지혜, 안이환 등(2009)이 개발한 검사로, 'KPRC 부모평정용' 척도의 구성과 문항을 가져왔으며, KPRC 부모평정용에서 L척도와 통계적 검증을 통해 부적절한 문항을 제외함 • 구조화된 학교 장면에서 교사가 아동의 행동을 관찰할 수 있음 • 실시 대상 : 초등학생을 대상으로 30일 이상 담임을 맡은 교사 • 문항 수 : 152문항(단축형 81문항)
KPRC 자기보고용	• 황순택, 김지혜, 조선미 등(2020)이 개발한 검사로, 'KPRC 부모평정용' 문항을 가져왔으며, 아동이 자신의 경험과 상태를 정확하게 보고할 수 있도록 문항을 쉽게 수정함 • 부모 및 교사의 관점이 반영되지 않고, 자신 내면의 감정과 정서, 지각, 판단을 평가할 수 있음 • 실시 대상 : 초등학교 4학년~고등학교 3학년 학생이 직접 실시 • 문항 수 : 표준형 164문항, 단축형 89문항

(2) 척도 구성

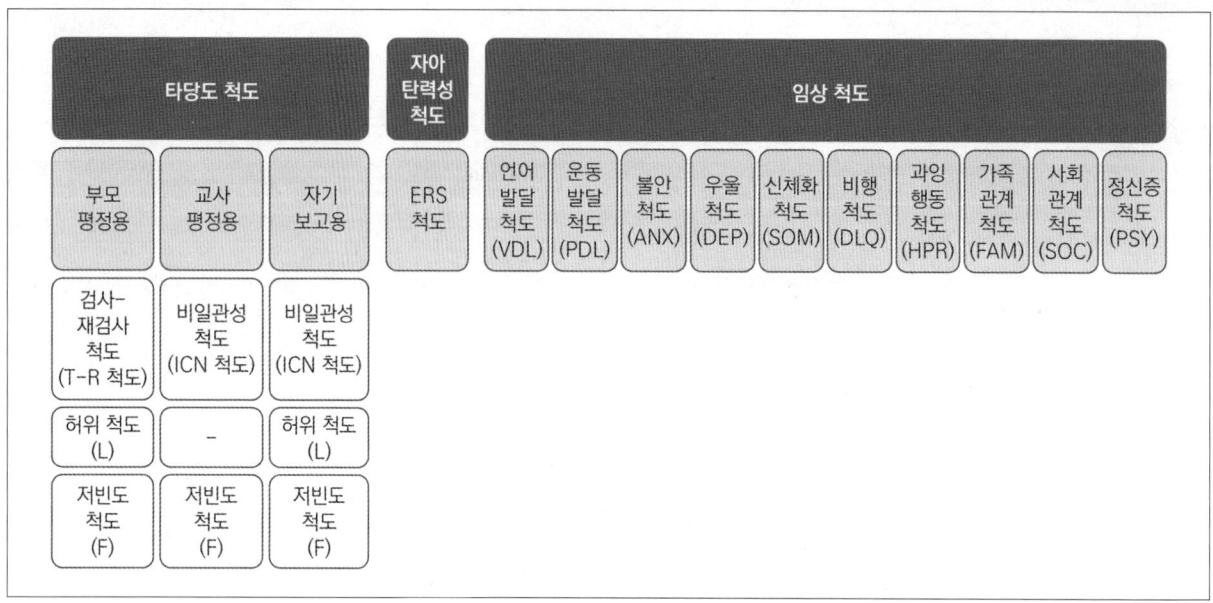

[그림 10-11] KPRC 하위 척도 분류

2. 각 척도별 내용과 해석

➡ KPRC는 모든 척도가 평균 50, 표준편차 10인 T 점수가 제공되는데, 70T 이상을 유의미한 상승으로 간주함

(1) 타당도 척도

구분	특징
검사-재검사(T-R) 척도와 비일관성 (ICN) 척도	각 문항에 일관성 있게 반응한 정도를 평가함(검사-재검사 신뢰도)
L(허위) 척도	문제행동을 부정하고 아주 바람직한 모습으로 기술하려는 보호자의 방어적 태도를 측정함(긍정왜곡)
F(저빈도) 척도	현재 경험하려는 부적응 문제를 의도적으로 과장하려 하거나, 실제로 있지 않은 증상을 있는 것으로 호소하는 것과 관련된 척도임(증상의 과장이나 무선반응)

(2) 자아탄력성 척도(ERS)

① **자아탄력성**: 내적·외적 스트레스에 융통성 있고 적절하게 대처하는 개인의 전반적인 능력을 말한다.
② **자아탄력성이 높은 아동**: 상황의 요구에 맞게 행동하고, 환경적 변화에 적절히 대처하며, 가능한 문제해결의 책략을 융통성 있게 사용한다.
③ **자아탄력성이 낮은 아동**: 적응적인 융통성이 없고, 상황의 역동적인 요구에 반응하지 못하며, 환경 변화 또는 스트레스 상황에 직면하면 쉽게 좌절하고, 외상적인 경험 후 재적응하는 데 어려움을 보인다.

(3) 임상 척도

구분	특징
언어발달 척도 (VDL)	• 전반적인 지적 수준의 평가와 언어이해, 읽기, 쓰기, 기본적인 연산능력, 시간개념 등 언어발달과 관련된 문항으로 구성됨 • 이 척도의 상승은 언어발달이 또래에 비해 뒤처짐을 시사함
운동발달 척도 (PDL)	• 정신 운동기능의 협응 정도와 속도, 신체발달, 운동발달 정도를 측정함 • 이 척도의 상승은 운동발달이 또래에 비해 뒤처짐을 시사함
불안 척도 (ANX)	• 자연현상이나 대인관계, 사회관계에서의 두려움, 불안, 긴장을 측정함 • 두려움, 공포, 긴장감, 예민함, 예기불안, 걱정 등과 관련된 증상을 측정하는 문항으로 구성됨 • 점수가 상승할수록 쉽게 불안해지고 긴장하며 이와 관련된 증상을 보임
우울 척도 (DEP)	• 우울한 기분, 자신감 결여, 활동성 저하, 사회적 철수, 자살사고 등 우울과 관련된 문항으로 구성됨 • 이 척도의 상승은 아동이 우울한 상태에 있고, 이와 관련하여 신체적 무기력감, 사회적 고립감을 느끼고 있음을 나타냄
신체화 척도 (SOM)	• 전반적인 건강 정도와 다양한 신체증상을 측정하는 문항으로 구성됨 • 이 척도의 상승은 신체적 피로감, 건강과 관련된 호소 정도를 평가함. 실제적·신체적으로 취약한 경우를 반영하기도 하지만 때로는 신체증상을 이용하여 책임감을 피하고, 불편한 상황으로부터 도피하기 위해 사용하는 것일 수도 있음
비행 척도 (DLQ)	• 아동의 비행 성향을 측정하며 반항과 불복종, 공격성과 적대감, 거짓말, 도벽 등 비행이나 품행상의 문제를 측정하는 문항으로 구성됨 • 이 척도의 상승은 규칙을 따르지 않고 적대이고 충동적이며, 무책임한 행동을 하는 성향이 있음을 시사함. 즉, 사회적 가치기준과 도덕을 무시하고 분노를 잘 통제하지 못하며 타인의 고통에 공감하는 능력이 부족함을 나타냄
과잉행동 척도 (HPR)	• 주의력 결핍이나 과잉행동장애의 특징을 보이는 아동을 가려내기 위해 만들어짐 • 과잉행동, 충동성, 부주의한 측면 등을 평가하는 문항으로 구성됨 • 주의산만, 과잉행동, 충동성과 함께 이에 수반되는 학습이나 대인관계의 어려움, 우울 등을 측정하는 문항으로 이루어짐
가족관계 척도 (FAM)	• 가족 내에서의 긴장감, 불화 정도, 자녀와의 관계 등을 평가하는 문항으로 구성됨 • 이 척도의 상승은 가정이 화목하지 못하며 아동에게 필요한 심리적인 지지를 제공하지 못하고 있음을 나타냄. 부부간 불화나 가정 내 긴장이 아동에게 스트레스의 주요 원천이 되고 있음을 시사함
사회관계 척도 (SOC)	• 대인관계에서의 어려움을 측정함 • 또래관계에 대한 관심 정도와 소외된 정도, 대인관계에서의 불안 수준, 수줍음, 인간관계의 폭과 빈도 등을 측정함 • 이 척도의 상승은 아동이 친구를 사귀는 데 어려움이 있고 위축되어 있으며, 고립되어 있을 가능성을 시사함
정신증 척도 (PSY)	• 정신병적인 증상이 있는 아동을 가려내기 위해 만들어짐 • 상동적인 행동, 부적절하고 특이한 언행, 망상과 환각, 비현실감 등 언어, 사고, 행동에서의 특이함이나 현실접촉의 어려움을 측정하는 문항으로 구성됨 • 실제로 아동기 정신병은 매우 드물며, 정신병으로 진단된 아동 대부분이 이 척도에서 점수가 상승하지만 이 척도에서의 상승이 항상 정신병을 시사하는 것은 아님

31 한국판 아동청소년 행동평가 척도(CBCL) 6-18 기출 14, 15 추시

검사	평가대상	검사지 작성자
CBCL 6-18	초등학생~고등학생(6~18세)	양육자(부모)
YSR	중학생~고등학생(만 11~18세)	청소년 본인(자기보고식)
TRF	초등학생~고등학생(만 6~18세)	교사

1. 개관

(1) 실시 및 특징

① 아동의 문제행동과 사회적응능력을 포괄적으로 평가하기 위해 개발되었다.
② 부모가 대상인 아동 청소년의 사회능력 영역과 문제행동 증후군 영역을 평가한다.
③ 실제 임상 장면이나 학교 장면 등 아동 개인의 평가를 필요로 하는 상황뿐만 아니라 역학조사, 병인론 연구, 치료효과 연구 등의 여러 연구에서 다양하게 활용된다.
④ 평정자 간 불일치를 확인하는 과정을 통해 평가자인 부모가 자신의 문제 때문에 아동에게 객관적인 평가를 할 수 없었는지, 관찰시간이 충분하지 않았는지, 한쪽 부모만 아동의 문제를 심각하게 보고하고 있는지 등의 다양한 원인을 고려하여 진단에 활용해야 한다.
⑤ 평정 : 3점 척도(0, 1, 2점)로 평정한다.

(2) 해석 기준

척도		척도명	정상 범위	준임상 범위	임상 범위
문제행동 척도	문제행동 증후군 척도	상위 척도 : 외현화, 내재화, 총 문제행동	60 미만	60~63	64 이상
		하위 척도 : 문제행동 증후군 척도	65 미만	65~69	70 이상
	DSM 진단 척도	6개 소척도	65 미만	65~69	70 이상
	문제행동 특수 척도	3개 소척도	65 미만	65~69	70 이상
적응 척도		적응 척도 총점	41 이상	37~40	36 이하
		사회성, 학업 수행	36 이상	31~35	30 이하

2. 척도 구성

척도	내용
문제행동 척도	• 문제행동 증후군 척도 　- 내재화 : 불안/우울, 위축/우울, 신체증상 　- 외현화 : 규칙위반, 공격행동 　- 사회적 미성숙 　- 사고문제 　- 주의집중문제 　- 기타 문제 • DSM 진단 척도 : DSM 정서문제, DSM 불안문제, DSM 신체화문제, DSM ADHD, DSM 반항성행동문제, DSM 품행문제 • 문제행동 특수 척도 : 강박증상, 외상 후 스트레스 문제, 인지속도 부진

척도	내용
적응 척도	• **사회성**: 속해 있는 모임이나 단체의 수, 참가 활동에서의 활발한 정도, 친구의 수, 친구와 어울리는 정도, 형제자매, 부모, 또래 등 사회적 관계의 질을 평가하는 문항으로 구성 • **학업 수행**: 국어, 영어, 사회, 과학, 수학 등 5개 과목별 학업 수행 정도, 특수학급에 있었는지 여부, 휴학 여부 • 적응 척도 총점

(1) 문제행동 증후군 척도(소척도)

하위 척도		평가내용	예시 문항
내재화	불안/우울	정서적으로 우울하고 지나치게 걱정이 많거나 불안해하는 것과 관련된 문항	• 외로움을 호소한다. • 잘 운다. • 신경이 날카롭고 곤두서 있거나 긴장되어 있다.
	위축/우울	위축되고 소극적인 태도, 주변에 대한 흥미를 보이지 않는 것 등과 관련된 문항	• 다른 사람들과 있는 것보다 혼자 있는 것을 좋아한다. • 말을 하지 않으려고 한다. • 즐기는 것이 매우 적다.
	신체증상	의학적으로 확인된 질병이 없음에도 불구하고 여러 신체적 증상을 호소하는 것과 관련된 문항	• 어지러워 한다. • 별다른 이유 없이 지나치게 피곤하다.
외현화	규칙위반	규칙을 잘 지키지 못하거나 사회적 규범에 어긋나는 문제행동을 충동적으로 하는 것과 관련된 문항	• 부모님의 허락 없이 술을 마신다. • 물건이나 돈을 훔친다. • 잘못된 행동을 하고도 잘못했다고 느끼지 않는다.
	공격행동	언어적·신체적으로 파괴적이고 공격적인 행동이나 적대적인 태도와 관련된 문항	• 남에게 잔인한 짓을 하거나 괴롭히고 못살게 군다. • 자신의 물건을 부순다. • 말다툼을 많이 한다.
사회적 미성숙		나이에 비해 어리고 미성숙한 면, 비사교적인 측면 등 사회적 발달과 관련된 문항	• 나이에 비해 너무 어리게 행동한다. • 어른들에게 붙어 있으려 하거나 너무 의존적이다. • 다른 아이들과 잘 어울려 지내지 못한다.
사고문제		어떤 특정한 행동이나 생각을 지나치게 반복하거나 실제로는 존재하지 않는 현상을 보거나 소리를 듣는 등의 비현실적이고 기이한 사고, 행동과 관련된 문항	• 어떤 생각들을 마음에서 떨쳐버리지 못한다. • 헛것을 볼 때가 있다. • 어떤 생각들을 마음에서 떨쳐버리지 못한다. 등의 강박사고
주의집중문제		주의력 부족, 과다한 행동 양상, 계획 수립에 곤란을 겪는 것 등과 관련된 문항	• 집중력이 없고 어떤 일에 오래 주의를 기울이지 못한다. • 가만히 앉아 있지 못하고 안절부절못하며 지나치게 많이 움직인다. • 자기가 시작한 일을 끝내지 못한다.
기타 문제		8가지 증후군에 포함되지 않지만 유의미한 수준의 빈도로 나타나는 문제행동과 관련된 문항	• 손톱을 깨문다. • 지나치게 수다스럽다. • 체중이 너무 나간다.

➡ **9가지 하위 척도**: 표준점수가 70(백분위 98) 이상이면 임상 범위, 65(백분위 93) 이상 70 미만이면 준임상 범위로 해석한다. 하위 척도 중 불안/우울, 위축/우울, 신체증상의 세 척도를 합해 '내재화 척도'라고 하고 규칙위반, 공격행동의 두 척도를 합해 '외현화 척도'라고 하는데, 내재화 척도, 외현화 척도, 문제행동 총점의 표준점수가 64(백분위 92) 이상이면 임상 범위, 60(백분위 84)이상 64 미만이면 준임상 범위로 해석한다.

① 내재화 문제 : 소극적이고 사회적으로 위축된 행동, 신체적 증상 등 내재화되고 과잉통제된 행동을 평가하는 척도이다.
② 외현화 문제 : 타인에게 해를 끼치거나 공격적인 행동, 싸움, 비행 등 외현화되고 과소통제된 행동을 평가하는 척도이다.
③ 총 문제행동 : 전체 문제행동 문항을 합한 것으로, 전반적인 문제행동 정도를 평가한다.

(2) DSM 진단 척도 [기출 25]
① DSM 정서문제 : 여러 가지 증상들로 나타나는 정서문제와 관련된 문항으로 구성된다. 예 '자기가 가치가 없거나 남보다 못하다고 느낀다.', '지나치게 죄책감을 느낀다.'
② DSM 불안문제 : 불안 증상과 유사한 행동을 평가하는 척도로 불안 증상과 유사한 행동들을 평가하는 척도로 전반적·구체적인 상황에서의 불안을 측정하는 문항들로 구성된다. 예 '학교에 가는 것을 겁낸다.', '걱정을 한다.'
③ DSM 신체화문제 : 의학적으로 확인된 질병이 없음에도 심리적인 불안정, 긴장들이 해소되지 않을 경우 나타날 수 있는 신체적인 불편 또는 통증을 호소하는 문항들로 구성된다. 예 '몸이 여기저기 아프다(배나 머리가 아프다고 하는 경우는 제외)', '발진 또는 기타 피부의 이상'
④ DSM ADHD : 행동에 일관성이 없고 부산하거나 한 가지 일에 주의집중하는 데 어려움을 겪고 즉각적인 욕구충족을 바라는 것과 관련된 문항으로 구성된다. 예 '충동적이거나 생각해 보지 않고 행동한다.', '집중을 잘 못하고 쉽게 산만해진다.'
⑤ DSM 반항행동문제 : 행동적으로 나타나는 폭력성, 비협조적 행동 등과 관련된 문항으로 구성된다. 예 '말다툼을 많이 한다.', '고집이 세고 시무룩해지거나 짜증을 부린다.'
⑥ DSM 품행문제 : 사회적으로 용납되지 않는 행동을 반복적으로 하는 것과 관련된 문항으로 구성된다. 예 '가족이나 다른 아이의 물건을 부순다.'

(3) 문제행동 특수 척도
① 강박 증상 : 특정 사고나 행동을 반복적으로 하는 것과 관련된 문항으로 구성된다.
예 '어떤 생각을 마음에서 떨쳐버리지 못한다(강박사고)', '특정한 행동을 계속 되풀이한다(강박행동)'
② 외상 후 스트레스 문제 : 심각한 외상적 사건에 직면한 후 나타나는 문제행동과 관련된 문항으로 구성된다.
예 '어른들에게 붙어있으려 하거나 너무 의존적이다.', '나쁜 생각이나 나쁜 행동을 할까 봐 두려워한다.'
③ 인지속도 부진 : 정신적·신체적으로 수동적이고 활동 저하와 관련된 문항으로 구성된다.
예 '혼란스러워하거나 갈피를 못 잡는다.', '공상을 하거나 멍하게 자기 생각에 빠지곤 한다.'
➡ YSR에서는 강박 증상, 외상 후 스트레스 문제만 제공된다.

(4) 적응 척도

검사	척도명
CBCL 6-18	사회성, 학업 수행, 적응 척도 총점(사회성 + 학업 수행)
YSR	사회성, 성적, 적응 척도 총점(사회성 + 성적), 긍정자원 척도(문제행동 척도 중 긍정적 행동과 관련된 14개 문항의 합)
TRF	성적, 학교 적응 ➡ 적응 척도 총점이 따로 없음

① 적응 척도 총점 : 영역별 적응 점수의 합으로 전체적인 적응 수준을 평가한다.
  ➡ CBCL 6-18에서는 '사회성'과 '학업 수행'의 합으로, YSR에서는 '사회성'과 주요 과목 '성적'의 합으로 구성되며, TRF에는 적응 척도 총점이 따로 없다.
② 사회성 : 속해 있는 모임이나 단체의 개수, 참가 활동의 활발한 정도, 친구 수, 친구와 어울리는 정도, 형제자매나 또래 및 부모 등 사회적 관계의 질 등을 평가한다.
  ㉠ CBCL 6-18과 YSR : 친구의 수와 어울리는 횟수 및 각 관계(친구, 형제, 부모, 혹은 혼자 있는 경우)별로 얼마나 잘 어울리고 시간을 잘 보내는가를 평가한다.
  ㉡ TRF : 학교에서의 사회적 적응에 해당한다고 볼 수 있는 학교 적응 점수가 제공되며 교사가 평가하는 성실, 행동 적절성, 학습, 밝은 정서 4개 문항의 합으로 구성된다.
③ 학업 수행 : 국어, 수학, 사회, 과학, 영어의 5개 과목별 학업 수행 정도, 특수 학급 소속 경험 여부, 휴학 여부 등을 측정한다.
  ㉠ 아동·청소년의 학업 수행 수준을 평가할 수 있는 내용들, 즉 성적(주요 과목의 수행 평균), 특수 학급에 있는지 여부, 휴학 여부, 기타 학교에서의 학업 관련 문제 여부에 대한 항목들로 구성된다.
  ㉡ 학업 수행은 CBCL 6-18에서만 측정하며, YSR과 TRF에서는 이 중 '성적'만으로 대치한다.
④ 긍정 자원 척도 : YSR에만 해당되는 척도로 문제행동 척도 구성 문항 중 사회적으로 바람직하고 적절한 행동과 같은 긍정적인 측면을 기술하는 문항들로 구성된다.

32 인터넷 및 스마트폰중독 척도

1. K-척도(인터넷중독 척도)

(1) 특징

① 한국정보화진흥원(구 한국정보문화진흥원)은 2002년 인터넷중독의 개념을 가져오면서 K-척도라는 대표적인 인터넷중독 척도를 개발했다.
② 개발 과정
  ㉠ 처음(2002년) : 40문항으로, 4점 리커트 척도[전혀 그렇지 않다(1), 때때로 그렇다(2), 자주 그렇다(3), 항상 그렇다(4)]로 개발되었으며 7개의 요인으로 구성된다.
  ㉡ 2008년 : 개정을 거치면서 20문항의 간략형 척도로 변화했다.
  ㉢ 2011년 : 3단계 고도화 연구를 통해 유아동, 청소년, 성인으로 나누어 개편하고, 15문항에 금단, 내성, 일상생활장애, 가상세계 지향의 4개 구인으로 구성되도록 개발되었다.
③ K 척도(2011) : 현재 유아동용 관찰자 척도, 청소년용 자가진단 척도, 청소년용 관찰자 척도, 성인용 관찰자 척도로 개발되어 사용되고 있다.
④ 구분 : 모든 척도는 채점 후에 고위험군, 잠재적 위험군, 일반사용자군으로 구분된다.

(2) 요인

요인	특징
일상생활장애 (disturbance of adaptive functions)	• 여러 환경과 마찰, 갈등을 일으키거나 신체 및 건강상의 문제가 생기는 것을 포함함 • 이 장애로 인해 나타날 수 있는 증상은 크게 가족 간 갈등, 학교 내 갈등, 건강문제 등이 있음
현실구분장애 (disturbance of reality testing)	• 극히 드물게 나타나는 증상이지만 매우 심각한 단계라고 볼 수 있음 • 게임 속 세상과 현실 세상을 정확히 구분하지 못하고 혼동하는 것, 게임에 나온 음악이 평상시에도 귀에 맴돌아 실제로 듣고 있다고 믿는 것, 수업시간에 칠판을 보고 있으면 게임 영상이 계속 아른거려 수업에 집중을 못하게 되는 것과 같은 증상이 현실구분장애에 가까움
긍정적 기대 (자동적 중독 사고, addictive automatic thought)	• 인터넷을 하면 기분이 좋아지고 자신감도 생길 것이라는 기대감을 가지고 인터넷을 사용하는 것 • 이 기대 때문에 처음에는 인터넷 사용으로 긍정적인 정서가 올라온다고 느낄 수 있으나 시간이 지날수록 이러한 정서는 사라질 수 있음
금단 (withdrawal)	• 인터넷을 하다가 갑자기 못하게 하면 분노나 짜증과 같은 부정적 감정이 폭발하고, 다른 일도 잘 하지 못할 정도로 불안하거나 초조해짐 • 이 증상으로 인해 가족이나 교사와의 갈등을 일으키기 쉬움
가상적 대인관계 지향성 (virtual interpersonal relationship)	• 실제 삶에서 직접 만나는 대인관계보다 인터넷에서 만나는 가상관계를 더 좋아하고 원하는 것
일탈행동 (deviate behavior)	• 일탈행동으로는 거짓말, 도둑질, 폭력 등이 있음 • 여기에서는 인터넷중독과 관련하여 일탈행동을 하게 되는 것을 의미함
내성 (tolerance)	• 점점 더 많은 시간을 사용하고 점점 더 자극이 강한 것을 추구하게 된다는 것을 의미함

(3) 초기 K 척도

① 검사 문항

문항		질문 내용
1	1	인터넷 사용으로 인해서 생활이 불규칙해졌다.
	2	인터넷 사용으로 건강이 이전보다 나빠진 것 같다.
	3	인터넷 사용으로 학교 성적이 떨어졌다.
	4	인터넷을 너무 사용해서 머리가 아프다.
	5	인터넷을 하다가 계획한 일들을 제대로 못한 적이 있다.
	6	인터넷을 하느라고 피곤해서 수업시간에 잠을 자기도 한다.
	7	인터넷을 너무 사용해서 시력 등에 문제가 생겼다.
	8	다른 할 일이 많을 때에도 인터넷을 사용하게 된다.
	9	인터넷 사용으로 인해 가족들과 마찰이 있다.
2	10	인터넷을 하지 않을 때에도 하고 있는 듯한 환상을 느낀 적이 있다.
	11	인터넷을 하고 있지 않을 때에도, 인터넷에서 나오는 소리가 들리고 인터넷을 하는 꿈을 꾼다.
	12	인터넷 사용 때문에 비도덕적인 행위를 저지르게 된다.

문항		질문 내용
3	13	인터넷을 하는 동안 나는 가장 자유롭다.
	14	인터넷을 하고 있으면, 기분이 좋아지고 흥미진진해진다.
	15	인터넷을 하는 동안 나는 더욱 자신감이 생긴다.
	16	인터넷을 하고 있을 때 마음이 제일 편하다.
	17	인터넷을 하면 스트레스가 모두 해소되는 것 같다.
	18	인터넷이 없다면 내 인생에 재미있는 일이란 없다.
4	19	인터넷을 하지 못하면 생활이 지루하고 재미가 없다.
	20	만약 인터넷을 다시 할 수 없게 된다면 견디기 힘들 것이다.
	21	인터넷을 하지 못하면 안절부절못하고 초조해진다.
	22	인터넷을 하고 있지 않을 때에도 인터넷에 대한 생각이 자꾸 떠오른다.
	23	인터넷 사용 때문에 실생활에서 문제가 생기더라도 인터넷 사용을 그만두지 못한다.
	24	인터넷을 할 때 누군가 방해를 하면 짜증스럽고 화가 난다.
5	25	인터넷에서 알게 된 사람들이 현실에서 아는 사람들보다 나에게 더 잘해준다.
	26	온라인에서 친구를 만들어본 적이 있다.
	27	오프라인에서보다 온라인에서 나를 인정해 주는 사람이 더 많다.
	28	실제에서보다 인터넷에서 만난 사람들을 더 잘 이해하게 된다.
	29	실제 생활에서도 인터넷에서 하는 것처럼 해보고 싶다.
6	30	인터넷 사용시간을 속이려고 한 적이 있다.
	31	인터넷을 하느라고 수업에 빠진 적이 있다.
	32	부모님 몰래 인터넷을 한다.
	33	인터넷 때문에 돈을 더 많이 쓰게 된다.
	34	인터넷에서 무엇을 했는지 숨기려고 한 적이 있다.
	35	인터넷에 빠져 있다가 다른 사람과의 약속을 어긴 적이 있다.
7	36	인터넷을 한 번 시작하면 생각했던 것보다 오랜 시간 인터넷에서 보내게 된다.
	37	인터넷을 하다가 그만두면 또 하고 싶다.
	38	인터넷 사용시간을 줄이려고 해보았지만 실패한다.
	39	인터넷 사용을 줄여야 한다는 생각이 끊임없이 들곤 한다.
	40	주위 사람들이 내가 인터넷을 너무 많이 한다고 지적한다.

② 결과 및 해석

고위험 사용자군	중고등학생	전체총점 108점 이상, 1번 요인총점 26점 이상, 4번 요인총점 18점 이상, 7번 요인총점 17점 이상
	초등학생	전체총점 94점 이상, 1번 요인총점 21점 이상, 4번 요인총점 16점 이상, 7번 요인총점 15점 이상
	위 점수기준에 모두 해당되는 경우	
	인터넷 사용으로 인하여 일상생활에서 심각한 장애를 보이면서 내성 및 금단 현상이 나타남. 사이버 공간에서의 대인관계가 대부분이며, 해킹과 같은 비도덕적 행위와 막연한 긍정적 기대가 있고, 현실생활에서도 인터넷에 접속하고 있는 듯한 착각을 하기도 함. 접속시간은 중고등학생은 1일 약 4시간 이상, 초등학생은 약 3시간 이상이며, 중고등학생은 수면시간도 5시간 내외로 줄어듦. 대개 자신이 인터넷중독이라고 느끼며, 학업에도 곤란을 겪고, 또한 심리적으로 불안정감 및 대인관계 곤란감, 우울한 기분 등이 흔하며, 성격적으로 자기조절에 심각한 어려움을 보이고 무계획적인 충동성도 높은 편임. 현실세계에서 사회적 관계에 문제가 있으며, 외로움을 느끼는 경우도 많음 ➡ 인터넷중독 경향성이 매우 높으므로 관련 기관의 전문적 지원과 도움이 필요함	
잠재적 위험 사용자군	중고등학생	전체총점 95 - 107점 사이, 1번 요인총점 23점 이상, 4번 요인총점 16점 이상, 7번 요인총점 15점 이상
	초등학생	전체총점 82 - 93점 사이, 1번 요인총점 18점 이상, 4번 요인총점 14점 이상, 7번 요인총점 13점 이상
	위 점수기준에 한 가지라도 해당되는 경우	
	고위험 사용자에 비해 경미한 수준이지만 일상생활에 장애를 보이며, 인터넷 사용시간이 늘어나고 집착하게 됨. 학업에 어려움이 나타날 수 있으며 심리적 불안정감을 보이지만 절반 정도의 학생은 자신이 아무 문제가 없다고 느낌. 대체로 중고등학생은 1일 약 3시간 정도, 초등학생은 2시간 정도의 접속시간을 보이며, 다분히 계획적이지 못하고 자기조절에 어려움을 보이며 자신감도 낮아짐 ➡ 인터넷 과다 사용의 위험을 깨닫고 스스로 조절하고 계획적인 사용을 하도록 노력해야 함. 인터넷중독에 대한 주의가 요망되며, 학교 및 관련 기관에서 제공하는 건전한 인터넷 활용 지침을 따름	
일반 사용자군	중고등학생	전체총점 94점 이하, 1번 요인총점 22점 이하, 4번 요인총점 15점 이하, 7번 요인총점 14점 이하
	초등학생	전체총점 81점 이하, 1번 요인총점 17점 이하, 4번 요인총점 13점 이하, 7번 요인총점 12점 이하
	위 점수기준에 모두 해당하는 경우	
	중고등학생의 경우 1일 약 2시간, 초등학생은 약 1시간 정도의 접속시간을 보이며, 대부분이 인터넷중독 문제가 없다고 느낌. 심리적 정서문제나 성격적 특성에서도 특이한 문제를 보이지 않으며, 자기행동을 관리한다고 생각함. 주변 사람들과의 대인관계에서도 자신이 충분한 지원을 얻을 수 있다고 느끼며, 심각한 외로움이나 곤란감을 느끼지 않음 ➡ 때때로 인터넷의 건전한 활용에 대하여 자기점검을 지속적으로 수행함	

(4) 청소년 인터넷중독 자가진단 척도(K 척도)

① 검사 문항

번호	항목	전혀 그렇지 않다	그렇지 않다	그렇다	매우 그렇다
1	인터넷 사용으로 건강이 이전보다 나빠진 것 같다.				
2	오프라인에서보다 온라인에서 나를 인정해 주는 사람이 더 많다.				
3	인터넷을 하지 못하면 생활이 지루하고 재미가 없다.				
4	인터넷을 하다가 그만두면 또 하고 싶다.				
5	인터넷을 너무 사용해서 머리가 아프다.				
6	실제에서보다 인터넷에서 만난 사람들을 더 잘 이해하게 된다.				
7	인터넷을 하지 못하면 안절부절못하고 초조해진다.				
8	인터넷 사용시간을 줄이려고 해보았지만 실패한다.				
9	인터넷을 하다가 계획한 일들을 제대로 못한 적이 있다.				
10	인터넷을 하지 못해도 불안하지 않다.				
11	인터넷 사용을 줄여야 한다는 생각이 끊임없이 들곤 한다.				
12	인터넷 사용시간을 속이려고 한 적이 있다.				
13	인터넷을 하고 있지 않을 때는 인터넷이 생각나지 않는다.				
14	주위 사람들이 내가 인터넷을 너무 많이 한다고 지적한다.				
15	인터넷 때문에 돈을 더 많이 쓰게 된다.				

※ 요인 : 일상생활장애(1, 5, 9, 12, 15번), 가상세계 지향성(2, 6번), 금단(3, 7, 10, 13번), 내성(4, 8, 11, 14번)

② 결과 및 해석

채점방법	[1단계] 문항별	전혀 그렇지 않다 : 1점, 그렇지 않다 : 2점, 그렇다 : 3점, 매우 그렇다 : 4점 ※ 단, 문항 10번, 13번은 다음과 같이 역채점 실시 〈전혀 그렇지 않다 : 4점, 그렇지 않다 : 3점, 그렇다 : 2점, 매우 그렇다 : 1점〉
	[2단계] 총점 및 요인별	총 점 ▶ ① 1~15번 합계 요인별 ▶ ② 1요인(1, 5, 9, 12, 15번) 합계 : 일상생활 장애 ③ 3요인(3, 7, 10, 13번) 합계 : 금단 ④ 4요인(4, 8, 11, 14번) 합계 : 내성
고위험 사용자군	중고등학생	총 점 ▶ ① 44점 이상 요인별 ▶ ② 1요인 15점 이상 ③ 3요인 13점 이상 ④ 4요인 14점 이상
	초등학생	총 점 ▶ ① 42점 이상 요인별 ▶ ② 1요인 14점 이상 ③ 3요인 13점 이상 ④ 4요인 13점 이상
	판정 : ①에 해당하거나, ②~④ 모두 해당하는 경우	
	인터넷 사용으로 인하여 일상생활에서 심각한 장애를 보이면서 내성 및 금단 현상이 나타난다. 대인관계는 사이버 공간에서 대부분 이루어지며, 오프라인 만남보다는 온라인 만남을 더 편하게 여긴다. 인터넷 접속시간은 중고등학생은 1일 약 4시간 이상, 초등학생은 약 3시간 이상이며, 중고등학생은 수면시간도 5시간 내외로 줄어든다. 대개 자신이 인터넷중독이라고 느끼며 학업에 곤란을 겪는다. 또한 심리적으로 불안정감 및 우울한 기분을 느끼는 경우가 흔하며 성격적으로 충동성, 공격성도 높은 편이다. 현실세계의 대인관계에 문제를 겪거나 외로움을 느끼는 경우도 많다. ➡ 인터넷중독 성향이 매우 높으므로 관련 기관의 전문적 지원과 도움이 요청됨	

잠재적 위험 사용자군	중고등학생	총 점 ▶ ① 41점 이상~43점 이하 요인별 ▶ ② 1요인 14점 이상 ③ 3요인 12점 이상 ④ 4요인 12점 이상	
	초등학생	총 점 ▶ ① 39점 이상~41점 이하 요인별 ▶ ② 1요인 13점 이상 ③ 3요인 12점 이상 ④ 4요인 12점 이상	
	판정 : ①~④ 중 한 가지라도 해당되는 경우		
	고위험 사용자보다 경미한 수준이지만 일상생활에서 장애를 보이며, 인터넷 사용시간이 늘고 집착하게 된다. 학업에 어려움이 나타날 수 있으며 심리적 불안정감을 보이지만 절반 정도의 학생은 자신이 아무 문제가 없다고 느낀다. 중고등학생은 1일 약 3시간 정도, 초등학생은 2시간 정도의 접속시간을 보이며, 다분히 계획적이지 못하고 자기조절에 어려움을 보이며 자신감이 낮은 경향이 있다. ➡ 인터넷 과다 사용의 위험을 깨닫고 스스로 조절하고 계획적으로 사용하도록 노력해야 함. 인터넷중독에 대한 주의가 요망되며, 학교 및 관련 기관에서 제공하는 건전한 인터넷 활용 지침을 따름			
일반 사용자군	중고등학생	총 점 ▶ ① 40점 이하 요인별 ▶ ② 1요인 13점 이하 ③ 3요인 11점 이하 ④ 4요인 11점 이하	
	초등학생	총 점 ▶ ① 38점 이하 요인별 ▶ ② 1요인 12점 이하 ③ 3요인 11점 이하 ④ 4요인 11점 이하	
	판정 : ①~④ 모두 해당되는 경우		
	중고등학생은 1일 약 2시간, 초등학생은 약 1시간의 접속시간을 보이며, 대부분 인터넷중독 문제가 없다고 느낀다. 심리적 정서문제나 성격적 특성에서도 특이한 문제를 보이지 않으며, 자기 행동을 잘 관리한다고 생각한다. 주변 사람과의 대인관계에서도 충분한 지원을 얻을 수 있다고 느끼며, 심각한 외로움, 곤란함을 느끼지 않는다. ➡ 인터넷의 건전한 활용에 대해 자기점검을 지속적으로 수행함			

(5) 청소년 인터넷중독 관찰자 척도

① 검사 문항

번호	항목	전혀 그렇지 않다	그렇지 않다	그렇다	매우 그렇다
1	인터넷 문제로 가족들과 자주 싸운다.				
2	평소와 달리 인터넷을 할 때만 할 말을 다 하고 자신감 있어 보인다.				
3	인터넷에 빠진 이후 폭력(언어적, 신체적)적으로 변했다.				
4	하루에 4시간 이상 움직이지 않고 한 곳에서 인터넷을 한다.				
5	식사나 휴식 없이 화장실도 가지 않고 인터넷을 한다.				
6	인터넷 사용으로 인해 주변 사람들의 시선이나 반응에 무관심하다.				
7	인터넷하는데 건드리면 화내거나 짜증을 낸다.				
8	하루 이상을 밤을 새우면서 인터넷을 한다.				
9	인터넷 사용으로 학교 성적이 떨어졌다.				
10	인터넷하는데 건드려도 화내거나 짜증내지 않는다.				
11	밤새워서 인터넷을 하지는 않는다.				
12	인터넷 사용 때문에 피곤해서 수업시간에 잔다(혹은 잔다고 한다).				
13	인터넷을 안 할 때, 다른 것에 집중하지 못하고 불안해 보인다.				
14	점점 더 많은 시간 동안 인터넷을 사용한다.				
15	인터넷 사용으로 인해 약속을 지키지 않고 거짓말을 자주 한다.				

※ 요인 : 일상생활장애(1, 5, 9, 12, 15번), 가상세계 지향성(2, 6번), 금단(3, 7, 10, 13번), 내성(4, 8, 11, 14번)

② 결과 및 해석

채점 방법	[1단계] 문항별	전혀 그렇지 않다 : 1점, 그렇지 않다 : 2점, 그렇다 : 3점, 매우 그렇다 : 4점 ※ 단, 문항 10번, 11번은 다음과 같이 역채점 실시 〈전혀 그렇지 않다 : 4점, 그렇지 않다 : 3점, 그렇다 : 2점, 매우 그렇다 : 1점〉
	[2단계] 총점 및 요인별	총 점 ▶ ① 1~15번 합계 요인별 ▶ ② 1요인(1, 5, 9, 12, 15번) 합계 ③ 3요인(3, 7, 10, 13번) 합계 ④ 4요인(4, 8, 11, 14번) 합계
고위험 사용자군	중고등학생	총 점 ▶ ① 35점 이상 요인별 ▶ ② 1요인 14점 이상 ③ 3요인 12점 이상 ④ 4요인 11점 이상
	초등학생	총 점 ▶ ① 30점 이상 요인별 ▶ ② 1요인 14점 이상 ③ 3요인 12점 이상 ④ 4요인 11점 이상
	판정 : ①에 해당하거나, ②~④ 모두 해당되는 경우	
	인터넷 사용으로 인하여 일상생활에서 심각한 장애를 보이면서 내성 및 금단 현상이 나타난다. 대인관계는 사이버 공간에서 대부분 이루어지며, 오프라인 만남보다는 온라인의 만남을 더 편하게 여긴다. 인터넷 접속시간은 중고등학생은 1일 약 4시간 이상, 초등학생은 약 3시간 이상이며, 중고등학생은 수면시간도 5시간 내외로 줄어든다. 대개 자신이 인터넷중독이라고 느끼며 학업에 곤란을 겪는다. 또한 심리적으로 불안정감 및 우울한 기분을 느끼는 경우가 흔하며 성격적으로 충동성, 공격성도 높은 편이다. 현실세계에서 대인관계에 문제를 겪거나 외로움을 느끼는 경우도 많다. ➡ 인터넷중독 성향이 매우 높으므로 관련 기관의 전문적인 지원과 도움이 요청됨	
잠재적 위험 사용자군	중고등학생	총 점 ▶ ① 32점 이상~34점 이하 요인별 ▶ ② 1요인 13점 이상 ③ 3요인 11점 이상 ④ 4요인 10점 이상
	초등학생	총 점 ▶ ① 28점 이상~29점 이하 요인별 ▶ ② 1요인 13점 이상 ③ 3요인 11점 이상 ④ 4요인 10점 이상
	판정 : ①~④ 중 한 가지라도 해당되는 경우	
	고위험 사용자보다 경미한 수준이지만 일상생활에 장애를 보이며, 인터넷 사용시간이 늘어나고 집착하게 된다. 학업에 어려움이 나타날 수 있으며, 심리적 불안정감을 보이지만 절반 정도의 학생은 자신이 아무 문제가 없다고 느낀다. 대체로 중고등학생은 1일 약 3시간 정도, 초등학생은 2시간 정도의 접속시간을 보이며, 다분히 계획적이지 못하고 자기조절에 어려움을 보이고 자신감도 낮은 경향이 있다. ➡ 인터넷 과다 사용의 위험을 깨닫고 스스로 조절하고 계획적으로 사용하도록 노력함. 인터넷중독에 대한 주의가 요망되며, 학교 및 관련 기관에서 제공하는 건전한 인터넷 활용 지침을 따름	
일반 사용자군	중고등학생	총 점 ▶ ① 31점 이하 요인별 ▶ ② 1요인 12점 이하 ③ 3요인 10점 이하 ④ 4요인 9점 이하
	초등학생	총 점 ▶ ① 27점 이하 요인별 ▶ ② 1요인 12점 이하 ③ 3요인 10점 이하 ④ 4요인 9점 이하
	판정 : ①~④ 모두 해당되는 경우	
	중고등학생은 1일 약 2시간, 초등학생은 약 1시간 정도의 접속시간을 보이며, 대부분 인터넷중독 문제가 없다고 느낀다. 심리적 정서문제나 성격적 특성에서도 특이한 문제를 보이지 않고 자기행동을 잘 관리한다고 생각한다. 주변 사람들과의 대인관계에서도 충분한 지원을 얻을 수 있다고 느끼며, 심각한 외로움이나 곤란함을 느끼지 않는다. ➡ 인터넷의 건전한 활용에 대해 자기점검을 지속적으로 수행함	

2. S-척도(스마트폰중독 척도)

(1) 특징
① 인터넷 사용이 빠르게 스마트폰으로 옮겨가면서 한국정보화진흥원(2011)이 스마트폰중독 척도를 개발했다.
② 2011년에 개발된 스마트폰중독 척도 : 인터넷중독 척도인 K-척도 하위 구인인 금단, 내성, 일상생활장애, 가상세계 지향을 그대로 차용하고 문항을 스마트폰에 맞게 수정하여 15문항의 청소년용, 성인용으로 개발됐다.
③ 이후 : 27문항으로 문항 수를 늘리고 하위 구인을 현저성, 충동·강박적 사용, 금단, 내성, 문제(신체적 통증, 비행, 일탈), 대인 간 갈등의 6가지로 구성했다.
④ 최근에 개발된 스마트폰중독 척도 : 유아동용 관찰자 척도(2015), 청소년용 자가진단 척도(2016), 성인용 자가진단 척도(2014)가 있다.

(2) 요인

요인	특징
현저성	• 스마트 미디어를 사용하는 것이 자신의 삶에서 중요한 위치를 차지하고 삶을 지배하는 상태 • 즉, 사고, 정서, 행동이 강하게 지배되는 상태를 의미함
충동·강박적 사용	• 스마트폰을 특별한 목적 없이 사용하거나 불안 등의 부정적 감정을 해소하기 위한 수단으로 사용하는 것을 의미함
금단	• 스마트 미디어를 사용하지 못하면 불안하고 초조해지며 짜증이 나는 상태 • 주위 사람이 사용을 통제하려 하면 폭발적인 분노와 공격성을 드러냄
내성	• 스마트 미디어를 예전보다 더 많은 시간 사용해야 만족감을 느끼는 것을 의미함 • 스마트 미디어를 늘 손에 달고 살지만 더 이상 이전만큼의 짜릿함은 느끼지 못하는 경우가 많음
문제 (신체적 통증, 비행, 일탈)	• 스마트 미디어 사용으로 인해 신체적 통증, 직업상에 문제를 일으키게 되는 것을 의미함 • 신체적 통증으로 수면 부족이나 손목 통증 등을 호소하며, 성적이 떨어지거나 업무능력이 저하되는 현상을 보임 • 비행, 일탈행동에도 영향을 주어 스마트 미디어 사용을 위해 거짓말을 하거나 돈을 훔치는 등의 행동을 보이기도 함
대인 간 갈등	• 스마트 미디어 사용으로 인해 주변 사람과 갈등을 빚는 것을 의미함 • 청소년의 경우 부모나 친구와의 갈등, 성인의 경우 직장 상사나 동료와의 갈등이 발생함 • 스마트 미디어에만 집중하여 주변 사람에 소홀해지고 갈등이 발생하며 실제 관계에서 멀어지는 현상이 나타남

(3) 청소년용 스마트폰중독 자가진단 척도(K-척도)

① 검사 문항

번호	항목	전혀 그렇지 않다	그렇지 않다	그렇다	매우 그렇다
1	스마트폰의 지나친 사용으로 학교성적이 떨어졌다.				
2	가족이나 친구들과 함께 있는 것보다 스마트폰을 사용하고 있는 것이 더 즐겁다.				
3	스마트폰을 사용할 수 없게 된다면 견디기 힘들 것이다.				
4	스마트폰 사용시간을 줄이려고 해보았지만 실패한다.				
5	스마트폰 사용으로 계획한 일(공부, 숙제, 학원수강 등)을 실행하기 어렵다.				
6	스마트폰을 사용하지 못하면 온 세상을 잃은 것 같은 생각이 든다.				
7	스마트폰이 없으면 안절부절못하고 초조해진다.				
8	스마트폰 사용시간을 스스로 조절할 수 있다.				
9	수시로 스마트폰을 사용하다가 지적을 받은 적이 있다.				
10	스마트폰이 없어도 불안하지 않다.				
11	스마트폰을 사용할 때 "그만 해야지."라고 생각하면서도 계속 한다.				
12	스마트폰을 너무 자주 또는 오래한다고 가족이나 친구로부터 불평을 들은 적이 있다.				
13	스마트폰 사용이 지금 하고 있는 공부에 방해가 되지 않는다.				
14	스마트폰을 사용할 수 없을 때 패닉상태에 빠진다.				
15	스마트폰 사용에 많은 시간을 보내는 것이 습관화되었다.				

※ 요인 : 일상생활장애(1, 5, 9, 12, 13번), 가상세계 지향성(2, 6번), 금단(3, 7, 10, 14번), 내성(4, 8, 11, 15번)

② 결과 및 해석

채점방법	[1단계] 문항별	전혀 그렇지 않다 : 1점, 그렇지 않다 : 2점, 그렇다 : 3점, 매우 그렇다 : 4점 ※ 단, 문항 8번, 10번, 13번은 다음과 같이 역채점 실시 〈전혀 그렇지 않다 : 4점, 그렇지 않다 : 3점, 그렇다 : 2점, 매우 그렇다 : 1점〉
	[2단계] 총점 및 요인별	총 점 ▶ ① 1~15번 합계 요인별 ▶ ② 1요인(1, 5, 9, 12, 13번) 합계 ③ 3요인(3, 7, 10, 14번) 합계 ④ 4요인(4, 8, 11, 15번) 합계

고위험 사용자군	총 점 ▶ ① 45점 이상 요인별 ▶ ② 1요인 16점 이상 ③ 3요인 13점 이상 ④ 4요인 14점 이상
	판정 : ①에 해당하거나, ②~④ 모두 해당되는 경우
	스마트폰 사용으로 인하여 일상생활에서 심각한 장애를 보이면서 내성 및 금단 현상이 나타난다. 스마트폰으로 이루어지는 대인관계가 대부분이며, 비도덕적 행위와 막연한 긍정적 기대가 있고 특정 앱이나 기능에 집착하는 특성을 보이기도 한다. 현실 생활에서도 습관적으로 사용하게 되며 스마트폰 없이는 한순간도 견디기 힘들다고 느낀다. 따라서, 스마트폰 사용으로 인하여 학업이나 대인관계를 제대로 수행할 수 없고 자신이 스마트폰중독이라고 느낀다. 또한 심리적으로 불안정감 및 대인관계 곤란감, 우울한 기분 등이 흔하며, 성격적으로 자기조절에 심각한 어려움을 보이며 무계획적인 충동성도 높은 편이다. 현실세계에서 사회적 관계에 문제가 있으며, 외로움을 느끼는 경우도 많다. ➡ 스마트폰중독 경향성이 매우 높으므로 관련 기관의 전문적 지원과 도움이 요청됨

잠재적 위험 사용자군	총 점 ▶ ① 42점 이상~44점 이하 요인별 ▶ ② 1요인 14점 이상 ③ 3요인 12점 이상 ④ 4요인 13점 이상
	판정 : ①~④ 중 한 가지라도 해당되는 경우
	고위험 사용자군에 비해 경미한 수준이지만 일상생활에 장애를 보이며, 필요 이상으로 스마트폰 사용시간이 늘고 집착을 하게 된다. 학업에 어려움이 나타날 수 있으며, 심리적 불안정감을 보이지만 절반 정도는 자신이 아무 문제가 없다고 느낀다. 다분히 계획적이지 못하고 자기조절에 어려움을 보이며 자신감도 낮아진다. ➡ 스마트폰 과다 사용의 위험을 깨닫고 스스로 조절하고 계획적인 사용을 하도록 노력해야 함. 스마트폰중독에 대한 주의가 요망됨

일반 사용자군	총 점 ▶ ① 41점 이하 요인별 ▶ ② 1요인 13점 이하 ③ 3요인 11점 이하 ④ 4요인 12점 이하
	판정 : ①~④ 모두 해당되는 경우
	대부분이 스마트폰중독 문제가 없다고 느낀다. 심리적 정서문제나 성격적 특성에서도 특이한 문제를 보이지 않으며, 자기행동을 관리한다고 생각한다. 주변 사람들과의 대인관계에서도 자신이 충분한 지원을 얻을 수 있다고 느끼며, 심각한 외로움이나 곤란감을 느끼지 않는다. ➡ 때때로 스마트폰의 건전한 활용에 대하여 자기점검을 지속적으로 수행함

(4) 스마트폰 과의존 청소년 척도
① 검사 문항

번호	항목	전혀 그렇지 않다	그렇지 않다	그렇다	매우 그렇다
1	스마트폰 이용시간을 줄이려 할 때마다 실패한다.				
2	스마트폰 이용시간을 조절하는 것이 어렵다.				
3	적절한 스마트폰 이용시간을 지키는 것이 어렵다.				
4	스마트폰이 옆에 있으면 다른 일에 집중하기 어렵다.				
5	스마트폰 생각이 머리에서 떠나지 않는다.				
6	스마트폰을 이용하고 싶은 충동을 강하게 느낀다.				
7	스마트폰 이용 때문에 건강에 문제가 생긴 적이 있다.				
8	스마트폰 이용 때문에 가족과 심하게 다툰 적이 있다.				
9	스마트폰 이용 때문에 친구 혹은 동료, 사회적 관계에서 심한 갈등을 경험한 적이 있다.				
10	스마트폰 때문에 업무(학업, 직업 등) 수행에 어려움이 있다.				

② 결과 및 해석

채점방법	[1단계] 문항별	전혀 그렇지 않다 : 1점, 그렇지 않다 : 2점, 그렇다 : 3점, 매우 그렇다 : 4점
	[2단계] 총점	문항 1~10번 합계
	[참고] 요인별	• 1요인 조절 실패 : 문항 1~3번 합계 • 2요인 현저성 : 문항 4~6번 합계 • 3요인 문제적 결과 : 문항 7~10번 합계
과의존 위험군	고위험 사용자군	총점 ▶ 31점 이상
		스마트폰 사용에 대한 통제력을 상실한 상태로 일상생활의 상당 시간을 스마트폰 사용에 소비하며 이로 인해 대인관계 갈등, 일상의 역할 문제, 건강 문제 등이 심각하게 발생하여 ICT 역량발달을 지체시킬 위험성이 높은 상태 ➡ 스마트폰 과의존 경향성이 매우 높으므로 관련 기관의 전문적 지원과 도움이 요청됨
	잠재적 위험 사용자군	총점 ▶ 30점 이하~23점 이상
		스마트폰 사용에 대한 조절력이 약화된 상태이며 그로 인해 이용시간이 증가하여 대인관계 갈등이나 일상의 역할에 문제가 발생하기 시작한 단계로, ICT 역량발달에 부정적 영향을 미칠 위험성이 존재하는 상태 ➡ 스마트폰 과의존 위험을 깨닫고 스스로 조절하고 계획적으로 사용하도록 노력해야 함. 스마트폰 과의존에 대한 주의가 요망됨
일반 사용자군		총점 ▶ 22점 이하
		스마트폰을 조절된 형태로 사용하고 있어 일상생활의 주요 활동이 스마트폰으로 인해 훼손되는 문제가 발생하지 않았으며 ICT 역량발달 및 발휘를 위한 기본조건을 충족하는 상태 ➡ 스마트폰을 건전하게 활용하기 위해 지속적으로 자기점검을 함

㉠ 1요인 – 조절 실패 : 스마트폰 이용시간을 줄이려 할 때마다 실패하고, 스마트폰 이용시간을 조절하는 것에 어려움을 보이며, 적절한 스마트폰 이용시간을 지키는 것에 어려움을 보인다.
㉡ 2요인 – 현저성 : 스마트폰이 옆에 있으면 다른 일에 집중하기 어렵고, 스마트폰 생각이 머리에서 떠나지 않으며, 스마트폰을 이용하고 싶은 충동을 강하게 느낀다.
㉢ 3요인 – 문제적 결과 : 스마트폰 이용 때문에 건강에 문제가 생긴 적이 있고, 스마트폰 이용 때문에 가족과 심하게 다툰 적이 있고, 스마트폰 이용 때문에 친구 혹은 동료, 사회적 관계에서 심한 갈등을 경험한 적이 있으며, 스마트폰 때문에 업무(학업, 직업 등) 수행에 어려움이 있다.

33 정서행동문제 관련 척도

1. 벡(Beck)의 우울검사(BDI)

(1) 특징
① 우울증 환자의 우울 정도를 평가하고 일반인의 우울증에 대한 1차 선별에 가장 많이 사용되어온 검사도구 중 하나로, 우울의 정서적, 인지적, 동기적, 생리적 영역을 포괄하는 우울증상을 측정하기 위해 개발되었다.
② 대상 : 중학교 이상의 청소년과 성인을 대상으로 하며, 5학년 이상의 읽기 수준을 요구하고, 정서적·인지적·행동적·생리적 측면에서 우울증상을 설명한다.
③ 문항 : 총 21문항이며, 문항은 심한 정도를 0~3점 범위 내에서 응답하는 4점 척도로 구성된다.

(2) 해석
① 점수에 따른 해석

점수	0~9점	10~16점	17~29점	30~63점
해석	낮은 우울 수준	경미한 우울 수준	중간 정도의 우울 수준	심한 우울 수준

② 리커트식 척도가 아닌 증상의 정도를 표현하는 구체적인 진술문에 응답하게 함으로써, 응답자가 자신의 심리상태를 수량화함으로써 겪는 혼란을 줄일 수 있다.

(3) 한국어판 벡 우울 척도 2판(K-BDI-II)
① 3개의 구성요인과 총 21개의 문항으로 이루어진다.
② 구성요인
㉠ 정서적 증상 : 슬픔, 비관, 짜증, 울음, 초조함, 즐거움 상실 등
㉡ 부정적 인지 : 자기비판, 벌 받는 느낌, 죄책감, 과거의 실패 등
㉢ 신체적 증상 : 피로와 피곤, 에너지 상실, 수면 변화, 식욕 변화 등
③ BDI와 동일하게 각 문항마다 우울증상의 심한 정도를 기술하는 4개의 문장 중 지난 2주 동안 피검자의 경험에 적합한 한 문장을 선택하도록 하며, 총점이 높을수록 우울 수준이 높음을 의미한다.
④ 단 5분이면 검사가 완료되고, 이전 판보다 임상적으로도 좀 더 세밀해졌다.
㉠ 이전의 체중감소, 신체상의 변화, 작업곤란, 신체몰입의 4가지 항목이 제외되고, 초조, 집중력장애, 무가치감, 의욕상실의 4가지 항목이 추가되었다.
㉡ BDI의 문제점이던 수면과 식욕에 관한 문항은 증가와 감소 모두를 평가할 수 있는 것으로 바뀌었다.

(4) 한국어판 아동우울 척도 2판(K-CDI-2)
① BDI를 아동과 청소년에게 실시할 수 있도록 개발한 것이다.
② 대상 : 만 7~17세 아동 및 청소년을 대상으로 한다.
③ 구성
  ㉠ 자기보고형 : 표준형(28개 문항), 단축형(12개 문항)
  ㉡ 부모 평정 혹은 교사 평정용
④ 해당 증상의 심각도를 0(전혀 없음)에서 2(확실히 있음)까지 3점 척도로 평정한다(부모·교사 평정용은 4점 척도).
⑤ 자기보고형 척도 구성
  ㉠ 정서적 문제 척도 : 부정적 기분/신체적 증상, 부정적 자존감을 의미한다.
  ㉡ 기능적 문제 척도 : 대인관계 문제, 비효율성을 의미한다.

2. 기타 우울검사

(1) 자기평정 우울 척도(SDS)
① 중(Zung)이 개발한 자기보고식 우울검사 : 우울증상을 심리적 우울과 생리적 우울로 구분하며, 총 20문항으로 구성된다.
  ㉠ 심리적 우울 : 심리적인 과정에 부정적인 영향을 주는 것으로 혼동, 정신운동 지연, 정신운동 흥분, 절망감, 과민성, 우유부단, 자기비하, 공허감, 자살사고의 반복, 불만 등을 일으키는 우울증상을 지칭한다.
  ㉡ 생리적 우울 : 신체적·생리적인 과정에 영향을 주는 것으로 수면장애, 식욕감소, 성욕감소, 체중감소, 변비, 두근거림, 피로 등이 있으며, 전반적인 정동을 포함하고 있는 우울, 울음 등의 문항으로 구성된다.
② 문항이 짧아 사용과 채점이 간단 : 집단 검사가 편리하다는 장점이 있다.
③ 각 문항에 대한 평정 : 증상에 따라 '전혀 아니다' 1점부터 '항상 그렇다' 4점까지 4점 척도로 구성된다.
④ 해석

점수	49점 이하	50~59점	60~69점	70점 이상
해석	정상적 우울	가벼운 우울	중한 우울	심한 우울

(2) 해밀톤(Hamilton)의 우울검사(HDI)
① 임상적 면접에 근거한 성인의 우울 측정검사인 HDRS의 새로운 지필용 검사이다.
② 우울증상의 심각 정도와 빈도를 동시에 평가할 수 있다.
③ 임상적으로 우울증을 진단받은 사람과 그렇지 않은 사람을 구별하는 데 매우 효과적이다.
④ 문항 : 38개로 구성되며, 총점과 함께 내성적인 우울에 대한 평가도 포함한다.

(3) 역학연구센터 우울 척도(CES-D)
① 지역사회 일반인을 대상으로 이들이 경험하는 우울증상을 측정하기 위해 개발되었다.
② 평정 : 지난 한 주 동안 경험한 각 증상의 빈도에 따라 심각성을 4단계 수준으로 평가하도록 설계되었다.
  ㉠ 각 문항과 같은 증상을 지난 1주 동안 느낀 빈도를 기록한다.
  ㉡ 1일 이하로 느끼면 극히 드물게(0점), 1~2일 정도로 느끼면 가끔(1점), 2~4일 정도 느끼면 자주(2점), 5~7일 정도 느끼면 거의 대부분(3점)을 평정하도록 한다.

③ 구성요인 : 우울감정, 긍정적 감정, 신체 및 행동 둔화, 대인관계의 4개 요인으로 구성된다.
  ㉠ 우울감정 : 우울, 실패, 걱정, 외로움, 슬픔 등
  ㉡ 긍정적 감정 : 즐거움, 희망, 행복, 즐거움 등
  ㉢ 신체 및 행동 둔화 : 괴로움, 식욕, 수면, 수고, 말하기 등
  ㉣ 대인관계 : 비우호적, 반감

(4) 한국형 정신건강 우울건강 선별도구 : 우울(MHS : D)-18세 이상
  ① 목적 : 주요우울장애 환자를 일차 의료 장면에서 조기에 선별하여 적절한 개입을 제공할 목적으로 개발되었다.
  ② 특징 : DSM-5의 주요우울장애 9가지 핵심 진단 기준을 모두 포괄하며 그 외 한국인의 불안증상 선별에 최적화된 문항을 포함하면서도 간결하게 실시할 수 있는 선별도구이다.
  ③ 구성 및 실시
    ㉠ 12문항으로 구성된 자기보고식 검사로, 수검자는 지난 2주 동안 각 문항에 해당하는 증상을 어느 정도로 경험했는지 떠올리며 직접 문항에 응답한다.
    ㉡ '결코 그렇지 않다'(0점)에서 '매우 그렇다'(4점)로 구성된 5개의 선택지 중 하나에 표시한다.
  ➡ '한국형 정신건강 우울건강 선별 도구 : 불안(MHS : A)-18세 이상' : 범불안 장애 환자를 조기에 선별하여 적절한 개입을 제공할 목적으로 개발된 검사이다.

3. 불안 관련 검사

(1) 상태특성 불안검사(STAI)
  ① 스필버그(Spielberg) 등이 개발한 자기보고식 검사 : 모든 종류의 불안을 측정하는 데 가장 많이 사용된다.
  ② 구성
    ㉠ 상태불안 척도(S 불안 척도) : 내담자가 '지금' 어떻게 느끼는지를 측정한다.
      ➡ 불안반응의 강도를 측정한다.
    ㉡ 특성불안 척도(T 불안 척도) : 내담자가 '전반적으로 느끼는' 정도를 측정한다.
      ➡ 불안반응의 빈도를 측정한다.
  ③ 문항 : 각각 20개 문항으로 구성되며, 문항 중 절반은 '불안 없음'을 측정하고, 나머지 반은 '불안 있음'을 측정한다.
  ④ 아동용 버전(STAIC) : 8~13세를 대상으로 한다.

(2) 벡의 불안검사(BAI)
  ① 목적 : 불안의 정도를 측정하기 위한 평가도구이다.
  ② 대상 : 중학생 이상의 청소년과 성인을 대상으로 하며, 불안의 인지적·정서적·신체적 영역을 포함한 불안증상을 설명한다.
  ③ 문항 : 21문항이며, 문항은 심한 정도를 0~3점 범위 내에서 응답하는 4점 척도로 구성된다.
  ④ 해석

점수	22~26점	27~31점	32점 이상
해석	불안 상태(관찰과 개입 요망)	심한 불안 상태	극심한 불안 상태

⑤ 장점 : 내담자의 진전 정도를 모니터링하기 위해 상담과정 중에 쉽게 실시할 수 있으며, 검사 결과를 범주로 나누어 분석(예 신경생리적, 주관적, 공황, 자동화된)할 수 있고, 불안의 여러 유형을 구별하는 데도 유용하다.

(3) 한국어판 아동불안 척도 2판(K-RCMS-2)

① 타일러(Taylor)가 개발한 발현불안 척도(Manifest Anxiety Scale; MAS)를 근거로, 김지혜, 이은호(2021) 등이 한국 초·중·고등학생을 대상으로 표준화한 검사이다.
② 학령기 아동이 경험할 수 있는 사회 불안과 수행 불안의 측면을 반영하고 있다.
③ 대상 : 초등학교 3학년에서 고등학교 3학년까지의 불안 수준과 특성을 평가하는 자기보고식 검사이다.
④ 특징
   ㉠ 다차원적 불안 측정이 가능하다. 즉, 불안에 대한 신체적 불안, 걱정, 사회적 불안, 수행 불안으로 나누어 측정하여, 개입의 필요성 여부와 방향을 세부적으로 설정할 수 있다.
   ㉡ 타당도 척도가 구성되어 있다. 이를 통해 불일치 반응과 방어성을 제시하여, 아동이 문항에 타당하지 않거나 왜곡된 응답을 했는지 평가할 수 있다.
   ㉢ 문항 응답 확인이 가능하다. 결과지를 통해 검사 대상자의 개별 문항 응답을 모두 확인할 수 있어 아동이 처한 여러 가지 상황을 이해하는 데 유용한 정보를 제공해 준다.
⑤ 검사 구성
   ㉠ 자기보고형(단축형, 표준형) : 아동·청소년이 직접 응답한다.
   ㉡ 부모용 : 부모가 아동·청소년에 대해 평가한다.
   ㉢ 교사용 : 교사가 아동·청소년에 대해 평가한다.
⑥ 척도 구성

	척도	측정내용
타당도	불일치 반응(INC)	문항에 얼마나 주의를 기울여 일관성 있게 응답했는가를 알아보기 위한 척도
	방어성(DEF)	일상적인 생활에서 완벽하지 않음을 스스로 수용할 수 있는지를 평가하는 척도
불안	신체적 불안(PHY)	신체적 증상으로 나타나는 불안 수준을 파악할 수 있는 척도
	걱정(WOR)	강박적인 염려 수준을 파악할 수 있는 척도로서, 모호하고 정의하기 힘든 것에 대한 두려움을 느끼는 정도를 측정함
	사회적 불안(SOC)	대인관계 시 사람들 앞에서 느끼는 불안의 정도를 파악하기 위한 척도
	수행 불안(PER)	시험, 음악연주, 공개적인 발표 등 특정 과제를 수행할 때 느끼는 불안의 정도를 파악하기 위한 척도

4. 행동문제 관련 척도 및 검사

(1) 코너스(Conners) 평정 척도

① 코너스 평정 척도(CRS) : 3~17세 아동을 대상으로 과잉행동과 문제행동을 평가하기 위한 척도로, 아동기 문제행동 측정에 가장 광범위하게 사용되는 평가도구 중 하나이다.

② 종류 : 코너스 부모 평정 척도, 코너스 교사 평정 척도, 축약형 질문지, IOWA 척도 등이 있다.
　㉠ 코너스 부모 평정 척도 개정판(CPRS-R) : 총 48문항으로, 3~17세 유아와 청소년이 보이는 행동의 심각도에 따라 0~3점으로 표시하며, 6개의 척도(품행문제, 학습문제, 정신신체문제, 충동-과잉행동문제, 불안, 과잉행동지수)로 구성된다.
　㉡ 코너스 교사 평정 척도 개정판(CTRS-R) : 총 28문항으로, 3~17세 유아와 청소년이 보이는 행동의 심각도에 따라 0~3점으로 표시하며, 4개의 척도(품행문제, 과잉행동, 산만성-수동성, 과잉행동 징후)로 구성된다.
　㉢ 축약형(단축형) 질문지(ASQ) : 3~17세 연령 범위의 유아와 청소년이 보이는 여러 행동문제를 평가하는 척도로, ADHD 연구에서 피험자를 정의하고 치료효과를 측정하는 도구로 많이 쓰인다.
　　ⓐ 총 10개 문항으로 구성되며, 행동의 심각도에 따라 0~3점(0, 1, 2, 3)으로 점수를 매긴다.
　　ⓑ 대체로 17점 이상이면 ADHD로 간주한다.

(2) 주의력결핍 과잉행동장애 종합 교사 평정 척도(ACTeRS)
① 목적 및 대상 : 주의력결핍과 과잉행동 정도를 집중적으로 파악하여 장애 진단을 평가하는 도구로 5세부터 12세 학생이 대상이다.
② 구성 : 주의집중, 과잉행동, 사회성 기능, 적대적 행동 등 4개 영역에 걸쳐 24문항으로 구성되어 있다.
③ 실시방법 및 채점 : 5점 척도(전혀 그렇지 않다~그렇다)이며, 각 영역별로 점수를 합하여 채점된다.
④ 결과 및 해석 : 주의집중 영역에서 여아는 14점 이상, 남아는 13점 이상을 받으면 주의력 결핍으로 진단되며, 과잉행동 영역에서 여아는 18점 이상, 남아는 20점 이상을 받으면 과잉행동으로 진단된다.

(3) ADHD 평정 척도(ADHD RS-IV)
① 목적 및 대상 : DSM-IV에 수록된 진단기준을 기준으로 개발된 선별검사도구로, ADHD가 의심되는 6세부터 12세 학생의 부모와 교사가 실시한다.
② 구성체계 : 하위 영역인 과잉행동/충동성과 부주의에 각각 9문항씩 총 18문항으로 구성되어 있다.
③ 실시방법 : 교사나 부모가 평가를 실시하는데 가정이나 학교에서 1주일 동안 관찰한 행동에 대해 실시한다.
④ 채점 : 4점 척도(0~3점)로 평정하며, 채점은 부주의성과 과잉행동-충동성을 합한 총점으로 계산한다.

> **참고** 기타 ADHD 관련 검사
>
> 1. 주의력 검사(ADS)
>   - CPT의 한 종류로, 지속적인 주의력을 평가하기 위해 홍강의, 신민섭(1999) 등이 개발한 전산화된 검사
>   - 연속수행검사(CPT) : 주의력 영역 중에 특히 주의지속과 주의산만성을 평가하는 데 유용하며, 표적자극에만 반응해야 하므로 선택적 주의집중력도 평가함
>   - 대상 : 5~15세 아동 청소년
>   - 주의력을 평가하는 객관적이고 표준화된 도구로, 비언어적으로 전산화된 검사
>   - 구성 및 내용 : 오경보 오류, 정반응시간 평균, 정반응시간의 표준편차, d' 또는 반응민감도, β 또는 반응기준, 다중반응
>
> 2. 같은그림찾기 검사(MFFT)
>   - 카건(Kagan, 1965)이 개발 : 시각적인 문제해결에 대한 아동의 인지 속도와 충동성을 측정하는 평가도구로, 정상 및 부적응 아동·청소년의 충동 통제에 대한 정보를 제공함
>   - 다른 수행검사에 비해 검사시간이 짧고 실시가 용이하면서도 유용한 정보를 제공 : 언어능력과 산수능력이 요구되지 않음
>
> 3. 특수교육아동 선별검사-정서행동장애
>   - 요인 : 대인관계 형성, 부적절한 행동이나 감정, 불행감이나 우울감, 신체적인 통증이나 공포
>   - 진단검사가 필요한 아동은 반드시 각 영역별로 4점 이상을 받은 아동이어야 하고, 1~4 영역의 합이 4점인 경우는 해당되지 않음

제9절 학습 관련 검사

34 학습장애 관련 검사

1. 기초학습기능 검사

구분	내용
목적	• 아동의 학습 수준이 정상에서 어느 정도 떨어지는지를 알아보거나 학습집단 배치에서 어느 수준의 집단에 들어가야 하는지를 결정함 • 아동의 구체적인 개별화교육계획과 효과를 확인함
대상	유치원 ~ 초등학교 6학년(만 5~12세 11개월)
구성	정보처리 영역, 언어 영역, 셈하기 영역으로 구성됨

기능	측정 요소		소검사	문항 수	총 문항 수
정보처리 기능	관찰능력, 조직능력, 관계능력	1	정보처리	60	
언어 기능	문자와 낱말의 재인능력	2	읽기 I	50	
	독해능력	3	읽기 II	50	270
	철자의 재인능력	4	쓰기	50	
수 기능	기초개념 이해능력, 계산능력, 문제해결능력	5	셈하기	60	

구분	내용
실시	• 5개의 소검사를 정보처리, 셈하기, 읽기 I, 읽기 II, 쓰기의 순서로 실시함 • 각 소검사는 아동의 학년에 따라 검사설명서에 제시된 시작 문항번호에서 시작함
결과	학년 규준, 연령 규준, 학년 및 연령 백분위의 3가지 유형의 유동점수(derived score)를 산출함
검사 활용 시 유의점	• 언어 기능 부분에서 읽기(I, II)와 쓰기를 측정하도록 되어 있음 • 읽기와 쓰기의 기초 영역이 되고 독해력이 낮은 학생의 읽기와 쓰기능력을 잴 수 있다는 장점이 있지만, 보다 높은 수준의 읽기능력을 측정하려면 다른 어휘력 검사와 독해력 검사의 사용이 요구될 수 있음 • 기초 학력과 정보처리를 묶어 배터리 형식으로 제시함. 정보처리 영역은 아동의 학습지도안 작성 시 크게 도움이 될 것으로 생각됨

2. 기초학습기능 수행평가체제(BASA)

(1) 개요

구분	내용
목적	아동의 기초학습 수행 발달 수준과 발달 정도를 기초평가와 형성평가를 통해 반복적으로 평가하고 진전도를 측정함으로써 추후 학업에서 발생할 수 있는 문제점을 예방함
연령	초등학교 1~3학년
결과 해석	백분위 점수, T 점수, 학년 점수
실시상 유의점	• 기초학습기능 수행평가체제 : 수학검사 　- 기초선은 3번 실시하여 얻은 점수 중 중간값으로 결정됨 　- 학년 수준과 통합 수준의 점수 중 자신이 원하는 수준의 검사지에서 얻은 점수들의 중간값을 기초선으로 삼고, 형성평가를 실시할 때도 선택한 수준의 검사지를 이용함 　- 검사 결과 백분위가 15% 이하인 경우에는 아래 학년 수준의 검사를 실시함 • 기초학습기능 수행평가체제 : 쓰기검사 　- 아동의 기초선을 확인하기 위한 기초평가는 1회 실시를 원칙으로 하되, 아동의 검사 수행태도에 근거하여 재검사를 실시할 수 있으며, 그중 높은 점수를 채택함 　- 재검사에서 사용될 이야기의 서두는 형성평가용 이야기 중 하나를 선택함 　- 검사지의 여백이 부족한 경우, 준비된 여분의 종이를 제공함 • 기초학습기능 수행평가체제 : 읽기검사 　- 읽기검사 자료는 각각 학생용과 검사자용으로 이루어짐 　- 기초평가용으로 제작된 읽기검사를 3회 실시하여 중간값을 기초선으로 결정함

① 중재반응모형(RTI) 이론을 기초로 학습부진이나 특수교육 대상자의 읽기, 쓰기, 수학능력의 현재 수행 수준을 진단하고 평가할 수 있다.

② 특징
　㉠ 초등학교 1~3학년 아동을 대상으로 실제 학생들이 배우는 기초학습기능에 근거하여 학생의 수행 정도를 평가하기 위해 개발되었다.
　㉡ 구성 : 읽기, 쓰기, 수학 등 3개의 검사로 구성되며, 학생이 실제 학습하는 자료 자체를 평가도구로 사용함으로써 학생의 수행을 정확하게 측정할 수 있다.
　㉢ 수학검사 : I, II, III 수준의 학년단계 검사와 통합단계 검사로 구성되어, 교육과정에 따른 아동의 수준 파악이 용이하다.
　㉣ 기본 체제 : 기초평가와 형성평가로 구분된다.
　　ⓐ 읽기검사 : 기초평가용으로 제작된 읽기검사를 3회 실시하여 학생의 기초선을 확인하고, 이후 형성평가를 통해 대상 아동의 지속적인 향상을 점검할 수 있다.
　　ⓑ 쓰기검사 : 기초평가를 통해 수행 수준을 확인한 후 형성평가에서 다양한 이야기 서두를 활용하여 지속적으로 대상 아동의 쓰기발달을 모니터링할 수 있다.
　㉤ 검사 결과 : 규준과 비교하여 학생의 상대적인 학년 위치를 파악하거나 학생 자신의 이전 점수와 비교하여 진전도를 파악하는 데 중요한 정보를 제공한다.

(2) 기초학습기능 수행평가체제 - 읽기검사(Basic Academic Skills Assessment-Reading)

구분	내용
목적 및 대상	초등학교 1학년에서 3학년까지의 아동을 대상으로 읽기곤란이나 읽기장애를 진단하는 검사
구성	• 기초평가와 형성평가로 나누어짐 • 기초평가용으로 제작된 읽기검사는 읽기검사 자료 1과 읽기검사 자료 2로 구성됨 • 읽기검사 자료 1은 다시 읽기검사 (1), (2)로 나누어지고 읽기검사 자료 2는 빈칸 채우기 검사임
실시	• 기초평가용으로 제작된 읽기검사를 실시할 때는 먼저 읽기검사 자료 1을 이용하여 읽기검사 (1), (2), (1)의 순서로 3회 실시한 뒤 원점수의 중앙값을 산출함 • 그 후에 읽기검사 자료 2인 빈칸 채우기 검사를 1회 실시하여 원점수를 산출함 • 마지막으로 규준을 참조하여 읽기검사의 결과 기록표를 작성함
특징	• 아동의 읽기 수행 수준에 관한 명확하고 효과적인 자료를 제공함 • 교육적 의사결정을 위해 상대적으로 짧은 기간 동안의 학습자 성장 정도 측정에 유용함 • 반복 측정을 통한 아동의 학습능력 발달 정도를 확인 가능함 • 특수교육 대상자를 위한 교육적 정보를 제공함 • 교사나 치료사가 집단보다는 아동 개개인을 지도하고자 하는 경우 프로그램 효과 판단에 적합함 • 검사 결과에 따른 대상 아동의 현재 수행 수준을 진단하고, 적합한 개별화 교수 전략을 수립하는 데 유용함
결과	백분위 점수, T 점수, 학년 점수를 제공함

(3) 기초학습기능 수행평가체제-수학검사(Basic Academic Skills Assessment-Math)

구분	내용
목적 및 대상	수학학습의 발달 수준 진단을 위한 것으로, 초등학교 1학년에서 3학년까지의 아동을 대상으로 함
특징	• 아동의 수학 수행 수준에 관해 명확하고 효과적인 의사소통이 필요할 때 사용함 • 교육적 의사결정을 위해 상대적으로 짧은 기간 동안 수학 학습 수준 발달과 성장을 측정하는 데 유용함 • I·II·III 수준의 학년 수준 검사와 통합 수준 검사로 구성되어 교육과정에 따른 아동의 수준 파악에 용이함 • 학습부진 아동이나 특수교육 대상자를 위한 교육적 정보를 제공함 • 교사나 치료사가 집단보다 아동 개개인을 지도하고자 하는 경우 프로그램 효과 판단에 적합함

(4) 특징

① 교육과정중심측정(CBM) 절차에 근거하여 개발되었다. 학생이 실제로 배운 내용을 평가하고 그 결과를 중재 계획의 수립 및 변경에 활용함으로써, 표준화 검사 위주의 전통적 평가방식이 중재 계획 수립에 그다지 유용한 평가 결과를 제공하지 못하는 약점을 보완할 수 있는 대안적 평가접근이다.

② 실시가 간편하고 비용이 적게 든다.

③ 학습 효과 확인 및 진도·교수·중재 계획 수립에 유용하다.
  ㉠ 기초선 측정 및 목표선 설정 후 중재에 따른 진전도 모니터링을 통한 목표 또는 중재 방법의 수정을 결정하는 것 등에 검사 결과를 활용할 수 있다.
  ㉡ BASA는 판별을 위한 평가라기보다는, 중재를 위한 (형성)평가의 성격이 강조되는 검사 체계이다.

④ (읽기, 쓰기, 수학) 기초학습기능과 관련하여 집단 내에서의 상대적 위치뿐 아니라 오류 유형, 강약점 부분을 직접적으로 확인할 수 있다.

3. 그림 어휘력 검사(Peabody Picture Vocabulary Test-Revised)

(1) 특징
① 아동의 수용어휘 능력을 측정하기 위해 개발 : 정상 아동은 물론이고 다양한 장애로 인해 언어에 문제가 있는 아동의 수용어휘 능력을 평가하는 데도 활용할 수 있다.
② 대상 : 2~8세 11개월 아동을 대상으로 개발되었다.
③ 실시 방법 : 검사자가 어휘를 말하면 아동은 해당 어휘에 적합한 그림 4개 중 하나를 선택한다.

(2) 활용
이 검사는 정상 아동과 지적장애, 청각장애, 뇌손상, 자폐증, 정서행동장애, 지체장애 등으로 인해 언어 문제가 있는 아동의 수용어휘 능력을 평가하는 데 활용 가능하다.

4. 한국판 학습장애평가 척도(K-LDES)

(1) 목적 및 대상
① 학습장애 특성이 드러날 수밖에 없는 교실 내에서 교사가 학습장애를 선별할 수 있도록 개발된 검사도구이다.
② 대상 : 6~11세 아동을 대상으로 개발되었다.
③ 학습장애 학생의 가장 공통된 특징을 기술하고 있으며 광범위한 평가 프로그램으로 활용 가능하고, 특수교육으로의 의뢰 이전 교사의 관찰 결과를 객관적인 정보로 변화하는 데 유용하다.

(2) 구성
① 7개의 하위 영역에서 아동이 보이는 문제를 부모나 교사가 '전혀 그렇지 않다, 가끔 그렇다, 항상 그렇다'의 3점 척도로 평가한다.
② 하위 영역
　㉠ 주의력 : 주의집중의 어려움을 평가한다.
　㉡ 생각하기 : 시공간적 능력, 계기적 정보처리 능력을 평가한다.
　㉢ 말하기 : 말할 때 음을 빠뜨리거나, 단어를 전혀 틀리게 발음하거나, 대화를 잘 이어가지 못하거나 어휘력이 한정된 것 등을 평가한다.
　㉣ 읽기 : 단어나 행, 문장을 빠트리고 읽는 것과 같은 읽기의 정확성과 독해력을 평가한다.
　㉤ 쓰기 : 반전 오류(글자나 숫자를 거꾸로 씀), 띄어쓰기의 어려움 등을 평가한다.
　㉥ 철자법 : 철자법, 받아쓰기의 어려움 등을 평가한다.
　㉦ 수학적 계산 : 수학적 연산과 수학적 추론에서의 어려움을 평가한다.

5. 국립특수교육원 기초학력검사(KISE-BATT)

(1) 대상 및 목적
① 대상 : 만 5세 0개월~만 14세 11개월(유치원~중학교 3학년)의 아동 청소년을 대상으로 한다.
② 목적 : 읽기, 쓰기, 수학의 기초학력을 측정하기 위한 목적으로 개발되었다.

(2) 특징
① 규준참조검사로 구성된다.
② 개인용 검사로 구성된다.
③ 읽기, 쓰기, 수학을 포함하여 읽기, 쓰기, 수학의 기초학력을 측정하는 배터리검사로 구성된다.
④ 가형과 나형 2종의 동형검사로 구성되고, 특히 사전·사후검사를 활용하여 전이 효과, 일반화 효과를 측정할 수 있도록 구성했다.
⑤ 수행검사로 구성된다.
⑥ 범교과적 접근으로 구성된다.
⑦ 특수 아동에 대한 접근성을 고려하여 구성되었다.
⑧ 학력지수를 산출하여 아동의 학습집단 배치를 지원할 수 있는 도구로 구성되었다.

(3) 구성
① 읽기검사 : 선수기능, 음독능력, 낱말이해, 문장완성, 어휘선택, 문장배열, 짧은 글 이해
② 쓰기검사 : 선수기능, 표기능력, 어휘구사력, 문장구사력, 글구성력
③ 수학검사 : 수, 도형, 연산, 측정, 확률과 통계, 문제해결

(4) 결과 및 해석
소검사별로 백분위 점수, 학력 지수(평균 100, 표준편차 15인 표준점수), 학년 규준(학년 등가점수)을 제공한다.

6. 한국판 웩슬러 기초학습기능검사(K-WFA)

(1) 대상 및 목적
① 대상 : 유치원~고등학교 1학년 아동 청소년을 대상으로 하며 A형과 B형이 있다.
② 목적 : 학습장면에서 가장 필요한 낱말 읽기, 읽고 이해하기, 쓰기 및 셈하기(수계산) 기능이나 성취 수준을 측정해 준다.

(2) 특징
① 개별 수검자의 점수를 학년이나 또래와 비교해 주며, 소검사를 통해 학습에 어려움을 느끼는 영역을 찾아내고, 경과를 관찰하며 개입에 따른 추가적인 평가와 사정을 할 수 있는 근거를 제공한다.
② 능력-성취의 차이를 비교하여 저성취자를 확인할 수 있으며, 대안적 성취검사로서 학습기능의 변화를 평가하는 데 활용 가능하다.

35 학습태도 및 학습종합검사

1. 학습동기검사(학업동기검사, AMT)

(1) 목적 및 특징

① 김아영(2003)이 초등학교부터 대학교까지의 학생을 대상으로 학습자를 이해하고 학습수행을 예측하며 실패에 대한 건설적인 반응 여부를 파악할 목적으로 개발한 것이다.
② 다양한 동기변인 중 학습자가 자신의 수행능력에 보이는 기대, 신념인 '학업적 자기효능감'과 자신의 실패 경험에 건설적으로 반응하는지 여부를 나타내는 '학업적 실패 내성'을 측정하고 평가한다.
③ 대상 : 초등학생부터 대학생까지를 대상으로 하며, 개별검사와 집단검사의 2가지 형태가 있다.
④ 문항 : 리커트식 6점 척도이며, 비교적 적은 수의 문항으로 10~20분 정도 간편하게 실시한다.
⑤ 학생의 동기적 특성을 구체적으로 이해하고, 세분화된 동기적 측면에 대한 정보를 제공한다.

(2) 구성

학업적 자기효능감	학업적 실패 내성
자신감, 자기조절 효능감, 과제 수준 선호	감정, 행동, 과제난이도 선호

① 학업적 자기효능감 척도 : 학습자가 자신의 수행능력에 대해 보이는 기대나 신념을 평가하기 위한 척도로, 자신감, 자기조절 효능감, 과제 수준 선호의 3개 하위 척도로 구성된다.
② 학업적 실패 내성 척도 : 자신의 실패 경험에 건설적으로 반응하는지 비건설적으로 반응하는지를 나타내는 척도로, 감정, 행동, 과제난이도 선호의 3개 하위 척도로 구성된다.

2. 청소년 학습전략검사(ALSA) 기출 14

(1) 목적 및 특징

① 김동일(2004)이 학습전략을 분석하고 프로그램 활동을 통한 학습전략 증진에 기여할 목적으로 개발한 것이다.
② 학습 전략과 함께 자아효능감과 학습동기를 측정하여 학업성취의 정서적 측면과 교수적 측면의 정보를 제공한다.
③ 대상 : 초등학교 5학년부터 고등학교 2학년까지를 대상으로 개발되었다.
④ 검사 결과를 학습 전략 프로그램과 연계하여 청소년의 학습동기를 높이고 학습 전략을 지도하도록 한다.
⑤ 구성

척도	측정내용
학습동기 척도	학습에 대한 선택, 잠재성, 강도, 지속성을 측정함
자아효능감 척도	학업적 과제수행에 필요한 행위를 얼마나 잘 조직할 수 있는지를 측정함
인지-초인지 전략 척도	학습과 관련된 인지적 전략, 정교화 전략, 조직화 전략의 사용 여부를 측정함
자원관리 전략 척도	시간, 환경, 노력, 타인의 조력을 관리하는 능력을 측정함

(2) 검사 요인
  ① 학습동기
    ㉠ 학습동기는 학습에 대한 선택, 잠재성, 강도, 지속성, 수반된 인지적·정서적 반응 등을 고려하는 것이다.
    ㉡ 내재동기 : 공부를 즐기거나 학습과제에 도전하기를 선호하는 학생은 외부의 어떤 보상이 없어도 공부를 지속적으로 한다. 이러한 학생은 학습에 대한 내재동기가 상당히 높은 것으로 볼 수 있다.
    ㉢ 외재동기 : 같은 학급의 다른 친구보다 공부를 잘해야 한다고 생각하거나 이후에 주어지는 부모의 칭찬, 선물을 기대하여 공부를 하는 학생은 외재동기가 높은 학생이다.
    ㉣ 학년이 높아지면서 학습과제 양이 늘어나고 과제 내용이 복잡해질수록 내재동기가 강화되어야 지속적인 학습행동을 할 수 있다.
  ② 자아효능감
    ㉠ 자아효능감은 학습자가 학업적 과제의 수행을 위해 필요한 행위를 조직하고 실행해가는 자신의 능력에 대해 내리는 판단으로, '자신이 어느 정도의 능력을 갖춘 사람인가'에 대한 스스로의 판단에 해당한다.
    ㉡ 자아효능감이 높은 학습자는 도전적인 과제를 선택하고 주어진 과제를 성공적으로 수행하기 위해 더 많은 노력을 기울이며 어려운 일이 닥쳐도 과제를 끈기 있게 지속한다.
    ㉢ 자아효능감이 높을수록 불안을 느끼는 정도가 낮고, 보다 효과적인 학습 전략을 사용하며 뛰어난 자기조절능력을 보인다.
  ③ 인지-초인지 전략
    ㉠ 인지-초인지 전략은 학습자가 자신의 부호화 과정에 영향을 주거나 학습하는 동안 자신의 학습에 관여하는 모든 사고와 행동을 의미하며, 인지적 학습 전략, 초인지 전략, 자원관리 전략의 3가지 범주로 구분할 수 있다.
    ㉡ 인지적 전략 : 시연 전략, 정교화 전략, 조직화 전략 등이 있다.
    ㉢ 초인지 전략 : 계획하기, 조절하기 등이 포함된다.
    ㉣ 인지-초인지 전략이 뛰어난 학생은 새로운 정보를 학습하는 방법을 알고 있으며, 다음과 같은 활동에 익숙하다.
    ㉤ 인지-초인지 전략과 관련된 활동

구분		활동
인지 전략	시연 전략	암송, 따라 읽기, 베끼기, 자구적 노트정리, 밑줄치기
	정교화 전략	매개단어법, 심상, 장소법, 의역, 요약, 유추생성, 생성적 노트정리, 질문-대답
	조직화 전략	결집, 기억조성법, 핵심아이디어 선택, 개요화, 망상화, 다이어그램화
초인지 전략	계획 전략	목표 설정, 대충 훑어보기, 질문 생성
	점검 전략	자기검사, 시험 전략
	조정 전략	독서속도 조절, 재독서, 복습, 수검 전략

  ④ 자원관리 전략
    ㉠ 학습 전략의 한 범주로서, 자신에게 주어진 주변 환경을 효율적으로 활용하여 새로운 정보를 효과적으로 학습하는 방법이다.
    ㉡ 시간 관리, 공부환경 관리, 노력 관리, 타인의 조력 추구 등으로 구성된다.
    ㉢ 이 전략이 뛰어난 학생은 학습 시 다음과 같은 활동에 익숙하다.

ⓔ 자원관리 전략과 관련된 활동

구분	활동
시간 관리	시간표 작성, 목표 설정
공부환경 관리	장소 정리, 조용한 장소, 조직적인 장소
노력 관리	노력에 대한 귀인, 기분조절, 스스로에게 이야기하기, 끈기 가지기, 자기강화
타인의 조력	교사로부터 조력 추구, 동료로부터의 조력 추구, 동료/집단학습, 개인지도 획득

3. MLST-Ⅱ 학습전략검사

(1) 목적 및 특징

① 박동혁(2000)이 학습자의 학습 과정에서 자기조절학습 능력의 근간을 이루는 습관적·행동적 및 전략적인 효율성을 측정하기 위해 개발한 검사이다.
② 학습 전략뿐만 아니라 학습 성취도에 영향을 미치는 심리적 특성과 동기 수준에 대한 정보를 포함하고 있어, 하나의 검사로 학생의 학습부진의 원인을 탐색하고, 이후의 공부방법이나 지도방법을 수정하고 보완하는 방향으로 삼을 수 있다.
③ 대상 : 초등학생용(4~6학년), 청소년용(중고등학생용), 대학생용이 있다.

(2) 구성

척도명	요인
성격 특성	효능감, 결과기대, 성실성
정서 특성	우울, 불안, 짜증
동기 특성	학습, 경쟁, 회피
행동 특성	시간관리, 수업듣기, 노트필기, 공부환경, 집중전략, 읽기전략, 기억전략, 시험전략

※ 신뢰성 지표 : 반응일관성, 연속 동일반응, 사회적 바람직성, 무응답
※ 부가정보 : 성적, 학습시간, 성적 만족도, 심리적 불편감

① 4개 영역(성격, 정서, 동기, 행동)을 측정하며, 자기주도학습 지수(LQ)를 산출해 준다.
② 학습에서의 강약점과 학습 전략의 유형(주도형, 성실형, 잠재형, 정체형)이 무엇인지 제시해 주는데, 이 유형은 학습에 투자되는 학습량과 학습동기의 수준, 학습 전략의 효율성 정보에 따라 결정된다.

4. U&I 학습유형검사

(1) 특징

① 성격이론가인 커시(Keirsey)의 이론과 학습행동에 관한 히콕스(Heacox)의 연구를 근거로 개발되었다. 이기학과 김만권이 개발하였다.
② 대상 : 초등학교 4학년부터 중고등학생까지를 대상으로 한다.
③ 개인이 학습과정에서 가지는 심리적 문제와 성격적 문제의 특성을 이해하여 개인에게 가장 적합한 학습방법을 제안할 수 있고, 이 결과는 학생의 성격적 특성에 맞는 진로를 탐색하는 데 기초 자료로 널리 활용된다.

(2) 구성

구분	내용
U & I 학습행동유형검사	반항형, 완벽주의형, 고군분투형, 잡념형, 만족형, 외골수형
U & I 학습성격유형검사	행동형, 규범형, 탐구형, 이상형 ➡ 4개 유형을 조합한 14개의 유형으로 구분됨
U & I 학습기술검사	학습태도, 학습동기, 시간관리, 불안조절, 주의집중, 정보처리, 중심주제, 학업 보조, 자기점검, 시험 전략

5. 학습부진유형검사

(1) 특징

① 한국교육과정평가원에서 제공하는 검사로, 학습부진 학생을 대상으로 개발되었다.
② 대상 : 초등학교 4~6학년과 중학생을 대상으로 한다.
③ 한국교육과정평가원의 기초학력지원 사이트(www.basics.re.kr)에서 교사 인증과정을 거쳐 온라인 검사를 실시하고 결과지를 제공받을 수 있다.
　㉠ 교사용 결과지 : 추후상담과 교육처리에 필요한 처방적 정보를 담고 있다.
　㉡ 학생용 결과지 : 학생이 자신의 학습동기와 전략을 점검하고 이후 학습행동을 개선하는 데 참고할 수 있는 내용을 담고 있다.

(2) 구성

① 학습유형검사

척도명	요인
학습동기 영역	목표 유무, 내재적·외재적 동기, 동기 관련 요인 및 저해 요인
자기통제성 영역	학습부진을 예언하는 만족지연, 즉각만족추구 경향성
학습행동 영역	주의집중, 공부방법, 시험준비, 자원관리

➡ 3개 대영역 및 하위 영역별 학생 점수 프로파일을 토대로 학습부진 학생을 4가지 유형으로 분류하고, 유형별 학생의 특성에 부합하는 집단지도 프로그램을 연계하여 활용할 수 있도록 구성된다.

② 학생의 기본정보 및 위기요소 평가
　㉠ 환경 차원 : 부모 무관심, 경제적 곤란, 다문화 가정, 비행집단, 기타
　㉡ 개인 차원 : 학업 관련 장애, 중독, 건강문제, 기타

6. 자기조절학습검사

(1) 특징

① 한국교육과정평가원의 기초학력지원 사이트(www.basics.re.kr)에서 제공하는 검사로, 학습을 수행하기 위한 인지, 동기, 행동을 적극적으로 조절하는 자기주도적 학습능력을 진단한다.
② 대상 : 고등학교 1~3학년 학생을 대상으로 한다.
③ 목적 : 자기주도적 학습능력 정도를 파악하고 학습의 과정에 있어 자기조절이 부족한 측면과 그렇지 않은 측면들을 확인하여 적절히 학습능력을 조절하는 것이다.

(2) **구성**

차원	하위 요인	측정내용
인지 조절	인지 전략의 활용	학생이 학습할 때 다양한 인지 전략을 어느 정도 자발적이고 적극적으로 활용하는지 측정
	메타인지 전략의 활용	학생이 학습할 때 다양한 메타인지 전략을 어느 정도 자발적이고 적극적으로 활용하는지 측정
동기 조절	숙달목적 지향성	학습을 하는 이유에 있어 학습에 대한 내재적 가치나 노력 등을 어느 정도 지향하는지 측정
	자아효능감	자신의 학습 및 과제 수행에 있어서 자신의 능력에 대한 기대나 믿음이 어느 정도인지 측정
	성취가치	주어진 학습을 가치롭게 여기는 이유에 해당하는 것으로 학습에 대한 중요성, 유용성, 내재적 흥미 등을 어느 정도 지각하는지 측정

10 평가자료 활용
제10절

36 심리평가 보고서

1. 심리평가 보고서 주요 요소

(1) 제목
① 심리검사 결과를 통해 수검자의 정보를 얻고 임상적 판단을 내리므로 보고서는 '심리검사 보고서'가 아니라 '심리평가 보고서'가 적절하다.
② 이는 단일 심리검사만을 실시한 경우에도 동등하게 적용된다.

(2) 수검자 정보
① 수검자의 주요 문제와 의뢰 목적을 이해하는 데 필요한 이름, 성별, 연령, 교육수준, 직업, 결혼상태 등의 기본적인 신상정보를 기재한다.
② 상황에 따라, 과거 심리평가 여부를 포함할 수 있다.

(3) 실시된 검사
① 수검자에게 실시된 검사명을 기록한다.
② 수검자와 의뢰인이 심리검사 약자를 이해하기 어려울 수 있으므로, 약어와 전체 명칭을 함께 포함한다.

(4) 의뢰사유
① 심리평가를 실시한 경로와 목적을 간략하고 명료하게 설명한다.
② 의뢰 목적이나 의뢰된 경로, 의뢰의 특성, 수검자가 현재 처한 상황 및 이해관계에 놓인 가족들이나 주변 인물들에 대한 정보 등을 포괄적으로 파악하는 일이 중요하다.
③ 의뢰사유는 가능하면 '수검자의 적응 수준을 탐색하기 위해서'와 같이 추상적으로 기술하기보다 '집중력 부족, 저조한 학업성취도와 또래관계 문제로 인한 학습장애와 ADHD가 의심되는 바'와 같이 문제 중심적으로 기술하는 것이 더 적절하다.

(5) 배경정보
① 수검자가 호소하는 문제와 관련된 배경정보를 요약하여 기술한다.
② 수검자의 가족 배경, 성장사, 현재 문제가 나타난 시점과 전개 양상 등이 포함된다.
③ '어머니의 보고에 따르면', '교사의 보고에 따르면' 등과 같이 정보의 출처를 기술한다.

(6) 행동관찰 및 수검태도
① 신체적 외양, 라포 형성 및 유지의 용이성, 의사소통, 실패에 대한 반응, 주의력, 문제해결 전략, 습관이나 특이한 행동 등을 고려하여 작성한다.
② 생생하고 구체적인 행동을 기술하고, 판단을 직접적으로 내리지 않고 판단의 근거가 되는 행동을 전달하는 것이 좋다.

(7) 검사 결과 기술 및 해석
   ① 인지 기능 : 지능검사와 같은 전반적인 지적 능력을 평가하는 검사를 실시한 경우, 인지기능을 요약하는 수치와 이에 대한 통합적 기술과 해석을 제시한다. 또한 인지기능과 관련해 특정한 문제를 호소하는 경우라면, 호소하는 문제가 실제 검사 결과와 어떻게 연결되는지 제시한다.
   ② 정서 영역 : 수검자가 현재 경험하는 정서 종류와 강도, 그것이 현재 수검자의 생활환경과 관련된 일시적인 것인지 아니면 지속적인 성격성향인지 기술한다. 또한 상충되는 정서들 간의 갈등요소, 전반적인 정서 조절 능력, 정서 조절의 비효율성과 관련된 요인 등도 제시한다.
   ③ 성격 및 대인관계 : 수검자의 성격이 구체적인 생활환경 내에서 어떤 방식으로 표현되는지, 수검자만의 독특한 측면에 초점을 두고 기술한다. 또한 대인관계를 맺는 방식과 갈등요소, 자신과 타인을 지각하는 방식, 대인관계에서 유발될 수 있는 갈등구조와 갈등을 해결해 나가는 방식, 타인에게 품고 있는 기대 및 그 내용의 적절성 등을 기술해준다.

(8) 요약 및 제언
   ① 평가 보고서의 핵심을 요약하고 정리하는 것으로, 의뢰 사유와 평가 목적에 대해 어떠한 결론을 내렸는지 분명하고 논리적으로 제시한다.
   ② 제언은 문제해결을 위한 해결책으로 분명하고, 실천 가능하며 현실적인 것이어야 한다.

(9) 임상적 진단
   ① 평가 목적이 진단적 감별이라면, 평가 보고서 말미에 DSM-5-TR에 근거하여 가능한 진단을 열거한다.
   ② 주의할 점은 독자가 임상적 진단을 읽기 전에 이미 진단명을 유추할 수 있을 정도로, 전체 보고서를 해당 진단과 관련된 주 호소와 증상을 포함하여 일관되게 작성해야 한다.

(10) 검사 점수 요약
   ① 평가 보고서 본문에 제시하고 이를 인용하여 기술하거나 보고서의 마지막 결과표만 따로 요약하여 제시한다.
   ② 검사 점수를 모두 제시하기보다는 임상 수준, 경계선 수준, 정상 수준 등 판정 결과를 간략히 제시할 수도 있다.

> **참고** 보고서의 일반적 형식
> - 의뢰사유 : 의뢰원이 제시한 문제 또는 평가를 실시하게 된 일반적 이유
> - 실시된 검사 : 피검자에게 실시한 검사명칭 기록
> - 행동관찰 : 검사 결과 해석과 관련된 행동과 수검 태도, 특이한 행동 등을 기록
> - 주 호소 증상 : 현재 상태나 문제에 대해 기록
> - 배경정보 : 검사 결과 해석과 관련된 발달사
> - 검사 결과 : 인지 영역, 정서 및 성격 영역, 사고 영역, 대인관계 영역 등
> - 평가 결과 요약 : 전체 결과의 압축적 정보
> - 요약 및 제언 : 전체 결과의 통합, 임상적 진단
> - 진단적 소견

2. 심리평가 보고서 작성

(1) 훌륭한 평가 보고서 작성을 위한 일반 지침

- 평가가 끝난 후, 다음 내담자를 평가하기 전에 보고서를 작성한다.
- 평가자 자신에게 가장 좋다고 생각되는 양식과 표현방식을 개발한다.
- 보고서의 길이는 의뢰 목적, 실시된 검사 및 기법의 수, 얻어낸 자료 등의 여러 요인에 의해 달라질 수 있으나, 간략하고 명확하게 작성한다.
- 보고서는 얻은 결론을 명료하게, 직접적으로 작성한다.
- **흥미 있는 보고서 작성**: 극적으로 쓰라는 것은 아니지만 그렇다고 무미건조하고 지루하게 쓸 필요는 없다. 실제 평가과정에서 나왔던 단어, 문구 등을 신중하게 선택하여 기술하는 것이 보고서를 예리하고 초점 있게 만들어준다.
- 의뢰자로부터 피드백받는 것은 평가자가 어떤 영향력을 가지고 약점을 어떻게 보완하며 성공적인 보고서를 쓰게 된 이유가 어디에 있는지를 정확하게 알게 한다. 따라서 평가자는 보고서에 대한 의뢰인의 피드백을 요구해야 하며 그들의 느낌이 어떠했는지, 그것을 어떻게 활용할 것인지를 물어봐야 한다. 평가자는 의뢰자가 어떤 사람인지, 어떤 종류의 보고서를 원하는지 정확히 파악하여 그에 맞는 보고서를 작성한다.

(2) 평가 결과 전달

① 평가 결과는 상담자의 판단·평가 없이 객관적으로 전달: 예컨대 대학적성검사의 성적을 해석해 줄 때, "당신의 점수로는 대학에 갈 수 없습니다."라고 말하는 대신 "이러한 점수를 가진 학생 4명 중 3명은 대학 1학년 과정을 수료하지 못합니다."라고 설명할 수 있다.

② 평가 결과는 논리적이고 합리적인 수준에서 받아들여지지 않을 수도 있다.
   ㉠ 상담자는 검사가 야기한 만족, 의심, 두려움 등의 정서적 태도를 다루어줘야 한다.
   ㉡ 상담에서 평가 결과를 치료적으로 다루는 방법
      ⓐ 평가 결과를 갑자기 제시하거나 한꺼번에 또는 너무 서둘러서 제시하지 않는다.
      ⓑ 내담자의 반응·느낌을 표현하게 하고 함께 검토: 평가 결과를 제시하기 전에 "검사에 대해 어떻게 생각했습니까?"라고 물음으로써 검사에 대한 내담자의 반응을 알아볼 수 있다.
      ⓒ 감정이 표현되면 상담자는 이를 인정하고 치료적으로 다루어줘야 한다. 검사점수를 받아들이는 데 저항한다고 해서 검사나 검사의 신뢰도, 타당도를 변명하거나 논쟁, 설득하는 식으로 다루면 안 된다.

(3) 채점, 해석 또는 결과의 의미

① 학생 개인 간의 차이와 개인 내적인 차이를 절대적인 차이로 이해해서는 안 되며, 전적으로 양적인 차이에만 의존하여 해석하는 것도 지양한다.

② 양적인 결과를 기초로 하되, 개인의 특성을 발견하고 기술하는 질적인 해석이 바람직하다.

(4) 검사 결과 전달

① 학교심리검사의 목적: 학생의 발달을 돕고, 일상생활에 잘 적응하며 건강하고 행복한 삶을 살아가도록 돕는다.

② 검사 결과의 전달: 학생이 자신을 보다 잘 이해할 수 있고 성장과 발달의 동기를 자극할 수 있는 범위 내에서 전달한다.

③ 검사 결과를 학생 본인이 모두 수용할 수 없는 연령인 경우: 부모 면담 등을 통해 부모에게 별도로 검사 결과를 알릴 필요가 있으며, 전달의 원칙은 교사와 부모가 협력하여 학생을 보다 잘 이해하고자 학생의 발달을 돕는 방식으로 전달하는 것이다.

(5) **상담과 지도의 활용**
① 검사 결과는 원칙적으로 학생에게 도움이 되는 방향으로만 사용되고 활용되어야 한다.
② 검사 결과는 개인을 이해하기 위한 대략적인 판단자료일 뿐이며, 특히 하나의 검사에서 제시되는 검사 결과는 여러 정보 중의 하나의 정보로 이해해야 한다.
③ 학생의 일상적 행동에 대한 관찰 없이 한 개의 검사 결과에 의존하여 학생 전체의 특성을 평가해서는 안 되며, 관찰, 면담과 가능한 한 여러 검사 결과를 통합하여 이해하는 노력이 필요하다.
④ **학생은 성인이 될 때까지 활발한 성장과 발달이 계속되는 시기** : 측정 결과는 얼마든지 변화 가능하다.
⑤ 심리검사는 반복하여 계속적으로 이루어져야 하고, 누적된 검사 결과는 발달상의 변화 특성과 변화량에 대한 결과로서 체계적으로 관리되어야 한다.

김진구

전문상담 기본개념 3

제11장
아동심리학

개념구조도 🔍

제 1 절　발달의 이해
제 2 절　신경계 발달
제 3 절　주의, 지각 및 기억 발달
제 4 절　인지 발달
제 5 절　언어 발달
제 6 절　사회인지 발달
제 7 절　정서, 기질 및 애착 발달
제 8 절　도덕성 및 공격성 발달

제11장 개념구조도

제1절 발달의 이해

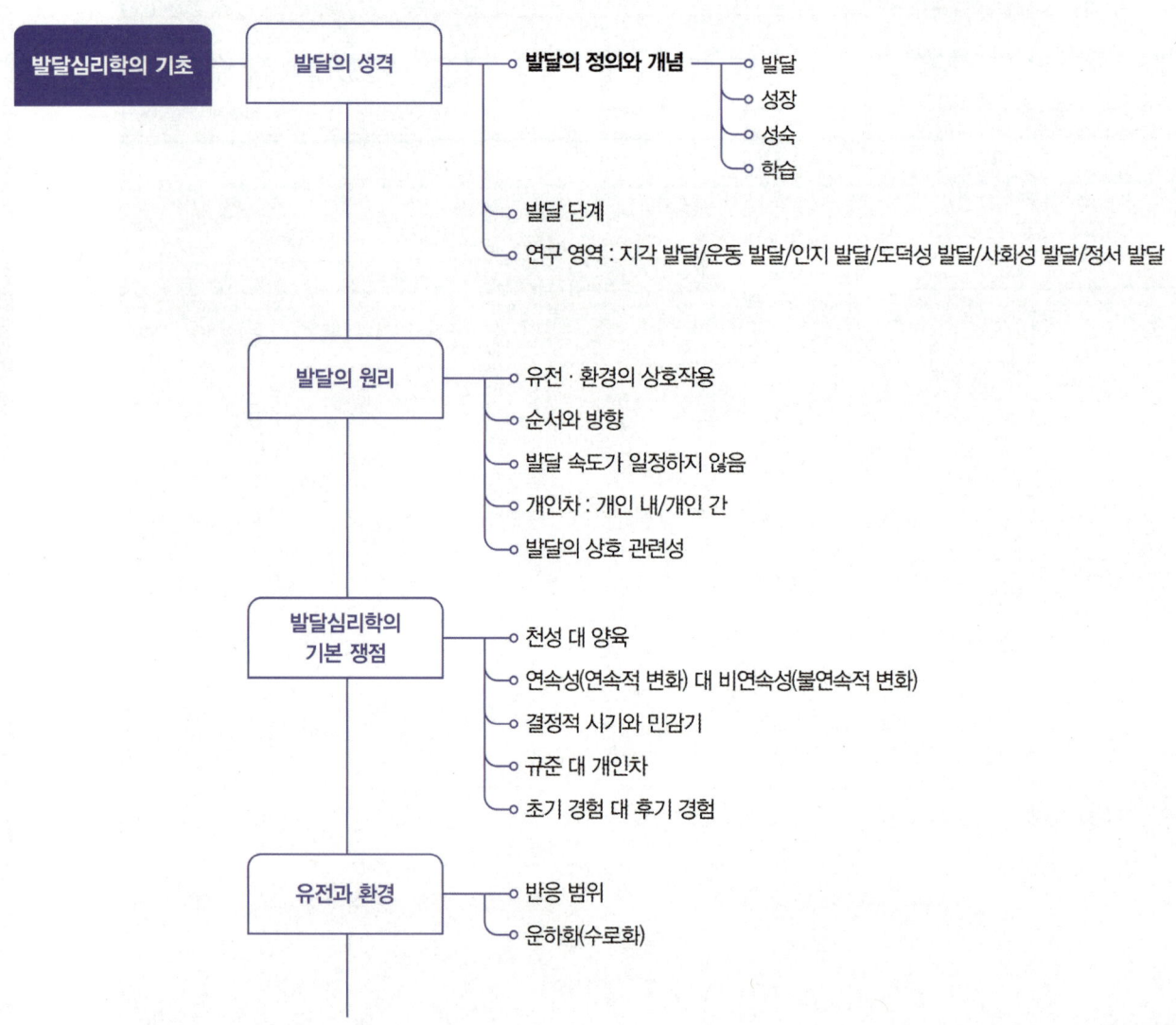

김진구 전문상담 기본개념 3

- 뇌와 발달
  - **신경 발달과 뇌 가소성**
    - 회복 가소성
    - 적응 가소성
  - 뇌 발달에서 초기 경험의 중요성 : 수초화, 시냅스, 소멸과정
  - 청소년기의 전두엽 발달
  - 성인기 이후 뇌의 구조와 기능 변화

- 발달심리학의 연구방법
  - 과학적 방법
    - 체계적 관찰
    - 대표적 표본
    - 가설
  - 기술법
    - 기술법
    - 관찰법 : 자연관찰법/실험실 관찰
    - 질문지법
    - 면접법 : 구조화된 면접/비구조화된 면접/반구조화된 면접
    - 사례연구법
    - 기술 민속학
  - 상관법
    - 상관연구의 의미
    - 상관연구의 장단점
  - 실험법
    - **실험연구**
      - 변수 : 독립변수/종속변수
      - 실험 참가자 : 실험집단/통제집단
      - 무선배당
    - 실험연구의 장단점

제11장 개념구조도 277

제11장 개념구조도

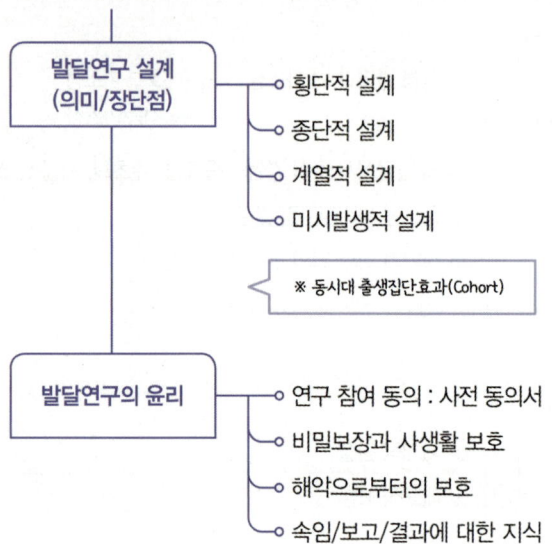

제2절 **신경계 발달**

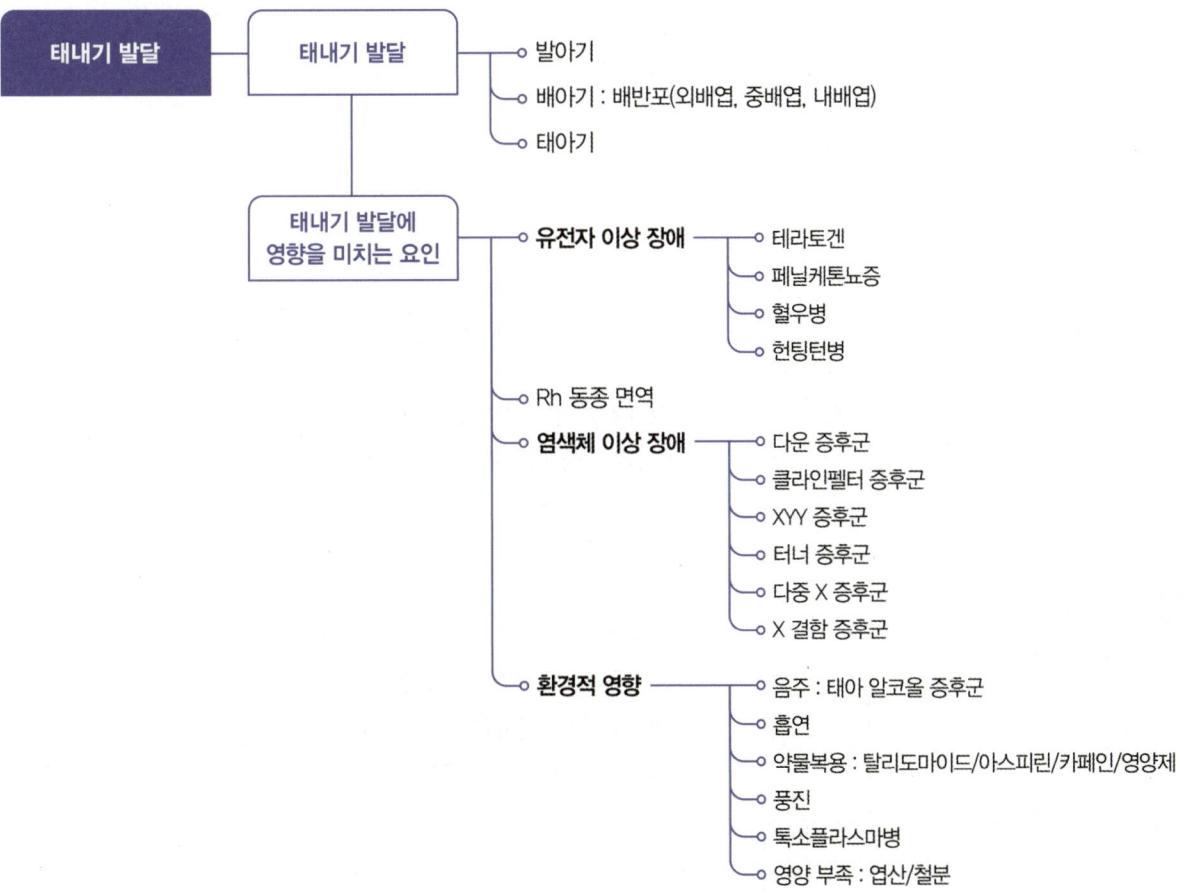

제11장 개념구조도

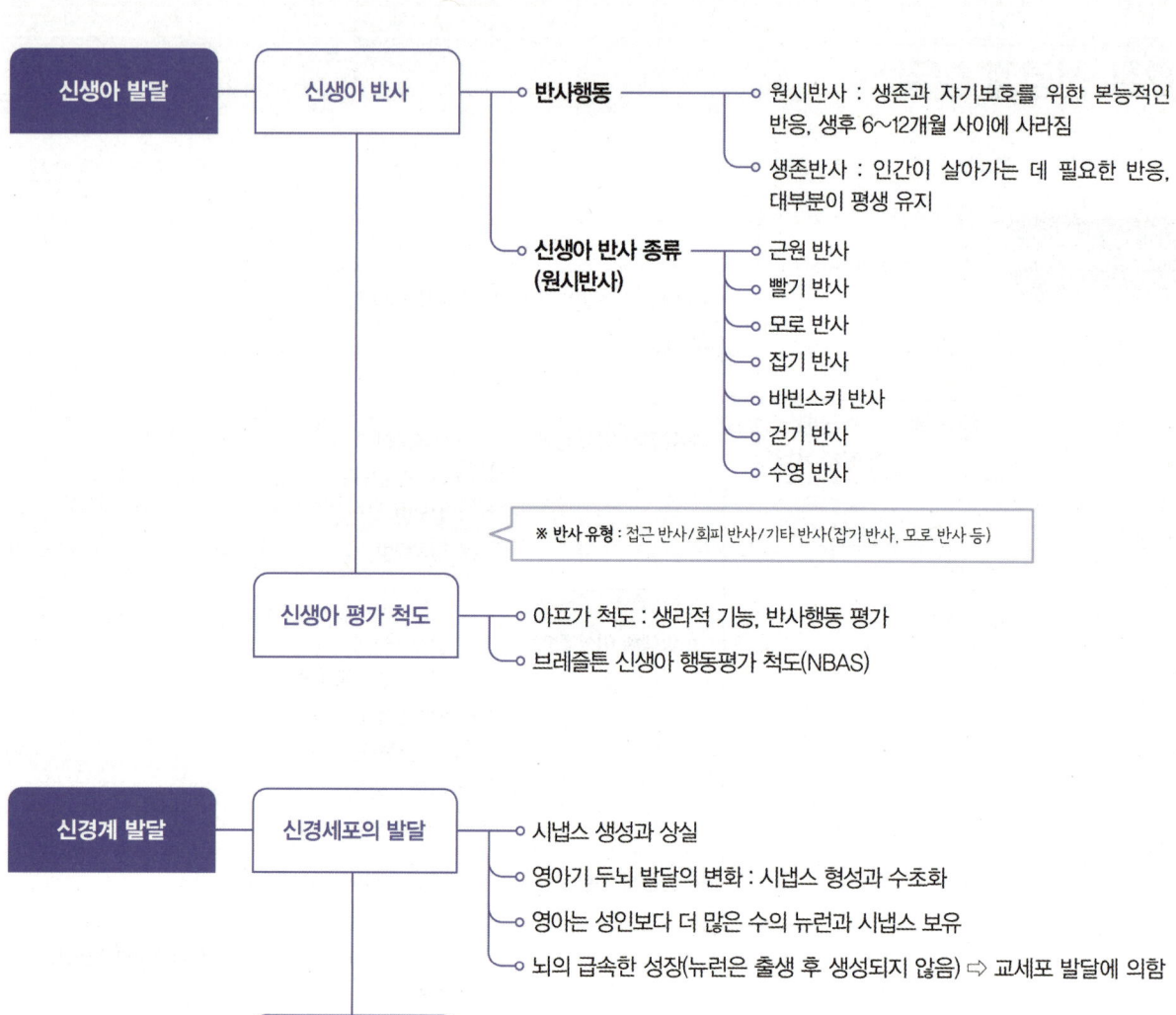

제3절 주의, 지각 및 기억 발달

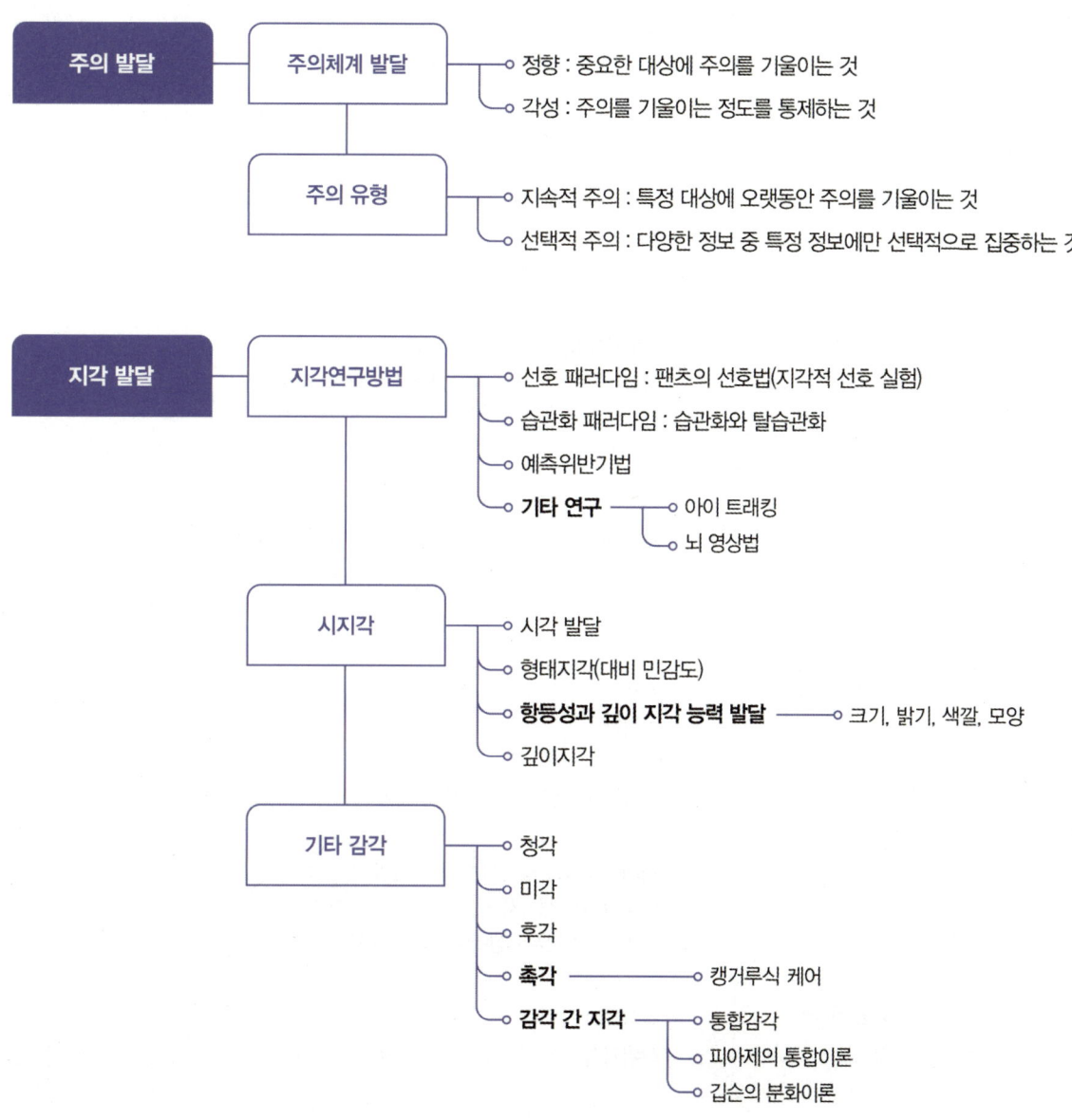

제11장 개념구조도

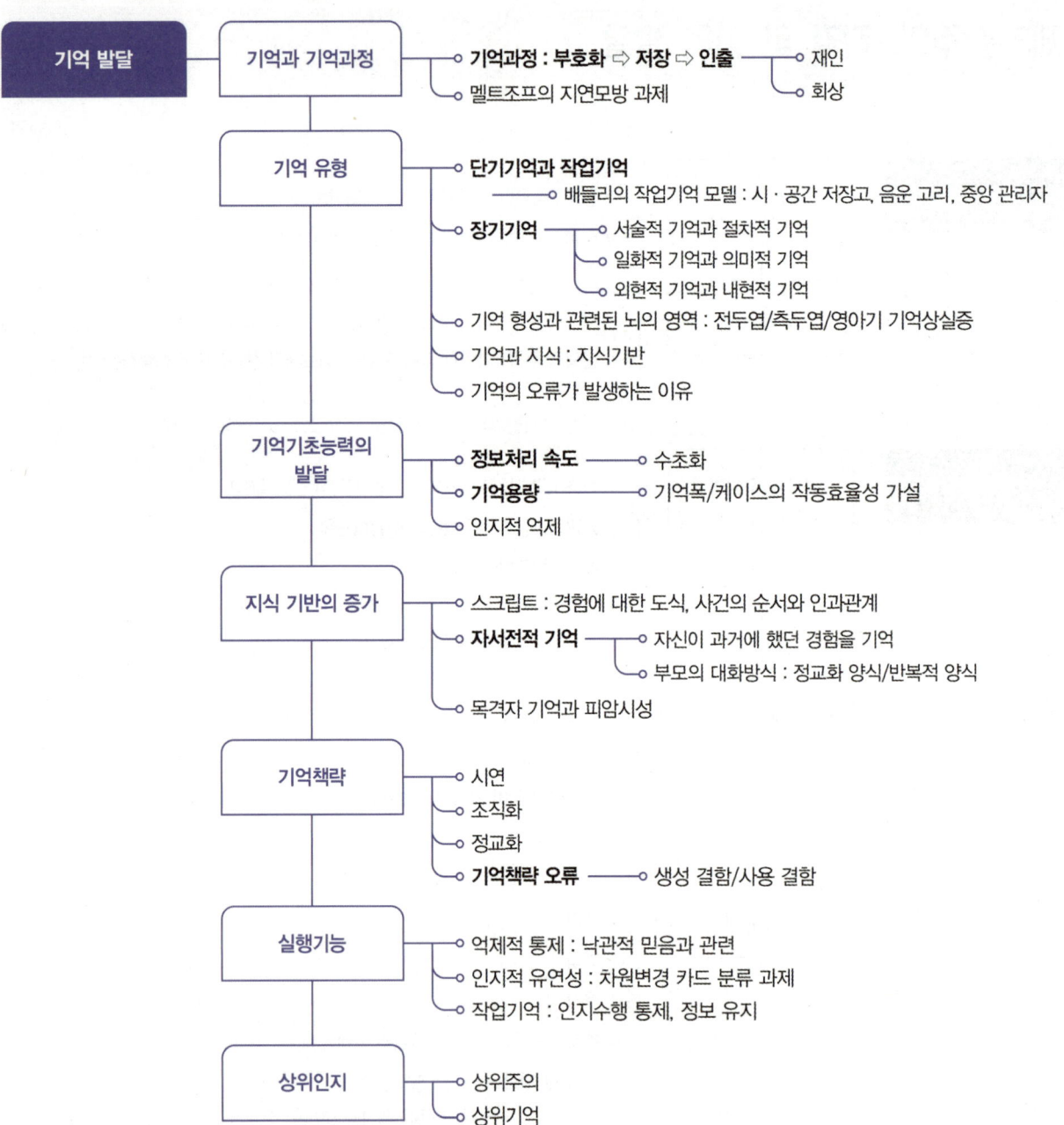

제4절 **인지 발달**

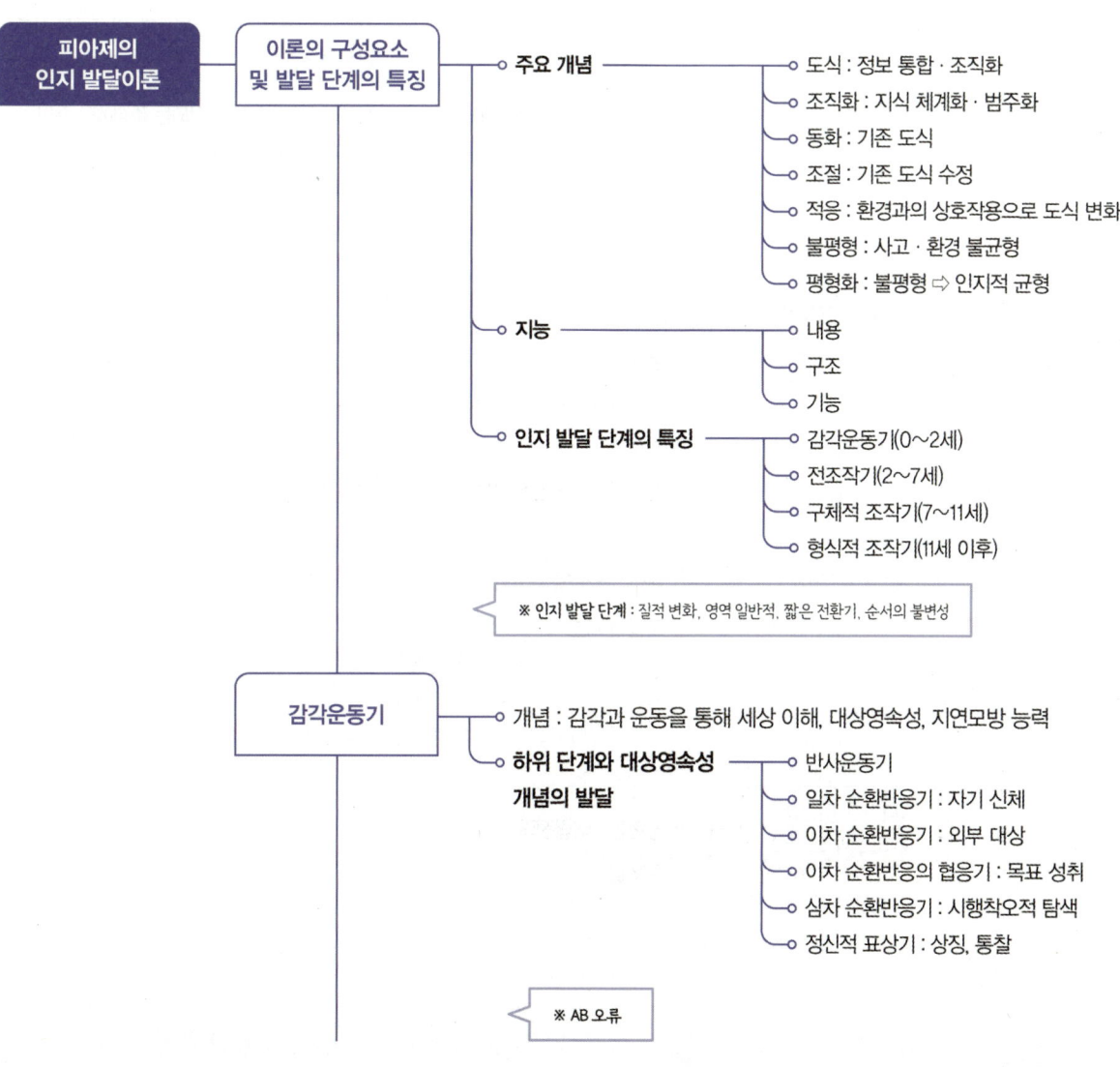

제11장 개념구조도

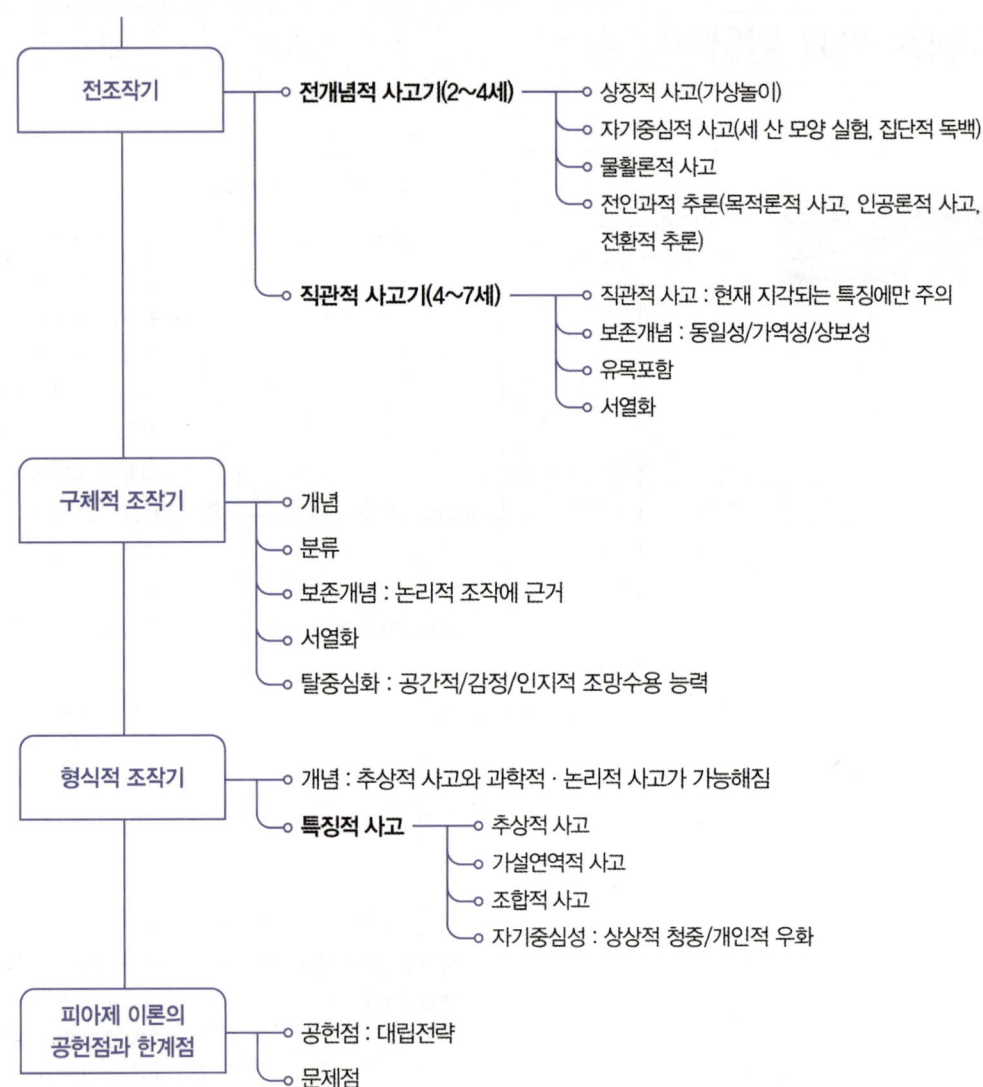

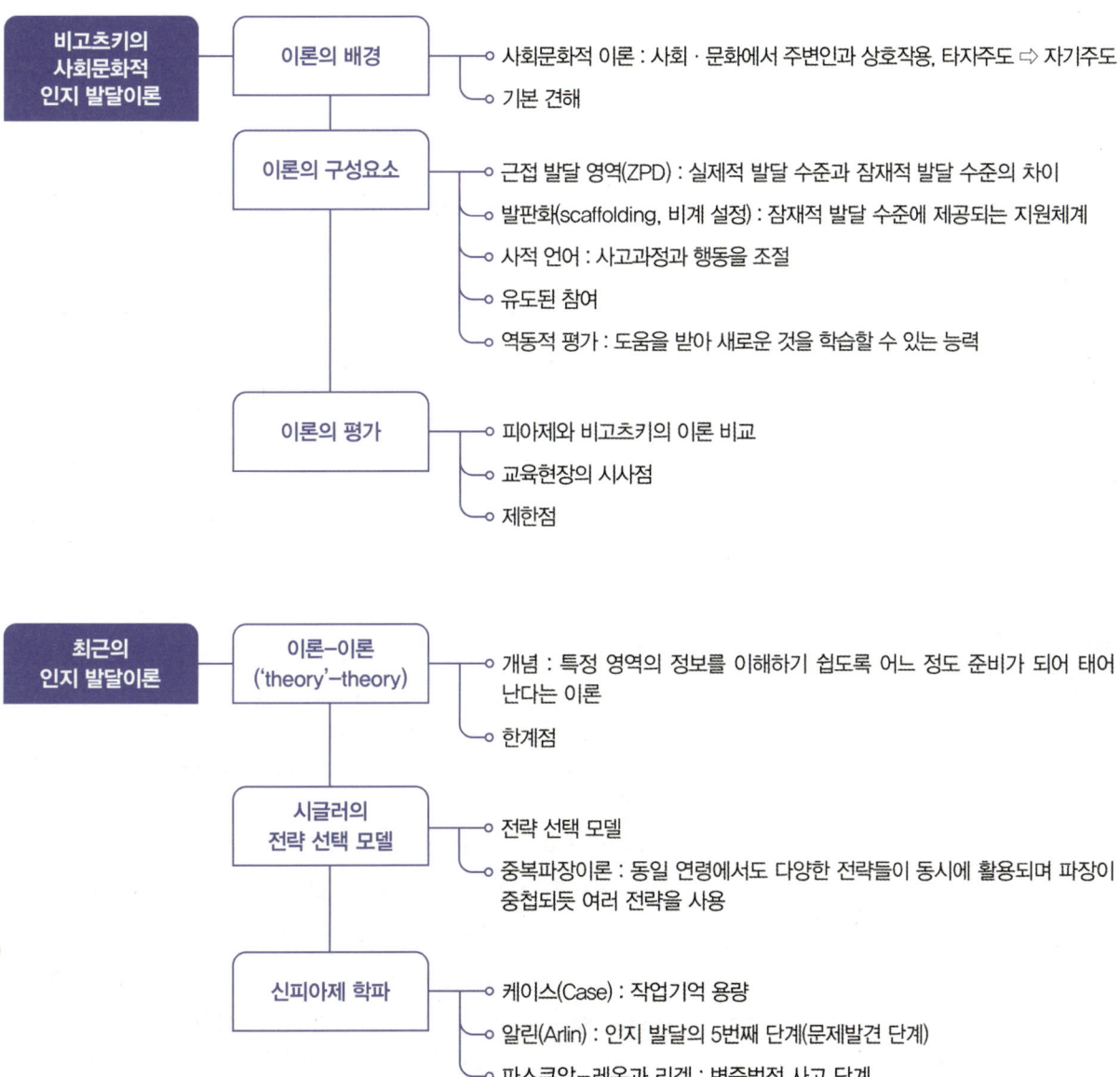

제11장 개념구조도

제5절 언어 발달

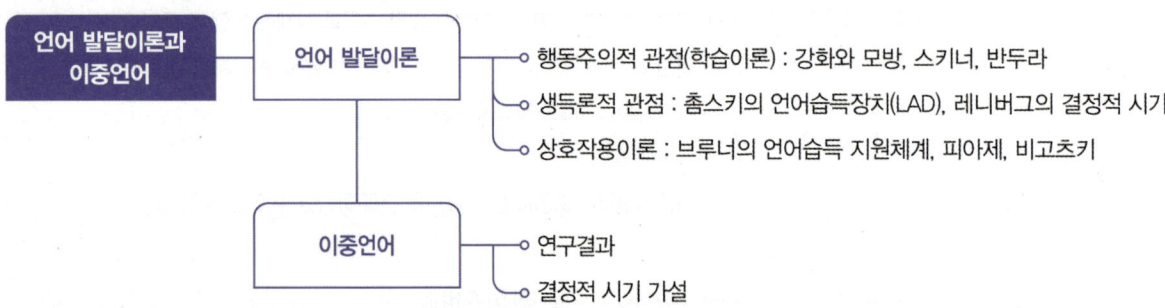

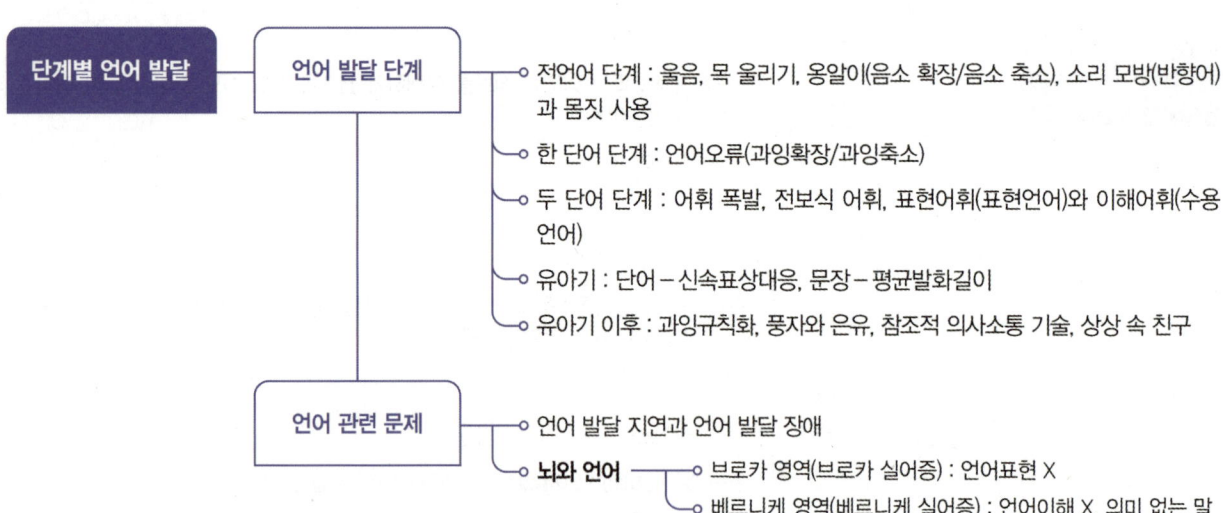

제6절 사회인지 발달

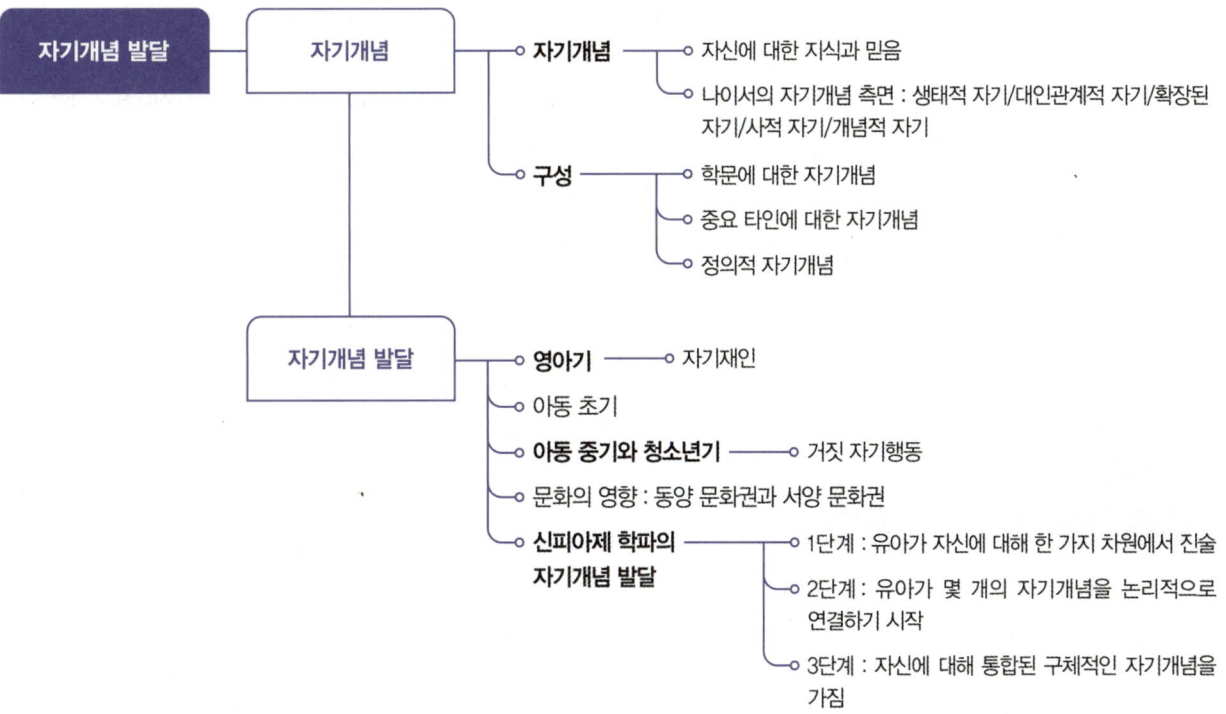

제11장 개념구조도

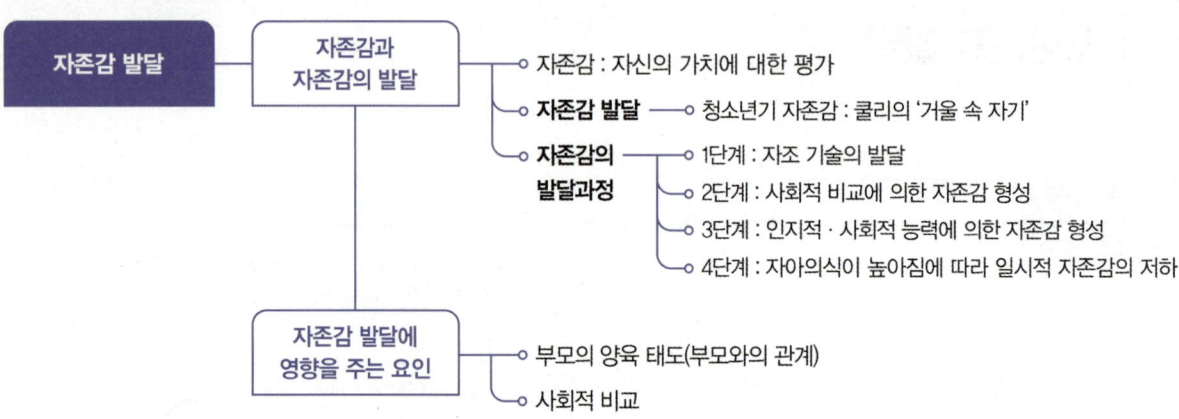

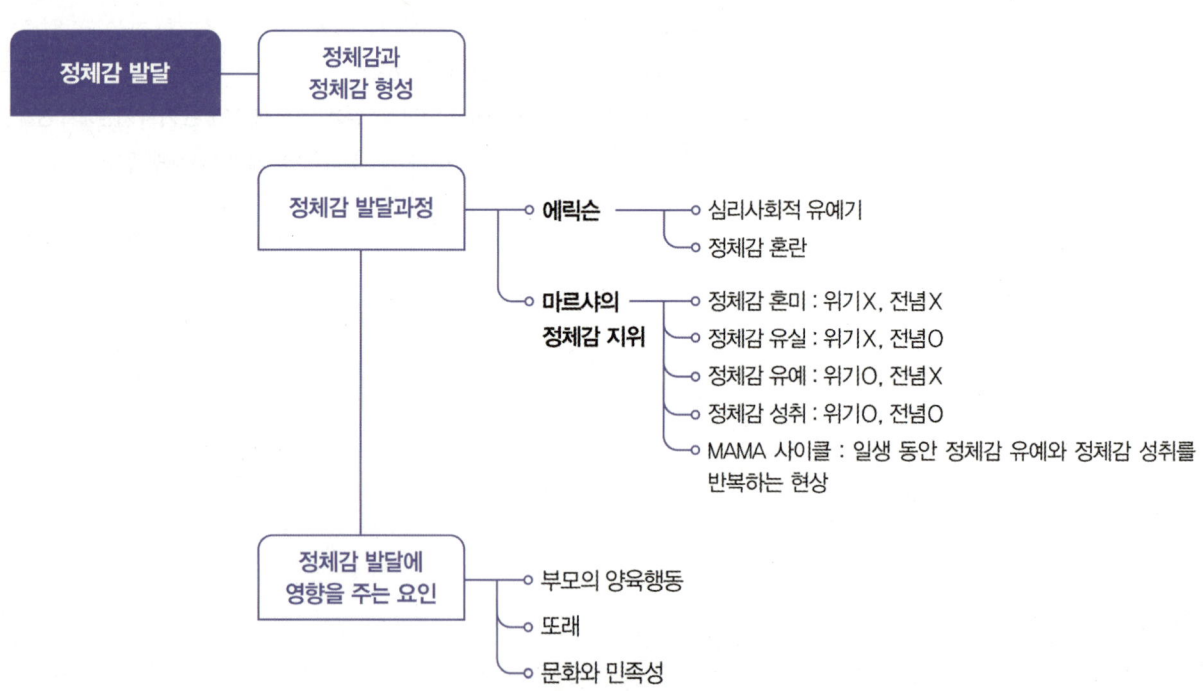

김진구 전문상담 기본개념 3

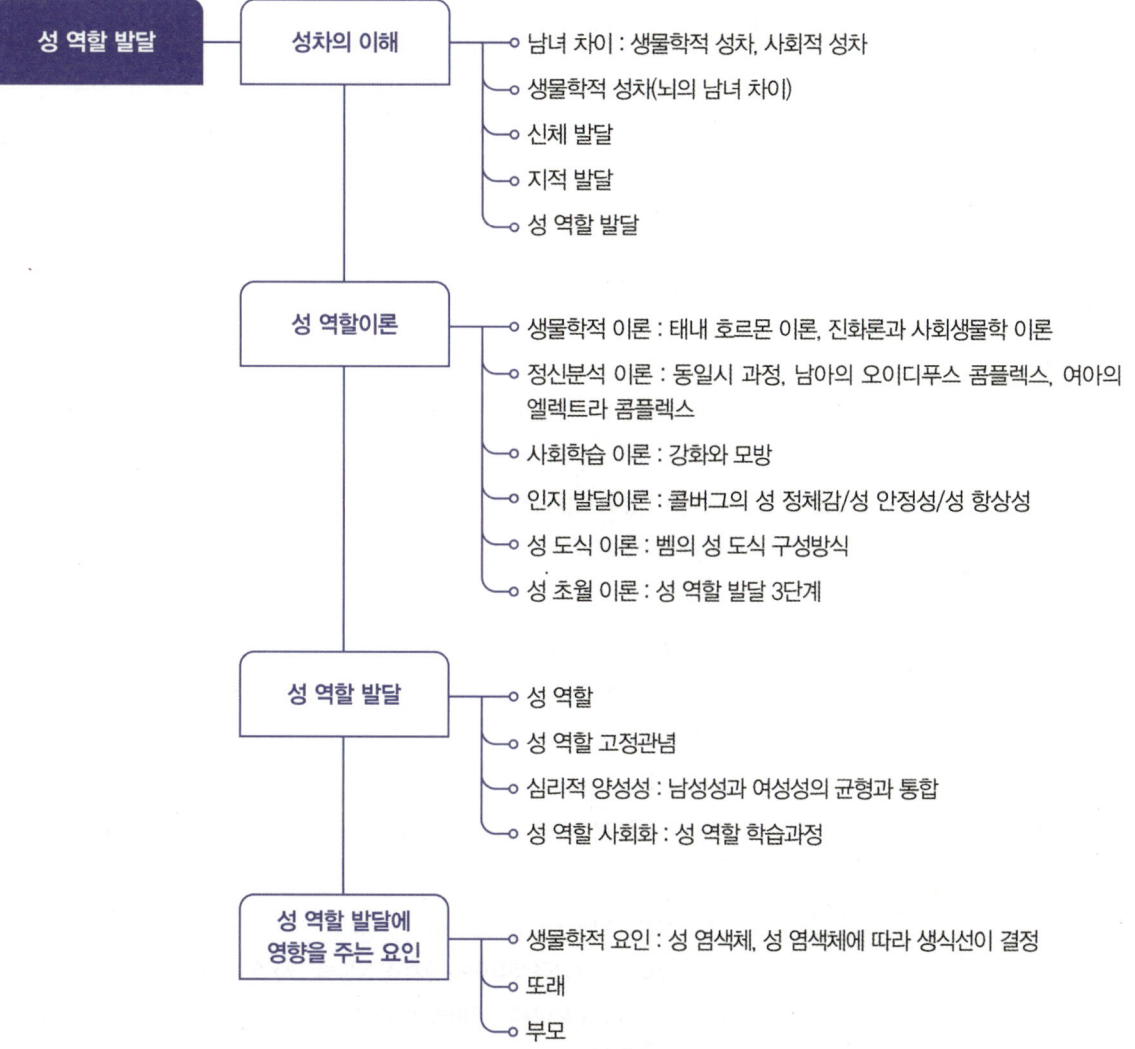

성 역할 발달

- **성차의 이해**
  - 남녀 차이: 생물학적 성차, 사회적 성차
  - 생물학적 성차(뇌의 남녀 차이)
  - 신체 발달
  - 지적 발달
  - 성 역할 발달

- **성 역할이론**
  - 생물학적 이론: 태내 호르몬 이론, 진화론과 사회생물학 이론
  - 정신분석 이론: 동일시 과정, 남아의 오이디푸스 콤플렉스, 여아의 엘렉트라 콤플렉스
  - 사회학습 이론: 강화와 모방
  - 인지 발달이론: 콜버그의 성 정체감/성 안정성/성 항상성
  - 성 도식 이론: 벰의 성 도식 구성방식
  - 성 초월 이론: 성 역할 발달 3단계

- **성 역할 발달**
  - 성 역할
  - 성 역할 고정관념
  - 심리적 양성성: 남성성과 여성성의 균형과 통합
  - 성 역할 사회화: 성 역할 학습과정

- **성 역할 발달에 영향을 주는 요인**
  - 생물학적 요인: 성 염색체, 성 염색체에 따라 생식선이 결정
  - 또래
  - 부모

제11장 개념구조도

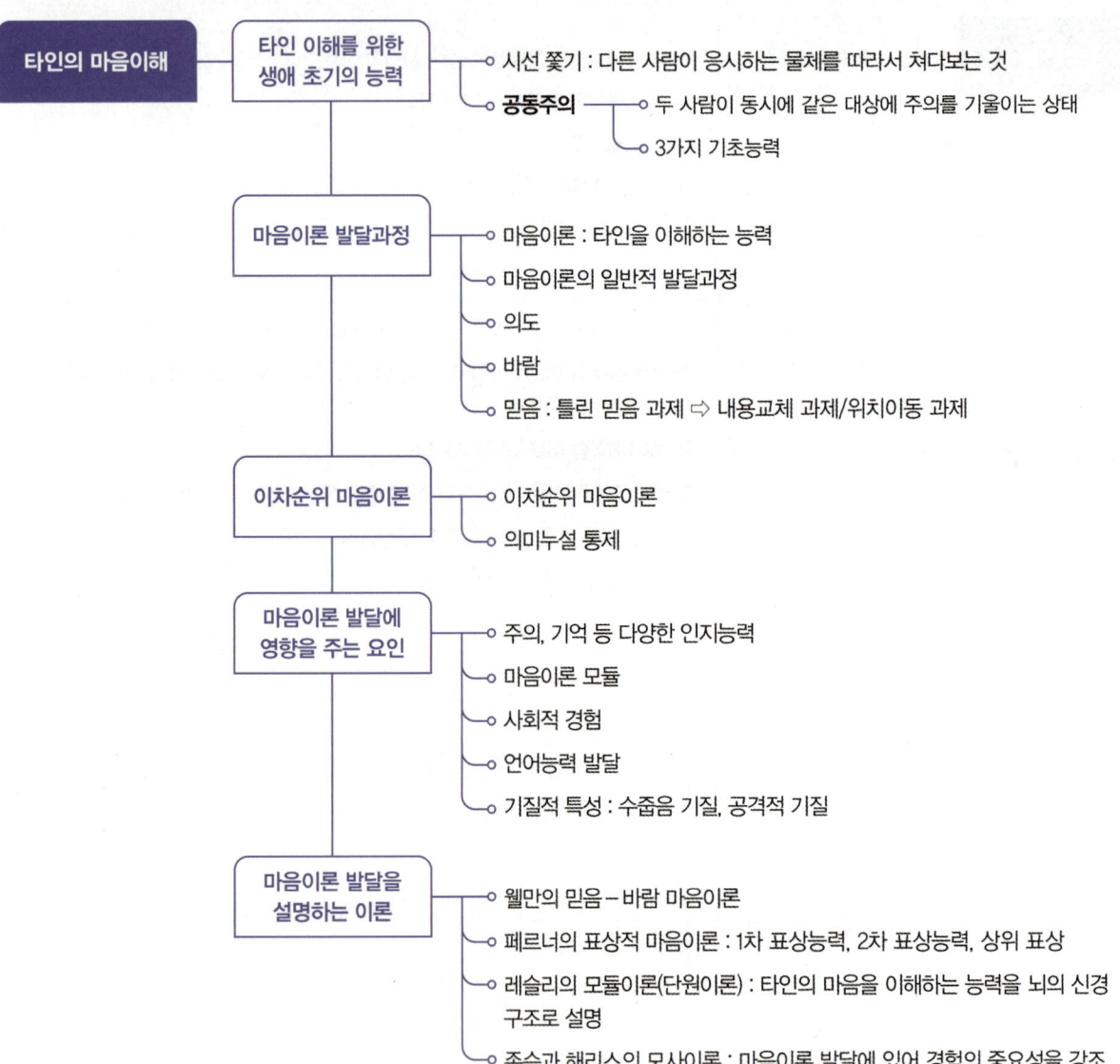

제7절 정서, 기질 및 애착 발달

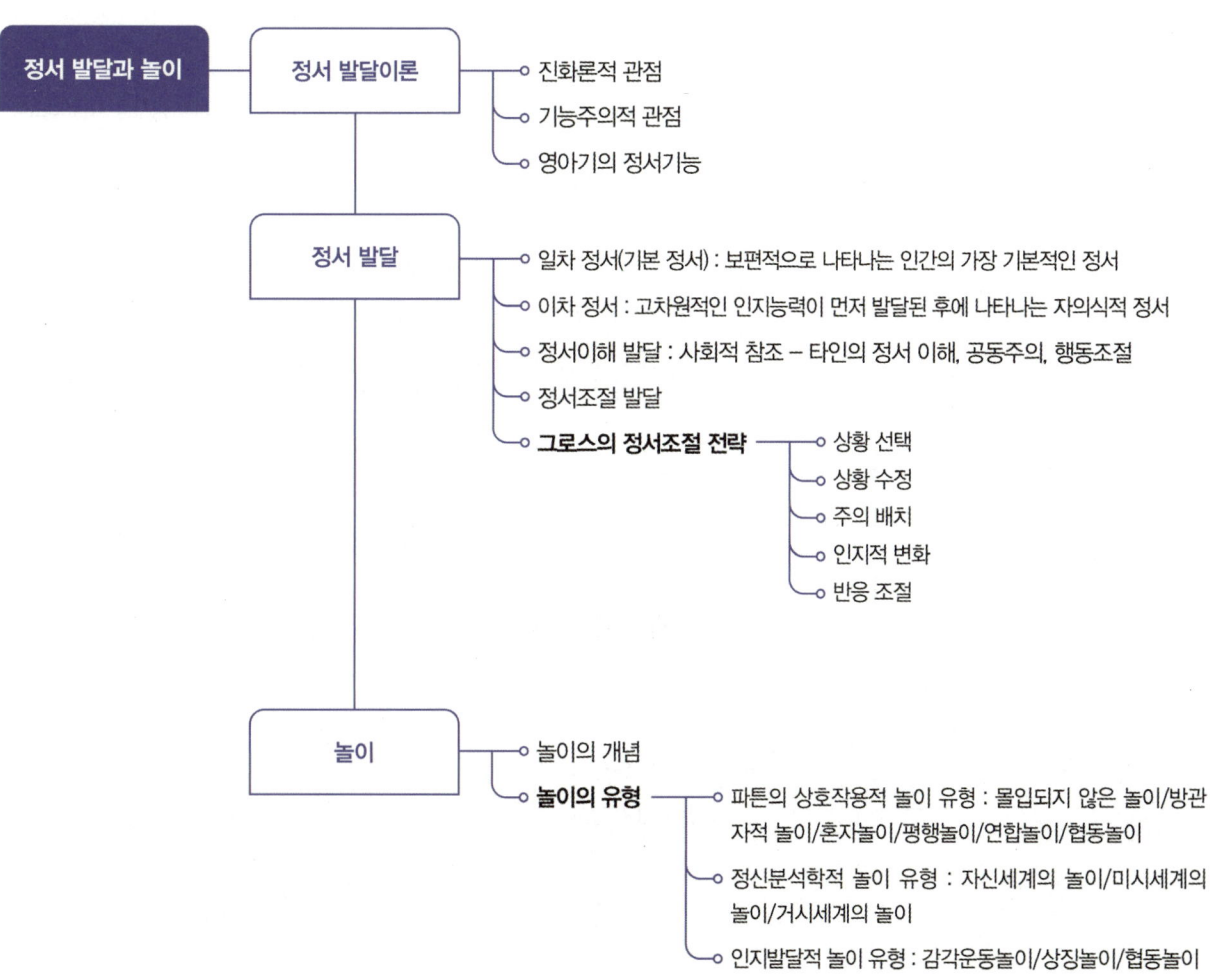

제11장 개념구조도

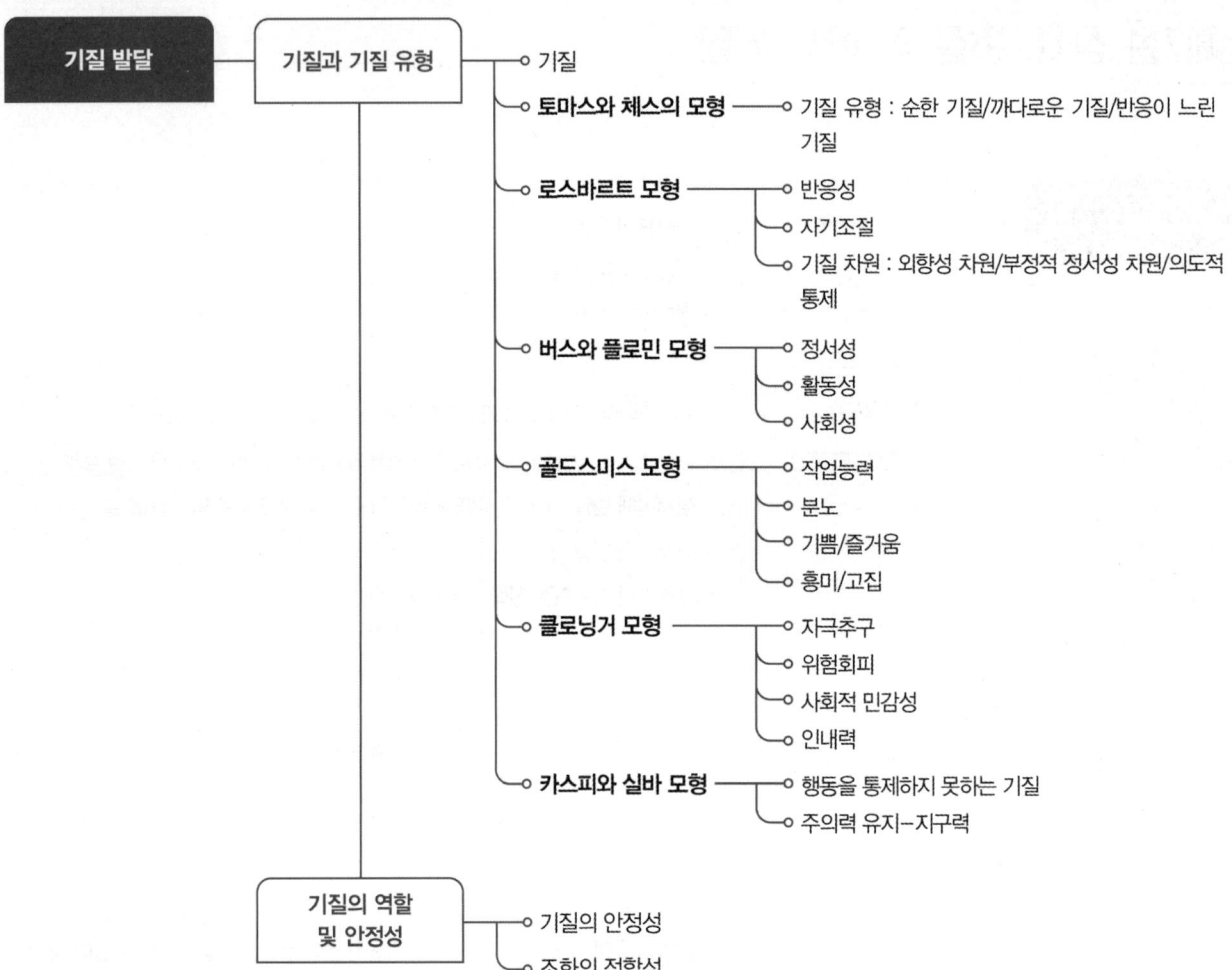

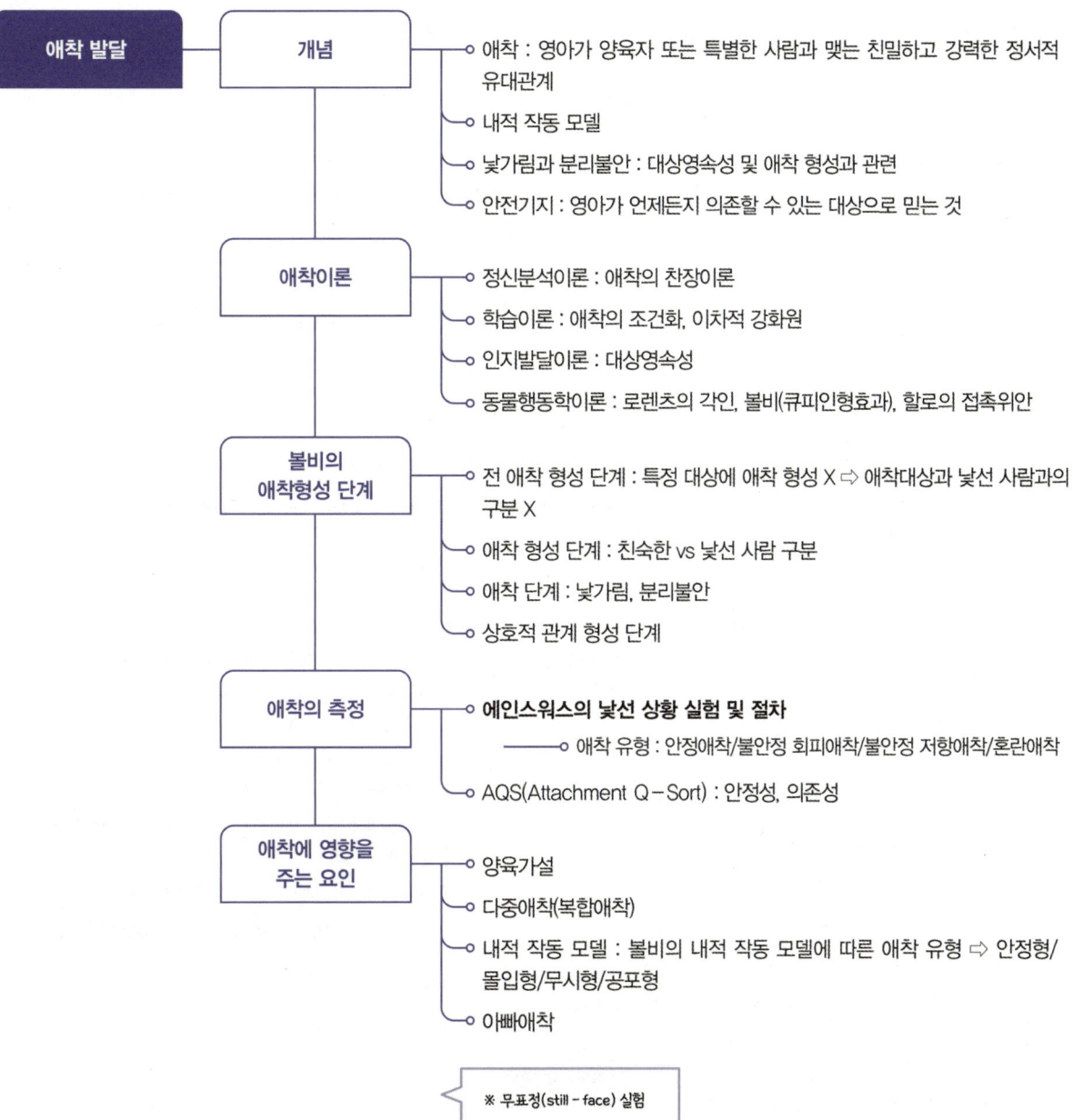

제11장 개념구조도

제8절 도덕성 및 공격성 발달

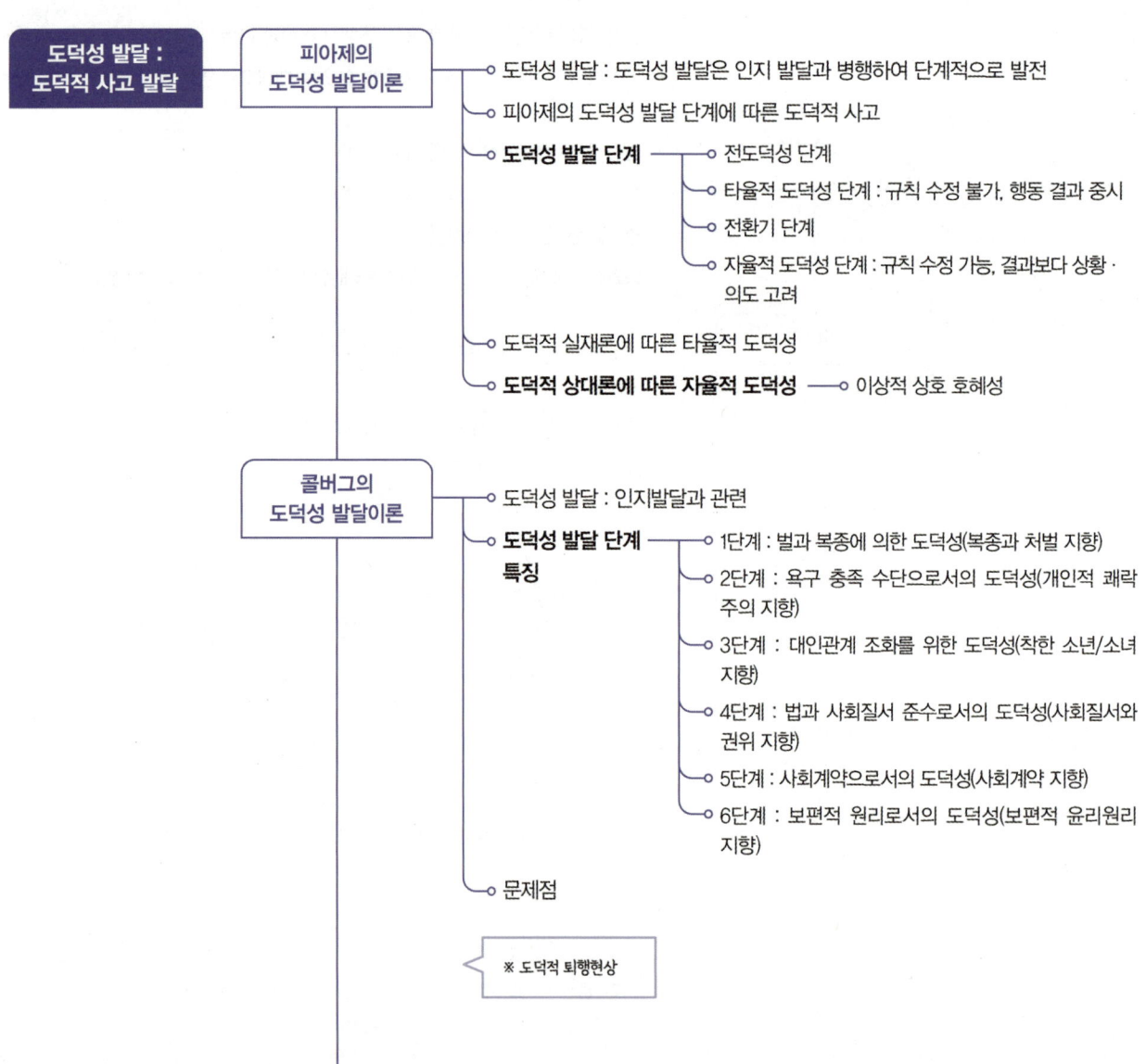

김진구 전문상담 기본개념 3

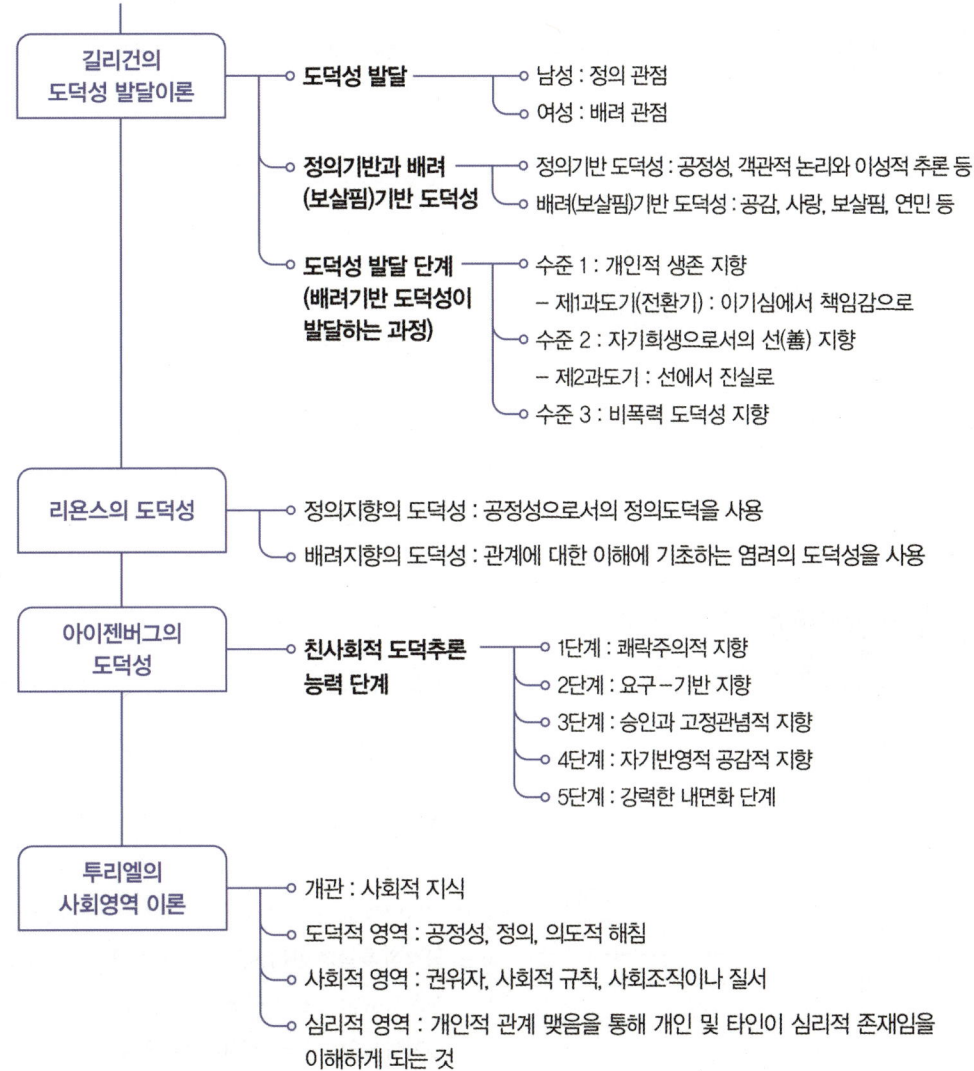

- 길리건의 도덕성 발달이론
  - **도덕성 발달**
    - 남성 : 정의 관점
    - 여성 : 배려 관점
  - **정의기반과 배려(보살핌)기반 도덕성**
    - 정의기반 도덕성 : 공정성, 객관적 논리와 이성적 추론 등
    - 배려(보살핌)기반 도덕성 : 공감, 사랑, 보살핌, 연민 등
  - **도덕성 발달 단계 (배려기반 도덕성이 발달하는 과정)**
    - 수준 1 : 개인적 생존 지향
      - 제1과도기(전환기) : 이기심에서 책임감으로
    - 수준 2 : 자기희생으로서의 선(善) 지향
      - 제2과도기 : 선에서 진실로
    - 수준 3 : 비폭력 도덕성 지향

- 리욘스의 도덕성
  - 정의지향의 도덕성 : 공정성으로서의 정의도덕을 사용
  - 배려지향의 도덕성 : 관계에 대한 이해에 기초하는 염려의 도덕성을 사용

- 아이젠버그의 도덕성
  - **친사회적 도덕추론 능력 단계**
    - 1단계 : 쾌락주의적 지향
    - 2단계 : 요구-기반 지향
    - 3단계 : 승인과 고정관념적 지향
    - 4단계 : 자기반영적 공감적 지향
    - 5단계 : 강력한 내면화 단계

- 투리엘의 사회영역 이론
  - 개관 : 사회적 지식
  - 도덕적 영역 : 공정성, 정의, 의도적 해침
  - 사회적 영역 : 권위자, 사회적 규칙, 사회조직이나 질서
  - 심리적 영역 : 개인적 관계 맺음을 통해 개인 및 타인이 심리적 존재임을 이해하게 되는 것

제11장 개념구조도

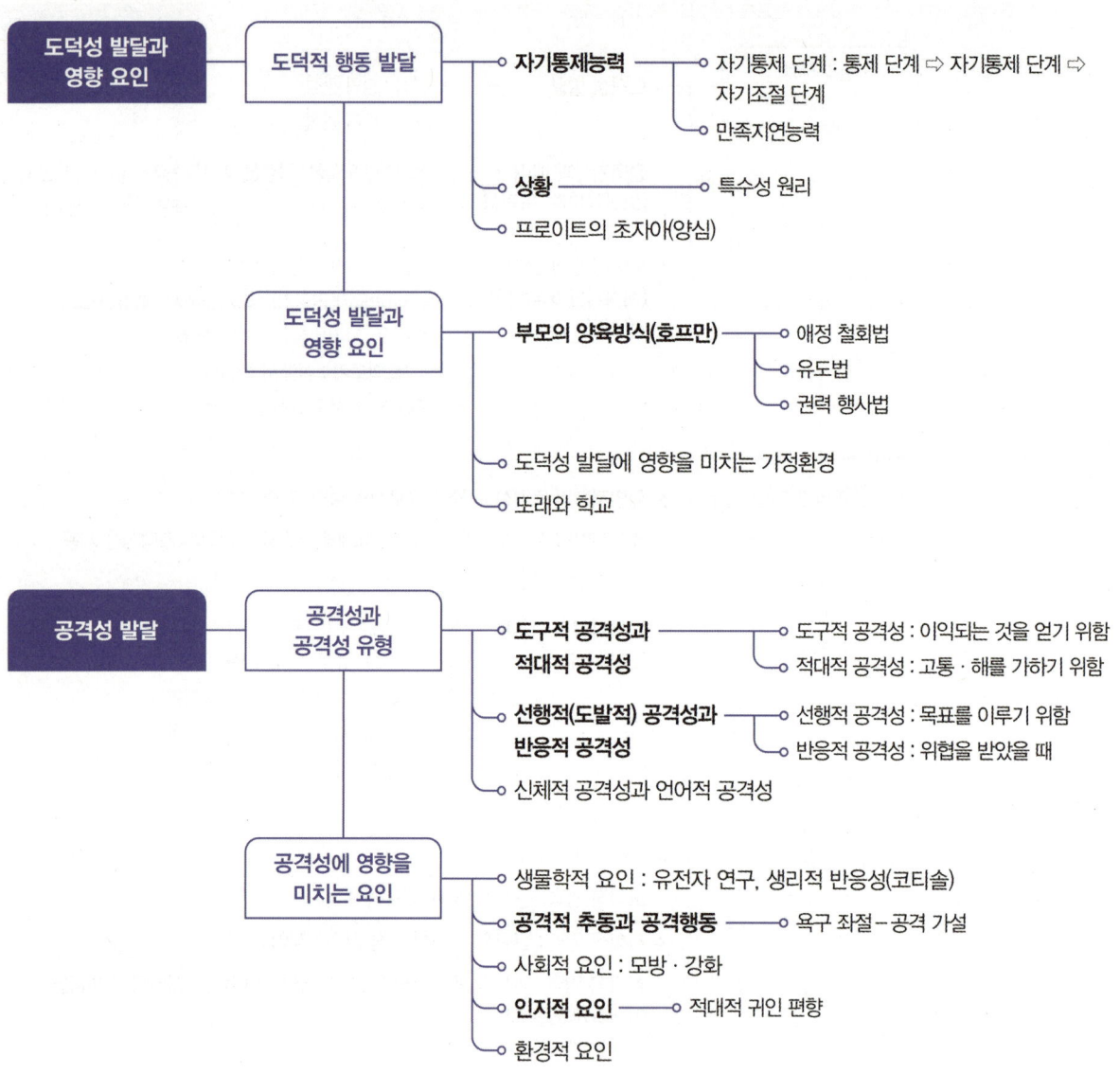

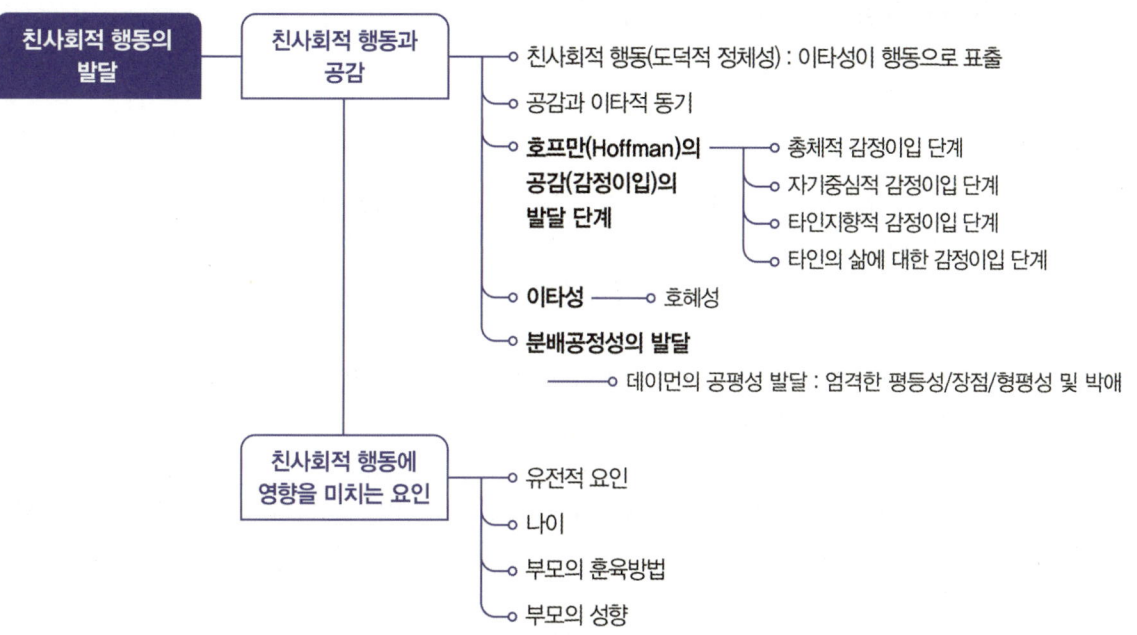

제1절 발달의 이해

01 발달심리학의 기초

1. 발달의 성격

(1) 발달의 정의와 개념

① 발달(development) : 정자와 난자가 만나서 수정되는 시점부터 생을 마감할 때까지의 전 과정에서 나타나는 모든 양상과 과정을 뜻한다.
② 발달심리학(developmental psychology) : 전 생애에 걸친 인간의 모든 발달적 변화를 과학적으로 연구하는 학문으로서, 전 생애 발달심리학이라고도 한다.
③ 성장(growth) : 유전적 계획이 반영되어 신체적으로 나타나는 양적 변화이다. 즉, 키가 자라거나 몸무게가 증가하는 것과 같이 신체능력이 발달하는 것으로, 측정할 수 있는 것을 말한다.
④ 성숙(maturation) : 유전적 기제가 적용된 신체 및 심리구조의 질적 변화로, 정량화할 수 없다.
　예 사춘기에는 유전 정보에 따라 신체 및 심리 변화가 나타나고, 이로 인해 측정할 수 없는 몸의 기능이나 행동상의 변화가 나타난다.
⑤ 학습(learning) : 환경적 자극인 경험이나 연습 또는 훈련에 의해 이루어진 변화이다.

(2) 발달 단계

단계	시기	단계	시기
태내기	수정 ~ 출생	청소년기	중학교 ~ 성인 전
영아기	생후 ~ 만 2세	성인 초기(장년기)	만 21세 ~ 30세
아동 초기	만 3세 ~ 초등학교 저학년	성인 중기(중년기)	만 31세 ~ 60세
아동 중기 및 후기	초등학교 고학년 ~ 사춘기 전	성인 후기(노년기)	만 61세 이후

(3) 연구 영역

① 지각 발달 : 인간이 후각, 청각 같은 감각기관을 이용해 어떻게 정보를 습득하는지, 감각기관을 통해 받은 정보를 어떻게 통합하는지 등 지각능력의 발달과 관련 있다.
② 운동 발달 : 인간이 살아가면서 필요한 움직임과 신체통제능력의 발달을 말한다.
③ 인지 발달 : 정보를 이해하고 그 정보를 이용하는 능력의 변화와 관련 있다.
④ 도덕성 발달 : 가치관의 형성이나 옳고 그른 행동의 판단, 친사회적 행동 발달과 관련이 있다. 사회적 규범을 알아가고 이해해 나가는 것 또한 도덕성 발달과 연관된다.

⑤ 사회성 발달 : 다양한 사람들과 어떻게 상호작용하고 관계를 맺어나가는지에 초점을 둔다. 사회성 발달을 통해 사회에 적응하고 다양한 인간관계 속에서 성장해 간다.
⑥ 정서 발달 : 정서표현, 정서이해, 정서조절과 관련 있다. 자신의 정서를 표현하고 조절하며 자신뿐 아니라 상대방의 정서를 이해하는 것은 발달에 있어 중요한 과정이다.

2. 발달의 원리

원리	설명
순서	• 발달에는 일정한 순서가 있음 예 머리 부분이 몸통이나 사지보다 빨리 발달하며, 중심부에서 말초 방향으로 발달함
연속성	• 발달은 계속해서 이루어지며, 이전 단계의 발달이 다음 단계 발달의 기초가 됨
개인차	• 발달 속에서는 개인차가 있음
결정적 시기 (민감기)	• 발달이 급속도로 이루어지는 특정 시기가 있으며, 이때 발달이 최적화됨 • 이 시기를 지나도 어느 정도 발달이 가능하나, 이 시기만큼은 이루어지지 않을 수도 있음
유전-환경의 상호작용	• 발달은 유전적 요인과 환경 요인의 상호작용으로 이루어지므로 이 두 가지를 함께 고려해야 함
총체성	• 각 발달 영역은 서로 독립적인 것이 아니라, 서로 밀접하게 관련되어 영향을 주고받음

(1) 유전과 환경의 상호작용

① 천성(nature) : 인간이 생물학적으로 타고난 자질, 특히 부모에게 물려받은 유전자를 의미한다. 이 유전자는 일반 특성(예 용모, 성격, 지능, 정신건강)뿐만 아니라 특정한 것에 대한 선호(예 정치적 태도)에도 광범위하게 영향을 미친다.
② 양육(nurture) : 인간 발달에 영향을 미치는 물리적 환경과 사회적 환경을 모두 포함한다.
③ 유전을 지지하는 연구 ➡ 천성
  ㉠ 쌍생아 연구 : 일란성 쌍생아와 이란성 쌍생아는 생후 1년 동안 인지적인 면에서 유사한 모습을 보였으나, 18개월경에 이르면서 이란성 쌍생아에 비해 일란성 쌍생아의 지적 능력이 더 유사하게 나타났다.
  ㉡ 입양아 연구 : 입양아의 IQ 점수는 그를 입양한 부모의 IQ 점수보다 생물학적 부모의 IQ 점수와 더욱 상관관계가 높았다.
④ 환경을 지지하는 연구 ➡ 양육
  ㉠ 고아원 아동 연구 : 볼비(Bowlby)는 고아원에서 성장한 아동들이 타인과 친밀하고 지속적인 애착관계를 형성하는 데 어려움을 겪는다는 것을 발견했다. 부모와 영아 간에 정서적인 유대감이 잘 발달하게 될 때 아동은 타인과도 정서적으로 안정된 관계를 맺을 수 있었다.
  ㉡ 플린(Flynn) 효과 : 모든 국가의 국민 평균 IQ 점수가 1940년대 이후 10년에 3점씩 높아졌다. 전반적인 교육 수준과 지식이 향상되고, 여러 번 검사를 받으면서 검사에 능숙해진 경향 등이 IQ 점수를 높이는 데 영향을 주었다.
⑤ 유전과 환경의 상호작용을 지지하는 입장 : 환경적 스트레스 요인의 부정적 효과가 유전적으로 병에 걸리기 쉬운 체질을 가지거나 특정한 정신병을 가진 사람에게서 더욱 두드러지게 나타난다고 본다.

(2) 발달의 순서와 방향
① 발달은 머리 쪽에서부터 아래쪽으로 발달한다.
② 발달은 중심에서 말초 방향으로 진행된다.
③ 일반적인 것이 먼저 발달하고, 특수하고 구체적인 것은 나중에 발달한다.

(3) 발달속도의 차이
① 발달은 지속적으로 이루어지지만 개인마다 속도의 차이가 있다.
② 특정 영역의 발달이 매우 더디게 일어나는 것처럼 보이더라도 인간의 발달은 연속적으로 이루어지기 때문에 중지되는 시점은 없다.

(4) 발달의 개인차

구분	내용
개인 내에서의 개인차	• 발달에는 다양한 영역이 있다는 점을 고려해야 함 • 신체, 인지, 정서, 사회성 등 여러 영역이 고르게 발달해야 조화로운 심신을 형성할 수 있는데, 여러 발달 영역이 조화를 이루지 못하고 발달 영역별로 차이가 나는 경우가 있음
개인 간에서의 개인차	• 최종 도달 단계(how far) : 개인마다 인생을 살아가면서 최대로 발휘할 수 있는 범위가 정해져 있음 • 발달 속도(how fast) : 개인마다 발달하는 속도에 차이가 있음 　예 발달 속도의 개인차로 인한 만숙아와 조숙아의 사례

(5) 발달의 상호 관련성
발달의 각 측면은 상호 관련성이 있어 서로 영향을 주고받는다.

3. 발달심리학의 기본 쟁점

핵심 질문	내용
양적 대 질적 변화	• 발달이 질적으로 동질적이면서 점진적인 양적 변화인지 혹은 질적으로 다른 급격한 변화를 동반하는 과정인지의 문제 • 양적 변화는 학습이론가, 질적 변화는 단계이론가들이 주로 관여하고 있음
결정적 시기 대 민감기	• 결정적 시기는 새로운 패턴의 행동을 획득하기에 생물학적으로 가장 잘 준비되어 있는 발달적 시기 • 민감기는 특정 발달이 이루어지기 위한 최적의 시기, 그리고 그러한 발달을 촉진하는 데 환경적 영향이 가장 효과적인 시기 • 결정적 시기보다는 민감기 개념이 더 설득적임
유전 대 환경	• 발달이 유전에 의한 것인지 혹은 환경에 의한 것인지의 문제 • 유전 혹은 환경의 배타적 접근, 유전 + 환경 접근, 유전과 환경의 상호 의존성 접근이 있는데, 이 중에서 세 번째 접근이 가장 사실적이고 설득력 있음
안정성 대 변화	• 발달 초기의 특성이나 특질이 이후에도 안정적인지 아니면 변화하는지의 문제 • 안정성을 강조하는 학자는 유전과 초기 경험을 강조하고, 변화를 강조하는 학자는 환경의 영향을 강조 • 발달은 그 차원에 따라 안정성과 변화를 모두 가지고 있음

(1) 천성 대 양육
① 천성(nature) : 부모로부터 물려받은 선천적인 기질, 능력, 역량을 말한다. 이는 곧 성숙의 과정으로 유전적 소인에 의해 생산되는 모든 요인을 포함한다.
② 양육(nurture) : 행동을 형성하는 환경적 영향을 말한다. 산모가 복용하는 약물이 태아에 미치는 영향이나 아이에게 제공되는 음식의 종류, 양 등의 생물학적 영향과 또래의 압력과 같은 사회적 영향이 있다. 나아가 사회경제적 조건처럼 더 큰 사회적 수준의 영향도 있다.
③ 인간 발달 : 유전과 환경의 상호작용이다.
  ㉠ 유전자형은 표현형을 제한한다.
  ㉡ 환경적 요인은 유전적 잠재력이 실현될 수 있는 정도와 범위를 제한한다.

(2) 연속성(연속적 변화) 대 비연속성(불연속적 변화)
① 연속성(continuous) : 행동 또는 지식이 갑자기 발달하기보다 점차 발달하고 능력이 축적된다는 것을 뜻한다.
  ➡ 이전 경험 위에 새로운 경험이 덧붙여지는 점진적인 양적 변화이다.
② 비연속성(discontinuous) : 행동이나 사고 발달이 단계가 변하듯 새로운 것으로 바뀌는 것을 뜻한다.
  ➡ 이전 단계와는 질적으로 다른 행동의 단계로 구별되는 질적 변화이다.
  ㉠ 이전 단계와 그 다음 발달 단계는 질적으로 다르다.
  ㉡ 각 발달 단계는 그 단계 내의 모든 변화를 지배하는 주제가 있다.
  ㉢ 발달 단계는 모든 개인에게 동일한 순서로 진행되지만, 속도에는 개인차가 있다.

(3) 결정적 시기와 민감기
① 결정적 시기(critical periods) : 어떤 주어진 사건 혹은 그 사건의 결여가 발달에 지대한 영향을 미치는 특정한 시기를 말한다.
  예 산모의 풍진 : 임신 11주와 임신 30주의 발병에는 차이가 존재한다.
② 각인(imprinting) : 로렌츠(Lorenz)가 제안한 것으로 발달 초기의 결정적 시기 동안 새끼 동물이 처음 보는 움직이는 물체에 애착을 형성하는 학습의 본능적 형태를 의미한다.
  ➡ 짧은 결정적 시기 동안에 특정 정보를 획득하려는 유기체의 신경체제 준비도이다.
③ 민감기(sensitive periods) : 특정한 종류의 경험에 대해 특별히 민감한 발달의 시점이다. 결정적 시기와는 달리, 민감기 동안 그 자극이 결여되어도 언제나 회복될 수 없는 비가역적인 결과가 되는 것은 아니다.

> **참고** 결정적 시기와 민감기의 차이점
> - **결정적 시기** : 특정 시기에 적절한 발달이 이루어지지 않으면 거의 회복이 어렵다는 측면을 강조한다.
> - **민감기** : 특정 시기가 발달이 잘 일어나는 최적의 시기일 수 있지만, 그렇다고 해당 영역에서의 회복이 불가능한 것은 아니라는 점을 강조한다.

(4) 규준 대 개인차
① 규준(norm) : 대부분의 발달은 보편적인 시기와 양상을 가진다. 특히 유전적으로 프로그래밍된 순서대로 발달이 일어나는데, 이처럼 특정 발달이 이루어지는 평균 연령을 규준이라고 한다.
  ㉠ 다수의 영아를 관찰하여 얻은 자료를 토대로 세워진다.
  ㉡ 특정 시기에 어떠한 발달과업을 이루어야 하는지에 대한 지침을 제공해 준다.

② 개인차(individual differences) : 발달은 모두에게서 똑같이 일어나지 않는다. 개인이 가진 유전적 특성과 환경적 특성이 다르기 때문이다.
　　예 어떤 영아는 좀 더 빨리 걷고, 어떤 영아는 한 살이 한참 지나고서 걷기도 한다.

(5) 초기 경험 대 후기 경험
① 초기 경험 : 영아기 동안의 경험은 이후 삶에 큰 영향을 준다. 실제로 태어난 후 1~2년 동안에 얼마나 충분한 영양을 섭취하고 애정을 받는지에 따라 이후 아동의 건강과 지능, 정서가 달라진다.
② 후기 경험 : 발달은 생애 초기뿐 아니라 시시각각 계속해서 여러 영향을 받으면서 일어난다. 따라서 생애 초기 경험보다는 후기 경험이 발달에 더 중요하다.

4. 유전과 환경

(1) 반응 범위(range of reaction)
① 의미 : 개인이 환경에 영향을 받아 반응하게 되는 유전자의 발현 정도를 말한다.
② 같은 환경이 주어져도 그 영향을 받는 정도는 개인마다 다르다.
③ 반응 범위가 넓다는 것은 지능이 환경의 영향을 받아 변화하는 범위가 넓음을 의미한다.

(2) 운하화(수로화, canalization)
① 의미 : 유전자에 의해 발달이 특정한 반응을 불러일으키도록 제한되는 현상(유전적으로 결정된 발달경로)이다.
② 운하화가 강하게 된 특성, 행동은 유전적 발달 단계에 따라 발달하며, 환경의 힘이 약할 땐 잘 바뀌지 않는다.

5. 뇌와 발달

(1) 신경 발달과 뇌 가소성 [기출 24]
① 회복 가소성 : 아동기에 뇌가 손상되면 뇌는 자체적인 변화와 적응과정을 통해 스스로 잃어버린 기능을 회복하거나 손상되지 않은 뇌의 다른 부위에서 그 기능을 회복해나간다.
② 적응 가소성 : 새로운 경험을 통해 뉴런의 시냅스가 강화 또는 약화되어 뇌의 기능과 구조가 변화된다.

(2) 뇌 발달에서 초기 경험의 중요성
① 뇌 발달과정에서는 경험, 특히 초기 경험이 중요하다.
　　㉠ 뇌가 어떻게 형성되어야 하는가에는 유전자가 대략적인 지침을 제공하지만, 뇌의 구체적인 구조를 결정하는 것은 대부분 초기 경험이다.
　　㉡ 침팬지 실험

> 갓 태어난 침팬지를 16개월 동안 어둠 속에서 사육하는 실험을 했다. 그 결과 침팬지의 망막과 시신경을 구성하는 뉴런이 위축되었다. 이 실험을 통해 연구자들은 동물의 시각 박탈이 7개월을 안 넘으면 시신경이 회복될 수 있지만, 1년 이상 시각이 박탈되면 자극을 받지 못한 뉴런이 퇴화되면서 시력이 상실되는 것을 발견했다.

② 어린 시절에 뇌 성장이 급격하게 이루어진다.
　　㉠ 수초화 : 자극의 전달 속도가 빨라지고 보다 효과적으로 환경에 반응할 수 있다.
　　㉡ 출생 후 처음 몇 년간 수초화가 급속도로 진행되지만, 뇌의 일부 영역은 십대 중반에서 후반 또는 성인기 초기가 되어야 완전히 수초화된다.

③ 시냅스의 소멸과정
  ⊙ 이미 사용된 시냅스는 강화되지만, 사용되지 않은 시냅스는 소멸된다.
  ⓒ 시냅스 가지치기(synaptic pruning) : 자주 사용하지 않은 시냅스가 사라지는 현상이다.

(3) 청소년기의 전두엽 발달
① 20세까지 계속해서 발달하는 전두엽은 대부분의 의식적 사고과정과 관련되며 문제해결, 의사결정, 계획, 욕구충족 지연, 충동적 행동을 조절하는 데 중요한 역할을 한다.
② 전두엽이 성인이 될 때까지 계속 발달하는 것은 청소년이 신체적 측면에서는 성인과 비슷한 모습을 보인다고 해도 판단능력은 여전히 발달 중이므로 의사결정 과정에서 실수할 가능성이 많다는 것을 의미한다.

(4) 성인기 이후 뇌의 구조와 기능 변화
성인기 이후에도 어떠한 경험과 집중적인 훈련을 하는지에 따라 뇌의 구조와 기능이 변화한다.
① 영국 런던의 택시 운전사 연구

> 택시 운전사 16명과 일반인 50명을 대상으로 뇌의 구조를 탐색한 결과, 택시 운전사의 해마 뒷부분이 일반인들보다 크다는 연구결과가 나왔다. 특히 그 크기는 운전 경력에 비례했으며, 이는 길 찾기 훈련으로 뇌세포가 그만큼 늘어난 것을 의미한다.

② 성인의 저글링 훈련

> 20대 성인에게 3개월 동안 양손으로 3개의 공을 순차적으로 잡아 돌리는 저글링 훈련을 시킨 결과, 훈련한 성인의 신경줄기가 모여 있는 뇌 피질이 두꺼워졌다.

02 발달심리학의 연구방법

1. 과학적 방법

(1) 의미
체계적 관찰, 자료 수집 등의 통계적 기술을 사용하여 문제를 제기하고 그 답을 찾는 과정을 말한다.

(2) 체계적 관찰(systematic observation)
전집(population)을 대표하는 표본을 선정하고, 이론에 근거해 선택한 변인(variation)을 연구하는 과정과 같이 특정한 조건이 있는 관찰을 말한다.

(3) 대표적 표본(representative sample)
대표적 표본을 얻으려면 전집의 모든 구성원 목록에서 무선(random)으로 표본을 표집해야 한다.

(4) 가설(hypothesis)
검증 가능한 이론적 예측으로, 이는 연구를 통해 지지될 수도 기각될 수도 있다.
➡ 이를 확인하기 위해 검증방법을 설계하고 분석하는 단계를 거친다.

> **참고** 과학적 방법
>
> 과학적 연구과정은 먼저 관찰을 통해 문제를 제기하고, 이를 뒷받침하는 이론과 단서를 수집한다. 그리고 가설을 세우고 이를 검증하기 위한 연구를 설계한다. 이후 연구를 시행하고 자료를 분석한다. 만약 검증 결과가 가설을 뒷받침하면 기존 이론을 그대로 유지하지만, 그렇지 않다면 새로운 이론을 형성하고 가설을 설정하여 다시 검증과정을 거친다.

2. 기술법

(1) **기술법**(descriptive research)
  ① 의미 : 관심 있는 현상이나 사건을 있는 그대로 조사하여 기술하는 연구방법이다.
  ② 가정 : 인간의 행동은 분리되어 조사될 수 없는 복합적이고 상호 의존적인 힘의 결과이며, 실험실 안 모의실험이 아닌 자연적인 환경에서 조사되어야 하는 대상이다.
  ③ 목적 : 실제 생활 속의 어떤 특정 상황에 일어나는 현상과 사건들의 관계를 어떤 조작이나 통제도 하지 않고 자연적인 상황에서 있는 그대로 파악하여 정확히 기술하는 것이다.
  ④ 종류 : 관찰법, 질문지법, 면접법, 사례연구법, 기술 민속학 등이 있다.

(2) **관찰법**(observation method)
  ① 의미 : 대상을 관찰하여 수집하는 방법이다.
  ② 분류

구분	내용
자연관찰법	• 연구 대상을 조작된 실험실에서 관찰하는 것과는 달리 가장 익숙하고 자연스러운 환경에서 참여자의 행동을 기록하는 방법 • 장점 : 정상 상황에서 자연스럽고 자발적인 행동을 수행할 수 있으며 외적 타당도가 높음 • 단점 : 사건이 일어날 때까지 기다려야 하고, 그 과정을 빠르거나 느리게 할 수 없다는 제한이 있음
실험실 관찰	• 실험실과 같이 통제된 환경에서 관찰하고 기록하는 방법 • 장점 : 모든 대상을 같은 조건하에서 관찰할 수 있으므로 환경의 영향을 받지 않은 행동의 차이점을 더 정확하게 확인할 수 있고, 반응을 측정하기 위해 더 정확한 장비를 사용할 수 있음 • 단점 : 실험실에서 일어나는 행동이 실제 생활에서 일어나는 행동과는 다를 수 있으므로, 관찰 결과를 실험실 밖 상황에 일반화하는 데 제한점이 있음

> **참고** 외적 타당도(external validity)
>
> 연구결과가 더 많은 사람에게 적용될 수 있는지를 나타내는 척도이다. 외적 타당도가 높을수록 연구결과를 보다 많은 사람에게 일반화할 수 있다.

(3) **질문지법**(questionnaire method)
  ① 의미 : 자기보고식 질문지를 제시하여 그 반응을 분석하는 방법이다.
  ② 장단점
    ㉠ 장점 : 비교적 손쉽게 자료를 수집할 수 있어 자료 수집시간을 단축할 수 있고, 직접 관찰할 수 없는 행동을 간접적으로 연구할 수 있다.
    ㉡ 단점 : 자기보고식 방식의 자료 수집은 반응자들이 정확하지 않은 정보를 제공할 수 있다.

(4) 면접법(interview method)
① 의미 : 연구 참여자에게 직접 질문하여 얻은 반응을 분석하는 방법이다.
② 분류

구분	내용
구조화된 면접	• 모든 참여자에게 미리 만들어진 동일한 질문을 동일한 순서로 물어보는 방법 • 장점 : 참여자들의 대답을 비교할 수 있음 • 단점 : 정해진 질문 외의 정보는 알 수 없음
비구조화된 면접	• 사전에 준비한 질문 문항 없이 면접관이 자신의 머릿속에 있는 질문을 참여자에게 하며 대화 형식으로 면접을 진행하는 방법 • 장점 : 연구 참여자의 생각을 깊게 알 수 있음 • 단점 : 전문 면접관이 필요하며 구조화된 면접보다 면접시간과 분석시간이 오래 걸림
반구조화된 면접	• 미리 질문을 준비하되, 참여자의 답변에 따라 질문을 추가하거나 질문 순서를 변경할 수 있음

(5) 사례연구법(case study method)
① 의미 : 한 개인 또는 작은 집단에 대한 집중적인 연구로 오랜 기간에 걸쳐 깊게 연구한다.
② 장단점
  ㉠ 장점 : 한 개인 내의 복잡한 과정과 현상들의 상세한 분석이 가능하다.
  ㉡ 단점 : 연구결과를 다른 개인이나 집단에 얼마나 적용할 수 있고 일반화할 수 있는가의 문제가 제기된다.

(6) 기술 민속학(ethnographic research)
① 의미 : 사례연구가 한 개인의 심층연구라면, 기술 민속학은 한 문화 혹은 하위문화 집단의 심층연구이다.
② 목적 : 특정 집단의 생활상을 반영하는 관습, 신념, 전통 등의 형식을 기술하는 것이다.
③ 장단점
  ㉠ 장점 : 이론과 연구의 문화적 편견을 극복할 수 있다.
  ㉡ 단점 : 연구자의 문화적 편견에서 자유로울 수 없다.

3. 상관법

(1) 상관연구(correlation research)
① 상관법 : 둘 이상 변수들의 관계를 조사하는 연구방법이다.
② 상관(correlation) : 그 방향(정적 또는 부적)과 강도로 표현된다.
  ㉠ 정적 상관 : 한 변수의 값이 증가하면 다른 변수의 값도 함께 증가하는 현상이다.
  ㉡ 부적 상관 : 한 변수의 값이 증가하면 다른 변수의 값은 감소하는 현상이다.
③ 상관계수(correlation coefficient : r) : 변수 간의 관계는 상관계수로 표현되며, +1.00에서 −1.00 사이의 수치로 나타낸다. 상관계수의 수치는 두 변수 간 관계의 상대적 강도를, 부호는 관계의 방향을 나타낸다.
  ➡ +1.00은 완전한 정적 상관을, −1.00은 완전한 부적 상관을, 0.00은 무상관을 의미한다.

(2) 상관연구의 장단점
① 장점 : 한 변수의 정보를 가지고 다른 변수를 예측할 수 있고, 여러 변수의 상호관계를 동시에 연구할 수 있다.
② 단점 : 변수 간의 인과관계를 알 수 없다.

4. 실험법

(1) **실험연구(experimental research)**

① 실험법 : 실험은 둘 이상의 변수 사이의 인과관계에 대한 가설을 검증하기 위해 설계되는데, 과학적 실험은 그 결과와 결론을 확증하기 위해 다른 실험 참가자가 다른 대상에게도 똑같은 방법으로 실험을 반복할 수 있는 방식으로 진행되고 발표되어야 한다.

② 변수(변인, variation)
  ㉠ 독립변수 : 다양한 변인 중 결과에 영향을 미쳤을 것이라고 예상되는 변인으로, 조작하여 처치하는 변수이다.
  ㉡ 종속변수 : 독립변수에 의해 영향을 받는 변수이다. 이 변인은 실험의 마지막에 측정된다.

③ 실험 참가자
  ㉠ 실험집단 : 독립변수에 노출된, 처치를 받는 집단이다.
  ㉡ 통제집단 : 실험집단과 비슷하지만 처치를 받지 않는 집단이다.

④ 무선배당(random assignment) : 실험자는 무선배당을 사용하여 실험집단과 통제집단의 동질성을 확보한다. 무선배당은 우연절차를 사용하여 참가자를 선택하는 방식으로, 각 참가자가 어떤 집단에 할당될 확률을 동일하게 한다.

(2) **실험연구의 장단점**

① 장점 : 변수 사이에 존재하는 인과관계를 밝혀 줄 유일하고 가장 강력한 방법이다.

② 단점 : 너무 인위적인 실험실 상황이 실제 생활과 관련이 적을 수 있다. 또한 통제를 많이 할수록 연구 상황은 점점 더 인위적이고 자연스럽지 못하게 되어 연구결과를 실제 상황에 일반화하기가 어려워진다.

5. 발달연구 설계

(1) **횡단적 설계(cross-sectional design)**

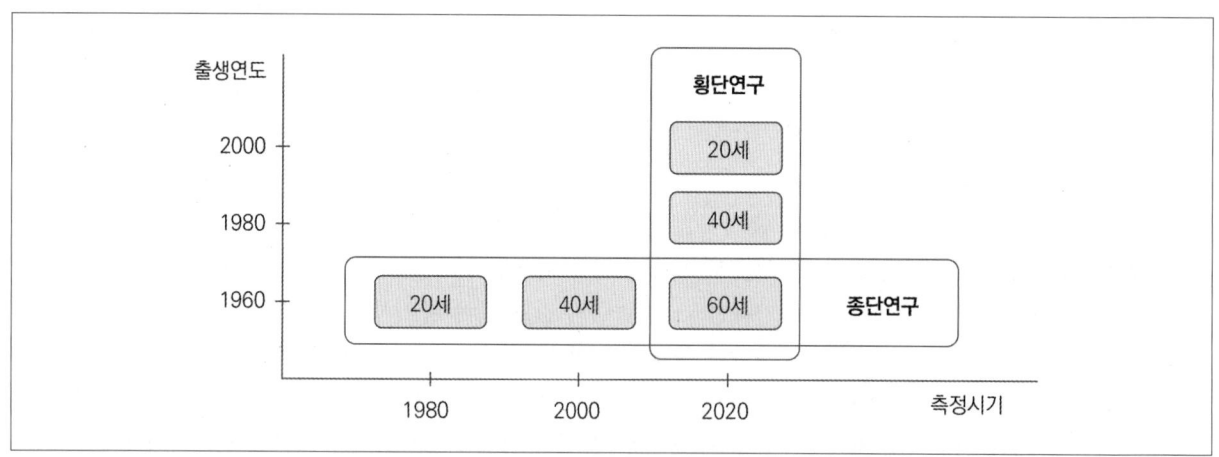

[그림 11-1] 발달연구 : 횡단설계와 종단설계의 예

① 의미 : 동일한 시기에 서로 다른 연령집단을 표집하여 상이한 연령집단을 동시에 비교하는 방법이다.
② 장단점

구분	내용
장점	• 각 연령집단 간의 차이와 유사성을 알 수 있음 • 비교적 빠르게 조사할 수 있어 시간과 비용이 경제적임
단점	• 개인이 어떻게 변화하는지 알 수 없고, 어떤 특성의 안정성에 대한 정보를 얻을 수 없음 • 성장과 발달에 있어 증가나 감소가 명확하지 않음 • 연령 차이는 연령 그 자체의 영향이라기보다는 동시대 출생집단효과(cohort) 때문일 수 있음. 즉, 다른 시기에 태어난 사람들의 다른 경험의 차이에 영향을 받을 수도 있다는 것임

참고 동시대 출생집단효과(cohort)

서로 다른 연령대 집단의 경우 동일하지 않은 문화적 혹은 역사적 성장배경을 가지기 때문에 집단의 차이가 연령에 따른 발달 차이가 아닌, 동시대에 공유한 역사적·문화적 요인에 따른 차이일 수 있다. 이처럼 동시대 경험이 혼합변인으로 작용하는 것을 코호트 효과 또는 동시대 출생집단효과라고 한다.

(2) 종단적 설계(longitudinal design)
① 의미 : 동일한 집단을 오랜 시간에 걸쳐 주기적이고 반복적으로 관찰하고 측정하는 방법이다. 즉, 동일한 개인 또는 집단을 시간의 차이를 두고 한 번 이상, 여러 차례 조사하는 방법이다.
② 장단점

구분	내용
장점	• 시간에 따라 동일한 개인들을 반복 측정함으로써 개인 안에서 이루어지는 연령과 관련된 변화를 알 수 있음 • 변화는 동일한 개인 안에서 일어나는 것이므로 집단들 간의 차이, 즉 동시집단의 차이와 혼동되지 않음
단점	• 비용이 많이 들고 시간 소모가 많음 • 오랜 기간에 걸쳐 연구되기 때문에 피험자의 탈락현상이 있음. 따라서 남아 있는 피험자들로부터 도출된 결과를 일반화하는 것에 문제가 있음 • 반복되는 검사로 인한 연습효과가 있음 • 측정시기 효과 : 측정시점에 발생한 역사적 또는 문화적 사건이 실험결과에 영향을 미침

(3) 계열적 설계(순차적 설계, sequential design)

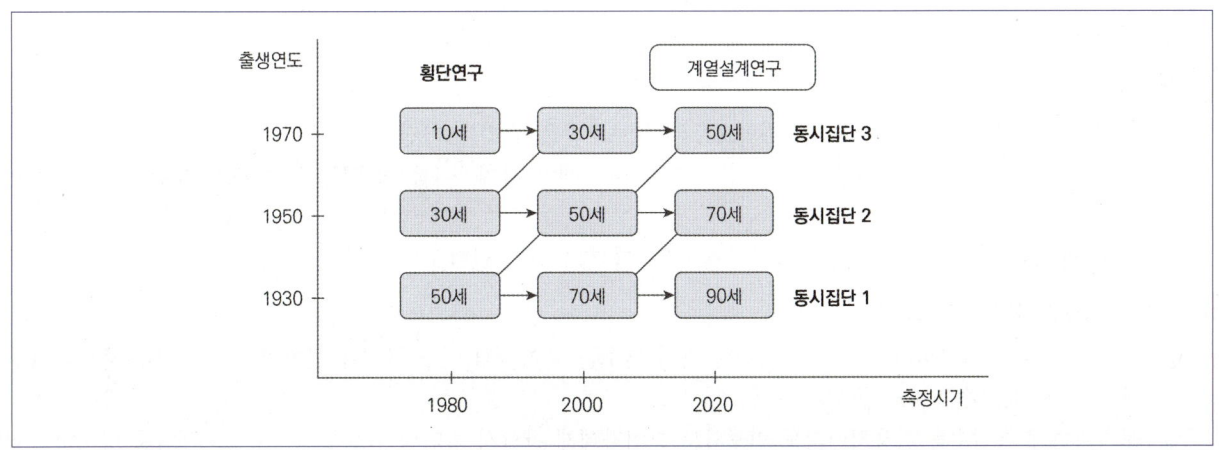

[그림 11-2] 발달연구 : 계열설계의 예

① 의미 : 횡단적 설계와 종단적 설계를 혼합한 것으로, 각각 다른 연령의 집단(횡단적 설계)을 일정 기간 계속하여 평가(종단적 평가)한다.
② 장단점
  ㉠ 장점 : 동시대 출생집단효과와 연령과 관련된 변화에 대한 정보를 모두 얻을 수 있다.
  ㉡ 단점 : 많은 수의 연구 참여자가 필요하고, 장기간에 걸친 방대한 자료 수집과 분석에 상당한 노력이 들며, 연구결과의 해석도 복잡하다.

(4) **미시발생적 설계(microgenetic design)**
① 의미 : 특정 발달적 변화가 일어날 것으로 보이는 연령 기간을 선택하여 집중적으로 반복해서 자주 관찰하는 방법이다.
② 장단점
  ㉠ 장점 : 변화와 발달이 일어나는 세부적 과정과 원인을 밝히는 데 도움이 된다.
  ㉡ 단점 : 비교적 짧은 기간 동안 반복적으로 관찰하는 과정에서 일상생활과는 다른 자극들(질문, 측정)이 제시되므로 변화가 일반적인 현상이 아닐 수 있고, 긴 기간 동안의 변화를 알기 어렵다.

6. 발달연구의 윤리

(1) **연구 참여 동의**
① 연구에 앞서 참여자로부터 사전 동의서(informed consent)를 받아야 한다. 이 과정에서 연구자는 참여자가 자발적으로 참여 여부를 선택하도록 참여자가 이해할 수 있는 언어로 연구에 대해 설명해야 한다.
② 참여 동의서의 내용
  ㉠ 연구 소요시간과 연구 절차
  ㉡ 연구로부터 예상되는 위험 혹은 불편사항
  ㉢ 연구로부터 받을 수 있는 혜택
  ㉣ 연구 참여는 전적으로 개인이 자유롭게 선택할 수 있다는 사항 등
③ 연구 참여자가 18세 이하인 경우 부모 또는 보호자의 동의서도 필요하다.

(2) **비밀보장과 사생활 보호**
① 연구주제가 개인적인 정보를 포함하는 것인 경우 익명성을 보장하여 참가자의 신분이 노출되지 않게 주의를 기울여야 한다.
② 참여자의 익명성을 보장하고자 연구 보고서에 가명을 사용하기도 한다.

(3) **해악으로부터의 보호**
① 참여자는 신체적이거나 심리적인 해악으로부터 보호받을 권리를 가진다.
② 연구에서 발생할 수 있는 모든 부정적인 결과를 예상해야 하며, 이를 최대한 방지하도록 모든 노력을 해야 할 의무가 있다.
③ 연구 참가자들의 복지와 이익, 권리는 연구자보다 항상 우선한다.

(4) **속임/보고/결과에 대한 지식**
① 속임수 사용이 불가피하다고 해도 이러한 속임 연구는 참여자의 연구 참여에 관한 자기결정권을 무시하거나 사생활을 침해할 수 있다.
② 불가피하게 속임수를 사용하더라도 연구자는 참여자에게 반드시 속임의 필요를 보여주고, 해악을 방지하기 위한 절차를 설명해야 한다.

제2절 신경계 발달

03 태내기 발달

1. 태내기 발달

(1) **발아기(the germinal period)**
① 정자와 난자가 수정된 이후부터 2주간의 기간을 말하며, 이 기간 동안 접합체가 자궁벽에 착상한다.
② 착상(implantation) : 접합체가 자궁벽에 붙는 것을 의미한다. 수정 후 4~5일이 지나면 접합체는 배반포로 분열되어 자궁에 거의 도달하며, 배반포는 이후 세 개의 세포층을 형성하여 신체기관을 이룬다.
③ 배반포(blastocyst)
  ㉠ 외세포 덩어리 : 영양배엽이라 불리며, 나중에 태아를 보호하고 영양분을 공급하는 지원체계로 발달한다.
  ㉡ 내세포 덩어리 : 배아(embryo), 즉 태아로 발달한다.

(2) **배아기(the embryonic period)**
① 수정 후 2주부터 8주까지의 기간이다. 이 시기의 배아는 모체로부터 혈액과 영양소를 공급받기 시작하면서 신체기관과 신경계를 형성한다.
② 배반포 : 배아기 동안 세 개의 세포층을 형성하고, 아래의 세 가지 배엽에서 분화된다.
  ㉠ 외배엽 : 피부, 머리카락, 신경계로 분화된다.
  ㉡ 중배엽 : 근골격계와 순환계로 분화된다.
  ㉢ 내배엽 : 소화, 호흡과 관련된 내장기관(예 폐, 간)으로 분화된다.
③ 주요 기관이 발달하는 결정적 시기 : 주요 신체기관과 기본 조직이 급속하게 형성되는 시기인 만큼 환경에 가장 민감한 시기이다. 따라서 바람직하지 못한 환경은 이 시기의 발달에 치명적인 영향을 줄 수 있다.

(3) **태아기(the fetal period)**
① 임신 후 2개월부터 출생까지의 기간을 말한다. 이 시기에 각 기관의 구조가 정교화되고 성장이 가속화되며, 기능이 원활해진다.
② 발달

구분	내용
18주	• 가장 활발하게 활동하는 시기 • 태아는 몸을 비틀고, 돌리고, 꿈틀거리고, 주먹으로 때리고, 발로 차면서 반사능력을 훈련함 • 소화기가 작동하기 시작하여 양수를 삼키고 태변을 배출함
5개월 말	모든 신경세포가 나타남
6개월 말	생존 가능 연령에 도달하여 이제는 태어나도 처치를 받으면 생존할 수 있음
출생 직전	• 태아의 움직임이 느려지는 시기 • 머리를 아래로 향한 채 팔과 다리를 구부린 자세로 세상에 나올 준비를 함

2. 태내기 발달에 영향을 미치는 요인

(1) 유전자 이상 장애

구분	내용
테라토겐 (teratogen)	• 기형유발물질로, 임신 기간 중의 위험환경 요소에 대한 정의
페닐케톤뇨증 (PKU; phenylketonuria)	• 열성인자에 의한 유전병 중 하나 • 신진대사에 필요한 효소를 만들지 못해 아미노산 신진대사 장애를 보이는 것 • 흔히 지적장애와 운동신경장애를 유발함
혈우병	• 열성인자에 의한 유전병 중 하나로, 혈액응고 인자가 없어서 발생하는 질환 • 상처가 나면 혈액응고 인자가 없어 피가 멈추는 데 정상인보다 시간이 오래 걸리고 출혈과다로 사망할 수 있음
헌팅턴병 (Huntington's chorea)	• 우성인자에 의한 유전병 중 하나 • 주로 30~40대에 발병하며 무도증, 정신장애, 치매가 주요 증상임 • 신경계가 손상됨에 따라 우울증, 환각, 망상과 같은 정신장애와 치매가 나타남 • 근육이 무력해짐에 따라 손발에 심한 경련이 오거나 몸이 뒤틀리는 무도증이 나타남

(2) Rh 동종 면역

① Rh 동종 면역 : 모체가 태아의 세포를 적으로 판단하여 이를 공격하는 항체를 형성하는 경우를 말한다.
② 형성과정 : Rh-인 여성이 Rh+인 남성을 만나 Rh+인 태아를 임신한 경우, 태아의 Rh+ 혈액 일부가 모체의 혈액으로 침투하여 모체 내에 Rh+ 항체가 형성된다.
③ 예방 : 임신부가 임신 8개월째와 출산 직후에 면역 글로불린 주사를 맞으면 다음 임신에서 태아적아구증을 예방할 수 있다.
④ 태아적아구증(erythroblastosis) : Rh 동종 면역으로 인한 문제는 첫째 아이와 둘째 아이 모두 Rh+인 경우, 둘째 아이의 출산과정에서 발생한다. 첫째 아이가 Rh+인 경우 첫째 아이 출산은 문제가 없으나 둘째 아이도 Rh+인 경우 첫째 아이의 출산으로 인해 생성된 Rh+ 항체가 둘째 아이의 Rh+ 혈액을 균으로 인식해 태아의 적혈구를 파괴시키는 태아적아구증을 유발한다.

(3) 염색체 이상 장애

종류	특징
다운 증후군 (Down's syndrome)	• 21번 염색체가 3개인 삼체형이거나 21번 염색체의 하나가 15번 또는 22번에 걸쳐 길게 누적되어 있는 전위형일 때 나타남 - 삼체형은 유전되지 않으나, 전위형은 유전 확률이 70%임 - **특이한 용모와 저지능** : 뒷머리가 납작하고, 코가 작으며, 팔다리가 짧고 통통함. 지적장애를 가지지만 교육환경이 잘 조성될 경우 기본생활을 영위할 수 있을 만큼 훈련이 가능함 - 성격이 밝고 사람을 좋아하기 때문에 사교적임 - 백혈병, 심장병, 순환계 질환에 잘 감염되어 조기 사망률이 높았으나 요즘은 의료기술의 발달로 생존율이 높음

종류	특징

클라인펠터
증후군
(Klinefelter's
syndrome)
	• 남아에게서 발생하는 성 염색체 이상으로, 성 염색체가 XXY이며 X 염색체가 2개일 때 발생함
	  − 골반이 넓고 사춘기에 유방이 돌출되는 등 2차 성징을 보임
	  − 고환이 미성숙하여 정자를 생산하지 못하기 때문에 생식이 불가능함
	  − 대부분 지능이 낮음

XYY 증후군
(Supermale
syndrome)
	• 남아에게서 발생하는 성 염색체 이상으로, 성 염색체가 XYY이며 Y 염색체가 2개일 때 발생함
	  − 정상적인 남성보다 키가 크며, 테스토스테론 호르몬의 혈청 농도가 높음
	  − 정자 수는 매우 적으나 대체로 수정 가능함
	  − 한때 저지능이며 폭력적·공격적인 경향이 있다고 알려졌으나 최근 모두 타당성이 없는 것으로 밝혀짐

터너 증후군
(Turner
syndrome)
	• 여아에게서 발생하는 성 염색체 이상으로, 성 염색체가 XO이며 1개의 X 염색체만을 가질 때 나타남
	  − 증상이 일정하지는 않으나 사춘기에 2차 성적 발달이 이루어지지 않고 임신이 불가능함
	  − 체형이 작으며 언어지능은 정상적이지만 공간 판단력, 기억력, 추리력에 문제가 있음

다중 X 증후군
(Superfemale
syndrome)
	• 여아에게서 발생하는 성 염색체 이상으로, 성 염색체가 XXX이며 X 염색체가 3개 이상일 때 나타남
	  − 임신이 가능하며 정상적인 성 염색체를 가진 아이를 출산할 수 있음
	  − 지능 중에서도 특히 언어, 추리능력이 떨어짐

X 결함 증후군
(Fragile
X-syndrome)
	• X 염색체가 구부러져 있거나 너무 가늘어서 나타나는 이상 장애
	  − 다운 증후군 다음으로 지적장애의 주요 원인이 되는 유전적 장애
	  − 최근에는 유아 자폐증도 유발하는 것으로 밝혀짐
	  − 여아에게도 나타날 수 있으나 남아에게서 더욱 흔하게 나타남
	  − **여아의 경우 지적으로 정상이거나 약간 경미한 손상** : 여성의 성 염색체는 XX로, 결함이 있는 X 염색체를 대체할 수 있는 정상적인 X 염색체를 가지고 있으나 남성은 대체할 X 염색체가 없기 때문임

> **참고** 염색체 이상의 원인
>
> - 부모의 성세포가 감수분열할 때 오류가 발생하여 일어난다.
> - 어머니의 연령이 원인이 될 수 있다. 염색체 이상 아기를 낳을 확률은 450명당 1명이나 어머니의 연령이 30~34세인 경우 350명당 1명, 35~40세인 경우 125명당 1명, 40~44세인 경우 40명당 1명, 45~50세인 경우 12명당 1명으로 급격하게 높아지는 것으로 나타났다.
>   ➡ 어머니의 연령이 염색체 이상의 원인이 되는 주된 이유는 난자가 되는 난모세포의 노화현상 때문이다. 정자는 일생 동안 계속 재생산되지만, 여자는 태어날 때 이미 모든 난모세포를 가지고 태어난다. 따라서 어머니의 나이가 40세이면, 난모세포의 나이도 40세이다. 즉, 수십 년간의 환경오염물질 노출과 노화로 인해 염색체 이상을 유발하는 것으로 보인다.

(4) 환경적 영향

① 음주 : 태아 알코올 증후군(fetal alcohol syndrome)은 어머니의 습관적인 음주로 발생한다.

   ㉠ 얼굴 기형 : 눈 간격이 넓으며, 윗입술이 얇고, 코가 짧다.

   ㉡ 지적장애, 심장 기형, 주의력 결핍 증상 등을 보인다.

      ➡ 음주가 태아에 치명적인 악영향을 주는 이유는 어머니의 음주가 태반을 통해 빠른 속도로 태아에 전달되는 반면, 태아의 알코올 분해능력은 성인의 절반 수준이기 때문에 소량의 알코올도 태아의 비정상적인 발달을 야기할 수 있다.

② 흡연 : 임신 중에 담배를 피우면, 담배 연기 속의 니코틴이 태아에 전달되는 혈액량을 감소시키고, 혈액 속 일산화탄소 헤모글로빈의 양을 급격하게 감소시켜 저체중아를 출산할 가능성이 높아진다.

③ 약물 복용
　㉠ 탈리도마이드(thalidomide) : 1960년대 진정제이면서 입덧을 가라앉히는 데 효과가 있어 많은 임산부가 복용했는데 태아의 사지 기형, 얼굴 기형, 내부기관 기형, 저지능을 유발하는 것으로 밝혀졌다.
　㉡ 아스피린 : 해열과 소염에 효능을 보이나 유산할 가능성이 높고 저지능, 주의력 결핍, 운동기술 결함 등을 가진 아이를 낳을 수 있다.
　㉢ 카페인 : 카페인을 다량 섭취하면 저체중아 출산과 자연유산 위험이 증가하는 것으로 보고되고 있다. 특히 커피, 콜라, 코코아, 초콜릿 등 일반적으로 섭취하는 많은 식품에도 카페인이 함유되어 있다.
　㉣ 영양제 : 비타민 A를 과도하게 섭취할 경우 태아의 눈, 사지, 중추신경계에 기형이 생길 수 있다.
④ 풍진(rubella) : 임신 초기의 풍진 발병은 시각장애, 청각장애, 지적장애 등의 다양한 결함을 가진 아이를 낳을 위험이 있다. 특히 풍진은 임신 3개월까지가 가장 위험하다.
⑤ 톡소플라스마병(toxoplasmosis) : 동물 기생충에 의해 감염되는 질병으로, 임신 중 안 익은 고기를 먹거나 감염된 고양이의 배설물을 치울 때 감염될 수 있다. 또한 개, 고양이와 직접적인 접촉을 하거나 진드기, 이를 통해서도 감염될 수 있다. 태아에게 전이되면 태아의 눈과 뇌에 심각한 결함을 유발할 수 있고, 임신 후기에 감염되면 유산될 수도 있다.
⑥ 영양 부족
　㉠ 엽산 : 비타민 B 계열에 속하는 엽산은 임신 초기에 중요한 영양소로, 엽산이 부족하면 태아의 신경계 손상을 초래하므로 임신 3개월 전부터 꾸준히 복용하는 것이 좋다.
　㉡ 철분 : 혈액 속의 적혈구를 만드는 데 꼭 필요한 영양소로, 태아가 모체의 철분을 흡수하여 자신의 혈액을 만들기 시작하므로 철분이 많이 필요하다. 철분이 부족하면 빈혈이 생기거나 임신중독증에 걸릴 위험이 있다.

04 신생아 발달

1. 신생아 반사(neonatal reflex)

(1) 반사행동
① 의미 : 신생아는 주변의 소리, 빛, 접촉과 같은 자극에 자동적인 반응을 보이는데, 이를 반사행동이라 한다.
② 구분

구분	내용
원시반사 (primitive reflex)	• 생존과 자기보호를 위한 본능적인 반응으로, 양육자와의 초기 관계 형성에 도움을 줌 • 근원반사, 빨기반사, 모로반사, 잡기반사, 바빈스키반사, 걷기반사, 수영반사가 해당됨 • 이 중 대부분은 생후 6~12개월 사이에 사라짐
생존반사 (survival reflex)	눈 깜박임, 하품, 기침, 재채기, 토하기, 어두운 곳에서의 동공 확장 등 인간이 살아가는 데 필요한 반응으로, 대부분이 평생 유지됨

(2) 신생아 반사 종류

구분	내용
근원 반사/ 젖 찾기 반사 (rooting reflex)	• 뺨에 닿는 무엇인가를 향해 고개를 돌려 빨기 행동을 보이는 것으로, 아이가 젖을 찾는 데 도움이 됨 • 이 반사행동은 생후 3~6개월 사이에 사라짐
빨기 반사 (sucking reflex)	• 입 속에 들어온 것은 무엇이든 빨고자 하는 행동
모로 반사 (moro reflex)	• 갑자기 위치를 바꾸거나 큰 소리를 들을 때 양팔을 옆으로 뻗고 손가락을 펼친 상태에서 무엇인가를 안으려는 듯한 모양을 하는 것 • 이 반사행동은 생후 4~6개월 사이에 사라짐
잡기 반사 (grasping reflex)	• 손바닥에 닿는 것을 꽉 잡는 행동으로, 힘이 너무 세서 아이가 매달릴 수 있을 정도임 • 잡힌 손으로부터 빼내려고 하면 아기는 더 세게 잡음 • 이 반사행동은 생후 3~4개월 이내에 사라짐
바빈스키 반사 (Babinski's reflex)	• 발바닥을 간질이면 발가락들을 부채 모양으로 쫙 펼치는 행동 • 이 반사행동은 생후 8~12개월 사이에 사라짐
걷기 반사 (stepping or walking reflex)	• 신생아를 똑바로 세워 발을 평평한 바닥에 닿게 하면 자연스럽게 걷기 동작을 하며 앞으로 걸어 나가려고 하는 행동 • 이 반사행동은 생후 2개월경에 사라짐
수영 반사 (swimming reflex)	• 신생아가 물속에서 헤엄을 치는 행동을 하는 것으로, 이때 아기의 폐는 자동으로 닫힘 • 이 반사행동은 생후 4~6개월경에 사라짐

> **참고** 반사 유형(Steinberg 등, 2011)
> • 접근 반사 : 받아들이는 행동으로 찾기, 빨기, 삼키기 등이 이에 해당된다. 특히 찾기 반사는 입 주변에 가해지는 자극들에 대한 반사로, 입 주변을 건드리면 신생아들은 자극이 오는 방향으로 고개를 돌린다.
> • 회피 반사 : 자극에 대해 최대치로 반응하거나 아예 반응을 하지 않기 때문에 전부 아니면 전무로 설명될 수 있다. 회피 반사는 주로 신체를 위협하는 자극에 대한 반응이다.
>   예 기침, 재채기, 눈 깜박임은 정도 차이가 없고, 바람이 불거나 코가 간지러운 등 자극이 있으면 이에 대한 반응이 바로 나타난다.
> • 기타 반사 : 진화하는 과정에서 인간의 생존에 도움이 되는 적응적인 반사로, 잡기 반사와 모로 반사가 이에 포함된다.

2. 신생아 평가 척도

(1) 아프가 척도(Apgar scale)

① 태어난 지 1~5분된 신생아의 심장박동률, 호흡, 근육, 피부색과 같은 생리적 기능과 함께 반사행동을 평가하여 아동의 운동 및 신경 발달이 제대로 이루어졌는지를 평가한다.
② 하위 기준 : 피부색, 심장박동, 반사의 민감성, 근육긴장, 호흡
③ 실시 : 5가지 영역에 각각 0, 1, 2점을 주며, 출생 후 1분과 5분, 총 2회를 실시한다.
④ 해석

구분	7~10점	4~6점	0~3점
내용	정상	호흡하는 데 도움 필요	위험한 상태

⑤ 첫 한 달 동안의 생존을 예측하는 데 신뢰성 있는 척도이다.

(2) 브레즐튼 신생아 행동평가 척도(NBAS; Brazelton Neonatal Behavioral Assessment Scale)
  ① 출생 후 24~36시간 내로 실시되며, 아프가 척도보다 신생아의 신경적 능력을 더 면밀하게 측정할 수 있다.
  ② 기능 영역 : '피부색, 심장박동, 반사 민감성, 호흡, 근육 긴장'의 5가지 기능 영역을 28가지 행동을 통해 측정한다.

05 신경계 발달

1. 신경세포의 발달

(1) **시냅스 생성과 상실** 기출 24
  ① 출생 후 첫 6개월 동안에는 초당 10만 개의 시냅스가 형성되며, 만 2세경에는 하나의 신경세포가 약 1만 개의 시냅스 연결을 가지게 된다.
  ② **시냅스 생성(synaptogenesis)** : 신경세포 간의 시냅스 연결이 형성되는 것이다.
  ③ **시냅스 상실(synaptic pruning)** : 나이가 들면서 자주 사용하는 시냅스는 강화되고, 사용하지 않는 시냅스는 다른 경로로 대체되거나 소멸된다.
    ㉠ 경험 : 특정 경험을 한다는 것은 생리적으로 특정 뉴런과 뉴런 사이의 시냅스를 활성화한다는 것이다.
    ㉡ 경험을 많이 한 시냅스는 살아남고, 경험을 하지 못하여 활성화되지 않은 시냅스는 결국 사라진다.
    ㉢ 경험을 통해 뇌의 구조, 그리고 궁극적으로 기능이 바뀌는 것을 뇌의 '가소성(plasticity)'이라고 한다.

(2) **영아기 두뇌 발달의 변화**
  ① 급격한 시냅스 형성과 수초화(myelination)로 설명할 수 있다.
  ② 영아가 성장함에 따라 시냅스 연결망은 급격히 분화된다. 이때 사용된 시냅스는 더 강화되어 계속 존재하지만, 사용되지 않은 시냅스는 소멸한다. 즉, 인간은 출생 전후에 가장 많은 뉴런을 가지고 있다가 발달과정에서 필요한 만큼의 뉴런과 시냅스만을 남기고 필요 없는 것은 버리는 '과잉생성 후 선택적 소멸과정'을 거친다. 이 과정을 통해 인간은 환경에 대응할 수 있는 잠재력을 극대화할 수 있다.
  ③ 급격한 수초화 : 수초화는 뇌의 빠른 성장에 영향을 미치며 영아기 동안 급속하게 진행되지만, 뇌의 영역에 따라 속도와 완성 시기에 차이가 있다.

(3) **영아는 성인보다 더 많은 수의 뉴런과 시냅스 보유**
  ① 이유 : 다른 뉴런들과 성공적으로 연결되는 뉴런이 그렇지 못한 뉴런을 밀쳐내기 때문이다. 이로 인해 뉴런의 절반가량이 소멸된다.
  ② 이때 살아남은 뉴런은 수백 개의 시냅스를 형성하는데, 이 과정에서도 역시 뉴런이 적절한 자극을 받지 못하면 소멸된다.
    ➡ 불필요한 뉴런이 제거됨으로써 신경계의 효율성이 증대된다.

(4) **뇌의 급속한 성장(뉴런은 출생 후 생성되지 않음)**
  ① 글리아(교세포, glial cell)라고 불리는 두 번째 신경세포의 발달에 의해 이루어진다. 글리아는 뉴런의 수보다 훨씬 많고 일생에 걸쳐 계속 형성된다.

② 급격한 수초화(글리아의 중요한 기능) 때문이다. 수초화는 영아기 동안 급속도로 진행되지만, 뇌의 어떤 부분에서는 수초화가 청년기나 성인기까지 완성되지 않는 경우도 있다.
③ 뉴런과 뉴런을 연결하는 시냅스의 형성이 뇌의 성장급등기에 급속하게 이루어진다.

2. 중추신경계의 발달

(1) 뇌의 발달

① **뇌간** : 두뇌의 부위 중에 가장 먼저 발달하는 뇌 부위로 수정에서 15개월까지 발달하며 숨쉬기, 동공 반사 등 생존에 필요한 기능을 담당한다.
② **변연계** : 뇌의 가운데 부분을 차지하는 변연계는 감정, 성욕, 식욕 등의 감정과 본능적 욕구를 조절한다. 변연계는 15개월부터 4세까지 가장 활발하게 발달한다.
③ **대뇌피질** : 뇌의 가장 바깥쪽에 위치한 대뇌피질은 전체 뇌의 80%를 차지하며, 뇌 구조 중 가장 많은 수의 뉴런과 시냅스가 있다. 대뇌피질은 뇌 구조 중 가장 늦게까지 발달하며, 좌우로 독립되어 나누어진 두 반구로 구성되고 양 반구를 연결하는 뇌량을 통해 정보를 교환한다.

(2) 대뇌피질

① 대뇌의 반구

엽(lobe)	기능
전두엽	의사결정과 계획, 추론 등 복잡한 인지기능을 담당하며 골격근을 조절함. 또한 언어기능과 관련 있음
두정엽	감각을 인식하고 감각정보를 통합하는 역할을 함
측두엽	청각피질이 있어 청각자극을 처리하며, 감정조절기능을 담당함
후두엽	시각피질이 있어 시각자극을 처리함

➡ 뇌의 영역들은 1차적인 기능이 있으나 서로 협력하여 활동함

② 뇌의 기능에서 중요한 것은 뇌의 구조보다 구조 간의 연결(synaptic connectivity)이다.
③ 대뇌피질 발달 순서
　㉠ 생후 1년 동안 뉴런이 수초화되고 시냅스가 증가하면서 점차 발달한다. 발달 순서는 영아기에 나타나는 여러 능력의 발달 순서와 일치한다.
　㉡ 영아는 생리 상태를 조절하는 능력이 발달하고 반사를 보다 잘 통제할 수 있게 된다. 생후 8개월 무렵부터 대뇌피질 중 정서 관련 부위의 증가를 보이고, 부모와의 애착이 일어나는 시기에 매우 활발한 활동이 이루어진다.
　㉢ 시각과 청각을 관장하는 피질의 시냅스 성장과 수초화는 시각과 청각의 발달이 급속히 이루어지는 시기인 3~4개월에 시작하여 첫 돌에서 두 돌까지 계속된다.
　㉣ 언어를 관장하는 전두엽 피질에서의 뇌파 활동 증가는 개념적 사고와 언어 발달이 활발해지는 1.5~2세에 일어난다.

(3) 뇌의 편재화(cerebral lateralization)

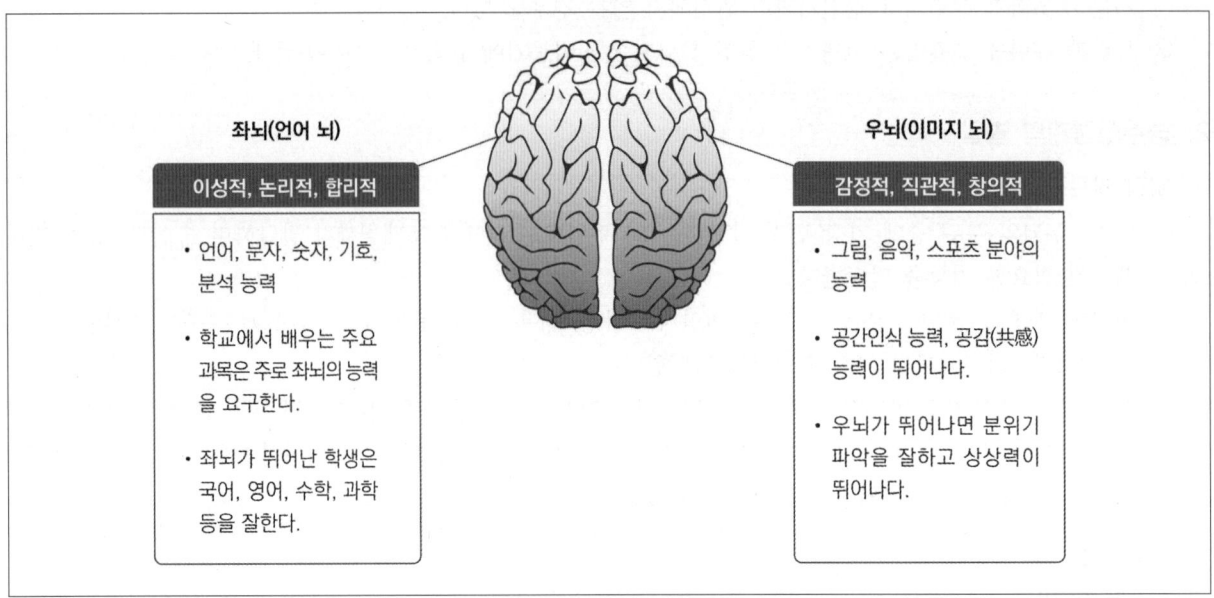

[그림 11-3] 좌뇌와 우뇌의 역할

① 뇌의 편재화 : 대뇌피질을 구성하는 각 반구가 분리되어 각기 다른 기능을 담당하고 있는 것이다.
② 좌반구와 우반구의 기능
  ㉠ 좌반구 : 언어 능력, 청각, 언어기억, 의사결정, 긍정적 정서 표현 등을 관장하며, 신체의 오른쪽 부분을 통제한다.
  ㉡ 우반구 : 공간 지각력, 촉각, 음악과 같은 비언어적 소리, 부정적 정서 표현 등을 관장하며, 신체의 왼쪽 부분을 통제한다.
    ➡ 좌뇌와 우뇌의 기능적인 차이는 분할 뇌 환자와 손상된 뇌 연구를 통해 밝혀졌다.
③ 뇌의 기능이 분화되었다고 해서 좌반구와 우반구가 서로 완전히 독립된 것은 아니다.
  예 말하기, 문법 등 언어 관련 기능 대부분은 좌반구에서 담당하지만, 맥락에 맞는 적절한 언어 사용이나 은유 등을 사용하는 언어 표현은 우반구가 맡는다.
④ 뇌량 : 좌우 반구를 연결해 주는 기능을 하며, 뇌의 양쪽 반구의 상호작용을 통해 복잡한 사고가 가능해진다.

(4) 뇌의 가소성과 초기 경험 기출 24
① 초기 뉴런과 시냅스 생성에 유전적 요인이 중요한 역할을 담당하지만, 뉴런과 시냅스의 선택적 소멸과 수초화 과정은 환경적인 자극을 통해 계속 발달해 나간다.
② 가소성(plasticity) : 인간의 뇌는 환경에 의해 변할 수 있는 유연성인 가소성이 있다. 특히 영아기에는 뇌의 가소성이 가장 크다.

종류	내용
회복(restoring) 가소성	• 뇌손상 후 뇌가 자체적인 변화와 적응을 통해 잃어버린 기능을 어느 정도 회복하거나 손상되지 않은 뇌의 다른 부위에서 그 기능을 회복해 나가는 것 • 영아기에는 뇌의 특정 영역이 손상되더라도 다른 영역에서 대신 수행하거나 연결을 재구성하는 등 재구조화도 어느 정도 가능함
적응(adaptive) 가소성	• 새로운 경험과 환경을 통해 뉴런의 시냅스가 강화 또는 약화되어 기능과 구조의 변화가 이루어지는 것 • 뇌의 적응 가소성은 후천적 노력이나 평생 동안의 학습이 중요하다는 것을 보여주는 것으로, 성인기 이후의 뇌의 보상을 통해 설명됨

③ 로젠츠바이크(Rosenzweig)와 동료들의 연구(1969)

　㉠ 동물의 시각박탈이 7개월을 넘지 않으면 위축된 시신경이 돌아올 수 있지만, 시각박탈이 1년 이상 지속되면 자극받지 않은 뉴런이 퇴화하면서 완전히 시각을 상실하게 된다.

　㉡ 풍족한 환경에서 성장한 동물들의 뇌는 그렇지 않은 동물들의 뇌보다 무겁고 시냅스의 연결망이 촘촘하며, 신경화학 활동 수준도 더 높다.

④ 뇌파 활동 연구 : 정상적인 환경에서 자란 영아에 비해 궁핍한 환경에서 성장한 영아의 뇌는 침체되어 있었다.

참고 동기와 관련된 뇌 영역

1. 동기를 관장하는 대표적인 뇌 영역
   - 기저핵 : 기분과 신체의 움직임을 통합하는 곳으로 정교한 동작을 원활하게 하며, 신체에 부담을 주지 않을 정도의 속도 또는 불안 수준을 설정하고, 동기화를 증진하며, 쾌감과 황홀감을 조절한다.
   - 변연계 : 정서, 기억, 주의집중, 신체 조절, 호르몬 분비, 성욕 등 원초적인 정서 및 감정을 담당한다.
   - 전두엽 : 고차원적인 기능을 담당하는 곳으로 집중력과 실행기능을 관장하는 부분이다.

2. 발달 순서
   - 개인의 상태와 각성을 담당하는 '기저핵'이 가장 먼저 발달하고, 정서를 담당하는 '변연계'가 발달하며, 마지막으로 주의, 기억, 정보의 통합과 관련 있는 '전두엽', 즉 뇌를 덮고 있는 바깥쪽 조직층이 가장 늦게 발달한다.
   - 전두엽, 변연계, 기저핵 모두가 조화롭게 기능을 잘해야 집중력이 생기고 주어진 문제를 효과적으로 해결해 나갈 수 있다.

제3절 주의, 지각 및 기억 발달

06 주의 발달

1. 주의체계 발달

(1) **정향(orienting)**
① 의미 : 중요한 대상에 주의를 기울이는 것이다.
    예 어떤 소리가 들리거나 알록달록한 색깔의 물체가 있을 때 영아가 고개를 돌려 쳐다보는 것
② 정향은 가장 이른 시기에 발달하는 주의체계이며, 영아기에 완전히 발달한다.

(2) **각성(alerting)**
① 의미 : 주의를 기울이는 정도를 통제하는 것이다.
    예 아동은 신호등이 적색에서 녹색으로 변한다는 사실을 알고 길을 건너가야 한다면, 아동은 적색 신호등이 녹색으로 변하는지에 많은 주의를 기울일 것이다.
② 각성은 영아기부터 나타나지만, 초등학생이 되면서 더욱 정교화된다.

2. 주의 유형

(1) **지속적 주의(sustained attention)**
① 지속적 주의 : 특정 대상에 오랫동안 주의를 기울이는 것이다.
② 아동은 청소년기가 된 후에야 성인처럼 주의를 기울일 수 있다.
③ 지속적 주의는 뇌의 망상체와 관련 있다. 망상체에서 수초화가 진행되면서 빠른 신경정보 전달이 가능해진다. 이러한 수초화는 청소년기에 활발하게 진행되기 때문에 아동은 이 시기부터 향상된 주의력을 가지고 긴 시간 동안 집중할 수 있다.

(2) **선택적 주의(selective attention)**
① 선택적 주의 : 다양한 정보 중 특정 정보에만 선택적으로 집중하는 것이다.
② 선택적 주의는 불필요한 자극에 주의를 기울이지 않는 억제능력과 관련이 있고, 억제능력은 대뇌의 전두엽과 관련이 있다.
③ 어린 아동의 경우 전두엽이 미성숙하기 때문에 선택적 주의능력이 성인에 비해 떨어진다.
④ 선택적 주의는 만 6~9세 사이에 급격히 발달하며, 만 10세가 되면 성인과 비슷한 수준이 된다.

07 지각 발달

1. 지각연구방법

(1) 선호 패러다임

① 팬츠(Fantz)의 선호법(지각적 선호 실험, visual preference method) : 아기가 흥미를 가지는 대상을 향해 머리를 돌리고 주의를 기울인다는 사실을 이용한다.

  예 시지각을 연구할 경우 아기에게 한 가지 속성에서만 다른 두 가지 자극을 동시에 제시하고 아기가 둘 중 어떤 자극을 더 오래 쳐다보는지를 측정한다.

② 아기가 여러 차례의 시행에서 한 자극을 다른 자극보다 체계적으로 더 오래 쳐다본다면 다음의 두 가지 사실을 알려주는 것이다.

  ㉠ 첫째, 아기는 두 자극의 차이를 지각(두 자극을 구별)할 수 있다.
  ㉡ 둘째, 아이는 어느 한(더 오래 쳐다보는) 자극을 선호한다.

(2) 습관화 패러다임

① 습관화와 탈습관화(habituation and dishabituation) : 어느 대상에 반복적으로 노출되어 흥미를 잃은 영아에게 다른 대상을 보여 줬을 때 영아가 다시 흥미를 보이는 것을 뜻한다.

  ㉠ 습관화 : 영아에게 한 그림을 보여 주었을 때, 영아가 지속적으로 그림을 쳐다보다가 흥미를 잃고 더 이상 쳐다보지 않는다면 이는 영아가 그 그림에 습관화되었다고 볼 수 있다.
  ㉡ 탈습관화 : 이후 영아에게 새로운 그림을 보여 주고 영아가 새로운 그림을 이전 것보다 더 오래 응시한다면 영아는 이전 그림에 대해 탈습관화가 된 것이다.

② 영아가 탈습관화를 했다는 것은 이전 자극과 새로운 자극을 구분할 수 있다는 것을 의미한다.

> **참고** 빨기행동을 통한 습관화 패러다임
>
> 먼저 특별히 제작된 고무젖꼭지를 이용하여 아기의 평소 빠는 속도(기저선)를 측정한 다음, 기저선 이상으로 빨리 빨 때마다 아기가 좋아하는 특정한 소리를 들려준다. 아기는 이러한 청각적 보상을 받기 위해 열심히 젖꼭지를 빨지만, 동일한 소리가 반복되면 그 소리에 대한 흥미가 점차 감소하고(습관화), 이와 동시에 젖꼭지를 빠는 속도도 점차 감소한다. 빠는 속도가 미리 결정해 둔 역치 이하로 떨어졌을 때 새로운 소리를 제시하면 아기는 이 소리에 흥미를 느끼고 빠는 속도가 다시 증가하는데(탈습관화), 이는 아기가 두 소리의 차이를 구분할 수 있다는 것을 의미한다.

(3) 예측위반기법

① 예측위반기법(violation of expectation) : 예상할 수 없는 장면을 접하면 놀람(surprise)과 같은 반응이 나오고, 그러면 그 자극에 더 집중하게 된다는 것이다. 따라서 이전에 습관화된 장면이 나오더라도 그 장면에 더 응시하게 된다.

  예 5개월 된 영아가 곰 인형 2개가 칸막이 뒤로 들어갔는데 하나만 보이는 장면에 탈습관화되었다는 것은 그들이 그 장면을 '예상할 수 없었다.'라고 해석할 수 있다. 더 나아가 5개월된 아기들도 1+1=2가 되어야지, 1+1=1 이 될 수 없다는 사실을 인식하고 있다는 증거로 사용할 수 있다.

② 예측위반기법은 언어표현을 할 수 없는 영아의 인지능력을 측정하는 데 유용한 정보를 제공한다.

(4) 기타 연구
① 아이 트래킹(eye-tracking) : 영아의 안구운동을 측정하는 방법이며, 시표 측정이라고 불린다. 이 방법은 초경량 무선기계를 영아의 머리에 달고 영아가 자유롭게 움직이는 동안 영아의 시선이 어디 머무르는지를 추적한다.
② 뇌 영상법 : 뇌의 어느 영역이 활성화되고 있는지를 이미지로 보여 준다.
  ㉠ 양전자 방출 단층촬영술(PET) : 인체에 해롭지 않은 방사선 물질을 혈관에 투입하는데, 이때 뇌의 활성화된 부분에 더 많은 혈류가 흐르게 되므로 그 영역에서 다량의 방사선 물질이 촬영된다.
  ㉡ 기능적 자기공명영상(fMRI) : 혈류에 산소를 공급하는 헤모글로빈의 자성을 이용해 뇌 활성화를 측정한다. 즉, 이 방법은 활성화된 뇌 영역이 산소를 더 많이 사용하면서 더 강한 자성을 띠게 된다는 특징을 이용해 활성화된 뇌 영역을 촬영하는 것이다.

2. 시지각

(1) 시각 발달
① 출생 시에 명암과 적색, 녹색을 구분할 수 있으며 2개월이 되면 삼원색의 기본 색깔을 구별할 수 있다.
② 출생 후 몇 개월 동안 심한 근시현상을 보이지만 첫돌 무렵 시력이 1.0에 가까워져 정상 시력을 갖게 된다.

(2) 형태지각
① 영아기는 아직 망막이 성숙되지 않았기 때문에 대비 민감도가 낮다.
② 대비 민감도(contrast sensitivity) : 명도 차이에 대한 민감도를 말한다. 영아는 이러한 대비 민감도가 낮아 물체 간의 극명한 명도 차이를 구분하지 못한다.
③ 팬츠 등의 연구(1961)
  ㉠ 자극 형태 : 얼굴, 인쇄물, 과녁, 빨간 원, 하얀 원, 노란 원
  ㉡ 영아는 다른 형태보다 얼굴을 가장 선호했다. 특히 사람 얼굴 중 흑백의 대조를 이루는 눈을 가장 선호했다.
  ㉢ 전체보다 부분을, 정지된 것보다 움직이는 물체를, 흑백보다는 컬러를, 직선보다는 곡선을 더 선호했다.
  ㉣ 작은 물체보다는 큰 물체를, 내부보다는 윤곽선을, 단순한 형태보다는 적당히 복잡한 형태를 선호한다. 즉, 영아는 뚜렷하게 잘 보이는 형태를 선호한다.
④ 깁슨(Gibson) 등의 얼굴 지각연구(1969)
  ㉠ 생후 1개월 : 사람의 얼굴에서 윤곽을 더 많이 응시했다. 아직 망막이 성숙하지 않은 상태이기 때문에 극명한 대비를 보이는 얼굴 윤곽을 응시한 것이다.
  ㉡ 생후 2개월 : 눈과 코 등을 더 많이 응시했다. 이는 망막의 성숙으로 더 자세한 부분을 응시한 것이다.
  ㉢ 생후 6개월 : 낯익은 얼굴과 낯선 얼굴을 구별할 수 있으며, 남녀 얼굴도 구별할 수 있다.

(3) 항등성과 시각벼랑 실험
① 항등성(constancy) : 우리의 뇌는 망막에 맺히는 이미지의 크기나 색이 달라져도 이를 그대로 해석하지 않고 이전과 동일하게 지각하는 추가적 처리과정을 거치는데, 이처럼 동일한 대상을 같은 것으로 지각하는 현상이다.
  ㉠ 크기 항등성 : 동일한 사물이라면 멀리 있든 가까이 있든 같은 크기로 지각하는 것이다.
  ㉡ 밝기 항등성과 색깔 항등성 : 조명에 관계없이 동일한 사물은 같은 밝기와 색으로 지각하는 것이다.
  ㉢ 모양 항등성 : 각도에 따라 망막에 맺히는 상의 모양이 달라지더라도 실제 사물의 모양은 동일하다고 지각하는 것이다.

② 깁슨(Gibson)과 워크(Walk)의 시각벼랑(visual cliff) 실험(1960)
  ③ 생후 6개월 이후 영아는 깊이를 지각하고, 투명한 유리로 덮인 부분을 건너기 전 머뭇거렸다.
  ⓒ 영아가 기어다니기 시작하는 시기와 깊이를 지각하는 시기가 비슷하다고 제안했다.
  ⓒ 깊이지각은 영아가 길 수 있게 되어 가끔 넘어지거나 떨어진 경험이 있는 경우에 획득되는 것으로 보인다.
  ⓔ **후속 연구**: 생후 1개월의 영아도 깊이를 지각할 수 있다.

(4) **깊이지각**
  ① 깊이지각은 아이가 만지고 싶거나 가지고 싶은 물체를 향해 손을 내밀어 잡는 능력을 통해 검사할 수 있다.
  ② **시각적 모션 단서(dynamic cues)**: 물체가 움직이거나 관찰자가 움직일 때 물체의 움직임이 변하는 정도에 따라 거리 혹은 깊이를 지각하도록 도와주는 것이다.
  ③ **양안단서(binocular cues)**: 두 눈에 들어온 정보의 차이로 깊이나 거리를 추정하는 방법이다.
    ③ **양안부등(binocular disparity : 양안시차)**: 물체가 가까이 있을수록 양 눈에서 비치는 상의 차이가 크다고 볼 수 있는데, 즉 두 눈에 맺힌 상의 모습이 다르면 다를수록 그 물체는 가까운 거리에 위치하고 있다는 정보를 준다.
    ⓒ **수렴(convergence)**: 연필을 손에 쥐고 팔을 멀리 뻗은 후 연필을 바라보면 아무 문제가 없지만, 연필을 코 가까이 가져와 바라볼 때는 초점을 맞추기 어렵고 양 눈이 한 가운데로 모이게 된다. 물체의 거리에 따라 눈 주위에 있는 근육이 움직여 눈의 움직임을 조절하게 되는데, 이때의 움직임 차이를 통해 깊이를 지각할 수 있다.

3. 기타 감각

(1) **청각**
  ① **드캐스퍼(DeCasper)와 스펜서(Spencer)의 연구(1986)**: 이들의 연구에서 태아가 모태로부터 소리를 들을 수 있는 것으로 파악되었다.
    ➡ 출산을 앞둔 산모 16명에게 특정 동화책을 읽게 했다. 이후 해당 영아들에게 늘 읽어 주던 동화책과 다른 동화책을 읽어 줬더니 두 동화책을 들을 때 젖꼭지를 빠는 패턴이 다르고, 태내에서 듣던 동화책을 들을 때 젖꼭지를 더 많이 빨았다.
  ② 영아는 우선적으로 사람의 목소리에 반응하고, 3개월경에 소리의 크기, 음조(진동수에 대한 지각)의 차이에 빠르게 반응할 수 있게 된다. 또한 '자장자장'과 같은 율동적인 소리에 더 잘 반응한다고 알려져 있다.
  ③ 출생 시 희미하게 감지되던 소리의 방향도 6개월 정도가 되면 비교적 정확하게 탐지할 수 있게 된다. 이러한 청각 발달은 생후 2년까지 꾸준히 일어난다.

(2) **미각**
  ① 미각은 태내에서도 어느 정도 기능을 하며 출생 시에도 여러 가지 맛의 액체를 구분하는 것이 가능하다.
  ② 신생아는 단맛, 신맛, 쓴맛, 짠맛을 구별하고, 2~3개월경에는 특정 맛에 대한 기호가 생길 정도로 발달되어 특정한 맛에 대한 거부 현상도 보인다.
  ③ 태어난 직후의 영아는 다른 맛에 비해 단맛을 선호하지만, 생후 4개월경에는 짠맛을 가장 선호한다.
    ➡ 한 연구에 따르면 시리얼, 크래커 같이 소금이 들어간 음식을 먹은 영아들이 특히 짠맛을 선호했는데, 이는 영아의 식습관이 영아의 입맛을 바꾼다는 것을 보여준다.

④ 영아기 말이 되면 미각은 매우 예민해지는데, 이때 다양한 음식을 제공하는 것이 좋다. 이것은 영양학적 측면에서뿐 아니라 영아기에 음식에 대한 선호가 급격히 발달하기 때문이다. 영아기 이후에는 새로운 음식을 잘 먹으려 하지 않는다.

(3) 후각
① 생후 며칠 이내에 독특한 냄새 간 차이를 구분하는 것이 가능하며, 어머니와 다른 어머니의 젖 냄새를 구별할 수 있고, 암모니아 같은 독한 냄새에는 고개를 돌리는 반응을 보인다.
② **맥파렌(MacFarlane)의 연구(1975)** : 생후 2일된 영아에게 어머니 젖을 묻힌 솜을 가져다 대면 별다른 선호를 나타내지 않지만, 6일 정도 된 영아는 동일한 자극에 대해 선호를 나타낸다. 며칠간 경험을 통해 냄새를 변별하고 선호를 나타내게 되는 것이다.

(4) 촉각
① 촉각은 다른 감각과 달리 직접 상호작용을 해야 느낄 수 있기 때문에 가장 사회적인 감각기관이라 불린다.
② 신생아는 주로 촉각에 의존하여 주변 환경을 인지한다. 촉각 발달이 잘 이루어질 때 소화기관도 원활하게 이루어지고 순조롭게 주변 환경에 잘 적응해 나간다.
③ 엄마는 신체접촉을 통해 자녀에게 의사를 전달하며 엄마의 높은 신체접촉은 영아의 안정애착 형성에 도움을 준다.
④ **캥거루식 케어(Kangaroo care)** : 신생아를 어머니의 가슴에 눕혀 서로 피부를 맞대고 있도록 하는 방법으로, 신생아의 생존율을 높이고 심각한 질환에 걸릴 확률을 낮추도록 돕는다.
  ㉠ 아기에게는 생리반응과 심리안정에 도움이 되고, 어머니에게는 아기를 돌볼 기회를 얻으므로 심리적으로 안정이 된다.
  ㉡ 어머니와 아기 간 상호작용이 증진될 수 있다.
⑤ **통각** : 신생아는 통증을 느끼며 날이 갈수록 통증에 민감하게 반응한다. 한때 의사들이 신생아는 통증을 느끼지 못하거나 아주 짧게만 느낀다고 믿어 수술할 때 마취제를 사용하지 않곤 하였으나, 임신 3개월이 지나면 태아에게도 통증을 느끼는 능력이 있는 것으로 밝혀졌다.

(5) 감각 간 지각(통합감각, intermodal perception)
① **통합감각** : 서로 분리된 감각을 통합하여 정보를 받아들이는 것으로, 어떤 감각을 통해 익힌 물체를 다른 감각에 의해 알아보는 능력이다.
② **피아제(Piaget)의 통합이론(enrichment theory, 1960)** : 여러 가지 감각은 출생 시 분리되어 있기 때문에 감각기관이 독립적으로 성숙해야만 여러 감각기관으로부터 정보를 비교해서 통합할 수 있다.
③ **깁슨(Gibson)의 분화이론(differential theory, 1969)** : 감각은 출생 시 통합되어 있기 때문에 출생 시부터 감각 간 지각이 가능하다. 따라서 영아는 자극이 제시될 때 모든 감각기관을 사용하여 그 자극을 탐색한다.
④ 최근 연구에 의하면, 감각 간 지각능력은 출생 시부터 존재하는 것으로 본다. 하지만 이러한 능력은 경험을 통해 발달하므로 성숙과 학습이 서로 상호작용하는 것임을 알 수 있다.

08 기억 발달

1. 기억과 기억과정

(1) 기억과정

① 기억(memory) : 저장된 정보를 떠올리는 것이다. 기억을 하기 위해서는 일련의 과정을 거쳐야 한다.
② 기억과정
  ㉠ 부호화(encoding) : 뇌가 정보를 처리할 수 있는 형태로 변환하는 것이다.
  ㉡ 저장(storage) : 입력된 정보는 인간의 뇌에 저장된다.
  ㉢ 인출(retrieval) : 이미 저장된 정보가 필요할 때 다시 찾아 사용하는 것이다.
③ 인출과정
  ㉠ 재인(recognition) : 특정 단서를 통해 이미 저장된 정보를 떠올리는 것이다.
  ㉡ 회상(recall) : 아무런 단서를 사용하지 않고 저장된 정보를 떠올리는 것이므로 재인보다는 다소 어렵다.

(2) 멜트조프(Meltzoff)의 지연모방 과제(deferred imitation)

① 영아에게 나무 아령을 보여준다. 이 아령은 나무 블록을 잡아당기면 플라스틱 관과 분리되도록 제작되었다.
② 나무 아령을 분리하는 모습을 세 번 연속해서 보여줬다. 24시간 후 영아에게 아령을 주자 영아는 즉각적으로 실험자가 했던 것처럼 아령을 분리했다.
③ 이 실험은 영아에게도 회상능력이 있다는 것을 보여준다.

> **참고** 재인기억과 회상기억
>
> 1. 재인기억 연구
>   - 습관화 : 어떤 자극이 여러 번 반복하여 제시되면, 그 자극에 대해 반응하는 강도가 감소하는 것이다.
>   ➡ 이는 영아의 성숙 수준과 건강 상태를 판단하는 기준이 된다.
>   - 탈습관화 : 새로운 자극이 제시되면 다시 관심을 보이는 것을 말한다.
>   - 재인기억 : 특정 단서를 통해 이미 저장된 정보를 떠올리는 것이다.
>   - 재인기억 측정
>   - 습관화-탈습관화 연구
>   - 3개월 영아 모빌 실험 : 발로 차면 모빌이 움직인다는 것을 기억한다.
> 2. 회상기억 연구
>   - 회상기억 : 아무런 단서를 사용하지 않고 저장된 정보를 떠올리는 것이기 때문에 재인기억보다는 다소 어렵다.
>   - 회상기억 연구 : 아동을 대상으로 회상기억을 연구할 때 사용되는 그림이나 글 또는 구두반응을 영아가 할 수 없기 때문에 측정이 어렵다.
>   - 회상기억 측정 : 대상영속성 개념, 지연모방 과제 등을 사용한다.

2. 기억 유형

(1) 단기기억과 작업기억

① 단기기억 : 일시적으로 정보를 저장하는 것으로 작업기억이라고도 한다. 단기기억의 지속시간과 용량은 제한적인데, 밀러(Miller, 1956)는 대부분의 사람이 15~30초 동안 정보를 유지하고, 7개 내외의 정보를 기억한다고 보았다.

② 작업기억 : 문제해결, 계획, 의사결정과 같은 고차원적인 인지활동과 관련이 있다.

③ 배들리(Baddeley)의 작업기억 모델(2012) : 작업기억은 시·공간 저장고, 음운 고리, 중앙 관리자로 구성된다.
  ㉠ 시·공간 저장고(visuospatial working memory) : 시각적 정보와 공간적 정보를 잠시 저장한다.
  ㉡ 음운 고리(phonological loop) : 언어와 관련된 정보를 잠시 저장한다.
  ㉢ 중앙 관리자(central executive) : 시·공간 저장고와 음운 고리 사이의 통제자 역할을 하며, 어떤 정보를 선택하여 저장할지 혹은 어떤 단기기억을 장기기억으로 만들지를 결정한다.
  ㉣ 작업기억과 관련된 뇌 영역인 전전두 피질은 만 4세경에 형성되어 6~15세 사이에 완전히 발달된다.

(2) 장기기억

① 의미 : 많은 양의 정보를 영구적으로 저장하여 회상할 수 있다.

② 장기기억 유형

유형	내용
서술적 기억과 절차적 기억	• 서술적 기억(declarative memory) : 어떤 일이 일어난 것을 '아는' 것으로, 생후 20개월부터 형성됨 ➡ 언어를 통해 표현됨 예 어제 친구와 놀이터에서 그네를 탔다는 것을 기억하는 것 • 절차적 기억(procedural memory) : 어떤 일을 '어떻게 하는지 아는' 것으로, 서술적 기억보다 먼저 형성 ➡ 몸의 움직임 혹은 감각과 관련된 정보를 저장하고 인출함 예 요리 순서나 종이접기 순서를 아는 것

일화적 기억과 의미적 기억	• 일화적 기억(episodic memory) : 자신의 경험에 대한 기억. 특정 시간과 장소에 대한 정보를 기억하는 것으로 '자서전적 기억'이라고도 불리며, 대략 만 4세에 형성되어 이후 언어 발달로 정교해짐
	예 작년에 노량진에서 휴가를 보낸 기억
	  - 3세 아동 : 어제, 내일과 같은 시간적 단어를 사용하고 자신에 관해 이야기할 수 있는 능력을 가지지만 어제 자신이 무엇을 했고 어떤 일이 일어났는지에 대해서는 기억하지 못함
	  - 4~5세 아동 : 어제 있었던 일을 기억하고, 그 기억을 바탕으로 내일의 계획을 세울 수 있음
	• 의미적 기억(semantic memory) : 세상에 대한 일반적인 지식으로, 직접적인 시간, 장소에 대한 정보의 인식 없이 형성되고 오랜 기간에 걸쳐 축적되며 일화적 기억보다 먼저 발달하는 것으로 여겨짐
	예 영아는 놀이공원이 어떤 곳인지 알 수 있지만, 자신이 놀이공원에서 경험한 것은 자세히 기억하지 못함

외현적 기억과 내현적 기억	• 외현적 기억(explicit memory) : 의식적으로 정보를 기억하는 것 예 새로운 언어를 배우기 위해 의식적으로 그 언어의 철자를 외우는 것 • 내현적 기억(implicit memory) : 우연히 혹은 자동적으로 정보를 기억하는 것 예 의식적으로 자전거 타는 방법을 기억해 내서 타기보다는 타는 방법을 몸에 익혀서 탈 수 있음 ➡ 내현적 기억은 출생 직후부터 형성되는 반면, 외현적 기억은 대뇌 전두피질이 발달하는 시기인 생후 6~8개월경에 형성되기 시작하며, 외현적 기억이 여러 번 반복되면 내현적 기억이 되기도 함

(3) 기억 형성과 관련된 뇌의 영역

① **전두엽** : 전두엽의 가장 앞부분에 위치한 전전두엽은 작업기억과 관련이 있다. 전전두엽은 어떤 정보에 집중을 할지 결정하고 새로운 정보를 작업기억에서 장기기억으로 이동시키는 역할을 한다.

② **측두엽** : 측두엽에 위치한 해마는 새로운 지식과 경험을 저장·인출하는 역할을 한다. 해마에 손상을 입을 경우 새로운 정보를 기억하는 데 어려움을 겪지만, 이전 기억을 떠올리는 데는 문제가 없다.

③ **영아기 기억상실증(infantile amnesia)** : 만 2.5세 이전의 일을 회상하지 못하는 것을 뜻한다.

　㉠ 신경변화 가설(neural change hypothesis)
　　ⓐ 영아기 기억상실은 영아의 미성숙한 뇌와 관련이 있다.
　　ⓑ 뇌의 영역 중 해마와 전두엽은 일화기억과 같은 장기기억이 저장되는 곳인데, 영아의 해마는 매우 미성숙한 상태이며 기억을 견고히 하는 전두엽도 뇌의 구조 중 가장 늦게 발달하기 때문에 미성숙하다.

　㉡ 기억체계 가설(memory format change hypothesis)
　　ⓐ 연령에 따라 정보를 저장하는 체계가 변하기 때문이다.
　　ⓑ 전언어기의 영아는 언어 대신 시각, 촉각 등의 감각에 의존하여 정보를 저장한다. 이후 언어를 사용하기 시작하면 글이나 문장을 통해 기억한다. 이러한 발달과정을 거치는 이유는 영아가 사용하는 기억체계가 변하기 때문이다.

(4) 기억과 지식

① **지식기반(knowledge)** : 새로운 정보를 기억하는 능력은 자신이 이미 가지고 있는 지식인 지식기반에 따라 달라진다. 즉, 기존에 가진 지식의 양이 기억력에 영향을 미친다.

② 지식은 기억할 수 있는 정보의 양뿐 아니라 정보의 내용에도 영향을 미친다. 인간은 기존에 자신이 알고 있는 지식을 바탕으로 정보를 기억한다.

③ 어떤 경우에는 기존에 알고 있는 지식이 잘못된 기억을 형성하기도 한다. 이는 아동의 고정관념이 훗날 기억의 오류로 이어진다는 것을 보여 준다.

(5) 기억의 오류가 발생하는 이유

① 성인은 핵심적인 정보에 중점을 두는 반면, 아동은 사소한 정보에 중점을 둔다.
② 아동이 가진 지식의 양은 성인이 가진 지식의 양보다 적다.
③ 어린 아동일수록 기억을 유지하는 시간이 짧다.
④ 아동은 성인에 비해 상상과 현실을 구분하는 능력이 떨어진다.
⑤ 아동은 정보를 저장할 당시의 경험에 큰 영향을 받는다. 예컨대, 특정한 의도를 가지고 아동에게 유도신문을 하면 아동은 유도신문에 맞게 기억을 재구성하며, 이러한 질문을 암시성(suggestibility) 질문이라 한다.

3. 기억기초능력의 발달

(1) 정보처리 속도

① 정보를 처리하는 속도는 문제의 종류와 관계없이 연령이 높아질수록 점차 빨라지는데, 이는 생물학적 성숙이 큰 역할을 한다.

② **수초화(myelination)** : 나이가 들면서 뇌 연합연령의 수초화가 진행되고 불필요한 시냅스의 가지치기가 이루어지면서 정보처리 속도가 점차 더 빨라진다.
➡ 운동과 감각영역은 생후 몇 년 이내에 수초화가 완성되지만, 연합영역은 청소년기나 성인기 초기에 가서야 비로소 수초화가 완성된다.

(2) 기억용량
① 기억의 용량이 증가한다는 것은 정보를 저장할 수 있는 공간이 커진다는 것을 의미하는데, 기억용량의 증가는 주로 단기기억 용량의 증가를 의미한다.
② **기억폭(memory span)** : 단기기억 저장 용량은 기억폭 검사로 측정하는데, 이는 서로 관련 없는 항목을 빠른 속도로 제시했을 때 제시된 순서대로 정확하게 기억할 수 있는 항목의 수를 가리킨다.
③ 기억폭은 2세에는 2개, 5세에는 4~5개, 성인기에는 7~8개 정도로 연령차가 뚜렷하게 나타난다.
④ **케이스(Case)의 작동효율성 가설(operating efficiency hypothesis)** : 나이가 들수록 정보처리 속도가 빨라지고 효율성이 높아지면서 동일한 문제를 해결하는 데 필요한 작동공간이 줄어듦에 따라 저장 공간이 상대적으로 늘어난다. 즉, 어릴 때에는 많은 시간과 노력을 들여야 풀 수 있었던 문제들을 나이가 들면서 정보처리 속도와 효율성이 증가함에 따라 시간과 노력을 적게 들이고도 답을 얻을 수 있게 된다는 것이다.

(3) 인지적 억제
① 인지적 억제는 부적절한 반응을 억제하고 방해되는 정보를 차단함으로써 작업기억이 기능할 수 있는 공간을 넓혀 주는 역할을 한다.
② 작업공간이 넓어지면 과제와 관련된 정보가 실질적으로 더 많이 처리될 수 있으므로 기억에 도움을 줄 수 있다.
③ 어린 아동은 과제와 관련이 없는 생각을 억누르지 못하는 '비능률적 억제'로 인해 기억수행이 낮아진다.

4. 지식 기반의 증가

(1) 스크립트(script)
① **의미** : 경험에 대한 도식으로, 사건이 진행되는 순서와 인과관계를 포함한다.
② 스크립트는 일상 경험을 조직하고 해석하는 기본 수단이기 때문에, 한 번 형성되면 미래에 유사한 상황에서 발생하게 될 일을 예측하는 데 사용할 수 있다.
예 유아에게 '저녁식사-목욕시간-취침시간'의 순서에서 다음에는 무슨 일이 일어날지 예측하게 해 줌으로써 매일의 생활에 안정성을 제공한다.

(2) 자서전적 기억(autobiographical memory)
① **의미** : 자신이 과거에 했던 경험을 기억하는 것이다.
② 새로운 사건에 대한 아이들의 자서전적 기억은 상당히 뛰어난 경우가 많다.
예 3~4세 무렵 에버랜드를 방문했던 아이가 시간이 지난 후에도 많은 것을 회상하는 경우
③ **부모의 대화방식** : 반복적 양식을 사용하는 부모의 자녀는 정교화 양식을 사용하는 부모의 자녀에 비해 회상을 더 적게 하고 기억이 덜 조직되어 있는 경향이 있다.
㉠ **정교화 양식(elaboration style)** : 아이의 기억을 이끌어내기 위해 다양한 질문을 하고, 아이의 진술에 정보를 추가하고, 필요할 때는 아이의 기억을 교정해 주기도 한다.
㉡ **반복적 양식(repetitive style)** : 질문을 반복해서 하고 주제를 자주 바꾸며 정교화를 거의 하지 않는다.

(3) 목격자 기억과 피암시성
① 아동의 피암시성은 성인보다 더 높게 나타난다.
② 대부분의 피암시성 연구에서 아동이 한 사건을 목격하고 난 후에 사실과 다른 잘못된 대답으로 이끄는 질문을 받으면 부정확한 사실을 말하거나 아동에게 원하는 답을 하도록 강요하면 아동의 부정확한 보고가 증가된다.
③ 아동의 기억은 성인에 비해 부호화할 때 핵심 정보보다 상세한 정보 표상에 중점을 두기 때문에 빨리 잊혀진다.

5. 기억책략

(1) 시연(rehearsal)
① 시연은 여러 번 반복해서 외우는 것으로, 단기기억에 도움을 준다.
② 아동은 만 6~7세에 시연을 하기 시작하지만, 9세가 되어서야 성인과 비슷한 수준의 시연능력을 갖는다.

(2) 조직화(organization)
① 주어진 정보를 범주화해서 외우는 책략이며, 정보를 순서대로 기억하지 않아도 될 때 주로 사용한다.
② 아동은 주로 시연을 시작하는 시기에 조직화도 하기 시작한다.
③ 만 4~5세 아동도 조직화를 사용할 수 있지만 적절히 사용하지는 못한다.

(3) 정교화(elaboration)
① 특정 정보를 다른 것과 연관 지어 기억하는 책략이다.
   예 교과서의 내용을 자신의 말로 고쳐 쓰거나, 자신의 경험과 관련지어 외우는 것이다.
② 아동은 만 11세경에 정교화를 사용하기 시작하며, 성인이 되면 좀 더 자유롭게 사용할 수 있다.

(4) 기억책략 오류
① 전략을 자발적으로 사용하지 않는 아동도 전략을 사용하도록 가르칠 수 있고, 기억이 향상되는 경우가 많다.
② 생성 결함(산출 결함, production deficient) : 아동이 전략 사용에 필요한 정신적 능력을 가지고 있지만 외부의 촉구자극 없이 스스로 효과적인 전략을 산출하여 사용하진 못하는 것이다.
③ 사용 결함(활용 결함, utilization deficient) : 책략을 사용하지만 이를 통해 이익을 얻지 못하는 것이다. 학교, 실험실에서 아동에게 새로운 전략을 훈련시키는 경우에도 사용이 효과를 내지 못할 수 있다.
④ 문제해결에 더 적절한 새로운 전략의 사용이 수행 향상으로 이어지지 않는 사용 결함이 나타나는 이유
   ㉠ 새로운 전략을 실행하는 데 정신적 노력을 너무 많이 소모하다 보니 문제해결에 필요한 정보를 모으고 저장하는 데 사용할 인지자원이 거의 바닥나 버렸을 수도 있다.
   ㉡ 아동이 전략을 사용함으로써 얻게 되는 결과(예 정답)에는 관심이 없고, 새로운 전략을 사용하는 그 자체에 흥미와 즐거움을 느끼는 경우도 있다.
   ㉢ 어린 아동은 자신의 인지활동을 감찰하고 조정할 능력이 없거나 새 전략을 효과적으로 사용하고 있는지의 여부를 판단할 능력(상위인지)이 없을 수 있다.

6. 실행기능

(1) 실행기능(executive function)
① 특정 목표를 성취하기 위해 어떤 방법을 언제, 어디서, 어떻게 사용할 것인가를 깨닫고 행동에 적용하는 것이다.
② 실행기능은 계획을 세우거나 자기조절을 하는 등의 고차원적인 인지활동과 관련이 있으며, 언제 행동을 하고 멈추어야 하는지 등을 아는 것과 관련이 있다.
③ 전 생애적으로 발달 : 실행기능은 영아기부터 발달되기 시작하여 만 3~5세 사이에 급격히 향상된다. 또한 청소년기와 성인 초기에도 계속 발달하여 만 25세 전후에 가장 향상된 실행기능을 보인다.
④ 프리드만(Friedman, 2011) 등 : 어린 시절의 실행기능이 성인이 되어서도 비슷하게 나타난다고 보았다.
   ㉠ 초등학교 때 자기조절을 잘하지 못하거나 계획을 잘 세우지 못하는 등 실행기능이 떨어진 사람은 성장한 후에도 상대적으로 실행기능이 떨어지는 경향이 있다.
   ㉡ 실제로 실행기능에 문제가 있는 아동은 ADHD나 자폐증이 있는 것으로 나타났다.
   ㉢ 실행기능은 언어 발달을 예측한다.
⑤ 실행기능의 하위 유형 : 억제적 통제, 인지적 유연성, 작업기억 등이 있다.

(2) 억제적 통제(inhibitory control)
① 자신이 하는 일과 상관없는 자극을 무시하는 것으로, 이 능력은 행동 조절을 담당하는 전두엽과 관련이 있다.
② 억제적 통제 관련 요인 : 연구에서 부모의 양육방법과 사회경제적 지위는 억제적 통제능력에 영향을 미쳤다. 부모로부터 혹독한 양육을 받은 아동은 억제적 통제능력이 낮았고, 부모의 지원을 적게 받은 아동도 낮았다. 또한 사회경제적 지위가 낮은 부모의 아동도 억제적 통제능력이 낮았다.
   ➡ 부모의 양육방법과 사회경제적 지위가 억제적 통제능력을 예측한다.
③ 어린 아동의 비현실적 낙관적 믿음은 억제적 통제능력을 예측하는 요인 : 아동의 낙관적 믿음이 클수록 억제적 통제능력이 높게 나타났다.

(3) 인지적 유연성(cognitive flexibility)
① 상황에 맞게 주의를 다른 곳으로 돌리거나 사용하는 책략을 적절하게 변경할 수 있는 유동적 사고능력으로, 인지적 전환(cognitive functioning)이라고도 불린다.
② 차원변경 카드 분류 과제(DCCS) : 만 4세 아동부터 큰 어려움 없이 DCCS를 수행할 수 있는 것으로 나타났다. 특히 만 3세 아동도 훈련을 받으면 인지적 유연성을 이용해 규칙에 맞게 과제를 수행할 수 있다.
③ 연령이 어릴수록 추상적 단서보다는 명백한 단서가 제시되었을 때 효과적으로 인지활동을 조절했다.

(4) 작업기억
① 문제를 해결하거나 어떤 일을 계획하고 결정하는 것과 같은 고차원적인 인지활동과 연관된다. 특히 작업기억은 인지수행을 통제하는 역할과 짧은 시간 동안 정보를 유지하는 역할을 한다.
② 실행기능은 작업기억의 처리과정을 통제하는 역할을 한다. 많은 정보 중 어떤 것을 저장할지, 어떤 기억을 단기기억에서 장기기억으로 변환할지 결정한다. 또한 주의를 조절하여 어떤 대상이나 일에 집중하도록 하며, 의사결정을 내리고 정보를 회상하는 등 다양한 인지활동을 통제하는 역할을 한다.

7. 상위인지

(1) 상위인지(meta-cognition)
① 인지에 대한 인지 혹은 아는 것에 대해 아는 것을 말한다. 즉, 자신의 사고능력과 정신활동에 대해 알고 있는 지식이다.
② 유아는 언어와 인지 발달을 통해 상위인지를 조금씩 발달해 나가며, 만 3, 4세의 유아도 짧은 내용이 기억하기 쉽고, 긴 내용은 기억하는 데에 많은 노력이 필요하다는 것을 안다.
③ 유아는 주로 반복적인 시연을 통해 자료를 기억하기는 하지만 효율적인 기억 전략을 찾아내거나 사용하는 데 어려움을 겪는다.

(2) 상위인지의 구분
① 상위주의 : 주의과정을 스스로 인식하고 이해하는 것이다.
② 상위기억 : 자신의 기억, 기억체계의 기능과 발달능력에 대해 지각하는 것이다. 상위기억이 발달하면서 아동은 자신이 기억할 수 있는 것에 한계가 있음을 알고 기억과제를 위해 필요한 전략을 사용하며, 사용한 기억전략이 효과적인지 평가하게 된다.

제4절 인지 발달

09 피아제(Piaget)의 인지 발달이론

1. 이론의 구성요소 및 발달 단계의 특징

(1) 주요 개념 기출 21

구분	내용
도식 (schema)	• 외부의 정보를 통합하고 조직화하는 인지적 틀 혹은 구조 • 인간이 환경에 대해 경험하고 이해한 것이 조직되어 두뇌에 저장된 '세상에 대한 내적 표상'
조직화 (organization)	• 지식을 일관성 있게 체계화하거나 범주를 만드는 경향성 • 목적은 적응과정을 촉진하는 것으로, 아동은 기존 도식들을 환경의 요구에 맞추어 새롭고 더욱 복잡한 인지구조로 끊임없이 (재)조직해 나감 • 조직화된 도식들이 다른 도식과 함께 네트워크의 일부가 되어 주변 환경에 적용되면 아동은 다시 평형 상태에 도달함
동화 (assimilation)	새로운 정보를 기존의 도식으로 이해하는 과정
조절 (accommodation)	새로운 정보를 수용하기 위해 기존의 도식을 수정하는 과정
적응 (adaptation)	• 환경과의 직접적인 상호작용을 통해 도식이 변화하는 과정 : 환경과 상호작용하여 외적 세계와 인지적 도식 사이에 평형화를 이루어가는 과정 • 동화와 조절의 두 가지 상호 보완적 과정을 통해 이루어짐
불평형 (disequilibrium)	사람의 사고과정과 환경사건 사이의 불균형 또는 모순
평형화 (equilibrium)	동화와 조절의 과정을 거쳐 불평형한 상태를 벗어나고 인지적 균형 상태를 이루는 것

➡ 아동은 조절을 통해 새로운 정보를 처리하기 위해 기존의 도식을 수정하거나 새로운 도식을 만든다. 동화는 새로운 경험을 이해하고 인지하기 위해 현재의 사고와 이해를 사용할 때 일어난다. 조절은 새로운 경험을 수용하기 위해 현재의 인지구조를 변경하거나 새롭게 형성하는 과정이다.

(2) 지능

① 피아제는 지능검사 개발 연구에 참여하면서 아동들의 대답이 정답이든 오답이든 아동들이 이 세상에 대해 인식하는 독특한 방식을 반영한다는 생각을 가지게 되었다.
② 다양한 연령대 아이들의 지능 수준을 비교하는 것보다 시간의 흐름에 따라 정신적 능력이 변해 가는 과정에 관심을 두었다.
③ 지능 : 내용(content), 구조(structure), 기능(function)으로 구성된다.

④ 지능의 구성요소

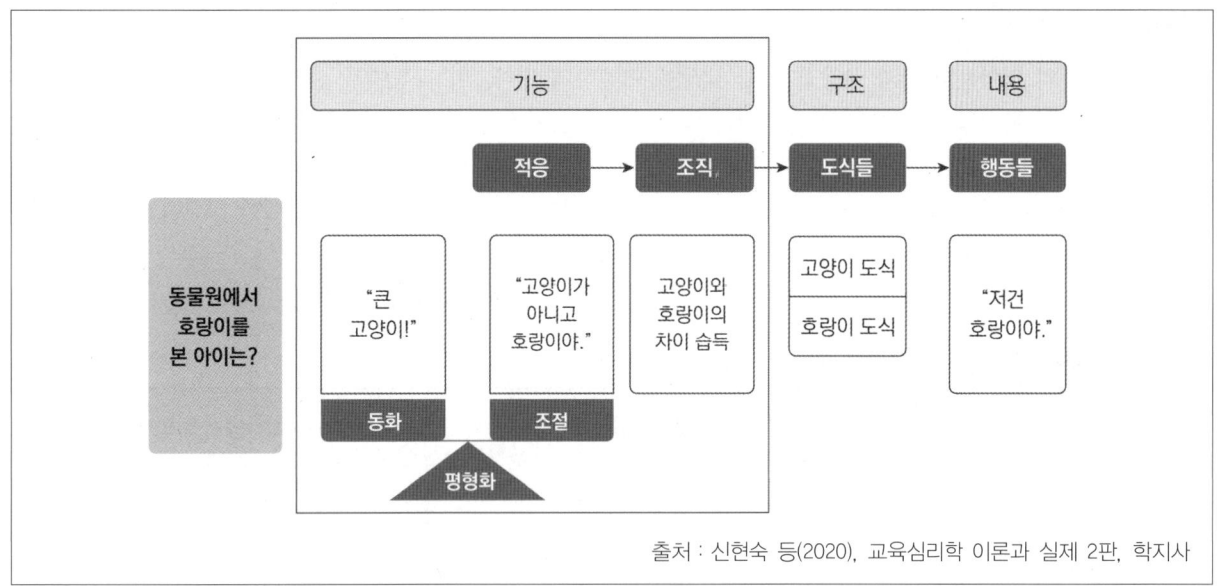

[그림 11-4] 피아제의 지능의 구성요소

(3) 인지 발달 단계의 특징 기출 25

단계	연령	특징
감각운동기	0~2세	• 감각과 운동을 통한 인지구조 발달 • 반사 행동에서 목적을 가진 의도적 행동으로 발전 • 대상영속성 개념의 습득
전조작기	2~7세	• 언어, 상징과 같은 표상적 사고능력의 발달 • **중심화** : 자아중심적 언어와 사고 • 직관적 사고와 전인과성 사고
구체적 조작기	7~11세	• 구체적 경험 중심의 논리적 사고 발달 • 보존개념의 획득 • 유목화와 서열화 가능
형식적 조작기	11세 이후	• 추상적 상황의 논리적 사고 가능 • 명제적 추리와 가설 연역적 추리 가능 • 조합적 추리 가능

① **질적 변화** : 다른 단계의 아동은 '질적으로 다른 방법'으로 사고한다.
② **영역 일반적** : 각 단계의 사고 특징은 다양한 주제와 광범위한 맥락에서 아동의 사고에 영향을 준다.
   예 전조작기의 아동은 특정 과제뿐 아니라 문제해결, 사회적 기술, 도덕적 판단에서조차도 전조작기적 사고를 한다.
③ **짧은 전환기** : 단계와 단계 사이에 짧은 전환기가 존재한다. 이 과도기 동안 아동은 때로는 이전 단계의 사고 특성을, 때로는 새로운 단계의 사고 특성을 보인다.
④ **순서의 불변성** : 각 단계에 도달하는 평균적인 나이를 제시하지만 이 나이가 절대적인 것은 아니다. 그러나 모든 단계는 동일한 순서로 진행되며 어떤 단계를 뛰어넘을 수는 없다.

2. 감각운동기(sensorimotor stage)

(1) 개념

① 이 시기의 영아는 감각과 운동을 통해 세상을 이해하게 된다. 이 과정에서 선천적인 반사기능에 근거한 여러 형태의 신체적 활동에 의해 주변 환경과 상호작용하는 과정을 통해 감각운동적 도식이 진화된다.

② 하위 단계 : 반사행동 → 자신의 신체에 대한 관심 → 외부 대상에 대한 관심 → 두 외부 대상에 대한 행동의 협응 → 외부 대상에 대한 새로운 가능성을 탐색하는 의도적 행동 → 관찰 장면에 대한 정신적 표상을 통한 지연모방 행동의 수행이라는 특징을 지닌다.

③ 이 시기에 영아가 성취하는 중요한 성과는 '대상영속성'과 '지연모방 능력'이다.

(2) 하위 단계와 대상영속성 개념의 발달

하위 단계	연령 (개월)	행동 특성	대상영속성의 발달
반사운동기	출생~1	타고난 반사행동	대상이 사라지면 무시
일차 순환반응기	1~4	자신의 신체와 관련된 흥미로운 활동의 단순반복	대상이 사라진 곳을 잠깐 응시하는 원시적 형태의 대상영속성
이차 순환반응기	4~8	• 외부 대상에 대한 흥미로운 활동의 반복 • 의도적이고 목표 지향적인 행동의 출현	부분적으로 감추어진 대상을 찾을 수는 있으나 완전히 감추어진 대상을 찾지는 못함
이차 순환반응의 협응기	8~12	• 기존의 도식을 목표 성취를 위해 협응 • 인과 개념과 대상영속성 개념 획득	• 대상영속성 개념의 획득으로 숨겨진 대상을 찾아냄 • AB 오류 현상 있음
삼차 순환반응기	12~18	문제해결을 위한 시행착오적 탐색과 다양한 시도	보이는 곳에서 이동한 대상만 찾아냄
정신적 표상기	18~24	• 상징 등 정신적 표상 가능 • 통찰을 통한 문제해결	• 대상영속성 개념의 완전한 획득 • 보이지 않게 이동한 대상도 찾아냄

① **대상영속성 개념** : 대상이 시야에 사라지더라도 계속 존재한다는 것을 인식하는 능력을 의미한다.

② **지연모방 능력** : 특정 행동을 목격한 후 일정 시간이 지난 후에 그 행동을 재연하는 것을 의미한다.

　㉠ 생후 18~24개월에 처음 나타난다.

　㉡ 18개월 무렵에는 관찰한 사태나 행동에 대한 정신적 표상을 저장해 두었다가 인출해 내는 것이 가능하기 때문에 지연모방 능력이 나타난다.

③ **AB 오류**(AB error, 위치오류) : 영아는 새로운 장소보다 익숙한 장소에서 물건을 찾으려고 하는데, 이를 AB 오류라고 한다.

④ **까꿍놀이** : 대상영속성 개념의 획득을 돕는 대표적인 놀이로, 이 시기의 영아들은 부모와의 까꿍놀이를 통해 정서적 유대감을 느끼고 대상영속성을 습득하게 된다.

3. 전조작기(preoperational stage) 기출 25

(1) 개념
① 감각운동기 말에 발달한 정신적 표상 능력으로 인해 실세계의 대상을 표상하는 상징들을 의도적으로 조작할 수 있게 된다. 그러나 아동은 여전히 논리적인 사고를 못하며 비논리적인 직관적 사고라는 한계를 보인다.
② 조작 : 과거에 일어났던 사건들을 내면화시켜 서로 관련지을 수 있는, 즉 논리적인 관계를 이룰 수 있다는 것을 뜻한다.
③ 구분 : 주변 환경의 대상에 대한 성숙한 개념이 발달되지 못한 전개념적 사고(2~4세)와 직관에 의존해 사물을 판단하는 직관적 사고(4~7세)가 두드러진 두 시기로 구분된다.

(2) 전개념적 사고기(2~4세)
① 상징적 사고(symbolic thought) : 어떤 대상이나 현상을 무언가로 표상하는 표상적 사고를 말한다.
  ⊙ 상징 : 어떤 개념이나 대상을 나타내는 징표를 뜻하며, 이 상징능력이 확보되면 정신적으로 시간과 공간을 넘나들 수 있게 된다.
  ⓒ 상징의 사용 : 문제해결의 속도를 증가시키고, 시행착오를 감소시킨다. 단어나 대상이 어떤 다른 것을 표현하게 하는 상징적 사고능력은 유아로 하여금 '지금-여기'의 한계에서 벗어나 정신적으로 과거나 미래를 넘나들게 해 준다.
  ⓒ 가상놀이 : 가상적인 사물 또는 상황을 실제 사물이나 상황으로 상징화하는 놀이를 말한다.
    예 병원놀이, 학교놀이 등
② 자기중심적 사고 기출 25 : 타인의 생각, 감정 등이 자신과 동일하다고 믿고 타인의 관점을 이해하지 못하는 것이다.
  ⊙ 자기중심성 : 세상을 자신의 관점에서만 지각하여, 다른 사람의 생각이나 감정, 믿음이 자신의 것과 동일하다고 여기는 것이다.
  ⓒ 세 산 모양 실험 : 전조작기 아동은 인형의 관점에서 보이는 세 산의 모습을 고르지 못하고, 자신의 눈앞에 있는 세 산 모양의 사진을 고른다. 이는 아동이 자신의 관점대로 세상을 바라보는 경향이 있음을 나타낸다. 다른 사람의 관점에서 지각할 수 있는 능력은 만 7~8세 이후가 되어야 나타난다.
  ⓒ 집단적 독백(collective monologue) : 의미 전달이 되지 않고 자기중심적으로 이야기하는 것이다. 즉, 의사소통이 이루어지지 않고 마치 독백처럼 자기 말만 하는 현상이다.
③ 물활론(animism)적 사고 : 생명이 없는 대상에 생명과 감정을 부여하는 사고이다.
④ 전인과적 추론 : 논리적으로 원인과 결과를 연결 짓지 못하는 사고이다.
  ⊙ 목적론적 사고 : 별 목적이 없는 사건에도 대단한 목적이 있는 것처럼 생각하는 것이다. 즉, 아동이 끊임없이 '이게 뭐야?' '왜?'라는 질문을 하는 것은 우연히 존재하게 된 현상에 대해서도 분명한 원인을 찾으려고 하는 것이다.
  ⓒ 인공론(artificialism)적 사고 : 세상의 모든 것이 사람을 위해, 사람의 필요로 만들어졌다고 믿는 사고이다.
  ⓒ 전환적 추론(transductive reasoning) : 관계가 없는 두 사건을 원인과 결과의 관계로 연결시키는 것이다.

(3) 직관적 사고기(4~7세)
① 직관적 사고(intuitive thinking) : 대상의 지각적인 특징으로 그 대상의 특성을 파악하는 사고이다. 즉, 사물의 여러 측면에 주의를 기울일 줄 모르고 현재 지각되는 어느 한 사실에만 주의를 기울임으로써 그 대상을 규정짓는 사고 특성이다.

② **보존개념(conservation)** 기출 25 : 사물의 외양이 변해도 그것의 길이, 양, 무게, 면적, 부피 등은 변화하지 않는다는 사실을 이해하는 것이다. 보존개념을 획득하지 못하는 이유는 동일성, 가역성, 상보성의 개념에 대한 이해가 부족하기 때문이다.
  ㉠ **동일성(identity)** : 어떤 물체의 모양이 변해도 그 물체는 모양이 변하기 이전과 같은 대상이기 때문에 결국 질량의 변화는 없다는 개념이다.
  ㉡ **가역성(reversibility)** : 머릿속에서 처음의 상태로 돌아가도록 거꾸로 생각할 수 있어서 결국 양의 변화가 없다는 사실을 알게 되는 것이다.
    예 길고 좁은 컵으로 옮겨 부은 우유를 다시 거꾸로 짧고 넓은 컵으로 옮겨 부을 수 있으므로 결국 같은 양의 우유라는 사실을 이해하면 가역성의 개념을 습득한 것이다.
  ㉢ **상보성(compensation)** : 한 가지 차원에서 잃어버린 것은 다른 차원에 의해 보상될 수 있다는 개념이다. 상보성 개념을 획득하면 동시에 여러 차원을 볼 수 있어 한 차원에서의 변화를 다른 차원에서의 변화로 상쇄할 수 있다는 생각을 하게 된다.
    예 컵의 넓이가 넓은 것에서 좁은 것으로 변화했지만 동시에 짧은 것에서 높은 것으로 변화했으므로 컵의 넓이의 변화가 높이의 변화로 보상되었다는 것이 상보성이다.
③ **유목포함(class inclusion)** : 분류(classification)능력으로 부분과 전체의 관계, 상위유목과 하위유목의 위계적 관계를 이해하는 능력이다.
④ **서열화(seriation)** : 길이, 부피 등 양적 특성을 고려해 순서를 나열하는 것이다. 길이의 경우 만 3~4세 유아는 차례대로 나열하지 못하고, 5~6세가 되면 일부는 순서대로 나열하지만 전체적으로는 서열대로 나열하지 못한다.

4. 구체적 조작기(concrete operational stage)

(1) 개념
① 구체적인 경험 중심의 논리적 사고 : 논리적 조작이 가능해지면서 보존개념을 획득하고 분류와 서열화의 기능이 가능해진다.
② 체계적이고 논리적인 사고가 가능해지지만, 아동이 직접 경험한 구체적인 사실과 세계에 제한된다.
③ 이 시기에는 보존개념과 분류 및 서열개념을 획득하게 된다.

(2) 분류
① 공통된 속성에 따라 물건을 분류하고 일정한 물건이 다른 물건의 상하 범주에 속하는 것을 인지하게 된다.
② 단순분류(한 가지 속성에 따라 분류)뿐만 아니라 다중분류(일정한 두 개 이상의 속성에 따라 분류)가 가능해진다.
  예 동물의 색깔을 고려하여 흰색, 검은색 동물로 구분하거나 종류를 고려하여 강아지, 고양이로 분류할 수 있다.

(3) 보존개념
① 아동은 자신의 눈에 보이는 지각적 특성에 따르지 않고 논리적 조작에 근거하여 보존문제를 해결한다.
  ➡ 문제를 해결하는 과정에서 직관에 의존하기보다는 논리적으로 사고하고 그 규칙을 적용한다.
② 보존개념 획득 : 동일성, 가역성, 상보성의 개념에 대한 이해능력을 획득했기 때문이다.
③ 보존개념 획득 시기 : 과제의 형태에 따른 획득 시기는 다를 수 있는데, 이 획득 시기의 차이를 수평적 격차(horizontal decalage)라고 한다. 아동은 주로 수량, 길이, 액체량, 질량, 무게, 부피 순으로 보존개념을 획득하게 된다.

시기	6~7세경	8~9세경	9~10세경	14~15세경
내용	수에 대한 보존개념	면적에 대한 보존개념	무게에 대한 보존개념	부피에 대한 보존개념

④ 구체적 조작기 아동의 논리적 조작은 구체적인 사물의 내용과 연관되어 있어, 결국 구체적인 특성을 넘어서는 일반화 능력을 획득하지는 못한다.

(4) **서열화**
① 서열화 : 길이나 부피 등 양적 특성을 고려하여 순서를 나열하는 것이다.
② 한 가지 속성에 따라 대상을 비교하며 차례대로 배열하는 단순 서열화뿐만 아니라, 두 가지 이상의 속성에 따라 물체를 비교하여 배열하는 다중 서열화의 능력도 획득한다.
   예) 여러 개의 자동차를 크기와 종류에 따라 동시에 배열할 수 있다.

> **참고** 구체적 조작기의 인지 발달
> 구체적 조작기의 인지 발달은 전조작기와 질적으로 다르다. 탈중심화하고 분류와 서열화, 보존개념과 같은 논리적 조작능력을 획득하지만, 이는 구체적인 사물로 제한된다. 명료하고 뚜렷한 구체적 대상이 아니면 직관적 사고에서 벗어나는 논리적 추론을 여전히 할 수 없다.

(5) **탈중심화**
① 타인의 관점과 생각이 자신과 다를 수 있음을 이해하게 됨으로써 탈중심화가 일어나게 된다.
② 조망수용 능력 : 전조작기의 자기중심성에서 벗어나 타인의 의도나 인지, 태도, 감정이나 욕구를 추론하는 능력으로 사회성 발달의 기초가 된다.
   ➡ 공간적 조망수용, 감정 조망수용, 인지적 조망수용 능력이 나타난다.

5. 형식적 조작기(formal operational stage)

(1) **개념**
① 추상적 사고와 과학적·논리적 사고가 주요 특징으로 나타난다.
② 추상적인 개념을 이용한 논리적 사고와 이에 근거한 명제적 사고(구체적 대상의 존재 여부와 상관없이 형식 논리에 의한 사고)가 가능해진다. 즉, 현재 상황뿐만 아니라 미래 상황에서도 논리적으로 생각할 수 있으며, 이와 관련하여 가설 연역적 사고, 조합적 사고 등이 가능해진다.

(2) **특징적 사고**
① 추상적 사고(abstract thinking) : 눈에 보이지 않는 추상적인 개념뿐 아니라 추상적 관련성을 이해하는 것이다. 이로 인해 문학작품의 숨은 의미나 글 속에 숨은 풍자와 해학도 찾아낼 수 있다.
② 가설 연역적 사고 : 다양한 현상에 대한 가설을 세우고 이를 검증할 자료를 수집할 수 있다.
   ㉠ 구체적 조작기 아동 : 연역적으로 사고할 수 있지만 그들의 사고는 친숙한 사물, 상황에 제한된다.
   ㉡ 형식적 조작기의 청소년 : 과학적 사고뿐 아니라 사회, 정치, 철학 등 전 영역에 걸쳐 추상적인 문제를 해결하기 위해 연역적으로 가설을 설정하고 검증하여 결론을 이끌어낼 수 있다.
   ㉢ 가설 연역적 사고로 인해 기존의 사회를 제거하고 검증하여 개혁함으로써 보다 나은 사회를 구축하려는 저항적인 이상주의로 확대되기도 한다.

③ **조합적 사고** : 문제해결에 필요한 요인들을 찾아내고, 그 요인들의 가능한 모든 조합은 물론 필요한 요인만을 골라 체계적으로 생각할 수 있는 조합적 추론이 가능해진다.
④ **자기중심성** : 형식적 조작기에 나타나는 이상주의는 자신과 타인에 대한 추상적인 관점을 구분하지 못하는 새로운 형태의 자기중심으로 이어지기도 한다. 형식적 조작기 초기의 청소년들은 청소년기의 자기중심성(Elkind)을 경험하게 되어 상상적 청중이나 개인적 우화를 나타낸다.

6. 피아제 이론의 공헌점과 한계점

(1) 공헌점
① 피아제의 이론은 인지 발달 분야의 많은 분야를 자극하였다. 피아제 연구를 통해 성인과는 질적으로 다른 아동의 사고에 대한 발달적 연구가 시작되었고 다양한 이론이 제기되었다.
② 능동적이고 적극적으로 지식을 구성하는 아동의 상을 소개했다.
③ 교육에 상당한 영향을 미쳤다.
　㉠ 아이의 사고능력을 키워주는 교육이어야 한다. 아이는 능동적인 학습자이기 때문에 부모나 교사는 주입식 교육 대신, 아이가 직접 실험하고 탐구하며 스스로 발견할 수 있는 물리적 환경을 제공해 줌으로써 아이 스스로 지식을 구성하도록 도와야 한다.
　㉡ 아이가 직접 만져보고 느낄 수 있는 체험학습의 경험이 필요하다.
　㉢ 눈높이 교육을 실시한다.
　㉣ 발달 단계를 훌쩍 뛰어넘는 선행학습은 지양한다.
　㉤ 대립전략(confrontation)을 사용한다. 영유아가 새로운 자극으로 인지적인 불평형 상태에 놓이면 동화와 조절을 통해 평형 상태를 이루려 하고, 이 과정에서 인지 발달이 이루어진다. 따라서 교사나 부모는 아이가 이미 알고 있는 것에 대해 의문을 가질 수 있는 정보를 제시하여 아이로 하여금 동화와 조절의 인지활동을 활발히 할 수 있도록 유도한다.

(2) 문제점
① 모든 유형의 과제에 영향을 끼치는 단계가 존재한다는 설명은 타당하지 않다.
　㉠ 보존과제는 구체적 조작기에 모두 획득되는 것이 아니라 일반적으로 크기의 보존개념부터 획득한 후 형식적 조작기에 이르러 비로소 양의 보존개념을 획득하게 된다.
　㉡ 서로 질적으로 구분되는 인지 발달 단계보다는 일반적인 발달의 경향성이 인지 발달을 더 잘 설명한다.
② 어린 아동의 능력을 과소평가했다. 실제 상황에서는 아동이 유사한 과제를 수행할 수 있음에도, 피아제의 과제실험에서는 아동에게 주어지는 추상적인 지시로 인해 주어진 과제를 제대로 해내지 못했다.
　예 3세 아동에게 보다 단순화된 수 보존과제를 주었을 때, 전조작기 아동임에도 이를 성공적으로 해냈다.
③ 연령이 높은 아동의 능력을 과대평가했다.
　예 중고등학교의 교사들은 학생들이 추상적인 현상에 대해 논리적으로 사고할 수 있다고 생각하지만, 실제로 그렇지 못한 경우가 많다.
④ 아동의 논리적 능력은 피아제가 제안한 것보다 구체적 영역에서의 경험과 지식에 더 강하게 의존한다.
　예 학생은 적절한 경험이 있는 경우 비율 추리문제를 풀 수 있지만, 적절한 경험이 없으면 문제를 풀지 못한다.
⑤ 피아제의 이론은 발달에서 문화의 영향을 적절하게 고려하지 못했다.

10 비고츠키(Vygotsky)의 사회문화적 인지 발달이론

1. 이론의 배경

(1) 사회문화적 이론
① 아동은 혼자 발달하기보다 자신이 속한 사회와 문화에서 주변인과의 상호작용을 통해 인지적 성장을 이룬다.
② 외부적인 상황이 개인에게 내면화되면서 학습은 타자주도적(other-regulated) 학습에서 점차 자기주도적(self-regulation) 학습으로 전환된다.

(2) 기본 견해
① 사회 및 문화가 발달에 미치는 영향을 강조한다.
② 유능한 사람과의 사회적 상호작용이 학습 및 발달에 중요한 영향을 준다. 비고츠키에 따르면 문화적인 형태로 존재하는 지식은 사회적 상호작용을 통해 아동에게 전달되고, 아동은 그것을 내면화한다.
　➡ 개인의 인지활동을 통해 지식이 구성된다고 보는 피아제의 견해와 대비된다.
③ 개인은 내면화(internalization)를 통해 지식을 획득한다.
　㉠ 내면화: 사회적 현상을 심리적 현상으로 변형하고, 외적 활동을 내적으로 실행하며, 사회적 상호작용을 통해 지식을 습득하는 과정이다.
　㉡ 아동은 성인 또는 유능한 타인의 사고나 행위방식을 내면화하기 때문에 사회적 상호작용이 어떻게 이루어지는가에 따라 아동이 내면화하는 지식과 기능은 크게 달라진다.
④ 언어는 학습 및 발달에서 핵심 역할을 한다.
　㉠ 개인의 외부에 있는 존재하는 정신 기능을 내면화하는 과정에서 언어가 중추역할을 한다.
　㉡ 언어는 사고의 도구로 사고에 필요한 개념과 범주를 제공함으로써 사고를 가능하게 하고, 자기의 행동을 조절하고, 사회적 상호작용을 가능하게 하는 수단이다.
⑤ 언어와 사고는 처음에는 아동의 외부에 독자적으로 존재하지만, 성인이 되면서 차츰 내적으로 긴밀하게 관련된다.
　㉠ 영아기에는 언어와 사고가 별도로 기능하는데, 이 시기의 사고는 언어와 관계없이 나타나며 언어는 사고의 기제가 아닌 의사 전달 수단으로 활용된다.
　㉡ 2세 무렵부터 사고와 언어가 상호 의존적으로 발달하며, 성인이 되면 언어와 사고가 통합된다.

2. 이론의 구성요소 기출 21

(1) 근접 발달 영역(ZPD; Zone of Proximal Development)
① 의미: 실제적 발달 수준과 잠재적 발달 수준의 차이로, 혼자서는 문제를 해결할 수 없지만 성인이나 친구의 도움을 받아 문제를 해결할 수 있는 영역이다.
　㉠ 실제적 발달 수준(level of actual development): 아동이 누군가의 도움 없이 스스로 기술을 터득하거나 학습할 수 있는 능력 정도이다.
　㉡ 잠재적 발달 수준(level of potential development): 타인의 도움을 받았을 때 아동이 배울 수 있는 능력 정도이다.

② 근접 발달 영역은 지능만을 검사로 사용하던 이전의 측정방법과 달리 아동의 잠재능력도 고려하여 지식 수준을 평가한다는 점에서 중요하다. 실제로 이러한 방식으로 실시한 지능검사에서 아동들이 더 많은 능력을 보여줄 수 있었다.

> **예** 포이어슈타인(Feuerstein)의 학습잠재력 평가도구(LPAD) : 인지검사를 수행하는 중에 검사자가 다양한 힌트와 도움을 제공하여 힌트 제공 전-후의 아동의 수행능력을 비교해서 아동의 잠재력을 평가한다.

(2) 발판화(scaffolding, 비계 설정)
① 아동 스스로 문제를 해결하는 수준에 도달할 수 있도록 제공되는 친구나 부모, 교사의 도움을 의미한다. 즉, 개인의 잠재적 발달 수준에 제공되는 지원체계이다.
② 발판화에는 과제의 목표 설명, 시범, 아동이 가장 어려운 부분을 실행할 수 있게 돕는 것 등이 포함된다.

(3) 사적 언어(private speech)
① 혼잣말 형태로 나타나는 언어로, 이는 외부의 사회적 지식을 내부의 개인적 지식으로 바꾸어주는 기제이며, 자신의 생각을 조절하고 반영하는 수단이 된다.
② 사고와 언어는 서로 연합하여 발달에 영향에 주는데, 언어는 문제해결을 위한 사고의 도구로, 특히 4~7세경에 나타나는 사적 언어는 목표 달성에 필요한 수단을 얻기 위해 마음속에서 사용되는 언어를 말한다.
③ 자기중심적 언어
　㉠ 피아제 : 자기중심적 언어는 타인의 관점을 이해하지 못하는 전조작기 아동의 특성을 반영한다. 자기와 세계에 대한 분명한 분별을 하지 못하므로 아동의 관점은 내면적 사고와 사회적 사고의 중간적 위치에 있으면서 아동이 이를 극복했을 때 한 차원 높은 지적 발달을 이룬다.
　㉡ 비고츠키 : 개인적 발화(사적 언어)로 보았는데, 이는 자신의 사고과정과 행동을 조절하는 역할, 즉 자신과의 의사소통을 위한 것이라고 보았다. 이 혼잣말은 6~7세경이 되면 내면화되어 내적 언어, 즉 사고활동으로 전환됨으로써 아동의 사고나 인지발달에 중요한 역할을 한다.

(4) 유도된 참여(guided participation)
① 아동은 성인이나 또래와 상호작용하고 자신이 속한 문화, 사회에서 받아들여지는 다양한 활동에 참여함으로써 사회화 과정에 이르는데, 이러한 과정을 유도된 참여라고 한다.
② 아동은 어른이나 또래를 관찰하며 그들의 가치나 기술, 방식 등을 배운다. 이때 사회문화적 특성에 따라 아동의 발달 목표나 배우는 내용과 방식은 다양할 수 있다.

(5) 역동적 평가
① 근접 발달 개념은 기존의 고정된 평가(예 IQ 검사)와 달리, 성인의 도움을 받은 후에 아동이 얼마나 더 잘할 수 있는지를 측정하는 역동적 평가와 관련이 있다.
② 역동적 평가과정

> 1. 학생이 초기에 혼자서 할 수 없는 과제를 확인한다.
> 2. 과제와 관련된 행동 및 사고과정에 대해 심층적으로 가르치고 연습하도록 한다.
> 3. 각 학생이 심층적으로 배운 내용을 토대로 어느 정도 향상되었는지를 파악한다.

➡ 일반적으로 역동적 검사는 '사전검사-개입-재검사'의 순서로 이루어진다.

3. 이론의 평가

(1) 피아제(Piaget)와 비고츠키(Vygotsky)의 이론 비교

관점	피아제	비고츠키
아동 발달에 대한 이해	• 아동을 잠재력을 가진 능동적 학습자, 즉 '꼬마 과학자'로 보았으며, 평형과 불평형을 거쳐 개인의 내적 지식이 사회적 지식으로 확대·외면화되며 형성되어 간다고 함 • 따라서 과학자로서 갖추어야 할 조작 능력의 발달에 따라 인지 발달 단계를 구분하였으며, 과학자로서의 성장 가능성을 극대화하고 내적 지식을 쌓을 수 있는 풍부한 물리적 환경의 조성을 중요시함	• 아동을 사회적인 존재로 보았고, 인간은 본질적으로 사회문화적이며 지식의 형성과정 또한 사회적 지식이 개인의 내적 지식으로 내면화된다고 함 • 즉, 인간은 외부의 간섭으로부터 자유로울 수 없고 사회문화의 영향을 받으면서 성장하는 존재이므로, 아동의 인지 발달을 위해서 사회적·문화적·역사적 환경이 잘 조성되어야 한다고 봄
인지 발달과 학습	발달이 학습에 선행함. 즉 발달에 기초하여 학습이 이루어짐	학습이 발달에 선행하는 것이며, 학습이 발달을 주도함. 발달의 과정은 학습과정에 뒤처지는 것으로 보며 아이가 혼자 할 수는 없어도 부모나 교사의 도움으로 문제를 해결할 수 있다고 봄
인지 발달과 언어	• 아동의 사고과정에서 언어가 중요한 역할을 한다고 보지 않고, 의사소통의 기능을 강조하지도 않음 • 언어는 현재의 생물학적 인지 발달 수준을 보여 주는 통로이며 인지 발달의 부산물이므로, 인지 발달 수준에 따라 언어 발달이 자연스럽게 뒤따른다고 봄	언어 발달과 인지 발달이 상호 독립적이고, 언어는 학습과 발달을 매개하는 중요한 요인이라고 봄

(2) 교육현장의 시사점

① 교사는 수업을 발달에 선행하도록 계획해야 한다. 즉, 교사는 학생의 실제 발달 수준보다 발달 가능한 잠재 수준을 고려해야 한다. 따라서 교사는 학생의 근접 발달 영역을 찾아낸 후 근접 발달 영역 내에서 수업을 이끌어 가야 한다.

② 협동 학습을 적극적으로 활용해야 한다. 친구와의 상호작용이 아동의 사고력 향상에 도움이 된다고 보았기 때문에 함께 과제를 수행하면서 서로 배울 수 있는 협동 학습의 활용을 지지한다.

③ 문제해결을 위해 사적 언어를 활용하도록 지도해야 한다.

④ 발판화를 활용해야 한다. 학교에서 학습자에게 다양한 발판화를 설정해 주면 학생들이 해결할 수 있는 문제해결의 범위가 넓어진다. 따라서 학생들이 문제해결 과정에서 어려움을 겪을 때 교사는 부분적으로 해답을 제공하거나 시범을 보여 주거나 학생들이 자신의 사고 과정을 소리 내어 말할 수 있도록 격려해야 한다.

(3) 제한점

① 인간의 인지 발달에 영향을 미치는 생물학적 요인을 간과하였다.

② 이론에서 제시한 개념들은 과학적 검증이 어려워 모호성을 지닌다.

③ 인지 발달이론인가 하는 근본적인 의문이 제기된다. 비고츠키 이론은 연령에 따른 인지 발달 수준이나 변화양상 등을 직접적으로 언급하지 않았다.

④ 인지 발달에 영향을 미치는 사회적 상호작용을 제시하였는데, 이러한 요인이 어떠한 과정을 통해 영향을 주는지에 대한 구체적인 설명이 없다.

11 최근의 인지 발달이론

1. 이론 - 이론('theory' - theory)

(1) 개념
① 특정 영역의 정보를 이해하기 쉽도록 어느 정도 준비가 되어 태어난다고 본다. 즉, 이론이 준비되어 태어난다고 보는 이론이다.
② 초기에 선천적 이론에 기초하여 아기가 생존에 도움을 받고 빠른 속도로 발달하게 되지만, 곧 경험과 훈련이 중요한 영향을 미친다는 점에서 신생득론적 관점(neo-nativism)을 취한다.
③ 이론 : 어떠한 현상이나 대상을 이해하기 위한 논리적이고 체계적인 명제로, 여러 인과관계를 추론할 수 있게 도와준다.
④ 이론 - 이론 : 이론의 특성을 기반으로 아동의 인지 발달을 설명한다. 아동은 단순한 지식습득만을 통해 세상을 배우는 것이 아니라 세상에 대한 이론을 가지고 통찰력을 갖게 된다.
⑤ 영아는 태어나면서부터 세상에 대한 이론을 형성하고, 이에 대한 실험 및 검증능력을 가진다. 또한 경험을 통해 이론을 수정 또는 폐기하며 더욱 효율적인 이론을 만들어 나간다.

(2) 한계점
① 아동이 실제로 태어날 때부터 이론 형성 등의 추상적 사고활동을 할 수 있는지 아직 밝혀진 바가 없다.
② 아동이 언제, 무엇을 아는지는 설명할 수 있지만, 이론의 구성과 수정과정에 대한 설명이 부족하다.
③ 연구자마다 개념 정의가 다양하기 때문에 서로 다른 해석을 하여 본래의 개념을 변질시킬 수도 있다.

2. 시글러(Siegler)의 전략 선택 모델

(1) 전략 선택 모델(model of strategy choice)
① 피아제의 단계이론을 반박하며 아동이 한 시점에서 동일한 유형의 과제들을 해결해야 할 때 다양한 전략들을 사용한다고 주장한다.
② '자연도태'라는 진화론적 개념을 사용하여 인지적 변화를 설명 : 아동은 문제에 직면했을 때 다양한 전략들을 생성하고 사용해 보는데, 이러한 경험을 통해 빈번하게 사용된 일부 전략들은 '생존'하게 되고, 문제해결에 유용하지 않은 전략들은 자연스럽게 소멸된다.
③ 아동은 다양한 상황에서 전략들을 적용하는 과정을 거치면서 적절한 문제해결 기술을 습득하게 된다.

(2) 중복파장이론(overlapping wave theory)

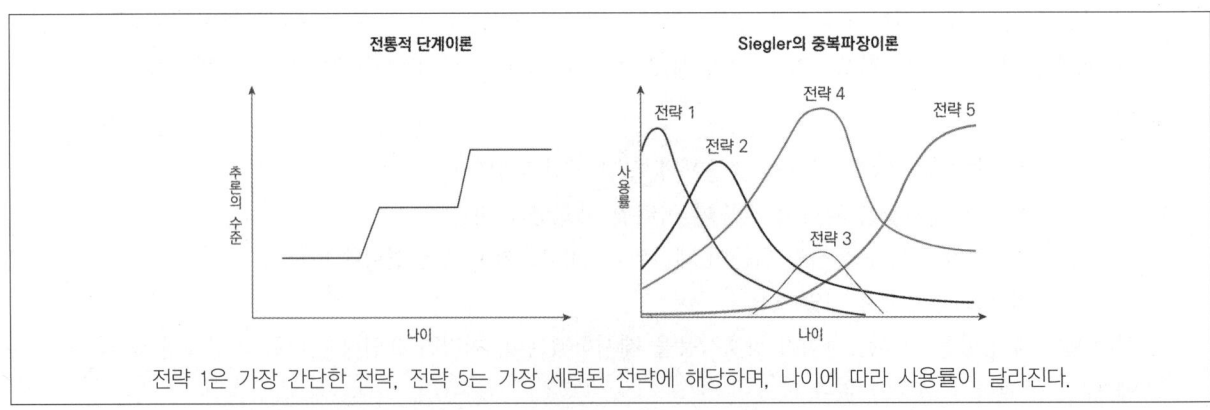

[그림 11-5] 전통적 단계이론과 중복파장이론의 도식적 비교

① 아동이 발달과정에서 다양한 정보처리 전략에 의존함 : 연령이 증가하고 경험이 축적됨에 따라 다양한 문제해결을 위해 효율적이고 세련된 전략들을 주로 사용하지만, 친숙하지 않은 문제에 직면하면 어릴 때 사용하던 더 간단한 전략들을 사용한다.
② 전략은 단계적으로 발달하는 것이 아니라, 동일한 연령에서도 다양한 전략들이 동시에 활용되며 파장이 중첩되듯 여러 전략이 동시에 존재한다.
③ 아동은 이렇게 계속 새로운 전략들을 찾아내고, 문제 상황에 직면했을 때 더욱 새로운 전략을 선택함으로써 기존에 갖고 있던 전략과 새로운 전략을 모두 효과적으로 사용하는 방법을 학습한다.

3. 신피아제 학파

(1) 케이스(Case)의 인지 발달이론
① 인지 발달 단계를 정보처리 이론의 작업기억 용량의 개념으로 설명하였다.
② 인지 발달 단계 : 감각운동 단계, 상호관련 단계, 차원 단계, 추상화 단계의 4단계를 거치는데, 이러한 인지 발달은 작업기억 용량과 정보처리 효율성의 증가에 의해 일어난다고 주장한다.
③ 작업기억 : 실제 과제를 해결하는 데 동원되는 '처리공간'과 처리한 정보를 저장하는 '저장공간'으로 구성되어 있다. 그런데 전체 작업기억 공간은 한정되어 있으므로, 한쪽이 커지면 다른 쪽은 작아진다.
④ 인지 발달은 정보처리의 효율성을 증가시킴으로써 더 큰 저장공간을 확보할 수 있게 해 준다.
⑤ 정보처리를 증가시키려면 많은 연습과 피드백을 통해 작업을 자동화하는 것이 필요하다.

(2) 알린(Arlin)
① 형식적 조작기로 성인의 인지 발달을 충분히 설명할 수 없다고 생각하고 인지 발달의 5번째 단계를 제안하였다.
② 문제발견 단계 : 자신이 어떤 문제에 직면하고 있는지 그리고 자신이 해결해야 할 문제가 무엇인지를 정확하게 이해하고, 어떤 문제가 가장 중요한지를 변별하며, 그 문제가 해결을 위한 노력을 기울일 가치가 있는지를 결정하는 지혜를 가지게 된다.

(3) 파스쿠알 – 레온(Pascual – Leone)과 리겔(Riegel)
① 형식적 조작기 이후의 발달 단계인 변증법적 사고 단계를 제시하였다.
② 변증법적 사고 단계 : 이 단계에 도달한 사람은 답을 찾는 데 그치지 않고 모순점이나 문제를 인식하여 더 나은 해결책을 찾기 위해 노력한다. 그래서 처음에 생각했던 해결책을 점차 여러 관점에서 통합적으로 보완하고 발전시킬 수 있는 생각을 할 수 있게 된다. 간혹 새로운 대안에 대해서도 여러 관점에서 접근해 보는 '정-반-합'의 과정을 거친다.

제5절 언어 발달

12 언어 발달이론과 이중언어

1. 언어 발달이론

(1) 행동주의적 관점(학습이론)
① 학습이론에서는 강화와 모방이라는 학습 기제를 통해 언어를 습득한다고 본다.
② 스키너(Skinner) : 조작적 조건형성에 따른 강화의 원리에 의해 획득된다.
③ 반두라(Bandura) : 부모가 강화를 하지 않아도 관찰을 통한 모방학습에 의해 언어 발달이 가능하다고 본다. 즉, 어려서부터 주변 사람의 언어를 관찰하고 그들이 내는 소리를 그대로 모방함으로써 언어를 습득한다.
④ 한계점 : 강화나 모방에 의한 학습기제만으로 복잡하고 정교한 문법을 습득하기는 어렵다. 특히 아동이 성장해가면서 보이는 언어 발달 모두를 강화와 모방만으로 설명하는 것은 한계가 있다.

(2) 생득론적 관점
① 아동이 언어를 습득할 능력을 가지고 태어난다고 보고, 언어를 배울 수 있는 가능성을 타고난다고 주장한다.
② 촘스키(Chomsky)의 언어습득장치(LAD; Language Acquisition Device)
  ㉠ 언어습득장치는 인간이 선천적으로 가지고 태어나는 보편적 문법 지식체계로, 문법적인 변형 규칙을 적용 가능하게 하는 장치이다.
  ㉡ 보편적 문법(universal grammar) : 다른 나라 아동도 비슷한 속도로 언어를 습득하는 것을 보고 보편적 문법이라는 개념을 주장했다. 이는 모든 나라의 언어에 동일한 문법적 규칙이 있다는 추상적인 개념이다. 이에 따르면 누구나 문법을 익힐 수 있는 언어적 능력을 가지고 태어난다.
  ㉢ 각기 다른 문화권의 아동이 범하는 문법적 오류가 유사하다는 점, 언어 발달의 보편성, 선천적 청각장애 아동도 나름의 언어신호를 만든다는 사실 등은 이 주장을 지지해 주는 증거이다.
③ 레니버그(Lenneberg) : 인간은 언어를 습득, 이해, 산출하는 특별한 능력을 가지고 태어난다. 즉, 언어습득은 선천적으로 타고난 능력으로, 뇌의 발달과 관련 있다. 그렇기 때문에 서로 다른 문화권에 속하는 영아의 언어 발달이 비슷한 시기에 비슷한 순서로 이루어진다.
  ㉠ 좌반구에 뇌손상을 입은 영유아 : 신경계 가소성으로 우반구가 그 결손을 회복시키지만, 사춘기 이후에는 회복이 어렵다는 연구결과는 언어 발달과 신경계 발달 간의 관련성을 입증해 준다.
  ㉡ 결정적 시기(critical period) : 언어가 습득되는 시기인 18개월부터 사춘기 사이에 언어의 결정적 시기가 존재하며, 특히 취학 전 약 5세까지가 언어를 매우 빠르고 쉽게 습득하는 시기이다.
④ 언어의 구조 : 표면구조(문법에 맞게 산출된 언어), 심층구조(산출된 언어나 표현한 말의 의미)로 구성되어 있다.
  ㉠ 촘스키는 언어에서 문법보다 의미를 강조하여 표면구조보다 심층구조를 더 중요하게 생각하였다. 또한 심층구조를 이해하는 능력은 타고나는 것이다.
  ㉡ 언어의 심층구조를 이해하기 위해서는 학습이 필요 없다.

⑤ 한계점
  ㉠ 언어습득기제가 구체적으로 어떤 작용을 하며, 왜 그런 작용을 하는지 설명하지 못한다.
  ㉡ 사춘기 이후에도 여러 형태의 언어발달이 가능하다는 연구결과가 있어 '결정적 시기' 가설도 도전받고 있다.
  ㉢ 언어습득능력이 선천적·보편성이 인정되더라도 이러한 능력이 어떤 특정 나라에서 자라는 영유아의 언어발달과정으로 발현되는지에 대한 분명한 설명이 없다.
  ㉣ 언어습득속도나 언어구사력의 개인적 차이에 대한 설명이 부족하다.

(3) 상호작용이론
① 상호주의적 관점은 학습론과 생득론의 한계를 보완한 것으로, 언어 발달이 선천적 능력과 경험이 상호작용하여 이루어진다고 본다. 즉, 타고난 언어능력은 언어적 노출이 풍부한 사회적 상황에서 발전된다는 것이다.
② 브루너(Bruner, 1983) : 사회문화적 맥락이 인간의 언어 발달의 핵심이라고 보고, 부모와 교사의 역할을 강조한다.
  ㉠ 언어습득 지원체계(LASS; Language Acquisition Support System) : 언어 발달을 도울 수 있는 부모의 역할로, 부모는 영아가 옹알이를 시작할 때부터 반응을 보이는데 부모와의 이러한 상호작용을 통해 언어가 발달한다.
  ㉡ 아동대상 화법(child-directed speech) : 부모가 영아에게 말을 할 때 높은 어조로 간단한 단어를 짧게 강조하고 반복하여 이야기하는 방식을 말한다. 아기식 말투를 사용하는 이 화법은 영아의 주의를 끌어서 의사소통이 지속적으로 이루어지게 돕는 기능을 한다.
③ 피아제(Piaget) : 인지적 상호작용이론을 주장한 학자로, 언어습득을 가능하게 하는 데 아이의 내적 능력이 중요하다는 점에서 생득이론과 같은 입장을 취하지만 언어 습득을 위한 선천적 장치가 있다는 점에는 동의하지 않았다.
  ㉠ 언어 발달에 있어 아동의 능동적 참여를 강조한다.
  ㉡ 언어는 인지적 성숙의 결과로 나타나는 능력으로 인지가 발달함에 따라 언어가 발달한다.
④ 비고츠키(Vygotsky)
  ㉠ 언어와 사고가 처음에는 분리되어 기능하다가 어느 시점이 되면 언어가 사고에, 사고가 언어에 영향을 주면서 상호작용하게 된다.
  ㉡ 사회적 상호작용의 도구로 언어를 사용함으로써 인간 내면의 심리가 발달한다고 하였으며, 언어는 사회적 경험이 개인에게 내면화된 것으로 사회적 언어에 의해 개인의 심리적 언어가 발달한다.
  ㉢ 언어 발달 단계 : 언어 발달은 외적 언어 단계에서 자기중심적 언어 단계로, 다시 내적 언어 단계로 진행된다.

단계	언어 발달 특성
1단계 : 초기 언어 단계 (primitive speech stage)	• 언어와 사고가 결합되기 전 시기 • 비인지적 언어기능 • 비언어적·비사고적 • 2세 말에 비로소 언어가 사물을 지칭하거나 자신의 요구를 표현하는 기능을 함 예 신생아의 울음소리는 감정의 방출, 2개월 된 영아의 소리는 사회적 반응
2단계 : 순수심리적 단계 (native psychological stage)	• 단어에 상징적인 기능이 있음을 이해함 • 다양한 질문을 통해 주변에 있는 현상을 이해함 • 언어의 여러 기능 중 단지 문법적 측면에서만 언어를 사용하기 때문에 순수심리적 단계라 명명함 • 이 시기부터 언어와 사고가 상호 영향을 끼치게 되므로 언어가 사고의 도구로 사용됨

단계	언어 발달 특성
3단계 : 자기중심적 언어 단계 (egocentric speech stage)	• 독백 형식으로 언어를 구사함 • 다른 사람의 반응을 요구하지 않음 • 외적 언어에서 내적 언어로 발달해 가는 과도기적 언어임 • 언어의 자기조절기능과 의사소통기능이 분명하게 구별되지 않는 상태
4단계 : 내적 언어 단계 (ingrowth speech stage)	• 7세 이후가 되어야 도달함 • 자기중심적 언어가 감소함 • 논리적 기억을 사용하여 머릿속에서 언어의 조작이 이루어짐 • 내적 언어를 사용하며, 언어가 사고과정에서 중요한 역할을 함

② 혼잣말 : 사회적 언어가 내적 언어로 발달하는 과정에서 나타나는 언어가 혼잣말인데, 이는 과도기적인 특성이 있다.
ⓐ 혼잣말은 자신의 행동을 통제하는 자기조절과 자기지시의 기능을 하며, 이를 통해 내적 사고가 발달한다.
ⓑ 혼잣말은 5~6세경에 감소하였다가 7~8세가 되면 다시 증가하다가 성인이 되면서 점차 사라지면서 내면의 언어로 발달한다.

2. 이중언어

(1) **연구결과**
① 하나의 언어에만 노출된 아동과 이중언어를 접한 아동의 지능에 차이가 없었다.
② 이중언어를 사용하는 아동이 단일언어를 사용하는 아동보다 작업기억이 더 뛰어난 것으로 나타났다.
③ 이중언어를 사용하는 아동이 사용하는 단어 개수는 한 언어를 구사하는 아동에 비해 상대적으로 제한적이었다.
④ 이중언어 사용자는 그렇지 않은 사람에 비해 왼쪽 반구에 더 진한 회백질을 가지며, 이러한 양상은 만 5세 전에 두 번째 언어를 배운 사람에게 더 강하게 나타났다.

(2) **결정적 시기 가설(critical-period hypothesis)**
① 특정한 나이가 되기 전에 언어를 배워야만 언어습득이 가능하다는 가설이다.
② 첫 번째 언어인 모국어에 대한 결정적 시기와 관련된 연구가 대부분이나 결정적 시기 가설은 두 번째 언어 습득에도 결정적 시기가 있을 것으로 예측한다.
③ 존슨(Johnson)과 뉴포트(Newport, 1989) : 이른 나이에 두 번째 언어에 노출될수록 원어민과 같은 수준의 언어를 구사할 수 있다고 보았다.

13 단계별 언어 발달

1. 언어 발달 단계

(1) 전언어 단계

① 울음(출생~1개월) : 초기 울음은 미분화된 울음으로 그 이유를 정확하게 알기가 어렵다. 그러나 생후 1개월이 지나면서 영아의 울음은 분화되기 시작한다.

② 목 울리기(cooing, 구구 소리내기, 1~2개월) : 영아가 주로 기쁘거나 만족감을 느낄 때 성대 뒤쪽에서 울려 내는 소리로, 생후 약 1개월에서 2개월 사이에 나타난다.

③ 옹알이(babbling, 2~6개월) : 언어와 유사한 최초의 말소리로, 영아는 옹알이를 통해 음소를 획득함으로써 언어 발달의 기반을 형성한다. 특히 단어의 강세는 영아의 단어 식별의 첫 번째 단서가 된다.
  ㉠ 음소 확장 : 엄마를 비롯한 주위 사람들의 접촉과 그들의 반응을 통해 옹알이 소리가 변화되고 다양화된다. 이 과정을 통해 옹알이는 인간이 내는 거의 모든 소리를 낼 수 있을 정도로 음소 확장현상이 나타난다.
  ㉡ 음소 축소 : 영아는 옹알이 가운데 모국어의 음소와 유사한 것만 강화받게 됨으로써 음소 축소현상이 함께 일어난다.

④ 소리 모방과 몸짓 사용(6~12개월) : 6개월경의 유아는 옹알이를 반복하다가 자신이 발성한 소리에 자극되어 '마마', '바바' 등 의미 없는 소리를 만들어 반복하는 자기소리 모방을 보이고, 9개월경이 되면 의식적으로 주변 사람의 말을 모방하기 시작한다. 이때 영아가 보이는 타인 소리 모방은 단어의 의미를 알지 못한 채 메아리처럼 따라서 말하는 것이라 해서 '반향어'라고도 부른다. 8~12개월이 되면 보조언어로 몸짓을 사용하기 시작한다.
  예 잘 가라는 의미로 손을 흔드는 행동, 우유를 가리키는 행동 등

(2) 한 단어 단계(12~18개월)

① 영아는 생후 12개월 전후 첫 단어를 말하기 시작한다. 이때부터 18개월경까지가 언어 발달 한 단어 단계이다.
② 초기 어휘 습득은 느리게 진행되다가 첫 단어를 시작하고 나면 어휘가 급격하게 발달한다.
③ 하나의 단어는 단순히 하나의 대상을 지칭하는 단어가 아니라 문장의 의미를 담고 있다.
④ 언어오류
  ㉠ 과잉확장(overextension) : 특정 대상을 가리키는 단어를 다른 대상에게도 일반화, 확대하여 사용하는 경향성이다.
    예 강아지를 멍멍이라고 부르는 영아가 고양이, 송아지 등 네 발의 털 달린 짐승을 모두 멍멍이라고 부르는 것
  ㉡ 과잉축소(underextension) : 일반적이고 포괄적인 단어를 특정 대상에게만 사용하는 경향성이다.
    예 강아지를 멍멍이라고 부르는 영아가 다른 종의 강아지나 다르게 생긴 강아지를 멍멍이라고 부르지 않는 것

(3) 두 단어 단계(18~24개월)

① 어휘 폭발(vocabulary explosion) : 영아의 초기 어휘 습득은 느리게 진행되다가 16~24개월 정도에 이르면 단어 습득 속도가 급속하게 빨라져서 어휘가 폭발적으로 늘어난다. 이러한 어휘의 급격한 발달을 어휘 폭발이라고 한다.
② 전보식 어휘(telegraphic speech) : 조사, 접속사 등이 생략된 채 몇 개의 핵심단어만으로 구성된 문장을 말하는 것이다. 아동은 조사나 접속사와 같이 문법적 기능을 가지는 기능어를 제외하고 동사, 명사, 형용사, 부사와 같이 내용을 포함하는 내용어를 주로 사용한다.

③ 표현어휘(표현언어)와 이해어휘(수용언어) : 일반적으로 이해어휘가 표현어휘보다 먼저 나타난다. 즉, 수용언어는 표현언어보다 앞서 발달한다.

(4) 유아기(2~3세)

① 단어-신속표상대응(fast mapping) : 폭발적인 언어 습득은 유아가 대화에서 한 번 또는 두 번 들은 새로운 단어의 적절한 의미를 이해하고 받아들이는 신속표상대응을 통해 일어난다. 신속표상대응은 새로운 이름과 낯선 대상을 연결시켜 어휘를 확장해 나가는 것이다.

② 문장-평균발화길이(mean length of utterance) : 유아의 언어 발달 수준을 알아보기 위해 한 문장 내에서 기본 의미단위인 형태소의 수를 통해 문장의 길이를 살펴보는 방법이다. 평균발화길이는 문법적으로 정교화되는 것과 관련이 있다.

예 "멍멍이 있다." : 2개의 형태소 연결
  "멍멍이들이 있다." : 3개의 형태소 연결 ➡ 발화길이가 늘어남

㉠ 평균발화길이는 나이가 들어가면서 증가한다.
㉡ 정상적인 언어 발달을 보이는 아동의 평균발화길이가 단순 언어장애 아동보다 길다.
㉢ 우리나라 아동은 만 3세 전후에 기본적인 문장을 말하고, 형태소도 적절하게 사용한다.

(5) 유아기 이후

① 4~5세경에는 문장을 표현할 수 있게 되고, 5~7세 유아는 거의 어른처럼 말한다.
② 과잉규칙화(overregularization) : 아동이 주변에서 듣고 배운 문법을 예외의 상황에서도 활용하는 것이다.

예 친구의 이름을 부를 때 '소영이가'라고 말하는 대신 '소영가'라고 하는 것

㉠ 만 3~4세경 나타나는 과잉규칙화는 전보문 단계 이후의 유아가 문법적 지식을 발달시키면서 보이는 현상으로 유아가 문법규칙을 지나치게 적용하여 보이는 실수를 말한다.

예 "안 배고파.", "안 밥 먹었어.", "내가 갔다요.", "밥 먹었다요." 등

㉡ 이러한 비문법적 말은 유아가 과거에 들었던 언어로부터 시제, 조사, 어미 등에 대한 일반적인 규칙을 도출해 내고 그 규칙을 과도하게 사용한 것이다.
㉢ 5~7세경에는 주격조사를 과잉규칙화하여 '엄마이가', '선생님이가' 등으로 사용한다.
㉣ 만 7세경이 되어야 문법규칙을 정확하게 판단한다.

③ 풍자(satire)와 은유(metaphor) 사용
㉠ 풍자는 사회에 대한 비판적인 메시지를 유머로 승화하여 표현하는 것이다.
  ⓐ 아동 초기 : 풍자에 내포된 의미는 파악하지 못하고 표면적으로 나타나는 유머만 이해할 수 있다.
  ⓑ 아동 중기 : 풍자에 내포된 의미를 파악한다.
㉡ 은유는 설명하고자 하는 대상을 다른 것에 빗대어 설명하는 것이다.

④ 참조적 의사소통(referential communication) 기술
㉠ 화용론적 기술로, 다른 사람과 특정 참조물에 대해 소통하는 것을 말한다.
㉡ 이때 참조물을 가지고 타인과 대화하려면 그 사물에 대한 지식이 있어야 하며, 의사소통 방법이나 과정을 알아야 한다.
㉢ 이러한 참조적 의사소통은 만 8세경에 발달한다고 보고된다.

⑤ 상상 속 친구(IC; Imaginary Companion) : 놀이를 하며 아동과 함께 노는 가상의 존재를 말한다.
　예 의인화한 곰돌이 인형
　㉠ 상상 속 친구가 있는 아동의 참조적 의사소통 기술은 없는 아동에 비해 뛰어났다.
　㉡ 상상 속 친구와 가상놀이를 하며 여러 개념을 배우고 구두능력을 발달시킨다.
　　➡ 여러 인형이나 모형을 늘어놓고 혼잣말을 하며 노는 것도 바로 이러한 의사소통 능력을 키우는 방법이라 볼 수 있다.

2. 언어 관련 문제

(1) 언어 발달 지연과 언어 발달 장애

구분	내용
언어 발달 지연 (speech delay)	• 말을 늦게 배우는 경우 • 지연 원인은 명확하게 설명되지 않지만 유전적 요인, 사회경제적 요인, 발달 지연, 듣기능력의 문제, 신속표상의 문제 등이 언급됨 • 대개 남아가 여아에 비해 말이 늦는 경향이 있음
언어 발달 장애 (speech disorder)	• 또래 유아와 비교하여 언어 발달과정이 현저하게 지체되거나 1년 이상 차이를 나타내는 경우 • 자신의 의사를 말로 표현하는 데에 어려움을 느끼며, 단어가 낱말 구조나 문장 구조에 맞지 않거나 부적절한 어휘를 사용함 • 의미 전달에 어려움이 있고, 의사소통이 잘 안 되는 경우 떼를 쓰거나 울고 소리 지르는 등의 행동을 보이기도 함 • 지적장애, 청각장애, 자폐, 뇌성마비 등의 장애로 인해 언어 발달 장애가 나타날 수 있음 • 언어 발달 장애는 뇌의 불균형적인 발달을 야기함 • 이 상태를 방치하면 뇌의 발달 상태가 많이 지연되고 불균형이 심화되어 언어 발달이 더욱 어려워짐

(2) 뇌와 언어

① 브로카(Broca) 영역(브로카 실어증) : 브로카 영역에 손상을 입은 경우 언어이해 능력은 정상적이지만, 언어구사 능력은 현저히 떨어진다.
② 베르니케(Wernicke's) 영역(베르니케 실어증) : 베르니케 영역에 손상을 입은 경우 언어를 구사할 수 있고 문법적으로도 맞는 말을 하지만, 언어이해 능력이 떨어지며 의미 없는 말을 하는 경향이 있다.

제6절 사회인지 발달

14 자기개념 발달

1. 자기개념

(1) **자기개념(self-concept)**
① 의미 : 생각, 느낌, 태도, 기대 등을 포함하는 자신에 대한 지식과 믿음이다.
② 자기개념은 자신의 신체를 자각하는 것부터 자신만의 감정, 생각, 신념, 행동 등을 인식하고, 평가하는 능력까지 자신과 관련된 모든 정신활동을 포함한다.
③ 나이서(Neisser, 1995) : 자기개념은 5가지 측면에서 발달된다.

자기개념 측면	내용
생태적 자기 (ecological self)	• 자신이 주변 환경과는 독립된 하나의 존재임을 알게 되는 것 • 이 개념이 발달된 아동들은 환경과의 상호작용을 통해 자신의 위치를 파악하고 환경에 알맞은 움직임을 보임
대인관계적 자기 (interpersonal self)	타인과의 관계를 통해 자신이 타인과는 독립된 존재임을 이해하는 것
확장된 자기 (extended self)	자신이 과거와 현재, 그리고 미래에도 존재할 것이라는 점을 깨닫는 것
사적 자기 (private self)	다른 사람이 볼 수도, 들을 수도, 알 수도 없는 오직 자신만이 아는 본인의 모습을 의미함
개념적 자기 (conceptual self)	사회적 맥락과 문화적 맥락에서 개인이 자신의 역할을 알게 되면서 형성됨

➡ 5가지 자기개념은 각각 독립적으로 발달하다가 연령이 증가하면서 통합된 하나의 자기개념을 형성하게 된다.

(2) **구성**
① 학문에 대한 자기개념 : 자신의 학급에 대한 자아, 자신의 능력에 대한 자아, 학업성취에 대한 자아들이 포함된다.
② 중요 타인에 대한 자기개념 : 부모·교사·친구들에 의한 평가로서의 사회적 자기, 가족에 대한 자기가 포함된다.
③ 정의적 자기개념 : 자신의 정서적 반응·이상·도덕성·성격에 관한 지각으로서의 정서 자기개념과 신체 및 외모에 대한 자아로서의 신체 자기개념이 포함된다.

2. 자기개념 발달

(1) **영아기**
① 영아기의 자기개념 발달은 다양한 측면에서 발달된 자기를 통합된 하나의 자기로 만들어가는 과정이다.
② 영아는 주변 환경과 다른 사람과의 상호작용을 통해 자신의 존재를 인식하고 자신에 대한 개념을 형성한다.

③ 영아의 신체자각 실험 : 생후 3~5개월 된 영아도 자신의 신체를 지각하고 다른 것과 구분할 수 있었다.
④ 자기재인(self-recognition : 자기인식) : 타인과 구분되는 자신의 존재를 이해하는 것이다. 이러한 자기재인은 자신이 주변 사람과 구분되는 독립적 존재임을 인식하는 것에서 출발하며, 자기재인을 기반으로 자기개념이 형성되기 때문에 자기개념의 초석이라고 할 수 있다.
　➡ 재인능력 실험(루즈 테스트) : 생후 18개월에서 24개월 사이의 영아는 주로 거울에 비친 사람이 자신이라는 것을 알고, 자신의 코에 묻은 루즈를 닦아냈다. 그러나 생후 12개월의 영아는 자신의 코가 아닌 거울 쪽으로 손을 뻗었다.
⑤ 소유권에 대한 이해 : 확장된 자기개념과 대인관계적 자기개념을 먼저 필요로 한다.
　㉠ 확장된 자기개념 : 만약 어떤 물건이 현재 자신 것이면, 개인은 과거에 이미 그 물건을 소유했고 미래에도 자신의 물건임을 알아야 한다. 이는 시간의 흐름 속에 존재하는 확장된 자기개념을 가지는 것을 말한다.
　㉡ 대인관계적 자기개념 : 자신을 타인으로부터 구분할 수 있어야 타인의 물건과 내 물건을 구분할 수 있다.

(2) 아동 초기
① 아동은 좀 더 다양한 측면에서 자기를 이해하게 되지만, 여전히 눈에 보이는 것만으로 자기개념을 형성한다.
② 이 시기의 아동은 외모, 행동과 같은 외적 특징으로 자기를 이해하고 개념화한다.
　예 원피스를 입은 나, 빨간 장난감이 있는 나
③ 타인과 많은 상호작용을 하지 않으므로 객관적인 자기평가를 할 수 없다. 현실과 비현실을 구분하는 데 어려움이 있으며 비현실적인 낙관성을 가지기 때문에 자신의 능력을 실제보다 높게 평가하는 경향이 있다.
④ 부모와의 상호작용 : 생후 3개월인 영아와 부모의 상호작용 경험은 이후 18~20개월이 됐을 때 영아의 자기인지 능력과 상관이 있다.
⑤ 부모의 양육방식 : 부모의 수용적인 양육방식은 아동의 자기개념 발달에 긍정적 영향을 미치지만, 자녀를 거부하고 통제하는 양육방식은 부정적인 영향을 미친다.
⑥ 긍정적 자기개념을 가진 아동은 타인을 좀 더 많이 도와주고 협조하는 행동을 보이는 반면, 부정적인 자기개념을 가진 아동은 일탈행동을 더 많이 한다.

(3) 아동 중기와 청소년기
① 추상적인 사고가 가능해지면서 외모, 행동 등 눈에 보이는 특징뿐 아니라 자신이 믿는 신념, 성격 등의 추상적인 내적 특징을 통해 자신을 이해한다.
　예 8~11세 : '나는 마음이 여려.', '나는 똑똑해.'
② 학교와 같은 사회기관에 속하는 구성원으로서 사회문화적 맥락에서의 역할을 이해하는 개념적 자기개념이 뚜렷해진다. 또한 사회 속에서 타인과의 상호작용을 통해 대인관계적 자기개념을 정교하게 발달시키게 된다.
　➡ 사회적 비교를 통해 현실적인 사고를 하게 되고, 자신의 능력을 객관적으로 판단하여 실제 자기와 자신이 원하는 이상적인 자기를 구분할 수 있게 된다.
③ 거짓 자기행동(false self-behavior) : 청소년은 상대방을 기쁘게 하거나 좋은 인상을 주기 위해, 혹은 남들로부터 인정을 받기 위해 진짜 나의 모습이 아닌 거짓 자기행동을 보인다.
　㉠ 거짓 자기행동은 자신의 모습이 좋지 않게 평가되었을 때 나타날 확률이 높다.
　㉡ 거짓 자기행동을 자주 보이는 청소년은 진짜 자신에 대해서는 잘 모르는 경향이 있다.

(4) 문화의 영향

① 동양 문화권 : 협동과 상호 의존을 중시하는 집합주의 문화로, 이 문화에서는 사람들이 경쟁적이거나 개인적인 관심사에 몰두하는 것을 부정적으로 본다.
➡ 동양 문화권의 부모는 자녀가 다른 아이와 어울리지 않고 혼자의 힘으로 뭔가를 하려고 하는 것보다 다른 아이들과 어울려서 함께 하는 것을 강조한다.

② 서양 문화권 : 경쟁과 개인적 주도성, 개성을 중시하는 개인주의 문화로, 이 문화에서는 개인적 관심사에 몰두하는 것을 바람직한 것으로 본다.
➡ 서양 문화권의 부모는 자녀가 주도적으로 개인적 가치를 추구하는 것을 강조한다.

(5) 신피아제 학파(Case, Fisher 등)의 자기개념 발달

단계	특징
1단계	• 만 4세경 유아가 자신에 대해 한 가지 차원에서 진술하는 단계로, "나는 강아지를 좋아해. 나는 힘이 세다."와 같이 논리적인 연결 없이 각각의 특징을 나열하는 수준임 • 이 시기 유아의 사고는 현실 속 자아와 자신이 되고 싶어 하는 이상적인 자아가 다르다는 사실을 인식하지 못함
2단계	• 만 5~6세경 유아가 몇 개의 자기개념을 논리적으로 연결하기 시작하는 단계 • 유아는 자신을 신체, 연령, 성별 등 전체적인 범위에서 구체적으로 설명할 수 있지만 여전히 긍정적인 자아개념을 가지고 있으며 어떤 영역에서는 부정적인 자아개념을 가질 수 있다는 것을 의식하지 못함
3단계	• 자신에 대해 통합된 구체적인 자기개념을 갖게 되는 단계 • "나는 축구를 잘하지만, 노래는 못해."와 같이 자신을 보다 현실적인 관점에서 묘사하기도 함 • 이와 같은 자기개념은 유아가 성장함에 따라 안정적이 되며 다양한 차원에서 표현됨

15 자존감 발달

1. 자존감과 자존감의 발달

(1) 자존감(self-esteem)

① 자존감은 자기 자신의 가치에 대한 평가로 정서적인 반응을 의미한다.
② 자존감 발달은 자기평가 과정에서 나타나며, 자기평가는 타인의 평가에 민감한 2~3세경에 나타난다.

(2) 자존감 발달

① 유아동기
㉠ 만 2세 이후 자존감이 점차 분화되고 정교해져서 만 4세 정도가 되면 자신이 유치원에서 과제를 잘하는 아이인지, 많은 아이가 좋아하는 아이인지, 자신이 잘생겼는지 등을 어느 정도 인식한다.
㉡ 이 시기의 아동은 자신이 바라는 바를 사실로 생각하는 소망적 사고를 하는 경향이 있어 자신에 대해 긍정적인 평가만 하는 경향이 있다. 하지만 자신에 대한 아동의 평가는 같은 영역에서 교사나 또래의 평가와 중간 정도의 상관을 보일 정도로 상당히 객관적이다.

② 초등학교
　㉠ 7~8세 : 자신의 과제 수행능력이나 외모, 사회성을 다른 아이들과 비교하는 경우가 흔해지며, 7~8세 무렵에는 자신의 유능성에 대해 분명하게 평가하게 된다.
　㉡ 8세 : 학업능력, 사회능력, 운동능력, 외모의 4가지 영역에서 자신을 평가할 수 있다.
③ 자존감 변화 양상 : 자존감은 아동기 동안 높아졌다 청소년기에 하락한다. 성인기에 다시 증가하며 성인 후기가 되면서 다시 감소한다. 또한 평생에 걸쳐 남성이 여성에 비해 전반적으로 자존감이 높다.
④ 청소년기 자존감 : 청소년기의 자존감 감소는 일시적이며 그 정도도 적다.
　㉠ 쿨리(Cooley)의 거울 속 자기(looking-glass self) : 청소년이 되면 타인에게 인식되는 자신의 모습을 많이 신경 쓰게 되는데, 이를 한 사람이 거울 앞에 서 있는 모습으로 비유하여 거울 속 자기라고 불렀다. 청소년의 자존감이 주변 사람들 관계로부터 영향을 받는 이유는 청소년이 맥락에 따라 자신의 가치감을 다르게 평가하기 때문이다.
　　예 청소년은 부모, 교사, 또래, 동성, 이성과 있을 때마다 조금씩 다른 자기가치감을 나타낸다.

(3) **자존감의 발달과정**

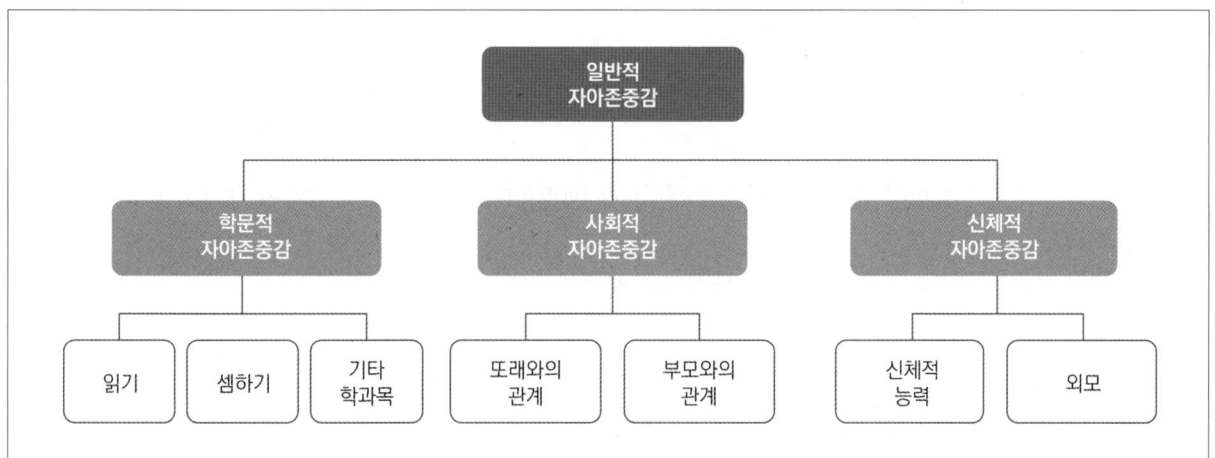

[그림 11-6] 자존감의 위계구조

① 1단계 - 자조 기술의 발달 : 만 2세경에 나타나는 자조기술(self-help skills)의 발달과 함께 자존감의 발달이 시작된다. 밥 먹기, 옷 입기 등 일상의 과업들을 성공적으로 수행하면서 아동은 자신의 기본능력에 대해 신뢰감을 가지게 되는데, 이러한 신뢰감이 자존감의 기초가 된다.
② 2단계 - 사회적 비교에 의한 자존감 형성 : 5~6세 아동은 자신의 기본능력뿐만 아니라 소유물, 가정배경, 또래 수용도 등을 또래와 비교하여 평가하기 시작한다. 이 결과가 긍정적일 때 바람직한 자존감이 형성되지만, 지적 능력이 낮거나 사회성이 부족하거나 저소득 계층의 아동들은 낮은 자존감을 형성하기도 한다.
③ 3단계 - 인지적·사회적 능력에 의한 자존감 형성 : 8~9세부터 11~12세까지의 아동들은 학업 성적을 비롯한 모든 성취를 다른 아이들과 비교하고, 그 결과로 자기를 평가하는 준거로 사용하기 시작한다. 이때는 학업적 자존감이 발달하기 시작하여 다른 아이들에 비해 자신의 성취가 바람직하다고 판단될 때 아동은 긍정적인 학업적 자존감을 형성한다. 특히 아동기 후반에는 성적과 친구 수에 따라 자존감이 달리 형성되기 때문에, 이 시기의 학교공부와 사회적 기술 형성은 자존감의 발달에 중요한 의미를 갖는다.

④ 4단계 – 자아의식이 높아짐에 따라 일시적 자존감의 저하 : 청소년기에는 일시적으로 자존감이 낮아지는데, 이것은 이 시기에 자아의식이 급격히 높아지면서 타인이 자신을 어떻게 보는가에 보다 민감해지기 때문이다. 즉, 자아의식이 높아지면서 청소년들은 자신을 보다 비판적으로 생각하게 되며, 타인의 시선을 의식하고 타인과 비교하여 자신을 보다 엄격하게 평가하게 된다.

2. 자존감 발달에 영향을 주는 요인

(1) 부모의 양육 태도(부모와의 관계)
① 자존감은 영아기와 아동 초기에 일어나는 부모와의 상호작용 질에 따라 형성된다. 특히 부모의 양육 민감성은 아동의 자존감 형성에 큰 역할을 한다.
② 온정적이고 민주적이며 권위 있는 양육을 하는 부모 : 자녀의 자존감이 높다. 이러한 부모들은 자녀로 하여금 자신이 유능하고 가치 있는 사람임을 느끼게 해 준다.
③ 권위주의적이거나 통제적이어서 도움을 너무 많이 주거나 자녀를 대신하여 결정해 주는 부모 : 자녀는 자신의 능력에 대해 회의를 가지기 쉽다. 이 유형의 부모는 종종 자녀의 의견을 무시하는데, 이러한 부모의 행동은 자녀로 하여금 자신이 부적절하다는 느낌을 가지게 한다.
④ 지나치게 허용적이고 관대한 부모 : 자녀의 자아존중감 발달에 저해가 된다.
⑤ 청소년기 동안의 부모의 지지와 독립성 훈련은 자녀의 자존감 향상에 큰 도움이 된다.

(2) 사회적 비교
① 자신을 타인과 비교하여 자신을 정의하고 평가하는 과정이다. 이는 아동의 연령이 증가하면서 자존감 형성에 큰 영향을 미친다.
② 사회적 비교는 경쟁과 개인적 성취가 중시되는 문화에서 더 크게 작용한다.

16 정체감 발달

1. 정체감과 정체감 형성

(1) 정체감(identity)
① 한 개인이 가진 특성, 성격뿐만 아니라 사회적 관계, 역할, 속한 사회집단 등을 통해 그 사람이 누구인지를 말해 준다.
② 개인의 과거, 현재, 미래를 나누어 설명할 수 있다. 예를 들어 과거에 내가 누구였는지, 현재는 누구인지, 미래에 누구이고 싶은지, 누가 될 것 같은지 혹은 누가 되어야만 하는지를 설명한다.
  ➡ 시간적 흐름에 따라 사회 속에서 다양한 모습으로 존재하는 '나'를 모두 포괄하는 '통합된 나'이다.
③ 통합된 나를 중심으로 이루어지는 과정으로, 전 생애에 걸쳐 역동적으로 나타나지만 주로 청소년기에 이루어진다.

(2) 에릭슨의 정체감
① 청소년이 직면하는 주요 갈등 : 자신의 정체성을 형성하는 것이다.
② 정체성 위기(identity crisis) : 현재의 자신이 누구인지, 또한 앞으로 어떤 존재가 되어야 하는지 결정하는 과정에서 혼란과 불안을 느끼는 것이다.

③ 다양한 역할과 가치가 공존하는 복잡한 사회에서는 자신이 추구해야 할 가치와 역할을 결정하기 힘들어 십대가 정체성 위기를 겪을 수밖에 없다.

④ 정체감 형성: 다양한 역할을 탐색(exploration)하고, 그 역할을 실천하는 등 전념(commitment)해 본 후에 그 결과를 평가하는 실험과정을 통해 정체감을 서서히 형성해 나간다.

2. 정체감 발달과정

(1) 에릭슨(Erikson)

① 심리사회적 유예기(psychosocial moratorium)
   ㉠ 아동기의 안정성과 성인기의 독립성 사이에 끼인 시기이다.
   ㉡ 이 시기 동안 청소년은 비교적 자유롭게 사회적 역할을 경험하고 자신의 성향을 탐색한다.
   ㉢ 이 시기를 성공적으로 지나지 못한 청소년은 정체감 혼란을 겪기도 한다.

② 정체감 혼란(identity confusion)
   ㉠ 자신의 정체성에 대해 고민하지 않거나 해결하려고 노력하지 않고 초기에 부정적으로 결정함으로써 미래의 삶의 방향과 역할을 계획하지 못하게 된다.
   ㉡ 이러한 청소년은 가족과 또래로부터 자신을 격리하거나 또래, 대중매체 등 다수의 의견에 휩쓸려 자신의 정체감을 잃기도 한다.

(2) 마르샤(Marcia)의 정체감 지위

① 기준: 정체성 위기의 경험 여부와 과업에 대한 전념에 따라 4가지 단계로 분류된다.
   ㉠ 위기(crisis): 직업 선택, 이념 등의 개인적 정체감을 확립하기 위해 고뇌하고 끊임없이 질문하는 시기이다.
   ㉡ 관여(전념, commitment): 자신이 확실히 하고자 하는 것에 대한 개인적인 노력을 뜻한다.

② 정체감 범주

지위	위기	전념	내용
정체감 혼미 (diffusion)	×	×	• 아직 특별한 정체감을 가지지 않았으며, 위기와 관여를 경험하고 있지 않은 상태 • 이 상태의 사람은 정체감을 찾기 위해 아무런 노력도 하지 않음 예 자신의 진로에 대해 잘 모르겠다며 삶의 방향을 계획하지 않는 것
정체감 유실 (foreclosure)	×	○	위기를 경험하지 않은 채 잘못된 정체감을 확립하고 있는 상태 예 자신의 정체감에 대한 탐색 없이 부모의 정치 성향, 종교관 등을 그대로 받아들이는 것
정체감 유예 (moratorium)	○	×	현재 위기 상태를 겪고 있으며, 자신의 정체감을 찾기 위해 끊임없이 활발한 탐색활동을 벌이는 상태 예 법대 진학을 계획 중이던 사람이 자신의 적성에 맞는 것이 무엇인지 고민하는 것
정체감 성취 (achievement)	○	○	위기의 시간을 통해 확고한 정체감을 가지게 되고 자신의 신념이나 가치를 확립하면서 그에 맞는 개인적 활동이나 사고에 관여하는 것 예 많은 고민 끝에 자신의 적성에 맞고 자신이 잘할 수 있는 일을 찾는 것

③ 특징
  ㉠ 정체성 지위가 높은 수준으로 올라갈수록 획득 속도가 느려지고, 상대적으로 적은 수의 개인에게만 나타난다.
  ㉡ 정체성 지위는 최종적으로 정체감이 성취되는 것으로 끝나는 것은 아니다. 즉, 정체감은 인간의 발달 단계에 따라 변화한다. 만일, 개인이 살아가면서 충격적인 사건이 발생한다면 비록 정체감 성취에 도달한 사람이라도 과거에 자신이 가진 가치관이나 행동양식에 회의를 느끼는 등 인생의 위기를 다시 경험한다.
④ MAMA 사이클(Moratorium-Achievement) : 일생 동안 정체감 유예와 정체감 성취를 반복하는 현상이다. 정체감 성취에 도달한 사람도 삶의 과정 속에 여러 사건을 경험하면서 정체감 위기를 다시 겪는다는 것이다.

3. 정체감 발달에 영향을 주는 요인

(1) **부모의 양육행동**
  ① 아동은 부모와의 상호작용을 통해 정체감 확립을 위한 다양한 바탕을 마련하는데, 예를 들어 부모는 아동과 함께 다양한 활동에 참여함으로써 아동의 관심사를 만들어 줄 수 있다.
    ➡ 부모가 교회에 나간다면 이는 아동의 종교관에 영향을 줄 수 있으며, 아동에게 특정 가치관을 직접 가르침으로써 정체감 형성에 영향을 끼치게 된다.
  ② 발판화(scaffolding)를 제공할 뿐만 아니라, 이들이 정체감을 찾을 수 있게 다양한 가치와 행동, 생각, 재능 등을 탐색하고 질문하는 동안 꼭 필요한 안전지대를 제공해 준다. 안전지대를 제공하는 양육행동은 아동이 좀 더 긍정적인 정체감을 형성할 수 있게 도와준다.
  ③ 부모는 독립성도 길러 줘야 한다. 자녀가 자유롭게 자신의 의견을 말하고 혼자만의 시간을 가질 수 있게 한다.

(2) **또래**
  ① 또래와의 우정 : 친구처럼 편한 대상과 함께 다양한 활동을 공유하고 경험함으로써 긍정적인 정체감 탐색과정을 거치며, 이 과정에서 자기정체감을 형성한다.
  ② 또래의 부정적 영향 : 많은 청소년이 또래의 영향을 받아 약물 복용, 비행 행동 등 위험한 행동을 하게 된다. 그러나 청소년기에 정체감을 확립하고 자신의 정체감에 더욱 관여할수록 또래 압력의 영향을 덜 받는다.

(3) **문화와 민족성**
  ① 정체감은 문화와 민족성의 영향을 많이 받는다.
  ② 민족성은 특정 집단이나 사회의 구성원이 됨으로써 형성될 수 있다.
  ③ 특히 집단정체감은 동일 집단 구성원들에 대해 강한 유대감을 형성하도록 돕는다.

17 성 역할 발달

1. 성차의 이해

(1) **남녀 차이**
① 생물학적 성차 : 생리적·신체적인 남녀 특성의 차이를 의미한다.
② 사회적 성차 : 사회적·문화적으로 적합하다고 간주되어 온 남녀 특성의 차이를 의미한다.

(2) **생물학적 성차(뇌의 남녀 차이)**
① 여자 : 주의집중, 언어, 얼굴기억, 추론 속도 면에서 남자보다 더 나은 수행을 보였다.
② 남자 : 공간처리, 감각운동, 운동 속도 면에서 여자보다 더 나은 수행을 보였다.

(3) **신체 발달**
① 남아는 여아보다 더 활동적인 편이다. 이러한 성차는 영유아기의 연령이 증가함에 따라 더욱 커진다.
② 학급에서 남아는 여아보다 장시간 앉아 있는 데 어려움을 느낀다.
③ 여아는 여럿이 모여 이야기하는 것을 선호하고, 남아는 운동이나 신체를 움직이는 활동을 더 좋아한다.
④ 남아는 여아보다 던지기와 멀리뛰기에 뛰어난 반면, 여아는 정교한 운동 협응이 요구되는 과제인 선 그리기, 그림 그리기에 뛰어나다.

(4) **지적 발달**
① 남녀 간에 큰 차이가 없으나 특정 능력 및 재능에서 남녀 차이는 작지만 존재한다.
② 여자 : 남자에 비해 언어능력이 뛰어나고 기억력이 좋다. 또한 미세하게 조절되는 움직임을 수행하는 능력이 뛰어나 텅 트위스터(tongue twister, 혀가 잘 돌아가지 않는 문장 말하기)를 더 정확하고 유창히 할 수 있다.
③ 남자 : 여자에 비해 수학능력이 우세하고 삼차원적 물체의 움직임을 더 잘 이해하는 편이다.

(5) **성 역할 발달**
① 기본적인 성 정체감 발달 : 만 2~3세경에 기본적인 성 정체감이 확립되면, 이를 바탕으로 성에 관한 정보들을 학습하게 되며 이들 정보를 성 도식에 통합하게 된다.
② 6개월 : 남성과 여성이 다르다는 것을 인식한다.
③ 만 2.5~3.5세 : 자신의 성이 무엇인지 알게 된다. 그러나 이 시기의 아동은 옷이나 머리 모양이 바뀌면 성별 또한 달라질 수 있다고 생각한다.
④ 만 5~7세 : 성별이 변할 수 없음을 알게 되고, 각 성별에 대한 성 고정관념이 생기며 성 역할을 이해하게 된다.
⑤ 성 고정관념(gender stereotype) : 남성과 여성의 특성에 대한 일반화된 선입견을 말한다.

2. 성 역할이론

(1) **생물학적 이론**
① 진화와 생물학적 과정이 성차와 성 역할 발달의 원인이라고 본다.
② 태내 호르몬 이론 : 남성과 여성의 차이는 태어날 때 어떤 호르몬의 영향을 받느냐에 의해 결정된다. 태내에서 태아가 자라는 동안 테스토스테론에 노출되었느냐의 여부가 성기 발달뿐 아니라 뇌 발달, 공격성이나 공간지각 능력에 영향을 미쳐, 일생 동안 지속된다는 주장이다.

③ 진화론이나 사회생물학 이론 : 생식기가 매우 다른 역할을 담당하기 때문에 성차가 발생한다고 본다.
  ㉠ 남성 : 생식투자에 많은 부담이 없기 때문에 자신의 유전자를 더 많은 여성과의 관계를 통해 퍼뜨리기 위해 공격적이고 주장적인 행동을 하게 되었다.
  ㉡ 여성 : 생식투자에 부담이 많기 때문에 가장 좋은 유전자를 가진 남성을 만나 좋은 자녀를 낳고 양육하기 위해 조심스럽고 수동적이며 양육적인 특성을 갖게 되었다.

(2) 정신분석 이론
① 타인을 동일시하는 과정을 통해 성 역할 학습을 설명한다.
② 남아의 오이디푸스 콤플렉스(Oedipus complex) : 아빠를 경쟁자로 여기며 동시에 아버지에게 거세를 당할 것이라는 거세불안(castration anxiety)을 겪게 된다. 이 불안감을 계기로 자신과 아빠를 동일시하면서 오이디푸스 콤플렉스를 극복해 나가고 남성의 역할을 배운다.
③ 여아의 엘렉트라 콤플렉스(Electra complex) : 남성의 생식기를 가지고 있지 않아 이미 거세를 당한 기분을 느낀다. 또한 자신에게 없는 남성의 생식기를 가지고 있는 아빠의 관심을 끌기 위해 엄마와 자신을 동일시하고, 이를 통해 여성의 역할을 배운다.

(3) 사회학습 이론
① 성 역할은 강화와 모방을 통해 발달한다고 본다.
② 부모는 자녀가 성 역할에 맞는 행동을 했을 때 칭찬하여 그 행동을 강화하고, 성 역할에 맞지 않는 행동을 할 때 처벌하여 그 행동을 하지 않게 한다. 이러한 과정을 통해 아동은 자신의 성 역할에 맞는 행동을 유지하고 맞지 않는 행동은 덜 하게 된다.
③ 마코비(Maccoby, 1992) : 아동은 다른 남성 또는 여성의 행동을 모방하면서 성 역할을 발달시킨다.
  ㉠ 남아 : 아빠가 운전하는 모습을 보고 장난감 자동차로 운전하는 척 흉내를 낼 수 있다.
  ㉡ 여아 : 엄마가 화장하는 모습을 보고 자신의 장난감 화장품으로 화장하는 모습을 따라 할 수 있다.

(4) 인지 발달이론
① 성 역할에 대한 인지적 개념이 먼저 발달해야 행동도 발달할 수 있다.
② 콜버그(Kohlberg, 1966) : 성 정체성 개념 발달단계

단계	특성	예
1단계 성 정체감	• 3세경의 유아는 자신을 남자 또는 여자로 범주화하는 능력이 있음 • 성이 영원히 지속됨을 이해하지 못함	• 이 시기의 여아에게 "네가 자라면 아빠가 될 수 있을까?" 또는 "네가 원하면 남자가 될 수 있을까?"라고 물으면 그렇다고 답함 • 유아가 보는 앞에서 인형의 머리 모양과 옷차림을 바꾸고 "이 인형은 여자니 남자니?"라고 물으면 유아는 인형의 성이 바뀌었다고 말함
2단계 성 안정성	• 3~5세경의 유아는 시간의 변화에 관계없이 성이 변하지 않음을 이해함 • 남아는 남자 성인, 여아는 여자 성인이 됨을 알게 됨 • 그러나 머리모양이나 의복, 성 전형적 행동을 변화시키면 사람의 성도 바뀐다고 생각함	남자 아이가 크면 성인 남성이 되고, 여자 아이가 크면 성인 여성이 된다는 것을 이해함

단계	특성	예
3단계 성 항상성 (성 일관성)	• 5~7세경 피아제의 보존개념이 획득되는 시기에 아동은 성인과 유사한 성 개념을 갖게 됨 • 성은 시간뿐만 아니라 상황과 조건이 바뀌어도 불변하며 일관성이 있다는 것을 이해함 • 성은 생물학적으로 결정된 것으로 안정된 속성을 지니며 외모로 성을 구별하지는 않음 • 머리모양, 옷, 행동이 달라도 언제든지 같은 성이라는 것을 인식함	어떤 사람이 반대 성의 옷을 입거나 비전통적 행동을 하더라도 성은 동일하다는 것을 이해함

㉠ 성 정체감(gender identity : 3세경) 단계 : 자신을 남자 혹은 여자로 범주화하는 능력을 갖게 된다.

㉡ 성 안정성(gender stability : 4세) 단계 : 시간이 지나도 자신의 성별이 안정적이란 사실을 지각하는 단계로, 남자 아동은 자라 성인남자가 되고, 여자 아동은 자라 성인여자가 된다는 것을 알게 된다.

㉢ 성 일관성(gender consistency : 5~6세) 단계 : 남자 아동이 여자 아동의 옷을 입거나 여자 아동이 남자 아동의 옷을 입어도 자신의 성별이 바뀌지 않는다는 것을 인식하게 된다.

(5) 성 도식(gender-schema) 이론

① 성 도식 이론은 성 역할 개념의 습득과정을 설명하는 정보처리이론으로서, 성 유형화가 아동의 인지 발달 수준이나 사회문화적 요인의 영향을 받지만 동시에 성 도식화 과정을 통해 형성된다고 한다.

② 성 도식화 : 성 도식에 근거해 자신에 관한 정보를 포함한 모든 정보를 부호화·조직화하는 전반적인 성향이다.

③ 성 도식 : 성에 관한 인지구조로, 유아가 성과 관련된 정보에 주의를 기울이고 조직화하며 관련 정보를 기억하는 데 사용하는 일종의 신념과 기대체계이다.

④ 아동의 성 도식 구성방식 : 여아는 내집단과 외집단 도식에 따라 새로운 정보가 '여아에게 적합한 것'인지 '남아에게 적합한 것'인지 분류한다. 남아의 장난감이나 활동에 관한 정보는 무시하고, 여아의 장난감이나 활동에 관한 정보는 '자신의 성 도식'에 첨가한다.

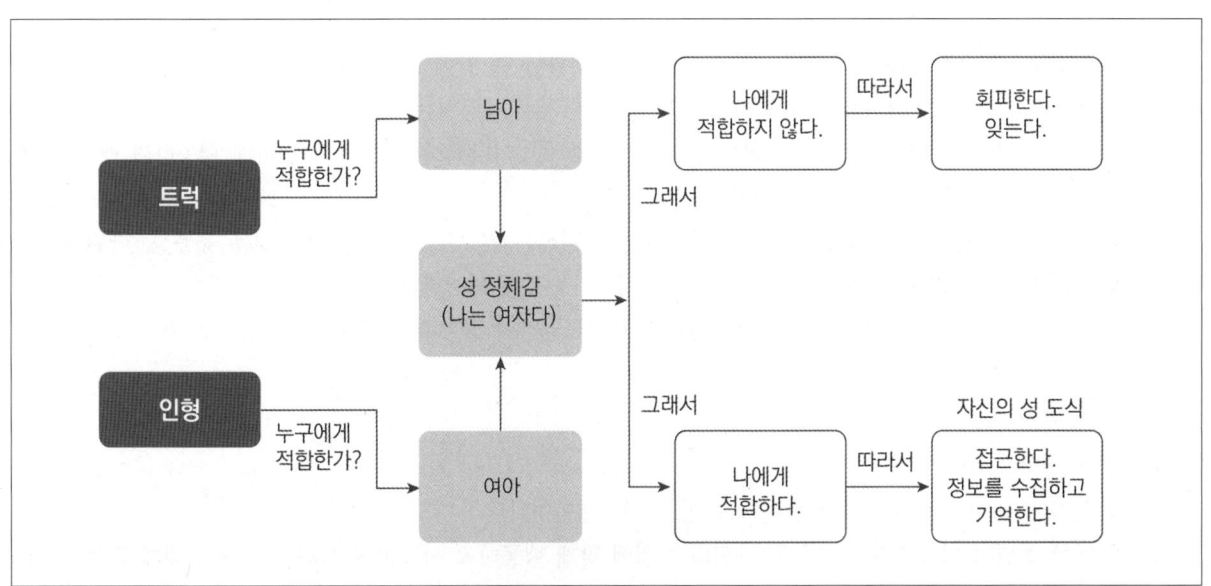

[그림 11-7] 성 도식 구성방식

- ⓐ 아동은 어떤 물체나 행동, 역할이 남성 또는 여성에게 적합한 것인지 분류하는 '내집단/외집단'이라는 단순한 도식을 습득한다.
- ⓑ 자신의 성에 적합한 역할에 대해 좀 더 많은 정보를 추구하여 자신의 성 도식을 구성한다.
- ⓒ 자신의 성 정체감을 이해한 여아는 바느질은 여아에게 적합한 활동이고, 모형 비행기를 만드는 것은 남아에게 적합한 활동이라는 것을 학습한다. 또한 자신은 여아이기 때문에 자신의 성 정체감과 일치되게 행동하기를 원한다. 따라서 바느질에 관한 정보를 수집하여 자신의 성 도식에 바느질을 포함시킨다. 모형 비행기를 만드는 것은 남아에게 적합한 활동이라는 것 이상의 정보는 전부 무시한다.
- ⓓ 주어진 정보가 자신의 태도와 일치하고 그에 관한 지식이 많을수록 그것을 보다 잘 기억하고 선호하게 되며, 반대의 경우에는 기억되지 않을 뿐만 아니라 회피하게 된다.
  ➡ 자신이 가지고 있는 성 도식에 근거한 선택적 기억과 선호과정을 통해 성 역할 발달이 이루어진다.
- ⑤ 연구결과
  - ⓐ 성 도식이 발달하면 아동은 자신의 성 도식에 맞지 않는 새로운 정보를 왜곡하는 경향이 있다.
    - 예 여성은 의사가 될 수 없다고 믿는 아동은 여의사로부터 진찰을 받고 나서 자신을 진찰한 사람은 여의사가 아니고 간호사라고 기억하며, 여전히 여성은 의사가 될 수 없다고 생각한다.
  - ⓑ 학습된 성 도식은 수정될 수 있다. 하지만 이러한 수정은 문화적으로 깊이 스며든 태도를 바꾸는 것을 의미하며, 이러한 변화는 상당한 저항을 받게 된다.

(6) 성초월 이론

① 헤프너, 레베카와 올레샨스키(Hefner, Rebecca & Oleshansky, 1975) : 성 역할 사회화에 대한 전통적 개념은 인간의 잠재력을 위축시키고, 성별의 양극 개념과 여성의 열등성을 조장한다고 주장하였다.
② 성별에 따른 역할을 재정의하고, 성 차별의 근원을 제거하려는 의도로 성 역할 발달의 새로운 모델을 제시하였다.
③ 성 역할 발달 3단계
  - ⓐ 1단계 - 성 역할 미분화 단계 : 이 단계에서는 성 역할이나 성 유형화 행동에 대한 분화된 개념을 아직 가지고 있지 않다.
  - ⓑ 2단계 - 성 역할 양극화 단계 : 자신의 행동을 고정관념 틀 안에 맞추려고 하는데, 남자는 남성적인 역할을, 여자는 여성적인 역할을 엄격히 고수하려고 한다.
  - ⓒ 3단계 - 성 역할 초월 단계 : 성 역할의 고정관념에서 벗어나 상황에 따라 적절하게 행동하며 행동과 감정적 표현이 성 역할 규범에 얽매이지 않는다.
④ 성 역할 초월 단계는 성 역할에 대한 고정관념을 초월하는 것으로, 성 역할 초월성은 융통성, 다원성, 현재의 억압자-피억압자의 성 역할에서 벗어나는 새로운 가능성을 의미한다.
⑤ 마지막 단계에 이르면 성 역할 고정관념을 뛰어넘어 인간의 잠재력을 충분히 발휘할 수 있다고 본다.

3. 성 역할 발달

(1) 성 역할(gender role)

① 성 역할은 남성과 여성에게 적합하다고 여겨지는 행동이다.
② 성 역할 개념이 발달하면서 아동은 자신의 성별에 맞게 행동하고 사고하며 사회적 관계를 맺게 되는데, 성별에 기대되는 태도나 행동특성을 통제하고 성 역할을 유형화하도록 요구하는 사회적 압력을 받는다.

(2) 성 역할 고정관념
    ① 성 역할 고정관념은 특정 행위나 활동이 남성이나 여성에서 배타적으로 적용되어 판단하는 사고를 의미하는 것으로, 대체로 남녀 역할을 일반화하여 각 개인의 행동을 규정하고 남녀 간 차이를 왜곡하는 경향이 있다.
    ② 성 역할 고정관념은 영유아가 자신의 생물학적 성을 인식하고 성 정체감을 획득하는 시기부터 나타난다.
    ③ 성 역할 고정관념이 급격하게 발달하는 시기 : 여아의 경우 만 3~4세에 주로 나타나고, 남아의 경우 5~6세에 많이 나타났다.

(3) **심리적 양성성**(psychological androgyny)
    ① 심리적 양성성은 남성성과 여성성의 균형과 통합을 의미하며, 보다 효율적인 성 역할 개념을 뜻한다.
    ② 여성성과 남성성의 개념 : 양극적으로 존재하는 상반된 개념이 아니라 별개의 독립적 차원으로 존재하는 개념이다. 따라서 남성적 또는 여성적이라는 이분법적인 구분이 아니라 한 개인 내에 여성적 특성과 남성적 특성을 동시에 가질 수 있다.
        ➡ 심리적 양성성은 남성과 여성이 갖고 있는 바람직한 특성을 함께 지닌 것을 의미하며, 성 역할의 무분별과는 구분된다.
    ③ 심리적 양성성을 지닌 사람은 성 유형화된 사람보다 더 유연한 성 도식을 지니고 있어, 상황에 따라 남성적 특성과 여성적 특성의 역할을 더 적절히 수행하기 때문에 적응력이 높다. 또한 자존감, 자아실현, 성취동기, 결혼 만족도, 도덕성 발달과 자아 발달도 높은 수준이며 정신적으로 건강한 것으로 보고되고 있다.

(4) 성 역할 사회화
    ① 의미 : 사회 구성원으로서 필요한 성 역할을 학습하는 과정이다.
    ② 성 역할 고정관념에 기초하여 이루어진다.
        ㉠ 자녀는 부모의 양육 태도, 교사, 또래, TV 등을 통해 성 역할을 배우고 그에 맞는 행동을 한다.
        ㉡ 대부분의 부모, 교사, 친구, 형제는 아이의 성에 따라 다르게 반응하는데, 아이가 성 역할 고정관념에 맞는 행동을 하거나 장난감을 가지고 놀 때 더 긍정적인 반응을 해 준다.

4. 성 역할 발달에 영향을 주는 요인

(1) **생물학적 요인**
    ① 성 염색체 : 성 염색체에 따라 성별이 달라진다. 서로 다른 성 염색체는 호르몬과 뇌에 영향을 미치고 결과적으로 성 역할 발달에 영향을 준다.
    ② 성 염색체에 따라 생식선(gonad)이 결정 : Y 염색체 내 유전적 정보는 고환을 발달시키며 Y 염색체가 없으면 난소가 발달한다. 이때 고환에서 테스토스테론이라는 남성 호르몬이 분비되지만, 난소에서는 테스토스테론이 분비되지 않는다. 즉, 남성과 여성의 테스토스테론의 수치는 선천적으로 다르다.

(2) **또래**
    ① 남아와 여아는 어떤 성별의 또래와 노느냐에 따라 다르게 행동한다.
        ㉠ 아동은 주로 동성 또래와 놀이하는 것을 선호한다. 이 양상은 만 3세부터 대략 만 11세까지 유지된다.
        ㉡ 여아는 남아의 놀이형태가 자신의 놀이형태보다 더 거칠다는 것을 느끼고 이를 피하려 한다.
        ㉢ 남아와 여아는 상호작용하는 형태가 서로 다르므로 동성 또래와의 놀이를 더 선호하게 된다.

② 남아와 여아가 또래로부터 받는 영향은 또래의 성별에 따라 다르게 나타난다.
　　㉠ 동성친구가 많은 남아에게 '성 역할에 맞지 않는 행동을 한다면 또래에게 놀림을 받을 것'이라고 말했을 때 이들은 성 역할에 맞지 않는 행동은 거의 하지 않았다.
　　㉡ 이성친구가 많은 남아에게 같은 말을 했을 때는 성 역할에 맞지 않는 행동이 증가했다.
　　㉢ 여아의 경우 이성친구가 많은 여아만이 '성 역할에 맞지 않는 행동을 한다면 놀림을 받을 것'이라는 생각에 이러한 행동을 덜 하는 것으로 나타났다.

(3) 부모
① 부모의 성 역할 고정관념은 아동이 입는 옷부터 가지고 노는 장난감, 수행능력에도 영향을 미친다.
② 대부분의 부모는 아들이 수학을 더 잘한다는 성 역할 고정관념적인 생각을 한다. 이러한 성 역할 고정관념은 미국, 일본, 대만에서도 나타난다. 또한 수학에 대한 성 역할 고정관념은 아동이 수학을 배우기 전부터 나타나 실제로 여아의 수학 수행능력을 저하시키는 것으로 나타났다.

18 타인의 마음이해

1. 타인 이해를 위한 생애 초기의 능력

(1) 시선 쫓기(gaze-following)
① 의미 : 다른 사람이 바라보는 방향과 같은 쪽을 보는 것이다.
② 영아는 시선 쫓기를 통해 다른 사람이 어디에 주의를 기울이고 있는지 알 수 있고, 이러한 능력은 타인의 마음을 이해하기 위한 기초가 된다.
③ 시선 쫓기는 정향 발달로 시작하는데, 처음에 영아는 성인이 고개를 돌리는 쪽으로 자신의 고개를 돌린다. 또한 연령이 증가함에 따라 정향행동은 더 정교해져 나중에는 고개를 돌리지 않고 눈동자만 움직여 시선 쫓기를 하게 된다.

(2) 공동주의(joint attention)
① 의미 : 두 사람이 동시에 같은 대상에 주의를 기울이는 상태를 일컫는다.
② 공동주의에 필요한 3가지 기초능력
　　㉠ 영아는 다른 사람이 특정 대상에 주의를 기울이고 있다는 것을 알아야 한다.
　　㉡ 영아는 다른 사람이 주의를 기울이는 특정 대상에게 자신도 주의를 두거나, 자신이 관심 있어 하는 특정 대상에 다른 사람도 관심을 기울이도록 주의를 끌 수 있어야 한다.
　　㉢ 영아는 자신의 주의를 조절할 수 있어야 한다. 즉, 타인이 주의를 둔 대상에 같이 주의를 기울이는 것을 넘어서 때로는 자신의 주의를 다른 곳으로 옮겨야 하는 능력이 필요하다.
③ 공동주의는 생후 6개월경에 나타나 영아기 전반에 걸쳐 발달하며, 이후 다른 사람의 생각과 마음을 이해하는 마음이론과도 밀접한 관련이 있다.
④ 공동주의는 영아와 엄마의 상호작용 중 나타나는 동시성(synchrony)에 중요한 역할을 한다.
　　㉠ 동시성 : 상호작용할 때 부모와 영아가 서로의 말, 행동, 정서적 표현에 즉각적으로 반응하는 것이다. 이를 위해서는 상대가 무엇에 주의를 기울이고 있는지 또는 어디로 주의를 옮기는지에 민감해야 한다.
　　㉡ 공동주의가 잘 이뤄지고 동시성 높은 상호작용은 아동의 언어 발달에 도움이 되고 정서조절에도 효과적이다.

2. 마음이론 발달과정

(1) 마음이론(theory of mind)
① 의미 : 타인을 이해하는 능력으로, 자신뿐 아니라 타인도 의도나 바람, 감정, 믿음과 같은 다양한 정신 상태를 가지고 있으며, 이에 따라 행동한다는 것을 이해하는 것이다.
② 마음이론은 타인의 특정한 행동이 왜 이루어졌는지, 이후에 어떤 행동이 이루어질지 예측하도록 돕기 때문에 다른 사람과 더욱 원만한 사회적 관계를 유지하는 데 도움이 된다.

(2) 마음이론의 일반적 발달과정

시기	내용
만 2세경	아동은 타인의 욕구나 심적 상태를 이야기하기 시작함
만 3세경	타인과 자신의 심적 상태를 구분하면서 마음이론이 점차 발달함
만 5세경	자신이 알고 있는 것을 다른 사람은 모를 수 있다는 사실을 이해하게 됨

(3) 의도(intention)
① 발달과정
  ㉠ 만 4세경 : 다른 사람의 마음을 이해하기 시작하지만, 행동의 정확한 의도는 잘 알지 못한다.
  ㉡ 만 5~6세경 : 행동에 대한 다른 사람의 의도를 파악하고, 상대방의 의도적인 행동과 우연한 행동을 구분할 수 있다.
  ㉢ 만 7~8세경 : 아동은 상대방의 의도를 이해하며 그 이유도 어느 정도 설명할 수 있다.
  ㉣ 만 9세 이상 : 성인과 같은 수준으로 상대방의 의도를 정확히 이해하며 이를 설명할 수 있다.
② 자폐증 환자 : 자폐 증상을 가진 집단의 경우 측두엽-두정엽 경계의 낮은 활성화와 대뇌피질 간의 약한 기능적 연결 때문에 마음이론능력이 발달하지 못한다.

(4) 바람(desire)
① 의미 : 무엇인가를 원하거나 갖고 싶어 하는 심적 상태로, 의도나 믿음보다 더 구체적인 상태이기 때문에 아동은 비교적 일찍 바람을 이해한다.
② 필립스 등의 실험(Phillips, Wellman, Spelke, 2002) : 습관화를 통한 영아의 타인 이해 실험이다.
  ㉠ 습관화 : 실험자는 양쪽에 놓인 두 인형 중 하나를 긍정적인 표정으로 쳐다본 후, 그 인형을 집는다. 영아는 이러한 행동에 습관화가 된다.
  ㉡ 일관된 행동 : 실험자는 자신이 쳐다보았던 인형을 집는다. 이는 바람에 따른 실험자의 일관된 행동이다.
  ㉢ 비일관적인 행동 : 실험자는 자신이 쳐다보지 않았던 인형을 집는다. 이는 실험자의 바람과 일관되지 않은 행동이다.
    ➡ 영아는 실험자가 긍정적인 표정으로 쳐다본 인형이 실험자가 원하는 인형이라고 예상하고 그 인형을 잡을 것이라 기대했는데, 다른 인형을 잡자 이에 놀라는 반응을 보였다. 결론적으로 생후 12개월의 영아는 타인의 바람을 이해하고 이에 따라 행동하기를 기대한다.

(5) 믿음(belief)
① 틀린 믿음 과제(false belief task) : 아동이 다양한 상황에서 타인이 자신과 다른 믿음을 가질 수 있고, 자신이 아는 것을 타인은 모를 수 있다는 사실을 확인하는 것이다. 과제는 크게 내용교체 과제, 위치이동 과제가 있다.
② 틀린 믿음 과제 종류
  ㉠ 내용교체 과제 : 내용물을 담고 있는 봉지와 실제 내용물이 다르다는 것을 알려주고, 봉지 겉면만을 본 타인이 그 안의 내용물을 무엇으로 생각하는지 묻는 과제이다.
  ㉡ 위치이동 과제 : 아동에게 물건의 위치가 바뀌는 일련의 이야기를 들려준다.

참고 내용교체 과제와 위치이동 과제의 예시

- 내용교체 과제

구분	내용
이야기	아동에게 m&m 초콜릿 봉지 안에 무엇이 들어 있는지를 묻자 아동은 m&m 초콜릿이 들어 있다고 대답한다. 이후 아동은 m&m 봉지 안에 초콜릿 대신 '연필'이 들어 있는 것을 보게 된다. 이때 아동에게 만일 다른 친구에게 m&m 초콜릿 봉지 안에 무엇이 들어 있는지 묻는다면 친구는 어떻게 대답할 것인지 묻는다.
대답	① 연필이라고 대답한 경우 : 타인과 자신이 다른 믿음을 가진다는 것을 이해하지 못함 ② m&m 초콜릿이라고 대답한 경우 : 타인과 자신이 다른 믿음을 가진다는 것을 이해함

- 위치이동 과제

구분	내용
이야기	① 수빈이는 초콜릿을 노란 주방에 있는 노란 찬장에 넣어 두었다. ② 수빈이는 놀이터에 갔다. ③ 엄마는 수빈이가 없는 동안 초콜릿을 노란 찬장에서 초록 찬장으로 옮겨 두었다. ④ 그리고 엄마는 정원에 나갔다. ⑤ 수빈이는 초콜릿을 먹기 위해 집으로 돌아왔다. ⑥ 수빈이는 초콜릿을 어디서 찾아볼까?
대답	① 자신과 타인이 다른 믿음을 가질 수 있다는 것을 이해한 아동 : 주인공이 원래 초콜릿을 넣어 둔 노란 찬장에서 초콜릿을 찾을 것이라고 대답한다. ② 타인과 자신이 다른 믿음을 가질 수 있다는 것을 이해하지 못한 아동 : 주인공의 엄마가 옮겨 놓은 초록 찬장에서 초콜릿을 찾을 것이라고 대답한다.

③ 틀린 믿음 과제의 제한점
  ㉠ 언어 발달이 미성숙한 아동에게 틀린 믿음 과제는 어려울 수 있다.
  ㉡ 기존의 위치이동 과제의 경우 '이것 아니면 저것'처럼 두 위치 중 하나를 선택해야 하는데, 실제 상황에서 타인의 믿음을 이해하는 일은 두 가지 선택사항 중에 고를 수 있는 것이 아니다.

3. 이차순위 마음이론

(1) 이차순위 마음이론(second-order theory of mind)
① 의미 : 나 말고 다른 사람이 또 다른 제3자의 심적 상태에 대해 생각하고 있다는 것을 이해하는 능력이다. 일차순위 마음이론은 타인 A의 심적 상태를 내가 생각할 수 있는 능력이고, 이차순위 마음이론은 제3자인 B를 생각하는 A의 심적 상태를 내가 아는 능력이다.

② 이차순위 마음이론과 같은 고차원적 사회인지능력은 거짓말을 하고 이를 들키지 않으려 하는 모습에서 찾아볼 수 있다. 거짓말을 하고 남을 속이기 위해서는 상대방(A)이 타인의 심적 상태를 어떻게 생각하는지 이해해야 하기 때문이다.
③ 일반적으로 7세 이전의 아동도 해서는 안 될 행동을 했을 때 이를 숨기기 위해 거짓말을 한다.

(2) 의미누설 통제(semantic leakage control)
① 거짓말한 사실을 남이 모르게 하려면 앞뒤 말을 일관성 있게 이어가야 하는데, 이를 의미누설 통제라 한다. 이 능력은 아동 중기까지 발달하며 이차순위 마음이론의 바탕이 된다.
② 만 3~5세 : 거짓말을 할 때 일관적이지 못하다. 이 시기의 아동은 상자 안에 숨겨진 장난감을 본 적이 없다고 거짓말을 하지만 장난감이 어떻게 생겼고 무슨 색이었는지 등의 질문을 받으면 곧잘 대답을 한다.
③ 만 6~7세 : 아동 중 절반은 거짓말을 들키지 않고 마치 장난감을 본 적이 없는 듯 거짓말을 이어간다.

4. 마음이론 발달에 영향을 주는 요인

(1) 주의, 기억 등 다양한 인지능력
① 틀린 믿음 과제 : 물건이 숨겨진 실제 위치를 있는 그대로 말하지 말고 억제하는 동시에 주인공이 처음 숨겨 놓았던 위치를 기억하여 대답해야 한다.
② 자폐증 환자 : 인지능력에 문제가 없지만 마음이론능력은 현저히 낮다. 따라서 전반적인 인지능력의 향상이 마음이론 발달에 영향을 미친다는 것은 적절하게 설명될 수 없다.

(2) 마음이론 모듈(theory of mind module)
① 의미 : 마음이론 발달은 그 자체만의 독립된 발달체계를 가진다는 것이다.
② 이 모듈은 태어나면서부터 가지는 것으로 처음에는 완벽한 기능을 하지 않지만, 시간이 흐름에 따라 성숙해지거나 특정한 환경적 경험에 의해 발달된다.

(3) 사회적 경험
① 엄마와 아동의 상호작용 : 엄마와 자녀 간의 활발한 의사소통은 아동의 마음이론 발달에 긍정적 영향을 미친다.

(4) 언어능력 발달
① 언어능력이 발달하고 정교화될수록 아동은 실험자의 설명과 지시문을 더 잘 이해하기 때문에 틀린 믿음 과제를 더 성공적으로 수행할 수 있다.
② 언어능력이 높으면 '생각한다', '안다', '믿는다'와 같은 개념을 언어적으로 이해하기 때문에 다른 사람의 심적 상태를 더 잘 표현하고 이해하게 된다.

(5) 기질적 특성
① 수줍음 기질 : 사회적 상호작용에 대한 두려움과 긴장이 클 수는 있지만 반대로 사회적 상호작용에 성급히 참여하기보다 다른 사람에 대해 신중히 주의를 기울임으로써 타인의 심적 상태를 이해하는 능력인 마음이론에 긍정적인 영향을 미칠 수 있다.
② 공격적 기질 : 다른 사람의 심적 상태를 이해하는 능력을 배울 수 있는 사회적 상황으로부터 환영받지 못하는 경우가 많아 마음이론에서 낮은 점수를 보인다.

5. 마음이론 발달을 설명하는 이론

(1) 웰만(Wellman)의 믿음 – 바람 마음이론

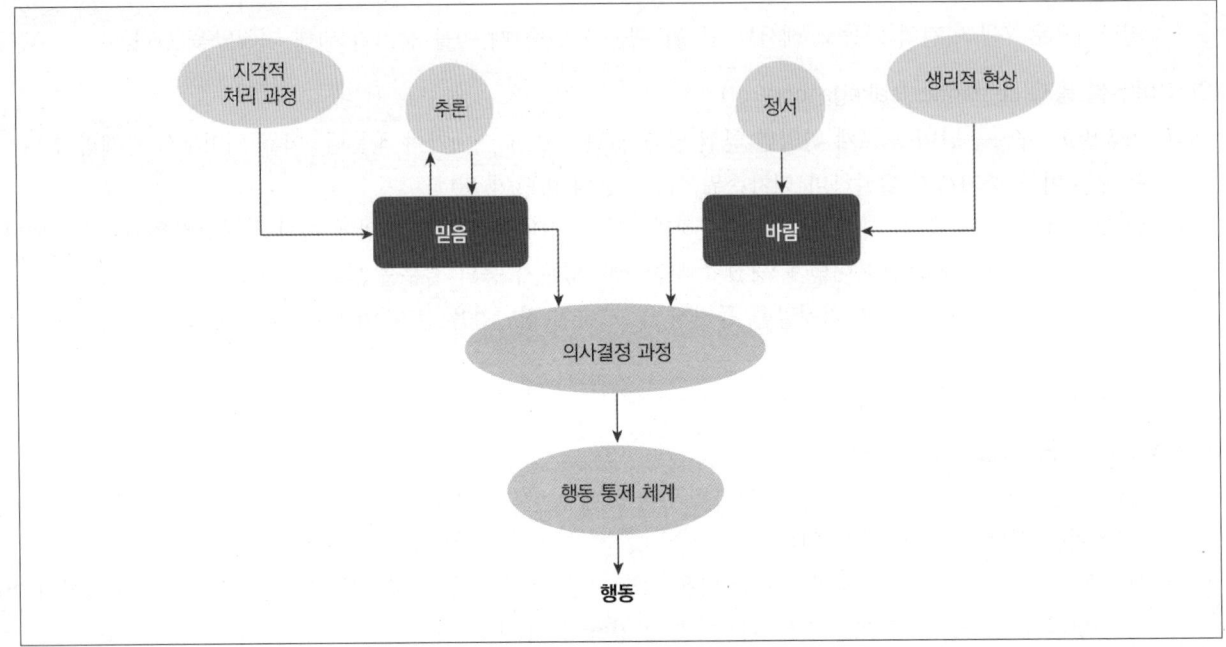

[그림 11-8] 웰만의 믿음 – 바람 마음이론 모형

① 믿음 – 바람 마음이론 모형 : 아동은 지각적 처리과정을 통해 알게 된 사실과 추론을 기반으로 믿음을 형성한다. 그리고 정서와 다양한 생리적 현상을 통해 무엇을 원하는지 알게 된다. 이렇게 형성된 믿음과 바람은 의사결정 과정과 인간의 행동 통제 체계에 영향을 주고, 이것이 곧 행동으로 나타난다.
② 믿음과 바람이라는 서로 다른 심적 상태가 사람의 행동을 결정한다.
③ 인간은 다양한 지각과정을 통해 정보를 얻고, 추론을 통해 믿음을 형성하고, 다양한 생리적 현상과 정서를 통해 바람을 형성한다. 형성된 믿음과 바람은 의사결정 과정에 영향을 주어 결국 개인의 행동으로 나타난다.
④ 믿음과 바람은 다른 시기에 발달한다.
  ㉠ 만 2세경 : 무언가를 바라는 마음만이 행동의 원인이라고 생각하여 다른 사람이 무언가를 원해서 어떠한 행동을 한다고 이해하고 설명한다.
  ㉡ 믿음에 대한 이해는 다소 늦게 발달한다.
    예 만 2세 아동은 냉장고에서 케이크를 찾는 아빠의 모습을 볼 때, 아빠가 단지 배가 고파서 혹은 먹고 싶어서 찾는 것(바람)이라고 설명할 뿐 케이크가 냉장고 안에 있다거나 엄마가 케이크를 가져다 달라고 부탁했기 때문(믿음)이라고는 생각하지 못한다.
  ㉢ 만 3세경 : 믿음이라는 마음 상태도 행동의 원인이 될 수 있음을 깨닫지만, 여전히 행동을 설명할 때 타인의 믿음보다는 자신의 바람에 따라 행동을 설명한다.
  ㉣ 만 4세경 : 현실과 마음속 표상이 다를 수 있다는 사실을 알게 되고, 따라서 아동은 바람보다는 믿음을 먼저 고려하여 사람의 행동을 설명하게 된다.

(2) 페르너(Perner)의 표상적 마음이론
   ① 표상능력 발달에 초점을 두고 마음이론을 설명한다.
   ② 1차 표상능력(primary representation) : 현재 일어나고 있는 실제 상황을 표상하는 것이다.
      예 바나나를 보고 바나나를 생각하는 것
   ③ 2차 표상능력(secondary representation) : 눈앞에서 일어나는 일이 아니더라도 다른 장소나 시간에서 일어나는 상황을 표상하는 것이다.
      예 바나나를 전화기인양 귀에 대고 대화하는 것
      ➡ 이 시기의 아동은 눈에 보이지 않는 심적 상태를 표상하는 능력이 아직 없어 단순히 눈에 보이는 상황과 연관 지어 마음 상태를 묘사한다.
   ④ 상위 표상(metarepresentation) : 단순히 다른 장소, 다른 시간에서 벌어진 상황이나 대상을 표상하는 능력을 넘어 눈에 보이지 않는 마음 상태를 표상하는 것이다. 즉, 다른 사람이 어떤 생각을 하고 있는지를 아는 것이다. 이러한 능력을 가진 아동은 표상이 무엇인지 이해하며 표상이 현실을 그대로 나타낼 수도 있지만 다를 수도 있다는 것을 인지하게 된다.

(3) 레슬리(Lesile)의 모듈이론(단원이론)
   ① 타인의 마음을 이해하는 능력을 뇌의 신경구조로 설명한다. 특히 신경구조의 성숙이 마음이론의 원인이 된다고 본다.
   ② 마음이론과 관련된 뇌의 성숙뿐 아니라, 다양한 환경적 자극이 적절한 시기에 모듈을 제공해 주어야 마음이론 발달이 일어날 수 있다.

(4) 존슨(Johnson)과 해리스(Harris)의 모사이론(1991)
   ① 마음이론 발달에 있어 경험의 중요성을 강조한다.
   ② 아동은 자신이 직접 경험한 개인의 마음 상태를 바탕으로 타인의 마음 상태를 묘사하고 추론한다. 즉, 자신이 타인이라면 어떻게 할지를 예측해 보는 것이다.
   ③ 모사이론에 따르면 역할 맡기(예 가장놀이)는 마음이론을 발달시킬 수 있는 효과적인 방법이다.

제7절 정서, 기질 및 애착 발달

19 정서 발달과 놀이

1. 정서 발달이론

(1) **진화론적 관점**
① 정서표현은 사회적 의사소통을 가능하게 한다.
   예 아동이 특정 행동을 했을 때 엄마가 웃으면 아동은 자신의 행동을 부모가 허락했다고 믿는다.
② 정서는 생존확률을 높인다.
   예 위협적인 상황에서 공포를 느껴야만 이에 반응하거나 도망을 갈 수 있다.
③ 정서는 생존에 필수적인 진화의 산물이다.

(2) **기능주의적 관점**
① 정서는 단순히 생존과 번식을 위한 것이 아니라, 다양한 환경 속에서 목표를 이루고 다른 사람과 관계를 형성하기 위해 필요한 것이다.
② 정서는 각 정서의 기능에 따라 구분된다.
   예 분노는 자신이 목표로 하는 것을 갖지 못하거나 하지 못했을 때 일어나는 반면, 슬픔은 위협을 받았을 때 좌절하고 이를 피하기 위해 일어난다.

(3) **영아기의 정서기능**
① 영아 자신이 경험하고 있는 정서적 상태를 양육자나 타인에게 알려 주는 의사전달기능을 한다. 또한 이러한 정서표현을 통해 양육자가 자신을 보살피는 행동을 하도록 하고, 영아와 양육자 간의 상호적 의사소통기능을 한다.
② 특정 자극에 대해 특정 행동을 하도록 하는 동기를 부여함으로써 사회적 거리 조절 및 사회환경을 통제하는 역할을 한다.

2. 정서 발달

(1) **일차 정서와 이차 정서**
① 일차 정서(기본 정서, basic emotion) : 모든 문화에서 보편적으로 나타나는 인간의 가장 기본적인 정서로 기쁨, 공포, 슬픔, 혐오, 놀람을 포함한다.
② 이차 정서 : 객관적 자기인식, 마음이론, 상위인지와 같이 고차원적인 인지능력이 먼저 발달된 후에 나타나기 때문에 '자의식적 정서'라고도 불린다.
   ➡ 1차 정서를 이해하기 위해 상대방의 표정을 봐야 한다면, 2차 정서를 이해하기 위해서는 상대방의 표정뿐만 아니라 몸의 움직임과 음성행동도 고려해야 한다.

③ 특징

정서	특성
일차 정서	• 생후 첫 두 해 동안 다양한 정서가 서로 다른 시기에 나타남 • 영아는 생애 초기에 분노, 슬픔, 기쁨, 놀람, 공포 등을 보이는데, 이와 같은 비교적 단순한 정서를 일차 정서 또는 기본정서라고 함 • 학자마다 기본정서의 수와 종류에는 다소 차이가 있지만 기쁨, 분노, 슬픔, 공포는 공통적으로 포함되는 정서임

이차 정서	• 이차 정서는 일차 정서보다 늦게 표현되며 좀 더 복잡한 인지능력을 요함
	• 자부심, 수치심, 당혹감, 죄책감 등의 정서가 포함됨
	  - 자의식적 정서
	    ◦ 자의식적 정서는 걸음마기 영아가 자아를 확실히 분리된 유일한 개체로 인식하게 되는, 2세가 끝날 무렵에 거울이나 사진에서 자신을 인식하기 시작한 후에야 비로소 나타남(Garner, 2003)
	    ◦ 자의식적 정서는 자아개념 증진이나 손상과 관련됨
	  - 자기평가적 정서
	    ◦ 3세경에 이르면 점차 칭찬, 비난 등의 피드백에 민감해지면서, 자아에 대한 평가와 연결된 정서가 발달함

(2) 정서이해 발달

① 생후 1개월 반~2개월 : 기쁨, 분노 등 타인의 얼굴에 드러나는 여러 정서표현을 구분하기 시작한다.

② 사회적 참조(social reference) : 낯선 상황에서 어떻게 행동해야 할지를 결정하기 위해 타인의 정서적 표현을 참조하는 것이다. 사회적 참조를 하려면 타인의 정서를 이해할 수 있어야 하고 공동주의가 가능해야 하며, 타인의 정서를 해석하고 그에 맞게 자신의 행동을 조절할 수 있어야 한다.

  ㉠ 타인의 정서이해 : 타인의 정서반응이 무엇을 의미하는지 이해하는 능력이다.

  ㉡ 공동주의 : 타인의 정서반응이 자신과 상대가 동시에 바라보고 있는 자극에 대한 것임을 인식하는 능력이다.

  ㉢ 행동조절 : 타인의 정서반응을 해석하고 그 해석에 맞춰 자신의 행동을 조절하는 능력이다.

(3) 정서조절(emotion regulation) 발달

① 정서조절 : 어떠한 감정을 언제, 어떻게 느낄 것인가를 조절하는 것이다. 또한 개인의 목표를 성취하기 위해 혹은 특정한 상황에 맞게 적응하기 위해 정서표현과 정서적 각성을 조절하는 것이다.

② 생애 초기부터 정서조절을 하기 시작하며 연령이 증가함에 따라 더 정교하고 체계적인 방법을 사용한다.

  ㉠ 생후 3~6개월 : 특정한 사물, 사건으로부터 눈을 돌리는 등 자의로 주의를 다른 곳으로 옮길 수 있게 된다.

  ㉡ 만 2~6세 : 부정적인 상황을 경험했을 때 자신의 눈과 귀를 가리거나, 그 자리를 벗어나는 등의 전략을 사용하기 시작한다.

  ㉢ 만 4~6세 : 자신이 정서를 조절해야 하는 이유와 목적을 이해하기 시작하며 정서조절은 더욱 정교해진다. 단순히 눈과 귀를 가리기보다 마음속으로 유쾌한 생각을 하는 내적인 전략을 사용한다.

③ 정서조절과 부모-자녀 상호작용

  ㉠ 정서조절은 부모와 자녀의 상호작용을 통해 발달한다.

  ㉡ 부모의 행동은 아동의 정서 발달에 큰 영향을 미친다. 부모가 아동의 부정적 정서에 공격적으로 반응하거나 무시하면 아동은 부정적인 정서를 효과적으로 다루는 방법을 배울 수 없다.

(4) 그로스(Gross)의 정서조절 전략

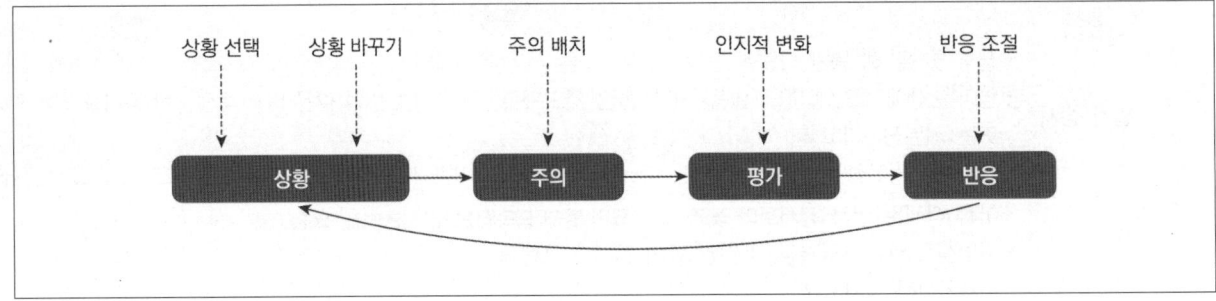

[그림 11-9] 그로스의 정서조절 모델

① 상황 선택(situation selection) 전략 : 정서가 발생하기 전에 정서가 발생할 가능성에 대비하는 전략이다.
② 상황 수정(situation modification) 전략 : 주어진 상황을 바꾸어 정서가 발생하는 강도를 줄이는 것이다.
③ 주의 배치(attention deployment) 전략 : 정서가 일어나지 않게 주의를 다른 곳으로 돌리는 것이다.
④ 인지적 변화(cognitive change) 전략 : 정서를 유발하는 사건의 의미를 바꾸는 것이다.
⑤ 반응 조절(response modification) 전략 : 이미 감정이 발생한 후에 이를 억누름으로써 표현하지 않는 전략이다.

3. 놀이

(1) 놀이의 개념
① 놀이는 추상적이고, 유동적이며, 다양한 의미를 가지고 있기 때문에 놀이가 무엇인지를 인식하는 것은 쉽지만 이를 명확하게 정의하는 것은 매우 어렵다.
② 정신분석 이론 : 프로이트(Freud)는 놀이를 통해 카타르시스 경험을 하는 것이 사회성 및 정서 발달에 도움이 된다고 보았다. 특히 놀이는 일상생활의 긴장상태를 여러 관계를 통해서 조절하거나 이를 사회적으로 인정받는 방법으로 발산하는 기회를 제공한다.
③ 사회학습 이론 : 놀이는 새로운 행동이나 사회적 역할을 미리 연습해 볼 수 있는 기회가 된다. 특히 놀이를 통해 사회적 관계를 형성하고, 사회성이 발달되며, 동시에 사회성 발달 수준에 따라 놀이 형태도 달라진다.
④ 인지발달 이론 : 놀이는 새롭고 복잡한 사건이나 사물을 배우는 방법이다. 특히 놀이를 통해 새로운 개념과 지식을 습득하고, 생각과 행동을 통합해나가며 문제해결능력을 증진할 수 있다.
  ⊙ 감각운동기 : 기능놀이를 주로 한다.
  ⓒ 전조작기 : 구성놀이와 가상놀이를 주로 한다.
  ⓒ 구체적 조작기 : 규칙이 있는 게임을 주로 한다.

(2) 놀이의 유형
① 파튼(Parten)의 상호작용적 놀이 유형 : 유아의 사회적 성숙 수준에 따라 여섯 가지 유형으로 놀이를 분류하였다.
  ⊙ 유아가 성장함에 따라 혼자놀이와 평행놀이의 비중은 감소하고, 연합놀이나 협동놀이의 비중은 증가한다.

ⓒ 놀이 유형

놀이 유형	특성
몰입되지 않은 놀이 (unoccupied play)	• 생후 1년 • 어떠한 놀이 형태에도 포함되지 않는 목적 없는 행동을 함 • 노는 것은 아니지만 순간적인 관심을 가지고 보는 행동을 함 • 주변의 일에 흥미를 가지고 있으나 주로 자신의 신체를 가지고 놀이함 • 서서 돌아다니거나, 교사를 따라다니거나, 앉아서 주위를 둘러보는 행동을 함
방관자적 놀이 (on-looker play)	• 2세 이하 • 다른 놀이를 하는 친구를 보기는 하나 함께 놀지는 않음 • 다른 영아들이 노는 것을 지켜보며 시간을 보냄 • 자신이 지켜보는 영아에게 질문을 하거나 제안을 하기도 하지만 직접 놀이에 참여하지는 않음 • 무심히 지켜보는 행동과는 다르며 흥미 있는 친구의 행동을 계속 관찰하는 방관자적 입장에 있음
혼자놀이 (solitary play)	• 2세~2세 반 • 공간만 공유할 뿐 서로 가까워지기 위한 어떠한 시도도 하지 않음 • 주변 또래가 가지고 노는 장난감과 다른 장난감을 가지고 놀이함 • 다른 유아가 무엇을 하든 관심이 없으며 곁에 있는 유아와 상호작용을 하기보다는 혼자 장난감을 가지고 놀이함
평행놀이 (paralled play)	• 2세 반~3세 • 주변 또래가 가지고 노는 장난감과 동일한 장난감을 가지고 놀지만 독립적으로 놀이함 • 서로 가까이에서 놀이를 하기는 하지만 서로 간에 가까워지려는 어떠한 상호작용이나 교류가 없음 • 또래와 함께 놀이하는 것이 아니라 옆에서 노는 것임 • 또래가 오고 가는 것을 통제하지 않음
연합놀이 (associative play)	• 3~4세 • 서로 장난감을 나누어 가지면서 대화하며 놀이함 • 또래의 기분이나 욕구를 고려하지 않고 유아 자신의 뜻대로 노는 것으로, 또래 사이에 공유된 목표는 없음 • 대화는 공동활동에 대한 것이며, 놀이자료를 서로 빌리거나 빌려주기도 함 • 집단 내 모든 구성원의 목적이 유사하거나 동일하여, 함께 놀지만 위계나 일정 조직은 없음
협동놀이 (cooperative play)	• 4세 이후 • 단일 놀이과제를 가지고 서로 협동하고 역할을 분담하며 목표를 공유함 • 한 가지 활동을 함께 하고 서로 도우며 조직된 집단으로 편을 이루어 놀이를 함 • 규칙에 따른 조직적 놀이를 하며 리더가 생기고 공동의 목표와 일정한 역할분담이 생김 　예 일정 목적을 놓고 서로 경쟁적으로 추구하기, 극놀이, 형식적인 게임 등 • 일정 집단 안에 속하였는지 여부가 매우 중요함 • 한두 명의 유아가 집단의 상황을 통제하기도 함

② 정신분석학적 놀이 유형: 놀이를 발달 단계에 따라 세 가지 유형으로 구분하였다.
　㉠ 정신분석학에서는 놀이가 유아의 정서발달에 중요한 역할을 하면서 정서적 욕구불만과 같은 부정적인 감정을 해소하는 정화기능을 지닌다고 보았다.
　㉡ 에릭슨(Erikson): 놀이가 단순히 심리적 욕구의 해소와 정화뿐만 아니라 신체적·문화적 기능도 한다고 하였다.

ⓒ 놀이 유형(Hughes & Noppe)

놀이 유형	특성
자신세계의 놀이 (autocosmic play)	• 출생 후 1년 • 자신의 신체에 대한 파악과 조작기능의 이해를 위해 놀이를 함 • 오감을 통해 사물을 접하는 것이 놀이의 기쁨임
미시세계의 놀이 (microphere play)	• 1~2세 • 놀이를 통해 장난감이나 주변 미시적 환경에의 적응능력을 기름 • 장난감은 상상력과 호기심을 만족시키고, 분노와 같은 부정적인 감정을 발산시키는 통로가 됨
거시세계의 놀이 (macrophere play)	• 2세~취학 전 • 놀이를 통해 사회적 상호관계를 터득함 • 친구와 놀면서 현실을 파악하고 그들이 속한 문화를 이해하게 됨

③ 인지발달적 놀이 유형 : 놀이의 발달 유형을 세 가지로 제시하였다.
   ㉠ 피아제(Piaget) : 인지발달과 병행하여 유아의 놀이가 발달한다고 보고 놀이를 학습의 기본으로 간주하였다.
   ㉡ 학습이 일어나기 위해서는 적응과정이 필요한데, 적응은 동화와 조절의 균형에 의해 이루어진다. 이때 놀이는 조절보다는 동화가 우세한 인지상태인 경우 유아가 행하는 활동이라고 본다.
   ㉢ 유아기에는 점차적으로 자아중심적 상징놀이보다 협동놀이에 더 많은 흥미를 갖게 되는데, 또래와의 협동놀이 과정에서 협동과 상호작용을 경험하고, 역할관계의 상호성을 학습하며, 자아중심성이 어느 정도 완화된다.
   ㉣ 놀이 유형

놀이 유형	특성
감각운동놀이 (sensorimotor play)	• 2세 이하의 감각운동기 영아 • 반복적인 신체 움직임을 보임 • 딸랑이나 공을 가지고 놀면서 신체운동능력을 익히고, 주변 세계를 파악하는 본능적인 기쁨 중심의 활동을 함
상징놀이 (symbolic fantasy play)	• 2~7세 전조작기 유아 • 놀이형태로서 상징놀이가 발달함 • 소꿉놀이나 인형놀이 등을 통해 현실세계를 이해하며 살아갈 수 있는 능력을 연습하게 됨 • 공상으로 여러 상황에 부딪혀 가면서 문제해결능력을 기름
협동놀이 (cooperative play)	• 7세 정도의 유아 • 자아중심적 사고가 감소하면서 현실을 조금씩 파악함에 따라 사회화되고 논리적인 놀이를 하게 됨 • 협동 및 경쟁하는 놀이를 하고 단체놀이에서의 규칙을 이해하며 조직적인 놀이가 가능해짐

20 기질 발달

1. 기질과 기질 유형

(1) 기질

① 기질(temperament) : 타고난 것으로, 정서·행동 양식에 지속적으로 나타나는 개인차이다.
② 생애 초기부터 정서나 행동, 반응성, 자기통제의 형태로 나타난다.
③ 일반적으로 기질은 유전적 특성을 반영하고 생물학적인 기초가 있으며 일생 전반에 걸쳐 안정적이라는 특성을 가진다.

(2) **토마스(Thomas)와 체스(Chess)의 모형**

① 기질의 행동 차원

구분	특성
규칙성	배변습관, 수면 주기 등과 같은 생물학적 기능의 규칙성
활동 수준	우유 먹기, 놀기 등과 같이 일상생활에서 하는 아동의 신체활동의 활동량을 나타냄
접근 – 회피	아동이 새로운 자극에 노출되었을 때 보이는 반응
적응성	변하는 상황에서 아동의 적응성
반응의 역치	아동이 반응하기까지 필요한 자극의 양
기분	부정적 정서와 긍정적 정서의 비율
반응의 강도	아동의 긍정적 정서 혹은 부정적 정서의 강도
산만성	외적인 자극에 의해 현재 하는 행동이 방해받는 정도
주의지속성/범위	활동의 지속성과 어려움이 닥쳤을 때 활동을 이어나가려는 의지

② 기질 유형 기출 22, 25

구분	특성
순한 기질 (easy child)	• 영아 중 약 40% • 수면, 식사, 배변습관 등의 생리적 리듬이 규칙적임 • 대부분의 경우 차분하고 긍정적 기분을 보임 • 새로운 상황에 잘 적응하고 금방 익숙해짐 • 규칙적이며 예측 가능한 습관
까다로운 기질 (difficult child)	• 영아 중 약 10% • 식사, 수면, 배변습관 등의 생리적 리듬이 불규칙함 • 민감하고 불규칙적 • 새로운 자극에 부정적이거나 강한 반항을 보임 • 새로운 상황에 회피하고 잘 적응하지 못함
반응이 느린 기질 (slow to warm up child)	• 영아 중 약 15% • 새로운 사람이나 상황에서 불안해하며 위축됨 • 활발하지 못하고 수동적 • 변화에 적응하는 데 오랜 시간이 걸림. 그러나 다시 기회가 주어지면 적응하는 모습을 보임

(3) 로스바르트(Rothbart) 모형 기출 25
① 기질 : 반응성과 자기조절에서 나타나는 개인차로 정의한다.
    ㉠ 반응성(reactivity) : 특정한 자극에 대해 행동적·정서적·신체적으로 얼마나 빠르고 강하게 반응하는지를 의미한다. 이때 반응은 긍정적 또는 부정적으로 표현될 수 있다.
    ㉡ 자기조절(self-regulation) : 특정 자극에 의해 일어난 반응을 얼마나 잘 조절하는지를 말하며, 집중, 접근, 회피, 억제로 나타난다.
② 기질 차원 : 특정한 자극이 주어졌을 때 행동적·정서적·신체적으로 어떻게 반응하는지, 또한 그 반응을 어떻게 조절하는지에 따라 3가지 차원으로 구분한다.

구분	특성
외향성 차원 (extraversion/surgency)	• 긍정적 정서를 느끼고 미소나 웃음으로 이 정서를 표현함 • 새로운 환경에 노출되었을 때 수줍어하기보다 적극적으로 탐색하고 적응하며 활동적으로 움직이는 등의 행동양상으로 이루어짐
부정적 정서성 차원 (negative affectivity)	• 수줍음, 두려움, 분노와 짜증 등의 정서를 포함함 • 가벼운 자극에도 쉽게 불쾌감을 느끼고 이를 진정시키는 데 어려움을 보이는 행동양상을 포함함
의도적 통제 (effortful control)	• 부적절한 반응은 억제하고 주의를 쉽게 돌림 • 자극적이지 않은 상황을 좋아하고 지각적으로 예민한 행동양상을 포함함

(4) 버스(Buss)와 플로민(Plomin) 모형
① 기질을 정서성, 활동성, 사회성의 3가지 차원으로 나누어 설명한다.
② 기질 차원(EAS 모형)

구분	특성
정서성 (emotionality)	• 특정 자극에 대한 부정적인 반응의 정도를 말함 • **높은 정서성** : 울음을 터트리고, 성질을 부리고, 쉽게 진정하지 못하며, 약한 자극에도 쉽게 스트레스를 받음
활동성 (activity)	• 활동의 속도(tempo)와 강도(vigor)를 의미함 • 아동이 말을 얼마나 빠르게 많이 하는지를 보거나 얼마나 빠르게 많이 움직이는지로 측정될 수 있음
사회성 (sociability)	• 타인과의 상호작용을 좋아하는 정도 • 타인과 함께 보낸 시간, 고립됐을 때의 반응, 상대방에게 먼저 연락하는 횟수 등으로 측정될 수 있음

③ 3가지 차원의 기질적 성향은 주변 환경과 경험에 의해 변할 수 있지만 유전의 영향을 더 크게 받기 때문에 잘 변하지 않으며, 기질은 이후 형성되는 성격의 기본 요소가 된다.

(5) 골드스미스(Goldsmith) 모형
① 기본 정서(기쁨, 슬픔 등)를 바탕으로 기질을 설명 : 기질은 정서를 경험하고 표현하는 데서 보이는 개인차이다.
② 생물학적 요인이 기질에 영향을 준다는 것을 부인하지 않았지만, 사회적 맥락을 고려했을 때 행동적 요인이 기질을 설명하기에 더 적합하다.

③ 기질 차원

구분	특성
작업능력(motor activity)	다양한 일상생활에서 사용되는 운동능력을 포함
분노(anger)	갈등 상황에서 울거나 상대방을 때리거나 분노를 표출하려는 성향
기쁨/즐거움(pleasure/joy)	긍정적 정서와 이를 표현하는 미소 또는 웃음을 포함
흥미/고집 (interest/persistence)	특정 대상에 주의를 기울이는 행동

➡ TBAQ(양육자 보고), Lab-TAB(기질 관찰)

(6) 클로닝거(Cloninger) 모형

① 기질은 다양한 환경 자극 유형에 대한 반응에 관여하는 적응체계에서의 개인차이다.

② 기질 차원 [기출 24]

구분	특징
자극추구 (NS; Novelty Seeking)	• 새로운 자극이나 보상신호에 대한 반응으로, 행동이 활성화되는 성향에서의 개인차 ➡ 외향성 및 충동성과 관련, 두뇌의 행동 활성화 시스템(BAS, 행동 접근 체계), 도파민 활동 저하와 관련됨
위험회피 (HA; Harm Avoidance)	• 처벌이나 위험신호 혹은 보상 부재의 신호에 대한 반응으로 행동이 억제되는 성향에서의 개인차 ➡ 불안 성향과 관련, 두뇌의 행동 억제 시스템(BIS, 행동 억제 체계), 세로토닌 활동 증가와 관련됨
사회적 민감성 (RD; Reward Dependence)	• 사회적 애착에 대한 의존성에서의 개인차인 사회적 보상 신호와 타인의 감정에 대한 민감성에서의 개인차 ➡ 인정 및 승인 추구 성향을 반영, 두뇌의 행동 유지 시스템(BMS), 노르에피네프린(노르아드레날린)의 활동 저하와 관련됨
인내력 (P; Persistence)	• 지속적인 보상 없이도 이전에 보상된 행동을 계속 유지하려는 성향에서의 개인차 ➡ 두뇌의 행동 유지 시스템(BMS), 사회적 민감성과 다른 특수한 뇌 신경회로와 관련됨

(7) 카스피(Caspi)와 실바(Silva) 모형

① 행동을 통제하지 못하는 기질(undercontrolled bahavior): 충동적이고, 정서적으로 반응적이며, 쉽게 좌절하고, 과활동적인 특성을 나타내는 기질이다.

② 아동기와 성인기에 다른 특성으로 드러나고 더 많은 부적응적 행동과 관련: 주의 집중이나 자기 통제가 필요한 학습 상황에 방해를 받을 수 있고, 학업 수행이나 적응에 문제를 일으킨다.

③ 주의력 유지-지구력(attention span-persistence): 맥클랜드(MacClelland) 등이 제안한 기질로, 학업 수행이나 적응에 도움을 준다.

➡ 종단 연구에 의하면 4세 때 나타나는 이러한 기질은 교육적 성취에 관한 다른 요인들을 통제한 상태에서 21세 때의 수학 및 독해 성취도와 25세 때의 대학 졸업 여부를 유의하게 예언하는 것으로 나타났다.

2. 기질의 역할 및 안정성

(1) 기질의 안정성
① 영아기의 순한 기질과 까다로운 기질이 아동의 사회적 적응을 어느 정도 예측한다.
② 종단 연구
　㉠ 인생 초기에 정서조절이 어려운 아동은 이후 아동기, 청소년기에 다른 사람과 잘 지내기 어렵고 적응하는 데도 문제가 있었다. 이러한 아동은 성인기에도 다양한 문제를 보였다. 법적 위반에 연루될 확률이 높고, 높은 실직률을 보이고 다른 사람의 지원을 많이 받지 못했으며, 불안 등 부정적 정서를 더 자주 경험했다.
　㉡ 행동적 억제 차원의 높은 안정성 : 영유아기에 친숙하지 못한 상황에서 겁을 먹고 두려워하거나 편안하게 행동하지 못하는 기질적 경향성은 이후 아동기의 사회불안의 위험요인이 될 수 있었다.

(2) 조화의 적합성(goodness fit)
① 영아의 기질과 사회적 환경이 조화를 이룰 때 가장 적절한 발달이 이루어질 수 있다는 것이다.
② 아동의 적응 : 영아의 기질적 특성과 환경의 요구, 기대, 일치 정도에 따라 영향받는다.
③ 부조화 : 긴장과 문제, 갈등을 불러일으킨다.
④ 양육자는 영아의 기질적 개인차를 이해하고, 그들의 특성에 맞춰 민감하고 융통성 있게 반응해야 한다.

21 애착 발달

1. 개념

(1) 애착(attachment) 기출 17
① 영아가 양육자 또는 특별한 사람과 맺는 친밀하고 강력한 정서적 유대관계이다.
② 애착을 형성한 아동은 애착대상과 물리적으로 접촉하려 하며 애착대상을 안전기지로 삼아 새로운 상황을 탐색한다. 애매한 상황이 되면 애착대상의 반응을 참조하여 행동하기도 한다.
③ 내적 작동 모델(internal working model) 기출 25 : 아동은 양육자와 계속 상호작용하면서 자기 자신과 타인에 대한 인지적 표상들을 발달시키는데, 이를 내적 작동 모델이라고 한다. 이는 인간관계의 특성에 대한 기대를 형성하여 새로운 상황에서 어떻게 행동해야 하는지를 결정하는 데 영향을 미치고 또래, 교사, 나아가 자신의 자녀와 형성하게 될 사회적 관계에 영향을 미친다.
④ 애착의 특징
　㉠ 근접성 유지 : 애착대상에 가까이 있거나 붙어 있기를 원한다.
　㉡ 안전한 피난처 : 애착대상을 안전한 피난처로 여기며, 위안과 확신을 얻기 위해 의지한다.
　㉢ 이별고통 : 애착대상과 예기치 못한 또는 장기간의 이별을 하게 되면 괴로움을 느낀다.
　㉣ 안전기지 역할 : 애착대상은 안전기지 역할을 하게 되며, 세상을 적극적으로 탐색하고 활동하는 기반이 된다.

(2) 낯가림과 분리불안
① 낯가림(stranger anxiety) : 영아가 특정인과 애착을 형성하면 낯선 사람이 다가오거나 부모가 낯선 사람에게 자신을 맡길 때 큰 소리로 우는데, 이러한 반응을 '낯가림'이라고 한다.

② 분리불안(separation anxiety) : 영아가 부모나 애착을 느끼는 대상과 분리될 때 느끼는 불안을 의미하는 것으로, 낯가림이 낯선 사람에 대한 불안에서 비롯된 것이라면, 분리불안은 친숙한 사람과의 분리가 근원이 된다.
㉠ 주양육자가 제공하는 물리적 지원과 심리적 위안이 사라지는 것을 두려워하는 것이다.
㉡ 분리불안은 8~15개월까지 증가하고 이후 감소하기 시작하며, 이러한 불안은 문화적 차이와 상관없이 공통적으로 나타난다.

(3) 안전기지(secure base)
① 영아가 언제든지 의존할 수 있는 대상으로 믿는 것으로, 영아는 이를 근거로 환경을 탐색한다.
② 영아는 위기에 처했거나 신체적·심리적 자원이 고갈되었을 때 안전기지로부터 도움과 위로를 받는다.
③ 영아는 안전기지에 대한 인지적 표상이 더욱 분명해지면서 보다 적극적으로 환경을 탐색할 수 있게 되며, 이를 통해 세상에 대한 지식을 쌓는다.

2. 애착이론

(1) 정신분석이론
① 구강기 : 이 시기에는 무언가를 빨고 싶어 하는 구순 욕구를 가진다. 이때 양육자는 영아에게 젖을 물리거나 음식을 넣어줌으로써 구순 욕구를 충족시킨다. 이를 통해 영아는 양육자에게 애착을 형성한다.
➡ 구강 만족을 충족시켜주는 사람에게 애착을 느낀다.
② 애착의 찬장이론(cupboard love theory) : 음식은 애착 형성에 있어 매우 중요한 요소로 간주되기 때문에 프로이트의 이론에서는 애착을 찬장에 항상 있는 음식에 비유하여 애착의 찬장이론이라고 부르기도 한다.
③ 에릭슨(Erikson) : 양육자가 일관성 있게 영아의 필요에 적절히 반응한다면 영아에게 신뢰를 얻을 수 있지만, 비일관적으로 반응한다면 불신이 형성되어 애착을 형성하지 못한다.

(2) 학습이론
① 학습이론에서도 음식은 애착 형성의 기본 요소로 작용하지만, 정신분석과는 다르게 애착이 조건화를 통해 형성된다고 본다.
② 애착의 조건화 : 영아에게 음식을 주면 영아는 즐거워한다. 음식은 무조건 자극으로 항상 영아에게 즐거운 반응을 일으킨다. 이때 양육자가 음식을 영아에게 주면 양육자라는 중성자극이 음식이라는 무조건자극과 연합하게 되어 즐거움이라는 무조건반응을 일으키게 된다. 이때 조건화가 이루어진 후에는 영아가 음식 없이 양육자만 보더라도 즐거움을 느끼게 된다.
③ 이차적 강화원(secondary reinforce) : 어머니는 영아에게 이차적 강화원이 된다. 이차적 강화원은 처음에는 중립적이었으나 다른 강화물과 반복적으로 연합됨으로써 일차적 강화물의 지위를 갖게 되는 것을 말한다.

(3) 인지발달이론
① 애착 형성이 인지 발달 수준과 연관이 있다고 본다. 즉, 인지 발달이 이루어진 다음에 애착 형성이 가능하다는 것이다.
② 양육자와 애착 형성 : 영아는 다른 사람들과 양육자를 구분할 수 있어야 한다. 또한 눈앞에 양육자가 없더라도 이 세상에서 사라진 것이 아니라는 대상영속성에 대한 개념도 터득해야 한다. 따라서 애착을 형성하는 시기에 맞춰 대상영속성 개념이 함께 발달하게 된다.

(4) 동물행동학이론

① 애착 형성을 생존과 직결된 문제로 본다.
   > 예 어린 개체가 어미에게 애착을 형성하지 못한 채 아무나 따라가게 된다면 생명에 위협을 받을 수 있다.

② 로렌츠(Lorenz)의 각인 연구
   ㉠ 각인(imprinting) : 위험으로부터 보호받기 위한 본능적인 행동을 각인이라고 한다.
      > 예 새끼 오리가 태어나서 처음 본 대상인 어미를 따라다니는 것
   ㉡ 영아의 경우, 미소 짓기, 매달리기, 울기 등의 행동을 통해 양육자의 보살핌과 보호를 이끌어 낸다.
   ㉢ 이러한 영아와 양육자 간의 사회적 상호작용을 통해 애착은 형성되고 발달해 간다.

③ 볼비(Bowlby)의 연구
   ㉠ 영아는 울거나 웃으면서 양육자의 관심을 끌며, 매달리는 행동을 통해 양육자의 보호를 받는다.
   ㉡ 귀여움 : 진화적 산물로, 이러한 귀여움 때문에 양육자는 영아를 더 사랑하게 된다.
   ㉢ 영아가 성인보다 더 귀엽게 느껴지는 이유 : 영아들의 넓은 이마, 토실토실 살찐 볼, 둥근 얼굴이 큰 몫을 한다. 이러한 모습은 영아뿐 아니라 토끼와 강아지 등 다른 동물의 새끼에게서도 찾아볼 수 있다.
   ㉣ 큐피인형 효과(kewpie doll effect) : 영아의 귀여운 특징은 큐피인형에서도 동일하게 찾아볼 수 있는데, 이러한 귀여움을 통해 영아가 양육자로부터 관심과 사랑을 이끌어 내는 현상이다.

④ 할로(Harlow)의 접촉위안(contact comfort)
   ㉠ 할로는 실험을 통해 애착이 형성되려면 단순히 음식을 주는 것만으로는 부족하며, 신체 접촉을 하는 것이 중요함을 보여준다.
   ㉡ 연구 결과 : 새끼 원숭이들은 어미 원숭이를 통해 단순히 배고픔을 해결하기보다 신체적 접촉을 하여 안정감을 얻고자 하는 욕구가 더 크게 나타났다.
   ㉢ 수유가 양육자에 대한 영아의 애착에 결정적 요인이 아니었으며 접촉을 통해 신체적·정서적 안락감을 주는 대상에게 애착을 발달시킨다.

3. 볼비(Bowlby)의 애착 형성 단계

(1) 전 애착 형성 단계(preattachment phase) : 출생~생후 3개월

① 이 시기에는 아직 특정 대상에 애착이 형성되지 않아 혼자 남아 있어도 생리적인 불편함이 없으며 별다른 반응을 보이지 않는다.
② 울기, 응시하기, 미소, 옹알이 등의 여러 신호행동을 통해 성인의 반응을 이끌어 내기는 하나, 애착대상과 낯선 사람과의 구분이 명확하지 않은 시기이다.
③ 영아는 아무에게나 미소를 지을 수 있으며 곁에 있던 사람이 떠나면 울음을 터뜨린다.

(2) 애착 형성 단계(attachment on the making phase) : 생후 3~6개월

① 이 시기의 영아는 친숙한 사람과 낯선 사람에게 다르게 반응하기 시작한다.
② 아직 낯가림은 심하지 않으나 친숙한 사람에게 더 많이 웃고 옹알이도 더 많이 하며 위로를 받는다. 하지만 아직 특정 애착대상에게 지속적인 선호를 표현하지는 못한다.
③ 이 시기의 영아는 애착대상인 주 양육자에 대한 기대와 인식을 형성하면서 신뢰적 기반을 쌓기 시작한다.

(3) 애착 단계(phase of clear-cut attachment) : 생후 6~18개월

① 이 시기의 영아는 무조건 애착대상과 함께 있기를 원한다.
② 낯선 사람에 대한 낯가림이 생기고, 애착대상이 아기의 곁을 떠나면 분리불안이 나타난다.
③ 분리불안 : 어머니와 떨어지면 매우 불안해하는 분리불안을 보임으로써 애착을 분명하게 드러낸다. 이 현상은 12개월 전후부터 나타나기 시작해 14~16개월에 급증하고, 18개월 정도까지 지속되다가 점차 사라진다.
  ➡ 영아가 대상영속성을 획득했음을 보여주는 것으로, 대상영속성을 빨리 획득한 영아일수록 분리불안은 빨리 시작된다.
④ 영아는 어머니에 대한 애착을 분명히 나타낸다. 기기와 걷기가 가능해진 이 시기의 영아는 어머니에게 적극적으로 접근하고 매달리고 따라다니며 함께 있으려고 한다.

(4) 상호적 관계 형성 단계(formation of reciprocal relationship) : 생후 18개월~2세

① 이 시기의 영아는 인지적 성숙과 발달로 인해 애착대상이 곁에 없어도 그 이미지를 표상할 수 있고, 애착대상이 다시 돌아올 것이라는 예측이 가능하여 분리불안이 감소한다.
② 애착대상의 감정이나 목표를 이해하고 이에 따라 자신의 행동을 계획하는 보다 상호 조절적 태도를 보인다.
③ 애착대상과의 분리에 대해 서로 타협할 수 있는 협동적인 관계에 들어서면서 진정한 동반자로 발전하게 된다.
④ 주 양육자 외에 다른 사람과도 애착을 맺기 시작하며, 이때 다중애착이 발달한다.

4. 애착의 측정

(1) 에인스워스(Ainsworth)의 낯선 상황 실험 및 절차 [기출 22]

① 에인스워스의 낯선 상황 실험

단계	등장인물	실험 상황	애착행동
1	어머니, 아기	실험자가 어머니와 아기를 실험실로 안내한 후 실험실을 나감	-
2	어머니, 아기	아기가 장난감을 가지고 놀면서 실험실을 탐색하는 동안 어머니는 아기 곁에 앉음	안전기지로서의 어머니
3	어머니, 아기, 낯선 사람	낯선 사람이 실험실에 들어와 어머니와 이야기를 나눔	낯선 사람에 대한 아기의 반응 안전기지로서의 어머니
4	낯선 사람, 아기	어머니가 실험실을 나감. 낯선 사람이 아기와 상호작용을 시도하고, 아기가 당황하면 진정시킴	분리불안
5	어머니, 아기	어머니가 다시 실험실로 들어오고 낯선 사람은 실험실을 나감. 어머니는 아기를 반기고, 필요하면 달래줌	어머니와 재회 시 아기의 반응
6	아기	아기만 남겨두고 어머니가 실험실을 나감	분리불안
7	낯선 사람, 아기	낯선 사람이 다시 실험실로 들어오고 아기를 달램	낯선 사람에 의해 달래지는 정도
8	어머니, 아기	어머니가 실험실에 돌아오고, 낯선 사람은 나감. 아기를 달래줄 필요가 있으면 어머니는 아기를 달래준 후 다시 장난감을 가지고 놀게 함	어머니와 재회 시 아기의 반응

② 낯선 상황 절차 : 낯선 상황 혹은 스트레스를 받는 상황에서 영아가 부모와 같은 애착대상에게 어떻게 반응하는지를 살피기 위해 고안했다. 애착대상과의 분리와 재결합, 낯선 사람의 출현을 포함하여 총 8개의 에피소드로 구성된다.

③ 애착 유형

구분	특성
안정애착 (secure attachment : B유형)	• 영아는 양육자와 함께 있을 때 평안함과 안정감을 느끼기 때문에 양육자를 안전기지로 삼아 주변에 있는 장난감을 자유롭게 탐색함 • 재결합했을 때에는 양육자에게 금방 긍정적인 반응을 보임. 이러한 반응을 보일 수 있는 것은 평소 양육자가 영아의 필요에 민감하고 효과적인 방법으로 반응을 했기 때문 • 이 유형의 어머니 : 아기의 요구에 즉각적으로 반응해 주고 안정적으로 상호작용을 해 줌
불안정 회피애착 (insecure-avoidant attachment : A유형)	• 영아는 양육자와 같이 있을 때에도 분리되었을 때에도 별다른 반응을 보이지 않음 • 재결합 시, 양육자와의 상호작용을 회피하고 애정과 분노도 표현하지 않아 양육자와의 분리 상황에서 스트레스는 받지만 상대적으로 적게 받음 • 이 유형의 어머니 : 무감각하고 신체 접촉이 거의 없으며 화가 나 있거나 초조해하며 거부하듯이 영아를 다루는 경향이 있음
불안정 저항애착 (insecure-resistant attachment : C유형)	• 영아는 양육자와 분리될 때 극심한 스트레스를 경험함 • 재결합 상황에서 먼저 달려가 매달리기도 하지만, 자신을 두고 간 양육자를 원망하듯 장난감을 던지고 밀쳐내며 칭얼대는 등 다양한 분노행동을 보이고 양가적인 태도를 지님 • 이 유형의 어머니 : 아기의 요구에 무감각하고, 아기를 다루는 방식이 어색하지만, 화를 내는 느낌이 아님. 그러나 기준 없이 부모의 기분에 따라 반응하는 일관성 없는 양육태도가 영아를 불안하게 만듦
혼란애착 (disorganized attachment : D유형)	• 4가지 유형 중 양육자와 분리되었을 때 가장 큰 스트레스와 불안정한 모습을 보임 • 재결합 상황에서 양육자에게 다가가고 싶어 하면서 동시에 무서운 존재로 생각하기 때문에 양육자를 피하고 싶은 감정을 가지고 혼란스러워하는 모습을 보임 • 이 유형의 어머니 : 주로 아기를 학대하거나 무시하는 등 극단적으로 부적절하게 양육함

④ 분리와 재결합 시 애착 유형에 따른 특징

구분	분리되었을 때의 특징	재결합했을 때의 특징
안정애착	스트레스를 받지만 곧 안정을 찾음	웃거나 반기는 등 긍정적인 반응을 보임
불안정 회피애착	큰 반응이 없음	긍정적인 반응을 보이지 않음 예 엄마가 안으려고 할 때 피하거나 시선을 회피함
불안정 저항애착	스트레스를 많이 받음	양가적인 반응을 보임 예 엄마에게 매달리다가도 원망하듯이 밀쳐냄
혼란애착	가장 많은 스트레스를 받음	엄마에게 안기거나 다가가고 싶지만 두려워서 다가가지 않음

(2) AQS(Attachment Q-Sort)

① 영아 이후(1~5세)의 애착을 측정하기 위해서뿐만 아니라, 낯선 상황 절차보다 좀 더 쉽고 경제적으로 애착을 측정하기 위해 개발되었다.
② 90개의 문항으로 구성되어 있으며 연령과 문화에 상관없이 다양한 대상에 사용할 수 있고, 가정, 공공장소, 실내, 실외 등 다양한 배경에서 측정될 수 있다.
③ 애착 유형 : 안정성(security)과 의존성(dependency)으로 구분한다.
  ➡ 안정성 점수가 높을수록 양육자를 안전기지로 삼고 다양한 행동에 관여할 수 있다.

5. 애착에 영향을 주는 요인

(1) 양육가설

① 양육가설(care-giving hypothesis): 부모나 양육자의 양육특성이 자녀의 애착 형성에 영향을 미친다.

② 양육자의 특성: 영아의 신호에 대한 양육자의 민감성과 반응성이 애착 형성에 중요하다.

③ 안정애착 부모
   ㉠ 영아의 신호에 빠르게 반응하고 민감한 상호작용을 보인다.
   ㉡ 영아가 원하는 것에 적절한 반응을 보이면 영아는 부모를 신뢰하게 되고 다양한 안정된 애착을 형성한다.
   ㉢ 안정애착은 부모를 신뢰하는 것처럼 다른 사람을 신뢰하게 만들어 이후 긍정적 대인관계의 토대가 된다.

④ 부모의 민감성(sensitivity): 일관되고 반응적인 보살핌이다. 이는 양육자의 기분에 따라 변하는 변덕스러운 반응이 아니라 자녀의 표현을 정확하게 이해하고 이에 일관되게 반응하는 것을 의미한다.

⑤ 영아기 애착에 영향을 미치는 양육특성(De Wolff & Van Ljzendoorn)
   ㉠ 민감성: 영아의 신호에 즉각적이고 적극적으로 반응한다.
   ㉡ 긍정적 태도: 영아에게 긍정적이고 친밀한 감정표현을 한다.
   ㉢ 동시성: 영아의 반응이나 신호에 조화롭고 즉각적으로 반응한다.
   ㉣ 상호성: 영아와 양육자가 함께 같은 것에 주목하고 상호작용한다.
   ㉤ 지원: 영아에게 필요한 물리적·정서적 도움을 적절하게 지원한다.
   ㉥ 자극하기: 영아의 발달에 필요한 환경을 조성하거나 직접 자극하기 위한 활동을 제공한다.

⑥ 회피애착: 양육자가 아이와 정서적으로 교류하고 정서적 요구에 반응하는 것을 어려워하는 영아는 회피애착을 형성하는 경향이 있다.

⑦ 혼란애착: 양육자가 자녀를 학대하는 등 양육자 자신의 외상이나 심리적 문제를 가지고 있어 혼란스러운 양육을 보일 경우 혼란애착을 형성하는 경향이 있다.

⑧ 기질가설: 영아의 기질은 그 자체보다 양육자와의 조합의 적합성으로 애착에 영향을 미친다. 즉, 영아의 기질에 맞는 적절한 양육이 제공될 때 영아가 안정된 애착을 형성할 수 있다.

> **참고** 무표정(still-face) 실험 절차
>
> - 먼저 양육자가 영아와 긍정적인 상호작용을 한다. 그러던 중 갑자기 무표정을 짓도록 하고, 이때 영아의 반응을 살핀다.
> - 긍정적인 상호작용 진행 중 양육자가 영아에게 적절한 표현을 해 줄 때 영아는 미소를 보이며 긍정적인 반응을 보인다.
> - 양육자가 아무런 표정 없이 무표정으로 일관하면 영아는 칭얼대거나 얼굴을 찌푸리면서 스트레스를 받는 모습을 보인다.
> - 이 절차에서 나타난 영아의 반응으로 이후 형성하게 될 애착 유형을 예측한다.

(2) 다중애착(복합애착, multiple attachment)

① 영아가 두 사람 이상에게 동시에 애착을 형성하는 것으로, 어머니뿐만 아니라 아버지, 조부모, 육아도우미, 보육교사 등 타인 양육자인 여러 이차적 인물에게도 애착을 형성하는 것을 말한다.

② 어머니와의 애착 안정성과는 별개로 타인 양육자와 독립적인 애착을 형성할 수 있다.

③ 어머니와 안정된 애착을 경험하면 타인 양육자와의 애착을 형성하기가 쉽다. 하지만 어머니와 안정된 애착을 형성하지 못하더라도 타인 양육자와 안정된 애착을 형성하면 이를 보완할 수 있다.

(3) 내적 작동 모델(internal working model) 기출 17, 25
① 영아는 일차 양육자와의 상호작용을 통해 자신과 타인 그리고 둘 간의 관계에 대한 인지적 표상을 형성하며, 이를 내적 작동 모델이라고 한다. 영아는 이를 기반으로 자신과 타인뿐 아니라 둘 간의 상호작용에 대해 특정한 패턴을 기대하게 된다.
② 자신과 타인에 대한 긍정/부정 내적 작동 모델
  ㉠ 타인에 대한 긍정적 작동 모델 : 민감하고 반응적인 양육을 통해 형성된다. 이 모델을 가진 영아는 타인을 신뢰할 수 있다.
  ㉡ 타인에 대한 부정적 작동 모델 : 둔감하거나 무관심한 양육을 통해 형성된다.
  ㉢ 자신에 대한 긍정적 작동 모델 : 영아의 필요를 빨리 알아차리고 민감하게 반응하는 양육자의 자녀가 자신을 신뢰하게 되면서 형성된다.
  ㉣ 자신에 대한 부정적 작동 모델 : 영아 자신의 요구가 양육자로부터 받아들여지지 않는다거나 민감하지 못한 양육자가 영아의 요구를 잘못 해석하는 경우에 형성된다.
③ 볼비(Bowlby)의 내적 작동 모델에 따른 애착 유형

구분		자기 모델	
		긍정	부정
타인 모델	긍정	안정형(일차 안정애착)	몰입형(일차 저항애착)
	부정	무시형(일차 회피애착)	공포형(일차 해체/혼란애착)

  ㉠ 일차 안정애착 : 자신에 대한 신뢰를 가지고 새로운 일에 도전하고, 무엇을 하든 숙달하고자 하는 의지를 가진다. 또한 양육자뿐만 아니라 이후 형성하는 친구나 배우자와도 상호 신뢰적인 관계를 형성한다.
  ㉡ 일차 회피애착 : 영아는 무감각한 양육자의 관심을 이끌어 냈을 때 자기에 대한 확신은 가지지만, 타인을 신뢰하지 못하게 된다. 따라서 영아는 타인과 친밀한 관계나 애착을 형성하는 것을 포기하게 된다.
  ㉢ 일차 저항애착 : 영아가 일관되지 못하게 양육자의 관심을 끌 경우 형성된다. 이때 영아는 자신에 대해 확신하지 못하게 되고, 일차 저항애착을 형성하게 된다. 일차 저항애착을 가진 영아는 상호관계에서 안정적인 애착을 형성하는 데 몰두하고 집착하게 된다.
  ㉣ 일차 해체/혼란애착 : 영아는 타인과의 관계에서 타인은 물론 자신도 신뢰하지 못하고, 정서적이든 물리적이든 상처받을까 두려워한다.

(4) 아빠애착
① 자녀에 대한 아빠의 애착은 엄마보다 늦지 않으며 애착의 정도도 적지 않다.
② 엄마-자녀 애착 : 엄마가 영아를 보살피면서 형성된다. 예를 들어 엄마와 함께 보낸 시간, 상호작용의 질로 영아의 안정 정도를 예측한다.
③ 아빠-자녀 애착 : 주로 놀이를 통해 형성된다. 자녀와 함께 놀이시간을 보낼 때 아빠가 어떤 태도로 응하느냐가 아동 발달에 있어 중요하다. 예를 들어 자녀가 놀이를 주도하도록 상황을 조성하고 놀이 중 제안하는 것을 받아주며, 정서적·육체적 지원을 해 주는 아빠의 태도는 만 6, 10, 16세 아동의 안정애착과 관련 있는 것으로 나타났다.

8 도덕성 및 공격성 발달
제8절

22 도덕성 발달 : 도덕적 사고 발달

1. 피아제(Piaget)의 도덕성 발달이론

(1) 도덕성 발달

① 인지 발달이 일련의 단계에 따라 이루어지므로 도덕성 발달은 인지 발달과 병행하여 단계적으로 발전한다.
② 도덕성 발달 단계 : 전도덕성 단계, 타율적 도덕성 단계, 자율적 도덕성 단계로 구분하였다.

구분	전도덕성 단계	타율적 도덕성 단계	자율적 도덕성 단계
특성	• 규칙이나 질서 등의 도덕적 인식이 없음 • 규칙이 없는 게임이나 놀이에 몰두함	• 규칙을 절대적이며 변경 불가능한 것으로 인식함 • 규칙 위반 시 처벌이 뒤따른다고 생각함 • 행위의 의도나 원인보다 결과에 의해 도덕성을 판단함	• 규칙이 변할 수 있다고 인식함 • 규칙을 위반해도 항상 처벌이 뒤따르지는 않음을 알게 됨 • 행위의 결과보다 의도나 원인을 고려함

③ 타율적 도덕성 단계의 아동은 인지적 성숙과 사회적 경험을 통해 자율적 도덕성 단계로 나아간다.

(2) 피아제의 도덕성 발달 단계에 따른 도덕적 사고

① 이야기 A : 유라의 엄마는 방에 있던 유라에게 저녁을 먹으러 주방으로 오라고 했다. 그런데 주방 문 뒤에 의자가 있었고, 그 의자 위에는 컵 15개가 놓여 있었다. 유라는 문 뒤에 의자와 컵이 있을 것이라고 전혀 생각하지 못한 채 문을 열었고, 결국 문이 '쾅'하고 컵에 부딪히면서 컵 15개가 모두 깨져버렸다.
② 이야기 B : 엄마가 집에 없는 사이 샛별이는 찬장에 있는 잼을 꺼내려고 했다. 샛별이는 의자를 찬장 밑에 놓고 올라가 손을 뻗어 보았지만, 찬장이 너무 높은 곳에 있어 잼이 손에 닿지 않았다. 하지만 샛별이는 잼을 꺼내려 계속 애를 쓰다가 그만 컵 1개를 깨뜨리고 말았다.
③ 'A의 유라와 B의 샛별이' 중 누가 더 나쁜가? 타율적 도덕성 단계에 해당하는 아동은 어떤 행동의 의도와는 상관없이 행동의 결과에 따라 누가 더 나쁜지를 판단한다. 그러므로 의도와는 상관없이 컵을 많이 깬 유라가 더 나쁘다고 생각한다. 반면, 자율적 도덕성 단계에 다다른 아동은 사람들이 하는 행동의 의도를 고려하므로 유라보다 샛별이가 더 나쁘다고 생각한다.

(3) 도덕성 발달 단계

단계	연령	특징
전도덕성 단계 (premoral stage)	5세 이전	• 인지 발달이 미성숙하여 규칙을 이해하지 못하고 도덕적인 판단을 할 수 없음 • 규칙에는 관심이 없고, 단순히 재미있는 활동이나 흥미로운 대상으로 인해 놀이를 함
타율적 도덕성 단계 (heteronomous stage)	5~7세	• 규칙은 권위적인 존재에 의해 만들어진 것으로 믿으며, 그 규칙을 수정하는 것은 불가능하다고 생각함 • 어떤 행동의 옳고 그름을 행위자의 의도와는 상관없이 단지 행동결과만 가지고 판단함 • 내재적 정의(immanent justice)에 대한 믿음을 가지고 있음. 내재적 정의는 어떠한 상황이나 이유에서든 나쁜 행동을 한 사람은 벌을 받아야 한다고 생각하는 것을 의미함 ※ **구속의 도덕성** : 외부의 규칙, 권위에 의존하여 행동의 결과에 따라 선악을 판단함 ※ **도덕적 사실주의** : 규칙과 질서를 원래부터 존재했던 것으로 인식하므로 바꿀 수 없는 절대적인 것으로 생각함
전환기 단계	7~10세	• 또래와 많은 시간을 보내며 놀이활동을 하게 되는데, 놀이규칙이 상황에 따라 유동적으로 변할 수 있다고 생각함 • 타인의 마음을 이해하기 시작하므로, 자기 이익을 앞세우기보다 타인이 어떻게 생각하고 느낄지 고려하여 공정한 규칙을 따름. 하지만 일관되게 공정한 행동을 보이지는 못함
자율적 도덕성 단계 (autonomous stage)	10세 이상	• 법과 규칙이 사람에 의해 만들어진다는 것을 깨달음. 따라서 법과 규칙은 언제든지 바뀔 수 있다는 것을 알게 됨 • 행동의 결과보다 상황과 의도를 고려함 • **협력의 도덕성** : 사람들이 각기 다른 규칙을 가지고 있음을 이해하는 협력의 도덕성을 발달시키게 되고, 규칙이 다른 사람과의 협의에 의해 바뀔 수 있음을 알게 됨

(4) 도덕적 실재론에 따른 타율적 도덕성
① 규칙이 사람에 의해 만들어진 것이라고 생각하지 못하고, 외부로부터 주어진 절대적이고 불변의 것이라고 이해한다.
② 아동은 행위를 한 사람의 의도를 중요하게 생각하지 못한다.
③ 도덕성은 내재적 정의에 의해 지배된다. 이 단계의 아동들은 규칙의 절대성을 강하게 믿기 때문에 규칙을 어기면 반드시 벌을 받는다고 믿는다.
④ 이 시기의 아동들이 도덕적 실재론과 내재적 정의 등의 특징을 보이는 것은 인지 발달 수준이 주관적 경험과 실재를 구별하지 못하는 자기중심적 사고 단계에 머물러 있기 때문이다.

(5) 도덕적 상대론에 따른 자율적 도덕성
① 이 단계의 아동은 사회적인 규칙은 임의적인 약속이며, 사람들의 동의에 의해 변화될 수 있다는 것을 알 수 있다. 상황에 따라 규칙은 지켜지지 않을 수도 있으며, 반드시 처벌받는 것이 아니라는 것도 깨닫게 된다.
② 이 시기에는 결과가 아닌 동기나 의도에 의한 도덕적 사고가 가능하며, 이에 따라 이 단계를 '자율적 도덕성'의 단계라고 본다.
③ 아동이 인지적으로 성숙하고 사회적 경험을 쌓아감에 따라 점차 타인의 숨겨진 의도와 동기를 파악할 수 있게 되며, 따라서 타율적이고 절대적인 도덕성에서 자율적이고 상대적인 도덕성으로 이행하게 된다.
④ **이상적 상호 호혜성(ideal reciprocity)** : 이 단계에서는 자율적 도덕성을 바탕으로 한 이상적 상호 호혜성이 발달되는데, 이는 상호성에 대한 진전된 이해력을 가지고 개인의 상황에 따라 규칙이 재해석되고 수정될 수 있다고 보는 사고이다.

(6) 평가
① 도덕적 판단에 있어서 의도에 대한 이해 : 10세 이후가 되어서야 타인 행동의 의도를 고려한 도덕적 판단이 가능하고, 9세 이하의 아동은 행동결과에 근거해서 도덕적 판단을 한다고 주장한다. 하지만 이후 연구들에서 다소 다른 과제를 사용할 경우 피아제가 생각한 것보다 더욱 일찍 의도에 근거한 도덕적 판단이 가능한 것으로 나타났다.
② 규칙과 권위에 대한 이해 : 10세 이전의 아동이 규칙을 요구하는 성인이 항상 절대적인 권위가 있다고 생각하는 것은 아니라는 것이다. 어린 아동 때리기, 도둑질 같은 행위는 권위 있는 성인의 의견과 상관없이 나쁜 행동이라고 판단하고, 어떤 행위는 상황에 따라 다르게 평가될 수 있다고 생각한다.

2. 콜버그(Kohlberg)의 도덕성 발달이론

(1) 도덕성 발달
① 피아제의 도덕성 발달의 인지적 관점을 기초로 하여 도덕성 발달이론을 정교하게 발전시켰다.
② 도덕성 발달은 인지 발달과 관련되어 있다.
  ㉠ 자기중심적 사고에 머물 경우에는 도덕성은 전인습적 수준의 발달을 보인다.
  ㉡ 타인의 관점과 입장을 이해하는 능력이 발달하면서 자기중심적 사고에서 벗어나 인습적 수준의 도덕적 판단이 가능해진다.
  ㉢ 추상적 사고를 할 수 있게 되면서 후인습적 수준에 도달한다.
③ 도덕적 딜레마 상황 : 유럽에 사는 한 여인이 특별한 종류의 암 때문에 거의 죽음에 이르렀다. 의사들이 그녀를 살릴 수 있다고 생각하는 약이 하나 있다. 일종의 라디움으로 같은 마을에 사는 약제사가 최근에 발견한 것이다. 그 약을 만드는 데 많은 비용이 들었고 약제사는 생명을 구할 수 있는 소량의 약에 대해 2,000달러, 즉 약값의 10배를 요구했다. 아픈 여인의 남편인 하인즈(Heinz)가 빌릴 수 있는 돈의 전부는 약값 절반인 1,000달러였다. 그는 약제사에게 자신의 부인이 죽어가고 있으니 그 약을 싸게 팔아 나중에 갚도록 해달라고 부탁했다. 그러나 약제사는 "안 됩니다. 내가 약을 발견했고, 그것으로 돈을 벌 것입니다."라고 말했다. 그러자 하인즈는 실망했고 아내를 위해 가게를 부수고 약을 훔쳤다. 하인즈는 그래야만 했을까?

(2) 도덕성 발달 단계 특징 기출 19

3수준	6단계	내용
전인습 수준	1단계 : 벌과 복종에 의한 도덕성 (복종과 처벌 지향)	• 처벌을 피할 수 있거나 있는 권위(힘 있는 사람)에 복종하고 따르는 것이 도덕적 가치를 지님 • 행위의 물리적 결과에 따라 옳고 그름을 판단하며, 들키지 않거나 처벌받지 않으면 나쁜 행동이라고 생각하지 않음
	2단계 : 욕구 충족 수단으로서의 도덕성(개인적 쾌락주의 지향)	• 자신이나 타인의 욕구를 충족시키는 행위가 도덕적이라고 판단함 • 상대주의적 관점에서 옳고 그름을 판단함
인습 수준	3단계 : 대인관계 조화를 위한 도덕성(착한 소년/소녀 지향)	• 사회적 관습에 의해 도덕성을 판단함 • 다른 사람을 기쁘게 하거나 도와주며, 인정받는 것이 도덕적이라고 생각함
	4단계 : 법과 사회질서 준수로서의 도덕성(사회질서와 권위 지향)	법이나 질서를 준수하며, 사회 속에서 개인의 의무를 다하는 것을 기준으로 도덕성을 판단함

3수준	6단계	내용
후인습 수준	5단계: 사회계약으로서의 도덕성 (사회계약 지향)	법은 사회적 합의에 의한 것이며, 개인의 권리와 공익의 원칙에 맞지 않을 경우 고칠 수 있다는 법의 유동성을 인지함
	6단계: 보편적 원리로서의 도덕성 (보편적 윤리원리 지향)	보편적 원리(인간 존엄성, 평등, 정의, 공정성)에 의해 도덕성을 판단하며, 내적 양심 및 윤리적 원리에 맞지 않으면 법에 불복종함

① **전인습적(pre-conventional) 도덕성**: 자기중심적 윤리로서, 권위적 인물의 규칙을 그대로 수용하여 자신의 행동을 판단한다. 따라서 권위적 인물에게 처벌받는 행동은 나쁘고 보상을 받는 행동은 좋은 것으로 도덕적 추론을 한다.

② **인습적(conventional) 도덕성**: 타인에 의한 윤리로서 규칙을 지키는 것은 타인의 인정을 얻기 위함이거나 사회 질서를 유지하기 위한 것이다.

③ **후인습적(postconventional) 도덕성**: 원리에 의한 윤리로서 사회적 법과 규칙을 절대적으로 지지하지 않는다. 그 법과 규칙보다는 모든 상황과 사회에 적용되는 추상적 원리와 가치를 도덕성으로 정의한다. 즉, 도덕적으로 옳은 행위와 법적으로 적합한 행위가 항상 똑같은 것은 아니라는 입장을 가진다.

> **참고** 도덕적 퇴행현상
>
> 도덕성 발달 단계의 인습 수준에 있는 청소년들이 전인습 수준의 하위 단계인 2단계로 후퇴했다가 다시 인습 수준으로 되돌아오거나 후인습 수준의 하위 단계인 5단계로 발달하는 현상이다. 이는 일시적으로 나타나는 현상으로 청소년기 자아정체감을 형성하기 위해 경험하는 심리사회적 갈등, 동요 때문에 발생한다.

(3) 문제점

① **가장 최상 단계의 도덕성**: 후인습적 수준의 도덕성이 이상적인 도덕 발달의 가치를 보여주기는 하지만 현실에서의 도덕성 발달을 반영하는지는 불분명하다.

② **도덕적 판단과 도덕적 행동의 불일치**: 이 이론은 도덕적 추론 및 판단에 초점을 둔 이론이다. 도덕적 판단과 행동 간의 관련성은 존재할 수 있지만 도덕적 규범에 대한 이해가 항상 도덕적 행동으로 이어지는 건 아니다. 특히 일상의 도덕적 갈등상황은 강한 정서반응을 불러일으키므로 도덕적 정서나 동기를 간과하는 어떠한 이론도 완전하지 못하다는 주장이 있다.

③ 도덕성 발달이론은 문화적 편견을 보이기 때문에, 모든 문화권에서 나타나는 보편적인 현상이 아니다. 특히 후인습적 사고는 서구 사회의 이상인 정의를 반영하기 때문에 비서구 사회에 사는 사람과 사회규범에 도전할 정도로 개인의 권리를 높이 평가하지 않는 사람들에게는 불리하다.

④ 정의와 개인의 권리를 도덕적 가치의 기준으로 중요시하는 이 이론은 남성을 대상으로 한 인터뷰 자료에 근거하여 만들어졌기 때문에 배려와 돌봄을 중요시하는 여성의 도덕성을 평가하는 데 적합하지 않다.

⑤ 비현실적 상황에 대한 딜레마를 사용했기 때문에 현실에서 발생한 도덕적 갈등에 대해 실제로 개인이 어떻게 판단하는지 불분명한 정보를 준다.

3. 길리건(Gilligan)의 도덕성 발달이론

(1) 도덕성 발달 [기출 25]

① 콜버그 이론 비판
  ㉠ 추상적인 도덕원리를 강조하며, 남성 중심의 도덕발달만을 강조하고 있다.
  ㉡ 성인 남성은 4, 5단계의 도덕성 발달수준을 보이고, 여성은 대부분 3단계의 도덕성 발달수준을 보이므로 여성의 도덕성 발달이 남성이 비해 낮다고 주장한 콜버그의 주장은 여성의 도덕성 발달을 적절히 설명하지 못한다.

② 여성과 남성의 도덕적 판단
  ㉠ 남성 – 정의 관점(justice perspective) : 소년은 독립적이고 추상적인 사고를 할 수 있도록 교육받았기 때문에 추상적 판단에 기초한 정의 관점에서 도덕적 판단을 한다.
  ㉡ 여성 – 배려 관점(care perspective) : 소녀는 양육적이고 돌보기를 중요시하도록 교육받았기 때문에 인간관계와 타인을 돌보는 것을 기초로 하는 배려와 책임감을 중심으로 도덕적 판단을 한다.

(2) 정의기반과 배려(보살핌)기반 도덕성

① 정의기반 도덕성 : 세상이 상호작용하는 자율적 개인으로 구성된다는 견해에 근거하고 있다.
  ㉠ 도덕적으로 정당한 행위 : 불평등과 불공정을 극복하는 것인데, 이러한 도덕적 판단에서는 공정성을 옳고 그름의 기준으로 삼으며 객관적 논리와 이성적 추론을 강조하는 남성 중심적 가치에 근거하고 있다.
  ㉡ 정의기반 도덕성은 소년 또는 남자에게 흔하게 나타나는데, 그 이유는 자신을 어머니로부터 분리시키려는 욕구와 관련되어 있다. 즉, 소년은 어머니와 분리되어 있기 때문에 공정성에 더 깊은 관심을 지닌다.

② 배려(보살핌)기반 도덕성 : 자신과 타인의 상호 연결성과 보편성을 강조한다.
  ㉠ 도덕적으로 정당한 행위 : 어떤 경우든 폭력을 피하고 어려움에 처한 사람을 돕는 것인데, 이러한 도덕적 판단에서는 다른 사람에 대한 공감, 사랑, 보살핌, 연민과 같은 여성 중심적 가치를 중시한다.
  ㉡ 배려(보살핌)기반 도덕성은 어머니와 심리적 연결감을 유지하려는 소녀 또는 여성에게 흔하게 나타나는데, 소녀와 여성은 공정성에 대해 상대적으로 관심이 적다.

(3) 도덕성 발달 단계(배려기반 도덕성이 발달하는 과정)

구분	단계 명칭	특징
수준 1	개인적 생존 지향	• 여성은 개인 자신의 생존이 가장 중요하며 자기이익을 지향하는 상태 • 생존을 위해서 자신의 욕구와 이익에만 관심
제1과도기 (전환기)	이기심에서 책임감으로	자신이 다른 사람과 연결되어 있음을 알게 되면서 이기심에서 다른 사람에 대한 관계와 책임으로 옮겨가기 시작함
수준 2	자기희생으로서의 선(善) 지향	• 자기 희생이 선한 것으로 여기는 상태 • 다른 사람에 대한 책임감을 인식하고 남들을 보살피는 것에 관심 가짐 • 어머니와 아내의 역할에서 보여주듯이 자신의 욕구를 무시하며 자기희생을 하게 됨
제2과도기	선에서 진실로	다른 사람의 욕구뿐만 아니라 자신의 욕구도 고려하면서 선에서 진실로 옮겨가기 시작함
수준 3	비폭력 도덕성 지향	• 타인과의 관계 속에서 자신과 타인을 함께 보살피는 통합적 관점을 취함 • 자신이든 타인이든 해쳐서는 안 된다는 비폭력 원칙을 중시함

4. 리욘스(Lyons)의 도덕성

(1) 정의지향의 도덕성
개인을 타인과의 관계에서 분리된 존재, 객관적인 존재로 규정한다. 특히 공정성으로서의 정의도덕을 사용한다.

(2) 배려지향의 도덕성
개인을 타인과 관련된 존재 또는 관계를 맺고 있는 존재로 규정한다. 특히 타인에 대한 반응으로서의 관계에 대한 이해에 기초하는 염려의 도덕성을 사용한다.

5. 아이젠버그(Eisenberg)의 도덕성

(1) 도덕성 발달
① 실생활에서 아동이 경험하는 딜레마는 자신의 이익을 추구하는 것과 타인을 돕는 것 사이에 발생한다.
② 다른 사람을 돕는 것과 자신이 필요한 것을 성취하는 것 사이에서 하나를 선택해야 하는 딜레마를 제시했고, 친사회적 도덕추론능력이 어떻게 발달하는가를 5단계로 제안했다.

(2) 친사회적 도덕추론능력 단계
① 1단계 - 쾌락주의적 지향(hedonistic orientation): 대부분의 학령 전기 또는 학령기 초기 아동은 도덕적인 가치보다 자신의 이득에 관심을 가진다. 다른 사람을 돕는 것은 직접적인 이득이 있거나 나중에 상호 보상이 있거나, 필요성이나 선호에 의해 다른 사람을 배려해야 할 때 나타난다.
② 2단계 - 요구-기반 지향(need-based orientation): 상당수의 학령 전기 또는 학령기 아동은 다른 사람에게 필요한 것이 무엇인지를 언급한다. 이 단계의 아동은 다른 사람의 물리적·물질적·심리적 요구가 자신의 요구와 상충된다고 할지라도 타인의 요구에 대해 배려한다. 하지만 이 지향은 타인을 도와야 한다는 단순한 규칙의 이해에 근거하며, 상대방을 공감하거나 동정하는 능력에 근거하지 않는다.
③ 3단계 - 승인과 고정관념적 지향(approval and/or stereotyped orientation): 학령기에 접어든 아동은 타인의 승인이나 옳고 그름에 대한 고정관념에 근거하여 친사회적 행동을 하거나 하지 않는 것을 정당화한다.
④ 4단계 - 자기반영적 공감적 지향(self-reflective empathic orientation): 아동기 후기, 청소년기가 되면서 아동의 판단은 조망수용능력과 동정의 죄책감 같은 도덕성 관련 정서에 기반을 두기 시작하며, 친사회적인 행동의 결과로 인해 생겨날 수 있는 긍정적 정서를 고려하기 시작한다.
⑤ 5단계 - 강력한 내면화 단계(strongly internalized stage): 청소년 중 소수만이 가장 상위 단계의 도덕적 발달 단계를 보이며 이 단계에서는 타인에 대한 책임감과 관련된 내면화된 가치, 믿음(예 '모든 사람은 똑같이 존엄하다.', '사회의 발전에 이바지할 의무가 있다.' 등)에 근거한 판단을 한다.

6. 투리엘(Turiel)의 사회영역 이론

(1) 개관
① 콜버그 이론의 비판: 콜버그 이론은 도덕과 인습을 별개의 것으로 구분하지 않고, '전인습, 인습, 후인습'의 위계적 단계로 도덕적 인지를 이해하였다.
② 도덕과 인습은 별개의 영역이고, 어린 연령부터 이 두 영역을 별개의 것으로 구분하는 능력을 가지고 있다고 보았다.
③ 도덕성은 아동이 성장하면서 발달시키는 사회적 지식의 여러 요소 가운데 하나이다.

④ 사회적 지식 : 도덕적 영역, 사회적 영역, 심리적 영역으로 구성되며, 이러한 영역에 대한 이해는 인지적 판단의 근거가 된다.

(2) **도덕적 영역**
① 도덕적 영역은 공정성, 정의, 의도적인 해침을 도덕추론의 근거로 삼는 것이다.
② 문화 간 차이와 상관없이 일반화될 수 있으며, 개인은 특정 행동을 수행하거나 규칙을 따를 의무가 있다고 여겨진다.
③ 도덕적 규범은 절대적이고 변하지 않으며, 명시적인 규칙이나 권위로부터 독립적인 것이다. 따라서 명시적 규칙이 없거나 권위에 의해 용인되는 행위라 할지라도 특정 행동은 잘못된 것으로 인식된다.
   예 때리기, 친구 밀치기, 훔치기 등

(3) **사회적 영역**
① 사회적 영역은 인습적 영역으로 알려져 있는데, 이는 도덕적 딜레마를 판단할 때 권위자, 사회적 규칙 혹은 사회 조직이나 질서를 우선으로 생각하는 것이다.
② 사회적 상호작용을 중요하게 생각하며 사회 질서 유지와 권위자의 명령에 대한 관심을 기반으로 도덕적 판단을 정당화하는 것과 관련된다.
③ 도덕적 판단은 상황의 사회적 맥락, 곧 상호 합의에 따라 달라지며, 도덕적 영역과 달리 상대적이고 변할 수 있는 속성을 지닌다.
   예 어린이집에서 아동이 활동에 참여하지 않는 것, 이야기를 나누는 시간에 돌아다니는 것 등이 사회적 영역에 속하는 위반행동이다.
④ 도덕적 영역에서 위반행동은 이를 제재하는 규칙이 없어도 본질적으로 나쁘다고 판단되지만, 인습적 영역에서 위반행동은 전적으로 규칙에 의존하여 판단된다.

(4) **심리적 영역**
① 심리적 영역은 개개인이 각자 고유의 특성을 가지며 그에 따른 판단과 선택을 하는 구성체라는 점에서 출발하는데, 이는 개인적 관계 맺음을 통해 개인 및 타인이 심리적 존재임을 이해하게 되는 것을 기반으로 한다.
② 자신의 신체에 대한 통제, 친구의 의복 선택 등을 포함한 개인적 영역에 대한 선호와 선택을 기준으로 삼는다.
③ 심리적 영역에 기반하여 판단을 내리는 것은 개인이 또래 괴롭힘 상황에서 '괴롭히는 것은 그 아이의 선택이고, 전 별로 상관없어요. 제 일이 아니에요' 등의 정당화를 보일 가능성이 높다. 또한 자신에게 유익한가, 유익하지 않은가를 고려하는 자기타산적(prudential) 관심사를 포함한다.

23 도덕성 발달과 영향 요인

1. 도덕적 행동 발달

(1) **자기통제능력**

① 의미 : 목표를 달성하기 위해 순간적인 충동, 욕구, 행동을 억제하는 능력으로, 유혹에 대한 저항, 만족지연능력, 충동 억제 등의 능력이다.

② 도덕적 행동을 하기 위해서는 아동이 스스로를 통제할 수 있어야 하는데, 아동은 자신이 하고 싶은 것을 참고 사회적 행동규칙을 따라야 도덕적 행동을 할 수 있으므로 아동의 자기통제능력은 도덕적 행동을 하는 데 있어 중요한 요소이다.

③ 자기통제 단계(Kopp, 1987)

   ㉠ 통제 단계(control phase) : 영아가 자신이 하고 싶은 대로 무엇이든 할 수 있는 것이 아니며 어른의 요구에 따라 적절히 반응해야 함을 배우는 시기이다. 이 시기의 자기통제는 타인의 지시나 요구에 순종하는 것으로 부모나 양육자가 제시한 행동기준에 따르는 것이다.

   ㉡ 자기통제 단계(self-control phase) : 이 시기의 유아는 타인의 지시나 통제를 내면화하고 부모가 없을 때도 자신을 통제할 수 있다. 유아는 표상적 사고(마음속의 어떤 것을 그릴 수 있는 능력)와 회상능력의 발달로 일상생활의 규칙들을 기억하고 혼자서도 그러한 규칙을 지킨다.

   ㉢ 자기조절 단계(self-regulation phase) : 유아는 새로운 상황에 따라 변화하는 주변의 요구를 유연하게 통제하는 자기조절이 가능하다. 다른 유아의 장난감을 뺏고 싶은 유아는 자기 자신에게 그 장난감을 갖고 놀고 싶지 않다고 혼잣말하거나 다른 놀이를 하는 전략을 사용함으로써 다른 유아의 장난감에 대한 유혹을 잊어버리려고 한다.

④ 만족지연능력 : 보다 큰 만족과 보상을 얻기 위해 순간의 즐거움을 가져다주는 욕구를 억제하거나 자신이 하길 원하는 행동을 통제하고 지연하는 능력이다.

   ㉠ 높은 자기통제력을 지닌 아동은 15년 후 원만한 대인관계를 형성하고 있었고 학업성적도 더 뛰어났다.

   ㉡ 만족지연능력이 높은 아동은 자신의 것을 기꺼이 다른 사람과 공유하는 행동을 보이는 경향이 있었다.

   ㉢ 자기통제력이 낮은 아동은 사회적 규범과 규칙을 더 많이 어기고, 욕도 더 많이 하고, 도덕적으로 옳지 않은 행동을 더 많이 시도하는 경향을 보였다.

(2) **상황**

① 아동은 자신이 처한 상황에 따라 어떤 때는 도덕적으로 또 다른 때는 비도덕적으로 행동하는 경향이 있었다. 완벽하게 도덕적이거나 비도덕적인 아동은 없었다.

② 특수성 원리(doctrine of specificity) : 도덕적 원칙보다 상황에 따라 도덕적 행동이 달라지는 것이다.

③ 도덕적 행동 발달은 상황에 크게 영향을 받지만, 유전이나 애착 유형, 신경생물학적 요인에는 크게 좌지우지되지 않는다. 하지만 또 다른 연구에서는 아동의 기질 유형이 도덕적 행동과 친사회적 행동에 큰 영향을 미친다고 강조한다.

(3) 프로이트의 초자아 기출 23

① **초자아** : 양심을 자극하여 스스로를 관찰하고 평가하는 역할을 한다.
② **만 3~6세 유아** : 남아는 오이디푸스 콤플렉스, 여아는 엘렉트라 콤플렉스를 경험하면서 부모를 향한 부적절한 마음에 대해 처벌받을 것이라는 두려움과 부모의 사랑을 잃을 수 있다는 불안감에 휩싸이게 된다. 이 갈등을 해소하고자 자신의 성(sex)과 같은 부모를 동일시(identify)하게 되면서, 반대 성에 가졌던 이성적 감정을 없애게 된다. 이러한 과정에서 아동은 부모의 도덕성을 자신의 것으로 내면화(internalize)하고, 양심이라 불리는 초자아를 형성하기 시작한다.
③ **양심** : 인간은 양심의 가책을 느낌으로써 자신의 잘못된 행동을 돌아보고, 다시 도덕적인 모습으로 돌아가려고 노력한다.

2. 도덕성 발달과 영향 요인

(1) 부모의 양육방식

① 아동이 잘못을 저질렀을 때 부모가 어떤 방법으로 아동의 행동을 다루고 훈육하는지가 아동의 도덕성 발달과 밀접한 관련이 있다.
② 부모의 훈육방법

구분	내용
애정 철회법 (love withdrawal)	• 아동이 잘못을 저질렀을 때 부모가 직접적으로 자녀의 행동에 실망을 표현하고, 화가 났다는 것을 이야기하는 비폭력적 훈육방법 • 이 방법을 사용하는 부모는 자녀가 잘못하면 자녀에게 실망감을 표출하여 아동을 불안하게 만들고, 자신의 행동이 잘못되었다는 것을 깨닫게 만듦
유도법 (induction)	아동에게 자신이 저지른 잘못이 타인에게 어떠한 영향을 미칠지 생각해 보는 시간을 주고 이를 만회할 수 있도록 훈육하는 방법
권력 행사법 (power assertion)	부모가 아동의 잘못에 대해 강압적인 말이나 신체적 폭력을 사용하는 훈육방법

㉠ **호프만(Hoffman)** : 애정 철회법이나 권력 행사법은 효과적이지 못하며, 유도법은 아동의 도덕적 사고와 정서를 촉진시킴으로써 도덕성 발달에 도움을 준다.
㉡ 유도법은 아동으로 하여금 다른 사람의 입장이 어떨지 생각하게 만들고, 이를 통해 아동은 타인의 감정과 마음을 이해하고 공감할 수 있게 된다.
㉢ 논리적인 설명을 통해 타인에게 어떤 영향을 미치는가를 이야기해 주면, 내면화된 도덕성을 발달시킬 수 있다.
③ **부모의 비일관성** : 일관성 없는 부모의 기대 또는 훈육방법은 혼란과 불안, 적의, 불복종을 초래하고 심지어는 청소년 범죄 등을 유발한다.

(2) 도덕성 발달에 영향을 미치는 가정환경

① 부모가 모두 양육에 참여하는 것이 도덕성 발달에 도움이 된다. 부모가 모두 양육에 참여하면 여아는 자존감이 더 높아지고, 남아는 애착과 공감이 발달한다.
② 성별 간의 위계질서 혹은 불평등이 적은 가정일수록 도덕성 발달에 영향을 미친다. 아동은 부모를 보면서 상호작용을 배우는데, 만일 독재적인 아빠가 엄마를 좌지우지하는 모습을 보고 자란다면, 자신도 이러한 모습을 그대로 받아들이게 되고 자신의 인간관계에도 적용시킬 수 있다.

③ 손위 형제나 자매가 육아에 참여하는 가정환경이 도덕성 발달에 긍정적이다. 형, 오빠, 언니가 양육에 관여하면 아동은 사회적 기술을 배움으로써 공감능력이 향상되고 친사회적 행동이 증가하며, 도덕성이 발달한다.

(3) 또래와 학교
① 아동은 또래와 놀이를 하는 과정에서 협동과 같은 도덕적 행동을 하게 되고, 이를 통해 도덕성이 발달한다.
② 부모와 아동 : 위계적인 관계를 갖는데, 이 관계에서 위에 있는 부모의 도덕적 추론능력이 아동의 능력보다 높을수록 아동의 도덕성 발달에 도움이 된다.
③ 또래 : 도덕적 추론능력의 차이가 크지 않을수록 도덕성 발달에 긍정적이다. 또래와의 평등한 관계에서 도덕적 추론능력이 비슷할 때 아동은 좀 더 자유롭게 자신의 생각을 나누고, 도덕적 딜레마 상황을 함께 해결하게 되어 도덕성 발달을 이룬다.
④ 부모의 가치관과 또래의 가치관이 일치할 경우 : 도덕적 가치를 강화하는 데 도움이 되지만, 서로 다를 경우에는 아동이 도덕적 결정을 내리는 데 갈등을 느끼게 된다.
⑤ 콜버그 : 자신보다 단계가 높은 도덕적 추론을 접하면, 인지적 불평형 상태가 유발되므로 높은 수준으로의 상향 이동이 이루어진다. 하지만 연구결과는 상향 이동으로만 도덕성 발달이 이루어지는 것은 아니었다.
⑥ 학교 : 학교에서 도덕성과 관련된 주제에 대해 토론하는 것은 아동의 도덕적 추론능력 향상에 도움이 된다.

24 공격성 발달

1. 공격성과 공격성 유형

(1) 공격성
① 의미 : 타인을 해치거나 상처를 주려는 의도를 가지고 행하거나 시도되는 언어적·신체적 행위이다.
② 형태 : 신체적 공격성(예 타인 밀치기, 때리기 등)과 관계적 공격성(예 별명 부르기, 다른 유아 놀리기 등)이 있다.

(2) 도구적 공격성과 적대적 공격성
① 도구적 공격성(instrumental aggression) : 타인으로부터 이익이 되는 것(예 돈, 지위, 권력, 자존심)을 얻기 위해 타인에게 해를 가하는 공격성이다.
② 적대적 공격성(hostile aggression) : 타인에게 고통이나 해를 가하는 자체가 목적인 공격이다.
➡ 아동기의 공격성 : 6~7세 이전까지는 도구적 공격을 하는 반면, 7~8세 이후에는 자신에게 도전해 오는 사람의 의도나 동기에 대처하는 방어로 적대적 감정을 가지고 공격하는 적대적 공격행동을 하는 경향이 있다.

(3) 선행적(도발적) 공격성과 반응적 공격성
① 선행적 공격성(proactive aggression) : 특정 목표를 이루기 위해 행동하는 것이다. 공격적 행동으로 힘을 보여줌으로써 이득을 취하고 복종하는 아동을 지배하는 것이 자존감을 높일 수 있다는 믿음이 동기가 된다.
② 반응적 공격성(reactive aggression) : 타인으로부터 위협을 받았을 때 공격적으로 행동하는 것이다.

(4) 신체적 공격성과 언어적 공격성
① 신체적 공격성 : 때리기, 발차기 등과 같이 신체적인 방식으로 해를 가하는 행동이다. 다른 사람에게 직접적 혹은 간접적(예 물건 망가뜨리기)으로 해를 입힐 수 있다.

② 언어적 공격성 : 다른 사람의 별명을 짓궂게 부르거나 나쁜 소문을 퍼트리는 등의 행동을 포함한다.
➡ 신체적 공격성은 생후 30개월경에 나타나기 시작하여 나이가 들면서 점차 줄어드는 경향을 보이지만, 언어적 공격성은 아동의 언어능력이 발달하는 시기에 나타나 나이가 들면서 오히려 잦아지는 경향을 보인다.

(5) 성차
① 남아 : 신체적 공격성을 더 많이 보이며, 이와 같은 양상은 아동 초기와 중기에 걸쳐 나타난다.
② 여아 : 사람들과의 관계를 중요하게 생각하기 때문에 관계적 공격성을 더 많이 보인다. 관계적 공격성은 사회적 관계에 해를 입히고자 하는 공격성으로, 아동기 후기에 나타나기 시작하여 청소년기에 증폭되는 경향이 있다.

2. 공격성에 영향을 미치는 요인

(1) 생물학적 요인
① 유전자 연구 : MAOA(모노아민 산화 효소 A)가 공격성과 상관이 높다. MAOA가 낮은 아동은 높은 아동보다 신체적 공격행동을 더 많이 보이는 것으로 나타났다.
② 생리적 반응성 : 코티솔(cortisol)의 수치가 공격성과 연관이 있다.
  ㉠ 신체적 공격성 : 아침에는 코티솔 수치가 증가하고 오후가 되면 낮아진다.
  ㉡ 관계적 공격성 : 아침에는 코티솔 수치가 낮고 오후가 되면서 서서히 증가한다.

(2) 공격적 추동과 공격행동
① 다른 사람으로부터 성가심을 받거나 피습을 받았을 때 나타난다.
② 욕구 충족이나 목표 도달에 간섭, 방해를 받는 경우 욕구 좌절이 나타난다. 욕구 좌절-공격 가설은 항상 공격적 추동을 일으키지 않고 욕구 좌절에 대한 고의적인 의도성이 개재되었을 때 확실하게 공격적 추동을 유발한다.
③ 공격적 모델을 접할 기회가 많을수록 공격 추동이 유발된다. 반두라는 공격행동의 학습기제로 모방을 중요시하고 모방에 의한 학습은 이를 실행에 옮기고자 하는 동기를 갖게 된다고 보았다.

(3) 사회적 요인
① 공격성은 모방과 강화에 의해 획득되는 경향이 강하므로 아동이 속한 가정, 또래집단, 사회환경이 아동의 공격성 발달에 영향을 미친다.
② 부모가 강압적인 양육 형태를 보이거나 아동의 잘못된 행동에 대해 부모가 언어적인 설명보다 신체적 형벌을 많이 사용할수록 아동은 공격적 특성을 가진 아동으로 자라기 쉽다. 이러한 강압적인 가정 분위기에서 자란 아동은 사춘기에 반사회적 행동으로 발전하는 경향이 높다.

(4) 인지적 요인
① 공격성이 높은 아동 : 일반 아동과는 다른 사회적 정보처리 방식을 보이며, 이로 인해 사회적 관계에서 나타나는 갈등에 대해 왜곡된 사고를 가지는 경향이 있다.
② 적대적 귀인 편향(hostile attribution bias) : 공격적인 아동은 우연적인 상황 또는 상대의 의도가 불분명한 상황에서 해를 입은 경우, 자신의 기대에 부합되는 단서를 찾아내 상대방이 적대적인 의도를 가졌다고 생각한다.
  ㉠ 비공격적인 해결책을 고려하지 않고 적대적인 방식으로 즉각 반응하면서 공격할 가능성이 높다.
  ㉡ 가상적인 상황에서 부정적인 일이 발생했을 때 가능한 해결책을 생각해 보라고 할 경우, 이러한 공격성을 지닌 아동은 적은 수의 해결책을 이끌어낸다.
  ㉢ 사회적 문제해결 방식 : 적대적인 방식에 국한되는 경우가 많다.

(5) 환경적 요인

① **비효과적 양육방식** : 아동을 가혹하게 처벌하고 평소에 냉담하게 대하면 특히 까다로운 기질을 가진 아동은 행동문제를 일으킬 가능성이 높다.

② 부부간의 갈등 등에서 유발하는 폭력에 자주 노출될수록 아동의 공격성이 증가한다.

③ 아동을 훈육하기 위해 신체적 체벌이나 위협을 사용할 경우 '공격적으로 행동하는 것이 남을 통제하는 효과적인 방법'이라는 메시지를 전달하게 되며, 혹독한 체벌로 상해를 입은 경험이 있는 아동은 그렇지 않은 아동보다 공격성이 높게 나타나는 경향이 있다.

④ **빈곤한 가정** : 부모가 스트레스를 받는 상황에 처하는 경우가 많아 아이를 강압적으로 대할 가능성이 높다.

⑤ **모델링** : 아동이 성인, 친구, 미디어 매체 등을 통해 공격적인 행동에 노출될 경우, 그 행동을 모방하는 경향을 갖게 된다. 만일 부모가 신체적 체벌 등의 방법을 사용하여 아이를 훈육할 경우 아이는 부모의 공격적 행동을 모델링하게 되고 아동의 공격성은 증가한다.

⑥ **강화** : 자신이 원하는 것을 얻고자 공격적인 행동을 할 때, 주변의 성인, 또래 친구들이 아이가 바라는 대로 양보하거나 의향을 들어준다면 아이의 공격적인 행동은 강화된다. 이때 아동은 자신이 타인을 통제할 수 있다는 '권력의 느낌'을 갖게 되는데, 이를 통해 공격적인 행동은 더욱 강화되고 악순환이 일어난다.

25 친사회적 행동의 발달

1. 친사회적 행동(prosocial behavior)과 공감(empathy)

(1) **친사회적 행동**

① **의미** : 도덕적 행동뿐 아니라 보상을 바라지 않고 다른 사람의 유익을 위하는 자발적인 행동이다.
  ➡ 인간의 이타성이 행동으로 표출된 것이다.

② **도덕적 정체성(moral identity)** : 친사회적 행동의 요소로, 청소년이 도덕적 정체성을 지닌다는 것은 도덕적으로 행동하는 것이 옳은 것이라는 인식이 자기개념에 내재되어 있음을 의미한다.

③ **성차** : 일반적으로 여자가 남자보다 민감하고 다른 사람에게 감정이입을 잘하기 때문에 좀 더 친사회적으로 여겨지는 반면, 남자는 독립적이고 성공지향적이라고 여겨진다.

(2) **공감과 이타적 동기**

① **공감** : 다른 사람의 입장에서 생각하고 느끼는 것으로, 인간이 생존하는 데 필수적인 능력이다. 공감은 어린 영아기부터 발달하기 시작하여 연령이 증가할수록 그 능력이 더욱 향상된다. 특히 마음이론이 발달함에 따라 아동은 상대방의 마음을 더 잘 이해할 수 있게 되며, 이때 아동의 공감능력도 급격히 발달하고 남을 도와주는 행동 또한 나타난다.

> **참고** 거울뉴런(mirror neuron)
>
> 공감이 유전적 측면을 반영한다는 근거 중 하나가 거울뉴런인데, 자신이 특정한 행동을 할 때 발화하고, 다른 개체가 그 행동을 하는 것을 관찰할 때도 발화하는 신경세포이다. 타 개체의 행동을 목격하는 것으로 자기가 행동하는 것처럼 발화하므로 '거울뉴런'이라고 한다. 인간 및 영장류, 일부 조류에서 발견된 신경세포이다.

② **이타적 동기** : 아동은 타인에 공감하기 시작하면서 다른 사람을 도와주고 싶어 하는 이타적 동기가 생기기 시작한다. 이타적 동기는 공감과 연민 그리고 자신의 양심과 도덕적 원리에 따라 다른 사람을 돕고 싶어 하는 욕구를 말한다.

(3) 호프만(Hoffman)의 공감(감정이입)의 발달 단계

① **총체적 감정이입 단계** : 자신과 다른 사람의 존재를 구분하지 못한다. 따라서 고통받고 있는 사람을 보면 불쾌한 감정을 가지며, 타인의 고통이 마치 자신에게 일어난 것처럼 행동한다.

② **자기중심적 감정이입 단계** : 대상영속성의 개념을 획득하는 단계로, 자신이 아닌 타인이 고통을 당하고 있다는 것을 이해한다. 자신의 감정과 타인의 감정이 다르다는 것을 이해하지 못하므로 고통을 받고 있는 사람을 보고 적절한 반응을 하지 못한다.

③ **타인지향적 감정이입 단계** : 타인과 자신이 다른 감정을 느낄 수 있음을 이해하기 시작하고 타인의 감정을 유발하는 단서에 더 반응할 수 있게 된다. 또한 언어를 습득하면서 점점 더 복잡해지는 감정을 공감할 수 있게 되지만, 눈앞에 보이는 타인의 고통에 공감한다.

④ **타인의 삶에 대한 감정이입 단계** : 특정 상황에서 유발된 감정을 인식하는 데 그치지 않고, 타인의 삶에 대한 이해를 토대로 감정이입을 하게 된다. 고통을 받는 사람이 눈앞에 보이지 않더라도 상상하는 것만으로도 감정이입이 가능하게 되며 타인의 고통이 일시적인 것이 아니라 만성적인 것일 때, 더 강한 감정이입을 하게 된다.

(4) 이타성

① **이타성(altruism)** : 타인의 행복에 관심을 갖고 배려하는 내재적인 심리적 특성으로, 이타적 행동은 타인에게는 유익하나 물질적·사회적 보상을 거의 받지 못할 뿐 아니라 높은 부담마저 감수해야 하는 행동이다.

② **호혜성(reciprocity)** : 다른 사람이 나에게 해주기 원하는 것을 다른 사람에게 그대로 해주는 것을 말한다.

③ **심리적 요인**
   ㉠ 죄책감을 느낀 사람일수록 남에게 도움을 주는 경향이 높다. 이는 남을 도와주는 행동을 통해 죄책감을 조금이라도 감소시키려는 심리적 해소책 때문이라 할 수 있다.
   ㉡ 어려움에 처한 사람과 감정이입적 공감을 할 때 도움행동의 경향이 짙어진다.
   ㉢ 도움을 받는 사람이 좋아하는 사람일수록, 또한 도움받을 자격이 있는 사람일수록 도움행동의 빈도 수는 높아진다.
   ㉣ 자신의 내적 기분 상태에 따라서도 도움행동이 달라진다.

④ **사회적 요인** : 강화와 모방에 의해 이타적 행동이 발달한다.

(5) 분배공정성(distributive justice)의 발달

① **데이먼(Damon)의 공평성 발달**
   ㉠ **엄격한 평등성(strict equality)** : 5~6세 아동의 분배 결정의 근거가 되는 개념으로서, 각자 동등한 양의 자원을 나누어 가져야 한다는 믿음이다.
   ㉡ **장점(merit)** : 6~7세 아동은 열심히 노력한 사람이나 매우 탁월한 결과를 산출한 사람에게 추가적으로 자원이 분배되어야 한다고 생각한다.
   ㉢ **형평성(equity) 및 박애(benevolence)** : 8세 이후의 아동에게 나타나는 것으로, 불우한 환경에 있는 사람에게 특별한 배려를 해 줄 수 있다고 생각해서 자원을 많이 가질 수 없거나, 자기 몫을 전혀 가질 수 없는 아동에게는 자원을 추가적으로 분배해도 괜찮다고 생각한다.

② 분배공정성의 이해가 높을수록 타인에게 이타적이고 공정한 행동이 더 자주 나타나는 경향이 있다.

2. 친사회적 행동에 영향을 미치는 요인

(1) 유전적 요인
친사회적 행동은 이란성 쌍둥이보다 일란성 쌍둥이에서 더 큰 상관성을 보였다. 즉, 유전적 요인이 친사회성 발달에 크게 영향을 미친다.

(2) 나이
나이가 들수록 친사회성에 영향을 미치는 환경적인 영향은 줄어들고 유전적인 영향은 증가하는 것으로 나타났다.

(3) 부모의 훈육방법
유도법이 효과적이다. 아동이 잘못을 저질렀을 때 체벌을 가하기보다 아동이 자신의 행동을 바꿔야 하는 이유를 이해하도록 설명하는 방법이다. 이 과정에서 상대방의 마음을 헤아리는 능력이 향상된다.

(4) 부모의 성향
따뜻한 부모가 자녀의 친사회성 발달에 긍정적 영향을 미칠 것으로 여겨지지만, 이에 대한 연구결과는 일관되지 않다.

김진구

전문상담 기본개념 3

제12장
청소년심리학

개념구조도 🔍

제1절 청소년기 발달이론
제2절 청소년기의 발달적 특성
제3절 청소년 발달과 맥락
제4절 청소년기 발달문제

제12장 개념구조도

제1절 청소년기 발달이론

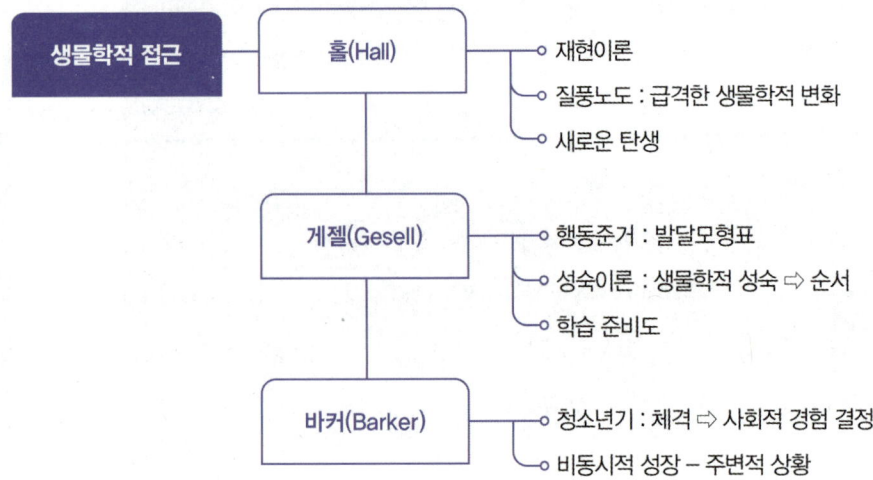

김진구 전문상담 기본개념 3

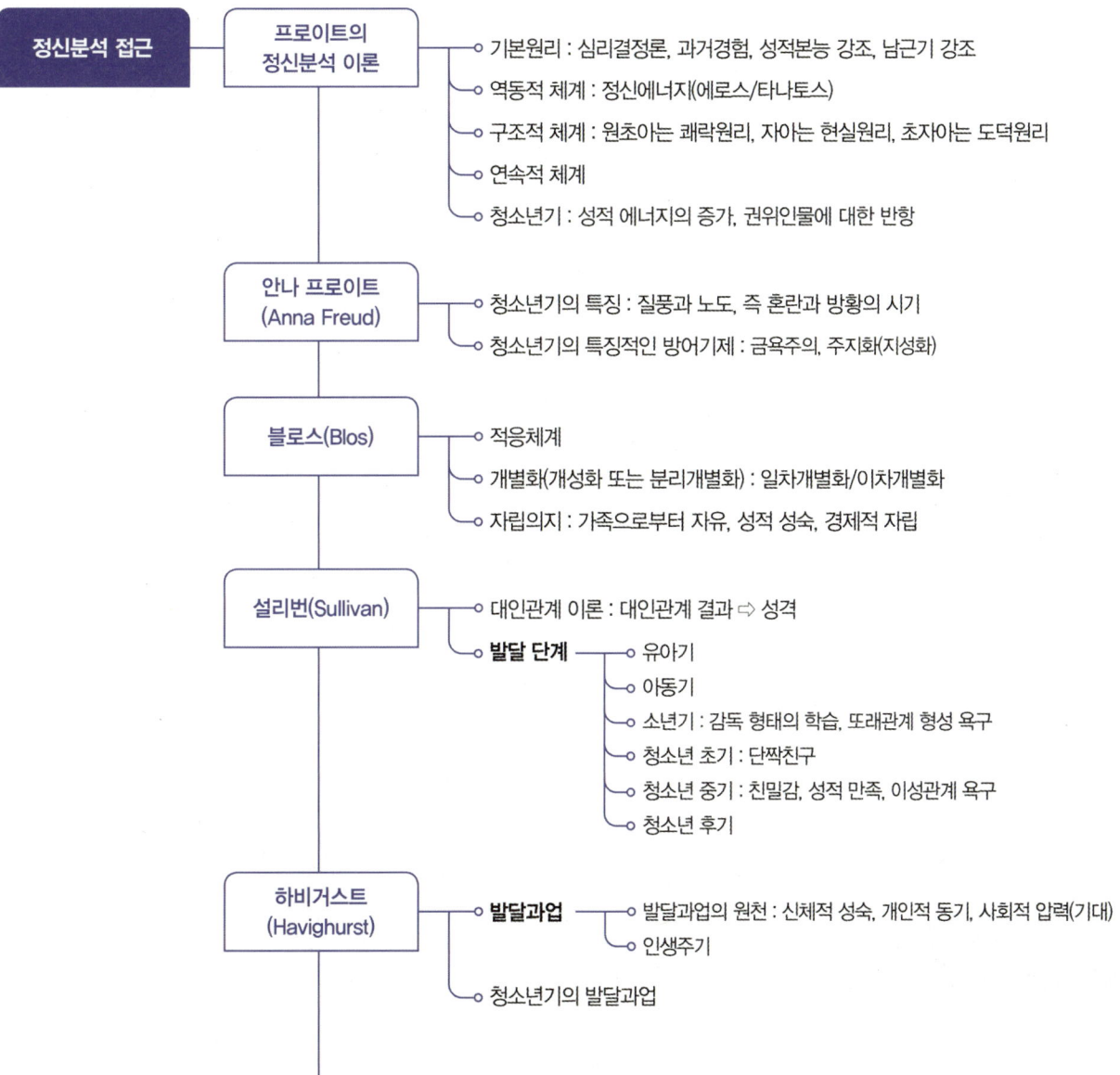

제12장 개념구조도

제12장 개념구조도

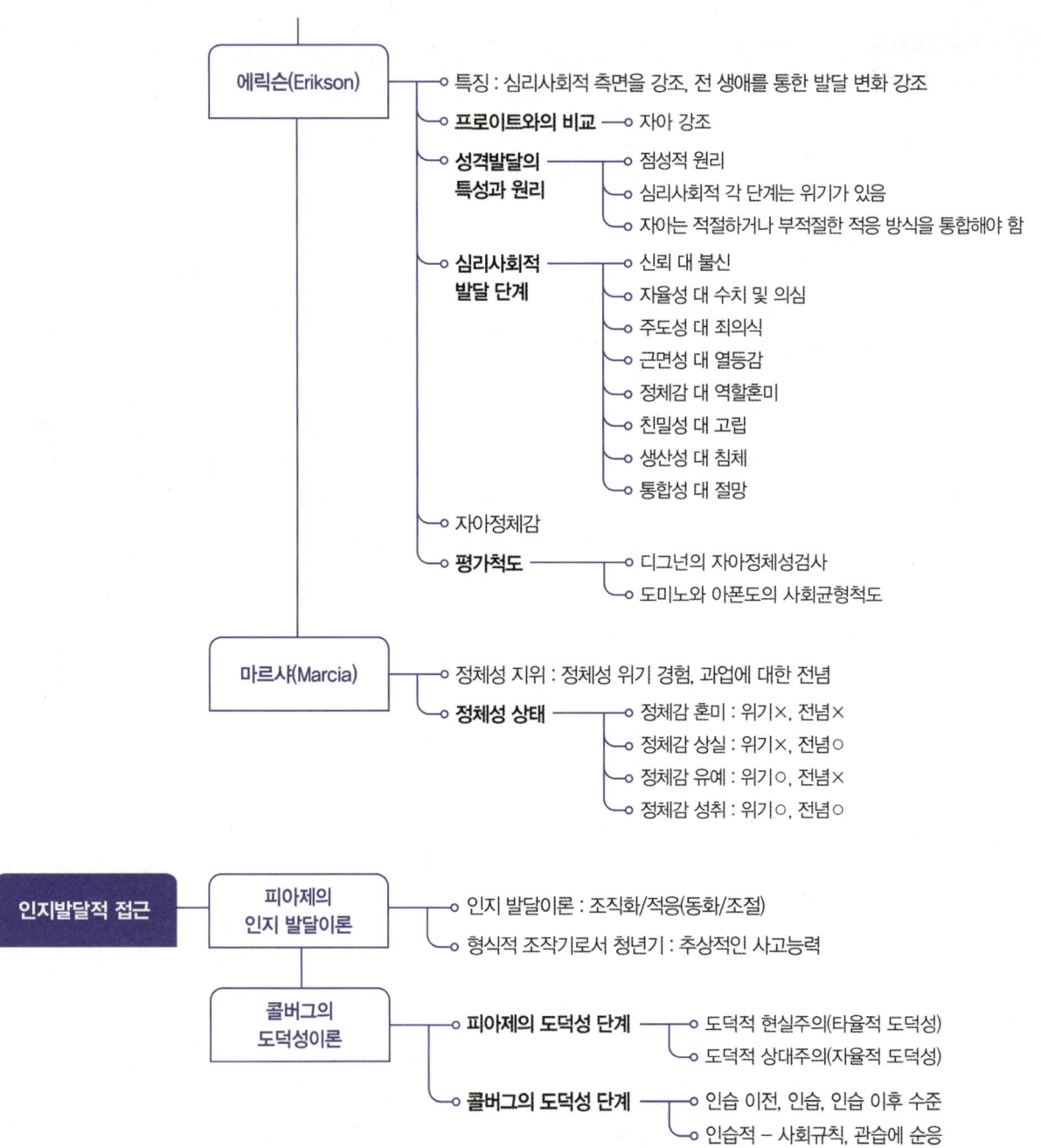

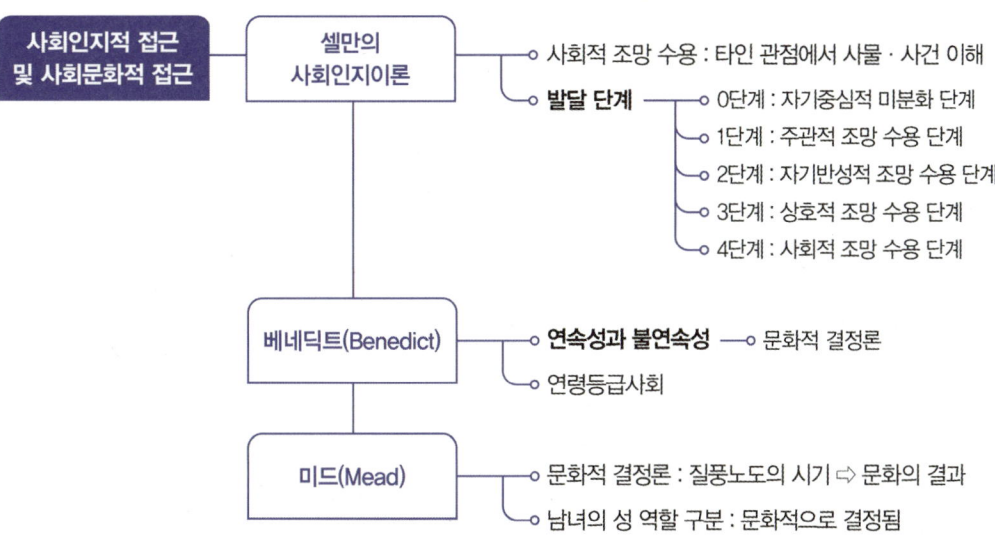

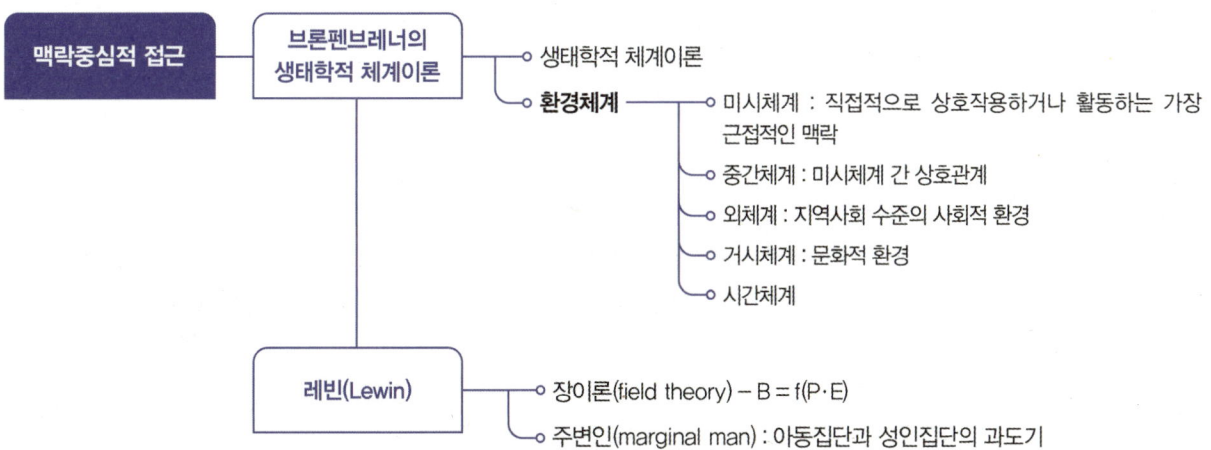

제12장 개념구조도

제2절 청소년기의 발달적 특성

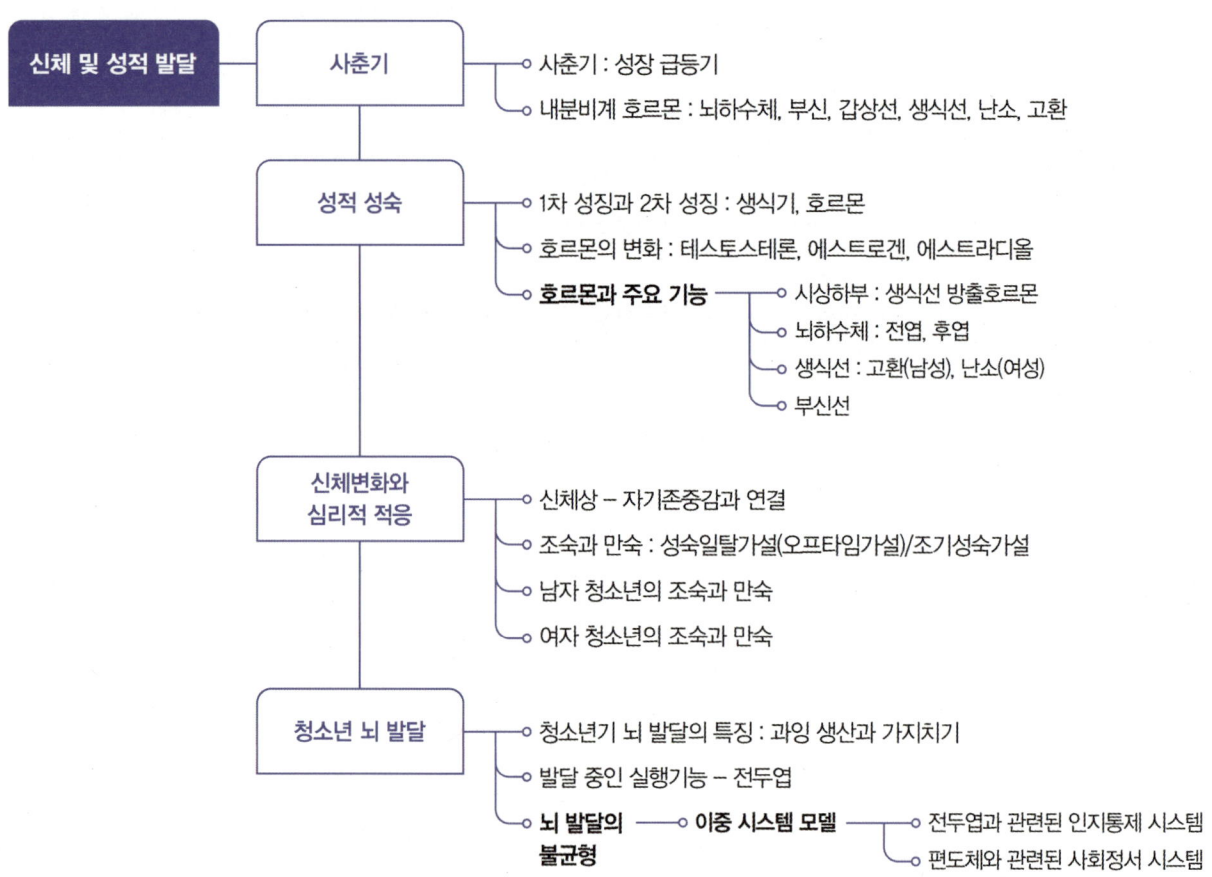

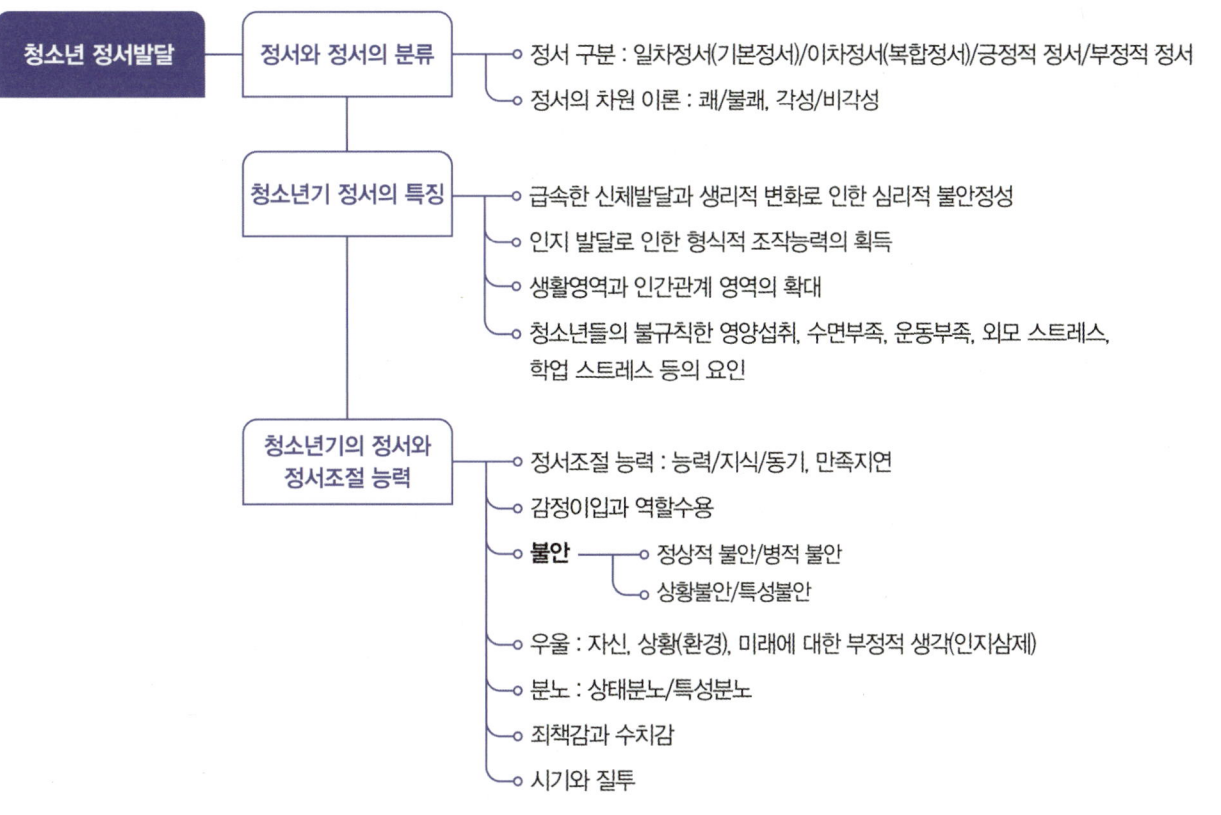

제12장 개념구조도

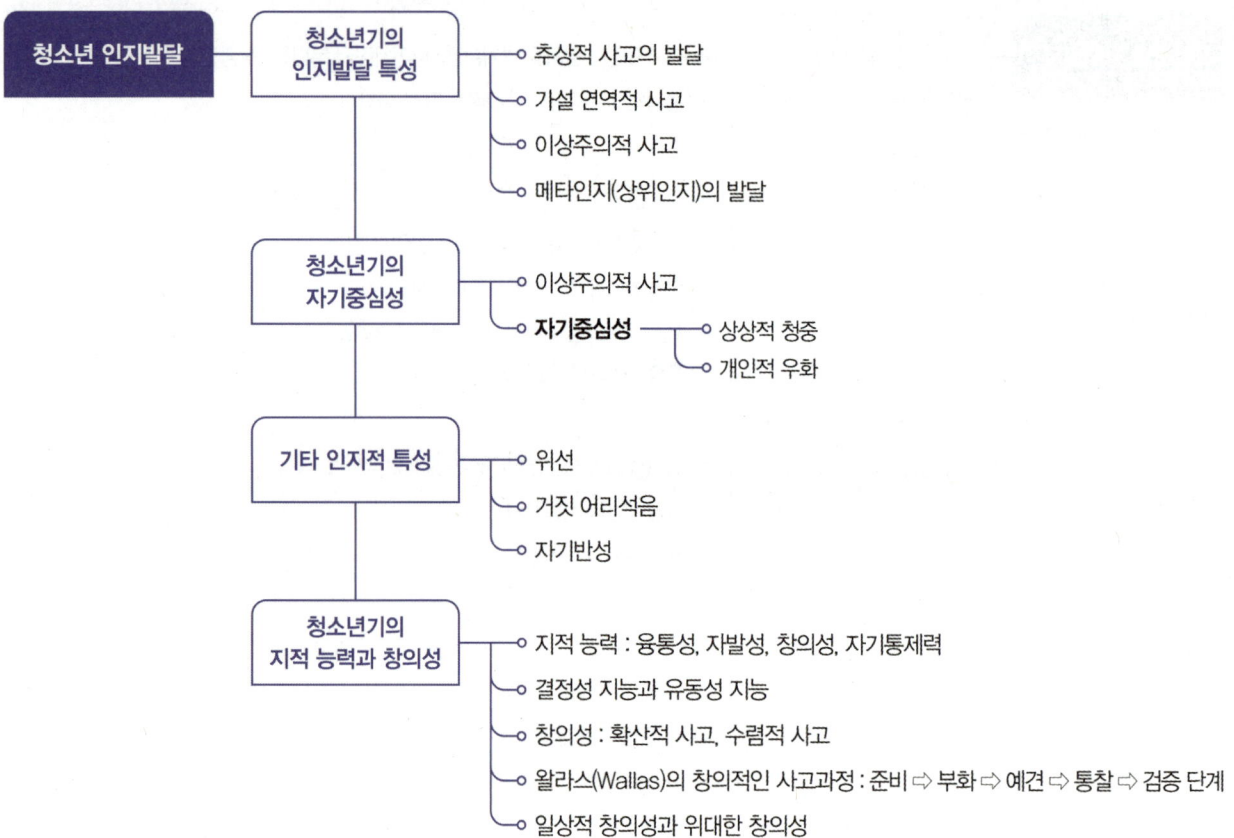

김진구 전문상담 기본개념 3

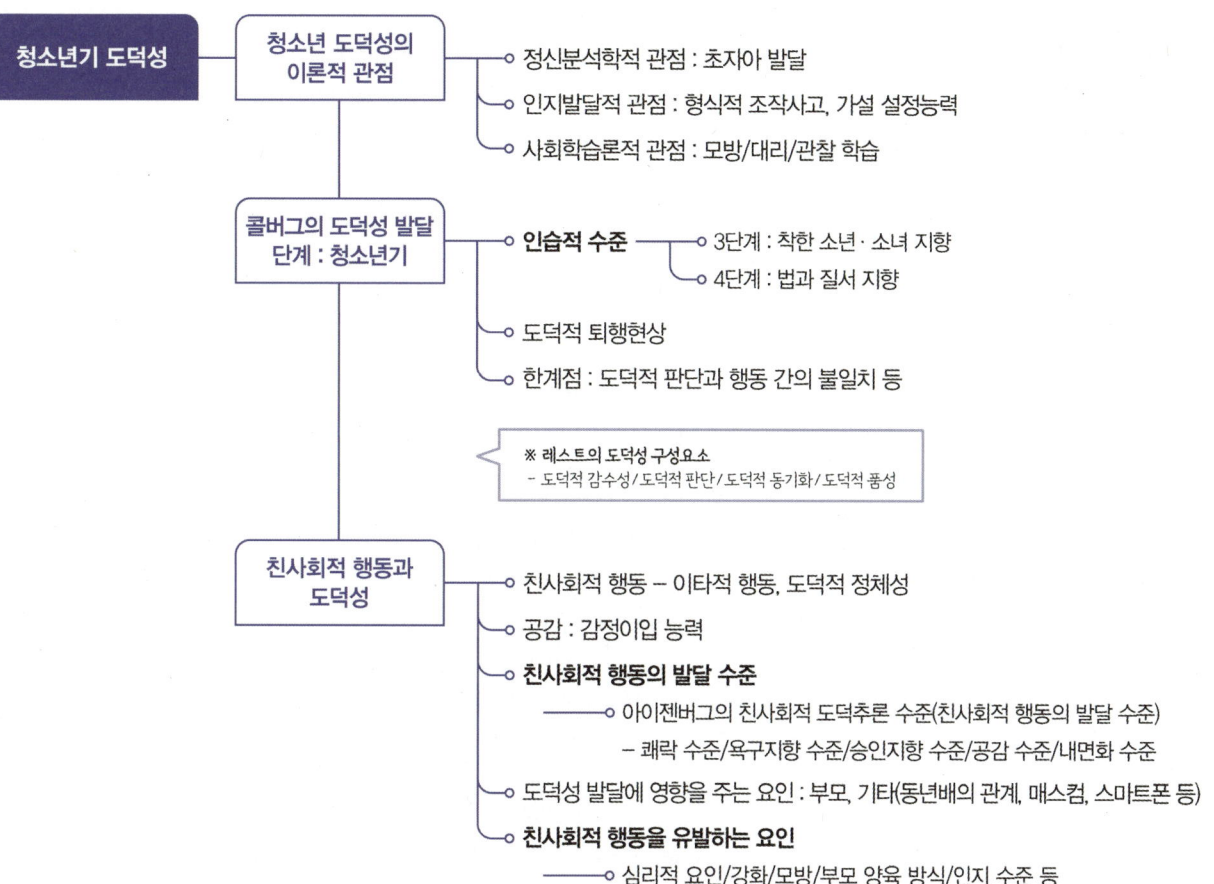

- 청소년기 도덕성
  - 청소년 도덕성의 이론적 관점
    - 정신분석학적 관점 : 초자아 발달
    - 인지발달적 관점 : 형식적 조작사고, 가설 설정능력
    - 사회학습론적 관점 : 모방/대리/관찰 학습
  - 콜버그의 도덕성 발달 단계 : 청소년기
    - **인습적 수준**
      - 3단계 : 착한 소년·소녀 지향
      - 4단계 : 법과 질서 지향
    - 도덕적 퇴행현상
    - 한계점 : 도덕적 판단과 행동 간의 불일치 등
    - ※ 레스트의 도덕성 구성요소
      - 도덕적 감수성/도덕적 판단/도덕적 동기화/도덕적 품성
  - 친사회적 행동과 도덕성
    - 친사회적 행동 – 이타적 행동, 도덕적 정체성
    - 공감 : 감정이입 능력
    - **친사회적 행동의 발달 수준**
      - 아이젠버그의 친사회적 도덕추론 수준(친사회적 행동의 발달 수준)
        - 쾌락 수준/욕구지향 수준/승인지향 수준/공감 수준/내면화 수준
    - 도덕성 발달에 영향을 주는 요인 : 부모, 기타(동년배의 관계, 매스컴, 스마트폰 등)
    - **친사회적 행동을 유발하는 요인**
      - 심리적 요인/강화/모방/부모 양육 방식/인지 수준 등

제12장 개념구조도

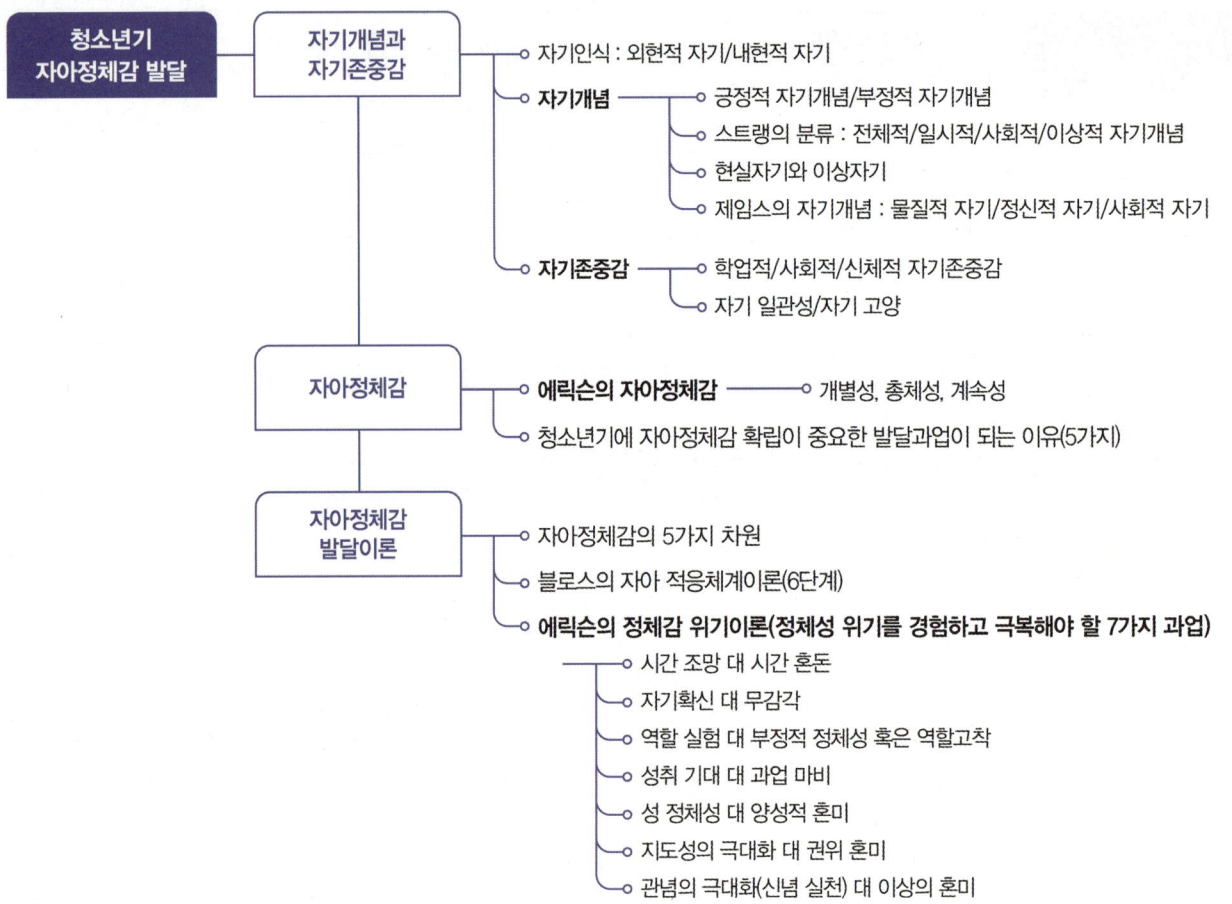

제3절 청소년 발달과 맥락

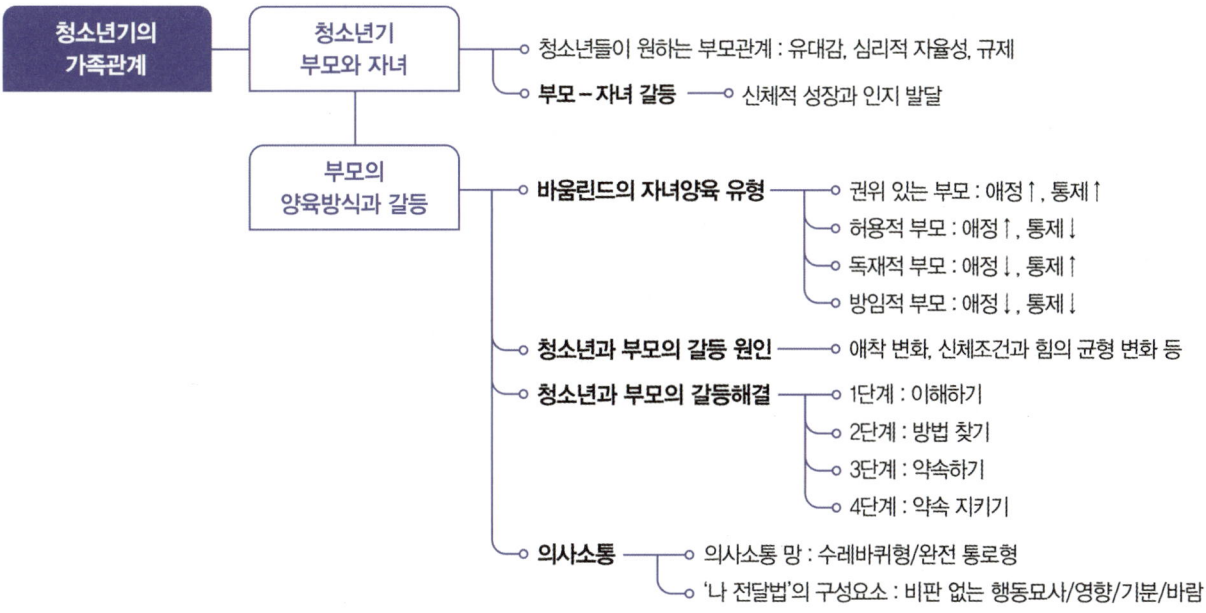

제12장 개념구조도

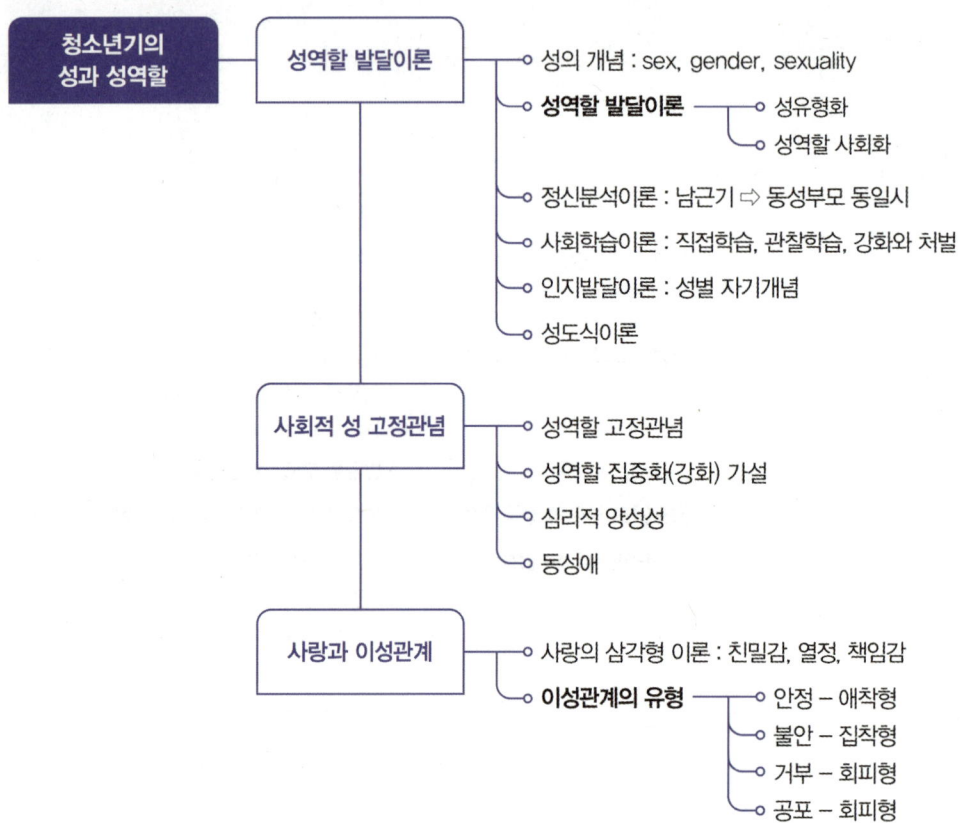

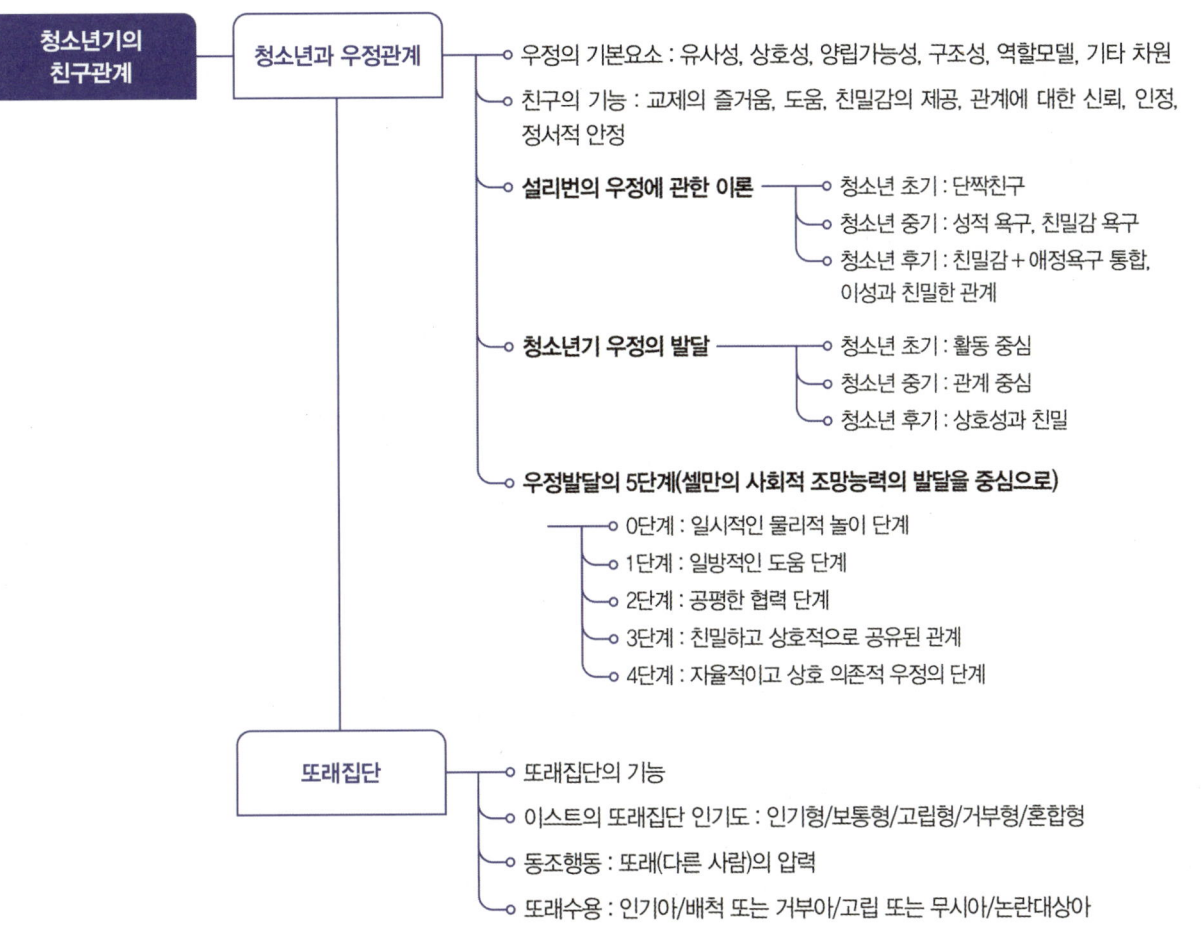

제12장 개념구조도

제4절 청소년기 발달문제

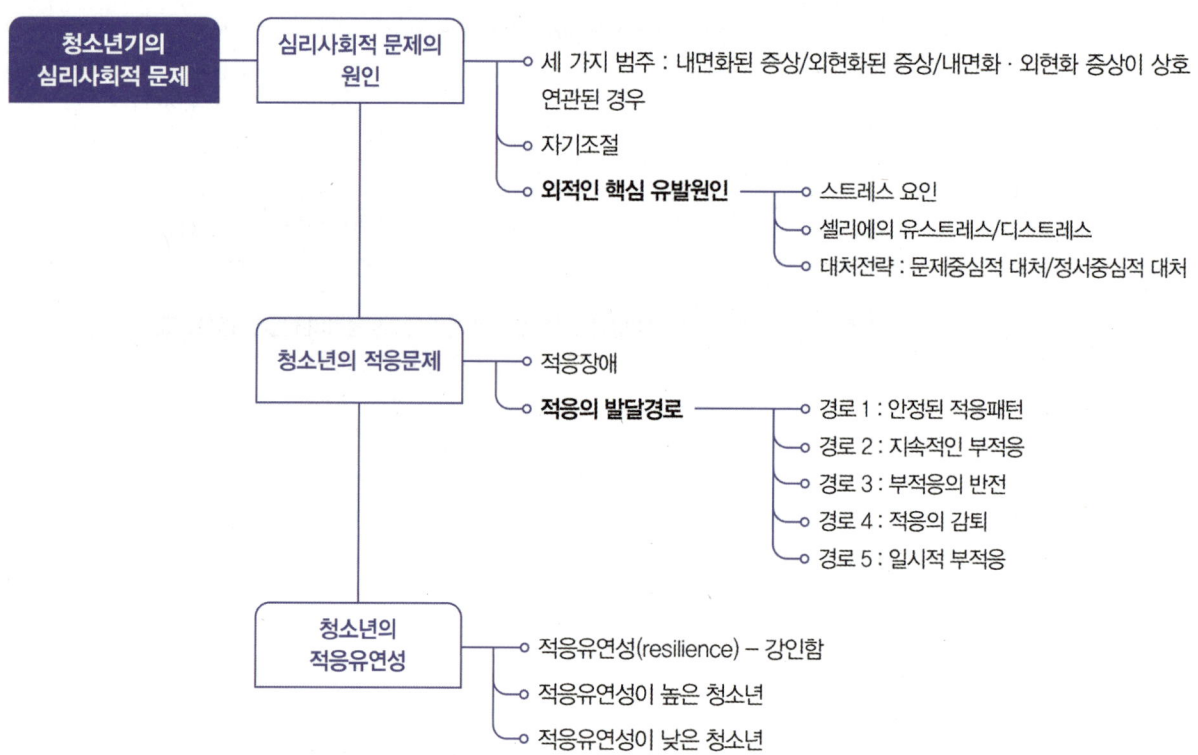

김진구 전문상담 기본개념 3

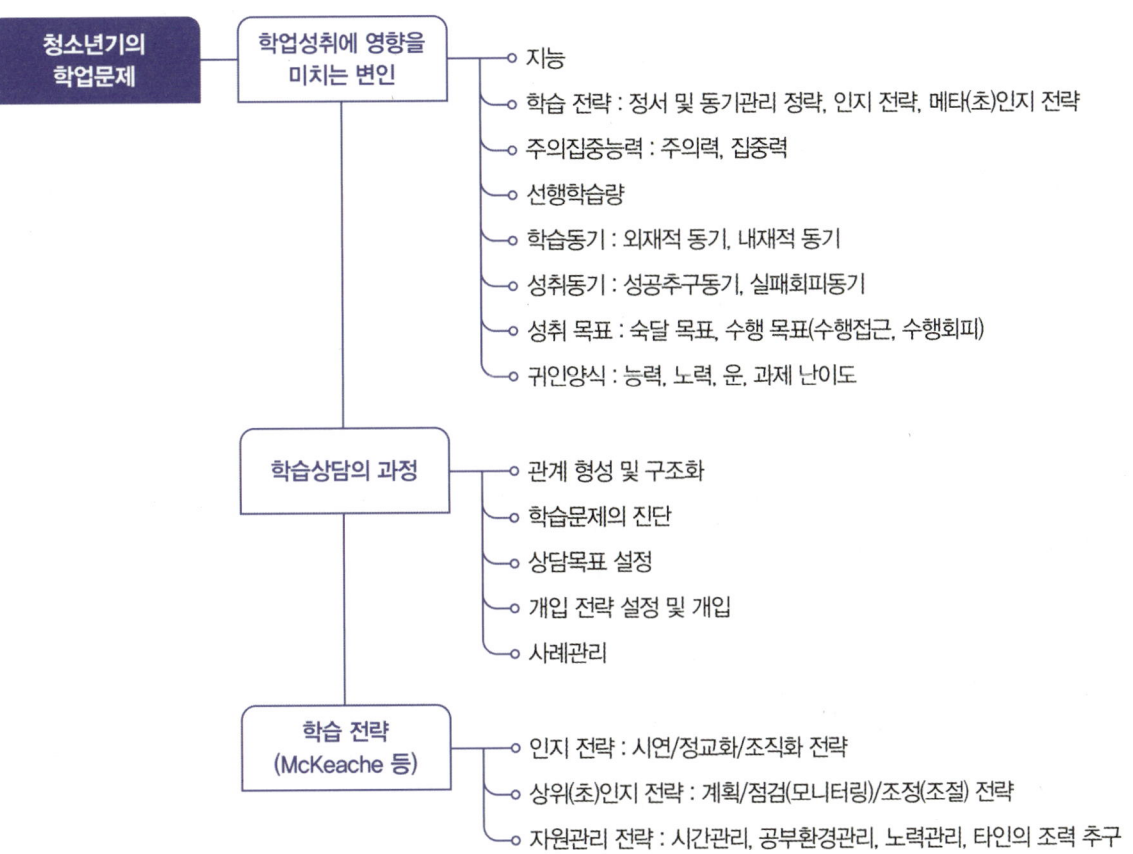

제12장 개념구조도

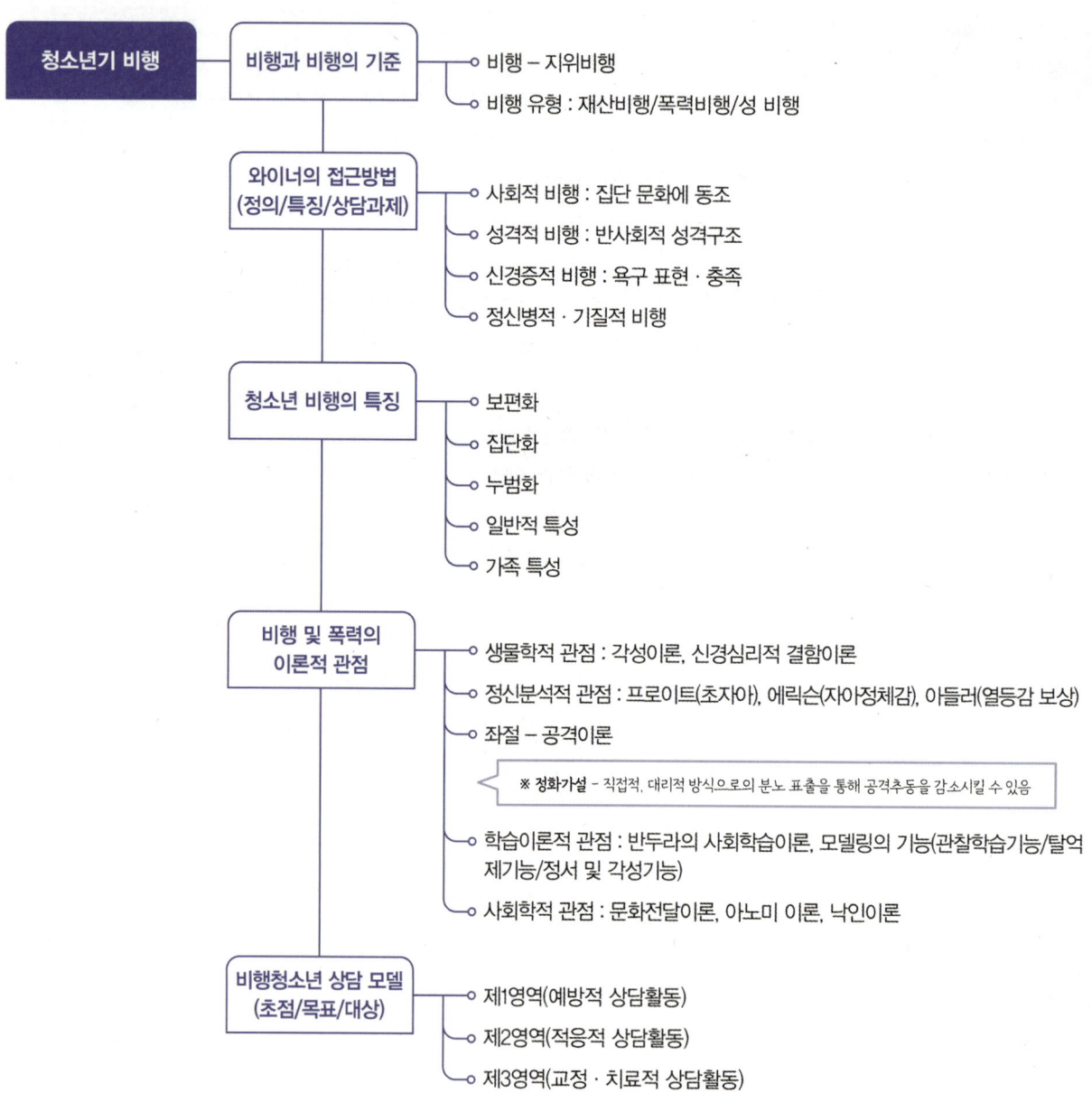

김진구 전문상담 기본개념 3

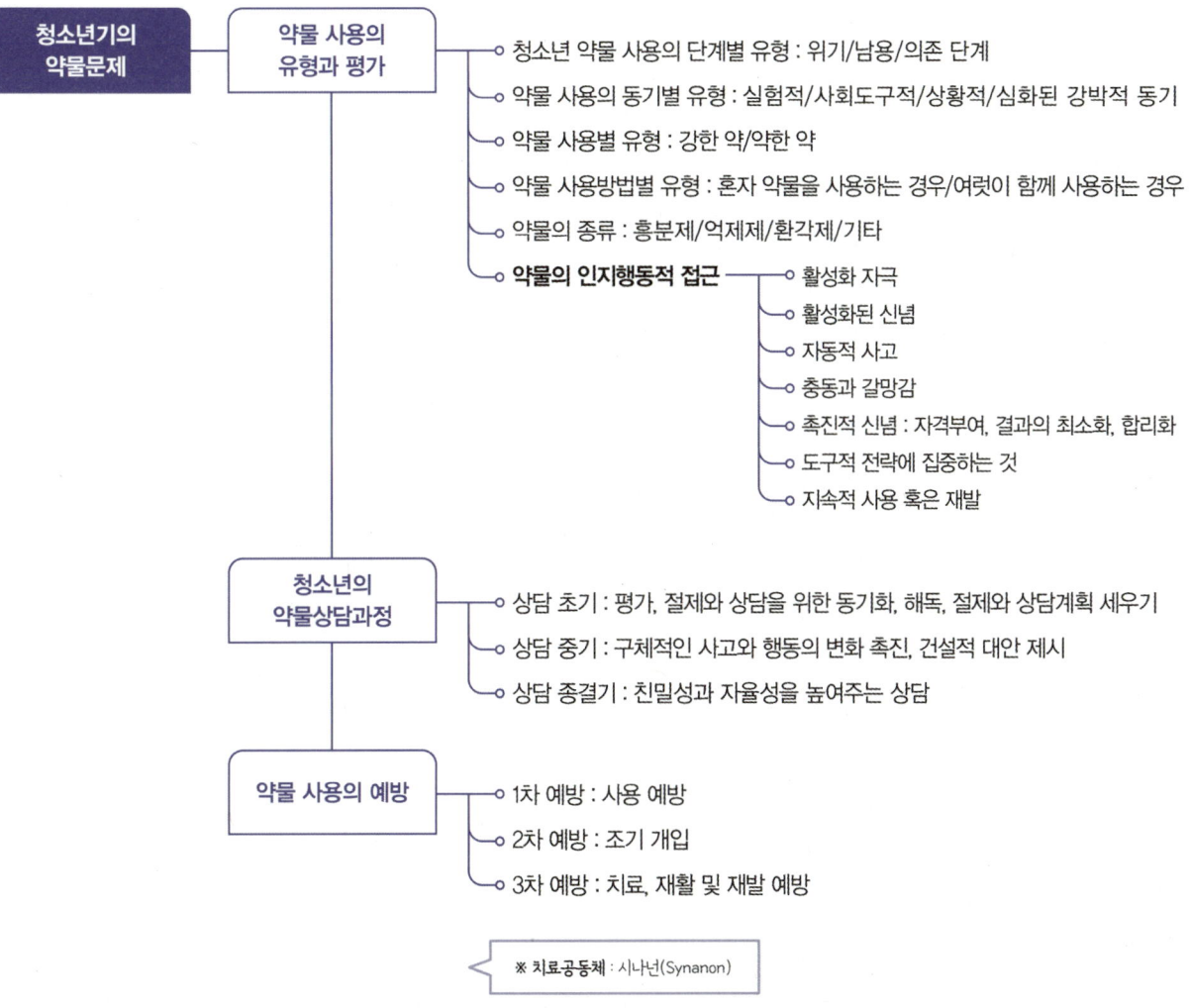

- 청소년기의 약물문제
  - 약물 사용의 유형과 평가
    - 청소년 약물 사용의 단계별 유형 : 위기/남용/의존 단계
    - 약물 사용의 동기별 유형 : 실험적/사회도구적/상황적/심화된 강박적 동기
    - 약물 사용별 유형 : 강한 약/약한 약
    - 약물 사용방법별 유형 : 혼자 약물을 사용하는 경우/여럿이 함께 사용하는 경우
    - 약물의 종류 : 흥분제/억제제/환각제/기타
    - **약물의 인지행동적 접근**
      - 활성화 자극
      - 활성화된 신념
      - 자동적 사고
      - 충동과 갈망감
      - 촉진적 신념 : 자격부여, 결과의 최소화, 합리화
      - 도구적 전략에 집중하는 것
      - 지속적 사용 혹은 재발
  - 청소년의 약물상담과정
    - 상담 초기 : 평가, 절제와 상담을 위한 동기화, 해독, 절제와 상담계획 세우기
    - 상담 중기 : 구체적인 사고와 행동의 변화 촉진, 건설적 대안 제시
    - 상담 종결기 : 친밀성과 자율성을 높여주는 상담
  - 약물 사용의 예방
    - 1차 예방 : 사용 예방
    - 2차 예방 : 조기 개입
    - 3차 예방 : 치료, 재활 및 재발 예방

※ **치료공동체** : 시나넌(Synanon)

제1절 청소년기 발달이론

01 생물학적 접근

1. 홀(Hall)

(1) 재현이론
① 인류의 발달이 원시적이고 야만적인 문화에서 지금의 문명사회로 발달해 왔듯, 개인의 발달도 원시적인 유아기부터 청소년기를 거쳐 성인기로 발달한다고 본다.
② 인간의 발달을 유아기(동물시대), 아동기(사냥꾼시대), 전청소년기(원시시대), 청소년기(초기 문명시대), 성인기(문명시대)로 구분하고, 청소년기는 사춘기에 시작해서 22~25세 정도에 끝난다고 하였다. 이를 인간발달의 '재현이론' 혹은 '반복이론'이라고 한다.

(2) 질풍노도(storm and stress)와 새로운 탄생
① 질풍노도: 사춘기의 급격한 생물학적 변화와 사회적 요구 증대 속에서 청소년은 긴장과 혼란을 경험하게 되고, 이로 인한 혼란과 갈등으로 인해 질풍노도의 시기가 초래된다.
② 원인: 생물학적 변화의 급격한 초래 때문이다. 사춘기가 시작되면 신장과 체중이 급격히 성장하는 성장급등(growth spurt) 현상이 나타나고 성적 발달이 이루어지면서 아동기에는 잠복해 있던 성적 충동이 깨어나는데, 이것이 질풍노도의 원인으로 작용한다.
③ 새로운 탄생: 청소년기에는 보다 높고 보다 완전한 인간특성이 새롭게 탄생하기 때문에 청소년기를 '새로운 탄생'이라고 보았다.

2. 게젤(Gesell)

(1) 행동준거(behavior norms)와 성숙이론(maturation theory)
① 행동준거: 모든 개인은 생물학적 기제에 의해 발달 방향과 특징이 정해진 순서대로 동일하게 진행된다는 것을 제시한 일종의 발달모형표(성장모형표)이다.
② 성숙이론: 모든 인간은 태어나서 성장함에 따라 앉고, 서고, 걷고, 달리는 순서를 따르게 되는데, 이러한 과정은 신경계의 성장과 함께 생물학적으로 성숙해져야 가능한 것이므로 이를 '성숙이론'이라고 한다.
➡ 인간에게 새롭게 태어나는 행동은 학습에 의한 것이라기보다는 유전적인 성숙의 결과이다.

(2) 학습 준비도
① 의미: 아동에게 무엇을 가르치기 위해서는 아동이 성숙할 때까지 기다려야 한다는 학습의 시기에 관한 개념을 말한다.
② 아이에게 무엇인가를 가르칠 때는 아동 개인의 준비도 상태와 능력에 맞추어 가르칠 필요가 있다.

3. 바커(Barker)

(1) 청소년기
① 아동기에서 성인기로 이동하는 결정적 요인은 신체발달이며, 특히 개인의 체격이 사회적 경험을 결정한다.
② 아동기와 성인기 사이의 과도기 : 신체발달이 조숙한 청소년은 보다 일찍 성인 사회로 동화되는 반면, 신체발달이 만숙한 청소년은 더 오랫동안 아동기에 머문다.
③ 즉, 청소년의 체격은 각기 서로 다른 사회적 경험을 초래하기 때문에 발달의 중요한 요인으로 작용한다.

(2) 비동시적 성장(asynchronous growth)
① 신체 부위에 따라 성장 비율과 성장 시기에 차이를 보이는 현상으로, 청소년기 성장급등으로 더욱 현저해진다.
② 비동시적 성장에 기인된 청소년의 주변적 상황이 혼란과 동요를 일으키는 직접적인 원인이 된다.
③ 비동시적 성장이 가져오는 모호성은 청소년을 아동도 아니고 성인도 아닌 '주변적 상황(marginal situation)'에 처하게 한다.
➡ 결론적으로 바커는 신체발달과 사회적 행동 간의 관계를 중요시하고, '성장속도'의 개인차에 따른 청소년들의 상이한 체격이 사회적 경험을 결정하는 중요한 요인이라고 주장했다. 또한 그는 성장의 비동시적 현상에 의해 청소년기의 혼란과 동요는 불가피하다고 보았다.

02 정신분석 접근

1. 프로이트(Freud)의 정신분석 이론

(1) 기본원리
① 심리결정론 : 인간의 모든 행동은 원인 없이 일어나지 않는다.
② 과거경험 : 인간의 현재 행동은 개인의 과거경험(특히, 어린 시절의 경험)과 역사를 통해 보다 잘 이해될 수 있다.
③ 성적본능 강조 : 정신분석은 본능 이론에 근거를 두며, 특히 사춘기에 증가하는 성적본능을 강조한다.
④ 남근기 강조 : 인간발달의 5단계 중 남근기를 강조한다.

(2) 역동적 체계
① 역동적 체계는 정신에너지로 구성된다.
② 정신에너지 : 인간의 사고와 감정을 지배하는 정신적인 활동으로, 가장 강력한 본능인 '에로스'와 '타나토스'로 구성된다.
  ㉠ 에로스(eros) : 삶의 본능을 의미하며, 삶의 본능적 욕구 중 가장 본질적인 욕구가 성욕이다. 이러한 삶의 에너지, 즉 성적 에너지를 '리비도(libido)'라고 한다.
  ㉡ 타나토스(thanatos) : 모든 생물체는 무생물로 돌아가려는 경향, 즉 죽음을 지향하는 속성이 있으며, 죽음의 본능 중 대표적인 속성이 '공격성'이다.

(3) 구조적 체계
① 사람의 성격이 원초아, 자아, 초자아로 구성되는데, 세 성격구조가 서로 역동적인 관계에 있음을 뜻한다.
② 원리 : 원초아는 쾌락원리, 자아는 현실원리, 초자아는 양심과 자아이상의 도덕원리에 의해 움직인다.

(4) 연속적 체계
① 인간의 발달단계는 심리성적 에너지가 집중되는 신체부위에 따라 구강기, 항문기, 남근기, 잠복기, 성기기의 단계적인 순서대로 진행된다.
② 성기기 과업
㉠ 부모로부터 독립하여 자신의 삶을 살아가는 것이다.
㉡ 청소년의 행동은 사춘기에 나타나는 갑작스러운 성적 에너지의 증가로 이해될 수 있고, 이러한 생물학적인 변화가 심리적인 기능에 직접적으로 영향을 미친다.

(5) 청소년기
① 성적 에너지의 증가
㉠ 청소년기 성적 에너지의 증가는 스트레스를 일으키고 스트레스는 불안을 일으키며 오이디푸스 상황을 다시 유발한다.
㉡ 청소년은 이러한 불안과 갈등, 죄의식에서 벗어나기 위해 방어기제(defense mechanism)를 사용하거나 이성과의 애정적인 관계를 추구한다.
㉢ 사회적으로 용인될 수 없는 가족에 대한 성적인 열망은 친구와의 친밀감을 추구하게 하는 원인이 된다.
② 권위인물에 대한 반항
㉠ 오이디푸스 갈등의 재출현과 함께 청소년이 부모와 권위인물에 반항하는 것은 불가피하고 필연적이다.
㉡ 청소년은 자율성을 확립하고 정서적 독립을 획득하기 위해 부모에게 적대적이고 거부적인 태도를 취한다.

2. 안나 프로이트(Anna Freud)

(1) 청소년기의 특징
① 질풍과 노도, 즉 혼란과 방황의 시기로 보았다.
② 성 호르몬 분비의 증가로 인해 아동기에 억압되었던 성적 충동이 증가하고, 이로 인한 불안감을 해소하기 위해 특정한 방어기제를 작동한다.

(2) 청소년기의 특징적인 방어기제
① 금욕주의(asceticism) : 성적 욕구의 출현으로 인한 불안감을 해결하기 위해 성적 욕구 충동과 관련된 행동을 하는 것을 철저하게 부정하는 청소년 특유의 행동을 말한다.
㉠ 성적 욕구와 관련된 행동뿐만 아니라 신체와 관련된 모든 본능적 욕구충족 행동에 대한 부정으로 확대된다.
㉡ 성적인 행동은 물론이고 먹고 잠자는 등의 일상생활 속 신체적 행동에 대해서도 거부와 혐오를 나타낸다.
② 주지화(지성화, intellectualization) : 성적 충동 또는 본능적 충동으로 인한 감정의 혼란 상태를 벗어나고자 종교, 철학, 도덕, 정치 문제에 대한 탐구활동, 토론활동 등 지적인 활동에 몰두하는 것을 말한다.
㉠ 난해한 관념적 서적에 몰두하거나 학구적이며 추상적인 용어의 사용을 즐긴다.
㉡ 추상적 사고 : 청소년기에 새롭게 획득한 추상적 사고를 이용하여 청소년들은 비교적 개인 감정을 나타내지 않는 태도로 성에 관한 토론에 참여한다.

3. 블로스(Blos)

(1) 적응체계(adjustment system)
① 청소년기는 생물학적 변화에 대해 보다 적극적이고 성숙된 자아의 '적응체계'가 이루어지는 시기이다.
② 청소년은 자아의 적응체계 과정을 통해 부모에 대한 오이디푸스 콤플렉스적 집착, 의존에서 벗어나 부모로부터 독립하는 중요한 청소년기 발달을 이룬다.

(2) 개별화(개성화 또는 분리개별화)
① 청소년기는 부모-자녀 간의 갈등의 시기가 아니라, 오히려 청소년이 자신과 부모를 바라보는 시각을 새롭게 형성하는 시기라고 보았다. 또한 이 과정을 개별화라고 지칭했다.
② 개별화(individuation): 개인이 다른 사람과 구별되는 자신만의 고유한 존재로 성장해 나가는 것을 말한다. 또한 각 발달 단계마다 자신에 대한 정의를 변화시키며 독립된 삶을 이루어가려고 하는 것이다.
③ 개별화의 목표: 개인이 가능한 한 완전하게 자신의 정체성을 인식하는 것, 즉 '자기의식의 확대'에 있다.
④ 구분
  ⊙ 일차개별화(first individuation): 아동이 외적 세계와 자신이 분리된 실체라는 사실을 명확하게 깨닫는 것을 의미하며, 3세경에 완성된다.
  ⓒ 이차개별화(secondary individuation): 청소년의 자아가 부모로부터 이탈(독립)하려는 과정을 뜻한다. 이 이탈과정에는 부모의 통제로부터 벗어나는 것과 더불어 부모에 대한 현실적이고 합리적인 평가가 포함된다.
  ➡ 이차개별화를 거쳐 독립된 청소년의 자아는 신체 및 성적 변화에서 오는 갈등을 극복하고 안정된 자아의 확대와 적응체계를 확립해나가기 시작한다.

(3) 자립의지(세 가지 목표가 이루어져야 심리적 성숙과 함께 자립의지를 성취)
① 첫째, 가족으로부터의 자유이다. 청소년기의 성적 발달이 이루어짐에 따라 부모나 가족에 의존하던 어린 시절로부터 스스로 자유로워져야 한다. 청소년은 폭넓은 사회적 관계를 맺어야 하며, 이전에는 부모나 가족에게 지향되던 애정욕구를 다른 사람들에게로 돌려야 한다.
② 둘째, 성적 성숙의 도달은 자신과 상대방의 관계에서 적절한 성 역할을 발견하고 익히는 것이며, 아울러 성 윤리의식을 확립해야 한다.
③ 셋째, 특히 남자 청소년은 경제적 자립을 성취해야 한다. 이때 경제적 자립은 정서적 성숙의 필수요건이며, 자유의지와 사적 생활을 가능하게 한다. 이를 위해 직업생활에서의 직업 정체성을 확립할 필요가 있다.

4. 설리번(Sullivan)

(1) 대인관계 이론
① 타인과의 상호작용에 영향을 받지 않은 사람은 없으며, 인간의 정상발달과 병리적 발달은 모두 다른 사람과의 상호작용에 의해 영향을 받은 결과라고 본다.
② 대인관계의 영향력은 건설적일 수도 파괴적일 수도 있다. 누구와 상호작용하는지에 따라 자신을 바라보는 관점과 행동방식이 다를 수 있으므로, 대인관계의 결과가 그 개인의 성격이자 인간발달이다.
③ 불안: 항상 대인관계에서 비롯된다. 단기적이든 장기적이든 사람들 간의 건강하지 못한 관계로부터 야기되고, 불안을 경험하면서 개인의 '자기체계'가 손상을 받는다.

④ 자기체계(self-system, 자기상) : 자신에 대한 인식의 집합체이자 안정된 자기표상이다. 따라서 자기체계의 손상을 피하려면 편안한, 성공적인 대인관계가 필요하다. 청소년기의 효율적이고 의미 있는 대인관계(특히 친구관계)는 건강한 심리사회적 발달을 위한 필수 전제조건이다. 그렇지 못하면 낮은 학업성취, 학교 중퇴, 가출, 약물 사용, 조기 성행위, 비행행동 등의 문제가 초래될 수 있다.

(2) 발달 단계

① 각 단계를 특징짓는 것은 대인관계의 독특한 특성이며, 한 단계에서 다음 단계로 넘어갈 때마다 '의미 있는 타자'에 있어 질적인 변화가 일어난다.
② 인간의 발달 단계에 따라 대인관계의 욕구가 변화한다고 보고, 유아기부터 청소년 후기까지 6단계로 구분하여 상호작용의 욕구를 설명한다.
③ 청소년기 발달 : 친구관계가 중요한 역할을 한다고 강조했다.
④ 프로이트의 잠복기를 매우 중요한 시기로 보고, 이를 소년기와 전청소년기의 두 단계로 나누었다.
⑤ 설리번의 성격발달 단계 [기출 25]

단계	대략적인 연령	유의미한 타인	특징적인 욕구
유아기	0~2세	어머니 역할을 하는 사람	안정감의 욕구
아동기	2~6세	부모를 포함한 가족	성인의 관심을 얻으려는 욕구와 경험의 욕구
소년기	6~10세	학교와 동년배 집단	또래 관계를 형성하려는 욕구
청소년 초기	10~12세	단짝친구	단짝관계로서 표현되는 친밀감의 욕구
청소년 중기	12~16세	친구들, 이성교제 시작	• 대인 간의 친밀감을 유지하려는 욕구 • 성적 만족을 추구하려는 욕구 • 이성관계를 형성하려는 욕구
청소년 후기	16~20대 초반	연인	• 두 사람만의 특별한 이성관계를 추구하려는 욕구 • 사회 내에서 개인적 위치를 확립하려는 욕구
성인기	20~30세	배우자	결혼을 통해 부모로서의 역할을 하려는 욕구

(3) 단계별 특징

① 1단계 - 유아기(0~2세) : 타인과의 접촉욕구가 나타나는데, 주로 어머니에 의해서 충족된다. 이때 양육자로부터 겪게 되는 불안을 야기하는 초기 경험은 이후의 긴장과 불안을 일으키고 대인관계 과정에 영향을 미칠 수 있다.
② 2단계 - 아동기(2~6세) : 어른(특히, 부모)에게 인정받고 싶은 욕구를 나타낸다.
  ㉠ 부모의 반복되는 불승인은 불안을 유발한다.
  ㉡ 이 단계의 중요한 성취는 대인관계에서 협동을 배우고 지시를 수행하며 사회적 기술에 숙달되는 것이다.
③ 3단계 - 소년기(6~10세) : 동년배와 관계를 형성하려는 욕구가 나타나며 다른 사람들과의 협동심과 경쟁심을 배운다. 동시에 친구들로부터 배척의 위협과 따돌림, 놀림에 대한 두려움과 불안이 생기고, 이는 이후 대인관계에 영향을 미친다.

> **참고** 감독 형태의 학습
>
> 아동이 상상적인 인물을 마음속에 간직하고 그 상상적 인물이 항상 자신을 감독한다고 느끼는 것을 말한다. 아동은 다른 사람이 보이지 않아도 이 상상인물의 존재 때문에 자기 행동을 통제한다.

④ 4단계 – 청소년 초기(10~12세) : 단짝친구로서 표현되는 친밀감과 애정의 욕구가 나타나는데, 이 욕구가 결핍되면 사회적 고립이 초래되고 고독감이 생기며 친구를 사귀는 데 있어 불안이 초래된다.
   ㉠ 소년기가 타인과의 관계 폭이 넓어지는 시기라면 청소년 초기는 관계가 깊어지는 시기이다.
   ㉡ 모든 것을 터놓고 이야기할 수 있는 단짝이 필요한 시기로, 이때 청소년은 친근한 단짝과 사적이고 은밀한 정보를 주고받으며 친밀감, 정직함, 충성심, 신의에 기반을 둔 가깝고 상호적인 우정을 형성한다.

> **참고** 전청소년기의 단짝관계의 치유적 기능
>
> 전청소년기의 좋은 친구는 가족관계가 나빠서 생기는 불안정감을 극복하게 도울 수 있다. 따라서 전청소년기 동안 친밀한 우정관계를 형성하는 것은 청년이나 성인기에 밀접한 관계를 형성하는 밑거름이 된다. 이 시기의 발달은 이후 다른 사람들과 지지적 관계를 형성하고 사회적 자신감과 자기가치감을 느끼는 데 결정적인 영향을 미친다. 이 욕구가 결핍되면 사회적 고립이 초래되고 고독감이 생기며 친구를 사귀는 데 있어 불안이 초래된다.

⑤ 5단계 – 청소년 중기(12~16세) : 대인 간의 친밀감을 유지하려는 욕구, 동성끼리의 친밀감에서 이성끼리의 친밀감으로 이행, 성적 만족을 추구하려는 욕구 및 안정된 이성관계를 형성하려는 욕구가 나타난다. 이때 친밀감 욕구, 성적 욕구, 안정의 욕구들이 충돌하면서 불안과 갈등 및 위기감이 생길 수 있다.
⑥ 6단계 – 청소년 후기(16~20대 초반) : 두 사람만의 특별한 이성관계를 추구하려는 욕구, 이성 간의 성적인 관계가 중요한 문제로 등장하고 사회 내에서 개인적 위치를 확립하려는 욕구가 나타난다. 성인이 되기 위해 개인은 불안과 긴장에 대처하는 데 도움이 되는 효과적인 안전수단 또는 방어기제를 확립해야 한다.

5. 하비거스트(Havighurst)

(1) **발달과업(developmental tasks)**
① 의미 : 매 발달 단계마다 개인이 환경에 적응하기 위해 반드시 습득해야 하는 특정 기술이나 능력을 뜻한다.
② 발달과업의 세 가지 원천
   ㉠ 신체적 성숙(생물학적 변화)에서 오는 과업 : 어릴 때 걷고 말하는 법을 배우고, 청소년 및 성인 때는 신체를 효율적으로 사용하는 법을 배우고, 중년 때는 갱년기에 적응하는 법 등을 배우는 일이 포함된다.
   ㉡ 개인적 동기에서 오는 과업 : 개인적 노력을 통해 삶의 특정 시점에 획득해야만 하는 기술, 지식, 태도, 직업 선택 등이 포함된다.
   ㉢ 각 발달 단계마다 부과되는 사회적 압력(기대)에서 오는 과업 : 남성과 여성으로서 사회적 역할을 잘 할 수 있도록 배우고, 책임 있는 시민의 역할을 잘 해낼 수 있도록 배우는 일 등이 포함된다.
③ 인생주기 : 개인의 기대 욕구와 사회의 기대 욕구를 고려하여 인생주기를 6단계로 나누고, 그에 따른 발달과업을 제시함으로써 전 생애적 관점을 취한다.
   ㉠ 단계 : 영·유아기(출생~6세), 아동기(6~13세), 청소년기(13~18세), 성년기(18~30세), 장년기(30~60세), 노년기(60세~죽음)로 구분된다.
   ㉡ 각 단계마다 발달과업을 성공적으로 습득했는지 여부에 따라 개인의 적응 정도를 평가할 수 있도록 만들었다.

(2) **청소년기의 발달과업**
① 자신의 체격을 인정하고 신체를 효율적으로 사용하는 것
② 남성으로서 또는 여성으로서 사회적 성 역할을 학습하는 것
③ 동성이나 이성의 친구와 새로운 관계를 맺고, 보다 성숙한 관계를 형성하는 것

④ 부모와 다른 성인들로부터 정서적으로 독립하는 것
⑤ 결혼과 가정생활을 준비하는 것
⑥ 행동의 지침이 되는 가치관과 윤리체계를 습득하는 것
⑦ 사회적으로 책임 있는 행동을 원하고 실천하는 것
⑧ 경제적 독립의 필요성을 느끼고 직업을 선택하며 준비하는 것
➡ 특히, 부모는 자녀가 발달과업을 완성할 수 있도록 조력자가 되어주어야 한다.

6. 에릭슨(Erikson)

(1) 특징
① 심리성적 측면보다 심리사회적 측면을 강조한다.
② 인간의 전 생애를 통한 발달 변화를 강조한다.
③ 병적인 것이 아닌 '정상', '건강한 것'에 초점을 둔다.
④ 정체감 확립의 중요성을 강조한다.
⑤ 성격구조를 설명함에 있어 임상적 통찰력을 문화적·역사적 요인과 결부했다.

(2) 프로이트와의 비교
① 성격발달의 본능적 측면뿐만 아니라 심리사회적 측면을 강조한다. 프로이트는 성격이 생애 초기에 형성된다는 점을 바탕으로 심리성적 단계이론을 강조한 반면, 에릭슨은 성격이 평생 8단계에 걸쳐 계속 발달한다고 본다.
② 원초아보다 자아를 더 강조한다. 자아는 원초아에 종속되거나 보조적인 것이 아닌 성격의 독립적인 부분으로, 부모의 사회적·역사적 환경의 영향을 받으며 평생 동안 성장하고 발달한다고 보았다. 또한 무의식의 내면적 성격구조도 중요하지만 그것이 의식세계를 전적으로 지배하지는 않으며, 개인의 행동에는 자아의 힘이 깔려 있다고 믿었다. ➡ 자아심리학
③ 프로이트가 본능을 강조한 반면, 에릭슨은 전체 성격의 형성에 문화, 사회, 역사의 영향을 인식한다.
④ 성격 형성에 과거뿐만 아니라 미래도 중요하다고 보았다. 에릭슨은 사람이 자신의 과거를 어떻게 해석하는가와 더불어 미래에 대한 해석도 성격 형성에 의미가 있다고 인식했다.

(3) 성격발달의 특성과 원리 기출 21
① 성숙은 점성적 원리(epigenetic principle)에 따라 일어난다. 점성원리는 발달이 유전적 요인에 의존한 일련의 단계에 의하여 지배된다는 원리로, 어떤 발달이 정해진 시기에 이루어지지 못하면 결함으로 남을 수 있다.
② 심리사회적 각 단계에는 위기가 있다. 즉, 각 단계에는 개인의 행동과 성격에 있어 어떤 변화를 위해 필요한 전환점이 있다.

> **참고 위기**
> • 심리사회적 단계에는 위기가 발생하는데, 이 위기는 해당 단계의 개인에게 부과된 생리적 성숙과 사회적 요구로부터 발생되는 인생의 전환점이다.
> • 각 단계마다 적응적 방식의 대처와 부적응적 방식의 대처가 있다. 두 방식 모두 자아정체감에 흡수되어야 한다.
> • 인생주기 단계마다 사회적 발달과정에서 다루어져야 하지만 반드시 그 단계에서 해결해야 하는 것은 아닌 '각 단계에 특유한' 발달과제가 있다.

③ 자아는 적절하거나 부적절한 적응 방식을 통합해야 한다. 에릭슨은 심리사회적 각 단계의 위기에 적응 방식과 부적응 방식으로 반응할 수 있다고 보았다.
④ 심리사회적 발달의 각 단계는 개인에게 기본적 강점 또는 덕목을 발달할 기회를 제공한다.

(4) 심리사회적 발달 단계

심리사회적 위기	연령	주요 사회관계	주요 특징	바람직한 결과
신뢰 대 불신	출생~18개월	어머니 (양육자)	• 유아는 일관성 있는 양육자에 대한 사랑과 신뢰감을 형성함 • 양육자의 거부적 태도는 불신감을 발달시킴	신뢰, 희망
자율성 대 수치 및 의심	18개월~3세	부모	• 걷기, 잡기 등 통제를 포함하는 신체적 기술의 발달이 이루어지도록 허용하고 격려할 때 자율성이 발달함 • 도움이 부족하거나 과잉보호하는 것은 유아가 자신의 능력에 의심을 갖게 하여 수치심이 형성됨	의지
주도성 대 죄의식	3~6세	가족	• 탐색할 수 있는 자유를 허용하고 아동의 질문에 충실히 답할 때 주도성이 발달함 • 아동의 활동을 제한하거나 간섭하고 질문에 불성실하게 대답하면 죄의식이 형성됨	목적, 의도
근면성 대 열등감	6~12세	이웃, 학교	• 새로운 것을 학습할 기회를 부여받고, 성취한 것을 인정받으면 근면성이 발달함 • 성취할 기회를 가지지 못하거나 결과에 대해 비난을 받으면 열등감이 형성됨	유능감
정체감 대 역할혼미	청년기	또래집단, 리더십 모델	• 자신의 존재, 가치에 대한 인식이 정체감을 발달시킴 • 신체적 불안감, 성 역할과 직업 선택의 불안정은 역할혼미를 초래함	성실, 충성
친밀성 대 고립	성인 전기	친구, 연인, 회사 동료	• 타인과 친밀한 인간관계를 유지하는 능력을 발달시킴 • 친밀한 관계 형성에 실패하면 고립감을 느끼게 됨	사랑
생산성 대 침체	성인 중기	노동 분화와 가사 분담	• 자녀나 다음 세대의 지도 과정에 참여하여 타인과 사회를 위해 노력할 때 생산성이 발달함 • 이러한 활동에 참여하지 못할 때 침체감에 빠짐	배려
통합성 대 절망	노년기	인류	• 자신의 인생이 만족스러웠다고 회상하고, 있는 그대로 자신을 수용하고, 인생에 대해 관조할 수 있을 때 통합성이 형성됨 • 인생을 후회하고 죽음을 두려워할 때 절망감에 빠짐	지혜

(5) 자아정체감(ego identity)

① 삶의 과제 : 자아정체감을 찾는 것이다.
② 의미 : 내가 누구이며 어떤 목적을 가지고 살아야 하는지에 대한 가치관이자 목적의식이다.
③ 자아정체감을 정립하려면 나와 내가 속한 사회를 이해하고 수용하는 과정이 선행되어야 한다.
④ 청소년기가 자아정체감을 형성하는 결정적인 시기인 이유
  ㉠ 청소년기가 되면 자기 자신에 대해 논리적으로 생각할 수 있는 사고능력이 발달한다. 현재뿐 아니라 과거를 반추하거나 미래를 가정하여 생각하는 능력이 생기고, 타인의 관점을 이해하는 사회인지능력이 발달하면서 자아정체감에 대한 고민이 커진다.

ⓒ 청소년기에는 급격한 신체적·생리적 변화로 인해 성적 충동이 증가하면서 원초아와 초자아 간 갈등이 심화되는데, 이로 인해 자신에 대해 생각하게 되고 결국은 정체감의 문제에 직면한다.
　　ⓔ 사회적 역할의 변화로 인해 아동기보다 자기 자신에 대해 많이 생각할 수밖에 없는 시기로, 자신과 관련된 문제를 스스로 선택하고 가능한 대안을 탐색해야 한다.

(6) 평가척도
　① 디그넌(Dignan)의 자아정체성검사(1965)
　　㉠ 에릭슨은 평가도구를 개발하지 않았지만 에릭슨의 이론에 바탕을 둔 검사도구가 개발되었다.
　　㉡ 이 척도는 4점 리커트식 척도로 점수가 높을수록 자아정체감이 잘 발달되었다고 볼 수 있다.
　　㉢ 하위 요인 : 안정성, 목표 지향성, 독특성, 대인 역할 기대, 자기수용, 자기주장, 자기존재 의식, 대인관계 등의 8개 요인으로 구성된다.
　② 도미노(Domino)와 아폰도(Affondo)의 사회균형척도(1990)
　　㉠ 개인의 심리사회적 발달 정도를 측정하기 위해 개발되었다.
　　㉡ 각 단계에서 갈등을 해결한 정도를 측정하며, 5점 척도로 구성된다.

7. 마르샤(Marcia) 기출 16, 24

(1) 정체성 지위(identity status)
　① 의미 : 개인의 정체감 형성과정뿐 아니라 정체감 형성 수준의 개인차를 함께 진단하고자 하는 개념이다.
　② 두 가지 수준
　　㉠ 정체성 위기 경험 여부 : 정체감을 갖기 위해 노력하는가? ➡ 자신의 존재와 역할에 의문을 제기하고 여러 가지 대안적 가능성을 탐색하는 과정을 뜻한다.
　　㉡ 과업에 대한 전념 : 무엇인가에 전념하고 있는가? ➡ 자신이 선택한 정체감과 관련된 역할과 과업을 위해 얼마나 열심히 노력하고 있는가를 뜻한다.

(2) 정체성 상태

구분	위기	전념
정체감 혼미	×	×
정체감 상실	×	○
정체감 유예	○	×
정체감 성취	○	○

　① **정체감 혼미** : 방향성이 결여된 상태로 다른 사람이 어떤 일을 하는지, 내가 이 일을 왜 하는지에 관심이 없다. 이 상태에서는 정체감 위기를 느끼지 않고 미성숙하여 자아존중감이 낮으며 혼돈에 빠져 있어, 정체성 지위 중 가장 낮은 단계이다. 그대로 방치하면 부정적 정체감에 빠져들 위험이 있다.
　② **정체감 상실(유실)** : 스스로 심각하게 생각하거나 의문을 갖지 않고 타인의 가치를 받아들인 상태이다. 권위에 맹종하므로 부모가 선택해 준 인생을 그대로 받아들인다. 다른 지위보다 사회적 인정 욕구가 강하고, 부모에게서 영향을 받은 자신의 가치에 따라 생애의 방향을 결정하고, 부모와 긴밀한 관계를 유지한다. 이들은 청년기를 매우 안정적으로 보내는 것 같지만 성인기에 뒤늦게 정체성 위기를 경험하는 경우가 있다.

③ **정체감 유예** : 현재 정체감 위기나 변화를 경험하고 있는 상태이며, 정체감 확립을 위해 노력한다. 삶의 목표와 가치에 대해 회의하고 대안을 탐색하거나 여전히 불확실한 상태에 머물며 구체적인 자신의 역할과 과업에 몰두하지 못하는 상태이다. 이 지위에 속한 청년은 가장 적극적으로 정체성을 탐색한다. 유예기의 청년은 안정감이 없으나 이는 정체감 성취를 위한 과도기적 단계이므로 시간이 지나면서 정체감을 확립하는 경우가 많다.

④ **정체감 성취** : 삶의 목표, 가치, 직업, 인간관계 등에서 위기를 경험하고 대안을 탐색하며 확실하고 변함없는 자아정체감을 확립한 상태이다. 타인의 이해, 가치 등을 고려하지만 스스로 많은 생각을 통해 의사결정을 한다. 현실적이고 대인관계가 안정감이 있으며, 자아존중감이 높고 스트레스에 대한 저항력도 높다.

➡ 일반적으로 정체감 유예는 건강한 상태이고 정체감 성취로 이어질 수 있다. 반면에 정체감 유예와 혼미는 덜 건강한 상태로 이 상태의 청소년은 자신의 인생에 중요한 영향을 가져올 선택을 스스로 내리지 못한다.

03 인지발달적 접근

1. 피아제(Piaget)의 인지 발달이론

(1) **인지 발달이론**
① **인지** : 새로운 지식을 획득하고 저장하며 인출하고 바꾸어나가는 전체 과정에서 언어의 이해와 사용, 기억과 망각, 사고와 문제해결 등과 같은 지적인 능력을 뜻한다.
② 초기 연구에서는 영아기와 아동기의 인지 발달을 강조했으나, 중반기에는 청소년기의 형식적 추론에 관심을 가지고 집중적으로 연구했다.
③ **주요 개념** : 조직화(organization)와 적응(adaptation)이며, 적응 과정에는 동화와 조절 두 가지가 있다.
  ㉠ **동화**(assimilation) : 이미 가지고 있는 개인의 인지도식에 새로운 사물이 통합되는 것이다.
  ㉡ **조절**(accommodation) : 새로운 사물이 기존의 것과 전혀 달라 통합이 불가능할 때 기존의 인지도식을 변형시켜 버리는 것이다.
④ **인지 발달이론의 가장 큰 특징** : 발달의 연속성을 전제로 한다. 즉, 발달 단계는 순서대로 나타나고 불변하는 연속적 유형이며, 계획적인 경험을 통해 뛰어넘을 수 있는 것이 아니다. 각 단계를 특징짓는 것은 문제해결의 기술로, 각 단계의 기술은 선행 단계나 후속 단계의 것과는 질적으로 완전히 다르다.

(2) **형식적 조작기로서 청년기**
① 이 단계를 특징짓는 기술은 추상적인 사고능력이다.
② 추상적인 사고능력이 있으면 어떤 과제를 해결하고자 할 때, 여러 가능성을 동시에 고려하며 자신이 택한 방식을 논리적으로 비교하고 검토할 수 있다.
③ 현실에 없는 어떤 아이디어나 명제를 제시할 수 있어 상상적인 문제에 대한 질문·토론이 빈번해지고 논쟁이나 형식적 논리 전개를 선호하게 된다.
④ 고등 정신작용 구조를 운용하게 되어 복잡하고 높은 수준의 수리 계산이 가능해진다.

2. 콜버그(Kohlberg)의 도덕성이론

(1) 피아제의 도덕성 단계

① 단순하게 두 단계로 나누어 설명한다.
② 첫 번째 단계와 두 번째 단계를 나누는 분기점은 10~11세이므로 청소년기의 특징을 나타내는 단계를 따로 정의하기는 어렵다.
③ 주어진 규칙을 절대적이고 신성하며 수정이 불가능한 것으로 여기는 도덕적 현실주의 또는 타율적 도덕성의 첫 번째 단계와는 대조적으로, 청소년기를 포함한 두 번째 단계는 도덕적 상대주의 또는 자율적 도덕성을 특징으로 한다.
④ 따라서 어떠한 법칙도 신성한 것은 아니며 합의에 따라 변형이 가능하다고 믿게 되고, 일의 결과보다 의도나 과정을 평가에 포함시켜야 한다는 것을 알게 된다.

(2) 콜버그의 도덕성 단계

① 청소년에게 가상의 도덕적 갈등상황을 제시하고, 어떤 반응을 보이는가에 따라 도덕성 발달 수준을 구분했다.
② 단계 : 인습 이전, 인습, 인습 이후 수준의 세 가지 기본 수준을 설정하고, 각 수준을 두 단계로 다시 세분화하는 방식으로 자신의 이론을 체계화했다.
  ㉠ 인습적 : 사회규칙, 기대, 관습, 권위에 순응하는 것을 뜻한다.
  ㉡ 이론화 과정에서 응답 자체보다 응답 저변에 깔려 있는 논리에 주목하여 단계를 구분한다.

04 사회인지적 접근 및 사회문화적 접근

1. 셀만(Selman)의 사회인지이론

(1) 사회적 조망 수용(social perspective taking)

① 사회적 조망 수용능력은 타인의 조망 또는 관점에서 사물이나 사건을 이해하는 능력을 말한다.
② 이 능력은 일련의 단계로 발달하며 특히 청소년기에 크게 발달한다.

(2) 발달 단계 [기출 19]

단계	연령	특징
0단계 : 자기중심적 미분화 단계	3~6세	• 타인을 자기중심적으로 보기 때문에 타인이 자신과 다른 관점(생각, 느낌)을 가진다는 것을 전혀 이해하지 못함 • 다른 사람도 자신의 견해와 동일한 견해를 갖는다고 지각함
1단계 : 주관적 조망 수용 단계	5~9세	• 동일한 상황에 대한 타인의 조망이 자신의 조망과 다를 수 있다는 것까지는 이해하나 아직도 자기의 입장에서 이해하려고 하기 때문에 자신의 행동을 다른 사람의 조망을 통해 평가하기 어려움 • 타인의 의도적 행동과 비의도적 행동을 구분하고 행동의 원인을 생각하기 시작하지만 다른 사람이 진짜 감정을 숨길지도 모른다는 사실을 깨닫지 못함
2단계 : 자기반성적 조망 수용 단계	7~12세	• 타인의 조망을 고려할 수도 있고, 타인도 자신의 조망을 고려할 수 있음을 인식함 • 다른 사람이 자신의 행동에 대해 어떻게 생각하는지 알 수 있고, 다른 사람이 서로 다르게 생각한다는 것을 알지만 이러한 과정을 동시에 상호적으로 할 수 없음

단계	연령	특징
3단계 : 상호적 조망 수용 단계	10~15세	• 동시에 상호적으로 자신과 타인의 조망을 각각 이해할 수 있음 • 다른 사람과의 관계, 상호작용 속에서 발생하는 문제를 제3자의 입장에서 객관적으로 생각하게 됨
4단계 : 사회적 조망 수용 단계	12세~성인	• 동일한 상황에 대해 다른 생각을 한다고 해서 그 조망이 틀렸다고 인식하지 않으며, 자신이 다른 사람의 조망을 완전하게 이해하지 못한다는 점을 인식함 • 사회 구성원이 갖는 일반화된 조망을 이해할 수 있으므로 사회적 합의나 타인의 견해에 관심이 많아짐 • 자신과 타인을 포함해 개인은 물론 집단 전체 사회 체계의 조망을 이해하는 최상의 사회인지능력을 획득함

> **참고** 사회적 조망 수용능력의 발달
> • 사회적 조망 수용능력은 2단계인 청소년기 이전에 발달하기 시작한다.
> • 3단계인 초기 청소년기에 타인의 입장뿐만 아니라 제3자의 입장에서도 대인관계를 고려할 수 있는 수준으로 발달한다.
> • 4단계는 대인관계를 이해하는 수준이 자신, 상대방, 제3자의 입장을 복합적으로 고려할 뿐 아니라 각각 개인이 통제할 수 없는 사회 및 조직의 힘과 무의식적인 힘의 영향을 받음을 인식하는 성숙한 수준으로 발달한다.

2. 베네딕트(Benedict)

(1) 연속성(continuities)과 불연속성(discontinuities)

① **문화적 결정론** : 인간은 출생부터 죽음까지 개인이 속한 문화적 환경에 의해 영향을 받는다. 이러한 문화적 결정론은 그 사회의 문화적, 사회적 제도에 의한 문화적 조건화에 따라 달라진다.
② 문화적 조건화의 분석 수단으로 연속성과 불연속성을 이론적 구성개념으로 활용하였다.
③ **연속성** : 개인의 성장이 사회적-환경적 힘과 제도(예 사회적 집단의 요구나 기대, 제한이나 처치방법 등)에 의해 영향을 적게 받는 문화를 말한다.
④ **불연속성** : 개인의 성장이 사회적-환경적 힘과 제도에 의해 강한 영향을 받는 문화를 말한다.
⑤ 연속성에 근거한 어떤 문화(예 원시 문화, 원주민 문화)는 사회제도가 만들어낸 등급(단계, 구분)이 없기 때문에 개인의 성장과정이 물결처럼 자연스럽게 흘러간다. 즉, 사회제도의 속박과 제약이 적기 때문에 인간발달상의 변화는 크지 않고, 개인의 성장은 순조롭게 연속적인 과정이 된다.

(2) 연령등급사회(age-graded society)

① 어떤 문화(예 미국문화와 같은 복잡한 서구문화)는 사회제도가 만들어낸 등급이 정해져 있어 개인의 성장과정이 물결처럼 흘러가지 못하고 자꾸 끊기는데, 이러한 사회를 연령등급사회라고 한다.
② 연령등급사회는 사회제도와 법에 의해 인간발달상에 기대되는 행동들이 각 등급별로 조직화되어 있는 상태를 말한다. 연령등급이 심한 문화일수록 단계적 이동이 급격하게 일어나므로, 그 과정에서 개인은 긴장과 혼란을 심하게 겪게 된다.
③ **청소년** : 성인이 되기 위해서는 새로운 성인 행동들을 학습해야 하므로, 그 과정에서 혼란과 불안, 갈등과 위기, 질풍노도를 경험하게 된다.

3. 미드(Mead)

(1) 청소년기
① **질풍노도의 시기**: 모든 사회에서 청소년기에 나타나는 보편적인 현상이 아니라, 갈등이 많고 선택하는 상황이 빈번한 복잡한 사회에서 나타나는 현상이다.
② 문화적 요인에 따라 청소년의 성격발달이 달라지고, 청소년이 경험하는 혼란과 갈등도 특정 문화의 소산일 뿐 보편적인 발달현상이 아니다.

(2) 남녀의 성 역할 구분
① 성 역할 구분은 선천적인 것이 아니라 문화적으로 결정된다고 본다.
② 아동과 청소년에게 남성성 또는 여성성의 기질특성을 강조하는 문화는 억압적인 사회라고 보았다.

05 맥락중심적 접근

1. 브론펜브레너(Bronfenbrenner)의 생태학적 체계이론

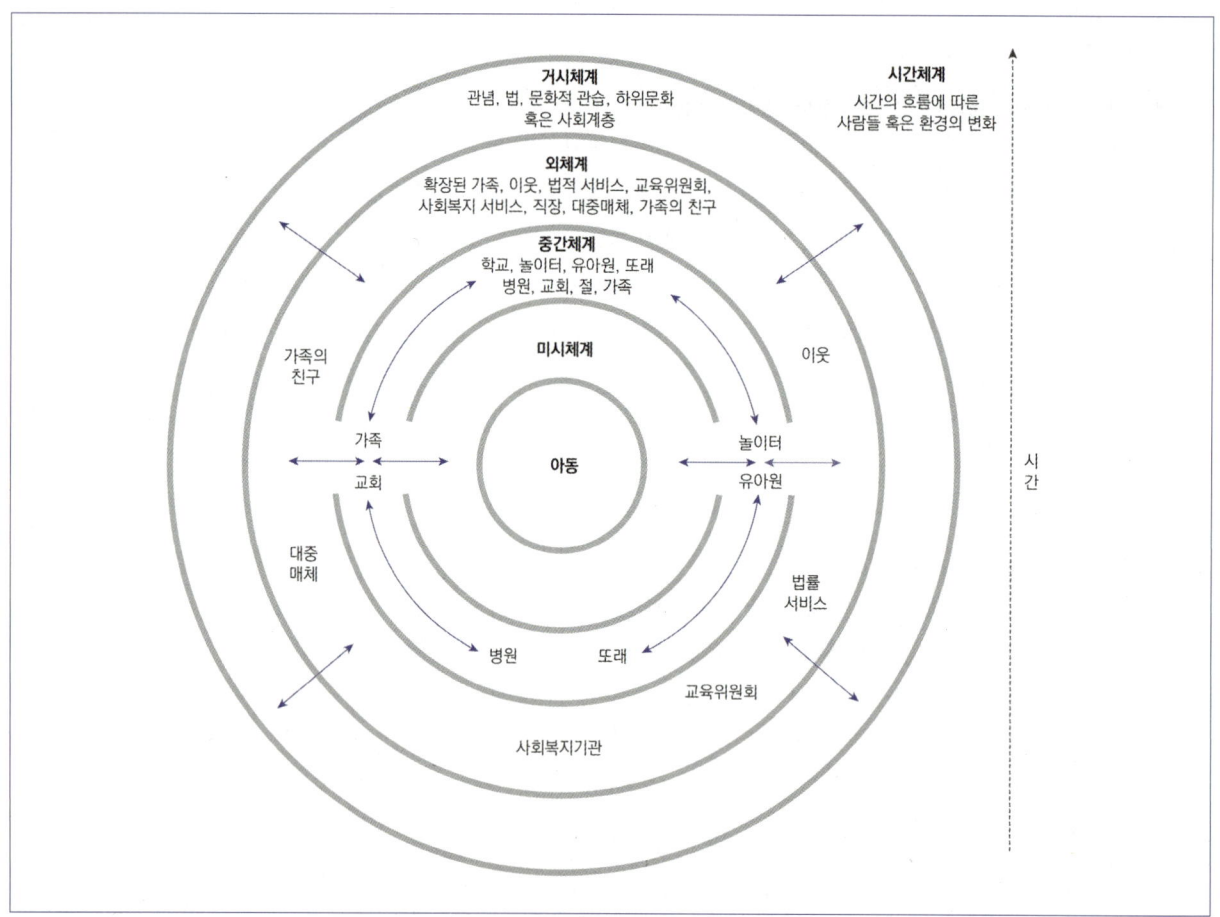

[그림 12-1] 브론펜브레너의 생태학적 체계 모델

(1) **생태학적 체계이론**
① 인간 발달을 이해하려면 실험실 상황을 넘어서서 다양한 환경 측면을 고려하고 여러 사람 간의 상호작용체계를 검토해야 한다.
② 발달은 사회적 맥락에서만 이해될 수 있다. 인간은 미시체계, 중간체계, 외체계, 거시체계, 시간체계 등 다섯 가지 환경체계의 영향을 받는다.

(2) **환경체계** 기출 20

구분	내용
미시체계 (microsystem)	• 인간이 매일 직접적으로 상호작용하거나 활동하는 가장 근접적인 맥락으로서, 가족, 또래, 이웃 등의 청소년이 속해 있고 매일 직접 만나는 맥락적 환경 • 청소년은 미시체계에 속하는 가족 구성원, 또래, 교사, 이웃과의 직접적이고 양방향적인 상호 교류를 통해 신체, 인지, 성격, 사회성 등이 발달함 • **양방향적**: 청소년이 미시체계의 영향을 수동적으로 받기만 하는 것이 아니라, 미시체계의 경험을 선택하고 수정해나감으로써 미시체계의 변화에 영향을 미치며 발달해 나간다는 의미를 가짐
중간체계 (mesosystem)	• 미시체계들 사이의 상호관계를 의미함 • 가족, 학교, 또래 집단 등의 한 미시체계에서 일어나는 일은 다른 미시체계에 영향을 주는데, 미시체계 사이의 이러한 상호작용과 연결을 '중간체계'라고 함 • 각 미시체계에서 벌어지는 상황이 서로 원인이 되기도 하고 결과가 되기도 하는 관계를 포함하는 체계
외체계 (exosystem)	• 청소년 개인에게 직접 영향을 미치지는 않지만 미시체계나 중간체계에 영향을 미침으로써 개인에게 간접적인 영향을 주는 생태체계로, 이때 개인은 외체계에 직접 참여하지 않으며 구성원도 아님 • 공식적·비공식적인 주요 사회적 기관을 포함함 예 부모의 직장, 정부 조직, 매스미디어, 교통 시설, 복지 서비스, 부모의 사회적 연결망 등
거시체계 (macrosystem)	• 개인이 속한 문화를 의미하며, 문화에 따른 신념이나 행동 규범 등은 인간 개인의 발달에 영향을 줄 수 있음 • 미시체계나 중간체계는 그 체계 안에서 살고 있는 사람의 삶에 직접 영향을 주는 맥락이고, 외체계는 간접적으로 영향을 주는 맥락이며, 거시체계는 이러한 맥락의 구조적인 특성과 사람들의 활동 유형을 규정하는 보다 넓은 의미의 생태학적 체계 • **문화적 환경**: 문화가 갖는 가치, 이념, 관습, 국가의 경제 정책, 교육 정책, 법, 정치 등
시간체계 (chronosystem)	• 한 시점의 사건이나 경험이 아닌 인간의 전 생애에 걸쳐 일어나는 변화와 사회역사적인 환경을 의미함 • 시간체계는 시간의 경과에 따라 사건들이 누적되어 개인의 발달에 미치는 영향력에 관심을 가짐 예 부모의 이혼은 아동의 삶에서 한 시점에 일어나는 사건으로, 시간이 지남에 따라 발달에 미치는 영향이 달라짐

2. 레빈(Lewin)

(1) **장이론(field theory)**
① 핵심공식: $B = f(P \cdot E)$
② P(개인): 지능, 성격, 욕구, 동기, 기대 등을 포함하는 개인의 심리적 특성을 의미한다.
③ E(환경): 물리적 환경을 포함한 사회적 환경을 의미한다.
④ P와 E는 계속 상호적으로 서로에게 영향을 주게 되므로, 결국 인간의 행동(B)은 개인(P)과 환경(E)의 함수이다.

(2) 주변인(marginal man)
① 청소년은 그들의 사회집단이 있기는 하지만 여전히 아동집단에서 성인집단으로 이동하고 있는 과도기에 있다. 이렇게 과도기적 중간적 위치에 처해 있는 청소년들을 '주변인'이라고 한다.
② 청소년은 아동과 성인 그 어느 집단에도 온전하게 소속되어 있지 않다는 점에서 주변인(경계인)인데, 그래서 아동과 성인 집단의 생활양식들 사이에서 갈등을 경험하게 되고 정서적 긴장이 초래되며 동년배 집단을 제외하고는 어디에도 소속될 수 없다.

제2절 청소년기의 발달적 특성

06 신체 및 성적 발달

1. 사춘기

(1) 사춘기(puberty)
① 사춘기는 청소년 초기에 일어나는 호르몬의 변화로 인해 급격한 신체적·성적 성숙이 이루어지는 기간이다.
② 사춘기의 목적 : 생식능력이 가능하도록 청소년의 몸을 육체적으로 성장시키는 것이므로 사춘기는 성기관에서부터 변화가 시작된다.
③ 청소년기의 성적 성숙에 가장 큰 변화를 미치는 것은 호르몬의 변화 때문이다.
④ 성장 급등기(growth spurt) : 청소년기가 되면 신장과 체중이 급격히 성장하는데, 이를 성장 급등기라고 한다.
  ㉠ 일반적으로 여자 청소년은 12세, 남자 청소년은 14세에 성장 급등기를 경험한다.
  ㉡ 영양 상태 등 생활 여건의 개선에 따라 과거보다 성장폭발 현상이 나타나는 시기가 점점 빨라지고 성장 속도도 더 빠른 것으로 보고된다.
  ㉢ 신장과 체중의 급격한 성장은 성장폭발이 시작된 후 보통 3~4년 가량 이어지며, 성장폭발의 시기가 지나서도 여자는 17세 전후까지, 남자는 20세 전후까지 완만한 신체적 성장이 계속된다.

(2) 내분비계 호르몬

구분	호르몬 및 기능
뇌하수체	• 성선 자극 호르몬 : 성선을 자극하는 성 호르몬 생성 • 황체 형성 호르몬(LH) : 여성의 월경주기 조절 • 부신피질 자극 호르몬(ACTH) : 부신을 자극하여 안드로겐 방출 • 성장 호르몬 : 성장 • 갑상선 자극 호르몬 : 갑상선을 자극하여 티록신 방출
부신	안드로겐 : 체모
갑상선	티록신 : 성장 급등
생식선, 난소, 고환	에스트로겐, 안드로겐 : 생식기관의 발달, 2차 성징

2. 성적 성숙

(1) 1차 성징과 2차 성징

① 1차 성징(first sex characteristic) : 출생 시 생식기에 의한 신체상의 성적 특징이다.
  ➡ 남녀의 생식능력에 직접적인 영향을 주는 기관(예 고환, 난자 등)이 성숙한다.
② 2차 성징(secondary sex characteristic) : 사춘기가 시작되면서 성 호르몬 분비에 의해 나타나는 신체상의 성적 특징이다.
  ➡ 남녀의 구분에 있어 중요하며, 턱수염이 자라거나 가슴이 커지는 등 1차 성징보다 가시적으로 나타난다.
③ 사춘기의 신체변화는 개인에 따라 발달 속도의 차이가 있지만 그 순서는 동일하게 나타난다.

(2) 호르몬의 변화

① 테스토스테론(testosteron)
  ㉠ 남성에게 많이 있는 호르몬으로 남성의 성기를 구성하는 고환과 음경을 발달시키고, 정자의 생산이 가능하도록 신체 내부의 구조적인 변화를 만든다.
  ㉡ 변성과 수염, 체모 등이 나타나게 한다.
  ㉢ 사춘기의 신체변화는 테스토스테론 증가와 밀접한 관련 : 연구 결과, 가장 성숙한 남자 청소년이 가장 미숙한 남자 청소년보다 테스토스테론이 9배 더 많이 분비되었다.
② 에스트로겐(estrogen)
  ㉠ 여성의 2차 성징에 중요한 역할을 하는 여성 호르몬이다.
  ㉡ 사춘기 이후에 많은 양이 분비되어 가슴을 나오게 하고 성기를 성숙하게 하며 몸매에도 영향을 미친다.
  ㉢ 크게 에스트론, 에스트라디올, 에스트리올의 3가지 종류가 있다.
③ 에스트라디올(estradiol)
  ㉠ 유방과 자궁, 질의 발달에 영향을 미치고 체지방 분포에도 영향을 미쳐 전체적으로 곡선이 많은 여성의 신체 모양을 형성한다.
  ㉡ 가장 성숙한 여자 청소년이 가장 미숙한 여자 청소년보다 8배 더 많은 에스트라디올을 가지고 있었다.

(3) 호르몬과 주요 기능

내분비선			호르몬
시상하부		생식선 방출호르몬	사춘기 및 성적 특성을 활성화시키고 더 많은 성 호르몬을 생성하도록 지시를 내림
뇌하수체	전엽	생식선 자극호르몬 (난포자극호르몬, 황체형성호르몬)	• 남성 : 황체형성호르몬이 고환에 작용하여 안드로겐, 특히 테스토스테론의 생성 분비를 조절함 • 여성 : 난포자극호르몬과 황체형성호르몬이 난소에 작용하여 에스트로겐과 프로게스테론의 생성 분비를 조절함
		성장호르몬	뼈와 신장, 체중 등이 성장하게 함
	후엽	옥시토신	자궁 수축을 도와 분만을 촉진하고, 수유를 준비하게 함
생식선	고환 (남성)	안드로겐 (테스토스테론이 주축)	제2차 성징의 발달과 정자 생산, 청소년기의 성욕을 증가시킴
	난소 (여성)	에스트로겐	유방의 발달, 음모의 성장 등 여성의 2차 성징을 발현시킴
		프로게스테론	자궁이 임신을 준비하게 하고, 임신을 유지하게 함
부신선			사춘기가 되면 남성은 보다 많은 양의 안드로겐을, 여성은 보다 많은 양의 에스트로겐과 프로게스테론을 분비함

3. 신체변화와 심리적 적응

(1) 신체상(body image)
① **의미**: 자신의 신체에 대한 감각, 느낌과 태도 등을 포함하는 정신적 표상을 의미한다.
② 신체상은 자기가 자기를 바라보는 일종의 거울 이미지이기도 하다. 자기상은 자기개념을 구성하는 주요 요소로, 청소년기에 시작된 신체상에 대한 관심과 불만은 정도의 차이가 있지만 성인이 되어서도 지속되는 경향이 있다.
③ **체중**: 사춘기의 신체상에 강력한 영향을 미치는 요소 중 하나이다. 여자 청소년은 공통적으로 자신이 너무 뚱뚱하다고 생각한다. 이것은 자신의 신체적 모습(신체상)을 정확하게 지각하지 못한 것에도 원인이 있지만, 신체적 매력에 대한 사회문화적 기준이 보다 강력한 영향을 미치기 때문이다.
④ **신체상은 자기존중감과 연결**: 자신의 외모에 만족하는 청소년은 자신에 대한 긍정적인 느낌을 갖는 반면, 자신의 외모에 불만족하는 청소년은 자신에 대해 부정적인 느낌을 갖는다.
  예 자신을 과체중이라고 지각하는 여자 청소년은 자기존중감이 낮고 우울감을 더 많이 경험한다.

(2) 조숙과 만숙
① **조숙(early maturation)**: 일찍 성장하는 청소년을 조숙한 청소년이라고 말한다(동년배 중 사춘기에 먼저 도달하는 20%에 속하는 청소년).
② **만숙(late maturation)**: 늦게 성장하는 청소년을 만숙한 청소년이라고 말한다(동년배 중 성장 속도가 느린, 하위 20%에 속하는 청소년).
③ **성숙일탈가설(maturational deviance hypothesis)**: 사춘기의 발달이 또래보다 늦거나 빠른 청소년은 스트레스를 더 많이 경험하고 적응문제에도 취약해진다는 관점으로, 오프타임가설(off-time hypothesis)이라고도 한다.
④ **조기성숙가설(early maturational hypothesis)**: 조기성숙, 특히 여자 조숙아의 경우 커다란 사회적 압력에 직면하도록 만들고, 그 결과 득보다 실이 더 크다는 관점이다.
  ㉠ 조기성숙 청소년의 경우 어른과 유사한 신체모양을 갖추었기 때문에 사회에서는 그들이 나이가 더 들었고 사회적·인지적으로 발달했다고 생각한다.
  ㉡ 사춘기 발달이 너무 빠르기 때문에 그들의 심리사회적 발달 수준이 신체발달에 못 미친다.
  ㉢ 신체발달과 심리사회적 발달의 불일치로 인해 조기성숙 청소년이 이중구속감에 시달린다는 관점이다.
⑤ **연구결과**
  ㉠ 첫째, 조숙이 남자 청소년에게는 보다 긍정적으로 작용하는 반면, 여자 청소년에게는 보다 부정적으로 작용한다.
  ㉡ 둘째, 만숙 남자 청소년은 조숙 남자 청소년에 비해 부정적인 영향을 더 많이 받지만, 청소년기가 끝날 때까지 지속되지 않는다.
  ㉢ 셋째, 만숙 여자 청소년은 정상적으로 성숙한 또래들과 기본적으로 차이점이 없고, 조숙 여자 청소년보다는 사춘기의 영향을 더 적게 받는다.
  ㉣ 사춘기 동안에도 생물학적 변화 외에 인지적, 사회적 또는 환경적 변화가 함께 일어나기 때문에 조숙과 만숙의 효과는 우리가 생각하는 것만큼 그렇게 크지 않다.

(3) 남자 청소년의 조숙과 만숙
① **조숙**: 만숙 청소년들보다 긍정적인 효과가 있다. 남성이 일찍 큰다는 것은 힘세고 용기 있고 적극적인 행동을 할 수 있다는 것을 의미하며 그래서 일찍감치 성인으로 취급되어 신뢰를 얻을 수 있다.
  ㉠ 어떤 일을 수행할 때 또래로부터 리더로 뽑히는 경우도 많다.

         ⓒ 또래집단의 여자 청소년들과도 신체적으로 큰 차이가 없으므로 더 빨리 쉽게 친해질 수 있다.
         ⓒ 정신적으로 성숙할 시간이 짧아 자기탐색의 기회나 시간이 부족하여 자아정체감의 혼란을 더 크게 경험한다.
         ⓔ 어른과 같은 외모로 인해 유해환경에 노출될 가능성이 높고, 흡연, 음주, 성관계 등의 성인행동을 더 일찍 시작할 가능성이 높다.
    ② 만숙 : 더욱 오랫동안 아동 취급을 받고, 그 기대에 맞게 더 오랫동안 아동처럼 행동할 수 있다.
         ⓐ 친구에 비해 체격이 작고 성적으로 덜 성숙해서 자신의 외모에 열등감을 느끼고 자신감이 없고 위축될 수 있다.
         ⓑ 사춘기가 끝나면 만숙 남자 청소년은 신체발달이 조기 성숙 청소년들과 거의 같아지고, 동시에 성인기에 대한 심리적 준비를 할 여유가 그만큼 많았기 때문에 더 적응적인 능력을 나타내는 경향이 있다.

(4) **여자 청소년의 조숙과 만숙**
    ① 조숙 : 조숙의 긍정적인 효과는 별로 없다. 특히 주위에서 성적으로 더 많은 관심을 받기 때문에 성적 행동의 대상이 되기 쉽고 그 결과 여러 가지 성적인 문제가 발생하기 쉽다.
         ⓐ 가정에서도 처녀답게 행동하라는 간섭으로 인해 부모와 더 많이 갈등한다.
         ⓑ 심리적·정서적으로 미숙한 상태에 있으므로 적기에 사춘기를 시작하는 청소년이나 만숙 청소년에 비해 자아존중감이 낮고 불안이나 우울, 섭식장애 등의 문제를 경험할 가능성이 높다.
    ② 만숙 : 외견상 아동처럼 보이고 또 그런 취급을 받는다. 주위로부터 성적 행동의 관심 대상이 아니므로 성적인 문제에 빠질 확률이 낮다.
         ⓐ 만숙 남자 청소년들과 비슷한 수준에 있게 되므로 이들과 친구로서 편하게 지낼 수 있다.
         ⓑ 부모나 어른들의 비난을 덜 받게 되고, 변화와 도전에 적응할 수 있는 시간을 더 많이 갖게 되는 장점이 있기 때문에 만숙으로 받게 되는 부정적인 영향은 사소하거나 일시적이라고 한다.

4. 청소년 뇌 발달

(1) **청소년기 뇌 발달의 특징**
    ① 뇌 발달은 신경세포 및 시냅스의 과잉 생산과 후속하는 쓸모없는 신경세포와 시냅스의 가지치기 과정이다.
    ② 과잉 생산과 가지치기 : 태아기와 출생 후 약 2년에 걸쳐 가장 활발하게 일어나고, 사춘기경에 다시 한번 과잉 생산과 가지치기의 급격한 변화가 일어난다.
    ③ 청소년 시기에 급격한 뇌 발달이 일어나는 것은 10대 문제행동과 관련이 있는데, 주된 이유는 전두엽 발달이 청소년기에 상당 부분 이루어지는 것과 전두엽의 실행기능, 뇌 기능 측면에서 서로 다른 발달 속도를 보이는 발달적 불균형 때문이다.

(2) **발달 중인 실행기능**
    ① 전두엽은 청소년기 시기에 집중적으로 발달하는데, 전두엽의 신경세포끼리 수없이 많은 새로운 연결망을 형성하고, 이후 몇 년 동안 대부분이 다시 가지치기를 통해 사라지며, 많이 사용해 강화된 연결망만 남는다.
    ② 전두엽은 계획, 억제, 작업기억, 주의력 등을 포함하는 목표 지향적 행동에 필요한 인지적 활동인 실행기능을 담당하는 대뇌피질 영역이다.
    ③ 전두엽이 아직 발달하는 중인 청소년들은 대뇌피질의 실행기능이 제 역할을 하지 못하는 상태로, 아직 미성숙하고 잘못된 결정을 하기 쉽다.

(3) 뇌 발달의 불균형

① 지금까지 사용하던 시냅스 연결 주변에 새로운 신경세포들이 나타나면서 혼란스러워지고 새로운 행동에 대한 필요성과 욕구가 증가한다. 따라서 10대 초기 청소년들의 예측할 수 없는 행동은 나쁜 의도를 가진 행동이나 반항이기보다는 뇌 발달의 한 과정으로 볼 수 있다.

② 이중 시스템 모델(dual systems model) : 2가지 시스템이 서로 다른 시기에 발달하기 때문에 불균형이 발생한다.
  ㉠ 전두엽과 관련된 인지통제 시스템 : 충동 통제, 정서 조절, 의사결정과 관련된 것으로 정보처리 모델의 'cool' 시스템에 해당된다.
  ㉡ 편도체와 관련된 사회정서 시스템 : 정서, 신기성(novely), 보상과 관련된 것으로 정보처리 모델의 'hot' 시스템과 관련된다.

③ 청소년 초기부터 새로운 것을 찾고 보상에 민감한 사회정서 시스템이 비교적 급속하게 발달하는 반면, 통제력을 발휘하는 인지통제 시스템은 20대까지 서서히 발달하기 때문에 통제력의 발달은 알아차리기 어렵다. 즉, 사회정서 시스템의 발달을 따르지 못하는 인지통제 시스템의 미발달 때문에 청소년 초기는 발달적 위기를 가장 강하게 경험할 수 있는 시기이다.

07 청소년 정서발달

1. 정서와 정서의 분류

(1) 정서 구분

① 일차정서(또는 기본정서) : 모든 사람에게 공통적으로 나타나는 정서를 뜻한다.
  예 행복, 분노, 놀람이나 공포, 불안, 혐오, 슬픔, 기쁨 등

② 이차정서(또는 복합정서) : 일차정서의 조합에 의해 파생되는 복합적인 정서이다.
  예 수치심, 당황, 질투, 죄책감, 부러움, 자부심 등

③ 긍정적 정서 : 무슨 일을 겪든 어떤 사람을 만나든 매사 긍정적으로 생각하는 데서 오는 좋은 감정과 좋은 느낌, 좋은 기분상태를 의미한다.
  예 행복, 희망, 사랑, 기쁨, 자부심 등

④ 부정적 정서 : 매사 비관적으로 생각하는 데서 오는 불쾌하고 나쁜 기분상태를 말한다.
  예 불안, 우울, 분노, 슬픔, 죄책감과 수치감, 시기와 질투 등

(2) 정서의 차원 이론

모든 정서는 쾌-불쾌와 각성-비각성의 두 차원으로 이루어진 평면상의 좌표로 표현될 수 있다.

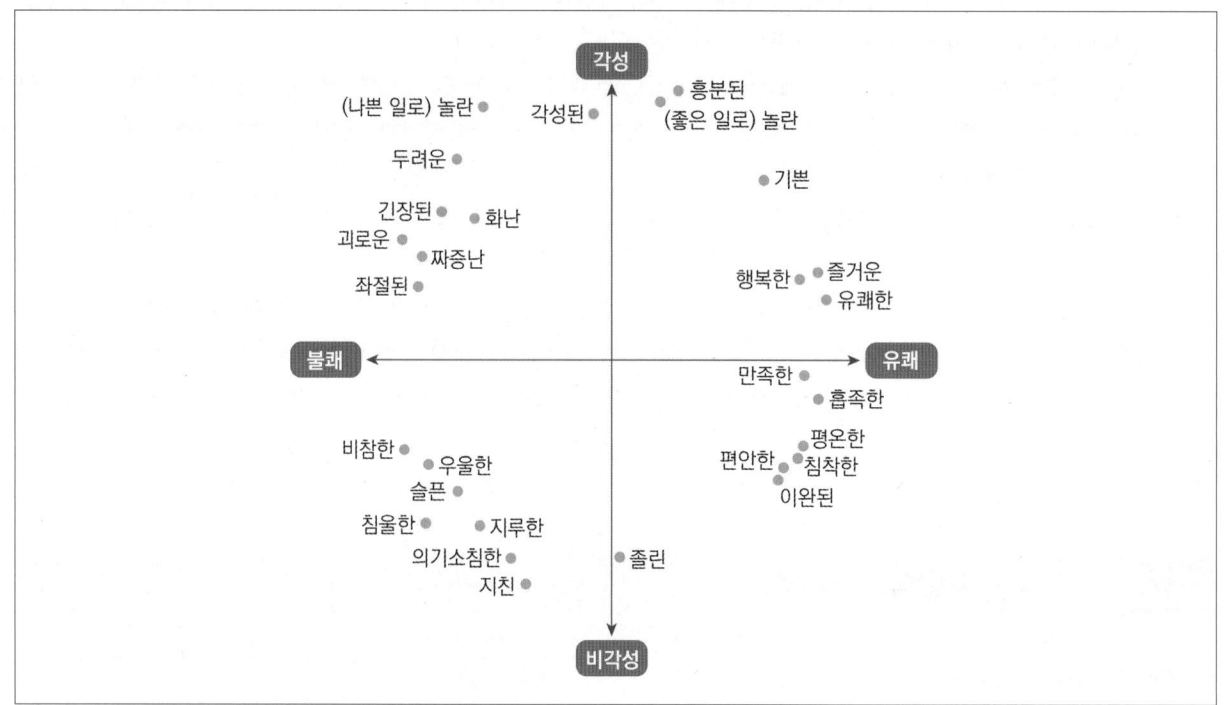

[그림 12-2] 정서의 차원 이론

2. 청소년기 정서의 특징

(1) 급속한 신체발달과 생리적 변화로 인한 심리적 불안정성
  ① 성 호르몬 변화
    ㉠ 남자 청소년: 테스토스테론 분비의 증가가 공격성을 증가시킨다.
    ㉡ 여자 청소년: 에스트로겐과 프로게스테론 분비의 증가가 우울감을 증가시킨다.
  ② 사춘기의 급격한 신체발달과 2차 성징의 출현으로 외형적으로 성인과 가까운 신체모양을 이루면서 청소년은 성숙에 대한 설렘과 성취감을 느끼지만, 아동기와 성인기 어느 쪽에도 속하지 못하는 주변인(경계인)으로서 초조, 불안, 갈등을 경험하게 된다.

(2) 인지 발달로 인한 형식적 조작능력의 획득
  ① 추상적 개념의 사용과 함께 가설 연역적인 추리능력으로 인해 과학적 추론이 가능해진다. 또한 상위인지능력의 획득으로 사고과정이 어떻게 구성되고 어떻게 기능하는지 이해하기 시작하면서 자기성찰(자기반성)이나 내성(introspection)에 몰두하게 된다.
  ② 추상적 영역에 대한 이해와 자아정체감의 획득이 가능해지지만, 동시에 미래와 가능성에 대해 생각할 수 있게 되면서 그에 대한 불안과 두려움이 가중될 수 있다. 또한 이상주의를 추구함으로써 세상의 결점과 논리적 모순을 발견하고 부모나 사회에 반항하기도 한다.

(3) 생활영역과 인간관계 영역의 확대
  ① 청소년기가 되면 의존과 독립 사이에서 갈등을 경험하는데, 부모나 주변 어른들로부터 독립하여 스스로 생활하면서 심리적 자유를 누리길 원하지만 현실적으로는 여전히 의존관계에 머물러야 한다.
  ② 동성이나 이성친구를 통해 친밀감을 충족하려는 욕구가 커진다. 따라서 청소년의 생활범주와 인간관계 영역은 아동기 때와 비교하여 상당히 넓어진다. 이 변화들을 통해 청소년은 다양한 인간관계에서 복잡한 적응문제에 직면하고, 그에 따른 보다 다양한 정서를 경험한다.
  ③ 선택과 결정의 시기 : 진학문제, 전공 선택의 문제, 이성문제, 교우문제 등 결정과 선택이 요구되는 상황에 많이 직면한다. 이 상황에서 청소년은 현명한 선택과 결정을 내리기 위해 고민에 빠지고, 이 과정에서 정서적 동요(흔들림)를 경험하는 경우가 많다.

(4) 청소년들의 불규칙한 영양섭취, 수면부족, 운동부족, 외모 스트레스, 학업 스트레스 등의 요인
  ① 한국의 청소년들은 과도한 학업량과 학업 스트레스로 인해 심리적 부담을 크게 받고 있는 것으로 나타난다.
  ② 공부를 잘하고 좋은 대학에 진학해야 한다는 부모의 압력과 사회문화적 기대 역시 청소년들의 정서변화에 큰 원인으로 작용한다.

3. 청소년기의 정서와 정서조절 능력

(1) 정서조절 능력
  ① 의미 : 정서표현, 특히 자신의 부정적인 정서표현을 조절·통제하는 능력을 말한다.
  ② 정서조절 능력의 함양 : '정서를 통제할 수 있는 능력', '언제 부정적 정서를 감추어야 할지에 대한 지식', '정서를 통제하고자 하는 동기'의 세 가지 요소가 있어야 한다.
  ③ 좌절에 대한 참을성 : 좌절에 대한 참을성이 높은 청소년일수록 분노감에 덜 빠지고, 만족지연을 더 잘 견뎌낼 수 있다.
  ④ 만족지연(delay of gratification) : 지금 바로 보상을 받는 것보다 만족을 지연시켜 나중에 더 큰 보상을 받는 것을 말한다.

(2) 감정이입과 역할수용
  ① 감정이입(empathy) : 다른 사람이 느끼는 감정 그대로를 느끼는 것을 말한다. 즉, 상대방이 슬퍼하면 자기도 슬프고, 상대방이 행복해하면 자기도 행복하게 느끼는 것을 말한다. 흔히 공감이라고도 한다.
  ② 역할수용(role-taking) : 다른 사람 입장이 되어 그 기분을 이해하는 능력을 말한다. 역할수용은 다른 사람이 느끼고, 생각하고, 지각하는 것을 정확하게 이해하지만 반드시 자신도 그와 똑같이 느낄 필요는 없다.
    예 자신은 슬픔을 느끼지 않으면서도 상대방이 슬퍼하고 있다는 것을 인지할 수는 있다.

(3) 불안(anxiety)
  ① 불안 : 임박한 또는 예상되는 불행(위험)에 대해 느끼는 불쾌하고 불길한 염려(근심, 걱정)를 말한다.
  ② 정상적 불안(normal anxiety) : 긴장·경계하여 어려운 상황 또는 부정적 결과가 예상되는 상황에 대처하라는 신호로 작용하며 적응적인 심리적 반응을 이끈다.
  ③ 병적 불안(pathological anxiety) : 불안반응이 비정상적인 방식으로 작동하는 경우로 '불안해하지 않아도 될 상황에 불안해하거나', '현실적인 위험 정도에 비해 과도하게 심한 불안을 느끼거나', '불안을 느끼게 한 위협요인이 사라졌는데도 불안이 과도하게 지속되는 경우'를 말한다.

④ 상황불안과 특성불안
  ㉠ 상황불안(state anxiety) : 어떤 내적·외적인 자극을 받을 때 주관적으로 느껴지는 긴장, 근심, 걱정 등의 '지금 이 순간에 느끼는 반응적 불안'을 뜻한다.
  ㉡ 특성불안(trait anxiety) : 개인의 생물학적 또는 유전적 소인에 의해 일어나는 타고난 불안성향(불안수준)을 뜻한다.
    ➡ 불안신경증(anxiety neurosis) : 어떤 안 좋은 일로 인해 심리적 충격을 받았을 때 병적인 불안에 빠질 가능성도 그만큼 더 높아진다. 특성불안이 높은 청소년은 위험에 관한 인지도식을 지니고 있어, 일상생활에서 위험자극에 주의를 더 많이 기울이고 그 의미를 위협적인 것으로 해석하는 경향이 있는데, 이것이 바로 불안신경증이다.

(4) **우울(depression)**
  ① 상실과 실패에 대한 정서적 반응으로 슬픔, 침울함, 공허함, 절망감 등을 동반한다.
  ② 우울증은 '지속적인 우울한 기분'과 '흥미와 즐거움의 상실'이 지속될 때 진단된다.
  ③ 우울한 청소년은 자신, 상황(환경), 미래에 대해 부정적으로 생각하는 경향이 있다.
    ㉠ 부정적인 자기 지각(예 나 자신은 못났고 아무도 원치 않는 존재라고 생각)
    ㉡ 현재 경험하고 있는 것(상황)에 대한 부정적인 해석(예 나의 세계는 나를 힘들게 만들고 처벌하는 장소로 생각)
    ㉢ 미래에 대한 부정적 시각(예 나의 미래도 힘들고 실패가 계속 반복될 것이라고 예상)
    ➡ 이러한 세 주제에 대한 독특한 사고패턴을 인지삼제(cognitive triad, 3개가 한 벌로 된 것)라고 한다.
  ④ 우울한 청소년이 인지삼제의 부정적 사고를 하는 이유 : 우울한 청소년은 인지적 오류를 범하기 때문이다. 이때 인지적 오류(cognitive error)는 우울한 청소년이 생활사건의 의미를 해석하는 과정에서 흔히 범하는 논리적 잘못을 뜻한다.

(5) **분노(anger)**
  ① 개인의 욕구가 어떠한 형태로든 방해받거나 좌절되었을 때 불쾌감과 함께 나타나는 정서적 반응을 말한다.
  ② 상태분노와 특성분노
    ㉠ 상태분노(state anger) : 어떤 외·내부적인 자극을 받고 짜증에서부터 심한 격노에 이르기까지 현재 일어나고 있는 감정 상태를 말한다.
    ㉡ 특성분노(trait anger) : 선천적으로 가지고 태어난 그 사람의 분노 수준, 화를 잘 내는 성격인지 아닌지를 나타내는 유전적 성향을 말한다.
  ③ 청소년들이 분노를 일으키는 주된 이유는 자기주장의 방해, 간섭, 압박, 이유 없이 꾸중을 듣는 일, 불공평한 취급, 흥미 없는 충고, 무시를 당하거나 하고자 하는 일이 억압당한 경우이다. 이러한 이유 중 자기주장의 방해에서 오는 분노가 가장 많다고 한다.

(6) **죄책감과 수치감**
  ① 죄책감과 수치감(수치심)은 자신이 잘못한 행동에 대해 느끼는 부정적 감정이다.
  ② 죄책감(guilt)은 도덕적 기준을 위반하는 잘못한 생각이나 행동을 했을 때 느끼는 자기처벌적인 감정이다. 그러므로 경직된 도덕관념을 지니거나, 올바른 지식을 알지 못하거나, 자기 자신에 대한 당위적 요구가 많은 청소년은 죄책감을 느끼기 쉽다.

③ 죄책감은 자신의 잘못을 인정하고 뉘우치는 후회와 함께 올바른 행동을 유발하는 유용한 기능을 하지만, 청소년기의 지나친 죄책감은 개인적, 사회적 발달을 방해한다.
④ 수치감(shame)은 남들로부터 조롱과 무시를 당하고 존중받지 못한다고 느끼는 고통스러운 감정이다.
⑤ 수치심은 부끄러운 감정으로 예의를 차리게 하는 유용한 기능을 하지만, 성적 수치심 같은 외상적 수치심은 특히 여러 청소년의 경우 학교생활에 부적응을 일으키며 오래도록 자신을 괴롭히고 개인적, 사회적 발달을 방해한다.

(7) 시기와 질투
① 시기와 질투는 인간관계에서 흔히 경험하는 부정적 정서이다. 그러나 질투는 두려움에 기반이 있고, 시기는 욕구에 기반을 둔다.
② 질투(jealousy) : 자신이 가지고 있는 것을 빼앗기거나 빼앗길 것 같은 위기에서 불타오르는 감정이다.
③ 시기(envy) : 자신이 원하는 것을 다른 사람이 갖게 되었을 때 불타오르는 감정이다.

08 청소년 인지발달

1. 청소년기의 인지발달 특성

(1) 추상적 사고의 발달
① 가상적인 상황이나 추상적인 개념(자유, 철학, 종교, 사랑 등)에 대한 관심과 사고의 폭이 넓어진다.
② 자신의 삶에 대해 고민하게 되고, 사회의 규범 및 가치관을 무조건 따르기보다는 이해하게 되며, 예술작품에 담겨 있는 상징들을 알게 된다.

(2) 가설 연역적 사고
① 일어날 수 있는 모든 조건 간의 가설을 설정하고, 가설의 검증을 통해 연역적으로 문제를 풀어나가는 능력을 말한다. 예 '만약 ~이면 ~이다(if-then)'라는 사고를 하게 된다.
② 과학적 추론이 가능해져 가설을 설정하고 검증과정을 통하여 가설의 참과 거짓 여부를 판단할 수 있다.
③ 어떤 문제를 해결해야 할 때 시행착오를 통해 배우기보다는 다양한 가능성에 대해서 생각하고 고민하여 체계적으로 검증하고 해결책을 만들어 낼 수 있게 되는 것이다.

(3) 이상주의적 사고 [기출 25]
① 매우 다양한 가능성에 대해 생각하며, 논리적으로 맞으면 현실에서 그렇게 되어야 한다고 생각하는 이상주의가 나타난다.
② 특히 자신, 타인, 사회 등에 이상적이었으면 하는 특성에 대해 사고하게 되며, 논리적으로는 가능한데 실제 상황들이 그렇지 않은 것에 대해 비판하기도 한다.
③ 현실의 어려움과 한계를 고려하지 않고 이상사회를 추구하여 외부세계의 결점과 모순에 반항함으로 인해 부모나 교사 등의 기성세대와 갈등을 겪을 수 있다.
④ 자신의 가능성과 미래에 대해 사고하기 시작하여 자아정체감에 대해 고민이 시작되는데, 이는 자아정체감 발달의 기초가 된다.

(4) 메타인지(상위인지)의 발달
   ① 메타인지는 자신의 인지과정을 계획, 조정, 관리하는 것과 관련되는데, 이는 사고과정에 대한 사고뿐만 아니라 자신과 타인의 정서 및 행동의 의미에 대한 사고도 포함한다.
   ② 메타인지를 통해 '나는 왜 지금 이런 생각을 하고 있을까?', '나는 요즘 걱정을 너무 많이 한다.'와 같은 사고를 할 수 있게 된다.
   ③ 자신의 사고과정에 대해 사고함으로써 청소년은 자신의 사고를 보다 잘 통제하고 조정할 수 있게 되지만, 메타인지를 통해 자신의 사고와 정서에 빠짐으로써 극단적인 자기몰두에 빠져들기도 한다.

2. 청소년기의 자기중심성 기출 18, 22

(1) 이상주의적 사고(idealistic thinking)
   ① 자신과 다른 사람들 또는 사회에 대해 이상적이었으면 하고 바라는 특성들에 대해 사고하는 것이다.
   ② 이상주의적 사고는 현재의 상태와 미래의 가능성을 구분해서 파악할 수 있는 능력을 갖추었음을 의미한다.

(2) 자기중심성(adolescent egocentrism)
   ① 엘킨드(Elkind)의 청소년기 자기중심성: 청소년기의 특징인 과장된 자의식 혹은 자기몰두로 인해 자신에게 가치 있고 중요하다고 생각하는 관념의 세계와 타인의 관념을 구분하지 못하며, 자신만의 독특한 세계와 보편적인 세계를 구분하지 못하여 나타난다.
   ② 청소년기 자기중심성은 11~12세경에 시작되며, 15~16세경에 정점을 이루다가 다양한 대인관계 경험을 통해 자신과 타인에 대한 객관적인 이해가 이루어지면서 서서히 사라진다.

(3) 청소년기 자기중심성을 반영하는 대표적인 사고와 행동양식
   ① 상상적 청중(imaginary audience): 청소년이 가상의 청중을 만들어 내고 청중이 모두 자신에게 주의집중하고 있다고 믿는 현상이다. 즉, 자신이 주인공이 되어 무대 위에 서 있는 것처럼 행동하고 다른 사람을 관중으로 생각하는 것이다.
      ㉠ 상상적 관중은 시선끌기 행동, 즉 다른 사람들의 눈에 띄고 싶은 욕망으로부터 나온다.
      ㉡ 실제로 청소년이 서로 만날 때 상대방을 관찰하기보다 자신이 어떻게 관찰되는가에 더 관심을 갖는다.
      ㉢ 상상적 관중 의식이 지나치게 높은 청소년은 부정적 자기개념을 갖는 경향이 높고, 자기존중감 발달 단계가 낮으며, 자아정체감 확립 수준이 낮다.
   ② 개인적 우화(personal fable): 자신의 감정과 사고가 너무나 특별하고 독특한 것이어서 다른 사람과는 다르다고 생각하는 것이다. 즉, 어떠한 사건을 자신에게 적용할 때 세상에 존재하는 일반적인 확률을 무시하거나 왜곡하는 것이다.
      ㉠ 청소년은 자신의 우정, 사랑 등은 다른 사람이 결코 경험하지 못하는 것으로 생각하며 다른 사람이 경험하는 죽음, 위험, 위기가 자신에게는 일어나지 않고 혹시 일어난다 해도 피해 보지 않을 것으로 생각한다.
      ㉡ 개인적 우화는 청소년 세대의 긍정적인 독특성(예 이상주의적 사고)과도 연결된다. 청소년은 자기 세대는 기성세대가 하지 못한 것을 해낼 수 있는 많은 가능성을 가지고 있다고 믿고, 이를 행동으로 옮긴다.
      ㉢ 개인적 우화는 청소년들의 자기 과신에서 비롯된다. 개인적 우화가 높은 청소년은 자의식과 자신에 대한 관심이 지나치게 높다. 개인적 우화가 심한 경우 자살상념, 우울증 문제로 발전할 수 있다.

3. 기타 인지적 특성

(1) 위선
① 청소년은 말과 행동이 불일치하여 위선적이라는 비판을 받기도 하는데, 이러한 행동은 인지적인 미숙함 때문에 발생하는 것으로 보인다.
   예 어머니가 허락 없이 자신의 방에 들어와 자기 물건을 만졌을 때 화를 내지만, 자신은 어머니의 방에 들어가 물건을 허락도 없이 가져가면서 전혀 미안해하지 않는다.
② 청소년 초기에는 어떤 보편적인 원칙을 세울 수 있지만 그 원칙을 실제적이고 구체적인 장면으로 연관시키고, 실천하는 능력이 아직 부족하기 때문이다. 즉, 경험이 부족하여 일반론을 구체적인 사례로 연관시키는 능력이 아직 미숙하기 때문이다.

(2) 거짓 어리석음
① 거짓 어리석음(pseudostupidity) : 청소년이 수행하는 과제가 어려워서가 아니라 문제는 쉬운데도 너무 복잡한 수준에서 해결하려고 하여 결국 실패하게 되는 경향을 말한다. 예 시험에서 그리 어려운 문제가 아닌데도 너무 복잡하고 어렵게 생각해서 문제의 핵심을 파악하지 못하고 틀리는 경우다.
② 청소년이 간단한 문제를 함정이 있는 복잡한 것처럼 보며 상황을 과잉분석해서 접근하는 것과 같다.
③ 이러한 현상은 청소년이 형식적 조작기에 접어들었지만 경험의 부족으로 인해 인지능력의 발달이 아직 완전하지 않기 때문에 나타나는 현상이다.

(3) 자기반성
① 자기반성(introspection) : 청소년들이 급격한 신체성장이 이루어지고 추상적 사고와 가설 연역적인 사고특성이 나타나면서 외부로 향했던 흥미나 관심이 자기 자신에게로 향하여 자신의 신체와 내면세계를 돌아보게 되는데, 이러한 자기몰두로 인해 나타나는 현상이다.
② 자기반성의 사전적 의미는 '자기의 언행에 대하여 잘못이나 부족함이 없는지 스스로 돌이켜 보는 것'인데, 청소년은 자기반성에 많은 시간을 보내게 되면서, 마음속에서 이전에 친구나 다른 사람과 있었던 상호작용들을 재연하는 경우가 많다.

4. 청소년기의 지적 능력과 창의성

(1) 지적 능력(intellectual capacity)
① 일반적으로 학습능력, 언어능력, 사고능력, 문제해결력, 적응능력 등의 총합을 의미한다.
② 지적 능력의 목적 : 새로운 상황에 적응하는 능력과도 관련 있다. 새로운 상황에 잘 적응하는 사람은 융통성, 자발성, 창의성, 자기통제력이 있다.
   ㉠ 융통성(flexibility) : 상황, 일의 형편에 따라 그때그때 순발력을 발휘하여 적절하게 처리하는 능력이다.
   ㉡ 자발성(spontaneity) : 남의 지시나 명령을 받지 않고 자기 자신의 힘에 의해 능동적으로 어떤 생각이나 행동을 이루려는 특성(자기활동성)을 말한다.
   ㉢ 창의성(creativity) : 새롭고도 가치 있는 아이디어를 생성하는 능력을 말한다.
   ㉣ 자기통제력(self control) : 목표를 달성하기 위해 순간의 충동적 욕구나 행동을 억제할 수 있는 능력을 말한다. 유혹에 저항하는 능력, 만족을 지연하는 능력, 충동을 억제하는 능력으로 구성되며, 자기조절이라고도 한다.

(2) 결정성 지능과 유동성 지능
① 결정성 지능(crystallized intelligence) : 어휘력, 일반상식, 기억회상과 같이 교육이나 학습, 연습, 일상생활에서의 경험, 문화 등 주로 후천적인 경험에 의해 습득되는 정신능력을 의미한다.
➡ 출생부터 꾸준히 증가하여 청소년기에 절정에 이르렀다가 그 후부터는 현상 유지를 하거나 계속 증가하며 안정적으로 유지되는 경향이 있다.
② 유동성 지능(fluid intelligence) : 생물학적인 유전적 요인에 의해 결정되는 정신능력으로 개념형성 능력, 관계 능력의 파악, 추상적이며 복합적인 추론능력 등이 여기에 속한다.
➡ 아동기와 청소년기를 통해 점차 발달하는데 뇌 성숙이 완성되는 청소년기에 절정에 이르렀다가 그 후 점차 쇠퇴한다.

(3) 창의성
① 창의성(creativity) : 참신하고 색다른 방법으로 사고하고(독창성), 독특한 해결책을 생각하여 유용한 것을 만들어 낼 수 있는 능력(적응성)을 뜻한다.
② 확산적 사고(divergent thinking) : 하나의 문제를 해결하기 위해 다양한 해결책이나 답을 모색하는 사고를 말한다. 사고의 유창성, 융통성, 독창성, 정교성, 집중성 등이 확산적 사고에 포함된다.
➡ 창의성 검사에서 매우 독창적인 답을 하는 사람들은 확산적 사고를 하는 경향이 있다.
③ 수렴적 사고(convergent thinking) : 여러 가지의 가능한 해결책들 중에서 가장 적합한 해결책을 모색하는 사고를 말한다. 즉, 하나의 문제에 하나의 가장 적합한 정답을 유도하는 사고이다.

(4) 왈라스(Wallas)의 창의적인 사고과정

구분	내용
준비 단계 (preparation)	문제해결에 집중하고, 문제해결과 관련된 정보들을 수집하며 준비하는 과정
부화 단계 (incubation)	문제를 무의식 속에 내면화하면서 암중모색을 하는 과정
예견 단계 (intimation)	무언가 좋은 해결책이 나타날 듯한 느낌을 감지하는 과정
통찰 단계 (illumination)	창의적인 생각이 갑자기 의식에 떠오르며 해결책을 발견하는 과정
검증 단계 (verification)	창의적인 생각을 검토하고 정교화하여 적용하는 과정

(5) 일상적 창의성과 위대한 창의성
① 일상적 창의성(everyday creativity) : 가정, 직장에서 부딪치는 일상적인 문제를 독창적으로 해결해 가는 능력을 의미하며, 그 영향력이 가정이나 직장에 한정되는 경우를 말한다.
② 위대한 창의성(big creativity) : 보통 사람들이 지니지 못하는 탁월한 독창적 능력으로 많은 사람과 인류에 광범위한 영향을 미치는 역사적 공헌을 하는 경우를 말한다. 위대한 창의성은 영역에 따라 과학적 창의성과 예술적 창의성으로 구분된다.

09 청소년기 도덕성

1. 청소년 도덕성의 이론적 관점

구분	내용
정신분석학적 관점	• 초자아의 발달을 도덕성 발달로 보고, 초자아의 강도가 양심의 강도를 결정한다고 주장함 • 초자아는 부모의 기대나 사회적 규준 등 가치의 내면화된 표상인데, 2가지 체계로 구성됨 • **구성** : 자신의 내면화된 도덕적 가치에 위배될 때 죄책감을 느낌으로써 도덕적 위반에 반응하는 '양심'과 자신의 행동이 내면화된 기준과 일치될 때 자부심을 느끼고 만족을 하게 하는 '자아이상'으로 구성됨. 양심은 주로 처벌을 통해서 생기는 반면, 자아이상은 긍정적인 보상이나 칭찬으로부터 발생함 • 초자아는 남근기 동안 발달하는데, 이 시기에 아동은 이성 부모에 대한 근친상간적 욕망이 생기고 동성 부모와의 정서적 갈등을 경험함. 이러한 오이디푸스 콤플렉스를 해결하기 위해 남아는 아버지를 동일시하고 아버지의 행동 유형을 본받게 됨
인지발달적 관점	• 청소년기는 형식적 조작사고의 발달과 더불어 가설 설정능력의 획득으로 인해 자신을 둘러싼 사람, 사람과의 관계, 나아가 사회 전반의 도덕적 특성에 대해 관념적이고 이상주의적인 경향성을 나타냄 • 강력한 이타적 성향과 정의에 대한 인식 및 주장으로 표출됨 　예 많은 청소년이 다른 사람들을 돕는 자원봉사활동에 적극 참여하는 것, 부정과 불의에 대한 비판과 저항을 보이는 것 등
사회학습론적 관점	• 도덕적 판단보다는 도덕적 행동발달에 관심을 가짐 • **반두라(Bandura)** : 도덕성도 다른 행동과 마찬가지로 모방학습, 대리학습, 관찰학습에 의해 학습됨 • **모방학습** : 가장 단순한 형태로서 다른 사람의 행동을 그대로 따라하는 것 • **대리학습** : 다른 사람들의 행동이 어떤 결과를 가져오는지 관찰함으로써 자신이 그러한 행동을 했을 경우 초래될 결과를 예상하는 학습방법 • **관찰학습** : 다른 사람의 행동을 관찰해 두었다가 관찰한 행동 중에서 성공할 수 있다는 확신을 가질 수 있는 행동만을 선택적으로 반복하는 학습방법 • 모방, 대리, 관찰학습은 서로 밀접한 관련이 있는데, 반두라는 이러한 사회학습이론이 인간의 도덕적 행동을 이해하는 데 적절하다고 주장함 　- 아동이나 청소년들은 부모나 교사 등 주변의 어른들을 모델로 삼아 이들의 도덕적 행동을 보고 배우는 모델학습을 통해 도덕성을 획득함 　- 이 과정에는 스스로 도덕적으로 옳은 행동을 했을 때는 보상을 받고, 부적절한 행동은 처벌받음으로써 억압되는 강화의 원리가 작용함 　- 타인이 강화받는 것을 보고 배우는 대리강화도 도덕성의 학습기제가 됨

2. 콜버그(Kohlberg)의 도덕성 발달 단계 : 청소년기

(1) 인습적 수준

구분	특징
착한 소년·소녀 지향 (3단계)	• 12~17세 청소년은 타인의 관점과 의도를 이해할 수 있어, 타인의 기대에 부응하는 것을 중시함 • 이 단계의 청소년은 다른 사람, 특히 권위 있는 사람에게서 칭찬을 받는 행위가 도덕적 행위라고 생각함. 따라서 신뢰, 의리, 충성이 대인관계를 유지하는 데 매우 중요하다고 여김
법과 질서 지향 (4단계)	• 18~25세 청소년은 법과 사회질서를 기준으로 도덕적 판단을 함 • 이 시기 청소년은 법을 어기거나 공공의 질서를 심각하게 위해했는가에 따라 친구의 비행을 말할 수도 있고 하지 않을 수도 있음. 그들은 법과 사회질서를 지키는 것이 자신의 의무라고 생각함

① 인습적 수준은 행동의 결과보다 의도에 근거하여 옳고 그름을 판단하고 사회질서를 유지하며, 타인의 기대에 부응하는 행동이 도덕적이라고 판단하는 수준이다.
② 인습적 수준에 해당하는 청소년들은 사회가 기대하는 바에 따라 행동하는 것, 법과 사회적 규범을 준수하는 행동이 도덕적이라고 생각한다.

(2) 도덕적 퇴행현상

① 도덕성 발달 단계의 인습 수준에 있는 청소년들이 전인습 수준의 하위 단계인 2단계로 후퇴했다가 다시 인습 수준으로 되돌아오거나 후인습 수준의 하위 단계인 5단계로 발달하는 현상을 말한다.
② 일시적으로 나타나는 현상으로 청소년기 자아정체감을 형성하기 위해 경험하는 심리사회적 갈등, 동요 때문에 발생한다.

(3) 한계점

① 도덕적 판단과 도덕적 행동 간의 불일치 현상이 나타난다. 즉, 높은 수준의 도덕적 사고 또는 판단을 하는 사람이라도 그 수준에 맞는 도덕적 행동을 하지 않을 수도 있다.
② 도덕적 퇴행현상이다. 콜버그의 이론은 상황에 대한 인지적 판단능력의 발달에 근거를 두고 있으므로 이론상 도덕적 발달 단계의 순서는 불변적이며 낮은 단계로 퇴행할 수 없다고 주장하지만, 실제로 도적적 퇴행현상이 발생한다.
③ 사람들은 상황과 맥락에 따라 동시에 몇 단계의 도덕적 추론을 보일 수 있다.
④ 소년과 남성만을 대상으로 한 종단적 연구에 근거하고 있어 여성의 도덕적 판단과 도덕성 발달을 제대로 설명하지 못하고 있다.
⑤ 미국 중상류층의 도덕적 가치를 반영한 것이므로 문화적으로 편향되어 있다.
⑥ 6단계인 보편적 윤리지향 단계의 적합성 여부에 있어서 한계를 보인다.

> **참고** 레스트(Rest)의 도덕성 구성요소
>
> | 구분 | 내용 |
> |---|---|
> | 도덕적 감수성 | 도덕적인 반응을 필요로 하는 상황이 일어나고 있음을 지각하는 능력에 초점을 맞추는 것 |
> | 도덕적 판단 | 개인의 도덕적 이상의 측면에서 도덕 문제를 보고, 도덕적 이상에 적절한 행동이 무엇인가를 결정하기 위해 노력하는 것 |
> | 도덕적 동기화 | 도덕적 가치를 다른 가치에 비해 우선시하는 것 |
> | 도덕적 품성 | 도덕적 선택을 행동으로 옮기는 데 필요한 품성(용기, 인내, 자기통제 등) |

3. 친사회적 행동과 도덕성

(1) 친사회적 행동(prosocial behavior)
① 다른 사람을 이롭게 하는 행동을 말한다. 친구에게 자기 물건을 나누어주거나, 곤경에 처한 사람을 도와주거나, 집안일을 거들어주거나, 다른 사람의 이야기에 공감(감정이입 또는 역할수용)하거나, 다른 사람의 복지 증진에 관심을 갖는 것은 모두 친사회적 행동에 속한다.
② 친사회적 행동을 자신에게 돌아올 어떤 대가(보상)를 바라지 않고, 오로지 다른 사람을 이롭게 할 의도(동기)로 하면 '이타적 행동(altruistic behavior)'이라고 한다.
③ 도덕적 정체성(moral identity) : 친사회적 행동의 요소로, 청소년이 도덕적 정체성을 지닌다는 것은 도덕적으로 행동하는 것이 옳은 것이라는 인식이 자기개념에 내재되어 있음을 의미한다.
  ⊙ 모범적인 행동을 보여주는 청소년은 강한 도덕적 정체성을 지니고 있다. 이들은 반사회적 행동을 피하고, 건강을 위협하는 행동을 피하며, 지역봉사 활동에 참여하는 등 친사회적 행동을 잘 나타낸다.
  ⓒ 도덕적 정체성은 도덕적 행동의 강한 동기가 되며, 도덕적 사고와 도덕적 행동을 연결하는 연결고리이다.

(2) 공감
① 호프만(Hoffman)에 따르면, 공감능력은 친사회적 행동에서 중요한 역할을 한다. 흔히 공감은 '감정이입'이라고도 하는데, 다른 사람의 정서를 같이 느끼는 능력이다.
② 공감과 이타적 행동의 관련성
  ⊙ 다른 사람에게 도움이 필요하다는 것을 알았을 때 청소년은 정서적 고통을 경험하므로 도와주게 되고, 이러한 이타적 행동은 자신의 고통을 줄일 수 있다.
  ⓒ 친사회적 행동이 다른 사람에게 즐거움이나 행복을 줄 때 청소년 자신도 동일한 긍정적 정서를 경험하게 된다.

(3) 친사회적 행동의 발달 수준
① 이타적 행동은 도덕적 추론과 밀접한 관련이 있는데, 연령이 높아질수록 공정함이나 정의에 기반을 두고 판단하게 된다.
② 아이젠버그(Eisenberg)의 친사회적 도덕추론 수준(친사회적 행동의 발달 수준)

단계	특성	범위
1. 쾌락 수준	자기 자신에게 이익이 될 때에만 도움을 준다.	유아기 ~ 아동기 초기 일부
2. 욕구지향 수준	다른 사람의 필요에 의해 도움을 주나, 공감하지 않으며 도와주지 않아도 죄책감이 없다.	유아기 일부 ~ 아동기
3. 승인지향 수준	다른 사람의 칭찬이 친사회적 행동 수행의 주요 기준이 된다.	아동기 ~ 청소년기
4. 공감 수준	도와주었을 때 좋은 기분이 드는 것이 갈등 판단에서 중요하다.	아동기 일부 ~ 청소년기
5. 내면화 수준	친사회적 행동기준을 가치, 신념, 책임감에 둔다.	청소년기 일부 ~ 청년기

(4) 도덕성 발달에 영향을 주는 요인
① 부모 : 부모의 역할이 제일 크다. 특히, 자녀에 대한 부모의 수용력과 신뢰(예 자녀에게 보여주는 따뜻함과 배려), 부모-청소년 자녀 간의 상호작용의 빈도와 강도(예 수평적이고 개방적이며 상호적인 의사소통), 청소년 행동에 대한 부모의 훈육 유형(예 공정하고 일관성 있으며 가혹한 훈육을 피함), 부모의 역할모델(예 부모 행동의 모범적인 모델), 청소년에 대한 독립성 기회 부여(예 도덕 판단을 청소년 스스로 해보게 하고 체험해 볼 기회를 만들어 줌)가 청소년의 도덕학습에 큰 영향을 미친다.

② 기타 : 동년배의 관계(예 청소년은 비슷한 방식으로 행동하는 경향이 있음), 매스컴(예 TV, 신문, 잡지 등), 스마트폰(예 스마트폰 게임), 폭력물(예 폭력적이거나 성적인 자극물), 물질주의적 풍조, 대학진학을 위한 입시 위주의 학교교육도 청소년의 도덕성 발달에 큰 영향을 미친다.
③ 일반적으로 공감, 동정심, 자기존중감 등의 긍정적 감정은 청소년들의 도덕성 발달과 정적 상관이 있고, 분노, 수치심, 불안과 우울 등의 부정적 감정은 도덕성 발달과 부적 상관이 있다.

(5) **친사회적 행동을 유발하는 요인**
① 심리적 요인
  ㉠ 죄책감을 느끼거나 불평등한 특혜에 의한 심리적 불편감을 많이 느낀 사람일수록 남에게 도움을 주려는 경향이 높다. 이는 도와주는 행동을 통해 죄책감을 감소시키려는 심리적 해소책 때문이라고 할 수 있다.
  ㉡ 어려운 처지에 있는 사람에게 감정이입을 할 때 친사회적 행동이 많이 일어난다.
  ㉢ 도움을 받는 사람이 좋아하는 사람일수록, 도움받을 자격이 있는 사람일수록 도움 행동의 빈도는 높아진다.
  ㉣ 기타 : 기분이 좋을 때는 그렇지 않을 때보다 도움 행동이 증가한다. 그리고 이타적 행동을 통해서 느끼는 만족은 그것 자체가 곧바로 내적 보상이 되어 다른 이타적 행동을 강화한다.
② 친사회적 행동을 한 사람에게 칭찬 및 보상 등의 강화를 제공하면 친사회적 행동이 증가한다.
③ 친사회적 행동은 다른 사람의 행동을 모방하는 것을 통해서도 발달한다.
  ㉠ 친사회적 행동을 하는 모델이 중요한 인물인지 여부, 친사회적 행동을 하고 강화받는 것을 관찰했는지의 여부는 친사회적 행동의 모방에서 중요하다.
  ㉡ 책이나 TV보다 부모, 교사, 친구가 실제로 일상생활에서 보여주는 친사회적 행동을 모방하는 효과가 더 큰 경향이 있다.
④ 친사회적 행동은 부모의 양육 방식, 친사회적 행동의 모델링, 친사회적 행동에 기반을 둔 사회 인지 여부, 학생의 인지 수준 등에 의해 달라질 수 있다.

10 청소년기 자아정체감 발달

1. 자기개념과 자기존중감

(1) **자기인식(self recognition)**
① 자기인식 : '나'와 '나 아닌 대상'을 구별하는 것, 즉 '내가 다른 사람들과 구분되는 독립된 실체임'을 인식하는 것을 말한다.
② 인식되는 수준에 따른 자기인식
  ㉠ 외현적 자기(explicit self) : 의식적으로 쉽게 인식되는 자기를 의미한다.
  ㉡ 내현적 자기(inplicit self) : 의식적으로 잘 인식되지 않지만 개인의 행동, 감정에 영향을 주는 자기이다.
③ 자기인식은 성장하면서 자기를 범주화할 수 있게 되고 자기개념과 자기존중감의 발달을 가져온다. 자기개념이 확립되면 자아정체감이 형성되고, 이는 다시 자기존중감의 토대를 만든다. 자아정체감은 자기개념보다 그 범위가 훨씬 더 포괄적이다. 자아정체감은 자기개념보다 더 완전하고 일관적이며, 장기적 목표를 포함한다는 점에서 더 미래지향적이다.

(2) 자기개념(self-concept) 기출 22

① **자기개념** : 자기 자신의 다양한 영역들에 대한 인지적인 자기평가를 의미한다.

② **긍정 및 부정적 자기개념**
  ㉠ 긍정적 자기개념 : 남들의 평가에 기초하여 자기 자신을 긍정적으로 평가하는 것을 말한다.
  ㉡ 부정적 자기개념 : 남들의 평가에 기초하여 자기 자신을 부정적으로 평가하는 것을 말한다.

③ **스트랭(Strang)의 분류**
  ㉠ 전체적 자기개념 : 자신의 능력, 신분, 역할 등에 대한 전반적인 인식을 말한다.
  ㉡ 일시적 자기개념 : 순간적인 기분에 의해 영향을 받는 인식을 말한다.
  ㉢ 사회적 자기개념 : 다른 사람이 자신을 어떻게 보느냐에 따라 자신을 평가하는 인식을 말한다.
  ㉣ 이상적 자기개념 : 자신이 그렇게 되었으면 하고 바라는 이상적인 자기인식을 말한다.

④ **현실자기와 이상자기**
  ㉠ 현실적 자기(real self) : 현재의 자기 모습이나 상태를 주관적으로 생각하는 자기 모습(현재 있는 그대로의 자기 모습)을 뜻한다.
  ㉡ 이상적 자기(ideal self) : 자신이 바라고 원하는 이상적 모습이나 자기 상태(자기가 되고 싶은 모습)이다.
  ㉢ 이상과 현실적 자기의 적절한 괴리 : 개인에게 성취동기를 강화하며 이상적 자기를 실현하기 위한 노력을 기울이게 만든다.
  ㉣ 이상과 현실적 자기의 격차가 너무 큰 경우(불일치가 심한 경우) : 오히려 환상(환영)에 갇히게 되어 부적응적 문제(예 불안, 방어, 우울, 왜곡된 사고 등)를 유발하게 된다.
  ㉤ 평가 : 두 자기 간에 격차가 큰 이유는 현실적 자기가 '너무 부끄럽고 못났다.'고 생각하거나(과소평가), '나는 굉장한 사람이다.'라는 환상에 사로잡혀 그것을 이상적 자기로 착각하기 때문이다(과대평가).
  ㉥ 과소평가와 과대평가 간의 간극이 클수록 결과적으로 자기를 미워하게 되고 부적응적 문제에 빠진다.
  ㉦ 현실적 자기에 비해 이상적 자기가 너무 낮으면 성취욕이 없고, 너무 높으면 좌절과 자기모멸에 빠진다.
  ㉧ 청소년은 개인적 신화(personal myth)로 인해 비현실적으로 높은 이상을 지니는 경향이 있으므로, 심리적 고통을 느끼는 경우가 많다.

⑤ **제임스(James)** : 자기개념은 물질적, 정신적, 사회적 자기와 같은 다양한 구성요소를 지닌다. 이러한 다양한 구성요소가 서로 상호작용하고 영향을 주고받으며 개인의 행동양식에 강력한 영향을 미친다.

구분		구성요소
'나'	물질적 자기	• 신체적 건강 및 체력 • 외모 및 신체적 매력 • 재산 및 물질적 소유물
	정신적 자기	• 성격 및 성격적 매력 • 지적 능력 • 자기조절 및 대인관계 능력 • 학업 및 직업에서의 업적 • 인생관 및 가치관 • 꿈과 희망
	사회적 자기	• 가족관계 • 이성관계 • 교우관계 • 사회적 지위와 신분

(3) 자기존중감(self-esteem)
  ① 의미 : 자신의 존재에 대한 정서적인 평가로서 자기가치감과 관련되어 있다. 즉, 내가 나 자신을 가치 있고 긍정적인 존재로 느끼고 있는지, 아닌지의 정서적 평가를 의미한다.
  ② 일반적으로 자기존중감은 아동기에 비해 청소년 초기에 저하되며, 청소년 후기로 가면서 증가하거나 안정되는 경향이 있다.
  ③ 청소년 초기에 자기존중감이 저하되는 이유 : 사춘기의 진행과 함께 인생의 중요한 사건이나 변화에 매우 민감해지기 때문이다.
  ④ 학령기 아동은 학업, 신체, 사회성의 세 측면에서 자기존중감을 형성하게 되는데, 연령이 증가함에 따라 다음과 같이 세분화된다.
    ㉠ 학업적 자기존중감 : 국어, 산수, 기타 과목 등
    ㉡ 사회적 자기존중감 : 또래관계, 부모와의 관계
    ㉢ 신체적 자기존중감 : 외모, 신체적 능력
  ⑤ 자기존중감은 한 번 형성되면 비교적 안정적으로 유지되는데, 여기에서는 2가지의 상반된 동기가 함께 작용한다.
    ㉠ 자기 일관성(self consistency) : 자기에 대해 갖고 있는 기존 감정을 유지하려는 동기이다.
    ㉡ 자기 고양(self enhancement) : 자신에 대해 더 호의적인 평가를 받고 더 좋은 감정을 가지려는 동기이다.
    ㉢ 자기존중감이 높은 사람 : 호의적인 피드백을 받으면 이를 수용하기 쉽다.
    ㉣ 자기존중감이 낮은 사람 : 호의적인 피드백을 받으면 자기 고양 동기는 맞지만 자기 일관성을 유지하려는 동기와는 맞지 않아 호의적인 피드백을 받아들이기 어려워한다. 또한 칭찬을 받고 싶어 하면서도 상대방의 비판적인 피드백을 더 선호한다.

2. 자아정체감

(1) 자아정체감
  ① 의미 : 나는 어떤 사람이라는 것에 대한 인식으로 개인이 지각하는 자기와 타인의 지각과 기대를 반영한 것이다.
  ② 자아정체감은 에릭슨이 강조한 개념으로 자아정체감의 확립이 청소년기의 가장 중요한 발달과업으로 보았다.

(2) 에릭슨(Erikson)의 자아정체감
  ① 자아정체감은 자신에게 부여된 다양한 지위와 역할을 통합해서 자신에 대해 정의하는 것이다. 이것은 '~로서의 나' 간에 통합감을 가지는 것인데, 다양한 역할에 일관성이 있으면서도 통일성 있게 '나'를 유지할 수 있는 상태로서의 나를 의미하는 것이다.
  ② 과거의 나, 현재의 나, 미래의 나 간의 연속감 또는 안정감 있는 시간적 연속감을 의미한다. 즉, 과거, 현재 그리고 미래를 살아가면서 일관된 '나'를 유지해 나가는 것이다.
  ③ 주체적 자아(I)와 객체적 자아(Me) 간의 조화를 의미한다. 즉, 내가 자신을 볼 때와 나와 다른 사람의 눈에 비쳐지는 나 간에 일관성을 의미한다.
  ④ 자아정체감은 실존적인 자아상태를 의미한다. 따라서 나는 누구로부터의 간섭도 배제할 수 있는 자유를 지님과 동시에 오직 나 혼자라는 근원적인 소외감과 불안감을 가진 존재라는 것이다.
    ➡ 자아정체감을 확립한 사람 : 개별성, 총체성, 계속성을 경험한다.
    ㉠ 개별성 : 자신이 다른 사람과 다르다고 인식하는 것이다.

ⓒ 총체성 : 자신의 욕구, 감정, 태도, 행동들이 균형 잡히고 통일되어 있다고 인식하는 것이다.
ⓒ 계속성 : 세월이 흘러도 자신의 개별성이나 총체성은 변하지 않는다는 것을 인식하는 것이다.

(3) 청소년기에 자아정체감 확립이 중요한 발달과업이 되는 이유

① 첫째, 사춘기 동안의 급격한 신체적 변화와 성적 성숙 때문이다.
② 둘째, 청소년기는 아동기에서 성인기로 옮겨가는 과도기로서 청소년은 아동도 어른도 아닌 어중간한 존재인 주변인이기 때문이다.
③ 셋째, 청소년기는 선택과 결정의 시기이기 때문이다.
　예 진학문제, 전공 선택의 문제, 이성문제, 교우관계 등
④ 넷째, 청소년기에 현저한 성장을 보이는 인지능력의 발달 때문이다.
⑤ 다섯째, 청소년이 자신의 심리적 참조준거로서 간직해왔던 이전의 동일시 내용들이 그 유용성을 상실하고 다시 재조정되는 과정을 겪기 때문이다.

3. 자아정체감 발달이론

(1) 자아정체감의 5가지 차원

① 첫째, 각 개인이 인간이라고 느끼는 인간성 차원이다.
② 둘째, 내가 남성인지 여성인지를 알고 느끼는 성별 차원이다.
③ 셋째, 각 개인이 독특하고 특별하다고 인식하는 개별성 차원이다.
④ 넷째, 자신의 욕구, 태도, 동기, 행동양식 등이 전체적으로 통합되어 있다는 느낌인 통합성(총체성) 차원이다.
⑤ 다섯째, 시간이 경과해도 자신은 동일한 사람이라는 인식, 어제의 나와 오늘의 나는 같은 사람이라는 지속성(일관성, 계속성, 동질성) 차원이다.

(2) 블로스(Blos)의 자아 적응체계이론

> **참고** 적응체계
>
> 블로스는 자아발달 양상을 체계화한 자아의 적응체계(adjustment system) 이론을 구축했는데, 이는 청소년기의 성적인 변화와 밀접한 관련이 있다. 블로스에 따르면, 청소년기 자아 적응체계의 형성은 청소년기 발달의 중요한 지표이다. 또한 그는 청소년기의 자아 발달과정과 적응체계가 형성되는 과정을 여섯 개의 하위 단계로 구분했다.

① 잠복기(latency, 잠재기) : 리비도의 충동이 약화되는 반면에 자아가 강력하게 발달하는 시기이다. 잠복기는 사춘기에 도래될 성적 충동과 증가에 대처할 수 있는 자아의 적응체계가 발달하는 중요한 단계이다.
② 전청소년기(preadolescence) : 급격하게 증가된 성적 욕구와 공격적 욕구가 산만하고 방향성이 없는 상태로 표출되는 단계이다. 이 단계에서 자아는 상대적으로 약화되어 청소년들은 성적 자극에 대한 놀라움, 두려움, 흥분, 관심 등의 산만한 감정을 나타내며, 전반적으로 안정감이 없고 우울하며 공격적이다. 부모의 통제를 거부함으로써 청소년기 비행이 나타나는 시기이기도 하다.
③ 청소년 초기(early adolescence) : 이 시기에 들어서면 청소년기 자아는 자신의 성적 욕구를 표출할 수 있는 구체적인 대상을 찾는 목표지향적 행동을 보인다. 친구, 운동선수, TV스타 또는 자신보다 나이가 많은 대상에 열광하는 것은 이 시기 독특한 자아 적응체계의 특징을 잘 보여주는 행동이다. 블로스는 이러한 행동을 이성에 대해 표출되어야 할 성적 욕구가 변형되어 나타나는 것으로 보았다.

④ 청소년 중기(middle adolescence) : 성적 혼란과 갈등이 심리적으로 구조화되는 단계이다. 이 단계의 청소년은 이성에 대한 관심을 보다 솔직하게 표현한다. 여전히 불안정하고 우울하며 혼란과 위기도 지속되지만, 이를 통합하려는 자아의 기능 또한 크게 강화된다. 따라서 이 시기의 청소년은 보다 성숙한 모습을 보이며, 성인의 지시도 따르게 된다.

⑤ 청소년 후기(late adolescence) : 청소년 중기까지의 성적 혼돈과 갈등을 극복하려는 노력을 통해 강화된 자아가 보다 안정되고 지속적인 통합력을 발휘한다. 따라서 이전 단계까지 지속되던 내적 위기와 갈등은 사라지며, 사회적 역할과 개인적 정체성에 대한 강한 인식이 나타난다. 이 점에서 블로스는 청소년 후기를 성격 공고화(personality consolidation) 단계라고도 한다. 그러나 이 단계의 자아는 성취하기 어려운 완벽한 목표를 지향하는 내재적 자아이상(internal ego-ideal)과 그보다 현실적이고 합리적인 외재적 자아이상(external ego-ideal) 간의 균형을 이루어야 하는 새로운 과업에 직면한다.

⑥ 청소년 이후기(post adolescence) : 청소년 후기로부터 성인기로 이행하는 과도기이다. 이 단계에서는 매우 안정된 자아가 형성되며, 외부로부터 실패와 비판에 직면해도 방어기제에 의존하지 않고 이를 통합해 나갈 수 있는 성숙한 대처능력과 적응체계를 갖게 된다. 이러한 성공적인 갈등해결 과정을 통해 성격이 형성되고 자기존중감이 길러진다. 청소년 후기에서 성인기로 이행하는 이 기간에도 자아의 적응적이며 통합적인 기능은 계속해서 발달해 간다.

(3) 에릭슨의 정체감 위기이론(정체성 위기를 경험하고 극복해야 할 7가지 과업)

> **참고** 심리사회적 유예기(moratorium)
>
> 청소년기에 이르면 '나는 누구인가?'에 대한 근본적인 의문이 생기게 된다. 그 이유는 과거 자아에 대한 이해가 부적절해지고 생물학적 성숙과 인지적 변화에 불균형이 생기면서 자신에 대해 그리고 자신을 둘러싸고 있는 사람들과 사회에 대해 재검토하고 재평가를 하기 때문이다. 이러한 자아검토 시기를 에릭슨은 심리사회적 유예기라 칭하였다. 즉, 심리사회적 유예기는 젊은이들이 자기 자신을 찾고자 노력하는 얼마간의 일정 기간을 말하며, 이 기간 동안 이들에게 성인의 역할과 책임을 물어서는 안 된다고 에릭슨은 주장했다.

① 시간 조망(time perspective) 대 시간 혼돈(time confusion) ➡ 신뢰 대 불신
  ㉠ 시간 조망 : 과거와 현재의 자기를 인정하고 이를 바탕으로 미래를 설계할 수 있는 능력이다.
  ㉡ 시간 조망을 잘 하면 하루를 체계적으로 계획할 수 있고, 시간 조망이 확장되면 인생의 장기적인 계획을 세울 수 있다.
  ㉢ 시간 조망이 잘 이루어지지 않으면 계속 과거만 회상하거나 앞날의 계획을 제대로 세울 수 없게 된다.

② 자기확신(self-certainty) 대 무감각(apathy) ➡ 자율성 대 수치/회의
  ㉠ 청소년기에는 외모를 포함한 자신의 여러 특성을 점검하여 자신의 가치를 확인해야 한다.
  ㉡ 자신의 특성을 그대로 인정하고 받아들이는 과정에서 때로는 자신에 대한 회의가 들고 고통을 경험할 수 있다.
  ㉢ 청소년이 스스로 긍정적이라고 생각하는 한 가지 특성에만 집착하고 나머지 특성은 상관없다는 듯 허세를 부리거나 무관심한 모습을 보이면, 자신의 있는 모습 그대로를 아직 받아들이지 못하고 자기확신이 없는 상태로 볼 수 있다.

③ 역할 실험(role experimentation) 대 부정적 정체성(negative identity) 혹은 역할고착 ➡ 주도성 대 죄책감
  ㉠ 역할 실험 : 청소년은 사회에서 수행해야 하는 다양한 역할을 실험하게 되며, 이러한 역할 실험은 특히 청소년이 직업적 정체성을 탐색하는 과정에서 필수적인 단계이다.
  ㉡ 부정적 정체성, 역할 고착 : 청소년기에는 이상적인 자기상에 매몰되기 쉽기 때문에 자신의 수준에 맞지 않는 비현실적인 역할 실험을 하게 되어 실패할 가능성이 있으며, 이후에 부정적인 정체성을 갖게 되면 자신의 잠재력을 충분히 탐색할 기회를 놓치고 결국 역할 고착에 빠질 수 있다.

④ 성취 기대(anticipation of achievement) 대 과업 마비(work paralysis) ➡ 근면성 대 열등감
  ㉠ 성취 기대 : 자신이 시도하는 과업에 대해 성취할 수 있다는 긍정적인 기대를 가지고 꾸준히 과업에 몰두할 수 있는 역량을 기르는 것과 관련 있다.
  ㉡ 과업 마비 : 자신에게 적절한 기대 수준을 설정하지 못하면 노력하는데도 과업을 완수하지 못하게 되고 결국 주어진 일을 제대로 해내지 못하는 과업 마비를 경험한다.
⑤ 성 정체성(sexual identity) 대 양성적 혼미(bisexual diffusion) ➡ 친밀 대 고립
  ㉠ 성 정체성 : 자신을 남성 또는 여성으로 인식하는 것과 성이 고정된 특성을 지니고 있어 나이가 들어도 변하지 않는다는 사실을 이해하는 것을 의미한다. 청소년기에는 동성과 이성과의 만남을 통해 자신의 성 역할 특성을 확인하고, 자신의 성에 적합한 행동양식을 습득해야 한다.
  ㉡ 양성적 혼미 : 성 정체성을 확립하지 못하면 자신의 성에 적합한 행동양식을 획득하기 어렵고 결국 양성적 혼미 상태에 이른다.
⑥ 지도성의 극대화(leadership polarization) 대 권위 혼미(authority diffusion) ➡ 생산성 대 침체성
  ㉠ 지도성의 극대화 : 자신이 속한 사회의 권위 구조 내에서 직접 지도력을 발휘하거나 지도를 적절히 따르는 능력은 정체성 형성의 주요 요인이다. 특히 한 사회의 구성원으로서 지도자로서의 책임과 다른 사람을 따르는 추종 방식을 배워야 한다. 또한 권위에 대해 정당하게 평가할 수 있고, 자신이 지도자 역할을 담당하게 되었을 때 지도성을 제대로 발휘하기 위해 열심히 준비하는 것이 정체감 형성에 중요하다.
  ㉡ 권위 혼미 : 만일 지도력을 충분히 키우지 못하면 자신의 역할에 부여되는 권위를 제대로 행사하기 힘들고 지도력에 한계를 느끼는 권위 혼미 상태에 이를 수 있다.
⑦ 관념의 극대화(신념 실천, ideological polarization) 대 이상의 혼미(diffusion of ideals) ➡ 통합성 대 절망감
  ㉠ 관념의 극대화 : 청소년기는 자신의 삶의 방향을 결정하는 기본 철학, 관념, 종교 등을 선택하고 인생관을 확립하는 시기이다.
  ㉡ 이상의 혼미 : 관념의 극대화가 이루어지지 않으면 편견에 물들기 쉽고, 자기가 속한 집단의 신념과 가치를 지나치게 신봉하게 되어 다른 사람의 신념, 가치에 배타적인 태도를 보일 수 있다.

제3절 청소년 발달과 맥락

11 청소년기의 가족관계

1. 청소년기 부모와 자녀

(1) 청소년들이 원하는 부모관계
① 유대감(connection): 부모와 자녀 간의 따뜻하고 안정적이며 사랑스럽고 배려하는 유대감을 원한다. 유대감은 청소년 자녀들이 가족 밖의 세상을 적극적으로 탐색하고 활동할 수 있도록 하는 심리적 안전감을 제공한다. 유대감은 부모의 관심과 도움, 경청과 공감적 이해, 사랑과 긍정적 정서, 수용과 승인, 신뢰감에서 나온다.
② 심리적 자율성(psychological autonomy): 청소년이 자신의 견해를 형성하고 스스로 의사결정을 내리는 것을 말한다. 자율성은 두 가지로 구분되며, 자율성이 없는 청소년은 독립적(자립적)인 성인이 되기 어렵다.
   ㉠ 행동적 자율성(behavioral autonomy): 주변 사람의 견해나 충고를 수용하고 여러 대안을 평가해서 자기 스스로 결론을 내리고 행동하는 것을 말한다.
   ㉡ 정서적 자율성(emotional autonomy): 어린 아이 같은 정서적 의존에서 벗어나는 것을 말한다.
③ 규제(regulation): 성공적인 부모들은 자녀의 행동을 모니터링, 감독하며 행동의 한계를 제한할 규칙들을 세운다. 이를 통해 자녀는 자기통제를 배우고 반사회적 행동을 피할 수 있게 된다.
   ㉠ 자기통제(또는 자기조절, 자기규제): 자기가 자기를 잘 다스릴 수 있는 능력을 말한다. 만약 청소년이 자기통제를 배우지 못하면 다른 사람의 권리를 침해하거나 규칙을 위반함으로써 남들과 마찰을 일으킬 것이며, 장기적인 목표 달성에 필요한 인내심을 갖지 못하게 될 것이다.
   ㉡ 청소년기에는 자기통제 능력이 크게 향상되는데, 그 이유로 두 가지를 들 수 있다.
      ⓐ 첫째, 청소년의 인지적 성숙 때문이다. 청소년은 인지적으로 성숙함에 따라 자신의 사고와 행동을 규제하는 보다 효율적인 전략을 사용할 수 있게 된다.
      ⓑ 둘째, 자기규제와 자기통제의 가치를 강조하는 규준을 내면화하기 때문이다. 더불어 청소년의 신중성이 높을수록 자기통제도 높게 나타난다. 즉, 상황을 검토하고 심사숙고해 상황적 요구에 대응하며 적절히 행동할 수 있는 신중성은 자기통제를 높이는 중요한 변인이다.

(2) 부모-자녀 갈등
① 청소년의 급속한 신체적 성장으로 인해 부모의 체벌이나 통제가 어려워지고, 청소년은 부모의 권위에 도전하게 된다. 따라서 부모-자녀 관계를 이전과 다르게 수정해야 하고, 이러한 새로운 적응과정에서 갈등과 불화가 생기게 된다.
② 인지 발달로 인해 형식적 사고가 가능해진 청소년들은 부모가 설정한 규칙이나 가치관에 대해 논리적 모순을 발견하고 비판하며 의문을 제기한다. 따라서 부모는 화를 내고 명령하며 방어하는 방법이 아닌 자녀와 대화와 조정 등의 다른 방식으로 접근해야 한다.

2. 부모의 양육방식과 갈등

(1) 바움린드(Baumrind)의 자녀양육 유형

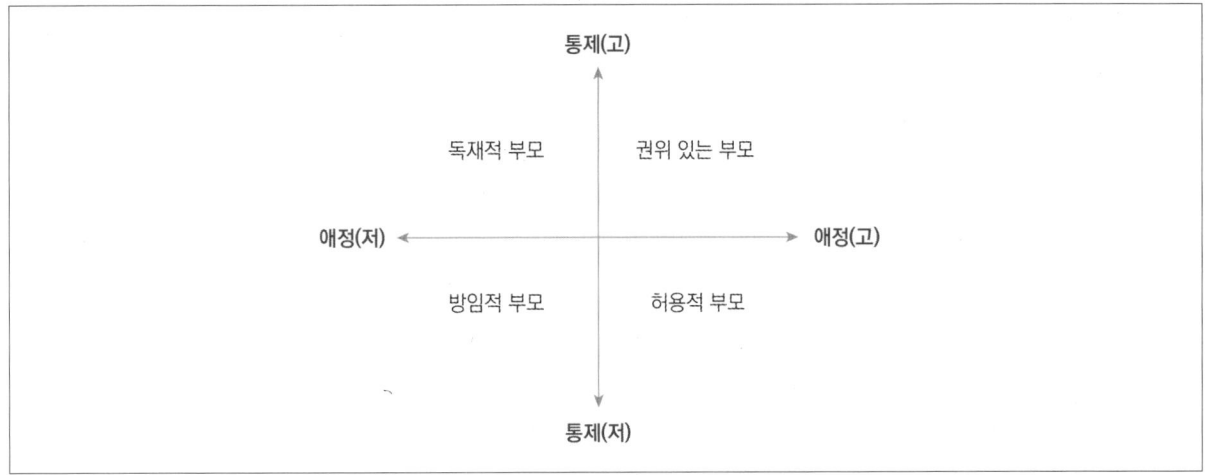

[그림 12-3] 통제와 애정에 따른 부모의 유형

① 차원
　㉠ 애정(warmth) 차원: 부모의 사랑과 관련된 것으로, 부모가 자녀를 수용하고 반응하며 정서적으로 지지하는지 여부와 관련이 있다.
　㉡ 통제(control) 차원: 부모가 자녀의 행동을 다루는 정도와 관련된 것으로, 자녀의 행동에 확고한 기준을 설정했느냐의 여부와 관련이 있다.

② 유형

유형	애정	통제	내용
권위 있는 부모 (authoritative parent)	↑	↑	• 따뜻하고 애정적이며 자녀의 행동을 위한 확고한 기준을 설정함 • 자녀에게는 개인의 책임, 의사결정, 자율성에 대한 용기를 북돋아줌 • 의사소통이 양방향적이며 존중, 이해, 감사, 온정, 수용의 가정 분위기가 형성됨 • 이러한 가정에서 성장한 청소년은 자존감 높고 독립적이며 부모의 요구에 순응하고, 자기 신뢰가 있어 성취지향적이고 성적도 높은 경향이 있음 • 권위 있는 부모 유형은 자녀에게 가장 긍정적인 발달적 결과를 초래함
허용적 부모 (permissive parent)	↑	↓	• 자녀의 훈육 문제에 지극히 수동적이며, 통제가 자녀의 발달에 부정적이라고 생각함 • 대신 자녀의 주장이나 요구를 무조건 수용해 주려는 경향이 있음 • 이 유형의 부모 밑에서 성장한 청소년은 자기통제력이 낮고 책임감, 독립심이 부족함 • 학교에서의 수행이 저조하고 미성숙하며 쉽게 화를 내는데, 부모가 자녀의 화내는 것에 대해 허용적일 때 더욱 그런 경향이 있음
독재적 부모 (authoritarian parent)	↓	↑	• 자녀에게 엄격한 훈육을 잘 하지만 따뜻함이나 애정이 결여됨 • 자녀에게 주로 처벌적이고 강압적인 훈육방식을 사용함 • 자녀의 독립적 행동을 격려하지 않고, 오히려 자율성의 발달을 제한하는 역할을 함 • 이 유형의 부모 밑에서 성장한 청소년은 피동적이며 자신감이 결여되어 있고 자기존중감이 낮음. 사회적으로도 적응적이지 못함 • 이들 중 일부는 아주 위축된 성향을, 일부는 높은 공격성과 적대감을 나타내기도 함

유형	애정	통제	내용
방임적 부모 (neglective parent)	↓	↓	• 자녀에게 무관심하고 비훈육적임 • 자녀와의 대화가 거의 없고 의사결정을 내릴 때 자녀의 견해를 고려하지 않음 • 이 유형의 부모는 자신의 문제(예 경제적 압박, 부부갈등, 부모의 자신감 결여, 약물중독 등) 때문에 자녀를 보살필 심리적 여유가 없음 • 이 유형의 부모 밑에서 성장한 청소년은 충동적, 반사회적이며 자기존중감이 낮음 • 학교에서 성취지향적이지 못하고 또래나 성인과 관계를 맺는 것에 어려움을 보임 • 방임적 부모 유형은 자녀에게 가장 부정적인 발달적 결과를 초래함

③ 부모의 자녀양육 방식 중에서 자녀에게 충분한 사랑을 주는 동시에 확고한 기준을 세워 양육하는 권위 있는 양육방식이 가장 효과적이다.

(2) **청소년과 부모의 갈등 원인**

① 애착에서의 변화 : 애착(attachment)은 한 개인이 자신과 가장 가까운 사람에게 느끼는 긍정적인(친밀한) 강한 감정적 유대관계를 뜻한다. 청소년기 시작과 함께 청소년은 부모에 대한 애착이 약화되고 동년배 집단에 의존하기 시작한다.

② 신체조건과 힘의 균형 변화 : 청소년기의 신체적, 성적 성숙은 젊음과 힘의 상징인 반면, 부모는 늙어가고 있기 때문에 자녀를 물리적으로 처벌하거나 통제를 가하는 데 한계를 느낀다. 부모 스스로도 몸이 여기저기 아픈 데가 생기고 기운이 떨어지기 때문에 청소년 자녀가 말을 잘 듣지 않을 경우 짜증과 잔소리를 더 자주 하게 된다. 그럴수록 자녀의 반발심만 키우고 갈등을 부추긴다.

③ 세대차이 또는 가치관 차이 : 부모는 자기세대에 배우고 익힌 것을 자녀에게 사회화하려 하지만 청소년은 이를 진부한 구식으로 받아들이는 경향이 있다. 부모는 자녀와의 세대차이를 과소평가하는 반면, 청소년은 부모와의 세대차이를 과대평가한다. 그러나 세대차이는 부모가 생각하는 것만큼 작지 않고, 자녀가 생각하는 것만큼 크지도 않다.

④ 자녀의 진로문제 : 부모는 자녀의 앞날에 대한 걱정을 많이 하고, 이로 인한 스트레스도 매우 크다. 그런데 자녀는 늘 부모의 기대에 잘 부응하지 못하는 것으로 보인다. 특히, 부모가 생각하는 자녀의 미래상을 강요할 경우 청소년은 지나친 간섭으로 받아들이고 자기가 하고 싶은 것만 계속하면서 갈등이 초래된다.

⑤ 기타 : 부모에 대한 불복종, 형제자매와의 다툼, 학교성적, 친구문제, 귀가시간, 용돈 사용, 청결, 정리정돈, 자질구레한 집안일 등의 일상적인 일로 갈등이 있는 경우가 많다.

(3) 청소년과 부모의 갈등해결

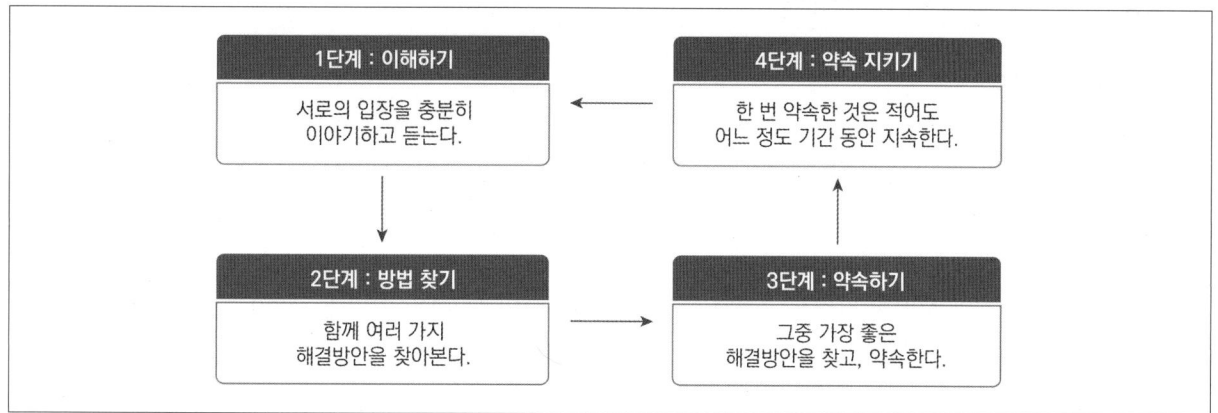

[그림 12-4] 스테인버그(Steinberg)와 레빈(Levine)의 부모-자녀 갈등해결 전략 단계

① 1단계 - 이해하기 : 부모와 자녀가 서로의 입장을 이해하고 현재 당면한 문제가 무엇인지, 그 문제에 대해 어떻게 느끼는지를 솔직하게 대화한다.
② 2단계 - 당면한 문제를 해결하기 위한 방법 찾기 : 부모와 청소년이 각자 자기가 가장 선호하는 해결책을 선택한 후 결정한다.
③ 3단계 - 합의사항 서로 약속하기(예 문서로 기록)
④ 4단계 - 약속된 사항 지키기 : 이때는 실천할 수 있는 기간을 정해두는 것이 좋다.

(4) 의사소통
① 의사소통 망
　㉠ 수레바퀴형 : 중심인 인물이 가운데 위치하고, 그 밖의 가족 구성원은 모두 수레바퀴의 바퀴통 역할을 한다.
　㉡ 완전 통로형 : 모든 사람 간에 자유롭게 의사소통이 이루어지는 유형이다.
② '나 전달법'의 구성요소
　㉠ 첫째, 상대방의 행동에 대한 객관적이고 비판적이지 않은 묘사
　㉡ 둘째, 그 행동이 나에게 미치는 눈에 보이는 확실한 영향
　㉢ 셋째, 내가 그것에 대해 느끼는 기분
　㉣ 넷째, 그래서 상대방이 그 점에 대해 어떻게 해주기를 바라는가 하는 것
③ 예시

구분	상대방 행동에 대한 비판적이 아닌 묘사	나에게 미치는 영향	나의 기분	상대가 해주기를 바라는 사항
예시	네가 맡은 집안일을 언제나 미루기만 하면	너를 얼마나 믿어야 할지 알 수 없고	나는 화가 난다.	네가 맡은 일을 언제까지 할 것인지 확실하게 정하고 그것을 지켰으면 좋겠다.
	친구들과 쓸데없이 다닌다고 화를 내면	무시한다는 생각이 들고	잔소리가 듣기 싫어 밖으로만 맴돌게 된다.	나를 하나의 독립적 인격체로 생각해주고, 나의 생활을 존중해주면 좋겠다.

12 청소년기의 성과 성역할

1. 성역할 발달이론

(1) **성의 개념**
① sex : 생물학적 개념으로 남성과 여성을 구분하거나 직접적인 성행위를 뜻한다.
② gender : 사회문화적 관점에서 남성성(남성다움)과 여성성(여성다움)이 어떻게 구체화되어 확립되는가를 말하는 것이다.
③ sexuality : 남성과 여성의 구별을 토대로 성적인 것 전체를 가리키는 것인데, 여기에는 성역할, 성의식, 성적 담론, 성적 지향성, 성정체감 등을 모두 포괄하는 개념이다.

(2) **성역할 발달이론**
① 성유형화(gender typing) : 사회가 각각 성(남성과 여성)에 적합한 것으로 규정한 행동, 태도를 자신의 것으로 내면화하는 것이다. 이를 통해 우리는 자신의 성에 적합한 성역할 개념을 획득하게 된다.
② 성역할 사회화(gender role socialization) : 한 개인이 사회 구성원으로서 성별에 따라 필요한 성역할을 학습하는 과정을 말한다.
③ 성역할 발달의 3가지 이론 비교

이론	정신분석이론	사회학습이론	인지발달이론
내용	성적 충동 ⇩ 이성 부모에 대한 근친상간적 성적 욕망이 동성 부모에 의해 차단됨 (동성 부모의 보복에 대한 두려움) ⇩ 동성 부모와의 동일시 ⇩ 성역할 동일시	사회문화적 압력 ⇩ 직접학습, 관찰학습 ⇩ 남성(여성) 역할에 적합한 행동을 함 (강화와 처벌) ⇩ 성역할 동일시	인지발달 ⇩ 자신의 성정체감에 대한 자아개념 출현 ⇩ 자아개념에 따라 행동하려는 노력 (성역할 동일시) ⇩ 성역할의 수용

(3) **정신분석이론**
① 남근기 : 남자와 여자의 근원적인 차이(예 성정체성과 성역할에 대한 선호)는 심리성적 발달의 5단계 중 3단계인 남근기(만 3~6세) 동안의 서로 다른 경험으로부터 기인한다.
② 남아 - 오이디푸스 콤플렉스 : 남아는 엄마에 대한 근친상간적 욕망을 없애고 거세 불안에서 벗어나기 위해 자신과 아버지를 동일시하게 되며, 이 과정에서 성역할 발달이 나타난다.
③ 여아 - 엘렉트라 콤플렉스 : 여아는 자신이 이미 거세되었다 느끼고 자신의 애정의 대상인 아버지로부터 여성적 행동에 대한 격려를 받기 위해 엄마의 여성적 특성을 동일시하게 된다.

(4) 사회학습이론

성역할은 아동이 속한 사회적 환경 내에서 경험하는 다양한 학습의 결과이며, 성역할과 성역할 행동은 강화와 모방을 통한 직접학습과 관찰학습에 의해 발달한다고 본다.

① 직접학습 : 부모, 교사나 친구가 아동의 성에 적합한 행동을 강화하고, 성에 적합하지 못한 행동은 벌함으로써 직접학습이 이루어진다. 직접학습에 의해 남아는 단호하고 경쟁적이며 자동차나 총과 같은 장난감을 가지고 놀도록 장려되는 반면, 여아는 얌전하고 협동적이며 인형이나 소꿉놀이 장난감을 가지고 놀도록 장려된다.

② 관찰학습 : 아동은 부모, 친구 또는 다양한 형태의 매체를 통해 자기 성에 적합한 행동을 학습하고, 행동 유형은 강화를 통해 내면화된다. 따라서 성역할 동일시는 환경과 학습경험에 의해 습득되는 후천적 행동양식이다.

(5) 인지발달이론

① 성별 자기개념 : 성역할 동일시의 가장 중요한 요인은 아동 자신이 '남자다 또는 여자다'라는 성별 자기개념을 인식하는 것으로, 이것이 동일시에 선행된다고 주장한다. '나는 남자다 또는 나는 여자다'라는 인식이 먼저이고, 그 다음 '그러므로 나는 남자(또는 여자)에 적합한 행동을 한다'는 동일시가 이루어진다는 것이다.

② 정신분석이론이나 사회학습이론은 모두 같은 성의 부모와 동일시하는 것이 자기 성에 적합한 행동 및 태도를 습득하는 선행조건이라고 본 반면, 인지발달이론은 같은 성의 부모와 동일시가 성유형화의 결과라고 본다.

③ 콜버그 : 아동이 3세경이 되면 최초로 "자신을 남자다 또는 여자다"라는 성 정체감이 발달하고, 4세경이 되면 자라서 이후에 남자어른 또는 여자어른이 된다는 성 안정성에 대한 인식이 발달하고, 5~6세경이 되면 자신의 성이 결코 변하지 않는다는 성 항상성을 획득하게 된다고 주장한다.

(6) 성도식이론

① 개인의 성역할 개념의 습득과정에서 성도식이 중요하다는 점을 강조한다.

② 성도식(gender schema) : 성에 대한 신념과 기대를 반영하는 인지적 구조(인식의 틀)로서, 개인이 성과 관련된 정보에 주의를 기울이고 이를 조직화하여 기억하는 데 영향을 미친다.

③ 성도식이론에 따르면, 아동이 2~3세에 기본적인 성 정체감을 확립하면 이를 바탕으로 성에 대한 여러 정보를 학습하면서 성도식에 통합하게 된다. 아동은 여러 대상이나 행동을 '남자의 것과 여자의 것'으로 구분하는 성도식을 발달시키게 되며, 이것은 자기 성도식(own-sex schema)을 형성하는 기초가 된다. 아동이 자기 성도식을 형성하면, 자신의 성과 일치하는 활동에 흥미를 갖게 된다.

④ 성도식은 성역할의 발달에 중요한 기능을 한다.

㉠ 첫째, 성도식은 아동이 성과 관련된 행동을 선택하거나 조절하는 데 영향을 미친다. 아동은 자기 성도식에 근거하여 적합한 놀이를 선택하고 그렇지 않은 것은 배척한다.

㉡ 둘째, 성도식은 자기 성도식에 맞는 정보에 선택적으로 주의를 기울이고 그러한 정보를 학습한다. 남아는 모형 비행기를 만드는 것에 주의를 기울이는 반면, 여아는 바느질하는 것에 주의를 기울인다. TV를 봐도 남아는 스포츠나 전투 장면에 주의를 기울이며, 여아는 정서적 주제의 장면에 주의를 더 기울인다.

㉢ 셋째, 성도식은 생활 속에서 접하는 여러 사건의 의미를 추론하고 해석하는 데 영향을 미친다. 여아가 아이를 업고 있는 것은 자연스러운 것으로 여기지만, 남아가 아이를 업고 있으면 특별한 일로 여기며 다양한 의미를 부여한다.

2. 사회적 성 고정관념

(1) 성역할 고정관념
① 성역할 고정관념(gender role stereotype) : 특정한 행동·활동이 남성이나 여성에게 배타적으로 적용된다는 믿음을 의미한다.
   예 요리나 바느질은 여성만의 활동이기 때문에 남성은 그러한 행동을 해서는 안 된다고 생각하는 것
② 청소년 성역할 집중화(강화) 가설(gender role intensification hypothesis)
   ㉠ 청소년기가 되면서 성역할 고정관념이 더욱 강해지는 현상이다.
   ㉡ 사춘기가 시작되면서 외모에서 남녀 차이가 확연해지고, 성역할과 관련된 사회적 압력을 많이 받게 되며, 또 이성교제를 시작할 무렵이면 이성에게 더 매력적으로 보이기 위해 청소년기는 남성성 또는 여성성으로 더욱 성유형화된 행동을 많이 하기 때문이다.

(2) 심리적 양성성과 동성애
① 심리적 양성성(androgyny) : 한 개인이 바람직한 남성적 특성과 여성적 특성의 균형과 통합을 함께 지니는 경우이다.
② 양성적인 사람은 유연한 성도식을 지니고 있어서 남성성과 여성성에 제한을 받지 않고 자신의 행동을 상황에 맞춘다.
③ 성역할 초월(gender-role transscendence) : 개인의 유능성(능력)을 따질 때 남성성, 여성성, 양성성을 기초로 개념화하면 안 되며 사람 그 자체에 기초를 두어야 한다는 주장이다. 성역할 초월은 성역할로 사람을 고정시키지 말고 사람을 사람으로 생각하기 시작해야 한다는 관점이다.
④ 동성애(homosexuality) : 생물학적 성이 같은 사람에게 성적 흥미를 느끼는 성적 지향을 말한다. 남성이 남성에게 향하는 것을 게이(gay)라고 하고, 여성이 여성에게 향하는 것을 레즈비언(lesbian)이라고 한다.
⑤ 이성애(heterosexuality) : 반대 성의 사람에게 성적 흥미를 느끼는 성적 지향을 말한다.
⑥ 양성애(bisexuality) : 이성애와 동성애를 혼합하여 지닌 경우로, 양성애를 지닌 청소년은 성 정체감(성불편증) 혼란이나 심리적 부적응 상태에 빠질 가능성이 높다. 이들은 자신의 성 정체감을 부모에게 밝히는 것을 극히 어려워한다.
⑦ 성 정체감(gender identity) : 자신이 남성인지 여성인지를 분명히 알고 있는 감정 상태를 의미한다.

3. 사랑과 이성관계

(1) 사랑의 삼각형 이론
① 사랑의 3가지 구성요소
   ㉠ 친밀감 : 사랑의 정서적 요소로 '누군가와 가깝게 느끼는 감정'을 말한다. 이러한 친밀감은 남녀 간의 사랑뿐만 아니라 친한 친구 사이나 부모와 자녀 간에도 존재한다.
   ㉡ 열정 : 사랑의 동기유발적 요소로 신체적 매력, 성적 욕망 등을 포함한다. 이러한 열정은 사랑을 느끼는 순간 처음 나타나는 사랑의 구성요소이지만 시간이 지날수록 맨 먼저 사라지는 요소이기도 하다.
   ㉢ 책임감 : 인지적 요소로서 관계를 유지하기 위한 약속이며, 관계를 지속시켜야 한다는 책임감을 말한다.
② 3가지 요소는 관계가 지속됨에 따라 강도가 변화하는데 친밀감과 책임감은 증가하고 열정은 식는다.

③ 사랑의 유형에 따른 구성요소의 합

	요인		
	친밀감	열정	책임
가식적 사랑	−	−	−
우정	+	−	−
광적인 사랑	−	+	−
공허한 사랑	−	−	+
낭만적 사랑	+	+	−
우애적인 사랑	+	−	+
눈먼 사랑	−	+	+
완전한 사랑	+	+	+

(2) 이성관계의 유형

① **사랑의 애착이론** : 사랑하고 사랑받을 수 있는 건강한 능력은 어린 시절의 안정애착과 밀접한 관련이 있다는 것이다. 어린 시절의 애착관계는 청소년기뿐만 아니라 성인기의 이성교제에도 영향을 미친다.

② **애착(attachment)** : 특정한 두 사람(예 어머니와 아기) 간에 형성되는 친밀한 정서적 유대감을 의미한다. 즉, 한 개인이 자신과 가장 가까운 사람에 대해 느끼는 강한 감정적 유대관계를 말한다.

③ **청소년이 지닌 애착사(attachment history)의 뿌리** : 어릴 때 부모(특히, 어머니)와의 애착의 질(양육과 애정)에 따른 관계경험에서 형성된 것이다.

④ **유형** : 4가지 애착 유형에 따라 개인의 자기표상과 타인표상이 달라진다. 또한 자기표상과 타인표상은 대인관계의 내적 작동모델(internal working model)이 되어 개인이 대인관계(대인행동)를 어떻게 맺을 것인가에 영향을 미친다.

㉠ 애착 유형과 청소년기 이성교제의 방식

구분		자기표상	
		긍정	부정
타인표상	긍정	안정애착	불안애착
	부정	회피애착	혼란애착

ⓐ **안정애착** : '나는 사랑스럽다, 주위 사람들은 믿을 만하고 의지할 수 있다.'라는 자신과 타인에 대해 긍정적 표상을 발달시킨 경우이다.

ⓑ **불안정애착** : '나는 사랑받지 못하거나 가치가 없다. 주위 사람들을 믿을 수 없고 의지할 수 없다.'라는 부정적 표상을 발달시킨 경우이다.

ⓒ 이성교제 방식의 4가지 유형 및 특징

유형	내용
안정-애착형 (secure-attachment)	• 자신과 상대를 긍정적으로 보는 사람들임 • 이들은 자신뿐만 아니라 상대의 가치와 자존감을 신뢰하므로 이성관계가 건강하고 상대와의 사소한 갈등이나 좌절에도 민감하게 반응하지 않음 • 협력적이며 건강한 태도를 지니고 있음 • 자신감 있고 상대를 편하게 대해주고 이성관계에서 의존과 독립의 균형을 잘 맞춤
불안-집착형 (anxious-preoccupied type)	• 자신을 부정적으로, 상대는 긍정적으로 보는 사람들임 • 이들은 쉽게 열등감에 빠져 자신을 아프게 만들고, 상대에게 집착하려는 이성관계를 나타냄 • 자신을 믿지 못하므로 불안수준이 높음 • 상대와의 친밀함을 원하면서도 거부에 대한 불안감을 지니고 있음 • 갈등을 겪고 있거나 갈등이 끝난 후에도 상대와의 관계를 악화시키는 쪽으로 귀인하는 경향이 있음
거부-회피형 (dismissing-avoidant type)	• 자신은 긍정적으로, 상대는 부정적으로 보는 사람들임 • 이들은 자신만을 생각하고, 상대를 무시하기 때문에 방어적인 이성관계를 맺음 • 상대와의 친밀한 관계를 불편해하고 적당한 거리를 두면서 지냄 • 상대를 신뢰하지 못하므로 너무 가까이 가지 않으려는 방어적인 성향을 나타냄
공포-회피형 (fearful-avoidant type)	• 자신과 상대를 모두 부정적으로 보는 사람들임 • 이들은 자신도, 다른 사람도 신뢰하지 않기 때문에 서로 상처받는 이성관계를 맺음 • 상대를 당혹하게 만들고 자신에게는 무익한 태도를 취함 • 이성관계에서 우울한 기분이 깔려 있고, 일이 잘못되면 자신과 상대를 모두 탓함으로써 본인도 상대방도 괴롭게 만드는 유형임

13 청소년기의 친구관계

1. 청소년과 우정관계

(1) 우정의 기본 요소

① 우정(friendship) : 친구와의 친밀하고 지속적인 애정적 유대감, 충실성(신의, 믿음)을 바탕으로 정을 나누는 관계를 의미한다.

② 친밀감(intimacy) : 우정의 가장 중요한 측면으로, 우정에서의 친밀감은 자기개방 또는 아주 개인적인 생각을 공유하는 것을 말한다. 가장 친한 친구는 문젯거리를 함께 공유하고 자기를 이해해주며, 자기 생각이나 감정을 이야기할 때 잘 들어주는 친구를 의미한다.

③ 청소년은 친밀감과 함께 우정관계에서 충실성(신의, 믿음)을 매우 중요시하고, 친구가 기꺼이 자기편이 되어 줄 사람이라고 믿고 싶어 한다. 친밀감과 충실성은 친구관계의 지속기간, 접촉빈도와 관련이 있다.

④ 우정관계의 6가지 기본 요소

구분	설명
유사성 (similarity)	• 친구 간의 흥미나 행동, 태도, 성취 지향성 등에 있어 어떤 공통성을 말함 • 유사성은 우정형성 관계의 중요한 근거가 됨
상호성 (reciprocity)	• 서로 도와주거나 지지해주는 행동을 의미함 • 의견과 행동을 이해하고 격려하거나 너그럽게 받아들이는 자세를 말함 • 상호성은 서로 간의 신뢰감에 바탕을 둠
양립가능성 (compatability)	• 친구 간에 별다른 다툼이나 갈등 없이 잘 어울려 지낼 수 있는 측면 • 즉, 서로 간에 편안한 마음자세로 상호관계를 맺을 수 있고 또 좋아하는 정도를 나타냄
구조성 (structure)	우정관계의 질적인 문제와 상관없이 살고 있는 지역의 근접성, 교류한 기간의 길이, 우정관계로 인해 유리하거나 편리한 점 등을 말함
역할모델 (role model)	• 친구를 자기 자신의 행동모델로 삼는 측면 • 친구가 보이는 이상적인 행동과 태도, 욕구나 특성, 친구에 대한 본보기나 존경심 등을 내면화하는 것
기타 차원	다섯 가지 차원에 속하지 않는 기타의 속성이 포함됨 예 친구가 가진 신체적 특징이나 매력, 사회경제적 지위, 성격특성 등

(2) **친구의 기능(Mendelson과 Aboud, 1999)**

① 교제의 즐거움 : 친구와 함께 시간을 보내면서 나눌 수 있는 재미와 즐거움의 기능이다.
② 도움 : 친구는 필요한 정보를 주거나 도와주는 기능을 한다.
③ 친밀감의 제공 : 친구는 속마음을 털어놓을 수 있는 수용적인 분위기를 제공해 주고, 친구관계는 타인과 따뜻하고 친근한 관계를 맺을 수 있는 기회를 제공한다.
④ 관계에 대한 신뢰 : 친구와의 안정된 관계를 통해 타인과의 관계에 대해 믿음을 가질 수 있다.
⑤ 인정 : 친구는 칭찬과 존중 등 자신의 가치에 대해 확신을 주는 역할을 하는 기능을 한다.
⑥ 정서적 안정 : 친구의 격려와 위로 등으로 마음의 안정감을 제공해 주는 기능을 한다.

(3) **설리번의 우정에 관한 이론**

① 청소년 초기 : 주로 동성의 몇몇 친한 친구와 관계를 형성하고 이것을 '단짝관계'라고 부르는데, 이 시기의 단짝관계는 친밀감의 욕구를 만족시켜 준다.
  ㉠ 단짝친구(chum) : 특별한 친구와 맺는 아주 가깝고 상호적인 관계로 서로 간 심리적으로 관여하는 정도가 매우 깊다.
  ㉡ 이 시기의 단짝친구 관계는 치유적 기능을 할 수 있다. 따라서 청소년 초기의 단짝친구와 좋은 친구는 아동기 동안 생긴 대인관계의 문제나 가족관계가 나빠서 생기는 불안정감을 극복하도록 도울 수 있다. 또한 다른 사람과 지지적 관계를 형성하고 사회적 자신감과 자기가치감을 느끼는 데도 결정적인 영향을 미친다.
② 청소년 중기 : 생리적 변화가 일어나고 성적 성숙을 바탕으로 성적 욕구가 커지는 시기이며, 친밀감의 유형과 대상에 변화가 생긴다.
  ㉠ 이성에 대한 관심이 증가하며 이성과 친밀한 관계가 형성되기 시작한다.
  ㉡ 성적 욕구의 충족은 현실적으로 어렵기 때문에 성적 욕구가 생기면 이를 의식적으로 밀어내는 노력을 함으로써 청소년들은 많은 심리적 갈등과 혼란을 경험한다.
  ㉢ 이성교제가 시작되기도 하지만 여전히 동성친구가 중요해, 이 시기에도 동성친구는 중요한 역할을 담당하며, 새로운 유형의 대인관계를 위한 안정기반으로서의 역할을 하게 된다.

③ 청소년 후기 : 성적 성숙이 완성되는 시기로 친밀감과 애정욕구가 통합되어 특정한 이성과 친밀한 관계를 형성한다.
  ㉠ 이 시기의 우정은 성인처럼 정서적으로 친밀하고 안정된다.
  ㉡ 동성친구와 이성친구는 서로를 대신하기보다는 보완적이 된다.
  ㉢ 이 시기의 청소년은 특정한 한 이성과 정서적·성적으로 친밀한 관계를 만들고, 사회 내에서 개인적 위치를 확립하려고 노력한다.

(4) **청소년기 우정의 발달**(Douvan과 Adelson, 1996)

구분	내용
청소년 초기 (11~13세경)	• 친구 간의 상호작용보다는 단순한 활동에 중점을 두고 친구 관계를 형성함 • 친구 간의 깊은 감정 등은 아직 생기지 않아 친구는 무엇인가 함께 활동할 수 있는 대상으로 간주됨 • 우정은 주고받는 양방적 관계라는 것을 알고 있지만 어떤 공동의 이익보다 일차적으로 자신의 이익이 중요시됨
청소년 중기 (14~16세경)	• 친구관계에서 안정적이고 충실성이 중심이 되는 시기로서 친구에 대해 소유적이며 동성 친구에 대한 강한 애착을 나타내고, 친구로부터 거부당할까봐 두려워함 • 우정에서 중요한 것은 배반하지 않고 서로 신뢰하는 것 • 친구란 친밀감을 나누는 관계이며, 자신의 감정과 비밀을 털어놓는 대상으로서의 중요한 의미를 가짐
청소년 후기 (17세 이상)	• 친구관계에서 친구의 개성을 인정하고 차이를 수용할 수 있게 되면서 개인의 성격과 흥미가 중요해짐 • 친구에 대한 의존욕구는 다소 줄어 들고, 우정관계에서 개인의 자율성이 증진되면서 친구에 대한 의존도나 긴장감이 다소 완화됨 • 우정에서 의존과 자율성이라는 두 가지 욕구를 모두 고려하고 존중하려고 노력함

(5) **우정발달의 5단계**(셀만의 사회적 조망능력의 발달을 중심으로)

구분	내용
0단계 : 일시적인 물리적 놀이 단계	• 가장 초보적인 사회적 관점 수용을 반영하기 때문에 우정관계는 일시적이고 신체적인 상호작용을 중심으로 이루어짐 • 이때의 우정관계는 쉽게 변하며 순간적이고 즉흥적임
1단계 : 일방적인 도움 단계	• 한쪽 편에서 보이는 사회적 행동을 상대편에서 주관적으로 평가하는 단계 • 즉, 상대방이 얼마나 자신의 욕구를 충족시켜 줄 수 있느냐에 따라 친구관계의 유지가 결정되므로 순간적으로 놀이친구가 형성됨
2단계 : 공평한 협력 단계	• 우정을 상호 간 협동적이고 공평한 상호성으로 정의하게 됨 • 이전의 단계보다 상호 간의 협력관계가 다소 진전되지만 아직 불안정한 상태 • 서로 간의 상호작용이 안정된 원칙에 의존하기보다는 서로 간의 좋고 싫음에 따라 유지되기도 하고 깨어지기도 함
3단계 : 친밀하고 상호적으로 공유된 관계	• 이 단계에 들어서면서 제3자의 관점을 받아들이는 진보가 나타나게 됨 • 친밀감이 두터워짐으로써 작은 갈등을 초월하여 서로 주고받는 우정을 지속적으로 유지하려는 노력을 보이기도 하지만, 상호 간에 자기편이나 소유를 과도하게 주장하는 경우 서로 간에 유지되던 친밀한 관계가 깨어지기도 함
4단계 : 자율적이고 상호 의존적 우정의 단계	서로의 감정이 독립적·자율적임을 존중하고 심리적 상호 의존적인 관계로 통합되어 가면서 우정관계가 성장해 나감

2. 또래집단

(1) 또래집단의 기능

① 또래집단은 사회적 지원과 안정감을 제공한다. 지금까지의 부모에게 의존하던 단계에서 벗어나 이제 부모로부터 독립하기를 원하지만 스트레스와 갈등을 경험한다. 이때 친구의 존재는 자신도 유사한 갈등을 겪고 있다는 동정적인 피드백과 정서적 안정감을 제공함으로써 청소년의 스트레스와 갈등해소에 도움을 준다.

② 또래집단은 준거집단으로서의 역할을 한다. 인간은 자기와 비슷한 사람끼리 비교하는 경향이 있기 때문에 어떤 연령이든 준거집단이 필요하며, 급격한 변화를 겪는 청소년기에는 자신의 경험과 행동을 판단하는 데 기준이 되는 준거집단이 특히 더 필요하다. 부모와의 갈등이나 여러 학교문제로 인한 스트레스는 비슷한 경험을 한 친구들의 이해를 받음으로써 훨씬 가벼워질 수 있다.

③ 또래집단은 보다 성숙한 인간관계를 형성할 기회를 제공한다. 청소년은 친구관계에서 무엇을 기대하고 무엇을 기대하지 말아야 하는지를 배운다. 또한 성적 성숙으로 인해 청소년은 이성친구와도 어떻게 사귀어야 하는지를 배워야 한다. 이때 여러 형태의 또래집단에 참여하면서 상호성과 협동심의 가치를 배우고 권위-복종이 특징인 부모와의 관계로부터 보다 상호적이고 평등한 관계로 옮겨가는 것을 배운다.

④ 자신의 정체감을 추구하는 과정에서 또래집단은 중요한 역할을 한다. 새로운 역할을 시험해 보고자 할 때 또래와의 상호작용을 통해 격려받을 수 있고, 이는 청소년으로 하여금 긍정적인 자아상을 발견하게끔 도와준다. 그러나 또래집단의 영향이 반드시 긍정적인 것만은 아니다. 좋지 못한 또래집단에 소속되는 경우 청소년은 부정적 정체감을 형성하게 될 수 있다.

⑤ 기타 : 청소년들은 또래집단을 통해 성인의 역할과 가치를 실험하고 새로운 신념과 행동을 시도하기도 한다. 대개의 부모는 청소년에게 요구사항(예 공부, 귀가시간, 진로 강요, 행동교정, 청소 등)이 많지만, 친구들은 잘못된 부분이나 문제에 별 간섭을 하지 않고 또래의 신념과 행동을 수용해주기 때문이다.

(2) 이스트(East)의 또래집단 인기도(1991) 기출 23

구분	내용
인기형 (popular)	• 신체적인 매력이 있고, 머리가 좋으며, 사교적이고, 행동적이며, 지도력이 있음 • 자아존중감이 높고 여러 부류의 다양한 친구들과 어울림
보통형 (acceptable)	• 아동의 절반 정도가 이 유형에 속함 • 친구들이 특별히 좋아하지도 않고 특별히 인기가 있는 것도 아니지만 친구들이 싫어하는 유형도 아님 • 이들은 집단에 무난히 어울리는 보통 아동임
고립형 (isolated or neglected)	• 고립되거나 무시당하는 아동은 친구들의 관심 밖에 있어, 친한 친구로 지명되지 않고 싫어하는 친구로도 지명되지도 않음 • 이들은 수줍음을 잘 타고 위축된 성격으로 말미암아 낮은 자아존중감, 불안, 우울증 등 내적인 문제를 가진 경우가 많음
거부형 (rejected)	• 친구들이 가장 싫어하는 유형 • 거부 아동은 신체적·언어적 공격을 많이 하고 교실의 수업 분위기를 망치며 학업성적도 좋지 못함 • 역시 인기가 없는 아동들과 친구가 되며, 자기보다 어린 아이들과 어울림 • 이들 중에는 약물남용, 청소년 비행과 같은 외적인 문제가 있는 경우가 많음
혼합형 (controversial)	• 친한 친구로 꼽히기도 하고 싫은 친구로 꼽히기도 함 • 혼합형 아동은 공격적이고 파괴적인 면이 있는가 하면, 자기주장이 강하고 지도력이 있음 • 또래집단에서 눈에 띄긴 하지만 이들을 좋아하는 사람도 많고 싫어하는 사람도 많아 친구들로부터 복합적인 반응을 유발함

(3) 동조행동
   ① 동조행동은 다른 사람의 압력 때문에 그들의 태도나 행동을 채택하는 것을 말한다.
   ② **동조행동에 대한 또래의 압력은 청소년기에 가장 강력함** : 상상적 청중에서처럼 청소년은 다른 사람의 반응에 민감하기 때문에 다른 사람들로부터 인정받기 위해서, 적어도 바보 같이 보이지 않기 위해서 동조행동을 한다.
   ③ 자아존중감이 높은 청소년들은 동조행동을 별로 하지 않고, 청소년 후기에 자아정체감이 발달되면 자율성이 높아지고 따라서 동조행동을 덜하게 된다.

(4) 또래수용
   ① **또래수용** : 상호 관계를 바탕으로 하는 우정과 구별되며, 한 개인에 대한 집단적 인식·평가라는 일방적 특성을 지닌다.
   ② **우정과 또래수용** : 우정은 신뢰, 민감성, 친밀감의 발달에 기여하는 반면, 또래수용은 협동, 리더십, 팔로우십, 집단 목표에 대한 충성심을 경험하는 기회를 제공한다.
   ③ 또래수용은 집단 구성원들이 선호하는 정도에 따라 또래로부터 수용되거나 거부된다.
      ㉠ **사회적 수용도가 높은 사람** : 보다 직접적이고 우호적인 표현을 쓰며, 낯선 상황에서도 자신에 관한 정보를 상대방에게 적극적으로 전달하고 자신을 나타내 보이려는 노력을 한다.
      ㉡ **사회적 수용도가 낮은 사람** : 상황을 피하려고 하며, 어떻게 상호작용해야 할지 모르는 것과 같은 당혹감을 보인다. 이러한 아동은 또래갈등을 자주 경험하고 비언어적 저항과 통제적인 전략을 활용하여 갈등을 해결하고자 하며, 갈등이 종결된 후에 부정적인 정서를 더 많이 보이는 경향이 있다.
   ④ 또래수용 유형

유형	내용
인기아	많은 아이로부터 선호의 대상이 되는 아동
배척/거부아	많은 아이로부터 싫어하는 아이로 지목되는 아동
고립/무시아	선호의 대상도 아니고 배척의 대상도 아닌 아동
논란대상아	많은 아이로부터 선호와 배척을 고루 받는 아동

   ㉠ **인기아** : 또래로부터 수용도가 높고 인기 있는 아동은 친사회적인 행동을 하고 지도력이 있으며, 긍정적인 자아개념을 갖는 특성을 보인다. 이들은 또래 간의 갈등을 최소화하고 관계를 지속하기 위해 직접적이고 긍정적인 정서를 표현하고 행동한다.
   ㉡ **배척 또는 거부아** : 또래에게 공격적이고 학업성취가 낮은 경향이 있다. 이들은 비협조적이고, 심하게 떼를 쓰는 등의 공격적인 행동을 보이기도 하고, 반사회적 주장과 사회적 상호작용의 수준이 낮고, 사람들과의 대인 접촉을 기피하는 행동을 보이기도 한다.
   ㉢ **고립 또는 무시아** : 또래집단으로부터 수줍은 아이로 지각된다. 이는 고립아동이 대개 말이 없고 비활동적이기 때문이다. 고립아동은 낯선 집단에 어울리거나 새로운 친구를 사귀는 것을 힘들어 하며, 망설이고 두려워하는 행동을 보인다.
   ㉣ **논란대상아** : 많은 또래가 좋아하는 반면에 싫어하기도 한다. 적대적이고 파괴적이나 긍정적이고 친사회적 행동을 하기도 한다. 또한 어떤 아동들은 이 논란의 대상이 되는 아동을 싫어하지만, 그들은 배척으로부터 자신을 보호하는 특성을 지닌다. 이러한 아동은 대개 자기주장이 강하고 지배적이며, 인기가 있는 아동만큼 많은 친구가 있고 자신의 또래관계에 만족해한다.

제4절 청소년기 발달문제

14 청소년기의 심리사회적 문제

1. 심리사회적 문제의 원인

(1) 세 가지 범주
  ① 내면화된 증상(internalizing symptom) : 청소년들의 문제가 내적으로 향하고 자신을 괴롭히는 것과 같이 내면화된 증상으로 나타나는 경우이다. 내면화된 증상으로 우울, 불안, 공포, 자살관념, 거식증 등이 있다.
  ② 외현화된 증상(externalizing symptom) : 청소년들의 문제가 외적으로 향하고 행동문제로 연결되는 등의 외현화된 증상으로 나타나는 경우이다. 외현화된 증상으로는 반항, 무단결석, 흡연과 음주, 성적 문란, 비행, 폭행 등이 있다.
  ③ 내면화·외현화 증상이 상호 연관된 경우 : 청소년 문제가 내면화·외현화로 둘 다 동시에 나타나는 경우이다.

(2) 심리사회적 문제의 내적인 핵심 유발원인
  ① 자기조절(self regulation) : 목표를 달성하기 위해 순간의 충동적인 욕구나 행동을 억제할 수 있는 능력이다.
  ② 구성 : 유혹에 저항하는 능력, 만족을 지연하는 능력, 충동을 억제하는 능력으로 구성된다.

(3) 외적인 핵심 유발원인
  ① 스트레스 요인
    ㉠ 중요한 생활 변화 예 부모의 이혼이나 별거, 가족의 질병, 학교 전학, 중요한 시험에서의 실패, 이민
    ㉡ 구조적인 스트레스 환경 예 빈곤, 계속되는 부모갈등, 장애질병, 학업과 학교시험
    ㉢ 일상의 혼란 예 부모님의 잔소리, 친구들의 괴롭힘, 선생님의 무관심
  ② 스트레스(stress) : 생활의 변화로 심리적·생리적 안정이 흐트러지는 유쾌하지 못한 상태로 정의할 수 있다.
  ③ 셀리에(Hans Selye)는 스트레스를 유스트레스와 디스트레스로 구분했다.
    ㉠ 유스트레스(eustress, 이로운 스트레스) : 인생에 긍정적인 촉매제로 작용하여 흥미, 즐거움, 자극을 제공한다.
      예 결혼, 승진, 입시합격, 학위취득, 원하던 직장취업, 임무완수 등
    ㉡ 디스트레스(distress, 해로운 스트레스) : 불쾌한 상황에 계속 노출되게 함으로써 우리의 심신을 피로하게 만든다. 예 실패, 좌절, 어려운 인간관계, 고민, 불안, 두려움 등
  ④ 대처전략
    ㉠ 문제중심적 대처 : 스트레스 상황 자체를 해소(또는 변화, 수정)하기 위한 것이다.
    ㉡ 정서중심적 대처 : 스트레스 상황으로 인해 생긴 부정적 감정을 달래기 위한 것이다.
    ㉢ 스트레스를 일으키는 문제 자체를 해결할 수 있는 때는 문제중심적 대처가 효과적이다.
    ㉣ 문제가 해결될 수 없거나 다시 되돌릴 수 없는 때는 정서중심적 대처가 효과적이다.

ⓜ 문제를 해결할 수 있음에도 정서중심적 대처를 하면 상황이 더 악화될 수도 있다. 문제 자체가 해결되지 않은 상태에서 기분전환을 통해 그것에서 벗어나려고 하면 단기적인 위안은 되지만, 약효가 짧아서 문제를 더욱 심각하게 만들기 때문이다.

2. 청소년의 적응문제

(1) **적응장애(adjustment disorder)**
① 어떤 스트레스 사건(스트레스 사건이 무엇이었는지 확인 가능함)에 대한 적응 실패로 정서적 또는 행동적 문제가 발생하는 경우를 말한다.
② 적응문제가 6개월 이하로 지속되면 급성, 6개월 이상 지속되면 만성으로 구분한다.

(2) **적응의 발달경로**

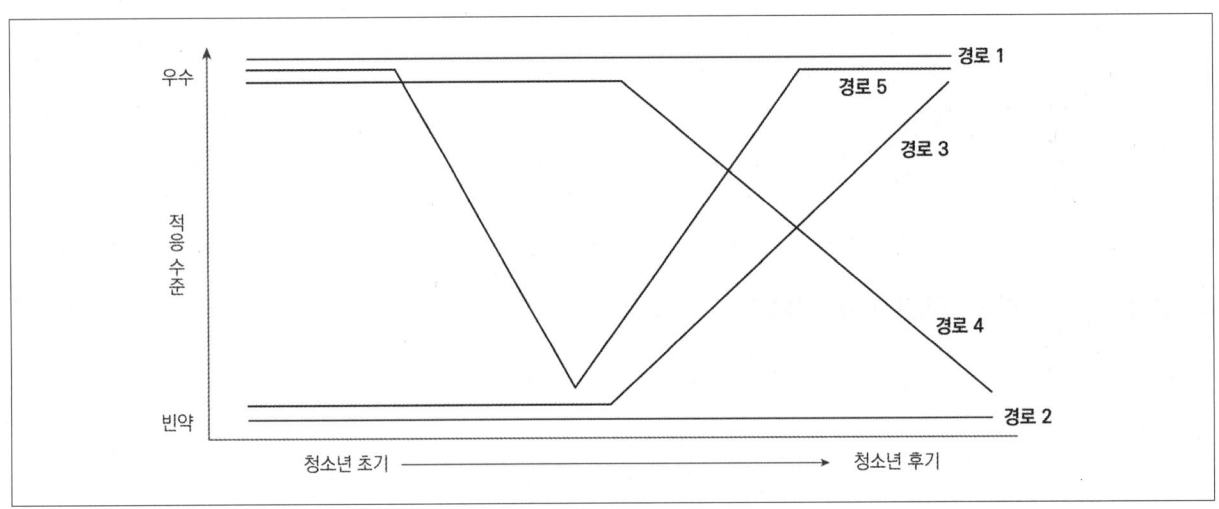

[그림 12-5] 적응의 발달경로

① 경로 1 - 안정된 적응패턴 : 이 경로를 따르는 청소년은 부정적인 상황에 노출될 일이 거의 없고, 환경적 문제나 행동적 문제가 없고, 자신을 긍정적으로 바라보며 지속적으로 우수한 적응의 특징을 나타내는 유형이다.
② 경로 2 - 지속적인 부적응 : 이 경로를 따르는 청소년은 이미 어떤 문제를 가지고 있고, 역경을 겪고 있으며, 역경을 완화해 줄 자원이 없는 상태이다. 만성적인 환경문제(예 가난, 궁핍, 부모의 지속적인 갈등, 학대와 방임 등)에 둘러싸여 있기 때문에 부적응 행동이 계속 유지되는 경향이 있다.
③ 경로 3 - 부적응의 반전 : 환경적으로 주어진 어떤 기회에 의해(예 대학입학, 군 입대 등이 반전 기회를 마련해 줌) 또는 자신의 대오각성으로 인해(예 무언가를 깨우치고 새로운 기회를 창출해냄) 부적응의 사슬을 끊고 긍정적인 결과로 변모하는 경우이다.
④ 경로 4 - 적응의 감퇴 : 이는 청소년기 중·후기까지 잘 적응해오다가 어떤 역경(예 부모의 이혼, 사업실패, 환경의 변화 또는 생물학적 변화)이 초래되어 적응이 퇴보하는 경우이다.
⑤ 경로 5 - 일시적 부적응 : 일시적으로 마음의 중심을 잡지 못하고 주변 유혹(예 흡연과 음주, 게임중독, 가출)에 빠져들어 부적응이 초래되지만 다시 적응행동으로 복원되는 경우이다.

3. 청소년의 적응유연성

(1) 적응유연성(resilience)
① 회복력 또는 탄력성이라는 용어로 사용되기도 한다.
② 역경에 처해 있는 청소년이 스트레스를 회복하고 긍정적 적응 결과를 도출하는 개인의 심리적·사회적 복원력이다.
③ 스트레스나 힘든 변화에 직면하여 성공적인 적응이라는 좋은 결과를 보인 사람을 묘사하기 위해 사용된 용어인데, 이러한 사람들은 공통적으로 강인함(hardiness)이라는 성격특성을 가진다.

(2) 적응유연성이 높은 청소년
① 강인함(또는 강인성)도 높기 때문에 스트레스 난관을 잘 극복하여 좋은 적응력을 나타낸다.
② 높은 적응유연성은 청소년의 삶에서 바람직한 적응을 이끄는 보호요인으로 작용한다.

(3) 적응유연성이 낮은 청소년
① 스트레스 취약성은 높고 강인함이 낮기 때문에 사소한 스트레스도 이겨내지 못하고 부적응적 행동을 나타낼 가능성이 높은 청소년이다.
② 낮은 적응유연성은 스트레스 취약성을 높여 심리적 부적응을 이끄는 위험요인으로 작용한다.

15 청소년기의 학업문제

1. 학업성취에 영향을 미치는 변인

(1) 지능
① 일반적으로 지능이 학업성취를 설명하는 비율이 15~36% 정도로 추정된다. 따라서 학습상담을 위해서는 내담자의 지적 능력과 특성을 평가하여 지능이 학업성취도에 미친 정도를 객관화할 필요가 있다.
② 지능검사를 실시하는 것은 학업 곤란의 원인을 밝히는 데 도움이 되고, 학생이 가진 학업상의 강점과 약점을 찾아 취약점을 보완하고 강점을 활용하는 계획을 세우는 데 도움이 된다.
③ 지능검사 결과를 분석할 때에는 전체 지능지수뿐만 아니라 지표점수, 소검사별 수행점수를 확인해야 하며, 이 수치가 규준집단 내에서 어떤 위치에 있는지를 확인해야 한다. 또한 이를 근거로 내담자의 인지적 강약점을 분석할 수 있어야 한다.

(2) 학습 전략

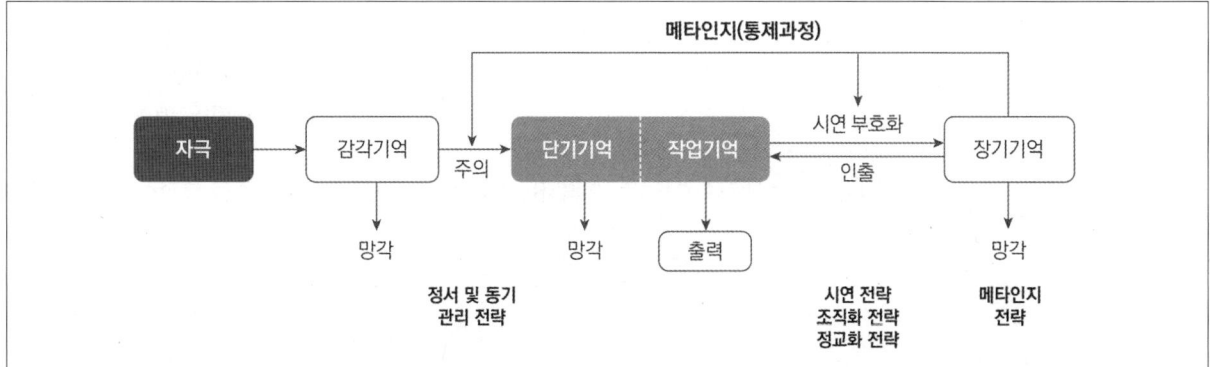

[그림 12-6] 정보처리 과정에 따른 학습 전략 구분

① 학습 전략은 정보의 획득, 저장, 활용을 촉진할 수 있는 일련의 과정 또는 단계로, 학습을 촉진시키기 위해 학습자가 사용하는 여러 가지 정신적 조작활동 등으로 정의되는 목표 지향적 행동이다.
② 구분
　㉠ **정서 및 동기관리 전략** : 감각기억 정보 중 특정 정보에만 선택적으로 주의를 기울여 단기기억으로 이동하는 데 필요한 전략이다.
　㉡ **인지 전략** : 단기기억으로 이동한 정보를 장기기억으로 이동시키는 데 필요한 시연, 정교화, 조직화 등의 전략이다.
　㉢ **메타(초)인지 전략** : 정보처리의 전 과정을 모니터링하면서 조정하는 전략이다.
③ 정보처리과정

구분	내용
주의	• 어떤 정보에 어느 정도의 초점을 맞출지에 대한 개인의 선택을 의미함 • 감각기억이 단기기억으로 이동하기 위해서는 중요한 정보에만 주의를 기울이고 다른 중요하지 않은 정보는 무시하는 선택적 주의력이 요구됨 • 학습환경이 구조화되어 있고 정서적 각성 상태와 학습동기가 높을수록 향상되기 때문에 정서 및 동기 관련 전략이 요구됨
시연	• 단기기억의 용량을 늘리거나 단기기억 정보를 장기기억으로 이동시키기 위해 요구되는 정신활동으로 암송이라고도 불림 • 시연 전략은 정보를 가장 피상적으로 처리하는 낮은 단계의 인지 전략임
부호화	• 새로운 정보를 기억하기 위해 그 정보를 유의미하게 만들거나 장기기억 정보와 관련짓는 것을 의미하며, '약호화'라고도 불림 • 부호화를 위해서는 조직화 전략과 정교화 전략을 활용하는 것이 요구됨
조직화 전략	• 정보를 유의미한 범주로 묶어 체계적으로 기억하는 전략으로, 개념도, 다이어그램 등을 통해 정보를 위계화하고 유목화하여 정보를 보다 체계적으로 저장하는 것
정교화 전략	• 정보에 새로운 의미를 추가하거나 기존 정보와의 연결고리를 만들어서 정보의 의미를 심화하고 확장하는 전략임 • 정보의 의미를 해석하고 구체적인 특징을 분석하고 추론하여 그 정보와 다른 정보 간의 관계를 분석하는 것이 정교화 전략의 예임
인출	• 장기기억에 저장되어 있는 정보를 꺼내는 과정임 • 인출은 두 가지 기능을 하는데, 하나는 장기기억에 저장된 정보를 출력하는 것이고, 또 다른 기능은 단기기억 정보를 장기기억에 저장하기 위해 이미 저장되어 있는 관련 장기기억 정보를 연결시키는 것 • 만일 장기기억에 저장되어 있는 정보가 빈약하거나 기존 정보와 새로운 정보 간의 연결고리를 잘 만들지 못하는 등의 이유로 인출이 용이하지 않은 경우 새로운 정보를 학습하는 과정은 비효율적일 수밖에 없음
메타인지	• 인지에 대한 인지, 즉 자신의 인지과정을 인식하고 통제하는 정신 상태를 의미하며, 계획 전략, 점검 전략, 조정 전략이 포함됨 • 메타인지과정을 효율적으로 사용하는 학습자는 학습과제와 자신의 인지 수준을 고려하여 필요한 전략을 도출할 수 있음 • 메타인지는 학습과정 전 과정에 관여를 하며 조정하는 전략

(3) 주의집중능력

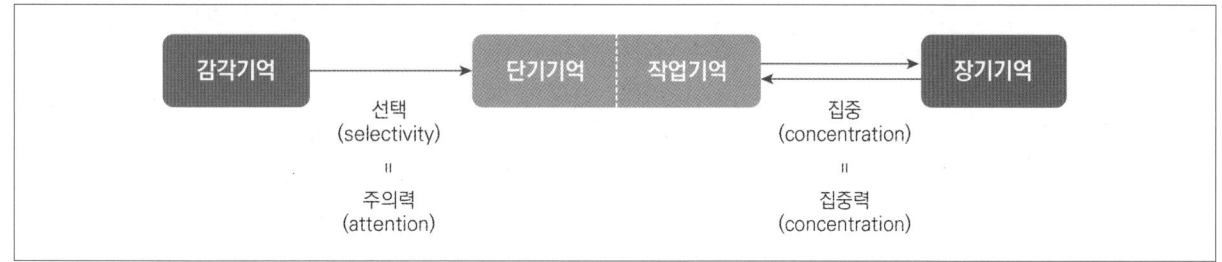

[그림 12-7] 정보처리 과정에 따른 주의집중능력 구분

① 주의력(attention)
  ㉠ 초점적 주의력, 선택적 반응능력 등과 유사한 개념으로, 정보처리의 초반 단계에 요구되는 능력이다.
  ㉡ 감각저장소와 단기기억 사이에서 가장 크게 요구 : 감각저장소에 머문 무수히 많은 정보 중 주의의 대상이 된 특정 정보만 단기기억에 저장되고 선택받지 못한 정보의 대부분은 망각된다. 어떤 정보에 주의를 기울일 것인가는 개인의 선택에 달려 있다.
  ㉢ 주의력이 낮은 학습자 : 제대로 된 선택을 통해 중요한 정보에만 초점을 맞추고 방해 자극을 무시하는 능력이 낮기 때문에, 학습환경을 구조화하는 것이 매우 중요하다.

② 집중력(concentration)
  ㉠ 선택된 단기기억 정보를 장기기억화하는 데 필요한 능력으로, 작업기억 용량의 영향을 받는다. 작업기억의 용량이 클수록 새로운 정보와 기존에 알고 있던 정보 각각에 필요한 만큼 주의를 분할할 수 있기 때문이다. 이 능력을 분할주의력 또는 학습집중력이라고 한다.
  ㉡ 작업기억 용량 : 단기기억 정보와 장기기억 정보의 연계성이 클수록 증가한다. 선수 학습량이 많아 장기기억 정보가 많은 학습자는 정보 간의 연결고리가 다양하기 때문에 분할주의 혹은 학습집중력을 잘 발휘할 수 있는 반면, 선수 학습량이 적은 학습자는 배경지식의 부족으로 인해 새로운 정보를 장기기억 정보로 이동시키는 데 어려움을 겪는다.
  ㉢ 집중력을 높이기 위해서는 내담자의 학습결손 정도와 인지능력을 고려하여 과제 난이도와 과제 제시방법을 차별화해야 한다. 즉, 내담자가 이해할 수 있는 수준의 과제를 체계적으로 제시하여 장기기억의 많은 정보가 저장되어야 높은 집중력이 발휘될 수 있다.
  ㉣ 지루함, 피곤함, 좌절감, 불안감 등을 극복하고 과제를 지속하는 힘을 포함한다. 이러한 힘은 지속적 주의력(집중력)으로 불리는데, 자신의 정서를 조절할 수 있는 능력을 반영한다.
  ㉤ 지속적 주의력은 개인의 반응 속도와 정확도의 영향을 받으며, 특히 자극이 제한된 장면, 자극이 단조로운 장면, 과제 완수에 오랜 시간이 걸리는 장면, 도전적 과제를 수행하는 장면 등에서 더 많이 요구된다.

(4) 선행학습량
① 선행학습량이 부족한 경우 학교 학습에서는 이해력 부족이나 집중력 저하와 같은 문제가 나타나고 결과적으로 학습 결손의 폭이 넓어진다.
② 특히 기초학습 기능이 자동화되어 있지 않은 경우, 이후 요구되는 보다 복잡한 문제해결 상황에서 필요한 능력을 발휘하지 못하는 문제로 이어질 수 있다. 이러한 경우 기초학습 기능을 강화하고 부족한 선행학습 영역을 보완하는 학습 프로그램을 구성하는 것이 바람직하다.

③ 선행학습이 지나친 경우
  ㉠ 학업 소진 : 보통의 또래들에 비해 뒤처지는 능력으로 같은 수준을 유지하려다 보니 과도한 학습을 하게 됨으로써 정신적 스트레스와 피로가 심해져 나타나는 현상이다.
  ㉡ 학업 무의미 : 공부 자체에 대한 의문이나 회의, 공부에 대한 반감을 나타내는 현상이다.
  ㉢ 낮은 학업 자아개념 : 공부를 해야겠다는 마음은 있지만 남들이 모두 나보다 더 잘할 것 같다는 생각으로 인해 자신감이 없거나, 잘하는 친구 또는 어려운 과목과 같은 난관에 맞설 때 포기해 버리는 현상이다.

(5) 학습동기
  ① 내재적 동기와 외재적 동기
    ㉠ 내재적 동기 : 행동을 하는 근원적인 목적이 행동의 내부에 있는 것을 의미하는데, 행동 자체로 얻는 만족감, 성취감, 즐거움 등으로 인해 행동하는 것이다.
    ㉡ 외재적 동기 : 행동을 하는 근원적인 목적이 행동의 외부에 있는 것을 의미하는데, 행동을 통해 얻는 인정, 돈, 보상 등을 위해 행동하는 것이다.
  ② 외재적 동기에 비해 내재적 동기는 자발성과 지속성이 높기 때문에 내재적 동기가 높은 것이 바람직하지만, 외재적 동기도 학습행동을 촉진하기 때문에 외재적 동기가 전혀 없는 것보다는 있는 것이 낫다.
  ③ 외재적 동기에 의한 학습행동은 외적 보상이 주어지지 않거나 주어지지 않을 것으로 예상되는 상황에서는 학습행동이 쉽게 단절되는 문제가 발생할 수 있다.
  ④ 학습상황에서 크고 작은 실패상황을 극복하면서 계속해서 학습행동을 하게 하려면 내재적 동기와 외재적 동기 모두 강화하는 것이 필요하다.
  ⑤ 학습동기가 낮은 학습자의 경우, 학습 초기 단계에서 외적 보상을 통해 외재적 동기를 높이되, 점차 유능감과 지식 수준이 향상되면 내재적 동기를 강화하는 것이 바람직하다.

(6) 성취동기(achievement motivation)
  ① 성취동기 : 도전적이고 어려운 과제를 성취함으로써 만족감을 얻으려고 하는 욕구이다.
  ② 성취동기가 높은 사람 : 자신감과 책임감이 높고 과업지향적이며, 자신의 능력을 평가받을 수 있는 도전적이고 모험적인 과제를 선호한다. 자신의 능력을 인정받으려는 욕구가 강하기 때문에 학업 성취도를 높일 수 있는 학습행동을 더 많이 하고 실패상황에서도 더 지속적인 노력을 한다.
  ③ 성취동기는 '성공 확률'과 '성공 유인가'가 클수록 향상된다. 즉, 성공가능성이 높으면서 동시에 성공을 통해 얻는 것이 자신에게 의미가 있을 때 향상된다. 따라서 성공가능성이 높은 도전적 과제를 찾는 것이 중요하다.
  ④ 성취동기는 성공추구동기와 실패회피동기로 구분된다.
    ㉠ 특정 상황에서 성공을 추구하고자 하는 욕구보다 실패를 회피하고자 하는 욕구가 더 크게 나타난다면 도전적인 상황에 맞서기보다는 회피하려는 경향을 보이게 된다.
    ㉡ 실패회피동기가 높은 사람 : 공부를 해서 성공할 가능성보다 실패할 가능성을 더 크게 지각하고, 실패상황에서 경험하게 될 좌절감과 수치심을 피하기 위해 의식적 혹은 무의식적으로 공부 이외의 활동에 몰두하는 경향을 보인다. 또한 아주 쉬운 과제나 지나치게 어려운 과제를 선호함으로써 성공을 통한 성취감은 물론 실패에 따른 절망감으로부터 자유롭고자 하는 경향을 보인다.
  ⑤ 상담 장면에서는 도달할 가능성이 높은, 작은 목표를 설정하고 노력을 독려하여 실제 학업상황에서의 성공을 경험시키는 것이 필요하다. 이때 달성한 작은 목표가 성취감으로 이어지게 하려면 달성한 목표에 큰 의미를 부여해야 한다.

(7) 성취 목표(achievement goal)
① 성취 목표 : 개인이 어떤 과업을 수행할 때 달성하고자 하는 목적으로, 성취행동과 관련된 이유와 의도에 초점을 맞춘 개념이다. 즉, 성취하려고 하는 욕구가 '어느 정도'인지가 아니라 '왜'인지를 개념화한 것이다.
② 구분 : 숙달 목표와 수행 목표로 나뉘며, 성취 목표의 차이는 학습의 선택, 학습의 노력과 시간, 학습태도 등에 영향을 미친다.
  ㉠ 숙달 목표 : '학습 목표'나 '과제 성취 목표'와도 유사한 개념이다. 숙달 목표가 높은 사람은 행동의 목적이 자신의 유능성을 발달시키는 것이기 때문에 내재적 동기가 높고, 자신의 수행에 대한 올바른 평가와 학습의 기능을 제공받을 수 있는 정보를 선호한다.
  ㉡ 수행 목표 : '능력 목표', '자아성취 목표'와 유사한 개념이다. 수행 목표가 높은 사람은 자신의 유능성을 증명하거나 다른 사람보다 더 잘하는 것이 목적이기 때문에 외재적 동기가 높고 타인과 비교를 가능케 하는 정보를 선호하는 경향이 있다.
③ 성취동기 수준과 과제에 대한 개인의 인식
  ㉠ 숙달 목표 : 성취동기가 높고 과제에 대한 자신감이 높을수록 지향된다.
  ㉡ 수행접근 목표 : 성취동기와 자신감이 높은 것에 더해 실패에 대한 두려움이 높을수록 지향된다.
  ㉢ 수행회피 목표 : 과제에 대한 자신감이 낮고 실패에 대한 두려움이 높을수록 지향된다.
④ 지적인 능력에 대한 지각
  ㉠ 숙달 목표 : 지능을 변화 가능한 것으로 지각한다. ➡ 실패상황에 그 원인을 노력에서 찾는다.
  ㉡ 수행 목표 : 지능이 고정되어 있어 변화 불가능한 것으로 지각한다. ➡ 실패상황에 그 원인을 능력에서 찾는다.
⑤ 실패상황
  ㉠ 숙달 목표 : 자신의 능력이 아닌 노력의 정도나 방법으로 귀인하여 성공을 높이기 위한 더 많은 노력을 할 수 있을 뿐만 아니라 과제와 관련하여 긍정적 정서를 유지하여 이를 통해 능력도 향상될 수 있다.
  ㉡ 수행 목표 : 성적이 떨어진 이유를 능력에서 찾고, 능력을 변화 불가능한 것으로 지각하기 때문에 자존감이 위협받고 수치심을 경험하면서 실패상황에 대해 더 많은 불안을 경험한다.
    ⓐ 수행 접근 목표가 높은 학습자 : 실패를 반복하지 않기 위해 더 많은 학업행동을 하는 경향이 있다.
    ⓑ 만일, 실패가 반복되거나 자존감에 상처를 입은 경우에는 실패의 이유가 자신의 능력 때문이 아님을 입증하기 위해 학업행동을 회피하는 수행회피 경향을 나타낸다.
⑥ 숙달 목표와 수행 목표의 차이

구분	숙달 목표	수행 목표	
		수행접근	수행회피
목적	자신의 유능성 발달	자신의 유능성 입증	
과제에 대한 자신감	높음	높음	낮음
지능에 대한 지각	변화 가능	변화 불가능	
실패귀인	노력	능력	
선호정보	자기 수행에 대한 정보(점수)	타인과의 비교에 필요한 정보(등수)	
내재적 동기	증진	무관	저하
성적과의 관계	무관	증진	저하

⑦ 최근, 수행 목표가 높은 학습자가 오히려 더 높은 성적을 받는 것과 같은 교육적 이익이 증명되고 여러 목표를 동시에 갖는 것이 가능하다는 주장이 부각되었기 때문에 숙달 목표만 강조하기보다 각각의 목표별로 긍정적 부분을 활성화해야 한다는 주장이 힘을 얻고 있다.

(8) 귀인양식

① 귀인요소

귀인요소	내용
능력	• 성공상황에서는 강한 자부심과 유능감을 느껴 긍정적인 자아개념을 형성하게 되지만, 실패상황에서는 수치심과 무능감에 사로잡혀 강한 절망에 빠지게 됨 • 능력은 자기 안에 있는 원인이기 때문에 누구를 탓할 수도 없는데다 변화나 통제가 불가능하다고 지각되기 때문에 부정적인 자아개념을 형성하고 무력해지기 쉬움
노력	• 성공상황에서는 강한 자부심과 열의를 느껴 더 많은 에너지를 창출할 수 있고 상황에 흔들림이 적은 평온한 상태를 유지할 수 있음 • 실패상황에서는 수치심과 죄책감을 느끼는데, 이때 경험하는 수치심과 죄책감은 능력귀인으로 인한 부정적 감정에 비해서는 가벼울 수 있음. 이유는 노력의 경우 자신의 의지로 변화시킬 수 있는 통제 가능한 요인이기 때문에 자기 전체에 대한 부정적 개념을 형성하거나 절망감에 빠지지는 않기 때문
운, 과제 난이도	• 외부의 통제 불가능한 요인으로 귀인을 하는 경우 성공상황에서는 기쁨, 감사함, 놀라움 등을 느끼며 앞으로도 같은 행운이 일어나기를 고대하게 됨 • 실패상황에서는 분노, 놀라움 등을 느끼며 상황 탓을 하게 됨

② 통제와 변화 가능한 내부요인인 노력에 귀인하는 것이, 이전 학습에서의 성공 혹은 실패에 관계없이 행동을 증가시키는 데 가장 도움이 된다.
③ 적절한 자부심과 유능감을 경험하게 하기 위해서는 성공상황에서 능력, 노력 같은 내부 요인에 귀인하는 것이 바람직하다는 주장도 설득력이 있다.
④ 학습상담과정의 경우 성공상황에서는 내담자의 정서적 특성을 고려하여 능력과 노력에 귀인하는 정도를 달리하되, 실패상황에서는 반드시 노력으로 귀인하는 것이 요구된다.
⑤ 노력 귀인을 하기 위해서는 내담자의 학습시간, 학습량, 교재, 공부방법 등을 내담자와 함께 검토하여 노력의 정도나 방법에서의 문제점을 구체화해야 한다.

2. 학습상담의 과정

(1) 관계 형성 및 구조화

① 상담자는 청소년 내담자와 신뢰관계를 형성하기 위해 상담 자체에 대한 내담자의 불만을 수용해 주고, 학습과 관련하여 겪었던 갈등과 부당한 대우에 공감적으로 반응하면서 내담자의 인정받고 사랑받고 싶은 욕구를 읽어 줄 필요가 있다. 또한 상담자와 협력적으로 노력할 경우 원하는 바를 이룰 수 있을 것이라는 기대감을 고무하여 상담에 대한 자발성을 높일 필요가 있다.
② 학부모는 '성적 향상'이라는 분명한 목표를 가지고 상담에 임하는데, 상담에 대한 구조화가 제대로 이루어지지 않으면 자녀의 성적을 책임지고 높여 줄 의무가 있는 사람이나 과외 선생님으로 오인하는 문제가 생기기 쉽다.

(2) 학습문제의 진단

① **방법**: 관찰과 면접으로 진단할 수 있다.
② **학부모 면접**: 학습문제에 대한 부모의 생각과 역사, 가족환경 등을 탐색한다.
③ **지적 능력**: 지능검사를 통해 인지적 특성을 파악한다.
④ **주의력**: 주의력 관련 검사를 통해 주의력 특성을 파악한다.

검사명	대상	검사 구성 및 활용
주의집중능력검사 (ACAT, 한국집중력센터, 2015)	만 6세 7개월 ~대학생	• 시각주의력, 청각주의력, 학습집중력, 지속적 주의력, (정보처리 속도) • 주의집중능력의 각 하위 영역별 능력 및 문제점을 세부적으로 분석
아동 충동성검사 (K-MFFT, 한국가이던스, 2004)	만 7~12세	• 수행 속도, 정확도 • 사려성을 요구하는 과제를 수행하는 동안 얼마나 정확하면서도 빠르게 문제를 해결할 수 있는지 평가
종합주의력검사 CAT (해피마인드, 2008)	만 5~15세	• 단순선택주의력(시각, 청각), 억제지속주의력, 간섭선택주의력, 분할주의력, 작업기억 • 단순 시청각 자극에 대한 누락 오류, 오경보 오류, 반응 속도, 반응 일관성 정도 등을 평가

⑤ **학습 전략 및 동기**: 학습 전략 및 동기를 파악한다.

검사명	대상	검사 구성 및 활용
ALSA 청소년 학습 전략검사 (인싸이트, 2007)	초등 4~ 고등학생	• 학습동기, 자기효능감, 학습기술(인지·초인지 전략), 학습시간 및 환경관리(자원관리 전략) • 자기조절학습의 하위 영역을 측정하고, 도움이 필요한 영역에 해당하는 학습 전략 프로그램을 연결하여 활용할 수 있음
MLST-II 학습 전략검사 (인싸이트, 2014)	초등용, 청소년용, 대학생용	• 성격 특성(효능감, 결과기대, 성실성), 정서 특성(우울, 짜증, 불안), 동기 특성(학습, 경쟁, 회피), 행동 특성(시간관리, 공부환경, 수업듣기, 노트필기, 집중전략, 읽기전략, 기억전략, 시험전략) • **학습 유형**: 주도형, 성실형, 잠재형, 정체형

학습동기 및 학습 전략검사
(인싸이트, 2011)
	초·중·고등학생	• 3가지 요인
		  - 학업동기(학습동기, 학습 효능감)
		  - 학습 전략(수업참여 기술, 노트정리 기술, 읽기 기술, 쓰기 기술, 시험치기 기술, 자원관리 기술, 과제해결 기술, 정보처리 기술)
		  - 학업 스트레스(시험불안, 주의집중의 어려움)

AMT 학업동기검사 (인싸이트, 2003)	초·중·고, 대학생	• 학습자의 동기에 대한 세분화된 정보 제공 • 학업적 자기효능감(자신감, 자기조절 효능감, 과제 수준 선호)과 학업적 실패 내성(감정, 행동, 과제 난이도 선호)으로 구분
학습흥미검사 (한국가이던스, 2004)	초등 4학년 ~고등학생	• **학습 유형별 흥미**: 창의형, 사고형, 탐구형, 활동형 • **교과별 학습흥미**: 국어, 수학, 사회, 영어, 과학, 체육, 음악, 미술, 실과 • **타당도 척도**: 바람직성 척도, 검사 수행 신뢰도

⑥ **정서적 특성**: MMPI-A, 기질 및 성격검사(TCI), HTP, KFD, SCT, TAT 등으로 정서적 어려움을 파악한다.

(3) 상담목표 설정
   ① 일반적인 학습상담의 목표 : 학업과 관련된 적응적 행동의 증가를 통한 성취도 향상이다.
   ② 상담목표를 설정할 때에는 학업과 관련된 적응적 행동을 향상하기 위해 우선적으로 다뤄야 할 내담자의 인지적·정서적 특성이나 환경적 문제를 객관화하여 이를 근거로 상담목표를 설정하도록 내담자와 학부모를 설득할 수 있어야 한다.
   ③ 구체적인 상담목표 : 구체적이면서 도달 가능한 상담목표를 설정하되, 그러한 목표에 도달하기 위해 증가시켜야 할 행동과 감소시켜야 할 행동을 목록화하여 상담목표를 단계적으로 설정하는 것이 바람직하다.
   ④ 구체적인 목표라고 하더라도 석차나 점수와 같은 결과를 수치화하는 것은 경계해야 한다. 상담자에게 성적은 학업과 관련된 적응적 행동의 증가를 통해 나타나는 여러 결과물 중 하나여야 한다.

(4) 개입 전략 설정 및 개입
   ① 학습문제의 원인과 심각도에 따라 전략은 차이가 난다.
   ② 우선적으로 고려해야 하는 사항은 학습문제가 개인 내적 문제에 의한 것인지 혹은 가족이나 또래, 학교와 같은 환경적 요인에 의한 것인지를 구분하는 것이다.
   ③ 개인 내적 요인 : 인지, 정서, 행동적 요인으로 구분하여 개입 전략을 설정한다.
   ④ 학습상담에서의 성공은 행동의 변화를 통해 나타난다. 인지적 능력이나 학습동기는 직접적으로 학업 성취도에 영향을 미치는 것이 아니라, 학업행동을 매개로 하여 영향을 미친다. 그러므로 개입의 최종 성과는 행동으로 나타나야 한다. 따라서 학습상담 성공을 위해서는 보다 효율적인 방법으로 적정 수준의 학습행동을 지속적으로 수행할 수 있게 개입하는 것이 중요하다.

(5) 사례관리
   상담목표가 달성되어 종결을 고려할 때에는 당장 종결하기보다는 상담 간격을 늘려 변화 추이를 관찰하는 것이 바람직하다. 주 1회 진행되던 상담을 월 1회로 전환하거나 새 학기 시작 시점, 주요 시험의 한 달 전 시점 등에 상담을 다시 할 수 있게 계획하여 이전 상담을 통한 변화가 지속되도록 하는 것이 필요하다.

3. 학습 전략(McKeache 등) 기출 23

(1) 인지 전략
   ① 의미 : 정보를 이해하고 부호화하여 장기기억에 저장하고 인출하는 데 사용되는 전략이다.
   ② 구성
      ㉠ 시연 전략 : 학습과정에서 학생이 정보를 습득하고 기억하는 데 도움을 주는 것으로, 암송하기, 중요한 부분에 밑줄을 그어 강조하거나 노트정리 등이 있다.
      ㉡ 정교화 전략 : 새롭게 유입되는 정보를 이전 지식과 관련을 맺도록 하여 장기기억 속에 저장하는 것으로, 다른 말로 바꾸어 자신의 것으로 만들어 보기, 요약하기, 질문하기, 심상법, 유추하기, 사례제공 등이 있다.
      ㉢ 조직화 전략 : 학습내용 요소들 간의 내적 연결 구조를 만들어 논리적으로 구성·위계화시키는 것으로 주제나 아이디어의 개요 작성하기, 도식화(지도, 개념지도, 흐름도 등) 등이 있다.

(2) 상위(초)인지 전략
  ① 의미 : 자신의 학습과정을 계획하고 모니터링하며 조절하는 과정으로 자신의 전반적인 인지과정을 인식하고 통제할 수 있는 능력이다.
  ② 구성
    ㉠ 계획 전략 : 효율적인 학습을 위해 필요한 전략을 계획하고 구성하는 것으로 학습자의 목표를 설정하는 활동, 학습 시작 전에 목차와 대강의 내용을 훑어보는 활동, 문제를 풀기 전에 출제자의 의도를 추측하는 활동, 질문을 만들어 보는 활동 등이 이에 해당된다.
    ㉡ 점검(모니터링) 전략 : 과제를 수행하는 동안 자신의 주의집중과 이해 정도를 지속적으로 확인하는 과정으로 주의집중을 확인하는 활동, 자신의 이해 정도를 수시로 평가하는 활동, 시험 상황에서 문제를 푸는 속도와 자신의 생각이 어디에 있는지 점검하는 활동 등이 이에 해당된다.
    ㉢ 조정(조절) 전략 : 앞의 점검활동을 거쳐 현재 자신이 사용하고 있는 전략의 적절성을 검토한 후 자기의 전략을 수정하고 조정하는 전략으로, 이해되지 않고 넘어간 부분에 대해서 다시 읽는 활동, 어려운 부분에 대해 독서속도를 줄이는 활동 등이 포함된다.

(3) 자원관리 전략
  ① 의미 : 학습수행을 지속하도록 하는 자원을 통제하는 전략이다.
  ② 구성
    ㉠ 시간관리 : 시간표 작성, 목표 설정 등이 있다.
    ㉡ 공부환경관리 : 장소 정리, 조용한 장소, 조직적인 장소 등이 있다.
    ㉢ 노력관리 : 노력에 대한 귀인, 기분, 스스로에게 이야기하기, 끈기 가지기, 자기강화 등이 있다.
    ㉣ 타인의 조력 추구 : 교사로부터 조력 추구, 동료로부터 조력 추구, 동료 및 집단 학습, 개인지도 등이 있다.

16 청소년기 비행

1. 비행과 비행의 기준

(1) 비행
  ① 비행 : 실정법을 위반한 행위뿐만 아니라 여러 가지 사회적 규범을 위반하여 장차 실정법인 '형법'을 위반할 우려가 있는 모든 행위를 의미한다.
  ② 지위비행(status offense) : 성인이 했을 때에는 범죄로 규정되지 않으나 청소년에게는 불법인 행위이다.
    예 무단결석, 부도덕한 사람들과의 교제 등

(2) 비행 유형
  ① 재산비행 : 절도, 특수절도, 장물, 사기, 횡령, 배임, 손괴에 해당하는 범죄 행위를 말한다.
  ② 폭력비행 : 협의로는 자기나 타인에게 해를 입히기 위해 힘이나 무력을 사용하는 것이며, 광의로는 자기나 타인에게 해를 입히기 위해 무력, 언어적 공격 혹은 집단적 소외(따돌림) 등의 다양한 수단을 사용하여 정신적·신체적 피해를 입히는 것이다.
  ③ 성 비행 : 성폭력 등 물리적 행위를 동반하는 비행과 포르노물 접촉, 성관계 등 학교나 사회에서 금지하는 성과 관련된 비행을 뜻한다.

2. 와이너(Weiner)의 접근방법

(1) 사회적 비행
① **정의**: 반사회적 행동 기준을 부과하는 하위 문화의 구성원으로서 비행을 저지르는 것, 즉 집단 문화에 동조하기 위한 수단으로 비행을 하는 것이다.

② **특징**
- ㉠ 인간은 유아기, 아동기에 적절한 양육환경에서 적절한 판단능력, 자아조절능력, 대인관계능력 등을 배우며 기능하게 된다.
- ㉡ 하지만 초등학교나 청소년기에 적절한 부모의 훈육 및 감독을 받지 못하고 반사회적인 또래의 영향을 받아 비행 문화를 접하게 된다.
- ㉢ 사회적으로 합의된 목표와 수단으로써 자신의 자존감, 소속감을 획득할 수 없는 경우 이를 획득할 수 있는 새로운 하위집단을 형성하게 된다.

③ **상담과제**: 사회적 비행청소년에 대한 주요 상담과제는 비행집단 이외에 재미와 이득을 얻을 수 있도록 안내하는 것이다. 상담자는 구체적으로 다음과 같은 문제들을 다루어주어야 한다.
- ㉠ 비행청소년의 현재 행동이 자신의 재능과 에너지를 소모한다는 인식을 갖게 한다.
- ㉡ 학교나 직업세계에서 다른 방법으로 욕구와 바람을 성취할 수 있다는 확신과 그 방법을 습득하도록 돕는다.
- ㉢ 비행집단의 압력에 대처하는 방법을 알게 한다.
- ㉣ 비행집단 대신 소속감과 정체감을 제공하는 새로운 지지체계를 형성하도록 돕는다.
- ㉤ 이웃시민 위원회 조직, 직업증진 계획, 또래대화집단, 운동집단 등과 같은 사회적 행동 프로그램을 적용한다. 즉, 현실생활에서 청소년으로서의 합당한 지위를 새롭게 획득할 기회가 있음을 인식하고 경험하게 한다.

(2) 성격적 비행
① **정의**: 청소년의 비사회적 또는 반사회적 성격구조에서 비롯된 비행이다.

② **특징**
- ㉠ 타인에 대한 공감 능력, 동일시 능력, 충동을 통제하는 능력이 부족하다.
- ㉡ 기본적으로 양심이 발달되지 않아 타인의 권리나 감정을 무시하는 행동에도 전혀 죄의식을 느끼지 못한다.
- ㉢ 어린 시절 부모나 의미 있는 타인으로부터 거절당하거나 애정, 관심을 충분히 받지 못한 경우가 많아 타인을 공감하는 능력이나 대인관계에서 온정을 느낄 수 있는 정서적 능력이 개발되지 못하였다.
- ㉣ 아동 후기나 청소년기에 부적절하거나 비일관된 부모의 훈육과 감독에서 비롯되기도 한다.

③ **상담과제**: 성격적 비행청소년의 주요 상담과제는 개인적인 충성심과 타인에 대한 관심을 증진하는 것이다.
- ㉠ 상담자는 아동 초기의 감정적 유대박탈을 보상할 수 있는 허용적 분위기를 제공하는 것이 중요하며, 신체적 상해를 방지하기 위한 제한, 공격성을 억제하는 놀이를 하면서 지속적으로 대화에 임한다.
- ㉡ 미성숙하거나, 피상적인 도덕적 판단 수준에 머물러 있거나, 자기중심적 사고구조를 지니고 있어, 사회적 맥락에서 적절하게 판단하지 못하고 욕구 충족을 위한 비행을 저지르는 경우가 많다. 따라서 사회적 조망을 획득할 기회를 충분히 제공하여 도덕적 판단능력을 향상시킨다.

(3) 신경증적 비행

① **정의** : 자신의 욕구를 표현하고 충족시키는 방법으로 행해지는 비행이다.

② **특징**
  ㉠ 주로 단독으로, 급작스럽게, 우발적으로 일어난다.
  ㉡ 비행의 시작은 개인의 긴장, 분노, 낙담과 관련되는 경우가 많다.
  ㉢ 비행 전에는 동조적이고 잘 통제되는 청소년인 경우가 많다.
  ㉣ 누군가에게 직접 말하기 두렵고 당혹스러운 문제를 경험한 청소년은 자신의 필요나 욕구를 전달하기 위한 방편으로 비행을 저지르는 경우가 많다.
  ㉤ 가장 핵심적인 욕구는 타인의 인정, 찬탄, 조력받고 싶은 마음이다.
  ㉥ 어린 시절에는 가정이 상당히 안정적이고 상호 애정적이며 법을 준수하는 분위기였을 수도 있지만, 성장과정에서 가족 구성원이나 가족환경의 변화로 인하여 애정과 관심이 변질되어 신경증적인 비행을 일으키는 경우도 있다.

③ **상담과제** : 심리적 갈등이나 좌절을 겪게 하는 환경적 스트레스를 갖고 있으며, 이러한 좌절감과 불안감을 적절하게 표현하는 사회적 기술이 부족한 경우가 많다.
  ㉠ 상담자는 이들이 자신의 내면적인 갈등이나 불안의 원인을 인식할 수 있도록 하고, 자신의 부적절감을 적절하게 표현하고 해결할 수 있는 사회적 기술을 학습하도록 도와야 한다.
  ㉡ 신경증적인 비행청소년의 상담과제 : 와이너는 첫째 인정과 존경을 경험할 수 있는 상담관계 형성, 둘째 비행을 저지르게 된 동기의 자각, 셋째 비행이 궁극적으로 자기패배적 결과를 낳을 수 있다는 인식, 넷째 문제해결을 위한 긍정적인 방안의 강구를 제안했다.

(4) 정신병적·기질적 비행

① **정신병적 비행** : 환경에 대한 비현실적인 지각과 행동 결과에 대한 손상된 판단능력, 행동통제능력의 부족을 보이는 조현병 청소년에게서 나타난다.

② **기질적 비행** : 미소뇌장애, 주의집중장애, 충동조절장애, 낮은 자아존중감 등의 특징을 보이는 청소년에게서 나타나며 갑작스럽게 분노를 폭발하는 경향을 보인다.

③ **상담과제** : 상담자는 이들에게 의학적 처치와 함께 매우 지지적인 심리치료를 병행하여 자아의 기능을 회복하게 도와야 한다. 정신증적 비행청소년이 현실을 올바르게 지각할 수 있도록 돕고, 현재의 기능 상태를 고려하여 적절한 사회적 과업을 성취할 수 있게 구체적으로 지도한다.

3. 청소년 비행의 특징

(1) 보편화
① 최근 들어 청소년의 사소한 비행이 상당히 많이 발생하고 그 비율도 증가하고 있다.
② 대부분의 청소년이 비행을 경험해 보았으며, 비행행동에 근접해 있다.

(2) 집단화
① 또래집단의 규범과 행동양식을 모방하고 동일시한다. 이러한 또래집단화 현상은 청소년 비행의 집단화에도 영향을 미친다.
② 성인 범죄에 비해 소년 범죄의 공범률이 현저히 높은데, 대부분의 청소년은 혼자가 아니라 집단을 형성하여 활동한다.

(3) 누범화
① 전체 소년 범죄자 중 초범자의 비율이 점차 감소하고 전과자의 비율이 매년 증가하고 있다.
② 소년 범죄자 중 성인 범죄자로의 발전에 가장 큰 영향을 주는 요인으로는 최초 범죄 연령이 다른 사람에 비해 대체로 낮은 것으로, 초범 연령이 어릴수록 범죄 횟수가 더 많았다.

(4) 일반적 특성
① 에릭슨 : 청소년이 역할정체감을 성공적으로 해결하지 못한 결과로 본다.
② 자기통제능력의 부족 : 비행청소년은 허용되는 행동과 허용되지 않는 행동을 구별하지 못하고, 구별한다고 하더라도 충동적인 성격으로 인해 자기통제력이 부족하다.
③ 사회경제적 요인 : 저소득층 청소년은 교육 기회, 좋은 직장을 얻을 기회가 적기 때문에 자신의 불우한 환경에 좌절하여 비합법적인 수단으로 자신이 원하는 것을 얻고자 한다.

(5) 가족 특성
① 청소년이 해도 좋은 일과 해서는 안 되는 일에 대한 규칙이 없다.
② 부모의 감독 소홀로 자녀가 어디서 무슨 행동을 하는지, 무슨 생각을 하는지에 관심이 없다.
③ 자녀 훈육에 일관성이 없다. 즉, 자녀의 바람직하지 못한 행동에 대해 일관성 없이 반응한다. 그리고 바람직한 행동을 칭찬하기보다는 바람직하지 못한 행동을 벌하는 경향이 있다.
④ 가족문제나 위기를 효율적으로 해결하는 능력이 부족하다.

4. 비행 및 폭력의 이론적 관점

(1) 생물학적 관점
① 남성 호르몬인 테스토스테론 수준이 강하게 상승하고 신경전달물질인 세로토닌 수준이 강하게 하강하면 주장적 행동을 공격적 행동으로 전환하기 쉽다.
② 각성이론 : 각성 수준이 낮으면 상과 벌에 대한 반응력이 떨어져 친사회적 행동을 학습하거나 반사회적 행동에 따른 벌을 피하는 것을 학습하는 데 어려움이 있다.
③ 신경심리적 결함이론 : 언어적 추리와 수행기능상 신경심리적 결함이 자기조절을 어렵게 하여 공격행동과 품행문제를 일으키며, 또한 신경심리적 결함으로 학업성취 욕구가 떨어지고 욕구 좌절을 경험하게 되어 결국 공격행동과 같은 품행문제를 유발한다.

(2) 정신분석학적 관점
① 프로이트(Freud) : 자아와 초자아의 통제력이 너무 약해 원초아의 추동을 저지하지 못할 때 폭력행위가 유발된다.
② 에릭슨(Erikson) : 자아정체감을 제대로 확립하지 못하면 부적응 현상이 나타나 역할혼란과 좌절감에 빠지거나 기존의 사회적 기대 또는 가치관에 정반대되는 부정적인 정체감이나 무규범적인 자아개념을 갖게 된다. 이러한 정체감 혼란이 내적 위기를 동반하여 가출, 공격성, 반사회적 행동 등의 폭력행위로 나타난다.
③ 아들러(Adler) : 심한 열등감을 보상하는 행위로 보았다.
    ➡ 로크만(Lochman) : 학교폭력자들은 다른 사람을 통제하고자 하는 욕구가 강하고, 남을 지배하고자 하는 욕구는 통제받고 싶지 않은 근원적 두려움을 감추고 있는 것이며, 학교폭력을 행사함으로써 부적절감을 감추는 것이다.

(3) 좌절-공격이론

① 본능에 의한 폭력행위가 나타나는 것이 아니라 좌절 경험과 같은 외적 자극에 의해 내적 추동이 야기되어 폭력행동이 나타난다는 추동이론이다.
② 에론(Eron)과 슬라비(Slaby, 1994)에 의하면 공격적인 행동이 나타나기 위해서는 좌절이 필요조건이 되며, 좌절은 언제나 어떤 유형의 공격행동을 유도한다.
③ 이 이론은 폭력성에 대한 시각을 통제할 수 있는 변인으로 변화시켜 좌절을 예방한다면 폭력성의 발생빈도를 낮출 수 있다고 설명한다.

> **참고** 정화가설
> - 공격추동은 표현해야 해소된다는 정화가설은 아이들이 시청하는 폭력적인 영상이 대리적 공격행동으로 작용해 공격추동을 감소시켜 결국 아이들의 공격성을 줄이는 긍정적인 영향을 미친다고 주장한다.
> - 정화가설에 따르면 아이들이 샌드백을 때리는 등 직접적인 방식으로 분노 표출을 하거나 공격적인 영화 등을 시청하면서 자신의 공격성을 해소한다고 본다.

(4) 학습이론적 관점

① 폭력에 대한 규범, 가치관, 신념, 태도 등은 고전적 조건형성과 조작적 조건형성을 통해 부모, 교사, 친구로부터 학습될 수 있다.
  ㉠ 고전적 조건형성 : 공격행동과 특정 자극이 연합되어 이후 유사한 상황에서 특정 자극이 제시되는 경우 공격행동이 유발된다.
  ㉡ 조작적 조건형성 : 특정 상황에서 공격행동을 보였을 때 강화를 받으면 유사한 상황에서 동일한 공격행동이 나타날 가능성이 증가한다.
  ㉢ 자극 일반화 : 어떠한 상황에서 보인 공격행동이 보상을 받으면 유사한 상황에서도 공격행동을 보이게 될 가능성이 높아진다.
  ㉣ 자극의 변별 : 상황에 따라 공격행동이 보상을 받기도 하고 처벌을 받기도 하는 것을 알게 되면 보상받을 수 있는 상황에서만 공격행동이 나타난다.
  ㉤ 어떠한 형태의 공격행동이 보상을 받으면 유사한 형태의 다른 공격행동도 증가하지만(일반화), 한 형태의 공격행동은 처벌을 받지 않고 또 다른 형태의 공격행동은 처벌을 받는다면 처벌을 받지 않는 공격행동을 선택하게 된다(변별).
② 반두라(Bandura)의 사회학습이론
  ㉠ 폭력행위는 관찰과 모델링을 통해 대리적 학습기제를 통해 학습될 수 있다.
  ㉡ 학생의 폭력행동은 TV나 영상매체, 만화나 서적 등에 나타난 폭력물에 의해 학습될 수도 있고, 부모나 기성세대의 폭력행위를 모방함으로써 발생할 수 있다.
  ㉢ 학생은 다른 사람들의 폭력행동을 관찰하고 모방함으로써 새로운 폭력기술을 습득하기도 하고 폭력행동에 대한 억제력이 둔화되거나 감퇴되어 양심의 가책이나 별문제 없이 폭력행동을 모방할 수 있다.
③ 모델링의 기능
  ㉠ 관찰학습기능 : 공격행동을 수행하는 모델이 관찰자에게 새로운 공격방법을 가르쳐 준다.
  ㉡ 탈억제기능 : 공격행동을 했지만 처벌받지 않은 모델을 관찰하는 것은 공격행동에 대한 억제를 감소시켜서 공격행동의 확률을 증가시킨다.

ⓒ 정서 및 각성기능 : 단순하게 공격을 관찰하는 것만으로도 정서적 흥분이 유발되어 충동적이고 공격적으로 반응하게 된다.

(5) 사회학적 관점
① 문화전달이론(Shaw와 Kay) : 비행의 토대를 일탈적 하위문화로 본다. 범죄 등이 일어나는 빈민가나 우범지대와 같이 사회 해체 지역에서는 비행이나 범죄성을 띤 전통적 가치가 사회적으로 허용되어 하나의 보편화된 문화로 전달되기 때문에, 그 안에서 성장하는 청소년은 각종 비행을 쉽게 배우고, 직접 실행하기도 한다.
② 아노미(anomi) 이론 : 개인이 문화적으로 규정된 목표를 성취하기 위한 합법적 제도와 수단이 부족할 때 대안적 수단을 찾으면서 일탈행위가 발생한다. 사회구조적 측면에서 하층계급의 청소년에게 제도적 수단이 차단되고 균등한 기회가 주어지지 않는 것이 구조적 긴장을 야기하는 비행의 원인이 된다.
③ 낙인이론 : 비행은 한 개인이 행한 행동 자체의 질에 관한 것이 아니라 오히려 그 행동에 대한 사회적 규칙이 적용된 결과로 볼 수 있다.
  ㉠ 사회집단은 개인이 어떤 규칙이나 규범을 위반하면 일탈자가 된다는 것을 정해 두고 이를 위반할 경우 일탈자라는 낙인을 찍는다.
  ㉡ 가벼운 비행행동을 한 후 일단 비행청소년이라는 낙인이 찍히게 되면, 이 낙인의 꼬리표를 자신이 스스로 수용하면서 동일시하여 이후에는 비행행동을 상습적으로 반복하게 되고, 그 결과 심각한 범죄인이 되는 것이다.
  ㉢ 특히 낙인이 찍히면 부정적 자아가 형성되고, 부정적 자아에 의해 비행을 하게 된다. 이 상황은 자기충족적 예언과도 관련되는데, 부정적인 기대나 편견이 청소년의 행동에 영향을 미치기 때문이다.

5. 비행청소년 상담 모델

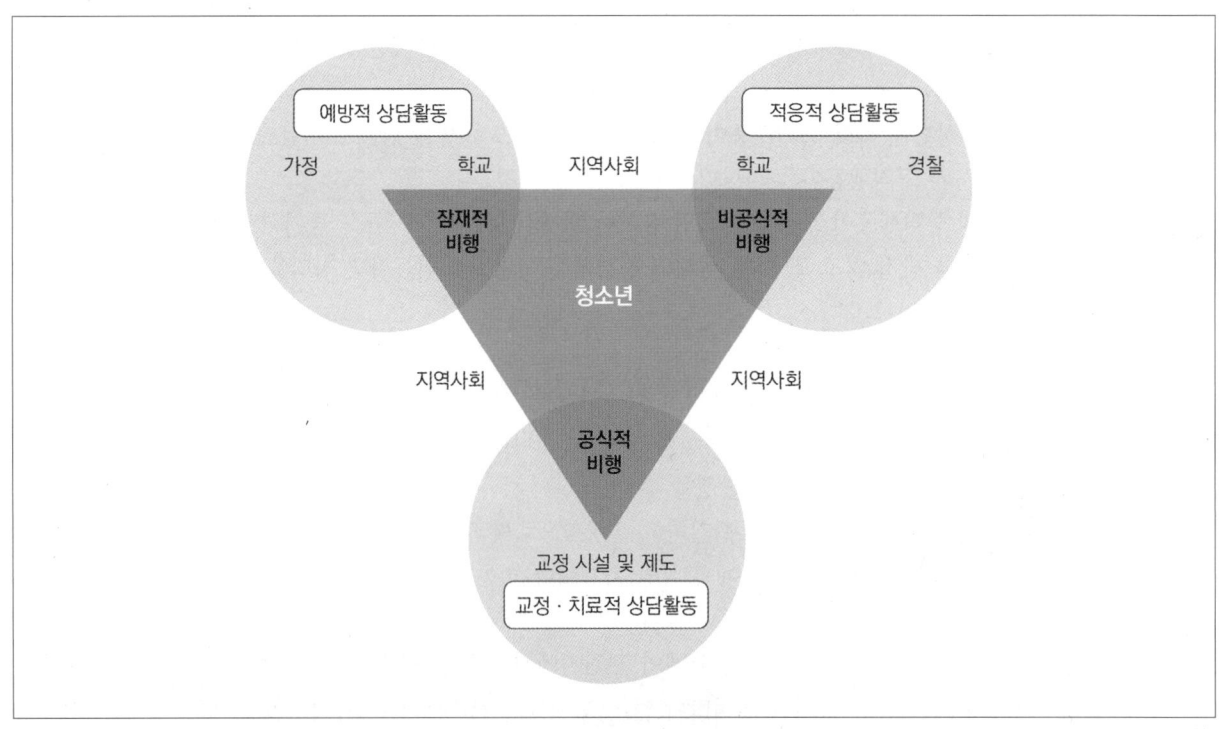

[그림 12-8] 비행청소년 상담 모델

(1) 제1영역(예방적 상담활동)
① 초점 : 물리적·사회적·심리적 환경 중에서 비행의 원인이 되기 쉬운 제반 여건을 개선하는 데 초점을 둔다.
② 목표 : 비행행동을 촉진하거나 기회를 제공하는 제반 조건을 변화시키는 것이다.
③ 대상 : 아직 비행을 하지 않았거나 사소한 일탈행동의 조짐과 비행가능성이 있는 잠재적 비행청소년과 그를 둘러싼 제반 환경이다.

(2) 제2영역(적응적 상담활동)
① 초점 : 본격적인 비행세계에 빠져들기 전에 적응력을 향상시켜 재활할 수 있도록 조력하는 데 초점을 둔다.
② 목표 : 가벼운 비행을 저질렀을 때 초기에 적절한 개입을 통해 비행이 상습화되지 않도록 자신과 주변환경을 이해하고 새롭게 적응해 나가는 능력을 함양시키는 것이다.
③ 대상 : 공식적인 법망에 검거되지 않았거나 경찰의 단속에 적발되었더라도 법원에 소추되지 않고 가벼운 처리과정을 거쳐 훈방 내지 귀가조치되는 비공식적 비행청소년이다.

(3) 제3영역(교정·치료적 상담활동)
① 초점 : 더 이상 재범화하지 않도록 비행 성향을 교정하고 사회적응력을 향상시키는 데 초점을 둔다.
② 목표 : 비행성을 교정함으로써 재비행과 성인 범죄자로의 전이를 예방하는 것이다.
③ 대상 : 실제로 범죄를 저질러 심각한 장애를 초래한 범죄소년을 대상으로 한다.

17 청소년기의 약물문제

1. 약물 사용의 유형과 평가

(1) 청소년 약물 사용의 단계별 유형
① 위기 단계 : 호기심 충족이나 또래와의 동질감 형성을 위한 사회적 수단으로 약물을 사용하는 단계이다. 이 단계는 약물 사용 자체가 목적인 일차적 약물 사용보다 다른 활동 과정에서 부차적으로 약물을 경험하는 이차적 약물 사용이 나타난다. 겉으로 드러나는 적응상의 문제는 가지지 않지만 청소년기에 경험하는 다양한 위험에 노출된다.
② 남용 단계 : 이차적 약물 사용이 일차적 약물 사용으로 전환되기 시작하며, 스트레스 및 부정적 경험을 회피하기 위한 수단으로 약물이 이행되기 시작한다. 이 단계부터 약물의 역기능적 조짐이 나타나기 시작하지만 의존적이지 않으며, 상황에 따라 필요를 느껴 약물을 찾게 된다.
③ 의존 단계 : 약물 사용이 일차적 약물 사용으로 굳어지고 강박적으로 약물에 의존한다. 의존 단계의 청소년은 심리적 문제의 근원이 아동기 이전에 있을 가능성이 높고, 연령의 변화에도 불구하고 비행이 지속되기 때문에 심리적·환경적 개입이 통합적으로 이루어져야 한다.

(2) 약물 사용의 동기별 유형

구분	내용
실험적 동기	• 호기심이나 모험심으로 약물을 사용하는 경우 • 이 유형은 아주 적은 양의 약물을 단기간 복용하는 특징이 있음
사회도구적 동기	• 또래관계에서 동질감과 소속감을 경험하기 위해 약물을 사용하는 경우 • 특정 하위집단 구성원끼리 약물을 사용하면서 즐거움과 소속감을 경험함
상황적 동기	• 특정한 상황에서 정서적 혹은 정신적 자극이 필요하여 약물을 사용하는 경우 • 흔히 밤새워 공부하기 위해 각성제를 복용하거나 잠을 청하기 위해 수면제를 복용하는 경우가 이에 해당함
심화된 강박적 동기	• 일상적인 문제와 스트레스에서 벗어나기 위해 약물을 장기간 남용하는 경우로, 약물 사용이 생활의 한 부분을 차지하게 됨 • 이 상태의 청소년은 약물 복용으로 나타나는 다양한 효과나 즐거운 심리적 상태를 유지하려 다량의 약물을 자주, 장시간 동안 사용하므로 약물이 없으면 삶 자체가 공허하고 우울해지는 것을 경험함

(3) 약물 사용별 유형

① 약한 약(soft-core drug) : 약물의 작용이 그다지 세지 않은 약으로 대마초, 암페타민, 알코올 등이 포함되는데, 약한 약을 사용하는 사람들은 집단상담으로 다루어질 때 효과적이다.
② 강한 약(hard-core drug) : 약물의 작용이 비교적 센 약으로, 코카인, 헤로인, LSD 등이 포함된다.
  ㉠ 개별상담을 하는 것이 효과적이다.
  ㉡ 약한 약을 사용하는 사람보다 더 큰 심리사회적 어려움을 경험하는 경우가 많다.
  ㉢ 단순히 즐거움이나 호기심을 위한 목적으로 사용했다면 상담에서 비교적 다루기 쉬운 대상이다.
  ㉣ 강한 약물의 사용은 청소년의 자아 발달과 생활 패턴에 막대한 부정적 영향을 준다.

(4) 약물 사용방법별 유형

① 혼자 약물을 사용하는 경우 : 개인적 욕구 때문에 약물을 사용하는 경우로, 여럿이 함께 사용하는 경우보다 중독 위험성이 더 높고 상담의 예후도 좋지 않다. 흔히 본드를 불고 취한 기분으로 상실감을 극복하고 싶다거나 부탄가스를 불고 난 이후 보이는 돌아가신 어머니의 환상을 보고 싶다거나 하는 개인적인 욕구와 바람으로 약물을 사용한다.
② 여럿이 함께 사용하는 경우 : 대부분 약물 사용의 권유를 받으면 함께 약물을 사용하는 집단에 소속되지 못하고 혼자 떨어져 나갈 것 같은 두려움 때문에, 함께 약물을 사용하는 친구들과 느끼는 집단의식 때문에, 집단에서 약물도 함께 사용한다는 과시욕 때문에 약물을 사용하게 된다.

(5) 약물의 종류

구분	종류
중추신경계 흥분제	담배, 카페인(각성제 등), 암페타민류(필로폰 등), 코카인 등
중추신경계 억제제	술, 흡입제(본드, 가스, 가솔린, 아세톤 등), 마약류, 수면제, 신경안정제, 진해제, 항히스타민제 등
환각제	대마초, 환각제 등
기타	진통제, 누바인 등

(6) 약물의 인지행동적 접근(Lise와 Franz)

① 활성화 자극(activating stimuli) : 약물 관련 신념과 자동적 사고를 일으키는 단서나 방아쇠 역할을 하는 자극을 말한다. 이 자극은 곧 갈망감이나 충동으로 이어진다.
  ㉠ 중요한 활성화 자극이 부정적 정서라는 것이다.
  ㉡ 중독자들이 추구하는 약효는 즉각적으로 정서 상태를 조절해 주는 것이다.

② 활성화된 신념
  ㉠ 기대신념(anticipatory belief) : 약을 사용함으로써 만족감, 효율감, 사회성이 증가한다는 예감이다.
  ㉡ 위안 지향적인 신념(relief-oriented belief) : 불쾌한 몸 상태나 감정 상태가 약으로 인해 덜어질 것이라는 기대이다.

③ 자동적 사고 : 짧고 자발적인 인지적 과정으로 생각의 형태일 수도 있고 이미지 형태일 수도 있는데, '피워!', '마셔!', '해 버려!' 등 주로 실행문의 형태를 취한다.

④ 충동과 갈망감 : 배고픔이나 목마름 같은 신체적 감각의 형태를 취한다.

⑤ 촉진적 신념 : 약물 사용의 부정적 결과를 무시하도록 하는 인지적 왜곡으로, 이를 '허용'이라고도 한다.
  ㉠ 자격부여(entitlement) : '나는 한 잔 마실 자격이 있다.'
  ㉡ 결과의 최소화(minimization of consequences) : '한 번 하는 것인데 뭐 해로울까?'
  ㉢ 합리화(justification) : '인생은 본래 그런 것인데 한 대 피운다고 뭐가 달라지겠냐?'

⑥ 도구적 전략에 집중하는 것 : 약을 획득하는 데 필요한 계획을 수립하는 과정이다. 약물중독자들은 대부분 나름대로 정교한 계획을 가지고 있는 경우가 많다.

⑦ 지속적 사용 혹은 재발 : 한 번의 실수는 지속적인 재발의 활성화 자극이 된다. 즉, 한 번의 실수는 부정적 정서 상태를 유발하고, 다시 완전한 재발로 이어지는 악순환을 형성하며, 이 배경에는 이분법적 사고가 작용한다.

2. 청소년의 약물상담과정

(1) 상담 초기

① 평가 : 약물남용의 수준이 어느 정도인지 확인한다.
  ㉠ 의학적 검사뿐만 아니라 현재 사용하는 약물의 대체물질이 있는지, 그 약물을 얼마나 사용하고 있는지 등을 파악해야 한다.
  ㉡ 과거 치료경험을 알아본다.
  ㉢ 약물을 사용할 돈은 어디서 구한건지, 잠재적인 반사회적 성격은 어느 정도 가지고 있는지, 얼마나 자기파괴적이며 위험 수치가 높은지, 가족력은 어떠한지, 동료들은 어떠한지 등 주변 환경 조사가 필요하다.

② 절제와 상담을 위한 동기화를 시행한다.

③ 해독 : 기존에 사용한 약물들의 잔재를 해독하는 작업이 필요하다. 이때 상담자는 의학적인 방법과 함께 사용하여 해독작업을 한다.

④ 절제와 상담계획 세우기 : 입원치료를 할 것인지 외래치료를 할 것인지 결정한다. AA(단주집단)와 같은 개입을 할지, 약물요법을 사용할지, 그 외의 치료방법을 사용할지 결정한다.

(2) 상담 중기
  ① 초기에 설정된 상담계획에 따라 약물 사용을 절제하며, 재발에 대처할 수 있게 구체적인 사고와 행동의 변화를 촉진한다.
  ② 약물 사용을 중단하고 효과적으로 자신의 삶을 다루어 나갈 수 있도록 건설적인 대안(예 공부방법, 새로운 친구 사귀기 등)을 제시하고 이에 익숙해지도록 돕는다.
  ③ 약물을 절제하기 위한 필수적인 단계
    ㉠ 약물남용의 재발을 일으키는 요소들에 대해 교육한다.
    ㉡ 약물을 이용하도록 자극하는 외적 요소와 내적 감정을 확인한다.
    ㉢ 약물 사용과 관련된 활동들을 대체할 수 있는 지지체계와 일상 구조를 확립한다.
    ㉣ 위기상황과 약물을 사용하고 싶은 욕망을 다루는 행동 계획을 세운다.
    ㉤ 치료를 받다가 초기에 그만두지 않도록 계획을 세운다.

(3) 상담 종결기
  ① 친밀성과 자율성을 높여주는 상담을 한다.
  ② 여러 상담기법 활용 : 감정처리기술, 의사결정기술, 긍정적 행동을 확립하는 기술, 기분유지기술, 의사소통기술, 거절기술 등이 있다.

3. 약물 사용의 예방

(1) 1차 예방 : 사용 예방
  ① 약물문제가 발생하기 전의 예방이다.
  ② 약물남용의 발생 감소와 새로운 남용자가 발생하지 않도록 예방하는 접근으로, 선행 위험 요소의 감소, 취약성 감소, 보호 요인의 증가를 목표로 한다.
  ③ 약물남용 가능성을 높이는 요소들을 사전에 규명하고, 약물 사용을 피할 수 있게 약물과 개인과 환경에 변화를 시도한다.

(2) 2차 예방 : 조기 개입
  ① 의미 : 문제를 조기에 규명하고 해로운 영향을 감소시키며 그 이상의 발전을 막을 수 있는 적절한 교정적 반응을 하는 것이다.
  ② 이미 약물을 사용하고 있으나 아직 심각한 부정적 영향이 나타나지 않은 대상자를 위한 조기개입 활동이다.
  ③ 약물남용의 원인이 되는 약물의 차단이 중요하며, 스트레스를 감소시키고 대처능력과 생활을 조절할 수 있는 능력을 얻도록 도와야 한다.

(3) 3차 예방 : 치료, 재활 및 재발 예방
  ① 약물남용이나 강박적 사용의 문제 유형에 이미 연루되어 있는 대상자들의 문제 파급을 감소시켜 악화를 예방하고 재발을 예방하는 것이다.
  ② 적극적인 의료적·심리적·사회적 치료를 포함한다. 입원치료 및 재발 예방 재활 프로그램을 포함한 약물치료, 심리치료, 가족치료, 자조집단, 치료적 공동체 등의 개입이 이루어진다.

> **참고** 치료공동체 : 시나넌(Synanon)
>
> - 비거주형 모임이 24시간 거주형 모임으로 '시나넌'이라는 치료공동체가 탄생하게 되었음
> - 치료공동체는 고립 때문에 생긴 고통으로 인한 부적응적 행동들을 견고한 대인관계를 통해서 함께 해결해 나가고, 고립에서 벗어나 다른 사람들과 공동체 안에서 한 형제임을 느끼도록 도와줄 수 있는 사람들이 중독자들과 함께 모여서 사는 집단임
> - 단계
>   - 입소 평가 단계 : 치료공동체에 부적절한 사람들을 가려내고 적합한 사람에게는 장기 거주치료를 준비하도록 함
>   - 1단계-유도 단계 : 입소 후 첫 30일 동안을 말하는데, 이 단계에서는 개인을 공동체에 동화시키도록 함
>   - 2단계-1차 치료 단계 : 10개월간 진행되며 사회화, 개인 성장, 심리적 자각 등을 목표로 함
>   - 3단계-재진입 단계 : 거주자들이 공동체를 떠나 사회에 복귀하여 정상적인 생활을 영위할 수 있도록 도와줌

제13장
학습심리와 행동수정

개념구조도 🔍

제1절 학습과 행동주의
제2절 고전적 조건형성
제3절 조작적 조건형성
제4절 행동수정

제13장 개념구조도

제1절 학습과 행동주의

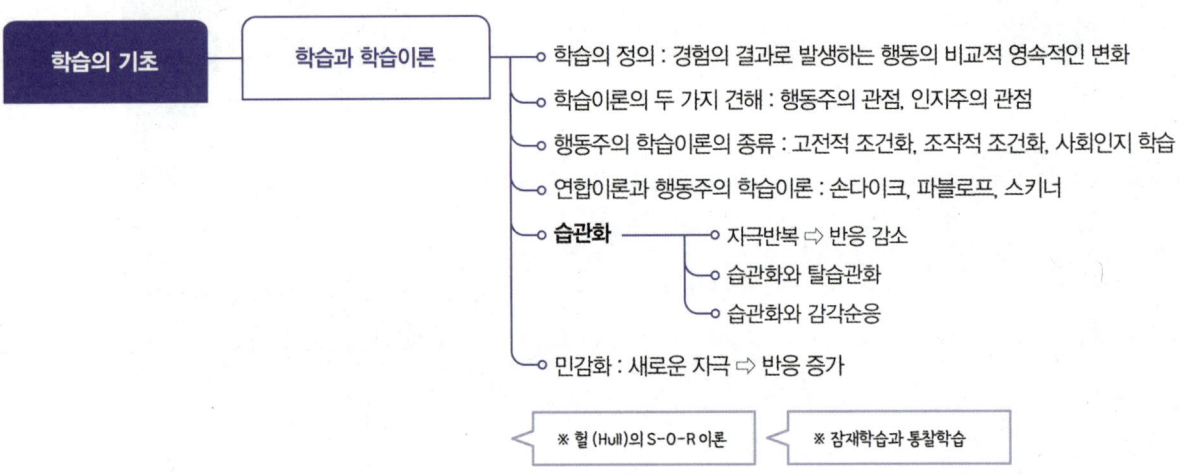

제2절 고전적 조건형성

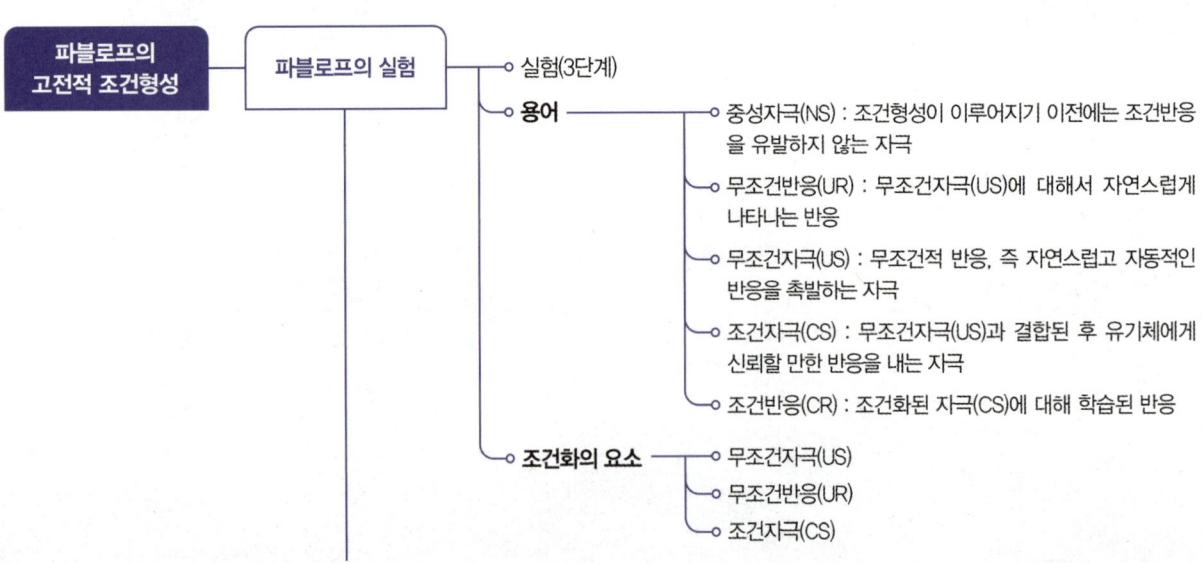

김진구 전문상담 기본개념 3

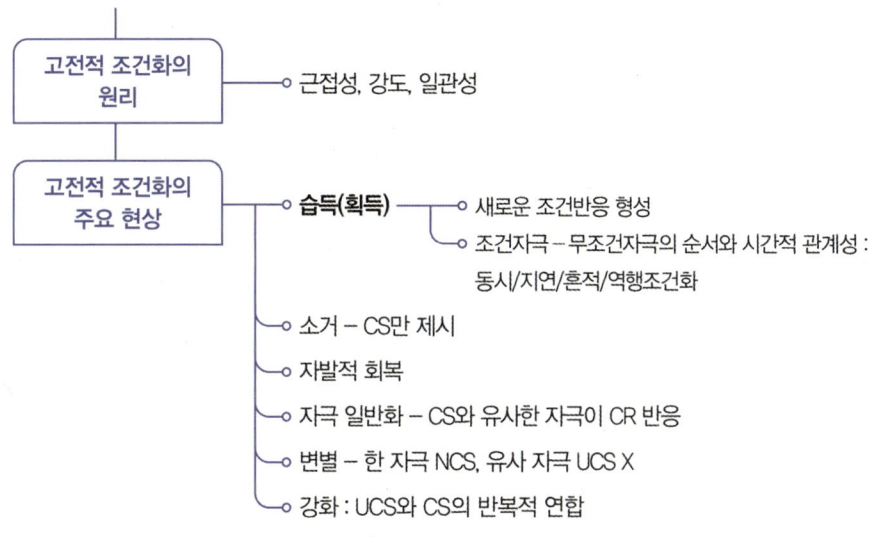

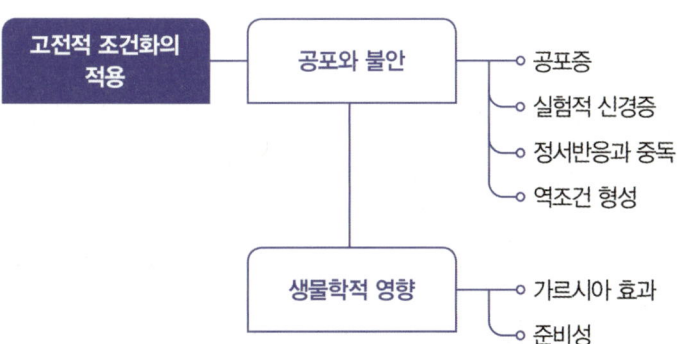

제13장 개념구조도 487

제13장 개념구조도

제3절 조작적 조건형성

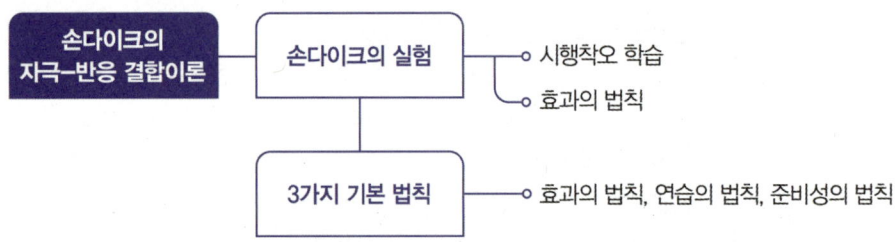

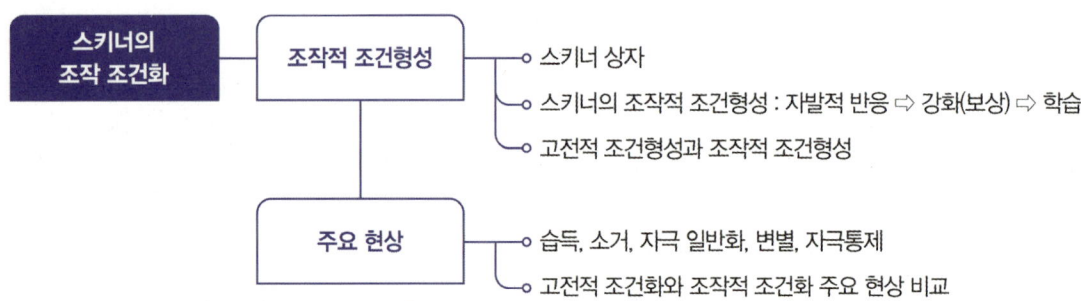

김진구 전문상담 기본개념 3

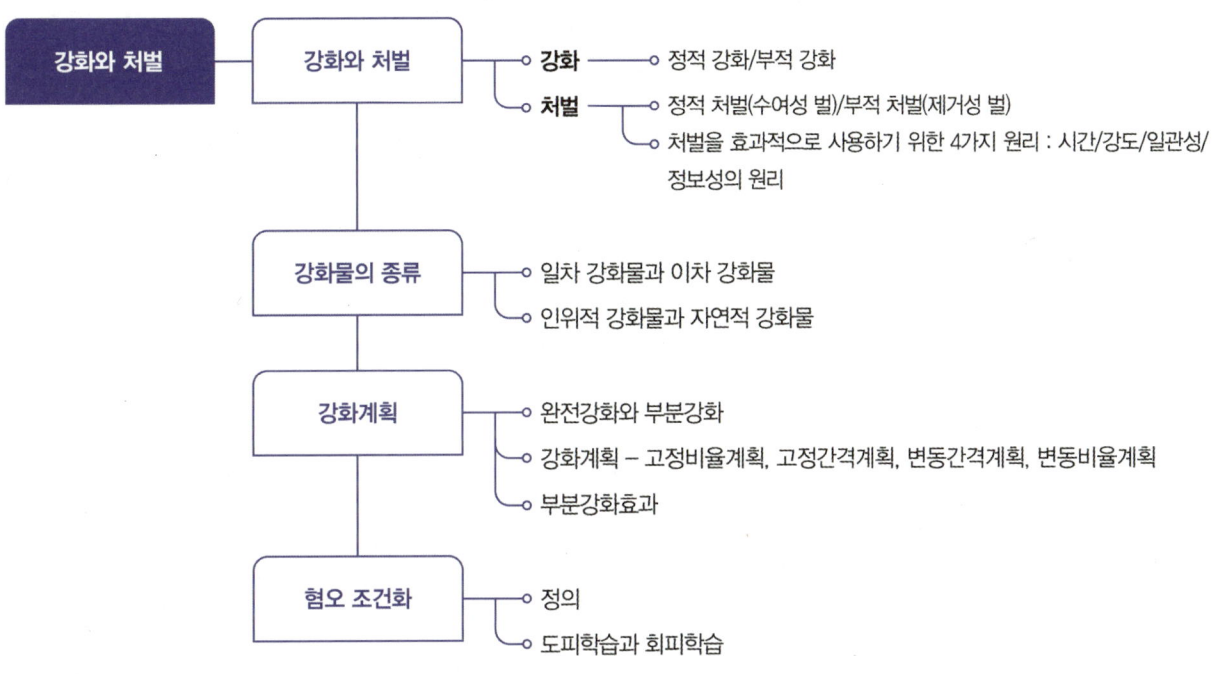

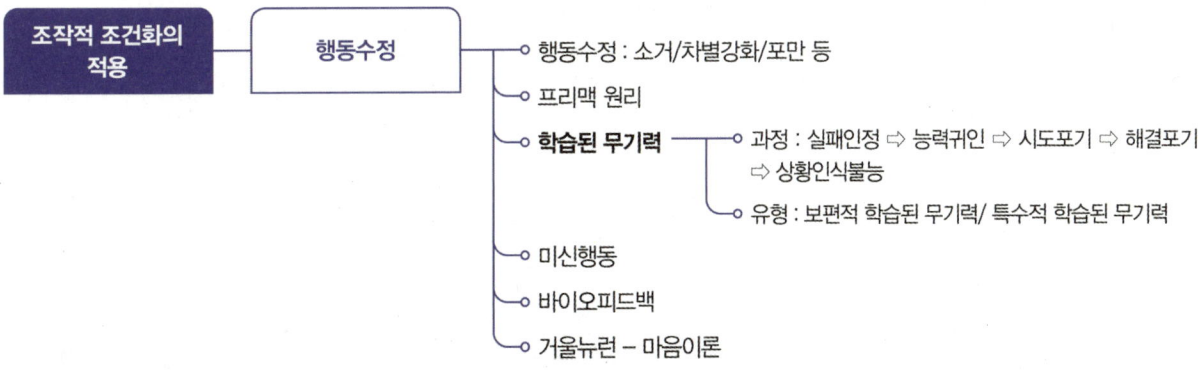

제13장 개념구조도

제13장 개념구조도

제4절 행동수정

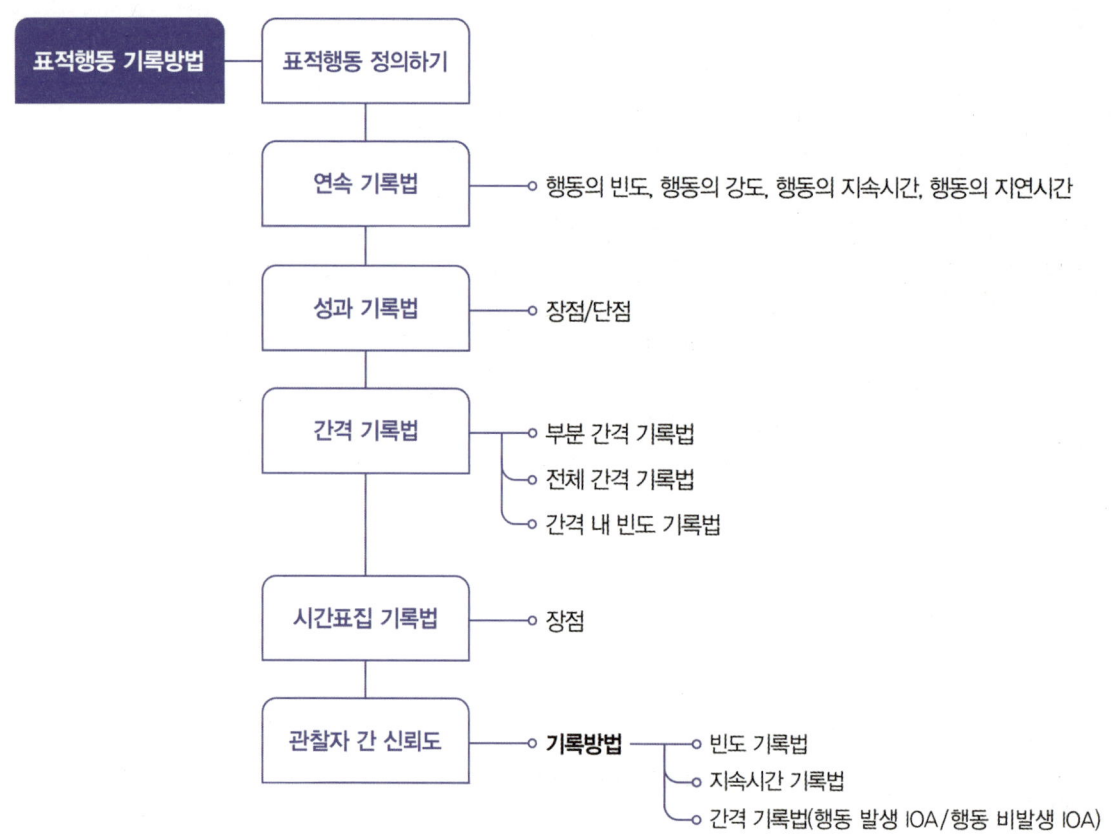

김진구 전문상담 기본개념 3

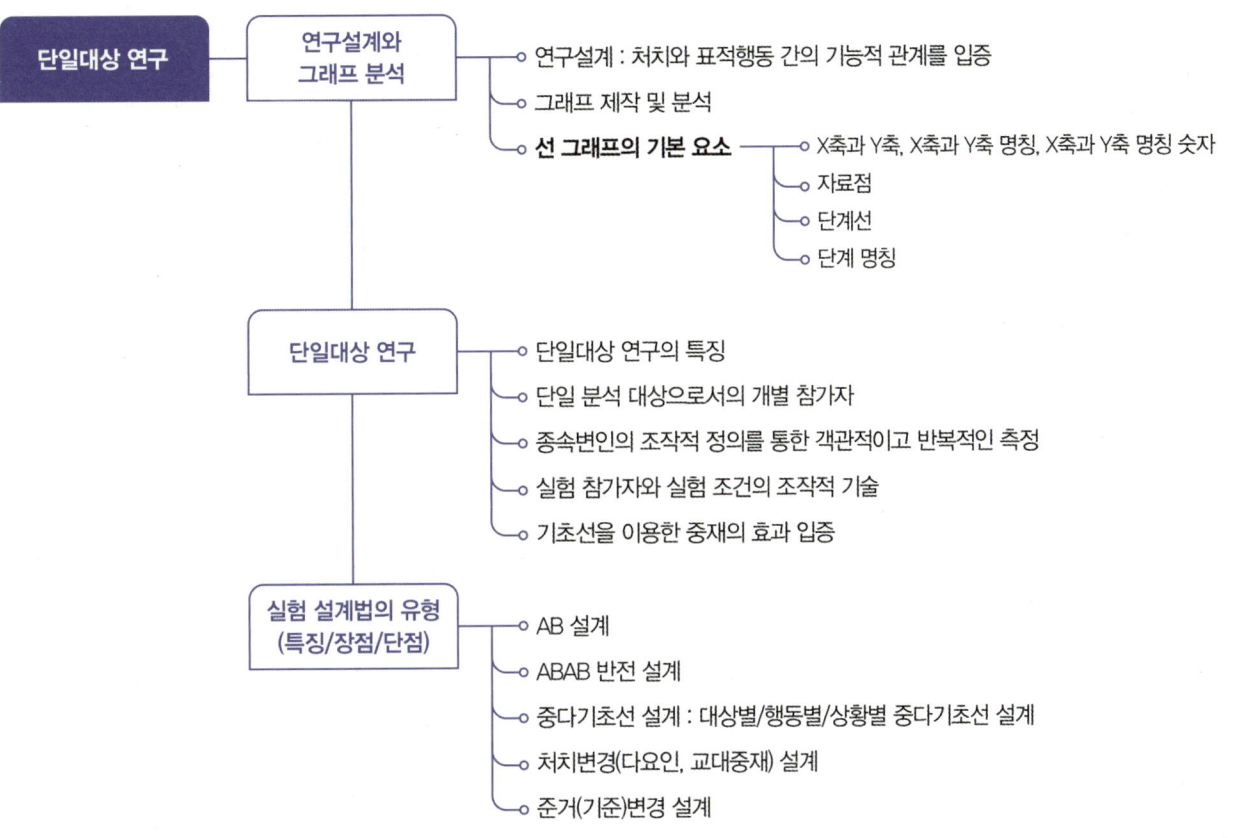

제13장 개념구조도

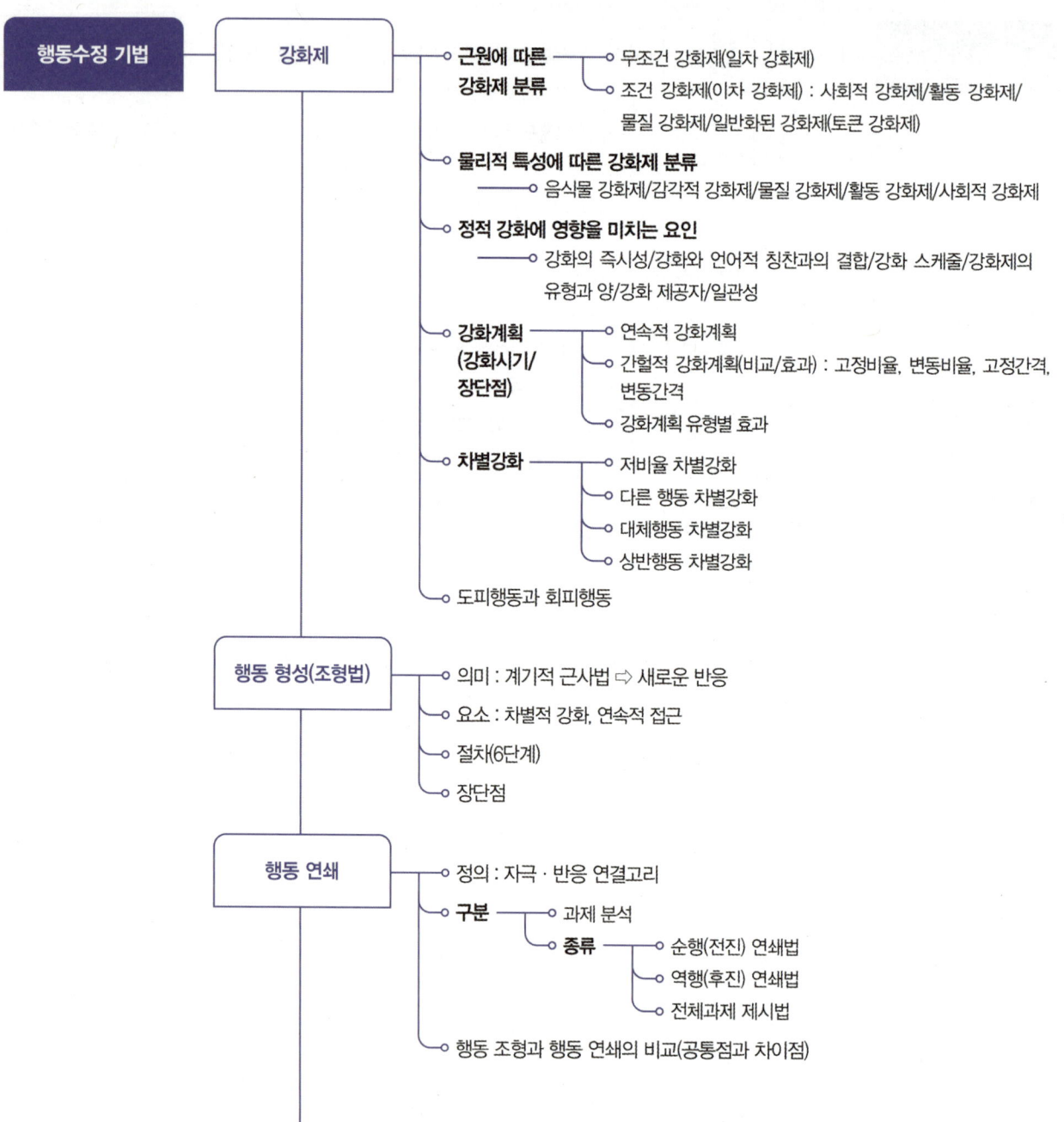

김진구 전문상담 기본개념 3

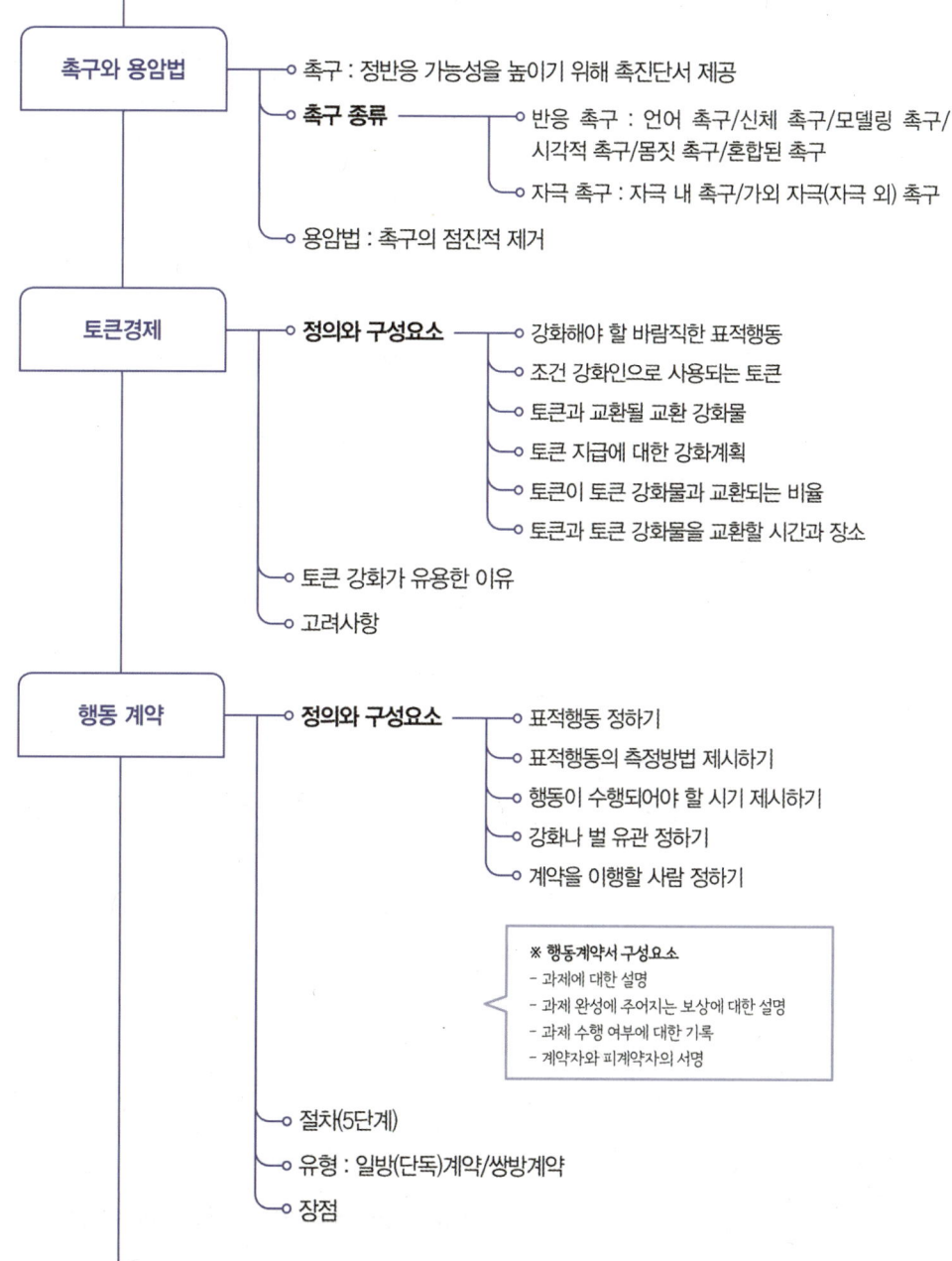

제13장 개념구조도

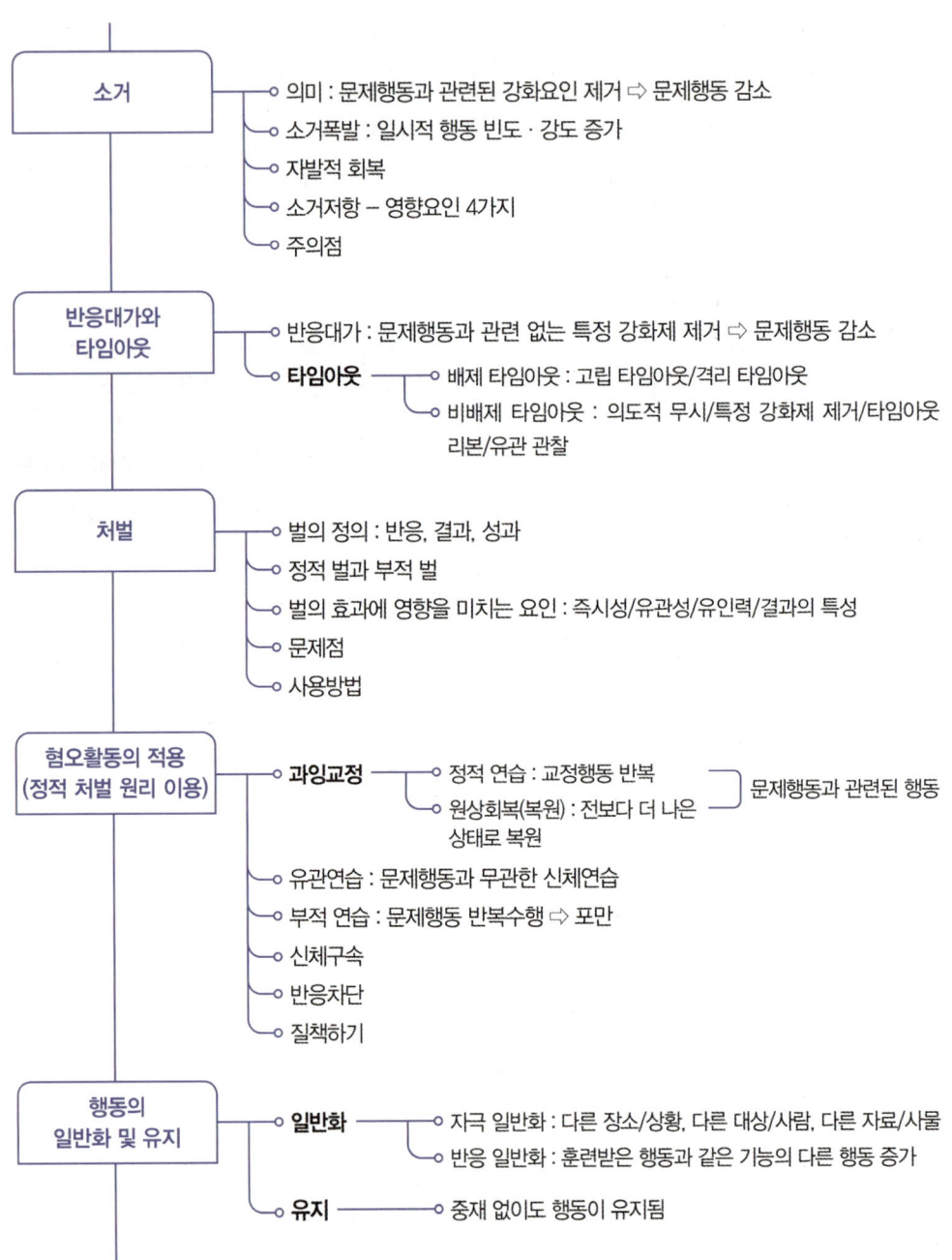

김진구 전문상담 기본개념 3

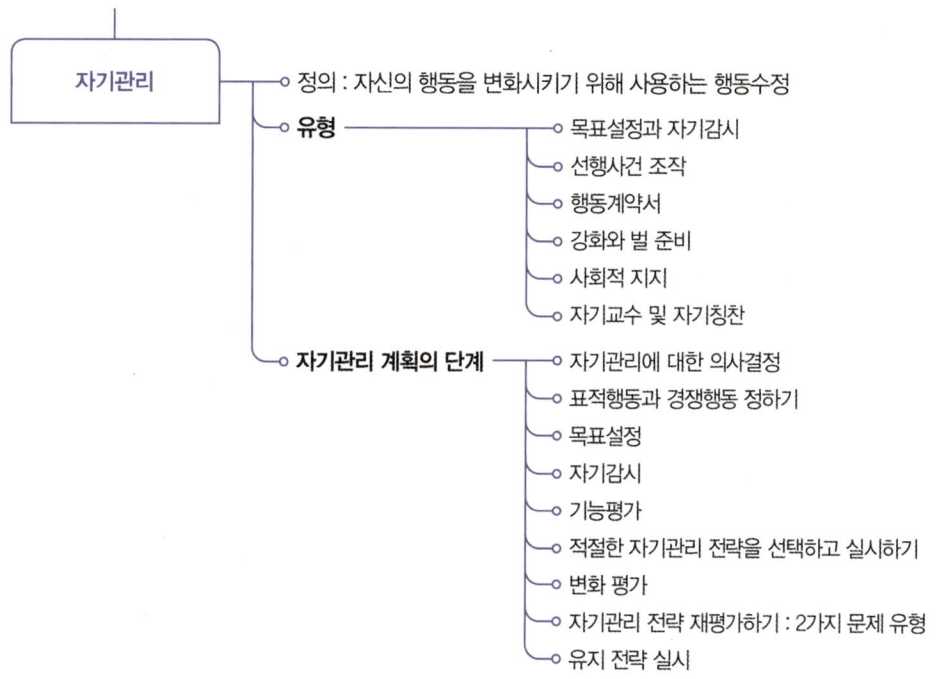

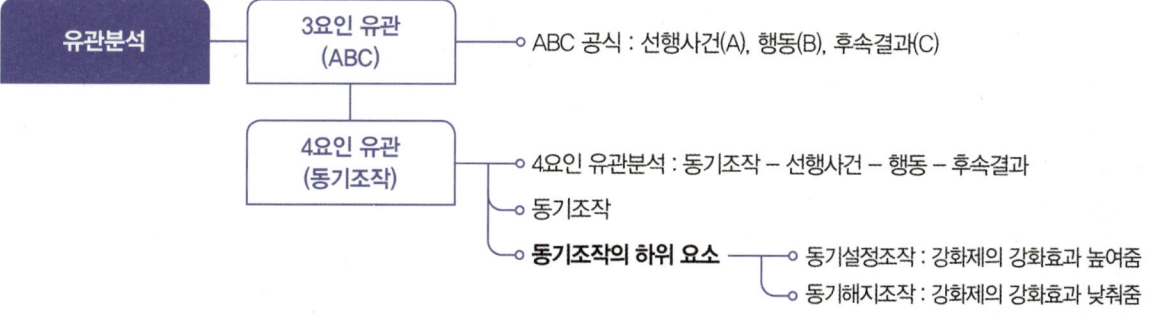

제1절 학습과 행동주의

01 학습의 기초

1. 학습과 학습이론

(1) 학습의 정의

학습은 경험의 결과로 발생하는 행동 혹은 행동목록에서의 비교적 영속적인 변화이다.

(2) 학습이론의 두 가지 견해

① 행동주의 관점 : 반응의 결합과 연합에 초점을 두고, 자극과 반응의 관계로 학습이 일어난다고 주장한다.
② 인지주의 관점 : 내적 인지과정에 초점을 두고, 자극과 행동을 매개하는 인지과정에서 학습이 일어난다고 주장한다.
③ 행동주의 학습과 인지주의 학습의 비교

구분	행동주의 학습	인지주의 학습
심리학이론	연합주의	형태주의
내용	외적 행동(반응)	내적 행동(사고)
학습개념	연합의 획득	지식 습득, 사고구조의 변화
관찰	반드시 관찰	학습과 수행(관찰) 구분

(3) 행동주의 학습이론의 종류

① 고전적 조건화 : 자극에 대한 정서적·심리적 반응이다.
② 조작적 조건화 : 행동한 결과로 주어지는 자극에 따라 일어나는 변화이다.
③ 사회인지 학습 : 다른 사람의 행동결과를 관찰한 뒤에 일어나는 행동적 변화이다.

(4) 연합이론과 행동주의 학습이론

① 연합 : 요소 간의 결합을 의미한다. 연합이론에서 학습은 자극과 반응의 결합, 자극 간의 연합, 아이디어 간의 반복적인 연합의 결과로 이루어진다.
② 행동주의 학습의 종류 : 손다이크(Thorndike)의 자극 – 반응 결합, 파블로프(Pavlov)의 조건반사, 스키너(Skinner)의 조작 조건화 등이 있다.
③ 신행동주의
  ㉠ 인간의 행동학습은 동물과 다르게 정신과정이 완전히 배제된 S-R의 관계로만 설명할 수 없다. 따라서 유기체 인지과정을 설명하는 S-O-R의 관계를 발전시켰다.
  ㉡ S-O-R : 정신과정(O)이 자극(S)과 반응(R)의 사이에 작용하기 때문에 개인이 최종으로 반응을 결정한다는 것이다. 이는 단순히 자극을 통해 학습하는 수동적 인간관에서 탈피하여 적극적으로 환경을 다루며 사고하는 능동적인 인간관으로의 변화를 의미한다.

> **참고** 헐(Hull)의 S-O-R 이론

1. 인간의 행동을 외부에서 주어지는 자극과 반응의 결합으로 설명하지만, 그 자극과 반응 사이에 직접 관찰할 수 없는 유기체라는 매개변인을 가정하였다.
2. **학습을 규정하는 원리로 추동감소를 가정** : 여기서 추동은 생리적 결핍상태로 인한 심리적 불편함을 의미한다. 이러한 불편함을 감소시키는 것이 강화의 역할을 하여 행동을 하고자 하는 동기를 유발한다.
3. **공식** : 반응경향성(E) = f(추동 D × 습관강도 H × 유인가)
   - 반응의 확률이 추동, 습관강도, 유인가의 3가지 요인에 의해 도출된다.
   - **추동** : 결핍상태의 지속시간으로 측정이 가능하다. **예** 10시간 굶주린 쥐는 3시간 굶주린 쥐보다 추동이 강하다.
   - **습관강도** : 자극과 반응 간의 연합강도를 의미한다. 즉, 자극과 반응 간 짝지음에 대한 강화횟수가 증가할수록 습관강도는 높아진다.
   - **유인가** : 욕구감소와 밀접하게 그리고 지속적으로 연합되어 있는 자극을 의미한다.
   - 아무리 습관강도가 높을지라도 추동이나 유인가가 0이라면 학습된 반응은 일어나지 않는다.
4. 헐은 동물에게 아무리 강화가 주어지더라도 만약 동물이 추동상태에 놓이지 않는다면 반응을 수행하지 않을 것이라고 생각하였다. 이와 유사하게 동물이 아무리 높은 추동상태에 놓여 있을지라도 만약 반응을 수행할 때 강화가 주어지지 않는다면 동물은 학습된 반응을 수행하지 않을 것이다.

(5) **습관화(habituation)와 민감화(sensitization)**

① **습관화** : 어떤 자극에 반복적으로 노출되어 친숙해지면 그 자극에 반응하는 경향성이 감소하는 현상이다.
② **정향(정위)반응** : 낯선 자극을 받으면 그 자극에 주의를 기울이는데, 이러한 행동을 정향반응이라고 한다.
③ **습관화의 적응적 중요성** : 도피반응을 유발하는 자극범위를 축소시킨다. 습관화는 유기체로 하여금 친숙한 자극을 무시하게 하고 새롭거나 위험을 알리는 것들에 대해 위기반응을 집중하도록 해준다.
④ **감각순응(sensory adaptation)과 습관화**
   ㉠ **감각순응** : 감각 자극에 되풀이되어 노출될 때 나중에는 그 감각을 인식하지 못하게 되는 것이다.
   ㉡ **습관화** : 환경 자극을 계속해서 지각하지만 그 자극이 중요하지 않다는 것을 배워서 반응하지 않는 것이다.
⑤ **탈습관화** : 습관화된 자극에 다시 반응하게 되는 것인데, 이는 동물의 세계에서 위험을 알리는 역할을 한다.
⑥ **민감화** : 어떤 자극에 노출된 후 행동 반응이 더 증가하는 것을 말한다. 이는 주로 위협이 되거나 고통스러운 자극에 대하여 발생한다. **예** 집에 있다가 뭔가 타는 냄새가 나거나 가스 냄새가 나면 그런 냄새가 습관화되지 않는다. 오히려 미미한 냄새에도 정신이 번쩍 들어 바로 반응하게 된다.

> **참고** 잠재학습과 통찰학습

1. **인지도와 잠재학습**
   - **인지도(cognitive map)**
     – 환경의 여러 특성과 위치에 대한 정보를 그림 또는 지도와 같이 형태화한 정신적 표상이다.
     – 쥐의 미로실험에서 집단 3의 쥐들이 10일 동안 강화물이 없어도 무언가를 학습했음을 시사한다. 이들의 머릿속에는 미로에 대한 지도가 이미 그려져 있었던 것이다.
   - **잠재학습(latent learning)** : 학습이 실제로 일어났지만 직접 관찰할 수 없는 행동으로 나타나는 학습이다.
     – 쥐의 미로실험에서 강화물은 잠재학습을 직접 관찰 가능한 행동으로 표현되게 하는 유인책 역할을 한다.
     – 눈에 보이지 않는 인지적 변화도 학습이며, 이 학습은 강화와 관계없이 일어날 수 있다.

2. **통찰학습**
   - 문제상황에서 관련 없는 여러 요인이 갑자기 완전한 형태로 재구성되어 문제를 해결하는 것이다. 서로 관련 없는 부분의 요소들이 갑자기 유의미한 전체로 파악되면서 문제해결을 위한 수단과 목적으로 결합된다.
   - 통찰을 통해 획득된 지식은 다른 상황에 쉽게 전이되고 오랫동안 기억된다.
   - **통찰에 필요한 조건** : 자극의 전체적인 관계를 파악할 수 있는 인지능력과 사전지식이 있어야 한다.

제2절 고전적 조건형성

02 파블로프(Pavlov)의 고전적 조건형성

1. 파블로프의 실험

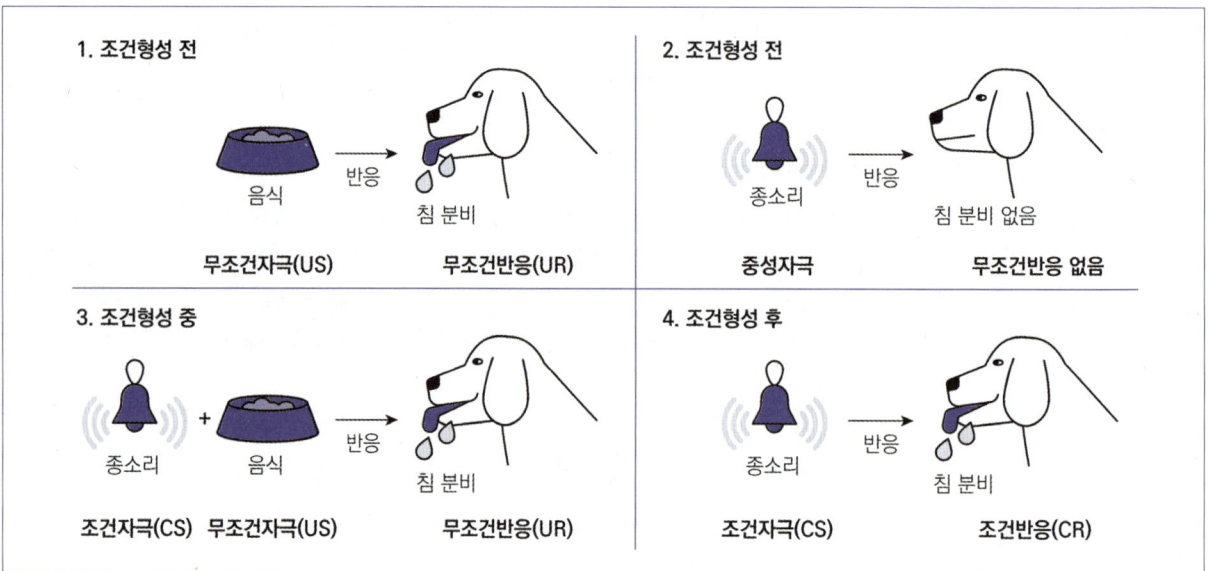

[그림 13-1] 고전적 조건형성의 요소들

(1) 실험

실험	내용
1단계	• 개의 입에 음식물을 넣어 주면 타액이 분비되고, 종소리를 들려주면 타액이 분비되지 않는다는 것을 확인함 • 음식물을 넣어 줄 때 나타나는 타액 분비는 선천적이고 자동적으로 유발되는 반사임 • 종소리는 개의 타액 분비와 무관한, 즉 타액 분비를 촉진 또는 억제시키는 작용을 하지 못하는 중성자극임 • **정향(정위)반사**: 종소리가 들릴 때, 개가 귀를 쫑긋 세우고 소리가 들리는 쪽으로 머리를 돌리는 행동임
2단계	• 종소리를 들려준 직후 개의 입에 음식물을 넣어 줌 • 음식물이 제시되기 때문에 타액 분비가 일어남 • 종소리와 음식물을 짧은 시간 간격으로 함께 제시하는 짝지음을 반복함
3단계	• 음식물 없이 종소리만 제시함 • 음식물이 제시되지 않아도 타액 분비가 일어남 • **정신반사**: 종소리만으로 타액 분비를 유발하는 것을 의미함

(2) 용어
　① 중성자극(NS) : 조건형성이 이루어지기 이전에는 조건반응을 유발하지 않는 자극이다.
　② 무조건반응(UR) : 먹이가 입에 들어올 때 침을 흘리는 것처럼, 무조건자극(US)에 대해서 자연스럽게 나타나는 반응이다.
　③ 무조건자극(US) : 무조건적 반응, 즉 자연스럽고 자동적인 반응을 촉발하는 자극이다.
　④ 조건자극(CS) : 이전에는 중성적이었으나 무조건자극(US)과 결합된 후 유기체에 어떤 신뢰할 만한 반응을 내는 자극이다.
　⑤ 조건반응(CR) : 이전에는 중성적이었으나 현재는 조건화된 자극(CS)에 대해 학습된 반응이다.

(3) 고전적 조건형성
　무조건자극(음식)과 중성자극(종소리)을 반복적으로 연합하여 조건자극(종소리)에 대해서 조건반응(타액 분비)을 일으키는 과정이다.

(4) 조건화의 요소
　① 무조건자극(US) : 유기체로부터 자연적이고 자동적인 반응을 인출한다.
　② 무조건반응(UR) : 무조건자극에 의해 인출되는 자연적이고 자동적인 반응이다.
　③ 조건자극(CS) : 중성자극으로, 유기체로부터 자연적이고 자동적인 반응을 인출하지 않는다.

2. 고전적 조건화의 원리

(1) 근접성(contiguity)
　① 근접성은 시간적인 동시성으로 동시조건반응이라고도 한다.
　② 두 가지 이상의 감각(종소리와 음식)이 동시에 발생하여 그 자극 간에 근접성이 있을 때 두 자극의 연합이 잘 이루어진다.
　③ 연합된 자극은 한 자극(감각)만 활성화되어도 다른 자극이나 감각이 함께 활성화된다.

(2) 강도(intensity)
　① 강도는 무조건자극에 대한 무조건반응이 조건자극에 대한 반응보다 완전하게 클 때 적용된다.
　② 무조건자극인 음식에 대한 타액 분비반응이 조건자극인 종소리에 대해 강아지가 놀랄 수 있는 반응보다 훨씬 강력해야 조건화를 통한 조건자극(종소리)에 대해 조건반응(타액 분비)이 일어난다.
　③ 음식과 종소리가 연합되기 전에 종소리가 커서 그 소리를 듣고 놀라면 종소리에 대한 타액 분비반응을 조건화할 수 없다.

(3) 일관성(consistency)
　① 일관성은 조건화 과정에서 무조건자극과 조건자극이 완전하게 결합할 때까지 무조건자극과 함께 제시되는 조건자극이 동일한 자극임을 말한다. 즉, 음식과 동시에 제시된 종소리 자극이 다른 소리 자극으로 바뀌면 조건화가 형성되지 못한다.
　② 조건화 과정에서 무조건자극(음식)과 연합된 종소리는 이 두 개의 자극이 완전히 결합할 때까지 일관성 있게 사용되어야 한다.

3. 고전적 조건화의 주요 현상

(1) 습득(획득, acquisition)
① 의미: 새로운 조건반응이 형성 또는 확립되는 과정을 의미한다.
② 근접성(contiguity): 두 자극(조건자극과 무조건자극) 사이 제시 간격이 짧을수록 조건반응이 더 잘 습득된다.
③ 조건자극(CS) - 무조건자극(US)의 순서와 시간적 관계성

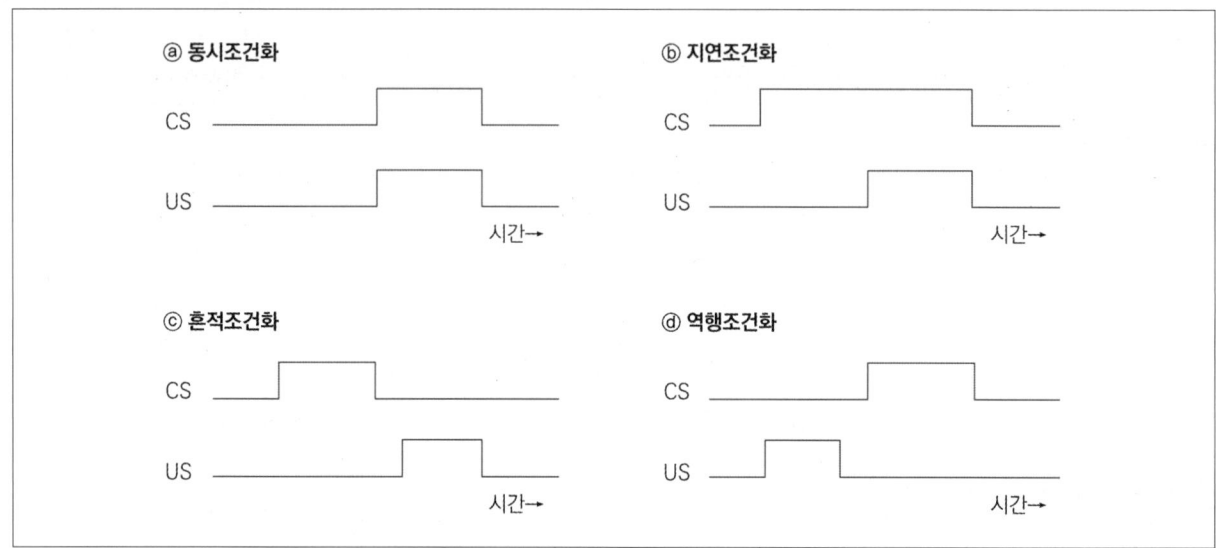

[그림 13-2] 고전적 조건화에서 CS와 US를 제시하는 시간적 관계성

㉠ 동시조건화: 조건자극과 무조건자극이 동시에 제시되는 것이다.
　　예 종을 울리는 동시에 사람의 눈 속에 공기 불어 넣기
㉡ 지연조건화: 조건자극이 무조건자극보다 먼저 제시되고 무조건자극이 제시될 때까지 계속해서 제공되는 것이다.
　　예 버저를 5초 동안 울리면서 그 시간 중 어느 시점에 공기를 눈에 분사하기
㉢ 흔적조건화: 무조건자극이 제시되기 전에 조건자극이 제시되었다가 종료되는 것이다.
　　예 버저가 5초 동안 울리고 난 지 0.5초 후에 공기를 눈에 분사하기
㉣ 역행조건화: 조건자극이 무조건자극보다 나중에 제시되는 것이다.
　　예 사람의 눈에 공기를 분사하고 나서 버저 울리기
➡ 4가지 조건화 가운데 CS가 US보다 약 0.5초 먼저 제시되는 지연조건화가 가장 효과적이라고 한다. 역행조건화의 경우 CS가 US를 전혀 예측해 주지 못하므로 가장 비효과적인 조건화이다. 동시와 흔적조건화는 역행조건화보다 낫지만 지연조건화와 비교할 때 효과적인 짝짓기는 되지 못한다.

(2) 소거와 자발적 회복

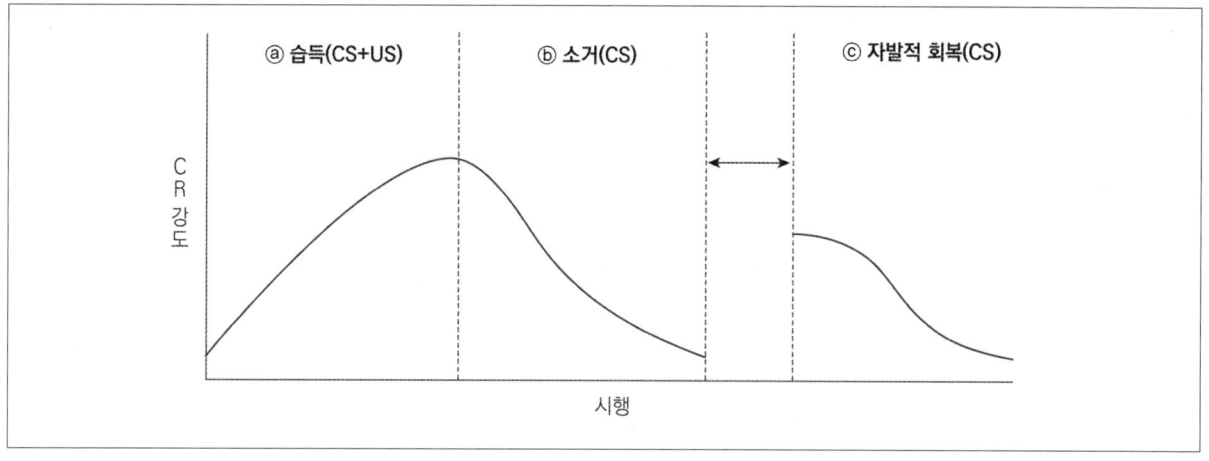

[그림 13-3] 습득, 소거, 그리고 자발적 회복을 나타내는 학습곡선

① **소거(extinction)** : 무조건자극 없이 조건자극만을 계속적으로 제시하면 이미 습득되었던 조건반응의 강도가 점차 약화되고 결국에는 완전히 사라지는 현상이다.
  ⊙ 소거가 시행되는 동안 동물은 습득에서와는 달리 조건자극에 뒤이어 아무 결과도 수반되지 않는다는 점을 학습한다.
  ⓒ 소거와 망각의 차이 : 소거의 원인은 조건자극에 뒤이어 무조건자극이 제시되지 않는 새로운 경험을 하는 것이지만, 망각의 원인은 단지 오랫동안 반응을 수행할 기회를 갖지 못하는 것이다.

② **자발적 회복(spontaneous recovery)** : 소거 이후에 무조건자극과 연합하지 않은 채 다시 조건화된 자극을 제시했을 경우 재훈련을 하지 않아도 조건화된 반응이 다시 나타나는 것을 말한다.
  ⊙ 회복된 조건반응은 소거 이전의 조건반응보다 그 강도가 약하며, 다시 소거과정에 들어가면 소거 이전보다 빠르게 소거된다.
  ⓒ 소거되었던 조건반응이 다시 나타나는 자발적 회복은 소거에 의해 학습된 반응이 무효화되거나 폐지되는 것이 아니라 일시적으로 차단되는 것임을 보여준다.

③ **학습곡선** : 습득 동안에 조건반응의 강도는 최고 수준까지 증가하고, CS만 제시되는 소거 동안에 감소하여 거의 반응이 나타나지 않게 된다. 아무 자극 없이 일정 시간이 지난 후 다시 CS만 제시한 검사에서는 소거되었던 반응이 일시적으로 다시 나타난다.

(3) 자극 일반화와 변별 기출 22

① **자극 일반화(stimulus generalization)**
  ⊙ 본래의 조건자극과 유사한 다른 조건자극에서도 조건반응을 유발하는 현상이다.
  ⓒ 파블로프의 개는 조건자극인 종소리가 아닌 버저소리에도 타액 분비반응이 일어나고 토끼는 다른 버저소리를 듣고도 눈꺼풀을 깜박이는 반응을 나타냈다.
  ⓒ 자극 일반화를 지배하는 기본법칙은 새로운 자극이 원래의 조건자극과 유사할수록 일반화의 가능성도 높아진다는 것이다.

② **일반화 기울기(generalization gradient)** : 새로운 자극에 의해 유발된 CR은 기존 CS에 의해 유발된 것보다 약한데, 새로운 자극과 기존의 CS 사이의 차이가 커질수록 CR의 감소가 더 크다. 이 효과를 나타내는 곡선을 '일반화 기울기'라고 한다.

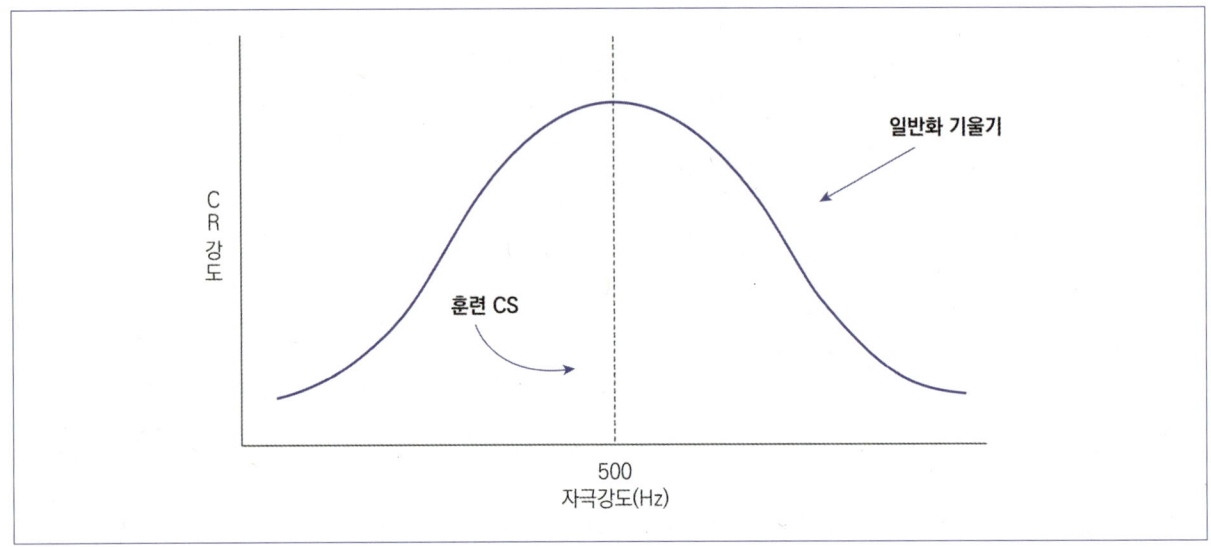

[그림 13-4] 자극 일반화 기울기

> **참고** 왓슨(Watson)의 실험
>
> 피험자는 11개월 된 앨버트(Albert)라는 유아였는데, 앨버트는 처음에 흰쥐를 무서워하지 않았다. 왓슨은 놀라움을 일으키는 큰 소리와 짝지어 흰쥐를 제시하였다. 앨버트는 큰 소리에 대해서 공포반응을 보였고, 여러 번의 결합으로 인해 흰쥐는 공포반응을 이끌어 내는 조건자극이 되었다. 5일 후에 왓슨은 앨버트가 흰쥐와 비슷한 흰 털을 가진 토끼, 개, 털 코트, 산타클로스 마스크, 그리고 왓슨의 흰 머리털과 같은 자극에 대해서도 공포반응을 나타낸다는 사실을 발견하였다.

③ **자극변별(stimulus discrimination)** : 본래의 조건자극과 다른 조건자극에 대해서는 조건반응을 유발하지 않는 현상이다. 자극 일반화와 반대로 자극변별에서는 새로운 자극과 원래의 조건자극 사이에 유사성이 적을수록 변별이 더 잘 이루어진다.

> **참고** 자극변별의 예시
>
> 500Hz의 버저소리에 대해 눈꺼풀반응을 하도록 훈련받은 토끼는 유사한 자극, 즉 600Hz의 버저소리가 제시될 때도 자극 일반화 때문에 원래의 자극에 대한 반응과 유사하게 반응하게 될 것이다. 그러나 실험조건을 변화시켜 500Hz 소리는 공기분사와 짝을 지우고 600Hz의 소리는 무조건자극 없이 제시하는 훈련을 시키면 결과가 달라진다. 이렇게 훈련받은 토끼는 500Hz 소리에는 눈꺼풀반응을 하지만, 600Hz의 소리가 제시되는 경우에는 눈꺼풀반응을 보이지 않게 된다.

(4) **고차 조건화**

① 2차 조건화
  ㉠ 종소리와 음식을 짝지어 개의 타액 분비반응을 조건화한다.
  ㉡ 훈련을 통해 종소리가 조건자극의 역할을 하게 되면, 이 종소리를 기존의 무조건자극 대신 사용하고 있는 다른 자극(예 불빛)을 새로운 조건자극으로 사용하여 반복해서 짝지어 제시한다.

ⓒ 이후 종소리 없이 불빛만 제시하면 개는 불빛에 대해 타액 분비를 나타낸다.
ⓓ 불빛은 음식물과 짝지어진 적이 없는데도 종소리와 짝지어져 타액 분비반응을 일으키는 속성을 갖게 되는데, 이 과정을 2차 조건화라고 한다.

② 3차 조건화
ⓐ 한 단계 더 나아가 다른 조건자극을 제시한다.
ⓑ 예컨대 파란색과 불빛을 반복해서 짝을 지어 제시한다. 그러면 나중에 파란색만 제시되어도 타액 분비반응이 나타나며, 이 과정을 3차 조건화라고 한다.

③ 고차 조건화(higher-order conditioning)
ⓐ 반복적으로 새로운 조건자극을 제시하여 새로운 조건화를 반복해 나가는 과정들을 말한다.
ⓑ 고차 조건화는 고전적 조건화가 반드시 자연적인 무조건자극이 존재할 때만 형성되는 것이 아님을 보여준다.
ⓒ 고차 조건화에서는 새로운 조건반응이 이미 확립된 조건반응(더 정확하게는 조건자극)을 기초로 형성되는 것이고, 이로 인해 고전적 조건화를 통해 습득된 행동의 범위가 크게 확장될 수 있다.

(5) 강화
① 고전적 조건화에서 강화란 무조건자극과 조건자극의 반복적인 연합이다.
② 조건자극에 대한 조건반응은 무조건자극에 의존하기 때문에 무조건자극은 조건반응을 강화하는 강화물이 된다.

03 고전적 조건화의 적용

1. 공포와 불안

(1) 공포증
많은 공포는 고전적 조건화의 결과로 형성된 것이다. 처음에는 중성적인 자극이 외상적이거나 혐오적인 사상들과 짝지어질 때 공포스러운 자극이 된다.

(2) 실험적 신경증(experimental neurosis)
① 고전적 조건화에 의해 불안이나 더 심각한 심리장애가 유발될 수 있다.
② 파블로프는 실험에서 나타난 개의 행동이 신경증 환자의 행동 유형과 유사하다고 생각하여 실험적 신경증이라 불렀다.
③ 실험적 신경증은 동물이 갈등상황에 처할 때 나타나는 결과인데, 갈등상황에 장기간 노출되면 수명 또한 짧아진다고 보았다.
④ 인간에게 적용 : 인간은 과중한 업무나 내적 갈등에 장기간 시달리거나 스스로 통제할 수 없는 많은 스트레스를 받으면 심신의 건강에 유해한 결과가 유발된다.

> **참고** 실험적 신경증
> 개에게 원을 보여준 후 음식을 제공하여 타액을 분비하도록 하고 타원에 대해서는 타액을 분비하지 않도록 변별훈련을 시켰다. 훈련이 진행되면서 변별과제는 더욱 어려워졌다. 즉, 타원의 모양을 원에 더 가깝게 하였다. 과제가 일정 수준 이상 어려워졌을 때 개는 실수하기 시작하고 행동이 이상하게 변화하였다. 조용하던 개가 낑낑거리며 짖었고 계속 서성거렸으며, 주변에 있는 물건을 물어뜯는 등 전혀 하지 않던 행동을 하였다.

(3) 정서반응과 중독
① 정서반응이나 태도는 고전적 조건형성의 결과라고 할 수 있다.
   > 예 광고물에서 어떤 상품을 긍정적 정서를 불러일으키는 무조건자극과 교묘하게 짝을 짓는다. 가장 널리 이용되는 전략은 상품을 매력적인 인물(연예인, 운동선수 등)이나 즐거움을 주는 배경(아름다운 경치, 음악 등)과 연합시켜 보여주는 것이다.
② 중독(addiction) : 커피를 늘 마시는 사람의 경우 커피의 향이 조건자극이 될 수 있어 커피 향을 맡는 것만으로도 각성 효과를 얻을 수 있다.
   ⊙ 약물중독 환자 : 약물 투입과 관련된 환경이 조건자극이 될 수 있다.
   ⓒ 치료가 되어 더 이상 약물중독자가 아닌 경우에도 약물 투입과 관련된 환경이나 친구들을 만나면 다시 금단현상이 나타나 약물에 손을 대는 경우가 있다.

(4) 역조건 형성
① 바람직하지 못한 조건반응을 바람직한 조건반응으로 대치하려는 방법이다.
② 바람직하지 못한 반응과 바람직한 반응을 동시에 할 수는 없으므로 결국 바람직한 반응이 바람직하지 않은 반응을 대치하게 된다.

2. 생물학적 영향

(1) 가르시아(Garcia) 효과
① 고전적 조건형성은 보통 수차례 반복되어야 무조건자극과 조건자극 간의 연합이 이루어지는데, 수차례 반복을 통한 연합이 아니라 단 한 번의 강렬한 경험으로 바로 조건반응을 일으키게 되는 현상을 가르시아 효과라고 한다.
② 실험 : 쥐가 쥐약이 들어 있는 음식을 조금 먹고 살아남았을 경우 다시는 같은 종류의 음식을 먹지 않는다는 사실을 발견하였다. 이렇게 조건형성이 되는 이유는 한 번의 경험이었지만 생명과 관련이 있는 중대한 것이었기 때문이다.
③ 혐오학습은 고전적 조건화의 예와는 달리 한 번의 경험으로 학습이 될 뿐만 아니라 조건자극(맛)과 무조건자극(배탈)이 시간적으로 멀리 떨어져 있어도 학습이 일어나며, 소거도 잘 되지 않는다.
④ 미각혐오와 같이 생명과 관련이 있으면서 특정 음식을 섭취한 뒤에 질병이 발생한 경우, 시간간격이 커도 고전적 조건화가 일어날 수 있다.

> **참고** 가르시아와 퀼링의 실험
>
> 물과 혐오적 자극을 연합시키는 고전적 조건화 실험을 수행하였다. 실험에서 쥐들이 밝고 소리가 나는 물 또는 단맛이 나는 사카린 물을 마신 후에 X-선에 노출시켜 복통이 유발되도록 하였고, 다른 실험에서는 밝고 소리가 나는 물 또는 단맛의 사카린 물을 마신 후에 전기충격을 주었다. 이후 이들은 쥐들에게 밝고 소리가 나는 맹물과 사카린 물 둘 중에 선택하도록 했다. 그 결과 복통이 났던 쥐들은 사카린 물을 회피하는 경향을 나타내었고, 전기충격을 받은 쥐들은 밝고 소리 나는 물을 회피하는 경향을 보였다. 이것은 쥐들이 특정 자극을 특정 결과와 연합시키도록 선천적으로 편향되어 있음을 시사한다.

(2) **준비성**(continuum of preparedness)
① 동일한 자극의 크기와 빈도에도 불구하고 어떤 동물이나 사람은 고전적 조건화가 빨리 일어나고 어떤 사람에게는 잘 일어나지 않는다. 또한 조건화가 일어나기 위해서는 두 자극이 서로 잘 어울려야 한다.
② 특정 자극들끼리 연합이 더 잘 일어난다는 것은 생물학적 준비성이 고전적 조건화가 일어나는 과정에서 중요한 역할을 한다는 것이다.
③ 생물학적 준비성은 특히 공포증을 일으키도록 조건화시키는 연구를 통해 증명되었다.
　㉠ 뱀이나 거미는 꽃이나 버섯보다 전기충격과 더 연합이 잘되며, 소거에 대한 저항은 더 강하다. 이는 뱀 자체가 공포반응을 일으키도록 준비되어 있기 때문이다.
　㉡ 인간이 진화하는 과정에서 꽃이나 버섯보다는 뱀이나 거미로부터 더 자주 생명의 위협을 받아서 뱀이나 거미에 쉽게 공포증을 일으키도록 태어날 때부터 준비되어 있다는 뜻이다.

제3절 조작적 조건형성

04 손다이크(Thorndike)의 자극 – 반응 결합이론

1. 손다이크의 실험

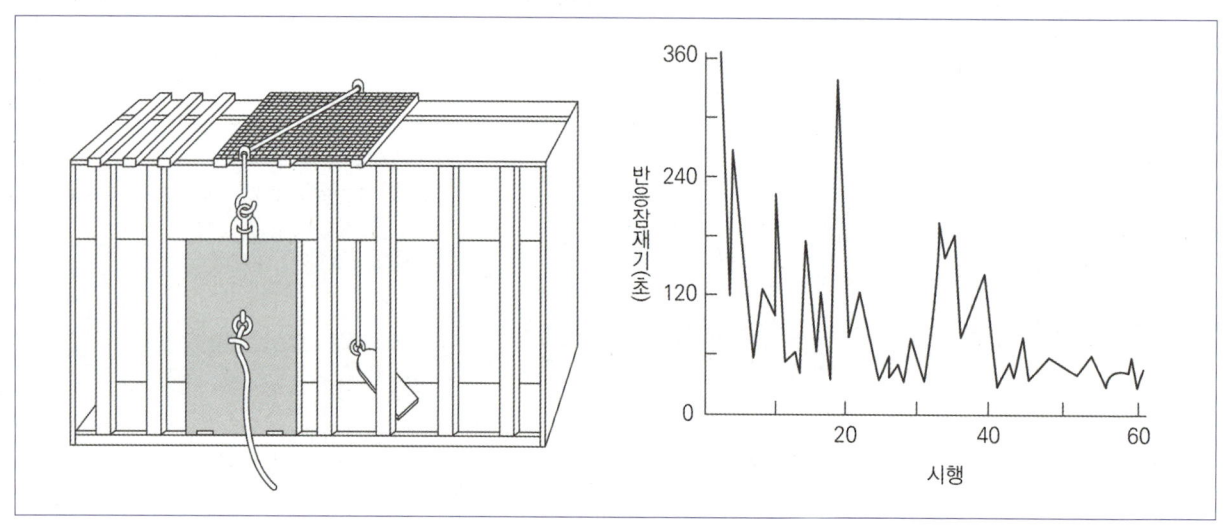

[그림 13-5] 손다이크가 사용했던 문제상자와 고양이가 보여준 학습곡선

(1) 문제상자(puzzle box)

처음에 손다이크는 동물지능이 존재하는지 알아보기 위해 스스로 설계하고 제작한 문제상자를 사용하여 실험을 시작하였다. 손다이크는 고양이를 문제상자에 집어넣고 고양이가 지렛대를 밟고 밖으로 나올 때까지 소요된 반응잠재기(response latency)를 측정하였다.

(2) 실험 내용

문제상자 속의 고양이는 상자에서 벗어나 바깥에 놓인 음식물을 얻기 위해 다양한 행동을 하였다. 처음에는 문을 앞발로 할퀴거나 이빨로 갉고, 벽을 할퀴며, 이리저리 돌아다니다 우연히 지렛대를 밟아 문을 열었다. 두 번째 실험에서 고양이는 이전 실험에서와 비슷한 행동을 하지만 지렛대를 조금 더 빨리 밟았다. 시행이 반복됨에 따라 고양이가 지렛대를 밟고 바깥으로 나오는 반응잠재기는 짧아지지만 감소되는 형태는 점진적이고 다소 불규칙적이었다.

(3) 강화

강화가 있기 직전에 했던 반응이 미래에 다시 나타날 가능성을 증가시키는 사건이다. 즉, 강화는 정확반응을 점차 많이 나타나게 한다.

(4) 효과의 법칙
① **시행착오 학습**: 문제해결을 위해 여러 방법을 시도해 보는 것이다.
➡ 고양이는 탈출방법을 간파하거나 통찰에 의해 깨닫기보다 반복적인 시행착오로 점진적으로 학습하게 되었다.
② **효과의 법칙(law of effect)**: 행동의 결과를 강조하는 것으로 결과가 좋은 행동은 학습되고, 결과가 좋지 않은 행동은 학습되지 않음을 뜻한다.
   ㉠ 반응 후에 수반되는 결과가 바람직한 것(긍정효과)이면 그 반응이 나타날 확률이 증가하고, 그 결과가 바람직하지 않은 것(부정효과)이면 그 확률이 감소한다는 것이다.
   ㉡ 효과의 법칙에서 중요한 것은 고양이가 문제해결을 위해 생각하거나, 그 문제를 이해해야 한다고 가정할 필요가 없다는 것이다.

2. 3가지 기본 법칙

(1) **효과의 법칙(law of effect)**
① 효과의 법칙은 자극(S)과 반응(R) 간의 결합에 수반되는 만족감이 클수록 강하게 결합하고, 만족스럽지 못하면 자극과 반응의 결합이 약해진다는 것이다. 즉, 반응결과가 자극과 반응 간의 연합을 강화 또는 약화시킨다.
② 효과의 법칙은 행동의 결과에 대한 만족의 정도가 특정한 상황과 행동을 결합하는 힘으로 작용한다고 본다.

(2) **연습의 법칙(law of practice)**
① 연습의 법칙은 빈도의 법칙 또는 사용의 법칙이라고 하는데, 연습의 횟수가 많을수록 결합이 강해지고 연습과 사용이 적을수록 결합이 약해진다는 것이다. 사용과 비사용은 자극과 반응을 결합하는 중요한 요인이 된다.
② **문제점**: 연습의 유무는 결합에 영향을 주긴 하지만 어떤 반응이나 기능을 일시적으로 사용하지 않는다고 해서 결합이 반드시 약해지는 것은 아니다. 또한 피드백 없는 연습만으로는 행동을 개선할 수 없다.

(3) **준비성의 법칙(law of readiness)**
① 준비성의 법칙은 행위준비성 또는 목표지향성을 말한다. 구속에서 벗어나려는 충동이나 먹이에 대한 욕구가 강한 고양이는 탈출행동을 더욱 빨리 학습한다. 준비성의 법칙에 따르면 행동을 시도할 준비가 되어 있을수록 자극과 반응의 결합이 강하게 일어난다.
② **굶주림이나 도피본능**: 행위준비성으로 탈출행동을 더욱 강하게 유발한 내적 상태이다.
③ 준비성의 법칙은 이후에 어떤 행동을 할 태도 또는 자세를 의미하는 것으로 발전했다.
   ㉠ 어떤 학생이 수행할 준비가 되어 있을 때 수행하는 것은 만족스럽다.
   ㉡ 어떤 학생이 수행할 준비가 되어 있는데 수행하지 못하는 것은 혐오적이다.
   ㉢ 어떤 학생이 행위를 수행할 준비가 되어 있지 않을 때 수행을 하도록 강요받으면 혐오적이다.

05 스키너(Skinner)의 조작 조건화

1. 조작적 조건형성

(1) 스키너 상자

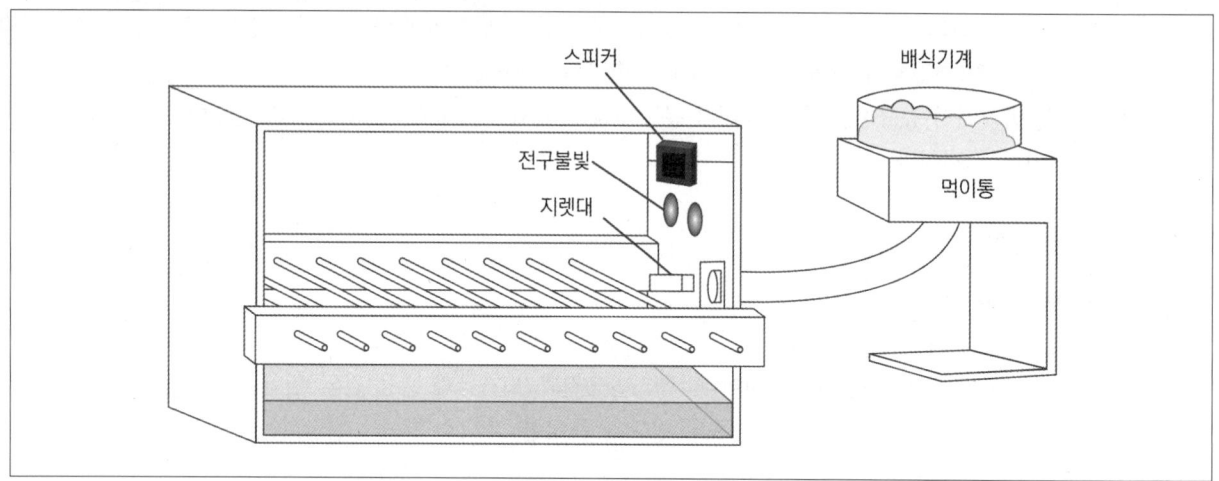

[그림 13-6] 스키너 상자

① 레버를 누른 이후의 결과를 변화시켜 쥐의 지속적인 행동이 어떻게 수정될 수 있는지 연구하는 데 효과적인 장치이다.

② 과정: 쥐가 여러 가지 행동을 하다가 지렛대를 누르면(반응) 먹이가 접시로 떨어진다(강화). 이 과정이 여러 번 반복되면 쥐는 상자에 들어가자마자 지렛대를 누른다(학습).

(2) 스키너의 조작적(operant conditioning) 조건형성

① 고전적 조건형성이 인간을 단순히 자극에 반응하는 수동적 존재로 간주하고 있어서 다양한 인간행동을 설명하는 데 한계가 있다는 것을 지적하고 조작적 조건형성 이론을 제시하였다.

② 조작적 조건형성은 유기체가 다양한 환경조건에서 능동적으로 조작적 행동을 함으로써 보상을 받거나 유리하게 적응하는 것이다. 즉, 유기체의 자발적 반응에 대하여 강화(보상)를 함으로써 학습을 하는 것이다.
　㉠ 실험에서 쥐가 환경에 스스로 반응하여 어떤 결과를 생성해 낸다고 해서 작동(operant)이라고 한다.
　㉡ 이러한 절차로 학습되는 과정을 조작적 조건형성이라고 한다.

③ 스키너는 유기체가 어떤 반응을 한 후에 보상이 있느냐 없느냐에 따라 조작행동은 강해지거나 약해진다고 보고 자신의 이름을 딴 실험상자인 '스키너 상자'를 고안하였다.

(3) 고전적 조건형성과 조작적 조건형성

구분	고전적 조건형성	조작적 조건형성
내용	• CS – US의 관계 • CS가 나타나면 US가 따라온다는 것을 학습	• 반응과 보상의 관계 • 반응을 하면 강화가 따라온다는 것을 학습

2. 주요 현상

(1) 습득
① 고전적 조건화: CS와 US 간의 관계에서 나타났다.
② 조작적 조건화: 반응 후에 오는 보상과의 관계에서 습득이 이루어진다.

> **참고** 조작적 조건화
>
> 스키너 상자에서 레버를 누르는 반응과 그 뒤에 따라오는 먹이와의 관계에서 조작적 조건화가 나타나는데, 먹이는 레버를 누르는 반응을 강화하기 때문에 레버를 누르는 반응이 증가하게 된다. 여기에서 먹이는 반응률을 높이는 강화물이 된다.

(2) 소거
① 고전적 조건화: CS 다음에 US가 동반하지 않음에 의해 소거가 나타난다.
② 조작적 조건화: 흰쥐가 레버를 눌렀을 때 먹이를 생략함으로써 소거를 일으킬 수 있다.

(3) 자극 일반화
① 한 피험 동물이 특정 자극이 있을 때 어떤 반응을 수행한 결과로 강화를 받았다면, 그 피험 동물은 유사한 자극조건에서도 동일한 반응을 할 것이다. 이러한 현상을 자극 일반화라고 한다.
② 일반화의 정도는 원래의 자극과 새로운 자극 간의 유사성 정도에 비례한다.

(4) 변별 [기출 21]
한 자극에 대한 반응결과로 강화를 받고 다른 자극에 대해서는 반응을 해도 강화를 받지 못하거나 훨씬 적은 강화를 받으면, 학습자는 두 자극을 구분하여 상이한 반응률을 나타낼 것이다. 이것이 바로 변별 현상이다.

(5) 자극통제
조작적 조건화에서 반응에 선행하는 자극에 의해 그 반응이 변하게 되는 것을 자극통제라고 한다.

(6) 고전적 조건화와 조작적 조건화 주요 현상 비교

구분	고전적 조건화	조작적 조건화
용어	CS, US, CR, UR	반응, 강화
행동의 효과	US를 통제하지 못함	강화를 통제함
습득 절차	CS - US	특정 자극하에서 반응과 결과를 짝지음
학습되는 반응	장기반응	골격근반응
소거	US 없이 CS만 제시함	반응 후 강화를 생략함
일반화	CS와 유사한 자극이 CR과 유사한 반응을 유발함	강화를 받았을 때와 유사한 자극이 제시되면 유사한 반응이 나타남
변별	한 자극에는 US가 뒤따르고, 유사한 자극에는 US가 뒤따르지 않음	한 자극이 있을 때 수행한 반응은 강화되고 다른 자극이 있을 때 수행한 반응은 강화되지 않음

06 강화와 처벌

1. 강화와 처벌

구분	자극제시	자극철회
행동촉진	정적 강화	부적 강화
행동감소	정적 처벌	부적 처벌

(1) 강화

특정 행동의 발생에 즉각적인 결과가 뒤따르고 결과적으로 행동의 증가를 가져온다. 그에 선행하는 반응이 미래에 반복해서 나타날 가능성을 증가시키는 사건이다.

① **정적 강화** : 어떤 행동 후에 만족스러운 강화물을 제공함으로써 의도한 행동의 빈도와 강도를 증가시키고 유지하는 것을 의미한다. 정적 강화에서 행동 후에 주어지는 자극을 정적 강화인이라고 한다.

② **부적 강화** : 어떤 행동 후에 싫어하는 자극을 제거함으로써 의도한 행동의 빈도와 강도를 증가시키는 것을 의미한다. 부적 강화에서 행동 후에 제거되거나 회피하는 자극을 혐오자극이라고 한다.

(2) 처벌

특정 행동이 일어나고 행동에 뒤이어 즉시 어떤 결과가 뒤따른다. 결과적으로 미래에 그 행동이 일어날 가능성은 줄어든다.

① **정적 처벌(수여성 벌)** : 바람직하지 않은 행동의 빈도를 감소시키려 혐오자극을 제공하는 것이다.

② **부적 처벌(제거성 벌)** : 바람직하지 않은 행동의 빈도를 감소시키려 좋아하는 자극(강화자극)을 제거하는 것이다.
➡ 따라서 반응의 빈도를 증가시키는 사건이 강화이고, 감소시키는 사건은 처벌이다. 그리고 반응자에게 좋아하는 것이든 싫어하는 것이든 자극을 제시하는 것은 정적인 것이고, 제거하는 것은 부적인 것이다.

③ 교육장면에서 처벌을 효과적으로 사용하기 위한 4가지 원리
  ㉠ **시간의 원리** : 억제되어야 할 행동이 일어난 직후에 즉시 벌이 주어져야 한다.
  ㉡ **강도의 원리** : 가능한 한 강한 벌이 주어져야 하며, 벌을 피할 수 있는 상황이 제공되어서는 안 된다.
  ㉢ **일관성의 원리** : 같은 행동에 대해 같은 처벌이 일관성 있게 주어져야 한다.
  ㉣ **정보성의 원리** : 벌을 받는 이유를 정확히 설명하고, 벌을 안 받을 행동이나 대안적 행동을 제시해야 한다.

2. 강화물의 종류

(1) 일차 강화물과 이차 강화물

① **일차 강화물(무조건 강화물)** : 그 자체로 강화능력을 가지고 있어 생리적 욕구를 충족시켜주는 것으로 음식물, 물 등이 해당된다.

② **이차 강화물(조건 강화물)** : 그 자체로 강화능력을 가지지 않는 중성자극이 강화능력을 가진 자극과 결합되어 강화의 속성을 갖는 것으로 돈, 별 도장, 스티커 차트 등이 해당된다.

(2) 인위적 강화물과 자연적 강화물

① **인위적 강화물** : 대개 행동을 수정하게 할 목적으로 누군가로부터 주어지는 사건들이다.

② **자연적 강화물** : 특정 행동을 하면 자동적으로 자연스럽게 생겨나는 사건들이다.

> **참고** 인위적 강화물과 자연적 강화물의 예
>
> 아동이 이를 닦으면 그 결과로 입안이 상쾌해지는데, 이 상쾌함은 이를 닦은 결과로 저절로 자연스럽게 나타난 것이기에 자연적 강화물이다. 한편, 아동이 이를 닦을 때 이를 닦는 행동의 가능성을 높이기 위해 칭찬을 한다면 이는 인위적 강화물이 된다. 공부를 할 때도 재미있고 즐거워지면, 재미와 즐거움은 자연적 강화물이 된다. 자연적 강화물은 행위 자체의 결과로 오기 때문에 일관된 강화효과를 가질 수 있다.

3. 강화계획 기출 23

(1) 완전강화와 부분강화

① 완전강화 : 행동이 일어날 때마다 빠짐없이 매번 강화를 주는 것이다. ➡ 행동을 빨리 변화시키기 때문에 학습 초기 단계에서 매우 효과적이지만, 강화가 주어지지 않을 경우 학습된 행동이 매우 빨리 소거된다.

② 부분(간헐)강화 : 정확한 일부 반응에만 강화가 주어지는 것이다. 즉, 행동이 발생할 때마다 강화물을 제시하는 것이 아니라 선택적으로 강화하는 것이다. ➡ 계속강화보다 학습이 더디게 일어나지만, 강화가 사라졌을 때 학습된 행동을 유지하는 데는 유용하다.

(2) 강화계획

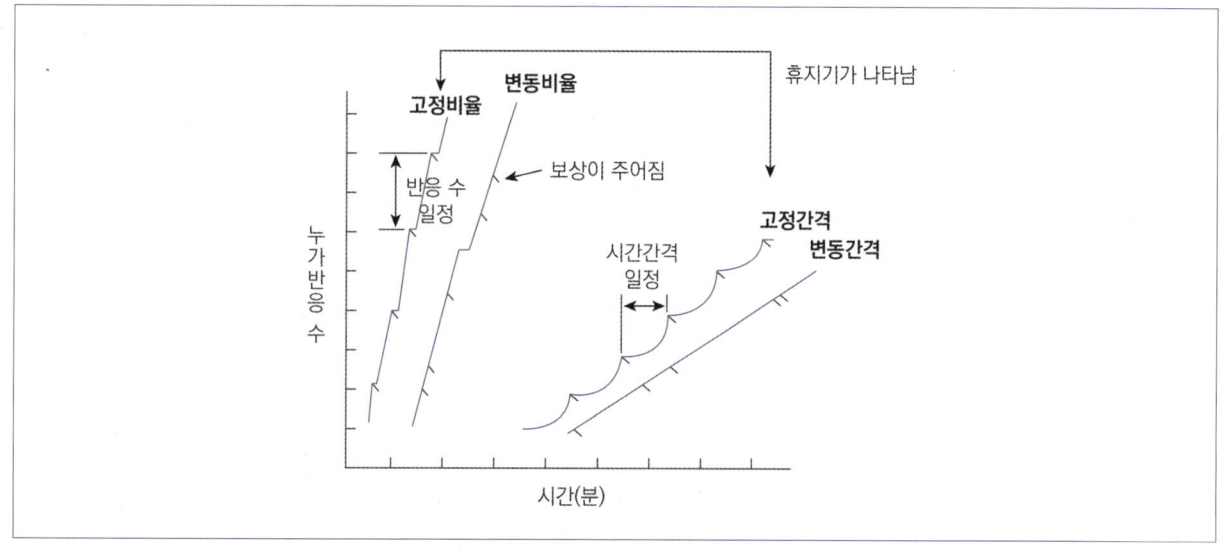

[그림 13-7] 강화계획별 반응 특성

① 고정비율계획(FR; Fixed-Ratio schedule) : 정해진 반응횟수에 따라 강화물이 제시되는 것이다.

　㉠ 고정비율계획은 일정한 수의 정확반응이 나타난 후에 강화시키는 절차이다. 행동의 일정한 반응률을 단위로 강화하는 것으로 몇 번째 반응을 강화할 것인지를 결정해야 한다.

　㉡ 반응은 빠르고 안정적으로 나타난다. 하지만 한 번의 강화물을 얻기 위해 많은 수의 반응을 해야 하는 경우 강화물을 받은 직후에 반응을 멈추는 휴식기간(휴지기)이 관찰된다.

　㉢ 휴식기간은 강화를 얻기 전에 수행해야 하는 반응 수가 많을수록 길어진다.

　　　예 수학문제를 10문제 푼 다음 국어 공부를 시작해야 하는 경우에는 휴식기간이 짧겠지만, 수학문제를 100문제 풀고 다른 과제를 시작해야 하는 경우에는 휴식기간이 더 길어질 수 있다.

        ㉣ 일정 수의 반응이 누적되어야 강화를 받기 때문에 초기 행동의 반응률은 약하고 강화받기 전의 행동의 반응률은 높아지는 문제점이 있다.
    ② **고정간격계획**(FI; Fixed-Interval schedule) : 일정한 시간간격을 기준으로 강화가 제시되는 것이다.
        ㉠ 반응 수에 관계없이 일정기간이 경과한 후 처음 나타나는 반응을 강화시키는 절차이다. 일정한 시간간격을 두고 강화물을 제시하는 것으로 한 강화물과 다음 강화물을 제시하는 시간간격이 일정하다.
        ㉡ 두 강화 사이에 수행되는 반응의 수는 강화물 획득에 아무런 영향을 미치지 않는다. 따라서 이 계획하에서 학습자는 강화물을 받은 후에 휴식을 취하고 정해진 시간간격이 끝날 무렵에 빈번히 반응을 하는 특징을 보인다. 강화받은 직후에는 반응률이 낮아지고 강화받을 시간이 가까워지면 반응률이 증가한다.
        ㉢ **부채꼴 현상**(냄비효과, scallop) : 한 번의 강화물을 받은 직후에는 거의 반응이 나타나지 않다가 정해진 간격이 종료될 무렵에 갑자기 증가하는 특성을 반응곡선으로 나타내면 곡선 모양이 가리비의 부채꼴과 닮게 된다. 따라서 이를 부채꼴 현상이라 한다.
        ㉣ 강화의 시기가 예측되기 때문에 강화 직전의 반응률은 높아지고 강화 직후의 반응률은 낮아진다. 이처럼 소거에 약하기 때문에 반복적으로 사용하는 것은 바람직하지 않다.
    ③ **변동간격계획**(VI; Variable-Interval schedule) : 강화가 제시되는 시기를 예측할 수 없도록 설정해 행동의 빈도를 증가시키고 유지하는 방법이다.
        ㉠ 한 번의 강화와 그 다음 강화 간의 시간간격이 시행에 따라 변화한다. 이 계획에서는 시간이 얼마나 지난 후에 수행하는 반응이 강화될지 전혀 알 수 없다. 이는 강화물을 제시하는 시간을 변화시키는 방법으로 한 강화물을 제시한 후 다음 강화물을 제시하기까지의 시간간격이 일정하지 않다.
        ㉡ 고정간격계획과 달리 강화시간을 예측할 수 없기 때문에 행동을 일정한 수준으로 유지하는 경향이 있다.
        ㉢ 동물은 안정적인 반응을 하지만 반응의 속도는 느리게 나타난다.
        ㉣ 고정간격계획과 변동간격계획은 강화물을 제시하는 시간간격에는 차이가 있지만 제시되는 강화의 수가 같을 수도 있다.
    ④ **변동비율계획**(VR; Variable-Ratio schedule) : 강화물을 얻기 위해서 수행해야 하는 횟수를 전혀 예측하지 못하도록 강화물을 제시하는 것을 의미한다.
        ㉠ 강화할 반응비율을 다양하게 변화시키는 방법이다. 즉, 강화물의 제공은 반응들의 특정한 평균적인 수에 근거를 둔다. 강화물은 시행에 따라 1회 반응 후 받을 수도 있고, 10회 반응 후 받을 수도 있으며, 15회 반응 후 받을 수도 있다. 이때 강화물을 제공받는 비율은 반응 수의 합을 강화물 수로 나눈 평균값이 된다.
        ㉡ 반응률이 안정적이고 휴식기간이 없어진다. 또한 강화를 받은 직후에도 행동수준이 거의 약해지지 않는다.
        ㉢ 다른 강화에 비해 소거에 강하고 높은 수준의 반응률을 유지한다.
    ⑤ **소거와 강화계획**
        ㉠ **부분강화효과** : 부분강화에 의해서 학습된 반응은 계속적으로 강화된 반응보다 소거가 느리게 이루어진다. 이렇게 소거가 느리게 나타날 때 '소거에 대한 저항이 강하다.'라고 하며, 이를 부분강화효과라고 한다.
        ㉡ 반응을 할 때마다 강화물을 받는 데 익숙해졌다면 소거 시행에서 반응 후에 강화물이 주어지지 않는 것이 아주 놀라운 사건이 될 것이고, 몇 번의 강화물 부재의 경험은 소거를 급격히 일어나게 한다.
        ㉢ 반응의 일부분만 강화되는 경우, 반응 후에 강화물이 제공되지 않는 것은 과거에 많이 경험했던 사건이고 그 결과로 반응이 계속해서 수행될 것이기 때문에 소거가 느리게 나타날 것이다.

4. 혐오 조건화 기출 25

(1) 정의
조작적 조건화에서 특정 반응 뒤에 전기쇼크와 같은 혐오적 사건이 수반되면 특정 반응을 감소시키는 것을 말한다.

(2) 도피학습과 회피학습
① 혐오적 사건은 반응 경향성을 약화시킬 수 있으나 반대로 반응 경향성을 증가시킬 수도 있는데, 이것은 도피학습이나 회피학습에서 나타난다.
② 도피와 회피 학습
  ㉠ 도피학습 : 유기체가 현재 진행 중인 혐오적 사건을 종료시키는 반응을 학습하는 것으로, 이미 시작된 혐오적 사건을 반응이 중지시킨다.
  ㉡ 회피학습 : 유기체가 혐오적 사건이 시작되는 것 자체를 차단하는 반응을 학습하는 것으로, 혐오적 사건을 예방한다. ➡ 회피학습이 이루어지려면 도피학습이 먼저 선행되어야 한다.

07 조작적 조건화의 적용

1. 행동수정

(1) 행동수정
① 특정 행동을 변화시키기 위해 강화와 벌을 이용하여 체계적으로 조작적 조건형성 원리를 적용하는 방법으로, 나쁜 습관이나 문제행동을 교정하고 바람직한 행동을 습득시키는 데 효과적이다.
② 소거(extinction) : 바람직하지 않은 행동을 보일 때 강화를 주지 않음으로써 그 행동을 소거시키는 방법이다. 무시하기 기법으로, 수업시간에 떠들거나 떼쓰는 아이의 행동에 반응하지 않고 무시하는 것이 대표적인 예이다.
③ 차별강화(differential reinforcement) : 바람직한 행동에 강화를 제공하고 바람직하지 못한 행동에는 강화를 제공하지 않음으로써 강화를 받지 못하는 행동을 감소시키는 것이다.
④ 포만(satiation) : 정적 강화자극이라고 할지라도 계속적으로 주어지면 더이상 강화자극으로서의 기능을 상실하고 반대의 효과를 나타내는 현상을 의미한다.

(2) 프리맥(premack) 원리
① 발생빈도가 높은 행동을 강화물로 사용하여 발생빈도가 낮은 행동을 강화하는 것이다.
② 프리맥 원리를 적용하려면 우선 개인의 활동목록을 작성해 가장 발생빈도가 높은 행동을 찾아야 한다. 따라서 이때 강화물로 사용하는 행동은 개인이 가장 선호하며 자주 발생하는 활동이 된다.

(3) 학습된 무기력 기출 22
① 의미 : 삶을 전혀 통제할 수 없고, 무엇을 하더라도 실패를 피할 수 없다는 신념이다. 이는 아무리 노력해도 반드시 실패할 것이라는 확고한 기대로 나타난다.
② 무력감이 발생하는 가장 중요한 요인 : 자신의 반응이 미래에 일어날 결과를 통제하지 못할 것이라는 예측, 즉 반응과 결과가 무관할 것이라는 기대이며, 이는 통제되지 않았던 경험의 반복으로 형성된다.
③ 학습된 무기력이 형성되면 환경을 통제하기 위한 어떤 노력도 포기하게 되며, 이 경우 인간에게 심한 우울증, 스트레스 문제를 야기할 수도 있다. 우울증 환자는 행복과 불행한 결과 사이의 유관성 결핍인 것이다.

④ 학습된 무기력 과정
  ㉠ **실패인정** : 자신이 실패했음을 스스로 인정한다.
  ㉡ **능력귀인** : 자신의 노력은 아무 소용없기 때문에 능력이 없다고 귀인한다.
  ㉢ **시도포기** : 새로운 시도는 실패만 낳기 때문에 더 이상 시도하지 않으려고 한다.
  ㉣ **해결포기** : 새로운 해결방법을 찾으려 하지 않고 문제해결을 포기한다.
  ㉤ **상황인식불능** : 이제 상황이 바뀌어서 조금만 노력하여도 성공할 수 있음에도 불구하고, 상황이 바뀐 것을 눈치채지 못하고 시도하지 않는다.
⑤ 학습된 무기력의 유형
  ㉠ **보편적 학습된 무기력** : 자신은 무능하기 때문에 무엇을 하든 실패할 것이라 강하게 믿는 경향을 의미한다. 이런 무기력을 경험한 사람은 어떠한 것을 해도 실패할 것이라 믿기 때문에 아무런 시도를 하지 않고 은둔하려고 한다.
  ㉡ **특수적 학습된 무기력** : 자신은 특수한 영역에서 잘 못한다고 믿는 경향을 의미한다.

(4) 미신행동
① **의미** : 특별한 생각이나 어떤 대상 혹은 행동이 어떤 사건을 일으킨다는 잘못된 신념을 가리키며, 행동과 그로 인한 강화 간에 생기는 우연한 연합에 기초한 학습결과이다.
② 강화물이 뒤따라 제공되는 행동은 더욱 증가하게 된다. 하지만 때때로 강화에 앞서 발생한 행동이 인과관계 없이 시간적으로 정확히 일치하기도 한다. 그에 따라 행동과 강화에 대한 연합이 형성된다.

(5) 바이오피드백
① 바이오피드백은 개인에게 신체작용에 대해 증폭된 피드백을 제공하도록 고안된 절차를 말한다. 환자에게 심장박동, 혈압 또는 뇌의 전기적 활동 등의 내적 기능에 관한 시각 혹은 청각 정보를 제공하는 장치가 주어진다. 이 과정에서 보통 음식, 물 같은 강화인은 사용되지 않는다. 피드백 장치에 의해 주어지는 정보가 학습이 일어나는 데 필요한 전부이다.
② **적용** : 심장병 환자는 자신의 심장 이상을 조절하는 방법을 학습할 수 있고, ADHD를 가진 아이들은 뇌에서 전기적 활동을 조절하는 법을 학습함으로써 주의력과 집중력을 증가시킬 수 있다.
③ **종류** : 근전도(EMG) 바이오피드백, 신경(EEG) 바이오피드백 등이 있다.
④ **한계점** : 바이오피드백 연구가 실험실 내에서 수많은 자율 기능을 통제하는 것을 학습할 수 있다는 것을 보여주고 있다고 해도 실험실 밖에서의 통제 여부와 이 기법으로 어떤 종류의 질환을 치료할 수 있는지 여전히 의구심이 남아 있다.

(6) 거울뉴런(mirror neuron)
① 모방과 관찰학습에 대한 신경학적 토대가 되는 것으로, 동물이 직접 어떤 동작을 할 때와 동물이 그 동작을 하는 누군가를 관찰할 때 모두 똑같이 이 뉴런이 흥분한다는 것이다.
② 거울뉴런은 정상적인 사회적 상호작용과 소통에 중요하다. 자폐장애 아동의 경우 정상인의 거울뉴런과 동일한 방식으로 기능하지 않는다는 증거가 발견되었다. ➡ 공감 능력에 거울 뉴런이 신경적 바탕을 이룬다는 것이다.
③ **마음이론** : 사람은 공감과 모방을 지원하는 뇌를 가지고 있는데, 이러한 뇌로 인해 사람은 공감을 하거나 다른 사람의 심적 상태를 추론할 수 있다.

제4절 행동수정

08 표적행동 기록방법

기록방법	내용
연속 기록법	관찰기간 내 모든 행동발생의 빈도, 지속시간, 강도, 지연시간을 기록함
성과 기록법	행동발생의 결과인 영속적인 산물이나 실체가 있는 결과물을 기록함
간격 기록법	관찰기간의 각 간격에서 지속적으로 행동발생과 비발생을 기록함
시간표집 기록법	관찰기간의 각 간격에서 비지속적으로 행동발생과 비발생을 기록함

1. 표적행동 정의하기

(1) 행동정의
사람이 나타내는 특정한 행동을 설명하는 동작성 동사로 객관적이고 명확하게 해야 한다.

(2) 행동정의가 분노, 화, 슬픔과 같은 개인의 내적 상태로 표현되지 않았음에 주의해야 한다. 그와 같은 내적 상태는 타인이 관찰하고 기록할 수 없는 것이다.

(3) 행동정의는 한 개인의 의도를 추측하는 것이 아니다. 의도는 관찰될 수 없을 뿐 아니라 의도를 추측하는 것은 흔히 빗나가기가 쉽다.

(4) 결과적으로 어떤 명칭(예 나쁜 스포츠)은 행동을 정의하는 데 사용되지 않는다. 명칭으로는 개인의 행위를 확인하지 못하기 때문이다.

2. 연속 기록법(continuous recording)

(1) 의미
관찰자가 전 관찰기간 동안 지속적으로 내담자를 관찰하고 발생하는 모든 행동을 기록하는 것이다.

(2) 행동의 빈도(frequency)
① 관찰기간 동안에 행동이 발생하는 횟수를 의미한다.
② 1회 발생이란, 표적행동이 한 번 시작하여 끝나는 것으로 정의된다.
③ 일반적으로 행동발생 횟수가 행동에 관한 중요한 정보가 될 때 빈도측정을 사용한다.
④ 빈도는 대개 관찰기간의 시간으로 나눈 비율(rate)로 나타낸다.

(3) 행동의 강도(intensity)
① 행동의 힘, 에너지, 노력 등의 정도를 의미한다.
② 강도는 흔히 측정도구로 기록하거나 평정척도를 사용하여 기록한다.
③ 강도는 빈도나 지속시간에 비해 자주 사용되지 않지만, 한 연구에서 행동의 정도나 수준이 중요한 사항이라면 이 방법을 사용할 수 있다.

(4) 행동의 지속시간(duration)
  ① 행동이 시작되어 끝날 때까지의 전체 시간을 의미한다. 그러므로 행동이 시작될 때부터 끝날 때까지의 시간을 측정해야 한다.
  ② 행동이 얼마나 오래 지속되었는지가 행동의 가장 중요한 측면일 때 지속시간 측정을 사용한다.
  ③ 지속시간은 관찰기간의 시간으로 나눈 백분율로 나타낸다.
  ④ 실시간 기록법(real-time recording) : 표적행동이 시작되는 시간과 끝나는 시간을 정확하게 기록하는 것이다. 이 방법은 행동발생의 정확한 시간에 대한 정보뿐만 아니라 빈도와 지속시간에 대한 정보도 제공해 준다.

(5) 행동의 지연시간(latency)
  ① 자극이 주어지고 행동이 발생하기까지의 반응시간을 의미한다.
  ② 특정한 자극이나 사건 후에 내담자가 행동을 개시하기까지의 시간을 측정하는 것이다.

> **참고** 지속시간과 지연시간의 차이
>
> 지연시간은 어떤 자극사건으로부터 행동이 개시되기까지의 시간인 반면, 지속시간은 행동 개시시각부터 종료시각까지의 시간이다. 즉, 지연시간은 행동이 시작되기까지의 시간을 의미하고, 지속시간은 행동이 얼마나 오래 지속되는가의 시간을 의미한다.

3. 성과 기록법(product recording)

(1) 의미

행동의 결과로 어떤 실체가 생성되었을 때 사용할 수 있는 간접 평가방법이다.

예 감독관은 사원의 작업 수행력을 측정하기 위해 조립한 물건의 수를 셀 수 있고, 교사는 학생의 학업 수행력을 측정하기 위해 숙제의 정답 수를 기록할 수도 있다.

(2) 장점

행동발생 시에 관찰자가 함께 있지 않아도 된다.

(3) 단점

학생이 어떤 행동을 할 때 누가 개입했는지를 알 수 없다.

4. 간격 기록법(interval recording)

(1) 의미

행동이 일정한 시간에 일어났는지 아닌지를 기록하는 것이다.

(2) 간격 기록법을 사용하기 위해서는 먼저 관찰기간을 작은 시간단위 혹은 간격으로 나누어야 한다. 나눈 각 간격마다 표적행동이 발생했는지를 관찰하고 기록하는 것이다.

(3) 부분 간격 기록법
  ① 부분 간격 기록법을 사용할 때는 행동의 빈도나 지속시간에 관심을 두지 않는다. 따라서 행동의 시작과 종료를 규정하지 않아도 되지만 각 간격에서 행동이 발생했는지를 기록해야 한다.
  ② 부분 간격 기록법은 한 간격 동안에 행동이 몇 번 발생하는가 또는 얼마나 오래 지속되는가에 관계없이 한 번만 기록하면 되므로 시간과 노력이 덜 드는 장점이 있다.

(4) 전체 간격 기록법
① 행동이 한 간격의 전 시간에 걸쳐 발생될 때 행동발생으로 기록한다.
② 행동이 한 간격에서 부분적으로 발생한다면 그 간격에서 행동은 발생하지 않은 것으로 간주된다.

(5) 간격 내 빈도 기록법(frequency-within-interval recording)
① 빈도 기록법과 간격 기록법을 혼합한 것으로 관찰자가 한 간격 내에서의 표적행동의 빈도를 기록한다.
② 행동발생 빈도와 더불어 특별히 행동이 발생한 간격에 관한 정보를 제공해 준다.

5. 시간표집 기록법(time sample recording)

(1) 시간표집 기록법으로 행동을 관찰할 때는 일단 관찰기간을 단위간격으로 나누고, 각 간격에서는 한 순간 동안에만 행동을 관찰하고 기록한다. 관찰하는 기간과 관찰하지 않는 기간이 분리되는 것이다.

(2) 장점
관찰자가 관찰기간 내내 관찰하지 않고 간격의 일부분 혹은 간격의 특정 지점에서만 관찰해도 된다.

> **참고** 행동발생 계산방법
> 간격 기록법이나 시간표집 기록법에서 행동의 수준은 행동이 발생하는 간격의 백분율로 보고된다. 즉, 행동발생이 기록된 간격 수를 관찰기간의 전체 간격 수로 나누어 계산한다.

6. 관찰자 간 신뢰도

(1) 관찰자 간 신뢰도(IOR; Interobserver Reliability)
① 표적행동이 일관성 있게 기록되는가를 알아보기 위해 관찰자 간 신뢰도를 구한다.
② 관찰자 간 신뢰도는 두 명의 관찰자가 동일한 내담자에 대해 동일한 관찰기간 동안 동일한 표적행동을 독립적으로 관찰하고 기록하여 구한다.
③ 두 관찰자의 기록을 비교하여 일치된 백분율을 계산하며, 이 백분율이 높으면 두 관찰자 간 점수부여가 일관성 있음을 의미한다.

(2) 기록방법
① 빈도 기록법 : 낮은 빈도를 높은 빈도로 나누어 IOA를 백분율로 나타낸다.
   예 관찰자 A가 관찰기간 내 공격적 행동발생 비율을 10회로 기록하고, 관찰자 B가 9회로 기록했다면 일치도는 90%이다.
② 지속시간 기록법 : 적은 지속시간을 많은 지속시간으로 나누어 IOA를 계산한다.
   예 어떤 연습량에 대해 관찰자 A가 48분으로 기록하고 관찰자 B가 50분으로 기록했다면 IOA는 48/50, 즉 일치도는 96%이다.
③ 간격 기록법 : 두 관찰자 간에 일치된 간격 수를 조사하여 그것을 전체 간격 수로 나누어서 계산한다. 일치란 각 간격에서 두 관찰자가 모두 표적행동이 발생했다고 표시하거나 모두 발생하지 않았다고 표시한 경우 전체를 의미한다.

	A	A	A	A	A	A	D	A	A	A	A	A	A	D	A	A	D	A	A	A	A
관찰자 A	×	×	×		×		×	×			×		×		×	×		×		×	
관찰자 B	×	×	×		×			×			×		×		×	×		×		×	

A/(A + D) = 17/(17 + 3) = 0.85 = 85%

[그림 13-8] 두 관찰자의 간격 기록법 비교

㉠ 두 관찰자가 같은 시간에 같은 대상의 행동을 독립적으로 관찰하여 기록한 간격 기록법이다.

㉡ A는 행동 발생 혹은 비발생이라는 관찰자 간의 일치를 나타내며, D는 관찰자 간 불일치를 나타낸다.

④ 간격 기록법의 IOA 산출방법은 행동 발생 IOA와 행동 비발생 IOA 두 가지가 있다.

	A	D						A				A				A	
관찰자 A	×	×						×				×				×	
관찰자 B	×							×				×				×	

A/(A + D) = 4/5 = 80%

[그림 13-9] 행동 발생에 대한 동의를 이용한 IOA 산출

			D		A	A	A				A		A
관찰자 A	×	×		×	×		×	×	×	×		×	×
관찰자 B	×	×	×	×	×		×	×	×	×		×	×

A/(A + D) = 5/6 = 83.3%

[그림 13-10] 행동 비발생에 대한 동의를 이용한 IOA 산출

㉠ **행동 발생 IOA**: 두 관찰자가 모두 행동이 발생한 것으로 기록한 간격들만 일치로 간주한다. 두 관찰자 모두 행동이 발생하지 않은 것으로 기록한 간격은 계산에 포함시키지 않는다.

㉡ **행동 비발생 IOA**: 두 관찰자가 모두 행동이 발생하지 않은 것으로 기록한 간격들만 일치로 간주한다. 두 관찰자 모두 행동이 발생한 것으로 기록한 간격은 계산에 포함시키지 않는다.

⑤ 간격 내 빈도 기록법에서는 각 간격에서 적은 빈도를 큰 빈도로 나누어 각 간격의 관찰자 간 일치율을 구하고, 그 일치율을 모두 합한 후 관찰기간의 간격 수로 나누어 IOR을 구한다.

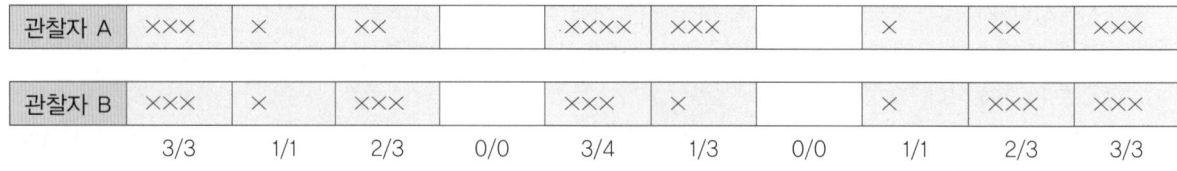

100% + 100% + 67% + 100% + 75% + 33% + 100% + 100% + 67% + 100% = 842%

842% ÷ 10(총 간격 수) = 84.2%

[그림 13-11] 간격 내 빈도 기록법의 관찰자 간 신뢰도 계산

09 단일대상 연구

1. 연구설계와 그래프 분석

(1) 연구설계

① 행동수정을 연구하는 자들은 행동수정 절차가 행동변화의 원인임을 입증하고자 한다. 연구자가 행동수정 처치로 표적행동이 변화되었음을 밝히면 처치와 표적행동 간의 기능적 관계(functional relationship)를 입증한 것이다.

② 독립변인이 적용될 때(처치가 실행될 때), 다른 모든 변인은 일정하고 처치가 한 번 이상 반복되면서 그때마다 행동변화가 나타나면 기능적 관계가 성립된다.

③ 행동수정 연구자들은 이 기능적 관계를 밝히기 위해 연구설계를 사용하는데, 연구설계는 처치의 실행과 반복을 모두 포함한다. 처치가 실행되는 절차마다 표적행동이 변화하거나 처치가 실행될 때만 표적행동이 변화한다면 기능적 관계는 입증된 것이다.

④ 처치가 적용될 때만 행동이 변화했다는 것은 다른 변인이 행동변화를 야기했을 가능성이 희박하다는 것을 의미하기 때문이다.

(2) 그래프 제작 및 분석

① 그래프는 시간(날짜 또는 관찰 회기)의 흐름에 따른 목표행동의 수준을 보여준다.

② 이 그래프의 각 자료점은 목표행동의 수준(자료점이 y축과 만나는 지점)과 목표행동을 관찰한 날짜 또는 회기(자료점이 x축과 만나는 지점)에 대한 정보를 제공한다.

(3) 선 그래프의 기본 요소

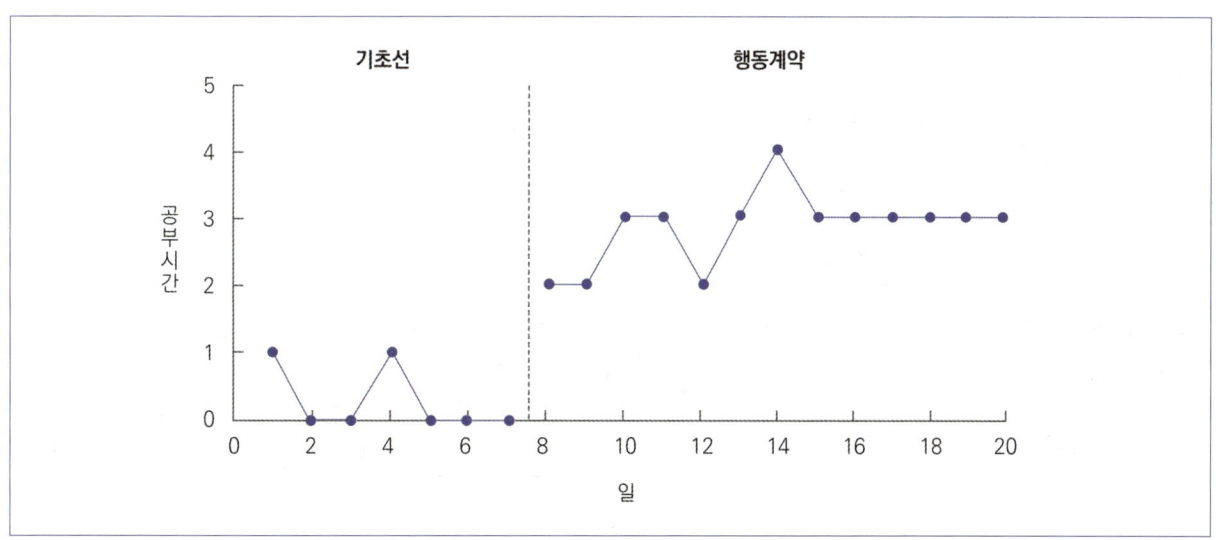

[그림 13-12] 선 그래프의 기본 요소

① **x축과 y축**: 수평축과 수직축이 왼쪽 밑에서 만나도록 구성된다.
② **x축과 y축 명칭**: y축의 명칭은 기록된 행동 영역, x축의 명칭은 행동이 기록된 기간 동안 시간 단위를 나타낸다.
③ **x축과 y축 명칭 숫자**: y축의 숫자는 행동의 측정 단위, x축의 숫자는 시간의 측정 단위를 나타낸다.
④ **자료점**: 각 특정 시간에 발생한 행동 수준을 정확하게 나타내도록 표시되어야 한다.

⑤ 단계선 : 그래프상에 수직선으로 나타내는데 이는 처치 단계로, 처치의 상태가 달라졌음을 의미한다.
⑥ 단계 명칭 : 그래프의 각 단계에는 명칭이 부여되어야 한다. 단계 명칭은 그래프의 각 단계 상단에 적어 넣는다.

2. 단일대상 연구

(1) 단일대상 연구의 특징
① 개별 실험 참가자를 단일 분석 대상으로 삼고, 능동적이고 실제적인 조작을 통한 실제적 중재절차(독립변인)를 적용한다.
② 조작적 정의를 통하여 객관적이고 반복적인 종속변인을 측정하고, 이를 통해 조작적으로 명확하게 기술된 실험 조건 속에서 얻어진 기초선 데이터와 비교하여 중재의 효과를 입증한다.
③ 데이터를 시각적으로 분석하여 실험적 통제를 입증하는 과정을 거치는데, 이러한 과정을 통해 내적 타당도를 입증하고 체계적인 반복연구로 외적 타당도를 강화시킨다.

(2) 단일 분석 대상으로서의 개별 참가자
① 단일대상 연구에서는 1명의 실험 참가자를 대상으로 할 수 있으나, 주로 3명에서 8명까지의 실험 참가자를 선정하여 연구를 실시한다.
② 특수한 경우에는 개인이 소속된 집단의 행동을 종속변인으로 측정·분석하기도 한다.

(3) 종속변인의 조작적 정의를 통한 객관적이고 반복적인 측정
① 종속변인은 조작적 정의를 이용하여 명확하게 기술해야 한다.
  ㉠ 연구자가 종속변인을 명확한 조작적 정의로 기술했을 때 실험기간 동안 타당하고 일관적인 평가가 가능해진다.
  ㉡ **조작적 정의** : 상황, 변인, 행동, 사건을 발생 여부, 횟수, 지속시간 등의 요소를 명확하게 기술하는 것으로 행동 형태중심정의와 기능중심정의 요소를 포함한다.
    ⓐ **행동 형태중심 요소** : 상황, 변인, 행동, 사건의 발생 여부, 지속시간, 반응률을 포함하는 개념이다.
    ⓑ **기능중심 요소** : 행동이 주변 환경에 미치는 영향이다.
② 종속변인을 반복적으로 측정해야 한다.
③ 지속적인 관찰자 간 일치도를 통한 종속변인 측정의 신뢰도를 평가한다.
④ 사회적 중요성을 고려하여 종속변인을 선정한다. 개념적이고 이론적인 평가와 함께 실험 참가자에게 실제적·사회적 중요성을 제공할 수 있는 표적행동을 종속변인으로 선정하고 측정해야 한다.

(4) 실험 참가자와 실험 조건의 조작적 기술
① 연구자는 조작적 정의를 통해 실험 참가자에 대한 정보, 선정 과정, 실험 조건을 기술해야 한다.
② 실험 참가자와 실험 조건에 대한 명확한 정보가 제공되었을 때 다른 연구자들은 실험적으로 동일한 조건에서 동일한 성향을 지닌 실험 참가자를 대상으로 반복연구를 실시할 수 있으며, 이를 통해 종속변인의 외적 타당도를 입증할 수 있다.

(5) 기초선을 이용한 중재의 효과 입증
① 기초선 : 중재 조건과 대조적인 실험 조건을 의미한다. 단일대상 연구에서는 기초선에서 측정되는 표적행동과 중재과정에서 일어나는 행동을 비교함으로써 중재 효과를 식별한다.
② 기초선 논리가 수립되기 위해서는 특정 자료점(data points)의 개수(예 단순히 3개의 자료점)를 미리 정하는 것이 아니라, 다수의 자료점과 자료선이 안정적인 경향을 보이거나 혹은 변화 경향과 반대되는 경향을 보이는 수준까지 기초선 데이터를 수집해야 한다.

3. 실험 설계법의 유형

(1) AB 설계

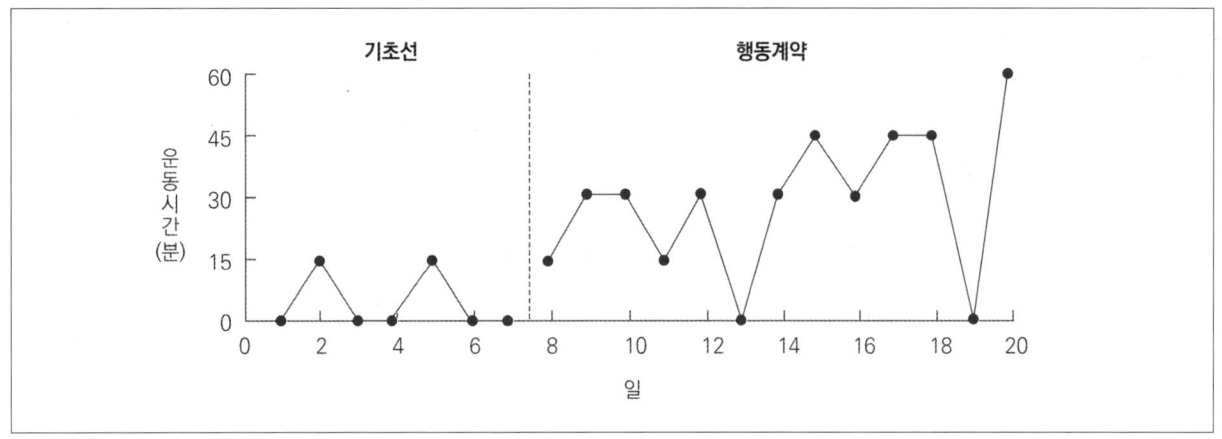

[그림 13-13] AB 설계 그래프의 예

① A는 기초선, B는 처치 : 기초선과 처치를 비교하여 행동이 처치 후에 원하는 방향으로 변화되었는지를 결정한다.
② 처치가 2번 실행되지 않았으므로 기능적 관계를 밝히지는 못함 : 진실험 설계가 아니다.
③ 행동수정 절차가 행동 변화의 원인임을 증명하기보다는 단지 행동 변화가 일어났음을 밝히는 데 관심이 있는 비연구 상황에서 자주 적용된다.

(2) ABAB 반전 설계

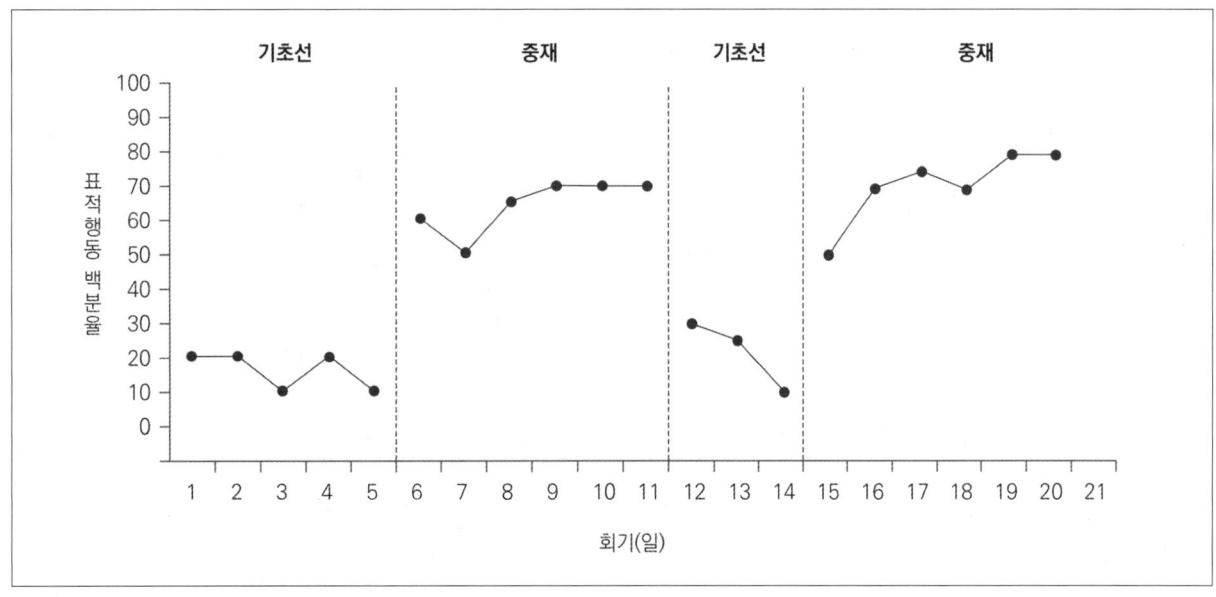

[그림 13-14] ABAB 반전 설계 그래프의 예

① 개념
  ㉠ A-B-A-B 반전 설계는 단순 A-B 설계(A=기초선, B=처치)의 확장이다.
  ㉡ A-B-A-B 설계에서 기초선과 처치 단계는 각각 두 번씩 실행된다. 첫 번째 처치 단계 후에 처치를 제거하고 기초선으로 되돌아가기 때문에 반전 설계라고 한다. 두 번째 기초선 뒤에는 처치의 반복이 뒤따르게 된다.

② 고려사항
  ㉠ 만일 행동이 위험한 것이라면(예 자해행동) 두 번째 기초선 단계에서 처치를 철회하는 것은 윤리적이지 못하다.
  ㉡ 처치가 철회되었을 때 행동 수준이 반전될 것이라는 어느 정도의 확신이 있어야 한다. 처치가 철회되었을 때 행동이 변화하지 않으면 기능적 관계는 입증될 수 없다.
  ㉢ 처치가 실행된 이후에는 실제로 처치를 제거할 수 있는지가 고려되어야 한다. 예를 들어, 처치가 어떤 교수절차에 이어서 연구대상이 새로운 행동을 학습하는 것이라면 습득한 학습능력을 원점으로 되돌릴 수는 없다.

③ 장점
  ㉠ 독립변인과 종속변인 간의 기능적 관계를 검증할 수 있다.
  ㉡ 교육 및 임상 현장에서 제기되는 많은 현실적·윤리적 문제를 해결해 준다.
  ㉢ 중재의 긍정적인 효과를 반복 입증함으로써 내적 타당도를 강화해 준다.
  ㉣ 중재들 간의 비교가 가능할 수 있도록 융통성을 제공해 준다.

④ 단점
  ㉠ 현실적이고 윤리적인 문제와 관련된다. 즉, 짧은 시간 동안이라도 효율적인 중재를 제거한다는 것은 윤리적 문제를 야기할 수 있다.
  ㉡ 목표행동이 반전될 수 없는 특성을 지닐 때는 ABAB 설계가 적절하지 않다. 예 학업과제의 습득

> **참고** 한계점
>
> 아래 조건에서는 다른 설계법의 사용을 고려하거나 설계법을 변형하여 연구를 실시해야 한다.
> • 반전 설계의 실험 조건적 한계점으로 인해 표적행동이 기초선으로 반전되지 않는 특성을 가질 때
> • 중재를 제거하더라도 그 효과가 지속되는 특성을 보일 때
> • 교실 현장과 같이 기초선 단계로 돌아갈 수 없는 실험 상황일 때
> • 중재의 제거가 교육적·윤리적 문제를 일으킬 수 있을 때

(3) 중다기초선 설계

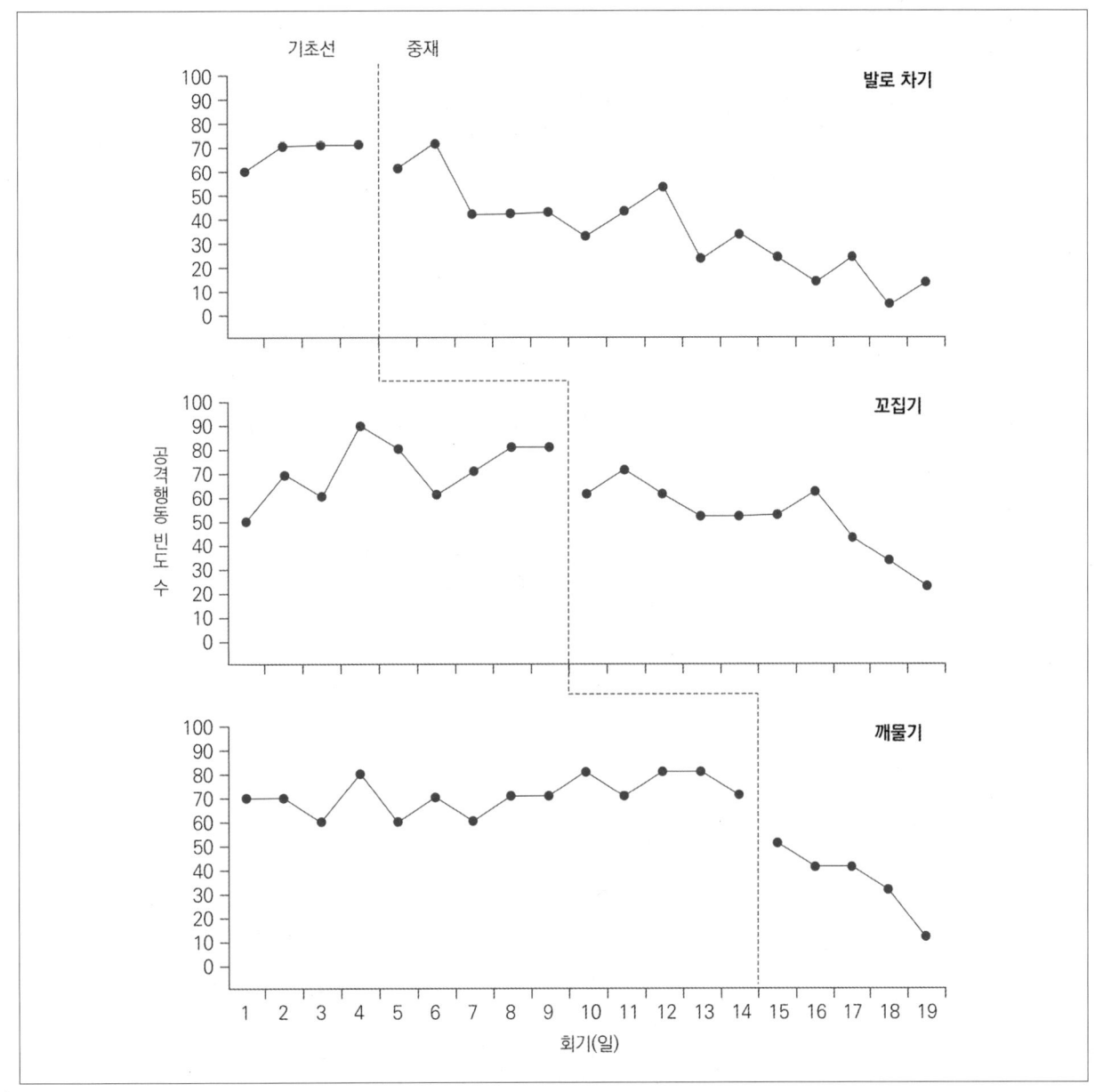

[그림 13-15] 행동 간 중다기초선 설계 그래프의 예

① 중다기초선 설계는 연속하는 자료점과 자료선의 변화를 실험 대상자 간 혹은 표적행동 간에 3회 이상 실험 효과를 보여주어 실험 통제를 입증하는 설계법이다.
② 적용
　㉠ 윤리적인 이유로 중재를 제거할 수 없을 때
　㉡ 1개 이상의 표적행동, 상황, 대상자에게 중재를 적용하여 실험 효과를 입증하는 연구목적을 가질 때
　㉢ 중재를 제거하더라도 그 효과가 지속되어 기초선의 조건으로 회귀할 수 없을 때
③ 반전설계법과 차이: A-B-A-B 설계도 2개의 기초선 단계와 처치 단계를 갖지만 기초선과 처치 단계 모두 동일한 장면에서 동일한 대상의 동일한 행동발생을 다룬다. 그러나 중다기초선 설계는 다른 대상이나 다른 행동 혹은 다른 상황에서 발생하는 서로 다른 기초선과 처치 단계를 갖는다.
④ 형태

구분	내용
대상별 중다기초선 설계	서로 다른 2명 이상을 대상으로 동일한 표적행동에 대해 기초선 단계와 처치 단계를 가짐
행동별 중다기초선 설계	동일한 대상의 서로 다른 2가지 이상의 행동에 대해 기초선 단계와 처치 단계를 가짐
상황별 중다기초선 설계	동일한 대상의 동일한 행동을 2가지 이상의 상황에서 측정하는 기초선 단계와 처치 단계를 가짐

⑤ 중다기초선 설계를 사용하려면 2가지 가정이 성립되어야 한다.
　㉠ 첫째, 각각의 종속변수는 '기능적으로 독립적'이어서 중재가 적용될 때까지 종속변수(표적행동)가 안정된 상태로 남아 있어야 한다. 이는 하나의 표적행동에 중재가 적용되었을 때 중재가 적용되지 않은 다른 표적행동들이 따라서 자동적으로 영향을 받지 않아야 한다는 것이다.
　㉡ 둘째, 각각의 종속변수는 '기능적으로 유사'해서 동일한 중재에 반응해야 한다는 것이다. 이는 각각의 종속변수(표적행동)가 같은 기능이어서 한 가지 중재를 적용했을 때 같은 반응을 기대할 수 있음을 뜻한다.
⑥ 장점
　㉠ 실험통제를 입증하기 위해 중재를 제거하거나 반전하지 않아도 된다.
　㉡ 목표행동, 상황 또는 대상자에게 동시에 실시되므로 일반적인 교육 환경에서의 교육 목표와 유사한 특성을 지닌다.
　㉢ 실제 교육 현장에서 사용하기 용이하다.
⑦ 단점
　㉠ 다수의 기초선을 동시에 측정해야 한다.
　㉡ 동시에 측정할 수 있는 기초선을 여러 개 찾기 어려울 수 있고, 동시 측정의 시간 소모, 경제성이나 비현실성 등으로 문제가 될 수 있다.
　㉢ 기초선 기간이 연장될수록 학습자를 지루하게 하거나 지치게 하는 등의 부정적인 영향을 미침으로써 타당성이 없는 결과를 초래할 수 있다.

(4) 처치변경(다요인, 교대중재) 설계

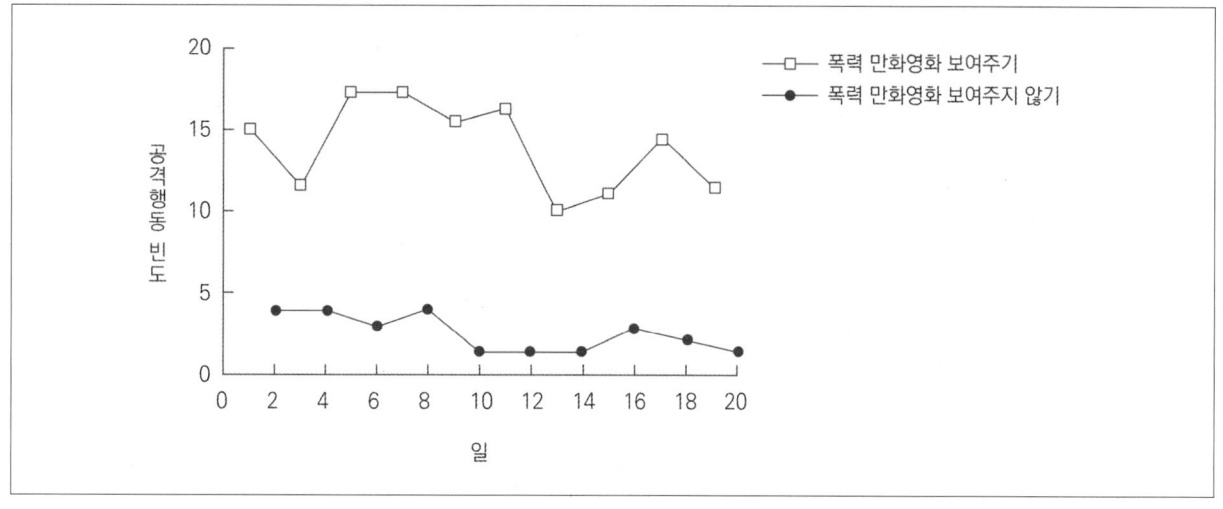

[그림 13-16] 처치변경 설계 그래프 예

① 처치변경 설계는 한 대상자(대상군)에게 여러 중재를 교대로 실시하여 중재들 간의 효과를 비교하는 방법이다.
② 처치변경 설계는 2개 이상의 독립변인 중재 요소들의 효과를 비교하기 위해 사용한다.
③ 특징: 2개 이상의 독립변인 요소들이 빠르게 교대되는 특징을 가지며, 서로 다른 중재 요소들을 동일한 횟수로 적용하고, 적용 순서는 무작위로 선정된다.
④ 기초선과 처치조건을 가지는 연구설계와 비교
　㉠ 빠르게 연속되고 서로 비교되도록 실행한다. 예를 들어, 첫 번째 날에 처치가 주어지고 다음날에 기초선, 그 다음날에 처치, 다시 다음날에 기초선 식으로 진행된다. 즉, 기초선과 처치가 순차적으로 일어난다.
　㉡ 2가지 조건(기초선과 처치, 2가지 서로 다른 처치)이 일/회기 동안 교대로 주어진다. 그러므로 두 조건은 동일한 기간 내에서 비교될 수 있다. 외부로부터의 어떤 변인이 2가지 조건에 모두 비슷하게 영향을 끼쳤고, 그러므로 외부로부터의 그 변인은 두 조건 간에 나타난 차이의 원인이 될 수 없다는 점에서 가치를 지닌다.

> **참고** 처치변경 설계의 사용
>
> 처치변경 설계는
> • 특정 행동에 대해 한 가지 이상의 중재의 '상대적 효과'를 비교하고 싶을 때
> • 기초선 자료가 불필요하거나 안정적이지 못할 때
> • 대상자들이 중재 조건의 차이를 변별할 정도로 서로 충분한 차이를 보일 때 사용된다.
> 하지만·처치변경 설계의 기본적 한계점으로 인해
> • 중재 요소들이 서로 영향을 미쳐 명확한 결과를 얻지 못할 때
> • 중재를 통한 행동변화가 늦게 나타나는 상황일 때
> • 중재효과를 보이기 위해 일정한 시간을 필요로 할 때
> • 다양한 중재 요소들의 균형적 배열이 어려울 때
> 다른 설계법 사용을 고려하거나 설계법을 변형하여 연구해야 한다.

⑤ 장점
　㉠ 기초선 자료의 측정을 반드시 하지 않아도 된다.
　㉡ 반전 설계나 중다중재 설계가 갖는 내적 타당도나 중재 간 순서 및 간섭효과에 대한 위협이 줄어든다.
　㉢ 이 설계는 실험 종료시기에 따른 타당도 문제가 다른 단일대상 연구 설계들에 비해 적은 편이다.
⑥ 단점
　㉠ 훈련자가 미리 계획된 중재 절차를 일관성 있게 지키지 않으면 연구의 결과를 전혀 신뢰할 수 없게 된다.
　㉡ 중재 방법은 자연스럽지 않고 다소 인위적이다. 실제 교육이나 임상 현장에서 한 번에 한 가지 중재 방법을 적용하며 동시에 두 가지 중재 방법을 다 적용하는 일은 매우 드물다.
　㉢ 중다기초선 설계와 같은 다소 단순한 설계에 비해 더 많은 변인을 통제하고 균형을 맞추어야 하는 연구 절차상의 번거로움이 있다. 즉, 훈련자, 중재 장소, 중재시간 등의 중재 간에 균형을 잘 맞추어야 한다.
　㉣ 다른 비교 중재 설계들보다는 다소 작지만 한 중재가 다른 중재에 미치는 간섭 효과의 가능성을 전혀 배제할 수는 없다.
　㉤ 이 설계는 약한 효과를 나타내는 중재에는 적합하지 않다.

(5) 준거(기준)변경 설계

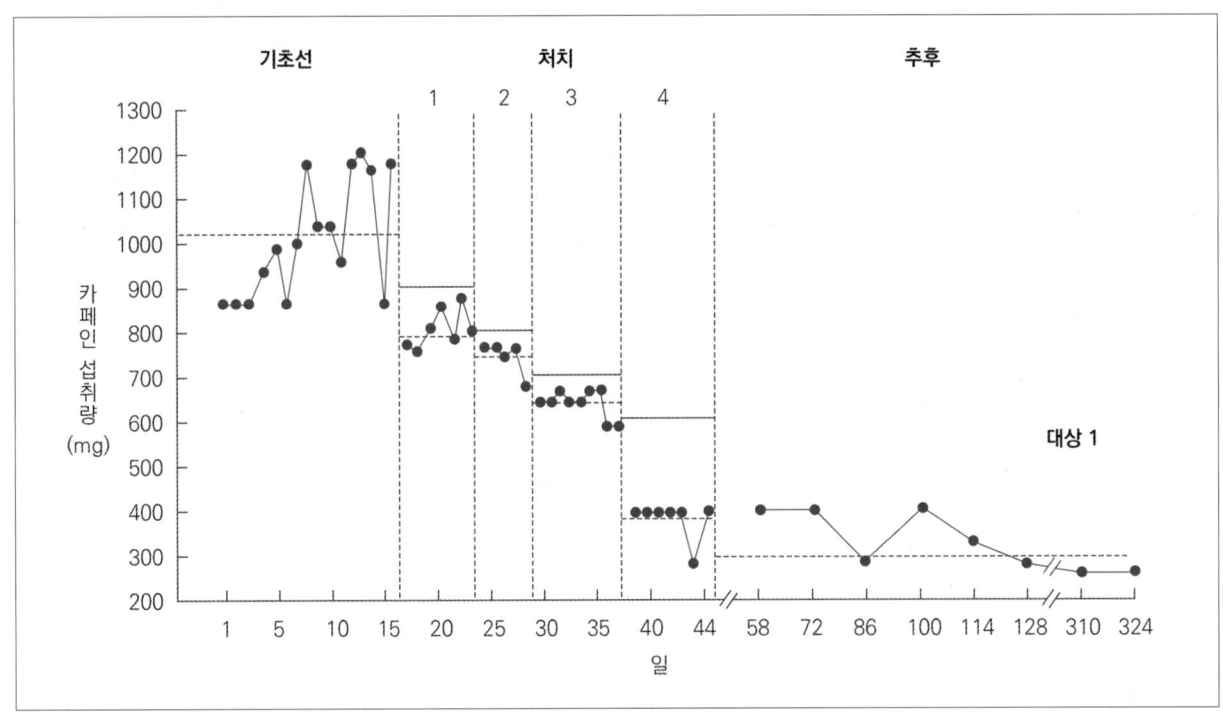

[그림 13-17] 준거변경 설계 그래프의 예:
카페인 섭취량이 매번 낮게 설정되는 준거 수준 이하로 감소되었다. 처치 단계 1~4의 수평선은 준거선이다.

① 준거변경 설계는 독립변인을 이용하여 종속변인의 점진적이고 단계적인 변화를 이루고자 할 때 사용된다.
② 준거변경 설계는 전형적으로 기초선과 처치 단계를 갖는다. 준거변경 설계가 A-B 설계와 다른 점은 처치 단계 내에서 실행준거가 순차적으로 지정된다는 것이다. 즉, 표적행동이 처치 단계 동안에 얼마나 변화해야 한다는 표적행동의 달성 수준이 지정된다.

③ 처치의 효과는 '대상의 행동이 실행준거에 도달되도록 변화했는지', 다시 말해 '대상의 행동이 각 목표 수준으로 변화했는가?'로 결정된다. 준거변경 설계의 그래프에서는 각 준거 수준과 행동 수준점을 나타내주기 때문에 행동 수준이 준거 수준에 도달했는지를 쉽게 알 수 있다.

④ 장점
   ㉠ 대상자의 행동 레퍼토리 안에 있으면서(대상자가 이미 할 수 있는 행동으로) 단계적으로 증가 혹은 감소시킬 수 있는 행동일 경우에 적절하다.
   ㉡ 최종 목표에 도달하기까지 시간이 걸리는 경우에 유용하다.
   ㉢ 중재와 목표행동 간의 기능적 관계를 보여주기 위해 중재를 반전할 필요가 없다.

⑤ 단점
   ㉠ 특정한 행동이나 중재에 대해 장점으로 작용하던 기준변동 설계의 특성들이 동시에 다른 행동이나 중재에 대해서는 제한점으로 작용할 수 있다.
   ㉡ 실험통제를 잘 입증하기 위해서는 정해진 기준만큼의 변화만 일어나야 한다는 점이 실제로 행동을 교수할 때 문제가 될 수 있다.
   ㉢ 기준변동 설계를 적절히 계획하고 실행하는 데 필요한 많은 시간과 노력을 들일 수 없다면 이 점 역시 제한점으로 작용할 수 있다.

10 행동수정 기법

1. 강화제

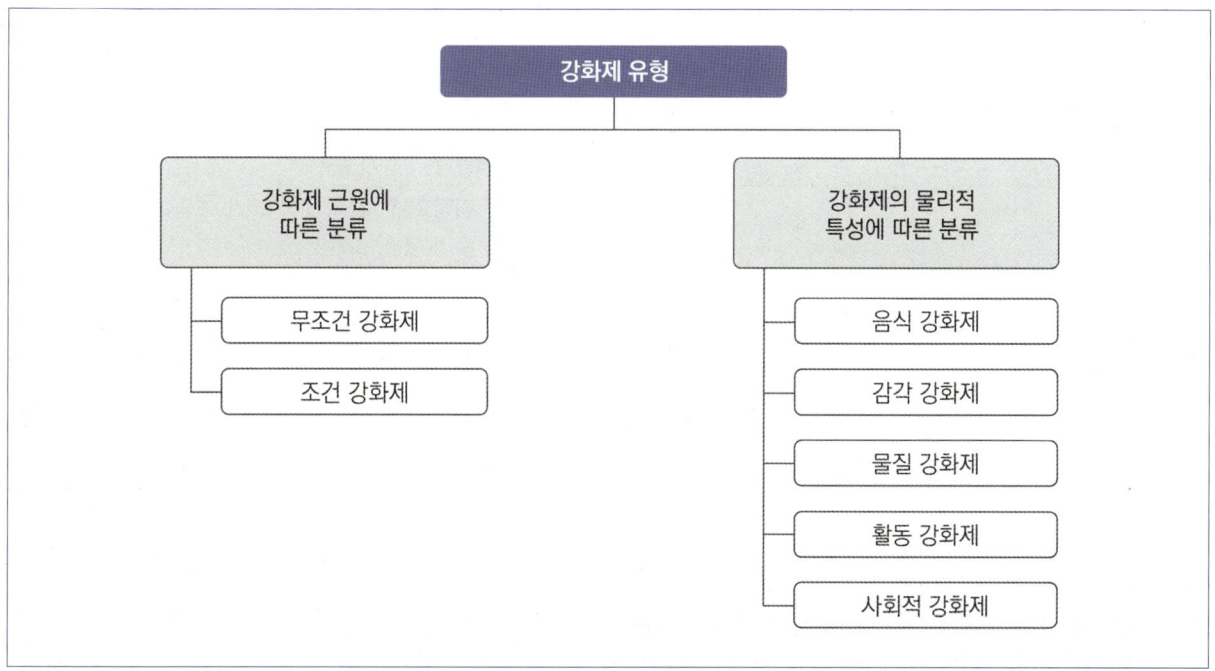

[그림 13-18] 강화제 유형 분류

(1) 근원에 따른 강화제 분류
　① 무조건 강화제(일차 강화제) : 학습이나 조건화 없이 자연적으로 생존을 위해 필요한 자극이나 생물학적 가치를 갖는 자극들을 의미한다. 이는 학습되지 않은 강화제 또는 일차 강화제라고도 한다.
　　例 음식, 음료, 잠, 감각 등과 같이 학습할 필요 없이 생득적으로 동기부여되는 자극
　② 조건 강화제(이차 강화제) : 자연적으로 강화되지 않는 자극으로 학습된 강화제 또는 이차 강화제라고도 한다. 조건 강화제는 무조건 강화제와 같이 학습 없이도 강화제로 작용할 수 있는 것이 아니기 때문에, 무조건 강화제와 연합시키는 짝짓기(pairing) 과정을 통해 강화제로서 가치를 갖게 된다.
　　㉠ 사회적 강화제 : 부모, 교사 등의 타인으로부터 제공되는 다양한 형태의 인정과 관련된 강화제이다.
　　　例 미소, 고개 끄덕임, 칭찬 등
　　㉡ 활동 강화제 : 학생이 좋아하는 활동을 할 수 있는 기회, 임무, 특권을 제공하는 것이다.
　　　例 칠판 지우기, 영화 보기, 늦잠 잠기 등
　　㉢ 물질 강화제 : 학생이 좋아하는 물건이나 사물에 해당한다.
　　　例 장난감, 스티커, 책 등
　　㉣ 일반화된 강화제 또는 토큰 강화제 : 강화제로서 내재적 가치를 가진 것은 아니지만 일차 또는 이차 강화제로 교환할 수 있기 때문에 그 가치를 갖는 것이다.
　　　例 토큰, 쿠폰, 점수, 현금 등

(2) 물리적 특성에 따른 강화제 분류

종류	설명	강화제의 예
음식물 강화제	씹거나, 빨아먹거나, 마실 수 있는 것	음료수, 과자, 사탕, 크래커, 비스킷 등
감각적 강화제	시각, 청각, 후각, 미각, 촉각에 대한 자극제	음악, 조명, 그림, 사진, 동영상, 거울, 향수, 깃털, 흔들의자 등
물질 강화제	학생이 좋아하는 물건들	스티커, 장난감, 학용품, 책, 미술 도구, 인형, 장신구 등
활동 강화제	학생이 좋아하는 활동을 하도록 기회나 임무 또는 특권을 주는 것	칠판 지우기, 우유 나르기, 칠판에 숙제 적기, 급식실에 갈 때 앞장서 안내하기, 유인물 나누어주기, 모둠 활동 시간 관리하기 등
사회적 강화제	여러 가지 방법으로 학생을 인정해 주는 것	• **감정표현** : 미소 짓기, 고개 끄덕이기, 박수치기, 관심 주기 등 • **근접** : 학생 옆에 앉기, 아동 옆에 서기, 이야기하는 동안 교사 옆에 앉도록 허락하기, 함께 식사하기 • **접촉** : 악수하기, 손잡기, 등 두드리기, 영유아의 경우 간지럼 태우기 • **특혜** : 벽에 아동 작품 달기, 상장 수여 • **칭찬** : 편지, 쪽지, 카드, 구어적 칭찬 등

(3) 정적 강화에 영향을 미치는 요인
　① 강화의 즉시성 : 강화를 제공하는 초기에는 강화 프로그램의 효과성을 높이기 위해 표적행동이 발생하는 즉시 강화가 제공되어야 한다. 이후에는 행동과 강화 간의 지연시간(latency)이 길어지도록 한다.
　② 강화와 언어적 칭찬과의 결합 : 바람직한 표적행동과 강화제 간의 관련성을 알 수 있도록 학생에게 강화제를 받는 행동이 무엇인지를 분명하게 언급한다. 강화제와 함께 언어적 칭찬(학생이 보인 표적행동을 구체적으로 언급해

주는 것)을 주어 강화제와 언어적 칭찬의 연합이 학습되면 언어적 칭찬이 갖는 강화의 가치가 높아져 이후 언어적 칭찬만으로도 표적행동의 발생가능성을 높일 수 있다.

③ 강화 스케줄 : 강화를 제공하는 초기에는 학생이 표적행동을 보일 때마다 매번 강화를 하는 연속 강화 스케줄을 적용한다. 이후 연속 강화 스케줄에서 간헐 강화 스케줄로 변경한다.

④ 강화제의 유형과 양 : 학생의 개별적인 선호에 따라 어떤 강화제가 다른 강화제보다 더 효과적일 수 있다. 또한 효과적인 강화를 위해 제공할 강화제의 양(quantity)은 학생이 만족할 수 있도록 너무 많지 않으면서도 관심을 이끌기에는 충분한 양이어야 한다.

⑤ 강화 제공자 : 학생이 좋아하거나 존경하는 사람 또는 학생에게 의미 있는 사람이 강화제를 제공할 때 강화제는 보다 효과적일 수 있다. 학생이 싫어하거나 신뢰하지 않는 사람이 강화제를 주면 강화의 특성 중에 일부 또는 전부가 상실될 수 있다.

⑥ 일관성 : 강화는 일관되게 시행되어야 한다. 표적행동의 발생과 관련 있는 모든 사회 및 물리적 상황에서 일관성 있게 시행하는 것이 중요하다.

(4) 강화계획

① 강화계획의 종류

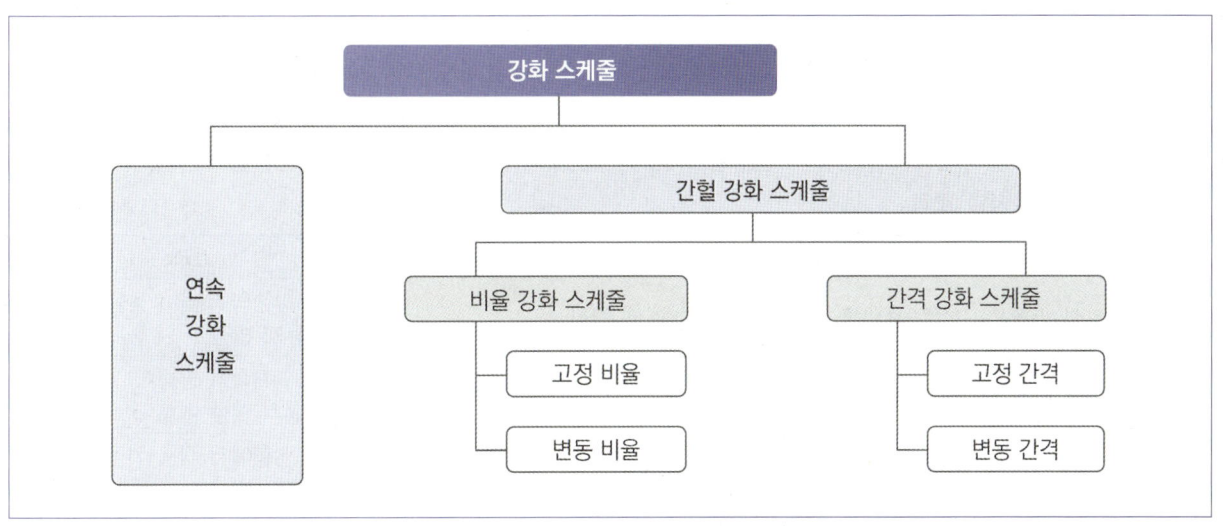

[그림 13-19] 강화 스케줄(강화계획)의 유형

㉠ 연속적 강화계획(continuous reinforcement schedule) : 모든 반응이 강화되는 것으로 사람이 행동을 배우거나 처음 그 행동을 해 볼 때, 즉 습득 단계에서 주로 적용한다.

㉡ 간헐적 강화계획(intermittent reinforcement schedule) : 모든 반응이 강화되지 않고 가끔 또는 간헐적으로 강화된다. 행동을 습득하거나 학습하면 간헐적 강화계획을 통해 행동을 유지하는 것이 효과적이다.

구분	고정	변동
비율	표적행동이 정해진 수, 즉 고정된 횟수만큼 발생했을 때	표적행동이 평균 발생 횟수만큼 나타났을 때 강화
간격	정해진 시간(간격)이 지난 후 표적행동이 처음 발생했을 때 강화	시간의 평균 간격에 따라 행동 시간(간격)이 지난 후 표적행동이 처음 발생했을 때

② 강화계획의 비교

강화계획		강화시기	장점	단점
연속		표적행동이 발생할 때마다	새로운 행동 습득에 유용함	부적절한 유창성 문제(표적행동 횟수만 부적절하게 높이는 현상)나 포만(포화) 문제가 생길 수 있음
비율	고정 비율	표적행동이 정해진 수만큼 발생할 때	표적행동 비율을 높일 수 있음	강화 후 휴지기간 현상이 나타남
	변동 비율	표적행동이 정해진 평균 수만큼 발생할 때	부정확한 반응이나 강화 후 휴지기간을 방지할 수 있음	많은 아동에게 동시에 사용하기 어려움
간격	고정 간격	표적행동이 정해진 시간 간격이 경과한 후 처음 표적행동이 발생할 때	여러 아동에게 1인 교사가 실행 가능함	• 표적행동 발생비율을 낮추게 됨 • 고정 간격 스캘럽(scallop) 현상이 나타남
	변동 간격	표적행동이 정해진 평균 시간 간격이 경과한 후 처음 표적행동이 발생할 때	낮아지는 행동 발생률이나 고정 간격 스캘럽(scallop) 문제를 방지할 수 있음	간격의 길이가 다양하도록 관리하는 어려움이 있음

㉠ 강화 후 휴지 현상(post-reinforcement pause) : 강화를 받은 후 일시적으로 표적행동을 하지 않는 상태를 말한다.
㉡ 고정 간격 스캘럽(scallop) 현상 : 강화를 받고 난 직후에 표적행동이 급격히 감소하고 강화받을 시간이 되어 가면 갑자기 표적행동이 증폭하는 현상이다. 이러한 용어는 표적행동 발생률을 그래프로 옮겼을 때 고정 시간 간격 근처에서 표적행동의 발생률이 높아지는 것이 마치 조개 모양 같아서 붙여진 것이다.

③ 강화계획 유형별 효과

구분	개념	효과
고정 비율	고정된 수만큼 표적행동이 발생할 때 강화	• 표적행동 발생의 비율이 높음 • 강화 후 휴지 발생
변동 비율	표적행동이 정해진 평균 발생 횟수만큼 나타날 때 강화	• 표적행동의 지속적 발생 • 강화 후 휴지 예방
고정 간격	고정된 시간 간격 후에 표적행동이 처음 발생할 때 강화	• 집단교수 상황에서 적용 가능 • 강화 후 휴지 발생
변동 간격	평균 시간 간격에 따라 시간 간격 후에 표적행동이 처음 발생할 때 강화	• 표적행동의 지속적 발생 • 강화 후 휴지 예방

(5) **차별강화** 기출 18

① 강화의 원리를 제공하지만 행동증가가 아닌 감소가 주목적이며, 바람직한 행동에 대해 강화를 제공하고 바람직하지 않은 표적행동에 대해 강화를 제공하지 않음으로써 바람직하지 않은 행동을 감소시키는 것이다.
② 종류 및 목적

차별강화 종류	강화받는 행동	목적
저비율 차별강화	정해진 기준치 이하의 표적행동	표적행동 발생빈도의 감소
다른 행동 차별강화	표적행동 외의 모든 행동	표적행동이 발생하지 않는 시간의 증가
대체행동 차별강화	표적행동과 동일한 기능의 대체행동	대체행동의 강화를 통한 표적행동의 제거
상반행동 차별강화	표적행동의 상반행동	상반행동을 통한 표적행동의 제거

㉠ DRL(낮은 행동 차별강화, 저비율 행동 차별강화) : 행동이 정해진 시간 동안 정해진 기준만큼 또는 기준보다 적게 발생했을 때 강화하는 것이다.
㉡ DRO(다른 행동 차별강화) : 일정 시간 간격 동안 바람직하지 못한 행동이 발생하지 않으면 그 기간 끝에 강화를 제공하는 것이다.
㉢ DRA(대체행동 차별강화) : 부적절한 행동을 감소시키기 위해 그에 대한 대안적인 행동에 강화를 주는 것이다.
㉣ DRI(상반행동 차별강화) : 어떤 행동과 동시에 발생할 수 없는 행동으로, 문제행동의 상반행동에 대해 강화하는 것이다.

(6) **도피행동과 회피행동**
① 도피행동 : 행동발생이 이미 존재하고 있는 혐오자극의 종결을 가져온다. 즉, 특별한 행동을 함으로써 혐오자극으로부터 벗어나고 그 행동은 강화된다.
② 회피행동 : 행동발생이 혐오자극의 출현을 방지한다. 특별한 행동을 함으로써 혐오자극을 피할 수 있게 되고 그 행동은 강화된다.
　예 어떤 사람이 뜨거운 아스팔트 위를 맨발로 걷다가 재빨리 잔디 위로 올라와 걷는다. 잔디 위를 걷는 것은 뜨거운 아스팔트의 열기에서 도피한 결과이다. 다음에는 신발을 신고 뜨거운 아스팔트 위를 걷는다. 신발을 신은 것은 뜨거운 아스팔트의 열기에서 회피하려는 결과이다.

2. 행동 형성(조형법, behavioral shaping) 기출 24, 25

(1) **의미**
① 표적행동에 도달할 때까지 연속적 접근법(계기적 근사법, successive approximation)을 사용함으로써 연구자가 원하는 새로운 반응을 이끌어내는 것이다.
② 조형은 학습할 최종의 목표행동을 작은 단위의 하위 행동으로 나누어 단계적으로 강화함으로써 결국 최종 목표행동을 강화하는 방법이다.

(2) **요소**
① 차별적 강화 : 강화해야 할 행동과 강화하지 않을 행동을 정확하게 구분하여 강화하는 것이다.
② 연속적 접근 : 목표행동에 근접한 행동을 점진적으로 강화하는 것이다.

(3) **절차**
① 표적행동을 명확히 정의해야 한다.
② 표적행동의 시작행동을 정의해야 한다.
③ 표적행동에 근접한 중간행동(단계)들을 결정해야 한다.
④ 사용할 강화제를 결정한다.
⑤ 표적행동으로의 진행속도를 결정하여 차별강화한다.
⑥ 표적행동이 형성되었을 때 강화한다.

(4) **장단점**
① 장점
㉠ 최종 목표에 점차적으로 접근해 가는 반응을 계속해서 강화하는 긍정적인 절차이다. 앞에서 숙달된 반응에 대해서는 소거절차만 실시하며, 벌이나 혐오적인 절차는 사용하지 않는다.
㉡ 새로운 기술을 가르치는 데 효과적이다.

② 단점
  ㉠ 최종 목표행동에 이르기까지 여러 단계를 거쳐야 하므로 시간이 많이 걸린다. 목표행동에 이르기까지 걸리는 시간을 예상해야 한다. 예상 외로 시간이 오래 걸릴 경우에는 다른 절차로 바꿀 수 있다.
  ㉡ 기술의 진전 상태가 늘 고르지 않고, 빠른 진전을 보이다가 전혀 진전을 보이지 않는 상태에 머무를 수도 있다. 어떤 단계에서는 여러 번 시도해야 하는가 하면 어떤 단계는 단 한 번만에 통과할 수 있다. 한 단계에 너무 오래 머물면 고착되어 다음 단계로 나아가기가 어렵다.
  ㉢ 교사가 계속해서 학생의 행동이 기준에 도달했는가를 점검해야 한다. 교사가 점검할 충분한 시간이 없다면 다른 절차를 고려해야 한다.

3. 행동 연쇄(behavioral chaining)

(1) 정의
  ① 연쇄 : 한 자극이 어떤 한 반응을 일으키면 이 반응이 다음 반응을 유발하는 단서로 이어지는 과정이다. 이것은 한 반응이 다른 반응을 유발하는 선행사건으로 기능하기 때문이다.
  ② 조형처럼 행동을 작은 단위로 세분화하고 단순한 행동부터 단계적으로 강화하면서 최종 목표행동을 학습한다.

(2) 구분

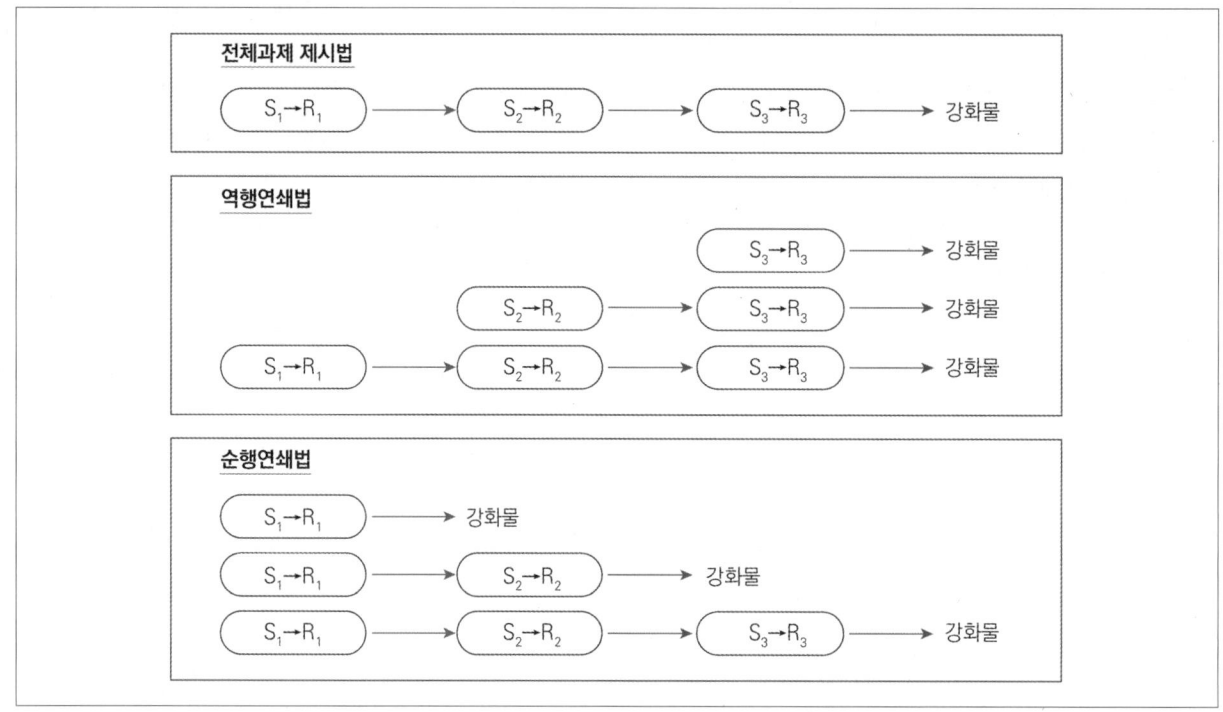

[그림 13-20] 3가지 연쇄법의 도식

① 과제 분석 : 복잡한 행동을 위계에 따라 분류해 소단위의 간단한 행동으로 세분화하는 것이다. 과제 분석을 통해 목표행동을 쉽게 학습할 수 있도록 간단한 작은 단위의 행동으로 나누기 때문에 학습자는 쉽게 수행하고 강화받을 수 있다.

② 종류
  ㉠ **순행(전진) 연쇄법**: 과제 분석을 통해 결정된 여러 단계의 행동들을 처음 단계부터 마지막 단계까지 순차적으로 가르치는 것이다.
  ㉡ **역행(후진) 연쇄법**: 과제 분석을 통해 나눈 단계의 행동들을 마지막 단계부터 처음 단계까지 역순으로 가르치는 것이다. 즉, 행동 연쇄의 뒷부분에서 앞부분으로 후진하며 가르치는 것이다.
  ㉢ **전체과제 제시법**: 과제 분석을 통한 모든 단계를 회기마다 가르치는 것이다. 이 방법은 아동이 행동 연쇄에 있는 단위행동은 습득했으나 행동을 순서대로 수행하지 못할 때 사용하면 유용하다. 아동이 순서를 따를 수 있도록 촉구를 사용하면서 가르치고 잘 수행하게 될수록 촉구를 용암시킨다.

③ 순행행동 연쇄와 역행행동 연쇄의 비교

구분	내용
유사점	• 행동 연쇄를 가르치기 위해 사용함 • 자극 – 반응 구성요소로 이루어지는 과제 분석을 먼저 수행해야 함 • 한 번에 한 가지 행동을 가르치고 나서 그 행동들을 함께 연쇄시킴 • 각 구성요소를 가르치기 위해 촉구와 용암법을 사용함
차이점	• 순행행동 연쇄는 첫 번째 구성요소를 먼저 가르치는 반면, 역행행동 연쇄는 마지막 구성요소를 먼저 가르침 • 역행행동 연쇄에서는 마지막 구성요소를 먼저 가르치기 때문에 학습자가 모든 훈련에서 자연적 강화인을 받게 되는 반면, 순행행동 연쇄에서는 학습자가 모든 훈련을 마무리하지 않으므로 마지막 단계를 제외한 훈련에서 인위적인 강화인이 사용됨 • 순행행동 연쇄에서 자연적 강화인은 연쇄의 마지막 행동 후에 주어짐

④ **전체과제 제시법 사용시기**: 행동 연쇄 전체를 지도해야 하기 때문에 가르쳐야 할 과제가 너무 길거나 복잡하지 않은 것이 좋다. 과제가 너무 길거나 어렵다면 한 번에 하나의 구성요소에 초점을 맞추어 가르치고, 그것이 완전히 습득되면 서로 연결시키는 방법인 전진 혹은 후진 행동연쇄가 더 적절하다. 또한 학습자의 능력 수준과 교사의 능력 수준이 고려되어야 한다.

⑤ 순행, 역행, 전체과제 제시법의 비교

구분	내용
유사점	• 복잡한 과제나 행동 연쇄를 가르치기 위해 사용된다. • 훈련시작 전에는 과제 분석이 완성되어야 한다. • 촉구와 용암이 사용된다.
차이점	전체과제 제시법은 매번 전체 과제에 대해 촉구한다. 반면에 전진·후진 행동 연쇄 절차에서는 한 번에 하나의 구성요소를 가르치고, 그리고 나서 그 구성요소들을 함께 연결시킨다.

(3) **행동 조형과 행동 연쇄의 비교**
  ① **행동 조형**: 목표행동과 유사하거나 목표행동에 근접해 가는 행동을 단계적으로 강화한다.
  ② **행동 연쇄**: 목표행동의 일련의 연속적인 과정인 부분행동을 연속적으로 강화한다.
  ③ **공통점과 차이점**: 한 과제가 완성되지 않은 상태에서 쉽게 실행할 수 있는 소단위 행동을 단계적으로 강화하는 것이 공통점이다. 그러나 행동 조형은 목표행동에 근접하는 행동을 강화하고, 행동 연쇄는 목표행동의 일련의 과정인 한 부분을 강화한다는 점에서 차이가 있다.

4. 촉구와 용암법

(1) 촉구(prompting)
① 변별자극의 정반응 가능성을 높이기 위해 추가적으로 제시하는 자극이다.
② 촉구는 정확한 반응을 하게 하여 강화받을 수 있도록 도와주는 역할을 한다.

(2) 촉구 종류
① 반응 촉구 : 다른 사람의 행동으로 아동의 올바른 반응을 유발시키는 방법이다.

종류	내용
언어 촉구 (verbal prompts)	언어로 지시, 힌트, 질문 등을 하거나 개념의 정의나 규칙을 알려주는 것으로써 바람직한 행동을 유발하는 것 예 교사가 "국어 교과서 20쪽을 펴세요."라는 변별자극을 제시했는데도 은지가 아무 반응이 없다면 "은지야, 지금은 국어 교과서를 펼 시간이야."라고 힌트를 줄 수 있음
신체 촉구 (physical prompts)	신체적 접촉을 통해 학생의 바람직한 행동을 유발하도록 돕는 것 예 쓰기를 처음 배우는 아동의 손을 잡고 연필 쥐는 법과 글씨 쓰는 법을 가르치는 경우
모델링 촉구 (model prompts)	목표행동을 수행할 수 있을 때 주어지는 방법으로 언어나 몸짓, 또는 두 가지를 함께 사용하는 것 예 한쪽 운동화를 신겨주면서 "이쪽은 선생님이 도와줄 테니 저쪽은 네가 혼자 신어보렴."이라고 말하는 경우
시각적 촉구 (visual prompts)	사진, 그림 등을 사용하여 바람직한 행동을 유발하도록 돕는 것 예 아이들이 올바르게 양치하도록 양치 순서를 개수대의 거울에 붙여 놓고 양치할 때마다 거울의 그림을 보고 순서대로 따라 하게 할 수 있음
몸짓 촉구	신체적으로 접촉하지 않고 교사의 동작이나 자세 등의 몸짓으로 정반응을 이끄는 것 예 "급식실에 가서 점심 먹어요."라는 변별자극이 주어져도 급식실이 어디 있는지 모르는 표정을 짓는 은혜에게 급식실이 있는 곳을 턱이나 손가락으로 가리켜 주는 것이 이에 해당함
혼합된 촉구	언어, 신체, 몸짓, 시각적 자료 등 다양한 촉구를 혼합하여 사용함으로써 아동의 바람직한 행동을 유발하는 것 예 "점심 먹으러 갈 사람은 한 줄로 서세요."라는 변별자극에 대해 아무 반응이 없는 민영이에게 "민영아, 줄 서야지!"라는 언어적 촉구와 함께 민영이가 벽에 걸려 있는 아이들이 줄 서 있는 사진을 보게 함

② 자극 촉구 : 변별자극을 변화시키거나 다른 자극을 추가 또는 제거함으로써 올바른 반응을 유도하는 방법이다.

종류	내용
자극 내 촉구 (within stimulus prompts)	식별자극의 어떤 차원, 즉 위치, 크기, 모양, 색깔 등을 변화시키는 것 예 학생들에게 '출구' 카드를 지적하도록 지시한 교사가 '출구' 카드를 '입구' 카드보다 학생들에게 가깝게 놓거나(위치) '출구' 카드의 글씨를 '입구' 카드보다 더 크게 하는 것
가외 자극(자극 외) 촉구 (extrastimulus prompts)	다른 자극을 추가하거나 식별자극에 대한 힌트를 주는 것 예 학생들에게 오른손을 구별하는 것을 가르치고자 하는 교사가 올바른 식별을 돕기 위해 아이의 오른손에 X자를 써 넣으면 시간이 지나면서 X자는 지워지지만 학생들은 올바른 식별을 할 수 있게 됨

(3) 용암법(fading)

① 의미 : 촉구의 점진적 제거이다. 즉, 표적행동을 스스로 할 수 있을 때까지 점차 촉구를 없애나가는 방법이다.
② 어떤 특정 행동의 수행을 알려주는 단서나 변별자극을 제공하여 바람직한 행동을 유발하는 것이 변별학습이다. 이것은 과제행동을 수행하도록 촉진하는 단서를 제공하는 것으로 행동발생을 촉구(prompting)한다.
③ 용암법은 변별력을 가르칠 때 자극을 점진적으로 조절하여 궁극적으로 변화된 자극 또는 새로운 자극에 대해 반응할 수 있는 절차이다.
④ 촉구는 반응단서를 제공하는 것이고, 용암법은 반응단서를 줄여 나가는 것이기 때문에 함께 사용된다. 즉, 정확한 반응을 유도하기 위해 되도록 많은 단서를 제공하는 촉구를 쓰면서 학습자가 행동을 정확하게 잘 수행함에 따라 단서나 힌트를 줄여 가는 용암을 동시에 진행한다.

5. 토큰경제 기출 24

(1) 정의와 구성요소

① 토큰경제 : 토큰이라는 조건 강화인이 바람직한 행동을 한 사람에게 전달되는 강화 시스템이다. 토큰은 이후에 강화물로 교환될 수 있다.
② 목적 : 구조화된 치료환경 혹은 교육환경 내에서 매우 드물게 나타나고 있는 내담자의 바람직한 행동을 강화하고 바람직하지 않은 행동을 감소시키는 데 있다.
③ 토큰
  ㉠ 토큰은 바람직한 행동을 하는 즉시 주어지며 교환 강화인과 교환할 수 있다.
  ㉡ 토큰은 강화인과 짝을 이루기 때문에 바람직한 행동을 강화하는 조건 강화인이 된다.
④ 구성요소
  ㉠ 강화해야 할 바람직한 표적행동
  ㉡ 조건 강화인으로 사용되는 토큰
  ㉢ 토큰과 교환될 교환 강화물
  ㉣ 토큰 지급에 대한 강화계획
  ㉤ 토큰이 토큰 강화물과 교환되는 비율
  ㉥ 토큰과 토큰 강화물을 교환할 시간과 장소(어떠한 경우에는 바람직하지 못한 표적행동인 반응대가 요소와 각 행동에 따라 상실될 토큰 비율을 함께 확인하기도 함)

(2) 토큰 강화가 유용한 이유

① 토큰은 일반화된 조건 강화제이므로 학생들의 동기부여를 위한 노력이 덜 필요하다.
② 토큰은 학생의 행동과 교환 강화제가 제공되는 시간 사이를 연결해 주어 지연된 강화의 효과를 가능하게 한다.
③ 토큰은 학생의 행동과 교환 강화제가 주어지는 장소를 연결시켜 주므로 동일한 토큰을 학교 밖에서도 사용할 수 있도록 만들 수 있다.

(3) 고려사항
① 항상 바람직한 표적행동 후 즉각적으로 토큰을 지급해야 한다.
② 바람직한 행동을 한 내담자에게 토큰을 지급하면서 칭찬을 해 주어야 한다.
③ 프로그램 초기에 심각한 지적장애를 가지고 있는 개개인이나 아동에게 토큰이 조건 강화인으로서 더 효과를 갖기 위해서는 토큰이 주어지는 동시에 교환 강화인을 주어야 한다.
④ 토큰은 인위적이기 때문에 학교, 가정, 직장 등 대부분의 일상적 환경에서는 찾아볼 수 없으므로, 내담자가 치료 프로그램을 마치기 전에 점진적으로 사라지게 해야 한다.

6. 행동 계약 [기출 15 추시]

계 약 서

교사 (   )와(과) 아동 (   )는(은) 다음과 같이 약속합니다.

계약의 내용은
아동은 _____
교사는 _____

만약 아동이 계약의 내용대로 수행하면 아동은 교사로부터 약속된 보상을 받을 것입니다. 그러나 만약 아동이 계약의 내용대로 수행하지 못한다면, 보상은 보류됩니다.

이 계약은 ○월 ○일에 시작하여 ○월 ○일에 끝납니다.
○월 ○일에 다시 검토할 것입니다.

아동 :   (인)
교사 :   (인)
날짜 :   월   일

[그림 13-21] 행동계약서의 예

(1) 정의와 구성요소
① 행동계약서는 한쪽이나 양쪽에서 상세한 수준의 표적행동 혹은 행동을 이행할 것을 동의하는 동의서이다. 더 나아가 계약서는 행동의 발생(혹은 발생하지 않음)에 따라 실행할 결과를 제시한다.
② 구성요소
  ㉠ 표적행동 정하기 : 표적행동을 명확하게 정의해야 한다.
  ㉡ 표적행동의 측정방법 제시하기 : 표적행동 발생에 대한 객관적인 증거를 찾아야 한다.
  ㉢ 행동이 수행되어야 할 시기 제시하기 : 유관성 실행을 위해 행동이 나타나거나 혹은 나타나지 않아야 하는 시기를 제시해야 한다.

ⓛ 강화나 벌 유관 정하기 : 계약서에 제시한 표적행동을 수행 또는 제거하는 것을 돕기 위해 정적·부적 강화나 정적·부적 벌을 사용한다. 강화나 벌 유관은 계약서에 분명히 제시한다.
　　ⓜ 계약을 이행할 사람 정하기 : 한쪽은 구체적인 표적행동 수준을 실행할 것에 동의하고, 다른 쪽은 계약서에 제시한 강화나 벌을 실시한다. 계약서에는 표적행동에 대해 누가 유관을 이행할 것인지를 분명하게 기술한다.

> **참고** 행동계약서의 구성요소(Cooper 등, 2005)
>
> - 과제에 대한 설명 : 누가 무엇을 얼마만큼 언제까지 수행해야 하는지로 구성된다.
> - 과제 완성에 주어지는 보상에 대한 설명 : 누가 무엇을 얼마만큼 언제까지 수행해야 하는지로 구성된다.
> - 과제 수행 여부에 대한 기록 : 학생의 과제 수행 여부와 교사/부모의 보상 여부를 기록할 수 있도록 구성한다.
> - 계약자와 피계약자의 서명 : 서명은 학생과 교사/부모가 서로 내용을 확인하고 동의했음을 알려 주는 것으로, 서명란 앞에는 서명을 한 날짜를 기록해야 한다.

(2) 절차
① 학생의 이해 수준에 맞게 행동 계약이 무엇인지 설명하고 행동 계약을 하겠다는 학생의 동의를 얻는다.
② 계약서에 명시될 표적행동을 선정한다.
③ 행동목표를 달성하면 주어질 강화제의 내용을 결정하고, 강화제를 받을 수 있는 기준과 계약 기한을 결정한다. 두 번째와 세 번째 절차에서 학생의 의견을 반영할 수 있다.
④ 계약 내용의 이행에 관련 있는 사람들이 모두 계약 내용을 이해하고 동의한 후에 계약서에 서명하고 복사하여 한 부씩 나눠 갖고, 각자 보관한다. 계약은 절대로 강요되지 않아야 한다.
⑤ 행동계약서에 있는 표적행동의 발생에 대한 정보를 수집하며 계약서에 명시된 기한에 계약서 내용을 검토하고 그대로 이행한다. 계약 내용의 수행은 미루지 않고 계약서의 내용대로 즉각 이루어져야 한다.

(3) 유형
① 일방(단독)계약 : 한 사람이 유관을 이행하는 계약관리자와 함께 표적행동과 강화나 벌 유관을 정한다. 일방계약은 주로 바람직한 행동을 증가시키거나 바람직하지 않은 행동을 감소시키기를 원할 때 사용한다.
② 쌍방계약 : 양쪽이 변화되기를 원하는 표적행동과 표적행동에 대해 이행될 유관을 정한다. 쌍방 계약서에는 배우자, 부모와 자녀, 형제자매, 직장 동료 등 특정한 관계를 가진 두 사람 사이에서 작성된다.

(4) 장점
① 학생의 참여가 가능하다.
② 행동지원의 개별화를 쉽도록 해 준다.
③ 계약의 내용이 영구적으로 남을 수 있다.
④ 교사와 학생 모두 자신의 역할에 대해 구체적으로 알고 시행할 수 있다.
⑤ 개별화 교육계획서를 작성할 때 학생의 현재 수준과 목표를 진술하는 데 사용될 수 있다.

7. 소거

(1) 의미

① 바람직하지 못한 문제행동을 유지하게 하는 강화요인을 제거함으로써 그 문제행동을 감소시키는 것이다.

② **소거폭발** : 소거가 적용되면 행동에 수반했던 강화요인이 제거되지만, 이전에 받았던 강화요인이 다시 주어질 것으로 여겨 일시적으로 행동의 빈도 또는 강도의 증가를 보인다. 이렇게 소거 적용 초반에 나타나는 행동의 증가를 '소거폭발'이라고 한다.

㉠ 행동의 빈도, 지속시간, 강도 등이 증가할 수 있다.
㉡ 새로운 행동이 일어날 수 있다.
㉢ 정서적 반응 또는 공격적 행동이 일어날 수 있다.

③ **자발적 회복** : 소거를 적용하여 행동이 감소되거나 나타나지 않게 된 경우에도 갑자기 행동이 나타나는 자발적 회복이 발생할 수 있다. 자발적 회복이 나타날 때 의도치 않게 강화가 주어지면 이는 간헐 강화를 받는 것이 되어 소거 적용 이전보다 소거저항이 커지게 된다.

④ **소거저항** : 소거가 적용되는 동안에도 표적행동이 지속적으로 나타나는 것을 의미한다. 소거저항이 작을수록 행동감소가 빠르게 나타나며, 소거저항에 영향을 미치는 요인은 다음과 같다.

㉠ **행동을 유지시킨 강화 스케줄** : 연속적으로 강화된 행동이 간헐적으로 강화된 행동보다 소거저항이 작아서 행동감소가 빠르게 나타난다.
㉡ **행동을 유지시킨 강화의 양과 정도** : 행동과 연계된 강화의 양이나 정도가 클수록 소거저항이 크다.
㉢ **행동과 사전에 연계된 강화** : 행동 발생에 수반하여 강화가 적용되었던 행동과 강화 간의 연계 시간이 길면 소거저항이 크다.
㉣ **소거성공의 횟수** : 소거의 효과가 나타나서 문제행동이 제거된 소거성공의 횟수가 많을수록 소거저항이 작다.

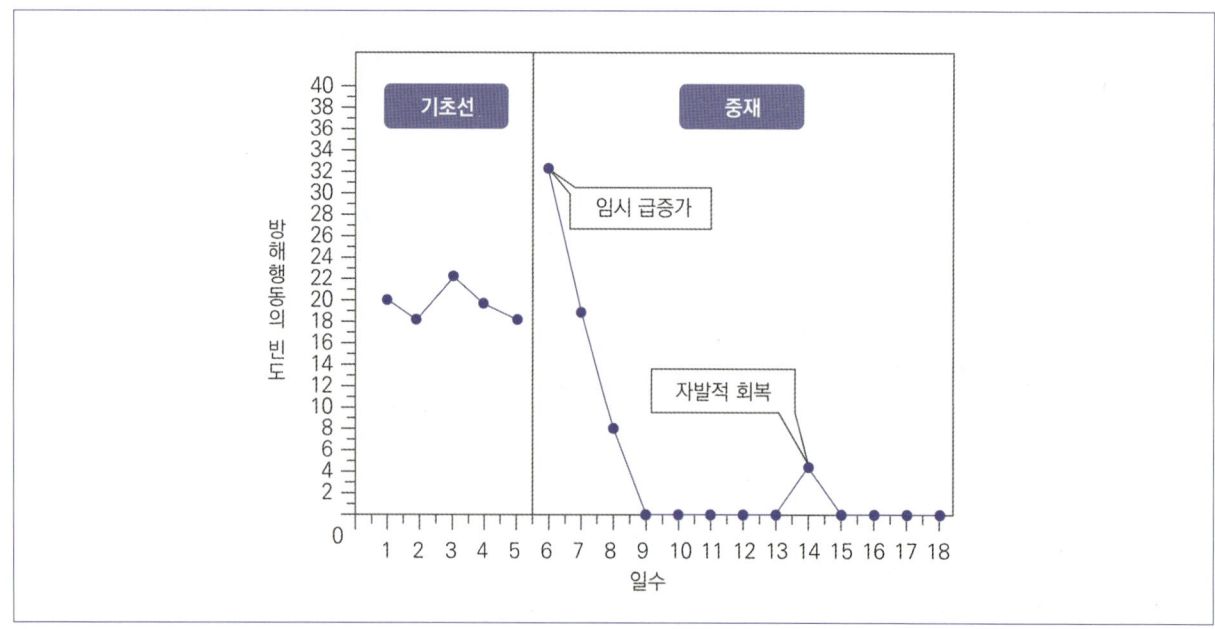

[그림 13-22] 소거 그래프

(2) 주의점

① 다른 행동 감소절차들과 비교할 때 소거는 행동을 감소시키기까지 시간이 더 오래 걸린다. 소거를 적용하여 문제행동을 유지해 온 강화가 제거되더라도 문제행동은 얼마 동안 계속될 수 있기 때문이다. 그러나 행동이 연속 강화계획에 의해 강화되어 온 경우에는 강화인이 주어지지 않으면 빠른 속도로 문제행동이 감소한다. 따라서 소거를 적용하기 전에 강화가 주어진 시간이 길수록, 적용되었던 강화계획의 정도가 간헐적일수록, 소거기간 동안에 동등한 가치가 있는 다른 강화제에 접근이 가능할수록 문제행동을 소거하는 기간이 더욱 오래 걸린다.

② 소거가 적용되어도 문제행동이 존속하거나 문제행동의 빈도와 강도, 지속 시간 등이 일시적으로 증가하는 소거저항이 나타날 수 있다. 전부터 주어지던 강화가 갑자기 제거되면 강화에 의해 유지되어 오던 문제행동이 소거되기 전보다 더 심해질 수 있다. 또한 자판기에 돈을 넣어도 원하는 물건이 안 나오고 돈도 돌려받지 못할 때 자판기를 흔들거나 손으로 치거나 발로 차는 것과 비슷한 행동을 '소거발작'이라 한다. 즉, 소거저항은 표적이 되는 문제행동이 증가하는 것이고, 소거발작은 문제행동 이외의 분노행동이 나타나는 것이다.

③ 문제행동이 소거된 후 자발적으로 회복되는 경우도 있다. 이는 문제행동이 소거되었다가 우연히 다시 나타나는 경우이다.

④ 소거가 적용되고 있는 아동의 문제행동에 대해 아무 조치도 취해지지 않는 것을 보고 다른 아동이 문제행동을 따라 할 수 있다.

⑤ 소거 절차는 효과적이지만 일반화되기는 쉽지 않다. 즉, 동일한 문제행동이 다른 장소에서 나타날 때는 소거가 적용되지 못할 가능성이 있기 때문에 문제행동이 다시 나타나게 되는 것이다. 그러므로 문제행동이 발생할 수 있는 모든 장소에서 동시에 소거가 적용되는 것이 바람직하다.

⑥ 소거가 효과적이었다고 해도 또 다른 문제행동이 나타날 수 있다.

8. 반응대가(response cost)와 타임아웃(time-out)

(1) 반응대가

① 의미 : 문제행동을 하였을 때 그 대가로 이미 지니고 있던 강화제를 잃게 함으로써 문제행동의 발생률을 감소시키는 절차이다.

② 소거, 타임아웃, 반응대가의 비교
  ㉠ 소거 : 문제행동 이전에 그 행동을 유지시켰던 강화인이 더이상 뒤따르지 않는다.
  ㉡ 타임아웃 : 문제행동을 하는 사람이 문제행동에 수반하여 모든 강화인에 접근하지 못하게 한다.
  ㉢ 반응대가 : 문제행동에 대한 강화인은 아니지만 일정량의 강화가 문제행동을 한 후에 제거된다.

③ 장점
  ㉠ 사용하기 쉽다.
  ㉡ 다양하게 사용할 수 있다.
  ㉢ 행동 감소가 비교적 빠르게 이루어진다.
  ㉣ 적절한 행동과 부적절한 행동을 구별하는 학습을 용이하게 한다.
  ㉤ 감소된 행동의 변화가 오래 유지된다.
  ㉥ 다른 벌 절차와 관련한 부작용을 피할 수 있다.

(2) **타임아웃**
① 문제행동이 발생했을 때 학생이 정적 강화를 받지 못하도록 일정 시간 동안 강화제로의 접근을 차단하는 것이다.
② 타임아웃이 효과적이지 못한 경우
　㉠ 떠나온 곳에 정적 강화가 없을 때
　㉡ 타임아웃으로 하기 싫은 일이나 어려운 문제를 피할 수 있게 될 때
　㉢ 타임아웃 장소에서 강화받을 수 있을 때
③ 유형 : 배제 타임아웃과 비배제 타임아웃으로 구분된다.
　㉠ 배제 타임아웃(exclusion time-out) : 강화제가 있는 환경 또는 활동에서 다른 환경 또는 활동으로 이동하여 일정 시간 동안 강화제로의 접근을 물리적으로 차단하는 절차이다.

구분	내용
고립 타임아웃 (isolation time-out : 분리 타임아웃)	• 문제행동 발생에 유관하여 강화하는 활동으로부터 일정 시간 동안 아동을 제외시키는 것 • 이는 활동이 이루어지는 상황 밖의 다른 장소로 이동시키는 것이 아니라 활동이 이루어진 상황 내에서 정해진 분리된 고립 위치로 이동시키는 것
격리 타임아웃 (seclusion time-out)	• 문제행동 발생에 수반하여 아동을 강화하는 강화제가 없고 안전한 독립된 장소(예 타임아웃 방)로 일정시간 이동시키는 것

　㉡ 비배제 타임아웃(nonexclusion time-out) : 강화제가 있는 환경에서 격리되지 않고 배제되지도 않으며 환경 내에 있으면서 일정 시간 동안 강화제로의 접근을 차단하는 절차이다.

구분	내용
의도적 무시	• 문제행동 발생에 수반하여 일정 시간 동안 모든 사회적 강화제를 제거하는 것 • 즉, 문제행동을 보이면 아동은 자리에 앉아 그대로 있고 중재자는 일정 시간 동안 아동에게 어떠한 관심이나 상호작용도 하지 않으며 사회적 강화제를 제거하는 것
특정 강화제 제거	• 문제행동 발생에 수반하여 일정 시간 동안 특정 강화제를 제거하는 것 예 아동이 선호하는 과제 중에 문제행동을 보인 경우 아동은 자리에 그대로 있게 하고 아동의 책상 위에 있는 선호 과제를 치우는 것
타임아웃 리본 (time-out ribbon)	• 일과가 시작될 때 모든 학생들이 리본을 받고 문제행동 발생에 수반하여 리본을 제거하는 것 • 이때 리본이 없는 상황에서는 어떠한 관심과 강화제도 주어지지 않아야 함
유관 관찰	• 일명 '앉아서 보기'라고도 하는데, 문제행동 발생에 수반하여 활동에 참여하며 적절하게 행동하는 다른 아동들을 관찰할 수 있지만 강화제로 접근하지 못하는 곳으로 이동시키는 것

④ 타임아웃을 끝내는 방법
　㉠ 첫째, 정해진 시간 동안 적절한 행동을 지속하면 끝내 준다.
　㉡ 둘째, 최소한의 타임아웃 시간이 지나고 난 후에 부적절한 행동도 모두 끝나면 끝낸다.
　　예 정해진 타임아웃 시간이 지났지만 여전히 부적절한 행동을 보이면 "네가 조용히 할 때까지 타임아웃 자리에 있어야 한다."라고 말해 주고 부적절한 행동이 끝났을 때 타임아웃을 끝내 주는 것이다.
　㉢ 셋째, 부적절한 행동이 보이지 않고 일정 시간이 지나면 끝내 준다.
　　예 정해진 타임아웃 시간이 지나고 30초간 부적절한 행동이 없으면 타임아웃을 끝내 주는 것이다.

9. 처벌(punishment)

(1) 벌의 정의
① 반응 : 특정 행동이 일어난다.
   예 철수는 뜨거운 철제 프라이팬을 잡는다.
② 결과 : 행동에 뒤이어 즉시 어떤 결과가 따른다.
   예 손에 화상을 입는다(고통스러운 자극).
③ 성과 : 결과적으로 행동이 약화되어 미래에 문제행동이 일어날 가능성은 적을 것이다.
   예 미래에 철수는 뜨거운 철제 프라이팬을 잘 만지지 않을 것이다.

(2) 정적 벌과 부적 벌
① 정적 벌 : 행동의 발생은 혐오자극을 수반하도록 만들고, 그 결과 미래에 그 행동이 일어날 가능성은 보다 적을 것이다.
② 부적 벌 : 행동의 발생은 강화자극을 제거함으로써 일어나고, 그 결과 미래에 그 행동이 일어날 가능성은 보다 적을 것이다.

(3) 벌의 효과에 영향을 미치는 요인
① 즉시성 : 자극은 행동 후, 즉시 제시될 때 벌 인자로서 더 효과적이다.
② 유관성 : 자극은 행동과 유관될 때 벌 인자로서 더 효과적이다.
③ 유인력 : 어떤 선행사건은 특정 사건에 벌 인자로서의 자극을 더 효과적이게 한다.
④ 결과의 특성 : 벌은 사람에 따라 다양하다. 일반적으로 더 강렬하고 혐오적인 자극은 더 효과적인 벌 인자가 된다.

(4) 문제점
① 벌은 공격성을 가져오거나 여타 정서적 측면의 효과를 가져올 수 있다.
② 벌의 사용은 벌을 받고 있는 사람의 행동으로 인해 회피나 도피행동을 가져올 수 있다.
③ 벌의 사용은 벌을 사용하는 사람에게 부적으로 강화될 수 있으므로 벌의 오용이나 남용을 가져올 수 있다.
④ 벌의 사용은 모방될 수 있다. 벌받는 행동을 관찰한 사람은 미래에 스스로 벌을 더 많이 사용할 가능성이 있다.
⑤ 벌은 많은 윤리적인 문제, 수용의 문제와 관련된다.

(5) 사용방법
① 감소시킬 행동을 구체적으로 선택한다.
② 바람직한 상반행동이 일어날 수 있는 조건을 극대화한다.
③ 벌이 주어지는 행동의 발생원인을 극소화시킨다.
④ 효과적인 벌을 선택한다.
⑤ 벌의 제공
   ㉠ 즉시 줄 수 있는 것이어야 한다.
   ㉡ 벌을 주는 사람은 침착하고 사무적인 태도로 임해야 한다.
   ㉢ 벌을 주는 사람은 바람직한 상반행동에 대해 상당한 정적 강화를 주어, 조건화된 처벌자가 되지 않도록 한다.
   ㉣ 벌이 정적 강화와 동시에 사용되지 않도록 조심해야 한다.

10. 혐오활동의 적용(정적 처벌 원리 이용)

(1) **과잉교정(overcorrection)**
① 부적절한 행동에 대한 후속결과로 문제행동과 관련 있는 적절한 행동을 반복적으로 하게 하는 절차이다.
② 종류

구분	내용
정적 연습	부적절한 행동을 한 경우, 그 행동을 대체할 수 있는 적절한 행동(교정행동)을 반복적으로 연습하게 하는 것 예 받아쓰기에서 틀린 단어를 반복해서 다시 쓰게 하는 것
원상회복 (복원)	문제행동 발생에 따라 내담자가 문제행동의 환경적 결과를 바로잡고, 문제행동 전보다 더 나은 조건으로 환경을 복원시키는 것 예 아동이 가지고 놀던 장난감들을 던져 흩뜨려 놓았다면 놀이실에 있는 모든 장난감을 원상태로 정리하게 하는 것

(2) **유관연습(contingent exercise : 유관운동)**
① 학생이 문제행동을 한 후에 문제행동과 관련 없는 신체연습을 하도록 하는 것이다.
  예 지각행동에 대해 운동장을 10바퀴 뛰게 하는 것, 친구를 때린 행동에 대해 앉았다 일어서기를 30번 하게 하는 것
② 과잉교정과의 차이점 : 과잉교정에서 혐오활동은 문제행동과 관련된 교정행동(정적 연습)이거나 문제행동에 의해 야기된 환경 훼손을 교정하는 행동(복원)이지만, 유관연습에서의 혐오활동은 문제행동과 무관한 신체연습을 포함한다.

(3) **부적 연습(negative practice)**
① 학생이 문제행동 발생에 수반하여 해당 문제행동을 반복 수행하게 하는 것이다.
② 반복 수행을 통해 학생이 지쳐서 문제행동의 포만상태가 되게 하여 문제행동을 감소시키는 것이다.

(4) **신체구속과 반응차단**
① 신체구속(Physical restraint) : 문제행동에 따라 행동과 관련된 신체 부분을 움직일 수 없도록 하는 것이다. 신체를 구속했을 때, 문제행동이나 다른 행동은 할 수 없다.
  예 옆에 앉은 친구를 때리는 공격적인 행동을 할 때 팔을 붙잡고 있는 경우
② 반응차단(response blocking) : 상담자가 신체적인 차단을 통해 문제행동의 발생을 막는 것이다. 내담자가 문제행동을 시작하자마자 상담자는 그 반응을 하지 못하도록 막는다.
  예 엄지손가락 빨기 : 손에 입을 가져가자마자 입에 넣는 것을 막기 위해 학생의 입 앞에서 손을 잡는 것

(5) **질책하기(reprimand)**
① '야단치기' 또는 '꾸짖기'라고 하는 질책하기는 언어적인 정적 벌로, 문제행동을 구체적으로 진술하고 기대되는 적절한 행동이 무엇인지 설명하는 것이다.
② 질책을 할 때에는 단호한 어조로 하되, 인격적인 모독이나 과도한 감정표현을 하지 말아야 한다.

11. 행동의 일반화 및 유지

(1) 일반화

① **일반화와 유지**: 일반화는 어떤 행동이나 기술이 가르쳐진 조건과 다른 조건에서 그 행동과 기술을 사용하는 것을 의미하며, 유지는 가르침이 끝난 후에도 행동이나 기술 사용이 계속되는 것을 의미한다.

② 종류

종류	변화되어야 하는 것
자극 일반화	학생에게 주어지는 자극
반응 일반화	학생이 하는 반응
유지	학생에게 자극이 제시되는 시간

(2) 자극 일반화

① **자극 일반화(stimulus generalization)**: 훈련 상황에서 주어진 특정한 자극이 아닌 다른 자극이 다른 상황에서 주어져도 표적행동이 일어나는 것을 뜻한다. 말하자면 특정 자극에 대해서 어떤 반응이 조건화된 후에 그 자극과 비슷한 다른 자극에 대해서도 동일한 반응을 한다면, 자극 일반화가 일어났다고 할 수 있다.

② 자극 일반화는 다른 장소/상황이나 다른 대상/사람, 또는 다른 자료/사물에 대해서 일어날 수 있다.

③ 자극 일반화에 영향을 주는 요인
   ㉠ 첫째, 훈련 상황에서 주어진 자극과 물리적으로 더 유사한 자극이 주어질수록 자극 일반화는 잘 일어난다는 것이다.
   ㉡ 둘째, 주어진 자극이 훈련 상황의 특정 자극과 동일한 개념이나 범주에 속한 것임을 학습하면 자극 일반화가 잘 일어난다.
   ㉢ 셋째, 주어진 자극이 훈련 상황의 특정 자극과 동일한 결과를 가져오는 기능을 한다는 것을 학습한다면 자극 일반화가 잘 일어난다.

(3) 반응 일반화

① **반응 일반화(response generalization)**: 특정 상황이나 자극에서 어떤 행동이 강화된 결과, 동일한 자극이나 상황에서 이와는 다른 행동이 일어날 가능성이 증가되는 것을 뜻한다.
   ㉠ 발생하는 다른 행동이란 훈련받은 행동과 기능은 같지만 훈련받은 적이 없는 행동을 의미한다.
   ㉡ 즉, 반응 일반화란 목표하고 가르치지 않았던 것에 행동 변화가 일어난 것으로, '부수적 행동 변화'라고도 한다.

② 반응 일반화가 일어나는 데 영향을 주는 요인
   ㉠ 첫째, 두 반응이 유사하면 유사할수록 반응 일반화는 더 잘 일어난다.
   ㉡ 둘째, 공통된 특징을 공유하는 반응의 범주 내에서 반응 일반화가 잘 일어난다.
   ㉢ 셋째, 동일한 결과를 가져오도록 기능하는 반응의 범주 내에서는 반응 일반화가 잘 일어난다.

(4) 유지

① **유지(maintenance)**: 행동 변화를 위한 중재나 프로그램이 끝난 뒤에도 필요할 때마다 변화된 행동을 할 수 있는 것을 의미한다. 즉, 중재에서 사용된 조건들이 주어지지 않아도 변화된 행동이 오랜 시간에 걸쳐 지속되는 것이다.

② 유지는 시간이 지나도 한 번 습득한 행동을 지속적으로 할 수 있는 것을 뜻하기 때문에, '시간에 대한 일반화'라고 한다.

12. 자기관리

(1) 자기관리의 정의
자신의 행동을 변화시키기 위해 사용하는 행동수정 기법이다.

(2) 자기관리의 유형
① **목표설정과 자기감시(self-monitoring : 자기점검)** : 자기 행동의 양이나 질을 관찰하고 측정하여 스스로 기록하도록 하는 방법이다.
  ㉠ 목표설정은 표적행동의 수준과 행동이 발생할 기간을 정하는 것이다.
  ㉡ 달성할 수 있는 목표를 정해야 한다.
  ㉢ 목표설정은 자기감시와 함께 실시된다. 자기감시를 이용하여 표적행동이 일어나는 것을 기록하며, 이것은 목표를 향한 진전을 평가하게 된다.
② **선행사건 조작** : 바람직한 반응을 유발하거나 경쟁적이고 바람직하지 않은 행동이 적게 일어나도록 하기 위해 물리적 환경 또는 사회적 환경의 어떤 측면을 조작하는 것이다.
③ **행동계약서** : 표적행동을 정하고 특정 기간 동안 특정 수준의 표적행동에 따른 결과를 제시하는 문서이다.
④ **강화와 벌 준비** : 계약서에 쓰지 않고 강화나 벌 유관을 준비할 수 있다.
⑤ **사회적 지지** : 어떤 사람의 삶에서 중요한 사람이 표적행동이 발생하도록 하는 자연환경이나 단서를 제공할 때나 표적행동이 발생할 때 자연스럽게 강화결과를 제공할 경우 일어난다.
⑥ **자기교수 및 자기칭찬** : 자기교수는 특정한 표적행동을 요구하는 상황에서 스스로에게 무엇을 어떻게 해야 하는지를 이야기하는 것이다. 적절한 행동이 일어난 직후 자신의 행동에 대해서 긍정적인 평가를 제공하는 것을 자기칭찬이라고 할 수 있다.

(3) 자기관리 계획의 단계
① **자기관리에 대한 의사결정** : 특별한 행동을 변화시키겠다고 약속한다.
② **표적행동과 경쟁행동 정하기**
  ㉠ 표적행동이 결핍행동을 증가시키는 것이라면 바람직하지 않은 경쟁행동은 감소시킨다.
  ㉡ 표적행동이 초과행동을 감소시키는 것이라면 바람직한 경쟁행동은 증가시킨다.
③ **목표설정** : 자기관리 프로그램의 결과에 대한 목표를 설정한다.
④ **자기감시** : 자기감시 계획을 실시한다.
  ㉠ 기록용지와 기록장치를 이용하여 표적행동이 발생한 후 바로 기록한다.
  ㉡ 자기관리를 실시하기 전에 행동의 기초선을 정하기 위해 일정한 시간 동안 표적행동을 기록한다.
  ㉢ 표적행동 수준이 안정될 때까지 자기관리 전략을 실시하지 않아야 한다.
⑤ **기능평가** : 표적행동과 대체행동의 선행사건과 결과에 대한 기능평가를 실시한다.
⑥ **적절한 자기관리 전략을 선택하고 실시하기**
  ㉠ 표적행동에 대한 선행사건을 조작하는 전략을 선택하거나 표적행동과 경쟁하는 대체행동의 선행사건을 조작한다.
  ㉡ 표적행동이나 대체행동의 결과를 바꾸는 전략을 선택한다.

⑦ 변화 평가 : 표적행동의 변화를 평가한다.
  ㉠ 표적행동이 기대한 것처럼 변한 경우 : 목표에 도달할 수 있는지 알아보기 위해 자기관리 전략과 자기감시 절차를 계속 실시해야 한다.
  ㉡ 표적행동이 원하는 방향으로 변하지 않은 경우 : 자기관리 전략을 재평가하고 필요한 변화를 만들어야 한다.
⑧ 표적행동이 원하는 방향으로 변하지 않았을 때 자기관리 전략 재평가하기 : 2가지 문제 유형을 고려해야 한다.
  ㉠ 자기관리 절차를 정확하게 실시하지 않을 수 있다.
  ㉡ 부적절한 자기관리 전략이 선택되었을 수 있다.
⑨ 유지 전략 실시 : 목표를 달성하면 표적행동을 원하는 수준으로 유지시키는 전략을 실시한다.

11 유관(contingency)분석

1. 3요인 유관 : ABC 공식

① ABC 공식의 가장 기본적인 단위 : 선행사건(A), 행동(B), 후속결과(C)로 구성된다.
② 선행사건(A)이 존재할 때 행동이 발생하게 되며, 행동 발생 이후에 제시되는 후속결과는 선행사건-행동의 연계관계, 즉 선행사건이 존재할 때 행동이 발생하는 유관관계를 더 강력하게 맺어 준다.
③ 후속결과는 미래에 그 선행사건이 존재할 때 이어질 행동의 발생 빈도를 증가 또는 감소하는 데 영향을 준다.
④ 선행사건, 행동, 후속결과 간의 유관관계

선행사건 (A)	행동 (B)	후속결과 (C)	미래에 선행사건(A)이 존재할 때 행동(B)이 발생할 확률
아빠가 아기에게 "철수야!"라고 부른다.	쳐다본다.	아빠도 쳐다보면서 칭찬한다.	증가
냉장고를 본다.	냉장고 문을 연다.	음식을 얻는다.	증가
아기가 방을 기어다니다 뜨거운 커피 잔을 본다.	커피 잔에 손을 넣는다.	손을 데었다.	감소

2. 4요인 유관 : 동기조작

[사례 1] 배가 고파 냉장고에 와서 문을 열어 음식을 꺼내 먹었다.

동기조작	선행사건	행동	후속결과
배고프다 (음식 결핍, 동기설정조작)	냉장고를 본다.	냉장고 문을 열었다.	음식을 얻었다. (정적 강화)

➡ 이중적 효과를 보이는 동기조작은 배고픈 상태, 즉 음식결핍 상태이기에 음식을 얻는 강화의 효과를 높여 준다. 동시에 선행사건의 역할로서 다음 행동을 유발하여 즉각적으로 냉장고의 문을 여는 행동의 빈도를 높여준다.

[사례 2] 영미는 저녁을 먹고 마트에 장을 보러 갔지만 평소와는 다르게 지방분이 많고, 달고, 맛깔스런 과자를 많이 사지 않았다.

동기조작	선행사건	행동	후속결과
배부르다 (포만, 동기해지조작)	마트에 갔다.	장을 보았다.	달고 지방분이 많은 음식을 덜 샀다.

➡ 이중적 효과를 보이는 동기조작은 배부른 상태, 즉 음식포만 상태이기에 음식을 얻는 강화의 효과를 감소시 킨다. 동시에 선행사건의 역할을 하지 않게 되어 지방분과 당이 많은 음식을 구매하는 행동의 빈도를 감소시 킨다.

(1) 4요인 유관분석
4요인 유관분석은 3요인 유관분석의 선행사건 바로 앞에 동기조작이 위치한다.

(2) 동기조작
행동을 유도하는 동기를 높이거나 낮추어서 행동에 대한 의도와 작동 수준을 조절하는 동기조작은 이중적 통제의 효과가 있다.

① 첫째, 후속결과와 연관하여 강화제의 효과를 증가시키거나(동기설정조작), 감소시키는(동기해지조작) 역할을 감 당한다.

② 둘째, 선행사건에 해당하는 동기유발을 통해 행동을 촉발하거나 차단시킨다. 즉, 행동을 변화시키는 유관적인 작동원리로 작용한다.

(3) 동기조작의 하위 요소
① 동기설정조작 : 허기와 결핍을 유도하여 반응의 동기 수준을 높여주는 원리이다.
② 동기해지조작 : 허기와 결핍을 상쇄시켜 반응의 동기 수준을 낮춰주는 원리이다.

김진구

전문상담 기본개념 3

김진구 전문상담 기본개념 3

제14장
심리학 개론 및 교육심리학

개념구조도 🔍

제 1 절 심리학과 교육심리학의 이해
제 2 절 신경과학과 행동
제 3 절 감각과 지각
제 4 절 의식과 변경 상태
제 5 절 지능, 창의성 및 학습양식
제 6 절 기억과 사고
제 7 절 사회심리
제 8 절 동기와 정서
제 9 절 스트레스와 건강

제14장 개념구조도

제1절 심리학과 교육심리학의 이해

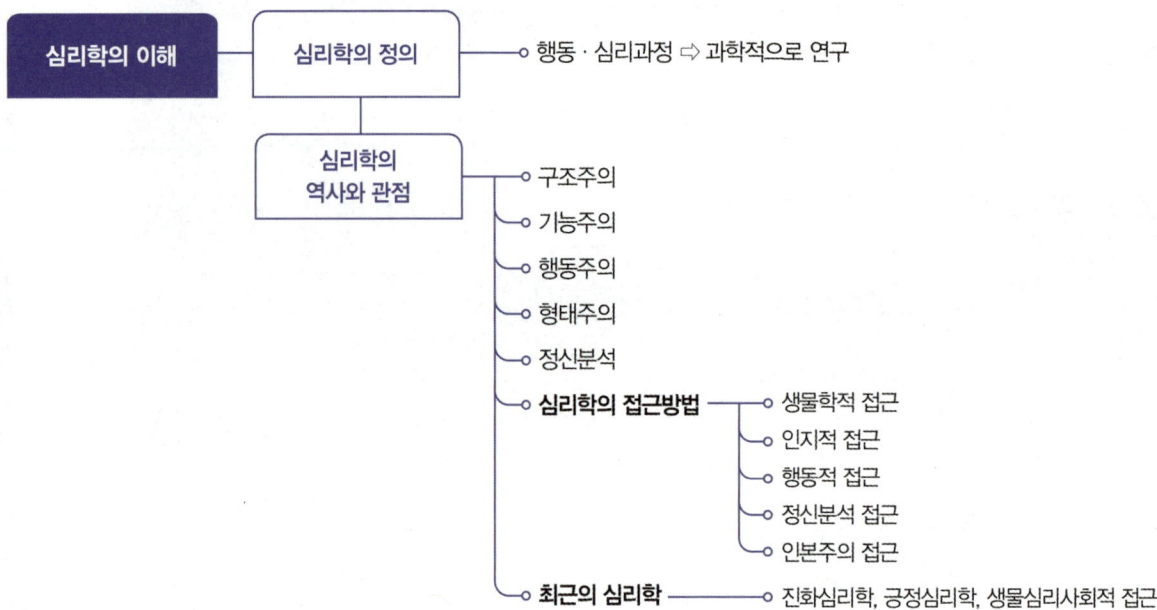

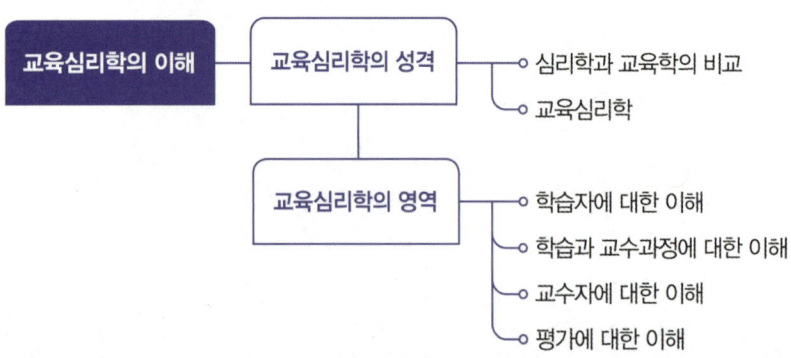

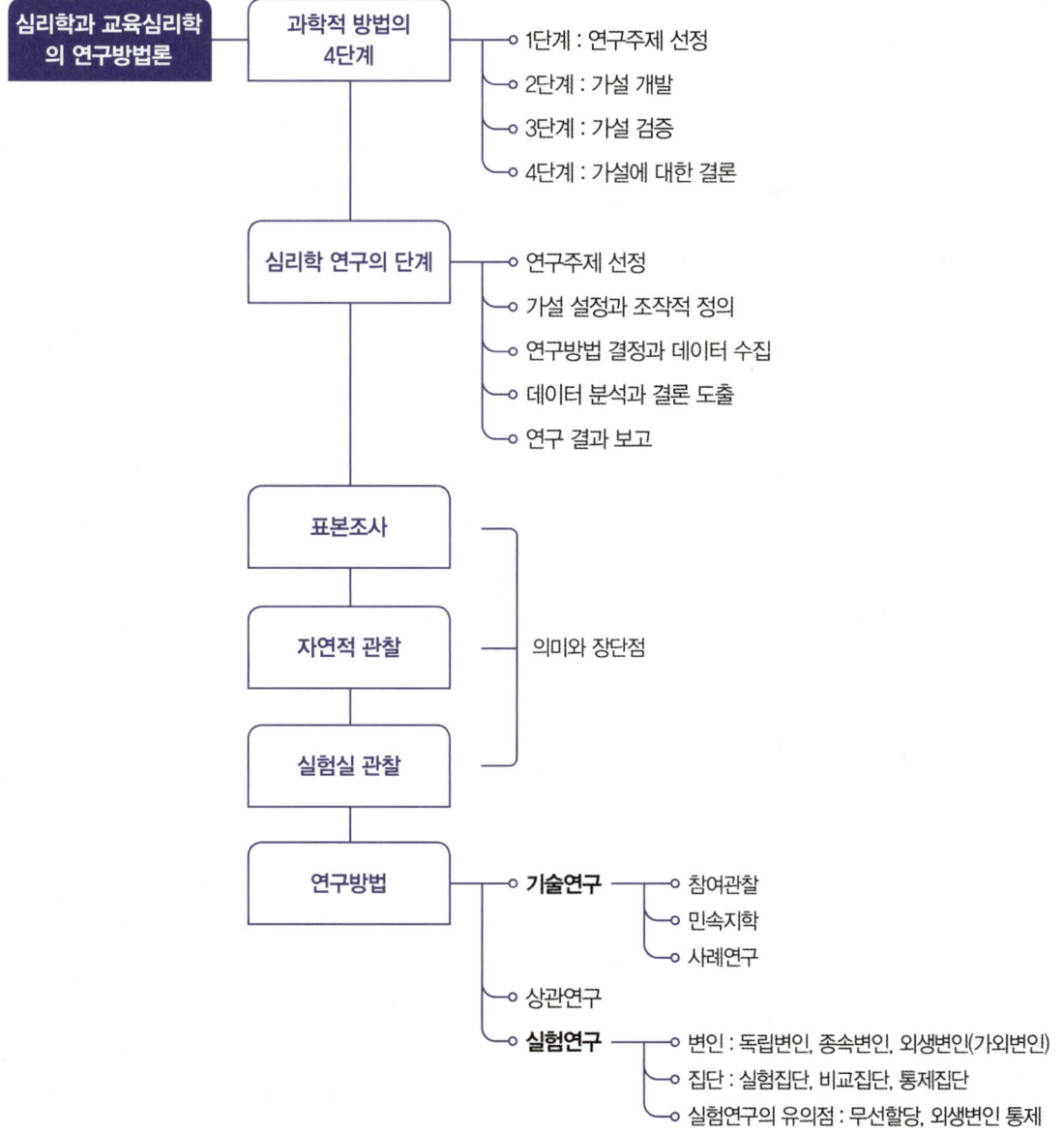

제14장 개념구조도

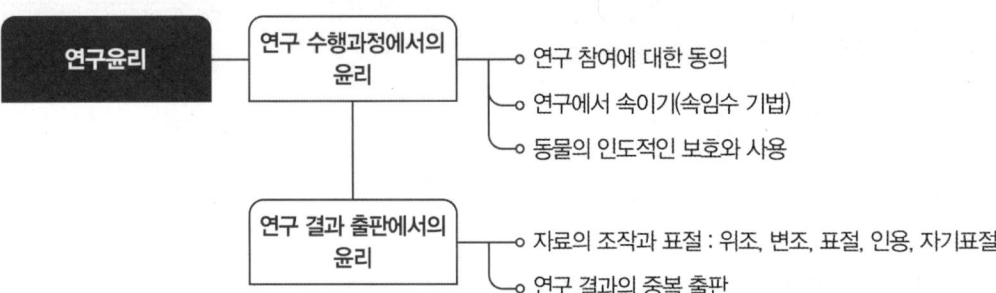

제2절 신경과학과 행동

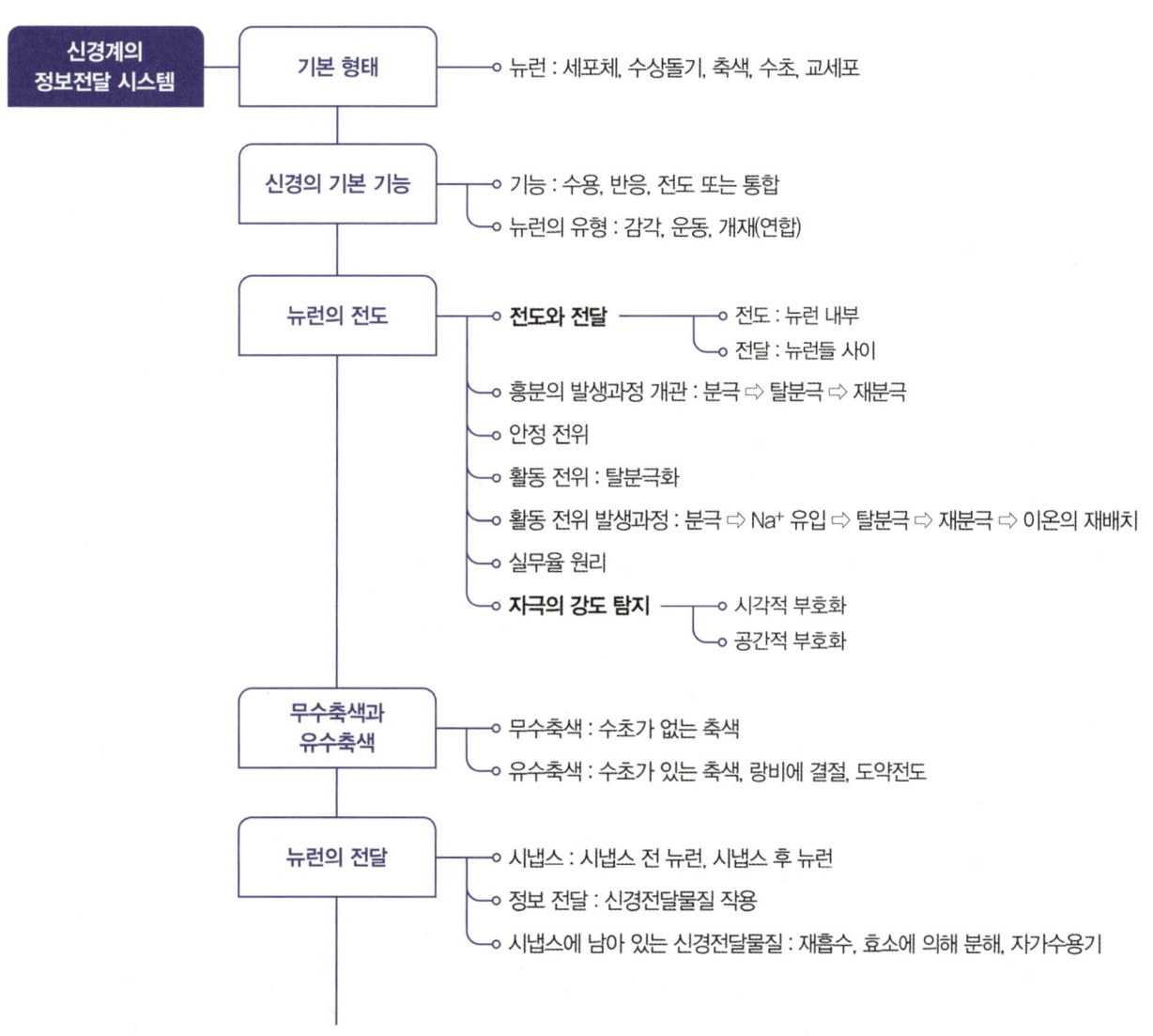

제14장 개념구조도

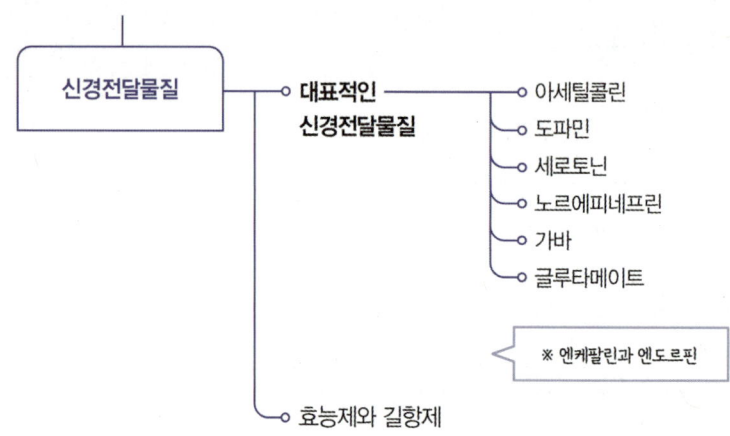

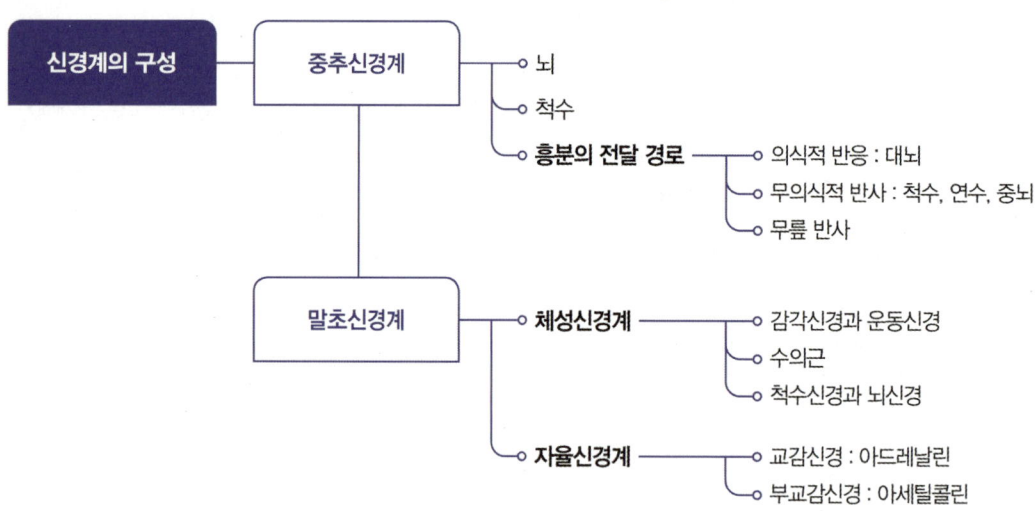

김진구 전문상담 기본개념 3

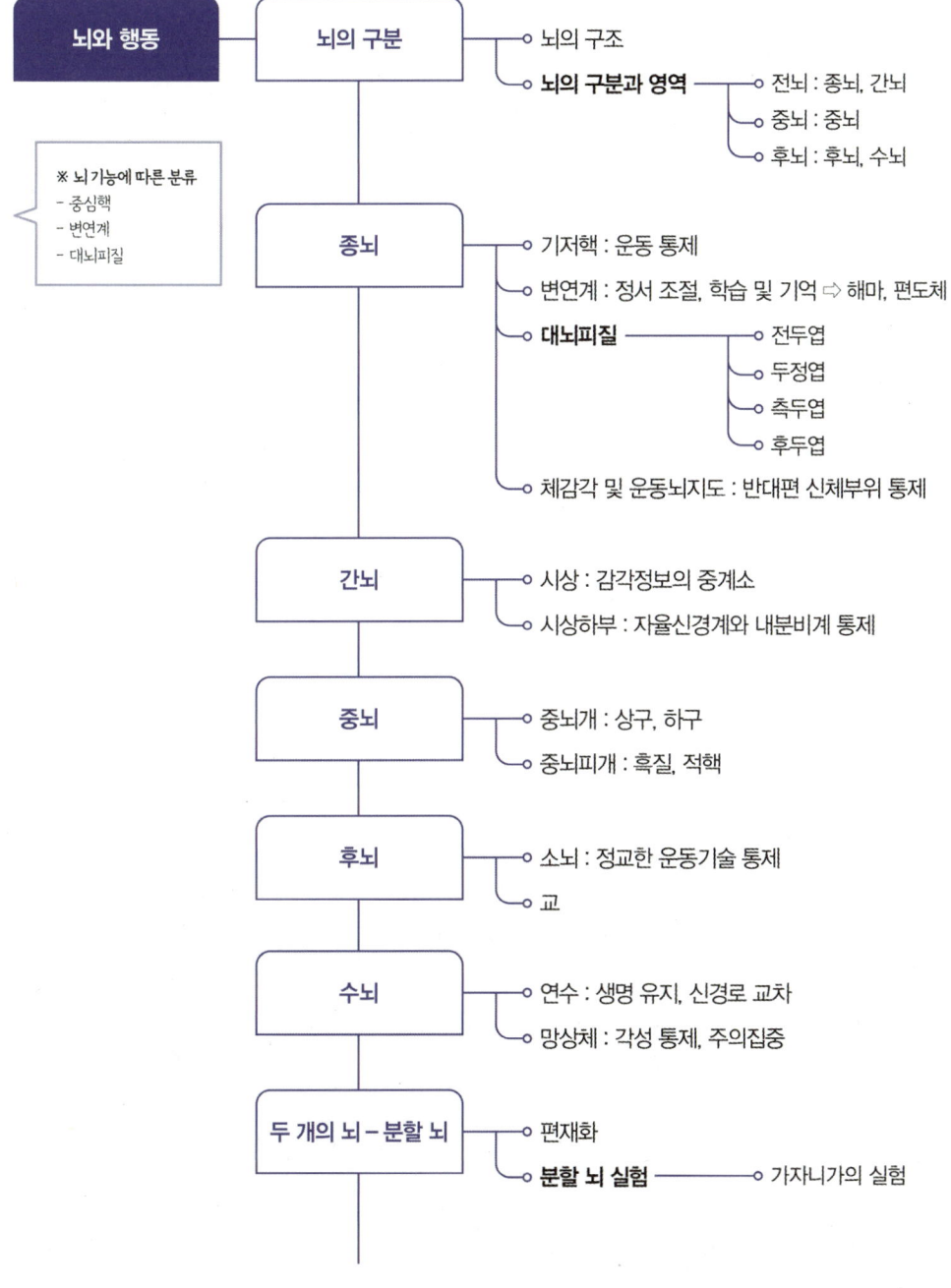

제14장 개념구조도

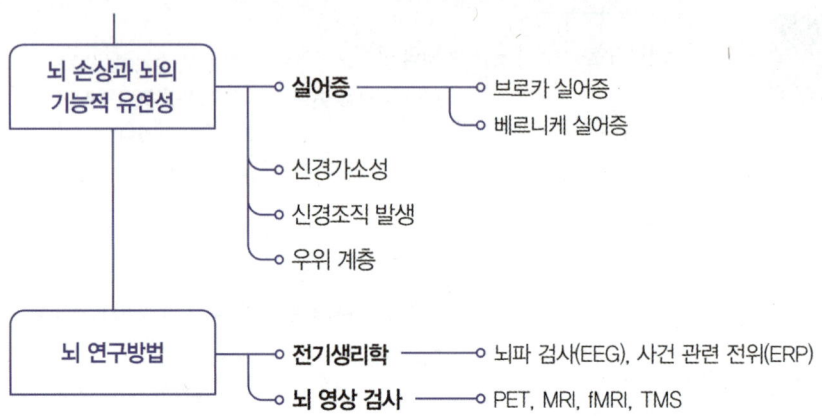

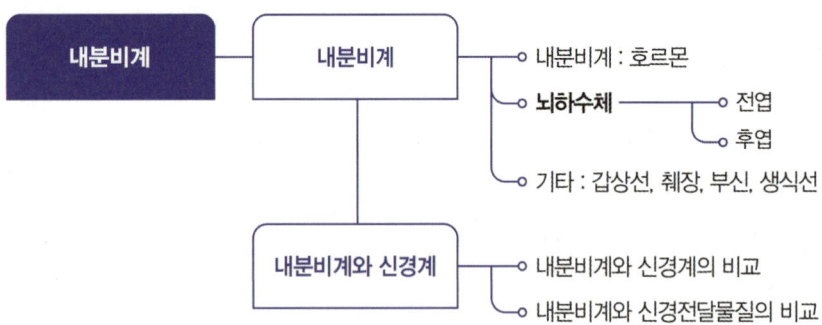

제3절 **감각과 지각**

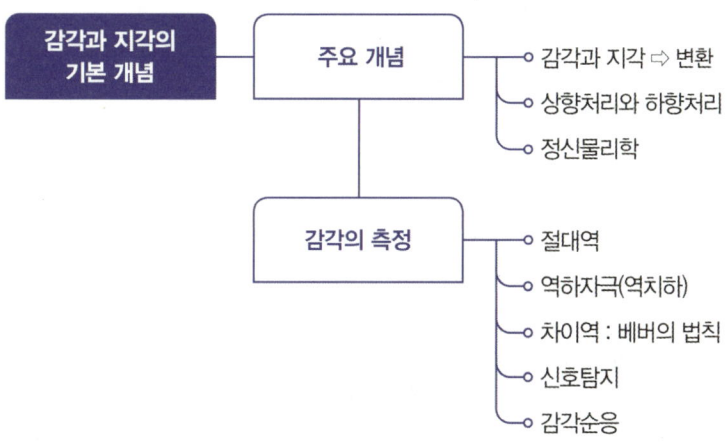

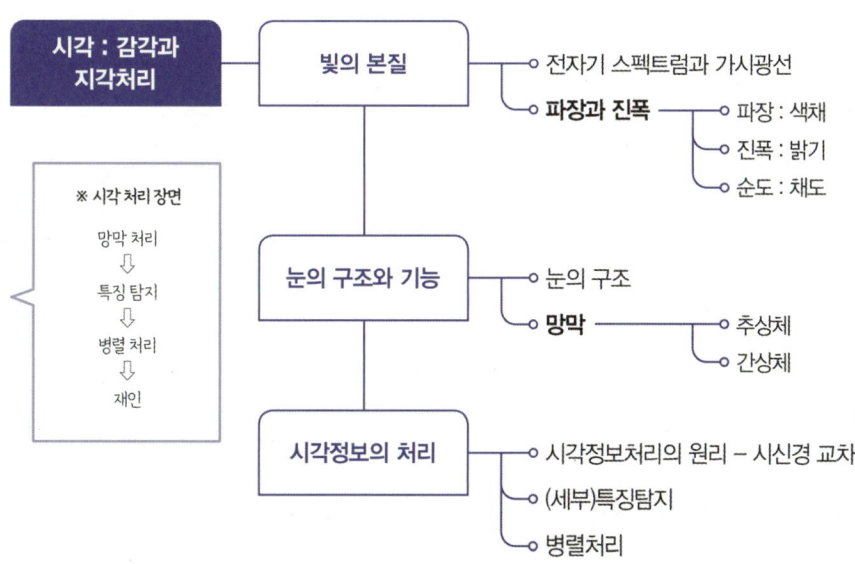

제14장 개념구조도

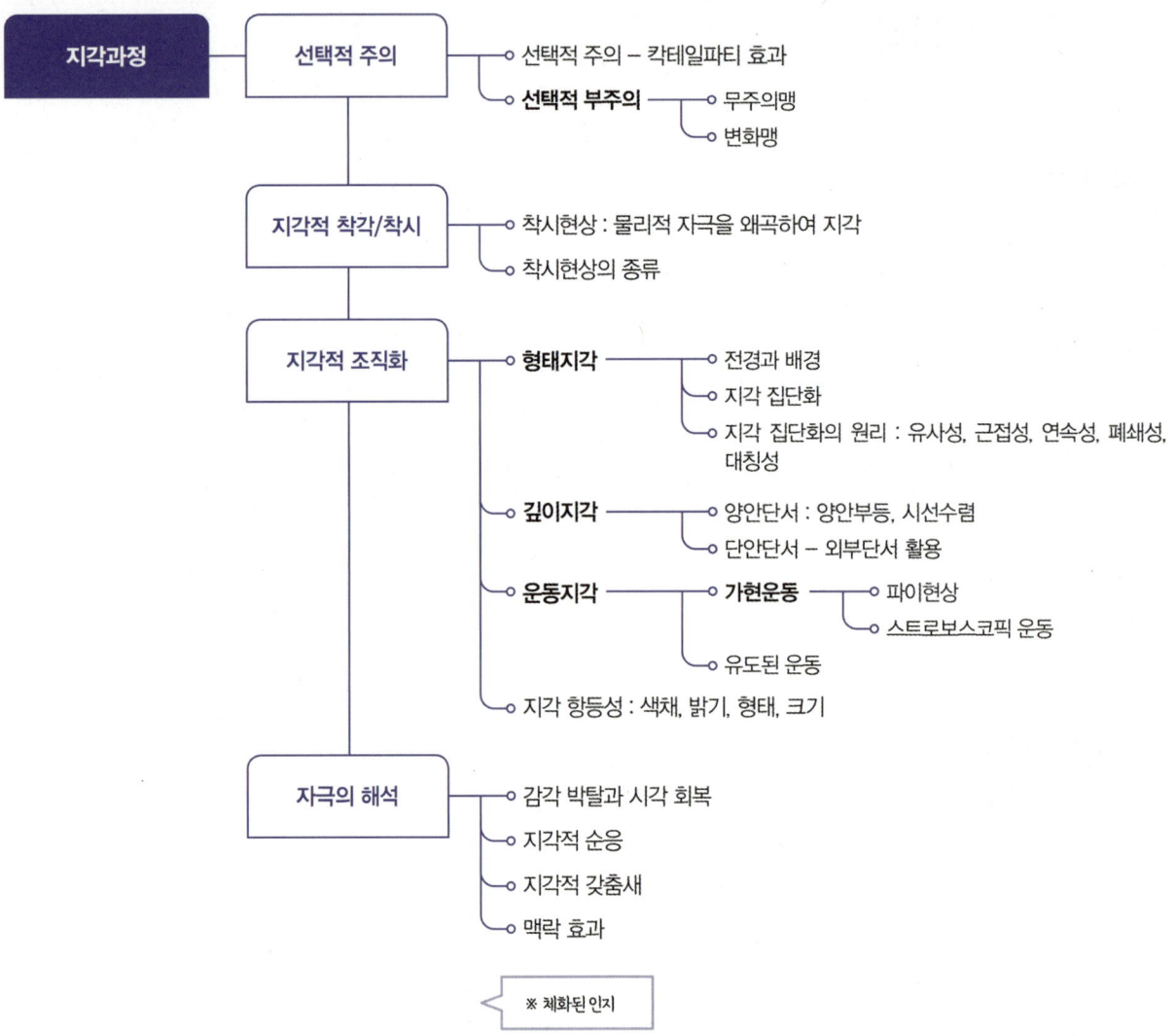

제4절 의식과 변경 상태

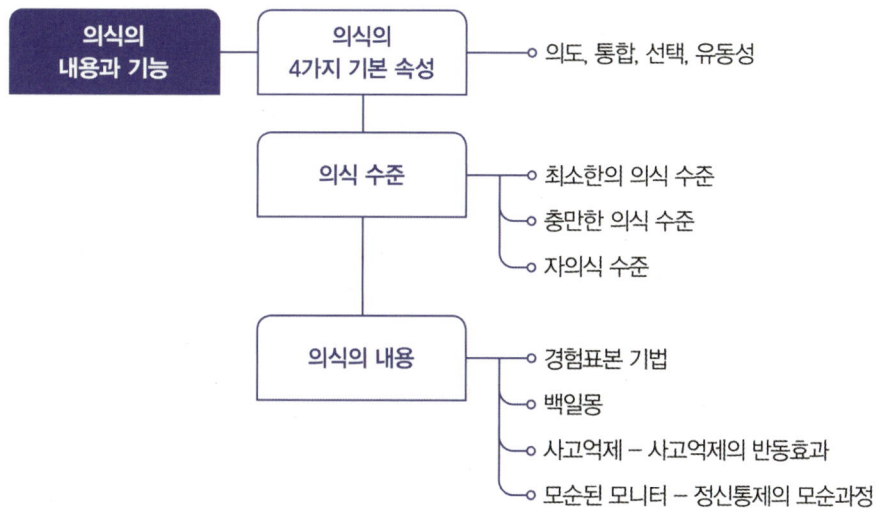

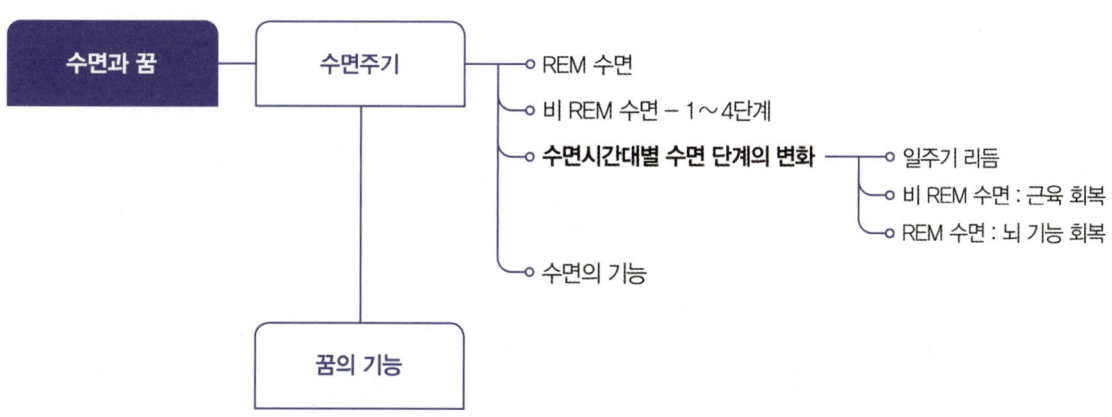

제14장 개념구조도

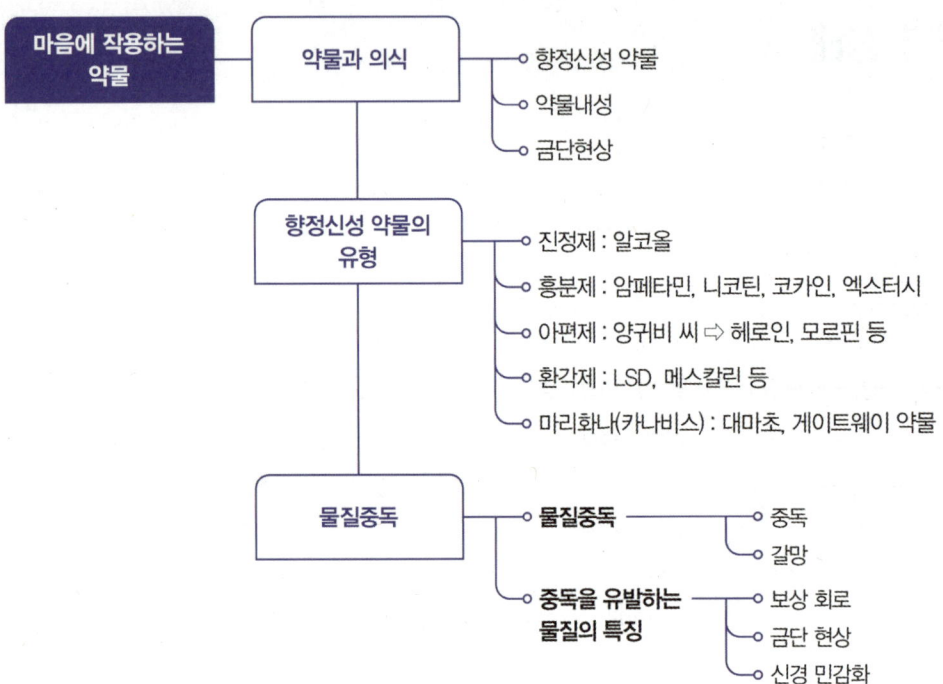

제5절 **지능, 창의성 및 학습양식**

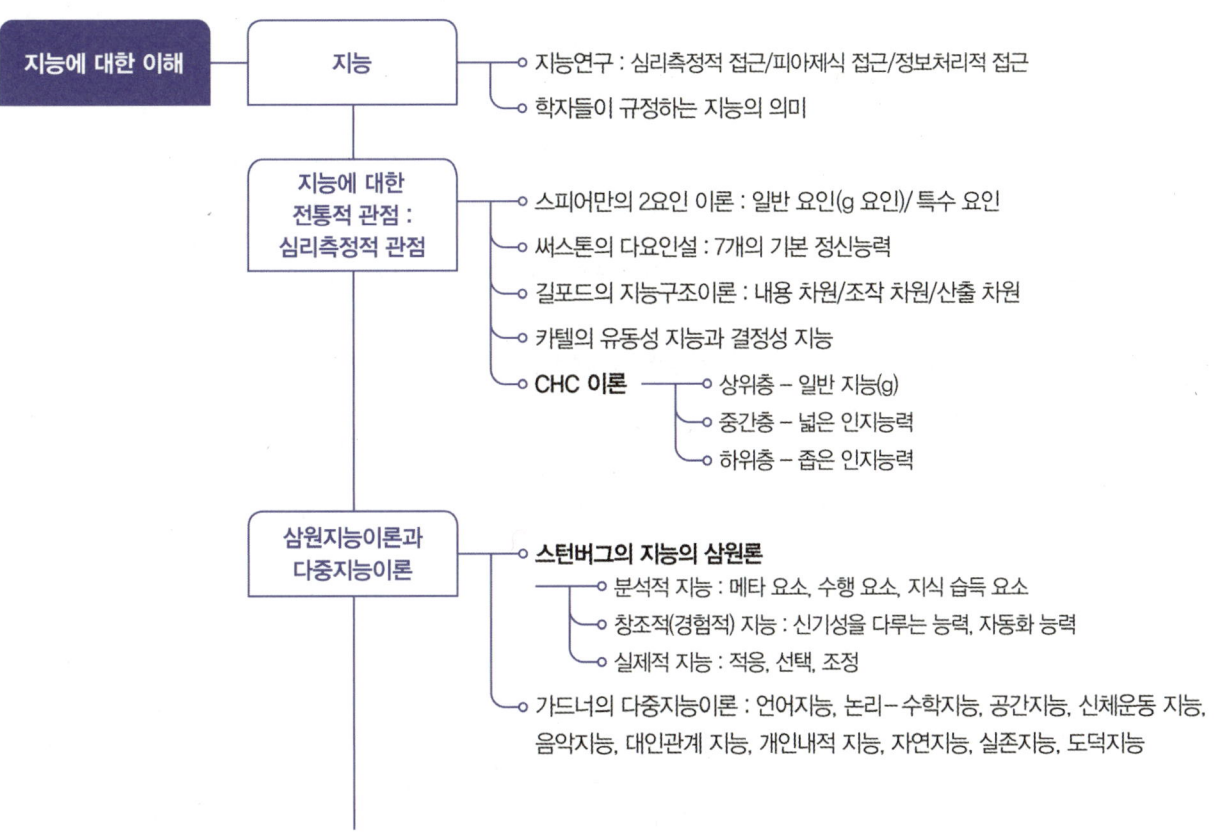

제14장 개념구조도

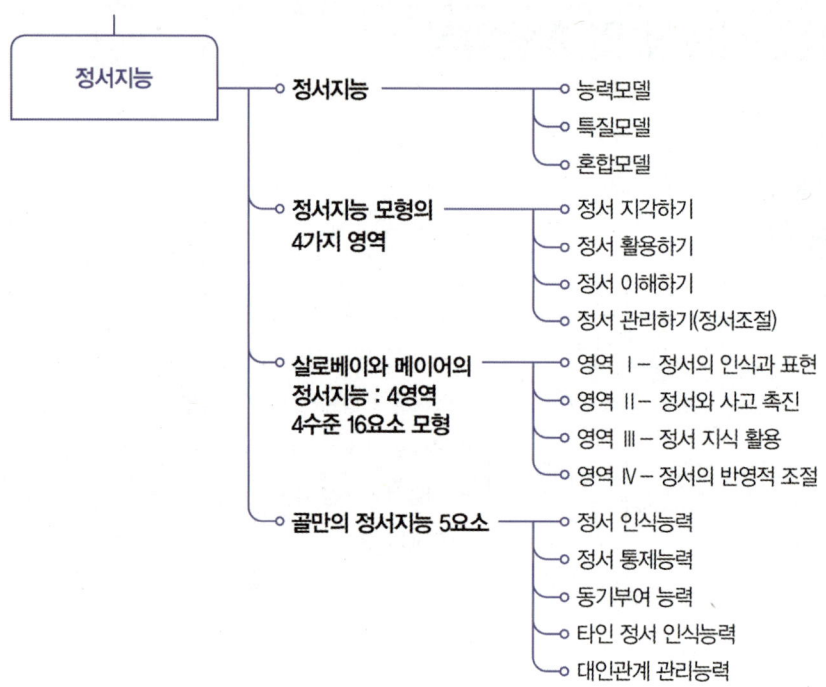

김진구 전문상담 기본개념 3

지능의 측정

- **지능지수**
  - 비네 지능검사 – 정신연령
  - 터만 – 지능지수
  - 웩슬러 지능검사와 편차지능지수 : 동일 연령집단에서의 상대적 위치
- **개인 지능검사와 집단 지능검사 (장/단점)**
- **문화평형(공평)검사**
  - 내용 : 문화적 요소가 개인의 지능에 미치는 영향 제거·최소화
  - 종류 : SOMPA/카우프만 아동용 지능검사/숨겨진 그림검사/행렬검사 등

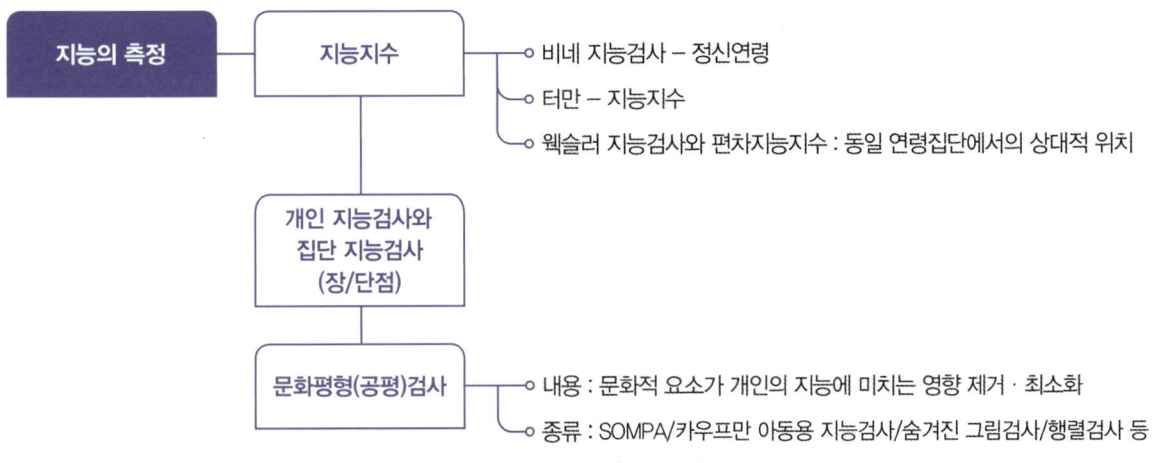

지능 관련 쟁점

- **지능 관련 쟁점**
  - 지능검사 해석
  - 유전과 환경
  - 환경적 영향 : 누적적 결함가설/플린 효과
  - 문화적 편향 – 문화 공평 검사

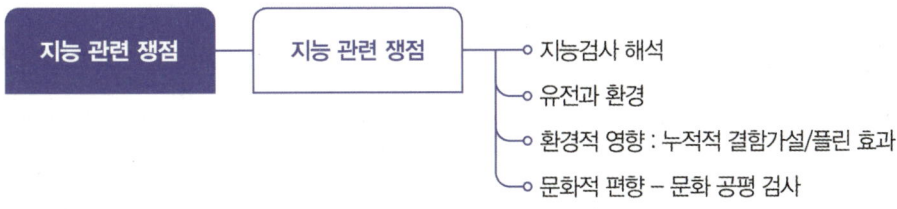

창의성에 대한 이해

- **창의성의 개념**
  - 일반적 정의 : 새롭고 적절한 산물을 생산할 수 있는 능력
  - **길포드의 지능구조이론** ── 확산적 사고 : 민감성/유창성/융통성/정교성/재구성력
  - 드 보노의 수평적 사고
  - **다차원적 접근**
    - 스턴버그의 창의성 투자이론
    - 창의성의 구성요소 : 지적 자원/지식/사고양식/성격/동기/환경

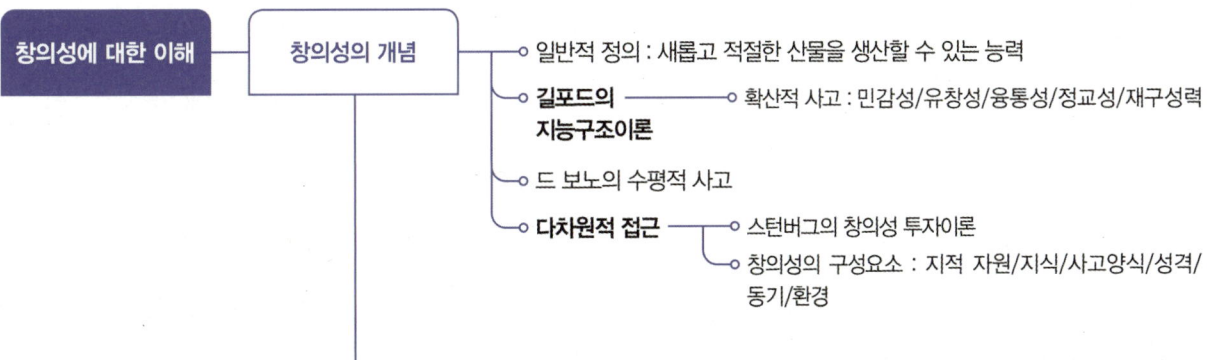

제14장 개념구조도

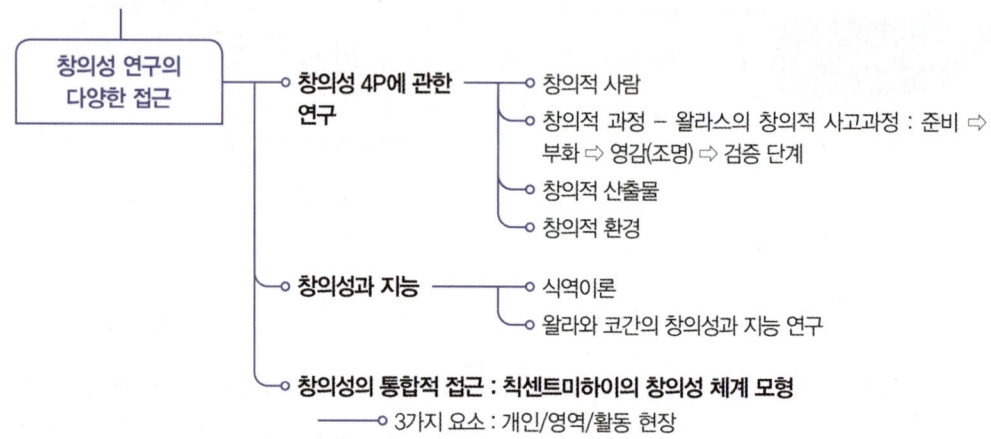

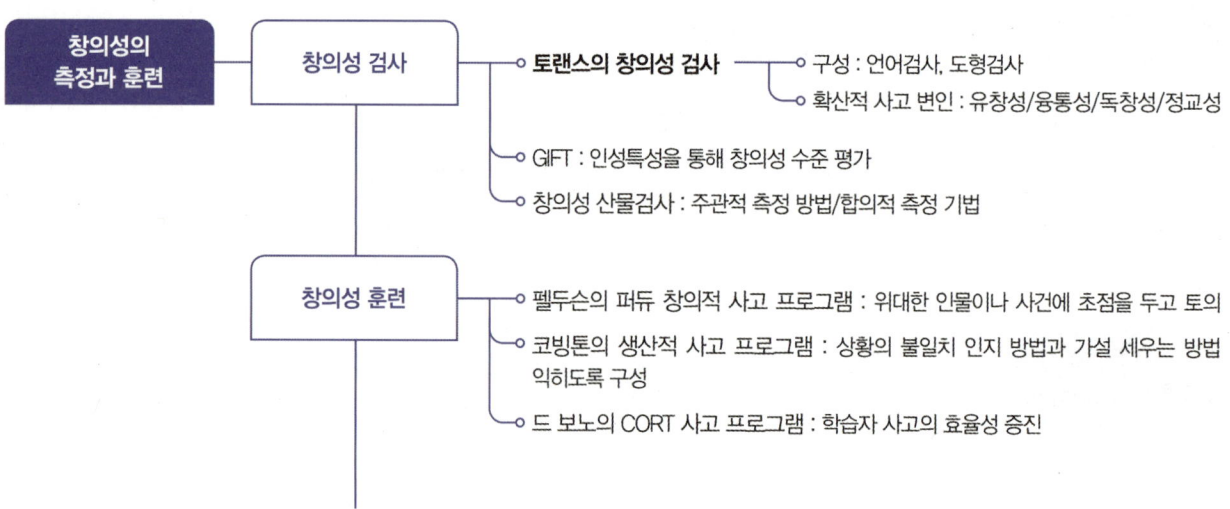

김진구 전문상담 기본개념 3

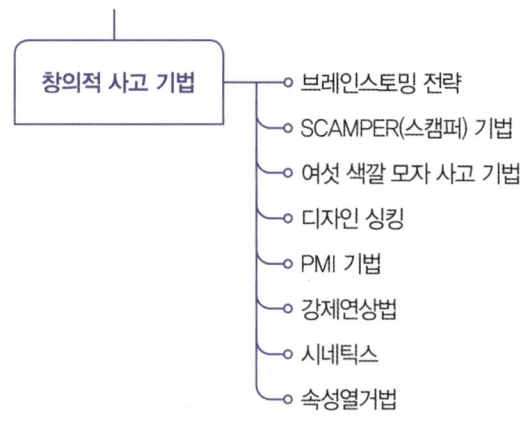

- 창의적 사고 기법
  - 브레인스토밍 전략
  - SCAMPER(스캠퍼) 기법
  - 여섯 색깔 모자 사고 기법
  - 디자인 싱킹
  - PMI 기법
  - 강제연상법
  - 시네틱스
  - 속성열거법

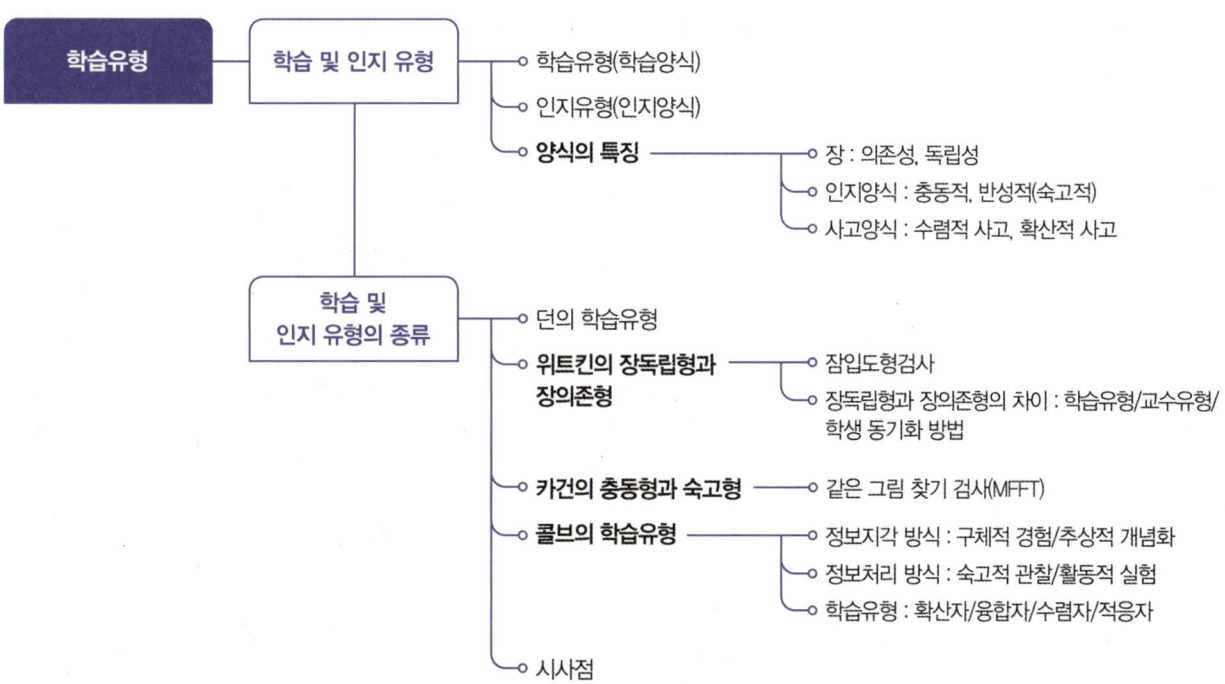

- **학습유형**
  - 학습 및 인지 유형
    - 학습유형(학습양식)
    - 인지유형(인지양식)
    - **양식의 특징**
      - 장 : 의존성, 독립성
      - 인지양식 : 충동적, 반성적(숙고적)
      - 사고양식 : 수렴적 사고, 확산적 사고
  - 학습 및 인지 유형의 종류
    - 던의 학습유형
    - **위트킨의 장독립형과 장의존형**
      - 잠입도형검사
      - 장독립형과 장의존형의 차이 : 학습유형/교수유형/학생 동기화 방법
    - **카건의 충동형과 숙고형**
      - 같은 그림 찾기 검사(MFFT)
    - **콜브의 학습유형**
      - 정보지각 방식 : 구체적 경험/추상적 개념화
      - 정보처리 방식 : 숙고적 관찰/활동적 실험
      - 학습유형 : 확산자/융합자/수렴자/적응자
    - 시사점

제14장 개념구조도

제6절 기억과 사고

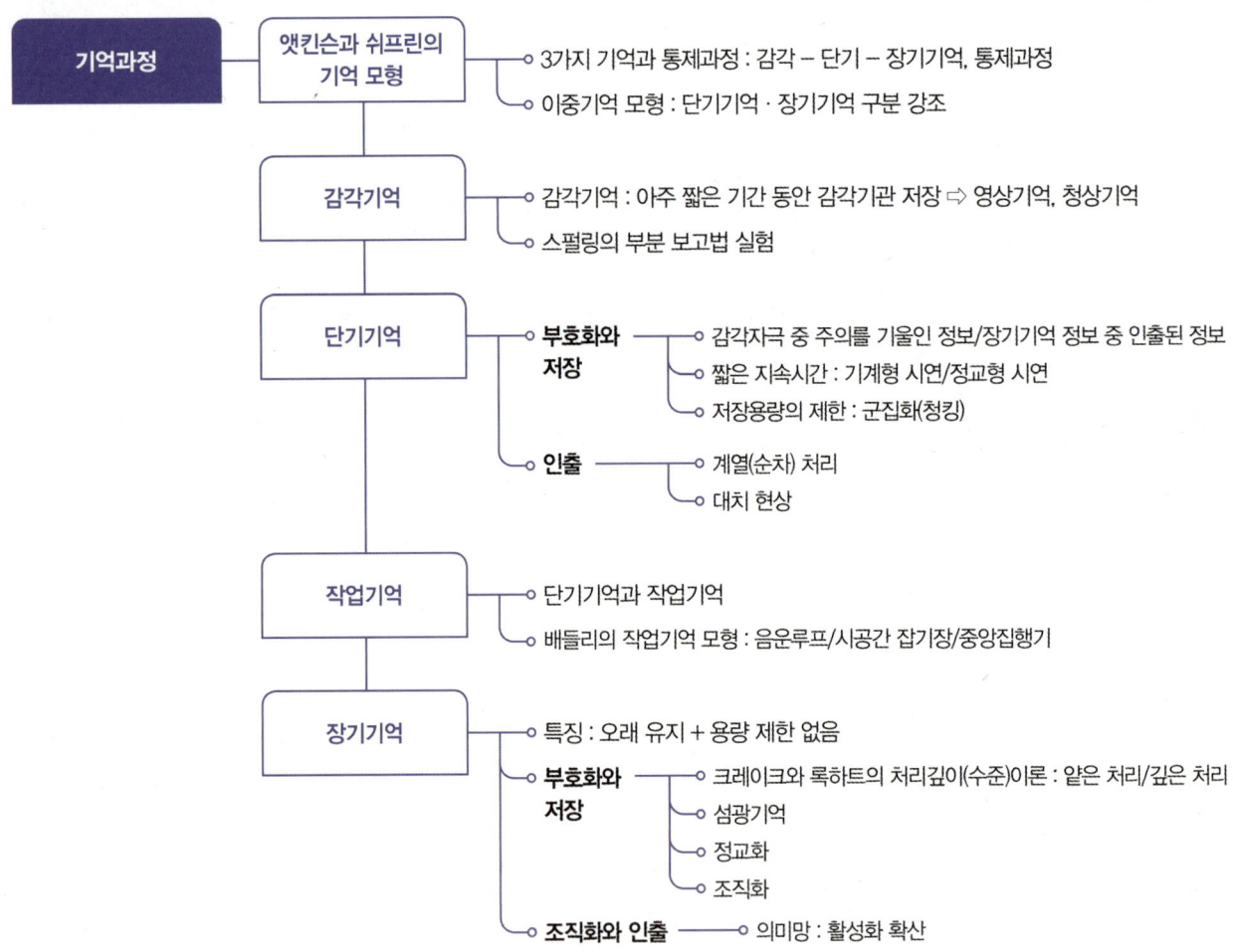

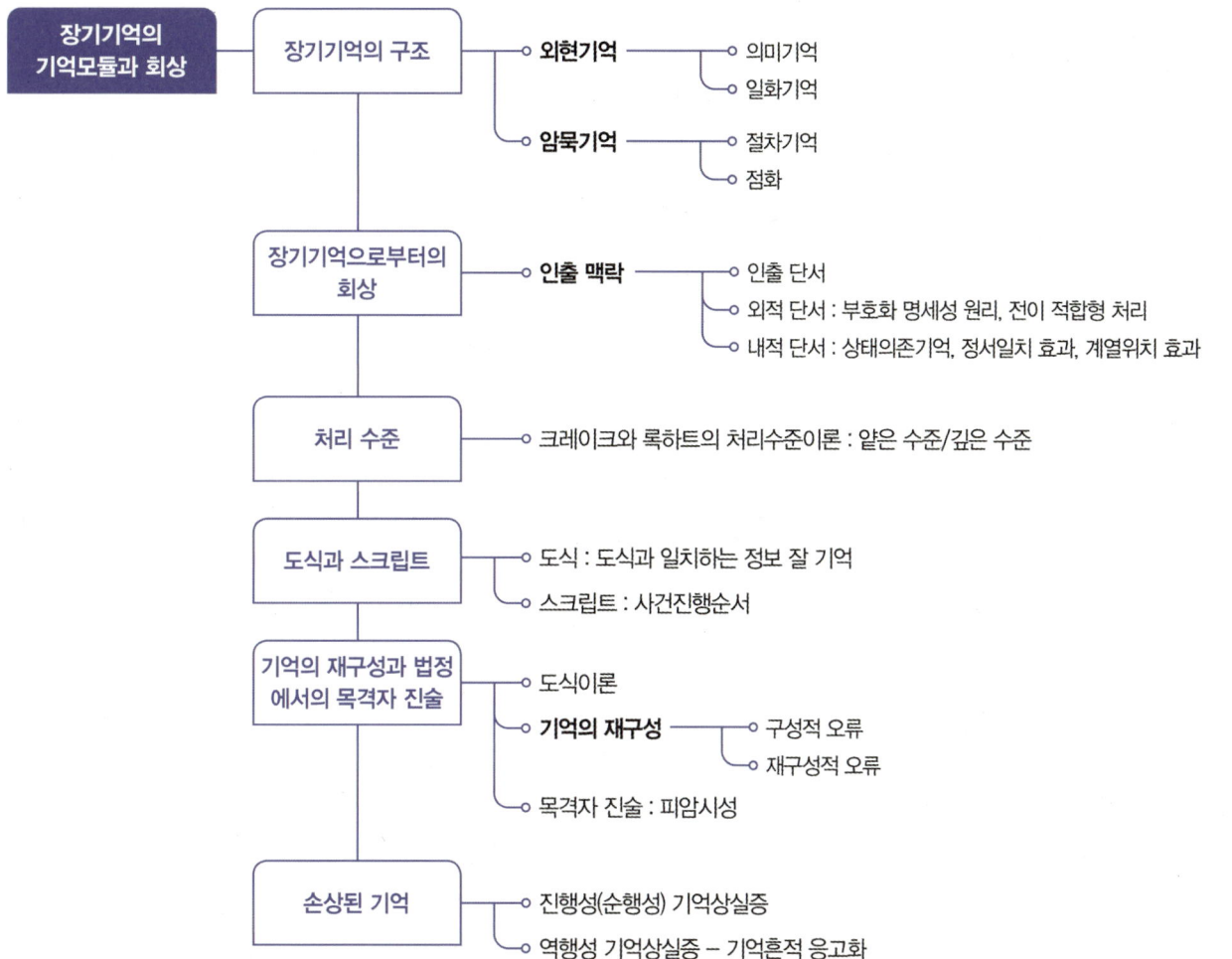

제14장 개념구조도

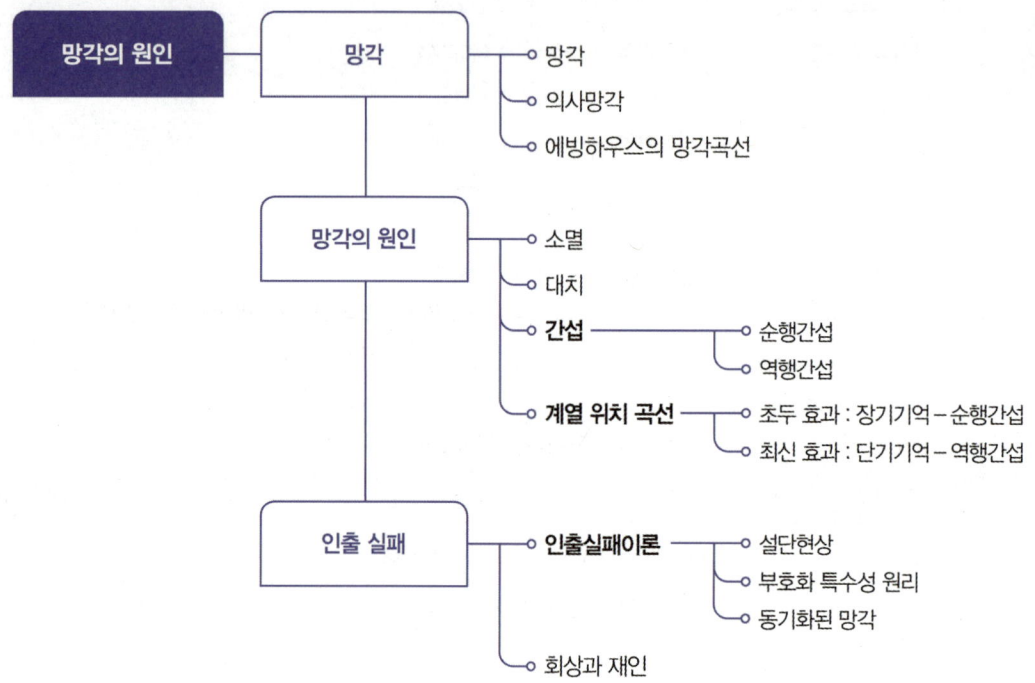

김진구 전문상담 기본개념 3

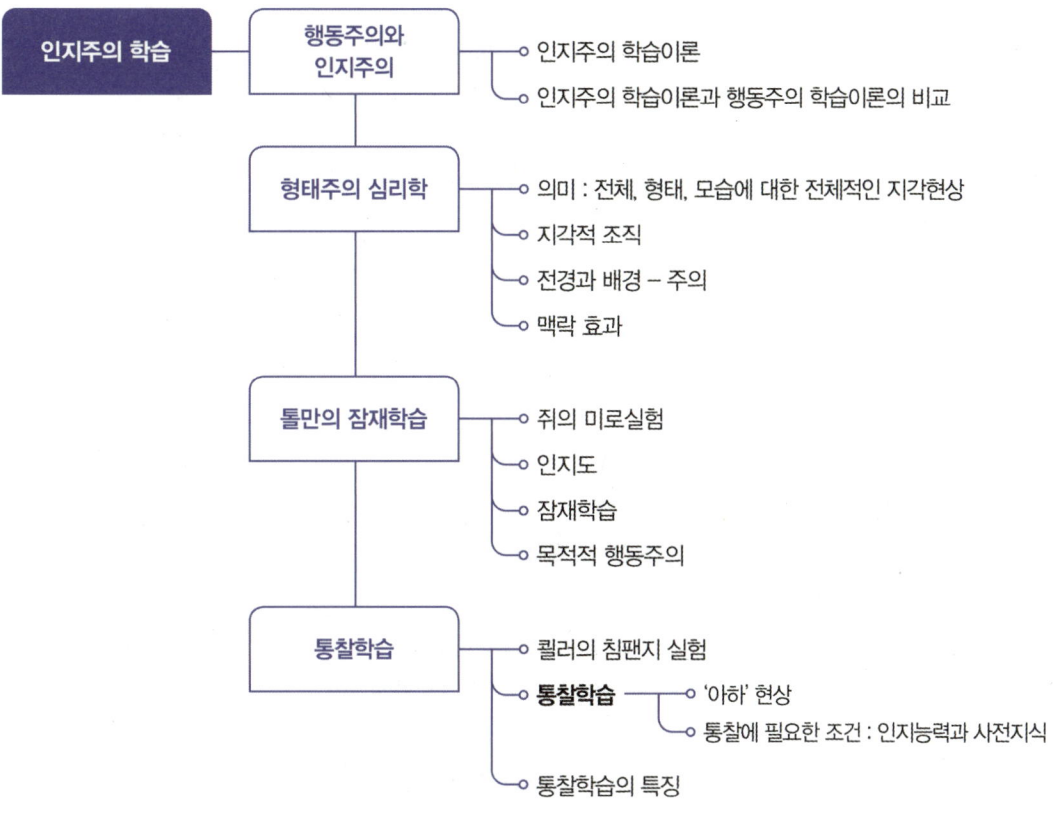

제14장 개념구조도

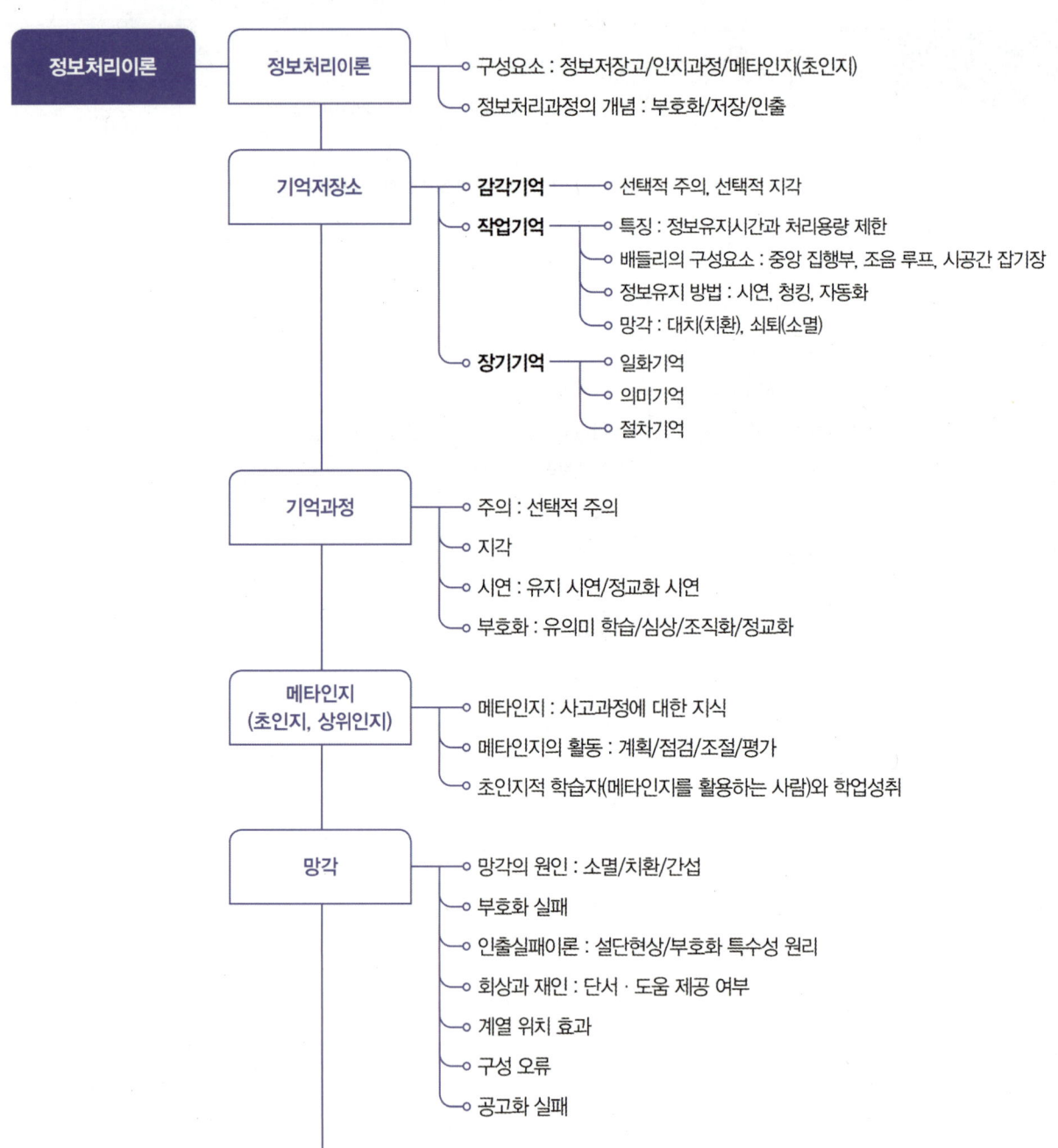

김진구 전문상담 기본개념 3

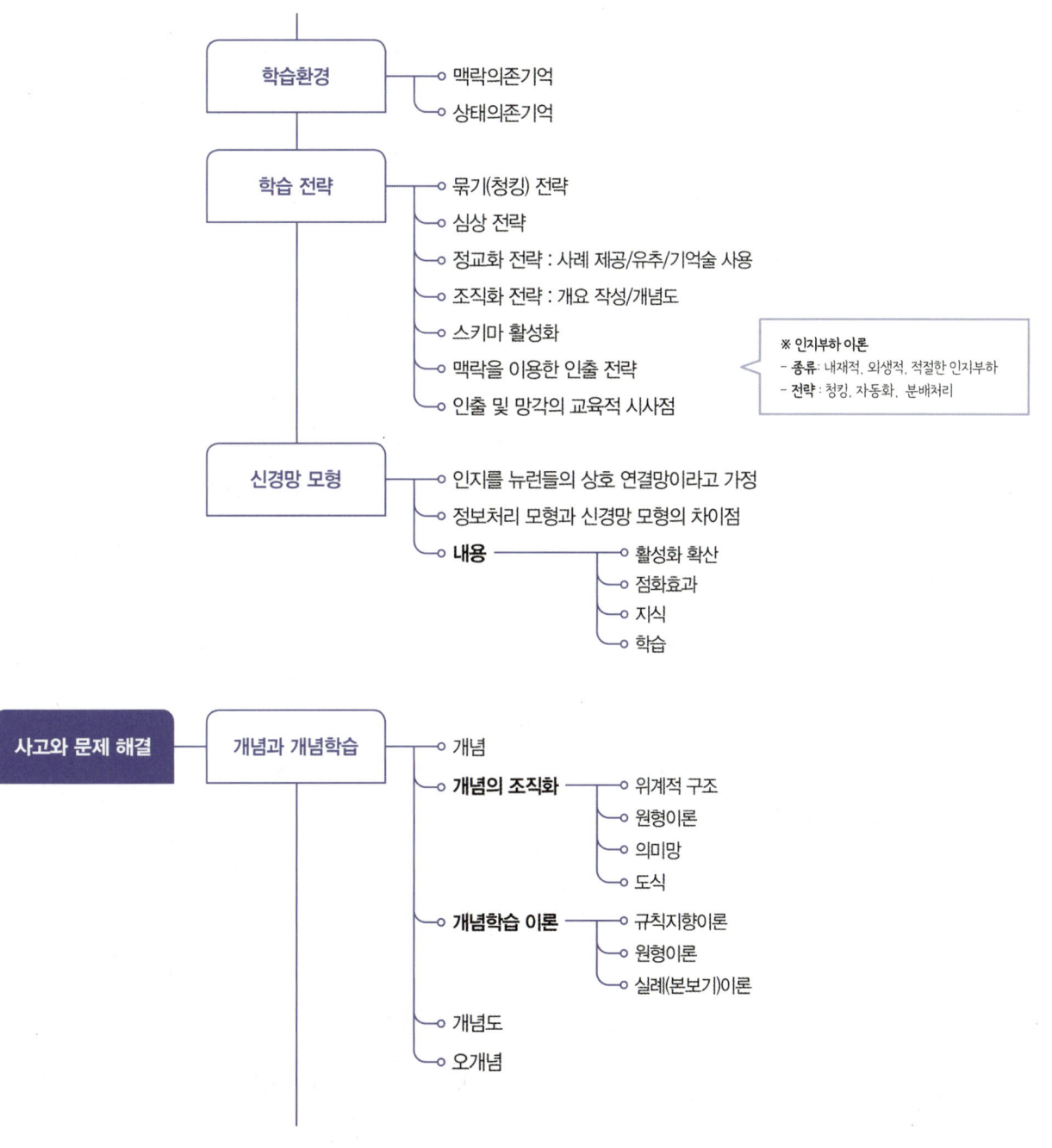

제14장 개념구조도

제14장 개념구조도

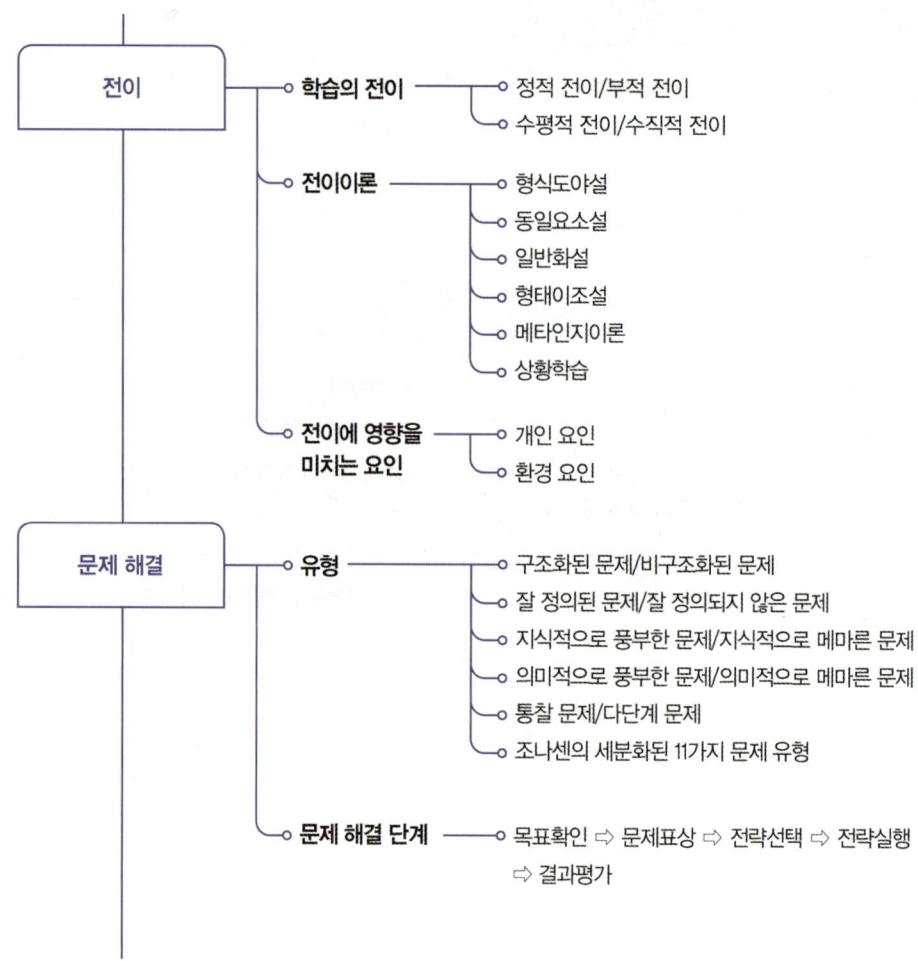

김진구 전문상담 기본개념 3

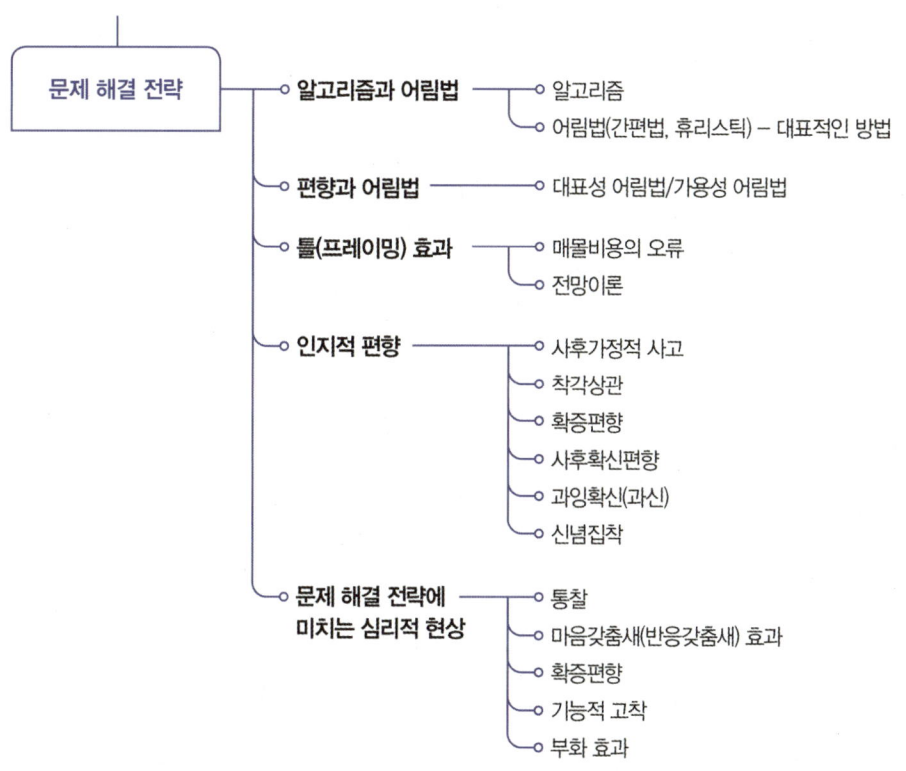

제14장 개념구조도

제14장 개념구조도

제7절 사회심리

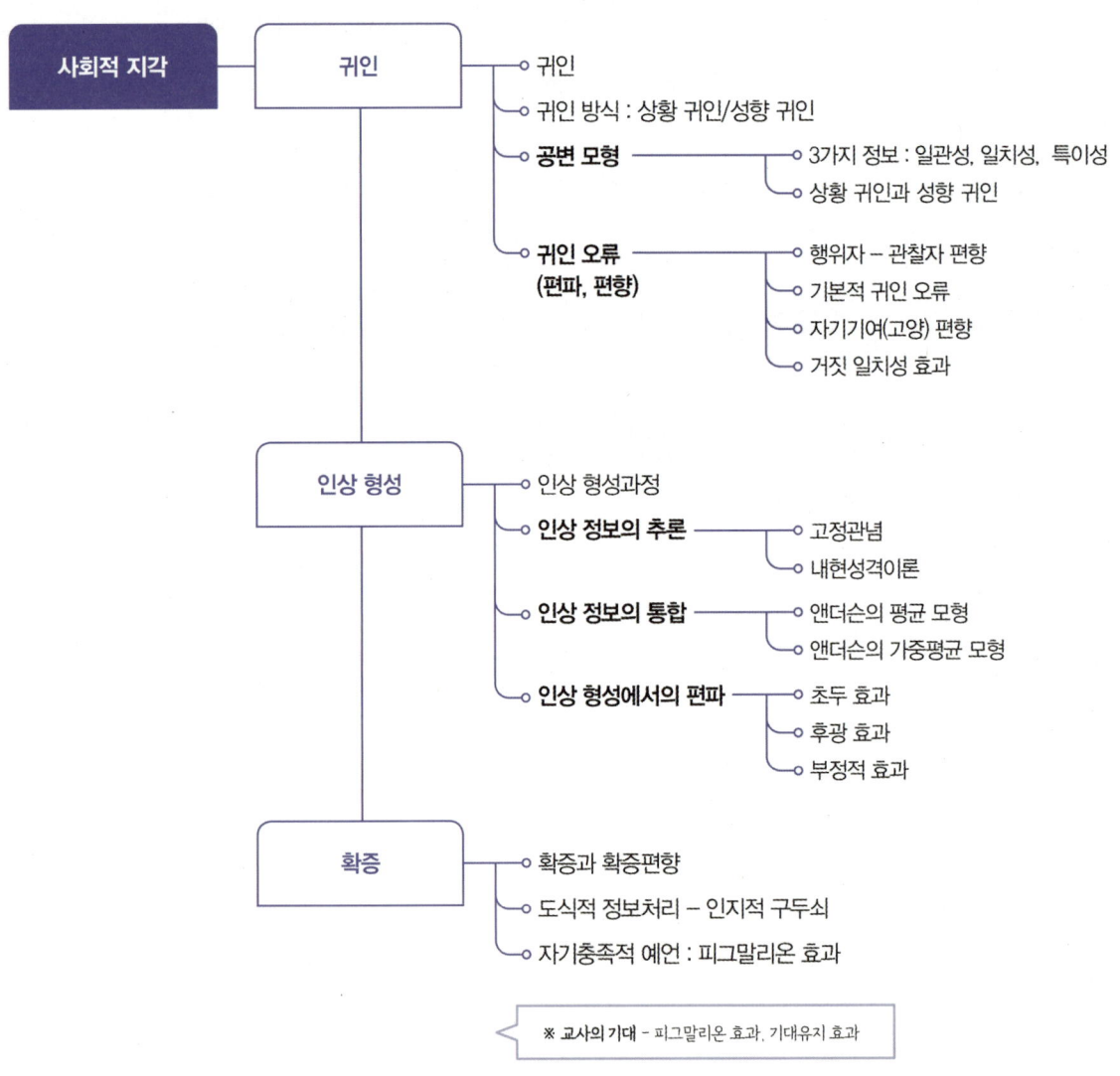

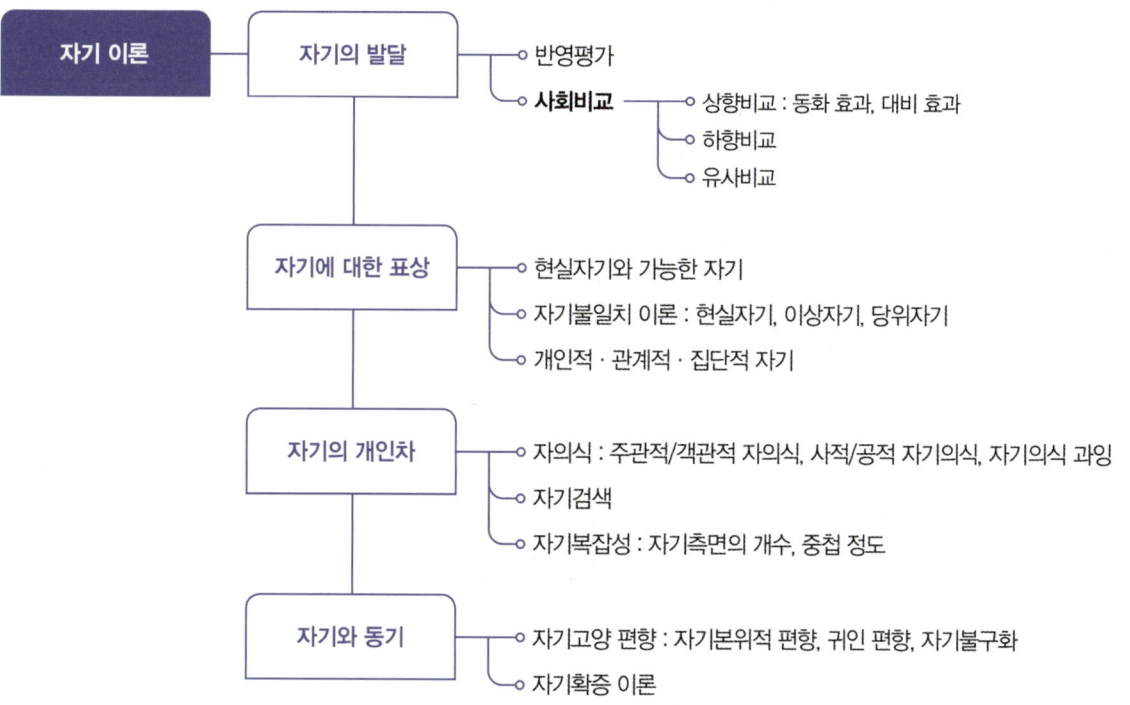

제14장 개념구조도

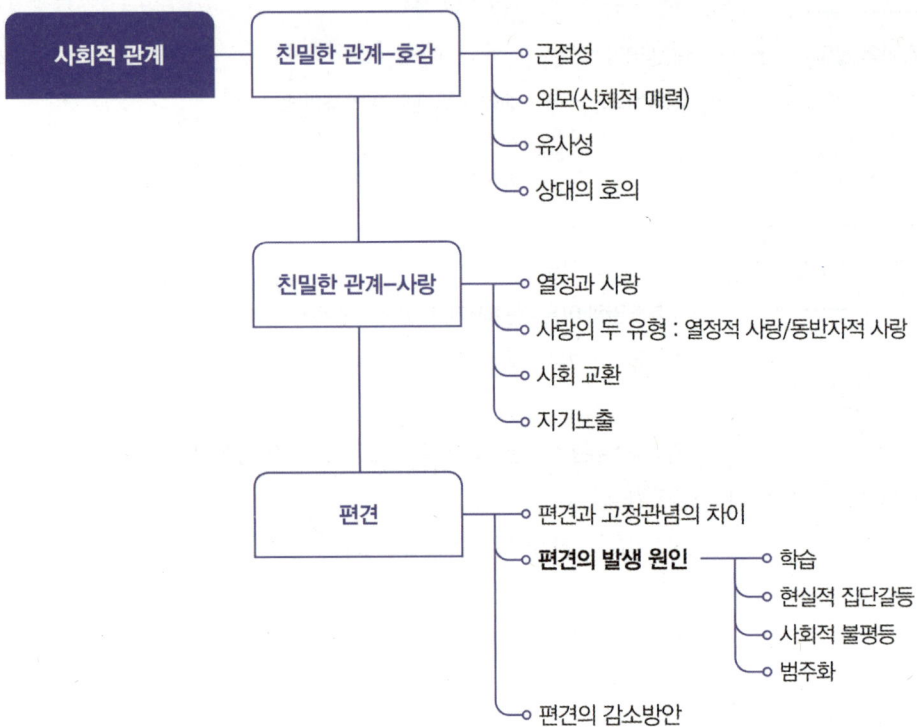

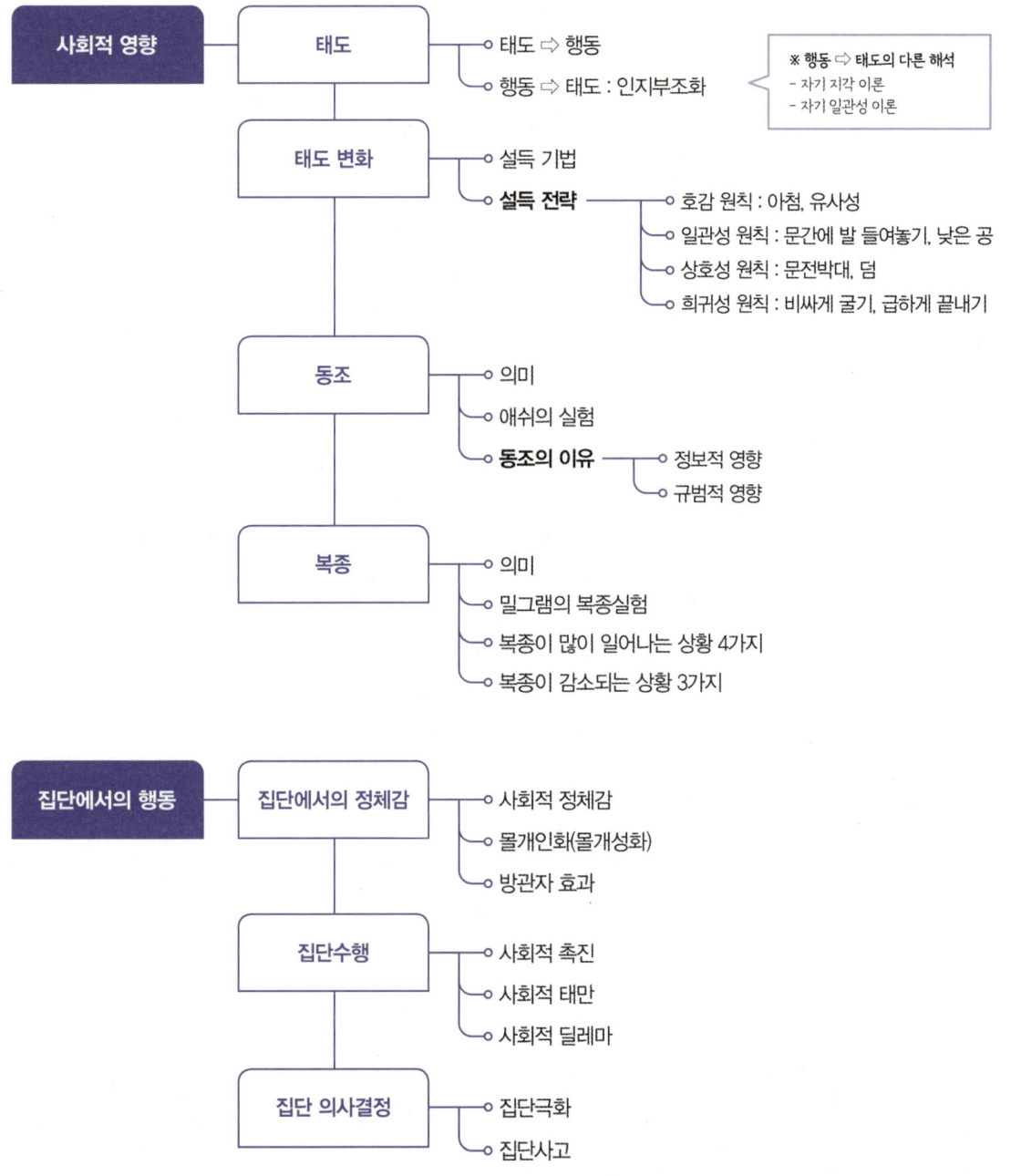

제14장 개념구조도

제8절 동기와 정서

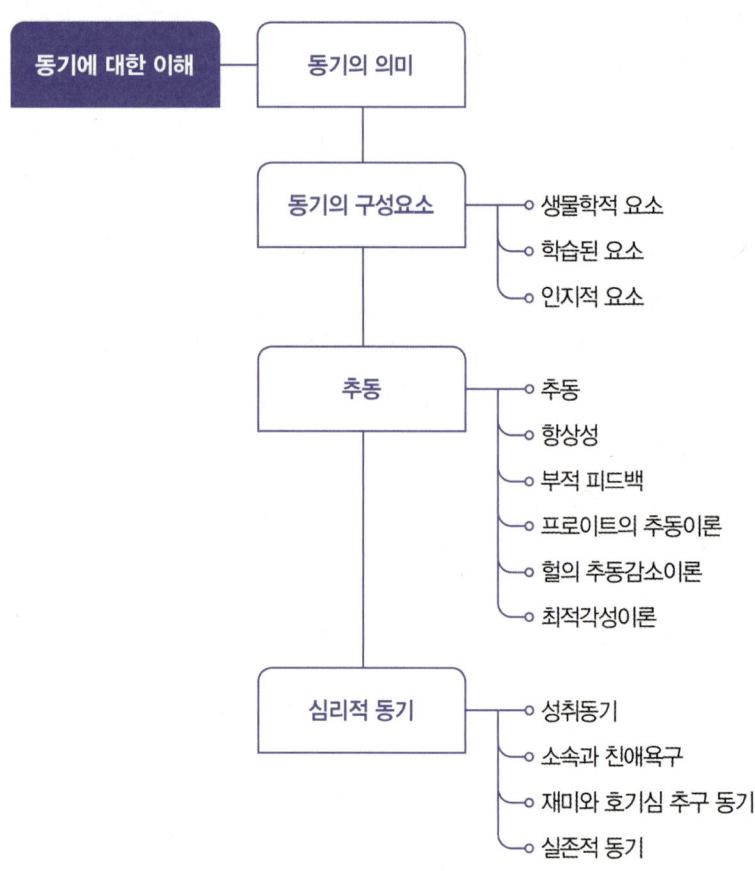

김진구 전문상담 기본개념 3

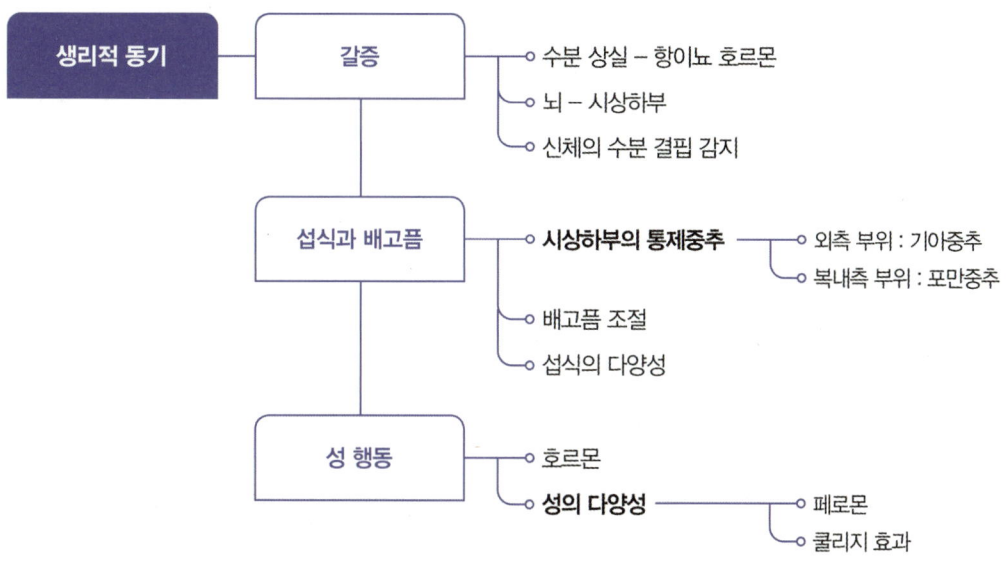

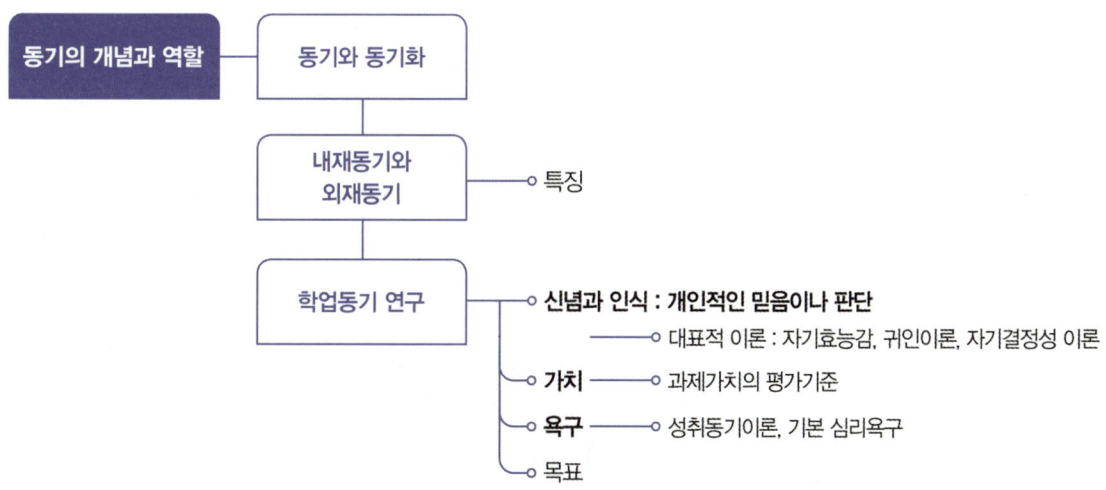

제14장 개념구조도

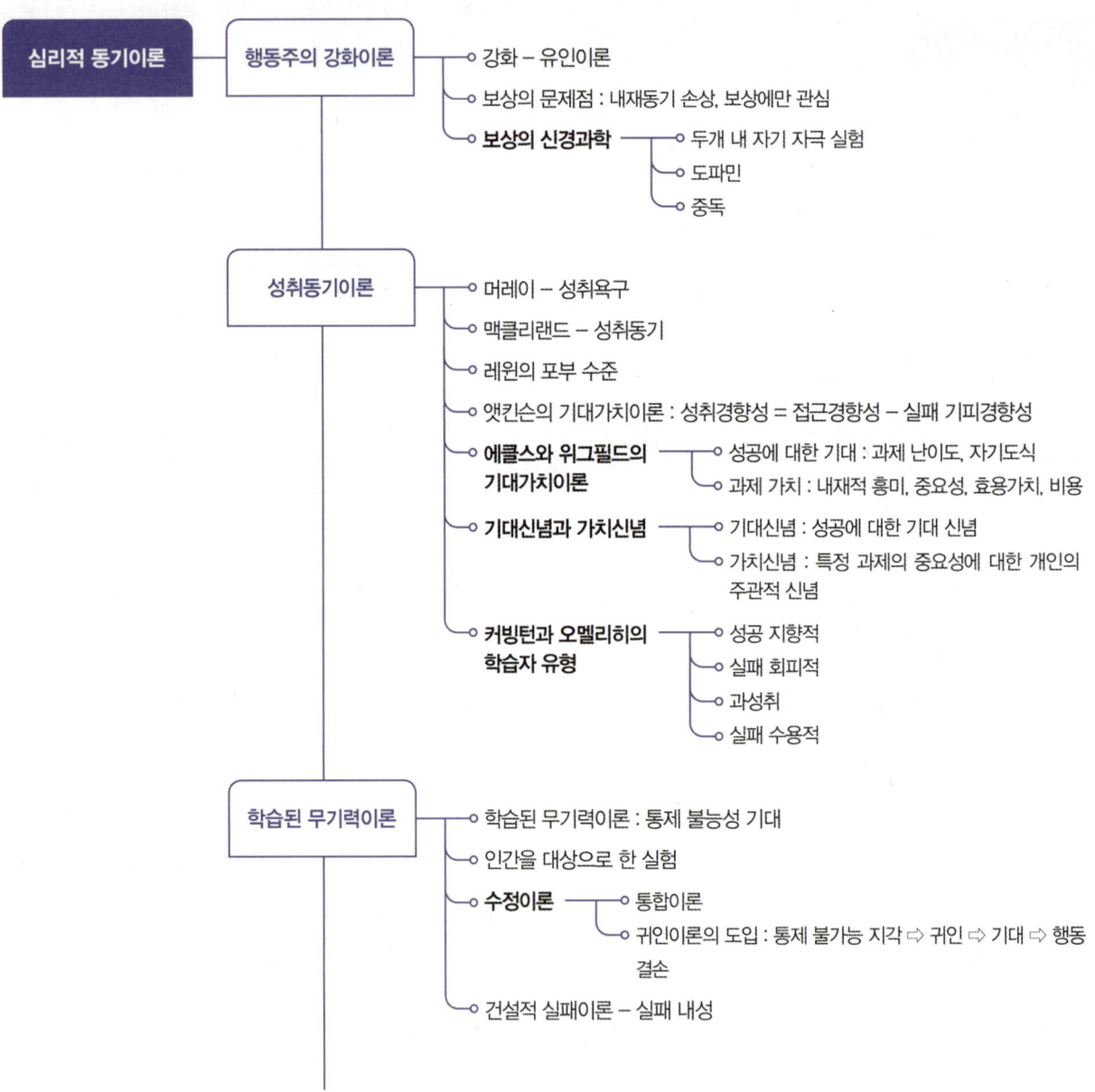

김진구 전문상담 기본개념 3

- **귀인이론**
  - 귀인이론
  - 와이너의 귀인이론 – 3가지 차원 : 원인의 소재, 안정성, 통제 가능성
  - 귀인과 동기
  - 귀인이 행동에 영향을 미치는 순서(인지 – 감정 – 행동)
  - **귀인 변경 프로그램(귀인 재훈련)**
    - 체계적 귀인 훈련 프로그램 : 노력귀인 ⇨ 전략귀인 ⇨ 포기

- **내재동기이론**
  - 효능동기이론 – 유능성
  - 인지평가이론 : 보상의 정보적 기능과 통제적 기능
  - 과정당화이론
  - 자기결정성 이론 : 6가지 미니이론
  - 기본 심리욕구 : 자율성, 유능감, 관계성 욕구
  - 출현동기이론과 플로우 경험 : 기술과 도전 수준의 조화

- **성취목표이론**
  - **성취목표이론의 발달 배경**
    - 목표 지향성 이론
    - 성취목표이론
    - 드웩의 암묵적 지능이론 : 실체 지능이론/증진 지능이론
  - ※ 에근과 카우잭 – 과제 회피 목표
  - 이원 목표 구조 : 숙달목표와 수행목표
  - 삼원 목표 구조 : 숙달목표, 수행접근목표, 수행회피목표
  - 2×2 목표 구조 : 숙달접근목표, 숙달회피목표, 수행접근목표, 수행회피목표
  - 중다목표 지향성

- **교사효능감과 교사의 기대효과**
  - 일반적 교수효능감과 개인적 교사효능감
  - 자기충족적 예언
  - 기대유지 효과

제14장 개념구조도

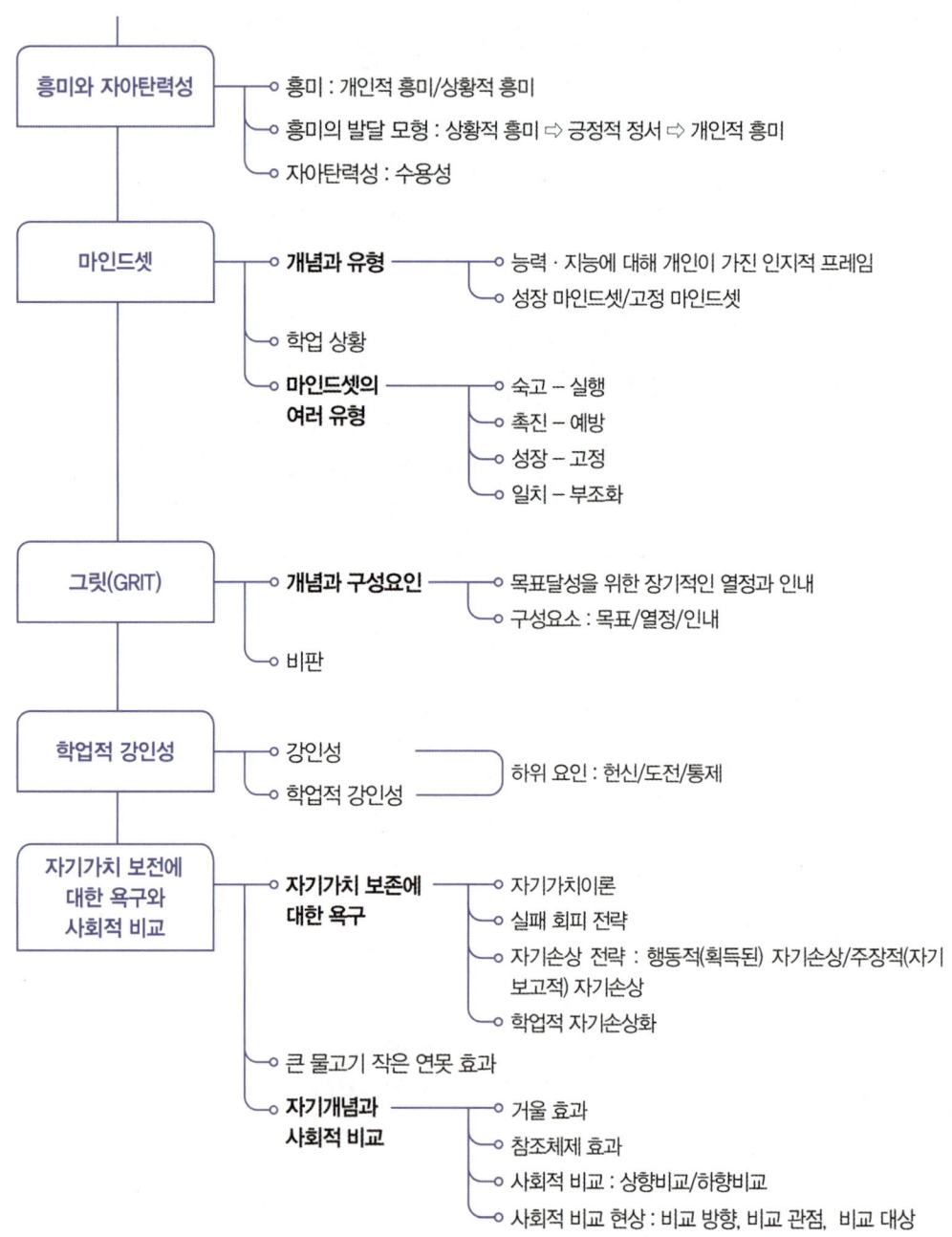

김진구 전문상담 기본개념 3

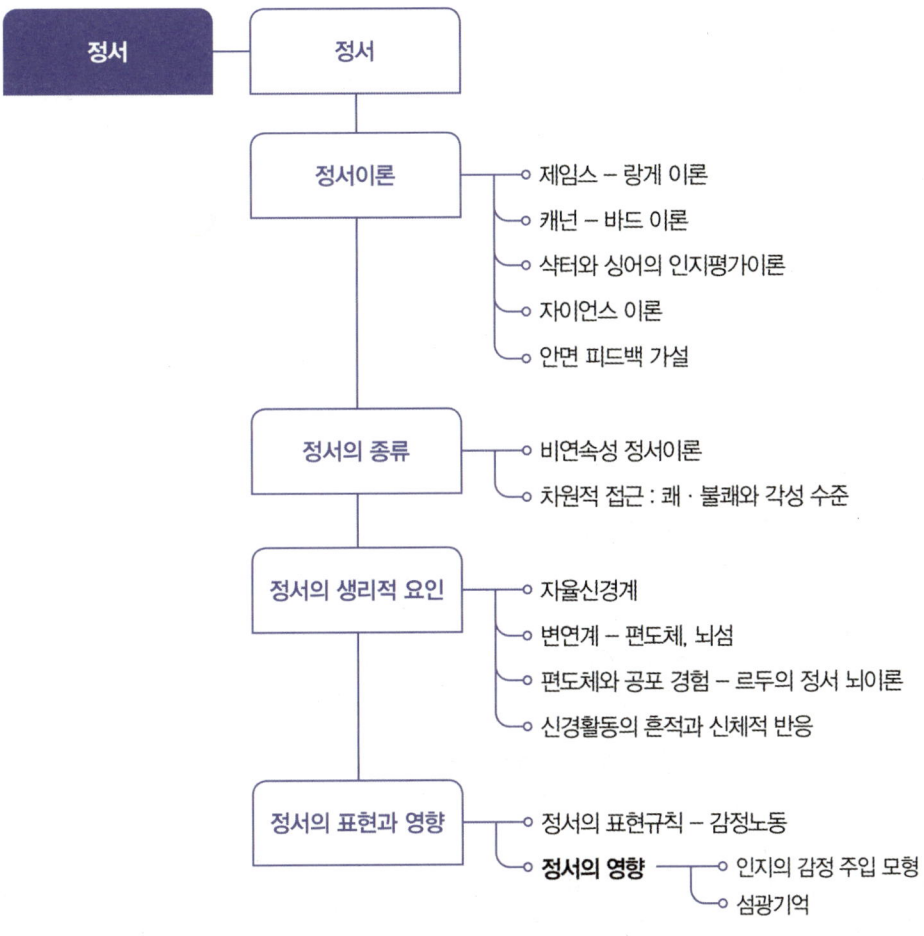

제14장 개념구조도

제14장 개념구조도

제9절 스트레스와 건강

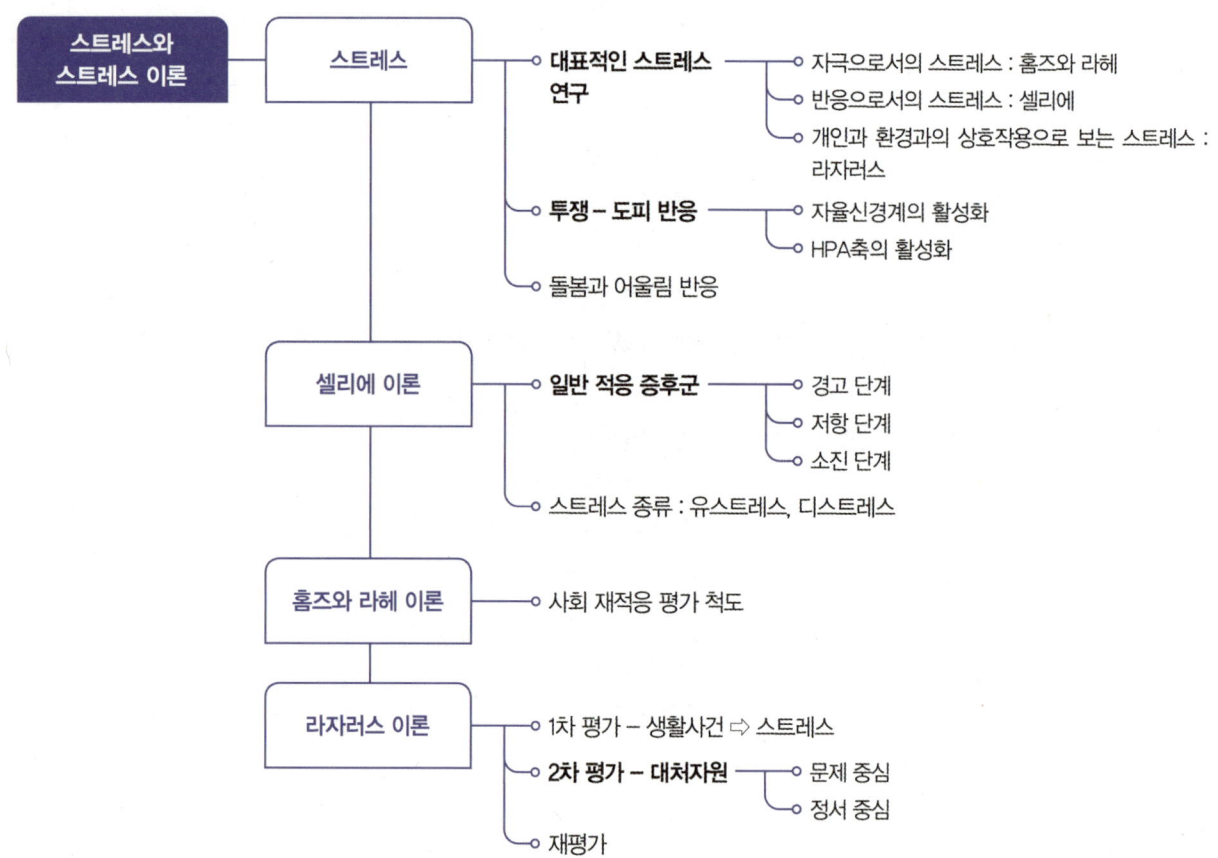

김진구 전문상담 기본개념 3

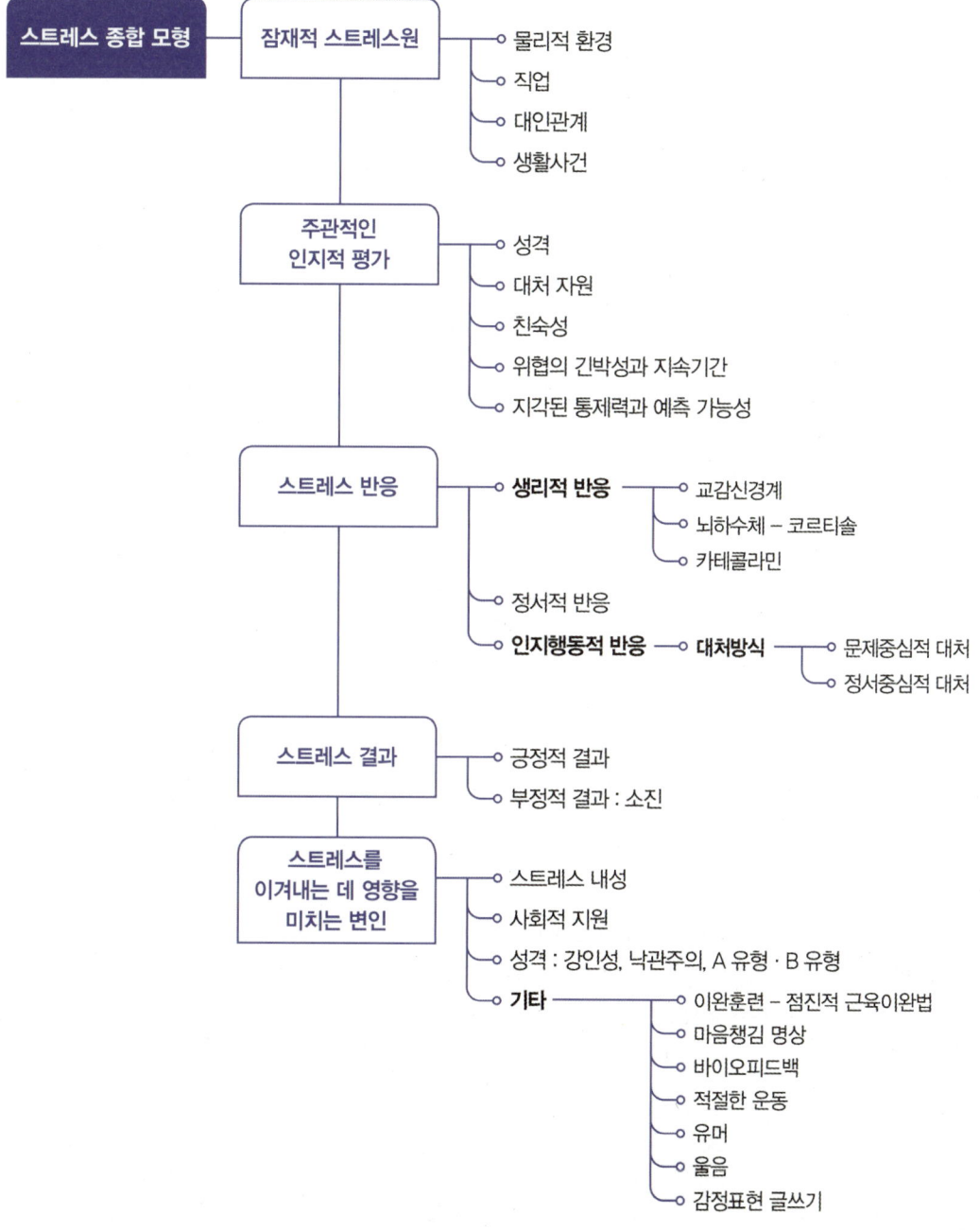

제1절 심리학과 교육심리학의 이해

01 심리학의 이해

1. 심리학의 정의

(1) 정의

인간의 행동과 심리과정을 과학적으로 연구하는 경험과학의 한 분야를 뜻한다.

(2) 연구대상

개인의 심리적 과정, 신체기능을 제어하는 생리적 과정, 개인 간 관계와 사회적 과정도 심리학의 연구대상이 된다.

> **참고** 심리학(psychology)
>
> 심리학은 영혼이라는 뜻의 그리스어 'psyche'와 어떤 주제를 연구한다는 의미의 'logos'가 합쳐진 것으로, 연구 초기에는 심리학을 '영혼에 대한 탐구'라고 했다. 이는 초기 심리학자들이 신학의 영향을 받은 것으로 볼 수 있다. 심리학의 정의는 그 연구주제와 함께 시간의 흐름에 따라 변화했다. 또한 심리학이 과학으로 등장한 19세기 후반이 되어서 비로소 '정신과학'으로 인정받게 되었다.

2. 심리학의 역사와 관점

구분	연구대상	연구목적	연구방법
구조주의	의식적 경험	정신의 구조 분석	분석적 내성법
기능주의	의식적 경험	정신의 기능 연구	내성법, 행동 측정
행동주의	관찰 가능한 행동	행동 통제	관찰과 실험
형태주의	의식적 경험	정신의 전체적인 성질 증명	내성법, 증명
정신분석	무의식적 동기	성격 이해	의료적인 사례연구

(1) 구조주의(structuralism)

① 마음의 구조, 즉 마음의 기본 요소 연구를 중심으로 하는 학파로, 분트(W. Wundt)와 제자들이 주장했다.

② 분트는 마음도 자연에서 일어나는 빛과 열, 피의 흐름과 같이 과학적으로 연구될 수 있다고 보았는데, 여러 빛과 소리가 제시될 때 어떻게 느끼는가를 최대한 객관적으로 기술하기 위해 의식의 내부를 들여다보는 것, 즉 내성(內省)을 했다.

> **참고** 내성법(introspection)
>
> 1800년대 말과 1900년대 초에 분트가 사용한 방법으로, 의식적 경험의 기본 요소를 찾아내기 위해 자신의 의식 경험의 심리과정을 관찰하여 분석하면서 생각, 욕망, 느낌 등 자신의 내면을 스스로 내적으로 들여다보고 이를 언어로 보고하는 방법을 말한다. 주관적이라는 한계 때문에 행동주의의 비판을 받았으며 점차 사용하지 않게 되었다. 현대에는 '사고'나 '문제해결'의 심리과정에 대한 자료를 수집하는 데 응용되고 있다.

③ 분트와 그의 제자인 티치너(Tichner)는 마음의 구조를 묘사하는 심리학을 개발하여 인간의 마음, 즉 의식의 구조를 자연과학적인 방법으로 파헤치려고 시도했다. 이들은 사람의 생각, 감각적인 경험도 여러 구성요소의 결합으로 설명이 가능하다고 믿었다.

④ 내성법은 똑똑하고 말을 잘하는 사람에게 요구되었으며 그 결과는 사람마다, 경험할 때마다 달랐다.

(2) 기능주의(functionalism)

① 기능주의 심리학은 윌리엄 제임스(William James)를 중심으로 미국에서 발전되었으며, 의식을 요소로 분석하는 것은 인간 이해에 도움이 되지 않고, 의식의 기능을 분석하는 것만이 인간을 올바르게 이해할 수 있는 방법이라고 보았다.

② 의식의 내용 분석(예 무엇을 보았는가, 느꼈는가, 생각하는가)이 아닌 심리적 기능(예 어떻게 보았는가, 느꼈는가, 생각하는가 등)을 연구대상으로 삼았다.

③ 제임스는 인간을 이해하기 위해서는 의식의 전체 기능을 밝혀야 한다고 주장했는데, 그가 가진 관심의 핵심은 의식의 기능으로, 어떠한 의식이 존재하는 목적·이유 등이었다.

④ 당시 적자생존 진화론에 영향을 받은 제임스는 끊임없이 변화하는 환경에 적응하기 위한 인간을 비롯한 고등동물의 노력이야말로 생존과 관련된 정신활동이나 의식의 기능이라고 설명했다.

> **참고** 기능주의 학파의 주장
>
> 기능주의자들은 다윈의 견해를 인간의 행동에 적용하여 '보다 적응적 행동 유형이 학습되고 유지되며, 그렇지 못한 행동 유형은 단절된다.'는 것을 제안했다. 즉, 최적의 행동 유형이 존재한다는 주장이다. 적응적인 행동은 반복되고 습관이 되고, 습관이 되면 별 주의를 기울이지 않고도 잘 수행할 수 있다. 이러한 반복에 의한 학습은 차후 행동주의 심리학에서 기본이 되는 부분이다.

(3) 행동주의(behaviorism)

① 행동주의 심리학의 창시자인 왓슨(Watson)은 심리학이 물리학, 화학처럼 자연과학이 되려면 연구대상을 관찰 가능하고 측정 가능한 사건인 외적 행동으로 제한해야 한다고 보았다.

② S-R 접근방법 : 모든 행동을 그 원인이 되는 자극(S)과 결과가 되는 반응(R) 사이의 관계로 설명했기 때문에 행동주의 심리학을 'S-R 접근방법'이라고 한다.

③ 스키너(Skinner)는 행동주의에 강화(reinforcement)의 개념을 도입했다. 강화는 반응에 이어서 주어지는 자극을 말하며, 이 자극이 어떤지에 따라 그 반응의 빈도가 증감된다.

(4) 형태주의(gestaltism)

① 지각된 내용을 전체로 통합하고 분리된 자극을 의미 있는 유형으로 통합하고자 하는 경향을 강조한 학파로, 1920년대 독일에서 활동했다.

② 대표적인 학자는 베르트하이머(Wertheimer), 코프카(Koffka), 쾰러(Kohler)이며, 이들은 지각에 초점을 두고 지각이 사고와 문제해결에 미치는 영향을 연구했다.

③ 형태주의는 행동주의와 달리 외적인 행동만으로는 인간의 본질을 이해할 수 없다고 보았으며, 구조주의와 달리 인간의 지각, 정서, 사고과정을 기본 요소의 입장에서만 설명할 수는 없다고 보았다. 즉, 지각을 부분의 합보다 큰 전체라고 주장했다.

(5) 정신분석(psychoanalysis)
① 인간행동을 결정하는 요소로서 무의식에서의 동기와 갈등의 중요성을 강조하는 학파이다.
② 프로이트(Freud)에 의해 시작되었으며, 인간행동을 결정하는 데 의식적 사고보다는 무의식의 과정, 특히 원초아의 성 충동과 공격성이 큰 역할을 한다고 보았다.
③ 프로이트 : 마음을 대체로 무의식적인 면이 더 많고 갈등적 충동, 욕구, 원망으로 가득 찬 소용돌이로 보았다.

(6) 심리학의 접근방법

구분	개념적 초점	인간 본성	정신과정의 강조	환경 또는 인간
생물학적 접근	행동의 기초는 생물학적 기능	중립	중간	인간
인지적 접근	사고과정 및 세상에 대한 이해	중립	최대	환경 및 인간
행동적 접근	관찰 가능한 행동	중립	최소	환경
정신분석 접근	무의식적인 요인들	부정	최대(무의식 강조)	인간
인본주의 접근	잠재력 실현	긍정	최대	인간

① **생물학적 접근** : 인간이 고등 동물이라는 전제하에 인간의 신경계, 염색체, 호르몬, 해부학적 구조, 뇌, 유전을 연구하는 심리학 접근방법이다. 심리적인 현상, 행동의 원인을 생물학적 원리로 설명하거나 행동의 생물학적 기제를 주로 연구한다.
② **인지적 접근** : 인간이 정보를 지각·처리하며 기억하는 방식을 과학적으로 탐구한다. 즉, 인간의 두뇌가 어떻게 정보를 받아들이고 처리하며 특정 행동 유형을 만들어내는지를 연구한다.
③ **행동적 접근** : 인간의 심리보다는 눈으로 볼 수 있고 측정 가능한 행동을 연구대상으로 한다. 환경자극에 의해 인간의 행동이 결정된다는 환경결정론적 입장을 취하는 심리학의 접근방법이다.
④ **정신분석 접근** : 인간의 행동을 무의식적인 과정으로 설명하며, 인간의 정신을 분석하는 접근방법이다.
⑤ **인본주의 접근** : 의식과 자기인식을 강조하기 때문에 현상학적 관점이라고도 불린다. 사람이 세상을 보고 경험하고 있는 지금-여기에서의 사상이나 현상을 이해하려고 하며, 이 현상을 이해하기 위해 어떠한 이론이나 선입관, 과학적 방법론도 무시한다. 단지 지금-여기에서의 상황을 개인적으로 어떻게 보고 해석하는지에 관심을 가진 접근법이다.

(7) 최근의 심리학
① **진화심리학** : 자연선택의 원리를 사용하여 행동과 마음의 진화를 연구하는 학문이다.
　㉠ **자연선택(natural selection)** : 자연은 우연한 변인 가운데 유기체가 특정 환경에서 가장 잘 생존하고 후손을 퍼뜨릴 수 있게 해 주는 특질을 선택한다는 것이다.
　㉡ **행동유전학** : 행동에 대한 유전적 영향과 환경적 영향의 상대적 힘과 제한점에 대한 연구분야이다.
　㉢ **선천성-후천성 논제(nature-nurture issue)** : 이 논쟁들은 지금도 계속되고 있지만, 최근에는 후천성은 선천성이 부여하는 것에 작동한다는 관점이 우세하다.

② 긍정심리학 : 개인과 지역사회가 융성하도록 도와주는 장점과 덕목을 발견하고 조장한다는 목표를 가지고, 인간의 가능성을 과학적으로 연구하는 학문이다. 즉, 재능을 활용하는 '좋은 삶', 그리고 현재의 우리를 넘어서는 '의미 있는 삶'의 구축을 탐구한다.
③ 생물심리사회적 접근 : 생물학적 요인(유전적 성향과 변이, 적응 생리학과 환경에 대한 유전적 반응 등), 심리적 요인(인지과정과 지각적 과정, 정서반응 등), 사회문화 요인(타인의 존재, 또래 및 집단영향 등)의 영향을 고려한다.

02 교육심리학의 이해

1. 교육심리학의 성격

(1) 심리학과 교육학의 비교

구분	내용
심리학	• 인간의 생각과 행동을 과학적인 방법으로 연구하는 학문 • 인간 행동에 대한 보편적 원리와 법칙을 확립하는 데 목적을 둠 • 보편적인 법칙을 확립하고자 하기 때문에 그 방법에서 정밀성과 경제성을 중요시함 • 가치중립적이고 기술적(descriptive)임 • 이론과 법칙이 주로 통제된 실험실에서 확립됨
교육학	• 가르치고 배우는 과정을 통해 인간을 완성해나가는 실천적인 학문 • 개별 학습자의 특성을 변화시키는 데 목적을 둠 • 정밀성과 경제성이 떨어지더라도 학습자의 행동에 의미 있는 변화를 일으키는 변인에 관심을 가짐 • 생태학적 타당성(ecological validity)을 중요시함 • 가치지향적이며 처방적(prescriptive)임 • 예측 불가능한 교실 내 상황이나 교육현장에서 일어나는 과정에 기초함

(2) 교육심리학
① 가르치고 배우는 과정과 연계된 인간의 생각과 행동을 과학적으로 연구 : 교수·학습과정에 관한 과학적 이해를 통해 인간을 만들어나가는 교육에 대해 연구한다.
② 심리학의 이론과 방법을 적용하고, 그 자체의 이론과 방법을 가진 교수·학습과정을 연구하는 학문이다.

2. 교육심리학의 영역

(1) 학습자에 대한 이해
① 교육과 관련된 학습자의 특성 : 인지적 요인(예 지능, 창의성)과 정의적 요인(예 성격, 사회성, 도덕성)이 있다.
② 내용 : 시기별 발달적인 변화와 수준을 이해하는 측면과 각각의 개인차를 이해하는 측면을 다룬다.
③ 교수자
  ㉠ 학습자가 무엇을 생각하고 어떻게 생각하는지에 관한 인지 발달 수준을 알아야 적합한 수업을 설계하고 교수 방법을 선정할 수 있다.
  ㉡ 학습자에게 어떤 도움이 필요한지 결정하는 데 학습자의 성격, 사회성, 도덕성 발달 관련 지식도 필요하다.
  ㉢ 학습자의 학습 유형과 문화적 배경은 학습자와 교수자의 상호작용에 영향을 준다.

(2) **학습과 교수과정에 대한 이해**
① 학습이 어떻게 일어나는지에 대한 설명 : 행동주의 이론과 인지주의 이론으로 나누어진다.
② 학습의 기제를 이해함으로써 학습과정에 영향을 주는 여러 요인을 식별하고 효과적인 학습을 조정할 수 있는 통찰력을 갖게 된다.
③ **교수이론과 교수방법** : 학습자의 개인차를 고려하여 교실수업을 효율적으로 전개할 수 있다.
④ **학습동기** : 여러 유형, 다양한 연령의 학습자를 어떻게 동기화하여 성공적인 학업성취를 이끌어낼 수 있을지 알 수 있다.

(3) **교수자에 대한 이해**
① **교수자의 특성** : 교수자 자신이 수행하는 다양한 교수활동과 관계되며 학습자의 학업성취와 행동에도 영향력을 행사한다.
② **교수자의 자질** : 학급 경영능력과 더불어 교수자의 인성, 심리적 안정감, 교수효능감, 교수자의 기대 등과 같은 자질은 학습자의 학업성취뿐 아니라 태도, 동기화에도 중대한 영향을 미친다.

(4) **평가에 대한 이해**
① **평가** : 학습목표 달성 정도를 측정하고 앞으로의 학습목표를 설정하는 기반이 된다.
② **평가의 효과** : 학습자의 동기와 학습을 증진하고 교수자 자신의 수업을 개선하는 데도 도움을 준다.
　㉠ 교수자 : 수업목표 달성을 확인하고 교수·학습과정을 설계하는 데 피드백을 받을 수 있다.
　㉡ 학습자 : 자신이 얼마나 배웠는지를 확인할 수 있고, 이는 학습자의 동기유발에 영향을 준다.

03 심리학과 교육심리학의 연구방법론

1. 과학적 방법의 4단계

(1) **1단계 - 연구주제 선정**
연구주제나 문제를 선정한다.

(2) **2단계 - 가설 개발**
가설은 연구를 통해 검증될 어떠한 특정 진술이다.

(3) **3단계 - 가설 검증**
심리학자는 잘 준비된 실험이나 관찰방법을 사용하여 경험자료를 수집하고, 그 자료에 의지하여 가설을 검증한다.

(4) **4단계 - 가설에 대한 결론**
① 가설 검증을 통해 발견된 결과에 따라 자신의 가설에 대한 결론을 내린다.
② 가설 검증이 자료에 기초한 의사결정이라면, 가설에 대한 결론은 가설이 도출된 이론, 가설 내용, 연구 절차, 가설 검증에 대한 연구자의 해석 등을 모두 고려하는 복합적인 의사결정이다.

2. 심리학 연구의 단계

(1) 연구주제 선정
① 연구를 시작하기 전에 연구주제를 선정해야 하며, 연구주제는 어떤 현상에 대한 의문으로 시작한다.
② 연구주제가 정해지면 주제와 관련된 기존 연구를 철저하게 검토한다.

(2) 가설 설정과 조작적 정의
① 가설 : 둘 이상의 변인 간 관계성에 대한 추측이다.
   예 '공부시간이 많을수록 시험불안은 감소한다.'와 같이 두 변인이 어떻게 관계되는지 기술하는 것
② 변인 : 관찰 가능하고 측정 가능한 방식으로 변환된 개념으로, 변인이 측정 가능해야 한다는 말은 이들에 숫자를 부여할 수 있어야 한다는 의미이다.
③ 조작적 정의 : 어떤 개념을 측정 가능하게 정의하는 것으로, 추상적인 개념을 관찰과 측정이 가능한 구체적인 현상과 연결시키는 과정이다.
   예 '시험불안'을 시험 중에 경험하는 불안에 대한 자기보고 측정치로 정의하는 것

(3) 연구방법 결정과 데이터 수집
① 가설을 설정한 후에는 연구방법과 데이터 수집방법을 선택한다.
② 연구방법
   ⊙ 기술연구 : 사례연구, 자연적 관찰, 조사법 등의 방법이 있으며, 실험을 수행할 수 없을 때 사용한다.
   ⊙ 실험연구 : 변인 간 인과관계를 설명하는 데 사용되며, 실험에서 연구자는 독립변인을 체계적으로 조작하고 종속변인의 변화를 측정한다.
③ 데이터 수집방법
   ⊙ 기술연구 : 설문조사나 질문을 통해 데이터를 수집한다.
   ⊙ 실험연구 : 표본의 반응을 측정함으로써 수집한다.

(4) 데이터 분석과 결론 도출
① 연구를 설계하고 데이터를 수집한 후, 연구자는 데이터를 분석하고 결론을 도출한다.
② 다양한 통계기법을 통해 데이터를 요약하고 결과를 분석하며, 증거에 기초하여 결론을 도출한다.

(5) 연구 결과 보고
① 연구자는 연구의 과정과 결과를 구체적으로 기술하여 학술지 또는 전문잡지에 출판한다.
② 논문의 구성

- 선행연구의 역사와 배경, 연구의 목적과 필요성
- 연구가설
- 피험자 선정방법과 피험자 특성
- 변인들의 조작적 정의
- 측정방법과 수집된 데이터 분석방법
- 데이터 분석 결과
- 결과에 대한 논의

3. 표본조사

(1) **표본조사(survey)**

① 의미 : '사회조사'라고도 하며, 사람들이 행동, 신념, 태도, 의견, 의도를 기술하도록 설문지를 사용하거나 특별한 면접을 통해 대표성 있는 표본집단을 연구하는 방법이다.
   ➡ 특별한 연구대상의 생각이나 태도, 행동에 관한 정보를 수집하는 방법으로, 면접이나 질문지를 이용하는 경우가 가장 일반적이다.

② 방법
   ㉠ 연구대상을 직접 만나 조사하는 방법과 간접적으로 접촉하는 방법(예 전화, 인터넷, 우편)으로 구분된다.
   ㉡ 양적 자료 측정(예 수치로 응답하도록 함)과 질적 자료 측정으로도 나눌 수 있다.

③ 조사에 대한 연구 결과를 일반화하려면 연구대상자 선정이 매우 중요하며, 연구에 관련된 전집(population) 중에서 일부를 표본(sample)으로 추출할 때 표본이 전집을 대표할 수 있어야 한다.

(2) **정보를 얻는 방식에 따른 구분**

구분	장점	단점
면접법	연구대상을 직접 대면하여 질문하는 방법으로 응답자의 의도, 신념, 가치관 등을 심층적으로 조사할 수 있음	면접 시 사용할 질문을 체계적으로 구조화하지 않으면 면접 결과를 기술하기 어려울 수 있음
전화조사법	적은 비용으로 신속하게 원하는 내용을 질문할 수 있음	응답자들이 비협조적이고 반응을 꺼리는 경향이 있어 자세한 정보를 얻는 데 유용하지 못함
질문지법	응답 자료를 분석하기에 용이하며 한 번에 많은 질문이 가능함	• 질문지를 체계적으로 구성하는 것이 쉽지 않음 • 회수율이 낮을 경우 결과의 신뢰성에 문제를 야기할 수 있음

(3) **장단점**

① 장점 : 다량의 데이터를 비교적 적은 비용으로 짧은 시간 동안 수집할 수 있고, 다른 방법보다 융통성이 있다.
② 단점 : 대표성 없는 표본, 잘못 작성된 질문 문항이나 조사대상의 태도(예 자신에 대해 바람직하지 않거나 마음에 거슬리는 질문은 응답하지 않으려 함)가 조사 결과에 영향을 줄 수 있다.

4. 자연적 관찰

(1) **자연적 관찰(naturalistic observation)**

① 심리현상이 발생하는 자연스러운 환경에서 현상을 관찰하면서 연구하는 방법이다.
② 관찰자가 조작·통제를 전혀 하지 않거나 할 수 없는 자연 상태에서 일상적으로 발생하는 사건 또는 행동을 관찰하는 것으로, 관찰 대상자는 자신이 관찰되고 있는지 모르는 상태에서의 관찰방법이다.

(2) **장점**

① 실험 상황이 아닌 자연 상황에서 변인을 관찰할 수 있다.
② 추후 연구에 대한 아이디어를 얻을 수 있다.
③ 실험연구가 불가능한 상황에서 대안이 될 수 있다.

(3) 단점
① 시간과 비용이 많이 든다.
② 변인을 과학적으로 통제할 수 없어 인과관계를 밝히기 어렵다.
③ 가외변인을 통제할 수 없다.
④ 관찰 대상자가 관찰자의 존재를 알아차리고 평소와 다르게 행동할 가능성이 있다.

5. 실험실 관찰

(1) **실험실 관찰**(laboratory observation)
관찰자가 인공적인 상태에서 나타나는 행동을 관찰하는 방법이다.

(2) 장단점
① 장점 : 관찰자가 실험실을 조작해두기 때문에 자연적 관찰방법보다 행동의 원인 등을 추론하기가 쉽다.
② 단점 : 관찰 대상자가 자신이 관찰되고 있다는 사실을 알 수 있을 가능성이 크고, 비자연적인 상태의 관찰이므로 실험실에서 보인 행동이 실제 상황에서도 동일하게 나타나는지를 정확히 알기 어렵다.

6. 연구방법

(1) **기술연구**(descriptive research)
① 기술연구 : 실제 생활 속의 특정 상황에서 일어나는 사건을 단순히 기술하는 것이다.
  ㉠ 목적 : 어떤 조작, 통제를 하지 않고 자연적인 상황에서 있는 그대로 파악하여 정확하게 기술하는 것이다.
  ㉡ 어떤 상황, 현상을 기술하기 위해 관찰, 검사, 면담, 설문 등의 방법을 사용한다.
② 연구방법

구분	내용
참여관찰(participant)	연구자가 직접 상황의 참여자가 되어 관찰하는 방법
민속지학 (ethnography)	한 집단 내의 상황에 초점을 두고 장기간 관찰을 통해 해당 집단의 구성원들에게 미치는 사건의 의미를 연구하는 방법
사례연구(case study)	한 개인이나 상황을 집중적으로 연구하는 방법

(2) **상관연구**(correlational research)
① 상관 : 둘 이상의 변수 간의 관계를 말한다.
② 상관연구 : 변수의 통제나 조작이 어려운 경우에 자연적인 상황에서 여러 변수 간 관계를 조사하는 것이다.
  ㉠ 정적 상관 : 한 변수의 값이 높아질 때 다른 변수의 값도 높아지는 것을 말한다.
    예 광고를 통해 자주 노출되는 상품일수록 판매량이 많아지는 것
  ㉡ 부적 상관 : 한 변수의 값이 높아질 때 다른 변수의 값은 낮아지는 것을 말한다.
    예 인터넷(온라인) 서점이 활성화될수록 동네(오프라인) 서점의 판매량은 감소하는 것
③ 상관계수 : 변수 간 관계의 정도는 상관계수로 나타낸다.
  ㉠ 크기는 관계의 강도를, 부호는 관계의 방향을 의미한다.
  ㉡ 범위 : 1에서 −1까지로, 1 또는 −1에 가까울수록 두 변수 간 관계가 강하고 이는 한 변수로 다른 변수를 예측할 수 있음을 의미한다.

구분	상관계수가 1일 때	상관계수가 −1일 때	상관계수가 0일 때
내용	두 변수가 완전한 정적 상관	두 변수가 완전한 부적 상관	두 변수는 전혀 상관이 없음

④ 장점
  ㉠ 연구자가 인위적인 상황을 만들지 않고 변수를 있는 그대로 연구할 수 있다.
  ㉡ 여러 변수의 상호 관계를 동시에 연구할 수 있다.
⑤ 단점 : 어떤 변수가 다른 변수의 원인이 되는지의 인과관계를 밝힐 수 없다.

(3) 실험연구(experimental research)

① 실험연구 : 한 변인을 체계적으로 조작하는 것이 다른 변인의 변화를 가져오는지 확인함으로써 두 변인 간의 인과관계를 확인하는 연구이다.
② 3가지 변인과 3가지 집단

구분		내용
변인	독립변인	연구자가 특정한 변인에 영향을 미칠 것이라고 판단하는 원인변인
	종속변인	독립변인의 영향을 받아 효과가 나타나는 변인
	외생변인(가외변인, extraneous variable)	독립변인이 아닌 변인이 종속변인에 영향을 미치는 기타변인
집단	실험집단	독립변인의 처치를 받는 집단
	비교집단	실험집단에 나타나는 효과를 파악하기 위해 다른 처치를 하여 비교대상이 되는 집단
	통제집단	아무런 처치가 주어지지 않는 상태의 집단

③ 실험연구의 유의점
  ㉠ 무선배정(무선할당)과 적절한 표본
    ⓐ 무선배정 : 연구자가 피험자를 실험집단과 비교집단에 본인 뜻대로가 아닌 무작위로 할당하는 것으로, 이는 각 피험자가 실험집단 혹은 비교집단에 속하게 될 확률이 모두 같음을 의미한다.
    ⓑ 적절한 표본 : 표본을 적절한 크기로 갖추고 실험연구를 수행하면 실험집단과 비교집단의 차이를 보다 객관적으로 파악할 수 있다.
  ㉡ 외생변인의 통제 : 연구 결과에 영향을 미칠 수 있는 외생변인에 대한 통제가 제대로 이루어져야 한다.
  ㉢ 독립변인의 조작과정에 대한 분명한 설명 : 실험집단에 가해지는 처치인 독립변인을 조작하는 과정에 대한 분명하고 구체적인 설명이 기술되어야 한다.
④ 장점 : 인과관계를 확인할 수 있다.
⑤ 단점 : 너무 인위적인 실험실 상황이 실제 생활과 관련이 적을 수 있다. 또한 통제를 많이 할수록 연구 상황은 점점 더 인위적이고 자연스럽지 못하게 되어, 연구 결과를 실제 상황에 일반화하기가 어려워진다.

> **참고** 이중은폐 절차(double-blind procedure)
> - 실험참가자와 실험자 모두 누가 실험처치를 받았는지, 누가 가짜 약을 받았는지를 모르는 실험절차이다.
> - 일반적으로 약물평가 연구에서 주로 사용된다.
> - 연구자는 참가자를 집단에 무선할당한 뒤, 한 집단은 처치(예 약물 투여)를 하고 다른 집단은 사이비 처치(예 가짜 약)를 한다.
> - 이때 흔히 참가자는 자신이 어떤 처치를 받고 있는지 모른다.
> - 만일 연구자가 이중은폐를 사용하면, 참가자뿐만 아니라 직접 약물을 투여하고 데이터를 얻는 연구보조원도 어느 집단이 처치를 받고 있는지 알지 못한다.

04 연구윤리

1. 연구 수행과정에서의 윤리

(1) 연구 참여에 대한 동의
① 모든 연구 참여자로부터 연구 참여에 동의를 얻어야 한다.
② 동의를 얻을 때, 참여의사에 영향을 줄 수 있는 정보(예 연구목적, 예상되는 기간 및 절차, 실험 처리방법 등)를 사전에 설명해야 한다.
③ 연구 참여자에게 해로운 영향을 줄 가능성이 있는 연구의 경우, 연구의 잠재적 위험에 대한 정보를 제공받고 이해했다는 참여 동의서(informed consent)를 받는 것이 좋다.
④ 자료 수집을 위해 연구 참여자의 음성, 영상을 기록해야 할 경우에도 동의를 받아야 한다.

(2) 연구에서 속이기(속임수 기법)
① 심리학 연구 시 피험자를 속이는 속임수 기법은 연구의 과학적 가치 측면에서 정당하고 다른 대안이 없는 경우에만 제한적으로 사용해야 한다.
② 연구목적상 불가피하게 속임수를 쓰는 경우 이 사실을 가능한 한 빨리, 가급적이면 연구 참여가 끝나자마자 늦어도 자료수집이 완료되기 전에 연구 참여자에게 설명해야 한다.
③ 연구 참여자가 원하는 경우, 자신의 자료를 철회할 수 있는 기회를 주어야 한다.

(3) 동물의 인도적인 보호와 사용
① 심리학 실험에서 동물의 사용은 동물실험 이외의 대안이 없을 때에만 가능하다.
② 법률과 규정, 전문적 기준에 따라 동물을 확보하고 돌보고 사용하며 처리해야 한다.
③ 실험과정에서도 피험동물의 고통, 통증, 상해를 최소화하고자 노력해야 한다.

2. 연구 결과 출판에서의 윤리

(1) 자료의 조작과 표절
① 위조(fabrication) : 존재하지 않는 자료(data) 또는 연구 결과 등을 허위로 만들어 내는 행위를 말한다.
② 변조(falsification) : 연구 재료·장비·과정 등을 인위적으로 조작하거나 자료(data)를 임의로 변형·삭제함으로써 연구 내용 또는 결과를 왜곡하는 형태를 말한다.
③ 표절과 인용 : 표절은 인용과 명확히 구분되어야 한다.
  ㉠ 표절(plagiarism) : 타인의 아이디어나 연구 내용, 결과 등을 정당한 승인 또는 인용 없이 도용하는 행태를 말한다.
  ㉡ 인용(quotation) : 타인의 아이디어나 저작물을 합법적인 절차를 통해 이용하는 것이다.
④ 타인의 연구 결과를 합법적으로 인용하려면 원저자의 문장을 그대로 옮겨 쓸 때 따옴표를 붙이고, 표현을 바꿔 기술할 때는 문장의 끝부분에 출처를 자세히 밝혀야 한다.
⑤ 자기표절
  ㉠ 자신의 이전 연구 결과를 다음 연구에서 합법적으로 인용하지 않고 사용하는 것을 말한다.
  ㉡ 자신의 연구라도 다른 사람의 연구 결과를 인용하는 것과 동일하게 인용 규칙을 지켜야 한다.

(2) **연구 결과의 중복 출판**
　① **중복 출판** : 연구자가 이미 출판된 자신의 연구 결과를 다른 매체에 재출판하는 것으로, '이중게재'라고도 한다.
　② 연구자가 연구 결과를 학술지에 게재하면 게재된 논문의 저작권은 학술지에 있으므로, 논문을 중복 출판하는 것은 이미 출판된 학술지의 저작권을 침해하는 것이다.
　③ 중복 출판 행위는 연구자의 연구 성과를 과대평가하게 하고, 자원 낭비를 가져오며, 독자를 우롱한다는 점에서 비윤리적인 것으로 평가된다.

제2절 신경과학과 행동

05 신경계의 정보전달 시스템

1. 기본 형태

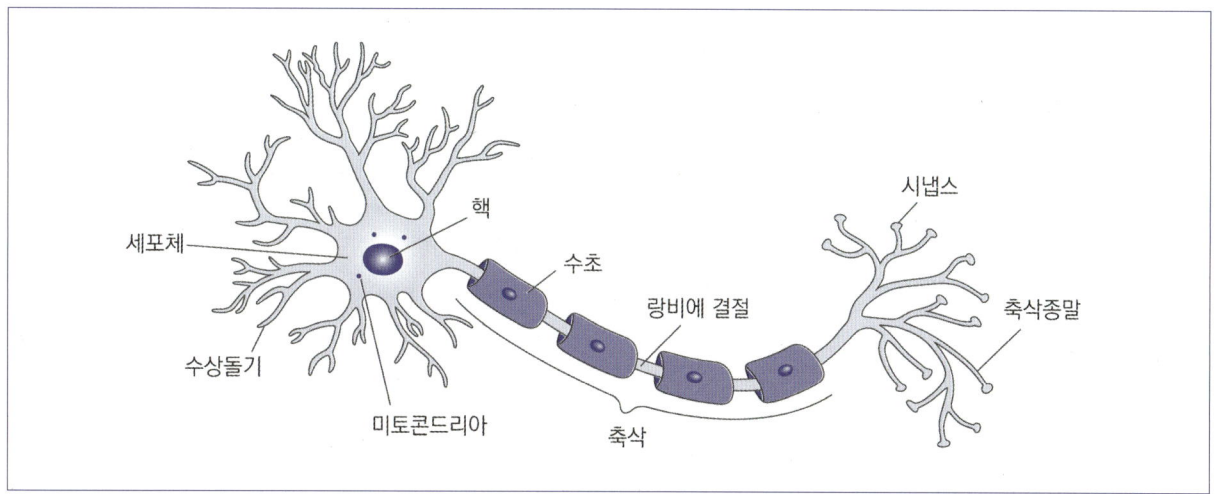

[그림 14-1] 뉴런의 구조

구분	내용
뉴런 (neuron)	• 신경계의 최소 단위로 세포체, 수상돌기, 축색과 같은 3개의 하부 구조를 가지는 한 개의 세포 • 전기적인 변화를 일으키는데 이를 '흥분한다'고 표현하며, 이 흥분성 때문에 정보 전달이라는 특수한 기능이 가능함 • 한 번 손상되면 재생되지 않음
세포체(cell body)	세포의 생명을 유지하는 역할을 함
수상돌기(dendrite)	메시지를 받아들이고 신경 흥분을 세포체 쪽으로 전달하는 뉴런의 나뭇가지 모양의 구조
축삭(axon; 축색)	뉴런에서 뻗어나와 다른 뉴런, 근육 또는 내분비선에 메시지를 전달하는 구조
수초 (myelin sheath)	• 많은 뉴런의 축색을 마디마다 덮고 있는 기름층 • 신경 흥분이 한 마디에서 다음 마디로 뛰어넘어감에 따라 흥분의 전달 속도를 아주 빠르게 함 • 절연물질로 덮여 있는데 이는 뉴런의 에너지 효율성을 증가시키며 축색의 빠른 정보 전달을 도움 • **다발성경화증**: 신경계의 수초들이 죽어가는 질환으로, 신경계의 정보 전달에 심각한 영향을 미쳐 운동장애, 감각장애, 인지기능장애 등 다양한 행동적 결함이 나타남
교세포 (glial cell)	• 뉴런을 지지하고 영양분을 제공하며 보호하는 신경계 세포 • 학습, 사고, 기억에서도 역할을 담당함

2. 신경의 기본 기능

(1) 3가지 기능
① 감각의 수용(reception) : 자극을 감지한다.
② 근육과 분비선의 반응(reaction) : 신체의 활동을 조절하고 조정한다.
③ 전도(conduction) 또는 통합(integration) : 수용과 반응 사이를 중개한다.

(2) 기능에 따른 뉴런의 유형
① 감각뉴런(sensory neuron) : 외부 세계로부터 정보를 수용하고 이 정보를 척수를 통해 뇌로 전달한다.
② 운동뉴런(motor neuron) : 척수로부터 근육으로 신호를 전달하여 운동이 일어나게 한다.
③ 개재뉴런(연합, interneuron) : 감각뉴런, 운동뉴런이나 다른 개재뉴런들을 서로 연결하는 기능을 한다.

3. 뉴런의 전도

(1) 전도(conduction)와 전달(transmission)
① 전도 : 뉴런 내부에서 전기적 신호가 전달되는 것, 즉 수상돌기에서 세포체, 나아가서는 축색으로 이동하는 것을 의미한다.
② 전달 : 시냅스를 건너 뉴런들 사이에 전기적 신호가 전달되는 것이다.
➡ 전도와 전달을 합하여 '뉴런의 전기화학적 활동'이라고 한다.

(2) 흥분의 발생과정 개관
① 분극-안정 전위
  ㉠ 뉴런이 자극을 받지 않을 때 세포막을 경계로 안쪽은 음전하를, 바깥쪽은 양전하를 띤다.
  ㉡ 안정 전위 : 분극 상태에서 나타나는 세포막 안팎의 전위차로, 약 $-70mV$이다.
② 탈분극-활동 전위
  ㉠ 뉴런이 역치 이상의 자극을 받아 Na^+ 통로가 열려 Na^+이 빠르게 확산되어 막전위가 상승하는 현상이다.
  ㉡ 활동 전위 : Na^+ 유입에 의해 나타나는 막전위 변화로, 막전위가 약 $+40mV$까지 상승하여 $+$값을 가지게 된다.
③ 재분극 : 탈분극이 일어났던 부위에서 다시 Na^+ 통로가 닫히고 K^+ 통로가 열려 K^+이 세포 바깥으로 확산되어 원래의 막전위 상태로 돌아가는 현상이다.

(3) 안정 전위(resting potential)
① 아무런 자극도 가하지 않는 상태에서 축색의 내부와 외부 간에 존재하는 전위차로, '휴지막 전위'라고도 한다.
② 뉴런이 흥분하지 않을 때 전위차는 약 $-70mV$에 이르며, 뉴런은 평상시 안쪽이 더 음극화되어 있는 상태이다.
➡ 정상 상태에 있을 때 세포막 안은 분극화되어 있다. 세포 내면과 외면은 마치 작은 건전지의 전기적 극성이 안쪽은 음성, 바깥쪽은 양성인 것과 같다.

(4) 활동 전위(action potential)
① 뉴런의 축색을 따라 시냅스에 전달되는 전기적 신호이다.
② 탈분극화(감분극, depolarization)
  ㉠ 세포막의 전위차가 역치 수준(약 $-55mV$)보다 더 올라가면 이온 채널, 특히 나트륨 채널이 일제히 열린다.

ⓒ 열린 채널을 통해 나트륨 이온이 세포막 안쪽으로 쏟아져 들어오면서 전위차가 급격하게 변해 약 +40mV까지 도달하며, 이를 탈분극화라고 한다.

③ 과분극화(hyperpolarization) : 나트륨 이온이 들어오고 나면, 뉴런 내부에 있던 칼륨 이온들이 밖으로 빠져나가고 일시적으로 뉴런의 전위는 안정 전위보다 더 음극화되는데, 이를 과분극화라고 한다.

④ 나트륨-칼륨 펌프(sodium-potassium pump) : 세포막의 통로는 특정한 이온만 통과할 수 있는 구조이며, 칼륨 이온(K^+)과 나트륨 이론(Na^+) 통로가 열리거나 닫히는 과정을 통해 신경세포의 전위의 변화를 만든다.

ⓐ 안정 상태 : 칼륨 이온이 통과하는 통로가 열리지만, 큰 음이온의 통과를 허용하는 통로는 자주 닫힌다.

ⓑ 나트륨-칼륨 펌프 : 이온 농도의 불균형은 능동적인 나트륨-칼륨 펌프에 의해 조정되기도 하는데, 이 펌프를 통하여 나트륨 이온이 축색 밖으로 이동하고 칼륨 이동이 축색 안으로 이동하게 되며, 이 펌프의 활동으로 신경세포는 안정 전위로 돌아가게 된다.

(5) 활동 전위 발생과정

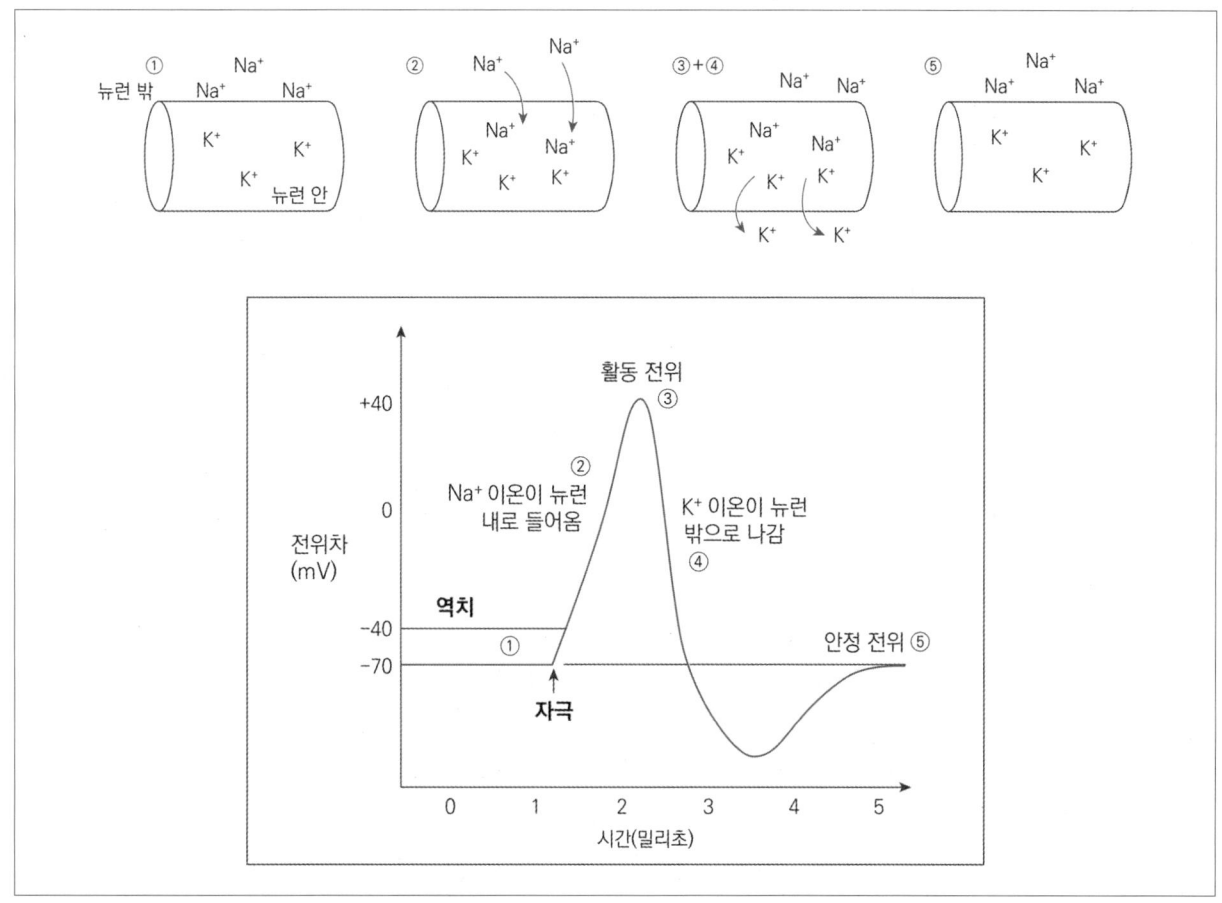

[그림 14-2] 뉴런의 활동 전위가 시간에 따라 생성되는 과정

① 분극 : 나트륨-칼륨 펌프에 의해 이온의 농도차가 유지된다. 세포 안은 K^+이, 세포 밖은 Na^+이 많다.
② Na^+ 유입 : 자극을 받아 Na^+ 통로가 열리면서 Na^+이 유입·확산되기 시작한다.
➡ 역치에 이르면 활동 전위가 유발된다.

③ 탈분극 : 더 많은 Na^+ 통로가 열려 다량의 Na^+이 빠르게 유입·확산된다. ➡ 활동 전위가 발생한다.
④ 재분극 : Na^+ 통로는 닫히고 K^+ 통로가 열려 K^+이 유출·확산된다. ➡ 막전위가 하강한다.

> **참고** 과분극
>
> 탈분극이 일어났던 부위에서 K^+이 유출되어 막전위가 내려가면서 재분극이 일어난다. 이때 K^+ 통로가 천천히 닫히면서 열려 있는 시간이 길어져 막전위가 원래의 안정 전위보다 조금 더 아래로 내려가게 되며, 이를 과분극이라고 한다.

⑤ 이온의 재배치 : Na^+-K^+ 펌프에 의해 Na^+과 K^+이 재배치되어 안정 전위를 회복한다.

> **참고** 불응기(refractory period)
>
> 뉴런이 흥분한 후에 다시 활동을 못하는 휴지기간을 의미한다.

(6) **실무율 원리(all or none principle)**
① 뉴런의 반응은 실무율의 법칙을 따르는데, 자극의 강도가 막전위를 흥분 역치 이상으로 탈분극시킬 수 있을 정도 이상이면 아무리 더 큰 자극을 주어도 신경충동의 크기는 증가하지 않는다.
② 실무율 법칙에서 자극은 신경충동에 대해 에너지를 제공하지 않는다. 즉, 자극은 방아쇠의 역할만 할 뿐이며 그 이상은 하지 않는다.

(7) **자극의 강도 탐지**
① 시간적 부호화(temporal coding) : 단위시간당 하나의 뉴런에서 발생하는 신경충동의 빈도로써 자극의 강도를 부호화하는 방식이며, 자극이 강할수록 신경충동의 횟수가 증가한다.
② 공간적 부호화(spatial coding) : 자극에 대해 반응하는 뉴런의 개수로써 자극의 강도를 부호화하는 방식이며, 자극이 강할수록 반응하는 뉴런의 수가 증가한다.

4. 무수축색과 유수축색

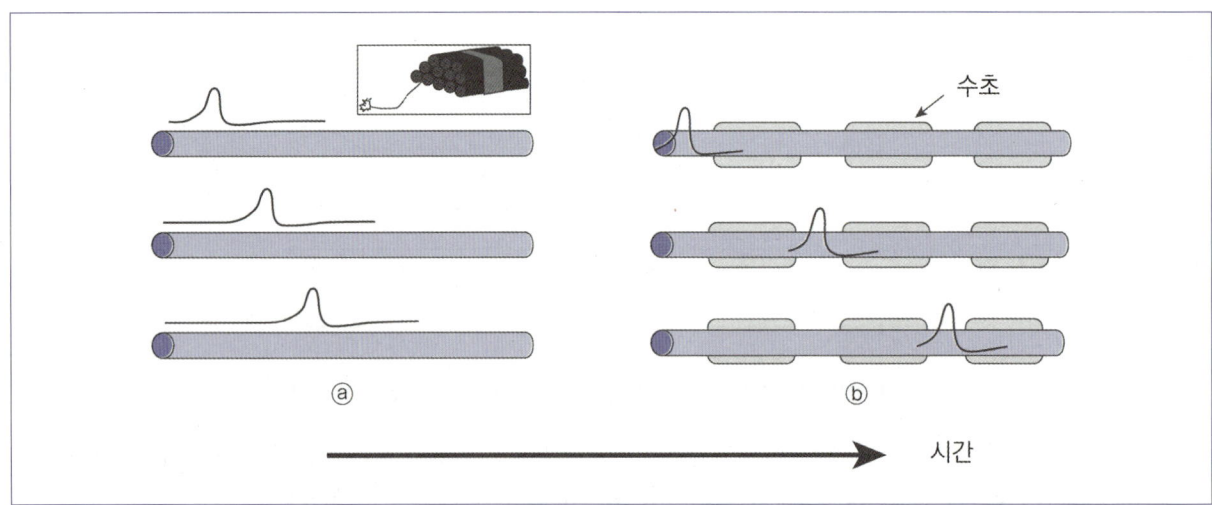

[그림 14-3] 축색에서의 활동 전위의 전도(ⓐ 무수축색, ⓑ 유수축색)

(1) **무수축색(민말이집, unmyelinated axon)**
  ① 수초가 없는 축색으로, 활동 전위는 마치 도화선이 타들어가는 것과 같은 방식으로 전도된다.
    ➡ 도화선의 끝에 불을 붙이면 맨 끝부분이 타면서 열을 발생시키고, 그 열이 인접한 다음 부분을 태워 열을 발생시키는 방식으로 끝까지 타게 된다.
  ② 무수축색은 세포체와 축색이 결합되어 있는 부분에서 처음 활동 전위가 발생하며, 그로 인해 바로 인접한 부분의 막전위가 흥분 역치 이상으로 탈분극한다. 그 결과, 그곳에서 다시 활동 전위가 발생하여 다음 부분을 탈분극시키는 방식으로 축색 종말까지 전도된다.

(2) **유수축색(말이집, myelinated axon)**
  ① 분절로 된 수초가 축색 주변을 단단히 둘러싸고 있어 수초가 있는 부분은 축색의 막이 세포외액과 직접 접촉하지 않으며, 따라서 이 부분에서는 세포 안팎의 이온 이동이 불가능하다.
  ② **랑비에 결절(node of Ranvier)** : 유수축색의 수초와 수초 마디 사이에 수초가 없는 부분을 말한다.
  ③ **도약전도(saltatory conduction)**
    ㉠ 유수축색에서 활동 전위 방식을 의미하며, 이는 마치 개울가에 놓인 징검다리를 건너뛰는 것과 같다.
    ㉡ **도약전도의 장점** : 일정한 길이의 축색에서 신경신호의 전도과정 동안 활동 전위의 발생횟수를 줄일 수 있다. 또한 수초가 절연체의 역할을 하기 때문에 유수축색의 전기저항은 작아진다.
      ➡ 유수축색은 에너지 사용 효율성이 높으며, 활동 전위의 전기 속도가 매우 빠르다.

5. 뉴런의 전달

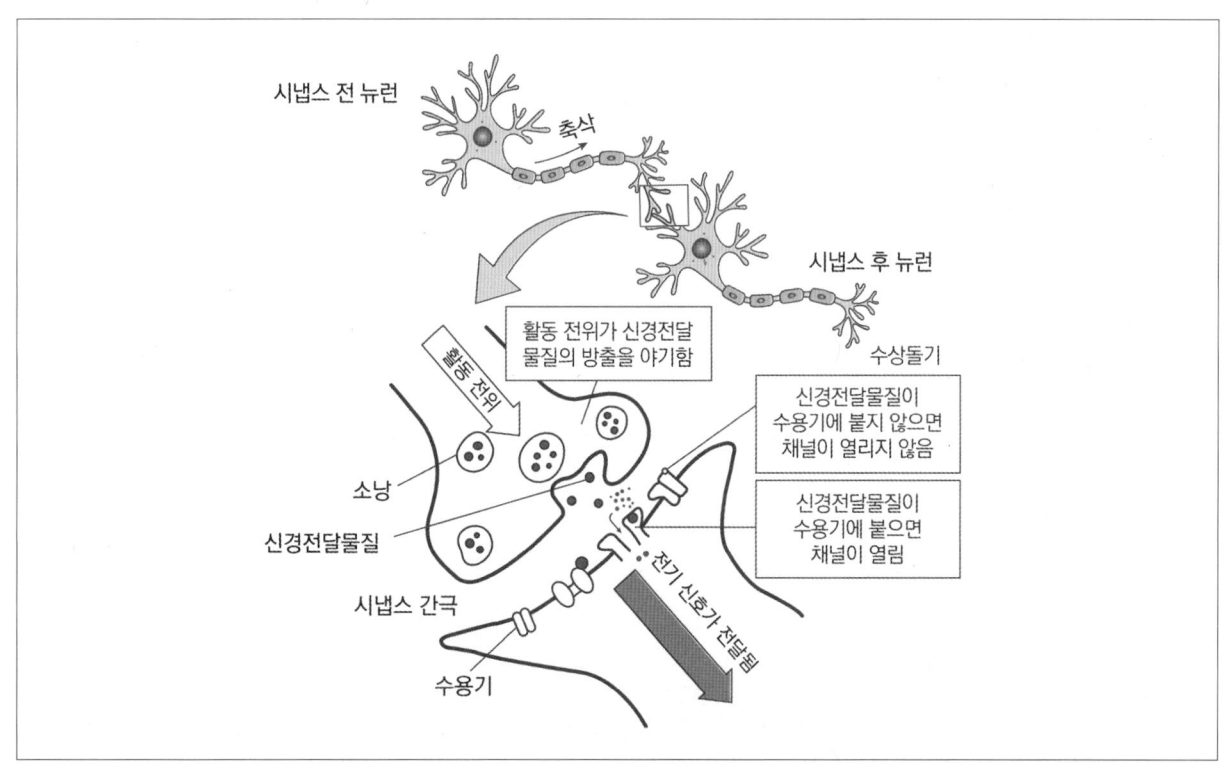

[그림 14-4] 시냅스 전달

(1) 시냅스(synapse)
① 시냅스 전 뉴런의 요소인 종말단추와 시냅스 후 뉴런의 요소인 다른 뉴런의 수상돌기 또는 세포체의 일부 막을 합하여 시냅스라고 부른다.
② 시냅스를 사이에 둔 뉴런 중 시냅스 앞에 위치하여 정보를 주는 뉴런을 시냅스 전 뉴런, 시냅스 뒤에 위치하여 정보를 받는 뉴런을 시냅스 후 뉴런이라고 한다.
③ 뉴런과 뉴런의 사이는 물리적으로 붙어 있지 않고 시냅스라는 틈을 두고 있으며, 시냅스를 통한 정보 전달은 화학물질로 이루어진다.

(2) 정보 전달
① 활동 전위가 종말단추에 도달하면 칼슘 이온(Ca^{2+})의 작용에 의해 시냅스 소낭이 터지게 만드는데, 이 소낭 안에는 신경전달물질이 들어있다.
② 소낭에서 배출된 신경전달물질은 시냅스 간극(synaptic cleft)으로 퍼져나가 시냅스 후 뉴런에 도달한다.
③ 도달한 신경전달물질은 시냅스 후 뉴런에 분포하는 수용기와 결합하여 수용기를 활성화시킨다.
④ 활성화된 수용기는 즉각적으로 이온 채널을 열거나 어느 정도 시간 지연 후에 다양한 세포 내 변화를 일으킴으로써 시냅스 후 뉴런에 새로운 전기적 신호를 만들어 낸다.
⑤ 수용기가 어떤 작용을 하는지에 따라 신경전달물질은 시냅스 후 뉴런의 활동을 촉진하기도, 억제하기도 한다.

> **참고** 뉴런의 전달과정
> - 활동 전위가 축색을 따라 이동한다.
> - 소낭에서 신경전달물질이 분비되도록 자극한다.
> - 신경전달물질이 시냅스에 분비되면, 시냅스를 건너 시냅스 후 뉴런 수상돌기의 수용 부위와 결합하고 새로운 활동 전위가 생성된다.
> - 신경전달물질은 아래와 같은 경우에 시냅스에서 제거된다.
>   - 시냅스 전 뉴런으로 재흡수
>   - 시냅스에서 효소에 의해 분해
>   - 시냅스 전 뉴런의 자가수용기와 결합

(3) 시냅스에 남아 있는 신경전달물질
① 재흡수(reuptake)를 통해 신경전달물질이 시냅스 전 뉴런의 축색에 있는 종말단추로 재흡수된다.
② 효소 불활성화(enzyme deactivation) 과정을 통해 신경전달물질이 시냅스에 있는 효소에 의해 파괴될 수 있다. 특정 효소는 특정 신경전달물질을 분해한다.
③ 신경전달물질은 시냅스 전 뉴런의 자가수용기(autoreceptors)라고 불리는 수용기와 결합할 수 있다. 자가수용기는 시냅스에 분비된 신경전달물질의 양을 탐지하여 지나치게 많은 양이 분비될 경우 신경전달물질의 분비를 멈추는 신호를 뉴런에 보낸다.

> **참고** 신경전달물질과 수용기
> - 한 뉴런이 다른 뉴런과 수천 개의 시냅스 연결을 한다. 그러면 한 뉴런의 수상돌기는 '시냅스에 분비되는 여러 신경전달물질 중 어느 것을 수용하고 어느 것을 수용하지 않아야 되는가'를 어떻게 알 수 있을까?
>   - 뉴런은 특정 유형의 신경전달물질을 사용하는 경로를 뇌에 형성하는 경향을 가지고 있다. 즉, 한 신경전달물질은 뇌의 한 영역에 많이 존재하는 반면, 다른 신경전달물질은 뇌의 다른 영역에 많이 존재한다는 것이다.
>   - 신경전달물질과 수용기는 열쇠와 자물쇠처럼 작용한다. 특정 열쇠가 특정 자물쇠와 맞듯이 일부 신경전달물질이 수상돌기의 특정 수용기와 결합한다. 이때 신경전달물질의 분자구조가 수용기의 분자구조와 꼭 일치해야 한다.

6. 신경전달물질

(1) 대표적인 신경전달물질

구분	기능	오작동의 예시
아세틸콜린(ACh)	근육, 운동, 학습, 기억	알츠하이머병에 걸리면 ACh를 생성하는 뉴런들이 퇴화함
도파민	움직임, 학습, 주의, 정서	• 공급과잉은 조현병과 관련됨 • 공급부족은 파킨슨병의 떨림과 동작 감소를 초래함
세로토닌	기분, 배고픔, 수면, 각성	• 공급부족은 우울증과 관련됨 • 몇몇 항우울제는 세로토닌 수준을 높임
노르에피네프린	각성의 통제	공급부족은 기분을 저하시킴
가바(GABA)	대표적인 억제성 신경전달물질	공급부족은 경련, 떨림, 불면증과 관련됨
글루타메이트	기억에 관여하는 일차적 흥분성 신경전달물질	공급과잉은 두뇌를 과흥분시켜 편두통, 경련을 초래함

> **참고** 엔케팔린(enkephaline)과 엔도르핀(endorphin)
> - 두 물질은 유기체 내부, 특히 중추신경계에서 생성되는 대표적인 내인성 아편물질이다.
> - 유기체가 유해자극이나 위협자극에 노출될 때 아픔을 덜 느끼게 되는 현상, 즉 통각 억제 현상(pain inhibition)이 발생하는데, 이때 관여하는 물질이 주로 엔케팔린과 엔도르핀이다.
> - 이들 물질은 우리의 기분을 고양시키는 작용도 한다.

(2) 효능제와 길항제

① 효능제(agonist; 작용제) : 신경전달물질의 활동을 증가시키는 물질이다.
② 길항제(antagonist; 대항제) : 신경전달물질의 활동을 약화시키는 물질이다.
③ 효능제와 길항제의 작용 : 시냅스 전달의 모든 단계인 신경전달물질의 생산, 분비, 자가수용기, 재흡수, 시냅스 후 뉴런의 시냅스 그 자체에 작용하여 시냅스 전달을 증진시키거나 방해한다.

06 신경계의 구성

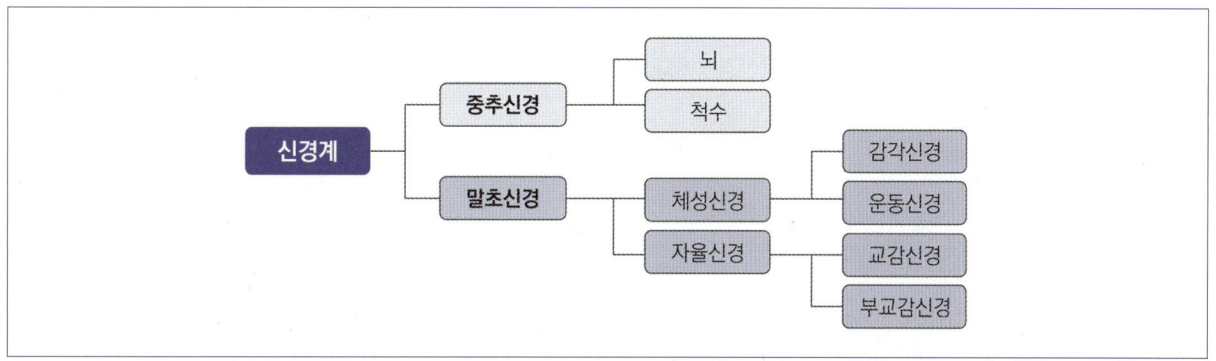

[그림 14-5] 신경계의 기능적 분류

1. 중추신경계(central nervous system)

(1) **뇌(brain)**
① 척수와 뇌신경을 통해 환경자극을 받아들이며, 이러한 감각정보가 뇌의 여러 영역에서 처리과정을 거친 다음 비로소 감각이나 감정을 느낀다.
② 여러 감각정보를 통합하고, 신체 내부의 상태에 관한 정보, 과거 경험에 의해 기억에 저장된 정보, 자신의 기대 등을 바탕으로 행동 계획을 수립한다. 이러한 매우 복잡한 정보처리의 최종적인 결과가 운동중추에 전달되면 그 정보가 척수를 통해 근육이나 분비선으로 전달되어 외적 행동이 나타난다.

(2) **척수(spinal code)**
① 척수의 외부 : 백질로서, 말초에서 뇌로 올라가는 감각신경과 뇌에서 척수로 내려오는 운동신경의 다발로 구성된다.
② 척수의 내부 : 회백질로서, 뇌에서 내려온 출력을 받아 근육이나 분비선을 통제하는 운동신경의 세포체와 척수 내의 정보처리를 위한 간뉴런(개재뉴런, interneuron)으로 구성된다.
③ 일차적 기능 : 체감각정보를 뇌로 전달하고, 뇌의 명령을 받아 분비선과 근육에 운동신경을 내보낸다.
④ 반사통로 : 감각정보가 척수로 들어가서 그곳의 운동신경을 흥분시키기 때문에 뇌가 관여하지 않는다. 이로 인해 우리가 고통을 인식하기 전에 뾰족한 물체로부터 손을 뗄 수 있다.

(3) **흥분의 전달 경로**
① 의식적 반응 : 대뇌의 판단과 명령에 따라 일어나는 행동이다.

자극 → 감각기 → 감각신경 → 대뇌 → 운동신경 → 반응기 → 반응

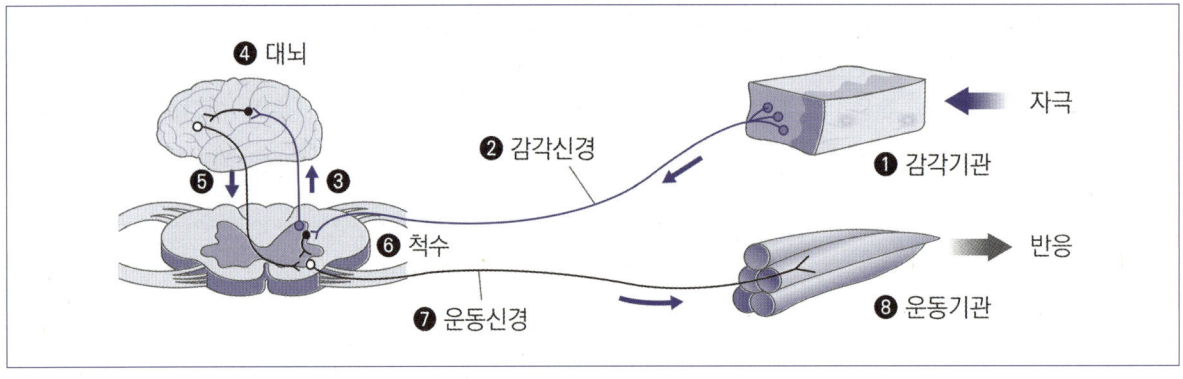

[그림 14-6] 의식적 반응

자극 → 감각기관(피부) → 감각신경 → 대뇌 → 운동신경 → 운동기관(손의 근육) → 반응(스위치를 켬)

② 무의식적 반사
　㉠ 무조건 반사로 척수(예 무릎 반사, 회피 반사, 땀 분비), 연수(예 기침, 재채기, 하품, 침 분비, 눈물 분비), 중뇌(예 동공 반사)가 중추가 되어 무의식적으로 일어나는 반응이다.
　㉡ 자극이 대뇌로 전달되기 전에 반응이 일어나기 때문에 위험으로부터 신속하게 몸을 보호하는 데 도움이 된다.

　　자극 → 감각기 → 감각신경(후근) → **척수, 연수, 중뇌** → 운동신경(전근) → 반응기 → 반응

　㉢ [그림 14-6] 경로 : ① → ② → ⑥ → ⑦ → ⑧
③ 무릎 반사
　㉠ 무조건 반사가 일어날 때 감각신경은 대뇌로 연결되는 뉴런과도 시냅스를 이루고 있어, 자극이 대뇌로 전달되어 뜨겁거나 아픈 감각을 느낀다.
　㉡ 그러나 자극 전달 경로가 길어 무조건 반사가 일어난 후에 감각을 느낄 수 있다.

　　무릎뼈 아래의 인대를 통한 자극 → 감각신경(후근) → **척수** → 운동신경(전근) → 다리의 근육 → 반응

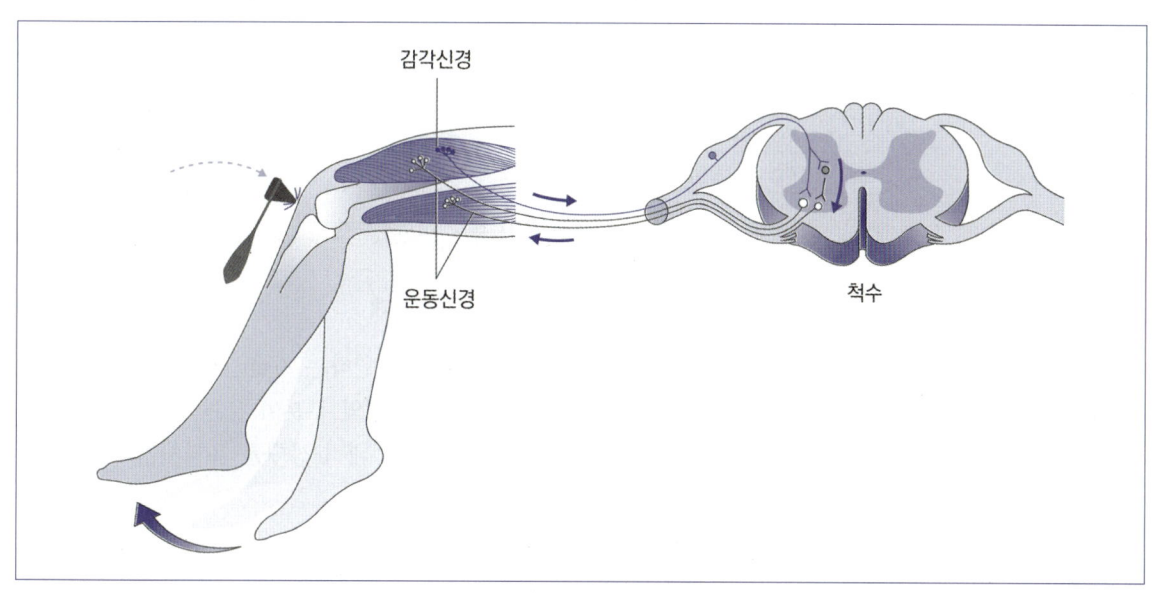

[그림 14-7] 무릎 반사

2. 말초신경계(peripheral nervous system)

(1) **체성신경계(somatic nervous system)**
① 감각기관에서 정보를 받아들이는 감각신경과 골격근의 운동을 통제하는 운동신경으로 구성된다.
② 대체로 자신의 생각대로 통제할 수 있는 수의근(voluntary muscle)에 신호를 보내는 데 필요한 시스템이다.
③ 척수신경과 뇌신경
　㉠ 척수신경 : 척수와 각 신체 부분을 연결시키며, 인간에게는 31쌍의 척수신경이 있다.
　㉡ 뇌신경 : 주로 머리 부분이나 내장기관을 직접 뇌로 연결시키며, 인간의 뇌신경은 12쌍으로 구성된다.

(2) 자율신경계(autonomic nervous system) 기출 22

① 주로 호르몬, 체액을 분비하는 분비샘과 더불어 의식적으로 통제가 불가능한 근육인 불수의근(involuntary muscle)에 신호를 보낸다.
② 자율신경계의 종류

[그림 14-8] 자율신경계

㉠ **교감신경**: 스트레스 상황에서 신체를 활성화하고 에너지를 동원하는 자율신경계의 부분이다.
㉡ **부교감신경**: 신체를 안정시키고 에너지를 보존하는 자율신경계의 부분이다.
➡ 교감신경계와 부교감신경계는 항상성이라고 부르는 안정된 내적 상태를 유지시키도록 함께 작용한다.

07 뇌와 행동

1. 뇌의 구분

> **참고** 뇌 기능에 따른 분류
>
> 1. 중심핵
>   - **연수**: 생명 유지, 신경로 교차
>   - **소뇌**: 정교한 운동기술 통제
>   - **시상**: 감각의 중계소(후각 제외) → 대뇌로 전달, 수면과 각성 통제
>   - **시상하부**: 자율신경계와 내분비선 통제(호르몬), 정상 상태 유지(추위, 더위 등), 뇌하수체(호르몬 생성)
>   - **망상체**: 각성 통제와 주의집중, 후뇌/연수/시상/시상하부를 가로지르는 망

2. **변연계** : 정서 조절 및 학습/기억
   - **해마** : 학습과 기억 중추, 아세틸콜린(ACh)
   - **편도체** : 공포와 분노, 공격 행동과 관련
   - **기저핵** : 운동 조절, 파킨슨병(도파민 저하)
3. **대뇌피질** : 좌우 두 개의 반구로 나뉘며, 두 개의 반구는 뇌량을 통해 연결된다.
   - 4개의 영역
     - 후두엽 : 시각정보를 처리하며, 일차 시각피질이 위치한다.
     - 두정엽 : 일차 체감각이 있어 촉각, 통증 등의 체감각정보를 처리한다.
     - 측두엽 : 일차 청각피질이 있으며, 청각정보를 분석할 뿐만 아니라 언어의 이해와 해석에도 관여한다.
     - 전두엽 : 일차 운동피질이 있고, 전전두피질은 의사결정, 계획, 상황판단, 정서 조절 등의 고차원적인 인지기능을 담당한다.

(1) **뇌의 구조**

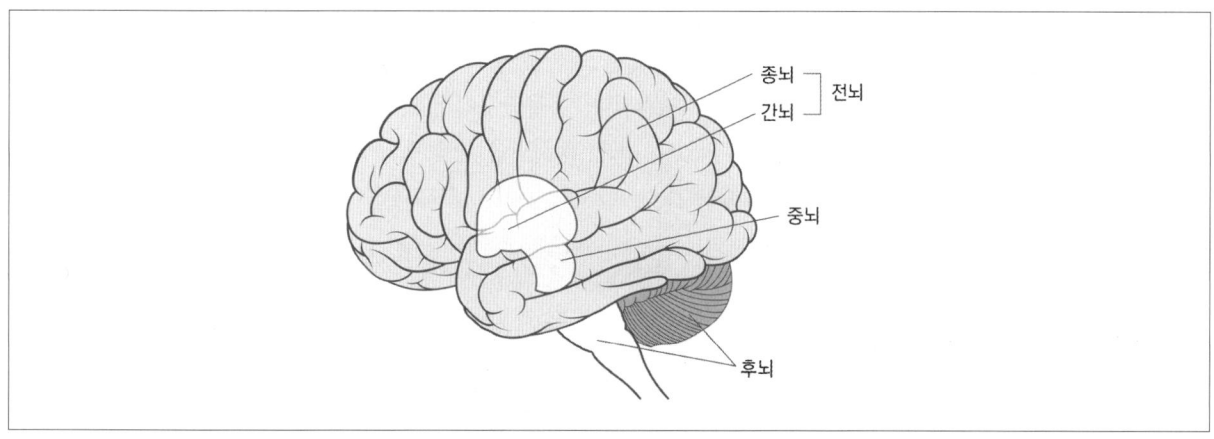

[그림 14-9] 인간의 뇌 구조

(2) **뇌의 구분과 영역**

구분	하위 구분	주요 구조물과 영역
전뇌	종뇌	• **기저핵(선조체)** : 미상핵, 담창구, 피각 • **변연계** : 해마, 편도체, 대상회 • **대뇌피질** : 전두엽, 두정엽, 측두엽, 후두엽
	간뇌	시상, 시상하부
중뇌	중뇌	• **중뇌개** : 상소구, 하소구 • **중뇌피개** : 중뇌수도 주변 회백질, 흑질, 복측피개야, 적핵
후뇌	후뇌	소뇌, 교
	수뇌	연수

2. 종뇌(telencephalon)

(1) **구성**

대뇌를 구성하는 두 개의 대칭적인 대뇌반구와 그 아래에 있는 기저핵과 변연계로 구성된다.

(2) 기저핵(basal ganglia)
① 대뇌피질 아래의 커다란 뇌 구조로, 운동 통제에 관여한다.
② 일반적으로 부드럽고 순차적인 운동(예 걷기)이나 운동의 개시와 종료, 반복학습에 의해 자동화된 행동을 수행하는 데 관여한다.
③ 파킨슨병 : 중뇌의 흑질에서 기저핵으로 연결되는 도파민성 뉴런들이 변성되어 기저핵의 기능장애가 생기면, 무기력, 팔다리의 떨림, 자세잡기 곤란, 운동 개시의 어려움 등을 보이는 파킨슨병이 야기된다.

(3) 변연계(limbic system)
① 대뇌피질의 안쪽 둘레를 따라 간뇌를 바깥쪽에서 둘러싸고 있는 구조물이다.
② 대상회, 해마, 중격, 편도체 등의 전뇌 구조물과 유두체, 시상의 일부 핵 등과 같은 간뇌 구조물이 포함되며, 정서반응의 조절과 학습, 기억, 동기 등의 중요한 기능에 관여한다.
③ 해마(hippocampus) : 학습과 기억과정에 결정적인 역할을 담당한다. 특히 유기체가 경험·지각된 내용을 의미적 관계 중심으로 학습하고 기억하는 데 중요한 역할을 한다.
④ 편도체(amygdala) : 정서, 특히 공격행동과 연관된다. 동물연구에서 편도체가 손상된 동물들은 매우 온순해졌으며, 편도체가 자극되면 공격행동이 유발되었다. 또한 정서반응 학습에도 중요한 역할을 담당하는데, 이 핵이 손상되면 동물은 정서반응을 학습하지 못한다.

> **참고** H. M. 사례
>
> H. M.은 1953년 간질발작을 치료하기 위해 양측 해마를 제거하는 수술을 받았다. 수술 후 지적 능력은 정상으로 대화하는 데 불편이 없었고, 암산도 가능하며 수술하기 전의 과거 기억도 잘 회상했다. 하지만 수술 후 새로 경험한 사실을 기억하는 것에 심각한 문제가 발생했다. 새로 만나는 사람을 알아보지 못하고, 똑같은 잡지를 끝없이 되풀이하여 읽을 뿐 아니라 아침 식사 후 시간이 조금만 경과하면 자신이 아침 식사를 했다는 사실조차 기억하지 못했다. 이러한 증상을 순행성 기억상실증이라고 한다. H. M.의 사례 이후로 해마가 다양한 형태의 공간 학습과제, 형태화 학습과제의 학습, 기억에 매우 중요한 역할을 담당하는 것이 알려졌다.

(4) 대뇌피질(cerebral cortex)
① 뇌의 겉부분을 둘러싸고 있는 2~4mm 정도 두께의 표면층을 가리키며, 대뇌는 좌우 두 개의 반구로 나뉘고 이 둘은 뇌량(corpus callosum)을 통해 연결된다.
② 각각의 대뇌피질은 특징적인 구나 회에 의해 4개의 엽(전두, 두정, 측두, 후두)으로 구성된다.
  ㉠ 전두엽
    ⓐ 골격근의 운동을 통제하는 일차 운동피질이 있다.
    ⓑ 일차 운동피질은 특정 신체부위 운동을 지배하는 피질상의 위치를 그림을 통해 나타낼 수 있는데, 이를 '운동뇌지도'라고 한다. 이 지도에서 정교한 조정이 가능한 신체부위일수록 더 많은 피질이 배당된다.
    ⓒ 전두엽에서 가장 앞쪽 부분을 전전두피질(prefrontal cortex)이라고 하며, 이 부위는 의사결정, 계획, 상황, 판단, 정서 조절 등 고차원적 인지기능을 담당한다.
  ㉡ 두정엽
    ⓐ 일차 체감각피질, 연합피질로 구성되고 일차 체감각피질이 있어 촉각, 통각 등 체감각정보를 처리한다.
    ⓑ 일차 체감각피질의 특정 뉴런들은 신체 특정 부위로부터 감각정보를 받는다. 체감각피질의 위치별로 담당하는 신체부위를 그림으로 나타낼 수 있으며, 이를 '체감각지도(sensory homunculus)'라고 한다. 이 지도에서 민감한 영역일수록 피질에서 차지하는 위치가 크다.

ⓒ 연합피질은 감각정보를 통합하는 역할을 한다. 그래서 두정엽의 기능은 단순한 체감각뿐만 아니라, 공간 내에서 신체의 위치 판단이나 운동지각 등을 포함한다.
ⓒ 측두엽
ⓐ 일차 청각피질과 연합피질로 구성된다.
ⓑ 일차 청각피질은 내이에서 들어온 청각정보를 받아 분석하고, 이 정보들을 그 옆의 연합피질로 보낸다. 이로 인해 측두엽의 일차적인 기능은 다양한 소리자극, 특히 구어의 인식에 중추적 역할을 한다.
ⓒ 측두엽의 뒷부분은 실제 시각 연합피질의 일부로, 다양한 시각정보를 받아 복잡한 시각적 형태를 지각하게 하며, 이 영역이 손상되면 시력의 손상은 없지만 복잡한 형태의 지각이나 변별에 어려움을 겪는다.
ⓓ 측두엽은 그 안쪽에 위치한 변연계와 광범위한 신경 연결을 맺고 있어 정서적 경험이나 기억에 중요한 역할을 담당한다. 우리가 시청각 자극에 의해 분노, 공포, 욕망 등의 정서를 느낄 수 있는 것은 바로 이러한 신경 연결 때문이다.
② 후두엽
ⓐ 망막에서 들어오는 시각정보를 받아 분석하는 일차 시각피질과 시각정보에 대한 추가적인 분석을 하는 시각 연합피질로 구성된다.
ⓑ 이 영역이 손상되면 안구가 정상적인 기능을 하더라도 시력을 상실한다.

(5) 체감각 및 운동뇌지도

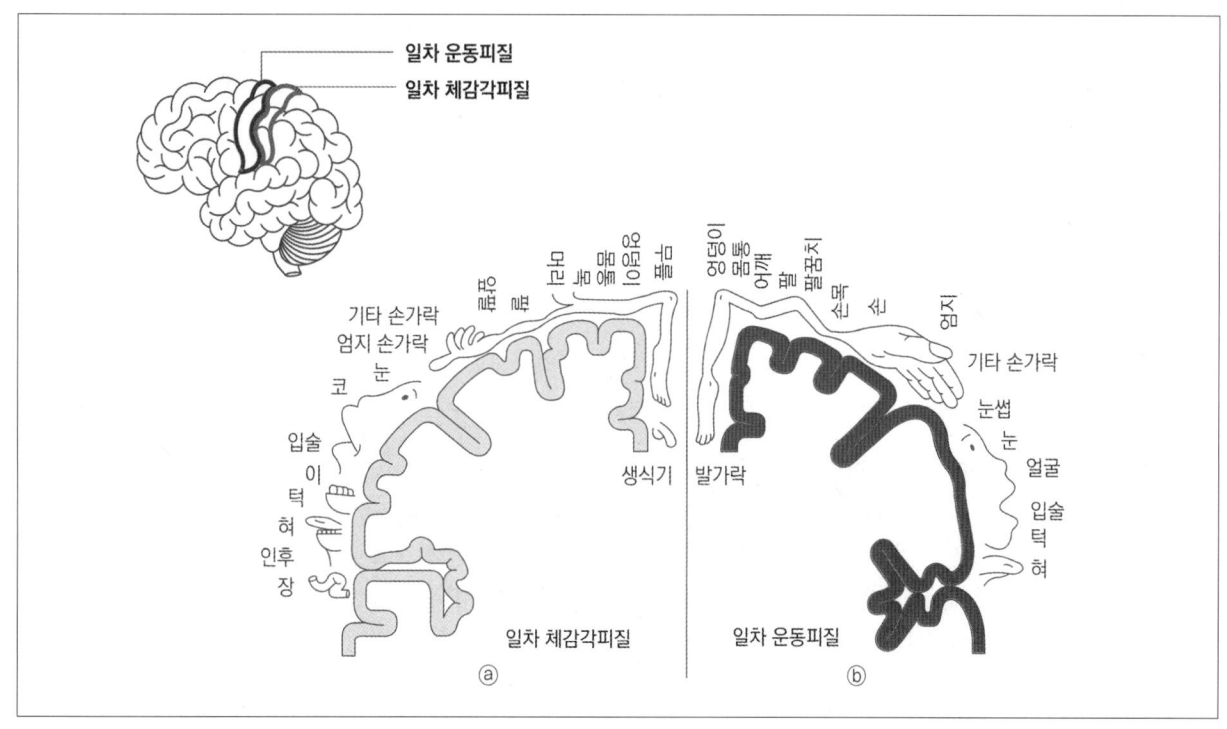

[그림 14-10] 체감각 및 운동뇌지도

① 실제 신체부위의 크기와 해당 부위를 담당하는 피질영역의 크기는 비례하지 않는다.
② 전두엽에 위치하는 운동피질 : 반대편 신체의 서로 다른 피부와 부위를 통제한다.
③ 두정엽에 위치하는 체감각피질 : 반대편 신체의 특정 부위를 통제한다.

3. 간뇌(diencephalon)

(1) 구성

중뇌의 윗부분으로 종뇌에 의해 덮여 있는 부위이며, 주요 구조물은 배측의 시상과 복측의 시상하부이다.

(2) 시상(thalamus)
① 후각을 제외한 모든 감각정보의 중계센터이다.
② 여러 핵으로 이루어지며, 이 핵의 뉴런들은 특정 감각정보를 대뇌피질의 특정 감각투사 영역으로 중계한다.
  ㉠ 외측슬상핵 : 시각정보를 후두엽의 일차 시각피질로 투사한다.
  ㉡ 내측슬상핵 : 청각정보를 측두엽의 일차 청각피질로 중계한다.
  ㉢ 복후측핵 : 체감각정보를 두정엽의 일차 체감각피질로 전달한다.
③ 시상의 일부 핵은 운동을 조절하는 기능을 담당한다.
④ 시상의 또 다른 일부 핵은 변연계의 한 구성요소를 이루어 정서정보의 처리에 관여한다.

(3) 시상하부(hypothalamus)
① 시상 아래 뇌의 기저부에 위치하고, 크기는 비교적 작지만 여러 하위 핵으로 구성된 복잡한 구조물이다.
② 기능 : 자율신경계와 내분비계를 통제하며, 종의 생존과 관련된 행동(예 먹고 마시기, 교미, 싸움, 도주, 체온조절)을 조직화한다.
③ 다양한 정서자극에 대한 신체반응은 자율신경계와 내분비계에 대한 시상하부의 통제로써 조절된다.
  예 스트레스를 받으면 시상하부는 한편으로 교감신경계를 활성화하고, 또 한편으로 내분비계에 대한 통제를 통해 다양한 스트레스 관련 호르몬 분비를 조절하여 신체가 스트레스에 대처하도록 한다.

4. 중뇌(mesencephalon, midbrain)

(1) 구성

교(pons)와 간뇌 사이에 위치한 부위로, 배측의 중뇌개와 복측의 중뇌피개라는 두 부분으로 이루어진다.

(2) 중뇌개(tectum) : 상(소)구와 하(소)구로 구분된다.
① 상소구(superior colliculus) : 시각계의 일부로, 주로 시각반사와 움직이는 자극에 대한 반응에 관여한다.
② 하소구(inferior colliculus) : 청각정보의 중계센터기능을 담당한다.

(3) 중뇌피개(tegmentum) : 여러 하위 핵과 신경섬유다발로 구성된다.
① 중뇌수도 주변 회백질(PAG; periaqueductal greymatter) : 싸움, 교미와 같은 종 특유의 행동의 순서를 통제하고, 모르핀과 같은 아편제 수용기가 있어 유해자극에 대한 통증민감성을 조절한다.
② 흑질(substance nigra) : 운동 조절에 관여하고, 흑질의 도파민성 뉴런의 변성이 파킨슨병을 일으킨다.
③ 적핵(red nucleus) : 팔과 다리를 포함한 신체의 운동 조절에 관여한다.

5. 후뇌(rhinencephalon)

(1) 소뇌(cerebellum)
① 일차적 기능은 자세를 유지하고, 빠르고 협응적인 운동을 조절하는 것이다.
② 연주자의 연주나 무용가의 동작은 소뇌의 활동에 의존한다.
③ 최근 소뇌가 운동기능뿐 아니라 타이밍의 학습, 인지적인 처리에도 관여한다는 연구 결과가 있다.

(2) 교(pons)
① 대뇌의 정보를 소뇌로 중계해 주는 역할을 한다.
② 교 망상체에는 수면과 각성을 조절하는 핵들이 있으며, 만일 교 망상체가 손상되면 의식을 상실하고, 반대로 교 망상체를 자극하면 각성이 유발된다.

6. 수뇌(myelencephalon) : 연수

(1) 구성
수뇌는 뇌에서 가장 하부에 자리 잡고 있는 구조이며, 척수와 연결된 부분에 해당하는 영역은 연수라고 한다.

(2) 연수(medulla oblongata)
호흡, 혈압, 심장박동 등 생명을 유지하는 데 필수적인 기능을 담당한다.

(3) 망상체(reticular formation)
연수에서 중뇌에 이르는 구간에서 중심부에 길게 퍼져 있는 구조로, 망상체는 각성과 주의에 관여한다.

7. 두 개의 뇌 – 분할 뇌(split brain)

(1) 편재화(lateralization)
① 해부학적으로 보면 두뇌의 두 반구가 서로 많이 닮았지만 기능적으로는 결코 같지 않다는 증거가 제시되고 있는데, 이러한 기능상의 비대칭성을 의미한다.
② 신체기관처럼 양쪽이 모두 동일한 기능을 수행하기보다 독립적으로 전문적인 기능을 수행한다.

(2) 대뇌반구의 기능적 전문화
일반적으로 좌반구는 언어적·분석적 기능, 우반구는 공간적·직관적 기능이 우세하다.

(3) 분할 뇌 실험
① 이 실험의 피험자는 간질발작을 제어할 목적으로 사전에 뇌량(corpus callosum, 두 반구 사이에서 메시지 전달)이 절단되어 두 반구 사이에 정보 교환을 거의 할 수 없는 상태이다.
② 시야로부터 눈으로 들어오는 시각정보가 후두엽으로 전달되기까지의 해부학적 투사원리이다. 어느 한쪽 시야의 시각정보는 반대편의 후두엽으로 투사된다.
③ 뇌는 신체에 대해 대측(반대쪽) 지배를 한다. 좌측 신체의 운동성 및 감각성 정보의 처리는 우반구가 하고, 우측 신체에 대한 정보는 좌반구가 처리한다.
④ 이 실험은 언어표현에 관한 내용이다. 문법에 맞고 의미가 통하는 언어를 생성하는 중추는 좌반구의 브로카(broca) 영역이다. 따라서 특정하게 요구되는 언어정보를 말로써 표현하기 위해서는 관련 정보가 이곳까지 도달해야 한다.

(4) 가자니가(Gazzaniga)의 실험(1967)

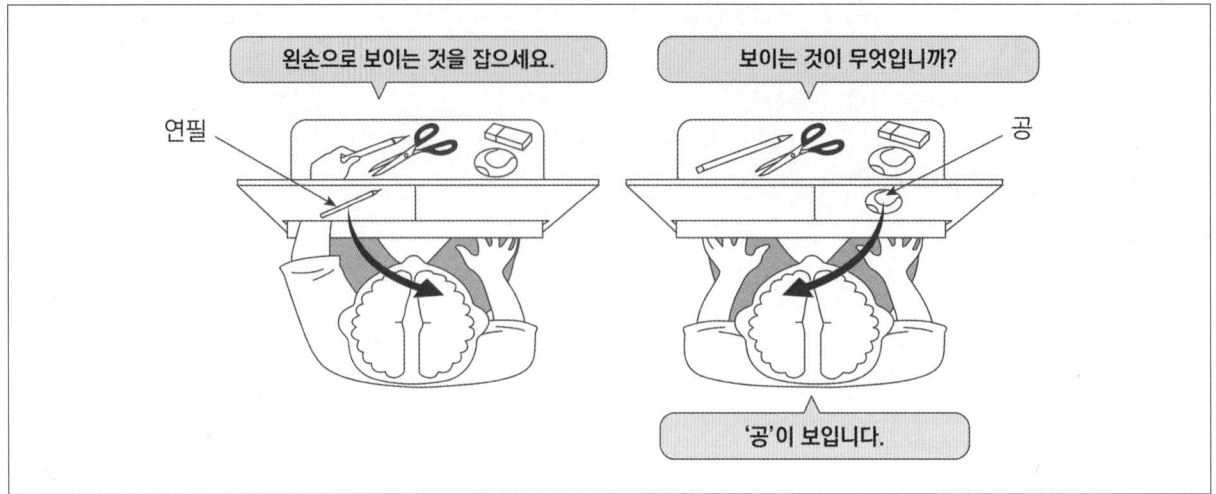

[그림 14-11] 뇌 절단 환자 실험 : '연필'을 집어들고 '공'이라고 말함

- 실험에서 뇌량이 절단된 환자는 왼쪽 시야로 '연필'을 보고 이 정보를 우뇌에서 처리하는데, 우뇌는 왼쪽 몸 부분에 대해 통제를 하기 때문에 환자는 왼손을 움직여서 연필을 집어들 수 있다.
- 그러나 언어를 담당하는 언어중추는 좌뇌에 있으므로 환자는 자신이 집어 든 물체에 대해 좌뇌, 즉 오른쪽 시야를 통해 인지한 '공'이라는 단어를 말한 것이다.
- 언어표현은 좌뇌에서, 왼쪽 몸의 움직임은 우뇌에서 담당하는데, 이 두뇌가 서로 분리되어 있기 때문에 이러한 현상이 나타난다.

8. 뇌 손상과 뇌의 기능적 유연성

(1) 실어증(aphasia)

① 브로카 실어증(Broca aphasia) : 브로카 영역은 말 소리 생성에 관여하는데, 이 영역이 손상된 사람을 '브로카 실어증'이라고 한다.
  ㉠ 단어의 정확한 발음에 어려움을 겪고, 느리면서 힘들게 말한다.
  ㉡ 이들의 말은 의미는 있지만, 몇 개의 핵심단어만을 포함할 뿐이다.
  ㉢ 우반구의 동일한 영역의 손상은 언어장애를 초래하지 않는다.

② 베르니케 실어증(Wernicke aphasis) : 좌반구 측두엽 피질영역 손상과 관련 있는데, 이 영역이 손상된 사람을 '베르니케 실어증'이라고 한다.
  ㉠ 단어를 들을 수 있지만, 단어의 의미를 이해하지 못한다.
  ㉡ 어려움 없이 적절한 발음으로 단어의 어절을 발성할 수 있지만, 어법에 오류를 범할 뿐 아니라, 말에 의미가 없는 경향이 있다.

(2) 신경가소성(neuroplasticity)
① 의미 : 동물이 변화하는 환경에 효율적으로 적응할 수 있도록 경험에 의해 뇌의 기능을 변화시키고 때로는 새로운 기능을 획득하는 능력이다.
② 신경가소성이 뇌에서 구현되는 방식
　㉠ 첫째, 시냅스 변화 혹은 새로운 시냅스 형성이다.
　㉡ 둘째, 뉴런의 수가 증가하거나 감소하는 양적 변화를 동반하는 것이다.

(3) 신경조직 발생(neurogenesis)
① 의미 : 뇌의 어떤 부위에서는 성인이 된 후에도 새로운 신경세포를 만들어 내는데, 이런 새로운 신경세포가 만들어지는 것을 신경조직 발생이라고 한다.
② 해마 : 신경조직 발생은 해마에서 많이 일어나는데, 해마는 단기기억을 장기기억으로 만드는 역할을 한다. 해마의 활동으로 장기기억은 대뇌피질에서 담당하게 되고, 해마는 또 새로운 기억을 만들어 내게 된다.

(4) 우위 계층(dominance hierarchy)
① 많은 사회적 동물들이 같은 공간에 살게 되면 우위 계층을 형성하는데, 여기서 더 높은 우위를 차지한 동물의 경우 신경조직 발생이 더 많아진다고 한다.
② 자기보다 더 우위 계측인 수컷과 같은 공간에서 사는 쥐의 경우와 같이 스트레스가 많은 환경은 신경조직 발생이 줄어들게 만든다는 보고도 있다.

9. 뇌 연구방법

(1) 전기생리학
① 전기생리학(electrophysiology) : 뇌의 전기적 활동을 수집하고 기록하는 방법이다.
② 뇌파 검사(electroencephalograph, EEG) : 작은 전극들을 머리 겉표면에 대고 뇌의 전기적 활동을 찾아내어 기록하는 것이다.
　㉠ 어떤 인지적인 활동을 할 때 특정한 뇌파의 패턴이 나타나고, 이를 통해 사람의 생각과 감정을 측정할 수 있다.
　㉡ 측정하고자 하는 활동 외의 다른 정보가 들어갈 수도 있는 한계가 있다.
③ ERP(Event Related Potential : 사건 관련 전위) : 정확히 뇌파를 통해 정신적 활동을 이해하기 위하여, 특정한 과제를 수행할 때 그 순간에 맞추어 여러 차례 시도를 하고 평균을 내서 연구하는 것이다.

(2) 뇌 영상 검사
① 뇌 영상 검사(brain imaging) : 뇌에서 특정한 정신적 활동을 할 때 그 부위에서 활동을 위해 더 많은 산소를 필요로 하고, 따라서 산소를 포함하는 혈류량의 변화가 있다는 원리를 이용한 것이다.
② 뇌 영상 검사는 이런 혈류 변화의 속도 및 혈액 흐름의 양의 변화가 뇌의 여러 부위에서 어떻게 미세하게 존재하는지를 측정한다.
③ 종류
　㉠ PET(Positron Emission Topmography) : 무해한 양의 방사능 조형물을 혈액에 투입하고 혈액이 뇌에서 활동할 때 방출하는 방사능 양을 추적함으로써 뇌의 활동을 알아보는 방법이다.

ⓒ MRI(Magnetic Resonance Imaging) : 강력한 자기장을 이용하여 뇌의 활동을 순간적으로 방해하는 방법으로, 뇌의 조직에서 방출되는 자기력의 차이를 머리 주변의 감지기를 이용하여 추적할 수 있다.
　　ⓓ fMRI(functional Magnetic Resonance Imaging) : 뇌의 여러 부분의 혈류량 변화를 추적하여 뇌의 활동을 탐지하는 뇌 영상 방법으로, 혈액 내 산소의 양을 측정하여 혈액의 흐름을 간접적으로 계량하는 방법이다.
　　ⓔ TMS(Transcranial Magnetic Stimulation) : 강력한 자기력을 머리 주변에 발생시켜 순간적으로 뇌의 활동을 방해하는 방법으로, 특정한 과제를 수행할 때 뇌의 특정 부위가 어떤 역할을 하는지 볼 수 있다.

08 내분비계

1. 내분비계

(1) **내분비계(endocrine system)**
① 신경계 이외에 우리 신체에 있는 두 번째 정보전달시스템으로, 신경계와 연결되어 있다.
② 분비세포는 호르몬이라는 화학물질을 분비하고, 호르몬은 혈류를 따라 전신을 순환하면서 특정 호르몬과 결합할 수 있는 수용기가 존재하는 표적세포에 작용하여 특정한 기능을 수행한다.

(2) **뇌하수체**
① 뇌의 시상하부 바로 아래에 붙어 있는 내분비기관으로, 여러 종류의 호르몬을 생성하고 다른 내분비선의 분비활동을 통제한다.
② **전엽** : 신체적 성장을 촉진하는 성장 호르몬, 부신피질을 자극하여 스트레스 호르몬인 코티솔을 분비시키는 자극 호르몬, 갑상선의 발육 및 호르몬 분비를 촉진하는 갑상선 자극 호르몬, 난포의 발육을 촉진하는 난포 자극 호르몬 등이 있다.
③ **후엽** : 신장으로 하여금 물을 보유하게 하는 바소프레신과 젖을 분비하게 하는 옥시토신 등이 분비된다.

(3) **기타**
① **갑상선** : 신진대사를 조절하는 티록신과 같은 호르몬을 분비한다.
② **췌장** : 근육이나 기타조직 내로 포도당 이입을 촉진하여 혈당을 낮추는 작용을 하는 인슐린과 글리코겐 분해를 촉진하여 혈당 농도를 높이는 글루카곤이 분비된다.
③ **부신** : 피질에서 분비되는 알도스테론이라는 호르몬을 매개로 하여 소금과 탄수화물의 대사작용을 돕고, 또한 스트레스 상황에서 코티솔을, 수질로부터 에피네프린 또는 노르에피네프린 등의 호르몬을 분비하여 심장박동, 혈압, 혈당을 증가시킴으로써 유기체로 하여금 위기에 잘 대처하게 한다.
④ **생식선** : 남녀의 성적 성숙과 관련된 남성 호르몬인 안드로겐과 여성 호르몬인 에스트로겐이 각각 분비된다.

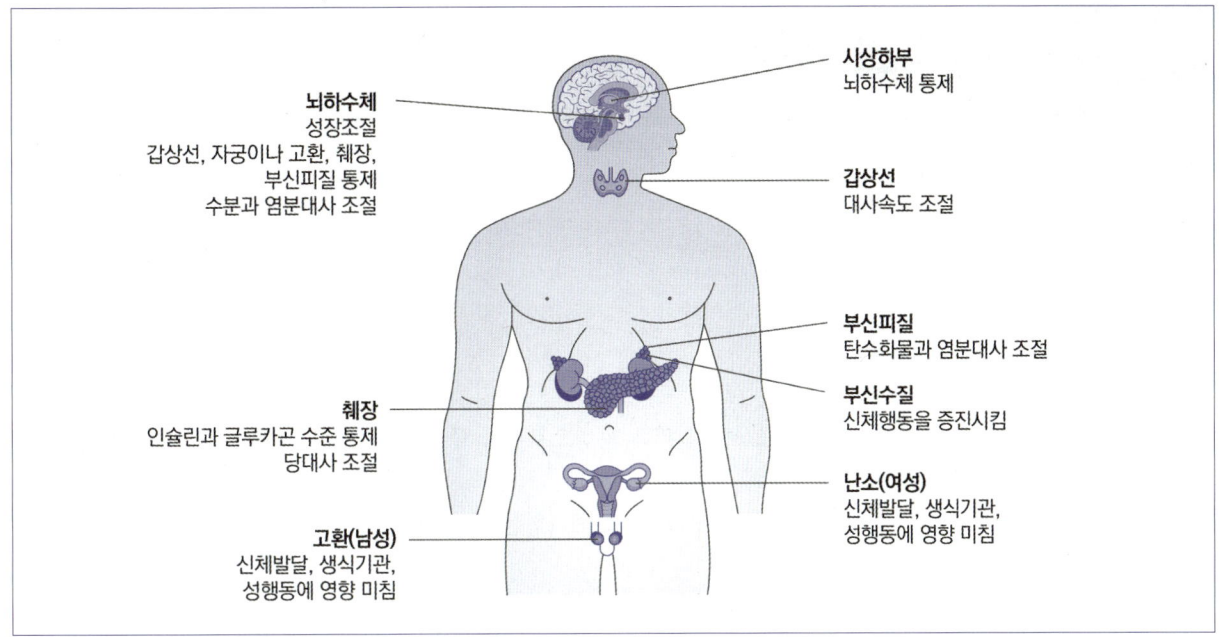

[그림 14-12] 내분비계

2. 내분비계와 신경계

(1) 내분비계와 신경계의 비교

① **공통점**: 다른 곳에 있는 수용기를 활성화하는 물질을 분비하고, 수용기와 결합하여 특정 생리적 또는 행동적 효과를 유발한다.

② **차이점**: 신경계는 감각기관에 들어온 정보를 수분의 1초 내에 뇌로 전달하지만, 내분비계는 정보전달 속도가 매우 느리다. 다만, 내분비계의 메시지는 신경계의 메시지보다 오래 지속된다.

(2) 내분비계와 신경전달물질의 비교

① 신경전달물질은 자신의 뉴런 내의 생성 장소로부터 시냅스 전 막까지 미세관을 따라 이동한 후 방출되지만, 호르몬은 관이 없어 분비선에서 혈류로 직접 분비된다.

② 신경전달물질은 표적세포가 자신의 방출지점으로부터 가까이 있지만, 호르몬은 표적세포가 자신의 분비지점으로부터 먼 거리에 있다.

③ 신경전달물질은 화학물질이 분비된 후 효과가 나타나기까지의 잠재기와 효과의 지속기간 모두 짧지만, 호르몬은 길다.

제3절 감각과 지각

09 감각과 지각의 기본 개념

1. 주요 개념

(1) 감각과 지각

① 감각(sensation): 세상을 머릿속에 표상하기 위해 환경으로부터 물리적 에너지를 탐지하고, 이를 신경신호로 변환시키는 것이다.

② 지각(perception): 감각자료를 선택하고 조직화하고 해석하는 과정으로, 의미 있는 사물과 사건을 재인할 수 있게 한다.

③ 변환(transduction): 신체의 여러 감지기가 환경으로부터의 물리 신호를 중추신경계로 보내는 신경신호로 바꿀 때 일어나는 현상을 의미한다. 이는 감각에서 빛, 소리, 냄새와 같은 자극 에너지를 두뇌가 해석할 수 있는 신경 흥분으로 변환시킨다.

(2) 상향처리와 하향처리

① 상향처리(bottom-up processing): 지각의 하위 체계인 단순 물리적 자극을 조합하여 지각의 대상이 되는 물체의 전체적인 형태를 파악하는 처리방식이다.

② 하향처리(top-down processing): 기억 또는 학습을 통해 습득한 과거의 지식이 지각의 하위 체계 처리과정에 영향을 미치는 처리방식이다.

(3) 정신물리학(psychophysics)

물리적 에너지와 감각의 관계를 밝히는 분야로 사람이 탐지할 수 있는 물리적 에너지와, 그 에너지가 심리적 경험에 미치는 효과 간의 관계를 연구한다.

2. 감각의 측정

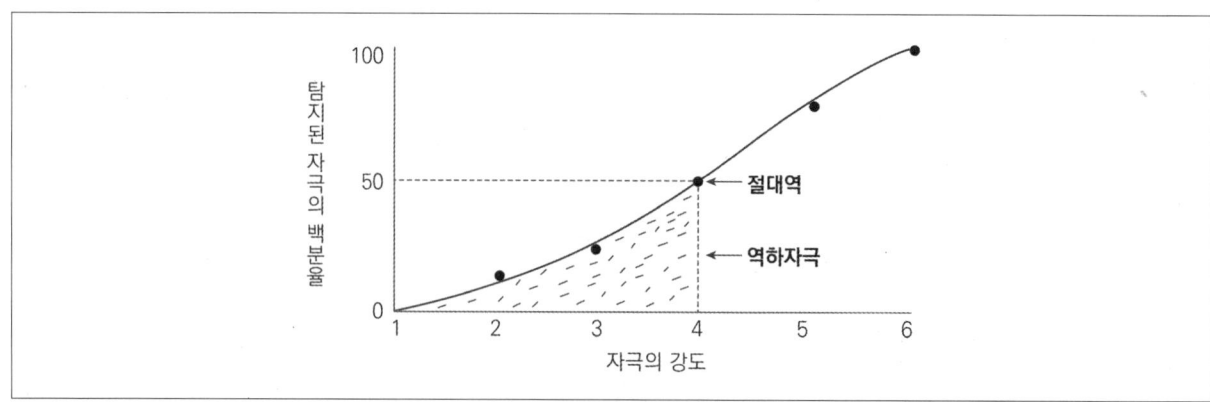

[그림 14-13] 절대역 그래프

(1) 절대역(absolute threshold)
① 우리가 감지할 수 있는 미세한 자극으로, 어떤 자극(예 빛, 소리, 압력, 냄새)을 탐지하는 데 필요한 최소한의 자극 강도이다.
② 절대역은 시행의 50%를 탐지할 수 있는 자극의 강도 : 이 정의에 따르면 시행의 50% 이하에서 탐지되는 자극은 역하자극이 된다.

(2) 역하자극(역치하/식역하 자극, subliminal stimuli)
① 절대역 이하의 강도를 가지고 있는 자극으로, 사람이 감지하지 못하지만 그 영향은 받을 수 있다.
   - 예 20세기 중반에 뉴저지 극장의 관객을 대상으로 코카콜라를 마시고 팝콘을 먹으라는 메시지를 지각하지 못하도록 영화 장면에 끼워넣을 경우, 관객들이 은연중에 그 메시지에 영향을 받는다는 보고서에 대한 논란이 있었다.
② 사람이 감지할 수 없는 역하자극이 암시적인 힘을 발휘하여 행동에 강력한 영향을 준다는 주장이 있었다.
③ 점화(priming) : 의식적으로 그 존재를 보고하지 못하는 자극들이라도 일정 수준의 지각적 처리가 일어나는 현상이다.
   ➡ 알아차리지 못한 이미지나 단어가 시각피질에 도달하여 나중에 제시하는 질문에 대한 반응을 순간적으로 점화할 수 있다.

(3) 차이역(difference threshold)
① 사람이 두 자극 간에 차이가 있음을 탐지할 수 있는 최소한의 자극 강도의 차이를 말하는 것으로, '최소식별차이(JND; Just Noticeable Difference)'라고도 한다.
② 베버의 법칙(Weber's law) : 일반인이 차이를 지각하려면 두 자극이 일정한 '양'이 아니라 '비율'만큼 달라져야 하며, 그 비율은 자극의 유형에 따라 다르다.
   - 예 두 불빛은 강도가 8% 정도 차이가 나야 하고, 무게의 경우 2% 정도 차이가 나야 한다. 주파수는 0.3%만 달라도 차이를 지각할 수 있다.
③ 차이역 측정 : 절대역과 같이 두 자극 간의 차이를 인간이 탐지할 수 있는 확률이 50%인 지점을 차이역으로 정한다.

(4) 신호탐지
① 신호탐지이론 : 배경자극(예 소음) 속에서 희미한 자극(예 신호)의 존재를 언제, 어떻게 탐지하는지를 예언하는 이론이다. 단 하나의 절대역은 존재하지 않으며, 탐지는 부분적으로 개인의 경험과 기대, 동기와 피로 수준에 달려있다.
② 절대역은 자극의 강도뿐만 아니라 경험, 동기, 기대, 피로 등의 심리적 상태에 따라서도 변화한다.

(5) 감각순응(sensory adaptation)
① 일정한 자극에 지속적으로 노출되면 자극에 대한 민감도가 약해지는 현상이다.
② 변하지 않는 자극에 지속적으로 노출되면 신경세포들이 덜 반응하기 때문에 그 자극을 덜 자각하게 된다.
③ 시각 : 눈을 고정한 채 사물을 응시할 때는 사물이 시야에서 사라지지 않는다. 이유는 눈이 자각할 수 없을 만큼 계속해서 움직이고 있기 때문이다.

10 시각 : 감각과 지각처리

1. 빛의 본질

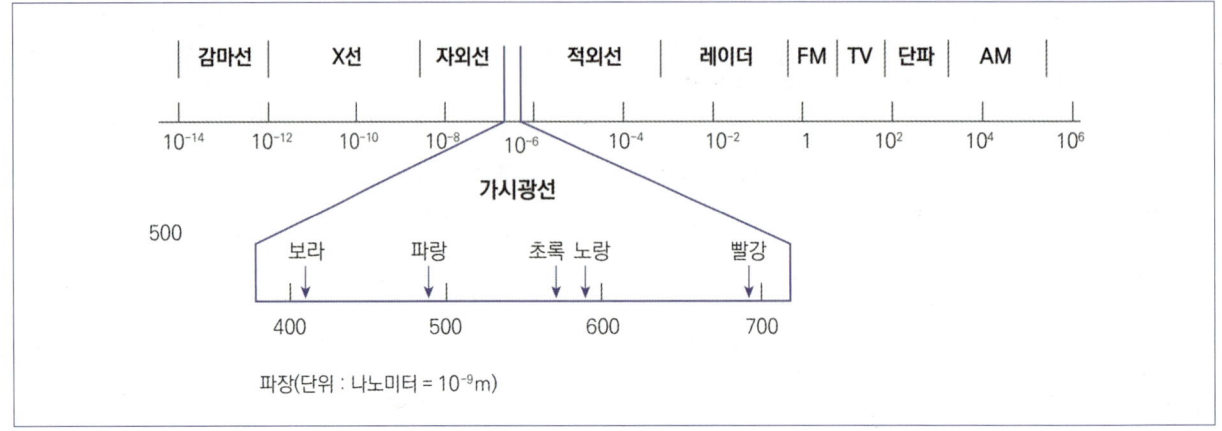

[그림 14-14] 전자기 스펙트럼과 가시광선

(1) 전자기 스펙트럼과 가시광선
　① 눈에 들어오는 것은 색채가 아니라 시각체계가 색채로 경험할 수 있는 전자기 에너지의 파형이다.
　② 가시광선 : 우리가 보는 가시광선은 전자기 스펙트럼의 극히 작은 부분에 불과하다.
　③ 전자기 스펙트럼은 파장이 아주 짧은 감마선부터 가시광선, 파장이 아주 긴 전파까지로 이루어진다.

(2) 파장과 진폭
　① 파장(wavelength) : 파의 한 정상에서 다른 정상까지의 거리로, 색채를 결정한다.
　② 진폭(amplitude) : 파의 크기 또는 높이에 의해 결정되는 에너지의 양으로, 밝기를 결정한다.
　③ 순도(purity) : 빛을 구성하는 독특한 파장들의 수를 의미하며, 인간이 채도, 즉 색채의 풍부함으로 지각하는 것에 상응한다.

> **참고** 파장과 진폭
> - 단파는 고주파이고 파란색이나 고음을 나타내며, 장파는 저주파이고 붉은색이나 저음을 나타낸다.
> - 진폭이 큰 경우는 밝은 색이나 큰 소리를 나타내고, 진폭이 작은 경우는 어두운 색이나 작은 소리를 나타낸다.

2. 눈의 구조와 기능

(1) 눈의 구조
　① 안구를 통과한 양상은 상하좌우가 반전되어 맺힌다.
　② 빛은 각막을 통해 눈으로 들어오는데, 각막은 눈을 보호하며 빛을 굴절시켜 초점을 맞추도록 한다.
　③ 각막을 통과한 빛은 조절 가능한 구멍인 동공을 통과한다. 동공의 크기, 즉 눈을 통해 들어오는 빛의 양은 동공을 둘러싸고 있는 붉은 근육인 홍채가 조절하며, 홍채는 화창한 하늘이나 어두운 방을 상상하는 것에 반응을 보인다. 또한 인지 상태와 정서 상태에도 반응을 보인다.

④ 동공 뒤에는 수정체가 있어 안구의 내부 표면에 여러 층을 이루고 있는 예민한 조직인 망막에 상이 맺히도록 초점을 맞추게 된다. 수정체에서는 조절과정(accommodation)을 통해 굴곡 정도를 변화시킴으로써 이 작업을 수행한다.
⑤ 거꾸로 된 이미지가 망막에 맞히는 현상 : 망막은 영상을 전체적으로 파악하지 않는다. 대신 수백만 개의 감각세포가 빛 에너지를 신경충동으로 전환한다. 이 충격은 대뇌로 전달되고, 그곳에서 우리가 지각하는 똑바로 된 영상으로 생성된다.

(2) 망막

① 망막에는 추상체와 간상체라는 두 종류의 세포가 존재한다.

구분	추상체(원추체)	간상체
숫자	6백만	1억 2천만
망막에서 위치	중심	말초
약한 빛에 대한 민감도	낮음	높음
색채반응	있음	없음
세부사항 민감도	높음	낮음

㉠ 추상체 : 망막의 중심와에 분포되어 있으며, 밝은 조명 조건에서 활성화된다.
㉡ 간상체 : 주로 망막의 주변 영역에 분포되어 있으며, 적은 양의 빛에 의해 활성화되기 때문에 어두운 조명 조건에서도 사물을 볼 수 있도록 한다.

② 맹점(blind spot) : 눈에서 신경섬유가 안구 뒤편으로 전달되는 신경다발 부위에는 감각세포가 없어 이 부분에 빛이 비치면 보이지 않는데, 이를 맹점이라고 한다.

3. 시각정보의 처리

(1) 시각정보처리의 원리

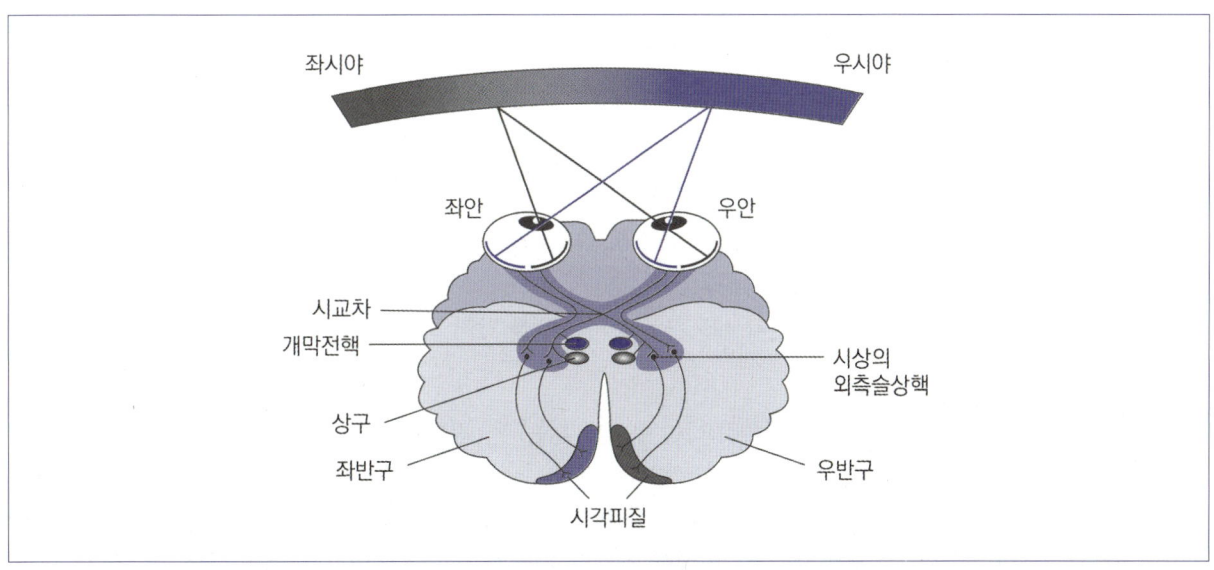

[그림 14-15] 시각통로

① 시야의 좌측으로부터 입력된 이미지는 각 안구 망막 중심와의 우측 수용기들에 의해 신경신호로 변환되고, 이 신호는 각기 좌우 안구에서 뻗어 나온 신경섬유가 시교차에서 상호 교차되는 해부학적 특성에 의해 우뇌의 시각피질에 투사된다.
② 시야의 우측 이미지는 망막 중심와의 좌측 수용기들에 의해 신경신호로 변환된 후에, 시교차를 거쳐 좌뇌의 시각피질에 투사된다.
③ 이렇게 분리된 시야 좌우의 입력 자극은 상위 시각정보 처리를 담당하는 시각피질의 후기 단계까지 일관되게 유지된다.

(2) **(세부)특징탐지(자질탐지, feature detector)**
① 인간의 시각피질에는 대상의 선이나 모서리, 방향, 움직임 등과 같은 세부 특징에 반응하는 특정 두뇌 세포가 있는데, 이를 '특징탐지기'라고 한다.
② 허블(Hubel)과 비셀(Wisel, 1979) : '특징탐지기'라고 불리는 시각피질 세포가 이러한 정보를 받으면 특정한 모서리, 선분, 각도와 같은 장면의 일정한 특징에 반응한다는 것을 증명했다.

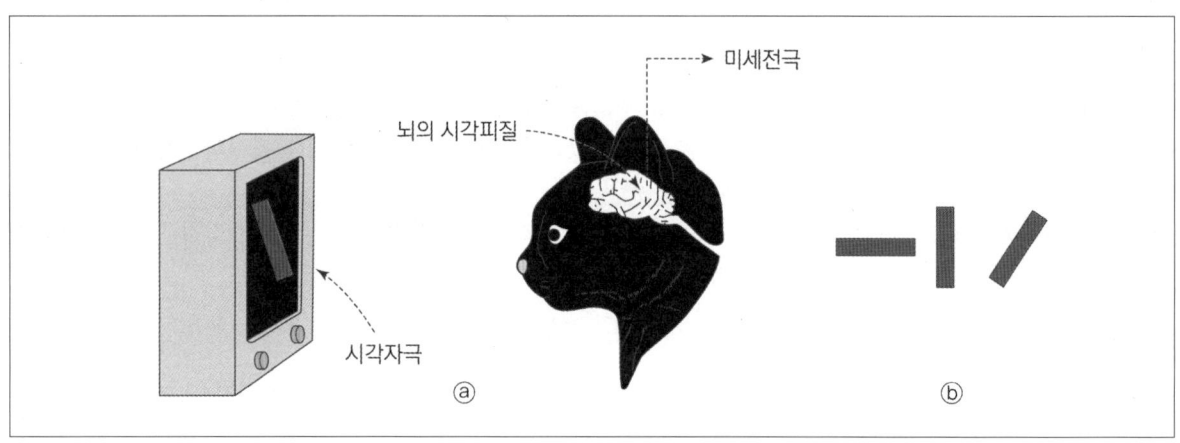

[그림 14-16] 고양이의 시각피질에 있는 세포들의 반응 특성

㉠ 허블과 비셀은 그림과 같은 장치를 통해 고양이에게 여러 방위의 선분자극을 제시했다.
㉡ 고양이의 시각피질에 있는 세포들은 특정 방위의 선분에는 선별적으로 예민하게 반응하지만, 다른 방위의 선분에는 잘 반응하지 않는 것으로 나타났다.
㉢ 즉, 한 세포가 수평선분에 예민하게 반응한다면, 그 세포는 오른쪽의 수직 또는 대각방위의 선분에는 잘 반응하지 않는다는 것을 발견했다.
㉣ 이는 고양이의 시각피질에 있는 각 세포가 선분의 방위를 탐지 또는 분석하는 역할을 한다는 것을 의미한다.

(3) **병렬처리(parallel processing)**
① 문제의 여러 측면을 동시에 처리하는 것으로, 우리의 뇌는 색, 깊이, 운동, 형태 등의 하위 차원으로 분할하여 각 차원을 동시에 처리한다.
② 망막은 시각피질의 한 부분에만 정보를 내보내는 것이 아니라 동시에 여러 부위로 정보를 내보낸다. 이러한 시각정보가 통합되면 다른 대뇌피질의 측두엽에서 추가로 처리하여 영상을 인식할 수 있다.

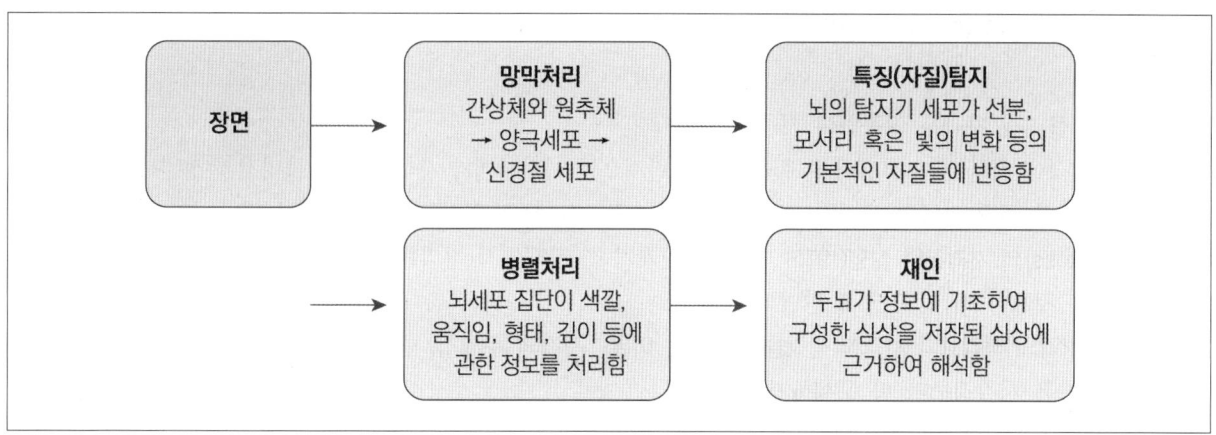

[그림 14-17] 시각정보 처리 요약

11 지각과정

1. 선택적 주의(selective attention)

(1) 선택적 주의 기출 22

① 특정 자극에 의식적 자각의 초점을 맞추는 것으로, 우리가 경험하는 모든 것 중에서 한 순간에 의식할 수 있는 것은 매우 제한되어 있음을 의미한다.
   예 글을 읽는 동안 주변의 새소리를 의식하지 못하는데, 의식적으로 새소리에 주의를 기울이면 의식할 수 있다.
② 칵테일파티 효과 : 선택적 주의 현상의 대표적인 예시로, 칵테일파티에서 수많은 목소리들이 시끄럽게 들리지만 사람은 자신과 얘기하는 사람의 목소리를 선별하여 들을 수 있다.

(2) 선택적 부주의 기출 22

① 사이먼(Simons)과 채브리스(Chabris)의 보이지 않는 고릴라 실험 : 4~5명의 학생이 서로 농구공을 패스하게 하고 이를 녹화한 필름을 연구 참가자에게 보여주었다. 참가자의 과제는 패스 횟수를 세는 것이었다. 이 실험에서 중요한 점은 필름에 갑자기 한 사람이 고릴라 복장으로 화면의 정중앙을 가로질러 걸어가는 장면을 삽입했다는 점이다. 연구 참가자들은 농구공에만 집중하여 고릴라를 알아차리지 못하는 경향이 많았다. 이를 '부주의맹'이라고 한다.
② 선택적 부주의 : 우리는 의식적 자각 수준에서 시각자극의 아주 작은 부분을 제외한 거의 모든 것을 보지 못하는 경향이 있다.
③ 무주의맹(inattentional blindness) : 대상을 응시하면서도 대상에 주의를 기울이지 않아 이를 지각하지 못하는 현상이다.
④ 변화맹 : 무주의맹과 비슷한 것으로, 이미지가 연속적으로 제시될 때 장면 간의 변화 및 차이 정보를 잘 탐지하지 못하는 현상이다.
⑤ 변화맹과 부(무)주의맹 현상 : 우리가 환경에서 가시적이고 현저한 특징들을 알아차리지 못할 때 일어나며, 우리의 의식적 시각 경험은 주의에 달려 있다는 점을 강조한다.

2. 지각적 착각/착시(perceptual illusion)

(1) 착시현상
① 의미 : 물리적 자극을 왜곡하여 지각하는 것이다.
② 착시현상에 대한 여러 설명이 존재하지만, 일반적으로 시각체계가 자극 전체의 물리적 속성뿐만 아니라 그 자극에 인접한 주변 자극의 물리적 맥락도 상대적으로 고려하고 있다는 데는 이견이 없다.
③ 로스(Ross)의 거리판단 실험(1975) : 아침에 안개가 낀 상태에서 거리를 판단하는 것이 정오의 햇살 아래에서 판단하는 것보다 더 먼 것으로 판단되었다.
④ 다른 감각의 착각보다 시각적 착각을 중시하는 이유 : 시각의 우세성, 즉 다른 감각과 시각의 정보가 서로 상충되면 보통은 시각정보가 더 우세하기 때문이다.

(2) 착시현상의 종류

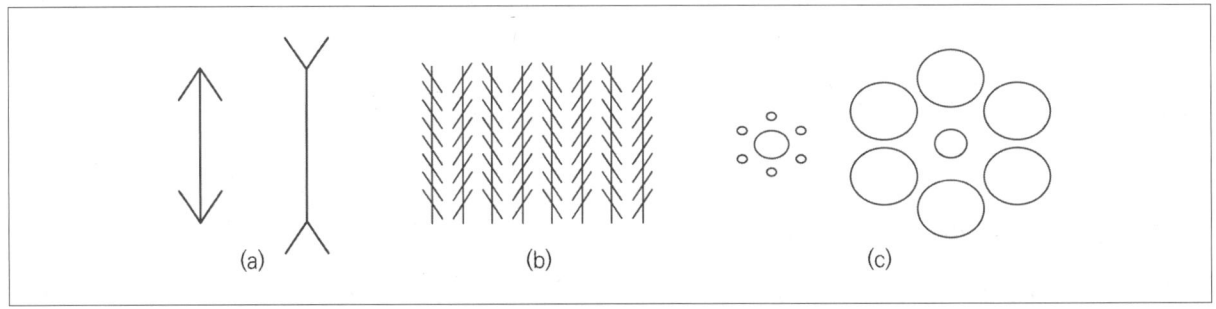

[그림 14-18] 시각적 착시의 사례

① 뮐러-라이어(Mueller-Lyer) 착시[그림 (a)] : 화살표의 몸통에 해당하는 두 직선의 물리적 길이는 동일하다.
② 졸너(Zollner) 착시[그림 (b)] : 일련의 사선들에 의해 기울어져 보이는 수직 선분들은 실제로 서로 평행하다.
③ 에빙하우스(Ebbinghaus) 착시[그림 (c)] : 크기가 서로 다른 주변의 원들에 둘러싸인 중심의 원의 물리적 크기는 같다.

3. 지각적 조직화

(1) 형태지각
① 전경과 배경

[그림 14-19] 전경과 배경의 가역적 도형

㉠ 가장 기본적인 규칙 가운데 하나는 배경으로부터 대상을 확인하는 것이다.
㉡ 우리가 흰색의 부분을 배경으로 인식하면 검은색으로 그려진 모습이 전경이 된다.
㉢ 그러나 계속 응시하면 전경과 배경이 갑자기 바뀌는 전경-배경 역전현상을 경험한다.
㉣ **전경-배경 반전**: 동일한 자극이 한 가지 이상으로 지각될 수 있다는 것을 보여준다.
㉤ **전경-배경 반전 도형**: 동일한 그림 안에 두 가지 이상의 형태가 나타나는 도형으로, 이는 자극이 변하지 않아 감각 정보는 동일하지만, 이를 지각한 결과는 달라질 수 있다는 것을 보여준다.

② 지각 집단화
㉠ 전경과 배경을 분리하고 나면 전경을 의미 있는 전체로 조직화해야 한다.
㉡ 우리는 색채, 운동, 명암대비와 같은 장면의 기초적인 특징을 즉각적이고 자동적으로 처리한다.
㉢ 이 기본적인 감각에 순서, 형태를 부여하기 위해 다음과 같은 자극을 집단화하는 규칙을 따른다.

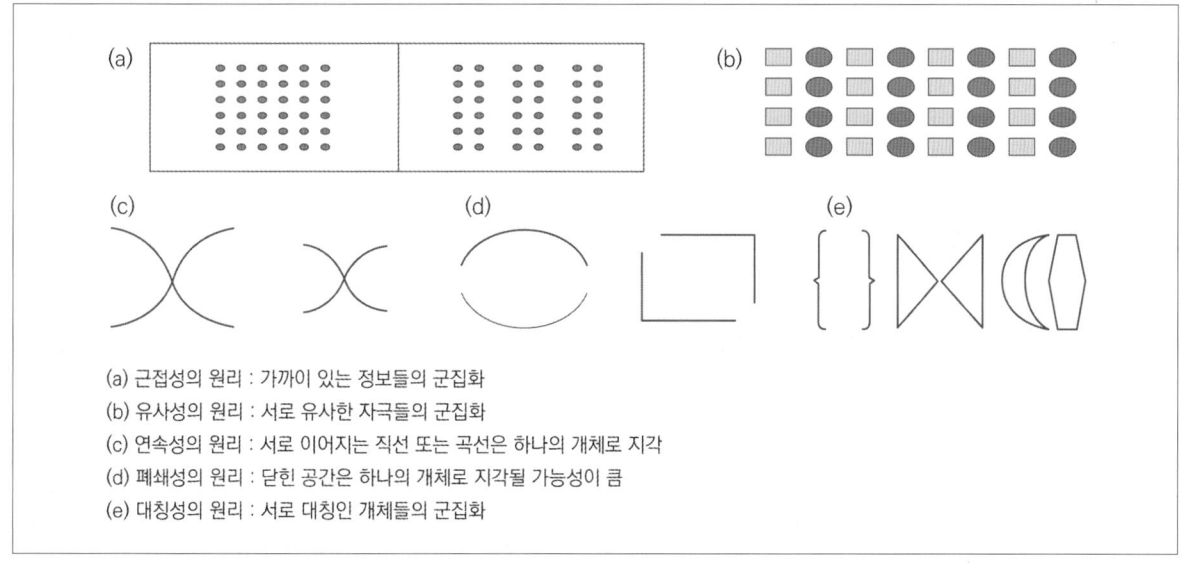

[그림 14-20] 집단화의 원리

③ 지각 집단화의 원리
㉠ **유사성**: 유사한 것으로 보이는 요소가 집단화되는 원리이다.
㉡ **근접성**: 서로 물리적으로 근접한 것끼리 집단화되는 원리이다.
㉢ **연속성**: 일련의 점이나 선을 해석할 때 부드럽거나 연속적인 궤적을 보이는 요소를 집단화하는 원리이다.
㉣ **폐쇄성(완결성)**: 그림에서 생략되거나 미완성된 부분을 채워서 지각하려는 원리이다.
㉤ **대칭성**: 서로 대칭적인 요소를 함께 집단화하여 지각하려는 원리이다.
➡ 게슈탈트 심리학자들에 의해 처음 확인되었고 실험적 증거에 의해 지지받는 원리로서 뇌가 입력 감각들에 질서를 부여하는 경향을 가진다는 것을 보여준다. 지각의 한 신경적 전략은 여러 자극 사이에서 드러나는 패턴에 반응하는 것과 비슷한 패턴들을 함께 집단화하는 것을 포함한다.

(2) 깊이지각(depth perception)
① 눈의 망막에 비친 2차원적 영상을 이용해 3차원적 지각을 해야 하는데, 이렇게 3차원적 지각을 하는 것을 깊이지각이라고 한다. 이러한 깊이지각은 두 눈이 있음으로써 가능하다.
② 양안단서 : 양안부등, 시선수렴과 같이 두 눈의 사용에 의존하는 깊이단서이다.
  ㉠ 양안부등(binocular disparity) : 깊이단서를 주는 두 눈 간의 망막 이미지 차이이다.
  ㉡ 시선수렴(convergence) : 멀리 있는 물체를 바라볼 때는 두 눈이 벌어지는 각도가 증가하고, 가까이 있는 물체를 바라볼 때는 각도가 감소하여 눈이 모아지는 현상이다.
③ 단안단서 : 중첩, 선형조망 등과 같이 한쪽 눈만으로도 가용한 깊이단서이다. 흔히 단안단서로 상대적 크기, 상대적 명확성, 상대적 높이, 상대적 운동, 결의 밀도, 선형조망 등을 이용한다.

> **참고** 단안단서
> - 상대적 크기 : 두 대상의 크기가 비슷할 때 망막에 맺힌 상이 클수록 가까이, 작을수록 멀리 있는 것으로 지각하는 것이다.
> - 상대적 명확성 : 윤곽이 뚜렷한 물체보다는 윤곽이 흐린 물체를 더 멀리 있는 것으로 지각하는 것이다.
> - 상대적 높이 : 두 대상이 지평선 아래에 있을 때 시야에서 위쪽에 있는 대상을 더 멀리 있는 것으로 지각하는 것이다.
> - 상대적 운동 : 이동할 때 고정된 물체도 상대적인 움직임이 있는 것으로 지각하는 것이다.
> - 결의 밀도 : 선명하고 세밀한 질감 부분은 가까이, 덜 선명하고 세밀하지 않은 질감 부분은 멀리 있는 것으로 지각하는 것이다.
> - 선형조망 : 평행선의 거리가 증가함에 따라 모아지는 결과로 지각하는 것이다.
> - 중첩 : 한 물체가 다른 것을 부분적으로 가리고 있으면 가려진 것이 더 멀리 있다고 지각하는 것이다.

(3) 운동지각
① 운동지각 : 자극 대상의 이동 또는 움직임을 지각하는 것을 말한다.
② 가현운동(apparent motor) : 자극이나 대상이 실제로는 정지되어 있음에도 그것들이 공간상에서 움직이는 것처럼 지각되는 현상이다.
  ㉠ 파이현상 : 둘 이상의 인접한 불빛이 빠른 속도로 교대할 때 발생하는 움직임 착시이다.
  ㉡ 스트로보스코픽 운동(strovoscopic movement) : 영화를 볼 때처럼 약간 다른 영상을 연속적으로 보여주면 대뇌는 그것을 움직임으로 지각한다.
③ 유도된 운동 : '구름에 달 가듯이'의 표현은 실제 움직이는 것은 구름인데 달이 움직이는 것으로 지각되는 현상을 말한다. 뇌가 배경이 움직일 수 없다고 가정하고 해석하기 때문에 전경이 움직인다고 생각한다.

(4) 지각 항등성
① 지각 항등성 : 대상의 자극이 변화해도 불변하는 대상을 지각하는 것이다. 즉, 물체, 대상 등은 늘 변화하지만 본래 속성을 가지고 있는 것으로 지각한다.
② 구분
  ㉠ 색채 항등성 : 시각적인 색채 정보가 상황에 의해 다르게 지각되더라도 원래의 정보를 유지하는 것을 말한다.
  ㉡ 밝기 항등성 : 밝기가 조명의 차이에 의해 달라 보이더라도 항상 동일한 밝기인 것으로 지각하는 경향성이다. 즉, 사람들은 조명의 차이로 대상의 색이 달라 보여도 항상 동일하고 안정된 색을 가진 대상으로 지각한다.
  ㉢ 형태 항등성 : 사물을 바라보는 각도가 변화하는 동안에도 대상의 원형을 그대로 지각하는 것이다.
    예 문짝을 지각하는 것 : 문이 열린 각도에 따라 망막에 맺히는 영상의 형태는 변화되지만 문이 일정한 형태를 가진다고 지각한다.

ⓔ 크기 항등성 : 대상까지의 거리가 변화되어도 그 대상이 일정한 크기를 가진 것으로 지각된다.
➡ 크기와 거리의 관계 : 대상의 거리와 망막영상의 크기가 지각되고 나면 즉각적이고 무의식적으로 대상의 크기를 추론하는데, 아래 그림에 제시된 괴물은 뒤에 있는 괴물이 더 큰 것처럼 보인다. 이는 우리의 뇌가 주변 맥락에 의해 뒤의 괴물이 멀리 있는 것으로 무의식적인 추론을 하기 때문이다.

[그림 14-21] 지각된 크기와 거리의 관계

4. 자극의 해석

(1) 감각 박탈과 시각 회복
  ① 선천적 시각장애인이 성인이 된 후에 치료한 경우
    ㉠ 선천적 백내장으로 인해 뿌연 빛만 볼 수 있는 사람을 대상으로 한 연구에서 나중에 백내장을 제거하자 전경과 배경을 구분하고 색채를 볼 수 있었다.
    ㉡ 출생 시부터 사물을 보지 못했던 사람은 사물의 형태를 시각적으로 인식할 수 없었다.
  ② 고양이와 원숭이가 자라는 동안 희미하게만 볼 수 있는 안경을 끼워놓은 경우 : 유아기가 지나고 안경을 제거한 후 색채와 밝기는 구별할 수 있었지만 원과 사각형을 구별할 수는 없었다.
    ➡ 눈이 퇴화한 것이 아니라 자극의 결핍으로 인해 시각피질 세포가 정상적으로 발달하지 못했다.
  ③ 연구 결과 : 정상적인 감각·지각 발달에 결정적 시기(critical period)가 있다고 추정할 수 있다.

(2) 지각적 순응(perceptual adaption)
  ① 시각에서 인위적으로 이동되거나 심지어는 도치된 세상에도 적응할 수 있는 능력이다.
  ② 방향감각 상실로 어지럼증까지 느끼게 하는 안경을 쓰고 하루를 지내는 경우 : 2~3일 내로 변화된 시각 입력 방식에 순응하게 된다. 즉, 지각적 순응의 경험을 통해 세상을 다시 정상으로 볼 수 있다.
  ③ 스페리(Sperry, 1956) : 상하좌우가 바뀌었을 때 물고기, 개구리, 도마뱀 등은 엉뚱한 방향으로 이동하여 제대로 적응하지 못했지만 고양이, 원숭이, 사람은 거꾸로 된 세상에 적응할 수 있었다.

(3) **지각적 갖춤새(perceptual set)**
   ① 사물을 한 가지 방식으로만 지각하려는 심적 성향이다.
   ② 사람들은 경험, 가정, 기대를 통해 지각적 갖춤새 또는 마음의 갖춤새를 형성하며, 이는 지각에 영향을 준다.
   ③ **지각적 갖춤새를 결정하는 요인**: 경험을 통해 개념이나 도식을 형성하게 되며, 이것이 친숙하지 않은 정보를 조직화하고 해석하는 데 도움을 준다.
   ➡ 사람들은 이미 가지고 있는 도식을 이용하여 모호한 감각을 해석한다.

(4) **맥락 효과**

[그림 14-22] 하향적 처리와 맥락효과

① 맥락에 따라 지각 내용이 달라지는 현상이다.
   예 사람들은 총을 들고 있을 때 다른 사람도 총을 소지하고 있는 것으로 지각할 가능성이 커지는데, 실제로 전화기나 지갑을 들고 있는 무장하지 않은 사람에게 총격을 가하도록 이끌어온 현상이 바로 이것이다.
② **동기와 정서**: 지각은 기대와 맥락뿐만 아니라 동기와 정서의 영향도 받는다.
   예 • 운동으로 피로해진 사람들에게 걸어가야 하는 목적지가 멀리 보인다.
   • 무거운 배낭을 짊어지고 있거나 방금 전 슬프고 무겁게 느껴지는 음악을 들은 사람에게는 언덕이 더 가파르게 보인다. 또한 친구와 함께 있는 사람에게는 언덕이 덜 가파르게 보인다.
   • 갈증이 날 때의 물병과 같이 원하는 사물은 더 가까이 있는 것처럼 보인다. 이러한 지각 편향이 그 사물에 접근하도록 원기를 북돋는다.

> **참고** 체화된 인지(embodied cognition) 이론
> • 뇌는 신체와 분리될 수 없고, 뇌와 연결된 신체의 움직임과 활동 또한 정보를 처리하는 데 관여한다고 보는 입장이다.
> • 예시
> - 따뜻한 음료를 받아 마시면, 타인을 더 따뜻한 사람으로 평가하고, 더 친밀감을 느낀다.
> - 냉대받은 사람은 환대받은 사람보다 실내 온도를 더 낮게 평가한다.
> - 흔들리는 의자에 앉아 있으면, 타인과의 관계를 덜 안정적인 것으로 지각한다.

제4절 의식과 변경 상태

12 의식의 내용과 기능

1. 의식의 4가지 기본 속성

(1) **의도(intentionality)**
① 의도한 대상으로 향하는 속성이며, 의식은 항상 무언가에 관한 것이다.
② 심리학자들은 의식과 의식의 대상 사이의 관련성, 관련성의 크기와 지속 정도를 측정하려고 노력했다.

(2) **통합(unity)**
분리에 대한 저항 혹은 모든 신체 감각기관으로부터 오는 정보를 하나의 일관된 전체로 통합하는 능력을 말한다.

(3) **선택(selectivity)**
일부 대상은 의식 속에 포함시키고, 일부 대상은 포함시키지 않는 능력을 의미한다.

> **참고** 선택과 관련된 실험
> - 이중청취법(dichotic listening) : 헤드폰을 쓰고 있는 사람의 두 귀에 각각 다른 메시지를 전달한다. 연구 참가자들에게 한 귀에 메시지가 제시되는 동안 다른 귀에 제시되는 단어를 크게 복창하게 했다. 연구 참가자들은 다른 귀에 제시되는 메시지를 거의 인식하지 못했고, 때로는 영어로 제시된 메시지가 도중에 독일어로 바뀐 것조차 인식하지 못했다. 이는 의식이 일부 정보를 여과한다는 사실을 시사한다. 그러나 이와 동시에 연구 참가자들은 주의를 주지 않은 귀에 제시된 메시지가 남성에서 여성으로 목소리가 바뀌어 제시되었다는 것을 알아차렸는데, 이는 의식의 선택이 다른 정보도 받아들일 수 있다는 것을 시사한다.
> - 칵테일파티 효과 : 사람들이 다른 메시지를 여과하여 받아들이지 않는 동안 한 메시지를 받아들이는 경향이 있다. 파티에서 다른 대화에 참여하는 동안 가까이에서 자신의 이름이 들릴 경우 주의가 그곳으로 향한다.

(4) **유동성(transience)**
변하는 속성으로, 마음은 항상 지금 현재에서 다음의 지금 현재로, 또 그 다음으로 움직인다.

2. 의식 수준

(1) **최소한의 의식(minimal consciousness) 수준**
① 마음이 감각을 받아들이고 이 감각에 대해 반응하는 경우 일어나는 의식이다.
② 이 의식 수준은 일종의 감각인식과 그에 대한 반응이다.

(2) **충만한 의식(full consciousness) 수준**
① 자신의 정신상태를 알고 있고 이를 보고할 수 있다.
② 정신상태 그 자체를 경험하는 동안 그러한 정신상태를 가지고 있다는 것을 스스로 인식하는 것이다.

(3) 자의식(self-consciousness) 수준
① 개인의 주의가 자신에게 향하고 있는 하나의 의식 수준이다.
② 대부분의 사람들은 당혹감을 경험할 때 자의식을 경험하는 경향이 있으며, 이러한 자의식은 개인을 평가하게 하고 개인의 단점을 인식하게 한다.

3. 의식의 내용

(1) 경험표본 기법(experience sampling technique)
① 자신의 의식적 경험을 특정 시간에 보고하도록 지시하는 것이다.
　예 전자무선 호출기, 핸드폰을 통해 무작위로 연락하는 그 순간에 연구 참여자가 하고 있는 생각을 보고하게 한다.
② 경험표본 기법을 사용한 여러 연구는 의식이 즉각적인 경험인 오감 등에 의해 지배된다는 것과 이 모든 것이 마음의 중심이 된다는 것을 보여준다. 이처럼 의식 대부분은 개인이 가지고 있는 현재 관심사 혹은 반복적으로 생각하고 있는 것으로 채워진다.

(2) 백일몽
① 목적 없는 생각들이 마음속에 계속해서 떠오르는 상태로, 현재의 관심이 의식을 채우고 있지 않는 것이다.
② fMRI 연구
　㉠ fMRI에서 뇌 스캔을 하는 동안 개인이 특정 과제를 수행하지 않아도 많은 뇌 영역이 활성화되었다.
　㉡ 이처럼 참여자가 과제를 수행하지 않을 때도 뇌의 많은 영역에서 활성화가 관찰되었는데, 이를 '기본 상태 네트워크'라고 한다.
　㉢ 기본 상태 네트워크 영역은 사회생활, 자신, 과거와 미래에 관한 생각, 즉 백일몽에서 주로 일어나는 생각에 관여한다고 알려져 있다.

(3) 사고억제
① 정신통제 : 마음의 의식적인 상태를 바꾸고자 시도하는 것이다.
② 사고억제 : 의도적으로 생각하는 것을 회피하는 것이다.
③ 사고억제의 반동효과(rebound effect of thought suppression) : 사고억제 후 더 자주 사고가 의식으로 되돌아오는 경향을 의미한다. 즉, 생각을 억제하려고 노력하는 시도 그 자체가 그 사고를 더 강력하게 의식으로 되돌아오게 한다.

(4) 모순된 모니터
① 사고억제와 더불어 일부 사람은 의식을 다른 방향으로 돌리려 노력하는데, 그 결과 정신상태가 원하는 것과 정반대의 것이 될 수 있다.
② 정신통제의 모순과정(ironic processes of mental control) : 모순된 오류가 일어나는 것은 오류를 모니터하는 정신과정 자체가 오류를 초래하기 때문이다.
　예 흰 곰을 생각하지 않으려는 시도를 하는 동안 이와 모순되게 마음의 다른 부분에서 흰 곰을 찾는다.

13 수면과 꿈

1. 수면주기

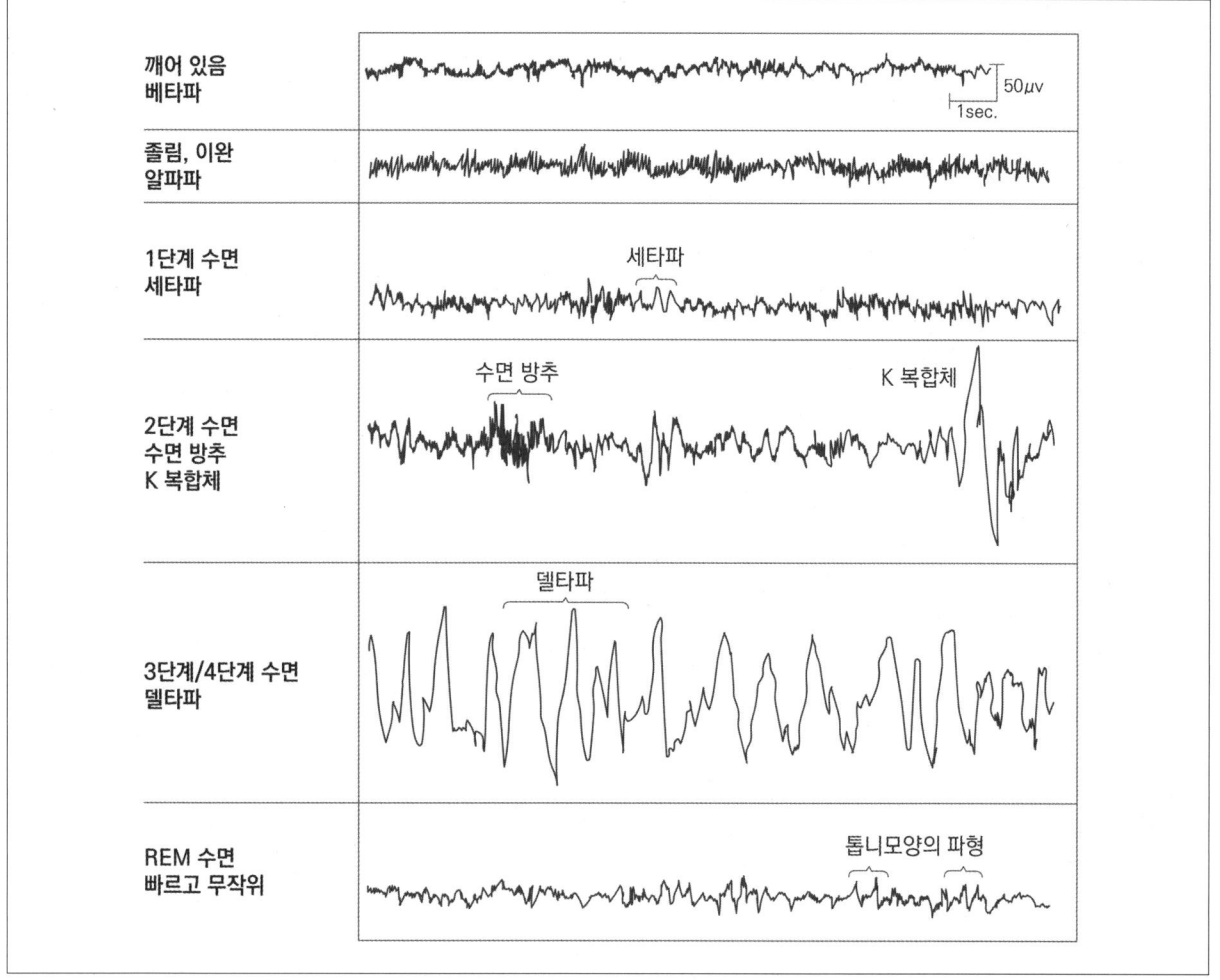

[그림 14-23] 수면의 단계와 뇌파

(1) **REM(Rapid Eye Movement) 수면**
① 안구 운동을 제외한 신체의 움직임은 없지만 깨어 있을 때와 비슷한 뇌파활동과 꿈이 나타난다.
② 특징 : 깨어서 활동 중인 뇌신경 상태와 거의 구별되지 않고, 산소 소비량도 어려운 수학문제를 풀 때보다 더 높다. 심장박동이 증가하고 호흡이 불규칙해지며 성기에 흥분반응이 나타나기도 한다.
③ 흔히 90분 주기로 반복하여 나타나며, 전체 수면시간의 20~25%를 차지한다.

(2) **비 REM 수면**
① 크고 느린 뇌파가 나타나기 때문에 '서파 수면'이라고도 한다. 신체근육이 이완되고 산소 소비량도 감소하여서 뇌가 휴식을 취하는 상태로 여겨진다.

② 비 REM 수면 단계 : 수면의 양상과 수면의 깊이에 따라 크게 4단계로 구분된다.

구분	단계별 수면의 특징
1단계 수면	• 깨어 있는 상태에서 수면 상태로 이행되는 과정 • 뇌파의 알파파가 사라지고 세타파가 50% 이상을 차지하며 수면시간의 약 5%를 차지
2단계 수면	• 작은 바늘을 모아놓은 듯이 진폭이 크고 뾰족한 뇌파가 촘촘히 모여 있는 수면 방추(sleep spindle)와 느리고 진폭이 큰 뇌파를 보이는 K 복합체가 나타나는 것이 특징 - 수면 방추 : 수면 중에 신경활동이 억제되는 것을 반영 - K 복합체 : 외부나 내부로부터 주어지는 자극에 대한 뇌의 반응을 반영 • 수면시간의 약 50%를 차지
3단계 및 4단계 수면	• 델타파와 같은 느린 뇌파가 나타나는 깊은 수면 상태 • 수면시간의 약 10~20%를 차지 • 델타파가 3단계 수면에서는 전체의 20~50%를 차지하는 반면, 4단계 수면에서는 50%를 차지

(3) 수면시간대별 수면 단계의 변화

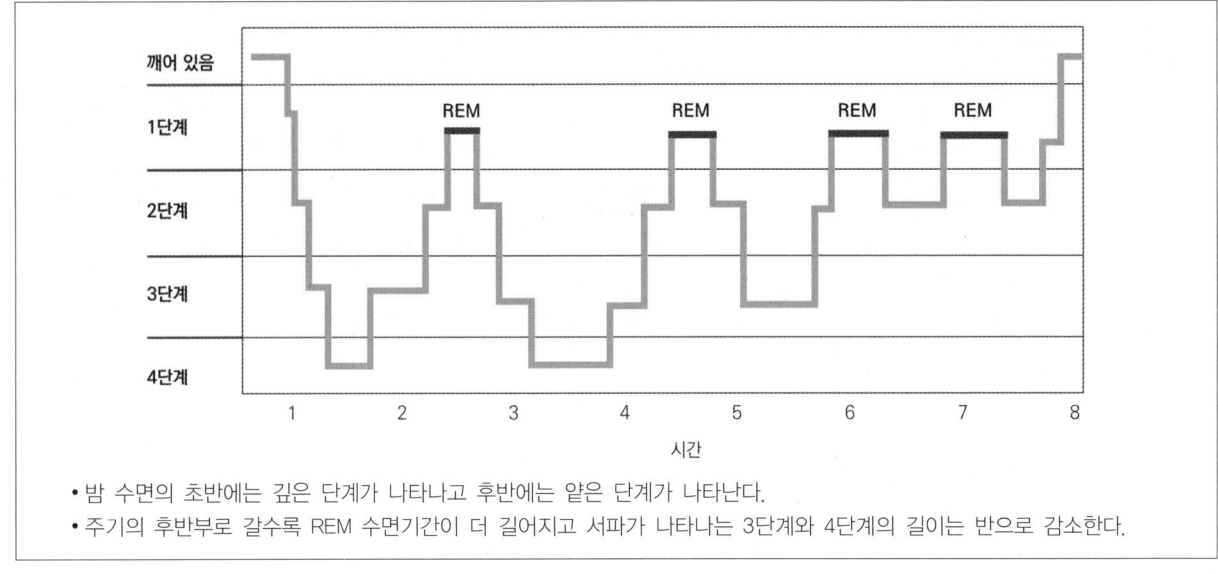

[그림 14-24] 수면 시간대별 수면 단계의 변화

① 수면 초기 : 1~4단계에 이르는 비 REM 수면이 나타난다. 그 후 REM 수면이 나타나고 다시 비 REM 수면이 2단계에서 4단계까지 90분 동안 진행된다.
② REM 수면은 약 15~20분 정도 나타난다. 이러한 순환은 대개 하룻밤 사이에 5차례 정도 반복되는데, 새벽으로 갈수록 서파 수면은 감소하고 REM 수면이 증가한다.
③ 수면박탈 : 강제로 잠을 자지 못하게 하는 수면박탈을 시행하면 서파 수면과 REM 수면이 증가한다.
④ 일주기 리듬(circadian rhythm) : 인간은 매일 일정한 시간대에 잠을 자고 깨는 일주기 리듬을 가지고, 평균적으로 6~8시간 잠을 자며 그중의 25%는 꿈을 꾸는 데 소비한다.

⑤ 수면의 기능
  ㉠ 낮 동안에 소모되고 손상된 신체와 중추신경계를 회복시켜주는 기능을 한다.
    ⓐ 비 REM 수면 : 신체 근육의 회복기능을 한다.
    ⓑ REM 수면 : 단백질 합성을 증가시켜 뇌의 기능을 회복한다.
  ㉡ 불쾌하고 불안한 감정을 정화하여 아침에 상쾌한 기분을 가질 수 있게 정서적인 정화기능을 한다.

(4) 수면의 기능
① 보호기능 : 수면은 보호기능을 가지는 진화적인 유물로, 중요한 적응적 기능을 하는 선천적인 반응체계이다.
② 회복기능 : 수면은 면역계를 회복시키고 두뇌조직을 수선하는 등 회복에 도움을 준다.
③ 기억의 복원 및 재생 : 수면은 그날의 경험의 기억이 희미해지는 것을 복원하고 재생하는 데 도움을 준다.
④ 창의적 사고의 배양 : 수면은 창의적 사고를 배양시킨다.
⑤ 성장을 지원 : 깊은 잠을 자는 동안 뇌하수체 근육 발달에 필요한 성장 호르몬을 분비한다.

2. 꿈의 기능

(1) **프로이트(Freud)** : 꿈은 자신의 소망을 충족시킨다고 주장했다.
① 꿈은 다른 방식으로 용인될 수 없는 감정을 방출하는 정신적 안전밸브를 제공한다.
② 꿈의 표출내용(외현적이고 만들어낸 이야기, manifest)을 잠재내용(latent content), 즉 직접적으로 표현하면 위협적일 수 있는 무의식적 충동과 소망의 검열을 받은 상징적 버전으로 간주했다.
  ➡ 과학적인 증거가 결여되어 있다.

(2) **기억의 정리 및 보관**
정보처리 조망은 꿈이 그날의 경험을 솎아내어 분류하고 기억에 자리 잡는 데 도움을 준다.
  ➡ 경험하지도 않은 사건에 대한 꿈을 꾸는 이유를 설명하지 못한다.

(3) **신경통로의 발달 및 유지**
① 꿈 또는 REM 수면과 관련된 두뇌활동은 잠자는 두뇌에 규칙적인 자극을 제공하는 생리적 기능을 담당한다.
② 즉, 신경통로의 발달과 유지에 도움을 준다.
  ➡ 의미 있는 꿈을 꾸는 이유를 설명하지 못한다.

(4) **신경의 전기활동을 의미 있는 것으로 만들어줌**
① 활성화-종합이론에 따르면 꿈은 무선적인 신경활동을 의미 있는 것으로 만들려는 두뇌의 시도이다.
② 즉, REM 수면이 무선적 시각기억을 유발하는 신경활동을 촉발하는데, 잠자고 있는 두뇌가 이것을 이야기로 엮는다는 것이다.
  ➡ 개인의 두뇌가 이야기를 엮는 것인데, 그 이야기는 꿈꾸는 사람과 관련된 것이다.

(5) **인지 발달을 반영**
① 꿈을 두뇌 성숙과 인지 발달의 한 부분으로 간주한다.
② 꿈의 내용은 꿈꾸는 사람의 인지 발달, 즉 지식과 이해를 반영한다.
  ➡ 꿈의 적응적 기능을 제안하지 않는다.

14 마음에 작용하는 약물

1. 약물과 의식

(1) 향정신성 약물(psychoactive drugs)
중추신경계에 작용하여 인간의 정신기능(행동, 의식 등)에 영향을 미치는 화학물질이다.

(2) 약물내성(drug tolerance)
시간이 지남에 따라 동일한 효과를 얻는 데 필요한 약물의 용량이 증가되는 경향을 의미한다.

(3) 금단현상(withdrawal symptom)
① 약물복용을 중지하면 나타나는 현상으로, 이 증후는 약물 자체에 의해 야기되는 효과와는 정반대이다.
② 신체적 의존 : 통증, 경련, 환각 등의 불쾌한 증상이 포함되며, 약물에 신체적으로 의존된 사람은 신체적 아픔을 피하기 위해 계속적으로 약물을 사용한다.
③ 심리적 의존 : 신체적 금단현상이 사라진 이후에도 약물에 대한 강한 욕구를 가지는 경우로, 시간이 지날수록 약물에 대한 정서적 욕구가 생기며 특히 약물을 상기시키는 환경에 처하는 경우 더욱 그렇다.

2. 향정신성 약물의 유형

(1) 진정제(depressants)
① 중추신경계의 활성화를 감소시키는 약물이다.
② 진정과 안정 효과를 가지고, 많은 용량은 수면을 일으키며 지나친 용량은 호흡정지를 일으킬 수 있다.
➡ 신체적 및 심리적 의존 모두 야기한다.
③ 진정제의 종류 : 알코올, 바르비투르산염, 벤조디아제핀과 독성 흡입제(예 아교 혹은 가솔린) 등이 있다.
④ 알코올 : 가바(GABA) 신경전달물질의 활성화를 증가시킨다. 가바는 신경충동의 전달을 억제하는 경향을 가지고 있기 때문에 알코올은 뉴런의 발화를 중지시키는 억제제의 역할을 한다.
  ㉠ 기대이론 : 사람이 특정 상황에서 알코올이 자신에게 어떤 영향을 미칠 것이라고 기대하는 것에 의해 알코올 효과가 나타난다.
  ㉡ 균형 잡힌 위약 방안 : 실제 자극의 존재 또는 부재 후에 나타나는 행동과 위약 자극의 존재 또는 부재 후에 나타나는 행동을 관찰하는 것이다.
    ➡ 알코올을 마셨다고 믿는 것은 실제로 알코올을 마셨을 때처럼 행동에 영향을 미친다.
  ㉢ 알코올 근시(myopia) : 알코올이 주의를 방해하여 복잡한 상황에 단순한 방법으로 반응하게 한다.
⑤ 바르비투르산염 : 수면제로 처방되거나 수술 전 마취제로 사용된다.
⑥ 벤조디아제핀 : 항불안제, 특히 불안과 수면장애 치료를 위해 처방된다.
⑦ 독성 흡입제
  ㉠ 풀, 헤어 스프레이, 매니큐어 리무버, 가솔린 등을 통해 노출된다.
  ㉡ 이 제품에서 나오는 증기를 코로 들이마실 경우 술에 취할 때와 같은 효과가 일시적으로 나타난다.
  ㉢ 지나치게 많이 흡입하면 치명적이고, 지속적으로 흡입할 경우 치명적인 뇌손상이 초래될 수 있다.

(2) **흥분제**(stimulants)
 ① 중추신경계를 흥분시켜 각성과 활성화 수준을 증가하게 만드는 물질이다.
 ② 뇌의 도파민과 노르에피네프린 수준을 증가시키기 때문에 각성과 에너지가 증가하게 되고, 간혹 성취할 수 있다는 자신감과 동기를 가지게 된다. 또한 모든 흥분제는 신체 및 심리적 의존을 야기하고, 금단증상으로는 피로와 부정적 정서가 있다.
 ③ 흥분제의 종류 : 카페인, 암페타민, 니코틴, 코카인, 모다피닐, 엑스터시 등이 있다.

구분	내용
암페타민	• 의학적인 목적과 다이어트 약물로 개발되었으나 메테드린과 덱세드린과 같은 암페타민계 약물들이 널리 남용되고 있음 • 장시간 사용할 경우 불면증, 공격성, 편집증상이 초래됨
니코틴	• 흡연 행동은 흡연의 즐거움보다 금연 시 야기되는 불쾌감 때문에 지속되는 경향이 있음 　예 흡연가가 말하는 흡연의 긍정적 효과(이완과 주의집중력 상승)는 주로 금단증상으로부터 해방되었다는 느낌에서 옴
코카인	• 코카나무의 잎으로 만들어지며, 흡입과 흡연 방식의 코카인 모두 들뜬 기분과 유쾌함을 일으키고 중독성이 매우 높음 • **부작용** : 심장발작으로 인한 사망, 저체온증 등의 신체적 문제와 불면증, 우울, 공격성, 편집증 등의 심리적 문제가 포함됨
엑스터시	• 암페타민의 파생물로, 흥분제이지만 환각제와 같은 부가적 효과도 가짐 • 대체로 집단감을 상승시키는 파티 약물로 사용되지만, 턱을 악물게 한다거나 체온 통제를 방해하는 등의 부작용이 있음 • 이 약물을 남용할 경우, 심장발작과 극도의 피로감을 경험할 가능성이 높음

(3) **아편제**(opiates)
 ① 아편은 양귀비 씨로 만들어지며 헤로인, 모르핀, 메타돈, 코데인 등은 통증을 완화시켜주는 아편 파생물인 아편제로 알려져 있다.
 ② 안녕감과 이완감을 모두 느끼게 해주지만 혼수상태와 무기력함을 야기하기도 하며 매우 중독성이 강하고, 장기간 사용 시 내성과 의존을 가지게 된다.
 ③ 뇌는 내인성 아편제 또는 엔도르핀(endorphin)을 생산한다. 이는 아편제와 매우 밀접한 신경전달물질이며, 특히 엔도르핀은 뇌가 통증과 스트레스에 대처하는 데 매우 중요한 역할을 한다.

(4) **환각제**(hallucinogens)
 ① 감각과 지각을 변화시키고, 환시와 환청이 자주 일어나게 한다.
 ② 환각제의 종류 : LSD, 메스칼린, 실로시빈, 펜사이클리딘(PCP), 케타민(동물 마취제) 등이 있다.
 ③ 일부는 식물(예 메스칼린-선인장, 실로시빈-버섯)에서 추출되며 고대시대부터 사용되었다.
 ④ 감각이 지나치게 강렬해지고, 정지된 사물이 움직이거나 변화되는 것처럼 보이며, 실제로 존재하지 않는 무늬나 색채가 지각되고, 이 지각 변화가 행복한 초월감부터 비참한 공포에 이르는 과장된 정서를 동반한다.
 ⑤ 내성이나 의존을 야기하지 않고, 과잉 투여로 인한 사망도 흔하게 일어나지 않는 경향이 있다.

(5) 마리화나(카나비스, marihuana)
① 잎과 싹에 향정신성 약물인 테트라히드로칸나비놀(THC)을 함유한 식물이다.
② 마리화나를 피우거나 먹을 경우 경미한 환각 효과가 있는 흥분 상태를 유발하며, 사용자들은 시력과 청력이 좋아지고 많은 아이디어가 생각나는 듯한 느낌을 가진다고 보고한다.
③ 판단력과 단기기억에 영향을 미치고, 운동기술과 협응능력을 손상시킨다.
④ THC에 반응하는 수용기가 뇌에서 발견되었는데, 이 수용기는 뇌에서 생산되는 신경전달물질인 아난다마이드에 의해 활성화된다. 이 물질은 기분, 기억, 식욕과 통증 지각의 통제에 관여하며 실험실의 동물들로 하여금 일시적으로 과식하도록 자극하는 것으로 알려져 있다.
⑤ 마리화나는 중독의 위험이 비교적 강하지 않고 의존도 발생하지 않는 것으로 보이며, 신체적 금단증상도 매우 경미하다. 하지만 심리적 의존의 가능성이 있어 일부 사람은 만성적으로 사용한다.
⑥ 게이트웨이 약물(gateway drug) : 중독성이 강하고 더 해로운 약물 복용으로 이어질 가능성을 높이는 약물이라는 의미의 용어로, 마리화나가 흔히 게이트웨이 약물로 여겨진다.

3. 물질중독

(1) 물질중독(substance addiction)
① 물질중독 : 특정 물질의 체내 유입이 자신에게 부정적인 영향을 미친다는 사실을 알면서도 강박적·파괴적인 투약 행동의 반복을 스스로 제어하지 못하는 경향성이다.
② 갈망(craving) : 알코올을 비롯한 아편제, 흥분제 등은 갈망이 매우 강력한데, 이런한 이유로 물질을 구하기 위해 직장생활, 가정생활, 대인관계, 심지어 자유조차 희생하게 된다.

(2) 중독을 유발하는 물질의 특징
① 뇌의 보상회로를 과도하게 흥분시킨다.
  ㉠ 선천적 보상에 의해 발생하는 도파민 체계의 활동을 훨씬 초과하는 수준의 활성화를 초래한다.
  ㉡ 다행감(euphoria)을 유발하는 물질은 쾌(좋아하기)와 유인(원하기) 체계 모두 활성화한다.
② 물질의 반복적 투여는 불쾌한 금단현상을 유발한다.
③ 중독성 물질은 금단증상이 사라진 후에도 물질에 대한 갈망을 초래하도록 뇌의 유인체계에 영구적인 변화를 유발한다.
  ㉠ 신경민감화(neural sensitization) : 뇌의 도파민 체계를 활성화하는 중독성 물질의 반복적 사용은 도파민 뉴런을 지나치게 활동하게 해서 과민하게 만드는데, 이는 도파민 뉴런이 물질과 물질관련 자극에 의해 더 크게 활성화됨을 의미한다.
  ㉡ 중독자는 물질의 경험이 더 이상 긍정적이지 않을 때조차 물질에 대한 강렬한 갈망을 나타낸다.
  ㉢ 신경민감화는 금단증상보다 더 오래 지속되는 경향이 있는데, 이는 중독에서 회복한 사람이 물질사용의 재발 위험성을 보이는 이유가 되기도 한다.

제5절 지능, 창의성 및 학습양식

15 지능에 대한 이해

1. 지능

(1) 지능연구
① 심리측정적 접근 : 지능을 양적으로 접근하는 데 관심을 둔다. 특히 지능검사로써 개인의 지능이 모집단을 기준으로 얼마나 높거나 낮은지 측정하는 데 초점을 둔다.
② 피아제(Piaget)식 접근 : 지능에 대한 질적 접근으로, 인간이 단계별 발달과정에서 무엇을 할 수 있는지에 관심을 둔다.
③ 정보처리적 접근 : 지적 행동의 기초과정과 인간이 지능을 사용하는 방법을 분석하는 데 관심을 둔다.

(2) 학자들이 규정하는 지능의 의미

구분	내용
비네(Binet)	복잡한 정신능력
터만(Terman)	추상적 사고를 수행하는 능력
웩슬러(Wechsler)	목적을 향해 행동하고 합리적으로 사고하며 환경을 효과적으로 다루는 개인의 집합적 능력
가드너(Gardner)	문화적으로 가치 있는 성과, 업적을 창조하거나 문제해결에 필요한 유용한 정보를 처리하는 능력

2. 지능에 대한 전통적 관점 : 심리측정적 관점

(1) 스피어만(Spearman)의 2요인 이론
① 일반 요인(g 요인) : 어떠한 종류의 지능검사에도 적용 가능한 하나의 정신 속성이다.
② 특수 요인 : 언어유창성, 공간능력 등 특정 과제에 사용되는 능력이다.

(2) 써스톤(Thurstond)의 다요인설
① 일반 요인이 실제로는 7개의 구분되는 기본 정신능력으로 구성된다.
② 기본 정신능력(PMA) : 언어이해 요인과 기억 요인, 추리 요인, 공간시각화 요인, 수 요인, 단어유창성 요인, 지각속도 요인으로 구성된다.

(3) 길포드(Guilford)의 지능구조이론

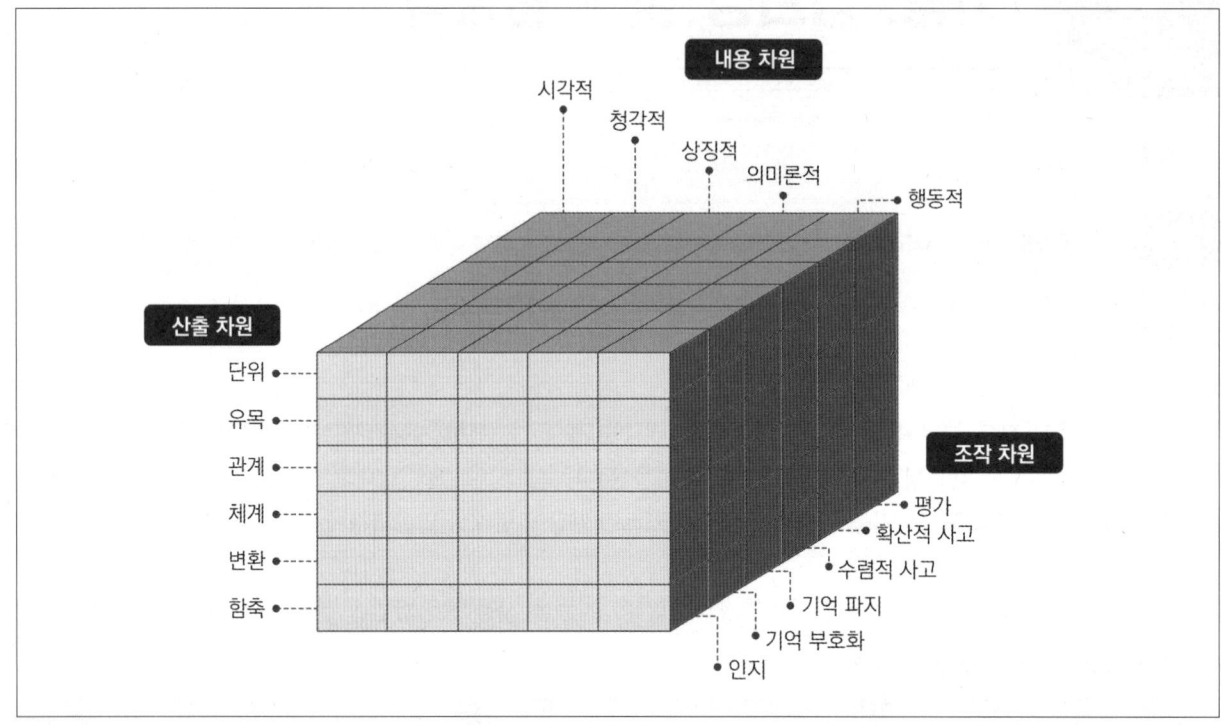

[그림 14-25] 길포드의 지능구조

① 지능 : 여러 종류의 상이한 정보를 다양한 방법으로 처리하는 능력들의 집합체이다.
② 지능구조 : 검사 문제에만 의존해서 구분할 수 없으며, 검사 문제가 불러일으키는 인지적 과정과 결과를 동시에 고려해야 한다.
③ 3가지 차원 : 정신능력에 포함되는 '내용' 차원, 그 요인에 요구하는 '조작' 차원, 조작이 내용에 작용하여 나타나는 '산출' 차원을 말한다. ➡ 180개의 정신능력

차원	의미	요인
내용 차원 (5가지 요인)	주어진 정보의 내용, 인지 활동을 일으키는 각종 자극	시각적, 청각적, 상징적(부호), 의미론적(문장의 의미와 개념), 행동적(자신과 타인의 행동)
조작 차원 (6가지 요인)	문제해결을 위한 정신적인 조작방법	인지(다양한 형태의 정보 내용을 발견, 인식하는 것), 기억 부호화(기억하기 위해 자료를 기억하기 좋은 부호로 바꾸는 것), 기억 파지(기억을 장기간 지속시키는 것), 수렴적 사고, 확산적 사고, 평가(무엇에 대해 결정하고 판단을 내리는 것)
산출 차원 (6가지 요인)	주어진 내용을 특정한 방법으로 조작하여 얻어지는 결과	단위, 유목(분류), 관계, 체계(계통), 변환(전환), 함축(은유)

㉠ 수렴적 사고 : 하나의 문제해결을 위하여 기존에 알고 있는 지식으로부터 가장 적합한 답을 찾아내는 방식의 사고를 말한다.
㉡ 확산적 사고 : 하나의 문제해결을 위해 여러 가지 다양한 해결 방식을 도출해 내는 사고이다.

(4) 카텔(Cattell)의 유동성 지능과 결정성 지능

① **유동성 지능**: 신경생리적 영향에 의하여 발달하는 지능으로, 생리적 발달이 지속되는 청소년기까지는 꾸준히 증가하나, 생리적 발달이 쇠퇴하기 시작하는 성인기 이후부터는 그 수준이 지속적으로 감퇴한다.
  ➡ 지각, 일반적 추리, 기계적 암기, 속도 등의 능력에서 잘 나타난다.

② **결정성 지능**: 특정한 환경과 개인적 경험, 문화적 영향에 의해 발달하는 지능으로서 가정환경, 교육 수준, 직업 등의 영향을 받는다. 환경적 자극이 지속되는 한 성인기 이후까지 꾸준히 발달한다.
  ➡ 논리적 추리, 언어, 문제해결, 상식 등의 능력에서 잘 나타난다.

(5) CHC 이론(Cattell-Horn-Carroll theory)

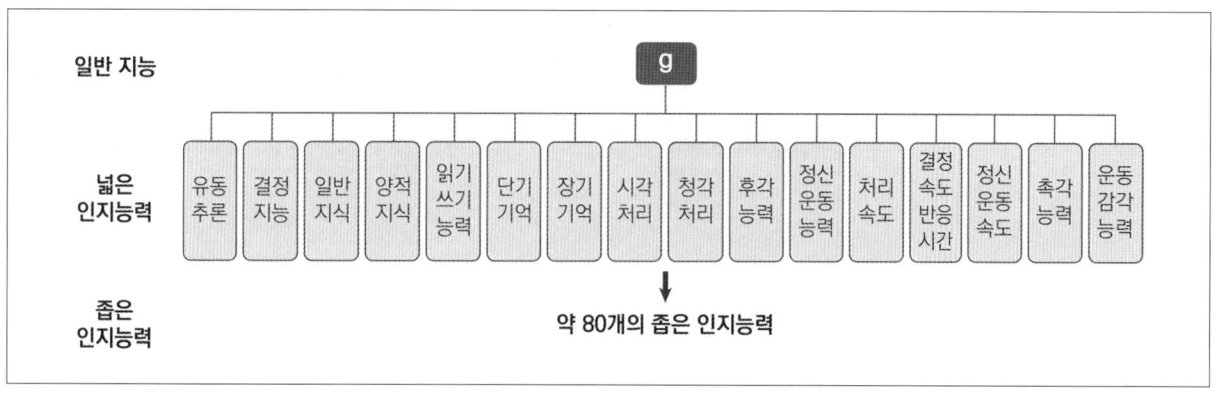

[그림 14-26] 현대 CHC 이론의 구조

① 카텔과 혼의 유동성 지능-결정성 지능 이론과 캐롤의 3개층 모형을 통합한 것이다.
② CHC 이론에 따르면 지능은 일반지능 g요인 아래에 16개의 넓은 인지능력과 80개가 넘는 좁은 인지능력으로 구성된다.
③ 16개의 넓은 인지능력: 유동추론, 결정지능, 일반지식, 양적 지식, 읽기/쓰기 능력, 단기기억, 장기기억 저장 및 인출, 시각처리, 청각처리, 후각능력, 정신운동능력, 처리속도, 결정속도/반응시간, 정신운동속도, 촉각능력, 운동감각능력이 포함된다.
④ 웩슬러 지능검사는 CHC 이론에 기반을 두고 있고, 언어이해, 시공간, 유동추론, 작업기억, 처리속도를 포함한 5요인과 5요인 점수를 합한 전체 지능지수의 위계구조 형태를 갖고 있다.

3. 삼원지능이론과 다중지능이론

(1) 스턴버그(Sternberg)의 지능의 삼원론 기출 23

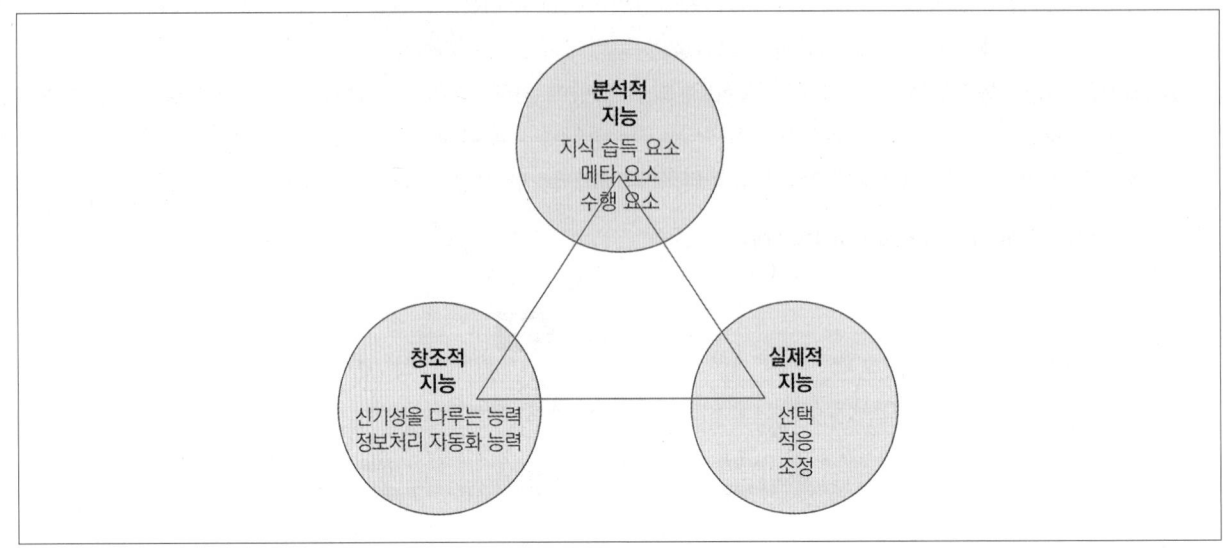

[그림 14-27] 스턴버그의 삼원론과 성공지능

① **지능에 대한 관점**: 인간이 특정 문제를 해결하고 지적으로 행동하기 위한 정보를 어떻게 모으고 사용하는지의 관점에서 접근했다.
② **지능의 삼원론**: 모든 사람에게 공통적으로 나타날 수 있는 인지과정을 강조한 이론으로, 삼원은 분석적 지능, 창조적 지능, 실제적 지능을 의미한다.

구분	내용
분석적 지능	• 인간의 정신과정과 관련된 것으로, 흔히 학문적 영역의 지능을 의미함 • 특정 정보나 문제를 분석하고 대조하며 평가하는 일련의 정신작용 • 구성요소 - 메타 요소: 어떠한 일을 사전에 계획하거나 일이 진행되는 동안 점검하는 것, 일을 통제하기 위해 평가하는 것과 같은 정신과정 - 수행 요소: 메타 요소인 고등 정신과정을 이행하기 위한 하위 수준의 과정 - 지식 습득 요소: 메타 요소와 수행 요소가 하는 것을 실제로 어떻게 해야 하는지에 대한 학습
창조적(경험적) 지능	• 인간의 경험과 연관된 것으로, 상상력, 발명, 종합적 능력을 포괄하는 창의적인 능력을 의미함 • 구성요소 - 신기성(novelty)을 다루는 능력: 통찰력 혹은 새로운 상황을 효과적으로 다루는 창조적 능력 - 자동화 능력: 새로운 해결책을 신속하게 일상적인 과정으로 바꾸어 많은 인지적 노력 없이도 적용할 수 있는 능력
실제적 지능	• 전통적인 지능검사 점수나 학업성취도와는 무관한 지능으로 적응, 선택, 조정의 세 부분으로 구성됨 • 실제 적응력, 사회적 유능성 등의 능력을 의미하며 일상 속에서 개인의 경험을 통해 향상됨

③ **성공지능**: 분석적 지능, 창조적 지능, 실제적 지능을 특정한 목적과 목표의 실현을 위해 집결하고 통합할 수 있는 일련의 능력을 말한다. 즉, 3가지 지능과 그에 해당하는 특별한 능력들 간의 균형이 유지될 때 인간은 자신의 목표를 성취하고 그에 따른 성공적인 경험을 한다.

④ 수업에서의 활용

구분	분석적 사고	창의적 사고	실제적 사고
국어	전래동화 『금도끼 은도끼』와 창작동화 『제키의 지구여행』의 차이점 비교하기	전래동화 『금도끼 은도끼』의 결말 부분을 새롭게 고쳐 보기	전래동화 『금도끼 은도끼』를 연극으로 실행하기 위한 각본 제작하기
수학	유리수와 정수의 개념을 대조하기	유리수와 정수의 개념을 도입하여 재미난 문제 만들기	유리수의 개념을 실제 생활에 적용해 보기
음악	판소리와 창극의 특성을 분석하기	'지구온난화'를 주제로 하는 3분짜리 창극 만들기	창극 공연을 위한 포스터 제작하기
미술	피카소와 김홍도의 작품을 비교하기	피카소가 수묵화를 활용했다면 어떤 그림을 그려냈을지 상상하기	피카소의 기법과 수묵화의 기법을 접목한 그림 그리기

(2) **가드너(Gardner)의 다중지능이론**

① 인간의 지능은 단일한 특성이 아닌 사회문화적 맥락의 영향을 받는 서로 독립적이고 다양한 유형의 능력으로 구성된다고 본다.

② 지능 : 문화적으로 가치 있는 물건을 창조하거나 문제를 해결하는 데 필요한, 그 문화에서 유용하게 쓰일 수 있는 정보를 처리하는 생물학적·심리학적 잠재력이다.
➡ 인간 두뇌의 해부학적 구조와 개인이 속한 문화의 관점에서 지능을 분석하고 이론화하여 다중지능이론을 제시했다.

③ 기존 지능이론과 다중지능이론의 비교

구분	내용
기존 지능이론	• 지능은 지능검사의 문항에 바르게 답하는 능력을 의미하며, 대체로 타고나는 능력 • 논리와 언어능력을 지능의 범위로 봄
다중지능이론	• 지능은 그 문화에서 유용하게 쓰일 수 있는 정보를 처리하는 생물학적·심리적인 잠재력 • 사람은 모두 지능을 가지고 있지만, 지능의 조합은 사람마다 다름 • 지능은 향상될 수 있으나 사람마다 향상 속도에서 차이를 보임

④ 두뇌 손상을 입은 환자들의 상이한 인지적 능력을 연구하여, 인간은 서로 연관이 적은 7가지 영역의 다중지능을 가지고 있다는 결과를 소개하였고, 후에 3가지 지능 영역을 추가하여 모두 10가지 하위 영역으로 확대하였다.

⑤ 지능 영역 [기출 23]

   ⊙ 언어지능 : 말하기와 읽기, 작문, 듣기 영역에 대한 민감성, 언어 학습능력, 특정 목표를 달성하기 위한 언어 활용능력 등을 포함한다.

   ⓒ 논리 – 수학 지능 : 어떠한 문제를 논리적으로 분석하고, 수학적 조작을 수행하고, 과학적인 방법을 사용하여 문제를 해결하는 능력을 의미한다.

   ⓒ 공간지능 : 시각적 세계를 잘 지각할 수 있고 지각한 것을 변형할 수 있으며, 균형과 구성에 대한 민감성, 유사한 양식을 감지하는 능력 등이 포함된다.

   ⓔ 신체운동 지능 : 문제를 해결하거나 사물을 아름답게 꾸미기 위해 몸 전체나 손, 얼굴표정 등의 신체 일부분을 활용할 수 있는 능력을 의미한다.

- ⑩ 음악지능 : 연주하거나 노래하기, 음악적 양식을 이해하거나 작곡 혹은 지휘와 관련된 능력이다. 음정과 리듬에 대한 민감성, 음악의 정서적인 측면에 대한 이해 등이 포함된다.
- ⑪ 대인관계 지능 : 타인의 욕구와 동기, 의도를 이해하고 다른 사람과 효과적으로 일할 수 있는 능력이다.
- ⑫ 개인내적 지능 : 대인관계 지능과 함께 인성지능(personality intelligence)에 속하는 지능이다. '자성지능'이라고도 불리며, 자신을 이해하고 자신의 욕구, 불안, 두려움 등을 잘 통제하여 효율적인 삶을 살아나갈 수 있는 잠재력을 의미한다.
- ⑬ 자연지능 : 자연에 존재하는 여러 종(species)을 잘 구분하고, 각각의 종 사이의 관계를 인식하고 규정하며, 자연과의 교감을 능숙하게 할 수 있는 능력이다.
- ⑭ 실존지능 : 존재와 삶의 의미에 대해 깊이 있게 생각하는 능력으로, 삶의 의미뿐만 아니라 영성, 희노애락, 인간의 본성, 삶과 죽음과 같은 실존적 문제들에 대해 고민하고 사고하는 것과 관련된 지능이다.
- ⑮ 도덕지능 : 도덕적이고 윤리적인 틀 안에서 문제를 해결할 수 있는 능력으로, 도덕적, 윤리적인 것과 관련된 지능이다.

> **참고** 위상학적 사고와 유클리드식 사고
> - 위상학적 사고 : 특정 사물이 다른 사물과의 관계 속에서 가지는 위치나 상태에 대한 사고능력을 의미한다. 유아에게 공간은 사물의 배치 그 자체를 의미한다. 즉, 유아는 물체를 떠나서는 공간의 개념을 이해할 수 없다.
> - 유클리드식 사고 : 위상학적 사고보다 더 발달된 형태의 공간지각 능력으로, 곡선, 다각형, 육면체, T자 모양 등을 인지하고 보다 입체적으로 사고할 수 있는 능력을 의미한다. 도형 인식 및 분류 능력 등을 모두 포함하는 사고능력이다.

⑥ 다중지능검사 : 학생 자신이나 부모, 교사가 각 질문에 답하는 자기보고식 체크리스트로 구성된다. 체크된 문항이 많을수록 해당 영역의 지능이 높은 것이며, 체크된 문항 수가 적은 영역의 지능은 덜 개발된 것이다.

⑦ 평가
- ㉠ 다중지능이론은 이전까지는 지능으로 간주하지 않았던 몇몇 능력이 중요한 지능의 영역이라는 점을 부각함으로써 학생 개개인이 가진 재능과 능력에 관심을 기울일 것을 촉구했다.
- ㉡ 누구나 강점지능과 약점지능이 있다고 봄으로써 모든 학습자가 강점과 약점을 가진 평등한 존재라는 시각을 확산했다.
- ㉢ 학교현장에서는 주로 언어나 논리적·수학적 지능 향상에 초점을 맞추던 것에서 벗어나 학생들의 서로 다른 강점지능을 계발하고, 이로써 약점지능을 보완하는 새로운 수업방식에 관심을 가지게 되었다.

4. 정서지능

(1) 정서지능

① 의미 : 자신과 다른 사람의 감정을 인식하고 구별하며 이해하는 능력이다. 또한 이를 바탕으로 감정에 따라 적절하게 행동하는 것을 의미한다.

② 모델
- ㉠ 능력 모델 : 살로베이(Salovey)와 메이어(Mayer)는 정서지능을 정서적 정보를 처리하여 사회적 환경에서 대처하기 위해 사용하는 능력으로 보는 능력 모델을 제시했다.
- ㉡ 특질 모델 : 정서지능을 능력보다는 자기보고를 통해 측정되는 행동적 특성으로 본다.
- ㉢ 혼합 모델 : 능력 모델과 특질 모델을 종합한 모델이며, 지능을 지도자적 수행을 이끄는 기술과 특성으로 정의한다.

③ 살로베이(Salovey)와 메이어(Mayer) : 자신의 내부에 정서가 발생했을 때 이러한 정서가 어떠한 수준으로 왜 일어났는지를 인식하는 능력, 자신의 불안이나 분노와 같은 정서를 조절하는 능력, 어떤 일을 할 때 자신을 적절히 분발시키고 역경을 헤쳐 나가는 능력, 상대방의 기분이나 분위기를 읽어내어 대인관계를 잘 맺는 능력을 총칭하여 정서지능이라고 설명하였다.

(2) **정서지능 모형의 4가지 영역(Salovey & Mayer)** 기출 25

① 정서 지각하기 : 자신이나 타인의 정서를 지각하는 능력이다. 정서 지각은 정서적인 메시지가 표정, 목소리 톤, 문화적 장치로 표현될 때 그에 대한 인상을 형성하고, 주의를 기울이며, 번역하는 것을 포함한다.

② 정서 활용하기 : 사고에 정서를 통합하고 인지적 활동을 촉진하는 방향으로 정서를 사용하는 능력을 의미한다. 이는 정서가 인지 체계에 어떻게 영향을 주는지에 초점을 두고, 더 효과적인 문제 해결 추론, 의사결정, 창조적 노력이 이루어지게 한다.

③ 정서 이해하기 : 정서적 개념과 의미, 정서와 그것이 나타내는 관계들 간의 연결, 시간에 따라 정서가 어떻게 혼합되고 진행되는지를 이해하는 능력을 말한다. 이 하위능력에서 가장 기본적인 것은 정서에 이름을 붙이고, 정서 어휘목록의 예들 간의 관계성을 인식하는 능력에 관한 것이다.

④ 정서 관리하기(정서조절) : 개인의 성장과 사회적 관계를 향상시키기 위해서 정서를 관찰하고 규제하는 능력을 의미한다. 정서지능이 높은 사람은 자신의 상황에 맞게 부정적인 기분과 정서를 수정하고, 긍정적인 기분과 정서를 유지할 수 있다.

(3) **살로베이와 메이어의 정서지능 : 4영역 4수준 16요소 모형**

영역	의미	수준
영역 I. 정서의 인식과 표현	자신과 타인의 감정과 기분을 정확하게 이해하고 표현하는 능력	• 수준 1. 자신의 정서를 파악하기 ➡ 얼굴표정과 신체 감각을 이용하여 정서를 구별하고, 자신의 내적 감정을 감지하고 복합적 감정까지도 인식하고 평가하는 능력 요구 • 수준 2. 타인의 정서를 파악하기 ➡ 타인의 표정, 언어, 행동, 몸짓, 상황 맥락에 따라 타인의 정서 인식 • 수준 3. 정서를 정확하게 표현하기 ➡ 자신의 감정과 욕구를 잘 표현하는 능력 • 수준 4. 표현된 정서들을 구별하기 ➡ 솔직한 표현과 솔직하지 못한 표현 구별, 사랑과 미움의 표현 구별, 언어와 행동의 차이 구별
영역 II. 정서와 사고 촉진	중요한 사건에 주의를 기울이게 하여 사고를 형성하고 촉진할 수 있는 능력	• 수준 1. 정서 정보를 이용하여 사고의 우선순위 정하기 ➡ **정서는 사고를 형성하고 촉진함** : 정서에 따라 사고의 우선순위를 결정 • 수준 2. 정서를 이용하여 판단하고 기억하기 ➡ 어떤 느낌과 관련된 판단이나 기억을 통해 정서를 불러일으켜 활동을 계획·지속·완성하게 함 • 수준 3. 정서를 이용하여 다양한 관점 취하기 ➡ 자신의 기분을 변화시킴으로써 자신의 관점도 변화시킴 • 수준 4. 정서를 활용하여 문제 해결 촉진하기 ➡ 슬픈 정서에서 할 수 있는 문제 해결, 즐거운 정서에서 할 수 있는 문제 해결

영역	의미	수준
영역 III. 정서 지식 활용	정서를 이해하고 정서 정보가 담고 있는 지식을 활용하는 능력	• 수준 1. 미묘한 정서 간의 관계를 이해하고 명명하기 ➡ 정서를 이해하고 활용하는 능력. 정서들 간의 관계 인식, 다양한 정서의 경험에 명칭 부여, 양립 불가능한 정서가 있음을 이해하는 것 • 수준 2. 정서에 담긴 의미를 해석하기 ➡ 정서적 추론을 가르침 예 친구를 잃는다는 것, 성취로 인한 기쁜 감정과 불공정한 분노의 감정 • 수준 3. 복잡하고 복합적인 감정을 이해하기 ➡ 정서의 복잡성을 이해하고 활용하는 것. 두 가지 이상의 복합된 감정(예 애증) 등 복잡한 감정 • 수준 4. 정서들 간의 전환을 이해하기 ➡ **정서가 연속적으로 변환** : 대인관계에서 감정의 진행을 추론하는 능력. 자신이 잘못했을 때 이를 시인하는 것
영역 IV. 정서의 반영적 조절	정서적 – 지적 성장의 향상을 위하여 정서를 의식적으로 조절하는 능력	• 수준 1. 정적·부적 정서들을 모두 받아들이기 ➡ 다양한 정서, 즉 부정적 정서도 인정하고 수용 • 수준 2. 자신의 정서로부터 거리를 두거나 반영적으로 바라보기 • 수준 3. 자신과 타인의 관계 속에서 정서를 반영적으로 들여다보기 ➡ '이 기분은 내가 너무 내 감정을 의식하기 때문이야' 등 정서에 대한 내성적 관찰 • 수준 4. 자신과 타인의 정서를 조절하기 ➡ 자신과 타인의 정서를 어떻게 조절하고 관리하는가의 문제

(4) **골만(Goleman)의 정서지능 5요소**

구성요소	내용
정서 인식능력	자신이 느끼는 정서를 재빨리 인식하고 알아차리는 능력
정서 통제능력	인식된 자신의 정서를 적절하게 처리하고 변화시키는 능력
동기부여 능력	어려움을 참아내어 자신의 성취를 위해 노력하는 능력
타인 정서 인식능력	타인의 정서를 자신의 것처럼 느끼고 읽는 능력
대인관계 관리능력	인식한 타인의 정서에 적절하게 대처하는 능력

16 지능의 측정

1. 지능지수

(1) **비네(Binet) 지능검사**

① 정상 아동과 지적장애 아동을 판별하기 위해 비네(Binet)와 시몬(Simon)이 개발했다.
② 정신연령(MA; Mental Age) : 연령에 따라 지능도 발달한다는 전제하에 정신연령 개념을 도입했다.
③ 터만(Terman) : 비네-시몬 검사의 소검사를 확장하고 미국 문화에 맞게 문항을 수정하여, 스탠포드-비네 검사를 개발했다.
  ㉠ 처음으로 지능지수(IQ)를 사용하여 지능검사의 점수를 나타냈다.

ⓒ IQ : 정신연령과 생활연령의 비율에 100을 곱한 값으로, '비율지능지수'로도 불린다.

$$지능지수(IQ) = [정신연령(MA) \div 생활연령(CA)] \times 100$$

④ 문제점 : 정신연령은 15세 이후로 거의 증가하지 않으나 실제 생활연령은 지속적으로 증가하기 때문에 결국 정신연령을 기반으로 계산되는 지능지수는 각 연령대에서 동일한 의미를 가질 수 없다.

(2) 웩슬러 지능검사와 편차지능지수 기출 20

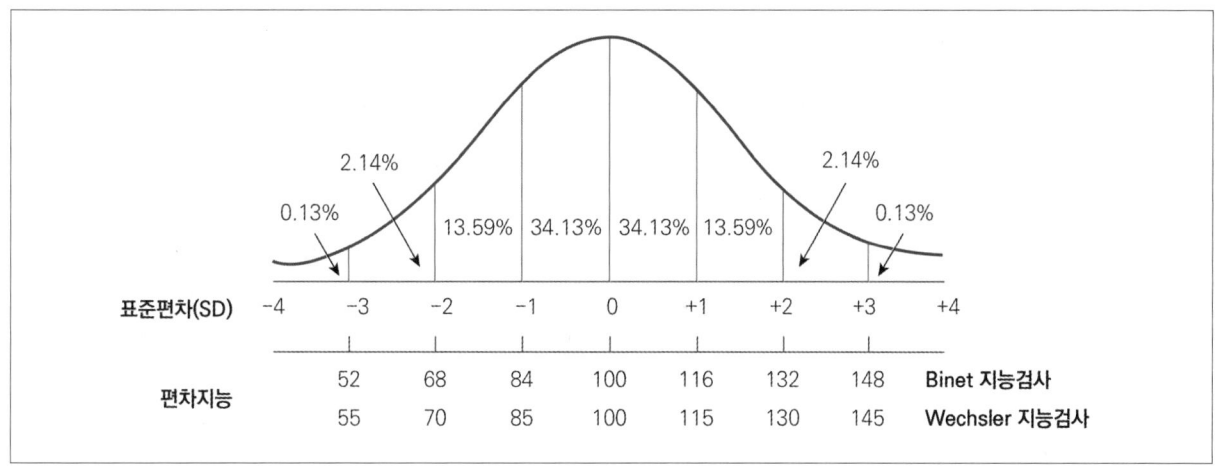

[그림 14-28] 지능검사 점수의 분포

① 편차지능 : 검사에서 점수를 받은 어떤 사람이 같은 연령의 집단인 모집단 내의 다른 사람과 비교하여 얼마나 위 혹은 아래에 있는지를 나타내주는 수치이다.
② 편차지능지수 : 동일한 연령집단에서의 상대적인 위치로 피험자의 지능을 표현하는 방법이다. 해당 연령집단을 모집단으로 하는 검사점수의 정규분포를 평균이 100, 표준편차 15 혹은 16인 표준점수로 환산한 척도에서 개인의 지능지수를 계산한다.
③ 장점 : 개인이 연령집단 내에서 차지하는 상대적인 위치를 알려준다.

2. 개인 지능검사와 집단 지능검사

(1) 개인 지능검사
① 피검자 한 사람을 대상으로 검사 전문가가 실시한다.
② 장점 : 피검자의 수행을 빠짐없이 관찰하여 검사점수에 반영된 능력과 더불어 반영되지 않은 측면까지도 파악할 수 있다.
③ 단점 : 검사시간이 오래 걸리고, 많은 비용이 든다.

(2) 집단 지능검사
① 한 번에 여러 사람의 지능을 측정할 수 있도록 주로 지필검사의 형태로 실시된다.
② 장점 : 한 번에 여러 사람을 검사할 수 있어 경제적이고, 지필검사 형태이므로 실시가 쉽다.
③ 단점 : 개인의 검사 수행을 개별적으로 관찰할 수 없기 때문에 검사점수에 포함되는 여러 오차의 원인을 알 수 없고, 결과적으로 오차 요인을 통제하기가 곤란하므로 신뢰성이 떨어진다.

3. 문화평형(공평)검사(cultural-fair test)

(1) 내용
① 기존 지능검사 : 검사가 제작된 문화와 사회적 맥락의 영향을 받는다. 지능검사의 문항이 특정 사회나 문화의 내용을 포함하는 경우, 사회적 배경이 다른 피험자는 해당 지능검사에서 좋은 점수를 받기 어려울 수 있다.
② 문화적 편향(cutural bias) : 검사에서 문항들이 특정 문화적 배경을 지닌 집단의 아동들에게 불리하게 작용할 때 발생된다.
③ 문화평형검사
　㉠ 문화적 편향을 고려하여 문화적 요소가 개인의 지능에 미칠 수 있는 영향을 제거하거나 최소화한 것이다.
　㉡ 언어가 미치는 영향을 최소화하기 위해 그림, 도형, 공간재료 등을 활용하여 조립 검사, 모양 맞추기 검사, 숨겨진 그림찾기 검사 등의 형태로 제작된다.

(2) 종류
① 머서(Mercer)와 루이스(Lewis)의 SOMPA(System Of Multicultural Pluralistic Assessment)
　㉠ 5세에서 11세까지의 아동 중 특히 저소득층 아동에게 유용한 검사이다.
　㉡ **영역** : WISC 검사로 측정된 언어성 지능과 동작성 지능, 1시간 동안 부모 면담을 통한 아동의 사회경제적 배경, 부모질문지를 통한 학교에서의 사회적응력, 의학적 검사를 통한 아동의 신체건강 상태를 알아본다.
② 기타 : 카우프만 아동용 지능검사, 위트킨(Witkin)의 숨겨진 그림검사, 레이븐(Raven)의 행렬검사 등이 있다.

> **참고** 역동적 검사
> - 검사자와 피검자의 역동적 상호작용을 바탕으로 피검자의 현재 능력과 잠재적 능력까지 동시에 측정할 수 있는 검사이다.
> - 검사자의 도움을 통해 피검자가 학습하는 과정, 몰랐던 부분을 새롭게 파악하게 되는 과정 등을 관찰하며 피검자의 가능성을 전망하는 방법이다.
> - 검사자와 피검자의 상호작용 속에서 피검자의 활동을 관찰했을 때 지금 발달하고 있는 능력이 무엇인지, 그 발달을 촉진하기 위해 어떤 수업 전략이나 도움이 필요한지를 발견할 수 있다.
>   예 학습잠재력 평가도구(LPAD) : 처음에는 아동에게 혼자서 문제를 풀라고 지시하지만 혼자 힘으로 풀지 못할 때, 점차적으로 표준화된 힌트를 준다. 이 검사는 '검사-훈련-재검사'의 형태로 아동의 잠재력을 평가한다.

17 지능 관련 쟁점

(1) 지능검사 해석
① 지능검사 점수와 학업성취도는 어느 정도 높은 상관을 보임 : 지능검사 점수는 학교에서의 학업성취도를 비교적 잘 예언할 수 있다. 이는 지능검사가 처음부터 학업성취도 수준을 예언할 목적으로 설계되었기 때문이다.
　예 한 연구에서 지능검사와 학업성취도 간의 상관은 .65로 정적 상관이 있었다.
② 높은 지능점수의 사람이 보다 높은 학력을 가지고 그에 따라 고위 직업을 갖는 경향은 있지만, 교육기간이 일정할 때 지능점수와 학교 이후의 삶에서 사회적·경제적인 성공 간에는 높은 상관관계를 보이지 않았다.

③ 주어진 직종에서의 성공은 측정된 지능지수와는 상관이 없으며, 다른 요인(예 개인의 동기, 사회적 기술, 운)이 차이를 만든다는 보고도 있다.
④ IQ 점수와 학업성취 간 중간 정도의 유의한 상관은 집단의 경향을 의미하는 것이며, 특정 개인의 IQ 점수가 항상 그의 학업성취와 유의한 상관을 보이는 것은 아니다. 개인의 학업성취는 공부습관, 흥미, 성취동기와 같은 많은 요인에 따라서도 달라진다.

(2) 유전과 환경
① 지능은 유전과 환경의 영향을 모두 받지만, 어떤 방식으로 상호작용하는지에 대한 학자들의 의견이 다르다.
② 유전 및 환경연구(Wolf)
  ㉠ 지능과 유전의 상관계수는 .50이지만, 지능과 환경 요인의 상관계수는 .76 정도로 나타났다.
  ㉡ 이 연구는 인간의 지능이 부모로부터 타고난 유전적 요인보다 후천적 환경 요인에 더 큰 영향을 받는다는 주장을 지지한다.
③ 종형곡선 연구 : 지능은 40~80%의 범위 안에서 유전적 영향을 받는다.
④ 일반적으로 유전은 지능의 범위를 나타내고, 환경은 지능 범위 내에서의 발달 수준을 결정한다.

(3) 환경적 영향
① 누적적 결함가설(cumulative deficit hypothesis) : 빈곤한 환경이 아동의 지적 발달을 억제하며, 이러한 억제효과는 시간이 경과함에 따라 누적되어 간다는 것이다. 따라서 아동이 빈곤한 환경에 오래 있을수록 지능발달은 그만큼 지체된다.
② 플린(Flynn) 효과 : 해가 거듭될수록 지능검사 점수의 평균점이 높아지는 현상이다.
  ㉠ 미국 군 입대 지원자의 IQ 점수 : 신병의 평균 IQ 점수가 10년마다 3점씩 올라간다는 사실을 밝혀냈다.
  ㉡ 벨기에, 네덜란드, 이스라엘 : 한 세대, 즉 30년 만에 평균 IQ 점수가 20점이 올랐다.
  ㉢ 원인 : 교육환경의 개선, 기술적 혁신, 여가활동 시간의 증가, IQ 검사의 반복 효과, 질 높은 영양 섭취 등 인간의 환경적 요인에 기인한다.

(4) 문화적 편향
① 초기 지능검사 : 검사의 내용이 특정 문화권의 피험자에게는 익숙하지 않은 내용으로 구성되어, 그러한 문항이 보고하는 지능지수의 편향성이 문제점으로 거론되었다.
② 문화공평(평형)검사 : 문화적 편향성으로부터 자유로운 검사지를 제작하기 위해 노력했으며, 그중 하나가 문화공평검사이다.
  ㉠ 제한점 : 피험자의 사회경제적 지위와 그에 따른 교육 수준의 영향으로부터 자유롭지 못하다.
  ㉡ 교육 경험이 많은 사람의 지능지수가 그렇지 못한 사람보다 더 높았다.
  ㉢ 문화공평검사 제작이 어려운 이유 : 대부분의 검사가 문화적 사고를 주요 요인으로 간주하는 경향이 있다.

18 창의성에 대한 이해

1. 창의성의 개념

(1) **일반적 정의**: 새롭고 적절한 산물을 생산할 수 있는 능력이다.
   ① 산물: 모든 종류의 아이디어와 생산물을 의미한다.
   ② '새롭다': 기존의 것을 모방하지 않은 독창적인 면을 가져야 한다.
   ③ 창의적인 것으로 인정받기 위해서는 기발하고 새로울 뿐만 아니라 유용하고 적절하고 가치 있어야 한다.
   ④ 개인의 특성에서 비롯되기도 하지만 사회문화적 맥락 속에서 이루어지는 사회적 현상이며, 집단적인 과정을 통해 발휘된다.

(2) **길포드(Guilford)의 지능구조이론**: 창의적 사고는 지능구조의 한 부분인 확산적 사고능력을 포함한다.
   ① 확산적 사고(divergent thinking) 기출 23 : 문제를 해결하기 위해 다양한 해결책이나 답을 모색하는 사고, 즉 하나의 문제에 대해 여러 가지 다른 해답을 할 수 있는 사고이다.
      ㉠ 민감성(sensitivity): 주변 환경에서 어떤 문제를 지각하는 능력이다.
      ㉡ 유창성(fluency): 주어진 문제에 대해 가능한 한 많은 아이디어를 산출하는 능력이다.
      ㉢ 융통성(flexibility): 다양한 방식으로 사고를 변화시켜 다양한 범주의 아이디어를 산출하는 능력이다.
      ㉣ 정교성(elaboration): 다듬어지지 않은 기존의 아이디어를 보다 세밀하고 치밀한 것으로 발전시키는 능력이다.
      ㉤ 재구성력(reorganization): 기존의 생산적인 생각이나 산물을 다른 목적이나 관점에서 재구성하는 능력이다.
   ② 수렴적 사고(convergent thinking): 여러 가지 가능한 해결책이나 답들 가운데서 가장 적합한 해결책이나 답을 모색하는 사고, 즉 하나의 문제에 하나의 정답을 유도하는 사고이다.

(3) **드 보노(de Bono)**: 창의성을 수평적 사고로 정의했다.
   ① 수직적 사고: 정확한 해결방법을 모색하고, 정보와 자료를 가지고 논리적으로 계열적 형태에 따라 단계적으로 사고하는 것이다.
   ② 수평적 사고: 판단을 유보하고 여러 아이디어를 탐색하며, 다양성에 중점을 두고 수많은 사고 통로를 생성하는 방법으로 창의적으로 사고하는 것을 말한다.

(4) **다차원적 접근**
   ① 다차원적 혹은 통합적 접근에서 창의성은 여러 요인이 상호 종합적으로 작용한다고 생각한다.
   ② 스턴버그(Sternberg) 등의 창의성 투자이론(Investment Theory of Creativity): 사람들의 창의성을 길러주는 자원(구성요소)을 집합시킬 수 있고 적절한 목표에 자신을 투자할 수 있다면 창의적이거나 창의적일 수 있는 잠재력을 가지고 있다고 주장한다.
   ③ 창의성의 구성요소
      ㉠ 지적 자원(intellectual resources): 3가지 지적 능력이 창의성에서 중요하다고 보았다.
         ⓐ 첫째, 새로운 문제 발견 및 이전 문제를 새로운 방법으로 보는 능력이다.
         ⓑ 둘째, 자신의 아이디어를 평가하는 능력이다.
         ⓒ 셋째, 아이디어의 가치를 다른 사람이 받아들일 수 있게 설득시켜서 아이디어를 개발하는 데 필요한 지원을 얻는 능력이다.

- ⓒ 지식(knowledge) : 자신이 선택한 분야의 광범위한 전문지식은 창의적인 기여를 하기 위해 필요하다.
- ⓒ 사고양식(thinking style) : 문제를 해결할 때 지식이나 능력을 적용하는 양식인데, 스턴버그는 입법적(legislative) 사고양식이 창의성에 중요하다고 하였다. 입법적 사고양식이란 과거에 인정해 왔던 것을 받아들이기보다 새로운 방법으로 사고하는 것을 선호하는 양식이다.
- ⓔ 성격(personality) : 혁신적 사고방식, 위험 감수 의지, 자기 신념의 용기, 불확실성 및 모호함에 직면하여 견뎌내는 참을성 등의 성격적 특성이 매우 중요하다.
- ⓓ 동기(motivation) : 창의성에는 내재적 동기 혹은 과제지향적 동기가 중요하다.
- ⓗ 환경(environment) : 창의성에 대한 부모, 가족, 교사, 학교, 사회의 지지적 환경이 중요하다.

2. 창의성 연구의 다양한 접근

> **참고** 창의성 4P에 관한 연구
>
> - **창의적 사람(creative person)** : 매우 창의적이라고 알려진 발명가, 과학자, 예술가의 자서전, 전기, 직접 인터뷰를 통해 자료를 수집하고 분석하여 이들의 공통적인 특성을 찾아내고 창의적 사람의 성격적 특성을 밝히기 위해 검사도구를 개발하는 것이다.
> - **창의적 과정(creative process)** : 크게 확산적 사고를 측정하는 연구와 창의적 문제 해결과정을 밝혀내는 연구로 구분된다. 이러한 연구에서는 창의적인 일이나 생각과 관련된 과정을 강조한다.
> - **창의적 산물(creative product)** : 사회적 집단에 의해 새롭고 유용하다고 평가된 제품, 아이디어, 서비스 등 유·무형의 산물을 강조한다. 창의적 산물을 만들 것을 요구하고, 직접적으로 산물 자체가 가지는 창의성 정도를 평가함으로써 창의성을 어떤 기준에 따라 판단해야 하는지를 연구하기도 하며, 창의성 평가기법으로 포트폴리오를 사용한 연구도 실시한다.
> - **창의적 환경(creative press)** : 한 개인이나 조직이 창의성을 발휘할 수 있는 사회적 환경, 물리적 환경, 가정 환경에 초점을 두고 있다.

(1) 창의적 인물
① 창의적 인물 : 창의적 인물의 공통적인 성격이나 특징을 도출해 내는 것이다.
② 스턴버그(Sternberg) : 창의적인 사람에게서 모호함을 견디는 태도, 장애물을 극복하고 성장하고자 하는 의지, 내재적 동기, 인정에 대한 욕구 등을 발견했다.
③ 토랜스(Torrance) : 창의적인 인물은 자신의 꿈, 미래에 대한 열정을 창의성의 원동력으로 삼는다.
④ 칙센트미하이 : 창의적인 인물은 상반되는 성격적 특징을 동시에 가진다. 경우에 따라 공격적이기도 하고 협조적이기도 하는데, 상황에 따라 보이는 상반되는 성격적 특징 자체가 창의적인 에너지의 역할을 한다.
⑤ 아마빌(Amabile) : 창의적 인물을 성격적 특성으로 바라보기보다는 특정 분야의 지식이나 기술, 창의성 관련 기술이나 능력, 내적 동기라는 3가지 요소의 조합으로 보았다.

(2) 창의적 과정
① 창의적 과정 : 창의성이 발휘될 때 일어나는 정신적 사고과정을 말한다.
② 토랜스의 창의적 과정 : 해결해야 할 문제와 정보에 있어서의 차이를 파악하고, 문제에서 부족한 요소와 잘못된 부분을 탐색하며, 이러한 부분에 대해 가설을 설정하고, 가설을 평가하고 검증하며, 가능하다면 이러한 가설을 다시 수정하고 재검증하여 최종적인 결과를 제시하기까지의 과정이 포함된다.

③ 왈라스(Wallas)의 창의적 사고과정

단계	내용
준비 단계	여러 가능성을 탐색하고 다양한 방법으로 해결책을 모색함
부화 단계	• 논리적인 의식 상태를 넘어 지적·의지적·정서적 기능을 결합하고, 온 신경을 집중하여 열중함 • 참여와 헌신을 통해 새로운 치환이나 병렬을 시도함
영감(조명) 단계	어떤 문제에 대한 가능한 해결책이나 좋은 아이디어가 의식 수준에 갑자기 나타나는 단계
검증 단계	해결책의 적절성을 검증하거나 아이디어가 실제로 작품으로 실행되는 단계

④ 오스본과 판즈(Osborn-Parnes)의 개인적 문제 해결 모형: '문제 덩어리 탐색 → 자료 탐색 → 문제 탐색 → 아이디어 탐색 → 해결방안 → 수용'이라는 6단계를 거치면서 수렴적 사고와 확산적 사고 활동이 번갈아 활용되는 창의적 사고모형으로 발전하였다.

(3) 창의적 산출물
① 창의적 산출물: 창의적 사고 활동으로 얻게 되는 유형·무형의 결과물을 의미한다.
② 창의성 '과정 대 결과' 문제: 창의적 활동이 종료된 시점에서 창의적인 산출물을 공식적인 형태로 제시해야 한다는 입장과 그렇지 못할 수도 있다는 입장이 있다.
  ㉠ 후자의 경우 창의성이란 창의적인 결과를 제시할 수 있는 가능성을 의미하지 항상 창의적인 산출물을 제시할 수 없다는 것이다.
  ㉡ 특정 결과를 중심으로 창의성을 파악하면, 학생들에게 결과 제시를 강요할 것이고, 이러한 강요는 학생들의 창의성을 꺾어 버릴 수 있다.
③ 창의적 결과 수준의 검토
  ㉠ 객관적 창의성: 한 개인의 창의적 사고활동의 결과가 일반적인 창의성의 준거, 즉 산출물의 새로움과 가치 혹은 실용성이라는 준거를 충족시킴을 의미한다.
  ㉡ 주관적 창의성: 자기 혼자만의 창의적 노력을 뜻하는 것으로, 그 결과는 자신에게만 의미가 있는 경우이다.

(4) 창의적 환경
창의적 사고과정을 자극하고 창의적 산출물이 완성되기까지 창의성 발휘에 도움이 되는 물리적인 환경이나 심리적 환경, 가정, 학교, 문화 등 총체적이고 복잡한 일체의 상황을 말한다.

(5) 창의성과 지능
① 지능은 창의성의 필요조건이지만 충분조건은 아님: 창의성에 지능이 어느 정도는 필요하지만 지능이 높다고 반드시 창의적인 것은 아니다.
② 식역이론(threshold theory)
  ㉠ 창의성은 일정 수준 이상의 지능을 필요로 하지만, 그 이상의 지능 수준에서는 지능과 창의성의 관계가 분명하게 나타나지 않는다.
  ㉡ IQ 점수 120까지는 창의성과 지능이 어느 정도 정적 상관을 보이지만, 120 이상부터는 관계가 없다.

③ 왈라(Wallach)와 코간(Kogan)의 창의성과 지능 연구

구분	내용
창의성과 지능이 모두 높은 집단	• 자아존중감, 자아통제력, 표현력 등이 높고 외향적이며 대인관계 능력이 우수함 • 주의집중력이 강하고 학구적이며 감수성이 예민함
창의성은 높고 지능은 낮은 집단	• 교실에서 가장 인정받지 못하는 집단 • 자아존중감이 낮고 주의집중력이 떨어졌으나 평가가 없는 상황에서는 가장 우수한 수행능력을 보였으며 평가에 대한 두려움을 갖고 있었음
창의성은 낮고 지능은 높은 집단	• 학업성취도에 예민하고 학교에서의 성공을 중요하게 여기고 동료와의 대인관계가 좋음 • 시험에서 우수한 능력을 보였으나 실패에 대한 두려움을 가지고 있었음
창의성과 지능이 모두 낮은 집단	• 학업성적이 낮은 반면 사회활동은 활발하고 외향적이었음 • 창의성이 높고 지능은 낮은 집단보다 오히려 자아존중감이 더 높게 나타남

(6) **창의성의 통합적 접근 : 칙센트미하이의 창의성 체계 모형**

① 창의성 : 개인, 영역, 활동 현장의 상호작용 속에서 형성된다.

② 3가지 요소

영역	설명
개인 (person)	해당 영역에서 활동하며 활동 현장에서 자신의 성과물을 제시하고 평가를 받음
영역 (domain)	개인이 활약하는 특정 분야나 학문 영역으로, 그 영역 내에서는 해당 영역이 요구하는 실천 양식이나 고유한 상징적 체계들과 전문성의 수준이 존재함
활동 현장 (field)	산물에 대해 평가・선별・유포 등을 실시하는 사람들로, 이들은 새로운 아이디어나 산출물이 그 영역에 적합한지, 해당 영역에서 인정될 수 있는지를 판단하는 역할을 함

➡ 개인은 영역의 행동 양식이나 절차를 변화시키는 일을 함으로써 활동 현장의 변화를 일으키고, 이 변화가 다시 영역 내로 포함될 때 창의성이 발생한다.

③ 창의성은 개인이 활동하는 현장과 영역에 영향을 받고, 개인의 능력은 현장과 영역에 또 다시 영향을 미치는 형태로 발현된다.

④ 창의성은 개인의 성격적 특성이나 재능 자체로 규정될 수 없고, 사회적 맥락과의 상호작용 속에서 특성과 형성과정을 살펴봐야 하는 인간의 능력이다.

19 창의성의 측정과 훈련

1. 창의성 검사

(1) 토랜스(Torrance)의 창의성 검사

① 길포드가 제안한 확산적 사고를 중심으로 창의성을 측정함: TTCT는 확산적 사고를 유창성, 유연성(융통성), 독창성, 정교성의 하위 요소로 측정하며 언어검사와 도형검사로 구성한다.

② 검사 구성: 언어검사(verbal A형, B형)와 도형검사(figure A형, B형)
   ㉠ 언어검사: 질문하고 추측하기, 작품 향상, 색다른 용도, 색다른 질문, 가상하기 검사로 구성된다.
   ㉡ 도형검사: 불완전한 그림을 유의미하게 완성하는 검사로, 그림 구성, 도형 완성, 반복적인 닫힌 도형검사로 구성된다.

③ 대상: 유치원생부터 성인까지 사용할 수 있다.

④ 확산적 사고의 주요 변인

구분	설명
유창성	주어진 문제에 대해 가능한 한 많은 아이디어를 만들어내는 능력 예 원을 다양한 그림으로 변환하기, 각기 다른 반응의 수로 측정하기
융통성	다양한 방식으로 사고를 변화시켜 아이디어나 해결책을 만들어내는 능력 예 그림의 범주가 다양할수록 융통성이 높음
독창성	기존의 것과는 다른 참신하고 독특한 아이디어를 산출하는 능력 예 검사를 치른 사람의 5~10% 정도가 보이는 희귀한 반응을 할 때 독창성이 있다고 봄
정교성	처음 제안한 아이디어를 가다듬고 더 정교하게 표현하여, 보다 유용하고 가치 있게 발전시키는 능력

(2) GIFT(Rimm & Davis, 1976)

① GIFT(Group Inventory for Finding Talent): 인성특성을 통해 창의성 수준을 평가하는 검사로 GIFT, GIFFI-I·II가 있다.

② GIFT 검사: 초등학생용으로 '예' 혹은 '아니요'로만 응답하게 되어 있고, '독립성, 융통성, 호기심, 인내심, 다양한 관심분야, 지금까지의 창의적 활동과 취미' 등과 관련된 내용으로 구성되어 있다.

③ GIFFI(Group Inventory for Finding Interest): I은 중학생 대상이며, GIFFI II는 고등학생 이상을 대상으로 한다.
   ㉠ 5점 척도로 평정한다.
   ㉡ 독립성, 자기신뢰, 위험감수, 에너지, 모험심, 호기심, 사려심, 유머감각 등과 관련된 내용으로 이루어져 있다.

(3) 창의성 산물검사

① 주관적 측정방법: 정형화되지 않은 일상에서의 과제 수행을 관찰하고, 이를 통해 창의성을 측정한다.
   ㉠ 그림을 보고 이야기를 만들어 구술하기, 이미 알고 있는 이야기를 새로운 이야기로 창작하기
   ㉡ 제공된 자료를 이용하여 콜라주 만들기
   ㉢ 새롭고 재미있는 창의적인 수학문제 만들기
   ➡ 피검사자가 자신만의 방식으로 그림을 그리거나 이야기를 창작하게 된다.

② 합의적 측정 기법(amabile; CAT) : 산출물에 대한 사회적 평가를 통해 그 산출물을 만든 개인과 그 과정의 창의성을 판단하는 방법이다.
　㉠ 방법 : 피검사자로 하여금 이미 알려진 이야기를 바탕으로 새로운 이야기를 만들어내게 한 다음, 이 분야의 전문가, 작가, 영화제작자, 만화가 등에게 5점 척도로 평가하게 한다.
　㉡ 필요한 조건
　　ⓐ 과제는 특정한 전문적 기술을 요하지 않는 것이어야 한다.
　　ⓑ 창의적 산물을 평가하는 사람은 해당 영역에 대한 경험을 소유한 사람이어야 한다.
　　ⓒ 평가자 간에 독립적으로 평가가 진행되어야 한다.
　　ⓓ 창의성과 아울러 심미적 요소도 고려하여 평가해야 한다.
　　ⓔ 절대적인 기준에 의하지 않고 다양한 차원에 근거한 종합적인 평가여야 한다.

2. 창의성 훈련

(1) 펠두슨(Feldhusen)의 퍼듀 창의적 사고 프로그램(Purdue Creative Thinking Program : PCTP)
　① 위대한 인물이나 사건에 초점을 맞춘 32개의 프로그램으로 구성되어 있다.
　② 특징 : 오디오테이프를 활용하여 창의적 사고활동을 하도록 유도하는 것이 특징이다.
　③ 단계
　　㉠ 첫 단계 : 창의적인 문제해결의 원리를 소개한다.
　　㉡ 두 번째 단계 : 역사적으로 유명한 사람이나 사건에 대한 토의가 진행되는데, 이때 오디오테이프를 통한 청각자료를 사용함으로써 학생들이 주제에 더욱 주의를 기울이도록 하며 상상력을 최대한 발휘하도록 도울 수 있다.
　　㉢ 세 번째 단계 : 앞서 들은 내용을 바탕으로 토의한다.
　④ 목표 : 창의적인 인물과 사건에 초점을 맞추기, 창의적인 사고를 자극하기 위해 정보를 제공하기, 상상력을 촉진하기 위해 언어 자극을 이용하기, 창의적인 사고와 문제해결력을 기르기

(2) 코빙톤(Covington)의 생산적 사고 프로그램(Productive Thinking Program : PTP)
　① 초등학교 고학년 학생들을 대상으로 만들어졌으며, 상황의 불일치를 인지하는 방법과 가설을 세우는 방법을 익히도록 구성되어 있다.
　② 구성 : 학생들이 학습하는 과정에서 학자, 경찰, 기자, 과학자 등과 같이 생각할 수 있도록 16개의 '만화식 책자'로 구성되어 있다.
　③ 특징 : 프로그램을 읽는 학생들은 만화에서 제공되는 다양한 정보를 이용하여 문제를 해결해 가며, 규칙적으로 피드백을 받으면서 문제를 해결한다.

(3) 드 보노(de Bono)의 CORT(Cognitive Research Trust) 사고 프로그램
　① 학습자 사고의 효율성 증진을 위해 고안된 것이다.
　② 구성
　　㉠ 일련의 문제가 제시되어 있고, 4~5명의 소집단으로 수업이 진행되며, de Bono에 의해 고안된 사고 기법을 사용하여 문제를 해결하도록 구성되어 있다.
　　㉡ CORT 1부터 CORT 6까지 6부로 구성되어 있는데, CORT 1에 PMI 기법이 소개되어 있다.

3. 창의적 사고 기법

(1) 브레인스토밍 전략

① 브레인스토밍(brainstorming) : 오스본(Osborn)이 개발한 기법으로, 창의적인 아이디어를 산출하기 위해 여러 사람이 아이디어를 자유롭게 토의하는 기법이다.

② 특징
  ㉠ 아이디어를 내는 과정과 그것을 평가하는 과정을 분리한다.
  ㉡ 아이디어는 평가가 수반될 때 자유롭고 창의적으로 표현하기가 힘들어지기 때문이다.

③ 기본 원칙
  ㉠ 평가는 마지막까지 유보하고, 비판하지 않음 : 어떤 형태의 아이디어든 비판하지 않고, 아이디어 자체에만 전념하며 자신의 아이디어도 비판하지 않는다.
  ㉡ 우스꽝스러운 아이디어도 수용 : 아이디어는 자유분방할수록 좋으므로, 아무리 우스꽝스러워도 수용한다.
  ㉢ 아이디어는 가능한 한 많이 제안 : 브레인스토밍에서는 우선 많은 아이디어를 생성하는 것이 중요하므로 질보다는 양을 우선시한다.
  ㉣ 결합과 개선 추구 : 제시한 많은 아이디어의 결합과 개선을 통해 더 좋은 아이디어로 발전시킨다.

④ 집단의 구성
  ㉠ 구성원 : 가능하면 다양한 경험을 가지고 있고 성별과 연령도 다양할수록 효과가 높다.
  ㉡ 리더 : 브레인스토밍은 더 이상 아이디어가 잘 나오지 않을 때 오히려 새로운 양질의 아이디어가 나오므로 집단원에게 좋은 아이디어를 내도록 격려한다.
  ㉢ 시간 : 실시 시간은 30~40분이 적당하다.
  ㉣ 인원 수 : 7~8명이 적절하나 경험이 적어 많은 아이디어를 내기 어려운 경우 15명 정도까지도 가능하다.

⑤ 포스트잇을 활용한 브레인라이팅 기법
  ㉠ 포스트잇 활용 : 많은 사람이 한꺼번에 말하다가 아이디어가 손실되는 일이 생기지 않고, 비판이 두려워서 아이디어를 내지 않는 사람도 아이디어를 낼 수 있으며, 많은 아이디어 중 우수한 아이디어를 선택하는 데 효과적인 방법이다.
  ㉡ 방법

  > - 포스트잇을 여러 개 붙인 A4 용지를 인원 수만큼 만든다.
  > - 포스트잇 하나에 아이디어 1개씩 적은 다음, 계속 돌려가면서 아이디어를 적는다.
  > - 아이디어를 모두 적은 다음, 포스트잇을 모두 떼어내 같은 주제로 분류한다.
  > - 그중 좋은 아이디어를 선정하여 정교화한다.

  ㉢ 장점 : 다른 사람이 아이디어를 기록하는 동안 기다리지 않아도 되므로 아이디어를 차단하는 효과를 줄일 수 있고, 익명성이 보장되므로 평가불안이 줄어들며, 아이디어를 분류하기 쉽다.

(2) SCAMPER(스캠퍼) 기법

① 질문 목록에 따라 체계적으로 새로운 아이디어를 자극하는 방법이다.
② 오스본(Osborn)이 아이디어를 이끌어내는 질문 75개를 제시한 후 다시 9개로 정리한 것을 에버를(Eberle)이 다시 재조직한 것이다.

③ 질문 목록과 예시

약자	의미	설명
S	Substitute 대체하기	기존의 것을 다른 것으로 대체함 예 도자기로 만든 칼
C	Combine 결합하기	두 가지 이상을 결합하여 새로운 것을 만들어냄 예 전기청소기에 물걸레 기능을 결합
A	Adapt 적용하기	어떤 것을 다른 분야의 조건이나 목적에 맞게 응용함 예 상어비늘의 성질을 이용하여 만든 전신수영복, 코끼리 코의 움직임을 이용하여 굴착기 제작
M	Modify/Magnify/Minify 수정하기/확대하기/축소하기	어떤 것의 특성이나 모양 등을 변형, 확대 또는 축소하여 새로운 것을 생성함 예 컴퓨터를 축소하여 태블릿 PC 제작
P	Put to other use 다른 용도	다른 용도로 사용될 가능성을 생각함 예 한지로 만든 가죽 옷
E	Eliminate 제거하기	어떤 것의 일부분을 제거해 봄으로써 새로운 것을 생성함 예 유선 전화기에서 선을 제거하여 무선 전화기 제작
R	Rearrange/Reverse 재배열/역방향	재배열하여 새로운 것을 생성함 예 무쇠 솥뚜껑을 뒤집어 프라이팬으로 사용

(3) 여섯 색깔 모자 사고 기법

① 드 보노가 개발한 기법으로, 6가지 다른 색깔의 모자(six hat)로 어떤 문제에 접근하는 6가지 역할과 방법을 규정하는 창의적 사고방법이다.

② 모자의 역할과 의미

구분	역할	의미
파란 모자	사회자, 사고에 대한 사고	목표, 개관, 순서, 규율 선정, 결론 및 요약
흰색 모자	정보 제공	중립적이고 객관적인 정보와 사실
빨간 모자	감정 표현	감정, 느낌, 직관, 육감
노란 모자	긍정적인 측면 부각	긍정적 측면, 희망적 측면
검은 모자	분석적·비판적 사고	부정적 판단, 실패할 만한 이유, 잠재된 위험 요소
초록 모자	창의적인 아이디어, 부정적인 요인을 극복하는 아이디어 제공	창의적 아이디어, 새로운 해결책

③ 주어진 문제에 대해 요구되는 다른 유형의 사고를 함께 해보면서, 문제 해결을 위한 새로운 관점을 발견하고 습관적이고 일상적인 사고의 틀에서 벗어날 기회를 제공한다.

④ 사고의 틀(frame of mind)인 다양한 모자를 의도적으로 바꾸어 써봄으로써 다양한 사고를 나누어 해보고, 각각의 사고 유형에 효율적으로 집중하고 마침내 합리적인 해결책에 도달한다.

⑤ 장점 : 모자의 도움으로 다양한 각도에서 사고하고, 자신의 감정도 솔직하게 표현할 수 있다.

⑥ 유의점 : 각 팀 리더만 모자의 전환을 지시할 수 있고, 모자별로 시간을 너무 길지 않게 하는 것이 바람직하다.

(4) 디자인 싱킹(design thinking)
① 켈리(Kelly)의 창의적 문제 해결방법 : 관찰과 인터뷰, 상호작용을 통하여 사용자를 진정으로 이해하고 그들의 핵심 문제를 찾아 해결해 주는 인간중심 해결방법(human centered solution)이다.
② 과정 : 공감하기 → 문제를 정의하기 → 아이디어 내기 → 프로토 타입 만들기 → 평가하기
  ㉠ 공감 : 자세히 관찰하고 질문하고 직접 체험하고 경청하는 것을 통해 사용자와 같은 느낌을 가지게 되고, 문제 해결에 대한 통찰력을 얻게 된다.
  ㉡ PoV(Point of View)를 통해 사용자가 어떤 문제를 가지고 있는지 문제를 재정의하고, 그 문제에 대한 통찰을 가진다.
  ㉢ 브레인스토밍을 통해 문제를 해결하기 위한 다양한 아이디어를 내고, 그중 가장 좋은 아이디어를 정한 다음, 개략적으로 신속하게 프로토 타입을 만든다.
  ㉣ 프로토 타입 : 완성품이 나오기 전의 성능 검증과 개선을 위한 시제품을 의미한다. 프로토 타입에 대한 여러 번의 평가와 피드백을 통해 창의적 문제 해결이 가능해진다.

(5) PMI(Plus, Minus, Interesting point) 기법
① 드 보노가 개발한 사고기법으로, 아이디어나 어떤 상황에 관하여 긍정적인 측면(예 좋은 점, 좋아하는 이유), 부정적인 측면(예 나쁜 점, 싫어하는 이유), 흥미로운 점을 차례로 생각하도록 하여 사고를 확장시키는 기법이다.
  ➡ 제시된 아이디어의 좋은 점, 나쁜 점, 흥미로운 점들을 모두 살펴보고, 제안된 해결안 중 어느 것이 최선책인지 결정하는 방법이다.
② 문제나 아이디어를 정확히 이해하고, PMI 순서대로 생각들을 열거한 후, 열거된 생각을 토대로 원래의 문제 또는 아이디어를 종합적으로 평가한다.
  ㉠ P(Plus) : 좋은 점, 장점, 긍정적인 측면, 더하기
  ㉡ M(Minus) : 나쁜 점, 단점, 부정적인 측면, 빼기
  ㉢ I(Interest) : 흥미로운 점, 독특한 점, 새로운 면

(6) 강제연상법
① 색다른 용도법(unusual uses) : 원래의 용도 외에 다른 용도로 사용할 수 있는 방법을 찾아보게 하는 것이다.
② 강제결합법(forced relationships) : 억지로 관계를 맺어 보도록 하는 활동으로, 문제를 창의적으로 해결하기 위해 전혀 관계가 없어 보이는 아이디어나 물건을 강제로 연관시키는 훈련방법이다.

(7) 시네틱스(synectics)
① 고든(Gordon, 1961)이 개발한 기법으로, 이 기법은 친숙한 것을 이상한 것으로 바라보도록 하거나 친숙하지 않은 것을 친숙한 것으로 받아들이는 경험을 통해 창의적 사고를 증진시키는 방법이다.
② 방법
  ㉠ 환상적 유추 : 브레인스토밍할 때와 마찬가지로 모든 아이디어를 비난하지 않고 받아들이면서 다른 사람의 아이디어를 토대로 자신의 아이디어를 발달시키는 것이다.
  ㉡ 직접적 유추 : 실제생활 내에서 유사한 문제를 찾아보도록 하는 것인데, 이것이 환상적 유추와 다른 점은 환상적 유추가 완전히 가상의 상황인 반면에, 직접적 유추는 실제 상황이라는 점이다.
  ㉢ 개인적 유추 : 개인 자신이 문제의 주체가 되어 생각하는 방법이다. 그 예로 "내가 만일 새롭게 고안된 병따개라면 어떤 모양이 되고 싶은가?"와 같이 사람이 문제의 일부분이 되어 보는 것이다.

(8) 속성열거법(attribute listing)
① 크로퍼드(Crawford, 1954)가 창안한 기법으로, 이 기법은 문제의 대상이나 아이디어의 다양한 속성을 목록으로 작성하여 세분된 각각의 속성에 주의를 기울이도록 하는 방법이다.
② 구성 : 대상의 주요 속성을 열거하기, 속성을 변경시킬 수 있는 방법을 열거하기, 한 대상의 속성을 다른 대상물의 속성을 변경하는 데 이용하기 등으로 이루어져 있다.
③ 대상의 속성 : 명사적 속성, 형용사적 속성, 동사적 속성으로 구분한다.

20 학습유형

1. 학습 및 인지 유형

(1) 학습유형(학습양식, learning style)
① 새로운 정보에 집중하고 그 정보를 처리하고 기억하는 방식이다.
② 질적인 차이 또는 선호하는 것을 나타내는 가치중립적인 개념이므로, 어느 유형이 다른 유형보다 더 좋은 것이라고 단정할 수 없다.

(2) 인지유형(인지양식, cognitive style)
① 인간이 자신을 둘러싼 외부 환경이나 사물을 지각할 때 인지적·정의적 특성에 따라 주어진 상황이나 정보를 독특한 방식으로 지각·기억·사고하는 인지활동이다.
② 지적 수준이나 능력의 차이를 반영하는 것은 아니며, 개인이 선호하는 사고유형에 따른 것이다.

(3) 양식의 특징

인지양식		내용
장	의존성	지각대상 유형을 전체로 지각하는 인지양식으로, 다른 사람의 의견을 잘 받아들이고 자신의 의견을 수정함
	독립성	• 한 지각대상 유형에서 여러 개의 부분을 지각하고 분석하는 인지양식 • 자신을 다른 사람과 분리시켜 자율적으로 행동함
인지양식	충동적	주어진 문제에 빠르지만 자주 부정확하게 반응하는 인지양식
	반성적(숙고적)	주어진 문제에 천천히 주의 깊고 정확하게 반응하는 인지양식
사고양식	수렴적 사고	문제에 대한 해결책으로 한 가지 정답만을 추구하는 인지양식
	확산적 사고	다양한 해결책이나 답을 모색하는 인지양식으로 유창성, 융통성, 독창성 등이 포함됨

2. 학습 및 인지 유형의 종류

(1) 던(Dunn)의 학습유형
① 학습유형 : 정보를 선택하고 획득하는 능력에 영향을 주는 학습자세 또는 학습환경이다.
② 구성요소(21가지)
  ㉠ 환경 요인, 정서 요인, 사회 요인, 생리 요인, 심리 요인 등에서 학생이 학습하는 요령이 학습유형을 형성하는 중요한 구성요소가 된다.

ⓛ 요소별 특징

요인	내용
환경 요인	• **소리** : 공부할 때 들리는 소리에 대한 반응 • **빛** : 빛에 대한 반응 정도를 나타내는 것 • **기온** : 학생들이 온도에 따라 다른 경향성을 나타내는 것 • **가구 및 좌석 디자인** : 공부할 때 어떤 학생은 푹신한 소파를, 어떤 학생은 딱딱한 의자를 선호함
정서 요인	• **동기** : 어떤 학생은 외적으로 동기화되지만, 어떤 학생은 내적으로 동기화됨 • **지속적** : 시작한 과제를 끝까지 하는 것을 좋아하는 학생이 있고, 그렇지 않은 학생도 있음 • **책임** : 자신이 결정한 일에만 책임감을 느끼는 학생이 있고, 해야 하는 것을 잘 따르는 학생도 있음 • **구조화** : 학생이 학습할 때 구조화된 것을 원하는지 스스로 선택하는 것을 원하는지의 선호를 말하며, 어떤 학생은 지시를 좋아하지만 어떤 학생은 자신의 방식으로 하는 것을 좋아함
사회 요인	• 혼자서 공부하는 것을 좋아하는 경우, 둘이서 공부하는 것을 좋아하는 경우, 집단으로 공부하는 것을 좋아하는 경우, 성인과 함께 공부하는 것을 좋아하는 경우 등 선호하는 방식이 다양함
생리 요인	• **지각** : 감각기관의 지각 차이로, 어떤 학생은 듣는 정보를, 어떤 학생은 읽는 정보를 더 잘 받아들임 • **간식** : 공부하는 동안 음식이나 음료 섭취를 즐기는 정도 • **시간** : 개인의 최대 능력 발휘 시간이 언제인가를 의미함 • **이동** : 공부하는 동안 움직이고자 하는 욕구
심리 요인	• **전체적/분석적** : 전체적인 학생은 학습과제의 전체적인 형태나 인상에 집중하지만, 분석적인 학생은 주어진 학습과제의 차이점을 잘 분별함 • **좌뇌/우뇌 경향성** : 학습에서 좌뇌 사용을 선호하는 학생도 있고, 우뇌 사용을 선호하는 학생이 있음 • **충동적/숙고적** : 충동적인 학생은 빠르게 반응하지만 오류가 많고, 숙고적인 학생은 복잡한 개념을 철저하게 분석하여 구별하는 경향이 있음

(2) **위트킨(Witkin)의 장독립형과 장의존형**

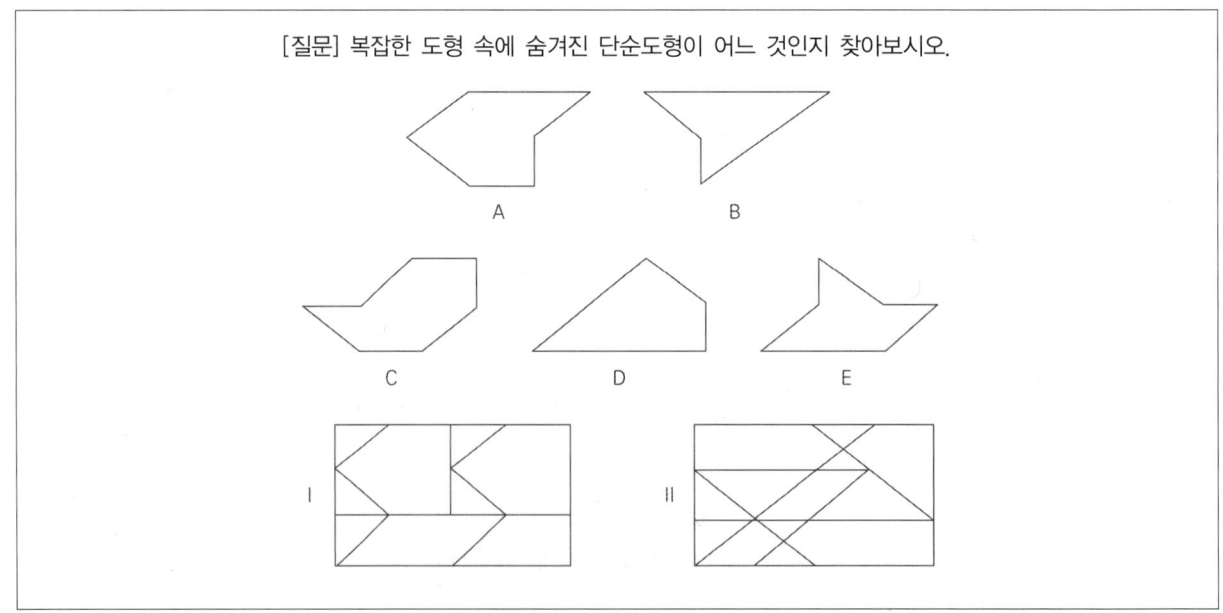

[그림 14-29] 잠입도형검사의 예

① 장독립과 장의존
　㉠ 인지과정에서 정보, 자극에 대한 심리적 분화(psychological differentiation) 정도를 나타내는 지표이다.
　㉡ 전체적인 장의 구조가 그 속에 포함된 자극을 지각하는 데 영향을 주는 정도를 의미한다.
② 측정 : 잠입도형검사(EFT; Embedded Figure Test), 신체조정검사 등을 통해 측정한다.
　➡ 잠입도형검사 : 장독립형은 특정한 도형을 쉽게 찾을 수 있지만, 장의존형은 찾는 데 시간이 오래 걸리거나 전혀 찾아낼 수 없다.
③ 장독립형(field-independent) : 장(배경)의 영향을 별로 받지 않는 인지양식이다.
　㉠ 주변 상황으로부터 자신을 잘 분리할 수 있는 사람이다.
　㉡ 방해 요인에 대해 독립적이고 비사교적이며, 다양한 자극 중에서도 추상적인 것에 많은 관심을 가진다.
　㉢ 사람 간의 상호작용을 덜 강조하는 천문학, 공학과 관련된 직업을 선호하고 수학, 물리와 같은 추상적인 과목을 선호한다.
　㉣ 교사 : 학생 간의 경쟁을 이용하거나 독립적인 성취를 조장하는 교수유형을 선호한다.
④ 장의존형(field-dependent) : 장(배경)의 영향을 많이 받는 인지양식이다.
　㉠ 방해 요인을 무시하기 어렵고, 사회 분야에 관심이 많으며, 자신의 태도와 믿음을 정할 때 다른 사람에게 의존한다.
　㉡ 사람들과 관계있는 사회과학과 같은 학문이나 가르치는 직업을 선호하며 매우 인간적이다.
　㉢ 사회적 강화가 크게 영향을 미친다.
　㉣ 교사 : 학생들과 상호작용하거나 대화하는 것을 좋아한다.
⑤ 장독립형과 장의존형의 차이
　㉠ 학습유형

장독립형	장의존형
• 분석적으로 지각	• 전체적으로 지각
• **섬세한 방식으로 경험** : 구조나 제한조건 부여	• **전체적 방식으로 경험** : 주어진 구조에 고착
• 개념을 구체적으로 구분	• **개념의 일반적 관계를 봄** : 폭넓은 구별
• 사회 과목을 단지 과제로만 학습	• 사회 과목을 가장 잘 학습
• 개념 자체에 관심	• 자신의 경험과 관련된 자료에 관심
• 자기 자신이 세운 목표와 강화를 가짐	• 외적으로 부과되는 목표와 강화를 요구
• 자신이 구조화할 수 있음	• 구조화된 것이 필요함
• 비판에 영향을 적게 받음	• 비판에 영향을 많이 받음
• 개념 획득을 위해 가설검증 접근	• 개념 획득을 위해 관망자적 접근

　㉡ 교수유형

장독립형	장의존형
• **강의법과 같은 교수상황을 선호** : 수업의 인지적 측면 강조	• 학생들과의 상호작용이나 토론을 허용하는 교수상황 선호
• 주제를 소개하기 위해 질문 사용	• 수업상황을 확인하기 위해 질문 사용
• 교수가 조직한 학습상황 이용	• 학생중심의 활동을 이용
• 교사를 원리 적용을 조장하는 사람으로 인식	• 교사를 사실을 가르치는 사람으로 인식
• **정확한 피드백** : 부정적 평가 사용	• **적은 피드백** : 부정적 평가 회피
• 학습을 조직·안내하는 학습환경을 형성	• 따뜻하고 인격적인 학습환경을 형성

ⓒ 학생 동기화 방법

장독립형	장의존형
• 점수를 통해 • 경쟁을 통해 • 활동의 선택, 개인의 목표를 통해 • 과제가 그에게 얼마나 유용한지 보여주는 것을 통해 • 구조를 디자인할 자유를 주는 것을 통해	• 언어적 칭찬을 통해 • 교사를 돕는 것을 통해 • 외적 보상을 통해 예 별, 스티커, 상 • 다른 사람에게 과제의 가치를 보여주는 것을 통해 • 윤곽과 구조를 제시하는 것을 통해

(3) 카건(Kagan)의 충동형과 숙고형

① 같은 그림 찾기 검사(MFFT)를 통해 과제에 대한 반응속도와 반응에서 틀린 수로 개념적 속도라는 학습유형 차원을 제시했다.

② 충동형과 숙고형

구분	내용

충동형
(impulsive style)
	• 대답을 빨리 하지만 틀린 답이 많음
	• 문제를 해결할 때 빠른 행동을 좋아함
	• 단순한 문제의 경우 숙고형에 비해 더 나은 과제 수행을 보인다.
	• **극단적인 경우**: 읽기나 기억 과제에서 더 많은 실수를 하고 추론 문제나 시각적인 구별이 필요한 과제에서 오답을 내리는 경우가 많음
	• **수정방안**
	  – 말로 표현하는 과정을 통해 문제 해결의 충동성을 수정할 수 있음
	  – 사지선다형 문제를 풀 때 오답이라고 생각하는 것에 연필로 먼저 표시하는 방법을 사용하는 것도 도움이 됨

숙고형 (reflective style)	• 대답은 늦게 하지만 틀리는 경우가 적음 • 행동하기 전에 정보를 수집하고 분석하는 것을 좋아함 • 복잡한 과제의 경우 모든 대안을 고려해야 하기 때문에 충동형에 비해 수행 수준이 높게 나타남 • **극단적인 경우**: 까다로운 문제에 부딪힐 때 한 문제를 너무 오래 생각하다 다른 문제를 놓치는 경우가 생길 수 있음 • **수정방안**: 과제를 시간 내에 완성할 수 있도록 어려운 문제는 건너뛰는 전략을 가르쳐야 함

(4) 콜브(Kolb)의 학습유형

① 학습자가 사용하는 정보지각 방식과 정보처리 방식에 의해 학습유형이 결정된다.

② 정보지각 방식

  ㉠ **구체적 경험**: 직접 경험하고 깨달은 일을 통해 학습하고, 학습 상황에서 사람들과 함께 하기를 좋아하며 사람들과의 관계를 중시한다.

  ㉡ **추상적 개념화**: 논리와 아이디어를 사용하여 학습하면서 문제 해결에 접근하고, 체계적으로 계획을 수립, 이론을 개발하고, 정확하고 논리적인 사고를 하며, 추상적인 생각이나 개념을 중요시한다.

③ 정보처리 방식

  ㉠ **숙고적 관찰**: 판단하기 전에 주의 깊게 관찰하고, 여러 관점에서 사물을 조망하고 아이디어를 내며, 행동하기보다 관찰을 좋아하고, 정보를 수집하여 범주를 창출한다.

  ㉡ **활동적 실험**: 문제를 지켜보기만 하는 것이 아니라 실제로 문제에 접근하고자 하고, 실험을 시도한다. 문제 해결, 실제적 결론을 찾아내는 것과 기술적 과제를 좋아한다.

④ 학습유형

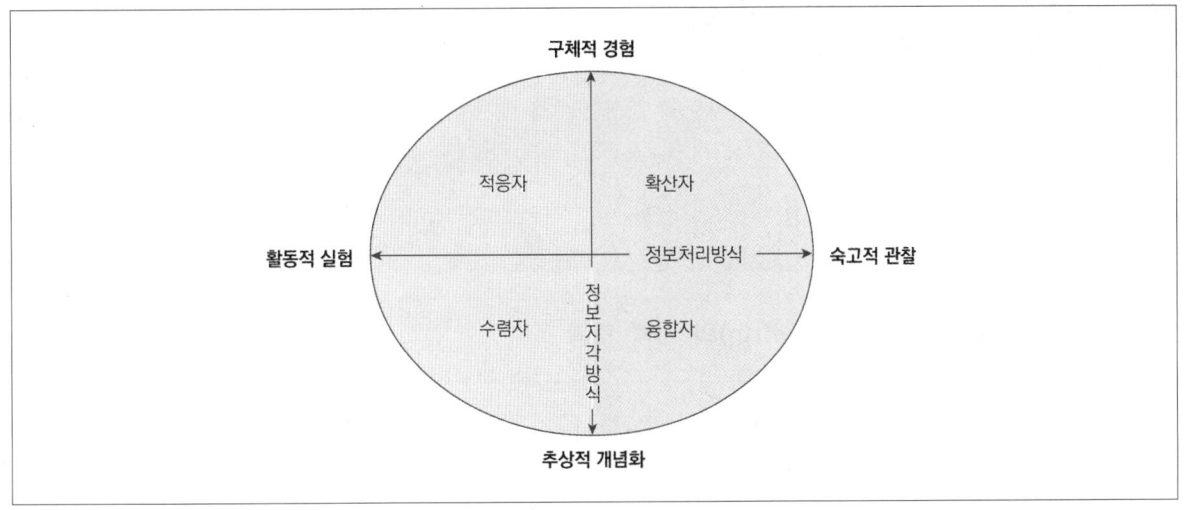

[그림 14-30] 콜브의 학습유형

요인	내용
확산자	• 구체적인 경험을 통해 지각하고, 숙고적으로 관찰하는 유형의 학습자 • 상상력이 뛰어나고 한 상황을 여러 관점에서 조망할 수 있으며, 많은 아이디어를 낼 수 있음 • 흥미 분야가 넓어 다양한 분야의 정보를 수집하고, 학습과정에서 교수자나 동료 학습자와 좋은 인간관계를 맺는 정서적인 특징을 가짐
융합자	• 추상적으로 개념화하여 지각하고, 숙고적으로 관찰하여 정보를 처리함 • 논리성과 치밀성이 뛰어나고 귀납적 추리에 익숙하므로 이론화를 잘함 • 넓은 범위의 아이디어를 잘 종합하고 다각적으로 이해할 수 있어, 이론적으로 모형을 만드는 일을 잘할 수 있음 • 과학적이고 체계적인 사고를 하며, 분석적·추상적 사고에도 강함
수렴자	• 추상적으로 개념화하여 지각하고 활동적으로 실험하면서 정보를 처리함 • 이들은 아이디어와 이론을 실제적으로 응용할 수 있으므로 의사결정, 문제 해결능력이 뛰어남 • 느낌보다 이성에 의존하며 가설을 세우고 연역적으로 추론하며 과제에 체계적이고 과학적으로 접근함 • 인성적 특성이 사고지향적이라 사회 문제나 사람 관계에는 능숙하지 못한 대신 기술적인 과제, 문제를 잘 다룸
적응자	• 구체적인 경험을 통해 지각하고 활동적인 실험을 통해 학습정보나 상황을 처리함 • 계획 실행에 뛰어나며, 새로운 경험을 추구하고 새로운 상황에 잘 적응함 • 학습 특성을 통해 추출할 수 있는 인성적 특성으로는 모험적·감각적이고 실험적인 점을 들 수 있음 • 논리적으로 분석하기보다는 감각적이며 느낌에 따라 행동하므로, 문제를 해결할 때도 자신의 기술적인 분석에 의존하기보다는 사람들에게 의존하며 지도력이 탁월함

(5) 시사점

① 학습양식을 고려하여 교수양식을 다양화해야 함 : 강의식 수업뿐 아니라 문제중심학습, 협동학습 등을 활용하여 학생 개개인의 욕구를 만족시키도록 한다.

② 학생으로 하여금 자신이 가장 효과적으로 학습하는 방식을 생각해 보게 함 : 이를 통해 학습자는 자기감독과 자의식을 개발할 수 있다.

제6절 기억과 사고

21 기억과정

1. 앳킨슨(Atkinson)과 쉬프린(Shiffrin)의 기억 모형

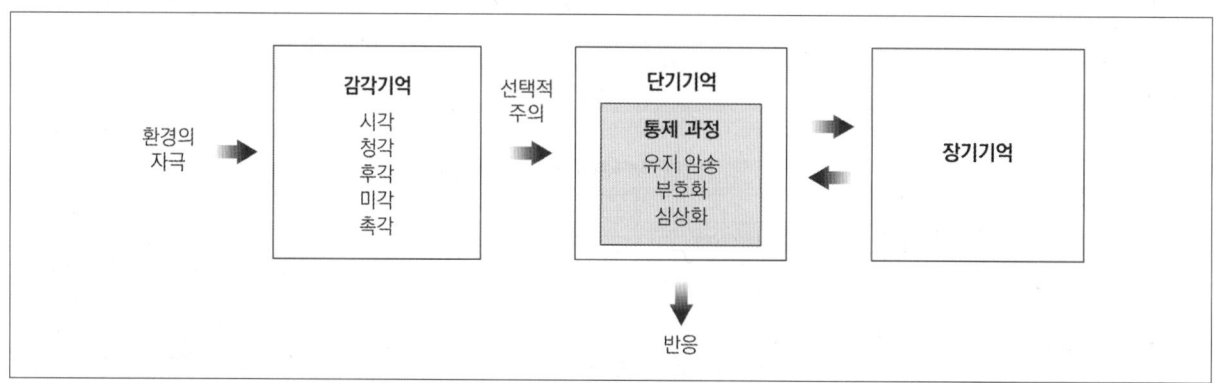

[그림 14-31] 앳킨슨과 쉬프린의 중다기억 모형

(1) **3가지 기억과 통제과정** : 기억저장고에는 3가지의 기억과 통제과정이 있다.
  ① **감각기억** : 수많은 정보를 받아들일 수 있으나 그중 일부만이 선택될 수 있다.
  ② **단기기억** : 용량이 제한적이지만 시연될 수 있고 지속기간이 짧다.
  ③ **장기기억** : 정보를 무제한적으로 저장할 수 있다.
  ④ **통제과정** : 학습을 촉진하기 위해 사용하는 전략이며 시연, 부호화, 심상화 등이 있다.

(2) **이중기억 모형(dual-memory)**
  단기기억과 장기기억의 구분을 강조하기 때문에 '이중기억 모형'이라고 불린다.

2. 감각기억(sensory memory)

(1) **감각기억**
  ① '감각저장'이라고도 하며, 아주 짧은 기간 동안 감각기관에 주어진 자극 그대로 저장해두는 단계이다.
  ② 감각기억의 정보는 아주 짧은 기간 동안 원래의 감각양식으로 유지되며 시각적 패턴, 음성, 촉각적인 형태로 지속될 수 있다.
  ③ 나이서(Neisser, 1967) : 시각 감각기억을 영상기억(iconic memory), 청각 감각기억을 청상기억(echoic memory)이라고 명명했다.
  ④ 감각기관에 수용된 자극 중 감각기억의 지속시간 내에 주의를 기울인 자극만이 그 정체를 판단할 수 있고, 그 정보가 감각기억에서 단기기억으로 넘어간다.

(2) 스펄링(Sperling)의 부분 보고법 실험(1960)

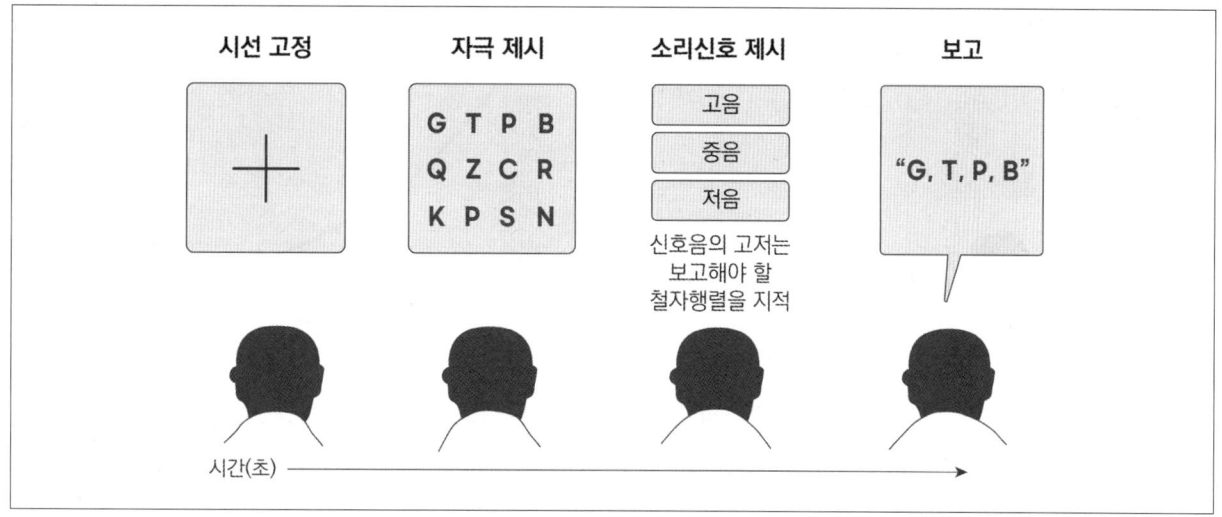

[그림 14-32] 스펄링의 부분 보고법

① 실험 참가자들에게 철자행렬을 제시하고 곧이어 고음, 중음, 저음 중 한 가지를 들려주었다.
② 이 소리는 실험 참가자에게 상열, 중열, 하열 중 어느 한 열의 철자를 보고하라는 신호의 기능을 했다.
③ 연구 결과, 철자행렬을 제시한 직후 신호를 주었을 때가 가장 정확했고, 다만 음을 지연시킬수록 지연시간에 비례하여 철자를 보고하는 정확률이 떨어졌다.
④ 이는 영상기억, 즉 저장고의 기억흔적이 아주 짧은 시간 내에 소멸되기 때문이다.
⑤ 그러나 감각기억 내의 정보 보유량이 항상 고정된 것은 아니다. 또한 시각뿐 아니라 다른 감각양식에 있어서도 이와 유사한 특징을 지닌 감각기억이 존재한다.

3. 단기기억(short-term memory) 기출 25

(1) 부호화와 저장
① 단기기억의 정보
㉠ 첫째, 감각자극 중 주의를 기울인 정보, 즉 감각저장고에 있는 정보 중 주의를 기울인 정보가 있다.
㉡ 둘째, 장기기억에 있는 정보 중 단기기억으로 인출된 정보가 있다.
② 단기기억의 특징 : 정보 유지시간이 20~30초로 짧고, 정보처리 용량이 5~9개 단위로 제한된다.
③ 짧은 지속시간 : 단기기억에 들어온 정보는 시연하지 않으면 시간이 지남에 따라 재빨리 소멸된다.
㉠ 시연(rehearsal) : 단기기억의 정보도 시연을 하면 그 이상을 유지할 수 있으며, 또한 시연은 단기기억의 정보를 재순환시키는 역할을 한다.
㉡ 기계적/유지형 시연(maintenance rehearsal) : 장기기억으로의 전이 가능성이 낮다.
㉢ 정교형 시연(elaborative rehearsal) : 성공적으로 정보의 전이를 이루게 된다. 이 시연에서는 정보가 체계화되고, 이전의 정보와 논리적인 연결관계를 형성하거나, 심적 이미지를 구성하는 등의 매우 풍부한 정보 간 연결고리를 만들게 된다.

> **참고** 피터슨(Peterson)과 피터슨(Peterson)의 단기기억 연구(1959)

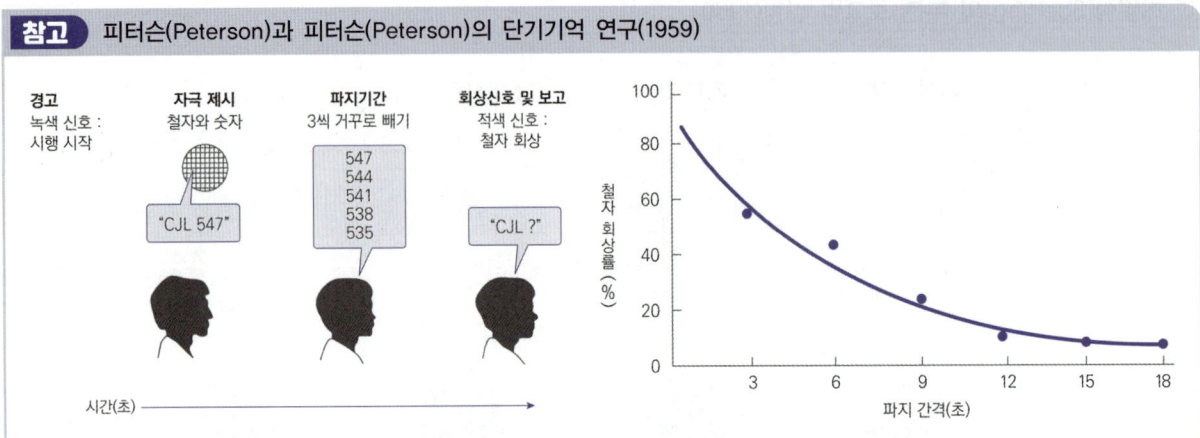

[그림 14-33] 피터슨과 피터슨의 단기기억 연구와 단기기억의 소멸률

- 실험 참가자들에게 'CJL'과 같은 3개의 자음을 짧은 순간 동안 제시했다.
- 곧이어 '547'과 같은 숫자를 들려주고 회상단서가 제시될 때까지 그 숫자에서 계속 3을 빼도록 지시했다.
- 시간이 지남에 따라 철자의 파지율은 감소하고, 18초 후에는 거의 모든 철자를 회상할 수 없었다.
- 시연하지 않을 경우, 단기기억의 최대 지속기간은 20~30초로 보았다.

④ **저장용량의 제한**: 단기기억의 용량은 제한되어 있다.
  ㉠ 밀러(Miller): 사람은 평균 7개의 수, 문자, 단어를 기억할 수 있다고 보았다. ➡ '신비의 수, 7±2'
  ㉡ 단기기억고가 꽉 찬 상태에서 새로운 정보가 들어오면 단기기억에서 처리 중인 정보가 새 정보로 치환된다.
    ▣ 전화번호를 외우고 있는데 누군가가 "노량진에 어떻게 가야 합니까?"하고 물으면 노량진의 정보가 단기기억 속에 있는 전화번호와 충돌하는 것
    ⓐ 단기기억 용량이 제한되어 있기 때문에 사람들의 과제 수행능력도 제한될 수밖에 없다.
    ⓑ 군집화(청킹, chunking): 친숙한 자극을 하나의 단위로 묶는 것으로, 이 군집화를 통해 많은 정보를 기억하고 단기기억의 용량을 증가시킬 수 있다.
      ▣ ITW-AC-IAIB-M → FBI-TWA-CIA-IBM
    ⓒ 철자를 자신의 친숙한 단위로 조직하면 군집화가 쉬워진다. 이미 장기기억에 저장되어 있는 친숙성이 군집화를 도와주기 때문이다. 이 경우 장기기억의 정보가 단기기억으로 전이되었다고 볼 수 있다.

(2) **인출**
  ① 스턴버그(Sternberg)의 기억탐사 실험: 단기기억에 있는 정보는 한 번에 하나씩 순차적으로 처리되는 특징을 가진다.

> **참고** 스턴버그의 기억탐사 실험
- 참가자들에게 기억해야 할 숫자들(▣ 4, 7, 2)을 알려준 다음, 화면에 검사 자극으로 숫자 하나(▣ 3)를 보여주고 기억해야 할 숫자인지 아닌지를 판단하게 하는 실험이었다.
- 이 실험을 통해 기억해야 하는 항목이 많아지면 판단하는 데 걸리는 시간이 그에 비례하여 길어진다는 결과를 얻었다.
- 이는 단기기억에서는 한 번에 한 번씩 인출하는 계열처리가 일어난다는 것으로 해석할 수 있다.

② 단기기억의 정보의 망각
   ㉠ 다른 정보에 의해 대체된다고 보는 입장이 강하다.
   ㉡ 단기기억에 있는 정보 중에 약한 정보는 활성화 정도가 낮은 정보라고 할 수 있다.
      예 단기기억에 들어온 지 오래된 정보, 시연이 되지 않은 정보 등
   ㉢ 하지만 단기기억에 있다고 모두 인출되는 것은 아니며, 단기기억에 있는 다른 정보의 간섭을 받아 인출에 실패하는 경우도 있다.

4. 작업기억(working memory)

(1) 단기기억과 작업기억
   ① 작업기억: 새로운 정보를 조작하여 저장하거나 행동적인 반응을 하는 곳으로, 지금 이 순간 의식적으로 활성화되는 기억저장고이다.
   ② 용어에 따른 차이: 단기기억은 저장의 측면이 강조되고, 작업기억은 주어진 정보를 처리하는 측면이 강조된다.

(2) 배들리(Baddeley)의 작업기억 모형(1986) 기출 25 : 저장과 처리를 구분한다.

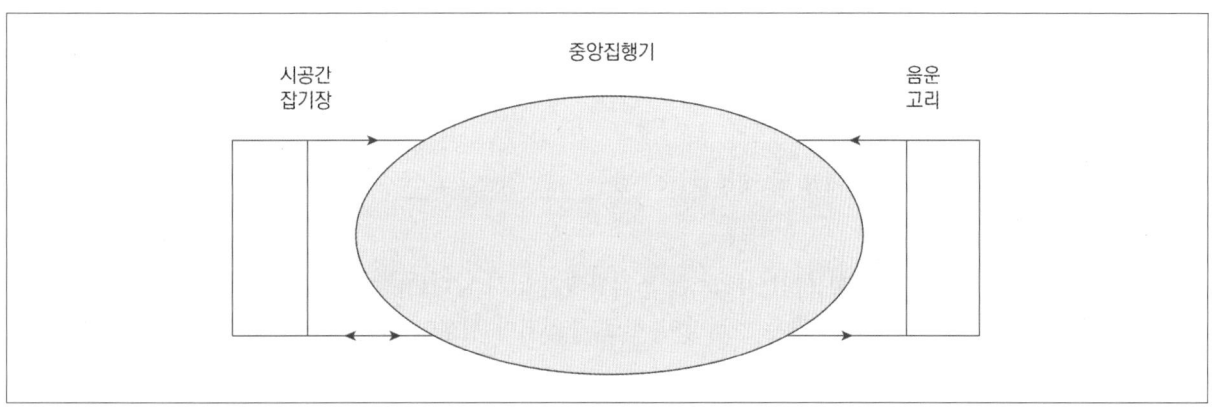

[그림 14-34] 배들리의 작업기억 모형

① 음운루프(phonological loop): 언어이해와 청각적 암송을 담당한다. 발화, 어휘, 숫자 정보 등을 청각적으로 부호화하고 유지하는 기능을 수행한다.
② 시공간 잡기장(visuospatial sketchpad): 시각적 심상과 공간정보를 유지하고 조정한다.
③ 중앙집행기(central executive): 정보를 한꺼번에 처리할 수 있도록 정보량을 제한하고, 추리와 의사결정에 관여하며, 하위 영역에 명령을 내리고 통제하는 역할을 한다.
   ➡ 저장소를 둘로 나눈 것은 언어 정보와 시공간적 정보가 독립적으로 처리되고 저장되기 때문이다.

5. 장기기억(long-term memory)

(1) 특징
   ① 장기기억의 정보: 비교적 오랫동안 유지되고 기억용량에도 거의 제한이 없다.
   ② 감각기억, 단기기억과 달리 정보를 무한으로 저장할 수 있고 저장된 정보는 오랫동안 유지된다.

(2) 부호화와 저장
① 장기기억으로 부호화하기 위해서는 기억해야 할 정보를 깊은 수준으로 처리하거나 기억해야 할 정보를 다른 정보와 연결하는 정교화 처리 또는 조직화하는 것이 도움이 된다.
② 크레이크(Craik)와 록하트(Lockhart)의 처리깊이(수준)이론(level of processing)
㉠ 처리가 깊을수록(의미적일수록) 파지가 우수함 : 피상적 수준에서 처리된 정보는 쉽게 망각되지만, 의미적 수준에서 처리된 정보는 지속기간이 길어진다.
㉡ 얕은 처리(shallow processing) : 단어, 문자와 같이 아주 기본적인 수준에서 또는 단어의 발성과 같은 중간 수준에서 정보를 부호화하는 것이다.
㉢ 깊은 처리(deep processing) : 단어의 의미에 근거하여 의미적으로 정보를 부호화하는 것이다.
③ 섬광기억(flashbulb memory) : 정서적으로 중차대한 순간이나 사건에 대한 선명한 기억이다. 흔히 너무 감동받은 사건이나 충격적 사건을 경험한 사람들은 그 사건에 대한 생생한 일화적 기억을 가지고 있다.
④ 정교화(elaboration) : 의미처리를 하는 경우 그 단어는 다른 정보와 연결되는데, 이렇게 다른 정보와 연결하는 것을 정교화라고 한다.
㉠ 동시에 주어지는 다른 정보와 연결하는 정교화뿐만 아니라 자기가 알고 있는 다른 정보와 연결하는 정교화 처리도 기억에 도움이 된다.
㉡ 정교화 처리를 하면 부호화가 잘될 뿐만 아니라 그 정보를 직접 인출하지 않아도 관련된 다른 정보를 통한 인출에도 도움이 된다.
⑤ 조직화(organization) : 기억해야 할 정보를 뜻, 범주 등을 기준으로 조직화하여 제시하면 기억이 더욱 잘 된다.

(3) 조직화와 인출
① 조직화 : 장기기억에서 최소한 어떤 식으로든 조직화되어 있지 않다면 장기기억에 있는 정보는 쓸모가 없고, 연구 결과에 따르면 장기기억은 많은 조직망이 서로 중첩되어 뒤섞여 있는 것으로 보인다.
② 의미망(semantic network)

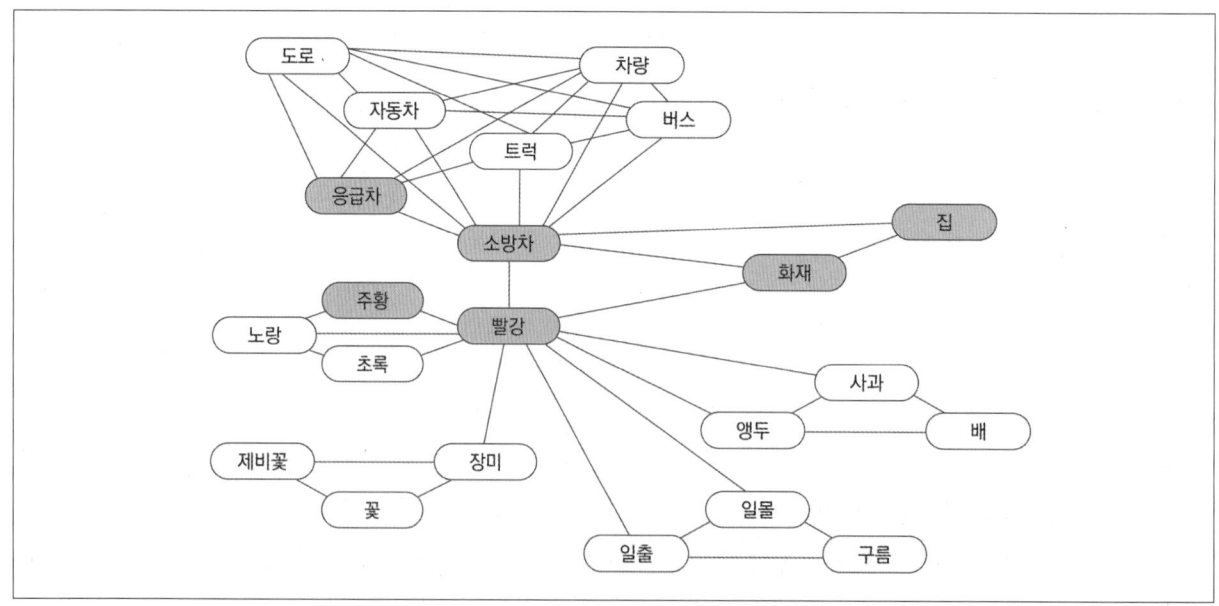

[그림 14-35] 의미적 그물망 모형

㉠ 개념을 나타내는 노드(node)와 개념을 연결짓는 통로(pathway)로 구성된다.
㉡ 의미망에서 원형은 노드이고, 노드를 연결하고 있는 선은 통로이며, 통로는 개념끼리의 연결을 나타낸다.
   예 소방차는 붉은 색이기 때문에 빨강과 연결되고, 가정집의 화재에도 출동하기 때문에 집과 연결된다.
   ⓐ **통로의 길이**: 두 개념의 연합 수준을 나타낸다. 통로의 길이가 짧을수록 연합의 강도가 강하다.
   ⓑ **활성화 확산(spreading activation)**: 사람이 어떤 단어를 생각하면 자연스럽게 그와 관련된 단어까지 떠오른다. 즉, 의미망에서 단어와 연결된 통로를 따라 활성화가 확산된다. 다만, 활성화는 망의 바깥쪽으로 나갈수록 줄어든다.

22 장기기억의 기억모듈과 회상

1. 장기기억의 구조

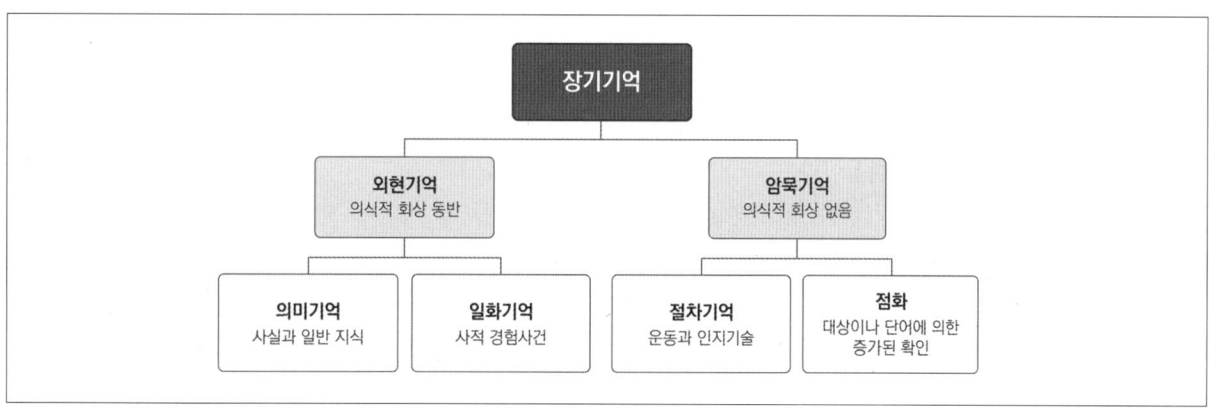

[그림 14-36] 장기기억의 분류

(1) 장기기억의 구성

구분	내용
외현기억 (explicit memory)	• 기억하고 있다는 사실을 자각하는 것 • 흔히 사람들이 의식적 혹은 의도적으로 과거의 경험을 인출할 때 발생함
암묵기억 (implicit memory)	• 기억하고 있다는 사실을 자각하지 못하는 것 • 흔히 기억하려 애쓰지 않고 기억하고 있다는 것도 알지 못하지만, 과거의 경험이 이후의 행동이나 수행에 영향을 줄 때 발생함
의미기억 (semantic memory)	일반적인 사실에 관한 기억으로, 백과사전적 성격을 지님
일화기억 (episodic memory)	개인적인 경험 및 사실에 관한 기억으로, 자서전적 성격을 지님

> **참고** 점화(priming)
> • 암묵기억의 하위 유형으로, 먼저 경험한 자극이 후속 자극에 대한 반응에 영향을 주는 현상이다.
> • 즉, 최근에 어떤 자극에 노출된 결과로 어떤 단어나 대상 등의 자극이 더 잘 생각나게 만드는 능력을 말한다.

(2) 외현기억과 암묵기억의 차이
① 외현기억 : 시간에 따라 망각이 아주 빨리 진행되고 처리깊이가 깊을수록 기억을 더 잘 한다.
② 암묵기억 : 시간이 지나도 망각이 크게 일어나지 않는 경향이 있고, 처리깊이도 기억에 큰 영향을 미치지 못한다.

2. 장기기억으로부터의 회상

(1) 인출 맥락
① 인출 단서
  ㉠ 저장된 정보를 연합하고 마음속에 있는 정보를 가져오도록 도와주는 외적 정보이다.
  ㉡ 외적 단서, 내적 단서, 출현 순서 등이 기억 인출에 영향을 미친다.
② 외적 단서
  ㉠ 부호화 명세성 원리(부호화 특수성 원리) : 인출 단서가 부호화 과정에서 사용된 맥락과 유사할 때 인출이 잘 된다는 원리이다.
  ㉡ 전이 적합형 처리 : 인출 시점에서의 처리가 학습 시점에서의 처리와 아주 유사할 때 기억이 잘 이루어진다는 것이다.
③ 내적 단서
  ㉠ 상태의존기억(state-dependent memory) : 부호화할 때와 인출할 때의 경험·정서·물리적 상태가 일치하면 기억이 잘 되는 현상이다.
    예 술 취했을 때 상태(학습)한 것은 다시 술에 약간 취했을 때 기억이 잘 된다.
  ㉡ 정서일치 효과(mood-congruence effect) : 현재 정서와 일치하는 정보가 기억이 잘 되는 현상이다.
    예 • 우울한 사람은 부모의 거부적이고 처벌적인 면을 더 잘 회상하는 경향이 있다.
       • 행복하다고 느끼면 불쾌한 정보보다 유쾌한 정보가 더 잘 회상되는 경향이 있다.
  ㉢ 계열위치 효과 : 목록에서 처음 항목과 마지막 항목을 가장 잘 회상하는 현상이다.

3. 처리 수준

(1) 처리 수준
사람들은 언어를 상이한 수준에서 처리하며, 처리깊이는 장기파지에 영향을 미친다.

(2) 크레이크와 록하트의 처리수준이론(1972)

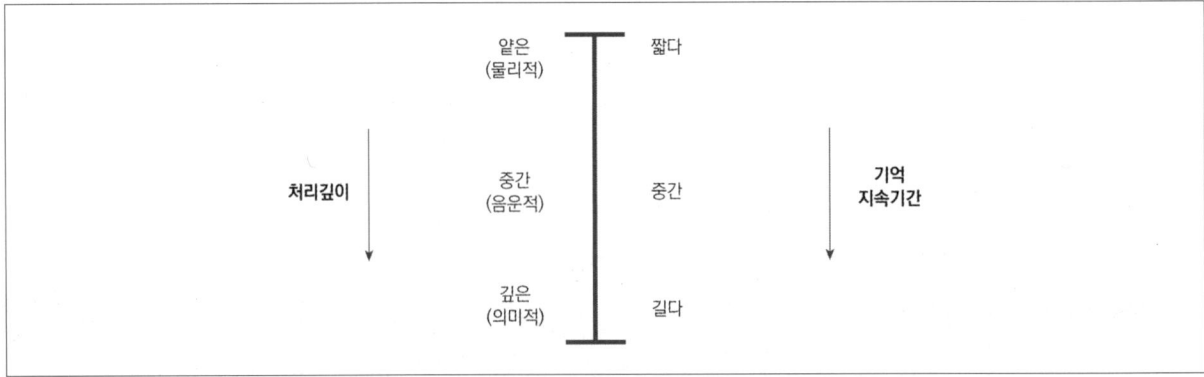

[그림 14-37] 처리수준 모형

① 지각적 분석은 여러 수준에 걸친 정보처리과정을 포함하며, 자극정보의 구조적·물리적 속성을 분석하는 얕은 수준(shallow level)에서 의미적 속성을 분석하는 깊은 수준(deep level)에 이르게 된다.
② 기억은 분석단계 처리 수준의 깊이에 따라 지속성이 결정된다.
③ 피상적 수준에서 처리된 정보는 쉽게 망각되지만, 의미적 수준에서 처리된 정보는 지속기간이 길다.

4. 도식과 스크립트

(1) 도식(schema)
① 도식은 특정 대상이나 연속적인 사건에 대한 지식의 조직화이다.
② 기억 속에 저장되어 있는 정보는 도식을 위주로 조직화되어 있는데, 대상이나 사건의 회상은 개인이 관찰한 실제와 개인이 가지고 있는 도식의 영향을 받는다.

(2) 스크립트(각본, script)
① 도식의 한 종류로, 일상생활(예 극장가기, 등산, 찻집가기)에서 친숙한 상황에 대한 도식적 지식이다.
② 스크립트는 일상적인 활동에 대해 알고 있는 것을 조직화해준다.

5. 기억의 재구성과 법정에서의 목격자 진술

(1) 바틀릿(Bartlett, 1932)
① 실험 참가자가 자신의 기대와 신념의 도식에 맞춰 기억을 재구성하기 때문에 기억의 왜곡현상이 발생한다.
② 사람들은 자신이 가진 일반적인 지식과 기대를 단편적인 사실과 결합하여 하나의 이야기로 재구성한다.

(2) 도식이론
① 회상 내용에는 실제 사건의 세부사항도 포함되지만, 부분적으로는 실험 참가자가 자신이 기존에 가지고 있는 도식에 근거하여 재구성한 것도 포함된다.
② 이러한 결과는 도식적 지식이 회상에 중요하다는 것을 시사한다.

(3) 기억의 재구성에 대한 연구
① 기억이 과거 경험의 완전한 복사판이 아니라는 사실을 입증했지만, 이러한 재구성 모형의 문제점은 재구성적 오류와 구성적 오류를 구분하기 어렵다는 것이다.
② 구성적 오류 : 부호화와 저장 단계에서 일어나는 왜곡이다.
③ 재구성적 오류 : 인출 단계에서 자신의 도식 및 스크립트와 일치시키려는 왜곡이다.

(4) 법정에서의 목격자 진술
① 로프터스(Loftus, 1979)는 목격자 증언에서 기억의 재구성 오류가 흔히 일어난다는 점을 지적했다.
② 목격자의 증언은 검사나 경찰이 던진 질문의 형태에 따라 달라질 수 있다.
③ 특히 기억의 신뢰도 문제는 그 대상이 아동 목격자인 경우에 더욱 심각하다.
➡ 아동의 기억은 다른 사람에 의해 영향을 더 많이 받을 수 있고, 특히 정서적으로 매우 불안정하거나 스트레스 상황에서는 더욱 그렇다.

6. 손상된 기억

(1) 진행성(순행성) 기억상실증(anterograde amnesia)
① 측두엽의 특정 부위(특히 해마, 대뇌의 기저에 가까이 위치하는 구조들)가 제거되었을 때 발생한다.
② 일반적으로 손상 전에 학습한 것을 기억해내는 데 어려움이 없지만, 새로운 사실을 학습하는 데 어려움을 느낀다.
③ **코르샤코프 증후군**(Korsakoff syndrome) : 만성 알코올 중독증 환자에게서 발견되기도 하는데, 이 환자들은 치매 증상을 함께 보인다.
④ 심한 간질발작 증상을 제거하기 위한 신경외과적 수술의 부작용으로 나타나기도 한다. 예 H. M. 사례

(2) 역행성 기억상실증(retrograde amnesia)
① 사고나 뇌진탕이 일어나기 전의 얼마간의 기억이 상실되는 증상을 나타낸다.
② 기간은 며칠이나 몇 주 정도로 짧을 수도 있지만, 어떤 경우 훨씬 오랜 기간에 걸쳐 나타날 수도 있고 심지어 수년 전의 과거에 대해 일어나기도 한다.
③ 역행성 기억상실은 진행성 기억상실과 함께 나타난다.
④ **기억흔적 응고화**(trace consolidation) : 손상 직전의 기억은 응고될 시간이 없었기 때문에 망각될 가능성이 더 높다는 것이다. 기억이 응고화되기 전에는 굳기 전의 시멘트 반죽과 같이 손상되기 쉽기 때문에, 시간상으로 얼마 되지 않은 기억흔적은 망각에 대한 저항력을 갖는 데 시간이 필요하다고 본다.

23 망각의 원인

1. 망각

(1) 망각
① 망각 : 이전에 경험하였거나 학습한 것에 대한 기억을 일시적 또는 영속적으로 떠올리지 못하는 것이다.
② 의사망각(pseudo-forgetting) : 정보를 부호화하지 못하여 나타나는 것으로, 주의결함에 의해 생긴다.
  ㉠ 새로운 기억부호를 형성했는데도 망각이 일어나는 것은 비효율적 부호화 때문 : 처리 수준에 관한 연구에서는 부호화 과정에서 망각이 일어나기 쉽다고 한다.
    예 책을 읽고 있는데 주의가 분산되었다면 단순히 책 내용을 소리 내어 읽는 것에 불과하다.
  ㉡ 음운적 약호화는 의미적 약호화보다 파지가 저조 : 읽었던 정보를 기억할 수 없다면 비효율적 부호화 때문에 망각이 일어난 것으로 볼 수 있다.

(2) 에빙하우스(Ebbinghaus)의 망각곡선

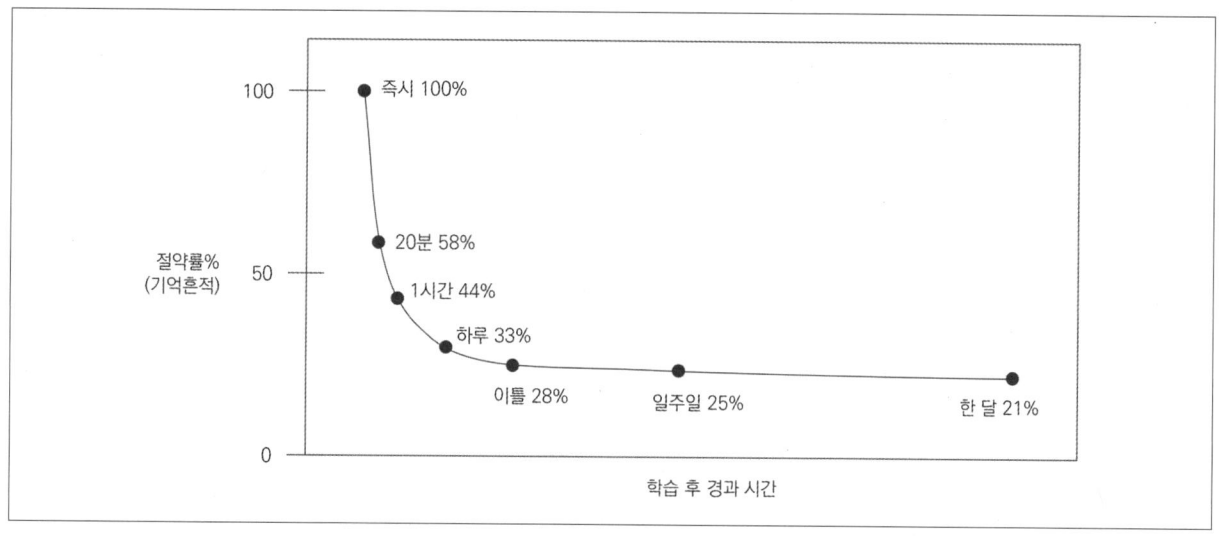

[그림 14-38] 에빙하우스의 망각곡선

① 무의미 음절(non-sense syllable)을 이용한 실험 : 이전의 경험을 배제하고 순수한 학습의 현상을 연구하기 위해 만들어낸 것이다.
② 망각곡선 : 처음에는 망각이 급격히 일어나다가 완만해지는 것처럼 보이는 특징이 있다. 하지만 최근에는 기억이 사라지는 망각이 아니라 인출 실패로 보는 경향이 있다.
③ 에빙하우스 연구의 문제점
  ㉠ 무의미 음절을 가지고 연구했다는 것이 문제점으로 지적된다.
  ㉡ 실험 참가자들에게 의미 있는 자료를 기억해달라고 했을 때는 망각곡선이 더욱 완만했으며, 망각을 측정하는 방법에 따라서도 망각 속도의 추정치가 달랐다.

2. 망각의 원인

(1) 소멸이론(decay theory)
① 시간의 경과에 따라 기억흔적이 쇠퇴하기 때문에 망각이 일어난다는 것이다.
② 소멸이론에서는 망각의 원인을 시간의 경과로 주장한다.

(2) 대치(치환, displacement)이론
작업기억의 용량 때문에 나타나는 현상으로, 새로운 정보가 이전의 정보를 밀어내고 대신 자리를 차지하는 것이다.

(3) 간섭이론(interference theory) 기출 19
① 정보가 서로 경합을 벌이기 때문에 망각이 일어난다는 입장이다.
② 검사자극과 간섭자극이 유사할수록 간섭이 더 많이 일어나겠지만, 유사성을 감소시키면 간섭도 감소한다.
③ 간섭의 종류
  ㉠ 역행간섭(retroactive interference) : 새로운 정보가 이전에 학습한 정보의 파지를 방해하는 것이다.
  ㉡ 순행간섭(proactive interference) : 이전에 학습한 정보가 새로운 정보의 파지를 방해하는 것을 말한다.

(4) 계열 위치 곡선(serial position curve)
   ① 목록 내 기억항목의 위치, 즉 항목이 제시된 순서에 따라 각 단어의 회상률을 나타낸 도표를 의미한다.

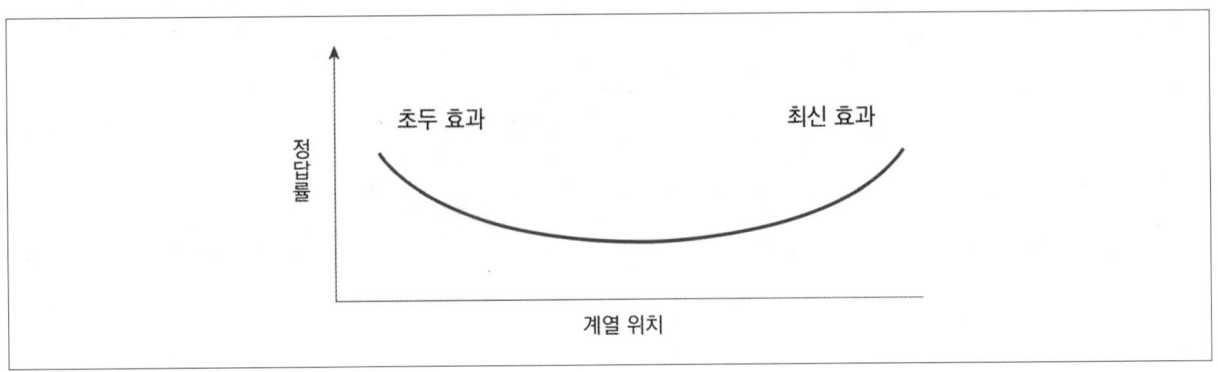

[그림 14-39] 계열 위치 곡선

   ② 임의의 단어를 순서대로 제시하고, 피험자로 하여금 일정 시간 후 회상하도록 요구하면 초두 효과와 최신 효과가 나타난다.
      ㉠ 초두 효과(primacy effect) : 목록의 전반부에 제시된 단어가 후반부에 제시된 단어의 회상에 간섭하여 상대적으로 전반부의 단어가 잘 회상되는 것처럼 보이기 때문에 순행간섭의 영향이 원인인 것으로 해석할 수 있다.
      ㉡ 최신 효과(recency effect) : 후반부에 제시되는 단어가 잘 회상되는 것처럼 나타나므로, 역행간섭의 영향이 원인이라고 해석할 수 있다.

3. 인출 실패

(1) 인출실패이론
   ① 저장된 정보를 인출할 단서가 부족하기 때문에 망각이 일어난다고 본다. 저장된 정보에 부합하는 인출 단서를 찾지 못해 제대로 인출되지 않는다는 것이다.
   ② 설단현상(tip of tongue phenomenon) : 어떤 사실을 알긴 하지만 말하려고 하면 갑자기 말문이 막히면서 혀끝에서만 빙빙 맴돌 뿐 말로는 표현되지 않는 것이다.
      ➡ 정보를 부호화할 때 제대로 조직화하지 못하거나, 저장된 정보를 인출하는 데 영향을 미치는 적절한 인출 단서가 존재하지 않기 때문이다.
   ③ 부호화 특수성 원리 : 정보를 부호화했던 맥락이 인출하는 맥락과 유사할수록 인출 가능성이 높아진다.
   ④ 프로이트(Freud)의 동기화된 망각(motivated forgetting)
      ㉠ 프로이트는 사람들이 불쾌하고 고통스러운 기억은 무의식 속에 파묻어둔다고 보았다.
      ㉡ 이때 생각하고 싶지 않은 사상과 관련된 기억을 망각하려는 경향을 동기화된 망각이라고 한다.
      ㉢ 동기화된 망각은 의도적으로 기억을 억압한 결과로 나타난다.

(2) 회상과 재인
   ① 회상(recall) : 어떠한 단서나 도움이 제공되지 않은 상황에서 장기기억의 정보를 인출해내는 것이다.
   ② 재인(recognition) : 단서나 도움이 제공되는 상황에서 장기기억의 정보를 인출해내는 것이다.
   ③ 회상보다 재인이 쉽고 사람들도 회상보다 재인을 더 잘하는 경향이 있다. 이는 회상하지 못한다고 해서 모두 망각된 것은 아니라는 점을 보여준다.

24 인지주의 학습

1. 행동주의와 인지주의

(1) **인지주의 학습이론**

① 학습은 자극과 반응의 단순한 연합이 아닌 정신구조의 변화 : 학습은 학습자가 기억에 관한 인지구조를 형성하면서 발생한다.

② 외현적인 행동상의 변화가 관찰되지 않더라도 학습은 일어날 수 있음 : 표면적으로는 행동에 즉각적인 변화가 나타나지 않아도 의미 있는 학습이 발생할 수 있으며, 학습은 잠재된 형태로 얼마든지 나타날 수 있다.

(2) **인지주의 학습이론과 행동주의 학습이론의 비교**

구분	인지주의 학습이론	행동주의 학습이론
학습자	적극적인 존재(환경을 지배)	수동적인 존재(환경에 의해 지배받음)
지식	정신적인 구조와 도식을 변화시키는 자극이자 그 결과물	자극과 반응의 연합이 모인 집합체
의식과 동기	탐구되어야 할 영역	관심을 두지 않음
연구방법론	사고발성법과 같이 내적 사고의 변화를 확인할 수 있는 다양한 연구방법론	실험연구를 통한 행동의 유의미한 변화 탐색
교육관	개인의 내적 사고체계를 능동적으로 구성해나가도록 돕는 활동	바람직한 방향으로의 행동 변화를 위한 체계적 접근

2. 형태주의 심리학

(1) **의미**

① 형태(Gestalt) : 전체, 형태, 모습에 대한 전체적인 지각현상을 말한다.

② 정보 : 그 대상을 구성하는 부분적인 요소들의 단순한 합 이상의 전체적 관계 또는 형태로 지각된다.

③ 형태주의 이론 : 사람이 사물을 지각할 때, 대상을 구성하는 요소를 자신의 인지구조로 재조직하고 재구성하여 지각한다.

   예 감각적 대상(자동차)을 구성하는 요소(타이어, 도색, 바퀴 등)에 전혀 포함되어 있지 않은 개인의 경험과 희망, 요구를 개입하여 새로운 형태(독특한 개성을 추구하는 멋있는 차)로 지각하는 것

④ 인지도식(cognitive schema) : 감각적 자극을 개인의 인지도식 속 정보를 이용하여 의미 있는 형태로 조직함으로써 지각현상이 일어난다.

⑤ 형태주의에서 대상에 대한 지각은 주관적이므로, 사람은 자신에게 더 친숙한 대상을 먼저 지각한다.

(2) **지각적 조직**

① 지각적 조직 : 지각 대상을 구성하는 부분적 요소가 큰 단위, 전체 단위로 묶여져 의미 있는 대상으로 전환되는 지각 현상을 의미한다.

   ➡ 감각적 요소의 합을 단순히 지각하지 않고, 요소 간 배열 관계에 따라 요소를 통합하여 지각한다.

② 집단화(grouping) : 감각적 요소가 배열에 따라 군집화되고 통합되는 과정을 말한다.

③ 집단화 과정의 규칙

구분	내용
근접성 (proximity)	• 공간상 가까운 자극 요소를 묶어 하나의 의미 있는 형태로 지각하는 현상 • 동일한 요소 가운데 가까이 있는 요소는 하나의 집단으로 지각되는 경향이 있음
유사성 (similarity)	모양, 크기, 색의 특징에서 유사한 자극끼리 한 집단을 이루어 하나의 의미 있는 형태로 지각되는 현상
대칭성 (symmetry)	두 개의 선형이 대칭을 이루면 한 형태로 묶여 지각되는 현상
폐쇄성 (closure)	선형이 연결되지 않은 불안정한 도형이 완성된 형태로 지각되는 현상
연속성 (continuation)	• 단절되지 않는 방향으로 연결하여 지각하는 현상 • 이 법칙에 따르면, 단절된 도형이 전체로서 조직화되기 때문에 연결된 그림으로 보임

(3) **전경과 배경**

① **전경과 배경** : 모든 감각 대상을 순간에 지각할 수 없기 때문에 일부분만 지각하게 된다. 감각 대상 중에 일부만 지각될 때 지각 대상이 되는 부분을 전경이라고 하고, 지각 대상에서 제외된 부분은 배경이라고 한다.

② **주의(attention)**
　㉠ 주의가 주어진 대상은 전경이고, 주의가 주어지지 않는 부분은 배경이 된다.
　㉡ 의도적으로 어떤 부분에 주의함으로써 형태를 지각할 수 있기 때문에 전경과 배경은 순식간에 바뀐다.
　㉢ 대상에 대한 주의는 무의식적으로 이루어지고, 개인의 지식, 경험, 상황, 정서의 영향을 받으며, 친숙한 것에 더 쉽게 주의하는 경향이 있다.

(4) **맥락 효과**

① 감각 대상을 관찰자의 심리 상태나 주변 상황과 맥락적인 관계로 지각하는 현상이다.
② **동일한 대상도 주변 상황에 따라 다르게 지각** : 특히 친숙하지 않거나 모호한 대상일수록 주변 상황과 연관하여 형태를 지각하는 경향이 있다.
③ 지각적 규칙은 물리적 자극을 객관적인 사실대로 보고 있지 않다는 것이다. 지각현상은 감각을 통해 들어온 외부 정보를 지식, 사고, 가치, 정서, 신념, 태도 등에 근거하여 해석, 판단하는 인지적인 과정이기 때문에 감각기관을 통해 전달된 객관적 현실은 주관적 현실로 바뀐다.
④ **형태주의** : 동일한 물리적 환경이 그것에 대한 개인의 지각에 따라 서로 다르게 보이는 것이다.
　㉠ **행동주의** : 개인의 행동을 환경적 단서를 통해 분석한다.
　㉡ **형태주의** : 물리적 환경을 개인이 어떻게 지각하느냐에 따라 행동이 달라진다.

3. 톨만(Tolman)의 잠재학습

(1) 쥐의 미로실험

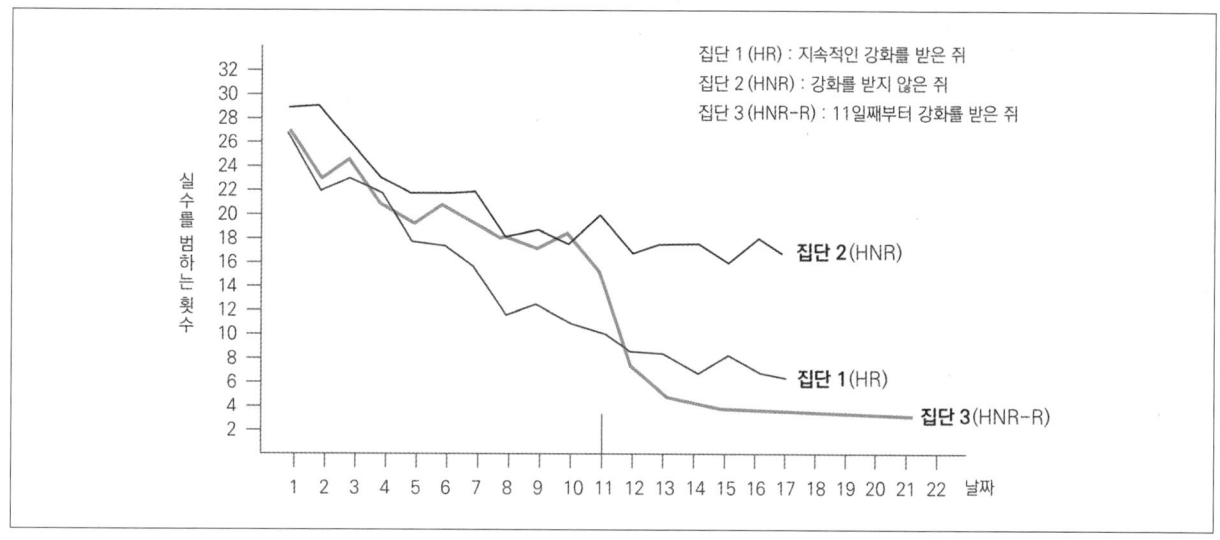

[그림 14-40] 톨만의 실험

① 실험 과정 : 톨만은 세 집단의 쥐들이 미로에서 최종 목표지점까지 가는 데 보인 평균 오류 수를 측정했다. 집단 1의 쥐에게는 첫날부터 미로찾기 학습에 성공할 때마다 강화물로 음식을 제공했으며, 집단 2의 쥐에게는 성공에 대해 아무런 강화물을 주지 않았다. 집단 3의 쥐에게는 처음 10일 동안 아무런 강화물도 주지 않았으나 11일째부터 성공에 대한 강화물을 주기 시작했다.

② 실험 결과 : 행동주의자들의 주장과 같이 강화물이 학습을 유발한다면 집단 3의 수행에서 오류 수가 서서히 감소해야 함에도 불구하고, 급격히 감소했다는 것은 쥐가 이미 미로를 알고 있다는 것을 의미한다. 이는 강화물이 제공되지 않아도 학습이 이루어지고 있었음을 의미하며, 강화물은 단지 습득된 학습이 행동으로 표출되도록 만드는 역할을 할 뿐이라는 것을 보여준다.

(2) 인지도와 잠재학습

① 인지도(cognitive map)
  ㉠ 환경의 여러 특성과 위치에 대한 정보를 그림 또는 지도와 같이 형태화한 정신적 표상이다.
  ㉡ 쥐의 미로실험에서 집단 3의 쥐들은 10일 동안 강화물이 없어도 무엇인가를 학습했음을 시사한다. 이들의 머릿속에는 미로에 대한 지도가 이미 그려져 있었던 것이다.

② 잠재학습(latent learning) : 학습이 실제로 일어났지만 직접 관찰할 수 없는 행동으로 나타나는 학습이다.
  ㉠ 쥐의 미로실험에서 강화물은 잠재학습을 직접 관찰 가능한 행동으로 표현되게 하는 유인책 역할을 한다.
  ㉡ 눈에 보이지 않는 인지적 변화도 학습이며, 이 학습은 강화와 관계없이 일어날 수 있다.

③ 목적적 행동주의(purposive behaviorism) : 학습은 단순히 자극-반응의 연합이 아니라, 어떤 행동을 하면 특정 결과를 얻을 것이라는 기대를 학습하는 과정이고, 그 결과를 얻기 위해 행동하는 것이다.
  ㉠ 공식 : 자극(S) → 유기체(O) → 반응(R)
  ㉡ 인간의 행동을 결정하는 유기체의 기대, 목적, 인지도 등의 내부 인지과정이 중요하다.

4. 통찰학습

(1) 쾰러(Kohler)의 침팬지 실험

① 실험 내용 : 바나나를 높은 곳에 매달고 나무막대, 상자 등을 울타리 안에 놓아둔 후 침팬지의 행동을 관찰했다. 침팬지는 바나나를 따기 위해 손을 뻗거나 발돋움하기도 했다. 두 개의 막대를 이어 긴 막대를 만들어 사용해 보지만 바나나를 딸 수 없다는 것을 깨닫는다. 한참 고민하던 침팬지는 주위를 살핀 후 나무상자를 쌓고 그 위에 올라가 바나나를 땄다.

② 침팬지의 문제해결은 행동주의 이론의 한계점을 드러냈다.
　㉠ 행동주의에 따르면 학습은 지속적인 시행착오를 경험하면서 점진적으로 문제를 해결하는 과정이다. 하지만 실험에서 침팬지는 문제 해결과정에서 오차가 거의 발생하지 않았고 갑자기 완전한 형태로 문제를 해결했다.
　㉡ 행동주의에 따르면 학습은 자극과 반응의 반복적인 연합으로 이루어진다. 따라서 침팬지가 여러 개의 상자를 쌓도록 하려면 상자를 하나씩 이용할 때마다 강화를 주어야 한다. 그러나 실험에서 침팬지는 강화를 받지 않았음에도 한순간에 여러 개의 상자를 조합할 수 있었다.

(2) 통찰학습

① 의미 : 문제 상황에서 관련 없는 여러 요인이 갑자기 완전한 형태로 재구성되어 문제를 해결하는 것이다. 서로 관련 없는 부분의 요소들이 갑자기 유의미한 전체로 파악되면서 문제 해결을 위한 수단과 목적으로 결합된다.

② 학습자 : '아하' 현상을 경험한다.

③ 통찰을 통해 획득된 지식은 다른 상황에 쉽게 전이되고 오랫동안 기억된다.

④ 통찰에 필요한 조건 : 자극의 전체적인 관계를 파악할 수 있는 인지능력과 사전지식이 있어야 한다.

(3) 통찰학습의 특징

① 통찰을 통한 문제 해결은 문제 상황에 배열된 요소를 전체적으로 지각하고, 그 요소 간의 관계를 파악함으로써 가능하다.

② 통찰을 통해 해결한 방법은 반복적으로 연습하지 않아도 오래 유지되고 쉽게 재연된다.

③ 통찰은 어떤 특수한 상황에만 적용되는 문제 해결능력을 의미하지 않는다. 문제 상황이 바뀌어도 그에 따라서 새로운 관계를 지각하기 때문에 새로운 통찰과 문제 해결방법을 찾을 수 있다.

25 정보처리이론

1. 정보처리이론 기출 20

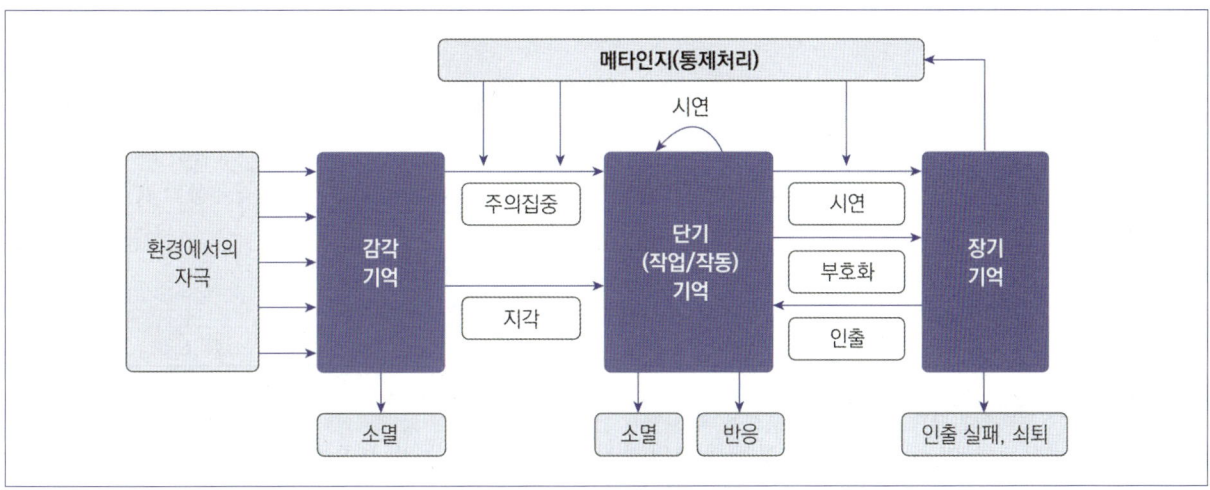

[그림 14-41] 정보처리 과정

(1) 의미
① 사물을 이해하고 학습하는 인지과정이 어떻게 내적으로 일어나는지를 설명한다.
② 컴퓨터의 정보처리과정에 기초하여 인간의 인지과정, 즉 정보를 받아들이고 저장하고 인출하는 과정을 밝힌 이론이다.
③ 정보처리과정의 구성요소

요소	내용
정보저장고	• 컴퓨터의 기억저장고에 해당하는 요소 • 감각기억, 작업기억, 장기기억이 있음
인지과정	• 컴퓨터의 소프트웨어에 해당하는 요소 • 정보를 변환하고 한 저장고에서 다른 저장고로 옮기는 정신과정 • 주의, 지각, 시연, 부호화, 인출이 있음
메타인지(초인지)	• 컴퓨터의 중앙처리장치에 해당하는 요소 • 자신의 인지과정을 스스로 자각하고 통제하는 과정을 말함

(2) 정보처리과정의 개념

구분	부호화	저장	인출
기억	기억할 수 있는 형태로 부호화	부호화된 정보 유지	필요시 저장고에서 정보 재생
컴퓨터	키보드를 통해 자료 입력	파일로 저장	파일 불러오기로 모니터에서 자료 확인

① **부호화(encoding)**: 새로운 정보를 저장할 수 있는 형태로 바꾸는 준비과정으로, 어떤 정보가 감각기관을 통해 내부로 유입되면 여러 형태나 기호로 부호화하여 저장한다.
   예 대표적으로 영상적 형태, 청각적 형태 등으로 부호화하는 것

② **저장**(storage) : 정보의 습득을 의미한다. 정보가 부호화를 통해 기억저장소에 들어와 유지되는 것으로, 저장정보는 정보의 양과 정보가 유지되는 시간에 따라 감각기억정보, 단기기억정보, 장기기억정보로 분류된다.
③ **인출**(retrieval) : 기억에 저장된 정보를 발견하는 것을 의미한다. 정보가 필요할 때 기억저장소에서 꺼내어 사용하는 과정이다.

2. 기억저장소

구분	감각기억	작업기억	장기기억
부호 형태	감각적 특성	식별된 청각적·시각적·감각적 특성	의미적·시각적 지식, 추상적 개념, 심상
용량	매우 큼	7±2개	무한대
저장기간	1~4초	약 10~20초 (시연으로 좀 더 길어질 수 있음)	영구적
망각	쇠퇴(소멸)	대치, 쇠퇴(소멸)	쇠퇴(소멸), 인출 실패

(1) 감각기억(sensory memory)
① 환경으로부터 들어온 자극이나 정보를 원래의 형태 그대로 잠시 동안 보존하는 저장고이다.
② 감각기억의 용량에는 거의 한계가 없어 모든 자극이 입력되지만, 아주 짧은 시간 동안 유지된다.
③ 감각기억에 저장된 정보를 바로 처리하지 않으면 기억의 흔적이 사라진다.
④ 감각기억에 파지된 정보에 주의를 기울이면 정보가 작업기억으로 이동된다.
⑤ 감각등록기에 유입된 정보
  ㉠ 주의 : 주의과정에 의해 극히 일부만 처리된다.
  ㉡ 선택적 주의 : 감각등록기에 있는 정보는 선택적 주의에 의해 다음 기억 단계로 넘어간다.
  ㉢ 선택적 지각 : 학습자의 과거 경험, 동기, 의도, 관심에 따라 달라지며, 선택적 지각에 의해 부분적으로 정보가 처리된다.

(2) 작업기억(working memory) 기출 25
① 새로운 정보를 조작하여 저장하거나 행동적인 반응을 하는 공간으로, 지금 이 순간에 의식적으로 활성화되는 기억저장고이다.
② 초기에는 작업기억을 '단기기억'이라고 불렀지만, 단순히 단기적으로 정보를 유지하는 기억기능을 넘어서 의미분석과 구성이라는 적극적 사고활동이 진행된다는 점에서 최근에는 '작업기억'이라고 부른다.
③ 정보 : 감각기억에서 넘어온 새로운 자극과 장기기억에서 인출한 지식이 있다.
④ 특징 : 정보 유지시간이 20~30초로 제한되고, 정보처리 용량이 5~9개 단위로 제한된다.
⑤ 배들리(Baddeley)의 구성요소

요소	내용
중앙 집행부 (central executive)	• 작업기억 내의 작동을 통제하는 역할을 맡음 • 정보의 흐름을 통제하고, 여러 전략 중 정보처리에 적절한 전략을 선택하고, 정보를 장기기억으로 전이함
조음(음운) 루프 (phonological loop)	• 말과 소리에 기초한 정보를 짧은 시간 동안 저장하는 공간 • 유지시연(maintenance rehearsal)을 통해 정보를 파지함
시공간 잡기장 (visuospatial buffer)	• 시각적·공간적 정보를 단기적으로 저장하는 공간

➡ 일화적 저장소(episodic buffer) : 조음 루프, 시공간 잡기장, 장기기억으로부터의 정보를 통합하여 복합적 기억을 만드는 역할을 한다.
⑥ 작업기억의 용량과 정보 유지의 한계 때문에, 반복적으로 암송하는 시연, 청킹과 같은 전략들을 통해 보관된 정보를 계속 유지할 수 있다.
  ㉠ 시연(rehearsal) : 입력한 정보를 반복하여 생각하거나 말로 되뇌는 것을 말한다.
  ㉡ 청킹(chunking) : 해당 내용을 좀 더 크고 고차원적인 단위로 조합하는 것이다.
  ㉢ 자동화(automatization) : 기억해야 하는 내용이나 기능을 여러 번씩 반복함으로써 처리해야 할 일을 의식적인 노력 없이 처리하는 것이다.
⑦ 망각
  ㉠ 대치(displacement) : 의식 수준에 있는 정보가 다른 정보로 바뀌는 것이다. 이는 사용하고 있는 정보가 필요하지 않을 때 더 이상 주의가 주어지지 않음으로써 의식의 대상에서 탈락되고 현 시점에 필요한 정보로 교체되는 것이다.
  ㉡ 쇠퇴(소멸, decay) : 시간이 경과함에 따라 기억 흔적이 약해지는 것이다. 새로운 정보에 주의를 돌리면 이전 정보에 대한 기억은 시간이 지날수록 점점 더 약해진다.

(3) 장기기억(long-term memory)
① 장기기억의 정보 저장시간과 용량은 일반적으로 무제한적이다.
② 오랜 기간 저장되고 기억할 수 있는 정보는 지식과 도식의 형태로 장기기억에 저장되어 있다.
③ 도식(schema) : 수많은 정보를 유의미한 범주로 조직하는 인지구조 혹은 지식구조이며, 개념 간의 연결이 많을수록 새로운 정보를 배울 수 있는 용량은 더욱 커진다.
④ 내용
  ㉠ 일화기억(episodic memory) : 자신의 인생에서 일어났던 사건의 의식적 기억을 의미한다.
    예 친구들과 여행에서 했던 게임
  ㉡ 의미기억(semantic memory) : 사실에 관한 지식으로, 어떤 사건과 관련되지 않는다.
    예 미국의 수도
  ㉢ 절차기억(procedural memory) : 신체적 활동에 관한 것으로 '어떤 것을 하는 방법'에 대한 정보이다.
⑤ 망각 : 정보가 손실되어서가 아니라 장기기억에 있는 정보를 인출하지 못하여 일어나는 현상이다. 흔히 장기기억의 정보는 손실되지 않는다고 하지만 시간경과에 따른 소멸과 간섭에 의해 망각될 수 있다.

> **참고** 장기기억 내 지식(Eggen & Kauchak)
>
> 1. 선언적 지식(declarative knowledge)
>   - 의미 : 무엇이 어떻다는 지식, 즉 사실에 대한 지식으로 특정한 사실이나 사건에 대한 지식이다.
>   - 언어적으로 표현이 가능하다고 해서 '명시적 지식'이라고 한다.
>   - 구분 : 일화기억(개인적으로 경험한 사건과 관련된 기억), 의미기억(세상에 대한 일반적인 지식)
> 2. 절차적 지식(procedural knowledge)
>   - 의미 : 어떻게 하는가에 대한 지식, 즉 어떤 행위를 수행하는 방법에 관한 지식이다.
>   - 절차적 지식은 일종의 '암묵적 지식'이기 때문에 언어적으로 표현하기가 쉽지 않다.
>   - 절차적 지식의 습득에는 어느 정도의 시간이 필요하지만, 대부분 연습을 통해 자동화가 가능하기 때문에 선언적 지식에 비해 정보에 접근하는 속도가 빠르고 쉽게 소멸되지 않는다.
> 3. 조건적 지식(conditional knowledge)
>   - 의미 : 선언적 지식과 절차적 지식을 적용하는 시기와 적용하는 이유에 관한 지식이다.
>   - 조건적 지식은 자기조절학습과 많은 관련이 있다.

3. 기억과정

(1) **주의(attention)**
   ① 자극에 의식적으로 초점을 두는 과정이다.
   ② 주의를 받은 정보는 감각기억에서 작업기억으로 이동한다. 반면 중요하지 않다고 판단되어 주의를 받지 못한 대부분의 정보는 소멸된다.
   ③ 특징: 선택적으로 이루어진다. ➡ 선택적 주의

   > **참고** 칵테일파티 현상
   > 여러 명과 대화할 때, 사람들의 모든 대화를 듣는 것이 아니라 자신이 관심 있어 하는 한 가지의 대화만을 듣는 경향을 뜻한다.

(2) **지각**
   ① 지각과정: 자극을 있는 그대로 받아들이는 것이 아니라 자신의 과거 경험, 지식, 동기 등의 요인을 토대로 해석하고 의미를 부여한다.
   ② 지각은 자극을 있는 그대로 수용하는 것이 아니라 개인마다 서로 다른 해석과 의미를 부여하는 것이다.

(3) **시연(rehearsal)**
   ① 시연: 새로운 정보가 들어올 때 속으로 스스로 되뇌어 보는 것으로, 작업기억에서 이루어지는 인지적 과정이다.
   ② 종류
      ㉠ 유지 시연: 감각등록기로부터 들어온 여러 정보를 마음속에서 반복해 보는 것이다. 즉, 여러 개의 숫자를 듣고 그 숫자들을 작업기억 속에 유지하기 위해 되뇌어 보는 것이다.
         ➡ 짧은 시간 동안 작업기억 속에 정보를 유지하는 데 도움이 될 수 있지만, 장기기억 속에 정보를 저장하는 것에는 큰 영향을 주지 않는다.
      ㉡ 정교화 시연: 정보를 학생이 알고 있는 지식과 연합하려고 하거나 학습된 정보를 다양한 항목과 연합시키고자 노력하는 것이다. ➡ 정보를 장기기억 속에 저장하고 싶을 때 유용하다.
   ③ 시연을 하는 동안 학습자가 이미지나 이야기로 바꾸어 반복한다면, 기억용량은 급격히 증가한다.

(4) **부호화(encoding)**
   ① 새로운 정보를 장기기억에 표상하는 과정: 작업기억에 들어온 정보를 있는 그대로 저장하는 것이 아니라 시각적 또는 언어적 상징의 형태로 전환하여 저장하는 과정이다.
   ② 기계적 암기와 달리, 새로운 정보를 유의미하게 만들고 장기기억에 저장된 정보와 연결하고 결합한다.
   ③ 유의미한 부호화: 심상, 조직화, 정교화 등의 방법을 통해 이루어진다.
      ㉠ 유의미 학습: 자신이 가진 기억과 새로운 정보를 연합하여 정보의 의미를 찾는 과정이다.
      ㉡ 심상: 정보에 대한 시각적 이미지를 머릿속에 표상하는 과정이다.
      ㉢ 조직화: 서로 관련 있는 내용을 공통 범주나 유형으로 묶는 과정이다.
      ㉣ 정교화: 기존에 가지고 있던 정보를 새로운 정보에 연결하여 정보를 유의미한 형태로 저장하는 과정이다.

   > **참고** 자기참조적 부호화(self-reference encoding)
   > • 어떤 정보를 자신과 관련짓거나 관련짓는 정도를 의미한다.
   > • 즉, 주어진 자료에 개인적 의미를 부여하는 것이 부호화를 증가시킨다.

4. 메타인지(초인지, 상위인지) 기출 20

(1) 메타인지(meta cognition)
① 의미 : 사고과정에 대한 지식으로, 자기 자신에 대한 인지과정 전체를 지각하고 통제하는 정신활동이다.
   예 어떤 정보에 주의를 기울여야 하는지, 시연을 사용할지 부호화 전략을 사용할지, 어떤 부호화 전략을 사용할지, 학습하는 데 얼마나 시간이 필요한지 등
② 메타인지는 인지과정 전체를 계획하고, 그 계획이 효과적으로 실행되고 있는지를 점검하며, 필요에 따라 방법을 수정하는 역할을 한다.

(2) 메타인지의 활동
① 계획 : 계획 활동의 전반적인 순서를 결정하고 적절한 인지 전략이나 활동방법을 선택한다.
② 점검 : 자신의 인지적 상태와 인지 전략의 진행 상태를 점검한다.
③ 조절 : 부적절한 인지 전략과 부적절한 학습방법을 수정한다.
④ 평가 : 자신의 인지 상태 변화 정도와 인지 상태의 목표 도달 정도, 사용한 인지 전략의 유용성을 평가한다.

> **참고** 핀트리치(Pintrich)와 가르시아(Garcia)의 메타인지(초인지) 전략
>
> - **계획(planning) 전략** : 학습목표 세우기, 교재를 읽기 전에 대강 훑어보거나 질문하기, 문제를 풀기 전에 단계적으로 분석해 보기 등을 포함한다. 이러한 방법을 통해 학습자는 인지 전략 사용계획을 세우고, 사전지식을 활성화하여 학습자료를 조직화하거나 학습내용을 더 잘 이해할 수 있다.
> - **점검(monitoring) 전략** : 이해를 점검하는 것으로 해석할 수 있는데, 교재를 읽거나 강의를 들을 때 주의집중 정도 파악하기, 교재를 얼마나 이해하고 있는지 스스로 판단하기 등의 전략은 학습자가 스스로의 집중도 혹은 이해도를 파악하는 것이다.
> - **조절(regulating) 전략** : 학습행동을 교정하고 부족한 점을 보충해 학습의 기술을 높이는 것이다. 예를 들어 읽은 내용 중에 모르는 부분이 있다면, 그 부분을 다시 읽고 확인하거나 읽는 속도를 늦춰 천천히 읽으면서 이해도를 높이는 방법 등이 조절 전략에 속한다. 또한 시험 전에 강의 노트, 교재, 학습 자료, 이전 시험문제 등을 복습하고 이해가 가지 않거나 잊어버린 부분을 다시 공부하는 것도 조절 전략에 속한다. 또는 시험 볼 때 어려운 문제를 건너뛰고 다른 문제를 푼 다음 다시 그 문제로 돌아가 풀어 보는 것도 시험 행동을 조절하는 전략이라고 할 수 있다.

(3) 초인지적 학습자(메타인지를 활용하는 사람)와 학업성취
① 초인지적인 학습자는 목표와 동기를 계획하고 통제하고 이끄는 방법을 안다.
② 정보에 주의를 기울이고 변형, 조직하며 정교화하고 재생하는 데 도움을 주는 여러 인지 전략(예 심상, 정교화, 조직화)의 사용방법을 알고 익숙해져 있다.
③ 주의집중의 중요성을 지각하고 자신에게 효과적인 학습환경을 조성한다.

5. 망각

(1) 망각
① 이전에 경험했거나 학습한 것에 대한 기억을 일시적 또는 영속적으로 떠올리지 못하는 것이다.
② 망각의 원인
   ㉠ 소멸(decay; 쇠퇴) : 시간이 지남에 따라 기억의 흔적이 사라지는 것이다.
   ㉡ 치환(displacement; 대치) : 작업기억의 용량 때문에 나타나는 현상으로, 새로운 정보가 이전의 정보를 밀어내고 대신 자리를 차지하는 것이다.

ⓒ 간섭(interference) 기출 19 : 이전 또는 이후에 한 학습이 현재의 이해를 방해하여 정보가 소실되는 것이다.
ⓐ 순행간섭 : 기존 정보가 새로운 정보의 기억을 방해하는 것을 말한다.
ⓑ 역행간섭 : 새로운 정보가 기존 정보의 기억을 방해하는 것이다.
➡ 같은 날 서로 매우 유사한 두 개념을 함께 가르치는 것은 지양하고, 만약 두 개념을 함께 가르친다면 차이점을 먼저 부각하는 것이 좋다.

(2) 부호화 실패
① 부호화 실패(encoding failure) : 정보가 장기기억에 제대로 저장되지 못했기 때문에 기억해 내지 못하는 경우를 의미한다.
② 새로운 정보를 장기기억에 저장하기 위해서는 단기기억(작업기억)에 정보가 머무는 동안 시연 또는 정교화를 통해 장기기억의 다른 정보들과 연결해야 하는데 거기에 실패한 것이다.

(3) 인출실패이론
① 저장된 정보를 인출할 단서가 부족하여 망각이 일어난다고 봄 : 저장된 정보에 부합하는 인출 단서를 찾지 못해 제대로 인출되지 않는다는 것이다.
② 설단현상(tip of tongue phenomenon) : 어떤 사실을 알기는 하지만 막상 말하려 할 때 갑자기 말문이 막히면서 혀끝에서만 빙빙 맴돌 뿐 말로 표현되지 않는 것이다.
㉠ 기억 속에 인출하고자 하는 정보는 있지만 그 정보에 접근이 불가능하여 발생한다.
㉡ 정보를 부호화할 때 제대로 조직화하지 못했거나, 저장된 정보를 인출하는 데 영향을 미치는 적절한 인출 단서가 존재하지 않기 때문이다.
③ 부호화 특수성 원리 : 정보를 부호화했던 맥락이 인출하는 맥락과 유사할수록 인출 가능성이 높아진다.

(4) 회상과 재인
① 회상(recall) : 단서나 도움이 제공되지 않은 상황에서 장기기억의 정보를 인출하는 것이다.
② 재인(recognition) : 단서나 도움이 제공되는 상황에서 장기기억의 정보를 인출하는 것이다.
③ 회상보다 재인이 더욱 쉽고, 사람은 회상보다 재인을 더 잘한다. 이는 회상하지 못한다고 하여 모두 망각된 것이 아님을 보여준다.

(5) 계열 위치 효과
① 의미 : 학습상황에서 처음(초두 효과)과 마지막(최신 효과)에 배운 것을 잘 기억하고 중간에 배운 것은 잘 기억하지 못하는 현상이다.
② 중간에 제시되는 정보 : 순행간섭과 역행간섭이 모두 일어나기에 상대적으로 망각이 더 잘 일어난다.
③ 처음에 제시되는 정보는 역행간섭만 발생하고, 마지막에 제시되는 정보는 순행간섭만 발생한다.

(6) 구성 오류
① 구성 오류(construction error) : 기억해야 할 정보가 학습자가 임의로 만든 정보와 함께 저장되거나, 기억된 정보가 인출될 때 다른 정보와 섞이면서 잘못된 정보가 인출되는 것이다.
② 인출에서의 구성 오류 : 소멸, 간섭, 인출실패 등을 통해 인출할 정보에 빈자리가 있을 때 그 자리를 다른 정보가 채우면서 일어난다.

(7) 공고화 실패
① 공고화 실패(failure to consolidate) : 새로운 정보가 장기기억 속에서 자리를 잡는 공고화라는 과정을 거치지 못해 장기기억에 도달했지만 계속 유지되지 못하고 사라지는 것이다.
② 장기기억에 들어온 모든 정보는 처음부터 완벽하게 저장되지 않고, 공고화 과정을 통해 장기기억 속에 자리를 잡는데, 이 과정을 거치지 못하면 비록 정보가 장기기억에 도달했다고 해도 유실된다.

6. 학습환경

(1) 맥락의존기억
① 의미 : 학습장면과 검사장면 간의 유사성에 따라 기억 회상률이 달라진다.
② 장기기억에 저장된 지식을 회상해야 할 때, 맥락 단서들이 재생되면 표적기억을 활성화하기가 쉽다.
③ 고든과 배들리의 실험 : 잠수부에게 서로 관련 없는 단어 40개를 해변과 수중 20피트 지점에서 외우게 했다. 해변에서 단어를 외운 잠수부는 마른 환경에서 더 많은 단어를 회상했고, 수중에서 단어를 외운 잠수부는 젖은 환경에서 더 많은 단어를 회상했다.
➡ 학습이 일어났던 맥락과 유사한 맥락에서 기억을 더 잘하는 맥락 효과가 일어난 것이다.

(2) 상태의존기억
① 의미 : 사람들은 학습 시와 검사 시의 정서적·물리적 상태가 일치할 때 정보를 더 잘 기억한다.
② 굿윈 등의 실험 : 참여자들에게 술이 취한 상태와 멀쩡한 상태에서 단어를 학습하게 한다. 이후 두 학습집단의 참여자 절반은 술이 취한 상태에서, 나머지 반은 멀쩡한 상태에서 단어를 회상하도록 요구한다. 술이 취한 상태에서 학습한 참여자는 술이 취한 상태에서 검사를 받았을 때, 멀쩡한 상태에서 학습한 참여자는 멀쩡한 상태에서 검사를 받을 때 단어 회상을 더 잘했다.

7. 학습 전략

(1) 묶기(청킹) 전략
① 묶기(chunking) : 많은 정보를 몇 개의 묶음으로 처리하는 전략이다.
② 정보를 묶어 조직화하면 파지할 수 있는 정보의 양을 늘리고 작업기억 용량의 한계를 극복할 수 있다.

(2) 심상 전략
① 심상(imagery) : 새로운 정보를 마음속에 그리는 과정으로, 심상 전략을 통해 정보를 오래 기억할 수 있다.
② 이중부호화 이론(dual-coding theory) : 장기기억은 언어 기억체계와 심상 기억체계의 두 가지 분리된 기억체계를 가진다.
㉠ '공', '강아지'와 같이 언어 및 시각적으로 표상되는 단어가 '진리', '능력'과 같이 언어적으로만 표상될 수 있는 단어보다 기억하기 쉽다.
㉡ 새로운 정보를 부호화하기 위해서는 언어적 정보와 함께 시각적 자료를 보충하는 것이 좋다.

(3) 정교화 전략
① 정교화(elaboration) : 자신의 사전 경험을 토대로 새로운 정보를 장기기억에 저장되어 있는 정보와 연결하는 부호화 전략이다.
예 '국화가 가을에 피는 꽃'이라는 사실을 학습할 때, 가을에 생신인 엄마를 위해 국화꽃을 선물한 기억으로 '국화가 가을에 피는 꽃'임을 기억하는 것

② 방법
  ㉠ 사례 제공 : 특정 개념과 관련된 구체적인 사례는 학습자의 이해를 돕는다.
  ㉡ 유추(analogies) : 학습자가 이미 알고 있는 개념을 통해 새로운 개념을 학습하도록 도와주는 것이다.
  ㉢ 기억술 사용 : 장소법, 연상법, 두문자법, 핵심 단어법, 음운기억법 등이 있다.
    ⓐ 장소법 : 기억해야 할 정보를 자신과 친숙한 장소에 연결하여 심상을 구성하는 방법이다.
    ⓑ 두문자법 : 기억할 단어나 구의 머리글자를 따서 기억하는 방법이다.
    ⓒ 핵심 단어법 : 학습할 단어의 의미와 단어를 심상으로 결합하여 부호화하는 것이다.
    ⓓ 음운 기억법 : 정보를 익숙한 리듬이 있는 가사로 만들어 기억하는 방법이다.
③ 정교화는 2가지 방법으로 인출을 돕는다.
  ㉠ 첫째, 정교화는 활성화가 확산될 수 있는 대안적인 인출 통로를 제공한다. 즉, 한 통로가 막히면 다른 통로들을 이용할 수 있도록 해 준다.
  ㉡ 둘째, 정교화는 답이 구성될 수 있는 다른 부가적인 정보를 제공한다. 결국 어떤 정보가 다른 정보들과 더 많이 연결될수록 정보에 접근할 수 있는 통로는 많아지는데, 이것은 정교화된 정보일수록 인출에 필요한 단서들이 많다는 의미이다.

(4) **조직화 전략**
① 조직화(organization) : 공통 범주나 유형을 기준으로 새로운 정보를 장기기억에 저장되어 있는 정보와 연결하는 부호화 전략이다.
② 방법
  ㉠ 개요 작성(outlining) : 학습 자료의 주된 내용을 위계적인 형식으로 표현하는 것으로, 세부 정보는 상위 범주 아래에 조직화되어 표현된다.
  ㉡ 개념도(concept mapping) : 개념 간의 관계를 보여주고 주제와의 관련성을 나타내기 위해 개념 간의 관계를 도형화하는 것이다. 아이디어 간의 관계를 기억하도록 돕는 시각적 도구가 되며, 눈에 보이는 것 이상을 볼 수 있게 하고, 추론하게 하며, 새로운 지식을 발견하게 한다.

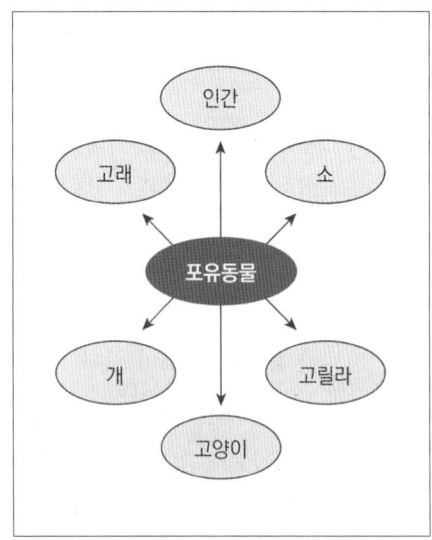
[그림 14-42] 거미 지도

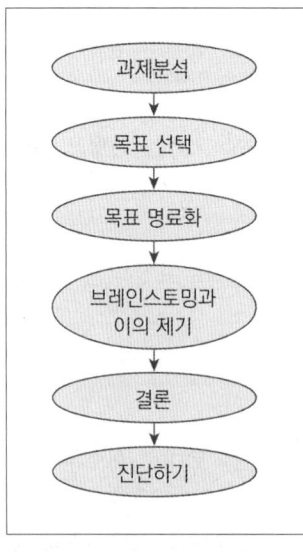
[그림 14-43] 체인 지도

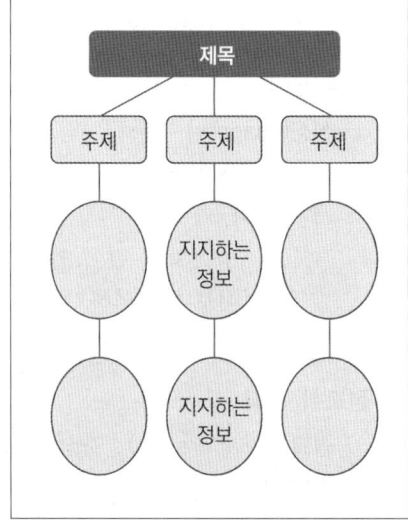
[그림 14-44] 이야기 지도

ⓐ **거미 지도** : 분류, 유사성, 차이점의 관계를 나타낼 때 유용하다.
ⓑ **체인 지도** : 시간관계, 인과관계, 권력관계를 나타낼 때 유용하다.
ⓒ **이야기 지도** : 이야기의 주제와 이를 지지하는 정보와 사건을 분류하는 데 유용하다.
③ 잘 조직된 학습자료는 학습자의 조직화를 쉽게 유도하여 기억을 오래 유지하게 하며, 정보 간의 관계를 더 쉽게 이해하도록 돕는다.
예 그래프, 표, 흐름도, 지도, 위계적인 개념도 등

(5) 스키마 활성화
① **스키마 활성화** : 새로운 정보가 관련된 사전지식과 연결될 수 있도록 사전지식을 활성화하는 부호화 전략이다.
② **방법** : 수업 주제와 관련하여 학생들이 이미 알고 있는 것에 대하여 질문을 하거나 그 주제와 관련된 학생의 경험을 얘기해 보도록 하는 것이다.
③ 스키마는 새로운 자료를 의미 있는 구조로 정교화시킴으로써 부호화 과정에 도움이 된다.

(6) 맥락을 이용한 인출 전략
저장된 정보의 인출은 부호화된 맥락의 영향을 크게 받으므로, 정보를 인출하려고 할 때 그 정보가 잘 기억나지 않으면 정보가 저장된 상황을 떠올리는 전략을 사용하는 것이 좋다.
예 유치원 친구가 기억나지 않을 때 유치원에 다녔을 때의 일을 떠올려보는 것

(7) 인출 및 망각의 교육적 시사점
① 정보에 접근할 수 있는 경로와 인출 단서를 되도록 많이 만들어야 한다. 즉, 기억하려는 정보를 이미 알고 있는 것이나 다른 정보, 혹은 여러 맥락이나 심지어 정서와 연결하는 정교화를 통해 부호화함으로써 정보의 인출을 촉진할 수 있다.
② 인출에도 연습이 필요하다. 즉, 효과적인 학습은 반복적인 부호화를 통해 정보를 작업기억에서 장기기억으로 옮기는 연습도 필요하지만, 이와 더불어 반복적인 인출을 통해 정보를 장기기억에서 작업기억으로 꺼내는 연습도 필요하다.
➡ **시험효과** : 시험과 같은 인출 연습이 학습을 촉진시키는 효과로, 연구 결과에 따르면 동일한 시간을 공부하더라도 공부할 내용을 반복적으로 읽는 것보다 읽기와 시험을 병행하는 것이 더 좋은 학습효과를 가져온다.
③ 분산학습이 집중학습보다 망각을 방지하고 인출을 촉진하는 데 효과적이다.
㉠ **분산학습(distributed practice)** : 중간에 휴식 기간을 두고 짧게 여러 번으로 나누어 이루어지는 학습이다.
㉡ **집중학습(massed practice)** : 한 번에 오랜 시간 동안 이루어지는 학습이다.
㉢ **간격효과(spacing effect)** : 집중학습보다 분산학습으로 학습된 정보가 장기기억에 더 잘 저장되는 경향성이다.
④ 간섭에 의해 망각을 예방할 수 있는 방법의 고려가 필요하다.
㉠ 수업 상황에서 학습 내용의 유사성에 의한 간섭을 막기 위해 교사는 관련된 개념 간의 유사점과 차이점을 강조하면서 가르쳐야 한다.
㉡ 중요한 내용은 수업 중간 부분에서만 언급하기보다는, 수업 시작 부분에서 강조하거나 수업이 끝날 때 다시 한번 복습해 준다.
⑤ 과잉학습은 망각을 방지할 뿐만 아니라 정보의 인출이 자동적으로 이루어지게 한다.
㉠ **과잉학습(overlearning)** : 숙달 수준을 초과하여 이루어지는 학습이다.
㉡ 과잉학습은 자동화를 촉진하는데, 과잉학습된 정보의 인출은 작업기억의 용량을 거의 차지하지 않기에 이해나 적용과 같은 고차원적 학습과 비판적 사고에 초점을 맞출 수 있게 한다.

> **참고** 인지부하이론(Sweller, 1988)
>
> - **인지부하이론**(cognitive load theory) : 특정 과제를 수행하기 위해 필요한 정신적 자원의 양을 말하는데, 여기에서 정신적 자원은 대개 작업기억을 의미한다.
> - **종류**
>   - **내재적 인지부하** : 과제의 복잡성이나 학습자의 전문성 수준에 의해 발생하는 인지처리의 양을 의미한다.
>   - **외생적 인지부하** : 과제가 제시되는 방식이나 학습자에게 요구되는 활동에 의한 인지처리의 양을 의미한다.
>   - **적절한 인지부하** : 효과적인 학습을 위해 적절하고 유익한 인지부하로서 과제와 관련된 정보를 깊은 수준으로 처리하는 데 필요하다.
> - **좋은 수업** : 내재적 부하를 학습자 수준에 맞게 잘 유지하면서, 외생적 부하는 줄이고, 적절한 부하를 증진하는 것이다.
> - **인지부하를 줄일 수 있는 전략**
>   - **청킹** : 개별적인 정보단위를 보다 큰 정보단위나 의미 있는 정보단위로 묶는 것이다.
>   - **자동화** : 의식적 노력 없이 이루어지는 정신적 조작의 수행으로, 특정 과제를 자동화시키면, 그 정보는 작업기억의 용량을 차지하지 않기 때문에 작업기억을 다른 과제를 처리하는 데 활용할 수 있도록 해준다.
>   - **분배처리** : 작업기억의 음운 루프와 시공간 잡기장을 활용하여 인지부하를 나누어 처리하는 방식이다. 우리는 교사가 언어로만 설명하는 것보다는 사진이나 표를 사용하여 설명해 줄 때 더 쉽게 이해하는데, 이것은 시각과 청각이 상호 보완적으로 정보처리를 돕기 때문이다.

8. 신경망 모형

(1) 개관

① **신경망 모형**(neural network model) : 인지를 뉴런들의 상호 연결망이라고 가정한다.
② 신경망 모형에서는 인지적 조작이 계열적(순서적)이 아닌 병렬적으로 동시에 처리된다는 점에서 **병렬분산처리**(Parallel Distributed Processing : PDP) 모형이라고 한다.

(2) 정보처리 모형과 신경망 모형의 차이점

① 정보처리이론은 정보가 계열적·단계적으로 처리된다고 보고, 신경망 모형은 동시에 병렬적으로 처리된다고 가정한다.
② 정보처리이론은 지식이 여러 기억저장고에 저장된다고 보는데, 신경망 모형은 노드 간의 연결에 저장된다고 본다.
③ 정보처리이론은 정보의 흐름을 관장하는 중앙처리장치를 가정하지만, 신경망 모형은 이를 상정하지 않는다.

(3) 내용

① **활성화 확산**(spreading activation) : 노드들은 어떤 자극에 의해 활성화되고, 활성화된 노드가 연결된 다른 노드의 활성화를 촉진하는 현상이다.
② **점화효과**(priming effect) : 연결된 노드를 활성화시킨 노드를 점화(priming)라고 하고, 발생된 활성화를 점화효과라고 한다.
　예 '스키너'라는 말을 들으면 '스키너'라는 노드에 대응하는 노드가 활성화된다. 일단 '스키너'에 대응하는 노드가 활성화되면 연결되어 있는 '동물실험'에 대응하는 노드와 '강화이론'에 대응하는 노드로 확산된다.
③ 이 모형에서 활성화는 상호 관련된 모든 노드에서 동시에 이루어진다.
　예 스키너가 활성화되면 동물실험과 강화이론 노드도 동시에 활성화된다.
④ **지식** : 노드 간의 연결에 저장된다는 것이다.
　예 우리가 알고 있는 개에 대한 지식(동물이고, 짖고, 털이 있다 등)은 노드 사이의 연결에 저장된다. 연결이 없으면 어떤 지식도 알 수 없고, 심지어는 '개'라는 개념도 인출할 수 없다.

⑤ 학습 : 노드와 노드의 연결을 형성하고 연결의 강도를 변환시켜 주는 과정이다.
  ㉠ 노드와 노드들의 연결이 활성화되면 정보가 노드에 저장되고, 자주 활성화되는 연결은 잘 기억되고 인출 또한 쉽게 일어난다.
  ㉡ 학습이 일어나려면 노드와 노드의 연결을 빈번하게 활성화할 수 있는 기회를 제공하는 것이 필요하다.
  ㉢ 결국 학습은 다양한 학습기회와 경험을 통해 적절한 노드와 노드 간의 연결을 활성화하고 강화하는 것이라고 할 수 있다.

26 사고와 문제 해결

1. 개념과 개념학습

(1) 개념(concept)
  ① 의미 : 사물이나 사건 또는 그 밖의 자극들이 가진 공통된 속성을 묶거나 범주화하는 심적 표상을 말한다.
  ② 개념은 우리가 인지적으로 처리하는 정보를 단순화하고, 요약하며, 조직화하는 것을 돕는다.
  ③ 개념학습 : 개념들의 특성이나 속성을 확인하고 표상을 형성하는 것이다.

(2) 개념의 조직화
  ① 위계적 구조(hierarchical structure) : 대상이나 행위 등의 개념은 속성 차원의 범주에 근거하여 위계적 구조로 표상되어 있다.
    ㉠ 예컨대 사과의 개념은 상위 개념인 과일과 하위 개념인 부사로 구성된다.
    ㉡ 기본 수준(basic level) : 사과는 상위 개념과 하위 개념의 중간에 위치하므로 기본 수준의 개념이라고 한다.
    ㉢ 기본 수준은 우리가 흔히 표현되는 개념으로 볼 수 있다.
  ② 원형(prototype)이론 : 범주를 대표하는 전형적인 모델의 속성에 기초해 개념을 분류하는 것이다.
    예 과일에는 사과, 복숭아, 키위 등이 있지만 일반적으로 과일의 범주를 인출하라고 하면 사과가 가장 먼저 떠오르고, 키위는 잘 떠오르지 않는다. 이는 사과가 다른 과일의 속성을 가장 많이 공유하고 있기 때문이다.
  ③ 의미망(semantic network) : 범주들이 논리적 위계보다는 의미 관계에 따라 연결된다고 보는 이론이다. 의미망 모형에서는 논리적으로 연관성이 없어도 자주 함께 언급되는 범주들은 서로 연결될 수 있다고 본다.
  ④ 도식(schema) : 서로 관련된 개념과 정보들이 조직화되어 묶인 것으로, 세상이나 사건, 사람, 역할 등에 대한 전형적이고 일반화된 지식을 표상한다.

(3) 개념학습 이론
  ① 규칙지향이론 : 공통적인 특성에 근거하여 개념들을 범주화하는 이론이다.
    ㉠ '독신녀' : '여자, 결혼을 하지 않은, 성인'과 같은 3개의 속성으로 구성되며, 이 중 어느 한 속성이라도 없는 경우에는 범주가 적용되지 않는다.
    ㉡ 한계점 : 대상의 속성이 분명하다는 점에서 개념을 학습하는 데 효과적이지만, 범주에 대해 완벽한 설명을 제시하지는 않는다.

② 원형(prototype)이론 : 범주를 대표하는 전형적인 모델의 속성에 기초하여 개념을 분류하는 것이다.
  ㉠ 각 개념에 속하는 특징은 공통적으로 존재하지만 항상 존재하지는 않는다.
    예 학생이라는 개념은 대체로 학교에 다니고 있고, 교과서로 공부하며, 학령기 나이에 속하는 사람을 원형으로 생각할 수 있다. 하지만 학생이 꼭 학교로 명명된 기관에 다녀야만 하는 것은 아니며, 교과서가 아닌 체험을 통해 배울 수도 있고 연령이 많을 수도 있다.
  ㉡ 원형(prototype) : 범주를 가장 잘 대표하는 전형적인 모델로 기능하면서, 이후 다른 개념을 범주화하고 학습하는 데 기준이 되거나 보기의 역할을 한다.
③ 실례(본보기)이론 : 학습자가 경험을 통해 축적한 실제 예시를 바탕으로 개념을 학습하고 범주화하는 것이다.
  ㉠ 실례(exemplars) : 경험을 통해 축적한 이미지 또는 일화기억이다.
  ㉡ 상황이론에 따르면 학습자는 여러 개념을 접하며 반드시 하나의 대표적인 원형을 형성할 필요가 없고 오히려 다양한 사례를 통해 보다 유연하게 개념을 학습할 수 있다.

(4) 개념도
① 개념들 간의 위계, 관계를 시각적으로 조직화한 지도를 말한다.
② 학습자가 새로 접하는 개념이 기존의 개념구조에 의해 해석될 때, 단순 암기학습이 아닌 유의미한 학습이 발생한다. 따라서 학습자의 인지구조와 같은 형태로 개념들의 구조를 조직하여 제시하면 새로운 개념에 대한 유의미학습이 향상될 수 있다.
③ 활용 : 학생은 개념 간 관계를 시각적으로 나타내봄으로써 보다 지식을 능동적으로 구성할 수 있으며, 교사는 학생이 작성한 개념도를 바탕으로 개념과 개념 간 관계에 대한 학생의 이해 정도를 평가할 수 있다.

(5) 오개념
① 오개념(misconception) : 자기 자신이 옳다고 생각하지만 객관적인 근거나 일반적으로 받아들여지는 설명과 모순되는 생각 또는 믿음을 의미한다.
② 원인 : 우리는 새로운 정보나 경험을 그대로 받아들이는 것이 아니라 자신이 이해할 수 있는 방식으로 구성하기 때문이다. 특히 상당수의 오개념은 우리의 사전지식이나 사전경험에 부합한다.

2. 전이

(1) 학습의 전이
① 전이 : 특정 장면에서 학습한 지식이나 기술이 새로운 장면의 학습이나 행동으로 옮겨져 새로운 영향을 미치는 현상이다.
② 유형
  ㉠ 정적 전이 : 이전의 학습이 다른 상황에서의 학습을 촉진하는 현상이다.
  ㉡ 부적 전이 : 이전의 학습이 다른 상황에서의 학습을 방해하는 현상이다.
  ㉢ 일반(general) 전이 : 특정한 상황에서 학습한 지식, 기능, 법칙을 완전히 새로운 장면에 적용하는 것이다.
    예 개념도를 활용하여 과학을 공부한 학생이 이를 사회 공부에도 적용하여 비슷한 효과를 얻는 것
  ㉣ 특수(specific) 전이 : 특정한 상황에서 학습한 지식, 기능, 법칙을 매우 유사한 장면에 적용하는 것으로, 학습과제 간 구체적인 특성이 유사한 경우에 발생한다.

ⓜ 수평적 전이 : 선행학습과 후속학습의 수준이 비슷한 경우에 나타나는 전이로, 특정 교과의 학습이 다른 교과의 학습에 영향을 미칠 때 나타난다.
  예 역사시간에 학습한 3.1 운동에 대한 지식이 국어시간의 독립선언문 학습에 영향을 미치는 것
ⓑ 수직적 전이 : 위계관계가 분명한 학습과제 사이에서 나타나는 전이로, 선행학습이 후속학습의 기초가 될 경우 일어난다.
  예 구구단 학습이 분수 학습에 영향을 주는 것

(2) 전이이론

① 형식도야설(theory of formal discipline) : 정신능력이 훈련으로 도야되며, 이것이 광범위한 영역으로 확대된다고 보는 입장이다.
  ㉠ 능력심리학 : 인간의 정신은 기억력, 주의력, 추리력 등의 기초 능력으로 구성되고, 신체훈련으로 근육을 단련하는 것처럼 정신능력도 훈련으로 연마할 수 있으며, 이것이 새로운 장면에 광범위하게 자동적으로 전이된다.
  ㉡ 연습과 훈련을 통해 개인의 정신능력을 향상할 수 있고, 궁극적으로 지적인 인간을 형성하는 것도 가능하다고 본다.

② 동일요소설(theory of identical elements) : 여러 학습과제 사이에 동일한 요소가 존재하는 경우에만 전이가 일어난다고 보는 입장이다.
  예 자전거를 잘 타는 사람이 오토바이도 잘 타는 것은 공통적인 요소가 존재하기 때문
  ㉠ 특수 전이 관점 : 특수한 조건에서만 능력이나 기능이 전이된다는 것으로, 학습과제 간에 유사성의 정도가 높을수록 전이가 많이 일어난다고 본다.
  ㉡ 교육과정 구성 : 사회에서 수행해야 할 기능과 유사한 형태의 과제를 수행하는 방식으로 교육과정을 구성해야 한다.

③ 일반화설(theory of generalization) : 선행학습에서 획득된 원리나 법칙을 후속학습에 활용할 수 있을 때 전이가 일어난다고 보는 입장이다.
  ㉠ 전이의 가장 중요한 조건은 선행학습과 후행학습 사이의 동일한 요소에 대한 지식이 아닌 일반원리에 대한 지식이다. 그러므로 전이는 두 학습 장면에 유사한 법칙이나 원리가 포함되어 있을 때만 일어나며, 특히 두 학습의 구체적 특성이 다를수록 일반화의 중요성이 더 높아진다.
  ㉡ 형태이조설과의 차이 : 일반화설은 기계적 이론으로, 일반화 과정을 거치면 전이가 자동적으로 일어난다고 본다. 반면 형태이조설은 일반화 과정을 거치더라도 자동적으로 전이가 일어나는 것은 아니며, 이 관점에서 전이가 일어나려면 관계를 통찰하고, 그 통찰을 활용하려는 욕구가 있어야 한다.

④ 형태이조설 : 통찰을 전이의 결정적인 요인으로 보는 입장이다.
  ㉠ 선행학습 장면에서 역학적 관계에 대한 통찰이 발생해야 다른 장면으로의 전이가 가능하다고 주장한다.
  ㉡ 두 학습 장면이 동일한 요소나 원리를 포함한다고 해서 전이가 자동적으로 일어나는 것은 아니다.
  ㉢ 전이는 후속학습이 선행학습과 동일한 일반원리 또는 전략을 요구할 때 일어나므로 두 학습장면 사이의 역학적 관계를 능동적으로 파악해야 한다는 점을 강조한다. 이때의 전이는 동일요소설이나 일반화설이 주장하는 것처럼 기계적으로 발생하지 않는다.

⑤ 메타인지이론 : 전이의 과정에서 '인지과정에 대한 지식'을 의미하는 메타인지의 역할을 강조한다.
  ㉠ 메타인지는 인지과정을 점검·조절·통제하는 과정으로, 특히 선행지식을 새로운 학습내용과 연결할 때 전이가 발생한다고 본다.

ⓒ 메타인지는 문제의 요구를 파악하고, 해결방안을 수립하며, 적절한 해결 전략을 선택하고, 목표를 향한 진행을 점검하며, 필요시 해결방안을 수정하는 과정까지 포함한다.

　　ⓓ 따라서 전이를 촉진하려면 문제 해결자가 선행지식을 새로운 문제를 해결하는 데 사용하는 능동적 역할을 하고, 자신의 인지과정을 인식하고 점검·조절할 수 있어야 한다. 또한 다양한 인지 전략을 언제 어떻게 활용할 수 있는지를 학습할 때 전이가 촉진된다.

　⑥ **상황학습** : 학습은 맥락의존적이며 상황 속에 존재하므로, 전이가 일어나려면 새로운 장면이 기존 학습장면과 비슷해야 한다.

　　⊙ **상황학습이론** : 학교 학습활동이 실생활 장면과 유사할수록 전이가 촉진된다.

　　ⓒ 전이를 촉진하려면 학습장면이 실제상황과 최대한 비슷해야 하므로 실제적 과제를 다루는 것이 중요하다.

(3) 전이에 영향을 미치는 요인

① **개인 요인**

　⊙ **선행학습 수준** : 학습자는 새로 학습할 내용과 관련된 사전지식을 가지고 있을 때 보다 효과적으로 학습할 수 있다. 따라서 전이가 잘 일어나도록 하기 위해서는 이전 학습에 대한 깊은 이해가 선행되고 사전지식이 유의미하게 조직되어야 한다.

　ⓒ **메타인지능력** : 전이는 학습자가 자신의 인지과정을 인식·점검·조절하고 다양한 인지 전략을 언제 어떻게 활용하는지 알고 있을 때 잘 일어난다. 따라서 학습자는 전이를 촉진하기 위해, 선행지식을 새로운 문제 해결에 어떻게 적용할 것인지를 판단하는 데 능동적으로 참여해야 한다.

② **환경 요인**

　⊙ **학습상황 사이의 유사성** : 선행학습 장면과 새로운 학습장면이 유사할수록 전이가 촉진된다.

　　ⓐ 상황학습이론에 따르면 학습은 맥락의존적이므로 전이가 일어나려면 새로운 장면이 선행학습 장면과 비슷해야 한다.

　　ⓑ 반면 새로운 장면이 선행학습 장면과 완전히 다르면 전이가 일어나지 않을 수 있다.

　ⓒ **학습맥락 및 경험의 다양성** : 다양한 사례와 충분한 연습 기회를 제공할수록 전이가 촉진된다.

　　ⓐ 선행학습 시 다양한 사례가 함께 제시되면 다양한 사례가 새로운 학습장면을 포함하고 있을 가능성이 커지고, 둘의 간극을 좁히고 공통점을 더욱 구체적으로 생각해 볼 수 있다.

　　ⓑ 충분한 연습 기회는 학습자에게 다양한 경험을 제공함으로써 응용력을 넓히게 해준다.

3. 문제 해결

(1) 문제 해결과정

① 문제 상황에 직면했을 때, 현재의 상태를 목표로 하는 상태로 변화하기 위해 수단과 방법을 모색하고 적용하는 일련의 과정이다.

② 여러 방법을 활용하여 문제를 해결하고 목표에 도달하는 과정을 말한다.

(2) 문제의 유형

① 구조화된 문제(well-structured problem)와 비구조화된 문제(ill-structured problem)

구분	특징
구조화된 문제	• 목표 상태가 명확하게 제시됨 • 문제 해결방법이 명료하며, 문제 해결에 필요한 충분한 정보가 제시되어 있음 • 정답이 하나임 예 수학 방정식 문제
비구조화된 문제	• 목표 상태가 모호하게 제시됨 • 문제 해결방법이 복잡하며, 문제 해결에 필요한 정보가 충분히 제시되지 않음 • 정답이 여러 개일 수 있음 예 사이가 틀어진 친구와 어떻게 관계를 회복할 것인가?

② 잘 정의된 문제(well-defined problem)와 잘 정의되지 않은 문제(ill-defined problem)

구분	특징
잘 정의된 문제	• 해결을 위한 모든 정보(IGOR)가 제공되는 문제 • **정보** : 문제의 현 상태(I; Initial state), 문제를 해결했을 때의 상태(G; Goal state), 문제를 해결하기 위해서 해야 할 조작(O; Operation), 문제를 해결할 때 지켜야 할 제약이나 규칙(R; Restriction)을 포함함
잘 정의되지 않은 문제	• 해결을 위한 정보가 제시되지 않은 문제

③ 지식적으로 풍부한 문제(knowledge-rich problem)와 지식적으로 메마른 문제(knowledge-lean problem)
   ㉠ 지식적으로 풍부한 문제 : 사전지식이 많이 필요한 문제로서, 주로 영역 특수적인(domain-specific) 지식이 적용된다.
   ㉡ 지식적으로 메마른 문제 : 사전지식이 많이 필요하지 않은 문제로서, 주로 영역 일반적인(domain-general) 지식을 적용하여 해결한다.

④ 의미적으로 풍부한 문제(semantically-rich problem)와 의미적으로 메마른 문제(semantically-lean problem)
   ㉠ 의미적으로 풍부한 문제 : 문제해결자가 해당 문제 형태에 대한 경험이 많은 문제를 의미한다.
   ㉡ 의미적으로 메마른 문제 : 문제해결자가 해당 문제 형태에 대한 경험이 거의 없는 문제를 의미한다.

⑤ 통찰 문제(insight problem)와 다단계 문제(multi-step problem)

구분	특징
통찰 문제	• 문제 해결에 필수적인 중대한 단계를 포함하고 있기 때문에, 이 단계만 거치게 되면 '아하'나 '유레카' 현상처럼 해결책이 즉각적으로 분명해지는 문제 유형 • **비구조화된 문제** : 거의 모두 통찰 문제임 • 통찰 문제를 다루는 경우, 자신이 얼마나 문제 해결에 가까이 있는지를 깨닫지 못하는 경우가 많음
다단계 문제	• 해결을 위해 일정한 단계를 순서적으로 거쳐야만 하는 문제

⑥ 조나센(Jonassen, 2011)의 세분화된 11가지 문제 유형 : 논리(logic) 문제, 알고리즘(algorithm) 문제, 일화형(story) 문제, 규칙사용 및 규칙유도(rule-using/rule-induction) 문제, 의사결정(decision making) 문제, 결함해결(troubleshooting) 문제, 진단-해결(diagnosis-solution) 문제, 전략적 수행(strategic performance) 문제, 정책분석(policy-analysis) 문제, 디자인(design) 문제, 딜레마(dilemma)가 포함된다.

> **참고** 문제의 예와 유형

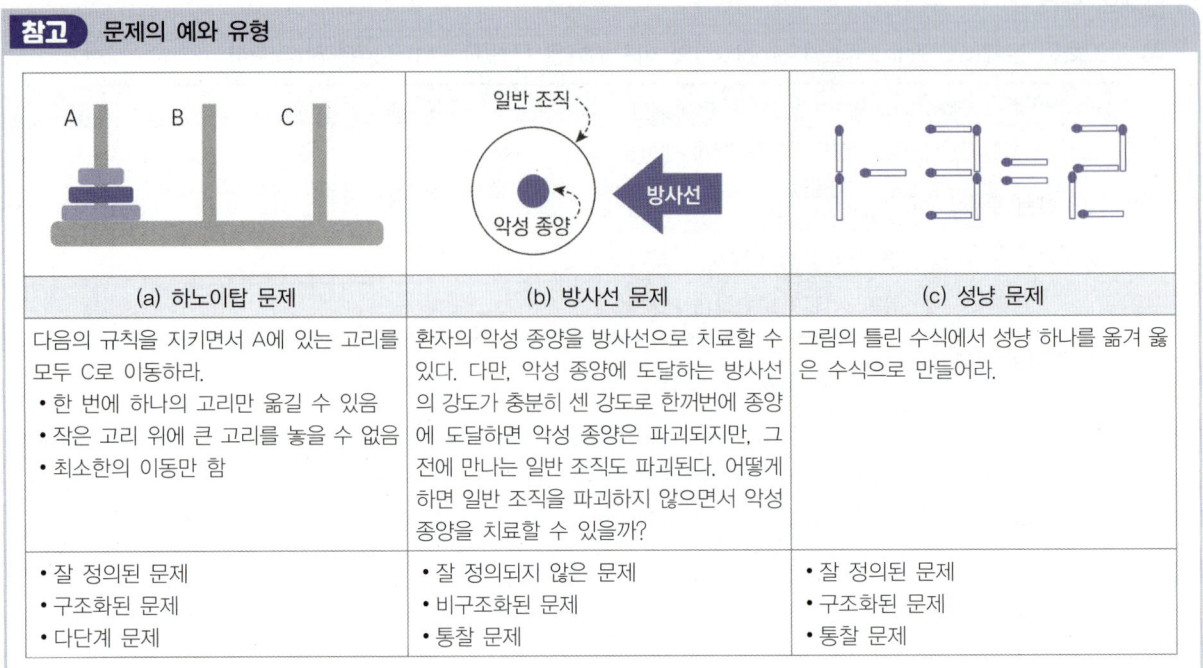

(a) 하노이탑 문제	(b) 방사선 문제	(c) 성냥 문제
다음의 규칙을 지키면서 A에 있는 고리를 모두 C로 이동하라. • 한 번에 하나의 고리만 옮길 수 있음 • 작은 고리 위에 큰 고리를 놓을 수 없음 • 최소한의 이동만 함	환자의 악성 종양을 방사선으로 치료할 수 있다. 다만, 악성 종양에 도달하는 방사선의 강도가 충분히 센 강도로 한꺼번에 종양에 도달하면 악성 종양은 파괴되지만, 그 전에 만나는 일반 조직도 파괴된다. 어떻게 하면 일반 조직을 파괴하지 않으면서 악성 종양을 치료할 수 있을까?	그림의 틀린 수식에서 성냥 하나를 옮겨 옳은 수식으로 만들어라.
• 잘 정의된 문제 • 구조화된 문제 • 다단계 문제	• 잘 정의되지 않은 문제 • 비구조화된 문제 • 통찰 문제	• 잘 정의된 문제 • 구조화된 문제 • 통찰 문제

(3) 문제 해결 단계

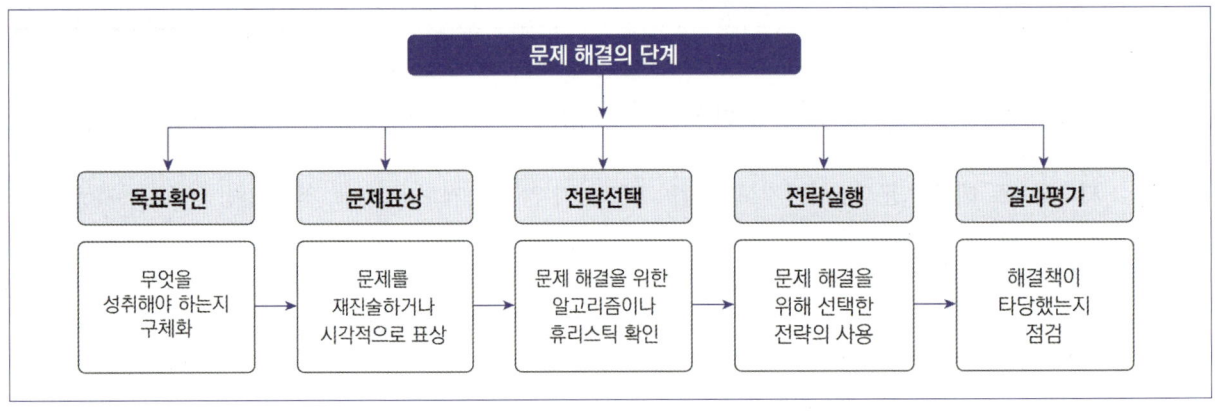

[그림 14-45] 문제 해결의 단계(Eggen & Kauchak, 2016)

① **문제의 목표확인(identify the problem goal) 단계** : 무엇을 해야 하는지 구체화하는 단계로, 목표를 명료화한다.
   ➡ 잘 정의되지 않은 문제의 경우 목표확인이 어려운데, 이때는 큰 목표보다 하위 세부목표를 먼저 확인해야 한다.
② **문제표상(represent the problem) 단계** : 문제를 재진술하거나 시각적으로 표상하는 단계이다.
   ㉠ 문제를 좀 더 친숙한 용어로 바꾸어 보거나 시각적으로 나타냄으로써 문제는 더 유의미해진다.
   ㉡ 문제를 시각화하는 것은 작업기억의 언어처리 장치와 시각처리 장치를 함께 사용함으로써 인지부하를 감소시킨다.
③ **전략선택(select a strategy) 단계** : 문제 해결을 위한 알고리즘이나 휴리스틱을 확인하는 단계이다.
   ㉠ 알고리즘(algorithm) : 잘 정의된 문제에 적용될 수 있다.
   ㉡ 휴리스틱(heuristics) : 잘 정의되지 않은 문제에 적용될 수 있다.

④ 전략실행(implement the strategy) 단계 : 문제 해결을 위해 선택한 전략을 사용하는 단계이다.
  ㉠ 실행의 결과로 문제 해결에 대한 최종적인 평가가 이루어지기 때문에 중요한 단계라고 할 수 있다.
  ㉡ 실패에 대한 두려움과 문제 해결에 걸리는 시간을 과소평가하는 계획 오류 등은 실행을 방해하기도 한다.
⑤ 결과평가(evaluate results) 단계 : 해결책이 적절한지 점검하는 단계로, 문제 해결의 성공·실패 여부와 관련 없이 과정과 결과를 평가하는 것은 문제해결력을 기르는 데 있어 매우 중요하다.

4. 문제 해결 전략

(1) 알고리즘과 어림법

① 알고리즘(algorithm) : 정해진 규칙과 절차에 따라 신속하고 정확하게 문제를 해결하는 방법이다.
  예 '한 반에 정원이 100명인 반에서 철수는 5등을 했다. 그렇다면 철수는 반에서 상위 몇 %에 들어가는 것인가?'의 질문을 한 경우, 이 질문을 듣고 나서 '5÷100×100'이라는 공식을 적용하여 바로 상위 5% 내에 든다는 정답을 도출하는 것

② 어림법(간편법, 휴리스틱, heuristic) : 문제 해결을 위한 비규정적이고 직관적인 전략이다.
  ㉠ 비구조화된 문제나 잘 정의되지 않은 문제에 적용할 수 있는 문제 해결 전략이다.
  ㉡ 어림법으로 반드시 문제가 해결되는 것은 아니지만, 과제가 복잡하고 친숙하지 않을 때는 알고리즘보다 어림법이 문제 해결에 더 효과적인 경우가 많다.
  ㉢ 대표적인 방법

구분	내용
수단목표 분석	• 현재 상태와 목표 상태의 차이를 인식하고, 이를 좁힐 수 있는 적절한 전략과 방법을 탐색하여 문제를 해결하는 전략 • 자신의 현재 상태와 최종적으로 도달하고자 하는 목표를 먼저 확인하고, 상위 목표를 여러 단계의 하위 목표로 세분화한 후 각 하위 목표를 달성할 수 있는 적절한 수단을 탐색하여 적용함
유추하기	• 문제 상황에 처한 개인이 마주한 문제를 기존에 경험한 적이 있는 익숙하고 간편한 문제에 대응시켜 문제 해결을 지원하는 전략 • 유추를 사용하기 위해 가장 중요한 것은 처한 문제와 관련하여 개인이 이미 사전적으로 가지고 있는 경험이나 배경지식임

(2) 편향과 어림법(Tversky & Kahneman)

① 대표성 어림법(representativeness heuristic) : 어떤 사건의 발생 가능성을 그것의 전형적인 사례에 부합하는 정도에 따라 판단하는 방법이다.
  예 동전을 8번 던져서 무작위로 앞면과 뒷면이 나오는 경우를 예상할 때, '앞-앞-앞-앞-뒤-뒤-뒤-뒤'가 나타나는 확률과 '앞-앞-뒤-앞-뒤-뒤-앞-뒤'가 나올 확률은 동일하다. 하지만 사람들은 전자보다 후자가 확률이 높다고 생각하는데, 이는 후자가 좀 더 무선적 사건의 확률을 좀 더 대표하고 있는 것처럼 보이기 때문이다.

② 가용성 어림법(availability heuristic) : 어떤 사건의 발생빈도나 가능성을 기억에서 떠올리기 쉬운 사례를 기준으로 판단하는 방법이다. 관련된 사례가 마음속에 쉽게 떠오르는 정도는 그 사건의 빈도뿐만 아니라 최신성, 생생함, 차별성과 같은 요인의 영향을 받기도 한다.
  예 시험 참가자들에게 천식, 간염, 당뇨, 살인, 화재, 홍수 등 다양한 사망 원인의 빈도를 추정하도록 했다. 그 결과 피검자들은 사망의 원인으로 살인, 화재, 홍수처럼 머릿속에 쉽게 떠오르는 사건의 빈도를 천식, 간염,

당뇨처럼 그렇지 않은 사건의 빈도보다 더 높게 잘못 추정했다. 살인이나 화재로 인한 사망은 당뇨나 간염으로 인한 사망에 비해서 더 특이하고 주목을 더 받기 때문에 생생하게 기억에 남는 경향이 있다.

(3) 틀(프레이밍, framing) 효과 기출 23

① 의미 : 한 문제가 어떤 식으로 표현되는지(틀 속에 들어가는지)에 따라 동일한 문제에 서로 다른 대답들이 나타나는 것이다.

② 틀 효과는 문제를 제시하는 방식에 따라 결정과 판단에 영향을 주는 것으로 어떤 문제, 질문 혹은 사건을 둘러싸고 있는 맥락을 어떻게 정의하느냐에 따라 그 맥락에 대한 지각이나 평가가 달라진다.

> 예 한 의사는 환자에게 수술 중에 10%가 사망한다고 말한다. 다른 의사는 90%가 생존한다고 말한다. 정보는 동일하지만 효과는 그렇지 않다. 조사 결과를 보면, 환자와 의사 모두 10% 사망한다고 들었을 때 위험이 더 큰 것처럼 들린다고 말하였다.

③ 매몰비용의 오류(suck-cost fallacy) : 사람들이 이미 투자한 비용을 고려해서 현재 상황에 대한 결정을 내리는 것이다.

> 예 가장 좋아하는 밴드의 야외공연을 보기 위해 장장 3시간 동안 줄을 서서 10만원이라는 돈을 주고 티켓을 구입하는 상황을 상상해 보자. 하지만 공연 당일 너무 춥고, 비까지 내리고 있다. 만약 콘서트에 간다면, 분명 비참한 기분이 들 것이다. 하지만 티켓을 구입하는 데 들어간 10만원이라는 돈과 시간이 아까워 공연을 보러 가기로 한다.

㉠ 매몰비용 : 경제적 관점으로 이미 발생하여 회수할 수 없는 비용이다.

㉡ 매몰비용의 오류 : 매몰비용 때문에 이미 실패한 또는 실패할 것으로 예상되는 일에 시간, 노력, 돈을 투자하는 것이다.

④ 전망이론(prospect theory, Tversky & Kahneman) : 위험, 불확실성, 손실 및 이득에 대한 사람들의 태도가 그들의 의사결정에 미치는 영향을 설명한다.

㉠ 사람들은 확률을 정확하게 계산할 수 있는 능력이 없고 대부분의 경우에는 앞으로 얻을 수 있는 이득보다는 손실에 대한 두려움이 사람들의 의사결정에 더 큰 영향을 미친다.

㉡ 100% 확률로 90만원을 벌 수 있는 경우와 90% 확률로 100만원을 벌 수 있는 경우 사람들은 후자보다는 전자를 선택하기 쉽다. 왜냐하면 이처럼 위험요소를 내포하고 있는 판단과제에서 이득을 보는 경우, 사람들은 그 상황을 이득 프레임으로 지각해서 확보한 이익을 지키는 것을 더 중시함으로써 더 많은 이익을 얻기 위해 위험을 회피하는 경향을 보이기 때문이다.

㉢ 반대로, 100% 확률로 90만원을 손해 보는 경우와 90% 확률로 100만원을 손해 볼 수 있는 경우 중 사람들은 전자보다 후자를 선택하기 쉽다. 왜냐하면 손실을 보는 상황에서 사람들은 그 상황을 손실 프레임으로 지각함으로써 확정된 손실을 기피하기 위해 모험적인 선택을 하는 경향을 보이기 때문이다.

(4) 인지적 편향

① 인지적 편향 : 사람들의 사회적 판단에서 잘못된 결론에 도달하게 만드는 사고방식을 말한다.

② 인지적 편향의 원인

㉠ 정보를 수집하고 정보를 찾는 과정에서 편향이 있을 수 있다.

> 예 자신의 생각을 지지하는 증거나 정보를 찾을 수 있다.

㉡ 직관적 사고와 감정에 기초한 문제 해결에서 찾을 수 있다. 직관은 자동적으로 활성화되는 빠른 인지과정이기 때문에 별다른 노력이 필요 없지만 오류를 범할 가능성을 내포하고 있다.

③ 사후가정적 사고(counterfactual thinking) : 어떤 사건을 경험한 후에 일어날 수도 있었지만, 결국 일어나지 않은 가상의 대안적 사건을 생각해 보는 현상이다.
  ➡ 자신의 삶에서 발생한 사건이 달리 나타났다면 어떠했을까, 혹은 '만약 …했다면 …했을 텐데'와 같은 조건문 형태로 표현되는 사고이다.
  ㉠ 상향적 사후가정적 사고 : 실제 상황보다 좀 더 긍정적인 결과를 상상하는 것으로, 이런 사고에는 후회 같은 부정적 감정이 뒤따라오게 된다.
  ㉡ 하향적 사후가정적 사고 : 실제 상황보다 좀 더 부정적인 결과를 상상하는 것으로, 이런 사고에는 안도감과 같은 긍정적 감정이 뒤따라오게 된다.
④ 착각상관(illusory correlation) : 아무런 관계가 없거나 약한 관계가 있는 두 사건에 대하여 서로 관계가 있다고 잘못 생각하는 현상이다.
  예 수능시험을 보는 날은 날씨가 춥다는 믿음, 날씨가 좋으면 주가가 오른다는 생각
  ㉠ 사전기대 : 두 사건이 논리적으로 관련이 있어야 한다는 믿음, 즉 실제 관계가 없음에도 불구하고 관계가 있기를 바라는 사전기대가 원인이 된다.
    예 흑인에 대한 고정관념을 가지고 있는 사람은 흑인과 범죄를 연결시키는 토대를 이미 가지고 있을 수 있다.
  ㉡ 정보의 독특성 : 소수집단과 같이 다수집단에 비해 수가 작은 집단은 더 눈에 띄고, 일상적인 행동에 비해 발생 빈도가 낮은 폭행과 같은 행동에 대한 정보가 눈에 더 잘 띈다.
⑤ 확증편향(confirmation bias) : 자신의 신념에 부합하는 정보만을 취하고 그렇지 않은 정보를 무시함으로써 자신의 생각이나 가설을 확증하는 쪽으로 결론을 내리려는 인지적 경향성이다.
⑥ 사후확신편향(hindsight bias) : 과거에 일어난 일의 결과를 알고 난 후에 마치 처음부터 그 결과를 알고 있었던 것처럼 믿는 현상이다.
  예 위기가 일어나고 나면 이후 "나는 이게 올 것을 알고 있었다."고 주장하는 사람들로 넘쳐난다.
⑦ 과잉확신(과신, overconfidence) : 자신의 생각과 믿음이 실제보다 더 정확하다고 지각하는 현상이다.
⑧ 신념집착(belief perseverance) : 자신의 생각 토대가 잘못된 것으로 판명되어도 처음 생각에 매달리는 것이다.

> **참고** 넛지
>
> '넛지'는 다른 사람으로 하여금 어떤 행동을 하도록 권유하는 의미로 '옆구리를 툭툭 치다'라는 영어 단어 'nudge'를 소리나는 대로 한글로 쓴 용어이다. 이 용어는 행동 경제학자들에 의해 만들어지고 활용되었다. 행동경제학은 원래 실험심리학자였던 카네만(Kahneman)이 동료인 트버스키(Tversky)와의 공동 연구를 통해 인간의 사고과정이 논리나 통계학의 원리에 따르기보다는 빠르지만 틀리기 쉬운 여러 직관에 따른다고 밝히면서 시작되었다. 이 직관은 '어림법'이라 불리는데, 효용 극대화나 기댓값과 같은 규범적 시스템보다 제한된 상황에서 작동하지만 나름대로 규칙성을 갖는다. 예를 들면 손실은 혐오하고, 공짜를 좋아하며, 지금 당장의 이익에 영향을 받는다는 것이다. 어림법은 의도적으로 노력해도 극복하기 어려울 때가 많다. 따라서 이를 바꾸려고 노력하기보다는, 이들을 보다 합리적인 방식으로 활용하는 방안을 찾아내어 정책으로 도입할 것을 제안한다. 한 예는 사후 장기기증 서약률을 높이기 위해 기정치 편향을 이용하는 것이다. 기정치 편향이란 아무것도 안 해도 이미 어떤 결정을 내리도록 한 상황에서는 아무것도 안 하는 결정을 내린다는 것이다. 사후 장기기증 비율에서 나타나는 국가 간 차이는 이를 잘 보여준다. 오스트리아와 프랑스의 경우 99% 이상이 장기기증을 하지만, 독일의 경우 12%에 불과하다. 그 이유는 독일 사람들이 더 이타심이 없어서가 아니다. 다른 두 나라에서와 달리 독일에서는 장기기증을 하지 않는 것이 기정치이기 때문에 장기기증을 하려면 그렇게 하겠다는 서류를 제출해야 한다. 이런 원리를 이용하여 더 많은 사람이 퇴직 후 안정된 생활을 하도록 연금에 들게 하기 위해, 연금에 드는 것을 기정치로 하고 원치 않는 사람들로 하여금 추가 서류를 내도록 한다.

(5) 문제 해결 전략에 미치는 심리적 현상

① **통찰** : 문제 해결과정 중 해결에 결정적인 역할을 하는 방법을 갑작스럽게 발견하고 이해하는 현상이다.

② **마음갖춤새(mental set; 반응갖춤새) 효과** : 문제를 표상하는 데 사용되었던 기존의 심적 틀을 계속 이용하려는 경향을 의미하는데, 이전의 문제해결 경험을 바탕으로 형성된다.
  ㉠ 과거 경험으로 인해 문제상황에서 특정 방식으로 문제를 해결하려고 하는 선호나 편향이다.
  ㉡ 이는 문제 해결의 여부와 관계없이 일반적으로 많이 사용되는 문제 해결방식에 자신도 모르게 고착(fixate)되는 것이다.

③ **확증편향(confirmation bias)** : 자신의 선입견을 확증해 주는 정보를 찾는 경향성으로, 자신의 믿음이나 신념에 유리한 정보에는 지나치게 관대하고, 그와 반대인 정보에는 지나치게 적대적이거나 인색한 것을 말한다.

④ **기능적 고착(functional fixedness)** : 사물의 관습적 용도에 지나치게 고착됨으로써 이를 좋은 문제해결의 도구로 사용하지 못하는 현상이다.
  예 던컨의 양초 문제 : 도식화된 정보를 그대로 적용하여 문제 해결을 시도하기 때문에 문제 해결이 어려움
  ㉠ 기능적 고착은 사물의 기능을 고정된 것으로 지각하는 경향을 말하며, 우리의 사고를 한정하는 하나의 마인드버그이다.
  ㉡ 문제 해결이 어려운 이유는 우리가 도식화된 지식을 있는 그대로 적용하여 문제 해결을 시도하기 때문이다.

⑤ **부화 효과(incubation effect)** : 문제에서 잠시 벗어났다가 다시 문제로 돌아오는 순간 문제 해결의 실마리를 발견하는 현상을 의미한다.

> **참고** 부화 효과와 마음(반응)갖춤새
> 문제 해결과정에서 특정한 방법만 고수하면 문제 해결에 진전이 없고 어려움에 봉착한다. 이때 문제에서 잠시 벗어나 기존의 문제 해결방법으로부터 한 발짝 물러선 후에 다시 문제에 접근하면, 마음갖춤새에서 벗어나 새로운 시각으로 문제에 접근할 수 있게 되어 문제 해결의 실마리를 찾을 수 있다.

제7절 사회심리

27 사회적 지각

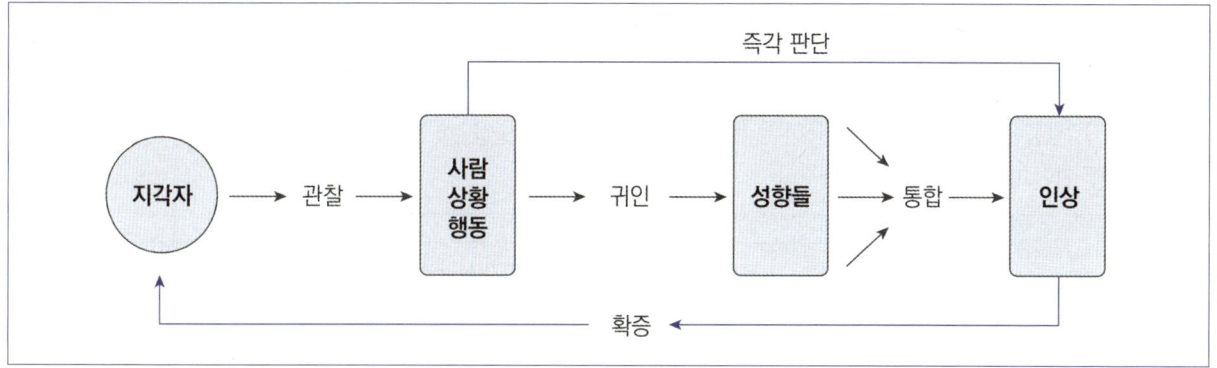

[그림 14-46] 사회적 지각과정

- 사회적 지각과정은 사람들이 타인을 이해하는 주관적 과정이다.
- 사회적 지각은 관찰, 귀인, 통합 및 확증 과정으로 이루어진다.

1. 귀인

(1) 귀인(attribution)
  ① 정의 : 사람들의 행동이나 사건에 대한 원인을 찾아가는 과정을 의미한다.
  ② 기능
    ㉠ 귀인은 환경을 예측하고 통제하는 데 도움을 준다.
    ㉡ 귀인은 감정, 태도, 행동을 결정하는 역할을 한다.
    ㉢ 과거의 수행에 대한 귀인은 미래의 수행에 영향을 준다.

(2) 귀인 방식
  ① 상황 귀인(situational attribution) : 행동의 원인을 상황(상황의 일시적 요인)에서 찾는 것이다.
  ② 성향 귀인(dispositional attribution) : 행동의 원인을 행위자의 내적인 특성(비교적 지속적인 성향)에서 찾는 것이다.

(3) 공변 모형(covariation principle)
  ① 공변 원리 : 특정한 원인이 존재할 때만 어떤 효과가 나타나서 원인과 효과가 공변하면 그 효과를 그 원인에 귀인하게 되는데, 이를 공변 원리라고 한다.

② 켈리(Kelly)의 공변 모형(1967) : 사람들은 일관성, 일치성, 특이성의 3가지 정보가 특정 행동과 함께 변하는 정도를 고려한다.
  ㉠ 일관성(consistency) : 한 사람의 행동이 동일한 상황에서는 늘 동일한 방식으로 행동하는지의 문제이다.
     예 철수가 일과 후 늘 술을 마시는 것(고 일관)은 성향적인 귀인을 함축하는 반면, 일과 후 가끔 술을 마시는 것(저 일관)은 상황적인 귀인을 함축한다.
  ㉡ 일치성(consensus; 합치성) : 동일한 상황에서 다른 사람들도 그 사람처럼 행동하는가의 문제이다.
     예 다른 사람들도 철수처럼 일과 후 술을 마신다면(고 일치) 이것은 철수의 일과 후 음주에 대한 상황 귀인을 함축하는 반면, 다른 사람들은 일과 후에 술을 마시지 않는다면(저 일치) 이것은 철수의 일과 후 음주에 대한 성향 귀인을 함축한다.
  ㉢ 특이성(distinctiveness) : 그 사람이 특정 상황에서만 이런 식으로 행동하는가의 문제이다.
     예 철수는 일과 후에는 술을 마시지만 골프를 마친 후나 파티에서는 술을 마시지 않는다면(고 특이) 이러한 행동은 상황 귀인을 함축하는 반면, 모든 상황에서 술을 마신다면(저 특이) 성향 귀인을 함축한다.
③ 상황 귀인과 성향 귀인의 예측

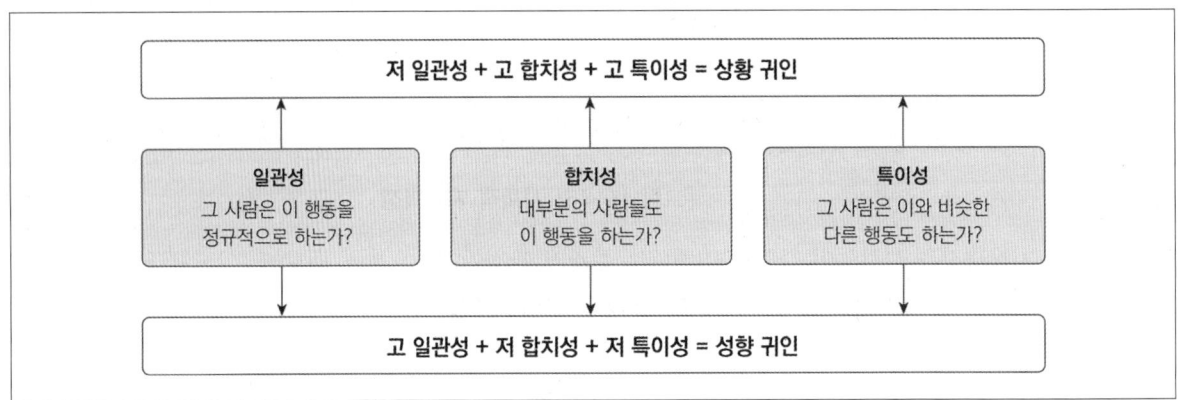

[그림 14-47] 귀인의 공변 모형

④ 3가지 공변 정도에 따른 귀인 : 3가지 정보가 모두 높을 때는 대상(혹은 자극)에 귀인하는 반면, 그렇지 않은 조합의 경우에는 행위자나 상황에 귀인한다.

귀인	내용		
	일관성	일치성	특이성
행위자	고	저	저
대상(혹은 자극)	고	고	고
상황	저	저	고

> **참고** 상황적 제약에 따른 귀인
>
> 1. 절감원리(discounting principle)
>   - 행동의 가능한 원인이 여럿일 때 그중 하나의 원인에 귀인할 가능성이 줄어든 현상이다.
>   - 이 절감원리는 상황적 제약이 그 행동을 촉진할 때 성향적 귀인을 덜 하는 것과 관련된다.
> 2. 증가원리(augmenting principle)
>   - 강력한 상황적 제약에도 불구하고 행동을 할 경우 그 행동에 대하여 더 강한 성향 귀인을 하는 것을 의미한다.

(4) 귀인 오류(편파, 편향)

구분	내용
행위자-관찰자 편향 (actor-observer bias)	동일한 행동을 다른 사람이 했을 때는 성향 귀인을 하고, 자신이 했을 때는 상황 귀인을 하는 경향성 예 다른 사람이 특정 과목에 좋은 성적을 받지 못하면 그가 무능하거나 성실하지 않았기 때문이라고 생각하는 반면, 자신이 그랬을 경우 시험이 너무 어렵거나 터무니없기 때문이라고 생각하는 경향
기본적 귀인 오류 (fundamental attribute error)	타인의 행동을 설명할 때, 상황적 영향은 무시하고 개인 특성의 영향을 과대평가하는 경향성 예 친구가 장학금을 받은 원인을 운이 좋았다기보다 노력했기 때문으로 생각하며, 동사무소 직원의 불친절을 더운 날씨 때문이 아니라 고약한 성격 탓으로 돌리는 것
자기기여(고양) 편향 (자기본위적 편향) (self-serving bias)	자신의 행동을 설명할 때 나타나는 편향으로, 행동의 결과가 좋으면 내부 귀인(자기고양 귀인), 결과가 나쁘면 외부 귀인(자기방어 귀인)을 하는 경향성 예 잘 되면 내 탓, 못 되면 조상 탓
거짓 일치성 효과	자신의 태도와 행동이 실제보다 더 일반적이라고 가정하는 것

2. 인상 형성

(1) 인상 형성과정
① 상대에 대한 몇 가지 피상적인 인상 정보를 알면 이를 바탕으로 다수의 미확인 정보를 추론하게 된다.
② 수집한 정보 중 최종 인상 판단에 사용할 정보를 선별하고, 마지막으로 선별한 정보를 통합하여 전반적인 인상을 형성한다.

(2) 인상 정보의 추론
① 도식(schema) : 어떤 대상이나 개념에 관한 조직화되고 구조화된 신념을 의미하며, 인상 정보는 도식에 크게 의존한다.
② 인상 형성에 큰 영향을 미치는 도식 : 고정관념과 내현성격이론이 있다.

구분	내용
고정관념	• 어떤 집단이나 사회적 범주에 속하는 구성원의 전형적인 특성에 관한 신념 예 노처녀는 신경질적이고 곱슬머리를 가진 사람은 고집이 세다고 생각하는 것 • 고정관념을 가지면 그 범주의 모든 구성원이 그 특징을 공유하는 것으로 과잉일반화하게 됨 • 사람은 자신의 고정관념과 일치하는 정보만 받아들이기 때문에 고정관념은 잘 변하지 않을 뿐만 아니라 부정적인 내용의 고정관념은 흔히 고정관념을 근거로 하여 어떤 집단 전체를 나쁘게 보는 편견으로 발전하고 인종차별, 지역감정 등을 유발함
내현성격이론 (implicit personality theory)	• 성격 특성들 간의 관련성에 관한 개인의 신념 • 드러나지 않은 성격 특성을 판단하는 틀로 이용됨 예 어떤 사람과 대화를 나누어 보고 그가 유머러스하다는 사실을 알았다면 내현성격이론에 따라 그가 사교적이고 낙천적이며 부드러운 사람일 것이라는 추론이 가능함

(3) 인상 정보의 통합
① 앤더슨(Anderson)의 평균 모형(1965) : 모든 인상 정보의 호오도(好惡度)를 평균한 값이 전반적인 인상이라는 평균 모형을 제안했다.
예 각 정보의 호오도를 '+10(매우 긍정적)'부터 '−10(매우 부정적)'까지의 척도로 평가하여, 어떤 사람의 특성과 그 호오도가 각각 '잘생겼다(+8)', '친절하다(+5)', '허영심이 많다(−7)'라고 한다면 그의 전반적인 인상은 '(8+5−7)÷3 = +2'로 약간 긍정적이라고 설명할 수 있다.

② 앤더슨의 가중평균 모형(weighted average model, 1968)
    ㉠ 모든 정보의 호오도를 평균하되, 중요하다고 판단되는 정보에 더욱 많은 비중을 두고 인상을 형성한다는 가중평균 모형을 제시했다.
    ㉡ 인상 정보의 호오도와 중요도를 함께 고려해야 한다는 것이다.
        예 '잘생겼다'와 '지적이다'가 동일한 호오도를 가진다고 하더라도 대학교수의 인상평가에서는 지적 특성을, 패션모델을 선발할 때는 외모 특성을 더 중요하게 고려해야 한다.

(4) 인상 형성에서의 편파

구분	내용
초두 효과 (primacy effect)	• 처음에 알게 된 정보가 나중에 알게 된 정보보다 인상 형성에 더 큰 영향을 미치는 현상
후광 효과 (halo effect)	• 타인을 내적으로 일관되게 평가하려는 경향 • 서로 논리적으로는 관계가 없지만 긍정적인 특성은 긍정적인 특성끼리, 부정적인 특성은 부정적인 특성끼리 함께 공존할 것이라고 추론하는 것
부정적 효과 (negativity effect)	• 어떤 사람이 좋은 특성과 나쁜 특성을 가지고 있을 때, 그에 대한 인상이 중립적으로 형성되는 것이 아니라 나쁜 사람이라는 쪽으로 형성되는 경향 • 긍정 특성과 부정 특성 중에서 부정 특성이 인상 형성에 더 큰 영향력을 발휘한다는 것

3. 확증

(1) 확증과 확증편향
① 확증: 사람들은 어떤 일에 대해 일단 마음을 정하면 그에 반대되는 새로운 증거가 제시되어도 자신의 생각을 잘 바꾸지 않는다.
② 확증편향(confirmation bias): 사람들이 자신의 신념을 확증하는 방향으로 정보를 해석하고, 신념을 지지하는 정보를 적극적으로 구하거나 만들어내는 경향을 말한다.
③ 인상의 확증과정: 객관적이기보다 인지적 왜곡이 개입되는 과정이다.

(2) 도식적 정보처리
① 인지적 구두쇠(cognitive miser): 사람의 정보처리능력에는 한계가 있기 때문에 사회적 정보를 처리할 때 심사숙고하고 꼼꼼히 검토하기보다 지름길로 질러가고 노력을 최소화하려는 경향을 말한다. 이러한 방식의 정보처리는 신속하고 효율적이지만 정확성이 떨어진다.
② 도식적 정보처리의 장점
    ㉠ 회상을 용이하게 함: 도식과 일치하거나 상반되는 정보는 도식과 무관한 정보보다 더 잘 기억되고 더 쉽게 회상된다.
    ㉡ 정보처리시간을 단축: 어떤 대상에 대한 도식을 가진 사람이 도식을 가지지 않은 사람보다 그 대상에 관한 정보를 더 신속하게 처리한다.
    ㉢ 누락된 정보를 메워줌: 도식은 명료하지 못한 사항에 관해 자신 있는 추론을 가능하게 하여 기억에서 빠진 부분을 보충하는 역할을 한다.
    ㉣ 규범적 기대를 제공: 따라서 도식은 장차 일어날 수 있는 일을 예측하고 대비할 수 있게 한다.

③ **도식적 정보처리의 단점** : 모든 상황을 과잉단순화하는 것에서 비롯되는 문제이다. 사람들은 도식에 부합하는 정보만 수용하고, 도식과 일치하는 정보만으로 기억의 간극을 메우고, 도식과 잘 맞지 않는 경우에도 무리하게 도식을 적용한다.

(3) **자기충족적 예언(self-fulfilling prophecy)** 기출 20

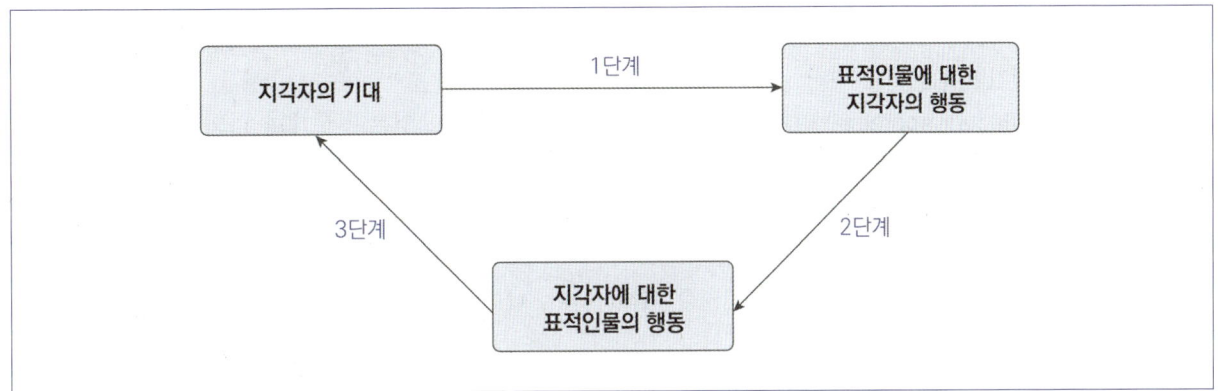

[그림 14-48] 자성예언의 과정

① **자성예언(피그말리온 효과)** : 사실은 아니지만 기대가 실현될 것이라는 믿음을 가지고 노력한다면 결국 원래의 기대가 실현될 수 있다는 것이다.

> **참고** 피그말리온 효과 사례
>
> 1968년에 하버드대학교 사회심리학과 교수 로젠탈(Rosenthal)과 미국에서 20년 이상 초등학교 교장을 지낸 제이콥슨(Jacobson)은 미국 샌프란시스코의 한 초등학교에서 전교생을 대상으로 지능검사를 한 후, 검사 결과와 상관없이 무작위로 한 반에서 20% 정도의 학생을 뽑아 그 학생들의 명단을 교사에게 주면서 '지적능력이나 학업성취의 향상 가능성이 높은 학생'이라고 믿게 했다. 8개월 후, 이전과 같은 지능검사를 다시 실시했는데 그 결과, 명단에 속한 학생은 다른 학생들보다 평균점수가 높게 나타났으며 학교 성적도 크게 향상되었다. 명단에 오른 학생들에 대한 교사의 기대와 격려가 중요한 요인으로 작용한 것이다. 이 연구 결과로 교사가 학생에게 거는 기대가 실제로 학생의 성적 향상에 효과를 미친다는 것을 입증했다.

② **로젠탈(Rosenthal)과 제이콥슨(Jacobson)의 연구 결과(1968)** : 교사가 학생에 대해 어떤 인상을 형성하면 인상과 일관된 방향으로 자신의 행동을 조정했으며, 이에 따라 학생의 행동도 달라졌다.
  ㉠ 교사가 지능, 외모, 평판 등으로 어떤 학생에 대해 호의적인 인상을 형성하면 그에게 더 많은 칭찬과 관심을 보이고 더 좋은 피드백을 주게 된다.
  ㉡ 학생은 교사의 행동에 따라 힘을 얻고 더 열심히 공부하여 결과적으로 좋은 성적을 얻는다.
  ㉢ 교사는 이 결과를 보고 이 학생에 대한 자신의 기대가 확증되었다고 믿게 된다.

> **참고** 기대유지 효과(sustaining expectation effect) 기출 20
>
> 학생의 향상을 인정하지 않고 항상 그 수준일 것이라는 교사의 생각이 실제로 학생의 수행을 그 수준에 머물게 하는 것이다. 혹은 교사의 바뀌지 않는 기대가 학생의 성취를 교사의 기대 수준에 계속 머물게 하므로 이를 '기대유지 효과'라고 부른다.

28 자기(Self) 이론

1. 자기의 발달

(1) 반영평가

① 상징적 상호작용 이론 : 자신의 삶에서 중요한 타인들이 우리를 어떻게 보는지를 파악함으로써 우리 스스로를 이해하고 평가한다는 이론이다.

② 반영평가(reflected appraisal) : 다른 사람이 나를 어떻게 생각하고 있는지에 대한 나의 평가를 의미한다.
   ➡ 사람들은 자신의 삶 속에서 중요한 타인이 우리를 어떻게 보는지를 파악함으로써 스스로를 이해하고 평가한다.

③ 쿨리(Cooley)의 '거울 속의 자기' 개념 : 한 개인에게 중요한 타인들은 그 개인이 어떤 사람인지를 행동을 통해 마치 거울처럼 반사해 준다는 의미이다.
   ➡ 우리는 거울을 보면서 자신이 누구인지를 이해하듯이, 나에 대하여 다른 사람이 보이는 행동을 관찰하면서 자신이 누구인지를 파악한다.

④ 자기지각이론(self perception theory) : 특정 대상에 대하여 명확한 태도를 갖고 있지 않은 경우, 사람들은 자신의 행동을 관찰함으로써 그 대상에 대한 태도를 결정한다.
   예 첫 산행에서 기분 좋은 경험을 한 사람은 자신이 산을 좋아한다고 생각한다.

(2) 사회비교

① 사회비교 이론(social comparison theory; Festinger, 1954) : 사람들은 다른 사람과의 비교를 통해서 자신의 의견이나 능력을 평가한다는 이론이다. 이 이론에 따르면 사람들은 자신의 능력 수준과 태도의 정당성을 정확히 평가하려는 동기를 가지고 있다.

② 상향비교 : 비교의 대상을 자신보다 나은 사람으로 선택하는 것이다. 이는 더 높은 동기화의 효과가 있다.
   ㉠ 동화 효과(assimilation effect) : 상향비교를 통해 자신보다 우월한 사람과 동일시하면서 자기개념을 긍정적으로 이끌 수 있다.
   ㉡ 대비 효과(contrast effect) : 비교대상이 월등히 우월할 경우 상향비교는 자기에 대한 부정적 평가를 초래할 수 있다.

③ 하향비교 : 비교의 대상을 자신보다 열등한 사람으로 선택하는 것이다. 이는 긍정적인 자기개념을 유지하는 데 도움이 된다.

④ 유사비교 : 자신과 유사한 사람과 비교하는 것이다.

2. 자기에 대한 표상

(1) 현실자기와 가능한 자기(Markus와 Nurius)

① 현실자기(current of now self) : 지금 상황에서 평가하는 자기로, 대부분의 현실자기는 과거 행동으로 구성된 자기의 틀을 의미한다.

② 가능한 자기(possible self) : 자신이 미래에 어떤 사람이 될 수 있고 되길 원하는 것과 같은 미래지향적 요소를 포함한다.
   ➡ 가능한 자기는 이상적 자기 또는 희망하는 자기와 원하지 않는 자기 또는 두려운 자기로 구분할 수 있다.

(2) 자기불일치 이론(Higgins)
① 자기의 구분 : 현실적 자기, 이상적 자기, 당위적 자기로 구분하였다.
② 이상적 자기와 당위적 자기 : 자기지시적 기준(self-direction standards)이나 자기지침으로서 역할을 한다. 말하자면 이 두 가지는 현재의 우리가 추구해야 할 미래의 목표이다.
③ 대부분의 사람들에게 현실적 자기는 이상적 자기나 당위적 자기와 차이가 존재하는데, 사람들은 이러한 차이를 자신의 입장에서 평가하거나 다른 사람의 시각에서 평가할 수 있고, 그로 인해 다양한 정서적 경험을 하게 된다.

(3) 개인적·관계적·집단적 자기(Brewer와 Gardner)
① 개인적 자기 : 자신을 타인과 구별하는 중요한 기준이라는 점에서 타인과의 비교과정이 중요하게 관여한다. 또한 개인적 자기는 자기를 보호하거나 개선하려는 동기와도 관련되어 있다.
② 관계적 자기 : 친밀감이 높은 대상과 맺는 중요한 관계로 자기를 표상한 것이다. 수많은 주변사람과 관련해서 자신이 차지하는 위치와 맡은 역할이 바로 관계적 자신을 규정하기 때문에 그들이 나를 어떻게 생각하는지 그것에 대한 반영평가가 중요하다. 또한 중요한 타인을 보호하거나 발전시키고 관계를 유지하려는 동기와 관련 있다.
③ 집단적 자기 : 거대한 사회 집단 속에서 내집단 구성원과 외집단 구성원 간 비교를 통해 자기를 표상하는 것이다.
➡ 탈개인화(depersonalization) : 집단의 태도를 자신의 태도로 수용하는 것이다.

3. 자기의 개인차

(1) 자의식(self-awareness)
① 의미 : 사고, 욕구, 소망, 정서 등 자신이 누구인지에 대한 지식이나 자신에 대한 주의집중을 의미한다.
② 구분
  ㉠ 주관적 자의식 : 자신에 대한 직접적인 관찰과 경험으로부터 생기는 자의식으로 지각과 행동의 원천이 된다.
  ㉡ 객관적 자의식 : 자신을 타인의 행동, 태도 및 성격 특성과 비교하거나 옳고 그름에 대한 사회적 기준과 비교함으로써 생기는 자의식이다.
③ 성격 특질로서 개인차(Buss 등)
  ㉠ 사적 자기의식 : 자기 내부에 지속적으로 관심을 두는 것이다. 사적 자의식이 높은 사람은 자신의 내적 측면들에 주목하는 경향이 강하고, 내적이고 자기중심적인 요구를 반영하는 동기가 활성화됨으로써 자신의 신념이나 주관적 규범이 자신의 행동이나 태도에 더 큰 영향을 미친다.
  ㉡ 공적 자기의식 : 나에 대한 다른 사람의 인식에 관심을 두는 것이다. 공적 자의식이 높은 사람은 사회적 존재로서의 자기, 즉 외모, 행동, 정서, 자기표현 등을 타인의 기준으로 평가하는 데 초점을 두고 있다.
④ 자기의식 과잉 : 자기의식이 지나치게 활성화되어 자기 자신에 대한 행동을 지나치게 검색함으로써 오히려 심리적으로 장애를 일으키는 현상이다.

(2) 자기검색(self-monitoring, Snyder)
① 의미 : 자신의 행동이 사회적으로 적절한 것으로 평가받도록 하기 위해 의식적으로 그 행동을 관리하는 전략이다.
② 자기검색은 사회적 상황에서 자신의 표현과 타인의 표현을 조화시키기 위해 여러 상황적 단서에 맞추어 자신의 행동을 조절하고 관리할 수 있는 능력으로 볼 수 있다.

(3) 자기복잡성(self-complexity)

① 의미 : 자기개념 속에 들어 있는 개별적이고 관련이 없는 자기측면들을 지칭하는 개념이다. 자신이 누구인지를 생각할 때 어떤 사람들은 자신의 다양한 사회적 역할, 대인관계, 활동, 성격특성, 목표 등을 고려할 수 있는 반면, 어떤 사람들은 이 중에서 1~2가지만 고려할 수 있다.

② 평가방식
  ㉠ 자기개념 속에 있는 자기측면의 개수 : 자기측면의 개수가 많을수록 자기복잡성은 증가한다.
  ㉡ 자기측면들의 중첩 정도 : 중첩 정도는 다양한 자기의 모습들이 얼마나 비슷한지 혹은 다른지를 나타낸다. 자기측면들이 서로 많이 중첩되어 있는 경우 파급효과가 생겨 자기의 한 측면과 관련해서 발생한 반응이 다른 측면에까지 영향을 주게 된다.

③ 자기측면 개수가 많을수록, 그리고 이들 간의 중첩 정도가 적을수록 스트레스 사건의 부정적인 영향력은 적어진다.
④ 자기측면 개수가 적을수록, 그리고 이들 간의 중첩 정도가 많을수록 스트레스 사건의 부정적인 영향력은 많아진다.

4. 자기와 동기

(1) 자기고양 편향

① 의미 : 자신을 좀 더 긍정적으로 평가함으로써 자아존중감을 유지하려는 인지적 경향성이다.
② 지나치지 않을 경우 개인의 정신건강과 더불어 대인관계와 같은 사회적 기능에 긍정적으로 기여한다.
③ 자기본위적 편향(self-serving) : 자기에게 유리한 정보만 수용하거나 특정 정보를 자신에게 유리한 쪽으로 해석하는 편중된 행동이다.
④ 귀인 편향 : 실패한 일은 상황 탓으로 돌리고 성공한 일은 자신의 능력이나 노력 덕분으로 여김으로써 자아존중감을 지키는 것이다.
⑤ 자기불구화(self-handicapping) : 자기 자신의 의지나 노력 자체를 의도적으로 낮추어 마치 앞으로의 문제 해결이 불가능한 상태인 것으로 보이게 하는 전략이다.

> **참고** 자기불구화(손상, 장애) 전략 기출 22
>
> 시험 전에 실패할 경우 자신의 능력이나 지능 부족으로 귀인하지 않기 위해 시험 전에 전략적으로 시험에 방해가 될 만한 행동을 하거나 방해가 될 만한 이유가 있음을 호소하는 전략이다. 예를 들어, 시험 전에 파티를 한다든가, 일부러 다른 일을 하기도 한다. 이때 성적이 좋지 않을 경우 노력하지 않았기 때문이라고 합리화하는 반면, 노력하지 않았음에도 만족할 만한 결과가 나왔을 때는 자신의 능력 때문에 성공했다고 지각한다.

(2) 자기확증(self-verification, Swann) 이론

① 의미 : 사람들은 자신에 대한 무조건적인 긍정적 정보보다 자신의 기대와 일치하는 정보를 선호하는 경향이 있다는 이론이다.
② 자기확증 이론은 자기를 긍정적으로 평가하는 사람에게 호감이 증가한다는 기존의 견해를 반박하고, 대신 자기개념을 사실 그대로 확인시켜 주는 평가를 선호해서 그런 평가자에게 호감을 갖는다고 주장한다.

29 사회적 관계

1. 친밀한 관계 - 호감

(1) 근접성
① 사람은 물리적으로 가까이 있는 사람을 좋아하게 된다.
   예 눈에서 멀어지면, 마음에서도 멀어진다.
② 근접성이 호감을 증가시키는 이유는 다음과 같다.
   ㉠ 자주 만날 수 있어 친숙해지기 때문이다. ➡ 단순접촉 효과이다.
   ㉡ 가까이 있는 사람은 쉽게 만날 수 있어 만남에 따르는 시간, 노력 등의 부담이 적으므로 자주 만나게 되고 친해진다.
③ 단순접촉 효과(mere exposure effect) : 낯선 자극을 반복하여 접하면 호감이 증가하는 경향을 말한다.

(2) 외모(신체적 매력)
① 외모의 효과는 남녀 모두에서 나타난다. 특히 동성보다는 이성 간의 관계에서, 그리고 관계의 초기 단계에서 상대적으로 더 큰 영향력을 미친다.
② 잘생긴 사람을 좋아하는 이유
   ㉠ 후광 효과 : 외모가 출중한 사람은 다른 특징도 긍정적일 것으로 지각하는 후광 효과 때문이다.
      예 잘생긴 사람은 똑똑하고 성격이 좋을 것이라고 생각하는 것
   ㉡ 미모의 발산 효과 : 잘생긴 사람과 함께 있음으로써 자신의 이미지가 고양되는 미모의 발산 효과 때문이다.
③ 관계가 진전될수록 신체적 매력이 가진 긍정적인 효과는 감소하는 대신 성격 등의 다른 요인이 관계 만족에 중요한 요인으로 부상한다.

(3) 유사성
① 유사성-매력 효과 : 사람은 자신의 태도, 가치관, 기호, 성격, 배경 등과 비슷하다고 지각되는 사람을 좋아한다. 일반적으로 잘생기거나 유능한 사람을 좋아하지만, 궁극적으로는 자신과 유사한 수준의 외모나 능력을 지닌 사람에게 더 끌린다.
② 걸맞추기 현상(matching phenomenon) : 데이트나 결혼에 있어 외모나 다른 특성이 자신과 엇비슷한 상대를 선택하려는 경향성이다.
③ 사람은 신체적으로 매력적인 사람을 파트너로 원하지만, 그러한 사람에 대한 수요는 가장 크므로 거절당할 가능성이 높다. 따라서 자신과 비슷하게 매력적인 사람을 파트너로 선택한다.

(4) 상대의 호의
① 사람은 자신을 좋아하고 긍정적으로 평가하는 사람을 좋아한다.
② 호혜성 원리(reciprocity principle) : 자신에게 호의를 보이는 사람을 좋아하는 이유는 상대에게 호의를 받은 만큼 자신도 동일한 정서로 보답해야 한다는 일종의 의무감을 느끼기 때문이다.

2. 친밀한 관계 – 사랑

(1) 루빈(Rubin, 1973)
사랑과 호감은 질적으로 다르다. 어떤 사람을 좋아하지만 사랑하지는 않을 수 있고, 반대로 누군가를 열렬히 사랑하지만 호감은 그리 높지 않은 경우도 있다.

(2) 열정과 사랑
① 열정 : 관계의 초기에 급속하게 타오르다가 금방 식는 감정이다.
② 사랑 : 어느 정도의 시간이 흘러야 친밀감, 의사결정, 헌신 요소가 생기므로 두 사람의 관계가 무르익어야 한다.

(3) 사랑의 두 유형
① 열정적 사랑(passionate love) : 황홀감, 친밀감, 강렬한 성적 매력 등의 느낌을 갖는 경험이다.
　㉠ 사람들을 서로 결합하게 만든다.
　㉡ 급속하게 시작되어, 정점에 빨리 도달하고, 불과 수개월 이내에 식기 시작한다.
② 동반자적 사랑(companionate love) : 애정, 신뢰감, 상대방에 대한 안녕감에 대한 관심 등의 느낌을 갖는 경험이다.
　㉠ 사람들의 결합을 유지하도록 만든다.
　㉡ 시작되는 데 시간이 좀 걸리고, 느린 속도로 성장하며, 그 성장은 끝이 날 필요가 없는 것이다.

(4) 사회 교환(social exchange)
① 의미 : 사람은 비용 대 이익의 비율이 유리하다고 생각되는 한에서만 그 관계를 유지한다는 가설이다.
② 합당한 정도의 비용하에 수용될 만한 수준의 이익을 제공하는 관계는 계속 유지되지만, 그렇지 않다면 유지되지 않는다.
③ 조건
　㉠ 비교 수준 : 사람들이 수용할 만하다고 생각하거나 아니면 다른 관계에서 얻을 수 있다고 생각하는 비율-이익을 말한다.
　㉡ 형평성 : 쌍방의 비용-이익 비율이 거의 동일한 상태를 말한다. **예** 어떤 부부는 두 사람의 비용-이익 비율이 서로 다를 때 힘들어하는데, 이것은 자신의 비용-이익 비율이 배우자의 것보다 훨씬 더 유리한 경우에도 마찬가지이다.
　㉢ 인간관계는 사람들이 시간, 돈, 애정과 같은 자원을 부어 넣는 투자와 같은 것으로 생각할 수 있는데, 연구에 의하면 사람들은 어떤 인간관계에 자원을 쏟아 넣었다면 그 인간관계가 자신에게 별로 유리하지 않은 비용-이익의 비율인 경우에도 기꺼이 정착하려고 한다는 것이다.

(5) 자기노출(self-disclosure)
① 사랑으로 발전하려면 자신의 사적인 측면을 상대방에게 공개하는 자기노출이 결정적인 역할을 한다.
② 상대방에게 자기노출을 받은 사람은 상대를 이해하고 신뢰하게 되며, 자신도 상대에게 노출함으로써 친밀한 관계로 발전한다.
③ 사람은 자신을 노출함으로써 스스로를 더욱 명료하게 이해하고 자신의 입장을 타당화할 수 있으며, 감정이 정화되는 카타르시스를 경험할 수도 있다.

3. 편견

(1) 편견과 고정관념의 차이

① 편견 : 어떠한 집단이나 구성원에 대한 비합리적인 부정적 평가로, 객관적인 사실보다 집단 소속에 근거하여 발생한다.

② 고정관념 : 어떤 집단이나 구성원의 특징에 대한 인지적 신념이라는 점에서 평가적 감정을 의미하는 편견과는 구별된다.

  예) 여자는 순종적이어야 한다는 생각은 고정관념이며, 순종적이지 않은 여자를 싫어한다는 감정은 편견이다.

(2) 편견의 발생 원인

구분	내용
학습	• 편견은 당시 사회상을 반영하는 일종의 사회적 규범으로, 어릴 때부터 학습됨 • 편견을 습득하는 데 부모, 또래집단, 매체, 교과서 등이 중요한 역할을 함
현실적 집단갈등	• 두 집단이 경쟁할 때, 서로 적대감을 가지고 상대를 부정적으로 평가하게 됨 예) 이스라엘과 팔레스타인 간의 영토 분쟁

사회적 불평등	• 불평등한 지위, 분배는 만족스러운 쪽과 불만스러운 쪽 모두가 상대에 대한 편견을 갖게 만듦
	  – 만족스러운 쪽 : 개인 또는 집단은 불평등, 차별을 합리화하고자 약자에 대한 편견을 조장함
	  – 불만스러운 쪽 : 개인 또는 집단은 상대적으로 박탈감을 느껴 자신보다 더 혜택을 받았다고 생각되는 개인, 집단에 분개하고 편견을 가짐

범주화	• 사람은 타인을 범주화(예) 남자와 여자, 젊은이와 늙은이)하여 지각하는 경향이 있음 • 범주화를 하면 정보를 신속하게 처리할 수 있다는 장점이 있지만, 도식적으로 처리하여 오류를 범할 가능성도 커짐 예) 내집단(ingroup)과 외집단(outgroup) : 내집단의 구성원을 무조건 호의적으로 평가하고 대우하는 내집단 편애현상이 결과적으로 외집단 구성원에게 편견을 가지고 차별대우를 하도록 만듦

> **참고** 편견의 뿌리
>
> • 희생양 이론(scapegoat theory) : 편견이 다른 사람을 비난하도록 해줌으로써 분노의 방출구를 제공한다는 이론이다. 이 이론에서는 일을 그르치게 되면, 비난할 누군가를 찾아냄으로써 분노의 표적을 제공할 수 있음을 설명한다.
> • 후견편향(hindsight bia; 사후확신편향) : 피해자 비난을 통해서 자신의 편견을 정당화하는 현상이다. 성폭행/강간 피해자, 학대받는 배우자, AIDS 감염자들은 그렇게 될 수밖에 없는 이유가 있다는 생각이 그 예다.

(3) 편견의 감소방안

단순한 접촉만으로는 성과를 기대하기 어려우며, 4가지 조건이 충족되어야 한다.

① 1~2번 정도의 피상적인 만남에 그치면 안 되고, 지속적이고 친밀한 접촉이 이루어져야 한다.

② 공동의 위협에 대처하거나 공동 목표를 달성하기 위해 상호 의존적으로 협동해야 한다.

③ 두 집단이 동등한 지위를 가지고 접촉해야 한다.

④ 사회규범이 편견을 타파하거나 평등을 지지해야 한다.

30 사회적 영향

1. 태도

(1) 태도의 정의
① **태도**: 어떤 사람 또는 대상에 대한 신념, 감정, 행동의 의도를 총칭하는 개념이다.
② **태도연구**
  ㉠ 어떤 사람의 태도를 알면 행동을 예측할 수 있고, 나아가 태도를 변화시키면 행동도 변화한다고 본다.
  ㉡ 그러나 사람은 자신의 생각대로 행동하지 않는 경우가 많으므로 태도와 행동의 관계는 훨씬 복잡하다.

(2) 태도와 행동의 관계: 태도가 행동을 결정한다는 가설에 대해 지지 증거와 반대 증거가 혼재한다.
① **태도로부터 행동의 예측**: 정교화 가능성 모형(elaboration likelihood model)
  ㉠ 태도 대상에 대한 정보를 처리하는 방식에 따라 그 정보가 태도변화에 미치는 영향이 달라진다고 가정한다.
  ㉡ 정보처리 방식: 중심 경로 처리와 주변 경로 처리가 있다.
    ⓐ **중심 경로 처리**: 정보가 갖는 논리성이나 타당성을 분석해서 처리하는 것이다.
    ⓑ **주변 경로 처리**: 정보원으로 지각된 신뢰도나 매력, 정보 전달 방식 등 정보 그 자체보다 주변의 환경이나 맥락 정보에 근거해서 처리하는 방식이다.
② **행동으로부터 태도의 예측**: 인지부조화(cognitive dissonance theory)
  ㉠ **인지부조화**: 사람은 자신의 태도와 일치하지 않는 행동을 할 때 인지적 불편함을 경험하며, 이를 감소시키는 방법은 태도를 행동에 맞게 변화시키는 것이다.
  ㉡ **페스팅거(Festinger)**: 사람들에게는 심리적인 일관성을 추구하는 경향이 있다고 가정하고, 태도와 행동이 불일치하는 인지부조화 상태가 되면 불편감이 생겨 심리적 일관성을 회복하려는 동기가 유발된다고 본다. 그런데 행동은 대개 취소하거나 변경할 수 없으므로, 사람들은 주로 행동과 일관되도록 태도를 변화시킴으로써 인지부조화를 감소시키고 심리적 평정을 회복한다.

> **참고** 페스팅거의 인지부조화 실험(1959)
>
> **1. 실험 내용**
> 페스팅거는 실험에서 학생들에게 지루한 일을 할 것을 부탁하였다. 이 일은 학생들이 강하고 부정적 태도를 갖도록 설계된 것이었다. 실험 시작 전, 몇몇 학생에게 일을 한 후에 이 일을 긍정적인 일이라고 인식할 것을 지시했다. 다른 몇몇 학생에게는 이 일이 매우 흥미롭다고 다른 실험자들을 설득할 것을 지시했다. 긍정적으로 인식할 것을 지시받은 집단은 20달러를, 설득을 지시받은 집단은 1달러를 받았다. 아무 지시를 받지 않은 집단은 보상이 없었다.
>
> **2. 실험 결과**
> 1달러를 받은 집단이 20달러를 받은 집단보다 일을 훨씬 더 긍정적으로 평가했다. 1달러를 받은 집단은 누군가에게 이 일이 재미있다고 설득하면서, 지루하다는 것을 더 명확히 느꼈고 이 과정에서 인지부조화를 경험했다고 말했다. 이는 1달러를 받은 집단만 그 태도를 가지도록 요구받았기 때문이다. 반면, 20달러를 받은 집단은 행동을 외부정당화했다. 다시 말해 태도에서 비롯된 행동이 아닌 것이다. 그렇기 때문에 1달러를 받은 집단에 비해 인지부조화를 상대적으로 적게 경험했다.
>
> **3. 실험방법 요약**
> A, B의 두 개의 실험집단으로 나누고 이들에게 재미없고 의미 없는 단순한 반복작업을 피험자가 지겨워하는 반응이 나타날 때까지 1시간 동안 수행하게 한다. 이후 피험자에게 '다음 실험을 주관할 주최 측 직원이 사고가 생겨 오지 못했다. 다음 실험의 보조자로 일해줄 수 있는가? 내용은 간단하다. 다음 실험대상자에게 이 작업을 설명하면서 작업이 재미있다고 말해주면 된다. 보수는 주겠다.'라고 제안한다. 위에 설명한 3개 집단 중 비교집단인 C집단은 이때부터 실험에서 제외된다. 피험자는 모두 이 제안을 수락하여, 다음 실험대상자(가짜)에게 자신이 경험한 지겹고 단순한 작업을 소개하며 '재밌다'고 거짓말을 한다. 이후 A집단에게는 1달러의 보수를, B집단에게는 20달러의 보수를 준다. 이상의 과정을 마친 피험자들에게 1번에서 경험한 단순 반복작업이 정말로 재미있었는지를 다시 묻는다.

ⓒ 인지부조화 충족 조건
    ⓐ 행동을 취소할 수 없어야 한다.
    ⓑ 행동이 자발적으로 이루어져야 한다.
    ⓒ 행동의 결과가 예측 가능해야 한다.

> **참고** 행동에 따른 태도변화, 다른 식으로 해석하기
>
> - 자기 지각 이론(self perception theory; Bem, 1972) : 사람들은 여러 대상이나 쟁점에 대해서 명확한 태도를 가지고 있지 않다. 그래서 그들은 자신의 행동, 그리고 그 행동이 일어난 상황으로부터 추론해서 자신의 태도를 결정한다. 예 첫 산행에서 좋은 기분을 경험한 사람은 자신이 산을 좋아한다고 생각한다.
> - 자기 일관성 이론(self consistency theory; Aronson, 1999) : 자아개념을 위반하는 행동이 부조화를 야기한다고 본다. 대부분의 사람들은 자신이 도덕적이고 유능하며 일관적이라는 자아개념을 가지고 있다. 그래서 무능하거나 비논리적이거나 부도덕한 행동을 했을 때 사람들은 부조화를 경험한다. 이 이론에 따르면 자기존중감이 낮은 사람이 높은 사람보다 부조화를 덜 경험한다. 왜냐하면 일반적인 부조화 실험은 긍정적인 자아개념과 모순되는 행동을 수반하기 때문이다.

2. 태도 변화

(1) 설득 기법

① 설득자
  ㉠ 설득 대상이 설득자를 호의적으로 평가할수록 설득의 효과가 커진다.
  ㉡ 설득자가 전문지식을 가지고 있거나 사심 없고 객관적이라서 신뢰감을 주거나 매력적인 경우, 호의적으로 평가되어 그의 주장에 설득될 가능성이 커진다.

② 설득 내용
  ㉠ 설득 내용은 설득 대상의 기존 태도와 적당한 차이가 있어야 한다. 설득 대상은 차이가 작으면 자신의 생각과 다름없다고 판단하고, 차이가 지나치게 크면 내용 자체를 부정하여 설득당하지 않는다.
  ㉡ 이성적인 내용(예 통계치)보다 감정에 호소하는 내용(예 유머, 공포 유발)이 더 효과적이다.
  ㉢ 설득자의 견해만 일방적으로 제시하는 내용보다는 설득자의 견해와 반대 견해, 그에 관한 반박을 함께 제시하는 양방적 내용이 더 신뢰성 있게 지각된다.

③ 설득 대상
  ㉠ 자아관여(ego involvement) : 설득 내용이 설득 대상에게 중요한 의미를 지니고 있어 자아관여 수준이 높으면 대상은 설득 내용에 심사숙고하여 반응하고, 관여 수준이 낮으면 설득자의 외모와 같은 주변적 단서에 의해 반응이 좌우되는 경향이 있다.
  ㉡ 태도면역 : 설득 대상이 자신의 태도에 대해 약한 공격을 받고 방어한 경험이 있어 태도면역이 이루어진 상태라면 더 강한 설득 내용에도 저항할 수 있으므로 잘 설득되지 않는다.

④ 설득 상황 : 다소 주의가 잘 분산되는 분위기가 효과적이다. 주의집중이 용이한 상황은 약간의 방해자극이 있는 상황보다 설득 내용에 대한 반대 주장을 떠올리기가 쉽다.

(2) 설득 전략

① 호감의 원칙을 이용한 전략
  ㉠ 아첨(flattery) : 어떤 일을 잘했거나 끝마쳤을 때 상대방을 그 이상으로 칭찬한다.
  ㉡ 유사성 : 자신과 상대방 사이에 우연히 있게 된 유사성을 계속 확인한다.

② 일관성의 원칙을 이용한 전략
  ㉠ 문간에 발 들여놓기 기법(foot-in-the door technique) : 처음에는 작은 요구를 하여 그에 응하게 한 다음 점차 더욱 큰 부탁을 하는 전략으로, 사람은 일관성의 원칙 때문에 일단 작은 요구에 응하면 후에 더 큰 요구에 응할 가능성이 높아진다.
  ㉡ 낮은 공 기법(low-ball technique) : 불완전한 정보를 제시하여 동의를 얻은 다음, 우연을 가장하여 완전한 정보를 알려주는 기법이다.
③ 상호성을 이용한 원칙
  ㉠ 문전박대 기법(door-in-the face technique) : '거절 후 양보 전략'으로도 불리는 기법으로, 먼저 터무니없는 큰 요구를 하여 일부러 상대방이 거절하도록 만든 다음 그보다 받아들이기 쉬운 작은 요구를 제안하는 방법이다.
  ㉡ 덤 기법(that's-not-all technique) : 높은 가격의 제품을 보여주고 바로 추가적인 제품을 주거나 조금 더 싼 가격으로 거래할 수 있다고 제안하여 구매하게 만드는 전략이다.
④ 희귀성 원칙을 이용한 전략
  ㉠ 비싸게 굴기 기법(playing-hard-to-get technique) : 상대방이 원하는 것을 가지기 어렵게 만들어 구매하게 만드는 전략이다.
  ㉡ 급하게 끝내기 기법(fast approaching deadline) : 마감 기법(예 특별 세일)처럼 쉽게 얻을 수 있는 것보다 구하기 어려운 것을 더 가치 있게 여기는 사람들의 성향을 이용한 전략이다.

3. 동조 기출 21

(1) 정의

자신의 행동이나 사고를 집단의 기준과 일치하도록 조정하는 것이다.

(2) 애쉬(Asch)의 실험(1955)

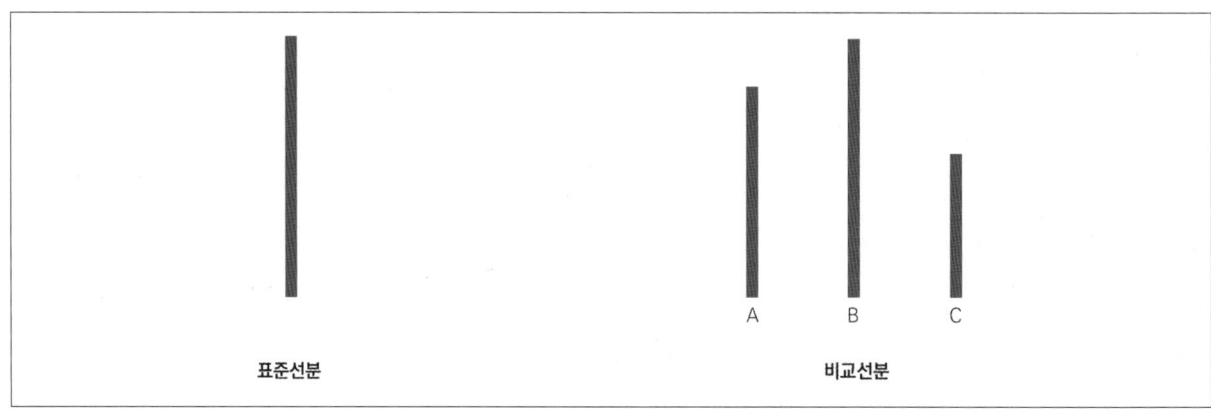

[그림 14-49] 애쉬의 실험에서 사용된 자극

① 사람들은 공개적으로 행동할 때 자신의 소신과 일치하지 않아도 다수의 입장에 동조하는 경향이 있다.
② 동조량은 개인과 타인 간 유대가 강할수록 커지며, 타인 중 한 명이라도 다른 견해를 표명하면 크게 감소한다.
➡ 애쉬의 후속 실험에서 실험 협조자의 대답이 만장일치인 경우에 비해, 이탈자가 있는 경우 동조량이 25%로 급감했다.

(3) 동조의 이유
① **정보적 영향** : 다른 사람의 행동이 그 상황에 적합한 행동이 무엇인지에 대한 정보를 제공한다. 다시 말하면, 자신의 개인적인 판단보다는 다수의 의사결정이 더 타당할 수 있다고 생각한다.
② **규범적 영향** : 무리에서 일탈자가 되는 것이 두려워 남을 따라한다. 이는 다른 사람이 자신을 인정하고 수용하기를 바라는 마음에서 그들의 기대에 따르도록 하는 힘 때문이다. 예 애쉬의 실험

4. 복종

(1) 복종
① **복종(obedience)** : 권력을 가진 사람이 우리에게 어떤 것을 하라고 말하는 것을 이행하는 것이다.
② 동조행위가 합법적 권위에 의해 강하게 요구될 때 사람들은 그 행위가 본인의 신념이나 가치와 모순된다고 하더라도 어렵지 않게 수행한다.

(2) 밀그램(Milgram)의 복종실험(1963)
① 실험을 시작하기 전에, 밀그램은 피험자가 4달러의 대가로 전압을 450볼트까지 올릴 것이라고는 예상하지 않았다. 0.1% 정도의 사람만이 450볼트까지 올릴 것이라고 예상했으나 실험 결과, 65%의 피험자가 전압을 450볼트까지 올렸으며, 참가자 전원이 300볼트까지 전압을 올렸다.
② 자신의 행동이 지닌 부정적 측면을 강조할 때 복종이 감소했다.
③ 희생자가 원할 경우 실험을 계속하지 않는다는 조건으로 참가한 피험자는 명령에 덜 복종했다.
④ 스스로 전기충격 수준을 결정할 수 있는 경우의 피험자는 낮은 수준의 전기충격을 주었다.

(3) 복종이 많이 일어나는 상황 4가지
① 명령을 내리는 사람이 가까이에 존재하며 합법적인 권위자로 지각되는 경우
② 저명한 기관이 권위자를 지지하는 경우
③ 희생자가 몰개성화된 경우, 멀리 떨어져 있는 경우, 다른 방에 있을 경우
④ 저항하는 역할 모델이 없는 경우

(4) 복종이 감소되는 상황 3가지
① 피해자의 고통이 매우 심하다고 판단되는 경우, 피해자가 가까이 있어 서로 얼굴을 확인할 수 있는 경우
② 명령자의 합법성이나 동기가 의문시되는 경우, 자신의 행위에 개인적인 책임감을 느끼는 경우
③ 동조와 마찬가지로 불복종 모델을 목격하는 경우

31 집단에서의 행동

1. 집단에서의 정체감

(1) **사회적 정체감(social identity)**
① 정의 : 개인이 한 집단에 소속되어 집단과 자신을 동일시하게 되면 개인적 정체감을 대체하는 새로운 정체감, 즉 집단의 한 구성원으로서 자신을 정의하는 사회적 정체감을 가지게 된다.
② 사회적 정체감을 가지면 내집단과 외집단으로 구분하여 지각 : 집단 활동을 할 때 사회적 정체감이 특출해진다.
➡ 집단에서 개인의 사고와 행동은 사회적 정체감을 바탕으로 이루어진다.

(2) **몰개인화(deindividuation; 몰개성화)**
① 정의 : 집단 내에서 구성원이 개인적 정체감과 책임감을 상실하여 집단행위에 민감해지는 현상이다.
　예 대규모 시위 군중의 과격한 행동
② 몰개인화에 결정적으로 영향을 미치는 요인 : 높은 수준의 흥분, 익명성(누가 누구인지 모르는 비밀의 현상)이다.
③ 익명성이 크고 구성원들이 흥분한 상황 : 개인의 정체감이 집단에 함몰되어 법과 도덕의 통제력이 무너지고, 충동적이고 감정적인 행동을 분출할 가능성이 커진다.

(3) **방관자 효과(bystander effect)**
① 정의 : 주변에 사람이 많을수록 도움 행동이 감소하는 현상이다. 연구 결과, 더 많은 사람이 있을수록 실제로 도움을 제공할 가능성이 더 낮았고, 도움을 제공하기까지의 평균 시간도 더 길었다.
② 방관자 효과가 나타나는 이유
　㉠ 타인의 존재로 인한 책임감 분산 : 여러 사람이 함께 있는 경우, 피해자를 돕지 않았을 때의 책임을 그 상황에 존재하는 모든 사람이 함께 지게 된다.
　㉡ 상황 해석상의 애매성 : 주변 사람의 행동은 우리가 그 상황을 해석하는 데 영향을 준다.
　　예 주변 사람이 상황을 무시하거나 아무 일도 아닌 것처럼 행동하면 자신도 그 상황을 아무 것도 아니라고 해석할 수 있다.
　㉢ 평가 염려 : 타인이 자신의 행동을 보고 있다는 사실을 알면 자신의 행동이 부적절하여 타인의 부정적 평가를 받을 수 있다는 사실에 대해 걱정할 수 있다. 이에 따라 다른 사람을 돕는 행동을 억제할 수도 있다.

2. 집단수행

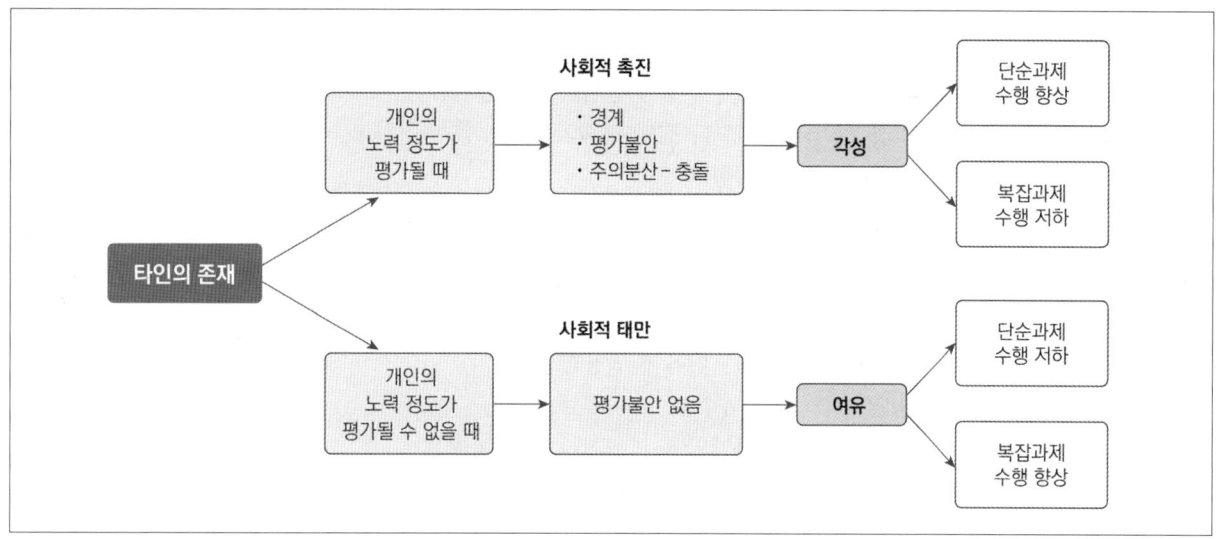

[그림 14-50] 사회적 촉진과 사회적 태만

(1) **사회적 촉진(social facilitation)**
   ① 원래의 의미 : 타인이 존재할 때 사람들이 단순한 과제 또는 숙달된 과제를 더 잘 수행하는 경향성이다.
   ② 현재의 의미 : 타인의 존재 시에 우세한(확률이 높은) 반응을 강화시키는 것이다.
   ③ 과제의 특성 : 쉽거나 잘 학습된 과제에서는 타인의 존재가 수행을 촉진하는 반면, 어렵거나 잘 학습되지 않은 과제에서는 타인이 존재하면 수행이 떨어진다.
   ④ 자이언스(Zajonc, 1965) : 사회적 촉진이 과제의 난이도에 따라 달라진다고 보았다. 쉬운 과제에서는 성공이 우세반응이고 어려운 과제에서는 실패가 우세반응이므로, 사회적 촉진은 결국 타인의 존재가 우세반응을 강화하는 현상이라고 재정의했다.
   ⑤ 사회적 촉진의 원인 : 자이언스의 추동이론을 따른다.
      ㉠ 타인이 존재하면 개인의 추동 수준이 증가하며, 추동이 증가하면 우세반응이 강화된다.
      ㉡ 타인이 추동을 유발하는 이유
         ⓐ 평가 우려설 : 타인이 자신의 능력을 평가할 것이라는 걱정이 추동을 일으킨다.
         ⓑ 주의분산-갈등설 : 타인이 존재하면 주의가 분산되며, 과제에 주의하는 일과 타인에 주의하는 일 사이에 갈등이 생겨 추동이 증가한다.

(2) **사회적 태만(social loafing)**
   ① 정의 : 혼자 할 때보다 여럿이 함께 할 때 개인의 수행이 떨어지는 현상이다.
   ② 링겔만 효과 : 집단 구성원의 수가 많아질수록 수행에 대한 개인의 공헌도가 떨어지는 현상이다.
   ③ 사회적 태만의 원인
      ㉠ 과업 자체의 특성 : 지루하거나 단조로운 과제는 참가자의 동기를 감소시켜 집단상황에서의 수행을 낮추는 데 기여한다.
      ㉡ 수행 결과의 불분명한 평가 : 주어진 과제에서 개인적 수행 정도를 다른 사람과 비교할 수 없다.
      ㉢ 집단 노력의 통합 실패 : 집단 구성원들이 노력을 하나로 통합하지 못함으로써 수행 수준이 떨어질 수 있다.

④ 사회적 태만의 해결방안
  ㉠ 개인적으로 열심히 하는 것이 과제를 성공적으로 수행하는 데 중요하다는 인식을 고취시켜 과제에 몰입하게 유도한다.
  ㉡ 개인의 기여도를 집단의 다른 집단원들에게 알려준다고 공지한다.
  ㉢ 명확한 기준에 따라 각 개인의 기여도나 집단 전체의 기여도를 측정하고, 이 측정치를 다른 집단과 상대적으로 비교하여 평가하는 기회를 제공한다.

(3) **사회적 딜레마**(social dilemma)
  ① 정의 : 개인에게 즉각적인 보상을 주지만, 장기적으로는 개인과 집단 전체에 해로운 결과를 초래하는 상황을 의미한다.
  ② 사회적 딜레마와 죄수의 딜레마 근저에는 자신이 유일한 협동자가 되어 손해를 보게 될 것이라는 불안과 자신이 유일한 비협동자가 되어 이득을 보려는 탐욕이 작용한다.
  ③ 사회적 딜레마의 해결방안
    ㉠ 공익을 달성하기 위한 법률이나 규제안을 마련한다.
    ㉡ 비협조적인 사람의 부담을 늘리고, 협조적인 사람은 보상을 더 제공하여 협동을 유도한다.
    ㉢ 공동체 의식을 증가시키거나 이타성에 호소한다.
    ㉣ 집단토의 등을 통해 의사소통을 활성화 : 상호 불신이 해소되고, 결과적으로 협동이 증가할 가능성이 높다.

3. 집단 의사결정

(1) **집단극화**(group polarization)
  ① 정의 : 집단 전체의 의사결정이 개인적 의사결정의 평균보다 더 극단적으로 되는 현상이다.
  ② 집단극화의 원인

구분	내용
설득 효과	• 집단 상호작용을 통해 혼자서는 생각하지 못한 새로운 주장을 접하게 됨 • 이 중에서 집단의 전반적 성향과 일치하는 주장이 설득적으로 지각되어 그 주장의 방향으로 집단원들의 의견이 변화되는 결과가 나타남
사회비교를 통한 자기과시	• 인간은 자신과 남을 비교하는 사회비교 욕구와 자신을 호의적으로 나타내는 자기과시 욕구를 가짐 • 집단 상호작용을 통한 사회비교 결과, 자신의 입장이 타인보다 덜 바람직하다고 판단되면 바람직한 방향으로 자신의 입장을 바꾸게 되어 집단극화가 일어남
사회적 정체감	• 집단토의는 구성원의 내집단 인식을 불러일으켜 내집단에 동일시하게 함 • 자신을 집단에 동일시한 집단원은 집단규범에 동조하게 되는데, 집단규범은 집단평균보다 약간 더 극단적으로 지각되므로 규범에 동조하면 곧 집단극화의 결과로 나타남

(2) **집단사고**(group-think)
  ① 정의 : 응집력이 높은 내집단에서 동의 추구가 대단히 우세하여 대안적 행위 과정에 대한 현실적 평가를 압도하는 사고방식이다. 즉, 응집력이 강한 집단에 몰입함으로써 대안적 사고에 대한 충분한 검토 없이 성급하게 만장일치에 도달하려는 사고방식이다.
  ② 집단사고의 원인 : 집단 응집력이 높고, 리더가 지시적이며, 집단이 외부로부터 단절되어 있고, 집단 내에서 대안을 심사숙고하는 절차가 미미할 때 집단사고 경향을 보인다.
    ➡ 이 조건에서는 내집단을 과대평가하고, 외부에 폐쇄적인 입장을 취하며, 집단 내에서도 일치를 추구하는 압력이 크게 작용한다. 그 결과, 집단 내에서의 토론 과정이 원활하게 진행되지 못하고 비효율적인 결정에 이르게 된다.

제8절 동기와 정서

32 동기에 대한 이해

1. 동기의 의미
(1) **일반적인 동기**
   행동을 시작하게 하고, 방향을 결정하고, 끈기와 강도를 결정하는 힘이다.

(2) **심리학에서의 동기** : 두 가지 차원에서 동기를 정의한다.
   ① 각성 상태 : 유기체의 행동을 가능하게 하는 생리적 에너지이다.
   ② 행동을 조절하는 힘이다.
   ➡ 동기는 행동하게 하는 힘의 근원으로서의 기능과 행동의 조절자로서의 기능을 한다.

2. 동기의 구성요소
(1) **생물학적 요소**

구분	내용
행동생물학 (ethology)	• 행동은 유전 구조의 산물이며, 우리는 유전자가 지시하는 대로 행동을 시작하고 방향을 결정한다고 가정함 • 모든 인간 행동이 유전적으로 확정되는 폐쇄적 프로그램(closed program)에 따라 결정되는 것은 아니며, 어떤 행동은 개방적 프로그램(open program)을 따르는 경우도 있음 • 유전 구조의 기능을 기술하는 프로그램도 전적으로 개방적이거나 폐쇄적인 것이 아니고 학습의 영향을 받는 정도의 차이라고 봄
행동신경과학 (behavior neuroscience)	• 행동학습에 관한 신경조직을 연구하는 학문 • 아편, 엔도르핀을 분비하는 두뇌의 보상중추(reward centers)가 동기와 관련된다고 봄 • 망상활성체에서 일반적인 각성을 주관하고, 변연계는 정서를 관장하며, 시상하부는 종 특유 추동의 근원지로 봄 • 뇌 화학물질인 에피네프린, 노르에피네프린, 도파민 등이 행동의 근원인 동기를 관장한다고 봄

(2) **학습된 요소**
   ① 동기는 생물학적으로 주어지는 것(예 본능)이 아닌 성장하면서 서서히 획득되는 추동으로, 권력, 성공, 성취에 대한 욕구 등과 관련된다.
   ② 성취욕구, 권력욕구 등은 생물학적 욕구와 관련되지 않지만 인간은 이 욕구를 만족하기 위해 행동한다.
   ③ 공포감 : 고전적 조건화에 의해 학습되는 대표적인 정서로, 행동의 근원이 되는 요인이다.
   ④ 강화, 내외적 보상 : 도구적 조건화나 조작적 조건화를 통해 학습된 동기 요소이다.

(3) **인지적 요소**
   인지이론의 공통점은 모두 인간의 기대, 목표, 신념, 태도 등이 동기를 결정한다는 것이다.

3. 추동

(1) 추동(drive)
① 동기의 보다 구체적인 명칭은 '추동(또는 동기 상태)'이다. 추동은 유기체를 특수한 목표로 향하도록 만드는 내적 조건이며, 상이한 추동은 상이한 목표를 갖는다.
② 동기화된 행동은 외부 환경에 존재하는 목적인 유인(incentives)을 향하게 한다. 유인은 '강화물', '보상', '목표'라고도 불린다.
  ➡ 식당에 줄을 서게 하는 추동은 배고픔이고, 유인은 먹으려고 하는 음식이다. 추동과 유인은 행동을 조절하는 데 상호 보완적이다. 우리가 어떤 식당의 음식 맛이 없는 것을 알고 있다면(약한 유인) 배고픔(추동)이 강해야만 줄을 서 있겠지만 음식 맛이 좋다면(강한 유인) 배고픔(추동)이 약해도 기다릴 수 있다.

(2) 항상성(homeostasis)
① 유기체는 변화하는 내외 환경에 직면하여 안정적인 내적 상태를 유지하려는 신체적 경향성을 가진다. 이를 위해 여러 생리적 현상을 안정적으로 조절하는 데 필요한 기제를 가지고 있는데, 이러한 생리적 안정 상태의 유지기제를 항상성이라고 한다.
  예 체온이 올라감 → 땀을 흘림 → 체온이 내려감
② 조직 욕구(tissue needs) : 기본적인 생리적 과정에 있어 항상성의 균형이 무너질 때 초래되는 조직 욕구는 추동을 발생시키고, 이 추동은 균형을 회복하기 위한 행동을 발생시킨다.

(3) 부적 피드백(negative feedback)
① 피드백의 종류
  ㉠ 정적 피드백 : 피드백은 산출된 바로 그 반응을 더욱 강화시키고, 그 결과 활동성이 지속적으로 증가한다.
  ㉡ 부적 피드백 : 환경적 변화를 일으켰던 기계의 원래 반응을 멈추게 하거나 역전시킨다.
② 항상성의 생리적 정지체계가 부적 피드백 : 추동에 의해 활성화된 행동을 부적 피드백이 정지시킨다.

(4) 프로이트(Freud)의 추동이론
① 무의식적 추동 : 행동의 원인을 무의식적 추동, 즉 인간의 많은 행동은 충족되지 못한 강한 충동이나 소망의 상징적 표현이라고 보았다. 이러한 강한 충동은 두려움이나 죄의식을 수반하는 무의식적 추동으로 작용하여 긴장을 발생시킨다.
② 리비도(libido) : 성적인 충동이나 욕구 때문에 생겨나는 무의식적 충동을 '리비도'라고 불렀다.
  ➡ 쾌락주의 동기이론 : 인간의 행동은 리비도를 해소하기 위함이고, 그 행동에 의해 불유쾌한 추동은 감소되고 유쾌한 상태가 회복된다는 이론이다.

(5) 헐(Hull)의 추동감소이론
① 인간의 행동은 유기체 내부에서 특정한 결핍에 의해 발생되는 욕구를 해소하기 위한 추동을 감소시키려는 목적에서 유발된다.
  ㉠ 강화물 효과의 원인 : 추동의 감소로 본다.
  ㉡ 동기에 작용하는 내적 요인의 역할 강조 : 배고픔, 갈증, 통증 같은 기본 추동은 흥분(긴장)을 유발하고, 행동을 활성화한다.
  ㉢ 순서 : 박탈/결핍 → 생리적 욕구 → 심리적 추동 → 행동
  ㉣ 추동은 행동을 활성화하지만 행동의 방향을 지시하지는 않는다. 행동의 방향은 습관에 의해 결정된다.

② 항상성 : 기본 추동은 신체 균형을 회복하는 방식으로 행동하도록 동기를 부여하는데, 이러한 경향성을 '항상성'이라고 한다.
　㉠ 만약 어떤 생물학적인 추동이 존재하고, 그에 대한 특정 반응이 그 추동을 감소시키는 결과를 가져오면 항상성의 혼란이 감소하고 반응은 강화될 것이다.
　㉡ 이 과정을 통해 유기체는 욕구를 충족하는 행동을 배운다.

(6) 최적각성이론

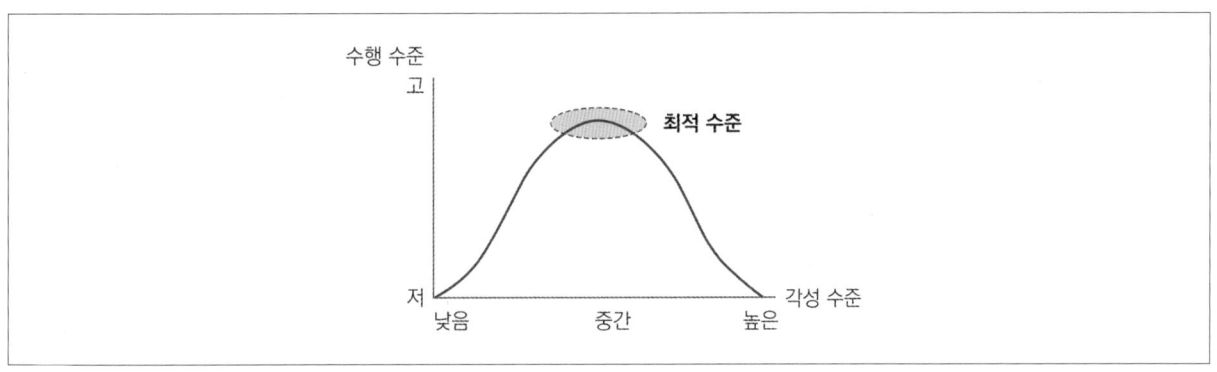

[그림 14-51] 역전된 U함수 그래프

① 사람이 활동할 때의 각성에는 최적의 각성 수준이 있으며, 사람들은 자신의 최적 각성 수준을 유지하기 위하여 동기부여를 한다.
② 사람은 추동이론에서와 같이 생리적 긴장을 줄이는 방향으로 행동할 뿐만 아니라 생리적 흥분, 각성 상태를 높이는 방향으로 행동한다.
③ 사람들은 적정한 흥분 상태를 유지하기 위해 특정 행동을 한다.
　예 수영, 다이빙, 암벽 등반, 카페인 음식 섭취, 타인과의 사랑 등
④ 여키스-도슨(Yerkes-Dodson)의 역전된 U함수 이론 : 각성 수준이 높아질수록 사람의 수행이 보다 능률적으로 이루어지고, 최적의 각성 수준을 넘기면 수행 수준이 떨어지는 경향을 의미한다.

4. 심리적 동기

(1) 성취동기
① 성취동기(achivement motivation) : 도전적이고 어려운 과제를 기꺼이 수행하려는 내적 욕구이다.
② 성취동기가 높은 사람은 도전에 대한 불굴의 의지(GRIT : 장기목표를 추구하는 열정과 집념) 덕분에 더 많은 것을 성취한다.
③ 규율 : 재능을 더 탄탄한 것으로 만들어 준다. 뛰어난 학자, 운동선수, 예술가들을 대상으로 수행한 연구를 보면, 모든 사람들의 동기가 매우 높고 자율성이 강하며 자신의 목표를 추구하는 데 매일 상당한 시간을 기꺼이 할애하는 특성이 있었다.

(2) 소속과 친애욕구
① 소속욕구(belongingness needs) : 원하는 집단의 일원으로 귀속감을 느끼고 싶어 하는 바람이다.
② 친애욕구(affiliation needs) : 타인과 관계를 맺거나 유대(bond)를 형성하려는 사회적 동기이다.

(3) 재미와 호기심 추구 동기
① 호기심(curiosity) : 인간의 호기심은 지적 호기심과 감각이나 경험을 추구하는 호기심으로 나타난다.
② 주커만(Zukerman) – 감각적 호기심이 많은 사람들이 보이는 특징
  ㉠ 전율과 모험 추구, 경험 추구, 그리고 권태·혐오로 특징짓는다.
  ㉡ 감각 추구 성향이 높은 사람은 자극적이고 다양성을 추구하는 경향이 있으며, 사회적 통념을 벗어나거나 일탈행동을 할 가능성이 높다.

(4) 실존적 동기
① 카스텐슨(Carstenson)의 사회정서적 선택이론 : 사람들의 삶의 목적에 대한 관점은 절대적인 나이가 아니라 자신에게 남아 있는 시간을 고려하여 설정된다.
  ㉠ 나이가 적든 많든 상관없이 한 개인은 자신에게 남은 시간이 많지 않다고 판단하게 되면 일상의 기쁨, 안식, 그리고 가장 가까운 사람과의 관계를 중요시하게 된다는 것이다.
  ㉡ 젊고 건강한 삶은 오래 지속되지 않는다는 것을 깨달을 필요가 있고, 가끔은 무엇을 위해 현재의 만족을 미루는지에 대해 따져볼 필요가 있다고 말한다.
② 피진스키(Pyszczynski) 등의 공포관리 이론 : 죽음으로 인한 유한성을 자각하면서 생기는 존재적 공포심에서 벗어나기 위해 사람들은 삶의 의미, 자아존중감, 가까운 관계를 추구한다는 것이다.

33 생리적 동기

1. 갈증

(1) 수분 상실
① 뇌하수체에서 항이뇨 호르몬(ADH; antidiuretic hormone)이 분비되며, ADH는 신장에 작용하여 수분을 더 많이 재흡수하도록 한다.
② 그 결과, 소변을 통해 체외로 배출하는 수분이 줄어든다.

(2) 뇌
① 시상하부를 통해 수분 부족에 기인하는 세포 내 수축을 감시한다.
② 수축이 발생하면 혈장으로 호르몬을 방출하여 간이 소변을 농축하는 형태로 몸 안의 수분량을 보존한다.
  ➡ 시상하부는 이러한 불수의적 작용뿐만 아니라 갈증을 느껴 수분을 보충하도록 행동하는 의식적 심리 상태도 만든다.

(3) 신체의 수분 결핍 감지
① 많은 수용기 중 어떤 수용기는 뇌 속에서 총 혈액량을 감지하고, 어떤 수용기는 세포 밖 체액에 존재한다.
② 또 다른 수용기는 심장내부와 그 주변 정맥에 위치하여, 체액의 총량 감소로 혈압이 감소할 때 흥분한다.
③ 나머지 수용기는 체세포 내의 수분을 축적한다. 이는 세포외액에 용해되어 있는 어떤 광물질(특히 나트륨)의 농도에 의존한다.

2. 섭식과 배고픔

(1) 시상하부의 통제중추

① 이중중추이론(dual-center theory) : 시상하부는 섭식행동의 시작(on)과 정지(off)를 명령하는 사령부를 가지고 있다.

　㉠ 외측 부위(lateral region) : 이 부위가 활성화되면 음식을 탐색하고 먹도록 하는 기아중추로 기능한다.
　　➡ 이 부위가 손상된 쥐는 절식증을 보인다.

　㉡ 복내측 부위(ventromedial region) : 이 부위가 활성화되면 섭식행동을 멈추게 하는 포만중추로 기능한다.
　　➡ 이 부위가 손상된 쥐는 과식증을 보인다.

② 조절점(setpoint) : 복내측 시상하부의 손상은 급속한 체중 증가를 초래하지만, 한두 달 후 어떠한 시점에 이르면 동물의 체중은 그 새로운 수준에서 안정된 채로 남는다.

　㉠ 일단 새로운 체중 수준에 도달하면 동물은 그 체중 수준을 유지할 정도 이상으로는 먹지 않는다.
　㉡ 이는 손상이 체중 조절에 대한 조절점을 상승시키는 것을 의미한다.
　　➡ 조절점은 섭식을 결정하는 일종의 목표값이다.

(2) 배고픔 조절

구분	내용
단기적 조절	• 혈당량을 조절하여 해소함 • 과정 　– 간은 혈액 속의 당분 부족을 파악하여 식욕을 자극하도록 뇌의 외측 시상하부에 신호를 보냄 　– 시상하부의 명령을 받아 음식을 섭취하면 혈당 수준이 증가하고, 이를 간에서 파악하여 다시 포만신호를 뇌의 복내측 시상하부에 보냄 　– 혈당이 세포 내의 당으로 전환되어야 에너지를 생산하는데, 바로 인슐린이 세포막의 투과성을 높여 혈당 내의 당이 세포 내로 이동하도록 만듦
장기적 조절	• 지방 에너지의 저장을 통해서 해소함 • 과정 　– 저장된 지방이 항상성 이하로 부족해지면 지방 조직에서 혈장으로 호르몬을 방출하여 음식을 섭취하게 하고, 체중이 증가함 　– 항상성 이상으로 지방의 양이 증가하면 지방 조직에서 혈장으로 렙틴(leptin)이라는 호르몬을 방출하여 음식 섭취를 줄이도록 하고, 체중이 감소함

(3) 섭식의 다양성

① 유기체의 내부 요인에 의해서만 동기가 유발되는 것은 아니며, 유기체 신체 외부에 있는 요인 역시 동기화 상태를 유발할 수 있다.

② 맛, 모양 등의 음식의 속성이 변화할 때 유기체의 섭취행동도 변한다.

> **참고** 배고픔에 대한 연구
> • 유기체 내부 요인뿐만 아니라 외부 요인도 동기화 상태를 유발할 수 있다.
> • 외부 요인의 효과는 실질적으로 항상성을 위협할 수도 있다.
> • 외부 요인에 대한 민감도는 개인에 따라 다를 수 있다.
> 　예 정상체중을 가진 사람의 섭취행동은 신체 내부 요인에 더 영향을 받지만, 비만인 사람의 섭취행동은 신체 외부 요인에 더 영향을 받음

3. 성 행동

(1) 호르몬
① 테스토스테론 : 시상하부의 특정한 영역에 작용하여 수컷의 성적 욕구를 증가하게 한다. 즉, 수컷의 성적 욕망을 조절한다.
② 에스트로겐 : 시상하부의 다른 영역에 작용하여 암컷의 성적 욕구를 증가시킨다. 즉, 암컷의 성적 욕망과 생식력을 조절한다.
③ 인간
　㉠ 고등 동물로 올라갈수록 호르몬보다 경험, 외적 자극 요인이 더 중요하게 작용한다.
　㉡ 여성에게 에스트로겐이 주어지면 성 충동이 증가한다. 하지만 여성의 성적 흥미는 배란과는 독립적이다.
　㉢ 남성은 여성보다 더 많은 테스토스테론을 가지고 있어 더욱 강한 성 충동을 가진다.

(2) 성의 다양성
① 페로몬(pheromone) : 동물은 페로몬이라는 냄새에 의해 성 행동이 유발되기도 한다. 인간도 이와 유사한 외부 자극에 의해 성 충동이 발생할 수 있다.
② 쿨리지 효과(coolidge effect) : 어떤 종은 성적 활동의 대상이 바뀌지 않을 때보다 여러 대상을 접할 때 성적 활동 수준이 높아진다. 이 효과는 인간에게서도 찾아볼 수 있다.

34 동기의 개념과 역할

1. 동기와 동기화

(1) 정의
① 동기 : 유기체로 하여금 어떠한 특정 방향으로 행동하도록 만드는 요소이다.
② 동기화 : 유기체로 하여금 특별한 행동을 하게 만드는 것 또는 행동을 유발하는 것이다.

(2) 동기화의 역할
① 동기화는 목적을 가진 개인의 행동을 조직하는 역할을 한다.
② 특정 과제에 대한 높은 동기는 더욱 오랫동안 흥미를 가지고 해당 과제에 대한 깊이 있는 학습을 지속하도록 하는 역할을 한다.
③ 지능, 적성으로는 설명될 수 없는 성취도의 차이를 설명하는 데 동기화 개념을 도입할 수 있다.
④ 동기화 그 자체가 교육의 목적으로 작용될 수 있으므로 교수자에게 특히 중요하다.

2. 내재동기와 외재동기

(1) 내재동기
① 의미 : 과제 그 자체가 즐겁고 보상의 역할을 하기 때문에 지속하게 되는 동기이다.
② 내재동기를 가진 사람은 과제를 하는 것 자체가 보상의 역할을 하기 때문에, 주변의 제약에 흔들리거나 외부적인 보상에 좌우되지 않고 해당 활동에 몰입할 수 있다.

(2) 외재동기
① 의미 : 해당 활동이 다른 일의 수단이 되기 때문에 그 활동을 하는 동기를 말한다.
② 외재동기를 가진 사람은 자신이 얻고자 하는 결과를 위해 주어진 과제에 열심히 임할 수 있지만, 때로는 원하는 결과만 얻는다면 과제 자체를 충실히 수행하는 것에는 큰 가치를 부여하지 않을 수 있다.

(3) 내재동기와 외재동기의 특징

구분	특징
내재동기	• 해당 활동 자체에 흥미와 즐거움을 느껴 활동함 • 해당 활동 자체가 보상의 역할을 하므로 주변의 제약이나 외부적 보상에 의존하지 않음
외재동기	• 해당 활동이 다른 목적을 이루는 수단이 되기 때문에 그 활동을 함 • 해당 활동을 통해 얻게 될 보상이나 자신의 원하는 결과를 얻을 수 있다는 믿음을 바탕으로 활동함

3. 학업동기 연구

(1) 신념과 인식
① 신념과 인식 : 학생의 개인적인 믿음이나 판단을 의미한다.
② 대표적 이론 : 자기효능감, 귀인이론 및 자기결정성 이론 등이 있다.
③ 동기에서 신념이 중요한 이유
  ㉠ 자신의 실제 능력이나 상황이 아니라 자신이 믿거나 의식하는 정도가 행동에 영향을 미치기 때문이다.
  ㉡ 특정 과제에 자신이 실패했더라도 자신의 능력이 아니라 노력이 부족했기 때문이라고 생각한다면 앞으로 노력을 더 기울일 것이다.
  ㉢ 동일한 환경이라도 자신이 학습과제를 선택할 수 있거나 상황을 통제할 수 있다고 생각하는 정도는 학생마다 다를 수 있다.
④ 학생이 자신의 능력을 어느 정도 믿고 있는지, 학습에서 성공이나 실패 경험의 원인을 무엇으로 생각하는지, 학업상황에서 자신의 자율성을 어느 정도 수준으로 판단하고 있는지를 살펴본다면 학생이 보다 긍정적인 방향으로 학습에 접근하도록 도움을 줄 수 있다.

(2) 가치
① 가치 개념을 중심으로 동기를 설명하는 방식은 학생이 스스로 학습활동이나 과제에 부여한 가치에 따라 학업에 투자하는 시간과 노력의 정도가 달라지며, 이것이 행동의 차이를 가져오는 원인이라는 것이다.
② 과제가치의 평가기준 : 학습활동이나 과제가 얼마나 흥미로운지, 자신의 미래 계획에 어느 정도 도움을 주는지, 얼마나 많은 시간과 노력을 투자해야 하는지, 과제를 성취하는 것이 자신에게 얼마나 중요한지가 이에 해당된다.

(3) 욕구
① 욕구로 동기를 설명하는 방식은 사람마다 누구나 성공하려는 욕구가 있다고 보고 내재된 성취욕구를 촉발하는 요인이 무엇인지 탐색하는 것이다.
② 기대가치이론의 출발점인 성취동기이론과 자기결정성 이론의 기본 심리욕구가 이에 해당된다.

(4) 목표
① 학생은 서로 다른 목표를 가지고 학습에 접근하거나 회피할 수 있는데, 이는 학생의 과제나 수행과정에서 인지, 정서, 행동에 차이를 만든다.
② 구분
  ㉠ 과제나 학습활동 그 자체에 목표를 두고 더 나은 수행을 목표로 삼아 집중한다.
  ㉡ 다른 사람과의 상대적인 비교로 자신의 능력을 드러내 보이고자 하는 목표를 가진다.

35 심리적 동기이론

1. 행동주의 강화이론

(1) 강화
① 강화이론 : 외적인 보상과 처벌이 학생의 동기를 유발한다고 본다.
② 유인물(incentive) : 행동에 선행하여 그 행동을 하거나 하지 않도록 하는 환경 사건이다.
  예 용돈을 벌기 위해 청소를 하였다면 용돈은 유인물이 된다.
  ㉠ 유인물은 행동에 선행하고, 앞으로의 결과를 예상하게 한다.
  ㉡ 보상/강화물 : 결과적으로 행동을 증가시키는 것이다.
③ 유인 이론 : 환경 사건들(보상, 처벌)이 행동을 활성화할 수 있는 이유를 설명한다. 학습을 통하여 어떤 대상은 만족을 주니까 접근하고 어떤 대상은 고통을 주기 때문에 회피하는 것이다.

(2) 보상의 문제점
① 내재적으로 동기화된 학생에게 외재동기인 보상을 제공하면 내재동기가 손상될 수 있다.
  ㉠ 보상은 학생이 흥미를 느끼지 않는 과제에 사용되어야 한다.
  ㉡ 흥미를 느끼지 않는 과제를 하는 학생에게 보상을 사용하는 것은 과제를 계속하고 싶은 마음이 생기게 하는 내재동기를 높이는 데 도움을 준다.
② 외적 보상은 학생이 자신의 발전이 아닌 주어지는 보상에만 관심을 갖게 만든다.
  ㉠ 보상은 수행한 과제의 질에 따라 주어져야 한다.
  ㉡ 학생의 능력이나 공부의 질이 향상되고 있다는 정보를 제공하는 차원의 보상은 과제에 대한 흥미를 증가시키는 데 도움을 줄 수 있다.

(3) 보상의 신경과학
① 밀러(Miller)와 올즈(Olds)의 두개 내 자기-자극(ICSS; Intracranial Self-Stimulation) 실험
  ㉠ 뇌의 특정 영역에 대한 전기 자극이 학습을 촉진시키는지를 알아보기 위해 고안한 절차로 쥐가 상자의 특정 위치에 있을 때만 쥐의 뇌에 전기 자극을 주는 방식이다. 쥐들은 뇌를 스스로 자극하기 위해 열심히 레버를 눌렀는데, 그 횟수는 시간당 수백 번에 달했다.
  ㉡ 밀러와 올즈는 두개 내 자기-자극이 공급되는 뇌 영역을 쾌락중추라고 했으며, 이 영역은 신경전달물질인 도파민이 사용되는 곳이었다.

② 도파민 : 뇌신경 세포의 흥분 전달을 통해 의욕이나 성취감이나 도취감을 느끼게 한다.
  ㉠ 일차적 보상(음식, 성 등)뿐 아니라, 칭찬과 같은 이차적 보상에도 활성화된다.
  ㉡ 보상을 기대하는 순간에도 도파민이 분비되고, 기분 좋은 각성이 생겨난다.
  ㉢ 보상과 연결된 자극에는 접근하고 보상을 받았던 행동을 되풀이하도록 한다.
③ 중독 : 약물이나 특정 행동(게임, 도박 등)은 보상회로를 자극하도록 도파민을 분비시키는데, 반복적인 행동을 통해 도파민이 비정상적으로 많이 분비되면 인체의 항상성 유지를 위해 도파민 수용체의 기능이 떨어지게 된다.
  ㉠ 도파민 수용체의 기능이 떨어지면 일상적인 활동으로는 쾌감이나 의욕이 생기지 않는다.
  ㉡ 내성(같은 용량의 약물에 쾌감이 덜 느껴지는 현상)과 약물 등을 섭취하지 않았을 때 생기는 금단현상으로, 같은 효과를 얻는 데 점점 많은 약물을 필요로 하게 된다.
  ㉢ 중독성 약물이나 중독 행동은 뇌의 보상기제를 장악해 버리기 때문에, 자신에게 해로움에도 불구하고 그 행동에 몰두하게 된다.

2. 성취동기이론(achievement motivation)

(1) 머레이(Murray)
  ① 성취동기를 의미 있는 성취, 기술 또는 아이디어의 숙달과 제어, 높은 기준을 신속히 달성하고자 하는 욕구로 정의했다.
  ② 개인의 성격을 판단하기 위한 방안으로 사회적 욕구를 연구하면서 성취동기 개념을 제시한 것에서 시작되었다.
  ③ 주제통각검사(TAT) : 애매한 자극에 대한 공상적 반응을 하는 상황에서 자신 내부에 있는 접근-회피 경향성을 무의식적으로 투사할 것이고, 결과적으로 성취동기는 평가가 요구되는 장면에서 성취를 강조하는 이야기 주제로부터 추론할 수 있다.

(2) 맥클리랜드와 동료들(McClelland 등, 1953)
  ① 머레이의 기본적 욕구 개념의 성취욕구를 성취동기로 명명함 : 탁월하려는 욕구, 우수함과 성공을 향한 욕망으로 정의한다.
  ② 성취동기를 측정하기 위해 TAT에 대한 정련 작업을 하고 채점기준을 확립했다.
    ➡ 기존의 동물실험연구에 기초하여 결핍, 박탈, 생존에 관한 생리적 욕구를 중심으로 하던 기존의 동기연구를 인간의 동기연구로 전환했다는 데 의미가 있다.
  ③ 개인의 성취동기를 증진시킴으로써 국가나 사회의 경제발전을 이룰 수 있다고 주장 : 개인의 성취동기를 증진하기 위한 프로그램을 개발했다.

(3) 레윈(Lewin)의 포부 수준
  ① 포부 수준 : 한 개인이 스스로 설정한 목표나 기준을 의미하는데, 포부 수준은 특정한 행동에 대한 과거의 경험과 친숙함에 의해 결정되는 것으로 설명된다.
  ② 포부 수준으로 확인된 연구 결과
    ㉠ 사람들은 객관적인 기준보다는 개인이 자율적으로 설정한 목표에 도달했을 때 성취감이 크다.
    ㉡ 포부 수준은 개인과 집단에 따라 달라질 수 있으며, 과거의 성공·실패 경험이 개인과 집단의 포부 수준에 영향을 미친다.

(4) 앳킨슨(Atkinson)의 기대가치이론
① 성취동기이론에 기대×가치이론의 체계를 적용하여 발전시켰다.
② 기대와 가치
㉠ 기대 : 과제를 수행했을 때 성공할 수 있는 가능성에 대한 개인의 신념과 판단이다.
㉡ 가치 : 과제 수행의 가치에 대하여 가지는 신념이다.
③ 성취경향성(tendency to achieve) : 성취행동을 '성취경향성'이라는 말로 대치하고, 다음과 같은 수학공식으로 모형화했다.

성취경향성 = 접근경향성 - 실패 기피경향성

㉠ 성취경향성 : 대립된 두 경향의 강도 차이이며, '결과성취동기'라는 용어로 표현한다.
㉡ 접근경향성 : '개인의 성취동기×성공 가능성×성공에 대한 정적 유인가'이다.
㉢ 실패 기피경향성 : '개인의 실패회피동기×실패 가능성×실패에 대한 부적 유인가'이다.
㉣ 성공 가능성과 실패 가능성은 각각 '기대'를 나타내는 것이고, 성공에 대한 정적 유인가와 실패에 대한 부적 유인가는 각각 '가치'를 나타내는 기대×가치이론의 전형을 보여주고 있다.
④ 가설 : 높은 성취동기를 가진 사람은 중간 수준인 난이도의 과제를 선호하는 반면, 낮은 성취동기를 가진 사람은 아주 어렵거나 극단적인 과제를 선호한다는 가설 검증을 위해 연구를 수행했다.

(5) 에클스(Eccles)와 위그필드(Wigfield, 1995)의 기대가치이론 기출 19
앳킨스의 이론을 수정하여 학업 상황에 적용한 성취동기이론을 연구하고 있으며, 일부 연구자는 성취 상황에서 어떤 과제를 선택하느냐보다 왜 선택하느냐에 관심을 두는 성취목표에 관한 연구를 시작했다.

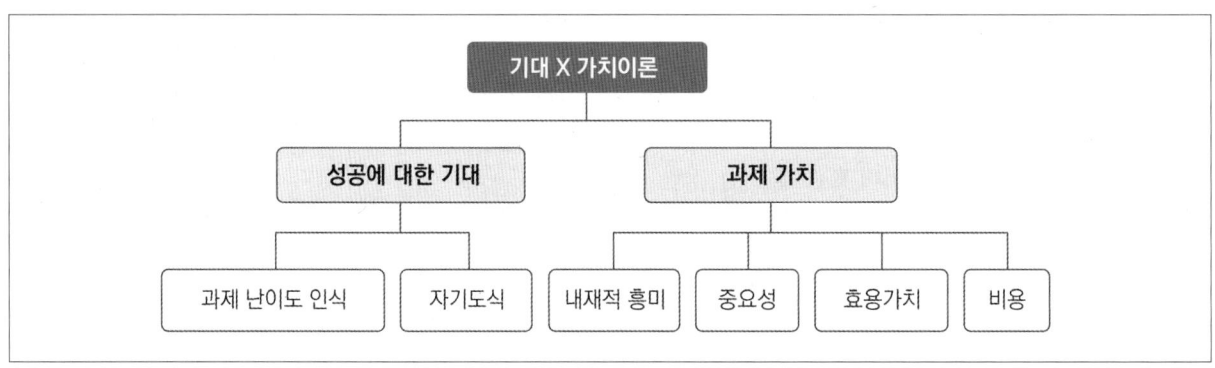

[그림 14-52] 기대가치이론에서 기대와 가치의 구성요소

① 기대가치이론
㉠ 학습과 관련된 상황에서 학생들이 과제를 선택하거나 해당 과제에 시간이나 노력을 투자할 때 : 학생은 그 수업에서 자신이 얼마나 잘할 수 있는지, 그 수업이 어떤 가치를 가지는지를 살펴본다.
㉡ 동기 : 자신의 능력에 대한 기대와 과제의 가치가 동기를 형성하는 요인이다.

② 구성요소

구분	내용
기대	• 과제의 성공적인 수행을 위해 필요한 자신의 능력에 대한 신념이나 판단 - 과제 난이도: 과제가 어려운가? 쉬운가? - 자기도식: 해당 과제를 수행할 수 있는 능력을 가지고 있는가?
가치	• "내가 과제를 왜 수행하는가?"에 대한 답으로, 과제를 수행하는 이유에 해당함 - 내재적 흥미: 과제에 대한 흥미가 있는가? - 중요성: 과제를 수행하는 것이 얼마나 중요한가? - 효용가치: 해당 과제가 얼마나 쓸모가 있는가? - 비용: 해당 과제를 잘하기 위해 필요한 시간, 경비 등은 얼마인가?

(6) **기대신념과 가치신념**(Wigfield & Eccles, 2002)

① **기대신념**: "내가 이것을 할 수 있을까?"라는 질문에 대한 대답으로, 성공에 대한 기대 신념을 나타낸다.
　㉠ "내가 이 과제를 성공적으로 마칠 수 있을까?" ➡ 개인의 능력에 대한 신념과 관련된다. 이는 성공적인 과제 수행을 위해 충분한 능력을 가지고 있는가에 대한 믿음을 의미한다.
　㉡ "내가 이 과제를 성공하면 원하는 결과를 얻을 수 있을까?" ➡ 과제 수행과 결과 간의 관계를 나타내는 결과기대신념과 관련된다.
　　➡ 에클스 등은 기대신념을 자기개념, 과제 난이도, 통제소재, 자기효능감 등과 같은 능력신념을 나타내는 다양한 구인을 포함하는 광의의 개념으로 소개하였다.

② **가치신념**: "내가 이 과제를 수행하는 것이 중요한가?"라는 질문에 대한 대답으로, 특정 과제의 중요성에 대한 개인의 주관적인 신념을 의미한다.
　㉠ **내재적 가치**(intrinsic value): 어떤 과제를 수행함으로써 얻을 수 있는 즐거움을 의미한다. 즉, 즐거움이나 기쁨을 주기 때문에 가치가 부여되는 활동이다.
　㉡ **효용가치**(utility value; 유용성 가치): 어떤 과제를 배우거나 숙달하는 것이 실용적이거나 미래 목표와 관련이 있는가에 따라 결정된다. 즉, 미래 목표를 달성하는 수단이기 때문에 가치가 부여되는 활동이다.
　㉢ **습득가치**(attainment value; 달성가치): 특정 활동에 대한 주관적 중요성을 의미하며, 습득가치는 특정 활동이 개인의 요구를 어떻게 실현시켜 주느냐에 따라 결정된다. 즉, 개인적으로 중요하다고 평가되기 때문에 가치가 부여되는 활동이다.
　㉣ **비용가치**(cost value): 특정 과제를 선택함으로써 다른 과제를 할 수 없게 됨에 따라 발생하는 기회 상실이나 실패에 대한 두려움 등과 같이 특정 활동을 수행함으로써 수반되는 부정적인 측면이다. 즉, 특정 과제를 선택함으로써 발생하는 기회 상실이나 심리적 부담이다.

(7) 커빙턴(Covington)과 오멜리히(Omelich)의 학습자 유형

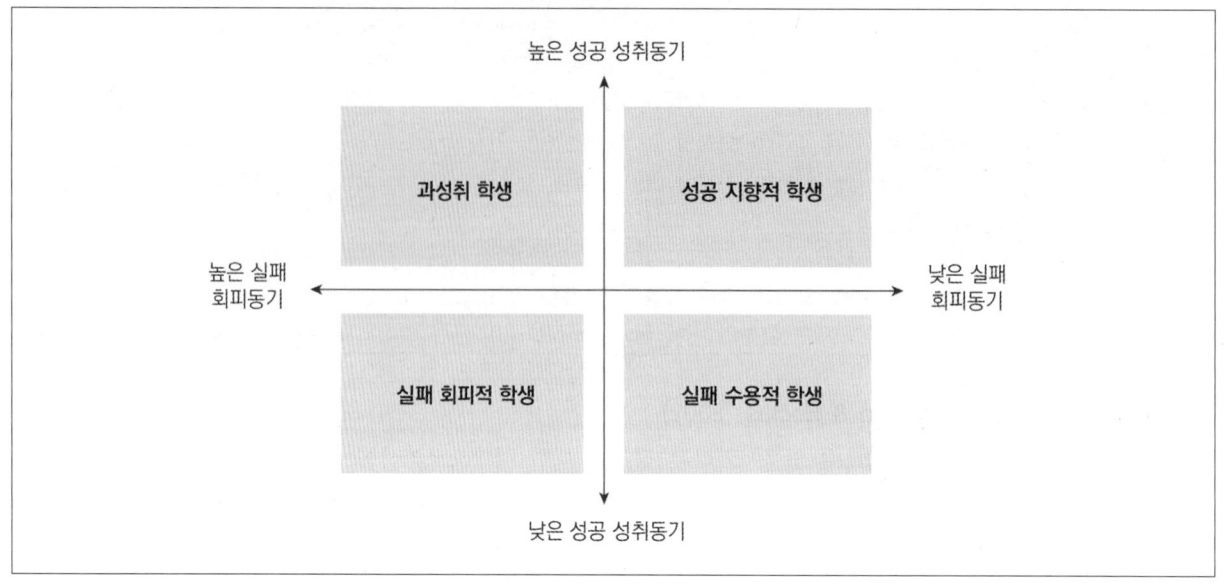

[그림 14-53] 커빙턴과 오멜리히의 학습자 유형

① 성공 지향적(success-oriented) 학생 : 학습에서 호기심을 만족시키려고 하고, 학습 자체에 대한 열정이 있으며, 자신의 실력을 키우려는 욕구가 강하게 나타난다.
② 실패 회피적(failure-avoiding) 학생 : 실패나 실패의 작은 징후라도 피하려는 목적으로 공부하기 때문에 학습 자체에 대한 재미나 학습과정에 몰입하는 것을 기대하기 어렵다.
③ 과성취(overachiever) 학생 : 목표는 실패하지 않기 위해 열심히 성공을 추구하는 것으로, 과잉노력 학생이라고도 한다. 이 학생들의 학습결과는 대체로 성공적이지만, 성취 상황에서 스트레스와 압박을 심하게 받기 때문에 학습과정 자체가 매우 힘들고 갈등을 불러 있으킬 수 있다.
④ 실패 수용적(failure-accepting) 학생 : 성공에 대한 희망이나 실패에 대한 두려움이 모두 적어서 계속 실패만 경험하는 학생이다. 이들은 학습 결과에 대한 어떤 보상도 기대하지 않고 자신들의 실패를 일상적으로 받아들이기 때문에 학습된 무기력을 느끼는 경우가 많다.

3. 학습된 무기력이론

(1) 학습된 무기력이론(learned helplessness theory)
① 실수나 실패가 개인에게 미치는 영향을 잘 보여주는 이론이다.
② 셀리그만(Seligman)과 마이어(Maier)가 조건화 학습 실험을 하는 중에 나타난 현상을 체계화한 것이다.

> **참고** 통제 불능성에 대한 기대학습
>
> 도피학습 훈련을 받은 개 중에 피할 수 없는 전기충격을 받는 조건에 노출되었던 개는 도피 가능한 상황에서도 필요한 기술을 학습하지 못했다. 이는 마치 피할 수 없는 충격을 경험한 개가 충격을 피하기 위해 그들이 할 수 있는 것은 아무것도 없다는 통제 불능성에 대한 기대(expectation)를 학습한 것 같았다. 통제 불능성에 대한 기대가 후속실험에서 개들을 무기력하게 만들었다는 것이다.

(2) 인간을 대상으로 한 실험
  ① 학습된 무기력 : 통제 불가능한 상황에서의 반복적인 실패 경험이 학습, 정서, 동기에서의 장애를 초래하는 것을 보여주는 현상이다.
  ② 실패 경험의 부정적인 효과는 특히 교육 현장에서 부각되었다.
    ➡ 학생에게 실패 경험을 주지 않는 교육 경험을 만들어야 한다고 하여, 성적에 따라 등급을 매기고 낙제시키는 것을 배제하고 가능한 한 성공 경험을 제공하자는 교육실천이 도입되었다.

(3) 수정이론
  ① 통합이론(Wortman & Brehm) : 자신이 할 수 있다고 기대하는 일에서 실패하면 그에 대한 저항이 생겨나서 더욱 노력을 투여할 것이라는 심리적 저항이론과 학습된 무기력이론을 통합한 것이다.
    ㉠ 약간의 지각된 통제 불가능성은 처음에는 수행의 증진을 가져오지만, 통제 불가능 정도가 증가되면 수행 수준이 감소한다.
    ㉡ 수행에 대한 긍정적이고 촉진적인 심리적 저항 효과와 부정적이고 약화시키는 학습된 무력감 효과는 과제 중요도가 증가할수록 두드러진다. 다시 말해, 실패나 통제 불가능성을 경험하는 사건이 개인에게 중요한 것일수록 행동반응은 더욱 강해질 것이라는 주장이다.
  ② 귀인이론의 도입(Abramson 등)

    - 초기 모형 : 통제 불가능 지각 → 기대 → 행동 결손
    - 수정 모형 : 통제 불가능 지각 → 귀인 → 기대 → 행동 결손

    ㉠ 통제 불가능성에 대한 지각은 통제 불가능성에 대한 인과적 설명(귀인)으로 유도되고, 그 귀인 결과가 후속 통제 불가능성에 대한 기대를 형성하게 되어 학습된 무기력이 발생된다는 것이다.
    ㉡ 인과귀인이 인간의 학습된 무기력 속성을 설명하고 예측하는 데 필요하다고 주장한다.
    ㉢ 인과귀인의 속성이 학습된 무기력을 예방하고 완화시키는 데 중요한 시사점을 갖고 있음을 강조한다.

(4) 건설적 실패이론
  ① 후속 연구에서 실패 경험이 항상 학습, 동기, 정서의 장애를 초래하는 것은 아니며, 상황에 따라 긍정적인 결과를 초래하기도 한다는 사실을 보여주었다.
  ② 건설적 실패이론 : 실패 경험의 긍정적인 측면에 초점을 둔 이론으로, 실패라는 결과를 받았을 때 부정적이고 파괴적으로 반응하기보다는 긍정적이고 건설적으로 반응하고 후속 상황에서 그 경험을 적극적으로 활용하여 보다 나은 성취를 이루는 현상을 설명하기 위한 이론이다.
  ③ 실패 내성 : 실패 경험의 긍정적인 효과를 가져오는 중요한 개인차 변인으로, 실패 결과에 대해 비교적 건설적인 태도로 반응하는 경향성이다.
    ㉠ 감정요인 : 실패 경험 후에 보이는 부정적 정서반응의 정도를 나타내며, 부정적 감정반응이 적을수록 높은 실패 내성을 가지고 있다.
    ㉡ 행동요인 : 실패 경험 후에 실패를 만회하기 위한 계획을 수립하고 방안을 강구하는 정도를 알아보는 것으로, 그 정도가 높을수록 실패 내성이 높은 것이다.
    ㉢ 과제 난이도 선호 : 개인이 성취 장면에서 선호하는 과제의 난이도 수준을 나타내며, 높을수록 실패에 대한 내성이 높은 것으로 평가한다.

4. 귀인이론

(1) **귀인이론(attribution theory)**
  ① 귀인: 어떤 사건의 결과에 대한 원인을 찾는 것이다.
  ② 동기에 관한 귀인이론
    ㉠ 어떤 행동의 결과에 대한 원인을 분석하고, 원인을 무엇으로 보는지에 따라 사람의 후속행동이 달라진다는 이론이다.
    ㉡ 개인의 행위 결과에 대한 설명이나 정당화가 후속행동에 어떤 영향을 미치는지를 설명한다.

(2) **와이너(Weiner)의 귀인이론(1972)**
  ① 귀인의 3가지 차원

통제성 \ 안정성	내부		외부	
	안정	불안정	안정	불안정
통제 가능	절대 공부를 하지 않음	그 시험 공부를 하지 않음	교사가 편파적임	친구들이 도와주지 않음
통제 불가능	적성이 낮음	시험 당일에 아팠음	학교의 요구사항이 높음	운이 나빴음

   ㉠ 인과소재 차원: 행동의 원인을 개인 내부와 외부 중 어디에서 찾는지에 관한 차원이다.
   ㉡ 안정성 차원: 원인이 얼마나 안정적인가, 즉 변하지 않는 것인가 쉽게 변하는 것인가에 관한 차원이다.
   ㉢ 통제 가능성 차원: 통제 가능한 원인인가, 가능하지 않은 원인인가에 관한 차원이다.
  ② 자신의 실패 원인을 어디로 돌리는지에 따라 후속행동이 영향을 받는다.
    ㉠ 바람직한 귀인: 내부-불안정-통제 가능한 귀인인 '그 시험 공부를 하지 않음'이다.
      ➡ 다음 시험에서는 노력하면 성공할 수 있다고 믿기 때문이다.
    ㉡ 바람직하지 못한 귀인: 내부-안정-통제 불가능한 귀인인 '낮은 적성'이다.
      ➡ 적성은 쉽게 변하지 않고, 스스로 통제하기 어려운 내적 원인이기 때문에 무기력감을 느낀다. 이러한 상황이 반복되면 아예 노력할 시도조차 하지 않고 포기하는 무기력을 학습하게 된다.
  ③ 귀인 결과는 정서적인 반응에도 영향
    ㉠ 실패를 '낮은 적성'에 귀인하는 학생은 수치심과 우울을 경험할 것이며, 성공을 '많은 공부량'에 귀인하는 학생은 자부심을 느낄 것이다.
    ㉡ 이 정서반응은 후속 유사 과제의 수행 상황에서 과제의 유인가에 영향을 미치고, 수행 수준에도 영향을 미칠 것이다.

(3) **귀인과 동기**
  ① 일반적으로 학습동기는 학습자의 귀인이 내적 요인, 변화 가능한 불안정한 요인, 통제 가능 요인에 해당될 때 긍정적인 방향으로 형성되는 경향이 있다.
  ② 하지만 성공 상황과 실패 상황에서의 효과가 다르다.

구분	내용
성공의 결과	• 자신의 능력으로 귀인 : 효능감이 향상되어 동기에 긍정적인 영향을 미침 • 자신의 노력으로 귀인 : 계속 성공에 대한 희망을 가지고 지속적으로 학습동기를 유지할 수 있음
실패의 결과	• 자신의 능력으로 귀인 : 실패의 원인을 자신의 변하지 않는 능력 때문이라고 생각하기 때문에 자신이 결과를 통제할 수 없다는 무능감, 좌절이 유발되고 학습동기에 부정적인 영향을 미침 • 자신의 노력으로 귀인 : 자신이 노력하지 않아 실패했다는 생각이 들기 때문에 죄책감과 수치심으로 인해 동기가 더 증가할 수 있음

③ 운과 과제 난이도 : 학습자 개인이 통제할 수 없는 귀인 요인이기 때문에 학습동기에 긍정적인 역할을 한다고 하기 어렵다.

④ 최선을 다해 노력했지만 실패한 상황에서 운이나 과제 난이도로 귀인하는 경우 : 자신의 능력으로 귀인하지 않도록 함으로써 개인의 효능감을 손상하지 않는 긍정적인 역할을 수행하기도 한다.

(4) 귀인이 행동에 영향을 미치는 순서(인지-감정-행동)

① 선행조건 : 개인과 환경 요인은 정보, 사회적 규범, 사전지식, 자기도식, 개인차를 제공한다.
② 인지된 원인 : 개인은 노력, 능력, 과제 난이도, 운, 건강, 기분 및 다른 사람의 행동과 같은 것들에 귀인한다.
③ 인과적 차원 : 개인은 인지적 원인에 통제 소재, 안정성 및 통제 가능성 차원을 할당한다.
④ 심리적 결과 : 통제 소재는 자기효능감과 연관되고, 안정성은 성공에 대한 기대, 통제 가능성은 개인의 책임감과 연관된다.
⑤ 행동 결과 : 후속 행동은 미래의 결과(선택, 끈기, 노력 수준, 동정)에 영향을 미친다.

(5) 귀인 변경 프로그램(귀인 재훈련)

① 귀인 재훈련 : 일반적으로 성공과 실패에 대한 귀인을 적응적 귀인으로 재구성하려는 시도이다.
② 바람직한 귀인과 바람직하지 못한 귀인
  ㉠ 바람직한 귀인 : 실패 → 노력 결핍 → 죄책감과 수치심 → 성취 증가
  ㉡ 바람직하지 못한 귀인 : 실패 → 추론된 능력 부족 → 무능감, 우울감 → 성취 감소
③ 체계적 귀인 훈련 프로그램
  ㉠ 1단계 : 노력귀인으로 갈 수 있도록 한다. 이때 목적은 '실패 → 능력 부족 → 무력감 → 성취 감소'의 귀인 유형을 '실패 → 노력 부족 → 죄책감과 수치심 → 성취 증가'의 형태로 바꾸는 것이다.
  ㉡ 2단계 : 학습자가 충분히 노력했음에도 결과가 좋지 않을 때는 전략귀인으로 가도록 한다. 전략귀인은 실패의 원인을 자신의 학습방법이나 학습전략 등으로 귀인하는 것을 의미한다. 즉, 학습방법이나 습관을 스스로 점검해 보고 더욱 바람직한 방법으로 바꾸어 주는 전략이 필요하다.
  ㉢ 3단계 : 노력귀인과 전략귀인을 다 거쳤음에도, 충분한 노력과 적절한 전략을 사용했음에도 결과가 좋지 않을 때는 포기하도록 유도함으로써 학습자의 기대 자체를 수정하고 새로운 길을 모색하는 것이 좋다.
④ 귀인 재훈련은 실패를 능력 부족과 같은 안정적인 요인으로 귀인하는 것을 노력 부족이나 과제 난이도와 같은 불안정적 요인으로 바꾸는 것뿐만 아니라 잘못된 전략 사용으로 귀인하도록 훈련한다.

5. 내재동기이론

(1) 효능동기이론(effectance motivation)
① 화이트(White, 1959) : 개인의 유능성(competency)을 핵심 요인으로 개발한 이론이다.
② 화이트는 인간이 자신의 삶이나 환경의 어떤 측면을 변화시키고 수정하거나 영향력을 미칠 수 있다는 것을 보여주기 위해 행동하고, 주변 사물에 영향력을 행사함으로써 유능감을 획득한다고 주장했다.
③ 하터(Harter)의 효능동기 : 숙달동기로 개념화하였다.
   ㉠ 효능동기를 가진 개인은 유능감을 느끼고 과제를 숙달하기 위해 다양한 시도를 하게 된다.
   ㉡ 이러한 숙달시도가 성공하면 개인의 지각된 유능감이 향상됨에 따라 과제 수행의 즐거움을 경험하게 되고, 효능동기가 강화된다.

(2) 인지평가이론(cognitive evaluation theory)
① 데시(1971, 1975) : 개인의 내적 통제소재와 능력에 대한 지각이 높아질수록 내재적 동기가 높아진다고 본다. 즉, 보상이 유능감과 통제감에 대한 지각에 2가지 형태로 영향을 미친다고 주장했다.
② 보상이 지각에 미치는 영향 : 외적 사건이 통제적인 측면과 정보적인 측면을 가진다.

구분	내용
정보적 기능	• 보상은 수행의 질이 높다는 것을 알려줄 때 정보적 기능을 함 • 이 경우 보상은 지각된 유능성과 내재동기를 증진시킴
통제적 기능	• 보상은 행동에 대해 통제적 기능을 할 수 있음 • 행동을 하면 상을 주겠다는 제안을 하는 경우로, 이 경우 보상은 지각된 내적 통제감과 내재동기를 감소시킴

③ 내재동기는 개인의 유능성과 자율성에 대한 욕구로부터 자발적으로 나타나는 것이며, 개인의 능력에 관한 정보를 제공하는 언어적 보상은 내재동기를 증가시킨다.
④ 사람들이 자율성과 유능성에 대한 심리적 욕구를 가지고 있음을 전제로 하며, 외부 사건의 통제적 측면은 자율성에 대한 욕구에 영향을 주는 반면, 정보적 측면은 유능성에 대한 욕구에 영향을 준다.

(3) 과정당화이론(overjustification)
① 원인 귀인 또는 인과적 설명을 적용하여 내재동기를 설명하려는 이론 : 보상이나 다른 외적 제약이 행위자에게 어떻게 받아들여지고 해석되며 그 해석이 내재동기에 어떻게 영향을 미치는지에 관심을 가진다.
② 의미 : 내재동기를 느끼는 활동에 보상을 주는 경우 내재동기가 감소될 수 있다고 본다.
③ 이유 : 자신이 좋아서 한 행동이 다른 목적을 달성하기 위한 수단임을 인식하면서 활동에 대한 흥미가 떨어지기 때문이다.
④ 레퍼(Lepper) : 외재동기를 가지면, 활동의 결과에 따라 보상이 주어지는 순간 그 활동을 할 목적을 상실한다.
⑤ 켈리(Kelly)의 절감의 원리(discounting principle)
   ㉠ 내적으로 동기화된 과제에 외적 보상이 더해지는 경우 그 행동에 대해 다중인과 스키마(multiple causal schema)가 형성된다.
   ㉡ 다중인과 스키마가 형성되면 원인 요인 중 가장 현저한 외적 요인을 그 행동의 원인으로 받아들이는 과잉정당화가 일어나게 되어 내부 요인은 최소화되거나 절감되는데, 이 현상을 절감의 원리라고 한다.

⑥ **보상이 내재동기를 감소시킨 절감 현상** : 내재동기가 있는 상태에서 보상이 소개되면 행위자는 행동의 원인을 내부 요인에서부터 보다 현저하게 외부 요인으로 전환하여 귀인한다.
⑦ **보상의 기능 – 인지평가이론(cognitive evaluation theory)**

구분	내용
통제적 보상	• 주어진 과제를 완성(숙제를 마치면 게임을 하게 함 등)하거나 외적으로 요구되는 수준의 수행(시험 80점 이상 받을 시 용돈 인상 등)을 달성했을 때 주어지는 보상 • 이때 보상은 그 행동 자체를 유도하기 위해 작용하기 때문에 행동을 '통제'하는 역할을 담당함 • 통제적 보상이 주어지면 학생들은 숙제를 완성하거나 시험 점수를 올리는 행동이 이후에 주어진 결과 때문에 이루어졌다고 생각함. 따라서 게임이나 용돈 인상이라는 보상이 없어질 경우 숙제나 시험공부에 대한 동기를 잃어버림
정보적 보상	• 수행 결과에 대한 질적 평가를 제공하거나, 보상을 통해 지식이나 능력에 대한 정보를 제공하는 보상 • 숙제에 걸린 시간, 숙제하는 방법이나 태도 등에 대해 피드백을 주는 것뿐 아니라 시험 점수라는 결과보다는 그 점수를 얻기 위해 기울였던 노력이나 점수를 올리기 위해 사용했던 학습 전략 등에 대해 칭찬하는 것은 학생의 유능감을 길러 줄 수 있음 • 정보적 보상이 주어진 학생들은 행동이 이후에 주어진 결과 때문에 이루어진 것이 아니라 자신이 스스로 선택한 결과 때문에 이루어졌다고 생각함. 따라서 정보적 보상이 주어져도 숙제나 시험공부에 대한 동기를 잃지 않을 수 있음

(4) 자기결정성 이론

① **데시와 라이언(2000)** : 동기를 내재적 대 외재적의 이분법적으로 분류하지 않고, 자기결정성(자율성) 정도에 따라 다양한 외재적 이유가 가능하다는 것을 주장하는 자기결정성 이론을 제시했다.
② 인본주의적 접근으로서 인간은 심리적 성장을 위한 욕구와 보다 정교화되고 통합된 자기를 발달시키려는 능동적인 경향성을 가지고 태어난다고 전제한다.
③ **미니이론** : 자기결정과 관련된 현상을 설명하기 위해 인지평가이론, 유기체 통합이론, 인과지향성 이론, 기본 심리 욕구이론, 목표내용이론, 관계동기이론의 6가지 미니이론으로 구성된다.
  ※ 세부 내용은 '기본개념 1. 성격심리학 30. 데시와 라이언의 내재적 동기와 자기결정이론(p. 135)'을 참조할 것

(5) 기본 심리욕구 [기출 16, 25]

① **기본 가정** : 내재동기의 기초에 기본 심리욕구가 있으며, 이 욕구들이 학습·성장·발달을 위한 동기를 제공한다.
② **3가지 욕구** : 인간은 자율성, 유능감, 관계성의 기본 욕구를 가지고 이를 충족하기 위해 노력한다.
  ㉠ 이 욕구들은 개인의 환경에서 지지될 때 개인의 학습·성장·발달에 내재동기를 제공한다.
  ㉡ 학생은 학업 상황에서 스스로 유능감을 느끼기 원하고 스스로 공부할 것을 결정했다고 느끼고 싶어 하며, 가장 가까운 사람들로부터 관계성에 대한 욕구를 충족받고자 한다.
③ **자율성 욕구** : 외적인 보상, 압력보다 자신의 원하는 것을 따라 행동하려는 욕구이다.
  ㉠ 선택의 기회가 많고 의사결정을 자유롭게 할 수 있는 상황에서 개인은 자율성을 지각한다.
  ㉡ 자율성 확보는 내재적으로 동기화되는 데 필수적이어서, 하고 싶은 공부를 원할 때 원하는 방식으로 하면 자기결정적이 되고 내재적으로 동기화된다.
④ **유능감 욕구** : 인간은 누구나 능력 있는 사람이기를 원하고, 자신의 능력·재능을 향상하기를 원하는 욕구이다.
  ㉠ **유능감** : '내가 이 과제를 할 수 있을까?'라는 물음에 대한 답으로, 자신이 그 과제를 얼마나 잘하는가, 다른 학생과 비교했을 때 그 과제를 잘하는가에 대한 인식에 의해 형성된다.

       ⓛ 유능감 욕구는 환경과 상호작용하면서 자신의 능력을 사용하고 성취하는 경험을 할 때 충족된다.
       ⓒ 학생의 유능성에 대한 지각에 영향을 줄 수 있는 요소 : 자신의 이해와 능력이 향상되고 있음을 보여주는 증거와 피드백을 제공하는 것이다.
     ⑤ 관계성 욕구 : 다른 사람과 정서적 유대와 애착을 형성하고자 하는 욕구이다.
       ⓛ 교사와의 관계 : 교사의 태도를 긍정적으로 지각하는 학생일수록 학업에서의 자기효능감과 학습동기가 높게 나타난다.
       ⓒ 친밀한 친구관계 : 이 관계의 결핍은 사회적 지원과 지지라는 중요한 자원의 부족을 가져올 수 있다. 친한 친구의 지지는 다양한 형태의 스트레스에 부딪히는 아동기와 청소년기에 특히 중요하다.
       ⓒ 부모와의 관계 : 부모의 양육 방식, 의사소통 방식이 지적 발달과 학습에 중요한 영향을 미친다. 교육적 관심이 높고 민주적인 양육태도의 가정에서 자란 자녀의 학업성취도는 엄격하거나 방임적인 양육태도의 가정에서 자란 자녀에 비해 높게 나타난다.

(6) 칙센트미하이(Csikszentmihalyi)의 출현동기이론과 플로우 경험 [기출 25]
   ① 출현동기이론(emergent motivation theory) : 예상한 목표나 보상의 관점에서 설명될 수 없는 활동이 많고, 진행되는 행위에 직접 관여함으로써 나타나는 목표와 보상의 관점에서 설명해야만 한다고 전제한다.
     ⓛ '활동의 목표와 보상은 행위로부터 흘러나온다(flow)'는 것을 함의하는 플로우 또는 깊은 흐름(deep-flow) 활동이라고 이름을 붙였다.
     ⓒ 플로우 활동과 내재적으로 동기화된 활동은 동의어라고 할 수 있다.
   ② 플로우(flow) : 활동이 주는 즐거움 때문에 사람들이 반복적으로 그 활동을 하는 것으로, 행위에 완전히 몰입하는 집중 상태를 말한다.
     ⓛ 개인이 어떤 도전을 극복하기 위해 자신의 기술을 사용할 때 도전과 자신의 기술 간의 적절한 조화를 이루면 플로우 상태로 들어가게 된다.
     ⓒ 이러한 상태에 들어가면 계속 흘러나간다.
   ③ 자신의 기술과 도전 수준의 적절한 조화 : 플로우 경험을 하게 된다.
     ⓛ 도전 수준 > 기술 수준 : 불안을 느낀다.
     ⓒ 도전 수준 < 기술 수준 : 지루함을 느낀다.
   ④ 플로우 모형의 함의 : 우리가 매일 하는 활동에서 적절한 도전과 기술의 수준이 조화를 이루면, 외적 보상이 없이도 활동 그 자체가 목적과 보상이 되는 즐거운 활동으로 만들 수 있다는 것이다.

6. 성취목표이론 [기출 18, 19, 23]

(1) 성취목표이론(achievement goal theory)의 발달 배경
   ① 초기 : '목표 지향성 이론(goal-orientation theory)'이라고 불렸다.
     ⓛ 목표 : 개인이 성취하려고 노력하는 특정한 결과를 의미한다.
     ⓒ 목표 지향성 : 목표의 방향 또는 추구하는 목표 뒤에 있는 의도를 말한다.
   ② 성취목표이론 : 개인의 능력에 대해 가지고 있는 견해가 어떻게 개인의 동기로 연결되는지에 관한 설명을 제공함으로써 학습상황에서 학생들의 성취행동을 가장 직접적으로 설명하려는 동기이론이다.
   ③ 드웩(Dweck)의 암묵적 지능이론(implicit theory of intelligence) : 아동이 능력의 속성에 대해 가지고 있는 암묵적인 믿음이 그들이 학습상황에서 어떠한 목표를 선호하느냐를 결정한다고 보는 이론이다.

구분	내용
실체 지능이론	• 능력이란 대부분 태어날 때부터 결정된 고정된 것이어서, 노력해도 크게 변하지 않는다고 믿음 • 실패를 자신의 능력 부족으로 귀인하고 무기력에 빠지기 쉬운 경향을 보임
증진 지능이론	• 능력이란 유동적이고 변화하는 속성을 지니고 있으며, 노력과 새로운 학습에 의해 얼마든지 향상될 수 있다고 믿음 • 실패 내성이 높을 뿐 아니라 실패에 대해 훨씬 생산적으로 반응함

(2) 성취목표이론의 연구 흐름

구조	목표 내용			
이원 목표	숙달목표		수행목표	
삼원 목표	숙달목표		수행접근목표	수행회피목표
2×2 목표	숙달접근목표	숙달회피목표	수행접근목표	수행회피목표
기타	다중 목표 모형(숙달과 수행 모두), 교실 목표 구조(환경적 영향)			

(3) 이원 목표 구조 : 숙달목표와 수행목표

구분	목표지향성의 분류	
니콜스 (Nicholls, 1984)	과제개입형 목표	자아개입형 목표
드웩 (Dweck, 1986)	학습목표 지향성	수행목표 지향성
에이미즈(Ames)와 아처(Acher, 1988)	숙달목표 지향성	수행목표 지향성
특징	• 과제 자체에 가치를 두고 이를 목표로 삼음 • 과제를 수행하는 목표가 과제에 대한 이해, 습득, 숙달이며, 자신의 능력 향상에 관심을 두는 경향	• 능력에 대한 타인의 인정과 같은 과제 외적인 것에 가치를 둠 • 남보다 우수하고 경쟁에서 이기고 최고가 되는 것을 목적으로 삼는 경우

① **목표 지향성** : 성취와 관련된 목표에 대한 신념으로, 주어진 상황에서 성취행동을 보이는, 즉 목표를 추구하는 이유와 그 목표를 향한 진전을 평가하기 위해서 사용되는 기준을 개념으로 정의되었다.

② **과제개입형, 학습목표 지향, 숙달목표 지향** : 주어진 학습상황에서 새로운 것을 배우거나 숙달하는 데 초점을 두며, 문제 해결과 관련지어 정보를 처리하고, 실수나 오류를 자신들의 전략을 조절하는 데 필요한 지표로 받아들인다.

　㉠ 암묵적 이론 중 증진이론을 믿기 때문에, 새로운 학습을 통해 자신들의 능력을 향상시키는 것을 목표로 삼아 노력을 투자하며 실패를 불가피한 학습과정의 일부로 본다.

　㉡ 학습 참여도가 높고, 정보의 심층처리와 관련된 학습처리를 사용하는 경향을 보이며, 타인과의 비교에 좌지우지되기보다는 자기참조적 기준에 기초한 과제 숙달에 도달하고자 한다.

③ **자아개입형, 수행목표 지향** : 암묵적 이론 중 실체이론을 믿기 때문에, 과제를 수행할 때 타인으로부터 자신의 능력에 대해 호의적인 평가를 받는 데 초점을 둔다.
  ㉠ 능력과 노력이 서로 반비례한다고 믿으므로 능력이 뛰어나다면 그렇지 않은 사람들에 비해 노력을 적게 하고도 같은 수준의 성취를 올릴 수 있어야 한다고 생각한다.
  ㉡ 실패를 하게 되면, 능력 부족으로 귀인하여 부정적 정서를 갖게 되며 가능한 적은 노력을 투여하려 하고, 피상적이고 단기적인 학습 전략을 선호한다.
  ㉢ 다른 사람과 비교해서 상대적으로 유능하게 보이기를 원하고, 무능한 사람으로 보이는 것을 기피하며, 자기 가치감을 높이는 방향으로 학업에 임한다.

(4) **삼원 목표 구조** : 수행목표의 세분화
  ① 엘리어트(Elliot)와 하라키위즈(Harackiewicz)를 비롯한 연구자는 수행목표에 내재한 접근과 회피라는 상반된 방향성을 구분해야 한다고 주장하였다.
  ② 삼원 목표 구조
    ㉠ **숙달목표** : 학습에 대한 이해를 도모하고 자신의 능력이나 관련 기술을 개발하고 향상시키는 것이 목표이다.
    ㉡ **수행접근목표** : 다른 사람보다 더 나은 성과를 거두고자 하는 욕구를 이유로 과제에 접근하는 것이다.
    ㉢ **수행회피목표** : 잠재적인 실패를 피하려는 욕구로 과제를 회피하는 것이다.
  ③ **수행접근 지향적인 학생** : 성공하고자 하는 열망으로 과제에 접근하는 경향을 보이며, 상당한 노력을 투자하고 정교한 학습 전략을 사용하는 모습을 보인다.
  ④ **수행회피 지향적인 학생** : 어려운 과제를 하는 동안 실패를 피하는 데 중점을 두며, 일반적으로 끈기나 노력을 적게 보이고 자신의 자존감을 보호하기 위해 실패의 원인을 노력 부족으로 돌린다.
  ⑤ **숙달목표와 수행접근목표 지향성** : 모두 성공적인 학업성취로 이어지는 경우가 많고 자기 스스로나 타인에게 능력을 입증하려는 경향이 있어서 정서나 행동적인 결과에 유사함을 보인다.
    ㉠ 수행접근 지향은 숙달목표와 달리 타인과 비교하여 자신의 능력을 보여주고, 대중의 인정을 받거나 좋은 성적을 얻고자 학업에 접근한다는 차이가 있다.
    ㉡ 수행접근 지향은 높은 학업성취와 노력, 피상적인 사고를 보인다.
    ㉢ 숙달목표 지향은 심층적인 사고과정, 지속성, 흥미와 높은 수준의 노력으로 긍정적인 학업성과를 보인다.

(5) **2×2 목표 구조** : 숙달과 수행목표 모두의 세분화

이원 구조	삼원 구조	2X2 구조	특징	문항 예
숙달	숙달	숙달 접근	• 과제 숙달에 초점 • 학습에 대한 내재적 흥미와 긍정적 태도 • 높은 학습참여도 • 학습의 내재적 가치 존중 • 자기조절, 정보의 심층처리와 관련된 학습 전략 사용 • 자기참조적 기준 도입 • 도전적인 과제 선호 • 실패는 노력 부족으로 귀인	"나는 수업에서 가능한 한 많은 것을 배우고 싶다."
		숙달 회피	• 과제 숙달의 실패나 학습부진을 기피 • 오류를 범하는 것을 기피 • 학습 전략의 퇴보를 기피	"나에게는 나의 좋은 공부습관을 잃지 않는 것이 중요하다."

이원 구조	삼원 구조	2X2 구조	특징	문항 예
수행	수행 접근	수행 접근	• 유능하게 평가받는 것에 초점 • 능력에 대한 호의적 평가 기대 • 자기가치감을 높이는 방향으로 학업에 임함 • 학습은 목표달성을 위한 수단 • 피상적이고 단기적인 학습 전략을 선호 • 규준적으로 정의된 성공을 지향 • 도전적 과제 기피 • 실패는 능력 부족으로 귀인	"나의 목표는 다른 학생들보다 좋은 성적을 받는 것이다."
	수행 회피	수행 회피	• 다른 학생보다 무능한 사람으로 평가되는 것을 기피 • 꼴찌가 되지 않는 것 • 낙제점수를 받지 않는 것	"나의 목표는 다른 학생들과 비교하여 나쁜 성적을 받지 않는 것이다."

① 엘리어트(Elliot)와 맥그리거(McGregor) 등 : 접근-회피 구분을 수행목표뿐 아니라 숙달목표에도 적용하였다.
② 2×2 목표 구조에 포함된 요소와 정의

구분		목표 정의	
		절대적/개인 내적(숙달)	규준적(수행)
목표유인가	긍정 (성공에 대한 접근)	숙달접근목표	수행접근목표
	부정 (실패에 대한 회피)	숙달회피목표	수행회피목표

  ㉠ 목표에 대한 정의 : 개인 내적이며 과제 중심적인 것(숙달)과 상대적이며 규준적인 것(수행)으로 나누었다.
  ㉡ 유능성(목표)에 대한 유인가 : 긍정적인(접근하려고 하는) 것과 부정적인(회피하려고 하는) 것으로 나누었다.
③ 구분
  ㉠ 숙달접근목표 : 주어진 과제에서 배울 수 있는 만큼 최대한 학습하고 숙달을 이루려는 목표이다.
  ㉡ 숙달회피목표 : 주어진 과제에서 배울 수 있는 만큼 최대한 학습하지 못할 가능성을 회피하려는 목표 또는 과거 숙달 수준으로부터 퇴보할 가능성을 회피하려는 목표이다.
  ㉢ 수행접근목표 : 다른 사람에 비해 우수한 수행 수준을 성취하려는 목표이다.
  ㉣ 수행회피목표 : 다른 사람에 비해 열등한 수행 수준을 보일 가능성을 피하려는 목표이다.
④ 숙달회피목표 : 제대로 배우는 것을 실패하지 않기 위한 노력, 자신의 기술과 지식을 유지하려는 노력, 실수하지 않기 위한 노력으로 대변되는 등 완벽주의에서 볼 수 있는 특성을 공유하며, 수행회피목표와 마찬가지로 부정적인 결과를 얻을 가능성을 피하려는 성향으로 개념화되었다.
  ➡ 실수를 하거나 잘못된 행동을 하지 않으려고 노력하는 완벽주의자나 경력의 후반부에 있는 운동선수, 사업가 또는 기술이나 능력의 발전보다 자신의 능력을 잃지 않는 데 초점을 두는 고연령층에서 나타날 수 있는 목표 성향이다.

(6) **중다목표 지향성(multiple goal orientation)**
① 숙달목표와 수행접근목표 모두를 가지는 것이 유익하다는 것이다.
② 실제로 몇몇 연구자가 숙달목표와 수행접근목표 모두 학업 성취를 높이는 데 중요하고, 두 가지 목표 유형을 모두 수용하는 것이 가장 적응적이라는 연구 결과를 제시했다.

> **참고** 목표 유형이 학습자의 동기와 성취에 미치는 영향(Eggen & Kauchak)
>
> - **과제회피목표**: 과제를 최소한의 노력으로 대충 수행하려는 목표이다. 이 목표를 가진 학습자는 과제가 쉽거나 별다른 노력 없이 할 수 있을 때 성공적이라고 느낀다.
> - **사회적 목표**: 학습에 참여하려는 목표가 타인과 긍정적인 관계를 유지하는 데 있는 것이다.
> - 목표 유형이 학습자의 동기와 성취에 미치는 영향
>
> | 구분 | 예시 | 학습자의 동기와 성취에 미치는 영향 |
> |---|---|---|
> | 숙달목표 | 은유법을 이해하고 응용하여 자신만의 동시를 창작하기 | • 과제에 지속적으로 노력을 기울임
• 높은 자기효능감과 도전을 받아들이는 자세, 높은 성취를 보임 |
> | 수행접근목표 | 우리 반에서 은유법을 활용한 동시를 가장 잘 쓰기 | • 자신감 있는 학생은 과제에 대해 계속 노력하고, 높은 효능감과 성취를 보일 수 있음
• 도전을 받아들이고자 하는 동기를 저해할 수 있으며, 이는 낮은 성취로 이어질 수 있음 |
> | 수행회피목표 | 교사와 다른 학생 앞에서 능력이 없어 보이는 것 피하기 | • 동기와 성취를 저해함
• 특히 자신감이 부족한 학생의 경우 동기와 성취가 더욱 저조함 |
> | 사회적 목표 | 믿음직하고 책임감 있어 보이기, 친구 사귀기 | • 동기와 성취가 높음(특히 학습목표를 가진 학생)
• 사회적 목표와 학습목표가 갈등을 일으키면 동기와 성취를 저해할 수 있음 |
> | 과제회피목표 | 그저 최소한의 노력으로 과제 마치기 | • 노력을 하지 않고 자기효능감이 낮음
• 성취가 심각하게 저해됨 |

7. 교사효능감과 교사의 기대효과

(1) 의미

① 교사효능감(teacher efficacy): 교사와 관련된 요인이 학생의 성취에 얼마나 영향을 미칠 수 있을지에 대한 교사의 자각이다.

② 집단적 교사효능감: 학생에게 긍정적 영향력을 행사하는 데 필요한 행동을 실행하는 교직원 전체의 지각이다.

(2) 교사효능감과 학생의 학업 간 관련성에 대한 대표 연구(Ashton & Webb, 1986)

① 교사효능감: 교사 변인이 학생의 성취에 얼마나 영향을 미칠 수 있을 것인지에 대한 교사의 지각이다.

② 구분
　㉠ 일반적 교수효능감(general teaching efficacy): 가르치는 행위에 대한 효능감으로, 학생들을 가르쳐 학업성취를 변화시킬 수 있다는 교사의 지각을 의미한다.
　㉡ 개인적 교사효능감(personal teaching efficacy): 자신의 가르치는 능력에 대한 지각을 의미한다.

③ 일반적 교수효능감이 낮은 교사: 학생의 실패를 당연한 것으로 받아들이고 그 원인을 학생의 지능이나 불우한 가정환경, 비협조적인 행정 등의 외부 요소로 돌리기 때문에 책임감을 느끼지 않고 스트레스를 받지 않는다.

④ 개인적 교사효능감이 낮은 교사: 학생의 실패에 대해 개인적 책임감을 느끼고 자신의 능력 부족을 인정하여 스트레스, 죄책감, 수치심을 경험한다.

(3) 자기충족적 예언(Rosenthal & Jacobson) 기출 20

① 자기충족적 예언(self-fulfilling prophecy) : 사실은 아니지만 기대가 실현될 것이라는 믿음을 가지고 노력한다면 결국 원래의 기대가 실현될 수 있다는 것이다.

② 연구 : 교사가 특정 학생에 대해 더 큰 발전이 있을 것이라고 기대하면 그들을 자극하고 격려하는 방법으로 다루게 되어 실제로 교사의 기대가 실현되는 결과를 보여준다.

(4) 기대유지 효과 기출 22

① 기대유지 효과(sustaining expectation effect) : 학생의 향상을 인정하지 않고 항상 그 수준일 것이라는 교사의 생각이 실제로 학생의 수행을 그 수준에 머물게 하는 것이다.

② 교사의 바뀌지 않는 기대가 학생의 성취를 교사의 기대 수준에 계속 머물게 하므로 기대유지 효과라고 한다.

8. 흥미와 자아탄력성

(1) 흥미

① 흥미 : 즐거움과 같은 긍정적인 감정 차원을 넘어, 지식이나 가치와 같은 인지적 과정을 포함한다.

② 유형

㉠ 개인적 흥미(individual interest)는 교과목이나 학습 주제에 주관적으로 느끼는 비교적 지속적이고 안정적인 관심과 선호도를 의미한다.

㉡ 상황적 흥미(situational interest)는 특정 주제를 다루거나 수업의 각종 활동에 참여하거나 새롭고 신기한 교재나 관련 자료를 이용함으로써 발생하는 즉각적이고 변화하기 쉬운 재미를 의미한다.

③ 상황적 흥미는 주의집중에 영향을 주고, 개인적 흥미는 어떤 활동에 장기적이고 지속적으로 참여하는 데 영향을 준다.

④ 일반적으로 상황적 흥미가 촉발되어 개인적 흥미로 발전하는 경향이 있다.

(2) 흥미의 발달 모형

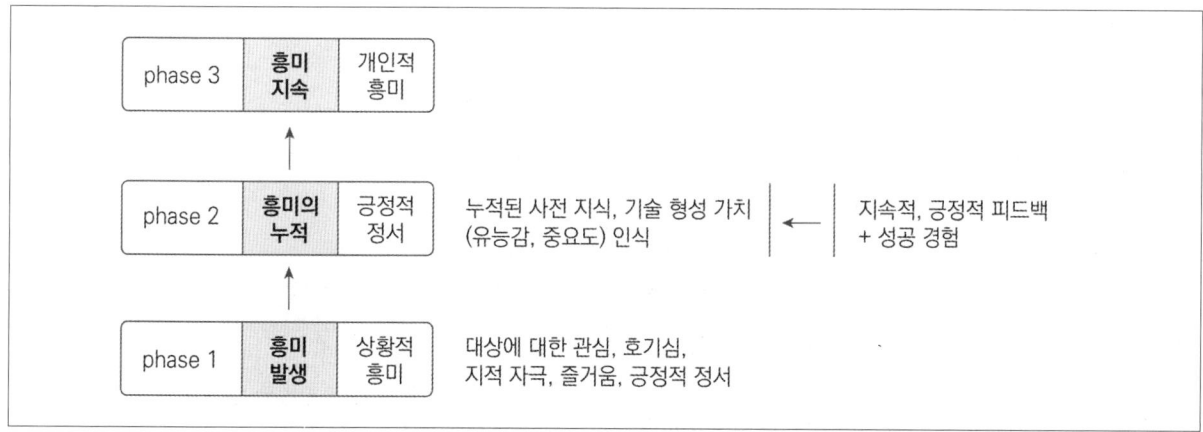

[그림 14-54] 흥미의 발달 모형

① 첫 번째 단계 : 대상에 대한 관심, 호기심, 지적 자극이 일어나는 단계에서 재미로 인한 상황적 흥미가 발생한다.
  ㉠ 사람들은 자신이 가진 인지 구조와 불일치하는 정보에 강한 호기심을 느끼는데, 이는 그 불일치를 해결하기 위해 스스로 관련 정보를 찾아보고 모순을 해결하고자 하기 때문이다.
  ㉡ 불일치의 정도가 너무 클 때(기존에 가지고 있던 정보와 새로운 정보 간의 관계성을 쉽게 찾을 수 없을 때) 오히려 흥미를 잃어버리는 경우가 많다.
② 두 번째 단계 : 상황적 흥미가 만족됨으로써 긍정 정서가 높아진다. 이때 대상에 대한 일시적 재미나 호기심이 충족되면서 자신의 능력에 대해 효능감이나 지각된 통제감이 높아질 수 있다.
  ㉠ 지각된 통제감을 높일 수 있는 도전감 있는 적절한 과제가 계속 주어지면 성공 경험이 계속 누적되고, 누적된 성공 경험이 바탕이 되어 대상에 대한 개인적 흥미를 이끈다.
  ㉡ 긍정적인 피드백 : 수행 결과에 대한 구체적이고 긍정적인 피드백은 긍정 정서를 이끄는데, 이것이 흥미의 다음 단계인 개인적 흥미 단계로 가기 위한 전제 조건이다.
③ 세 번째 단계 : 대상에 대해 안정적인 관심이 지속되는 개인적 흥미가 발생하며, 이때는 더 이상 상황적 흥미나 긍정 정서의 도움 없이도 대상에 대해 호기심, 도전감, 재미를 꾸준히 느낀다.

(3) **자아탄력성(self-resilience)**
  ① 의미 : 살아가는 동안 다양한 역경에 맞서 긍정적인 태도를 유지하고 스트레스, 우울, 좌절 등과 같은 부정적인 심리상태로부터 빠르게 회복하는 특성이다.
  ② 구성요소
    ㉠ 수용성 : 주로 환경의 변화와 스트레스에 유연하게 대처하는 것이다.
    ㉡ 기타 : 적응과 관련된 감정 통제의 방편인 '활력성', 스트레스를 경험했음에도 불구하고 이전 상태로 되돌아오는 '스트레스 대처능력', 낙관적인 결과에 대한 '만족'과 '감사'가 있다.
  ③ 연구자별 구성요인
    ㉠ 블락(Block, 1982) : 활력성, 수용성
    ㉡ 블락과 크레멘(Block & Kremen, 1996) : 수용성, 낙관성
    ㉢ 브룩스(Brooks, 2006) : 스트레스 대처, 수용성, 만족

9. 마인드셋

(1) **개념과 유형**
  ① 의미 : 능력과 지능에 대해 개인이 가지고 있는 인지적인 프레임이다.
  ② 유형

유형	내용
성장 마인드셋	• 개인의 경험과 노력이 능력과 지능을 향상시킬 수 있다는 신념 • 실패에 대한 두려움이 상대적으로 적으며 도전을 능력 향상의 기회로 삼음
고정 마인드셋	• 능력과 지능이 고정되어 노력을 통한 변화가 불가능하다는 신념 • 실패에 민감하게 반응하는 경향을 나타내며, 한 번의 실패는 평생 실패로 간주함 • 자신이 이미 가지고 있는 능력만 증명하면 되는 일을 선택하고 위험을 감수하는 도전을 선택하지 않음

(2) **학업 상황**

① 성장 마인드셋을 가진 학습자

㉠ 스스로 배우고자 하는 마음을 가지고 있고 도전에 직면하는 경향이 있으며, 어려운 과제를 해결하는 데 더 오랫동안 시간과 노력을 투자한다.

㉡ 과제를 숙달하는 데 노력을 필수적인 요소라고 생각하고, 노력의 가치에 대해 강한 믿음을 가지고 있다.

㉢ 귀인 : 실패 상황을 노력이나 학습 전략으로 귀인한다.

② 고정 마인드셋을 가진 학습자

㉠ 개인의 능력은 변하지 않는다는 신념을 가지고 있으므로 능력이 부족한 사람에게만 노력이 필요하다고 믿는다.

㉡ 귀인 : 실패 상황을 능력 부족으로 귀인한다.

③ 선호하는 과제 난이도

㉠ 성장 마인드셋을 가진 학습자 : 능력을 향상시킬 수 있는 과제에 도전하는 것을 선호한다.

㉡ 고정 마인드셋을 가진 학습자 : 자신이 가진 능력을 드러낼 수 있는 정도의 과제를 선호한다.

④ 비판에 대한 반응

㉠ 성장 마인드셋을 가진 학습자 : 비판에 수용적인 태도를 보이며, 자신의 성장에 비판을 활용하여 배움을 얻고자 한다.

㉡ 고정 마인드셋을 가진 학습자 : 방어적인 태도를 보인다.

⑤ 고정 마인드셋을 가질 경우 타인의 성공을 위협으로 받아들이지만, 성장 마인드셋을 가질 경우 타인의 성공에서 배울 점을 찾는 경향이 있다.

(3) **마인드셋의 여러 유형**

마인드셋 유형	유형 구분	내용
숙고-실행	숙고	추구하든 추구하지 않든 간에 가능한 일련의 모든 목표의 바람직함과 실행 가능성을 고려하기 위한 열린 사고방식
	실행	오로지 목표 성취와 관련된 정보를 고려하고 목표와 관련 없는 사항은 고려하지 않는 후결정의 닫힌 사고방식
촉진-예방	촉진	적극적인 이행 행동의 전략을 채택함으로써 이상을 향해 자신을 진보시키는 것에 초점
	예방	경계하는 행동의 전략을 채택함으로써 자신이 의무나 책임들을 유지하지 않는 것을 예방하는 것에 초점
성장-고정	성장	개인적 특성이 유연하고 변화 가능하며, 노력을 통해 발달될 수 있다는 믿음
	고정	개인적 특성이 고정적이고, 변화에 열려 있지 않다는 믿음
일치-부조화	일치	자신이 유능하고, 도덕적이며, 합리적인 사람임을 확인해 주는 정보와 행동
	부조화	자신이 실제로는 유능하지도, 도덕적이지도, 합리적이지도 않다는 것을 암시하는 정보와 행동

제8절 동기와 정서

10. 그릿(GRIT)

(1) 개념과 구성요인

① 그릿 : 더크워스(Duckworth)에 의해 소개된 개념으로, '목표 달성을 위한 장기적인 열정과 인내'로 정의된다. 즉, 그릿은 열정과 인내를 발휘해 재능을 기술로 바꿀 수 있게 하는데, 그 재능을 기술로 바꾸려면 지속적으로 갈고닦아야 한다는 의미로 해석되기도 한다.

② 구성요소 : 그릿은 단일 개념이 아니라 다양한 요소를 포함하고 있는 복합적인 개념이다.

  ㉠ 목표(goal) : 목표는 중장기적인 목표로 장기간의 목표를 설정하고 추구하는 것을 의미한다. 즉, 장기적인 미래를 조망하면서 장기적인 목표 달성을 위한 열정과 인내를 가지는 경우 그릿의 특성을 강하게 나타낸다고 볼 수 있다.

  ㉡ 열정(passion) : 열정은 흥미(interest)와 유사한 개념으로 사용된다.

  ㉢ 인내(perseverance) : 어려움과 좌절을 극복해나가면서 노력을 지속하는 정도를 의미하는 것으로, 그릿이 예측하는 성공적인 결과물을 얻는 데 가장 큰 역할을 맡고 있다.

  ➡ 인내는 타율적 통제에 의해 실행하고, 외적인 보상을 기다리는 것이 아니라 자율적으로 목적을 추구하는 과정에서 생성되는 자율적인 통제과정이다.

(2) 비판

① 개념의 불완전성 : 그릿 개념이 실제로 존재하는지 여부와 측정방법의 혼란으로 연구가 어렵다.

② 그릿의 구성요인으로 목표, 열정, 인내 요인의 상호 관계에 대한 모호성과 다른 유사 변인들과의 차별성 등 불완전한 부분에 대한 검토가 필요하다.

11. 학업적 강인성

(1) 강인성(hardiness)

① 코바사(Kobasa)에 의해 소개된 개념으로, 스트레스 상황에서도 그것을 잘 다루어 극복해 내는 개인의 힘이다.

② 하위 요인 : 헌신(commitment), 도전(challenge), 통제(control)

(2) 학업적 강인성

① 배니섹(Benishek)과 로페즈(Lopez) : 코바사가 제안한 심리적 강인성의 개념과 드웩(Dweck)의 학습 동기 모델(과제 지향 대 자아 지향)을 바탕으로 '학업적 강인성'이라는 개념을 추출하고 검사 도구를 개발했다.

② 하위 요인

  ㉠ 헌신 : 학업적 탁월성을 성취하기 위해 지속적인 노력을 기울이고 개인적 희생을 감내하겠다는 과제 지향적 혹은 자아지향적인 마음가짐

  ㉡ 도전 : 자신의 학업에 진정으로 중요하다고 생각하는 어려운 교육과정과 경험을 찾는 의도적인 노력

  ㉢ 통제 : 개인적 노력과 효과적인 정서조절을 통해 학업 스트레스와 좌절을 이겨 내고 원하는 성과를 얻어 내는 능력

12. 자기가치 보전에 대한 욕구와 사회적 비교

(1) 자기가치 보존에 대한 욕구 기출 22

① **자기가치이론(self-worth)**: 사람들은 자신을 가치 있는 존재로 인식하려는 욕구가 있으며, 자신의 가치를 보존하기 위해 최선을 다한다고 가정한다.

② 개인의 자기가치는 성취와 동일시되곤 하는데, 노력보다 개인의 능력에 가치를 두기 때문에 사람들은 자신의 능력이 높다는 지각을 유지하기 위해 최선을 다한다.

③ **실패 회피 전략**: 타인으로부터 능력이 부족하다고 평가받는 상황을 피하기 위해 사용하는 전략으로, 노력을 많이 하지 않았다고 이야기하기, 쉬운 목표를 설정하여 성공을 보장하는 전략, 자기손상 전략 등이 있다.

④ **자기손상 전략(self-handicapping strategy: 자기 불구화 전략)**: 자신의 능력을 평가받는 상황에서 미리 실패를 예상하여 실패의 원인으로 돌릴 수 있는 변명거리를 만들어서 자신을 보호하는 전략이다.
  ⊙ 행동적(획득된) 자기손상: 실제 수행에 방해가 될 부적응적인 행동(예 지연행동, 성취 불가능한 목표 설정)을 하여 저조한 수행 결과를 방해행동으로 귀인하는 것이다.
  ⓒ 주장적(자기보고적) 자기손상: 실제 수행에 영향을 미치는 부적응적인 행동을 하지 않으나, 수행의 결과가 저조할 때 변명거리를 찾는 전략이다.

⑤ **학업적 자기손상화(academic self-handicapping)**: 학업 상황에서 나타나는 자기손상화로, 이러한 전략을 사용하는 경우 일시적으로 자기가치가 손상되는 것을 막는 효과가 있지만, 장기적으로는 학업성취 및 수행의 실패로 이어지며 학교 부적응이나 학습 이탈을 초래하는 등의 문제를 발생시킬 수 있다.
  ⊙ 학습 수행의 결과가 부정적일 것이라고 예상되는 상황에서 낮은 수행에 대한 변명거리를 만들어 준다.
  ⓒ 타인에게 무능력함을 들키기보다는 실패에 대한 근거를 외적인 원인으로 돌림으로써 자신의 가치를 보호하는 작용을 한다.
  ⓒ 무의식적으로 발현될 수 있으며 노력 감소, 도움 요청 회피, 위험 감수 회피, 도전 포기 등의 형태로 나타나거나 지연행동, 시간소비 등의 행동으로 나타나기도 한다.

(2) 큰 물고기 작은 연못 효과(BFLPE; Big-Fish-Little-Pond Effect, Marsh 등)

① 큰 물고기 작은 연못 효과(이하 연못 효과): 학업적 자아개념은 본인의 학업적 성취뿐만 아니라 학교에 같이 다니고 있는 또래에 의해서도 영향을 받는데, 이러한 학교의 영향은 개인의 자아개념과 부적 관계라는 것이다.

② 즉, 높은 학업성취 수준을 보이는 학교에 다니는 학생은 자신이 다니는 학교보다 학업성취 수준이 낮거나 평균적인 성취를 보이는 학교에 다니는 학생들에 비해서 낮은 학업적 자아개념을 형성한다는 것이다.

③ 학교나 학급의 평균적인 성취가 높을수록 소속 학생들의 학업적 자아개념은 낮아지고, 학교의 평균적인 성취가 낮을수록 소속 학생들의 학업적 자아개념은 높아진다.

④ **한국**: 한국 학생의 경우 연못 효과가 뚜렷하게 나타나지 않는데, 특이하게 성적이 높은 학교에 소속되어 있다는 것만으로도 자아개념이 손상되지 않는 후광 효과(reflected glory)가 나타나고 있기 때문이다.

(3) 자기개념과 사회적 비교

① **거울 효과(mirroring effect)**: 개인과 환경이 상호작용한 결과로 타인으로부터 받은 평가가 내면화되면서 자신의 이미지를 관리하는 것이다.
  ➡ 연못 효과에서는 거울 효과와 반대로 자아개념의 형성이 사회적 비교를 통해 나타난다고 설명한다.

② 참조체제 효과(frame of reference effect) : 집단 내에서 자신의 상대적인 위치를 확인하는 것을 의미하는데, 연못 효과는 자아개념 형성과정에서 참조체제의 효과로 인해 같은 능력의 학생이라도 속해 있는 환경에 따라서 학업적 자아개념이 증가 혹은 감소할 수 있고, 결과적으로 학업성취 또한 향상되거나 하강할 수 있다.

③ 사회적 비교

유형	내용
상향비교	• 자신보다 능력이 높은 학생과 비교하는 것 • 유사성 욕구로 능력이 높은 집단과 동일시하는 심리현상으로 인해 발생함 • 자신보다 능력이 뛰어난 대상과 자신을 동일시하는 동화로 나타나거나, 반대로 자신의 능력을 평가절하하여 인식하게 되는 대조로 나타날 수 있음
하향비교	• 자신보다 능력이 낮은 학생과 비교하는 것 • 자기고양 가설, 즉 개인의 자존감을 보호하거나 고양하기 위해 비교가 일어남 • 자신보다 능력이 떨어지는 대상과 동화하여 무기력에 빠질 수 있는 반면, 대조로 자존감의 회복이나 향상이 나타날 수도 있음

④ 사회적 비교현상을 비교의 방향(상향 ↔ 하향), 비교 관점(동일시 ↔ 대조), 비교 대상(자신 ↔ 타인)으로 구분한 개인의 정서적 반응(Smith, 2000)

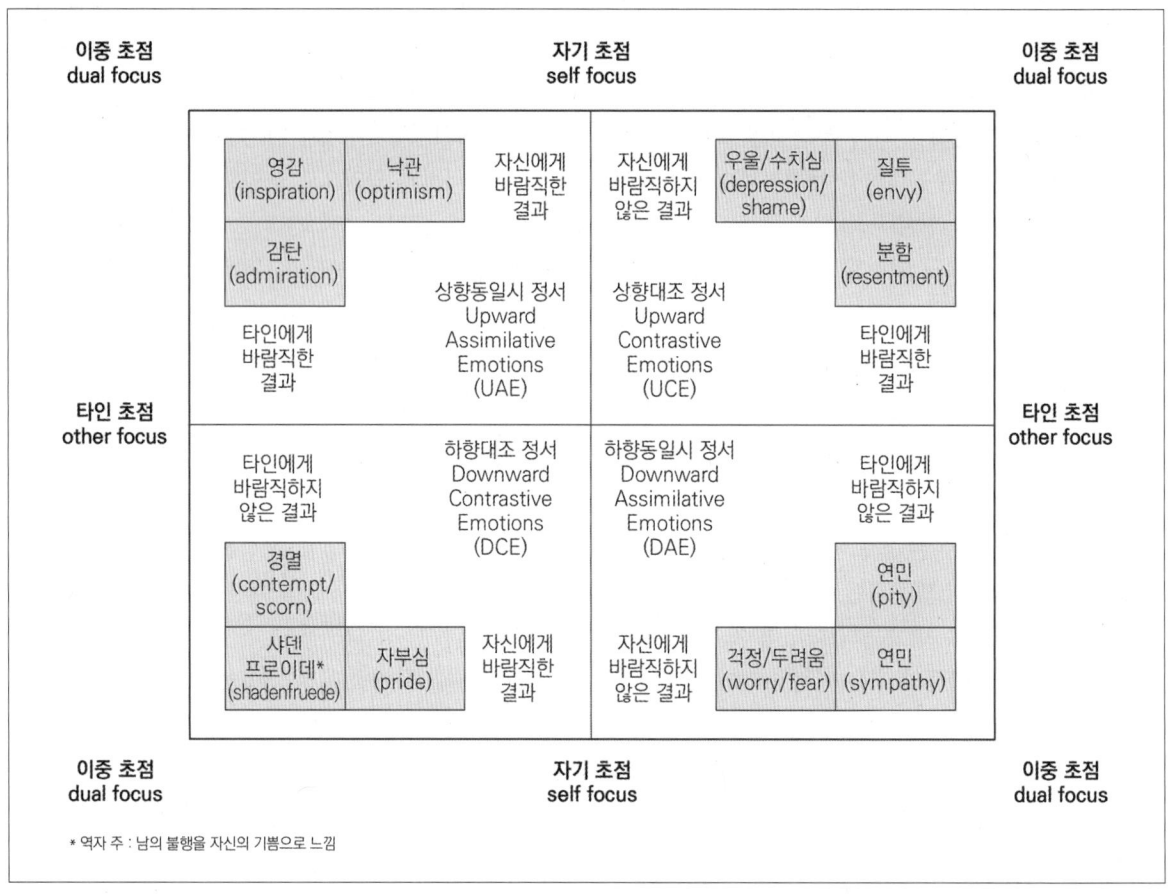

[그림 14-55] 사회적 비교 현상(Smith, 2000)

⊙ 상향비교를 하는 사람이 자신을 동일시(UAE)하는 경우 : 자신에 대해 낙관하는 긍정 정서를, 비교 대상인 타인에 대해서는 감탄하는 정서를 형성하게 된다.
ⓒ 하향비교를 하는 사람이 자신과 대조(DCE)하는 경우 : 자신은 자부심을 느끼고, 비교 대상인 타인은 경멸하게 되는 정서를 형성한다.

36 정서

1. 정서

(1) **의미**

특정한 내외적 변인에 의해 경험적·생리적·행동적으로 반응하려는, 유전적으로 결정되거나 습득된 동기적 경향성이다.

(2) **정서를 동기적 경향성으로 보는 이유**

정서가 유기체로 하여금 정서를 유발한 대상에 접근하거나 회피하는 행동을 유발하기 때문이다.

(3) **기능**

정서는 개인의 적응행동의 진전에 대한 정보를 알려주는 기능을 한다.

(4) **정서와 동기**

① 정서가 주로 외부 요인에 의해 유발되는 반면, 동기는 주로 내부 요인에 의해 유발된다.
② 동기가 주로 특정 욕구에 의해 유발되는 반면, 정서는 광범위한 종류의 자극에 의해 유발된다.

2. 정서이론

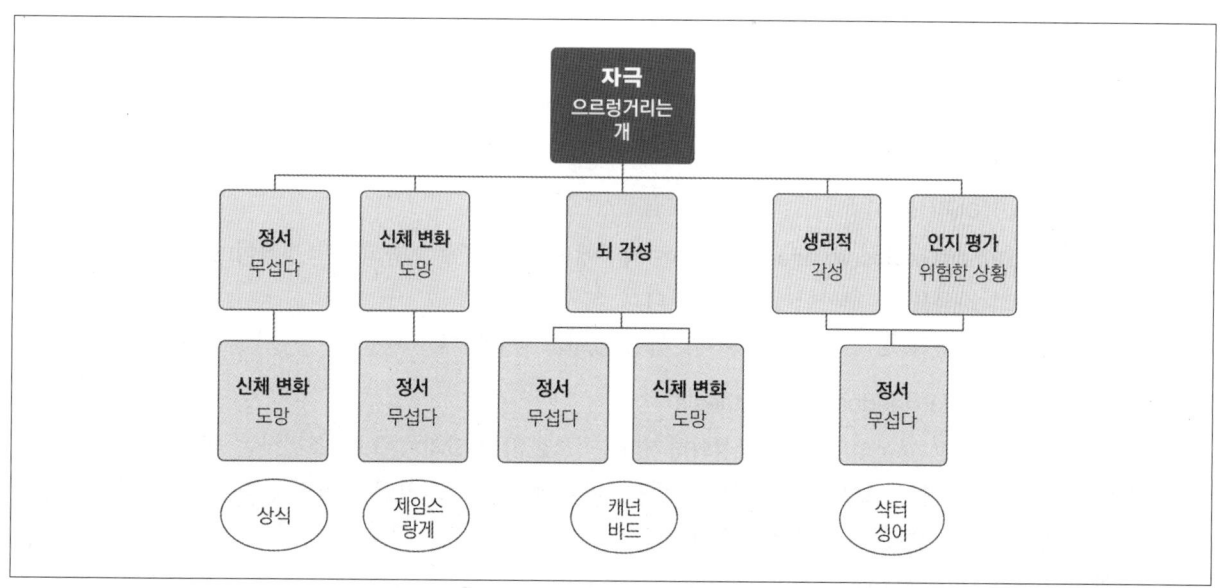

[그림 14-56] 정서이론

(1) 제임스-랑게(James-Lange) 이론
　① 정서 때문에 신체 변화가 오는 것이 아니라, 어떤 상황에서 신체 변화가 먼저 오고 그 변화를 지각하게 될 때 특정 정서를 느낀다.
　　예 슬프기 때문에 눈물을 흘리는 것이 아니라 눈물을 흘리기 때문에 슬픈 것이다.
　② 행동주의적 관점과 유사 : 정서는 어떤 행동의 원인이 아니라 어떤 상황에서 일어난 신체 변화에 대한 지각이다.
　　예 위협을 받는 상황에 처하면 그 상황에 대처하기 위해 신체 내부에서 생리적 각성이 일어나며, 이러한 변화를 지각하게 될 때 우리는 특정한 정서를 느낀다.

(2) 캐넌-바드(Cannon-Bard) 이론
　① 제임스-랑게 이론 비판 : 생리적인 반응이 정서의 경험을 만든다는 제임스-랑게 이론에 문제점이 있다고 주장하였다.
　　㉠ 자율신경계 반응에 기인하여 정서 경험을 하기에는 자율신경계의 반응이 너무 느리다는 것이다.
　　㉡ 많은 정서들이 비슷한 생리적 반응을 가지고 있기 때문에, 이렇게 비슷한 생리적 반응이 다른 정서 경험을 하게 한다고 설명하는 것은 문제가 있다.
　② 캐넌-바드 이론 : 환경 자극이 의식적인 경험과 생리적 반응을 함께 일으켜서 정서를 구성한다고 설명한다.
　③ 캐넌-바드 이론에 따르면, 정서와 관련된 자극은 피질하부(이 부위는 현재 변연계의 여러 부위로 알려져 있다)에서 먼저 처리되고, 피질하부는 그 정보를 대뇌피질과 신체로 따로 전달하여 의식적인 감정의 경험과 신체적 반응을 함께 경험하게 된다.
　　예 곰을 만나면 심장박동이 빨라지는 반응과 무섭다는 느낌을 경험하는 것이 함께 이루어진다.

(3) 샥터(Schachter)와 싱어(Singer)의 인지평가이론
　① 제임스-랑게 이론처럼 정서가 신체적 반응에 기인하는 것도 맞고, 캐넌-바드 이론처럼 생리적 반응 패턴으로 다양한 정서를 설명하기에는 자율신경계의 생리적 반응이 제한되어 있다는 것도 인정했다.
　② 2요인 이론 : 어떤 자극이 있을 때 그 정서에 해당하는 아주 구체적인 신체 반응이라기보다, 생리적 각성이 일어나고 뇌가 그 생리적인 각성을 해석하고 원인을 찾아내는 경험이 정서를 구성한다.
　　㉠ 정서에 신체 변화와 인지 평가가 함께 포함되어 있기 때문에, 이들의 제안을 '2요인 이론'이라고 부른다.
　　㉡ 유사한 신체 변화이지만 상황에 따라 이를 달리 해석함으로써 똑같은 심장박동이 분노로 느껴지기도 하고 기쁨으로 느껴지기도 한다.

(4) 자이언스(Zajonc) 이론(1980)
　① 단순노출 효과(mere exposure effect) : 사람은 이전에 어떤 자극에 노출되었던 경험이 있으면 그것을 기억하지 못하더라도 그 자극을 더 좋아한다고 보고한다.
　② 정서는 인지에 선행하고, 인지와 별개이며, 인지 없이도 존재한다.

(5) 안면 피드백 가설(facial feedback hypothesis)
　① 특이한 표정이 특정 정서의 경험을 활성화하거나, 최소한의 정서의 강도를 조절하는 역할을 한다.
　② 사람들은 자율신경계 각성에 대한 피드백을 받는 것과 마찬가지로, 자신의 안면 근육으로부터 피드백을 받고, 이 피드백은 정서 경험을 초래하거나 강화한다.
　　➡ 행동 피드백 효과(behavior feedback effect) : 행동이 사람들의 생각과 감정 그리고 행위에 영향을 미친다는 것이다.

3. 정서의 종류

(1) **비연속성 정서이론**(discrete emotion theory)
   ① 모든 인간에게 나타나는 몇 가지 유형의 기본 정서가 존재한다는 것이다.
   ② 에크만(Ekman, 1992) : 정서 유형에 대한 증거로 얼굴표정을 제시했다. 특정한 정서와 안면 근육의 사이에 연결된 신경회로가 있어 특정한 정서 체험은 특정한 얼굴표정을 만들어낸다.

(2) **차원적 접근**
   ① 러셀(Russell)의 원형 모형(1980) : 정서의 핵심 요인은 쾌-불쾌(정서 값)와 각성 수준이다. 이 두 가지 차원에서 정도 차이에 근거하여 정서에 대한 원형 모형을 제시했다.
   ② 차원
      ㉠ 정서 값 : 정서가 긍정적이거나 부정적인 정도를 말한다.
      ㉡ 각성 : 정서의 강도가 강하거나 약한 정도를 말한다.
   ③ 한계점 : 정서 값으로 설명하기에는 모순되는 정서도 많이 있고, 정서와 연관된 신경전달물질의 활동은 긍정 정서와 부정 정서가 서로 독립적이다.
      ㉠ 긍정 정서 : 높은 도파민 수준과 연관이 있다.
      ㉡ 부정 정서 : 노르에피네프린 증가와 연관이 있다.

4. 정서의 생리적 요인

(1) **자율신경계**
   ① 정서는 자율신경계(autonomic nervous system)가 활성화되어 환경에서 겪는 문제를 해결할 수 있도록 신체를 준비시키는 과정을 포함한다.
      예 화가 날 때면 얼굴에 달아오르는 것을 느끼고, 사랑하는 사람과 같이 있으면 온몸이 따뜻해지는 느낌을 받기도 한다.
   ② **정서와 관련된 자율신경계의 반응의 중첩** : 심장박동이 빨라지는 것은 화가 날 때나 무서울 때나 매력적인 상대에게 끌렸을 때나 다 경험하게 된다. 하지만 자율신경계의 여러 가지 반응의 조합과 패턴을 통해 각각의 감정이 어느 정도는 생리적 특이성을 가지고 있다고 볼 수 있다.

(2) **변연계**
   ① 맥클레인(McLean) : 정서에 관여하는 뇌의 구조는 피질하부와 대뇌피질의 경계선에 있는 여러 부위들이며, 이 부위들을 합쳐서 '변연계(limbic system)'라고 칭했다.
   ② 이후 연구에서 변연계뿐만 아니라 대뇌피질 일부도 감정에 관여하며, 변연계의 모든 부위가 감정과 관련 있는 것은 아님을 알게 되었다.
      ㉠ 해마(hippocampus) : 변연계의 일부이지만 기억을 담당한다.
      ㉡ 시상하부(hypothalamus) : 동기와 관련성이 있다.
   ③ 변연계에서 정서에 중요한 부위는 편도체(amygdala)와 뇌섬(insula)이다.
      ㉠ 편도체 : 정서적 자극을 처리하는 가장 중요한 뇌 구조물로, 자극의 중요성을 판단하여 즉각적인 감정과 행동을 만들어 내는 역할을 한다.
      ㉡ 뇌섬 : 신체 상태 인식에 관여하며, 타인의 싫은 감정을 경험할 때 반응한다.

(3) 편도체와 공포 경험
　① 르두(Ledoux)의 연구 : 공포라는 감정의 특수성을 강조하며, 공포 반응이 자동적으로 나타나는 모든 생물의 기본적인 감정임을 주장했다.
　　　예 등산 도중 무언가 밟았을 때, 시각적·인지적으로 인식하기 전부터 심장박동이 빨라지고 오싹해질 수 있다.
　② 뇌에서 감각 정보는 시상(thalamus)을 통해 두 경로로 처리된다.
　　㉠ 첫 번째 경로 : 시상에서 편도체로 가는 경로로, 빠르고 대략적인 정보 처리를 담당한다. 이 빠른 처리의 목적은 의미와 중요도에 따라 정보의 우선순위를 매기는 것이다. ➡ 시상에서 편도체로 가는 빠른 경로가 위험을 알리고 위협에 대처하여 행동하도록 준비하게 한다.
　　㉡ 두 번째 경로 : 시상에서 시각피질(뇌의 감각피질)을 거쳐 편도체로 가는 느리지만 구체적인 정보를 포함하는 경로이다. 이 경로는 시각피질에서 다른 편도체로 정보를 보내고, 사람들이 감정을 만드는 정보를 구체적으로 분석하고 평가한다.
　③ 편도체는 공포 반응 학습에 결정적인 역할을 하는데, 뇌손상 환자 연구에서 편도체가 손상된 환자는 공포 조건형성을 보이지 않았다.
　④ 편도체는 사회적인 자극의 자각에도 관여하는데, 가장 대표적인 예로 얼굴 표정의 의미를 인식하거나 사람들이 신뢰할 만한지를 판단하는 것을 담당한다.

(4) 신경활동의 흔적과 신체적 반응
　① 어떤 행동의 결과에 대한 우리의 감정적인 판단은 신체적 반응(somatic marker)으로 나타나게 되고, 이 반응이 의사결정과 행동의 규제를 만들어 낸다.
　② 직감(intuition) : 강한 느낌으로 나타나는 판단으로, 안 좋은 일이 일어날 것 같거나 위험한 일이 닥칠 것 같을 때의 불안한 느낌은 생리적인 반응으로 나타난다.
　　㉠ 직감이 항상 생리적 반응의 결과는 아니며, 전문인의 직감은 경험의 결과를 통합한 빠른 반응이다.
　　㉡ 경험에 의해 쌓인 정보를 바탕으로 즉각적인 판단을 하는 것을 직감이라 할 수 있다.
　③ 신경과학에서 볼 때 명시적이지 않은 빠른 판단은 많이 활성화되었던 신경회로의 흔적이 역할을 한다고 볼 수 있다.

5. 정서의 표현과 영향

(1) 정서의 표현규칙
　① 사회화 과정을 통해서 특정 정서가 적절한지, 어떤 정서를 표현하고 어떤 정서를 감출지, 어떤 상황에서 그러한지에 대한 규칙을 자신의 문화로부터 학습하는 것이다.
　② 기본 정서는 보편적이지만, 이를 드러낼 때 사회문화적으로 형성된 규칙의 영향을 받는다는 것이다.
　③ 감정 노동(emotional labor) : 정서 표현규칙을 따르면, 자신의 실제 정서 경험과 불일치를 겪게 되는 경우가 발생하는데, 호쉬차일드(Hochschild)는 '감정 노동'이라는 용어를 사용하여 정서의 경험과 표현의 불일치를 연구하였다.
　　㉠ 직무 수행 시 사회와 조직이 요구하는 적절한 감정을 표현하는 행위인데, 이때 실제로 느끼는 감정과 표현해야 하는 감정의 차이는 노동으로 개념화된다.
　　㉡ 지나친 감정 노동은 탈인격화, 정서적 고갈, 자아성취감 저하 등의 부정적 결과를 초래할 수 있다.

(2) **정서의 영향**
  ① 인지의 감정 주입 모형(Affect infusion model) : 사람들은 대상에 대한 의사결정을 위한 정보로서 자신의 정서상태를 사용한다는 것이다.
    예 화창한 날 누군가 나에게 요즘 삶이 어떤지를 묻는다면, 흐린 날 질문을 받았을 때보다 더 좋은 평가를 내린다.
  ② 섬광기억(flashbulb memory) : 특정 정서적 사건에 대한 사진 같이 생생한 기억을 섬광기억이라고 하는데, 매우 자세하고 살아있는 것 같은 느낌이 들어 기억의 정확도에 대한 주관적인 확신이 매우 높다.
    ㉠ 강한 정서적 각성을 일으키는 사건은 생생하게 오랫동안 기억된다.
    ㉡ 섬광기억은 생생하기는 하지만 다른 기억에 비해 더 정확하지 않다고 보고되고 있다.

제9절 스트레스와 건강

37 스트레스와 스트레스 이론

1. 스트레스

(1) **스트레스의 정의**
① 인간이 심리적·신체적으로 감당하기 어려운 상황에 처했을 때 느끼는 불안과 위협의 감정이다.
② 스트레스원(stressor) : 스트레스 유발 자극을 의미한다.
③ 스트레스(stress) : 스트레스 반응을 의미한다.
④ 스트레스의 의미 : 수많은 스트레스원에 의해 야기되는 일반적인 신체적 적응반응이다.
⑤ 스트레스의 대표적 원인 : 대격변의 사건, 개인적 스트레스원, 일상의 작은 골칫거리가 있다.

(2) **대표적인 스트레스 연구**

구분	특징
자극으로서의 스트레스	스트레스를 자극으로 보는 관점으로, 개인의 신체적·심리적 안녕을 위협하는 환경적 자극이나 조건을 밝히는 데 초점을 둠 예 홈즈와 라헤의 사회 재적응 평정 척도
반응으로서의 스트레스	스트레스를 반응으로 보는 관점으로, 스트레스 상황에서 유기체가 경험하는 신체적 적응반응과 더불어 스트레스와 신체적 질병의 관계를 밝히는 데 초점을 둠 예 셀리에의 일반 적응 증후군
개인과 환경과의 상호작용으로 보는 스트레스	생활사건이 스트레스를 일으킨다기보다 스트레스 상황에 대한 개인의 주관적인 인지적 평가와 대처양식에 따라 스트레스 정도가 달라진다는 관점으로, 스트레스 사건 자체보다 그 사건에 대한 개인의 해석과 스트레스에 대한 대처를 더욱 중요시함 예 라자러스 연구

(3) **투쟁-도피(fight or flight) 반응**
① 캐넌(Canon)의 투쟁-도피 반응 : 유기체가 위협이나 위험 자극에 노출되었을 때 그 자극에 맞서 싸우거나 도망갈 수 있게 신체 내에서 일련의 생리화학적인 변화가 일어난다는 것이다.
② 스트레스에 대한 반응은 크게 두 가지의 경로를 통해 이루어진다.

구분	특징
자율신경계의 활성화	• 교감 신경계가 활성화되며, 여러 가지 생리적 각성 반응을 보임 : 부신수질에서는 에피네프린과 노르에피네프린과 같은 카테콜아민을 분비함 • 부교감 신경계는 스트레스 상황이 지나간 이후에 안정된 상태로 되돌려 놓는 기능을 함
HPA축의 활성화	• HPA축은 시상하부(H), 뇌하수체(P), 부신피질(A)이 관여함 • 스트레스를 지각하게 되면 시상하부는 코르티코트로핀(corticotropin) 분비 호르몬을 분비하여 뇌하수체를 자극하게 됨 • 뇌하수체는 이어 부신피질 자극 호르몬을 분비하여 부신피질을 자극하며, 부신피질에서는 스트레스 호르몬인 코르티솔(cortisol)을 분비함 • 코르티솔은 신체의 에너지 자원을 활용하여 혈당을 높이고 투쟁 또는 도피반응을 할 수 있게 함

(4) 돌봄과 어울림 반응

① 타일러(Taylor) 등의 돌봄과 어울림(tend and befriend) 반응이론 : 진화론적 관점에서 남성 조상들에게는 투쟁 혹은 도피 반응이 더 적응적일 수 있겠지만, 어린아이들을 돌봐야 하는 여성들에게는 위협 상황에서 오히려 주변의 지지를 얻고 서로 협력하는 것이 더 생존가치가 있을 수 있다고 가정하였다.
② 스트레스 상황에서 여성들은 사회적 협력을 하고, 자손들을 돌보는 행동을 한다는 것이다.

2. 셀리에(Selye) 이론

(1) 일반 적응 증후군(GAS; General Adaptation Syndrome)

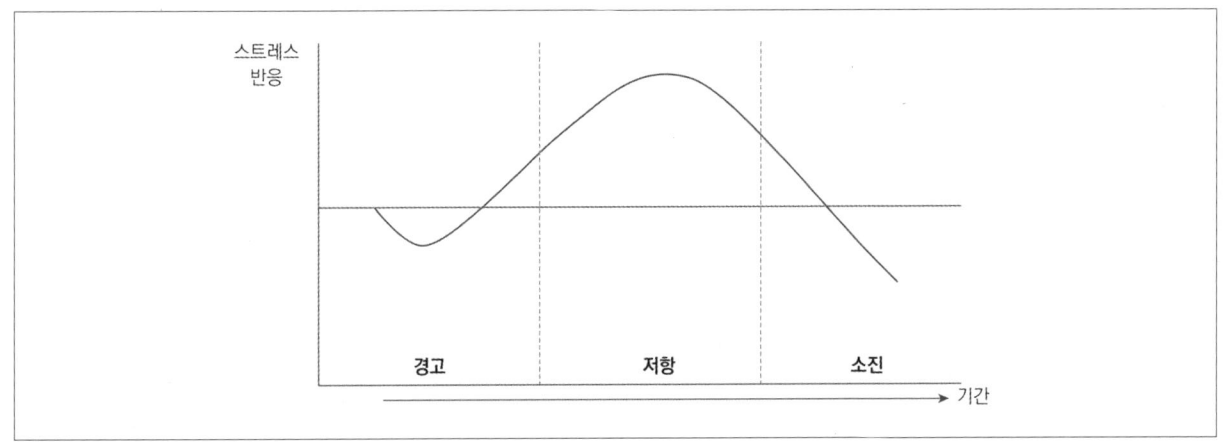

[그림 14-57] 일반 적응 증후군

① 의미 : 스트레스에 오랫동안 계속하여 노출된 결과로 일어나는 신체의 모든 비특이적·체계적 반응의 합이다.
② 스트레스 단계에 따른 특징

구분	내용
경고 단계	• 스트레스에 대한 초기 적응반응 : 캐넌의 투쟁-도피 반응과 유사함 • 어떤 상황을 위협으로 지각하여 투쟁 혹은 도피반응이 유발되고, 그에 따른 생리적 각성이 생김
저항 단계	• 개인이 가진 자원과 에너지가 총동원되고 스트레스에 대한 적응반응이 최고점에 이름 • 이는 유기체가 스트레스에 장기간 노출될 때 계속하여 신경계와 내분비계의 변화를 야기하면서 나름대로 스트레스에 적응하는 것 • 이 단계가 얼마나 지속될 것인가는 스트레스 유발 자극의 심각성과 유기체의 적응능력에 달려 있음
소진 단계	• 저항 단계에서도 스트레스가 해소되지 못하고 지속되면 소진 단계에 이르게 됨 • 이때 개인의 자원은 고갈되고 스트레스에 대한 적응반응은 약해짐 • 긴장 상태가 지속되면 신체의 면역체계가 약해지고 감기나 두통, 알레르기, 인후염, 근육통과 같은 심리신체 증상이 나타나고 심하면 죽음에 이를 수도 있음

③ 스트레스의 종류
  ㉠ 유스트레스(이로운 스트레스, eustress) : 긍정적인 촉매제로 작용하여 흥미와 즐거움, 자극을 준다.
    예 결혼, 승진, 입시 합격, 학위 취득, 원하던 직장 취업, 임무 완수 등
  ㉡ 디스트레스(해로운 스트레스, distress) : 불쾌한 상황에 계속 노출되게 하여 심신을 피로하게 만든다.
    예 실패, 좌절, 어려운 인간관계, 고민, 불안, 두려움 등

3. 홈즈(Holmes)와 라헤(Rahe) 이론

(1) 생활변화량 점수 계산을 위한 사회 재적응 평가 척도

사건	충격 척도	사건	충격 척도
배우자 혹은 사랑하는 사람의 죽음	100	시집식구 혹은 처가식구와의 갈등	29
이혼	73	뛰어난 개인적 성취	28
별거	65	아내가 취직을 하거나 일을 그만두는 상황	26
가까운 친척의 죽음	63	입학과 졸업	26
자신의 상해와 질병	53	생활환경의 변화	25
결혼	50	습관을 고치는 것	24
실직	47	직장상사와의 갈등	23
가족의 건강 변화 혹은 행동상의 큰 변화	44	전학	20
임신	40	취미활동의 변화	19
성 생활의 문제	39	종교활동의 변화	19
새로운 가족 구성원이 생김	39	사회활동의 변화	18
직업 적응	39	소액의 부채	17
재정적 상태의 변화	38	수면습관의 변화	16
가까운 친구의 죽음	37	가족이 함께 모이는 횟수의 변화	15
다른 부서로 배치되는 것	36	식사습관의 변화	15
배우자와의 언쟁 증가	35	방학	13
많은 액수의 부채	31	크리스마스	12
부채가 노출된 경우	30	가벼운 법규 위반	11
자녀가 집을 떠나는 것	29		

① 사람들이 일상생활에서 경험하고 있는 스트레스의 정도를 손쉽게 측정할 수 있는 도구인 사회 재적응 척도를 개발했다. 총점 200점 이상이면 질병을 일으킬 위험이 아주 높다.
② 스트레스 : 재적응 노력을 요구하는 생활의 변화로 본다.
③ 지난 6개월간 경험한 생활사건의 스트레스 점수 총합이 300점 이상이거나, 지난 1년간 경험한 생활사건 스트레스 점수 총합이 500점 이상인 경우 : 최근 상당히 높은 수준의 스트레스를 경험하고 있음을 나타내며, 스트레스 때문에 신체적 질병에 걸릴 확률도 높다고 할 수 있다.
④ 인생의 긍정적인 생활사건도 스트레스가 될 수 있음 : 긍정적인 사건도 생활의 변화와 그에 따른 재적응을 요구하기 때문이다.

4. 라자러스(Lazarus) 이론

(1) 스트레스

① 스트레스 자극과 반응을 모두 아우르고 개인의 지각과 평가를 강조하는 심리학적 관점을 취한다.
② 스트레스 사건 자체보다 사건에 대한 개인의 해석이 중요 : 상황에 대한 인지적 평가가 스트레스를 만든다.

(2) **상황평가**
① **1차 평가** : 생활사건을 자신의 안녕이나 복지의 관점에서 평가한다.
  ㉠ 개별사건 : 무관한 것, 긍정적인 것, 스트레스적(부정적)인 것으로 평가한다.
  ㉡ 스트레스적 : 상해(손해), 상실, 위협, 도전으로 평가한다.
    ➡ 상해나 상실은 질병이나 사고와 같이 이미 발생해버린 상황이라는 평가에서, 위협은 장차 있을 수 있는 위험에 대한 평가에서, 도전은 자신이 하기에 따라서는 위험만 있는 것이 아니라 긍정적인 결과도 초래될 수 있다고 판단하는 데서 유래한다.
② **2차 평가** : 스트레스적으로 평가된 상황에서 자신이 사용할 수 있는 대처 자원과 관련된다.
  ➡ 스트레스에 대한 대처방식을 결정한다.
  ㉠ 문제중심적 대처 : 스트레스를 유발한 문제를 해결하기 위해 직접적으로 노력하는 것을 의미하며, 자신의 대처 자원이나 기술을 믿고 문제 해결에 대한 노력을 지속하는 것이다.
  ㉡ 정서중심적 대처 : 문제 자체가 아니라 문제 상황에 발생하는 부정적인 정서 상태를 완화하고자 하는 노력을 의미한다.
③ **재평가** : 새로운 정보가 입수되어 평가가 변화하는 것으로, 스트레스를 감소시키거나 증가시킨다.

38 스트레스 종합 모형

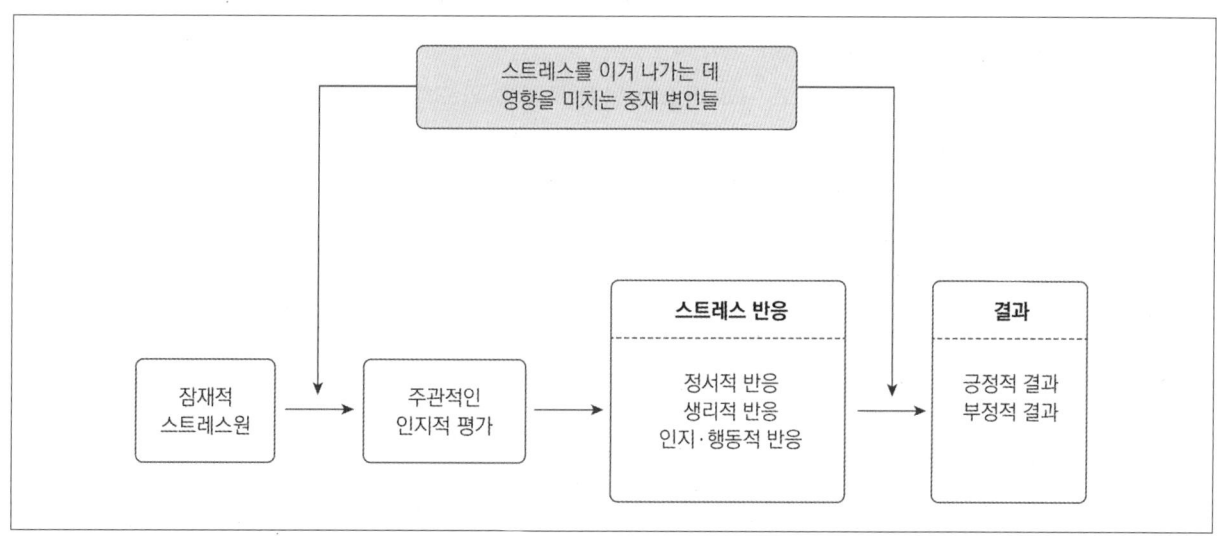

[그림 14-58] 스트레스 종합 모형

1. 잠재적 스트레스원

(1) 물리적 환경
① 도시화에 따른 밀집현상, 대기 및 수질오염, 소음 등이 포함된다.
② 물리적 환경은 인지적 평가과정이 관여되지 않고 생리적 과정에 직접적으로 영향을 미칠 수 있고, '그 자극의 유해함에 대한 염려'나 '통제할 수 없음' 등의 인지적 평가과정을 거쳐 스트레스로 작용할 수 있다.

(2) 직업
① 직업과 관련된 스트레스원
  ㉠ 물리적 요구 : 열악한 작업조건(예 조명, 소음)에서 발생한다.
  ㉡ 과제 요구 : 과도한 업무량이나 따분한 업무로부터 발생한다.
  ㉢ 역할 요구 : 역할의 모호성이나 역할갈등에서 발생한다.
  ㉣ 대인 간 요구 : 동료나 상사 등과의 대인관계 갈등에서 발생한다.
② 직업 스트레스를 결정하는 중요한 요인은 직무역할의 성격이다.
  ㉠ 스트레스 관련 질병 발생률이 높은 직업군 : 건설 노동자, 비서, 실험 기술자, 웨이터, 기계 조작자, 도장공 등이 있다.
  ㉡ 이 직업군은 일이 요구하는 정도는 높은 데 반해, 일에 관한 의사결정의 통제력은 낮다.
③ 일의 부담과 가족의무 간의 갈등 : 남녀 모두에 영향을 주지만, 여성의 경우가 더 취약하다.
④ 일과 가족역할의 효과 : 그 사람이 이용 가능한 자원에 따라 달라진다. 좋은 수입, 집안일에 대한 다른 가족구성원의 도움과 정서적 지원 등이 긍정적 효과를 갖는다.

(3) 대인관계
① 잠재적 스트레스원이 될 수도 있고, 스트레스의 나쁜 효과를 완충하는 역할을 할 수도 있다.
② 스트레스를 유발하는 대인관계 : 가족, 배우자, 연인, 친구 등의 가까운 관계부터 직장 동료, 이웃, 급우 등까지 다양하다.

(4) 생활사건
① 주요한 생활사건(예 실직, 이혼, 사별 등)부터 사소한 골칫거리에 이르기까지 다양하다.
② 홈즈와 라헤의 사회 재적응 평가 척도 : 주요 생활사건이 유발하는 변화를 스트레스의 핵심으로 간주한다.
③ 최근에는 사소한 생활의 골칫거리가 건강과 적응에 미치는 영향을 연구하는 방향으로 전환되고 있다.

2. 주관적인 인지적 평가

(1) 성격
① 민감성 : 위협단서에 민감하고 이를 확대하여 반응하는 민감성이 스트레스 평가에 의미 있는 영향을 미친다.
② 만성적으로 초조·우울하거나 충동적이고 고립된 성격을 가진 사람은 같은 위협도 더 크게 받아들인다.

(2) 대처 자원
당면한 스트레스원을 잘 다룰 수 있는 대처 자원을 얼마나 풍부하게 지니는지에 따라 스트레스원을 위협이나 상실로 평가할 수도 있고, 도전으로 평가할 수도 있다.

(3) 친숙성

일반적으로 스트레스원이나 상황이 친숙한 것일수록 위협을 덜 느끼고, 생소한 것일수록 위협을 더 느낀다.

(4) 위협의 긴박성과 지속기간

① 위협의 긴박성 : 예상되는 위협의 긴박성이 높을수록 경험하는 스트레스 정도가 커진다.
　　예 먼 미래의 일 때와는 달리 내일 치를 시험, 코앞에 다가온 중요한 발표는 더욱 위협적이다.
② 위협의 지속기간 : 문제가 지속되면 점차 그 문제에 익숙해져서 위협을 덜 느끼지만, 셀리에 이론처럼 문제에 대응할 수 있는 자원에는 한계가 있다. 오래 지속되는 문제는 심신을 지치게 하고 무력하게 만들 수 있다.

(5) 지각된 통제력과 예측 가능성

① 문제에 대한 통제력을 많이 가지고 있다고 지각할수록 스트레스 평가는 낮아진다. 하지만 더 많은 통제력을 갖는 것이 스트레스로 작용할 수 있는데, 특히 예측 가능성이 낮은 문제에 대해 자신이 결과를 책임져야 하는 의미의 통제력은 더 큰 부담이 될 수 있다.
② 앞으로의 결과나 과정을 예측할 수 있는 정도가 높을수록 문제의 위협적 평가는 줄어든다.

3. 스트레스 반응

(1) 생리적 반응

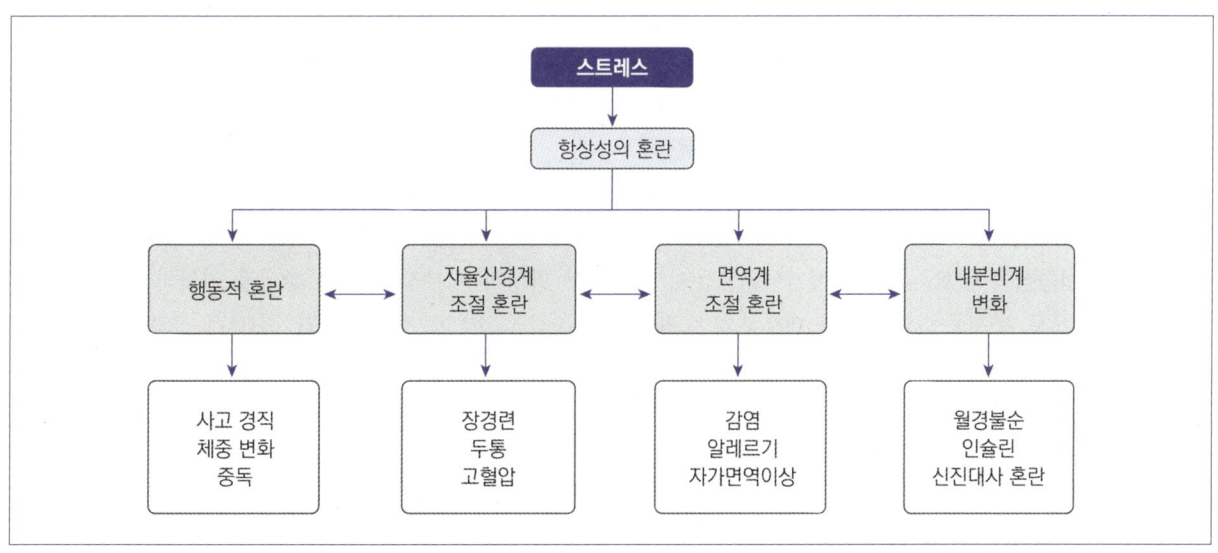

[그림 14-59] 스트레스가 항상성에 미치는 효과

(2) 정서적 반응

① 짜증, 분노, 격노 : 좌절을 경험할 때 빈번하게 나타나는 정서이다. 자신의 목표, 기대가 좌절되거나 좌절당할 가능성이 높게 예측되고, 그 이유가 다른 사람이나 제도의 의도적이고 부당한 간섭·행동 때문으로 평가되며, 상황에 대한 어느 정도의 통제력을 지각할 때 경험하게 된다. 이 정서는 흔히 공격행동을 유발한다.
② 걱정, 불안, 공포 : 위협 평가와 관련성이 가장 높은 정서 경험이다. 자신의 신체적 안녕이나 심리적인 복지가 손상당할 위험이 높게 평가되지만 그에 대한 대처 자원이 충분하지 못하다고 판단될 때 경험하게 된다. 이 정서는 도피나 회피행동 혹은 보다 철저한 대비행동이 유발된다.

③ 낙담, 비탄, 슬픔 : 되돌릴 수 없는 상해나 상실 평가와 관련된 정서이다. 자신에게 중요한 목표나 자원이 이미 좌절되었거나 상실되었으며, 이를 회복할 가능성이 낮다고 평가될 때 경험한다. 이러한 정서는 관련 대상에 더 이상의 개입 또는 투자를 멈추거나 철수하는 행동을 유발한다.

> **참고** 스트레스에 대한 생리적 반응
>
> - **교감신경계** : 카테콜아민(catecholamine)을 생산하는 부신수질을 자극함으로써 그 사람을 휴식상태로부터 신속하게 각성시킨다.
> - **뇌하수체** : 부신피질 자극 호르몬(ACTH)을 방출하고 이는 부신피질에 영향을 미쳐 글루코코르티코이드, 특히 코르티솔(cortisol)을 분비하게 한다. 코르티솔의 분비는 신체가 에너지 자원을 동원하고 상처에 대비하게 도와준다. 혈당 수준을 올려 세포에 에너지를 공급하며 염증반응을 억제하여 투쟁 혹은 도피반응을 도와준다.
> - 부신수질이 활성화되면 노르에피네프린과 에피네프린을 포함하는 카테콜아민이 분비된다.
>   예 정서적 반응은 대부분 생리적 반응을 동반한다.

④ 스트레스의 생리적 반응은 생리적 항상성의 혼란으로 이어진다.
⑤ **심리신경면역학(psychoneuroimmunology)** : 만성적인 스트레스에 따른 자율신경계, 내분비계 및 면역계 반응의 교란이 질병의 핵심 요인으로 밝혀지고 있다. 스트레스에 따른 정서반응은 신경계, 내분비계, 면역계와 상호 밀접한 영향을 주고받으면서 전체적으로 작용하고, 이는 다시 행동반응과 영향을 주고받는다.

(3) 인지행동적 반응
① 반응의 자동성을 조절하고, 의식적인 선택을 하며, 문화나 학습에 의해 영향을 받는 성격이 강하다.
➡ 인지행동적 반응은 '자기조절'이라고도 불린다.
② **대처** : 스트레스 상황에서 발생한 요구를 줄이거나 극복하거나 견디려는 인지행동적 노력이다.
③ **라자러스와 포크만(Folkman)의 대처방식** 기출 19
  ㉠ **문제중심적 대처** : 스트레스를 유발하는 문제를 해결하기 위해 직접적으로 노력하는 것을 의미하며, 자신의 대처자원이나 기술을 믿고 문제 해결 노력을 지속하는 것이다.
  ㉡ **정서중심적 대처** : 문제 자체가 아닌 문제 상황에서 발생하는 부정적 정서 상태를 완화하려는 노력이다.
④ 일반적으로 문제중심적 대처가 대부분의 상황에서 효율적인 것으로 나타나지만, 통제가 불가능한 상황에서는 정서중심적 대처가 더 효과적인 경우도 있다.

4. 스트레스 결과

(1) 긍정적 결과
① **기본 욕구 충족** : 어느 정도의 스트레스는 우리의 욕구를 충족해 주는 측면이 있다.
② **성장과 발달의 기회** : 스트레스 경험을 통해 개인적 성장이 촉진될 수 있다. 특히, 인생의 깊은 의미나 통찰력을 얻거나 새로운 기술을 배울 기회를 갖게 된다.
③ **미래 스트레스에 대한 면역 효과** : 차후에 겪을 유사한 스트레스에 대한 면역력을 키우는 역할을 할 수 있다.

(2) 부정적 결과
① **인지적 기능의 손상** : 각성이 되었을 때 주의의 폭이 좁아지고 사고의 융통성이 감소하며 주의집중과 기억의 효율성이 떨어진다.
➡ 전반적인 문제 해결능력이 감소한다.

② 충격과 방향성의 상실 : 극심한 강도의 스트레스는 사람을 망연자실하게 하고 방향성을 잃게 만든다. 극심한 스트레스 상황에서 사람들은 무감각해지는 경향이 있으며, 스트레스 경험 후에도 자주 멍해지거나 조리 있는 사고를 하기가 어렵다.
③ 소진 : 신체적 소진은 만성적 피로, 기운 없음, 허약함 등을 특징으로 하며, 정서적 소진은 무기력감, 절망감 및 우울감 등을, 심리적 소진은 자신과 일에 대한 부정적인 태도 등을 특징적으로 드러낸다.
④ 사회적 관계의 붕괴 : 정상적인 사회적 관계를 손상시킬 수 있다. 관계의 손상은 소외감, 배우자나 친구들과의 관계 유지의 어려움, 타인에 대한 신뢰와 사랑 능력의 상실 등으로 나타난다.
⑤ 심리적 문제와 장애 : 스트레스는 저조한 학업수행, 불면증, 성적 기능의 손상, 과도한 불안, 약물남용 및 우울 등에 영향을 준다. 이는 정신장애에 기여하는 여러 요인 중 하나이다.
⑥ 신체적 문제와 질병 : 초기에 고혈압, 편두통, 위와 십이지장 궤양, 천식 등이 스트레스와 관련 있는 것으로 언급되었다. 그러나 최근에는 질병의 발생 원인이 신체기관이나 병원균에만 있다고 알려져 있던 감기, 설사, 결핵, 관절염, 당뇨병, 백혈병, 암, 심장질환 등에도 영향을 미친다는 사실이 드러났다.

5. 스트레스를 이겨내는 데 영향을 미치는 변인

(1) **스트레스 내성(stress tolerance)**
스트레스의 부정적 효과를 잘 견디는 능력으로, 시간이나 상황에 따라 변동적이지만 상당히 지속적인 개인의 특성으로 알려져 있다.

(2) **사회적 지원**
① 사회적 연결망에서 유래하는 지원으로 스트레스의 부정적 효과를 완충시킨다.
② 국가, 지역사회의 사회적 지원(예 의료보호)도 의미가 있지만 가까운 관계에서 유래하는 지원의 효과가 더 크다.
③ '사회적 관계망이 얼마나 크고 상호 교류가 많은가' 하는 객관적인 측면보다 '자신이 받고 있다고 지각하는 사회적 지원의 질이 어느 정도라고 보는가'가 건강이나 질병과 더 밀접하게 관련된다.
④ 하위 유형
  ㉠ 정서적 지원 : 애정과 흥미와 관심을 표현한다.
    ➡ 자기존중감을 고양시킨다.
  ㉡ 평가적 지원 : 스트레스가 어느 정도 위협적이고 중요한지에 대해 객관적 피드백을 제공한다.
    ➡ 나의 지각에 대한 사회적 타당화를 가능하게 한다.
  ㉢ 정보적 지원 : 문제를 다루는 방법이나 대안적인 대처 전략에 관한 정보를 제공한다.
  ㉣ 수단적 지원 : 물질적 원조나 필요한 자원을 제공한다.

(3) **성격**
① 강인성(psychological hardiness) : 스트레스에 잘 견디는 성격 특성을 말한다.
  ㉠ 통제감 : 자신의 행위가 상황에 직접 영향을 미칠 수 있다는 생각이다.
  ㉡ 몰입(개입) : 뚜렷한 가치관과 목표의식을 가지고 일에 몰두하는 것이다.
  ㉢ 도전 : 문제를 회피하기보다는 맞부딪혀 문제를 해결해나가는 데서 희열을 느끼는 것이다.
② 낙관주의 : 자신에게 좋은 일이 일어날 것이라고 믿고 기대하는 성격 특성이다. 낙관적인 사람은 문제에 봉착했을 때 문제에 대한 불평보다 문제를 해결하기 위한 방안에 에너지를 집중한다.

③ A 유형과 B 유형 행동
  ㉠ A 유형 행동 : 일을 할 때 지나치게 경쟁적이고 공격적이며, 일이 조금이라도 뜻대로 안 되면 쉽게 짜증과 화를 내고 항상 서두르고 늘 시간에 쫓기듯 산다. 말이 빠르고 격정적이며, 휴식도 없이 일하는 일 중독의 특성을 보인다.
    ➡ A 유형의 분노 또는 적개심은 관상동맥질환과 관련성이 높다.
  ㉡ B 유형 행동 : 여유 있고 느긋하고 편안하며 차분하고 인내심이 많은 특성을 보인다.
④ 기타 성격 특성 : 필요한 수행을 실행에 옮길 능력과 전략이 자신에게 있다는 믿음에 해당하는 '자기효능감', 세상이나 자신이 경험한 일을 의미 있고 일관되게 설명할 수 있는 '응집성' 등이 있다.

(4) 기타
① 이완훈련 [기출 22]
  ㉠ 이완훈련을 통해 자율신경계와 중추신경계 자극이 감소되고, 부교감신경의 반응이 증가된다.
  ㉡ 목적 : 스트레스에 의한 부정적 신체증상을 줄이거나 불안을 낮추기 위해 적용한다.
  ㉢ 점진적 근육이완법 : 제이콥슨(Jacobson)이 창시한 것으로, 특정 근육과 근육군이 긴장 또는 이완된 것을 확인해 주고, 나아가 긴장과 이완의 감각 차이를 구분할 수 있게 해준다. 또한 근육을 충분히 이완하게 되면 신체적 이완감뿐만 아니라 심리적 이완감도 경험할 수 있다.
② 마음챙김 명상 : 훈련을 받게 되면, 내적 상태를 판단하지 않으면서 이완한 채 그 내적 상태에 조용히 초점을 맞추게 된다. 앉아서 눈을 감은 채, 마음속으로 머리에서 발끝까지 신체를 살피는데, 신체의 특정 부위와 반응에 초점을 맞추고 각성을 유지하면서 그 상태를 받아들인다.
③ 바이오피드백 : 대부분 자율신경계가 관장하는 미묘한 생리적 반응들을 기록하고 증폭하여 그 정보를 피드백해 주는 시스템을 말한다. 바이오피드백 도구는 자신이 노력한 결과를 되돌려줌으로써, 어떤 기법이 특정한 생리적 반응을 제어하거나 제어하지 못하는지를 알 수 있게 해 준다.
④ 적절한 운동 : 스트레스 감소에 효과적이며, 다만 투쟁 또는 도피반응과 직접적으로 연결되는 강렬한 운동보다는 압박감이나 지나친 성취욕구, 완벽주의가 동반되지 않는 즐거운 운동이 더 효과적이다.
⑤ 유머 : 스트레스 조절자(moderator)로 기능하며, 유머 수준이 높으면 높은 스트레스 상황에서도 우울증 수준이 낮다. 또한 유머는 부신피질 자극호르몬(ACTH), 코르티솔 등 스트레스 호르몬 감소와 관련되어 있으며, 스트레스와 관련된 심혈관계 문제에도 긍정적인 영향을 주었다.
⑥ 울음 : 울음의 연구는 상대적으로 부족하지만, 울음 역시 스트레스 해소에 효과가 있는 것으로 보고된다. 특히 울음과 눈물을 통해 스트레스 호르몬, 특히 부신피질 자극호르몬이 배출된다.
⑦ 감정표현 글쓰기 : 페니베이커(Pennebaker)가 개발한 것으로, 정서 방출을 유도하는 스트레스 대처법이다. 이 치료법은 15분 동안 최근에 경험한 사건(고민이 된 정서, 계속 괴롭히는 정서, 다른 사람들과 많이 논의 못했던 정서) 경험에 관해 글로 쓰는 것이다.

김진구
전문상담 기본개념 3

부록 1
심리검사 참고자료

01 표준정규분포표
02 HTP 해석
03 KFD 해석
04 학생정서·행동특성검사
05 <마음 EASY> 선별 검사

01 표준정규분포표

Z	.00	.01	.02	.03	.04	.05	.06	.07	.08	.09
0.0	.0000	.0040	.0080	.0120	.0160	.0199	.0239	.0279	.0319	.0359
0.1	.0398	.0438	.0478	.0517	.0557	.0596	.0636	.0675	.0714	.0753
0.2	.0793	.0832	.0871	.0910	.0948	.0987	.1026	.1064	.1103	.1141
0.3	.1179	.1217	.1255	.1293	.1331	.1368	.1406	.1443	.1480	.1517
0.4	.1554	.1591	.1628	.1664	.1700	.1736	.1772	.1808	.1844	.1879
0.5	.1915	.1950	.1985	.2019	.2054	.2088	.2123	.2157	.2190	.2224
0.6	.2257	.2291	.2324	.2357	.2389	.2422	.2454	.2486	.2518	.2549
0.7	.2580	.2611	.2642	.2673	.2704	.2734	.2764	.2794	.2823	.2852
0.8	.2881	.2910	.2939	.2967	.2995	.3023	.3051	.3078	.3106	.3133
0.9	.3159	.3186	.3212	.3238	.3264	.3289	.3315	.3340	.3365	.3389
1.0	.3413	.3438	.3461	.3485	.3508	.3531	.3554	.3577	.3599	.3621
1.1	.3643	.3665	.3686	.3708	.3729	.3749	.3770	.3790	.3810	.3830
1.2	.3849	.3869	.3888	.3907	.3925	.3944	.3962	.3980	.3997	.4015
1.3	.4032	.4049	.4066	.4082	.4099	.4115	.4131	.4147	.4162	.4177
1.4	.4192	.4207	.4222	.4236	.4251	.4265	.4279	.4292	.4306	.4319
1.5	.4332	.4345	.4357	.4370	.4382	.4394	.4406	.4418	.4429	.4441
1.6	.4452	.4463	.4474	.4484	.4495	.4505	.4515	.4525	.4535	.4545
1.7	.4554	.4564	.4573	.4582	.4591	.4599	.4608	.4616	.4625	.4633
1.8	.4641	.4649	.4656	.4664	.4671	.4678	.4686	.4693	.4699	.4706
1.9	.4713	.4719	.4726	.4732	.4738	.4744	.4750	.4756	.4761	.4767
2.0	.4772	.4778	.4783	.4788	.4793	.4798	.4803	.4808	.4812	.4817
2.1	.4821	.4826	.4830	.4834	.4838	.4842	.4846	.4850	.4854	.4857
2.2	.4861	.4864	.4868	.4871	.4875	.4878	.4881	.4884	.4887	.4890
2.3	.4893	.4896	.4898	.4901	.4904	.4906	.4909	.4911	.4913	.4916
2.4	.4918	.4920	.4922	.4925	.4927	.4929	.4931	.4932	.4934	.4936
2.5	.4938	.4940	.4941	.4943	.4945	.4946	.4948	.4949	.4951	.4952
2.6	.4953	.4955	.4956	.4957	.4959	.4960	.4961	.4962	.4963	.4964
2.7	.4965	.4966	.4967	.4968	.4969	.4970	.4971	.4972	.4973	.4974
2.8	.4974	.4975	.4976	.4977	.4977	.4978	.4979	.4979	.4980	.4981
2.9	.4981	.4982	.4982	.4983	.4984	.4984	.4985	.4985	.4986	.4986
3.0	.4987	.4987	.4987	.4988	.4988	.4989	.4989	.4989	.4990	.4990
3.1	.4990	.4991	.4991	.4991	.4992	.4992	.4992	.4992	.4993	.4993
3.2	.4993	.4993	.4994	.4994	.4994	.4994	.4994	.4995	.4995	.4995
3.3	.4995	.4995	.4995	.4996	.4996	.4996	.4996	.4996	.4996	.4997
3.4	.4997	.4997	.4997	.4997	.4997	.4997	.4997	.4997	.4997	.4998

02 HTP 해석

1. 집 그림의 개별적 특징

(1) 집 그림의 특징
① 집 그림은 수검자의 자기 지각, 가정생활의 질 혹은 가족 내에서의 자신에 대한 지각을 반영한다.
② 집 그림은 수검자의 현실의 집, 과거의 집, 원하는 집 혹은 이것들의 혼합일 수 있다. 또는 수검자의 어머니를 상징적으로 표현한 것일 수도 있고, 어머니에 대한 느낌을 드러내는 것일 수도 있다.
③ 집 그림에서는 그림의 전체적인 모습을 평가함과 더불어 필수 요소인 지붕, 벽, 문, 창 등을 어떻게 그렸는가에 유의해서 해석해야 한다.

(2) 지붕
① 지붕은 정신생활, 특히 내적 공상 활동을 상징한다.
② 과도하게 큰 지붕 : 내적 공상 속에서 즐거움과 욕구 충족을 추구하며, 외부 대인 접촉으로부터 철수되어 있음을 나타낼 수 있고, 소망 충족적 공상을 보이는 우울한 아동들의 특징일 수 있다.
③ 지붕을 작게 그린 경우 : 내적인 인지 과정이 빈약하거나 회피하거나 억제하는 경향성을 반영할 수 있다.
④ 지붕을 그리지 않는 경우 : 내적인 공상 또는 인지 과정을 표현하지 못하고 있음을 의미하며, 사고장애, 현실검증력의 장애를 시사할 가능성이 높다.
⑤ 지붕을 기와나 벽돌 등으로 정교하게 표현한 경우 : 강박적인 성향을 나타내며, 내적 인지 과정이나 공상을 강박적인 방식으로 통제하고자 할 수 있다.

(3) 벽
① 벽은 수검자의 자아강도와 자아통제력에 대한 정보를 준다.
② 벽의 지면선이 강조된 경우 : 불안, 잘 통제되지 않는 부정적 태도를 나타낸다.
③ 벽을 그리지 않거나 적절히 연결되지 않은 경우 : 매우 드문데, 자아통제력의 와해 및 현실검증력의 손상을 의미하며 조현병 환자에게서 나타난다.
④ 하나의 벽면만 그려진 2차원적으로 표현된 집 그림 : 자신에 대한 제한되고 피상적인 부분만 드러내고자 하는 욕구를 반영한다.
⑤ 허물어지려는 벽 : 자아강도가 약화되어 있고 자아통제력이 취약해져 있음을 시사한다.
⑥ 벽의 경계선이 과도하게 강조되어 있는 경우 : 자아강도가 강함을 의미할 수도 있지만, 정신증 초기 상태에서 자아의 경계를 유지하기 위한 의식적인 노력을 반영할 수 있다.
⑦ 내부가 보이는 투명한 벽 : 현실검증력과 자아통제력의 장애를 시사하지만, 5세 이하 아동의 경우에는 정상적인 수준으로 받아들여지고 있다.
⑧ 벽돌이나 결무늬 등이 그려진 벽 : 사소한 것에 대한 과도한 집착이나 강박적·완벽주의적 성격 경향을 시사한다. 자폐스펙트럼장애가 있는 아동의 그림에서도 이러한 양상이 나타난다면 상동증적 보속성 또는 기계적인 자극처리 경향을 반영한다.

(4) 문
　① 문은 외부 세계와 연결되는 통로로서 수검자의 대인관계에 대한 태도를 보여준다.
　② 문이 없는 경우 : 외부와의 상호작용에서 심리적 철수 경향이나 고립감, 가족 내 거리감 등을 시사한다.
　③ 작은 문 : 다른 사람들과 관계를 맺고 싶은 욕구와 더불어 이에 대한 거부감, 두려움, 불편감 등의 양가감정을 느끼고 있을 가능성이 있다. 사회적인 관계가 빈약하고 위축되어 있거나, 사회적 기술이 부족할 수 있다.
　④ 과도하게 큰 문 : 사람들과의 관계 형성이나 인정, 수용을 중요하게 여기고 있거나 타인에게 매우 의존적일 수 있다.
　⑤ 열린 문 : 외부의 정서적 수용과 따뜻함을 갈구하고 있을 수 있다.
　⑥ 문 앞에 화분 등을 놓아서 문이 가려진 경우 : 외부 세계와의 상호작용에 부정적이거나 양가적 감정을 경험하고 있을 가능성이 있다.

(5) 창문
　① 창문은 환경과 간접적인 접촉 및 상호작용을 하는 매개체로, 인간의 '눈'과 같은 역할을 한다. 큰 창문을 하나, 작은 창문은 두세 개 그리며 화분이나 커튼으로 창문을 많이 가리지 않게 그리는 것이 일반적이다.
　② 창문이 생략된 경우 : 대인관계에서 불편감을 느끼고 위축, 철수되어 있음을 반영한다.
　③ 창문 수가 많은 경우 : 과도하게 자신을 개방하고 다른 사람들과 관계를 맺고자 하고 있음을 반영한다. 특히 4개 이상의 창문은 관계 형성에 대한 불안감을 보상하려고 시도하고 있을 수 있다.
　④ 커튼과 차양이 없는 경우 : 자신의 감정을 숨길 필요가 없음을 반영한다.
　⑤ 커튼이나 화분 등이 함께 그려진 창문 : 정상적일 수 있지만 창문이 가려질 정도라면 대인관계에서 상처받지 않기 위해 방어적일 수 있다.
　⑥ 창문에 두 개 이상의 격자가 그려진 경우 : 가정이 안정적이기를 바라고 있거나 가정을 감옥처럼 답답하게 느끼고 있음을 반영하는 것일 수 있다.
　⑦ 창문의 위치는 일반적으로 문 높이보다 아래쪽에 그리지만, 지붕에 창문이 그려진 경우 자신을 표현하는 것을 감추고 싶어 하거나 내적인 고립감과 위축감을 시사할 수 있다.

(6) 굴뚝
　① 굴뚝과 굴뚝의 연기 등은 가족 간의 애정과 교류에 관한 정보와 애정 욕구와 관련된 좌절감이나 상실감, 우울감 등을 반영할 수 있다. 굴뚝과 벽난로가 일반적인 외국과 달리 우리나라는 그렇지 않으므로 동화책에서 보았던 굴뚝을 그리는 경우도 많아서 해석 시 주의가 필요하다.
　② 덧칠이 되어 있거나 큰 크기로 강조된 굴뚝 : 강박적인 성향을 반영할 수 있으며, 가족 간의 애정과 상호작용에 대해 과도하게 염려하고 집착하고 있을 가능성이 있다.
　③ 굴뚝이 생략된 경우 : 가정에서 따뜻함을 느끼지 못할 가능성이 있으나, 우리나라 아동들은 그리지 않는 경우가 많으므로 임상적 의미가 없을 수 있다.
　④ 굴뚝에서 짙고 많은 연기가 나오는 경우 : 애정이나 따뜻함에 대한 욕구와 관심이 높으나, 좌절과 결핍감을 경험하고 있음을 반영할 수 있다.

(7) 진입로와 계단

① 진입로와 계단은 다른 사람들과 접촉하고 관계를 맺고 있다는 심리적 근접성과 관련되어 있다.
② 계단이나 출입로를 안 그린 경우 : 외국 아동은 사회적 관계에서 수동적이거나 회피적인 태도를 가지고 있음을 반영할 수 있지만 우리나라는 그리지 않는 경우가 흔하므로 임상적 의미를 부여하지 않아도 된다.
③ 매우 긴 진입로 : 대인관계에서 심리적 접근에 어려움을 가지고 있는 경우이다.
④ 집의 입구로 가면서 좁아지는 진입로 : 대인관계에서 개방적이지만 다른 사람과 가까워지는 것을 주저하고 있음을 반영한다.
⑤ 넓은 진입로 : 사회관계에 대해 심리적 접근성을 가지고 있는 경우를 시사한다.

(8) 그 밖의 특징들

① 집을 의인화(로봇화)하거나 그린 경우 : 아동들에게는 정상적일 수 있으며 아동이 아니라면 지적장애, 기질적 문제를 나타내는 경우라고 할 수 있다.
② 집의 청사진을 그린 경우 : 가정 내에 심각한 갈등이 내재되어 있을 가능성이 있다.

(9) 기타의 부속물

① 집 이외에 울타리, 산, 나무 등을 더 그린 경우 : 수검자가 강조하거나 다른 부분과 조화를 이루지 못하는 부속물에 대해 질문 단계를 통해 수검자가 그 부속물에 대해 가지고 있는 의미를 탐색하도록 한다.
② 집 주위에 수풀과 나무 등을 덧그린 경우 : 주의를 끌려는 욕구나 의존 욕구 등을 반영한다.
③ 태양을 그리는 경우 : 성인에게는 매우 드문 일이지만 아동들은 빈번히 그리기도 하며, 이 경우 강조된 태양은 강한 애정 욕구 및 좌절감 등을 시사할 수 있다.
④ 울타리 : 방어적인 태도, 구름이나 그림자는 일반화된 불안 등을 반영할 수 있다.

(10) 집과 지면이 맞닿은 선

① 집과 지면이 맞닿은 선 : 현실과의 접촉 및 그 접촉의 안정성을 나타내는 것으로 가정해 볼 수 있으며, 공상에 몰입해 있는 조현병 환자는 공중에 떠 있는 듯한 집 그림을 그리기도 한다.
② 지면선을 그리지 않았으나 집의 밑부분을 안정되게 그린다면 별 다른 임상적인 의미를 갖지 않는다.

2. 나무 그림의 개별적 특징

(1) 나무 그림의 특징

① 나무 그림은 자기 자신에 대한 무의식적이고 원시적인 자아개념의 투사와 관련이 있다. 이를 통해 수검자의 성격 구조의 위계적 갈등과 방어, 정신적 성숙도 및 환경에의 적응 정도를 엿볼 수 있다.
② 벅(Buck)의 주장에 따르면, 나무 그림의 둥치는 기본적 힘과 내적인 자아강도에 대한 수검자의 느낌을 제시하며, 가지는 환경으로부터 만족을 얻을 수 있는 능력에 대한 수검자의 느낌을 묘사하고, 그려진 나무 전체의 구조는 수검자의 대인관계 균형감을 반영한다고 한다.
③ 나무 그림을 해석할 때는 전체적·직관적으로 파악하는 과정이 필요하다. 우선적으로 전체적인 모습을 파악함으로써 조화, 불안, 공허, 단조로움 혹은 적의, 경계 등의 인상을 받을 수 있다. 이것이 해석의 첫 단계이고, 이후 체계적인 분석을 하는 것이 필요하다.

(2) 나무 기둥
  ① 기둥은 나무를 지탱해 주는 기본적인 부분으로 수검자의 자아강도나 심리적 발달에 대한 지표를 제공해 준다.
  ② 나무 기둥을 그리지 않은 경우 : 극히 드문데 정신증적 상태에 있음을 나타낼 수도 있으며, 때로는 자기 부적절감이 높고, 억제 및 회피 경향성 등을 의미할 수도 있다.
  ③ 나무 기둥만 그린 경우 : 우울감과 심리적 위축 등을 반영한다.
  ④ 기둥을 너무 크거나 높이 그린 경우 : 약한 자아강도 및 성격 구조에서 기인된 불안감을 과잉보상하고자 시도하고 있음을 의미한다.
  ⑤ 나무 기둥이 매우 흐리게 그려진 경우 : 정체성 상실, 자아의 붕괴에 대한 긴박감, 강한 불안감을 나타낼 수 있다.
  ⑥ 나무 기둥이 좁고 흐리게 그려진 경우 : 심리적 위축 또는 무력감 등을 시사한다.
  ⑦ 기둥에 옹이 구멍을 그려 넣은 경우 : 성장 과정에서 경험한 외상적 사건, 자아의 상처를 의미한다고 할 수 있다.

(3) 가지(branch)
  ① 가지는 성격 조직과 함께, 환경으로부터 만족을 구하고 타인과 접촉하며 성취를 향해 뻗어 나가는 피검사자의 자원을 나타낸다. 가지는 사람 그림에서의 팔과 무의식적인 유사성을 가지는데, 가지가 위쪽(환상 영역)으로 그리고 양 옆쪽(현재 환경)으로 뻗어 나가는 나무화는 만족 추구가 균형 잡힌 사람에게서 나타난다.
  ② 가지를 지나치게 크게 그렸을 경우 : 성취동기나 포부 수준이 매우 높거나 자신감의 저하나 불안감을 과잉보상하려 하고 있음을 반영한다.
  ③ 가지를 지나치게 작게 그린 경우 : 사회적 상황에 대처하는 데 수동적·억제적 태도 등을 반영한다.
  ④ 가지를 그리지 않은 경우 : 사회적으로 위축되어 있고 우울과 억제감을 경험하고 있는 것으로 반영된다.
  ⑤ 부러지거나 잘린 가지 : 옹이와 유사하게 외상적 경험을 반영한다.

(4) 수관
  ① 나무의 수관은 집 그림의 지붕이나 사람 그림의 머리와 유사하게 내적인 공상이나 사고 활동을 주로 상징한다.
  ② 수관이 크고 구름같은 모양 : 적극적 공상 활동을 나타내지만, 때로는 현실을 부정하고 불만족하여 공상에 몰두할 가능성을 시사한다.
  ③ 아무렇게나 그린 선으로 이루어진 수관 : 정서적 불안정과 흥분, 충동성, 혼란스러움 등을 나타낸다.
  ④ 수관에 덧칠해서 음영이 나타난 수관 : 불안정, 우울, 과민함 등 수검자의 부적응적인 상태를 반영한다.

(5) 잎
  ① 잎은 수검자의 성격과 정서에 대한 정보를 제공한다. 잎을 자세히 반복적으로 그린 경우는 유능감과 효과적으로 보이고 싶은 욕구가 높거나 강박적 보상행동을 통해 대인관계에서 경험하는 부적절감과 불안감을 보상하고자 시도하고 있음을 반영한다.
  ② 잎을 그리지 않은 경우(겨울나무가 아닌 경우) : 심리적으로 내적 황폐와 자아통합의 어려움 등을 반영한다.
  ③ 떨어지는(떨어진) 잎을 그린 경우 : 사회적 상황에서 좌절감을 경험했거나 유연하게 적응할 능력에 대한 상실감을 경험하고 있는 가능성이 있다.

(6) 뿌리
  ① 뿌리는 나무가 서 있도록 해 주는 역할을 한다는 점에서 수검자의 성격적 안정성 및 현실과의 접촉 정도를 반영한다.
  ② 뿌리와 지면을 모두 그리지 않은 경우 : 불안정감과 부적절감을 반영한다.

③ 뿌리는 그리지 않더라도 나무가 그려진 지면 위에 있는 경우 : 어느 정도 안정감을 느끼고 있음을 반영한다.
④ 지면을 그리지 않고 종이 밑면에 닿게 그린 경우 : 부적절감으로 인해 불안정한 상태이며 우울감을 나타내기도 한다.
⑤ 뿌리를 지나치게 강조한 그림 : 자신에 대한 불안정감을 느끼며, 현실 접촉에 대해 염려하고 있음을 반영한다.
⑥ 땅을 움켜쥔 듯한 발톱 모양의 뿌리 그림 : 현실 접촉이 상실될지도 모른다는 위기의식을 반영하기도 한다.
⑦ 지면 아래로 뿌리를 보이도록 완성된 그림 : 현실검증력 손상을 나타낼 수 있지만 나이 어린 아동이나 지적 능력이 제한적인 경우라면 정상적인 현상으로, 해석하지 않는다.

(7) 부수적인 내용들이 포함된 경우
① 나무 그림에서 열매, 꽃, 새, 둥지, 동물, 그네 등 부수적인 내용을 더 그려 넣은 경우라면 상황적 구조의 한계(종이) 속에서 부수적인 것들을 주변에 두어 세상과의 상호작용에 대한 불안을 보상하려는 욕구를 반영하는 것일 수 있다.
② 열매 그림 : 프로이트(Freud)의 심리성적 발달 단계의 첫 단계에 해당하는 구강기 수준의 의존 욕구나 애정과 관심에 대한 욕구를 반영한다.

(8) 주제
① 나무화의 주제는 개인의 심리적 상태를 반영한다.
② 사과나무 : 성인의 경우 미성숙과 퇴행을 반영하지만, 아동의 경우 의존 및 애정 욕구를 시사한다.
③ 가지가 늘어진 버드나무 : 우울을 반영한다.
④ 죽은 나무 : 사회적으로 위축되어 있거나 우울과 죄책감 또는 깊은 부적절감 및 열등감 등을 반영하며 예후가 부정적이다.
⑤ 거대한 나무 : 공격적 경향과 지배 욕구를 반영하며 과잉보상적 행동과 행동화의 경향성을 시사한다.
⑥ 작은 나무 : 낮은 에너지 수준, 열등감 및 부적절감, 철수 경향 등을 반영한다.
⑦ 열쇠 구멍 모양의 나무 : 반항적·적대적 충동 성향과 검사에 대한 비협조적인 태도 등을 반영한다.
⑧ 나무의 나이 : 수검자의 심리적·정서적·성격적 성숙 정도의 좋은 지표가 될 수 있으며, 아동의 연령보다 높은 경우는 내적인 미성숙함을 부인하거나 과시적인 태도를 통해 보상하고자 할 가능성을 시사한다.

3. 사람 그림의 개별적 특징

(1) 사람 그림의 특징
① 인물화는 심리적인 자화상으로서 의식적인 자기모습인데, 이상적인 자아, 중요한 타인, 다른 사람들을 어떻게 지각하고 있는지 나타낸다.
② '집'이나 '나무'보다 직접적으로 자기상을 나타내지만, 방어를 유발해서 의식적·무의식적으로 왜곡된 자아상을 보여주기도 한다.
③ 아동들은 '중요한 타인'을 더 많이 드러내는데, 특히 부모의 모습이 잘 표현된다.
④ 사람 그림에서는 그림의 크기, 전반적인 인상과 각 신체 부위, 의복과 같은 구성 요소, 남성과 여성을 그리는 순서, 그림에 대한 설명 등을 살펴보아야 한다.

(2) **머리**
① 상징적으로 아동의 지적 능력 및 공상 활동에 대한 정보 및 충동과 정서의 통제 등에 관한 정보를 제공한다(집 그림의 지붕, 나무 그림의 수관과 유사하게 해석).
② 다른 부위에 비해 너무 크게 그린 머리 : 자신의 지적 능력에 대해 불안감을 느껴 과도하게 보상하고자 하는 욕구로 인해 과시적으로 표출하거나 내적인 소망충족적 공상에만 과도하게 몰두할 가능성이 있다. 단, 6세 이하 아동의 경우 몸에 비해 머리를 크게 그리는 것이 정상적이다. 머리의 크기는 인지적·정서적 성숙 수준을 반영한다.
③ 머리를 너무 작게 그린 경우 : 수검자가 자신의 지적·사회적 능력에 부적절감, 열등감 및 억제적이고 위축된 태도를 보일 수 있다.
④ 물건이나 모자 등으로 머리가 가려지게 그리는 경우 : 수검자가 자신의 지적 능력에 대해 자신이 없고 불안감을 느끼거나, 공상 세계에만 몰입하고 있음을 반영할 수 있다.

(3) **머리카락**
① 육체적 욕구와 관계가 있으며, 간접적으로는 성적인 에너지를 나타내는 것으로 생각된다.
② 머리카락이 많고 진하게 그린 경우 : 성격적으로 주장적·적극적 때로는 공격적인 태도를 보일 수 있다. 때로는 외모나 성적 매력에 대해 자신감이 낮지만 이를 과잉보상하려는 경우가 많으며, 자기애적 성격이나 히스테리성 성격 특성을 고려해 볼 수 있다.
③ 머리카락을 그리지 않은 경우 : 외모에 대해 자신이 없고 위축감을 느끼고 있음을 의미할 수 있다. 그러나 아동 수검자라면 종종 있으므로 해석하지 않는다.

(4) **얼굴**
① 얼굴은 개인적 만족이나 불만족 또는 감정을 전하고, 의사 전달을 할 수 있는 주요 수단으로 대인관계에 대한 태도 등을 살펴볼 수 있다. 얼굴에서 이목구비가 생략된 경우라면 대인관계가 갈등적이며 회피적·피상적일 수 있다. 또한 과도하게 소심하고 경계할 수 있으며 아동의 경우 적응에 어려움이 있을 수 있다.
② 얼굴의 방향 : 얼굴의 방향이 정면을 향하는 것이 일반적이다.
　㉠ 옆얼굴을 그린 경우 : 자신감이 부족하고 외모에 대한 자신감이 낮아서 사회적 접촉을 회피하고 있을 가능성을 의심할 수 있다.
　㉡ 뒤통수를 그린 경우 : 수검자가 세상과 직면하기를 원치 않는 것으로 해석될 수 있다. 외모에 대한 극도의 불안감, 자신이 없는 것과 관련되어 매우 예민하고 세상에 대해 억제적·회피적 태도를 가졌음을 시사할 수 있다. 억압된 분노감이나 거부적 태도를 반영하기도 한다.
　㉢ 신체는 정면을 향하지만 얼굴은 측면을 그린 경우 : 드문 경우로, 대부분 지적장애, 사고장애나 신경학적 장애를 시사한다.
③ 눈 : 외부 세계와의 접촉을 위한 가장 기본적인 기관으로 외부로부터 정보를 수용할 뿐 아니라 수검자의 태도나 기분을 드러내 주며 다른 사람들과 어떻게 관계 맺는지에 대한 정보를 제공해 줄 수 있다.
　㉠ 크게 그린 눈 : 다른 사람들과 상호작용 시 지나치게 예민함을 나타낸다.
　㉡ 눈동자가 진하게 강조된 경우 : 대인관계에서 불안감과 긴장감을 느끼며, 다른 사람에 대해 의심하고 경계적이며 편집증적 경향성이 있을 수 있다.
　㉢ 작거나 감은 눈 : 사회적 상호작용에서 걱정이 많고 위축되며 회피하고자 함을 나타낼 수 있다.

ㄹ 눈동자를 그리지 않은 원모양의 눈 : 자기중심성과 미성숙으로 다른 사람의 감정에 대해 인식하지 못하고 있거나 내적 공허감을 반영할 수 있다.
ㅁ 머리카락이나 모자로 눈을 가린 경우 : 사회적 불안으로 인해 감정을 표현하고 타인의 감정을 수용하는 데 매우 위축되어 있음을 반영할 수 있다.

④ 코 : 코 역시 외부 세계의 정보를 받아들이고, 반응하는 방식을 반영하며, 외모에 대한 관심 여부나 정도를 알 수 있게 해 준다.
ㄱ 코를 너무 크게 그린 경우 : 대인관계의 정서적 자극에 대한 예민함과 외모에 지나친 관심을 가지고 있음을 의미할 수 있다.
ㄴ 코를 너무 작게 그린 경우 : 외모에 대해 자신이 없고 위축되어 있으며, 대인관계에서 감정 교류에 대해 수동적이고 회피적인 태도를 반영할 수 있다.
ㄷ 코를 그리지 않은 경우 : 자신이 다른 사람들에게 어떻게 보일지에 대해 예민하게 신경 쓰고 걱정이 많을 수 있으며 사회적 상황에서 위축되고 회피적일 수 있다. 아동들의 경우 수줍음이 많고 대인관계에서 철수되어 있을 수 있다.

⑤ 입 : 세상과 의사소통하고, 음식으로 살아갈 수 있게 해 주는 기관이며, 관능적 만족의 원천으로, 아동의 그림에서는 머리와 입이 가장 어려서부터 나타난다.
ㄱ 입을 과도하게 크게 그린 경우 : 타인과의 정서적 교류, 애정의 교류에 있어 불안감을 느끼지만 과도하게 적극적·주장적이고 심지어 공격적인 태도를 취함으로써 역공포적으로 불안감을 보상하고자 할 수 있다.
ㄴ 입을 너무 작게 그린 경우 : 내적 상처를 받지 않으려 정서적 상호작용을 회피하거나 타인의 애정 어린 태도를 거절하고자 하며, 과거 이와 관련된 절망감이나 우울감을 느꼈던 적이 있음을 시사할 수 있다.
ㄷ 입을 그리지 않은 경우 : 음식은 상징적으로 타인의 애정을 의미할 수 있으므로, 입을 그리지 않았다는 것은 애정의 교류에 있어서 좌절감이나 무능력감, 위축감, 양가감정을 느끼고 있음을 의미할 수 있다. 특히 애정을 주는 주요 인물(예 부모)과의 관계에 상당한 갈등이나 결핍이 있음을 시사할 수 있다.
ㄹ 치아를 그리는 경우 : 어린 아동들은 행복이나 기쁨을 나타내기 위해서 웃는 모습 속에 이를 그리는 경우가 있는데 이는 해석하지 않는다. 그 외의 경우라면 정서적·애정적 욕구 충족의 좌절, 유아적 구강 공격성이 내재되어 있는 경우가 있다.
ㅁ 입에 다른 물건(담배 등)을 물고 있는 모습 : 구강애적 경향성을 생각해 볼 수 있다.

⑥ 귀 : 다른 사람들로부터 정보를 받아들이는 통로로, 정서 자극을 수용하고 반응하는 방식에 대해 알 수 있다.
ㄱ 귀를 너무 크게 그린 경우 : 외부 정보를 지나치게 받아들이려 하여, 대인관계 상황에서 예민함을 의미할 수 있다. 때로는 편집증적인 경향성이나 환청 가능성을 시사한다.
ㄴ 귀를 너무 작게 그린 경우 : 정서적 자극을 피하고 싶고 위축되어 있음을 의미할 수 있다.
ㄷ 귀를 그리지 않은 경우 : 흔하며 해석하지 않지만 때로는 사회적 관계에서의 위축, 회피적 태도 등을 반영하며 머리카락이나 모자로 귀를 가린 경우에도 이러한 가능성을 시사한다.
ㄹ 귀걸이를 그린 경우 : 외모에 대한 높은 관심을 반영하며 타인에게 과시적인 자기애적 욕구를 시사할 수 있다.

⑦ 목 : 머리와 몸을 연결해 주는 신체 기관으로 머리의 인지적 활동(사고, 공상, 감정)과 몸의 신체 반응과의 관계를 나타낸다.
ㄱ 가늘고 긴 목 : 자신의 행동 조절이나 충동 통제에 대한 욕구와 경직되고 완고한 성격적 특징 등을 반영하는데, 그 이면에서 행동 조절이나 충동 통제 실패에 대한 두려움과 자신감 부족 등으로 인해 통제된 생활을 강조하거나 억제된 욕구를 해소하기 위해 내적 공상에 몰두할 가능성이 있다.

- ⓒ 짧고 굵은 목 : 통제력 부족을 반영하며 때로는 충동적인 감정 표출이나 행동을 할 가능성을 시사한다.
- ⓒ 목이 생략된 경우 : 10대 후반의 성인이라면 인지적 활동이나 신체적 반응에 대한 통제력 모두가 약화되어 신체적 행동의 통합이나 조절이 부족한 상태, 즉 뇌기능 장애, 해리장애, 혹은 사고장애일 가능성을 강하게 시사한다. 어린 아동들은 목을 그리지 않는 경우가 흔하다.

⑧ 팔 : 외부 환경과 직접적인 접촉을 하는 신체 부위로, 환경과의 상호작용 및 현실 대처와 욕구를 충족하는 방법에 대한 중요한 지표로 나무 그림의 가지와 비슷한 상징적 의미를 가지고 있다.
- ㉠ 짧은 팔 : 대처 능력이나 상호작용 능력에 대한 부적절감과 수동의존성 등을 의미하며, 너무 길게 그려진 팔은 상호작용 능력에 대한 부적절감을 과잉보상하려 함을 반영한다.
- ㉡ 길고 굵은 팔 : 환경을 통제하려는 시도와 자율성에 대한 욕구 등을 반영한다. 그 기저에는 세상과 교류하는 것에 대해 무능력감을 경험하며 이를 과잉보상하려 함을 의미할 수 있다.
- ㉢ 길고 약한 팔 : 높은 의존 욕구와 무력감을 반영하는데, 단일선으로 팔을 표현한 경우라면 부적절감과 수동성이 매우 높을 수 있다.
- ㉣ 팔을 등 뒤로 돌리거나 옆모습을 그려서 한쪽 팔이 안 보이는 경우 : 환경 또는 다른 사람과 관계를 형성하려는 욕구는 있으나 양가감정과 부적절감을 느끼며 위축되고 회피적으로 행동할 수 있다.
- ㉤ 양팔을 모두 그리지 않은 경우 : 드문 경우로, 정신증적 상태에서 보이는 지각적 왜곡을 시사하거나, 심한 우울로 인한 무력감, 위축, 철수적 태도 등을 반영한다.
- ㉥ 팔짱을 끼고 있는 모습 : 다른 사람에 대해 의심 많고 적대적이며 공격적이거나 방어적인 태도로 이를 통제하려는 욕구를 반영한다.

⑨ 손 : 손은 세상과의 교류, 자신의 욕구 충족을 위한 행동, 현실에서의 대처행동을 보다 정교하게 할 수 있는 부분으로, 통제 능력 및 방식을 구체적으로 반영한다.
- ㉠ 극단적으로 큰 손이나 덧칠되어 강조된 손 : 공격적 충동이나 환경에 대처하는 능력에 대한 부적절감을 과잉보상하고자 함을 의미할 수 있다.
- ㉡ 작은 손이나 흐릿하고 명확하지 않게 그려진 손 : 사회적 상호작용이나 생산활동에서 자신감 부족과 내적 부적절감을 의미할 수 있다.
- ㉢ 손을 주머니에 넣은 그림 : 회피 경향성 및 심한 양가감정을 느끼고 있음을, 주먹 쥔 손은 억압된 공격성을 의미할 수 있다.
- ㉣ 장갑 낀 손 : 사회적 상호작용이나 환경에 대처하지 못하고 간접적인 방식으로 상호작용하고 싶어 함을 의미할 수 있다.
- ㉤ 팔을 그렸지만 손은 그리지 않은 경우 : 사회적 상호작용에 대한 소망은 있으나, 이러한 교류를 제대로 해낼 수 없을 것 같은 불안감 간의 심한 내적 갈등이 있음을 시사할 수 있다.
- ㉥ 손가락, 손톱, 손마디까지 세밀히 묘사한 경우 : 공격성이나 불안을 강박적으로 통제하려는 시도와 주지화 등을 나타낸다. 또는 정신증 초기에 강박적으로 신체상에 집착하는 경우도 있다.

⑩ 다리와 발 : 다리와 발은 목표 지점을 향해 자신의 위치를 옮기고, 충족감을 줄 수 있는 원천에 다가갈 수 있게 하며, 환경의 위험으로부터 도피할 수 있게 해 주고, 현실 상황에서 지탱해 설 수 있게 해 주는 역할을 하므로, 이와 관련된 심리적 상태와 특성을 알 수 있다.
- ㉠ 다리가 강조된 경우(너무 굵게 그리거나 근육질) : 내적 부적절감을 과잉보상하고자 자기주장적이고 공격적인 행동을 나타낼 가능성이 있다.

ⓒ 다리를 그리지 않은 경우 : 대처 능력에 대한 자신감 부족, 부적절감을 의미하며, 두 다리를 그리지 않은 경우라면 무력감과 부적절감이 심하여 우울한 상태로 위축되어 있음을 시사한다.
　　ⓒ 길게 그린 다리 : 자율성, 독립성에 대한 욕구가 강한데, 현실 대처 능력과 관련된 부적절감, 무력감을 과잉보상하려는 욕구를 시사할 수 있다.
　　ⓔ 큰 발 : 과도하게 안정감을 추구하고 있으며, 매우 작은 발은 자율성에 대한 부적절감과 두려움, 위축을 느끼고 있음을 의미할 수 있다.
　　ⓜ 발이 생략된 경우 : 독립적이 되는 것에 대한 심한 부적절감을 느끼고 있으며, 현실지각의 왜곡이 있을 가능성도 의심해 보아야 한다.
　　ⓗ 발가락 : 옷을 입은 인물화에서는 잘 드러나지 않지만, 옷을 입었지만 발가락을 그렸다면 공격적 성향을 나타낸다.
⑪ 몸통 : 기본 추동(basic drive)과 내적인 힘을 보유하고 있는 부분으로, 기능하는 내적인 힘에 대한 지각과 적절감 등을 반영한다. 매우 어린 아동들의 경우 몸통이 생략된 것이 정상적이지만 학령기 아동이 몸통을 그리지 않았다면 학업 부진, 적응장애 등을 반영한다. 또한 학령기 이후 몸통이 생략된 그림은 지적장애, 뇌 손상, 치매나 정신증적 상태의 심리적 퇴행을 고려해 볼 수 있다.
　　㉠ 매우 큰 몸통 : 욕구와 추동이 불만족한 상태로 주변 사람들에게 요구적이며, 권위주의적인 태도를 나타냄으로써 내적 결핍감을 과잉보상하려 함을 의미할 수 있다.
　　ⓒ 매우 작거나 가는 몸통 : 자신의 힘이나 신체와 관련하여 부적절감을 느끼며, 수동적으로 억제된 행동을 시사한다.
⑫ 가슴 및 유방
　　㉠ 남자 그림에서의 가슴 : 자신의 능력이나 힘에 대한 주관적인 지각을 반영하며, 수검자의 성별과 그림의 대상이 자기인지 혹은 자기 대상인지에 따라 해석이 달라진다.
　　ⓒ 여자 그림에서의 유방 : 성적 욕구나 성적 매력의 과시를 나타낸다. 또한 유방은 모유를 공급하는 부분이라는 면에서 의존 욕구 및 애정 욕구를 반영하기도 한다. 유방은 드러나지 않는 경우가 대부분으로 유방이 드러난 경우 주로 해석을 한다.
⑬ 어깨 : 어깨는 짐을 지거나 무게를 지탱하는 능력을 나타내어, 상징적으로 책임을 지는 능력 또는 신체적 힘에 대한 욕구와 관련된다.
　　㉠ 딱 벌어진 어깨를 그린 경우 : 책임감이 강하고, 때로는 상황을 지배하거나 권위를 내세우고자 하는 태도가 있음을 나타낼 수 있다.
　　ⓒ 좁은 어깨 : 책임을 완수하는 능력에 대한 자신감이 없고, 부적절감과 열등감을 느끼고 있음을 반영한다.
⑭ 허리선 : 몸통의 상부와 하부를 구분하여 준다. 몸통의 상부는 남성에게는 신체적인 힘을, 여성에게는 양육과 성을 의미하며, 몸통의 하부는 남성에게는 성적 기능을 여성에게는 성적·생산적 기능을 상징한다.
　　㉠ 허리선이 강조(벨트 등으로)된 경우 : 자기 과시적인 형태로, 신체와 관련된 충동을 비교적 잘 통제하고 있음을 반영한다.
　　ⓒ 지나치게 꽉 조인 허리선 : 성적 충동에 대한 통제에 어려움이 있으며, 갈등과 불안감을 경험하고 있음을 시사한다.

⑮ 의상 : 옷은 자기방어 또는 자기과시를 나타낸다.
　㉠ 옷을 너무 많이 입힌 화려한 그림 : 피상적이고 외향적 성격이나 주목받고 싶은 욕구와 사회적 지지에 대한 높은 욕구 등을 반영한다.
　㉡ 옷을 입지 않은 경우 : 어린 아동의 경우 정상적일 수 있지만, 관음증 같은 성적 부적응을 나타낼 수 있다.
　㉢ 단추를 강조해서 그린 경우 : 수검자가 내적 힘의 부족감을 느끼며 안정감을 얻기 위해 타인에게 의존하고 있음을 나타낼 수 있다.
　㉣ 넥타이가 강조(특히, 중년기 이후의 남성의 경우)되어 있는 경우 : 자신의 힘이나 능력과 관련하여 자신이 없고 부적절감을 느껴 과잉보상하려고 하고 있음을 나타낼 수 있다.

⑯ 그 외의 특징
　㉠ 수검자들은 대개 동성의 인물화를 완성하는데, 이성을 먼저 그렸다면 자기개념이 빈약하고, 자신의 성 정체성에 대한 갈등 또는 동성애 경향 등을 반영할 수 있다.
　㉡ 옷을 그리지 않은 채 성기가 드러나 있거나, 옷을 입은 모습인데도 성기를 보이게 그리는 경우 : 매우 드문데, 이는 정신증적 상태에 있음을 의미하는 경우가 대부분이며, 그렇지 않다면 성적 능력에 대한 극심한 불안감 또는 성 정체성의 불안정성을 시사할 수 있다.

⑰ 정상적이고 건강한 '사람' 그림
　㉠ 머리, 몸, 두 다리, 두 팔, 두 눈, 코, 입, (두 귀) 등의 필수적인 세부를 포함
　㉡ A4 용지에 대략 15~20cm의 크기로, 10~12분 정도에 걸쳐 완성
　㉢ 중앙이나 약간 아래에 위치
　㉣ 머리와 얼굴부터 그림
　㉤ 비율이 적당하고 적절한 자발성이나 움직임을 보임
　㉥ 비교적 균형이 잡혀 있고, 보기에 이상하지 않음
　㉦ 지우개를 거의 사용하지 않거나, 사용할 때는 그림의 질이 향상됨
　㉧ 필압과 획의 강도가 일정
　㉨ 수검자와 동일한 성에 대해서 먼저 그리며, 시간을 더 들이고 숙고하여 세부적인 부분까지 그림
　㉩ 눈에는 눈동자를 그리나, 코에는 콧구멍을 그리지 않음
　㉪ 옷이 입혀진 상태이며 '남성' 그림일 경우 벨트를 그림
　㉫ 발이나 귀가 강조되지 않음
　㉬ 생략된 부분이 최소한임

03 KFD 해석

1. 운동성 가족화의 구조적 해석

(1) 개관

① 번스(Burns)와 카우프만(Kaufman, 1970) : KFD에 대한 상징적 해석 방식을 제안하였다. 이후 KFD에 대해 보다 객관적인 평가를 하기 위해, '활동(action)', '양식(style)', '상징(symbol)'의 세 영역에 바탕을 둔 해석체계를 발전시켰다.

② KFD 해석 시 가장 먼저 고려할 요소 : 가족구성원이 어떻게 그려졌느냐 하는 것이다. 즉, 자주 지웠는지, 신체부위가 생략된 것은 없는지, 팔·다리의 길이는 적절한지, 실제 가족구성원 중 그리지 않은 사람이 있거나, 가족구성원이 아닌 사람을 그렸는지 등을 살펴봐야 한다.

③ 특정 가족구성원을 그리지 않았을 때 : 그 가족구성원에게 가지는 피검자의 태도가 부정적임을 알 수 있다.
   예 엄마를 그리지 않은 아동은 엄마에 대한 부정적 생각이나 태도를 가지고 있을 가능성이 높다.

④ 자신을 빠뜨리고 그린 경우 : 자신을 그리지 않은 경우에는 자기가치감과 자존심이 낮은 경우가 많으며, 이는 특히 우울한 아이들에게서 자주 관찰된다.

(2) 인물의 활동

① 그려진 가족 모두가 상호작용하고 있는지, 일부만이 상호작용하고 있는지, 아니면 상호작용 행동이 전혀 나타나지 않았는지에 따라 피검자가 지각하는 가족의 역동성을 엿볼 수 있다.
   예 형과 권투를 하는 그림이나 아버지와 야구를 하는 그림과 같이 경쟁을 시사하는 그림에는 상호작용이 드러나 있지만, 서로 앉아서 다른 방향을 보고 있는 그림에서는 낮은 수준의 상호작용을 추론해 볼 수 있다.

② 인물의 행동은 피검자가 지각하는 가족 내의 가족구성원들의 역할을 나타내주기도 하며, 피검자의 부모상 또는 남성성, 여성성의 발달에 영향을 미칠 수 있기 때문에, 이에 대해 살펴보는 것도 중요하다.
   예 대체로 아버지상은 TV나 신문을 보는 모습, 일하는 모습으로 많이 그려지고, 어머니상은 부엌일이나 청소 등과 같은 집안일을 하는 모습을 많이 그림. 자기상은 TV를 보거나 컴퓨터를 하는 모습, 공부하는 모습 등으로 흔히 표현된다.

(3) 그림의 양식

① 그림의 양식은 가족구성원 및 사물의 위치를 용지 안에서 어떻게 구성하는가를 의미한다.
   예 아동은 KFD에서 다른 가족은 다 가까이 그리면서 한 특정인만 멀리 떨어뜨려 그리거나, 어떤 가족구성원은 그리지 않거나 또는 자신과 가까이에 특정인을 그리기도 한다.

② 그림의 양식은 피검자가 가족 내에서 느끼는 친밀감, 신뢰감과 주관적인 느낌 및 태도와 관련이 있다.

③ 그림의 양식은 일반적으로 가족구성원과의 상호작용 측면에서 해석되며, 특히 중요한 가족구성원과 상호작용하지 못하고 있는 그림은 피검자에게 의미 있는 단서가 될 수 있다.

④ 피검자가 그리는 그림의 양식은 다양하지만, 그 특징에 따라 다음의 일곱 가지로 분류된다.
　㉠ **일반적 양식** : 가족구성원들이 긍정적이고 온정적인 상호작용을 하는 그림을 그린다. 가족구성원 간에 거리감을 느낄 수 있는 사물이나 벽이 존재하지 않는다. 가족 간에 친밀감이 있으며, 온정적인 상호작용을 경험하는 피검자에게서 보여진다.
　㉡ **구획화** : 가족화에서 가족구성원을 그릴 때, 직선이나 곡선을 사용하여, 인물들을 의도적으로 분리하여 그리는 경우이다.
　　ⓐ 가정에서 상호 간의 적극적인 애정표현이 이루어지지 않을 때, 그리고 가족 간의 응집력과 상호작용이 부족한 가정의 피검자가 자주 그렇게 그린다.
　　ⓑ 외롭거나 억압된 분노감이 있는 피검자에게서도 자주 나타난다.
　　ⓒ 구획화하여 그린 그림은 일반적으로 다른 가족구성원으로부터 피검자 자신과 자신의 감정을 철회하고 분리시키려는 욕구를 드러내 주는 것으로 해석되기도 한다.
　㉢ **포위** : 가족구성원 중 한 명 이상을 선으로 둘러싸이게 그리거나 또는 줄넘기나 책상과 같은 사물로 둘러싸이게 그리는 경우이다.
　　ⓐ **포위시킨 가족구성원** : 피검자에게 위협적인 대상으로 분리하거나 제외시키고 싶은 욕구가 표현되는 경우로 해석되기도 하고, 가족관계에서 포위한 대상과 정서적으로 단절되어 있을 가능성이 있다.
　　ⓑ **두 인물을 같이 포위하는 경우** : 두 사람을 동일시하는 경향이 있음을 암시한다.
　㉣ **가장자리** : 가족들을 A4용지의 가장자리 부분에 나열해서 그리는 경우이다. 이러한 그림을 그리는 피검자는 상당히 방어적이며 가족 내에서 느끼는 문제를 회피하려는 경향이 강하다. 또한 다른 가족구성원과 친밀한 관계를 맺는 것에 대해서 저항을 보일 가능성이 높다.
　㉤ **인물하선** : 특정 가족구성원을 그리고 난 뒤, 특정 인물의 밑에 선을 긋는 경우이다. 보통 아래에 선이 그어진 대상에 대해 불안감이 있는 피검자에게서 나타난다.
　㉥ **상부의 선** : 가족화에서 용지의 윗부분에 한 개 이상의 선을 그리는 경우이다. 가정 내에서 안정감이 부족하거나 불안, 걱정 또는 위기감을 느끼는 피검자에게서 보여진다.
　㉦ **하부의 선** : 기저선과 같이 한 개 이상의 선이 종이의 하단을 따라서 그려진 경우이다. 가정이 피검자에게 안정감을 제공하지 못하는 경우나 피검자가 정서적으로 지지받지 못하거나 인정받지 못할 경우, 이러한 기저선은 안정욕구를 의미한다.

(4) **상징**
① 상징의 해석은 과도하게, 혹은 1 : 1 식으로 해석되어서는 안 되며, 다른 많은 정보들을 고려하여 조심스럽게 해석해야 한다.
② KFD에 대한 경험적인 연구 결과

상징 해석	표현된 내용
공격심, 경쟁심	공, 축구공, 그 외 던질 수 있는 물체, 빗자루, 먼지떨이 등
애정, 온화, 희망	태양, 전등, 난로 등 열과 빛(빛이나 열이 강력하고 파괴적일 때는 애정이나 양육의 욕구, 증오심을 나타내기도 함)
분노, 거부, 적개심	칼, 총, 방망이, 날카로운 물체, 폭발물 등
힘의 과시	자전거, 오토바이, 차, 기차, 비행기 등
우울감	비, 바다, 호수, 강 등 물과 관계되는 모든 것

2. 역동성

(1) 인물 묘사의 순서

① 가족들을 그린 순서 : 피검자가 지각하는 가족 내 힘의 서열 혹은 피검자에게 정서적·심리적으로 중요한 대상의 순서를 반영하기도 한다.

　예 모가 부보다 먼저 그려진 경우는 부보다 모가 가정에서 지배적인 영향력을 행사할 가능성을, 아동 자신을 제일 먼저 중앙에 그린 경우는 자기중심적인 경향이 강함을 시사한다.

② 가족 이외의 인물을 가장 먼저 그린 경우 : 가족 내 소속감이나 유대감이 형성되어 있지 않을 가능성이 많으므로 피검자의 문제에 중요한 단서를 제공해 줄 수 있다.

(2) 인물상의 위치

① 용지의 상단에 그려진 인물상 : 가족 내에서 가족을 이끌어가는 주도적인 인물일 가능성이 높다.
② 용지 하단에 그려진 인물상 : 우울하거나 활력이 부족한 인물일 수 있다.
③ 중앙에 그려진 인물상 : 실제로 가족의 중심 인물인 경우가 많다.
④ 우측에 그려진 인물 : 외향성 및 활동성을 지닌 것으로 해석된다.
⑤ 좌측에 그려진 인물 : 내향성 및 침체성을 지닌 것으로 해석된다.
⑥ 일반적으로 남아는 자기상을 우측에, 여아는 좌측에 그리는 경향을 보인다.

(3) 인물상의 크기

① 인물상의 크기 : 가족구성원의 실제 키를 반영할 수도 있고, 피검자가 각 가족구성원에 대해 지니고 있는 감정과 태도를 나타낼 수도 있다.
② 키가 크게 그려진 인물상 : 존경받는 대상이거나 권위적인 대상으로 가정에서 중심적 위치에 있을 가능성이 높다.
③ 키가 작게 그려진 인물상 : 가족들에게 무시당하는 위치에 있을 가능성이 높다.

(4) 인물상 간의 거리

① 인물상 간의 거리는 아동이 지각하고 있는 구성원 간 친밀성의 정도나 심리적 거리를 나타내는 것으로 해석될 수 있다.
② 인물상이 서로 방해물 없이 가까이 그려진 경우 : 두 구성원이 서로 친밀함을 의미하는 것일 수도 있고, 반대로 두 구성원 간에 정서적인 거리감이 존재하여 이를 보상하고자 하는 표현일 수도 있다.
③ 거리가 멀게 그려진 두 인물상 간에는 실제 생활에서도 상호작용이 별로 없어 친밀감의 경험이 부족하고 심리적인 거리감을 느끼고 있을 가능성이 높다.

(5) 인물상의 방향

① 정면을 향하고 있는 인물상 : 피검자가 긍정적으로 지각하고 있는 대상이다.
② 뒷모습이 그려진 인물상 : 해당 인물에 대한 부정적 태도와 억압적 분노감을 시사한다.
③ 옆면이 그려진 인물상 : 해당 인물에 대해 양가적인 태도를 취하고 있을 가능성이 있다.

(6) 인물상의 생략

① 가족구성원 중 특정 인물을 빼고 그렸거나 그렸다 지운 흔적이 있는 경우 : 피검자가 지워진 가족구성원에게 양가감정을 느끼거나 그 구성원과 갈등적인 관계에 있음을 시사한다.
② 가족구성원의 일부를 검사 용지의 뒷면에 그리는 경우 : 뒷면에 그린 가족구성원에게 피검자가 양가감정을 느끼고 있음을 시사해 준다.

(7) 타인의 묘사
① 같이 살고 있는 가족구성원이 아닌 타인을 그리는 경우 : 피검자가 가족 내의 누구에게도 정서적 교류나 친밀감을 느낄 수 없는 상태에 있음을 추측해 볼 수 있다.
② 가족 외 타인으로는 주로 아동의 친구, 친척이 그려지는 경우가 많고 이렇게 그려진 타인은 피검자가 정서적으로 가장 친밀하게 느끼거나 초기에 기본적인 신뢰감이나 애착을 형성했던 대상일 가능성이 많다.

3. 인물상의 특징

(1) 음영
어떤 인물의 신체 한 부분에 음영이 그려질 경우 그 신체 부분에 몰두하고 있거나 불안감을 느끼고 있음을 시사하기도 하며, 음영이 표시된 인물에 대한 분노감이나 적개심 등의 표현일 가능성도 있다.

(2) 얼굴 표정
① 직접적인 정서적 반응을 나타내 주는데, KFD에서 드러나는 인물의 표정은 실제 가족활동 내에서 피검자가 지각하는 정서 반응일 수도 있고, 피검자가 가족구성원에게 느끼는 감정일 수도 있다.
② 얼굴 표정을 생략한 경우 : 가족 내에서 느끼는 갈등이나 정서적 어려움을 회피하거나 거리감을 두려는 시도로 해석해 볼 수 있다.

(3) 회전된 인물상
특정 가족구성원만 다른 구성원들과 다른 방향으로 그린 경우는, 이는 그 가족구성원에 대한 거리감, 거부감 또는 갈등적인 감정을 나타낸다.

(4) 막대기 모양 인물상
지적장애나 다른 뇌손상이 없는 피검자가 가족화를 막대기 모양으로 그린 것은 가족 간에 정서적 유대감과 애정적 교류가 부족하며, 갈등 관계에 있거나 갈등 관계에 있는 대상에 대한 부정적 감정이나 저항을 나타낼 수도 있다.

04 학생정서·행동특성검사

1. 학생정서·행동특성검사

	학부모 평가(온라인/서면검사)	학교 상(면)담	관심군

초등학생	• CPSQ-II-I 검사결과(정서·행동특성)
	  - 초1 : 총점 남학생 21점, 여학생 17점 이상
	  - 초4 : 총점 남학생 20점, 여학생 19점 이상
		문제 유형 및 심각성 확인	• 일반관리
			• 우선관리

	학생 평가(온라인/서면검사)	학교 상(면)담	관심군

중·고등학생	• AMPQ-III-I 검사결과(정서·행동특성)
	  - 중1 : 총점 남학생 37점, 여학생 36점 이상
	  - 고1 : 총점 남학생 33점, 여학생 32점 이상
		문제 유형 및 심각성 확인	• 일반관리
			• 우선관리

	• 자살 위험도 문항(AMPQ-III-I 53번, 57번, 58번, 59번, 63번) 점수 합(63번은 예로 응답하면 3점 부여)
	  - 중1 : 남학생 5점, 여학생 6점 이상
	  - 고1 : 남학생 4점, 여학생 4점 이상
		문제유형 및 심각성 확인	• 우선관리

(1) 개관
① 대상 : 초 1·4학년, 중학교(고등공민학교)·고등학교(고등기술학교) 1학년·특수학교·각종 학교의 해당 학년
② 방법 : 온라인검사 또는 서면검사
③ 주관 : 학교
④ 내용 : 성격특성, 주의력결핍 과잉행동장애(ADHD), 우울, 불안, 학교폭력 피해, 자살위기 등 주요 정서·행동특성 전반
⑤ 결과처리 : 검사도구별 기준 점수 이상인 경우(관심군) 심층평가를 위한 전문기관 연계지원, 학교 내 상담 등 지속관리
  ※ 성격특성 검사 결과는 학생들의 성격 특성을 이해하기 위한 것으로, 학교와 부모의 지도 관리에 참고할 수 있으며 관심군 판정에는 포함되지 않음
  ※ 신뢰도 문항은 학생 면담 등의 재검사 참고자료로 활용

(2) 주의사항
① 초등학생의 경우 자살위기에 대한 별도검사를 포함하지 않으나, 면담과정에서 자살생각이 확인되면 우선관리군에 준하여 조치
② 검사결과 재확인(관심군↔정상군 변경 필요 시) 절차 및 방법
  ㉠ 면담을 통해 문제가 있을 경우 재검사를 실시하고 결과에 따라 내부 결재를 거쳐 진행하며, 신뢰도 문항은 참고자료로 활용

ⓒ 재검사(별도의 표준화검사 또는 특성검사 : CPSQ-Ⅱ-Ⅰ, AMPQ-Ⅲ-Ⅰ/AMPQ-Ⅲ-T)를 통한 확인
ⓒ 검사결과 변경(관심군↔정상군)이 필요한 경우 : 상기 재검사 결과와 기본(1차) 검사결과 등 관련 내용(내부결재)에 근거하여 처리

2. 전문기관 심층평가

관심군(초)	일반관리	• CPSQ-Ⅱ-Ⅰ - 초1 남학생 21~24점/여학생 17~19점 - 초4 남학생 20~23점/여학생 19~22점	→	전문기관 의뢰 및 학교 내 관리
	우선관리	• CPSQ-Ⅱ-Ⅰ - 초1 남학생 25점 이상/여학생 20점 이상 - 초4 남학생 24점 이상/여학생 23점 이상	→	전문기관 우선의뢰 및 학교 내 관리
관심군(중·고)	일반관리	• AMPQ-Ⅲ-Ⅰ - 중1 남학생 37~43점/여학생 36~41점 - 고1 남학생 33~39점/여학생 32~37점 • AMPQ-Ⅲ-T - 중1 남학생 7점/여학생 4점 - 고1 남학생 4점/여학생 4점	→	전문기관 의뢰 및 학교 내 관리

	우선관리
	(자살위험
	포함)
		• AMPQ-Ⅲ-Ⅰ
		- 중1 남학생 44점 이상/여학생 42점 이상
		- 고1 남학생 40점 이상/여학생 38점 이상
		- 자살위기 문항(AMPQ-Ⅲ-Ⅰ Q. 53, Q. 57) 점수의 합(63번은 예로 응답하면 3점 부여)
		  중1 남학생 5점, 여학생 6점 이상
		  고1 남학생 4점, 여학생 4점 이상
		• AMPQ-Ⅲ-T
		- 중1 남학생 8점 이상/여학생 5점 이상
		- 고1 남학생 5점 이상/여학생 5점 이상
		- 자살위기 문항(AMPQ-Ⅲ-T Q. 7) 2점 이상 응답자
			→	전문기관 우선의뢰 및 학교 내 관리
				
				높은 자살위험 시 : 즉각 조치

(1) 개관
① 대상 : 학생정서·행동특성검사 관심군(일반관리군·우선관리군)으로 분류된 학생
※ 관심군은 성격특성 검사결과는 포함하지 않으며, 정서·행동특성검사 결과만으로 선별
② 주관 : 학교
③ 방법 : 학생 의뢰서(학부모 동의서) 전달 및 유선 협의
※ 전문기관 담당자와 사전 협의, 일정 및 방법 등 세부사항 조정 후 안내
※ 자살위험 등 우선관리 학생은 연간계획 수립 시 전문기관과 사전협의·협력체계 구축으로 대상학생 확인 시 학부모 면담 및 전문기관(병의원) 의뢰 등 즉각 조치
※ 교육(지원)청은 특히 자살위기 학생 지원을 위하여 관내 전문기관을 사전에 지정·단위 학교에 안내

(2) **전문기관 2차 조치 연계현황 분류체계** : 관심군은 모두 전문기관 연계 조치 대상으로 분류
  ① 학부모(학생) 거부 : 전문기관 미연계 사유가 학부모(또는 학생)의 거부에 의한 경우
  ② 출결 문제 : 해당 학생이 장기결석, 휴학, 전학, 대안교육시설 위탁 등으로 조치가 불가한 경우
  ③ 기타 : 상기 ①, ② 이외의 미연계 사유
  ④ 가정요인(경제문제, 보호자 부재 등), 지역 내 이용 시설 부재 등은 관할 교육청 Wee센터 학교 방문 관리를 원칙으로 하며, 미연계 사유에 포함되지 않음
  ⑤ 이미 전문기관 치료 중이거나 개별적으로 학교 연계 기관 이외의 전문기관에서 관리받는 경우는 연계(해당 기관 유형)로 분류

3. 검사 구조

초등학생		중·고등학생	
CPSQ-II-I(Child Personality and Mental Health Screening Problems Screening Questionnaire, Second Version with Improvement)		AMPQ-III-I(Adolescent Personality and Mental Health Problems Screening Questionnaire, Third Version with Improvement)	
유형	내용	유형	내용
개인 성격특성	성실성, 자존감, 개방성, 타인이해, 공동체의식, 사회적 주도성	개인 성격특성	성실성, 자존감, 개방성, 타인이해, 공동체의식, 사회적 주도성
정서행동 문제요인	**부주의/충동성** : 부주의 또는 집중력 문제, 과잉행동, 충동성, 온라인 과다사용, 또래와의 갈등 등	정서행동 문제요인	**부주의/반항성** : 부주의 또는 집중력 문제, 과잉행동, 감정조절의 어려움, 분노조절 문제, 반항성, 충동조절의 어려움 등
	학교적응곤란 : 사회적 기술 및 대처기술 부진, 학습 부진, 자신감 부진, 학교적응의 어려움 등		**우울/비관** : 우울감, 삶에 대한 비관, 자해 및 자살 경향성 등
	과민/반항성 : 정서적 예민성, 우울감, 반항성, 의욕 저하, 신체화, 적대적 성향 등		**불안/대인공포** : 예기불안, 수행불안, 강박사고, 사회공포, 감정기복, 피해의식 등
			교우관계곤란 : 교우관계에서의 부정적 경험(따돌림, 무시, 괴롭힘 등)으로 인한 정서적 어려움, 기태적 경험, 강박행동 등
	불안 : 분리불안, 심리외상적 사건 반추 및 재경험, 신체화, 과불안, 사회공포 등		**스트레스/신체화** : 스트레스에 대한 신체적 반응 및 식사·수면 등의 문제, 심리외상적 사건 반추, 비행 등으로 자기 돌봄의 부진 등
	부정적 교우관계 : 교우관계에서 부정적 경험 및 공격적 행동으로 인해 겪는 어려움 등	자살 위험도	**자살 관련** : 비관적 인지, 자살사고, 자살계획, 자살시도력 등(정서행동특성 총점 외에도 우선관리군 지정 기준으로 활용)
기타	• **보호자의 양육경향성** : 양육기술의 개선이 요구되는 양육자의 행동 등으로 구성. 정서행동특성 총점에서는 제외됨 • **상담경험** : 전문가와의 상담경험을 묻는 문항. 정서행동특성 총점에서는 제외됨	기타	중독경험(정서행동특성 총점에만 포함되고 별도 요인으로 표시되지 않음), 신뢰도 문항, 상담경험

4. 초등학생용 정서·행동특성검사(CPSQ-II)

(1) 요인별 내용

① 부주의/충동성
  ㉠ 부주의, 집중력 부족, 과잉행동, 충동성, 온라인 과다사용, 또래와의 갈등 등 다양한 상황에서 관련 행동 조절의 어려움과 관련된 항목 포함
  ㉡ 이 요인의 점수가 높을수록 위의 특성을 가질 가능성이 있음

② 학교적응곤란
  ㉠ 사회적 의사소통 부진, 적응 및 대처기술 부진, 자신감 부진 등 학습과 사회성 부진을 초래하는 정서·행동문제의 상태 파악
  ㉡ 이 요인의 점수가 높을수록 위의 특성을 가질 가능성이 있음

③ 과민/반항성
  ㉠ 정서적 예민성, 우울감, 반항성, 의욕 저하, 신체화, 적대적 태도 등 주로 정서조절의 어려움 등 정서·행동문제의 상태 파악
  ㉡ 이 요인의 점수가 높을수록 위의 특성을 가질 가능성이 있음

④ 불안
  ㉠ 분리불안, 심리외상적 사건 반추 및 재경험, 신체화, 과불안, 사회공포 등의 과한 불안과 관련된 정서·행동문제의 상태 파악
  ㉡ 이 요인의 점수가 높을수록 위의 문제를 가질 가능성이 있음

⑤ 부정적 교우관계
  ㉠ 아동이 교우관계에서 부정적 경험 및 공격적인 행동 등 교우관계에서 겪는 어려움과 관련된 정서·행동문제의 상태 파악
  ㉡ 이 요인의 점수가 높을수록 위의 특성을 가질 가능성이 있음

⑥ 기타
  ㉠ **보호자의 양육경향성** : 양육기술의 개선이 요구되는 양육자의 행동 등으로 구성. 정서행동특성 총점에서는 제외됨
  ㉡ **상담경험** : 전문가와의 상담경험을 묻는 문항. 정서행동특성 총점에서는 제외됨

(2) 요인별 문항 및 절단점

구분		원점수 범위	문항	절단점
성격 특성	성실성	0~12	5, 9, 12, 17	-
	자존감	0~12	1, 13, 15, 16	
	개방성	0~12	3, 8, 14, 24	
	타인이해	0~12	4, 7, 21, 22	
	사회적 주도성	0~12	2, 6, 20, 23	
	공동체의식	0~12	10, 11, 18, 19	

정서 행동 특성	부주의/충동성	0~27	34, 35, 36, 37, 38, 44, 47, 50, 53	초1 남 9점/11점, 초1 여 7점/8점 초4 남 9점/10점, 초4 여 7점/8점
	학교적응곤란	0~27	27, 33, 40, 41, 42, 50, 51, 52, 53	초1 남 6점/7점, 초1 여 5점/6점 초4 남 6점/8점, 초4 여 5점/6점
	과민/반항성	0~18	25, 26, 30, 31, 32, 55	초1 남 6점/7점, 초1 여 5점/6점 초4 남 6점/7점, 초4 여 6점/7점
	불안	0~21	28, 29, 32, 45, 46, 48, 54	초1 남 5점/6점, 초1 여 1점/2점 초4 남 –/2점, 초4 여 6점/7점
	부정적 교우관계	0~9	39, 47, 56	초1 남 6점/7점, 초1 여 –/6점 초4 남 6점/7점, 초4 여 6점/7점
기타	양육경향성	0~12	57, 58, 59, 60	초1 남 6점/7점, 초1 여 –/6점 초4 남 6점/7점, 초4 여 6점/7점
	상담경험	–	61	–
정서·행동특성 총점		0~90	25~42, 44~48, 50~56의 합	초1 남 21점/25점, 초1 여 17점/20점 초4 남 20점/24점, 초4 여 19점/23점

※ 성격특성, 기타(양육경향성, 상담경험)에 해당하는 문항은 정서·행동특성 총점 산정에 포함되지 않음
※ 신뢰도 문항은 총 3개 문항(43번, 49번, 62번)이며, 총점 산정에는 포함되지 않음

(3) 결과 판정 기준

판정 기준	결과 판정			원점수 범위
정서·행동문제 총점	일반관리	초1	남	21~24점
			여	17~19점
		초4	남	20~23점
			여	19~22점
	우선관리	초1	남	25점 이상
			여	20점 이상
		초4	남	24점 이상
			여	23점 이상

① CPSQ-II-I 검사의 성격특성 부분은 학생들의 긍정적 성격특성을 파악하기 위한 것으로 관심군 선별에는 포함되지 않습니다. 개인의 성격특성은 자존감, 성실성, 개방성, 타인이해능력, 사회적 주도성, 공동체의식 등 개인의 내외에서 찾아볼 수 있는 6개의 요소로 구성되어 있습니다. 이를 통해 학생들이 갖고 있는 긍정적 자원을 평가함으로써 부모는 학생 성격을 이해하는 데 도움을 받을 수 있고, 학교에서는 학생의 생활지도에 활용할 수 있습니다.

② CPSQ-II-I 검사의 정서·행동특성 부분은 점수가 높을수록 해당 요인의 성향이 높을 가능성을 의미합니다. 정서·행동특성 총점에 따라 관심군과 정상군으로 판정됩니다. 관심군은 정서·행동특성 총점이 초1 남학생 21점/여학생 17점, 초4 남학생 20점/여학생 19점 이상이며 이 점수는 평균에서 1.5SD(표준편차)를 벗어나는 경우에

해당합니다. 관심군 중에서 총점이 초1 남학생 25점/여학생 20점 이상, 초4 남학생 24점/여학생 23점 이상인 경우에는 우선관리군에 해당하며 평균에서 2SD(표준편차)를 벗어나는 경우에 해당합니다.
③ 2023년도 재개정판 학생정서·행동특성검사 표준화 연구를 바탕으로 할 때 100명의 학생 중 약 6~9명의 학생이 관심군으로 선별될 수 있습니다. 만일 학생이 관심군으로 분류가 된다면 정서·행동특성에 대해 보다 세심한 관심과 심층평가가 필요합니다. 특히, 우선관리군에 속할 경우에는 정서·행동의 특성을 가질 가능성이 보다 높기 때문에 우선적인 개입이 필요합니다.

5. 중·고등학생용 정서·행동특성검사(AMPQ-III)

(1) 요인별 내용

① 부주의/반항성
  ㉠ 부주의 또는 집중력 문제, 과잉행동, 충동성, 감정기복, 분노조절 문제, 반항성, 온라인 과다 등과 관련된 항목 포함
  ㉡ 이 요인의 점수가 높을수록 위의 특성을 가질 가능성이 있음

② 우울/비관
  ㉠ 우울감, 삶에 대한 비관, 자해 및 자살 경향성 등과 관련된 항목 포함
  ㉡ 이 요인의 점수가 높을수록 위의 특성을 가질 가능성이 있음

③ 불안/대인공포
  ㉠ 예기불안, 수행불안, 강박사고, 사회공포, 감정기복, 피해의식 등과 관련된 항목 포함
  ㉡ 이 요인의 점수가 높을수록 위의 특성을 가질 가능성이 있음

④ 교우관계곤란
  ㉠ 교우관계에서의 부정적 경험, 강박행동, 피해의식, 기태적 경험 등과 관련된 항목 포함
  ㉡ 이 요인의 점수가 높을수록 위의 특성을 가질 가능성이 있음

⑤ 스트레스/신체화
  ㉠ 스트레스에 대한 신체적 반응 및 식사·수면 등의 문제, 심리외상적 사건 반추, 비행 등으로 자기 돌봄의 부진 등과 관련된 항목 포함
  ㉡ 이 요인의 점수가 높을수록 위의 특성을 가질 가능성이 있음

⑥ 기타
  ㉠ **중독경험** : 정서행동특성 총점에만 포함되고 별도 요인으로 표시되지 않음
  ㉡ 상담경험

(2) 요인별 문항 및 절단점

구분		원점수 범위	문항	절단점
개인 성격 특성	성실성	0~12	3, 7, 10, 17	-
	자존감	0~12	1, 11, 14, 15	
	개방성	0~12	2, 6, 12, 24	
	타인이해	0~12	5, 13, 21, 22	
	공동체의식	0~12	8, 9, 18, 19	
	사회적 주도성	0~12	4, 16, 20, 23	
요인 정서 행동 문제	부주의/반항성	0~30	28, 29, 30, 32, 33, 40, 44, 48, 50, 55	중1 남 14점/17점, 중1 여 14점/16점 고1 남 13점/16점, 고1 여 13점/15점
	우울/비관	0~21	47, 53, 54, 57, 58, 59, 63	중1 남 5점/6점, 중1 여 7점/9점 고1 남 5점/6점, 고1 여 5점/7점
	불안/대인공포	0~21	29, 35, 36, 38, 43, 45, 52	중1 남 12점/14점, 중1 여 12점/14점 고1 남 11점/13점, 고1 여 11점/14점
	교우관계곤란	0~18	27, 39, 46, 51, 52, 56	중1 남 6점/7점, 중1 여 5점/6점 고1 남 5점/6점, 고1 여 4점/5점
	스트레스/신체화	0~18	26, 31, 34, 37, 39, 41	중1 남 7점/9점, 중1 여 6점/7점 고1 남 6점/7점, 고1 여 5점/6점
기타		-	60, 61, 62, 64	-
자살위험도		0~15	53, 57, 58, 59 +63(예로 응답하면 3점)	중1 남 5점, 중1 여 6점 고1 남 4점, 고1 여 4점
정서·행동문제 총점		0~111	25~41, 43~48, 50~62의 합 +63(예로 응답하면 3점)	중1 남 37점/44점, 중1 여 36점/42점 고1 남 33점/40점, 고1 여 32점/38점

※ 신뢰도 문항은 총 3개 문항(42번, 49번, 65번)이며, 총점 산정에는 포함되지 않음
※ 성격특성, 기타에 해당하는 문항은 총점 산정에 포함되지 않으며, 중독경험 문항(60번, 61번, 62번)은 총점에만 포함, 별도 요인으로 표시하지 않음

(3) 결과 판정 기준

판정 기준	결과 판정			원점수 범위
정서행동문제 총점	일반관리	중1	남	37~43점
			여	36~41점
		고1	남	33~39점
			여	32~37점
	우선관리	중1	남	44점 이상
			여	42점 이상
		고1	남	40점 이상
			여	38점 이상

자살위험도	우선관리	중1	남	5점 이상
			여	6점 이상
		고1	남	4점 이상
			여	4점 이상

① AMPQ-III-I 검사의 성격특성 부분은 학생들의 성격특성의 장점을 파악하기 위한 것으로 관심군 선별에는 포함되지 않습니다. 개인의 성격특성은 자존감, 성실성, 개방성, 타인이해능력, 사회적 주도성, 공동체의식 등 개인의 내외에서 찾아볼 수 있는 6개의 요소로 구성되어 있습니다. 이를 통해 학생들이 갖고 있는 긍정적 자원을 평가함으로써 부모는 학생 성격을 이해하는 데 도움을 받을 수 있고, 학교에서는 학생의 생활지도에 활용할 수 있습니다

② AMPQ-III-I 검사는 정서·행동특성 부분의 점수가 높을수록 정서·행동상의 어려움이 많을 가능성을 의미하며, 정서·행동특성 총점에 따라 관심군과 정상군으로 판정됩니다. 관심군의 기준은 정서·행동특성 총점이 중1 남학생 37점/여학생 36점, 고1 남학생 33점/여학생 32점 이상이며, 이는 평균에서 1.5SD(표준편차)를 벗어나는 경우에 해당합니다. 관심군 중에서 정서·행동특성 총점이 중1 남학생 44점/여학생 42점, 고1 남학생 40점/여학생 38점 이상이거나 자살위험도 문항 합이 중1 남학생 5점/여학생 6점, 고1 남학생 4점/여학생 4점인 경우에는 우선관리군에 속하며, 각각 평균에서 2SD(표준편차)를 벗어나는 경우에 해당합니다. 정서·행동특성 총점에 따라 100명의 학생 중 약 6~9명, 자살위험도 문항 합 점수에 따라 100명의 학생 중 약 2~3명이 관심군으로 선별될 수 있습니다. 만일 관심군으로 분류가 된다면, 보다 자세한 정서행동특성들에 대해서 세심한 관심과 심층평가가 필요하다는 의미입니다. 특히 우선관리군에 속할 경우에는 정서행동의 특성을 가질 가능성이 보다 높기 때문에 우선적인 개입이 필요합니다.

③ AMPQ-III-I는 부주의/반항성, 우울/비관, 불안/대인공포, 교우관계곤란, 스트레스/신체화 등의 하부 요인들로 구성되어 있으며, 만일 요인별 절단점을 넘는 항목이 있으면 그 요인의 경향성이 높다는 의미이기에 이에 대한 세심한 관심과 평가가 필요할 수 있습니다.

6. 중·고등학교 교사용 정서·행동특성검사(AMPQ-III-T)의 요인별 내용

(1) 교사용 정서·행동특성검사(AMPQ-III-T)의 특징

① 담임교사 또는 학생정서·행동특성검사 사업의 학교 담당교사 등 학생을 잘 이해하는 관련 교사가 추가적으로 실시하여 관찰된 학생의 정서·행동특성을 파악할 수 있도록 하는 보조 도구

② 학생이 본인 보고에 의한 관심군으로 분류된 경우, 교사가 관심군 여부를 최종 확정할 때에도 사용할 수 있음

③ 전체 학생에게 적용할 필요는 없으며, 위의 사항과 같이 학교에서 추가적인 판단이 필요할 시에 보조 도구로 활용할 수 있음

④ 정서·행동특성에 대해 두 가지 요인(외현화 문제, 우울/소외)으로 구성

(2) 외현화 문제

적대적 반항장애, 품행장애, 자살·자해 등과 관련된 정서·행동특성으로 구성

(3) 우울/소외

우울증, 또래관계 소외 등에서 흔한 정서·행동특성으로 구성

(4) 요인별 문항 결과 판정 기준

① 문항 및 절단점

구분	원점수 범위	문항	절단점
자살 및 자해	0~3	7	2점
외현화 문제	0~18	1, 2, 4, 5, 7, 8	중1 남학생 4점/여학생 2점 고1 남학생 4점/여학생 1점
우울/소외	0~12	3, 6, 7, 9	중1 남학생 2점/여학생 2점 고1 남학생 1점/여학생 1점
정서행동문제 총점	0~27	1~9	중1 남학생 7점/여학생 4점 고1 남학생 4점/여학생 4점

② 결과 판정 기준

판정 기준	결과 판정			원점수 범위
정서행동문제 총점	일반관리	중1	남	7점
			여	4점
		고1	남	4점
			여	4점
	우선관리	중1	남	8점 이상
			여	5점 이상
		고1	남	5점 이상
			여	5점 이상
문항 7 점수 총점	자살위기(우선관리)			2점 이상

(5) 판정 관련 상세 기준

① AMPQ-III-T는 담임교사 또는 학생정서·행동특성검사 학교 담당교사 등 학생을 잘 이해하는 관련 교사가 추가적으로 실시할 수 있는 보조 도구입니다. 따라서 전체 학생에게 적용할 필요는 없으며, 학교에서 추가적인 판단이 필요할 시 보조 도구로 활용할 수 있습니다.

② 관심군의 기준은 성별과 연령에 따라 달라지며 평균에서 1.5SD(표준편차)를 벗어나는 경우에 해당합니다. 관심군 중에서 정서·행동문제 총점이 중1 남학생 8점/여학생 5점, 고1 남학생 5점/여학생 5점 이상인 경우는 우선관리군에 속하며, 평균에서 2SD(표준편차)를 벗어나는 경우에 해당합니다.

③ AMPQ-III-T는 외현화 문제, 우울/소외의 하부 요인들로 구성되어 있으며, 만일 요인별 절단점을 넘는 항목이 있으면 그 요인의 경향성이 높다는 의미입니다.

7. 2025 학생정서·행동특성검사 주요 변경 사항

① 기존 검사 문항에서 일부 문항 삭제 및 수정(이중 부정 표현 → 단순 긍정 표현)
② 모호한 문항 수정(이중 부정 표현 등)
③ 도구명, 문항수, 응답기간, 신뢰도 문항 등 변경
④ 자살위험도 문항 추가 및 자살면담기록지 삭제
⑤ 코로나19 이후 학생들의 심리적 변화를 반영하여 검사 요인의 구조를 변경

구분		초등학생용(CPSQ-II-I)	중·고등학생용(AMPQ-III-I)
문항수		• 65 → 62개	• 63 → 65개
응답기간		• 최근 1년	• 최근 1년
변경내용	문항	• 교체 2개(신뢰도 3개 중 2개) • 삭제 3개(상담의향 등 기타분야 3개) • 유지(위치변경) 2개	• 교체 2개(신뢰도 3개 중 2개) • 삭제 3개 • 유지(위치변경) 5개 • 부분삭제 1개 • 추가 5개
	서식	• 자살면담기록지 삭제	• 자살면담기록지 삭제

05 <마음 EASY> 선별 검사

(1) 소개
① 대상 : 초, 중, 고, 특수, 각종 학교 학생
② 기간 : 정서행동특성검사와 달리 모든 학년이 언제든 필요할 때 선택적으로 사용 가능
③ 방법 : 온라인 검사/서면검사
④ 구성 : 초등용/중고등용

(2) 유의사항
① '정신질환', '관심군'이라는 용어(의미)를 지양함으로써 교직원 및 보호자, 학생의 거부감 방지
② <마음 EASY> 선별 검사는 진단이 아닌, 학생교육활동의 적정성을 지원하기 위한 선별 검사(screening test)
③ 본 검사는 성장기 학생들이 흔히 경험하게 되는 마음건강 문제를 조기발견하고 악화되는 것을 사전에 예방하기 위한 것임을 교직원에게 전달하여 적극적인 참여 독려
④ 검사 결과 및 결과 해석 등은 필요한 경우에 개별적으로 통보하고, 교실 등 공개적인 장소에서 "검사 결과에 이상이 있다."는 등의 표현을 하지 않도록 안내
⑤ 검사 결과는 학생들의 최근 상태를 이해하기 위한 것으로, 학교와 부모 지도 및 관리에 참고할 수 있으며, 학교생활에 불이익이 없음을 안내

(3) 목적
① 마음건강 문제 조기 발견 및 악화 방지
② 상시 사용이 가능한 검사를 통한 학생 마음건강 문제 예방
③ 가정 및 지역사회 전문기관 안내로 학생 마음건강 발달 지원의 효율성 제고
④ 학생 마음건강 문제에 대한 적절한 개입을 통해 학교생활 부적응 예방·관리

(4) <마음 EASY> 선별 검사(초등학교용)
① 하위 요인

정서문제	전반적인 정서적 문제의 수준을 측정한다. 의욕저하, 수면문제, 짜증, 신경질, 감정기복 등의 문제를 포함한다.
불안문제	정서적 문제 중에서도 특히 불안과 관련된 문제의 수준을 측정한다. 불안, 걱정, 죄책감, 두려움 등의 문제를 포함한다.
대인관계 및 사회불안 문제	대인관계의 어려움, 타인과 함께 있거나 수행하는 상황에서의 사회불안의 수준을 측정한다. 타인과 있을 때의 긴장, 자신감부족, 타인의식, 대인관계 형성 및 유지 등과 관련된 문제를 포함한다.
외현화 문제	겉으로 나타나는 행동적 문제들의 수준을 측정한다. 정서문제와 같은 다른 문제들로 인하여 발생하는 결과일 수 있다. 상습적 거짓말, 친구와 자주 싸움, 물건 훔치기, 물건 부수기, 지나친 게임 이용 등의 문제를 포함한다.
심리외상 문제	심리적 외상 경험 여부와 외상 경험으로 인해 나타나는 문제들의 수준을 측정한다. 폭력 피해 경험, 과거 경험, 침습, 악몽, 타인 회피, 학교에 가는 것에 대한 두려움 등을 포함한다.

② 실시 : 37개 문항에 대해서 초등학생 자녀의 최근 3개월간의 상태와 관련된 질문에 보호자(학부모)가 솔직하게 답하도록 안내해야 한다. 또한 각 문항은 0~3점의 4점 척도(전혀 아니다 ~ 매우 그렇다)로 구성되어 있다.
③ 판정 기준 : T 점수의 평균 50, 표준편차 10으로, T 점수에 따라 일반군(T<65), 관심군(65≤T<70), 우선관심군(T≥70)으로 구분한다.

(5) 〈마음 EASY〉 선별 검사(중등학교용)
① 하위 요인

불안 및 우울 문제	불안 및 우울과 관련된 다양한 문제들의 수준을 측정한다. 긴장, 감정기복, 죄책감, 신경질, 의욕저하, 걱정 등의 문제를 포함한다.
자살 및 위기 문제	자살 및 심각한 정신적 문제와 같은 중대한 위험 증상들의 수준을 측정한다. 이 문항들의 점수가 높을 경우 우선적 관심과 개입이 요구된다. 자해, 자살계획 및 의도, 자살시도, 무망감 등을 포함한다.
외현화 문제	겉으로 나타나는 행동적 문제들의 수준을 측정한다. 정서적 문제와 같은 다른 문제들로 인하여 발생하는 결과일 수 있다. 반항행동, 비행행동(담배, 술 등), 상습적 거짓말, 친구와 자주 싸움, 타인을 괴롭히기, 물건 훔치기, 물건 부수기, 지나친 게임 이용, 성급함 등의 문제를 포함한다.
심리외상 문제	심리적 외상 경험 여부와 외상 경험으로 인한 문제들의 수준을 측정한다. 폭력피해 경험, 과거 경험, 침습, 악몽, 타인 회피, 지나친 안전 확인, 타인 불신 등을 포함한다.
학교생활 적응 문제	학교생활에 적응하는 데의 어려움과 대처기술의 저하 수준을 측정한다. 자신감 부족, 부적응적 대처, 수업 이해의 어려움, 아침 기상의 어려움 등을 포함한다.

② 실시 : 36개 문항에 대해서 최근 3개월간의 상태와 관련된 질문에 학생 스스로 솔직하게 답하도록 안내해야 한다. 또한 각 문항은 0~3점의 4점 척도(전혀 아니다~매우 그렇다)로 구성되어 있다.
③ 판정 기준 : T 점수의 평균 50, 표준편차 10으로, T 점수에 따라 일반군(T<65), 관심군(65≤T<70), 우선관심군(T≥70)으로 구분한다.

김진구

전문상담 기본개념 3

흙 계획된우연

부록 2
전문상담 과목별 평가영역

01 심리검사 평가영역
02 아동심리학 평가영역
03 청소년심리학 평가영역
04 학습심리학 평가영역
05 심리학 개론 평가영역

01 심리검사 평가영역

기본 이수 과목 및 분야	평가영역	평가 내용 요소
심리검사	심리검사의 이론적 기초	• 심리검사 배터리의 개념
		• 개별검사와 배터리 접근의 장단점
		• 학교 장면에서 심리검사의 필요성과 이해
		• 좋은 심리검사의 조건
		• 백분위, Z 점수, T 점수, IQ 점수의 의미
	인지 및 인지기능검사	• 지능의 정의
		• 유전과 환경이 지능에 미치는 영향
		• 지능검사의 실시 및 결과 해석
		• 다양한 인지기능검사 실시 및 결과 해석
		• 학업성취에 영향을 미칠 수 있는 다양한 요인(예 낮은 지능, 주의력 결핍, 정서문제)
	학습 및 진로검사	• 진로, 적성 및 직업 흥미의 개념 이해
		• 진로 탐색, 적성 및 직업 흥미검사의 실시 및 결과 해석
		• 다양한 학습검사의 실시 및 결과 해석
	성격 및 적응검사	• 객관적 검사와 투사적 검사의 이해 및 장단점
		• 성격, 적응 및 정신병리 측정검사에 대한 이해와 실시
		• 주요 객관적 성격검사(예 MMPI, MBTI, PAI, K-CBCL)의 실시 및 결과 해석
		• 집-나무-사람 검사, 인물화검사, 가족화검사, 문장완성검사 등 간단한 투사검사의 실시 및 결과 해석
		• 다양한 정서 및 행동문제(예 우울, 불안, 인터넷중독, 공격성, 성 문제, 자살 위기, 자아정체성 문제)의 스크리닝(선별) 검사의 실시 및 결과 해석
	검사결과의 통합 및 활용	• 심리평가의 상담 개입에 활용
		• 심리평가 보고서 작성
		• 검사결과를 학생, 보호자, 교사에게 설명하기
		• 학교 장면에서 심리검사결과의 활용
		• 심리검사와 관련된 윤리적 쟁점의 이해
		• 개별 사례에서 윤리적 원칙의 위반 사항 분석

02 아동심리학 평가영역

기본 이수 과목 및 분야	평가영역	평가 내용 요소
아동심리학	신체 및 신경계의 발달과 특성	• 신체발달과 심리적 발달의 관계 • 운동능력의 발달 • 환경적 자극(경험)과 뇌 발달의 관계
	인지발달과 심리	• 피아제 이론, 피아제 이론과 교육 • 비고츠키의 사회문화적 접근 • 정보처리 관점에서의 발달 이론 • 정보처리 과정의 발달과 개인차
	언어 및 사회인지 발달과 심리	• 언어의 5요소 발달 • 이중 언어의 장단점 이해 • 영·유아기 자기인식의 발달과정 • 타인의 마음 이해의 발달과정
	사회성 발달과 심리	• 정서 인식과 표현의 발달과정 • 기질 정의와 관련 요인 • 애착의 정의, 유형 및 그 관련 요인 • 도덕성 발달 • 성차와 성 유형화
	아동기의 발달장애	• **행동장애** : 자폐장애, 주의력결핍 과잉행동장애, 품행장애, 학습장애 • **심리적 장애** : 불안장애, 학교공포증

03 청소년심리학 평가영역

기본 이수 과목 및 분야	평가영역	평가 내용 요소
청소년심리학	청년기 발달이론	• 정신분석학적 접근
		• 인지발달적 접근
		• 맥락중심적 접근
		• 생애 발달적 접근
	청년기의 발달적 특성	• 신체 및 성적 발달
		• 인지 발달
		• 자아 발달
		• 도덕성 발달
	청년기 과제	• 학업성취
		• 직업발달
		• 가족관계
		• 교우관계
		• 이성교제와 성
	청년기의 발달장애	• ADHD
		• 품행장애
		• 불안장애
		• 우울증
		• 자살
	청소년 위기 및 비행	• 위기 및 비행에 대한 이해
		• 위기 및 비행청소년의 특성
		• 위기 및 비행청소년의 가족
		• 위기 및 청소년 비행의 예방 프로그램

04 학습심리학 평가영역

기본 이수 과목 및 분야	평가영역	평가 내용 요소
학습심리학	학습과 행동주의	• 학습이란
		• 행동주의와 행동분석
	고전적 조건형성	• 고전적 조건형성의 이해
		• 소거와 자발적 회복
		• 학습 현상에의 적용
		• 근접과 수반 개념의 이해
		• 고전적 조건형성의 중요현상
		• 정서반응에서의 고전적 조건형성의 이론
	조작적 조건형성	• 조작적 조건형성의 절차
		• 강화의 의미와 강화계획
		• 강화물/조성/반응연쇄의 의미, 프리맥(Premack)의 원리
		• 조작적 조건형성과 고전적 조건형성의 차이
		• 바이오피드백 현상
	관찰학습	• 모델링과 반두라(Bandura) 이론
		• 관찰학습으로 이해한 공격성과 사회 현상
		• 관찰학습과 조작적 조건형성의 차이점
	일반화와 변별	• 일반화와 변별 개념의 이해와 실제생활의 사례에 적용
		• 일반화 기울기 개념 이해와 변별훈련과의 관계
		• 변별훈련과 개념형성 관계

05 심리학 개론 평가영역

기본 이수 과목 및 분야	평가영역	평가 내용 요소
심리학 개론	심리학의 이해	• 심리학의 정의 • 심리학의 역사 • 심리학의 역할
	심리학 연구방법	• 연구 절차 • 심리측정 • 인간과 동물연구에서의 윤리문제
	행동의 생물학적 이해	• 행동의 생물학적 이해 • 신경과학과 행동
	감각과 지각	• 정신물리학 • 감각과정 • 시각, 청각 및 여러 가지 감각 • 지각과정
	의식과 변경 상태	• 의식의 내용과 기능 • 수면과 꿈 • 변경된 의식 상태 • 마음에 작용하는 약물
	기억과 인지과정	• 기억 모델 및 기억 과정 • 회상과 망각 • 기억의 생물학적 특성 • 기억 향상 전략
	언어와 사고	• 언어 구조와 언어 과정 • 언어와 사고
	사회심리	• 사회적 지각 • 사회적 관계 • 사회적 영향 • 집단행동
	동기, 정서 및 스트레스	• 동기에 대한 이해 • **다양한 동기** : 섭식 동기, 성 행동, 성취 동기 • 정서 • 스트레스의 이해 및 대처

참고문헌

- 강문희, 박경, 정옥환(2022), 아동 심리검사 3판, 교문사
- 강진령(2023), 쉽게 풀어 쓴 심리학 개론, 학지사
- 강차연, 손승아, 안경숙, 윤지영(2010), 청소년 심리 및 상담, 학지사
- 곽금주, 장승민(2019), K-WISC-V 실시와 채점 지침서, 인싸이트
- 곽유미, 김경, 김경희, 김수정, 이유미, 차영희(2019), 교육심리학, 창지사
- 권대훈(2016), 교육심리학의 이론과 실제(3판), 학지사
- 권정혜, 강연욱 외 4명 역(2014), 임상심리학(8판), 센게이지러닝코리아
- 김기중 외 2명 역(2011), 학습과 기억, 시그마프레스
- 김도연, 김은경, 김현미, 옥정, 이혜란(2024), 발달진단 및 심리평가, 학지사
- 김도연, 김현미, 박윤아, 옥정(2021), K-WISC-V의 이해와 실제, 시그마프레스
- 김동민, 강태훈, 김명식 외 6명(2019), 심리검사와 상담(2판), 학지사
- 김동일(2020), 청소년상담학 개론(2판), 학지사
- 김동일, 고은영, 이기정, 최종근, 홍성두(2022), 특수교육 심리진단과 평가(2판), 학지사
- 김동일, 정여주, 이윤희, 김병관, 전호정(2016), 청소년 스마트폰 중독 자가진단 척도 개발 및 타당화, 상담학연구
- 김문수, 강영신, 고재홍, 박소현, 박형생, 정윤경 공역(2017), 심리학 개론(Kalat 10판), 센게이지러닝
- 김문수, 박소현 공역(2014), 학습과 행동(7판), 센게이지러닝
- 김아영, 김성일, 봉미미, 조윤정(2022), 학습동기 이론 및 연구와 적용, 학지사
- 김아영, 김성일, 조윤정(2022), 학습동기 이론 및 연구와 적용, 학지사
- 김아영, 백화정, 정명숙 공역(2007), 교육심리학, 박학사
- 김영환, 문수백, 홍상황(2005), 심리검사의 이론과 실제, 학지사
- 김중술, 임지영 외 3명(2005), 다면적 인성검사 II 매뉴얼, ㈜마음사랑
- 김진경, 김유미(2023), 영유아 발달, 한국방송통신대학교출판문화원
- 김청송(2022), 현대 청소년 심리 및 상담, 싸이앤북스
- 김춘경, 김숙희, 최은주, 조민규, 정성혜(2021), 아동상담의 이해, 학지사
- 김춘경, 이수연, 최웅용(2022), 청소년 상담(2판), 학지사
- 김태훈, 이윤형, 최원일, 최지연 공역(2021), 인지심리학의 기초, 학지사
- 노석준, 소효정 외 4명 역(2006), 교육적 관점에서 본 학습이론(4판), 아카데미프레스
- 민경환, 김명선, 김영진 외 6명 역(2016), 심리학개론(3판), 시그마프레스
- 박경, 김혜은(2017), 심리평가의 이해와 활용, 학지사
- 박아청, 최성열(2019), 교육심리학의 세계, 창지사
- 박영숙, 박기환, 오현숙 외 4명(2019), 현대심리평가의 이해와 활용, 학지사
- 박주용, 곽금주, 권석만 외 4명(2021), 심리학 개론, 서울대학교 출판문화원
- 박창호, 강희양 외 7명(2019), 인지학습 심리검사의 이해, 학지사
- 성태제(2020), 연구방법론(3판), 학지사
- 성현란(2019), 발달심리학, 학지사

- 송영명, 유신복, 홍순천 외 4명(2022), 예비교사를 위한 교육심리학, 어가
- 송현주, 권미경, 기쁘다 외 7명(2020), 최신 발달심리학, 사회평론아카데미
- 신명희(2017), 발달심리학(2판), 학지사
- 신명희(2018), 영유아 발달, 학지사
- 신명희, 강소연, 김은경 외 6명(2023), 교육심리학(5판), 학지사
- 신민섭, 권석만 외 14명(2019), 최신 임상심리학, 사회평론아카데미
- 신민섭, 김수경, 김용희 외 10명(2023), 그림을 통한 아동의 진단과 이해(3판), 학지사
- 신성만, 이자명 외 15명(2019), 중독상담학 개론, 학지사
- 신재흡(2023), 교육과 심리 : 교육의 심리학적 이해, 교육과학사
- 신종호(2015), 교육심리학 : 교육실제를 보는 창(8판), 학지사
- 신종호(2015), 학습심리학, 학지사
- 신종호, 김동민 외 5명 역(2015), 교육심리학 : 교육실제를 보는 창(8판), 학지사
- 신종호, 김민성, 최지영 외 2명(2018), 교육심리학, 교육과학사
- 신진아, 시기자, 성태제(2021), 검사제작과 분석, 학지사
- 신현숙, 오선아, 류정희, 김선미(2020), 교육심리학(2판), 학지사
- 신현정, 김비아 역(2016), 마이어스의 심리학 개론(11판), 시그마프레스
- 안병환, 윤치연, 이영순, 천성문 공역(2017), 최신 행동수정(6판), 학지사
- 여승수, 유은정(2019), 특수교육 평가의 이해, 학지사
- 영명희(2016), 행동수정이론에 기초한 행동지원(2판), 학지사
- 오세진, 김청송, 신맹식 외 8명(2015), 인간행동과 심리학(4판), 학지사
- 윤가현, 권석만, 김경일 외 12명(2019), 심리학의 이해(5판), 학지사
- 이미리, 김춘경, 여종일(2019), 청소년 심리 및 상담, 학지사
- 이소현, 윤선아, 신민섭(2019), (K-CARS-2 한국판) 아동기 자폐 평정 척도(2판), 인싸이트
- 이영애, 이나경, 이현주 역(2013), 학습심리학(7판), 시그마프레스
- 이용남, 신현숙(2017), 교육심리학(2판), 학지사
- 이우경, 이원혜(2019), 심리평가의 최신 흐름(2판), 학지사
- 이종택, 고재홍, 김범준 외 3명 역(2020), 마이어스의 사회심리학, 시그마프레스
- 이훈진 외 4명 역(2007), MMPI-2 성격 및 정신병리 평가, 시그마프레스
- 임경희, 조붕환(2023), 학교심리검사의 활용, 양서원
- 임선아, 김종남 공역(2012), 행동수정, 학지사
- 임은미 외(2019), 인간발달과 상담(2판), 학지사
- 임은미, 강지현, 권해수 외 11명(2019), 인간발달과 상담(2판), 학지사
- 임효진, 선혜연, 황매향, 여태철(2023), 교육심리학 개정판, 학이시습
- 장미경, 송미경(2021), 청소년 심리, 한국방송통신대학교출판문화원
- 장미경, 정태연, 김근영(2024), 발달심리, 한국방송통신대학교출판문화원
- 장현갑, 안신호, 이진환 외 4명 역(1999), Gleitman 심리학(4판), 시그마프레스
- 장현갑, 이진환, 신현정 외 3명 역(2004), 힐가드와 애트킨스의 심리학 원론, 박학사
- 장휘숙(2004), 청년심리학, 박영사

- 전경원(2020), 교육심리학, 창지사
- 전경원(2020), 뇌의 창의적인 잠재력을 키워주는 교육 심리학, 창지사
- 전용오, 김영빈, 이자명, 신혜숙(2024), 심리검사 및 측정, 한국방송통신대학교출판문화원
- 전용오, 여태철, 황매향(2024), 교육심리학, 한국방송통신대학교출판문화원
- 정명숙, 신현정, 정봉교, 이광오 외 4명 역(2016), 앳킨스와 힐가드의 심리학(16판), 박학사
- 정순례, 이병임, 조현주, 오대연(2013), 학습이론의 이해와 적용, 학지사
- 정옥분(2014), 발달심리학, 학지사
- 정옥분(2015), 발달심리학 : 전생애 인간발달(개정판), 학지사
- 정태연, 이장주, 박준성 외 8(2016), 사회심리학, 학지사
- 정혜선(2024), 인지심리학 입문, 사회평론아카데미
- 천성문, 이영순, 강문선 외 6(2024), 상담 및 교육장면에서 심리검사의 이해와 활용, 학지사
- 최병연, 고영남, 조형정, 박용한, 이신동(2022), 최신교육심리학(2판), 학지사
- 최은영, 양종국(2005), 청소년비행 및 약물중독상담, 학지사
- 최정윤(2016), 심리검사의 이해(3판), 학지사
- 하은혜(2021), 아동·청소년 심리평가, 학지사
- 하혜숙, 장미경(2017), 청소년 상담, 한국방송통신대학교출판문화원
- 한국정보문화진흥원(2011), 인터넷중독 진단척도 고도화(3차) 연구
- 한국정보문화진흥원(2014), 스마트미디어 중독 척도(S-척도) 개편 연구
- 한국청소년개발원(2006), 청소년 문제론, 교육과학사
- 한규석(2017), 사회심리학의 이해(4판), 학지사
- 한상철, 김혜원, 설인자, 임영식, 조아미(2014), 청소년심리학(2판), 교육과학사
- 허승희, 이영만, 김정섭(2020), 교육심리학 2판, 학지사
- 현성용 외 17명(2016), 현대 심리학의 이해(3판), 학지사
- 현성용, 김교헌, 김미리혜 외 14명(2016), 현대 심리학 입문(2판), 학지사
- 황매향(2008), 학업상담, 학지사
- 황순택, 김지혜, 박광배, 최진영, 홍상황(2012), 한국 웩슬러 성인지능검사(4판), 인싸이트
- 황순택, 김지혜, 홍상황(2015), 바인랜드 적응행동척도(2판), 한국심리주식회사

김진구

⟨현⟩
- 지스쿨 임용 전문상담 전임교수
- 마인드 21 진로학습 연구소 대표

⟨전⟩
- 해커스 임용, 박문각 임용고시학원 전문상담 전임교수
- 성균관대학교 교육학과 박사과정(석사 : 임상심리 전공)
- 가톨릭대학병원 소아정신과 임상심리사
- 마인드 에듀 심리학습 연구소 소장
- 퓨처플랜 진로학습 연구소 소장
- EBS 교육방송 생방송 60분 부모 : 심리학습 클리닉
- EBS 다큐 청소년 성장보고서 자문
- 서울시 교육청 학습컨설팅 과정 자문위원
- U-Wing 자기주도학습 검사 등 다수검사 제작

⟨저서⟩
- 해커스임용 김진구 전문상담 기본개념 1, 2, 3
- 김진구 전문상담 과목별 암기박스 1, 2. 계획된 우연
- 김진구 전문상담 과목별 문제풀이집 1, 2. 계획된 우연
- 교원임용시험 전문상담교사 기출문제집. 계획된 우연
- 김진구 전문상담교사 U-Wing 기본개념 1, 2, 3. 지북스
- 김진구 전문상담교사 U-Wing 노트. 박문각
- 1등 공부법(부모가 꼭 알아야 할 학습클리닉 프로젝트). 경향미디어
- 논문 : 학습클리닉에 의뢰된 아동들의 인지기능 특성 등
- 프로젝트 : 학습습관 진단 콘텐츠 개발. 한국교육학술정보원 등

2026학년도 계획된우연

김진구 전문상담 기본개념 3

1판 1쇄 발행	2025년 4월 30일
지은이	김진구
펴낸곳	도서출판 **계획된우연**
펴낸이	허은혜
주소	경기도 파주시 책향기숲길 134, 25호
대표전화	050-6898-9346
전자우편	planned.hs@gmail.com
출판등록	제 406-251002020000009 호
ISBN	979-11-94798-04-0
가격	50,000원

저자와의 협의하에 인지생략

저작권자 ⓒ 2025, 김진구

이 책의 모든 내용, 이미지, 디자인, 편집 형태는 저작권법에 의해 보호받고 있습니다.
서면에 의한 저자와 출판사의 허락 없이 내용의 일부 혹은 전부를 인용, 발췌하거나 복제, 배포할 수 없습니다.